山东大学中文专刊

钱曾怡文集

第四卷

社会科学文献出版社
SOCIAL SCIENCES ACADEMIC PRESS (CHINA)

汉语官话方言研究

本书撰稿人

前　言　　　　　　钱曾怡　山东大学
第一章　概述　　　钱曾怡　山东大学
　　　　　　　　　岳立静　山东大学
　　　　　　　　　高晓虹　北京语言大学
第二章　北京官话　张世方　北京语言大学
　　　　　　　　　高晓虹　北京语言大学
第三章　胶辽官话　罗福腾　新加坡新跃大学
第四章　冀鲁官话　张树铮　山东大学
　　　　　　　　　刘淑学　徐州师范大学
第五章　中原官话　王临惠　天津师范大学
　　　　　　　　　吴永焕　中国人民大学
第六章　兰银官话　张燕来　北京语言大学
第七章　西南官话　李　蓝　中国社会科学院语言所
第八章　江淮官话　刘祥柏　中国社会科学院语言所
第九章　晋语　　　沈　明　中国社会科学院语言所
第十章　音变现象述要　邢向东　陕西师范大学

附　录　官话方言8区42片1026个音系基础字对照表（各点语料由第二章至第九章撰稿人提供，山东大学张燕芬合成）

目　录

前言

一　官话方言是汉民族共同语的基础方言

（一）官话方言

"官话方言"的名称由"官话"而来，但是"官话方言"跟"官话"是不同的。"官话"是汉语共同语的旧称，中国历史上所说的"官话"是跟方言相对而言的，相当于当代的普通话，是指官用的、公众通用的话。"官话方言"则是汉语地方方言的一种，只是作为民族共同语的基础方言，跟其他方言的地位有所不同。"官话方言"跟"官话"的不同，是民族共同语的基础方言和共同语的不同。

在现代汉语方言的分区研究中，有的学者也将汉语方言的一个区称为"官话"。例如：王力1956年《汉语音韵学》将现代方言语音大致分为"五大系"，其中的"官话音系"与"吴音系"、"闽音系"、"粤音系"、"客家话"对称。在1955年的"现代汉语规范问题学术会议"上，丁声树、李荣《汉语方言调查》（1956）一文将汉语方言分为八区，也将"官话"区跟吴语区、湘语区、赣语区、客家话区、闽北话区、闽南话区、粤语区并称。跟"官话"区方言并行的名称是"北方话"、"北方方言"，例如：罗常培、吕叔湘《现代汉语规范问题》（1956）分汉语方言八区：北方话、江浙话、湖南话、江西话、客家话、闽北话、闽南话、广东话。袁家骅等《汉语方言概要》（1960）也分汉语方言为八：北方方言、吴方言、湘方言、赣方言、客家方言、粤方言、闽南方言、闽北方言。以上四大家的官话音系、官话区、北方话、北方方言，都是指汉民族共同语的基础方言区。称为"官话"，是由其所处的共同语基础方言的地位而言，称为"北方话"或"北方方言"，是由其主要分布于中国北部地区而言。"官话方言"这个名称，则是20世纪80年代《中国语言地图集》（1987）出版以后通行起来的，现在已经得到学界的普遍认可。

（二）官话方言是汉民族共同语的基础方言

方言是语言发展到一定历史时期的产物。地域方言产生的前提是人类进入定居的时代，是一种语言在不同地区的实际存在的主要形式。有方言差异的语言一般就有共同语的存在，因为方言的分歧必然影响中央政府的集中施政，使不同地区人们的交际受到阻碍，因此需要有一种大家通用的共同语来满足相互交际的需要。没有方言分歧也就无需共同语，所以共同语是因方言的存在而存在的。中国文献中如《论语》所说的"雅言"，《方言》所说的"通语"、"凡语"、"凡通语"，以及明以后的"官话"等等，都具有共同语的含义，都是跟方言相对而言的。我们推广的普通话，就是当代的汉民族共同语。

一种语言分布在不同地区的方言是同源的关系，有这种语言的总体特征，大体一致的发展规律，使共同语的形成具有必要的基础。不同地域的方言虽然同样由当地的人们使用，但是往往有强势方言和非强势方言的不同。这种不同，首先是基础方言跟非基础方言之间的不同，其次是同一方言区域之内，中心城市方言跟周边方言的不同，前者如汉语官话方言之于汉语的其他各种方言，后者如上海方言之于上海周围各县市区的方言、广州方言之于其他粤方言，等等。

罗常培、吕叔湘（1956：8～9）指出："民族共同语是在某一方言的基础上发展起来的，基础方言的地区总是在这个民族的文化上和政治上占重要位置的地区。"共同语以一种方言为基础。这种基础方言地位的形成，跟这个方言区和整个民族发展的历史、其所处的政治经济文化地位以及语言特征等等，都密切相关。历代政府由于施政的需要而提倡统一的语言，共同语往往以政府所在地的方言为基础。有史以来，中国各个朝代的政治中心主要在官话方言的分布范围之内。官话方言作为汉民族基础方言的强势地位具有深远的历史渊源。

二　官话方言在汉语方言中的地位和影响

作为汉民族共同语的基础方言，官话方言在汉语方言中的地位和影响无与伦比，以下从五方面简要说明。

（一）权威性

官话方言处于政治、经济、文化中心的位置，通行地域广，使用人口多，是成为汉民族共同语基础方言的重要条件。官话方言分布于汉语分布地区四分之三以上的地域，从南到北，从东到西，直线都在三千公里以上，覆盖中国的26个省市区，使用人口占说汉语人口的70%还多。世界上没有第二种方言有这么广阔的通行地域和这么众多的使用人口。由于政治目的和经济、文化交流等各方面的需要，历代政府提倡，非官话方言区的人们都有必要学习共同语。作为汉民族共同语基础方言的官话方言虽然不等于共同语，但在汉语其他各方言中的权威地位是不言而喻的。

（二）规范性

文字是记录语言的工具，文字所记录的书面语随口语的发展而发展。另一方面，书面语对于口语，也有一定的统一、规范作用。汉语方言纷繁复杂，不同方言区的人们之间交际有困难，统一的书面语可以弥补其中的不足。应该说，自古至今，中国的书面语对于维系汉语的统一有着极大的功绩。官话方言是汉语书面语的基础。中国历代文献，从早期的五经（《诗》、《书》、《易》、《礼》、《春秋》）、诸子撰著，到历代的政令、史书、文学创作，包括先秦的《论语》、《孟子》，汉代的《史记》、《汉书》，唐宋八大家的散文，明清小说的四大名著（《三国演义》、《水浒传》、《西游记》、《红楼梦》）等等，除去很少的一部分是用其他方言写成的以外，绝大部分都是以官话方言为基础写成的。官话方言跟书面语接近的程度，及其对汉民族共同语的形成和发展的影响，也是其他方言不能与之相比的。

（三）先进性

官话方言代表汉语发展的方向。罗常培、吕叔湘（1956：8～9）指出："基础方言本身也常常最能代表整个语言的发展趋势。"汉语发展的历史可以简略地总结为语音简化、词汇由单音词向复音词的转化、语法方面如构词法的丰富及句法的严密化等。官话方言音系简单，主要是韵母和声调都呈简化趋势，而声母相对丰富。这很重要，因为音节开头的辅音对突出音节的区别性特点具有首当其冲的作用。词汇复音化跟构词法的丰富应该是同步的，现代粤、客等南方一些方言许多单音词在官话方言中是复音词，这种差别十分明显，而北部官话方言复音词的增加正是复合构词和附加构词发展的必然结果。王力《汉语史稿》（2004 新二版：254）总结汉语句法发展的路线是"句子的严密化"，所举的大量语料都是属于以官话方言为基础的书面语。其中王先生利用处置式的发展等论证了汉语句法严密化的过程，说："处置式是汉语语法走向完善的标志之一。"（同上：483）而"粤语和客家话，在一般口语里是不用处置式的。"（同上：479）

（四）包容性

官话方言在语言的特点方面具有开放性，能够在自身的发展中不断吸收外方言乃至其他语言的特点以满足社会交际的需要，这尤其体现在新词的吸收方面，如南部方言的一些特殊词语不断进入官话方言。袁家骅《汉语方言概要》（2001：85）："普通话通过文学作品和交际往还也吸收了一部分吴方言词，从而丰富了自己的词汇。"该书举出普通话吸收吴方言的具体例词是"尴尬"、"吃不消"、"硬碰硬"、"有介事，像煞有介事"。官话方言吸收的东南方言词语又如"老公"（丈夫）、"雪糕"、"炒鱿鱼"（比喻"卷铺盖"）等，其中有的是方言借用了外来词又为官话方言所使用的，如"打的"、"酒吧"等，都大大地丰富充实了本方言的词库。语音和语法的例子如：北京的"女国音"现象在北京以外地区也已相当普遍，显然是吸取了南方方言的特点；吴方言"试试看"、"穿穿看"等单音动词重叠加后缀"看"表示尝试义的格式已在官话方言区广泛使用。

（五）延展性

官话方言在分布地域上具有不断延伸扩展的势头。下文"官话方言的形成"说明，官话方言之所以形成今天的局面，是远古中原一带华夏、东夷等族的语言长期自身发展、相互影响、与四周方言交融并向四周延伸的结果。官话方言向邻近方言的扩展之势，至今仍在继续。

1. 江淮官话南进蚕食吴方言区

刘丹青《南京话音档》（1997）："江淮方言区总的倾向是北退南进。北界向南后撤，不断让位于中原官话。在紧邻中原的安徽西部，江淮方言区的北界已在淮河以南数百公里处；在江苏北部，近数十年中就有一些原属江淮话的方言演变为中原官话。南界向南前移，持续蚕食着吴语区，这一蚕食过程至今仍在皖南的一些地方继续。"

鲍明炜《南京方言历史演变初探》（1986：376）："南京方言在魏晋南北朝时期属于江东方言区，即吴语。""古代的南京话在吴语边沿，濒临北方话的汪洋大海，历史上又经历几次大规模的北人南迁，定居金陵，同时带来北方话，一次又一次与土语交融。"（同上：383）经过一千多年，最终"转变为北方方言"（同上：383）。鲍先生在考定南京方言由六朝时期的吴语转变为北方话之后，又将胡垣《古今中外音韵通例》（1866）、劳乃宣《增订合声简字谱》（1905）、赵元任《南京音系》（1929）中所记的南京音合称为"旧南京话"，跟1956年方言普查成果《江苏省和上海市方言概况》（1960）与其本人1957年、1979年两次调查的"新南京话"作了六项语音特征的比较，结果如下：

	旧南京话（吴、劳、赵三家）	新南京话（《概况》、鲍）
（1）n l	n l 不分，都读 l	中青年开始区分
（2）尖团	分尖团	不分尖团
（3）有无撮口韵	有的人数少，无的人数多	青年人都有
（4）有无 ɒ 韵母	胡、赵两家有，劳没说明	中青年以下全无
（5）"姐且写"韵母	胡、赵两家读 e，劳氏记 ie	读 ie

| （6）an aŋ, en eŋ, in iŋ
三组韵母分不分 | 三家或分或不分，大体以不
分为主 | 青年多能分清 an aŋ，en eŋ
和 in iŋ 也已开始趋分 |

鲍先生上述六项语音比较，说明南京方言从古吴语转变为北方方言以后，又进一步向北部更接近共同语的特点靠近。

刘祥柏在讨论江淮官话的形成时也谈到江淮官话的未来："可以说，今日的江淮官话来源于昔日的南方方言，由于北方官话的影响而逐步变成了一种具有南方方言特征的中原官话，只是长期发展中仍然保留入声声调而有别于其他地区的中原官话，成为江淮官话。而且这种官话化的演变仍在持续，很可能将演变成为未来的中原官话，而今日的吴徽赣语的北端区域则很可能将是未来的江淮官话。"（本书第八章第一节"江淮官话的形成"）

2.徽语特征从南到北逐渐减少

赵日新《论官话对徽语的影响》（2000：367～369）通过对包括语音、词汇、语法的 11 项语言特点由徽语向官话靠拢的实例说明："官话对徽语的影响不小。总体上说，由南到北，徽语特征渐次减少，官话特征逐渐增多。""弱势方言对强势方言的向心作用，共同语的推广自然也是徽语向官话逐步靠拢的重要原因。"

3.在西南官话北、西、南三面包围中的湘语

鲍厚星《现代汉语方言概论·湘语》（侯精一主编 2002：119）："几次大规模的北人南移湘北，不仅在湖南境内沅、澧二水流域形成了北方方言（即西南官话）地区，也对湘语尤其是湖南北片的湘语带来了巨大的冲击。现代湘语中部分地区古全浊声母的清化，入声塞音韵尾的嬗变甚或整个入声调类的消失，都和官话方言长期的冲击和渗透有关。"

4.赣方言的发展趋势

陈昌仪《赣方言概要》（1991：12）："历代郡府所在地和一些比较开放的市镇，如南昌市、景德镇、抚州市、吉安市等近代以来受北方话影响较大……有明显的向北方话靠拢的趋势。"

袁家骅等《汉语方言概要》（2001：127）："赣方言比起旁的姐妹方言来，没有很突出的特征，这正好说明方言发展的一般趋势。今后不久，湘、赣等方言的特殊面貌，必然会越来越模糊，同北方话或普通话越来越接近，终于难以识别。"

三　官话方言研究的意义

官话方言调查研究的意义是多方面的，以下从四方面说明。

（一）官话方言中蕴藏着无限丰富的资源，必须及时"抢救"

由于以往对于官话地区的方言研究相对于中国东南地区方言来说比较薄弱，以致官话地区方言的资源长期不能得到充分的挖掘，这影响我们对现代汉语面貌的全面了解。通过半个世纪以来广大专业工作者对于官话方言的调查，许许多多的新鲜材料使我们对官话方言的丰富有了充分的认识。吕叔湘先生曾经提出过"抢救方言"的口号。吕先生的原意是：普通话的推广，加速了方言的发展变化，我们应该及时地把当前的方言抢记下来。官话方言处于汉语发展的前沿，随着时间的流逝，官话方言的一些特点也处在变动之中，忠实地记录官话方言的现状，为后人了解这个历史时期官话方言的面貌，作为汉语历史研究的一个时代坐标，

是当代方言工作者迫切的任务。

（二）对于汉语史研究的意义

语言研究的目的之一，是要构建语言发展的历史，总结语言发展的规律，并在此基础上探测未来。一来语言一发即逝，二来历史久远，语言史的建构是一项极其复杂的工程，除去必须根据文献和文物考古等资料以外，方言的材料也必不可缺，这是因为方言特点的地域性差异常常是语言发展的历史折射。罗常培、吕叔湘《现代汉语规范问题》（1956：21）："方言是研究汉语史的一部分极其宝贵的资料，可以和书面语相印证，尤其是能够补充书面材料的不足。"瑞典语言学家贝蒂尔·马尔姆贝格（1979：152）也说："语言学家很晚才觉察到，在方言中，保留下来了民族语言中业已消失的比较古老的形式、词或语音阶段。历史语言学家可以从这里为语言的历史发展线索找到证据，如果没有方言学，这一切线索就会成为纯粹的推测。"通过方言现状来构拟汉语一定历史阶段的语言面貌，过去已经有了不少成功的经验，特别在语音方面，许多结论也都得到了学术界的公认。但是构建语言的历史，除了构拟古代面貌以外，还须进一步探讨语言发展的历史过程。

官话方言的某些语言现象为汉语史的某一历史时段提供重要的依据，如胶辽官话在清入归上、知庄章二分方面跟《中原音韵》相当一致，这对我们据此构建近代北方话的音系具有无可替代的作用。

一般认为，跟东南方言相比，官话方言音系简单，符合汉语语音发展"古音繁，今音简"的趋势，官话方言已离古音相去较远。但在有些方面，语音简化的官话方言为汉语史研究所提供的某些线索，在相对保守的南部一些方言中尚未出现。例如，由分尖团到尖团合并是汉语语音简化的趋势，官话方言正经历着这个历史演变过程，从官话方言尖团音的一些地域比较中，我们可以看到古精见组的细音字是如何从舌尖前音和舌根音分别一步步演化又合并成舌面前音的，而在牢固保持分尖团的方言中，自然不可能提供这样的语料。下面再举两个声调的例子。

声调减少是汉语语音发展的明显趋势，官话方言首当其冲。汉语只有三个声调的180多个方言点除井冈山、宁冈两点（属于赣语）以外，其余全部都分布在官话方言的区域之内。据张燕来、雒鹏等调查，兰银官话还有三个只有两个调类的方言点，分别是西固（新派）、红古村、武威。从目前对官话方言的调查来看，汉语方言声调减少的趋势还在继续。

汉语声调简化的一项重要内容是入声消失，官话方言区内存在从有入声到无入声的过渡区域，通过对这些区域的比较，可以总结出两点：其一，汉语入声消失的前提是塞音韵尾的失落；其二，入声消失的途径，就声母条件来看，一般是先浊音声母的字，后清音声母的字。通过有关方言新老派的比较，还可以推断某些方言入声的最终消失已为时不远。这种关于入声消失的途径和前景的探讨，也是一些入声尚未开始消失的方言所难以设想的。

（三）充实语言学理论

理论来源于实践，语言学的理论，植根于对于实际语言的调查和了解。充分发掘官话方言的资源，使我们对于汉语方言的丰富复杂获得更为深切的认识，从而思考许多语言学的理论问题。官话方言研究对于充实语言学的理论具有以下四方面的意义。

1.官话方言分布地域辽阔，在对不同地域语言特点的比较中，常常可以发现语言的地域差异往往折射出历史的演变过程。官话方言的研究可以进一步充实历史比较语言学的内容，揭示方言现象共时跟历时的密切关系。

2. 相对于东南方言而言，官话方言的声母比较丰富，而韵母和声调都呈简化趋势，官话方言的这种声韵调格局，使我们思考汉语不同方言的语音的结构系统中，声韵调各处于怎样的不同地位。尤其是，官话方言非音质音位声调简化的前景及其对汉语音节构成的变化等，目前学术界还缺乏在这方面的研究和从理论上进行探讨。

3. 在探讨官话方言区的形成的过程中，可以看到移民对方言形成的重要作用。人口移动关联到语言扩散的理论，官话方言的研究可以在这方面提供重要的佐证。

4. 官话方言的音变现象形式多样。音变不仅是单纯的语音变化，往往还会涉及词汇、语法等多个方面。这对深化语言研究必须同时注重语言各要素的理论具有实践价值。

（四）为中国语言文字政策的制定和执行提供参考

作为汉民族共同语的基础方言，官话方言的研究对于国家语言文字政策的制定和推行都有决策性的意义。官话方言分布于中国 26 个省市的 1700 多个县市区，使用人口超过 8 亿。语言政策的制定，大到总的方针，小到汉语规范的具体标准，即使是某一个具体字音的正音标准，要想顺应语言发展的趋势，就不能不考虑代表汉语发展方向、代表全国大多数人口说话习惯的官话方言的情况。以汉语规范化来说，汉语规范化的两个主要内容，一是确立规范的标准，二是推行这个标准，这两项都必须建立在对官话方言有充分了解的基础之上。

四　关于把晋语纳入本课题研究范围的说明

晋语的归属是近年来方言研究中争议较大的一个学术问题。我们本无意卷入这场论争，但是由于晋语所处的地理位置，又迫使我们对是否把晋语纳入本课题的研究范围作出抉择。方言的分区没有绝对的对或不对之分。同样的语言事实，由于看问题的角度不同、着重点不同，有人认为该分，有人则认为该合，都有一定的道理，同样都应该尊重。我们的原始设想是，不论研究的结论怎样，首先将晋语纳入研究范围，对晋语进行详细描写，为晋语研究、晋语归属的讨论提供一份参考资料，这也是很值得我们做的。

通过几年来的研究，我们的初步结论认为，将晋语纳入官话方言的范围较好。

考虑到长期以来，作为一个特定的方言区片名称，"晋语"已经为学术界普遍接受和使用，为便于读者了解和学术讨论，本课题仍然沿用这一名称。

（一）从语言特点看

官话方言是汉民族共同语的基础方言。汉民族共同语的基础方言不能将晋语排除在外。

汉民族共同语的标准，在词汇方面是"以北方话为基础方言"，"北方话"是"官话方言"的又称。我们在对官话方言词汇的比较研究中，用《现代汉语频率词典》（1986）所列"生活口语中前 4000 个高频词词表"的前 150 词（累计词频 58.7943%），剔除方言中无法简单对应的"她、了、着"等，共 80 词（累计词频 35.2296%），从各官话方言中分别选一个代表点的说法进行对照，为了解官话方言跟东南各方言的异同，也将东南方言各一个代表点的说法列在其下。这项统计结果说明：包括晋语在内的官话方言跟标准语（《现代汉语频率词典》所列词目）相同或相异的说法与非官话方言对比明显，官话方言各点相同说法都在 60%以上。晋语太原点在 80 个词中，相同的是 52 个，占 65%；相同和不同说法并存的 19 个，占 23.75%；

不同说法的 9 个，占 11.25%。跟公认属于官话方言的扬州点江淮官话相比，江淮官话的相同说法为 48 个，占 60%；相同和不同说法为 15 个，占 18.75%；不同说法为 17 个，占 21.25%。扬州话不同说法的比率远远高于太原，而东南各大方言区的相同说法除了长沙（湘方言）为 56.25%、绩溪（徽语）为 50% 以外，其余都在 50% 以下。

民族共同语"以典范的现代白话文为语法规范"，我们将学术界公认的四项有分区意义的语法特点，把官话区跟非官话区共 15 个代表点进行比较，结果显示：晋语的四项语法特点完全符合共同语的规范标准，跟其他官话方言相同。相比而言，官话方言区中南部一些地区的个别语言现象还有接近东南方言的，如成都（西南官话）"客人"也说"人客"、"热闹"也说"闹热"，而晋语连这样的例外也不存在。

晋语有入声是晋语从其他官话方言中独立出来的首要根据。将晋语跟同样有入声的江淮官话比较，有入声、入声韵收 ? 尾是晋语和江淮官话共同的特点，这跟其他有入声而没有喉塞尾的其他官话方言不同。但是晋语的入声韵却比江淮官话要少。晋语的入声韵母一般来说只有两套，少数地域有三套或只有一套，而江淮官话的入声韵母一般在三套以上，有的多到六套。例如晋语的太原有入声韵母 a? ia? ua? 和 ə? iə? uə? yə? 两套 7 个入声韵，而江淮官话的南京则有 a? ia? ua?、ə?、ie? ue? ye?、o? io?、ɣ? i? u? y? 五套 13 个入声韵。这说明晋语在入声消失方面，比江淮官话走得还快。

"圪"头词丰富是公认的晋语重要特点之一。但是"圪"头词在其他方言区中也有分布，特别是与晋语接邻的中原官话汾河片也很丰富。汾河片三个小片的方言如洪洞（平阳小片）、新绛（绛州小片）、运城（解州小片）等，"圪"的构词能力都比较强，可以构成名词、动词、形容词、量词、象声词等等。

（二）从历史的角度说

晋语属于汉民族共同语的基础方言是跟晋语区的地理位置及人文历史渊源分不开的。

1. 黄河流域是中国古老文化的发祥地，黄河中下游流经今晋语区及中原、冀鲁官话区的广大地区。山西是中国早期人类进化与繁荣的重要地区之一。考古资料说明，史前时期今晋方言分布区跟中原官话等区的文化具有同源的关系。山西考古研究所《山西考古工作 50 年》（1999：67）："近十年来通过对长治小神、曲沃东许、方城、洪洞侯村、翼城南石、太谷白燕、忻州游邀等地资料的研究，我们的认识逐渐明确。上述几个地方类型文化构成了山西龙山时期的主体，它们共同属于庞大的中原龙山文化系统……"有史以来，从春秋到战国，晋国和秦、齐、赵、燕等国的长期文化交往、长期的兼并战争，都使秦晋冀鲁等地方言得到交融，使之共同成为民族共同语基础方言的主体。

2. "晋"的名称最早是指今属中原官话的晋南地区。"晋"原是中国古代国名，周初实行分封制，《史记·晋世家》记载，"武王崩，成王立，唐有乱，周公诛灭唐"，周成王封其弟叔虞于唐（今山西翼城西），"唐在河、汾之东，方百里，故曰唐叔虞，姓姬氏，字子于"。叔虞之子燮徙居于晋水旁，称为晋侯，国名改称为晋（唐代张守节《史记正义》："毛诗谱云：叔虞子燮以尧墟南有晋水，改曰晋侯"），晋的名称由此而来。

从春秋到战国，长期兼并战争的结果，在黄河流域，从东到西形成了齐、晋、秦三个大国。春秋末期，晋国为其大夫韩景侯（名虔）、赵烈侯（名籍）、魏文侯（名斯）三家瓜分。都城屡有变迁：韩国建都阳翟（今河南禹州市），后迁新郑（今河南新郑市）；赵国建都晋阳

（今山西太原市西南），后迁都邯郸（今属河北）；魏国建都安邑（今山西夏县西北），后迁都大梁（今河南开封）。公元前 403 年，三国均被周威烈王立为诸侯，占有战国七雄（秦、齐、楚、燕、韩、赵、魏七个大国）的三个。韩、赵、魏就是历史上所说的"三晋"。经过长期的历史变迁，晋的中心逐渐转移到太原等地。这说明：今天的晋语区跟晋南地区中原官话汾河片的关系十分密切，虽然在以后的发展中，晋南方言受到权威方言的影响在语音方面向中原官话靠拢，而今天的晋语区则由于多方面的原因而保留了较多的古音特点，但是在词汇、语法方面作为基础方言的地位仍然是十分明确、十分牢固的。

第一章
概　述

第一节　官话方言的分布

官话方言主要分布于以下地域：1.长江以北，除去长江口北岸一角（启东、海门等）以外的广大地区。2.长江以南，包括从江苏的张家港市到江西九江的沿长江地区（有南京、镇江、马鞍山、芜湖、铜陵等），中国西南的四川、贵州、云南三省，湖北西北角。3.河西走廊及新疆全区。覆盖中国26个省市区。下面表1-1和表1-2分别列出官话方言各区片的分布县市区及在26省市区分布地的数字统计。

一　官话方言分布图

图例

● 北京官话　　● 兰银官话
◐ 胶辽官话　　○ 西南官话
◑ 冀鲁官话　　◒ 江淮官话
▲ 中原官话　　△ 晋语

注1：本图画竖线的区域是少数民族语或非官话方言的分布区域。
注2：本图行政区划资料截至2010年11月。

二　官话方言各区片的分布

表 1-1　官话方言各区片分布县市区一览表①

区	片	小片	分布点	所属省市
北京 227	幽燕 58	京承 32	北京（东城区、朝阳区、崇文区、宣武区、西城区、丰台区、石景山区、海淀区、通州区、大兴区、房山区、门头沟区、昌平区、顺义区、怀柔区、密云县、延庆县）	北京 17
			武清	天津 1
			涿州　固安　三河　大厂　香河　廊坊　承德市　承德（下板城）　丰宁　隆化　滦平　围场　平泉	河北 13
			多伦	内蒙古 1
		赤朝 15	赤峰　宁城　巴林左旗　阿鲁科尔沁旗　克什克腾旗　翁牛特旗　林西　敖汉旗	内蒙古 8
			朝阳　建平　凌源　喀左　建昌　义县　北票	辽宁 7
		北疆 11	布尔津　富蕴　福海　哈巴河　吉木乃　托里　和布克赛尔　石和子市　克拉玛依市　温泉　博湖	新疆 11
	锦兴 5		绥中　兴城　锦州　凌海　葫芦岛	辽宁 5
	辽沈 33		沈阳（市区）　新民　辽中　康平　法库　鞍山　海城　凤城　本溪市　本溪　辽阳市　辽阳　灯塔　清原　新宾　抚顺市　抚顺　铁岭　昌图　阜新市　阜新　西丰　开原　铁法　彰武　黑山　台安　盘锦　盘山　大洼　北宁	辽宁 31
			通化市　通化	吉林 2
	黑吉 110	吉绥 36	蛟河　舒兰　吉林　永吉　桦甸　敦化　柳河　梅河口　靖宇　安图　抚松　临江　江源　集安　长白　白山　延吉　龙井　和龙　汪清　图们　珲春	吉林 22
			宁安　东宁　穆棱　绥芬河　尚志　呼玛　孙吴　逊克　嘉荫　同江　抚远　饶河　黑河　漠河	黑龙江 14
		长辽 25	长春　双阳　榆树　农安　九台　德惠　磐石　辉南　东丰　伊通　东辽　辽源　四平　公主岭　梨树　双辽　长岭　乾安　通榆　洮南　白城　镇赉	吉林 22
			通辽市　开鲁　乌兰浩特	内蒙古 3
		嫩佳 49	嫩江　讷河　富裕　林甸　甘南　龙江　泰来　杜尔伯特　大庆　五大连池　北安　克山　克东　依安　拜泉　明水　青冈　望奎　海伦　绥棱　铁力　通河　塔河　绥化　兰西　齐齐哈尔　伊春　鹤岗　汤原　佳木斯　依兰　萝北　绥滨　富锦　宝清　集贤　友谊　双鸭山　桦川　桦南　勃利　七台河　密山　林口　牡丹江　海林　鸡东　鸡西	黑龙江 48
			扎兰屯	内蒙古 1
	哈肇 21	哈肇 19	哈尔滨　巴彦　庆安　木兰　方正　延寿　宾县　呼兰　阿城　五常　双城　肇源　肇州　肇东　安达	黑龙江 15
			扶余　前郭尔罗斯　松原　大安	吉林 4
		满海 2	海拉尔　满洲里	内蒙古 2

---

①表 1-1 说明：在方言的交界地区，同一县市内部存在不一致的情况，如江苏丹阳部分乡镇用官话，部分乡镇用吴语，但是当地有官话的分布，所以本表仍按官话方言的分布地列入；有的县市区同时属于不同的官话方言区，这些县市区就会在不同方言区的分布地中同时出现，如黑龙江的抚远，既是北京官话黑吉片的分布地，也有胶辽官话青莱片的方言岛，在表中就分列两处。如果要了解详细情况，可以看看各区片的介绍。

区	片	小片	分布点	所属省市
胶辽 74	登连 30	烟威 20	烟台（芝罘区、福山区、莱山区、牟平区）　海阳　栖霞　招远　莱阳　威海（环翠区）　荣成　文登　乳山　青岛市（莱西）	山东 13
			大连（金州）　庄河　普兰店　长海　丹东市（东港）　凤城	辽宁 6
			虎林	黑龙江 1
		蓬黄 3	蓬莱　龙口　长岛	山东 3
		大岫 7	大连（西岗区、中山区、沙河口区、甘井子区、旅顺口区、瓦房店）　鞍山市（岫岩）	辽宁 7
	青莱 24	青岛 15	青岛市（市南区、市北区、四方区、李沧区、崂山区、黄岛区、即墨、平度、胶州、胶南）　潍坊市（高密、安丘、诸城）　日照市（五莲）	山东 14
			抚远（二屯）	黑龙江 1
		青朐 2	青州　临朐	山东 2
		莱昌 4	莱州　潍坊（寒亭）　昌邑　沂水	山东 4
		莒照 3	莒县　莒南　日照	山东 3
	营通 20	盖桓 11	营口（站前区、西市区、老边区、鲅鱼圈区）　盖州市　大石桥市（原营口）　丹东（振兴区、元宝区、振安区、宽甸满族自治县）　本溪市（桓仁满族自治县）	辽宁 11
		通白 7	通化市（东昌区、二道江区、通化县）　白山市（八道江区、江源、抚松、临江市）	吉林 7
		长集 2	长白朝鲜族自治县　集安	吉林 2
冀鲁 200	保唐 72	涞阜 5	涞源　阜平　蔚县　曲阳	河北 4
			广灵	山西 1
		定霸 26	保定（新市区、北市区、南市区）　涞水　易县　唐县　望都　顺平　满城　清苑　定兴　高阳　安新　徐水　容城　高碑店　雄县　文安　大城　霸州　永清　定州　安国　蠡县　博野	河北 25
			静海	天津 1
		天津 14	天津（和平区、河东区、河西区、南开区、河北区、红桥区、塘沽区、汉沽区、大港区、东丽区、西青区、津南区、北辰区、武清区）	天津 14
			平谷	北京 1
		蓟遵 17	蓟县　宝坻　宁河	天津 3
			唐山（路北区、路南区、古冶区、开平区、丰润区、丰南区）　唐海　玉田　兴隆　宽城　遵化　迁西　迁安	河北 13
		滦昌 4	滦县　滦南　乐亭　昌黎	河北 4
		抚龙 6	抚宁　卢龙　青龙　秦皇岛（海港区、山海关区、北戴河区）	河北 6
	石济 81	赵深 24	赵县　深州　深泽　正定　行唐　井陉　新乐　安平　饶阳　武强　辛集　石家庄（长安区、桥东区、桥西区、新华区、裕华区、井陉矿区）　无极　晋州　宁晋　高邑　武邑　藁城　栾城	河北 24
		邢衡 16	邢台市（桥东区、桥西区）　南和　平乡　巨鹿　任县　内丘　临城　南宫　新河　冀州　邢台（东部地区）　衡水（桃城区）　柏乡　隆尧　枣强	河北 16
			广宗　威县　清河　故城　吴桥　临西　邱县　馆陶　曲周（东里町以东）　广平（县城以东）	河北 10
		聊泰 41	济南（市中区、历下区、槐荫区、天桥区、历城区、长清区）　泰安（泰山区、岱岳区）　德州（德城区）　武城　陵县　夏津　临清　高唐　禹城　齐河　冠县　莘县　聊城（东昌府区）　东阿　茌平　平阴　肥城　莱芜（莱城区、钢城区）　新泰　淄博（博山区、淄川区）　沂源　蒙阴　沂南	山东 31

区	片	小片	分布点	所属省市
冀鲁	沧惠 40	黄乐 25	黄骅　河间　肃宁　献县　青县　沧州（运河区、新华区）　沧县　阜城　景县　泊头　任丘　南皮　东光　孟村　盐山　海兴	河北 17
			乐陵　无棣　沾化　庆云　宁津　商河　临邑　平原	山东 8
		阳寿 15	阳信　惠民　滨州（滨城区）　垦利　东营（东营区、河口区）　济阳　博兴　淄博（临淄区）　广饶　寿光　昌乐　潍坊（潍城区、奎文区、坊子区）	山东 15
	章利 7		章丘　桓台　邹平　利津　高青　淄博（张店区、周村区）	山东 7
中原 385	关中 45		西安市　长安　高陵　蓝田　户县　周至　耀县　宜君　礼泉　泾阳　永寿　咸阳市　三原　彬县　兴平　乾县　旬邑　武功　洛川　黄陵　黄龙　蒲城　渭南市　白水　华阴　澄城　华县　合阳　富平　大荔　潼关　洛南　山阳　韩城市　商南　城固　洋县　临潼　铜川市　淳化　宜川　丹凤　商洛市	陕西 43
			宁县	甘肃 1
			泾源	宁夏 1
	秦陇 69		宝鸡市　宝鸡　岐山　凤翔　扶风　千阳　眉县　陇县　太白　麟游　凤县　长武　富县　延安市　甘泉　延长　定边　旬阳　安康　白河　平利　镇安　汉中市　南郑　宁强　勉县　西乡　略阳　柞水	陕西 29
			平凉市　灵台　泾川　华亭　崇信　庆阳　环县　华池　合水　正宁　镇原　礼县　西和　武山　甘谷　漳县　岷县　成县　陇西　景泰　徽县　两当　武都　宕昌　康县　文县　舟曲　靖远　临潭　敦煌	甘肃 30
			固原　彭阳	宁夏 2
			西宁市　平安　湟中　湟源　互助　门源　化隆　贵德	青海 8
	陇中 26		天水市　天水　清水　秦安　张家川　定西　会宁　通渭　临夏市　临夏　康乐　永靖　广河　和政　渭源　临洮　静宁　庄浪	甘肃 18
			海原　西吉　隆德	宁夏 3
			民和　乐都　循化　同仁　大通	青海 5
	南疆 44		焉耆　和静　若羌　库尔勒市　和硕　轮台　尉犁　且末　沙雅　新和　乌什　阿克苏市　拜城　库车　温宿　阿图什　阿克陶　疏附　疏勒　巴楚　莎车　泽普　伽师　喀什市　英吉沙　叶城　和田市　和田　墨玉　皮山　洛浦　策勒　于田　民丰　吐鲁番　鄯善　托克逊　昭苏　特克斯　巩留　伊宁市　伊宁　霍城　察布查尔	新疆 44
	汾河 28	平阳 7	临汾　霍州　洪洞　浮山　古县　曲沃　翼城	山西 7
		绛州 10	新绛　闻喜　绛县　垣曲　襄汾　侯马　稷山　万荣　夏县　沁水（城关）	山西 10
		解州 11	运城　吉县　乡宁　河津　临猗　永济　芮城　平陆	山西 8
			灵宝　陕县　三门峡	河南 3
	洛徐 27		洛阳　卢氏　渑池　洛宁　孟津　孟县　义马　新安　宜阳　栾川　嵩县　偃师　伊川　巩县　密县　新郑　鄢陵　兰考　睢县	河南 19
			成武　曹县　东明	山东 3
			徐州　铜山　丰县	江苏 3
			砀山　萧县	安徽 2
	郑曹 97		郑州　荥阳　中牟　登封　通许　尉氏　宝丰　叶县　鲁山　郾城　平顶山　襄城　郏县　长葛　临颍　舞阳　禹县　西平　泌阳　汝阳　开封市　开封　临汝　方城　唐河　新野　邓县　淅川　南召　社旗　镇平　许昌市　许昌　内乡　西峡　柘城　虞城　永城　宁陵　民权　鹿邑　沈丘　南阳市　南阳　太康　郸城　濮阳　南乐　范县　台前　滑县　内黄　清丰　商丘市　商丘　长垣　封丘　原阳　浚县	河南 59

区	片	小片	分布点	所属省市
中原	郑曹		魏县 大名	河北2
			东平 鄄城 郓城 嘉祥 巨野 菏泽 阳谷 梁山 定陶 平邑 费县 枣庄 临沂 临沭 郯城	山东15
			亳县 界首 临泉 太和 阜南 涡阳 蒙城 利辛 濉溪 阜阳市 阜阳 淮北 宿州 宿县 灵璧	安徽15
			沛县 睢宁 邳县 宿迁 新沂 赣榆	江苏6
	蔡鲁 30		上蔡 杞县 扶沟 西华 周口 淮阳 漯河 商水 项城 遂平 驻马店 汝南 确山 正阳 平舆 新蔡 淮滨	河南17
			曲阜 宁阳 汶上 兖州 泗水 邹县 济宁 金乡 单县 鱼台 滕州 微山	山东12
			颍上	安徽1
	信蚌 19		信阳市 信阳 桐柏 息县 罗山 潢川 光山 新县 固始 商城	河南10
			霍邱 金寨 寿县 凤台 固镇 蚌埠 凤阳 泗县 五河	安徽9
兰银 60	银吴 13		石嘴山市 平罗 陶乐 贺兰 银川市 永宁 灵武 青铜峡 吴忠市 盐池（东） 中宁 中卫 同心（北）	宁夏13
	金城8		兰州（城关、七里河、安宁 西固、红古） 榆中 皋兰 永登	甘肃8
	河西 17		天祝 古浪 武威 民勤 金昌市 永昌 民乐 山丹 张掖 临泽 肃南 高台 酒泉 嘉峪关市 金塔 玉门市 安西	甘肃17
	塔密 22 北疆		伊吾 哈密市 巴里坤 木垒 奇台 吉木萨尔 乌鲁木齐市 乌鲁木齐 米泉 阜康 昌吉市 呼图壁 玛纳斯 沙湾 乌苏 精河 博乐 裕民 额敏 塔城市 阿勒泰市 青河	新疆22
西南 550	川黔 141	成渝 104	安县 安岳 巴中 北川 苍溪 成都 达县 达州 大英 大竹 德阳 广安 广汉 广元 华蓥 简阳 剑阁 江油 金堂 开江 阆中 乐至 邻水 罗江 绵阳 绵竹 南部 南充 南江 蓬安 蓬溪 平昌 平武 青川 渠县 三台 射洪 遂宁 通江 万源 旺苍 温江 武胜 西充 宣汉 盐亭 仪陇 营山 岳池 中江 资阳 资中 梓潼	四川53
			璧山 城口 大足 垫江 丰都 奉节 合川 忠县 开县 梁平 南川 彭水苗族自治县 荣昌 石柱土家族自治县 铜梁 潼南 重庆 巫山 巫溪 武隆 秀山土家族苗族自治县 永川 酉阳土家族苗族自治县 云阳 万州 黔江	重庆26
			毕节 大方 道真仡佬族苗族自治县 赫章 黄平 江口 金沙 开阳 六盘水 纳雍 黔西 石阡 水城 松桃苗族自治县 铜仁 万山 息烽 修文 织金 紫云苗族布依族自治县	贵州20
			大关 威信 彝良 永善 镇雄	云南5
		黔中 21	安龙 安顺 册亨 长顺 关岭布依族苗族自治县 贵阳 六枝 盘县 平坝 普安 普定 清镇 晴隆 望谟 贞丰 镇宁布依族苗族自治县 兴仁 兴义	贵州18
			乐业 隆林各族自治县 凌云	广西3
	陕南 16		略阳 勉县 宁强 汉中（市区） 南郑 城固 留坝 西乡 汉阴 紫阳 岚皋 石泉 宁陕 佛坪 镇巴 镇坪	陕西16
	西蜀 82	岷赤 62	长宁 崇州 大邑 都江堰 峨边彝族自治县 峨眉山 高县 珙县 古蔺 合江 黑水 洪雅 犍为 江安 筠连 乐山 泸县 泸州 马边彝族自治县 茂县 眉山 沐川 南溪 彭山 彭州 郫县 屏山 蒲江 青神 邛崃 什邡 双流 松潘 汶川 新津 兴文 叙永 宜宾市 宜宾县 荥经	四川40

区	片	小片	分布点	所属省市
西南	西蜀	岷赤	赤水　德江　凤冈　湄潭　仁怀　思南　绥阳　桐梓　务川仡佬族苗族自治县　瓮安　习水　沿河土家族自治县　印红土家族苗族自治县　余庆　正安　遵义市　遵义县	贵州17
			水富　绥江　盐津	云南3
			江津　綦江	重庆2
		雅甘12	宝兴　丹棱　甘洛　汉源　夹江　芦山　泸定　名山　石棉　天全　雅安　冕宁	四川12
		江贡8	富顺　井研　隆昌　内江　仁寿　荣县　威远　自贡	四川8
	川西43	康藏26	阿坝　巴塘　白玉　丹巴　道孚　稻城　得荣　德格　甘孜　红原　金川　九龙　康定　理塘　理县　炉霍　马尔康　木里藏族自治县　壤塘　色达　若尔盖　石渠　乡城　小金　新龙　雅江	四川26
		凉山17	布拖　德昌　会东　会理　金阳　雷波　美姑　米易　宁南　普格　西昌　攀枝花　喜德　盐边　盐源　越西　昭觉	四川17
	云南118	滇中61	安宁　呈贡　澄江　楚雄　大理　大姚　峨山彝族自治县　富民　富源　华宁　华坪　会泽　江城哈尼族彝族自治县　江川　晋宁　景洪　昆明　泸西　鲁甸　陆良　禄丰　禄劝彝族苗族自治县　罗平　马龙　勐海　勐腊　弥渡　弥勒　墨江哈尼族自治县　牟定　南华　南涧彝族自治县　宁蒗彝族自治县　普洱哈尼族彝族自治县　巧家　曲靖　师宗　石林彝族自治县　双柏　思茅　嵩明　通海　巍山彝族回族自治县　武定　祥云　新平彝族傣族自治县　宣威　寻甸回族彝族自治县　漾鼻彝族自治县　姚安　宜良　易门　永平　永仁　永胜　玉溪　元江哈尼族彝族傣族自治县　元谋　沾益　昭通	云南60
			威宁彝族回族苗族自治县	贵州1
		滇西37	保山　宾川　沧源佤族自治县　昌宁　德钦　洱源　耿马傣族佤族自治县　凤庆　福贡　贡山独龙族怒族自治县　鹤庆　剑川　景东彝族自治县　梁河　景谷傣族彝族自治县　兰坪白族普米族自治县　澜沧拉祜族自治县　临沧　丽江纳西族自治县　龙陵　陇川　泸水　孟连傣族拉祜族佤族自治县　潞西　瑞丽　施甸　双江拉祜族佤族布朗族傣族自治县　腾冲　维西傈僳族自治县　西盟佤族自治县　香格里拉　盈江　永德　镇沅彝族哈尼族拉祜族自治县　云龙　云县　镇康	云南37
		滇南20	富宁　个旧　广南　河口瑶族自治县　红河　建水　金平苗族瑶族傣族自治县　开远　绿春　麻栗坡　马关　蒙自　屏边苗族自治县　丘北　石屏　文山　西畴　砚山　元阳	云南19
			西林	广西1
	湖广87	鄂西5	竹山　竹溪　郧西	湖北3
			平利　白河	陕西2
		鄂北10	丹江口　房县　谷城　老河口　南漳　十堰　随州　襄樊　郧县　枣阳	湖北10
		鄂中34	巴东　保康　长阳土家族自治县　当阳　恩施　建始　江陵　荆门　荆州　来凤　利川　罗田　潜江　沙洋　松滋　五峰土家族自治县　咸丰　兴山　宣恩　宜昌　宜城　宜都　远安　枝江　钟祥　秭归　汉川　京山　天门　武汉市区　仙桃	湖北31
			龙山　桑植　张家界	湖南3
		湘北11	常德　慈利　汉寿　津市　澧县　临澧　石门　桃源	湖南8
			鹤峰　石首　公安	湖南3
		湘西9	保靖　凤凰　古丈　洪江　花垣　吉首　麻阳苗族自治县　永顺　沅陵	湖南9

区	片	小片	分布点	所属省市
西南	湖广	怀玉 5	怀化　新晃侗族自治县　芷江侗族自治县　中方	湖南 4
			玉屏侗族自治县	贵州 1
		黔东 10	岑巩　从江　剑河　锦屏　榕江　施秉　三穗　台江　天柱　镇远	贵州 10
		黎靖 3	靖州苗族侗族自治县　通道侗族自治县	湖南 2
			黎平	贵州 1
	桂柳 76	湘南 14	郴州　道县　桂阳　嘉禾　江华瑶族自治县　江永　蓝山　临武　宁远　双牌　新田　宜章　永州　东安	湖南 14
		桂北 47	巴马瑶族自治县　百色　宾阳　大化瑶族自治县　德保　东兰　凤山　桂林　都安瑶族自治县　富川瑶族自治县　恭城瑶族自治县　合山　河池　贺州　环江毛南族自治县　金秀瑶族自治县　靖西　来宾　荔浦　临桂　灵川　柳城　柳江　柳州　龙胜各族自治县　鹿寨　罗城仫佬族自治县　马山　那坡　南丹　平果　平乐　融安　融水苗族自治县　三江侗族自治县　上林　田东　田林　田阳　武宣　象州　忻城　阳朔　宜州　永福　昭平　钟山	广西 47
		黔南 15	丹寨　都匀　独山　福泉　贵定　惠水　凯里　雷山　荔波　龙里　罗甸　麻江　平塘　三都水族自治县	贵州 14
			天峨	广西 1
	未分片 3		神农架（林区）	湖北 1
			赣州（市区）　信丰	江西 2
江淮 116	洪巢 76		连云港市　东海　灌云　灌南　沭阳　泗阳　泗洪　淮安　涟水　洪泽　盱眙　金湖　响水　滨海　阜宁　射阳　建湖　盐城　盐都　宝应　高邮　江都　扬州　仪征　六合　江浦　靖江市（沿江少数乡镇）南京市　句容　溧水　镇江市　丹徒　扬中市　丹阳市　金坛市	江苏 35
			淮南市　怀远　合肥市　长丰　肥东　肥西　六安市　霍山　舒城　滁州市　明光　定远　来安　天长市　全椒　巢湖市　含山　和县　无为　庐江　马鞍山市　当涂　芜湖市　繁昌　南陵　铜陵市　铜陵　池州市　青阳　石台（部分地区）宣城　郎溪　广德　东至　芜湖县　泾县　宁国市　旌德　黄山市（黄山区部分地区）	安徽 39
			安吉（章村、姚村）　临安市（一些村庄）	浙江 2
	泰如 14		大丰市　兴化市　东台市　泰州市　姜堰市　泰兴市　南通市　通州市　海安　如皋市　如东　武进市　江阴市　张家港市（部分地区）	江苏 14
	黄孝 26		广水市　安陆市　云梦　应城市　大悟　孝昌　孝感市　武汉市（黄陂区、新洲区）　红安　麻城市　罗田　英山　团风　浠水　鄂州市　黄冈市　蕲春　黄梅　武穴市	湖北 20
			九江市　九江　瑞昌市	江西 3
			安庆市　桐城市　枞阳	安徽 3
晋语 191	并州 16		太原　古交市　清徐　娄烦　晋中市　太谷　祁县　平遥　介休市　灵石　交城　文水　孝义市　寿阳　榆社　盂县	山西 16
	吕梁 19	汾州 14	吕梁市　汾阳市　方山　柳林　临县　中阳　兴县　岚县　静乐　交口　石楼	山西 11
			佳县　吴堡　清涧	陕西 3
		隰县 5	隰县　大宁　永和　汾西　蒲县	山西 5
	上党 19	长治 14	长治市　长治　长子　潞城市　屯留　黎城　壶关　平顺　沁县　武乡　沁源　襄垣　安泽　沁水	山西 14
		晋城 5	晋城　阳城　陵川　泽州　高平市	山西 5

区	片	小片	分布点	所属省市
晋语	五台 29		忻州市　原平市　定襄　五台　岢岚　神池　五寨　宁武　代县　繁峙　应县　河曲　保德　偏关　灵丘　朔州市　浑源　阳曲	山西 18
			杭锦后旗　磴口　乌海市　巴彦淖尔市	内蒙古 4
			府谷　神木　靖边　米脂　绥德　子长　子洲	陕西 7
	大包 37		大同市　大同　阳高　天镇　左云　右玉　山阴　怀仁　阳泉市　平定　昔阳　左权　和顺	山西 13
			包头　固阳　武川　土默特左旗　土默特右旗　和林格尔　托克托　清水河　达拉特旗　准格尔旗　伊金霍洛旗　五原　杭锦旗　乌审旗　四王子旗　达尔罕茂明安联合旗　乌拉特前旗　乌拉特中旗　乌拉特后旗　鄂克托旗　鄂托克前旗　鄂尔多斯市	内蒙古 22
			榆林　横山	陕西 2
	张呼 30		呼和浩特市　卓资　凉城　商都　太仆寺旗　兴和　化德　察哈尔右翼前旗　察哈尔右翼中旗　察哈尔右翼后旗　乌兰察布　丰镇市　二连浩特市	内蒙古 13
			张家口市　张北　康保　沽源　尚义　阳原　怀安　万全　崇礼　怀来　涿鹿　赤城　灵寿　平山　鹿泉市　元氏　赞皇	河北 17
	邯新 34	磁漳 15	邯郸市　邯郸　涉县　成安　临漳　武安　磁县　永年　肥乡　鸡泽　曲周　广平　邢台　沙河市　南和	河北 15
		获济 19	新乡市　新乡　卫辉市　辉县　获嘉　延津　鹤壁　淇县　安阳市　安阳　林州市　汤阴　焦作市　沁阳市　修武　博爱　武陟　温县　济源市	河南 19
	志延 7		延安市　志丹　延川　吴旗　安塞　延长　甘泉	陕西 7

三　官话方言在 26 省市分布的县市区及使用人口统计

表 1-2　官话方言分布县市区及使用人口（约数）统计表

	一	二	三	四	五	六	七	八	合计
	北京官话	胶辽官话	冀鲁官话	中原官话	兰银官话	西南官话	江淮官话	晋语	
1 北京	17		1						18
2 天津	1		18						19
3 辽宁	43	24							67
4 吉林	50	9							59
5 黑龙江	77	2							79
6 内蒙古	15							39	54
7 河北	13		119	2				32	166
8 山东		39	61	30					130
9 河南				108				19	127
10 安徽				27			42		69
11 江苏				9			49		58
12 湖北						48	20		68
13 湖南						40			40
14 四川						156			156
15 重庆						28			28

	一	二	三	四	五	六	七	八	合计
	北京官话	胶辽官话	冀鲁官话	中原官话	兰银官话	西南官话	江淮官话	晋语	
16 云南						124			124
17 贵州						82			82
18 山西			1	25				82	108
19 陕西				72		18		19	109
20 宁夏				6	13				19
21 甘肃				49	25				74
22 青海				13					13
23 新疆	11			44	22				77
24 广西						52			52
25 江西						2	3		5
26 浙江							2		2
县市区合计	227	74	200	385	60	550	116	191	1883
使用人口(单位:万人)	11925	3330	9159	16941	1173	27000	6723	6170	82421

第二节 官话方言的形成

中国历史悠久,是人类文明的发祥地之一。从北京周口店发现的北京猿人遗骸、石器和灰烬来看,远在四五十万年以前起,中国猿人就已经会制造工具、使用火,"已经基本具备了人的特征"(郭沫若主编 1962:3)。会制造工具和使用语言是作为人的本质特征,语言产生于人类的初始,从这点来说,中国的原始语言,也应该产生于四五十万年以前。

黄河流域是中华民族文化形成的源头,现在的官话方言区,从甘肃、青海向东,尤其是陕中、晋中南直到冀鲁豫等中原官话、晋语和冀鲁官话等的分布范围,是中国原始文化孕育和发展的中心地区,也是汉语从形成到发展的中心地区。这从以下的材料可以得到充分的说明。

考古发掘的旧石器文化,除上述北京猿人文化以外,还有山西襄汾丁村文化、河套文化、近年发现的山东沂源的猿人化石;新石器文化有河南渑池的仰韶文化、山东历城的龙山文化。传说中,中原各族共同的祖先黄帝"生于寿丘(今山东曲阜)"(《史记正义》),"与蚩尤战于涿鹿之野(今河北)","邑于涿鹿之阿"。(均见《史记·五帝本纪》)"黄帝冢"位于今陕西省黄陵县城北桥山。黄帝以后黄帝族的著名首领少昊"居曲阜"(今属山东),颛顼"居帝邱"(今河南濮阳),帝喾"居亳"(今河南偃师)。颜师古《汉书·地理志》"冀州既载"句下注:"两河间曰冀州……冀州,尧所都,故禹治水自冀州始也。"舜"生于诸冯(今山东诸城),迁于负夏(北海之滨),卒于鸣条(今河南开封附近),东夷之人也"。(《孟子·离娄下》)"舜,冀州之人也。舜耕历于山(今山东济南),渔雷泽(今山东菏泽),陶河滨,作什器于寿丘,就时于负夏"。(《史记·五帝本纪》)

束世澂《中国通史参考资料选集》(1955:17)在论及为什么陕中、豫西、晋南等地区是原始中国文化的发祥地时说:"最主要的原因,是这个地区的自然条件优美,有黄河曲折经流,又有较大的河流由各方流来,这样就使其地土壤肥沃,再加气候温和,宜于农畜的发展,因此，在附近各方发展的民族，都向这个自然条件优美的中心地区移动。各民族的不同文化紧集在这个中心区域，各种民族就不能不互相吸取较高的生产技术，好争取优好的经济生活状况。这种混合后的文化是强大有力的，由这个中心地区再向各方移动，又吸收了在移动路线上所遇到的文化优点，因而又成一种有力的文化，更向中心地区移动，在中心地区则又与其他移来的文化混合，吸取了较高的生产技术，文化因而向前进展一步。""如此，在中心地区，文化发展加速"。

中国古代各族人民的历史发展是不平衡的，其中活动在黄河中游一带的华夏族首先建立了中国第一个朝代夏朝。"夏部落是由十多个大小近亲氏族部落发展而来的。和夏部落结为联盟的还有它的远亲氏族部落，以及东方夷人的一些氏族部落。夏部落的活动地区，西起今河南西部和山西南部，沿黄河东至今河南、河北和山东三省交界的地方，和其他氏族部落形成犬牙交错的局面。夏朝曾经多次迁徙，大体上都不出这一带地方。"（郭沫若主编 1962：79）"华夏族在后来的汉族中占主要地位，因此，由几个族融合在一起的华夏族可以说是汉族的前身。"（同上）

关于夏文化的起源，蔡凤书《沉睡的文明——探寻古文化与古文化遗址》（2003：63）："根据古史传说，包括陶寺在内的山西省南部一带是夏人活动的地区，晋西南有'晋墟'之称。"山西省陶寺遗址（公元前 2400～前 1950 年）是上个世纪 50 年代由山西文物工作者发现的，这个遗址所代表的文化为学术界研究夏文化提供了重要的依据。《山西考古工作 50 年》（山西考古研究所 1999：67）："陶寺文化无疑是这一时期最发达的物质文化遗存，在本地区的主体上接纳了来自周边诸文化的因素，具备了从燕山以南（引者注：原文作'北'，疑误）到长江以北（引者注：原文作'南'，疑误）广大地域的综合体性质，确立了在当时诸方国群中的中心地位……这种多文化并行发展的格局折射出山西作为中原与北方连接地带的民族大熔炉性质，其稳定并连绵不断的文化传统与中心地位奠定了华夏文明的根基，文明时代即将到来。"

我们虽然无从了解史前时期上述华夏东夷等族的语言情况，但是从河南安阳所发现的殷墟甲骨文字的基本字形结构、基本词汇和基本语法跟后代的语言文字大体一致的情况来看，在三千多年前，这个地区已经有了相当发达的文字。1954 年在山西洪洞县发现西周时代的带字卜骨，说明西周时代也曾像商代一样使用过甲骨文字。近年在山东邹平丁公龙山文化遗址也发现陶片符号，说明在距今 4200～4000 年之间，东夷族的先民已有了原始的文字。[①]另外，上述陶寺墓葬出土的文物也提供了原始文字的信息："陶寺墓葬出土的各类遗物中，有许多器物具有特殊的意义。例如大型墓葬出土的很多陶盆、陶壶和陶瓶，都有黑、白、红、黄等几种颜色绘成的几何形花纹。其中彩绘的龙盘花纹具有代表性，这是一种礼器，龙纹可能是部落的标志。有许多木器上也有彩绘，有的上面还有朱书文字，其意义虽然不明，但是这可能和山东省丁公遗址出土的陶文一样，是中国最早的文字。"（蔡凤书 2003：65）王力《汉语史稿》（2004：680）："依照甲骨文字的体系相当完备的情况看来，如果说五千年前我们的祖先就创造了文字，还算是谨慎的估计。"文字是记录语言的工具，从图画到文字的产生是一个漫

---

①山东大学历史系考古实习队在邹平丁公遗址 1235 号龙山文化灰坑中发现的陶盘残片，学者对其底部所刻的 11 个符号是否文字认识不一。裘锡圭（1991：351）："这些符号不是图绘，也不是无目的的任意刻划的产物。它们大概也不会是跟语言毫无关系一种表意符号，不然的话为什么 11 个符号排列有序地刻在一起呢？另一方面，从遗物的时代和符号的形式来看，它们也不可能是成熟的文字。所以它们大概是一种原始文字。"

长的过程；在文字产生之前，语言应该也早已经历了漫长的历史时期。

方言的历史，可以追溯到人类定居时代的开始。"方言的存在跟人文历史至少是一样的古老"。（袁家骅等 2001：1）《礼记·王制》中"五方之民，言语不通"的记述，正是汉语自古以来就存在方言差异的说明；东汉应劭《风俗通义·序》："周秦常以岁八月遣𬨎轩之使采异代方言。"说明中国的方言调查早在周秦时代就已开始，而且是作为政府行为来推行的；世界上第一部方言专著扬雄《𬨎轩使者绝代语释别国方言》（以下简称《方言》）产生于距今 1900 多年的西汉，表明人们对存在方言差异的客观事实早就有了确切的认识。

中国历史上地域的割据固然造成方言的分歧，但是频繁的争战、大小诸侯国的分合变迁，乃至各家学说的传播，也为方言的混合提供了有利的条件。经过夏、商、周三个时期，华夏族活动地区秦、晋、齐等地的语言逐渐形成为汉语共同语的基础，《论语·述而》所说的孔子读诗书、执礼所使用的"雅言"就是"夏言"。周武王建都镐京（今陕西西安市附近），"夏言"是西周王朝京畿一带的方言，当时处于共同语中心的地位。"周朝东边是夷族，这是一个有古老传统的民族。据有关文献记载，它们很久以来就住在那里。"（郭沫若主编 1962：138）古夷族主要聚居于齐国和鲁国的地方。齐鲁方言虽然不是共同语的标准，但是齐鲁之邦是中国古代经济发展较早的地区之一，齐鲁文化更是中华文化辉煌的代表，齐鲁学者的著述是汉语共同语较早的记录形式，对汉语的发展有着深远的影响。《孟子·滕文公下》："有楚大夫于此，欲其子之齐语也，则使齐人傅诸？使楚人傅诸？"说明"齐语"在当时的重要地位。扬雄《方言》以及东汉山东高密人郑玄在先秦经籍笺注中的材料，都有齐鲁等地方言悠久历史的记录。文献还说明，东夷文化与华夏文化有着长期的交流与融合，这些地区的方言也是处于长期互相影响的过程之中，具有不少共同的特点，在历史上是官话方言向周围地区延伸的基地。

当然，官话方言内部存在许多分歧，但是由于历代政府都有推广共同语的一些措施，使分歧有所减少而使内部一致性得以加强。

从总体来看，汉语官话方言的形成，可以说是远古中原一带华夏、东夷等族的语言长期自身发展，相互影响，跟四周方言交融并向四周延伸的结果。官话方言从其主要分布区向四周扩展的情况自古存在，跟历史上的迁都、移民、屯田、戍边等等都有密切关系。如今天胶辽官话的分布，是历史上辽东地区跟山东的文化、军事方面的频繁接触，清代以来山东人口向东北地区大量迁移的结果，等等，本课题的北京官话等各章都对本方言区的形成有详细阐述，此处不再细述。

第三节　官话方言几项特点的内部比较

本节从语音、词汇、语法三个方面对官话方言进行内部比较。其中，语音方面比较了以下特点：尖团分混、古全浊声母今读、古知庄章声母今读、古日母字今读、鼻辅音韵尾的分合消存、声调类型，这些都是研究汉语语音发展史的要点。词汇方面选择了生活口语中的 80 个高频词语，比较官话方言之间以及官话与非官话方言的异同。语法方面比较了四项有分区意义的语法现象，包括单数第三人称代词的形式，家畜、家禽表性别语素的种类及其位置，语序（以"客人"为例），给予义双宾句指人宾语与指物宾语的先后位置。通过比较，可以看出官话方言内部的一致性和差异性。一致性表明官话作为一个大的方言区是有坚实的语言基础的，而差异性则提供了官话方言内部丰富多样的存在形式，对汉语研究具有很大价值。

下文各表的材料基本来自第二章至第九章的相关内容而有所补充。

一　尖团分混

总体来看，官话大部分方言都是不分尖团的，如北京官话、兰银官话、江淮官话，读音也比较一致，精组和见晓组（以下简称见组）细音都是腭化为 tɕ tɕʻ ɕ。这里的细音是以北京话作为标准的，有的方言见系细音后期演变，与知系合口字合流，读为洪音韵母，本书一律作为尖团有别的类型处理。大多数方言精组和见组拼细音由分到合经历了如下过程：

精组（尖音）：ts → tɕ ＝ tɕ ← c ← k：见组（团音）

分尖团的方言是少数，主要分布在胶辽官话、中原官话、晋语等。虽然分尖团的方言在官话方言中所占比例不大，但官话方言区的一些方言正处于尖团由分到不分的过渡阶段，不同的方言，精、见两组细音声母并不是并行发展的，表现了精组和见组声母在细音前不同的演化进程，尖团音的读音复杂多样，类型十分丰富。表 1-3 列举各官话方言尖团音的读音情况。由于不分尖团的情况比较简单，所以偏重于选择分尖团的方言。

表 1-3　官话方言各区尖团分混表①

区片	代表点	尖音		团音		备注
		齐齿呼	撮口呼	齐齿呼	撮口呼	
北 幽燕 京承	北京		tɕ tɕʻ ɕ			
北 幽燕 赤潮	赤峰		tɕ tɕʻ ɕ			
北 锦兴	兴城		tɕ tɕʻ ɕ			
北 辽沈	沈阳		tɕ tɕʻ ɕ			
北 黑吉 吉绥	吉林		tɕ tɕʻ ɕ			
北 哈肇	巴彦		tɕ tɕʻ ɕ			
胶 登连 烟威	荣成	ts tsʻ s		c cʻ ç		c cʻ 是塞擦音，下同
胶 登连 烟威	烟台	tɕ tɕʻ ɕ		c cʻ ç		尖音＝知庄章乙组
胶 登连 烟威	长海	tʃ tʃʻ ʃ		c cʻ ç		尖音＝知庄章乙组
胶 登连 蓬黄	长岛	tʃ tʃʻ ʃ		c cʻ ç		尖音＝知庄章乙组
胶 登连 大岫	大连		tɕ tɕʻ ɕ			
胶 青莱 青岛	青岛	ts tsʻ s		tɕ tɕʻ ɕ		
胶 青莱 青岛	诸城	ȶ ȶʻ ɕ		tʃ tʃʻ ʃ		团音＝知庄章乙组
胶 青莱 莒照	日照	tθ tθʻ θ		tʃ tʃʻ ʃ、ts tsʻ s		团音＝知庄章乙组
胶 营通 长集	集安		tɕ tɕʻ ɕ			
冀 保唐 天津	天津		tɕ tɕʻ ɕ			
冀 石济 赵深	石家庄	ts tsʻ s		tɕ tɕʻ ɕ		
冀 石济 邢衡	衡水	tθ tθʻ θ		tɕ tɕʻ ɕ		
冀 石济 聊泰	济南		tɕ tɕʻ ɕ			
冀 沧惠 阳寿	昌乐	ts tsʻ s		tʃ tʃʻ ʃ		
冀 章利	利津	ts tsʻ s		tɕ tɕʻ ɕ		

---

①表中"区片"以各区首字黑体表示区属，后面列出片和小片。如代表点北京属于北京官话区的幽燕片京承小片。以下各表同。

区片	代表点	尖音		团音		备注
		齐齿呼	撮口呼	齐齿呼	撮口呼	
中 关中	西安	tɕ tɕʻ ɕ				
中 秦陇	敦煌	tɕ tɕʻ ɕ				
中 陇中	天水	tɕ tɕʻ ɕ				
中 南疆	焉耆	tɕ tɕʻ ɕ				
中 汾河 平阳	洪洞	tɕ tɕʻ ɕ				文读
		tɕ tɕʻ ɕ		ȶ ȶʻ	tɕ tɕʻ ɕ	白读
中 汾河 绛州	万荣	tɕ tɕʻ ɕ				文读
		tɕ tɕʻ ɕ		tʂ tʂʻ	tɕ tɕʻ ɕ	白读
中 洛徐	洛阳	ts tsʻ s		tɕ tɕʻ ɕ		
中 郑曹	原阳	ts tsʻ s		c cʻ ç		
中 蔡鲁	单县	ts tsʻ s		tɕ tɕʻ ɕ		
中 信蚌	信阳	tɕ tɕʻ ɕ				
兰 银吴	中卫	tɕ tɕʻ ɕ				
兰 金城	永登	tɕ tɕʻ ɕ				
兰 河西	安西	tɕ tɕʻ ɕ				
兰 塔密	乌鲁木齐	tɕ tɕʻ ɕ				
西 川黔 成渝	通江	ts tsʻ s		tɕ tɕʻ ɕ		
西 川黔 黔中	贵阳	tɕ tɕʻ ɕ				
西 西蜀 岷赤	遵义	tɕ tɕʻ ɕ				
西 川西 凉山	西昌	tɕ tɕʻ ɕ				
西 云南 滇中	昆明	tɕ tɕʻ ɕ				
西 云南 滇中	元江	tɕ tɕʻ ɕ、tʂ tʂʻ ʂ（限于深臻摄三等舒声）				tʂ 组＝知庄章
西 云南 滇西	保山	ts tsʻ s		tɕ tɕʻ ɕ		
西 云南 滇西	兰坪	ts tsʻ s		tɕ tɕʻ ɕ		
西 湖广 湘北	慈利	tʃ tʃʻ ʃ				
西 桂柳 桂北	柳州	tɕ tɕʻ ɕ		k kʻ x		
西 桂柳 桂北	阳朔	ts tsʻ s		k kʻ x		
江 泰如	南通	tɕ tɕʻ ɕ				
江 洪巢	扬州	tɕ tɕʻ ɕ				
江 洪巢	南京	ts tsʻ s		tɕ tɕʻ ɕ		老派
江 黄孝	英山	tɕ tɕʻ ɕ			tʂ tʂʻ ʂ	团音撮口呼＝知庄章
晋 并州	太原	tɕ tɕʻ ɕ				
晋 吕梁 汾州	临县	ts tsʻ s		tɕ tɕʻ ɕ		
晋 吕梁 汾州	吴堡	ts tsʻ s		tɕ tɕʻ ɕ		
晋 上党 长治	潞城	tʃ tʃʻ ʃ		tɕ tɕʻ ɕ		
晋 上党 长治	平顺	ts tsʻ s		c cʻ ç		
晋 上党 晋城	阳城	tɕ tɕʻ ɕ		c cʻ ç		
晋 五台	忻州	tɕ tɕʻ ɕ				
晋 大包	阳泉	tɕ tɕʻ ɕ	tsʮ tsʻʮ sʮ	tɕ tɕʻ ɕ		
晋 张呼	张家口	tɕ tɕʻ ɕ				
晋 邯新 获济	获嘉	tɕ tɕʻ ɕ				
晋 志延	延安	tɕ tɕʻ ɕ				

　　从表中可以看出，分尖团的官话方言尖团音的读音类型达十六种之多，其中大部分是精组细音与见组细音对立，个别方言精组或见组细音内部又以韵母的齐撮为条件分化为二。如：晋语吕梁片的临县、吴堡方言、西南官话的兰坪方言，精组细音分齐齿呼、撮口呼两类，撮口呼与见组细音合并为一组；晋语大包片阳泉方言是精组细音分齐齿呼、撮口呼两类，齐齿呼与见晓组细音合并；江淮官话黄孝片英山方言也是见组分为两类，齐齿呼与精组合并，相当于北京撮口呼的字读为 tʂ tʂʻ ʂ 声母（韵母 ʮ 或介音为 ʮ）而与知系乙组字合并。此外，还有一些特殊的读音情况，如：洪洞、万荣白读分尖团，尖音和团音撮口呼已腭化，齐齿呼则洪洞为 ȶ ȶʻ，万荣为 tʂ tʂʻ（擦音洪洞、万荣白读均未腭化，仍读 x）；阳泉精组拼撮口呼韵母时声母为 ts tsʻ s。

　　一般认为，见组细音腭化往往早于精组细音。这从发音的角度可以得到合理的解释。舌根音与细音韵母相拼较舌尖音更为困难，也就比舌尖音更容易发生腭化。从官话方言分尖团的情况来看，大部分方言都是团音腭化快于尖音，如石家庄、单县、保山等；也有尖音、团音腭化基本同步的，如烟台；仅有少数方言是尖音腭化快于团音，如柳州。应该说，官话方言的尖团音情况基本证实了见组细音腭化早于精组细音的推断。

　　一般来讲，尖音的舌位前于团音。官话方言尖团音的音值分别有：

尖音五种：ts tsʻ s、tθ tθʻ θ、ȶ ȶʻ ɕ、tɕ tɕʻ ɕ、tʃ tʃʻ ʃ

团音七种：k kʻ x、c cʻ ç、ȶ ȶʻ ɕ、tɕ tɕʻ ɕ、tʃ tʃʻ ʃ、ts tsʻ s、tʂ tʂʻ ʂ

　　相同的音值在不同方言中有的属于尖音，有的属于团音，如 ts tsʻ s 是多数分尖团方言尖音的读法，但在日照方言中是团音，我们认为这是日照方言团音由 tʃ tʃʻ ʃ 向 ts tsʻ s 继续演变的结果，这种演变也牵动了韵母由细音变为洪音。有的方言尖团音值超出了通常尖团音的读法，如英山可以说尖团已经相混，读为 tɕ tɕʻ ɕ，但相当于北京音撮口呼的见组字读 tʂ tʂʻ ʂ，与知系乙组声母合并（虚=书 ʂʮ、权=船 tʂʻʮan）；乔全生《洪洞方言研究》（1999：11）团音记作 t tʻ，但"声母说明"："[t] [tʻ] 与齐齿呼韵母相拼时，实际音值是[ȶ] [ȶʻ]。"说明洪洞的团音只是舌根部位的前移而没有发生发音方法塞音变为塞擦音的变化。

二　古全浊声母今读

　　中古全浊声母在官话方言中绝大多数地区读为清音，塞音和塞擦音一般为平声送气、仄声不送气，像北京官话、冀鲁官话、兰银官话等。当然，不同的方言点都存在一些例外的字，如古上声"艇桶"、古去声"佩叛"、古入声"突特"，北京读送气音，等等，这些个别字音不细述。

　　少数地区存在一些特殊现象，这些现象指不符合"全浊声母读清音，塞音和塞擦音为平声送气、仄声不送气"这个规律的成系统的读音，可以概括为以下五类。

　　第一类，读为清音。塞音和塞擦音平声白读不送气，文读送气；仄声不送气。主要分布在两个区域：一是胶辽官话登连片烟威小片的荣成、文登两县，以及威海、牟平、乳山三县与荣成、文登相邻的一些地区。这些地方平声有五十余字白读不送气，文读送气。二是晋语的并州片，分布在清徐、平遥、孝义、介休等地。

　　第二类，读为清音。塞音和塞擦音平声送气，仄声大多数字也送气。分布地：一是江淮官话泰如片的南通、泰州、如皋等地；二是中原官话关中片的渭南、华阴、合阳、大荔，秦陇片的延安、甘泉，汾河片的临汾、新绛、运城、灵保等地；三是西南官话桂柳片湘南小片的江华等地；四是晋语吕梁片隰县小片的汾西、隰县，五台片的忻州、定襄、神木、子长、子州等。

第三类，读为清音。塞音和塞擦音平声送气，仄声少数字送气。分布地：中原官话关中、秦陇、陇中三片的西安、宝鸡、岐山、天水等；晋语吕梁片汾州小片的临县、吴堡等。

第四类，保留全浊音，分布于西南官话的桂柳片湘南小片的东安、零陵（今永州）等地。

第五类，平声保留浊音；仄声为清音，塞音和塞擦音大多为不送气。分布在西南官话湖广片湘西小片的沅陵、古丈、吉首等地。

以上五类可以看作是"特殊读音"，指古全浊声母读清音，平声送气、仄声不送气以外的情况。详见表1-4。

表1-4　官话方言中古全浊声母的特殊读音表①

类型	区片	代表点	平			上			去			入		
			盘並	糖定	裙群	抱並	动定	造从	败並	洞定	撞澄	白並	族从	及群
一	北 幽燕	北京	pʻ	tʻ	tɕʻ	p	t	ts	p	t	tʂ	p	ts	tɕ
	胶 登连 烟威	荣成	p白	t白	c白	p	t	ts	p	t	tʂʻ又	p	tsʻ又	c
	胶 登连 烟威	文登	p白	t白	c白	p	t	ts	p	t	tʂʻ又	p	tsʻ	c
	晋 并州	介休	p白	t白	tɕ白	p	t	ts	p	t缀	ts	p	ts	tɕ
	晋 并州	孝义	p白	tʻ	tɕʻ白	p	t	ts	p	t	ts	p	ts	tɕ
二	江 泰如	如皋	pʻ	tʻ	tɕʻ	pʻ白	t	tsʻ	pʻ	t	tsʻ又	pʻ	tsʻ又	tɕʻ白
	江 泰如	泰州	pʻ	tʻ	tɕʻ	pʻ白	tʻ白	tsʻ白	pʻ白	tʻ白	tsʻ	pʻ白	tsʻ	tɕʻ
	中 关中	合阳	pʻ	tʻ	tɕʻ	p	t	ts	p	t	pfʻ	p	tsʻ	tɕʻ
	中 秦陇	延安	pʻ	tʻ	tɕʻ	p	t	ts	p	t	tʂ	p	ts	tɕʻ
	中 汾河 平阳	临汾	pʻ	tʻ	tɕʻ	tʻ白	t	tsʻ白	p	t	tʂ	pʻ白	ts	tɕʻ
	中 汾河 绛州	新绛	pʻ	tʻ	tɕʻ	tʻ白	t	tsʻ白	p	t	pfʻ	p	tsʻ	tɕʻ
	中 汾河 解州	运城	pʻ	tʻ	tɕʻ	p	t	ts	p	t	pfʻ	p	tsʻ	tɕʻ
	西 桂柳	江华	pʻ	tʻ条	tɕʻ乔	pʻ敝	tʻ弟	tsʻ在	pʻ	tʻ	tsʻ柱	pʻ	tsʻ	tɕʻ
	晋 吕梁 隰县	汾西	pʻ	tʻ	tɕʻ	p	t	ts	p	t	ts	p	ts	tɕʻ
	晋 五台	神木	pʻ	tʻ	tɕʻ	p	t	ts	p	t	tʂ	p	ts	tɕ
三	中 关中	西安	pʻ	tʻ	tɕʻ	p	t	tsʻ白	p	t	pfʻ	p	tsʻou又	tɕʻ
	中 秦陇	宝鸡	pʻ	tʻ	tɕʻ	p	t	ts	p	t	tʂʻ白	p	tsʻ	tɕʻ
	中 陇中	天水	pʻ	tʻ	tɕʻ	p	t	tsʻ	pʻ	tʻ白	tsʻ	pʻ白	ts	tɕʻ
	晋 吕梁 汾州	吴堡	pʻ	tʻ	tɕʻ	p	t	ts	p	t	ts	p	ts	tɕʻ
	晋 吕梁 汾州	临县	pʻ	tʻ	tɕʻ	p	t	ts	p	t	ts	pʻ白	ts	tɕʻ
四	西 桂柳 湘南	东安	b	d	dz	b	d	tsʻ	b	d	dz	b	z	dz
	西 桂柳 湘南	零陵永州	b	d堂	z群	b倍	d杜	z坐	b	d	z助崇	b	z	z
五	西 湖广 湘西	沅陵	b	d堂	dz群	p部	t	ts坐	p	t	ts柱	p	ts	tɕ
	西 湖广 湘西	古丈	b	d堂	dz群	p部	t杜	ts在	p	t	ts阵	p	tsʻ	tɕ

①表中有的音标后写有汉字，"白"为白读，"文"为文读，"又"为又音，其他则是因有的材料没有本表所选例字，只好选用另外与表头所选例字古声母相同的字代替。以下各表同。

三　古知庄章声母今读

古知庄章声母的今读是方言语音研究中的一个重要问题。这固然与其涉及中古三组声母多达 12 个有关，但更重要的是由于这三组声母在汉语方言中所表现出来的复杂情况。官话方言与非官话方言相比，总的特点是声母复杂，韵母与声调简单，而其声母复杂的一个主要原因就是知庄章声母的读音复杂。

至今还没有发现完整保留中古知、庄、章三组声母对立的汉语方言。从中古到现代，这三组声母的总体发展趋势是合并，不同方言由复杂到简单的演化有不同的方式，而每一种方式在不同的方言中又可能表现出阶段的不同，因此就有多种分化合并的组合方式。表 1-5 对知庄章三组声母在官话方言各区方言中的读音进行比较。

表 1-5　官话方言各区知庄章今读比较表①

区片	代表点	开口						合口			
		知二	庄二	庄三	章止	知三	章止外	庄二	庄三	知三	章
北 幽燕 京承	北京	tʂ（庄组"责"等30余字、澄母"泽择"2字读 ts 组）									
北 幽燕 赤朝	赤峰	tʂ									
北 锦兴	兴城	tʂ									
北 辽沈	沈阳	ts=精组									
北 黑吉 吉绥	吉林	ts~tʂ									
北 哈肇	巴彦	tʂ									
胶 登连 烟威	荣成	甲tʂ			乙tʃ			甲tʂ		甲tʂ、乙tʃ遇摄	
胶 登连 烟威	烟台	甲ts			乙tɕ=尖音			甲ts		甲ts、乙tɕ遇摄	
胶 登连 蓬黄	长岛	甲ts			乙tʃ=尖音			甲ts		甲ts、乙tʃ遇摄	
胶 登连 大岫	大连	甲ts			乙tʃ			甲ts		乙tʃ遇摄	
胶 青莱 青岛	平度	甲tʂ			乙tʃ			甲tʂ		甲tʂ、乙tʃ遇山臻摄	
胶 青莱 青岛	诸城	甲tʂ			乙tʃ=团音			甲tʂ		甲tʂ、乙tʃ遇山臻摄	
胶 青莱 莱昌	莱州	甲tʂ			乙tʂ			甲tʂ		甲tʂ、乙tʂ遇山臻摄	
胶 青莱 莒照	莒南	甲tʂ			乙tʃ			甲tʂ		甲tʂ、乙tʃ遇山臻摄	
胶 营通 盖桓	桓仁	ts=精组									
胶 营通 通白	通化	ts=精组									
胶 营通 长集	集安	ts=精组									
冀 保唐 天津	天津	tʂ（庄章两组多数止摄字、其他庄组10余常用字及澄母"泽择"2字读 ts 组）									
冀 保唐 蓟遵	平谷	tʂ									
冀 保唐 滦昌	昌黎	甲ts			乙tʂ			甲ts（拼单韵母 u 时读 tʂ）			
冀 保唐 抚龙	秦皇岛	tʂ=精组									
冀 石济 邢衡	衡水	tʂ（部分知章组三等字读 tɕ 组）									
冀 石济 聊泰	济南	tʂ（庄组8字读 ts 组、15字老派读 tʂ 组新派读 ts 组）									
冀 沧惠 黄乐	沧州	甲ts=精组			乙tʂ			甲ts=精组		甲tʂ、乙tʂ遇山臻摄	
冀 沧惠 阳寿	潍坊	甲tʂ			乙tʃ			甲tʂ		甲tʂ、乙tʃ遇山臻摄	
冀 章利	利津	tʂ									

①表中甲、乙、丙表示分类。凡古合口来源的不论开口是否分甲、乙，表中皆称丙。单个的声母代表同部位的一组，如 tʂ 代表 tʂ tʂʻ ʂ。

区片	代表点	开口						合口			
		知二	庄二	庄三	章止	知三	章止外	庄二	庄三	知三	章
中　关中	西安	甲ts=精组（宕江知庄读 pf）				乙tʂ		丙pf			
中　关中	咸阳	甲ts=精组				乙tʂ		甲ts			
中　秦陇	西宁	甲ts=精组（宕江知庄读 tʂ tʂ' f）				乙tʂ		丙tʂ tʂ' f			
中　陇中	天水	甲ts=精组				乙tʂ		甲ts			
中　南疆	霍城	甲ts=精组				乙tʂ		丙tʂf tʂ'f ʂ/f			
中　汾河 平阳	临汾	ts						丙tʂ tʂ' f			
中　汾河 绛州	闻喜	ts=精组（宕摄庄、江摄知庄外）						丙pf			
中　汾河 解州	永济	ts=精组（宕摄庄、江摄知庄外）						丙pf			
中　洛徐	洛阳	甲ts=精组（宕摄庄、江摄知庄外）				乙tʂ					
中　洛徐	东明	甲ts=精组				乙tɕ		甲ts		甲ts、乙tɕ遇摄	
中　郑曹	郑州	tʂ									
中　蔡鲁	单县	ts=精组						丙ts ts' f			
中　信蚌	信阳	ts=精组									
兰　银吴	中卫	tʂ ts（梗摄）	tʂ ts		甲tʂ			甲tʂ	ts ts	甲tʂ	
兰　金城	永登	tʂ（少数庄组字、个别知组字读 ts）						丙pf			
兰　河西	古浪	tʂ（少数庄组字、个别知组字读 ts）									
兰　河西	张掖	tʂ（少数庄组字、个别知组字读 ts）						丙k k' f			
兰　河西	安西	甲ts						乙tʂ			
兰　塔密	乌鲁木齐	甲tʂ（江摄读 tʂ）	ts tʂ		甲tʂ	乙tʂ		丙tʂ tʂ' f			
西　川黔 成渝	成都	ts=精组									
西　川黔 黔中	贵阳	ts=精组									
西　川黔 陕南	汉中	甲ts=精组（少数知章组字读tʂ）				乙tʂ		甲ts			
西　西蜀 岷赤	遵义	ts=精组									
西　西蜀 雅甘	汉源	ts=精组									
西　西蜀 江贡	仁寿	tʂ（知庄组梗开二等、庄组宕以外开口三等及遇通两摄读 ts）									
西　川西 凉山	西昌	tʂ（庄组"初"等20余字、澄母"泽择"2字、昌母"出翅"2字读 ts 组）									
西　云南 滇中	昆明	tʂ ts（梗摄）	ts ts		tʂ			tʂ			
西　云南 滇西	保山	tʂ（知庄组梗开二等、庄组宕以外开口三等及遇通两摄读 ts）									
西　湖广 鄂中	荆门	tʂ									
西　湖广 鄂中	武汉	甲ts=精组						甲ts、丙tɕ（知章组遇臻摄）			
西　桂柳 桂北	桂林	ts=精组									
西　桂柳 黔南	都匀	ts=精组									
江　泰如	南通	ts=精组						甲ts	甲ts（遇通摄）、丙tɕ（蟹止山臻摄）		
江　洪巢	扬州	ts=精组									
江　洪巢	南京	tʂ ts（梗摄）	tʂ ts		tʂ			tʂ	tʂ ts（止）	tʂ	
江　黄孝	英山	甲ts				乙tʂ					
晋　并州	太原	ts=精组									
晋　并州	太谷	ts=精组						丙ts ts' f			
晋　并州	平遥	甲ts				乙tʂ		甲ts			
晋　并州	娄烦	甲ts				乙tʂ		丙pf			

区片	代表点	开口						合口			
		知二	庄二	庄三	章止	知三	章止外	庄二	庄三	知三	章
晋 吕梁 汾州	静乐	ts＝精组						丙pf			
晋 上党 长治	长治	ts＝精组									
晋 上党 晋城	晋城	tʂ＝精组									
晋 五台	神木	甲ts						乙tʂ			
晋 大包	大同	甲ts						乙tʂ			
晋 大包	左权	甲ts				乙tʂ		甲ts		乙tʂ、甲tʂ	
晋 张呼	鹿泉	tʂ（少数庄组字、个别知组字读 ts）									
晋 邯新 磁漳	邯郸	tʂ									
晋 邯新 获济	获嘉	甲ts						乙tʂ			
晋 志延	延安	甲ts						乙tʂ			

知庄章声母在官话方言中的读音可以大致概括为三大类型，见下表。

表 1-6　官话方言各区知庄章今读类型表①

类型			开口		合口	分布地例举
			知二 庄二 庄三 章止	知三、章止外	知庄章	
合一型		1 ①	tʂ			北京 济南 郑州 荆门
		1 ②	ts			沈阳 通化 贵阳 太原
		2 ③	ts～tʂ			吉林
二分型	甲乙类	1 ①	ts	tʂ	ts	大连 莱州 沧州 咸阳
		1 ②	ts	tʃ	tʂ	荣成 诸城 莒南
		1 ③	ts	tɕ	ts	烟台 东明
		1 ④	ts	tʃ	ts	长岛
		2	ts	tʂ		洛阳 获嘉 神木
		3	ts		tʂ	英山
		4	tʂ ts（梗）	tʂ ts	tʂ ts（庄遇通）	南京 昆明 中卫
	甲丙类	①	tʂ		pf	永济 永登
		②	tʂ		tʂ tʂʻ f	临汾
		③	tʂ		pf	闻喜 静乐
		④	tʂ		ts tsʻ f	太谷 单县
		⑤	tʂ		k kʻ f	张掖
		⑥	tʂ		ts tɕ（遇臻）	武汉
三分型	甲乙丙类	①	ts	tʂ	pf	西安 娄烦
		②	ts	tʂ	tʂ tʂʻ f	西宁 乌鲁木齐
		③	ts	tʂ	tʂf tʂʻf ʂ/f	霍城

纵观知庄章声母在官话方言中的今读，合并型体现了声母的简化，读 ts 组声母的与精组合并，ts tʂ 自由变读的正处于合并的过程之中，而读 tʂ 组的保持知庄章声母的独立。二分型主要是开口知二、庄（甲类）和知三、章（乙类）的不同，合口的情况有二：一是与开口知二、庄（或知三、章）合并，二是独立为一类（丙类），与开口有别。三分型基本上是二分

①表中开口"知二、庄三、章止"为甲类，开口"知三、章止以外"为乙类，合口如自成一类者为丙类。二分型甲丙类开口不分类，合称甲类。类型栏中的数码"1、2"等表示分类的不同，"①、②"等表示同类中音值不同。

型的模式，只是合口独立为一类（丙类）。从音值看，多数二分型的甲类读 ts，乙类读 tʂ，只是分布于胶辽官话的文登、荣成等地甲类读 tʂ 而乙类读 tʃ，或甲类读 ts 而乙类读 tɕ tʃ 不一。

　　个别的摄不符合上述通常规律。如：宕摄开口庄组和江摄开口知、庄组在许多方言中与合口字相同，如闻喜、洛阳，北京虽然知庄章基本没有分化，但这些字也是读合口的；荣成等地合口字归甲类，但遇摄归乙类，诸城等地合口除遇摄以外，山、臻摄也归乙类；南京、昆明知二、庄组二等读 tʂ，但梗摄字读 ts，庄三读 ts 而宕摄及少数止摄如"筛史使驶"等读 tʂ；北京、济南等许多方言，庄组少数字和知组个别字读 ts。

四　古日母字今读

　　古日母字在官话方言中的今读见下表。

表1-7　官话方言古日母字今读表①

区片	代表点	止开	开口					合口			
		儿	饶效	染咸	人臻	日臻	仍、扔曾	如遇	软山	绒通	辱、褥通
北 幽燕京承	北京	ər	ʐ̩	ʐ̩	ʐ̩	ʐ̩	ʐ̩	ʐ̩	ʐ̩	ʐ̩	ʐ̩
北 幽燕赤朝	赤峰	ər	ʐ̩	ʐ̩	ʐ̩	ʐ̩	ʐ̩	ʐ̩	ʐ̩	ʐ̩	ʐ̩
北 锦兴	锦州	ər	ʐ̩	ʐ̩	ʐ̩	ʐ̩	ʐ̩、l	ʐ̩	ʐ̩	ʐ̩	ʐ̩
北 辽沈	沈阳	ər	ø	ø	ø	ø	ø、l	ø~l	ø	ø	ø
北 黑吉吉绥	黑河	ər	ʐ̩	ʐ̩	ʐ̩	ʐ̩	ʐ̩	ʐ̩乳	ʐ̩	ʐ̩	ʐ̩
北 黑吉长辽	白城	ər	ø	ø	ø	ø	l	ø	ø	ø	l、ø
北 黑吉嫩佳	佳木斯	ər	ø	ø	ø	ø	ø、l	ø	ø	ø	l、ø
北 哈肇	哈尔滨	ər	ʐ̩	ʐ̩	ʐ̩	ʐ̩	ʐ̩、l	ʐ̩	ʐ̩	ʐ̩	ʐ̩
北 哈肇	巴彦	ər	ø	ø	ʐ̩	ʐ̩	ʐ̩、l	ø~ʐ̩	ø	ø	ʐ̩
胶 登连烟威	荣成	ər	ø	ø	ø	ø	l	ø	ø	ø	?、ø
胶 青莱莱昌	莱州	ər	ø	ø	ø	ˠ	l	ø	ø	ø	l、ø
胶 青莱青胊	临朐	ɭə	l	l	ʐ̩(限ʅ韵)	ɭə	l	l	l	l	l
胶 青莱莒照	莒南	ɭə	ø	ø	ø	ø	?、l	ø	ø	ø	ø
胶 营通盖桓	宽甸	ər	ø	ø	ø	ø	l	ø	ø	ø	ø
胶 营通盖桓	盖州	ər	ø	ø	ø	ø	l	ø	ø	ø	ø
冀 保唐涞阜	广灵	ər	z	z	z	z	z	z乳	z	z	z
冀 保唐定霸	高阳	ər	ʐ̩	ʐ̩	ʐ̩	ʐ̩	ʐ̩	ʐ̩	ʐ̩	ʐ̩	ʐ̩
冀 保唐蓟遵	平谷	ər	ʐ̩	ʐ̩	ʐ̩	ʐ̩	ʐ̩	ʐ̩	ʐ̩	ʐ̩	ʐ̩
冀 保唐滦昌	昌黎	ər	ʐ̩	ʐ̩	ʐ̩	ʐ̩	ʐ̩	ʐ̩	ʐ̩	ʐ̩	ʐ̩
冀 石济赵深	石家庄	ər	ʐ̩	ʐ̩	ʐ̩	ʐ̩	ʐ̩	ʐ̩	ʐ̩	ʐ̩	ʐ̩
冀 石济邢衡	巨鹿	ɭə	l	ø	ø	ɭə	ʐ̩	l	l~ø	l	l
冀 石济聊泰	济南	ər	ʐ̩	ʐ̩	ʐ̩	ʐ̩	ʐ̩	l	l	l	l
冀 沧惠黄乐	盐山	ər	ʐ̩	ʐ̩	ʐ̩	ʐ̩	ʐ̩	ʐ̩	ø	ʐ̩	ʐ̩、ʐ̩文 l白
冀 沧惠阳寿	寿光	ɭə	l	l	l	l	l	l	l	l	l

　　①表首有两个字的，属于同一音韵地位，方言中如有不同读音，中间用顿号隔开，"?"表示读音不明。

区片	代表点	止开	开口					合口			
		儿	饶效	染咸	人臻	日臻	仍、扔曾	如遇	软山	绒通	辱、褥通
冀 章利	利津	lə	ʐ̩	ʐ̩	ʐ̩	ʐ̩	ʐ̩、z̩文 l白	ʐ̩	ʐ̩	ʐ̩	ʐ̩
中 关中	西安	ɚ	ʐ̩	ʐ̩	ʐ̩	ɚ	ʐ̩	v	v	v	ʔ、v
中 秦陇	宝鸡	ɚ	ʔ	ʐ̩	ʐ̩	ɻɛ	ʐ̩	ʐ̩	ʐ̩		ʐ̩
中 秦陇	西宁	ɛ	ʐ̩	ʐ̩	ʐ̩	ʐ̩	ʐ̩	ɣ	ø	ø	ɣ
中 陇中	天水	ɚ文白 ɻɛ	ʐ̩	ʐ̩	ʐ̩	ʐ̩	z	z	z	z	z
中 南疆	焉耆	ɻɛ	ʐ̩	ʐ̩	ʐ̩	ʐ̩	ʐ̩	ʐ̩	ʐ̩		ʐ̩
中 汾河 平阳	临汾	ɻɛ	ʐ̩	ʐ̩	ʐ̩	ʐ̩	v、ʐ̩	v	v	v	v
中 汾河 绛州	新绛	ɻɛ	ʐ̩	ʐ̩	ʐ̩	ʐ̩	ʐ̩	v	v	v	v
中 汾河 解州	运城	ɚ		ʐ̩	ʐ̩	ɚ白 z̩文	v、z	v	v		ʐ̩、z̩文v白
中 洛徐	徐州	ɚ	ʐ̩	ʐ̩	ʐ̩	ʐ̩	ʐ̩	ʐ̩	ʐ̩		ʐ̩
中 郑曹	郑州	ɻ̩	ʐ̩	ʐ̩	ʐ̩	ʐ̩	ʐ̩	ʐ̩	ʐ̩		ʐ̩
中 郑曹	平邑	ɻɛ	ʒ	ʒ	ʒ	ʒ	ʒ	v	v		v、ʔ
中 蔡鲁	曲阜	ɚ	z	z̀	z	z	z	z	z		z
中 信蚌	信阳	ɚ	z	z	z	z	ø	z	z		ʔ
兰 金城	兰州	ɯ	ʐ̩	ʐ̩	ʐ̩	ʐ̩	v、ʐ̩	v	v		v
兰 银吴	银川	ɯ	ʐ̩	ʐ̩	ʐ̩	ʐ̩	ʐ̩	ʐ̩	ʐ̩		ʐ̩
兰 塔密	乌鲁木齐	ɚ	ʐ̩	ʐ̩	ʐ̩	ʐ̩	z̩、ʔ	v~ʐ̩	ʐ̩		v~ʐ̩
西 川黔 成渝	成都	ɚ	z	z	z	z	z、ʔ	z	z		z
西 川黔 黔中	贵阳	ɚ	z	z	z	z	z	z	z		z
西 西蜀 岷赤	遵义	ɚ	z	z	z	z	z	z	z		z、ʔ
西 西蜀 江贡	自贡	ɻɛ	ʐ̩	ʐ̩	ʐ̩	ʐ̩	ʐ̩	ʐ̩	ʐ̩		ʐ̩
西 川西 凉山	西昌	ɚ	ʐ̩	ʐ̩	ʐ̩	ʐ̩	ʐ̩	ʐ̩	ʐ̩	ø	ʐ̩
西 云南 滇西	保山	æ	ʐ̩	ʐ̩	ʐ̩	ʐ̩	ʐ̩	ʐ̩	ʐ̩		ʐ̩
西 湖广 鄂中	武汉	ɯ	n	n	n	n	n	ø	ø	ø	n
西 湖广 湘北	常德	ɻɛ	ŋ	ŋ	ŋ	ɚr	ŋ、ʔ	ø	ŋ	ŋ	ŋ
西 桂柳 湘南	江永	ai	ø	ø	ø文 白	n	ø、ʔ	ø	ø	ø	ø
西 桂柳 桂北	柳州	ɣ	ø	ø	ø	ø	ø、ʔ	ø	ŋ		ø
西 桂柳 黔南	都匀	ə	z	ø	z	z	ʔ	z	ø	z	ʔ
江 洪巢	扬州	a	l	ø	l	l	l	l	l	l	l
江 洪巢	南京	ɻɛ	ʐ̩	ʐ̩	ʐ̩	ʐ̩	ʐ̩	ʐ̩	ʐ̩	ʐ̩	ʐ̩
江 泰如	南通	ɻɛ	ø	ø	ø	s文 ø白	ø	l	ø	ø	ø
江 泰如	如皋	ɻɛ	ʐ̩	ʐ̩	ʐ̩	ʐ̩	ʐ̩	ʐ̩	ʐ̩	ʐ̩	ʐ̩
江 黄孝	英山	ɚ	ʐ̩	ø	ʐ̩	ʐ̩	ʐ̩	ʐ̩	ø	ʐ̩	ʐ̩
晋 并州	太原	ɻɛ	z	z	z	z	z文	z	z	z	z
晋 并州	太谷	ɻɚ	z	z	z	z	z	v白	v白	z文v白	ʔ、z文v白
晋 并州	平遥	ɻɛ	ʐ̩	ʐ̩	ʐ̩	ʐ̩	ʐ̩	ʐ̩	ʐ̩		ʐ̩
晋 吕梁 汾州	临县	ɚ	ʐ̩	ʐ̩	ʐ̩	ʐ̩	ʐ̩	ʐ̩	ʐ̩	ʐ̩	ʐ̩
晋 吕梁 隰县	汾西	ɻɛ	z	z然	z	z	z、ʔ	v	z文v白	z文v白	z文v白
晋 上党 长治	长治	ɻɛ	ø	ø	ø	ø	ø	ø	ø	ø	ø

区片	代表点	止开	开口					合口			
		儿	饶效	染咸	人臻	日臻	仍、扔曾	如遇	软山	绒通	辱、褥通
晋 上党 晋城	陵川	lə	l	l	l	∅	l	l	l	∅	l、∅
晋 五台	忻州	ɚe	zʅ n富~	zʅ	zʅ	zʅ	zʅ	z	z	z	z
晋 五台	神木	ʌɯ	zʅ	zʅ	zʅ	z文∅白	zʅ、∅	zʅ	zʅ	zʅ	zʅ
晋 大包	大同	ɚe	zʅ	zʅ	zʅ	zʅ、?	zʅ	zʅ	zʅ	zʅ	?、zʅ
晋 张呼	张家口	ɚe	zʅ	zʅ	zʅ	zʅ	zʅ	zʅ	zʅ	zʅ	z
晋 邯新 磁漳	邯郸	ɻe	zʅ	zʅ	zʅ	zʅ	l	l	l	l	?、l
晋 邯新 获济	获嘉	l	zʅ	zʅ	zʅ	zʅ	zʅ	zʅ	zʅ	zʅ	zʅ

讨论古日母字的今读，要先将止摄字单说。止摄日母字的读音跟其他各摄不同，在整个官话方言中，止摄日母字读为 ɚe 的是大多数，表 1-7 "官话方言日母字今读表"读 ɚe（或 ɚe）的有 53 点，占所列 70 点的 75.7%。其余 17 点分别读 lə lʅ le l 或 ɛ ɣ ə ɤ 等不一，但也呈现了一定的地域特点，如北部地区的山东、河北、河南等地多读 le lə，西南地区多读平舌元音 ɛ ə ɜ 等。

止摄以外的日母字主要可以归纳为单一型和二分型两类，二分的分化条件主要是开合口。如果不计例外情况，官话方言止摄以外的日母字读音可以用下表概括。

表 1-8 官话方言古日母字今读类型表

类型			开口	合口	分布地例举
单一型	1	①	zʅ		北京 平谷 徐州 银川 南京 获嘉
		②	∅		沈阳 荣成 宽甸 柳州 南通 长治
		③	z		广灵 曲阜 信阳 成都 贵阳 太原
		④	l		临朐 寿光 扬州 陵川
		⑤	ŋ		常德
	2	①	zʅ、∅		巴彦
		②	l多、∅少		巨鹿
二分型	1	①	zʅ	l	济南 邯郸
		②	zʅ	v	西安 临汾 新绛 运城 兰州
		③	ʒ	v	平邑
二分型	1	④	zʅ	z	天水 平遥 临县 忻州
		⑤	n	∅	武汉
	2	①	z	z文 v白	太谷 汾西
		②	zʅ	v、∅	西宁
		③	zʅ	v、zʅ	乌鲁木齐
	3	①	zʅ、∅	∅	英山
		②	l（ɿ 韵母以外） zʅ（限于 ɿ 韵母）	l	临朐

例外字情况："仍扔"和"辱褥"四字，在北京官话特别是胶辽官话分布区内，有的全部读为 l 声母；"日"字在巨鹿、西安、宝鸡、常德等地读同止摄的"二"字，运城和南通有文白异读；古合口字"辱褥"在武汉、英山两点，韵母读为开口的 nou 和 zəuʔ。

日母字读音的一个突出特点是：往往与知庄章组的声母配为一组，北京话就是一例。其他官话方言中也常常如此：知庄章组为 tʂ 型，日母为 ʐ；知庄章组为 ts 型，日母就为 z；如果知庄章组合口为 pf 型，合口的日母就是 v，v 限于合口，应是由合口呼韵母的介音 u 演变而来；知庄章乙组为 tɕ 型，则日母常为 ∅。当然，这只是一种趋势，不能说明日母字读音的全部情况。

五　鼻辅韵尾的分合消存

　　鼻韵尾的合并、弱化乃至消失是汉语韵母简化的一种重要表现，表 1-9 列出了咸深山臻宕江曾梗通七摄阳声韵在官话方言各区的韵母情况。

表 1-9　官话方言古阳声韵分合消存的比较①

区片	代表点	咸	山	宕	江	深	臻	曾	梗	通	备注
北 幽燕 京承	北京	an		aŋ		ən		əŋ			
北 幽燕 赤朝	赤峰	ã		ã		ɔ̃					
北 锦兴	锦州	an		aŋ		ən		əŋ			
北 辽沈	沈阳	an		aŋ		ən		əŋ			
北 黑吉 长辽	长春	an		aŋ		ən		əŋ			
北 哈肇	哈尔滨	an		aŋ		ən		əŋ			
胶 登连 烟威	荣成	an		aŋ		ən		əŋ			
胶 青莱 青岛	青岛	ã		aŋ		ɔ̃		oŋ（东=登 拥=英）			无uŋ、yŋ
胶 青莱 青昌	沂水	ã		aŋ		ɔ̃		əŋ oŋ合口		oŋ	
胶 营通 盖桓	丹东			aŋ		ən		əŋ			
胶 营通 通白	通化	an		aŋ		ən		əŋ			
冀 保唐 涞阜	广灵	æ		ɔ		əŋ					
冀 保唐 定霸	保定	an		aŋ		ən		əŋ			
冀 石济 聊泰	济南	ã		aŋ		ẽ		əŋ			
冀 沧惠 黄乐	沧州	an		aŋ		ən		əŋ			
冀 沧惠 阳寿	博兴	ã		ã		ɔ̃		əŋ			
冀 章利	桓台	ã		aŋ		ɔ̃		əŋ			
中 关中	西安	æ̃		ãɣ		ẽ		əŋ			
中 秦陇	宝鸡	æ̃		ã		əŋ					
中 陇中	天水	an		aŋ		ən					
中 南疆	焉耆	a^n		aɣ		əŋ					
中 南疆	鄯善	an		aŋ		əŋ					
中 汾河 平阳	洪洞			ɑŋ		en		eŋ			风白=分
				o白				e白 ɛ白 en白			钉白=跌
中 汾河 绛州	新绛	ã		əŋ		ən		əŋ（方=风 光=工）			丁白=爹
				ə白（狼白=罗白）				ən白 e白			盛白=社

---

　　①以开口呼概括开齐合撮四呼，没有撮口呼的在"备注"栏下说明；部分声母如非组、知系等在四呼上与其他声组不同，表中不计。

区片	代表点	咸	山	宕	江	深	臻	曾	梗	通	备注
中 汾河 绛州	万荣	æ̃		ʌŋ		ei（分=非 棍=贵）		ʌŋ（方=风 光=工）			
中 汾河 解州	运城	æ̃		ɑŋ		eĩ ieĩ yeĩ		ɔŋ			春白=吹 醒白=写
				o白		ei白		a白 ɛ白			
中 汾河 解州	吉县	æ̃		ɔŋ（旁=棚 央=英）		ei		ɔŋ			风=分=非
				ə白		（盆=赔 村=摧）		a白 ɛ白 ei白			
中 洛徐	徐州	æ̃		ɔŋ		ə̃				ʊŋ	
中 郑曹	郑州	an		ɑŋ		əŋ				ʊŋ	
中 蔡鲁	金乡	ã		ɑŋ		ə̃				ʊŋ	
中 信蚌	蚌埠	ã		ã		ə̃		ə̃ əŋ oŋ 梗合（新=星 而 根≠耕）		oŋ	部分曾梗摄字读ɔ̃
兰 银吴	银川	an		ɑŋ		əŋ（分=风 民=明 孙=松 群=穷）					
兰 银吴	中卫	ãi iẽ uãi yẽ		ɑŋ		eĩ iĩ ueĩ uĩ		əŋ			中卫河北片
兰 金城	兰州	ɛ̃		ɑ̃		ə̃n（分=风 民=明 村=葱 群=穷）					
兰 河西	张掖	æ̃				əɣ̃					8个韵母
兰 塔密	乌鲁木齐	an		ɑŋ		əŋ					
西 川黔 成渝	成都	an		ɑŋ		ən				oŋ	无撮口呼
西 西蜀 岷赤	遵义	an		ɑŋ		ən				oŋ	
西 川西 凉山	西昌	an		ɑŋ		ən				oŋ	无撮口呼
西 云南 滇中	大理	ã, uã 开、合 iẽ, yẽ 齐、撮		iã		ə̃ ĩ 开、齐 uə̃, ỹ 合、撮				oŋ ioŋ	
西 云南 滇中	昆明	ã, uã 开、合 iæ̃, yæ̃ 齐、撮		iã		ə̃ ĩ uə̃				oŋ ioŋ	无撮口呼
西 云南 滇西	保山	aŋ 一二、合三非组 ian uan yan		aŋ		ɛn in un yn oŋ（曾梗摄开口一二等唇音及合口）				oŋ	
西 云南 滇西	洱源	ã 开 iẽ uã yã		iã uã		əĩ ĩ uəĩ ỹ oŋ（曾梗摄开口一二等唇音及合口）				oŋ	
西 云南 滇西	宾川	a ua（洪音：官=光=瓜） ie ye		ia		ə̃ ĩ ue ye oũ曾梗摄开口一二等唇音及合口				oũ（同=头）	
西 云南 滇西	丽江	æ（半=棒=败）				e ue ye i əu 曾梗摄开口一二等唇音				o、u、əu（红=胡）	魂=横=回 心=星=西
西 湖广 鄂中	武汉	an		ɑŋ		ən		ən oŋ合口		oŋ	
西 桂柳 桂北	桂林	ã iẽ uã yẽ		ɑŋ		ən				oŋ	
西 桂柳 桂北	柳州	ã iẽ uã yẽ		ɑŋ		ən				oŋ	
江 洪巢	扬州	æ̃开一二、iẽ开三四 uæ̃ 合二 uõ、yẽ 合一三四		ɑŋ		ən				oŋ	
江 洪巢	南京	aŋ 一二、合三非组 ien yen 三四		ɑŋ		ən				oŋ	咸山摄见系读ien

区片	代表点	咸　山　宕　江　深　臻　曾　梗	通	备注
江 洪巢	芜湖	ã（班=帮　番=方）〔咸山〕／ən（真=争　根=耕）〔深臻曾梗〕 ĩ yĩ õ合口　　iã uã〔宕江〕　uən yn　oŋ合口〔曾梗〕	oŋ	
江 泰如	南通	ĩ开三四／ã õ开 ãˀ开一二／yẽ覃韵端 uã合二／yõ合三四〔咸山〕　õ uõ yõ／iẽ泥组见系〔宕江〕　ẽ（真=争 根=耕）／eŋ（贫=平 音=英）／ʌŋ（亲=清 音=英）／yŋ（秦=雄 允=永）〔深臻曾梗〕	ʌŋ	山开二见系读iə，合一精组读yõ，其余读õ
江 黄孝	英山	an　aŋ　ən　əŋ	əŋ	
晋 并州	太原	æ uæ ie ye　õ　əŋ		
晋 并州	盂县	ã　ɔ̃		
晋 吕梁 汾州	岚县	ɑŋ开一二,合三非 ẽ　uə yə　əŋ　əŋ白:ŋ a ie uə en uŋ	əŋ	ŋ组有iy
晋 上党 长治	长治	ɑŋ　əŋ		
晋 五台	朔州	æ　ɒ　ə̃		
晋 大包	包头	ɛ　ã　ə̃ŋ		
晋 大包	天镇	æ　ɒ　ɤɤ		
晋 大包	左权	ɛ　ɔ　əŋ		
晋 张呼	呼和浩特	æ uæ ie ye　ã　ə̃ŋ		
晋 邯新 磁漳	邯郸	ã　aŋ　ne　əŋ		
晋 邯新 获济	获嘉	an　aŋ　ən　əŋ		
晋 志延	延川	æ̃　aŋ　əŋ		

　　下表将古阳声韵在今官话方言中的今读按鼻辅韵尾的存留大致归纳为九种类型：①全部为−n −ŋ；②−n −ŋ＋鼻化；③−n −ŋ＋鼻化＋阴声韵；④−ŋ或−n＋鼻化；⑤−ŋ＋鼻化＋阴声韵（部分点是白读）；⑥−n −ŋ或−ŋ＋阴声韵；⑦鼻化＋阴声韵；⑧全部为鼻化；⑨全部为阴声韵。

表1-10　官话方言古阳声韵今读类型表①

类型				咸 山	宕 江	深 臻 曾 梗	通	代表点举例	组数
一	n	ŋ		an	aŋ	ən　　　　əŋ		北京 郑州 获嘉等16点	4
	n	ŋ		an	aŋ	ən	oŋ	成都 遵义 西昌 武汉	4
	n	ŋ		aŋ an (en南)	aŋ	ɛn（ən 南京）	oŋ	保山 南京	4
	n	ŋ		an	aŋ（ɑŋ）	əŋ		银川 鄯善 乌鲁木齐	3
	n	ŋ		an	aŋ	ən		天水	3
	n	ŋ		ɑŋ		əŋ		长治	2
二	n	ŋ	鼻化	ã ĩ õ	ã	ne　　ən oŋ	oŋ	芜湖	5
	n	ŋ	鼻化	ã	aŋ	ən	əŋ	邯郸	4
	n	ŋ	鼻化	ã	aŋ	ən	oŋ	桂林 柳州 扬州	4
	n	ŋ	鼻化	aⁿ	aɣ̃	əŋ		焉耆	3
三	n	ŋ	鼻化 阴声	a	əŋ ə白	ən　　əŋ ən白 e ə白		新绛	5

---

　　①为简化，同类记为不同音标的，如 an ɑn 或 ã æ̃ ã，都算 an 或 ã；通摄记作 oŋ ioŋ 而相当于 uŋ yŋ 的，表中合并为 əŋ 组，如沂水；不涉及音类不同的微小音值差异忽略不计。"组数"指古阳声9摄在该类型分为几组。

组	类型			咸山	宕江	深臻	曾	梗	通	代表点举例	组数
四	ŋ	鼻化		ã ĩ w̃ iẽ	õ iẽ	ẽ	əŋ		ʌŋ	南通	8
	ŋ	鼻化		ã	aŋ	ɔ̃	əŋ			青岛　济南　徐州等6点	4
	ŋ	鼻化		ãi	aŋ	ẽi	əŋ			中卫	4
	ŋ	鼻化		ũ ã	ã	ɔĩ ĩ uəĩ ỹ	ɔĩ	oŋ	oŋ	洱源	4
	ŋ	鼻化		ã	ã	ɔ̃	əŋ			赤峰　博兴　西安　蚌埠	4
	ŋ	鼻化		ã iẽ	ã	ɔ̃	ɔ̃	oŋ	oŋ	大理　昆明	4
	ŋ	鼻化		æ	aŋ		əŋ			延川	3
	ŋ	鼻化		æ	ã		əŋ			宝鸡	3
	n	鼻化		ẽ	ã		ɔ̃n			兰州	3
五	ŋ	鼻化	阴声	æ	ɑŋ o白	eĩ ei白	əŋ a白 ɛ白			运城	8
	ŋ	鼻化	阴声	ɑŋ ẽ	uə		əŋ　曾梗白读:ʅ a ie uə			岚县	7
	ŋ	鼻化	阴声	əŋ ẽ	əŋ白	ei	əŋ a白 ɜ白 ei白			吉县	6
	ŋ	鼻化	阴声	æ（ie 呼）	ã		əŋ（ɔ̃ŋ 呼和浩特）			太原　呼和浩特	4
	ŋ	鼻化	阴声	ɛ	ã		ɔ̃ŋ			包头	3
	ŋ	鼻化	阴声	æ	ʌŋ	ei	ʌŋ			万荣	3
六	n ŋ			ɑn	ɑŋ白 o白	en	əŋ e白 ɜ白 en白			洪洞	7
	ŋ		阴声	æ（ɛ左权）	ɔ		əŋ			广灵　左权	3
七		鼻化	阴声	a ie	a		ɔ̃ ue oũ		oũ	宾川	4
		鼻化	阴声	æ	ɒ		ɔ̃			朔州	3
八		鼻化		ã（æ 张掖）			ɔ̃（ɔỹ 张掖）			盂县　张掖	2
九			阴声	æ		e i uə			ou əu	丽江	5
			阴声	æ	ɒ		ɤɣ			天镇	3

讨论古阳声韵的今读，可以从韵类的合并和韵尾的弱化两方面看。

韵类的合并，首先是中古阳声韵的 m n ŋ 三个韵尾，在官话方言中全部是咸山、深臻四摄韵母两两合并，m 尾归入 n 尾，此外像宕江与咸山合并、曾梗或曾梗通与深臻等不同程度的合并，合并的条件是主要元音开口度的大小，像宕江与咸山、曾梗与深臻，都是属于这种情况。

韵尾的弱化，是指鼻辅音韵尾演化为鼻化元音，甚至鼻音成分完全失落而成为阴声韵，大体看来，官话方言韵尾弱化，后鼻韵尾比前鼻韵尾较为稳固，一般是先咸山摄，次深臻摄，再宕江摄，然后曾梗摄，最后通摄。从洪洞等一些地点文读为鼻韵尾而白读为阴声韵的现象看，官话方言鼻辅音尾存在继续简化、消失的趋势。此外，不少方言报告如山东汶上、金乡等方言志的记录，后鼻韵尾 ɑŋ iɑŋ uɑŋ 也存在主要元音鼻化、韵尾弱化的现象。

由于古阳声韵在不同方言中有不同的演化过程，还有文白的不同，所以有的点看起来组数较多，但实质上都是简化的趋势。

一般是古鼻尾韵字合并到阴声韵，但是也有少数地点阴声韵演化出鼻音来，如宾川，"谋＝蒙"、"求＝穷"、"头＝同"，韵母为 oũ ioũ，"谋、求、头"都是流摄字，古阴声韵。

当然，也不是所有的官话方言都没有 m 韵尾，但是这个 m 韵尾并非来自古咸深两摄。以下举两点为例：

表 1-11　官话方言的 -m 韵尾及其来源表

地点	山东平度西河		山东平邑		山西祁县						
韵母	om	iom	ūm	yūm	ūm					yūm	
例字	东忠	雄拥	东农	穷永	顿春	弘	轰宏	风东	均匀	兄永	穷用
古韵摄	通非唇音字		通非唇音字		臻合	曾合	梗合	通	臻合	梗合	通

六　声调类型

官话方言声调的总体特征是：调类数量少，绝大多数是 4 个调类。除了入声的归类各方言区有所不同以外，四类声调的基本情况跟北京相同，即平分阴阳，全浊上声归去声。除了江淮官话、晋语、西南官话和冀鲁官话的部分地区以外，其余没有入声调。有独立入声调的方言，江淮官话和晋语有入声韵尾？，西南官话和冀鲁官话有入声的方言没有入声韵尾？。

官话方言存在单字调调类减少的趋势。据目前掌握的情况，汉语方言只有三个声调的近 180 个方言点中，除了江西的井冈山和宁冈两点以外，都分布在官话方言的区域之内。三调方言有多种类型，见表 1-12（此表仅限于我们目前掌握的材料；为说明方便，表内的"类型特征"以北京为对照项，只说明跟北京不同的内容）。

表 1-12　官话方言三个声调类型表

	类型特征	分布区	方言点举例					方言点数
1	阴平阳平归并型	冀鲁官话	滦县	滦南	丰南	唐海	井陉	79
		中原官话	鄯善	焉耆	天水	海源	民和	
		兰银官话	永登	西固马家山	永昌			
2	阳平上声归并型	冀鲁官话	淄川	无棣	沧州	盐山	孟村	65
		兰银官话	银川	酒泉	吉木萨尔	巴里坤		
3	阳平去声归并型	胶辽官话	烟台	威海	长海	虎林	庄河	13
4	去声分归阴平阳平型	胶辽官话	莱州	平度	即墨	崂山	青岛	5
5	阴平上声归并型	中原官话	渑池	洛宁				12
		兰银官话	古浪	天祝	山丹	玉门	皋兰　榆中新派	
		西南官话	丽江	昌宁	施甸	云县部分乡村		
6	阳平清去归并、上声浊去归并型	中原官话	古县					1
7	阴平去声归并型	中原官话	桓曲古城					1

据雒鹏和张燕来的调查，兰银官话金城片的兰州市红古村、西固马家山新派和河西片甘肃武威等地只有两个声调，跟古四声的对比关系如表 1-13。

表 1-13　两调方言的声调与古四声的对应

	平			上			去	入		
	清	次浊	全浊	清	次浊	全浊	（全部）	清	次浊	全浊
红古村	13 知人才			55 古女			13 近盖用树说六白			
西固新派	53						13	53		
武威	35						31	35		

说明：1.西固马家山老派三个声调。2.武威，《甘肃方言概况》记为三个声调。

官话方言各区片的声调对照见下文表 1-14。说明如下：

1. 表中代表点后的数字是该点的调类数。

2. 表左分别为区、片、小片、代表点。若该片不分小片，则小片栏为空白，如北京官话锦兴片。

3. 表右为古四声，每一声调根据声母分清、次浊、全浊三类。若类之间无竖线，则表示此两类合并。若一类内有多个调值，表示此类字在该方言中分归多个调类。如北京话的清入栏有四个调值，表示清入归四声。备注栏是对该方言特殊情况的说明。

表 1-14　官话方言声调对照表

区	片	小片	代表点	平			上		
				清	次浊	全浊	清	次浊	全浊
北京	幽燕	京承	北京4	꜀55	꜁35		꜂214		51꜅
		赤朝	赤峰4	꜀44	꜁335		꜂213		53꜅
		北疆	温泉4	꜀44	꜁35		꜂213		51꜅
	锦兴		兴城4	꜀44	꜁35		꜂213		51꜅
	辽沈		沈阳4	꜀33	꜁35		꜂213		53꜅
	黑吉	吉绥	吉林4	꜀44	꜁24		꜂213		53꜅
		长辽	长春4	꜀44	꜁24		꜂213		52꜅
		嫩佳	讷河4	꜀44	꜁24		꜂213		53꜅
	哈肇		巴彦4	꜀44	꜁24		꜂213		53꜅
			海拉尔4	꜁55		꜁35	꜂213		52꜅
胶辽	登连	烟威	牟平4	꜀51	51　꜁53	꜁53	꜂213		131꜅
			烟台3	꜀31	31　55꜅	55꜅	꜂214		55꜅
		蓬黄	龙口4	꜀313	꜁55		꜂213		42꜅
		大岫	大连4	꜀42	42　꜁35	꜁35	꜂213		53꜅
	青莱	青岛	诸城4	꜀214	꜁53		꜂55		31꜅
		青朐	青州4	꜀213	꜁42		꜂55		21꜅
		莱昌	沂水4	꜀213	꜁53		꜂44		21꜅
		莒照	莒南4	꜀213	꜁42		꜂55		21꜅
	营通	盖桓	丹东4	꜀42	꜁35		꜂213		53꜅
			宽甸4	꜀41	꜁35		꜂213		53꜅
		通白	通化4	꜀41	꜁35		꜂213		53꜅
		长集	集安4	꜀41	41　꜁35	꜁35	꜂213		53꜅
冀鲁	保唐	涞阜	涞源4	꜀55	꜁24		꜂213		51꜅
		定霸	高阳4	꜀33	꜁53		꜂214		31꜅
		天津	天津4	꜀21	꜁45		꜂213		53꜅
		蓟遵	玉田4	꜀55	꜁33		꜂214		51꜅
		滦昌	昌黎4	꜀32	꜁13		꜂213		55꜅
		抚龙	卢龙4	꜀55	꜁35		꜂214		51꜅
	石济	赵深	石家庄4	꜀23	꜁53		꜂55		31꜅
		邢衡	冀州市4	꜀213	꜁53		꜂55		31꜅
		聊泰	济南4	꜀213	꜁42		꜂55		21꜅
	沧惠	黄乐	河间4	꜀33	꜁53		꜂214		31꜅
		阳寿	寿光4	꜀213	꜁53		꜂55		21꜅
	章利		利津5	꜀213	꜁53		꜂55		21꜅

去			入			备注	代表点
清	次浊	全浊	清	次浊	全浊		
	51		⊆55 ⊆35 ꜗ214 51	51	⊆35		北京
	53		⊆44 ⊆335 ꜗ213 51	51	⊆35		赤峰
	51		⊆44 ꜗ213 51	51	ꜗ213		温泉
	51		⊆44 ⊆35 ꜗ213 51	51	⊆35		兴城
	53		⊆33 ⊆35 ꜗ213 53	53	⊆35		沈阳
	53		⊆44 ⊆24 ꜗ213 53	53	⊆24		吉林
	52		⊆44 ⊆24 ꜗ213 52	52	⊆24		长春
	53		⊆44 ⊆24 ꜗ213 53	53	⊆24		讷河
	53		⊆44 ⊆24 ꜗ213 53	53	⊆24		巴彦
	52		⊆55 ⊆35 ꜗ213 52	52	⊆35		海拉尔
	131		ꜗ213	ꜗ213 131	⊆53 ꜗ213		牟平
	55		ꜗ214	ꜗ214 55	55 ꜗ214	浊平、去声合一	烟台
	42		ꜗ213	ꜗ213 42	⊆55		龙口
	53		ꜗ213	53	⊆35		大连
	31		ꜗ55	31	⊆53		诸城
	21		ꜗ55	21	⊆42		青州
	21		⊆213／ꜗ44	21	⊆53	清入归上声居多	沂水
	21		⊆213	21	⊆42	清入归阳平居多	莒南
	53		ꜗ213	53	⊆35		丹东
	53		⊆41 ⊆35 ꜗ213	53	⊆35	清入归上声居多	宽甸
	53		⊆41 ⊆35 ꜗ213 53	ꜗ213	⊆35	清入归上声多	通化
	53		ꜗ213	53	⊆35		集安
	51		⊆55 ꜗ213	51	⊆24		涞源
	31		⊆33 ꜗ214	31	⊆53		高阳
	53		⊆21 ⊆45 ꜗ213 53	53	⊆45		天津
	51		⊆55 ⊆33 ꜗ214 51	51	⊆33	清入归上声比北京话多	玉田
	55		⊆32 ⊆13 ꜗ213 55	55	⊆13	清入归上声比北京话多	昌黎
	51		⊆55 ⊆35 ꜗ214 51	51	⊆55	清入归上声比北京话多	卢龙
	31		⊆23	31	⊆53		石家庄
	31		⊆213	31	⊆53		冀州市
	21		⊆213	21	⊆42		济南
	31		⊆33	31	⊆53		河间
	21		⊆213	21	⊆53		寿光
	21		44	21	⊆53	清入自成一个调类	利津

区	片	小片	代表点	平			上		
				清	次浊	全浊	清	次浊	全浊
中原	关中		西安4	⊂21	⊆24		ᶜ53		44ᵓ
	秦陇		西宁4	⊂44	⊆24		ᶜ53		213ᵓ
			敦煌3	⊂13			ᶜ53		44ᵓ
	陇中		天水3	⊂13			ᶜ53		24ᵓ
	南疆		吐鲁番3	⊂214			ᶜ51		33ᵓ
	汾河	平阳	临汾4	⊂21	⊆13		ᶜ51		55
		绛州	新绛4	⊂53	⊆325		ᶜ44		31ᵓ
		解州	运城4	⊂31	⊆13		ᶜ53		33ᵓ
	洛徐		徐州4	⊂213	⊆55		ᶜ35		42ᵓ
			洛阳4	⊂33	⊆31		ᶜ53		412ᵓ
	郑曹		郑州4	⊂213	⊆42		ᶜ53		312ᵓ
	蔡鲁		曲阜4	⊂213	⊆42		ᶜ55		312ᵓ
	信蚌		信阳4	⊂33	⊆53		ᶜ35		312ᵓ
兰银	银吴		灵武3	⊂44			ᶜ53		13ᵓ
			中卫3	⊂55			ᶜ53		13ᵓ
	金城		永登3	⊂53			ᶜ44		13ᵓ
	河西		张掖4	⊂44	⊆53		ᶜ313		31ᵓ
			古浪3	⊂44	⊆53		⊂44		13ᵓ
			酒泉3	⊂55			ᶜ53		13ᵓ
	塔密		乌鲁木齐3	⊂44			ᶜ51		213ᵓ
			吉木萨尔3	⊂44			ᶜ51		213ᵓ
西南	黔川	成渝	大方4	⊂55	⊆21		ᶜ42		213ᵓ
		黔中	贵阳4	⊂55	⊆21		ᶜ42		213ᵓ
		陕南	汉中4	⊂55	⊆31		ᶜ35		213ᵓ
	西蜀	岷赤	泸州5	⊂55	⊆21		ᶜ42		13ᵓ
		雅甘	雅安4	⊂55	⊆21		ᶜ42		14ᵓ
		江贡	内江4	⊂55	⊆21		ᶜ42		213ᵓ
	川西	康藏	康定4	⊂45	⊆21		ᶜ42		213ᵓ
		凉山	西昌4	⊂55	⊆31		ᶜ53		33ᵓ
	云南	滇中	昆明4	⊂44	⊆31		ᶜ53		212ᵓ
		滇西	保山4	⊂32	⊆44		ᶜ53		25ᵓ
		滇南	开远4	⊂55	⊆42		ᶜ33		12ᵓ
	湖广	鄂西	郧西4	⊂24	⊆53		ᶜ55		31ᵓ
		鄂北	襄樊4	⊂34	⊆52		ᶜ55		212ᵓ

去			入			备注	代表点
清	次浊	全浊	清	次浊	全浊		
44°				⊂21	⊆24		西安
213°				⊂44	⊆24		西宁
44°				⊂13			敦煌
24°				⊂13			天水
33°				⊂214			吐鲁番
55°				⊂21	⊆13		临汾
	31°				⊆325	古清入、次浊入今归去声	新绛
33°				⊂31	⊆13		运城
42°				⊂213	⊆55		徐州
412°				⊂33	⊆31		洛阳
312°				⊂213	⊆42		郑州
312°				⊂213	⊆42		曲阜
312°				⊂33	⊆53		信阳
	13°				⊂53 13°	浊平、清上、次浊上合一，全浊入归去声居多	灵武
	13°				⊂53 13°	浊平、清上、次浊上合一，全浊入归去声居多	中卫
	13°			13° ⊆53	⊆53 13°	平声不分阴阳，全浊入归平声、去声	永登
	31°				⊆53 31°	全浊入归阳平居多	张掖
	13°			13° ⊆53	⊆53 13°	清平、清上、次浊上合一，全浊入归阳平居多	古浪
	13°			13°	⊂53	浊平、清上、次浊上合一，全浊归上声居多	酒泉
213°				⊂44	⊂51	浊平、上声合一，全浊入归上声居多	乌鲁木齐
213°	⊂44 213°		213°		⊂51	浊平和清上、次浊上合一	吉木萨尔
213°					⊆21		大方
213°					⊆21		贵阳
213°					⊆31	本市北街清入和次浊入归阴平	汉中
13°				33⌐			泸州
14°					⊆55		雅安
	213°						内江
213°					⊆21		康定
33°					⊆31	老派入声独立成调，此处为新派音	西昌
212°					⊆31		昆明
25°					⊆44		保山
12°					⊆42		开远
31°				⊂24	⊆53		郧西
212°					⊆52		襄樊

区	片	小片	代表点	平			上		
				清	次浊	全浊	清	次浊	全浊
西南	湖广	鄂中	武汉4	55	213		42		35
		湘北	常德4	45	14		31		35
		湘西	吉首4	55	22		41		24
		怀玉	怀化4	55	13		41		24
		黔东	镇远4	33	21		42		35
		黎清	黎平4	33	213		21		35
	桂柳	湘南	江永5	33	21		55		25
		桂北	桂林4	33	21		55		35
		黔南	都匀5	33	42		55		213
江淮	洪巢		南京5	31	24		212		44
	泰如		南通7	21	35		55		213
	黄孝		英山6	11	31		44		33
晋语	并州		太原5		11		53		45
	吕梁	汾州	岚县6	213	44		312		53
		隰县	隰县6	41	24		31		55
	上党	长治	潞城6	213	13		424		353
		晋城	晋城5	33	35		213		51
	五台		忻州5	313	31		313		53
	大包	大同	大同5	31	313		54		24
		阳泉	阳泉5	313	44		53		24
		包头	包头5	35	33		213		53
	张呼	呼市	呼市4		31		53		55
		张北	张北4		42		55		214
	邯新	磁漳	成安5	53	33		55		312
		获济	获嘉5	33	31		53		13
	志延		延安5	314	35		53		44

去			入			备注	代表点
清	次浊	全浊	清	次浊	全浊		
	35ʔ			⊆213			武汉
	35ʔ			35⊇			常德
	24ʔ			⊆22			吉首
	24ʔ			⊆13			怀化
	35ʔ			⊆21			镇远
	35ʔ			⊆213			黎平
	25ʔ			22⊇			江永
	35ʔ			⊆21			桂林
	213ʔ			31⊇			都匀
	44ʔ			5⊇			南京
42ʔ	213ʔ		4⊇	5⊆			南通
35ʔ	33ʔ			313⊇			英山
	45ʔ			2⊇	54⊆	次浊入归阴入	太原
	53ʔ		4⊇	312⊇			岚县
	55ʔ			33⊇	21⊇		隰县
	353ʔ		2⊇	53⊇			潞城
	51ʔ			2⊇			晋城
	53ʔ			2⊇			忻州
	24ʔ			32⊇			大同
	24ʔ			4⊇			阳泉
	53ʔ			4⊇			包头
	55ʔ			43⊇			呼市
	214ʔ			32⊇			张北
	312ʔ			44⊇	⊆33	全浊入多归阳平	成安
	13ʔ			33⊇	⊆31	全浊入多归阳平	获嘉
	44ʔ			⊆314	54⊇	清入、次浊入深臻曾梗通五摄仍读入声	延安

七　80 个生活口语高频词语的对照分析

　　方言词语，尤其是方言中的日常生活口语高频词语，往往能够最直观地反映出一种方言的个性特色。因此，考察不同方言的生活口语高频词语的具体说法，就成为我们了解不同方言的词汇特点的一种有效方法。

　　方言中的日常生活口语高频词语往往都是方言中的基本词汇，基本词汇都具有很强的稳固性，是方言中最不易改变的语言成分。比较这些词语在不同方言中说法的异同，分析它们的相同或相异程度，可以在一定程度上帮助我们更多地了解各方言之间的关联，由此更好地判断各方言间的远近亲疏关系。

　　本节研究依据的是《现代汉语频率词典》（1986）所列"生活口语中前 4000 个高频词词表"。我们从中选取了它的前 150 个高频词（累计频率 58.7943%），并剔除其中少数口语中不常用的词语（如"可、就、可是、您、请、同志、妈妈、先生、才、她"等）和部分在方言间无法作简单对应的词语（如"的、地、得、着、了、过、吧、呢、呀、啦、吗、啊、来、去、上、下、这、那"等），最终摘选出 80 个高频词列为词目（累计频率为 35.2296%，80个词的词频见"表 1-15"；表中所列"位次"是指在按照使用频率由高到低所列出的前 4000个高频词中，80 个词语各自所处的位置）。词目右下角所注功能，基本保留《现代汉语频率词典》所列"生活口语中前 4000 个高频词词表"的注释原貌，个别地方有调整，如词目"用"，原表中无功能说明，鉴于方言中动词和介词说法常有不同，在此规定为介词。本节以这 80个高频词为依据来考察官话方言词汇的使用情况及其特点。

（一）官话方言 80 个生活口语高频词的说法对照

　　80 个高频词在不同方言中的具体说法，下文采用列表对照的方式表示。

　　表中列出所选 80 个高频词在官话方言中的对应说法，为了便于对照比较，也列出它们在非官话方言中的具体说法。官话方言和非官话方言各区皆选择一个方言点为代表。各点材料来源：北京、济南、西安、太原、成都、扬州、苏州、长沙、南昌、梅州、福州、广州等 12点的材料来源于北京大学中国语言文学系语言学教研室编《汉语方言词汇》（第二版）（1995）；烟台点材料来源于钱曾怡等《烟台方言报告》（1982）；银川点材料来源于高葆泰、林涛《银川方言志》（1993）；绩溪点材料由赵日新提供。

　　表中的"北京官话"、"胶辽官话"等代表方言分区，"北京"、"烟台"等表示各方言区所选的代表点。如果有两个或两个以上的同义词语时，常用的一个排列在前面。右上角加星号（*）表示本字不明，用同音字代替，如"勒*"；没有同音字的用方框（□）表示并加注音，所有注音声调不计，如"□pɿʔ"；两个同义词语如果有部分语素相同，为节省空间常合在一起，不相同的部分加方括号（[]）表示，如"没[有]"表示既可以说"没有"，也可以说"没"。

表 1-15　官话方言 80 个生活口语高频词的说法对照（一）

	词目	我	你	不	是	一数	有动	他	个量	说	好形、补
	位次	2	3	4	6	8	10	11	12	13	15
	词频	3.6514	3.0109	2.4494	2.3345	1.2291	1.1023	0.9982	0.9756	0.9524	0.7322
官话方言	北京官话　北京	我	你	不	是	一	有	他	个	说	①好②强
	胶辽官话　烟台	我	你	不	是	一	有	他	个	说	①好②强
	冀鲁官话　济南	①我②俺	你	不	是	一	有	他	个	说	①好②赛③强
	中原官话　西安	我	你	不	是	一	有	他	个	说	①好②嫽
	晋语　太原	①我②俺	你	不	是	一	有	他	个	说	好
	兰银官话　银川	①我②卬	你	不	是	一	有	他	个	说	好
	西南官话　成都	我	你	不	是	一	有	他	个	说	好
	江淮官话　扬州	我	你	不	是	一	有	他	个	说	①好②孬
非官话方言	吴方言　苏州	①我②奴	倷	勿	是	一	有	①俚倷②唔倷	个	①讲②说	①好②孬
	徽语　绩溪	我	尔	不	係=是	一	有	渠	个	讲	好
	湘方言　长沙	我	你	不	是	一	有	他	①一个人②一只人	讲	好
	赣方言　南昌	我	你	不	是	一	有	佢	①一个人②一只人	话	好
	客家方言　梅州	偓	你	唔	系	一	有	佢	一只人	①讲②话	①好②孬
	闽方言　福州	①我②奴	汝	①怀②欧	是	一	有	伊	①一个人②一只人	讲	好
	粤方言　广州	我	你	唔	系	一	有	佢	个	①讲②话	①好②孬

表1-15　官话方言80个生活口语高频词的说法对照（二）

词目			人	也副	什么代	还副	看	要助动	在介、动	都	我们	大形
位次			17	18	20	21	23	24	25	26	29	31
词频			0.6669	0.6663	0.6249	0.6155	0.5835	0.5703	0.5509	0.5327	0.5019	0.4442
官话方言	北京官话	北京	人	也	什么	还	①看②瞧③盯	要	①在②挨③跟	①都②全	我们	大
	胶辽官话	烟台	人	也	什么	还	看	要	在	都	①我们②俺	大
	冀鲁官话	济南	人	也	①么儿②么③什么	还	看	要	①在②从	①都②全	①我们②俺③俺这伙	大
	中原官话	西安	人	也	啥	还	看	要	在	都	①俺[的]②我们	大
	晋语	太原	人	也	甚	还	①看②眊	要	在	①都②全	①我们②俺们	大
	兰银官话	银川	人	也	啥密	还	看	要	在	都	①我们②卬们	大
	西南官话	成都	人	也	①啥②啥子	还	①看②□tɕ'yo	要	在	①都②下	我们	大
	江淮官话	扬州	人	也	什们ᵇ	还	①看②望	要	①在②到	①都②全	我们	大
非官话方言	吴方言	苏州	人	也	啥	还	①看②望	要	勒ᵇ	才ᵇ	倪	大
	徽语	绩溪	人	也	么仂	还	①看②望	要	是	都	我人	大
	湘方言	长沙	人	也	么子	还	看	要	在	①咸②都	我们	大
	赣方言	南昌	人	也	什哩	还	①看②相	要	在	都	①我个哩②我们	大
	客家方言	梅州	人	也	乜个	还	①看②睐	爱	喺	都	倕登ᵇ人	大
	闽方言	福州	农	也	什乇	固	①看②觑	卜ᵇ	①着②在③夹ᵇ	都	我各人	大
	粤方言	广州	人	①都②亦	①乜②乜嘢	重	睇	要	①喺②响ᵇ	都	我哋	大

表 1-15　官话方言 80 个生活口语高频词的说法对照（三）

词目		没副	走动	怎么副	把介	又	叫动	小	给介	跟介、连	事（做~）
位次		32	34	35	37	40	42	43	45	48	49
词频		0.4323	0.4072	0.3934	0.3783	0.3357	0.3106	0.3093	0.3043	0.2961	0.2955
官话方言	北京官话 北京	没[有]	走	怎么	把	又	叫[唤]	小	给	①跟②和③□xan	事儿
	胶辽官话 烟台	没	走	怎么	把	又	①叫②喊	小	给	和	事儿
	冀鲁官话 济南	①没②没价	走	怎么	把	又	①叫唤②叫	小	给	①和②跟③给*	事儿
	中原官话 西安	没	走	①咋②咋样儿	把	又	叫[唤]	①小②碎	给	①□kæ②跟③连	事儿
	晋语 太原	①没②没啦	走	咋[底]	把	又	叫[唤]	小	给	①和②跟	事[情]
	兰银官话 银川	没[有]	走	咋	把	又	叫[唤]	小	给	连	事（~幹）
	西南官话 成都	没有	走	①咋个②啷个	把	又	叫[唤]	小	给	①跟②给*	事
	江淮官话 扬州	没有	走	并*干*	把	又	①叫②喊	小	①把②给	①跟②交	事[情]
非官话方言	吴方言 苏州	朆	①走②跑	捵*亨*	拿	亦	叫	小	拨	搭	事体
	徽语 绩溪	①不曾②曾	行	①采翘②采的	把	又	叫	小	□pɤʔ	搭	事
	湘方言 长沙	冒*	走	何什	把	又	①叫②□ya	①细②小	把	跟	事
	赣方言 南昌	冒*	走	唥[样]	把	又	叫	①细②小	把	①跟②同	事
	客家方言 梅州	①盲*□tʰien②唔□tʰien	行	①酿*般②酿*□ɛ	将	又	呱	细	分	同	事
	闽方言 福州	未	行	①怎怎②怎其	①将②共③□kʰeʔ	又	①叫②告	①嫩②细	乞	共	事计*
	粤方言 广州	①未②未曾	行	点*	将	①又②又试	①叫②嗌	细	畀	同[埋]	①事②做嘢

表1-15　官话方言80个生活口语高频词的说法对照（四）

词目		你们	很副	知道	到介	话名	家名、尾	没有副	谁代	回量	买
位次		51	53	55	56	57	60	62	63	65	66
词频		0.2698	0.2522	0.2453	0.2416	0.2384	0.2265	0.2265	0.2240	0.2190	0.2190
官话方言 北京官话	北京	你们	①挺②很	知道	①到②上	话	家	没[有]	谁	回	买
胶辽官话	烟台	①你们②你大伙	很	知道	到	话	家	没有	谁	回	买
冀鲁官话	济南	①你们②你这伙	①挺②楞	知道	①到②上	话	家	没[有]	谁	回儿	买
中原官话	西安	①你[的]②你们	很	知道	到	话	①家②屋	没有	谁	回	买
晋语	太原	①你们②喥们	①很②挺	知道	到	话	家	①没②没啦	①谁②谁们	回	买
兰银官话	银川	你们	很	知道	到	话	家	没[有]	谁	①回②趟	买
西南官话	成都	你们	很	晓得	①到②走③齐	①话②言语	①屋头②家	没得	①哪个②啥子人	①回②盘	买
江淮官话	扬州	你们	①蛮②稀③很	晓得	到	话	①家②家头	①不得②没得	①哪一个②哪个	①趟②交③回④□pa⑤麻'⑥瞒'	买
非官话方言 吴方言	苏州	你笃'	蛮	晓得	到	闲话	屋里	朆不	①啥人②□lo个	①转②趟	买
徽语	绩溪	尔人	①好点②交关	晓得	到	话	家	无	哪个	回	买
湘方言	长沙	你们	①很②蛮	晓得	到	话	屋里	冒'得	哪个	回	买
赣方言	南昌	①你个里②你们	蛮	晓得	到	①事②话	屋里	冒'有	哪个	回	买
客家方言	梅州	你登'人	好	①知②知得	到	话	屋下	无	瞒'人	摆	买
闽方言	福州	汝各人	①尽'②野	①八传'②八③晓	到	话	厝	毛	底人	①轮②回	买
粤方言	广州	你哋	好	知[到]	到	①说话②话	屋企'	毛	边'个	①匀'②轮③仗	买

表 1-15　官话方言 80 个生活口语高频词的说法对照（五）

	词目	再副	别副	钱	妈	想动	给动	多形	孩子（小~）	吃	老形、头
	位次	68	69	70	71	73	74	75	76	77	82
	词频	0.2152	0.2133	0.2133	0.2096	0.1976	0.1964	0.1951	0.1901	0.1876	0.1782
官话方言	北京官话 北京	再	别	①钱②钱儿	①妈[妈]②娘	想	给	多	小孩子	吃	老
	胶辽官话 烟台	再	别	钱	妈	想	给	多	孩子	吃	老
	冀鲁官话 济南	再	①别②别价	①钱②票子	①妈②娘	想	给	多	①小孩子②孩子	吃	老
	中原官话 西安	再	①嫑②不敢	①钱②□ka	妈	想	给	多	[碎]娃	吃	老
	晋语 太原	再	①不要②不敢③别	钱	妈[妈]	想	给	多	[小]娃娃	吃	老
	兰银官话 银川	再	嫑	钱	妈	①想②谋	给	多	娃娃	吃	老
	西南官话 成都	①又②再	①莫②不要	钱	妈[妈]	①想②牵	给	多	①[小]娃儿②小娃娃③娃娃④小人	吃	老
	江淮官话 扬州	再	①□ma?②不要	钱	①妈妈②姆妈	想	①把②给	多	[小]霞子	吃	老
非官话方言	吴方言 苏州	再	嬲	铜钿	①娘②姆妈	想	拨	多	①小干*②小人	吃	老
	徽语 绩溪	再	嫑	钞票	姆	①想②忖	□xā	多	①细人家②细鬼	吃	老
	湘方言 长沙	再	莫	钱	①娘[老子]②妈妈③姆妈	①牵②想	把	多	①细伢子②细人儿③伢妹子	吃	老
	赣方言 南昌	①再②凑	莫	钱	①娘②姆妈	①想②牵	把	多	①细人子②细伢子	喫	老
	客家方言 梅州	①再②添	①莫②唔爱③唔好	钱	①嬢□ɛ②阿姆③阿嬷	想	分	多	细人□ɛ	食	老
	闽方言 福州	①再②盖*	①怀通②莫	①钱②锸	①娘奶②依*妈③依*奶	①想②思量	乞	桥	①伲囝②伲囝哥	食	乖
	粤方言 广州	①再②添	①咪*②唔好	①钱②银③银纸	①老母②阿妈③妈妈	①想②谂	畀	多	①细路*[佬]②细老哥③细蚊仔	食	老

表 1-15　官话方言 80 个生活口语高频词的说法对照（六）

	词目	年数量	拿动	找	这个	现在	自己	这么代	打动	他们	这样
	位次	84	85	87	88	89	90	91	93	96	100
	词频	0.1757	0.1757	0.1725	0.1725	0.1719	0.1713	0.1713	0.1688	0.1656	0.1638
官话方言	北京官话 北京	年	拿	找	这tʂei❶个	①现在②现而今	①自个儿②自己个儿③各个儿	这么	打	他们	这样儿
	胶辽官话 烟台	年	拿	找	这个	这会儿	自个儿	这样	打	他们	这样
	冀鲁官话 济南	年	拿	找	这个	①现在②现如今③如今	①自家②自个儿	这么	打	①他们②他这伙	这样
	中原官话 西安	年	拿	①寻②找	这个	①致❸儿②现在	①自个儿②自己个儿	这样儿	打	①他的②他们	这样儿
	晋语 太原	年	①荷②拿	①寻②找	这个	①如今②而今	①自己②自家	这么	打	他们	这的
	兰银官话 银川	年	拿	①找②找寻	这个	现在	①自个②自己③个己	这么	打	他们	这样
	西南官话 成都	年	拿	找	这个	现在	①自家②个人③自己	这么	打	他们	①这样②这样子③这个样子
	江淮官话 扬州	年	拿	找	这个	现在	①自简②自己	①这们②这口[子]kiaŋ/kaŋ❹	打	他们	①这们②这口[子]kiaŋ/kaŋ❹
非官话方言	吴方言 苏州	年	拿	寻	①该格❷②箭格	现在	自家	①该实梗②实梗③箭实梗	打	①俚笃②唔笃	①该实梗②实梗③箭实梗
	徽语 绩溪	年	担	寻	尔个	尔歇	自家	尔的	打	渠人	尔的
	湘方言 长沙	年	拿	寻	①咯个②咯只	①如今②如崭	自家	咯样	打	他们	咯样
	赣方言 南昌	年	□la/lak	寻	□kɔ/kɛ个	①现在②如今	自简	①□kɔŋ②□kɔŋ样	打	①佢个里②佢们	①□kɔŋ②□kɔŋ样
	客家方言 梅州	年	拿	寻	□kɛ/ɛ个	今下	自家	①哎②哎□ɛ	打	佢登人	①哎样②哎哖□ɛ
	闽方言 福州	年	①拈②掏	①讨②寻	①只只②只□βiʔ	①现时②现刻	自家	①只□maŋ②□tsuŋ款	拍	伊个农	①只□maŋ②□tsuŋ款
	粤方言 广州	年	①揦②拎③搦	揾	呢个	①而家②家下	自己	①咁②噉❻	揢	佢哋	①咁②咁样

注：❶"这一"的合音。❷还可说成"箭格"。❸"这会儿"的合音。❹"□"读kiaŋ或kaŋ，是"个样"的合音。❺还可说成"哀实梗"。❻①表程度性状；②表方式。

表1-15 官话方言80个生活口语高频词的说法对照（七）

词目		咱们	干动(~活)	听动	时候	和介、连	对形	手名、尾	门名	告诉	卖
位次		101	103	104	109	112	113	114	116	117	119
词频		0.1612	0.1594	0.1581	0.1462	0.1412	0.1393	0.1368	0.1355	0.1299	0.1292
官话方言	北京官话 北京	咱[们]	干	听	时候儿	①跟 ②和 ③□xan	对	手	门	告送*	卖
	胶辽官话 烟台	咱	干	听	时候	①跟 ②和	对	手	门	告	卖
	冀鲁官话 济南	①咱们 ②咱这伙	干	听	时候	①和 ②跟 ③给*	对	手	门	①告送* ②告诉	卖
	中原官话 西安	咱[的]	做	听	①时候 ②时间	①□kæ ②跟 ③连	对	手	门	说给	卖
	晋语 太原	咱[们]	①作 ②受*	听	时候	①和 ②跟	对	手	门	①告 ②告给	卖
	兰银官话 银川	咱们	干	听	时候	①和 ②跟 ③连	对	手	门	告诵	卖
	西南官话 成都	我们	做	听	时候	①跟 ②给*	对	手	门	给……说	卖
	江淮官话 扬州	我们	做	听	时候	①跟 ②交	对	手	门	告送*	卖
非官话方言	吴方言 苏州	伲	做	听	辰光	搭	对	手	门	①告送* ②告诉	卖
	徽语 绩溪	我人	做	听	时候	搭	对	手	门	搭……讲	卖
	湘方言 长沙	我们	做	听	时候	跟	对	手	门	告送*	①买 ②卖
	赣方言 南昌	①我个里 ②我们	做事	听	①时间 ②场中	①跟 ②同	对	手	门	告送*	卖
	客家方言 梅州	偅登*人	做*	听	①风景 ②景致	同	①着 ②啱	手	门	话……知	卖
	闽方言 福州	①侬家农 ②侬家各农 ③侬家	做	听	①景 ②风景 ③景致	共	①着 ②毛□laŋ	手	门	共……讲	卖
	粤方言 广州	我哋	做	听	①风景 ②景致	①同 ②同埋	啱	手	门	话……知	卖

49

表1-15　官话方言80个生活口语高频词的说法对照（八）

词目			坐	用介	要动	东西	开动	怕动	问动	为什么	那么代	跑
位次			120	124	134	142	143	144	145	146	147	150
词频			0.1286	0.1230	0.1111	0.1042	0.1029	0.1029	0.1004	0.0991	0.0991	0.0979
官话方言	北京官话	北京	坐	①拿②用	要	东西	开	①怕②怵	问	①为什么②干嘛③干什么	那么	跑
	胶辽官话	烟台	坐	拿	要	东西	开	怕	问	为什么	那么	跑
	冀鲁官话	济南	坐	①用②拿	要	东西	开	①怕②怵③怵头	问	①为么儿②干么儿③为什么	那么	跑
	中原官话	西安	坐	①用②拿	要	东西	开	①怕②害怕	问	①为啥②因啥	①儿样儿②那样儿	跑
	晋语	太原	坐	①拿②用	要	东西	开	①怕②害怕	问	①为甚②因为甚③干甚	①兀么②那么	跑
	兰银官话	银川	坐	①用②拿	要	东西	开	怕	问	做啥	那么	跑
	西南官话	成都	坐	①拿②使	要	东西	开	①怕②害怕	问	①为啥子②做啥子	那么	跑
	江淮官话	扬州	坐	①拿②用	要	①东子②东西	开	怕	问	①什们°事②做啥	①那们°②那口[子]kiaŋ/kaŋ❶	①跑②奔
非官话方言	吴方言	苏州	坐	①拿②用	要	物事	开	怕	问	①为啥②做啥③啥体④为啥体	①归°实°梗°❷②实°梗°	①奔②跑
	徽语	绩溪	坐	用	要	物事	开	①怕②吓	问	搞么仂	那的	①跳②走逃跑
	湘方言	长沙	坐	①用②拿	要	①东西②家伙	开	怕	问	何解	那样	①跑②打飞脚
	赣方言	南昌	坐	①用②拿	要	东西	开	怕	问	①为什哩②做什哩	①□□hen②□□hen样	跑
	客家方言	梅州	坐	用	爱	东西	开	①畏②惊③怕	问	做乜个	①□kɛ咹②□kɛ咹□ɛ❸	趱
	闽方言	福州	坐	①使②□k'ei?	①捙②卜°捙	毛	开	惊	问	①快°世②干乜世③做什毛	①□xi°maŋ②□huŋ款	蹓
	粤方言	广州	坐	①用②捞	①要②爱	嘢	开	①怕②惊③慌	问	①点°解②做乜③做乜嘢	①咁②嗽❹	走

注：❶"□"读kiaŋ或kaŋ，是"个样"的合音。❷还可说成"弯°实°梗°"。❸①表程度性状；②表方式。

（二）80个生活口语高频词说法在官话方言和非官话方言中的不同特点

由表 1-15 中 80 个生活口语高频词的说法的对照、比较可以看出，它们在官话方言和非官话方言中具有不同的特点。

1. 在 80 个高频词中，绝大多数词语在官话方言内部的说法具有很高的通用性。这其中，与词目所列说法完全相同的词就有 32 个：你、不、是、一数、有动、他、个量、说、人、也副、还副、要助、大形、走动、把介、又、买、多形、吃、老形、头、年数量、这个、打动、听动、对形、手名、尾、门名、卖、坐、要动、开动、问动。除此之外，像"我、好形·补、看、在介·动、都、我们、没副、叫动、小、给介·连、事、你们、到介、话名、家名·尾、再副、钱、想动、给动、拿动、找、他们、时候、用介、东西、怕动、跑"等 27 个词，虽有一些不同的方言说法，但各点都同时兼有与词目所列说法完全一致的说法。这两类情况在 80 个高频词中已占到 73.75% 的比例，相比之下，官话方言内部在说法上真正存在较大分歧的仅是"什么代、怎么副、别副、孩子、告诉、为什么"等个别词目，所占比例不足 8%。

2. 在 80 个高频词中，真正有分区作用的晋语特征词很少。根据统计，晋语 80 个高频词与词目说法无一致性关系的词共有"甚、咋、没、娃娃、如今、这的、作、告、为甚"等 9 个，但是如果结合官话方言内部其他方言的情况，晋语与其他官话方言真正勉强带区别性特征说法的词实际只有"甚、这的、为甚"3 个。具体对应情况见表 1-16（晋语中有多个说法的仅列最常用说法，"＋"表示与晋语有一致说法）。

表 1-16　9 个晋语词与其他官话方言对应说法的关系

词目	晋语	北京官话	胶辽官话	冀鲁官话	中原官话	兰银官话	西南官话	江淮官话
什么代	甚							
怎么副	咋				＋	＋		
没有副	没	＋		＋		＋		
孩子	娃娃					＋	＋	
现在	如今			＋				
这样	这的							
干动（～活）	作				＋		＋	＋
告诉	告		＋					
为什么	为甚							

3. 在 80 个高频词中，绝大多数词语在非官话方言内部的说法缺乏通用性。根据统计，在非官话方言内部，与词目所列说法完全相同或有一致说法的词总共只有 16 个：有动、大形、到介、买、听动、手名·尾、门名、坐、开动、问动、好形·补、话名、再副、想动、年数量、卖。除此之外，还有极少数词语与词目所列说法不同，但在非官话方言内部有较强的一致性，比如"说"，在非官话方言各代表点中多说"讲"，"走动"多说"行"，"小"多说"细"，"知道"多说"晓得"，"吃"多说"食"，"找"多说"寻"，"干动"多说"做"。这两种情况的词语在 80 个高频词中合计所占比例为 28.75%，也就是说，在非官话方言内部仅有不足 1/3 的高频词的常用说法具有通用性。

4. 在 80 个高频词中，常用说法能够明显反映官话方言与非官话方言之间不同词汇特点的、可起到区别性特征词作用的词语主要有 22 个：他、说、没副、怎么副、小、给介、知道、没有副、别副、给动、孩子、吃、找、这个、这么代、他们、这样、干动、时候、告诉、为什么、那么。另外，在"说、小、知道、干动、时候、告诉、为什么"等词目的说法上，成都、扬州、苏州、绩溪、长沙、南昌等地常会表现出某种程度的一致性，这恰是官话方言与非官话方言在词汇接触过程中过渡性特征的一种体现。

（三）80个生活口语高频词在各官话方言和非官话方言中说法的异同比较

鉴于在80个生活口语高频词中，官话方言有73.75%的词在说法上与高频词词目本身的说法一致，下面就以是否与这80个高频词词目说法一致为标准，来考察各官话方言和非官话方言的80个高频词说法的异同情况。见表1-17、表1-18（表中"＋"表示与词目所列说法相同，"－"表示与词目所列说法不同，"＋－"表示相同说法和不同说法并存）。

表 1-17　官话方言内部 80 个高频词说法的异同

词目	北京官话 北京	胶辽官话 烟台	冀鲁官话 济南	中原官话 西安	晋语 太原	兰银官话 银川	西南官话 成都	江淮官话 扬州
我	＋	＋	＋－	＋	＋－	＋－	＋	＋
你	＋	＋	＋	＋	＋	＋	＋	＋
不	＋	＋	＋	＋	＋	＋	＋	＋
是	＋	＋	＋	＋	＋	＋	＋	＋
一数	＋	＋	＋	＋	＋	＋	＋	＋
有动	＋	＋	＋	＋	＋	＋	＋	＋
他	＋	＋	＋	＋	＋	＋	＋	＋
个量	＋	＋	＋	＋	＋	＋	＋	＋
说	＋	＋	＋	＋	＋	＋	＋	＋
好形、补	＋－	＋－	＋	＋	＋	＋	＋	＋－
人	＋	＋	＋	＋	＋	＋	＋	＋
也副	＋	＋	＋	＋	＋	＋	＋	＋
什么代	＋	＋	＋	＋	－	－	＋	＋
还副	＋	＋	＋	＋	＋	＋	＋	＋
看	＋－	＋	＋	＋	＋	＋	＋	＋
要助动	＋	＋	＋	＋	＋	＋	＋	＋
在介、动	＋－	＋	＋－	＋	＋	＋	＋	＋－
都	＋－	＋	＋	＋	＋	＋	＋	＋
我们	＋	＋－	＋	＋	＋	＋	＋	＋
大形	＋	＋	＋	＋	＋	＋	＋	＋
没副	＋－	＋	＋	＋	＋	＋	－	－
走动	＋	＋	＋	＋	＋	＋	＋	＋
怎么副	＋	＋	＋	－	－	－	＋	－
把介	＋	＋	＋	＋	＋	＋	＋	＋
又	＋	＋	＋	＋	＋	＋	＋	＋
叫动	＋－	＋	＋－	＋	＋	＋	＋	＋
小	＋	＋	＋	＋	＋	＋	＋	＋

词目	北京官话 北京	胶辽官话 烟台	冀鲁官话 济南	中原官话 西安	晋语 太原	兰银官话 银川	西南官话 成都	江淮官话 扬州
给介	+	+	+	+	+	+	+	+ -
跟介、连	+ -	—	+ -	+ -	+ -	—	+ -	+ -
事（做~）	+	+	+	+	+	+	+	+
你们	+	+ -	+ -	+ -	+ -	+	+	+
很副	+ -	+	—	+	+ -	+	+	+ -
知道	+	+	+	+	+	+	—	
到介	+ -	+	+ -	+	+	+	+	+
话名	+	+	+	+	+	+	+	+
家名、尾	+	+	+	+ -	+	+	+ -	+ -
没有副	+ -	+	+	+	—	+ -	+	
谁代	+	+	+	+	+	+	+	
回量	+	+	+	+	+	+ -	+	
买	+	+	+	+	+	+	+	+
再副	+	+	+	+	+	+	+ -	
别副	+	+	+ -	+	+	+	+	
钱	+	+	+	+	+	+	+	
妈	+ -	+	+ -	+	+ -	+	+	+
想动	+	+	+ -	+ -	+	+ -	+ -	+
给动	+	+	+	+	+	+	+	
多形	+	+	+	+	+	+	+	
孩子	+	+	+	—	—	—	—	
吃	+	+	+	+	+	+	+	+
老形、头	+	+	+	+	+	+	+	+
年数量	+	+	+	+	+	+	+	+
拿动	+	+	+	+	+ -	+	+	
找	+	+	+	+ -	+ -	+ -	+	
这个	+	+	+	+	+	+	+	
现在	+ -	—	+ -	+ -	+ -			
自己	—	—	—	—	+ -	+ -	+ -	+ -
这么代	+	—	+	—	+	+	+	—
打动	+	+	+	+	+	+	+	+
他们	+	+	+	+	+	+	+	
这样	+	+	+	+				
咱们	+ -	—	+ -	—	+	+	—	—
干动（~活）	+	+	+		—	+		
听动	+	+	+	+	+	+	+	+
时候	+	+	+	+	+	+	+	+
和介、连	+ -	+ -	+ -	—	+ -	+ -	—	—

词目	北京官话	胶辽官话	冀鲁官话	中原官话	晋语	兰银官话	西南官话	江淮官话
	北京	烟台	济南	西安	太原	银川	成都	扬州
对形	+	+	+	+	+	+	+	+
手名、尾	+	+	+	+	+	+	+	+
门	+	+	+	+	+	+	+	+
告诉	−		+ −			−	−	−
卖	+	+	+	+	+	+	+	+
坐	+	+	+	+	+	+	+	+
用介	+ −		−		+ −			+ −
要动	+	+	+	+	+	+	+	+
东西	+	+	+	+	+	+	+	+ −
开动	+	+	+	+	+	+	+	+
怕动	+ −	+	+	+	+	+	+ −	+
问动	+	+	+	+	+	+	+	+
为什么	+ −	+	+ −	−	−	−	+ −	−
那么代	+	+	+ −		+ −		+ −	−
跑	+	+	+	+	+	+	+	+

表 1-18　非官话方言 80 个高频词说法的异同

词目	吴方言	徽语	湘方言	赣方言	客家方言	闽方言	粤方言
	苏州	绩溪	长沙	南昌	梅州	福州	广州
我	+ −	+	+	+ −	−	+ −	+
你	−	−	+	+	+	−	+
不	−	+	+	+	−	−	−
是	+	+	+	+	−	+	+ −
一数	+	+	+	+	+	+	+
有动	+	+	+	+	+	+	+
他	−	−	+	−	−	−	
个量	+	+	+	+ −			
说	+ −	−	−	−			
好形、补	+ −	+	+	+	+	+	+ −
人	+	+	+	+	+		+
也副	+	+	+	+	+	+	
什么代	−		−		−		
还副	+	+	+	+	+	−	
看	+ −	+ −	+	+	+ −	+ −	
要助动	+	+	+	+			+
在介、动	−						
都	−	+	+ −	+	+	+	+
我们	−		+	+ −		−	
大形	+	+	+	+			+

词目	吴方言	徽语	湘方言	赣方言	客家方言	闽方言	粤方言
	苏州	绩溪	长沙	南昌	梅州	福州	广州
没副	−	−	−	−	−	−	−
走动	+ −		+	+	−	−	−
怎么副	−	−	−	−	−	−	−
把介	−	+	+	+	−	−	
又	−	+	+	+	+	+	+ −
叫动	+	+	+ −	+	−	+ −	
小	+	+	+ −	+ −			
给介	−	−	−		−	−	
跟介、连	−	−	+	+ −			
事（做~）	−	+	+	+	+		+ −
你们	−	−	+				
很副			+				
知道	−	−	−		−	−	
到介	+	+	+	+	+	+	+
话名	−	+	+	+ −	+	+	+ −
家名、尾		+					
没有副	−	−	−		−	−	
谁代	−	−	−		−	−	
回量	−	+	+	+		+ −	
买	+	+	+	+	+	+	+
再副	+	+	+	+ −	+ −	+ −	
别副	−	−	−		−	−	
钱	−	−	+	+	+	+ −	+ −
妈	−❶	−	−❶	−	−	−	−❶
想动	+	+	+	+	+	+	+
给动	−	−	−		−	−	
多形	+	+	+	+	+	−	+
孩子	−	−	−		−	−	
吃	+	+					
老形、头	+	+	+	+	+	−	+
年数量	+	+	+	+	+	+	+
拿动	+	−	+	−	+	−	−
找	−	−					
这个	−	−	−		−	−	
现在	+	−	−	+ −			
自己	−	−	−	−	−	−	+
这么代	−	−	−		−	−	
打动	+	+	+	+	+		
他们	−	−	+	−	−	−	−

词目	吴方言	徽语	湘方言	赣方言	客家方言	闽方言	粤方言
	苏州	绩溪	长沙	南昌	梅州	福州	广州
这样	−	−	−	−	−	−	−
咱们	−	−	−	−	−	−	−
干动（~活）	−	−	−	−	−	−	−
听动	＋	＋	＋	＋	＋	＋	＋
时候	−	＋	＋	−	−	−	−
和介、连	−	−	−❷	−❷	−	−	−
对形	＋	＋	＋	＋	＋	＋	＋
手名、尾	＋	＋	＋	＋	＋	＋	＋
门	＋	＋	＋	＋	＋	＋	＋
告诉	＋ −❸	−	−❸	−❸	−	−	−
卖	＋	＋	＋ −	＋	＋	＋	＋
坐	＋	＋	＋	＋	＋	＋	＋
用介	＋	＋	＋	＋	＋	＋	＋
要动	＋	＋	＋	＋	＋	＋	＋
东西	−	−	＋	＋	＋	−	−
开动	＋	＋	＋	＋	＋	＋	＋
怕动	＋	＋	＋	＋	＋	＋	＋
问动	＋	＋	＋	＋	＋	＋	＋
为什么	−	−	−	−	−	−	−
那么代	−	−	−	−	−	−	−
跑	＋ −	−	＋	＋	−	−	−

注：❶苏州可说"娘"，长沙可说"娘"和"妈妈"，广州可说"妈妈"，皆与北京说法有一致性。❷长沙、南昌可说"跟"，与北京说法有一致性。❸苏州、长沙和南昌可说"告送'"，与北京说法有一致性。

由表 1-17、表 1-18，统计、归纳、整理得出表 1-19。

考察各方言中与 80 个高频词词目说法相同或相异的词的数量及其所占的比例，是了解官话方言内部八大次方言和七大非官话方言之间日常生活口语词汇的相同、相异程度，弄清各方言区之间的远近、亲疏关系的一条重要途径。由表 1-19 显示的数据，我们可以得出以下认识。

1. 依据日常生活口语词相同说法所占比例的高低，可直接衡量方言间关系的亲近程度。官话方言内部各大次方言中，存在相同说法的词数（包括完全相同和相同、不同并存）所占比例除扬州为 78.75% 以外，其余都远远超出 80%，北京和济南高达 97.50%；而在非官话方言中，除湘、赣方言以外，其他方言都明显低于 60%，闽、客、粤三方言甚至不足 45%。

2. 依据日常生活口语词相异说法所占比例的高低，可直接衡量方言间关系的疏远程度。包括晋语在内的八大官话方言之间的相异程度，明显低于非官话方言各大方言之间的相异程度。大多数官话方言的相异说法的词数都是非常少的，北京官话、冀鲁官话完全不同的说法只有两例。与此形成鲜明对照的是，大多数非官话方言存在相异说法的词数（包括完全不同和不同、相同并存）却很多，除去湘方言以外，其他像徽语和赣方言超过 50%，吴、客家方言在 60% 以上，而闽、粤方言都超出 70%。

3. 值得注意的是：晋语中，与词目说法相同的词的数量所占比例高达 65%，这与其他官话方言有着很强的一致性，而说法相异的词数所占比例仅为 11.25%，这与非官话方言的情况截然不同。所以，如果依据上述 1、2 两点的认识来衡定晋语与汉语各大方言间的亲疏关系，毫无疑问，晋语与各个官话方言之间的关系更为亲近一些。

4. 从表 1-19 也可看出：在官话方言各区中，江淮官话说法完全相同的比例低于其他地区，不同说法的词数多于其他地区，与之接近的有西南官话；而在非官话方言各区中，湘方言说法完全相同的比例高于其他地区，不同说法的词数比其他地区要少，与之接近的有赣方言。这些，都显示了方言的地域过渡性特点。

表 1-19　官话方言与非官话方言 80 个高频词说法异同状况的统计比较

			说法完全相同		相同和不同说法并存		说法完全不同	
			词数	比例	词数	比例	词数	比例
官话方言	北京官话	北京	61	76.25%	17	21.25%	2	2.50%
	胶辽官话	烟台	68	85.00%	5	6.25%	7	8.75%
	冀鲁官话	济南	52	65.00%	26	32.50%	2	2.50%
	中原官话	西安	53	66.25%	15	18.75%	12	15.00%
	晋语	太原	52	65.00%	19	23.75%	9	11.25%
	兰银官话	银川	62	77.50%	11	13.75%	7	8.75%
	西南官话	成都	52	65.00%	15	18.75%	13	16.25%
	江淮官话	扬州	48	60.00%	15	18.75%	17	21.25%
非官话方言	吴方言	苏州	32	40.00%	8	10.00%	40	50.00%
	徽语	绩溪	40	50.00%	3	3.75%	37	46.25%
	湘方言	长沙	45	56.25%	10	12.50%	25	31.25%
	赣方言	南昌	38	47.50%	12	15.00%	30	37.50%
	客家方言	梅州	29	36.25%	4	5.00%	47	58.75%
	闽方言	福州	19	23.75%	9	11.25%	52	65.00%
	粤方言	广州	22	27.50%	12	15.00%	46	57.50%

八　四项有分区意义的语法现象比较

本节考察官话方言的语法特点，主要选择当前学界大体认可的四项具有区别性作用的语法特征，比较官话方言内部八区之间的异同；为探明官话与非官话方言的异同，也说明非官话方言的特点。四项区别性特征是：

（1）单数第三人称代词的形式。[①]

（2）家畜、家禽表性别语素的种类及其位置。

（3）语序，比如官话方言跟南部一些方言"菜花"和"花菜"、"干菜"和"菜干"、"喜欢"和"欢喜"等说法的不同，在此以"客人"和"人客"为例。

（4）有给予义的双宾句，指人的宾语与指物的宾语的先后位置。

---

①袁家骅《汉语方言概要》（第二版）（1983：315）："我们从汉语词汇最稳固的核心部分中发现，家畜雌雄词形的性别和第三人称代词几乎把汉语分成了南北两大派。"这也成为后来学者观察、了解各方言间区别和联系的两大语法特点。

下面表 1-20 对照官话方言内部四项语法特征，表 1-21 比较官话方言与非官话方言四项语法特征的异同。表中官话方言和非官话方言各区皆选择一个方言点为代表，各点材料来源：侯精一《现代汉语方言概论》（2002）；北京大学中国语言文学系语言学教研室编《汉语方言词汇》（第二版）（1995）；詹伯慧《汉语方言及方言调查》（1991）。

表 1-20　官话方言内部四项语法特征对照表

语法特征	北京官话 北京	胶辽官话 烟台	冀鲁官话 济南	中原官话 洛阳	晋语 太原	兰银官话 银川	西南官话 成都	江淮官话 扬州
单数第三人称代词形式	他 ţt'a	他 ţt'a	他 ţt'a	他 ţt'a	他 ţt'a	他 ţt'a	他 ţt'a	他 ţt'a
家畜家禽表性别的语素及其位置 公马	公马	公马	公马	儿马 公马	儿马	公马 儿马	公马	公马
母马	母马	母马	骒马	骒马 母马	骒马	骒马 母马	骒马	母马
公牛	公牛	公牛	公牛 犍子	牤牛 公牛	公牛 牤牛	公牛	骚牛	牯牛 公牛
母牛	母牛	母牛	母牛	氏牛 母牛	母牛 牸牛	母牛	乳牛	牸牛 母牛
公猪	公猪	公猪 角猪	公猪 豯猪	公猪	牙猪	牙猪 豯猪	骚猪	公猪
母猪	母猪	母猪	母猪	母猪	母猪	母猪	母猪	母猪
公猫	公猫 郎猫	牙猫 公猫	公猫 男猫	公猫儿 郎猫 儿猫	儿猫	郎猫	公猫儿 男猫儿	公猫
母猫	母猫 女猫	女猫 母猫	女猫	母猫 女猫儿	母猫	女猫	母猫儿 女猫儿	母猫
公狗	公狗	牙狗 公狗	牙狗	牙狗	公狗	牙狗	公狗 牙狗	公狗
母狗	母狗	母狗	母狗	母狗	母狗	母狗	母狗儿 草狗儿	草狗 母狗
公鸡	公鸡	公鸡	公鸡	公鸡	公鸡	公鸡	鸡公 公鸡	公鸡 骚公鸡
母鸡	母鸡	母鸡	母鸡	母鸡 草鸡	母鸡	草鸡	鸡婆 母鸡	草鸡 母鸡
语序 客人	客人	客 客人	客 客人	客 客人	客	客人	客人 人客	客 客人
热闹	热闹	热闹	热闹	热闹	红火	热闹 红火	闹热 热闹	热嘈
喜欢	喜欢	喜欢	喜欢	喜欢	爱见 待见	喜欢	喜欢 欢喜	欢喜
双宾句语序	给我一本书	给我一本儿书	给我一本儿书	给我一本儿书	给我一本书	拿给我一本书	给我一本书	把我一本书 把一本书把我 把一本书我

表 1-21 官话方言与非官话方言四项语法特征比较表

			单数第三人称代词形式		家畜、家禽表性别的语素及其位置		语序（以“客人”为例）		双宾句指人、物宾语的位置	
官话方言	官话方言	北京	＋	他	＋	公 郎 母 女	＋	客人	＋	给他一支笔
	胶辽官话	烟台	＋	他	＋	公 角 牙 母 骒 女	－ ＋	客 客人	＋	给他一支笔
	冀鲁官话	济南	＋	他	＋	公 儿 男 牤 牙 豮 母 骒 女 氏 草	－ ＋	客 客人	＋	给他一支笔
	中原官话	洛阳	＋	他	＋	公 儿 牙 牤 郎 母 骒 女 牸	－	客	＋	给他一支笔
	晋语	太原	＋	他	＋	公 儿 牙 豮 母 骒 草	＋	客人	＋	留给你一把钥匙
	兰银官话	银川	＋	他	＋	公 儿 骚 牙 郎 母 骒 乳 女	－	客	＋	我给你十块钱
	西南官话	成都	＋	他	＋ －	公 男 牙 母 女 草 婆 个别（鸡公 鸡婆）	＋ －	客人 人客	＋	给他一支笔
	江淮官话	扬州	＋	他	＋	公 牯 母 牸 草	－ ＋	客 客人	＋ －	寄把他一封信 寄一封信把他
非官话方言	吴方言	上海	－	伊	＋ －	雄 公 雌 母 草 个别（猪郎种猪）	－ ＋	人客 客人	＋ －	送伊一袋糖 我拨一本书侬
	徽语	绩溪	－	渠	＋ －	雄 公 牯 驐 草 郎 胚 婆 娘 母	－	人客	＋	渠□xã˞ 我一支笔
	湘方言	长沙	＋	他	－ ＋	公（子） 牯（子） 婆（子） 项（子） 个别（牯牛 牸牛子）	－	人客	＋ －	把他一本书 把本书你
	赣方言	南昌	－	渠	－ ＋	牯 公 婆 个别（公马 母马 样鸡）	－	客	－	拿一本书到我
	客家方言	梅州	－	佢	－	牯 公 哥 嫲	－	人客	－	你分一支笔佢
	闽方言	厦门	－	伊	－	公 犅 哥 角 母	－	人客	－	我一本册护你
	粤方言	广州	－	佢（渠）	－	公 牯 郎 乸 项	－	人客	－	佢畀三本书我

说明：①“＋”表示所具有的语法特征是：单数第三人称代词形式用“他”；家畜、家禽表性别的语素在前；语序为“客人”；有给予义的双宾句，指人的宾语在指物的宾语之前。“－”表示与以上形式、格式不同。②凡同时列有“＋”、“－”两种特征或两个以上例子的，以排在上方的特征或例子的使用情况居多。③家畜、家禽性别语素一般两行，上面一行是雄性，下面一行是雌性，各行以排在前的说法居多。

由表1-20、表1-21可以看出：

1.以上四项特征在官话方言和非官话方言中的表现明显不同，是具有分区作用的区别性语法特点。西南、江淮官话和吴、湘、赣、徽等非官话方言处于中间地带，家畜家禽表性别语素的位置、"客人"等词语是说"客人"还是"人客"、有给予义的双宾句指人的宾语在指物的宾语之前还是之后等现象，在这些地区的说法常有交叉，形成了一些过渡性特点。

2.单数第三人称代词形式，在官话方言内部一致性很强，与非官话方言表现出的多样化特点形成鲜明对照。

3.表示家畜、家禽雌雄的语素，其所处位置的前后在汉语方言中主要体现为北部、西部官话方言与东南非官话之间的不同。这种不同主要表现在两个方面：一是表性别的语素不同，总体上官话方言性别语素的种类要多于非官话方言，雄性的多于雌性的；二是表性别语素的位置不同，官话方言表性别的语素多居前，非官话方言表性别的语素多居后，而且总体上位置居前的性别语素种类一般多于位置居后的，像非官话方言的梅州、厦门，位置居后的雌性性别语素只有一个，详见"附：表1-22"。

4.晋语的四项特征都跟其他官话方言完全相同，而跟非官话方言明显有别。尽管仅凭四项特征并不足以给一种方言定性，但在多项特征上的一致，却足以表明其所具有的官话方言的共性。

附：

表1-22　非官话方言各代表点6种畜禽性别语素及位置

	上海 + -		绩溪 + -		长沙 - +		南昌 - +		梅州 -		厦门 -		广州 -	
	雄性	雌性	雄性	雌性	雄性	雌性	雄性	雌性	雄性	雌性	雄性	雌性	雄性	雌性
马	雄马 公马	雌马 母马		母马	马公(子)	马婆(子)	公马	母马	马牯	马嫲	马公	马母	马公	马乸
牛	雄牛 公牛 犗牛	雌牛 母牛 犗牛	牯牛 犗牛	牛婆	牛牯(子) 牯牛	牛婆(子) 牸牛子	样牯子 犗牯牛	牛婆	牛牯	牛嫲	牛犅	牛母	牛公 牛牯	牛乸
猪	雄猪 猪郎	雌猪	猪胚 猪郎	草猪 猪婆	猪公(子)	猪婆(子)	猪牯	猪婆	猪牯 猪哥	猪嫲	猪公 猪哥	猪母	猪公 猪郎	猪乸
狗	雄狗	雌狗	雄狗	狗娘 草狗	狗公(子)	狗婆(子)	狗牯	狗婆	狗牯	狗嫲	狗公	狗母	狗公	狗乸
猫	雄猫	雌猫	雄猫	猫娘 草猫	猫公(子)	猫婆(子)	猫公 公猫	猫婆	猫牯	猫嫲	猫公	猫母	猫公	猫乸
鸡	雄鸡 公鸡	雌鸡 母鸡 草鸡	鸡公	鸡母	鸡公(子) 叫鸡公	鸡婆(子) 鸡项子	鸡公 样鸡	鸡婆	鸡公	鸡嫲	鸡角	鸡母	鸡公	鸡乸 鸡项

说明："+"表示表性别的语素在前；"-"表示表性别的语素在后；同时列有"+"、"-"两种特征的，以排在前面的特征的使用情况居多。

第二章
北京官话

第一节　北京官话概述

一　北京官话的分布

关于北京官话的分布范围，存在一些争议。李荣《官话方言的分区》（1985a）根据入声字的归调把官话方言分为七区，其一为"北京官话"，特点是古清入字分归四声。但李荣《汉语方言的分区》（1989b）又从北京官话中分出"东北官话"，理由是："东北三省有许多方言比河北更接近北京。专就古入声的清音声母字今分归阴平、阳平、上声、去声而言，东北官话区也可以画到北京官话区。考虑到东北官话区古入声的清音声母字今读上声的比北京多得多；四声调值和北京相近，但是阴平的调值比北京低；以及多数方言无[z]声母（北京的[z]声母读零声母[ø]）等特点，现在把东北官话区独立成一区。"这样一来，北京官话的分布范围就大大缩小了。《中国语言地图集》与此一致，分北京官话与东北官话为两区。但林焘（1987b）认为："如果一个方言点和北京城区话的声韵系统没有重要的差异，同时调类相同，调值相似，就应该承认这个方言点和北京城区话同属于北京官话区。以这个标准来衡量，北京官话不只包括北京市附近河北省的一些方言，还应该包括大部分东北方言。"林焘（1987a）还从历史的角度探讨了北京官话区的形成。王福堂（1999：52）也指出："北京官话和东北官话实际上差别很小，在次方言一级加以区分就值得商榷。"

如果从清入字归四声这一特点出发，不仅东北方言可以划归北京官话，冀鲁官话中的保唐片也可以归入北京官话。（张世方 2002）贺巍、钱曾怡、陈淑静（1986）指出："保唐片古入声清音声母字也分归阴阳上去四声，其中归阴平、上声的字比北京多是本片的特点。"之所以划归冀鲁官话，是因为"保唐片阴阳上去四声的调值跟北京话差别显著；同时本片的定霸小片多数点的去声字加轻声连读还分阴去和阳去"。保唐片的情形与东北官话十分类似。

显然，无论是把东北方言独立为东北官话，还是把保唐片归入冀鲁官话，实际上都没有遵照"入声字的归调"这一官话分区标准，而是参照了其他的标准。王福堂（1999：51）指出："汉语方言的差异不只存在于方言之间，一个方言的内部也常常是分歧复杂的。方言、次方言、土语之间有不同的差异，相应也都要有不同的分区标准。所以分区标准具有层级性，各有一定的适用范围。""不注意分区标准的层级性，虽然不至于抹煞方言差异的存在，但会在方言、次方言、土语等层级的安排上造成差错，而这也正是分区工作中常常会遇到的问题。"显然，在确定北京官话区时所用的标准如"入声字的归调"与"清入字归上声或阴平的数量"以及"四声的调值"等，并不是处于同一个分区标准层级的。

本文的北京官话区包括《中国语言地图集》的北京官话区和东北官话区，与林焘的观点基本一致，主要包括：北京市及下属各区县；河北省 13 个市县；天津市 1 个县；内蒙古 4 个市县旗；新疆 11 个市县；黑龙江全省；吉林全省；辽宁省除辽东半岛之外的大部分地区。

共 8 个省市 227 县市（区），人口多达一亿以上。

北京官话分布图

说明：本图显示北京官话在我国的地理位置及其所属各片的分布情况。小方框内的图中图有黑、灰、白三色：黑色为本方言区分布地，黑、灰两色合为官话方言区，白色为非官话区。可以从中看出本方言区在我国、在整个官话方言区所处的位置。以下各章的分布图与此相同。

二　北京官话的形成

北京官话主要分布在北京及相连的东北地区。林焘（1987a）对辽以来的北京话及北京官话的形成作了精辟的论述。他指出："从东北地区到北京，在历史上有两个共同特点：一是民族长期杂居，二是人口不断流动，这种情况持续将近千年，对东北方言和北京话的发展有极其深远的影响。"而北京话和东北方言一千年来相互影响，最终形成了一个包括东北广大地区和北京市在内的北京官话区。从历史来看，北京自古以来就是民族杂居及人口流动频繁的地区，而不只是从辽代才开始。之所以会具有这样的特点，与北京的地理位置有密切的关系。北京官话的形成，在某种程度上，可以说是北京地区特殊的地理位置以及多民族杂居、人口流动频繁等特点在语言上的一种反映。

（一）北京官话形成的地理人文背景

北京西、北、东北三面群山耸立，重峦叠嶂。西面为太行山之北端，即西山；东北为燕山，西北为军都山；南面和东南面与华北大平原相连。居庸关、古北口、卢龙塞或喜峰口、榆关或山海关等一些天然的峡谷隘口，是沟通山前山后的交通孔道。桑干河（今永定河）、沽水（今白河）、鲍邱水（今潮河）、拒马河、濡水（今滦河）等河流源于太行山、燕山腹地，自西北向东南奔注，或分或合，形成许多淀泊沼泽。

北京的这一地理位置对于早期人类居住地的选择起着至关重要的作用。大约二十多万年前，北京地区就有原始的北京人居住，他们的体质和外形已经跟现代人差不多，可以直立行走，主要用右手劳动，脑量约为现代人的 80%。他们已经有了简单的思维能力并开始有了语言。到了距今大约二十万年以前的旧石器时代中期，北京人由猿人变成了早期智人——新洞人。在大约两万年以前，北京出现了新的人类——山顶洞人，他们形成了以血缘关系为基础的母系氏族，并且与很远的地区发生了原始的交换关系，还制造出了大量精巧的装饰品。

在距今大约一万年至四五千年期间，北京地区处于新石器时代。迄今为止，北京地区考古发现的这一时期的墓葬和遗址共有四十多处，从中出土了许多装饰品、石器、陶器。其中，新石器时代早期的有门头沟东胡林墓葬、怀柔转年遗址，新石器时代中期遗存有房山的镇江营遗址、平谷的上宅遗址和北埝头遗址、昌平的雪山遗址一期等，雪山二期遗址大致相当于新石器时代晚期阶段。显然，当时的原始文明已经相当发达，人们以氏族、部落为单位分散居住，他们的语言也应该比较成熟了。

生活在今北京地区的远古先民，在与其他地区先民的交往中，终于找到了几条最适宜的路线：向西南有太行山东麓大道，可达中原各地；向西北有居庸大道，可上蒙古高原；向东北有古北口大道可去燕山腹地；向东有燕山南麓，经喜峰口或山海关，便抵辽西、辽东各地及以远，这几条路线是远古时代北京地区的先民与各地交往的主要道路。也就是说，从远古时代起，北京地区就是南北交通的分合之区、枢纽之地，这最有利于形成大型聚落。所以，远在三千多年以前，今北京地区就出现了一个重要聚落——蓟，是北京地区最早出现的城市。

北京地区的原始居民所创造的文化反映出地理位置带来的深刻影响。从目前的考古发现来看，北京地区呈现出文化的多元性和过渡性，是周边不同文化的会聚地带。如上宅一期文化明显带有东北兴隆洼文化的色彩，出土的筒形罐是典型的兴隆洼文化中期陶器。上宅二期文化一方面受到中原磁山文化的影响，另一方面可以看出北方赵宝沟文化的影响。也就是说，当时北京地区的人文地理特点，不在于文化的独特性，而在于文化的交汇性。"北京大致是多文化的互相穿插、交错、争夺，也可以说北京这个地区是多文化的每一种文化的前线地带，不同文化在此交汇，形成错综复杂的旋涡地带。"（侯仁之 2000：16）总的来看，从新石器时代开始，这一地区就是中原系统文化与北方系统文化的交汇折冲地带。（侯仁之 2000：25）

公元前 1046 年，周武王灭商以后，在今北京地区先后分封了两个诸侯国——蓟与燕。蓟在北，燕在南。蓟国为黄帝（一说尧）之后，主要在今永定河以北，其都城为蓟。燕国的分封略晚于蓟国，主要在永定河以南的拒马河流域，其都城燕，是北京地区最早出现的第二座城市。由于燕国的势力强于蓟国，燕国很快灭掉蓟国，将自己的国都改设在蓟。据考古学家研究，早期燕都在今董家林古城，当时中原系统的燕文化的分布范围不超过大约 30 公里以外。至西周中晚期，燕文化扩大到燕都周围 70～90 公里的范围，至春秋时期，已越过燕山山脉，基本上排挤、融合了张家园上层文化类型。战国时代，甚至一度推进到了今辽宁省和内蒙古自治区。辽宁省喀左县曾多次发现周初燕国的青铜器，其中就有铭有燕侯字样的铜盂。燕地当时是华夏文化与戎、胡文化交流的枢纽，是中原与东北经济、文化汇合交融的地区。燕国统治者把姬周文化带到北方，逐渐与当地的土著文化相融合。当时遗留下来的青铜彝器和其他文化遗物，都鲜明地体现了来自中原与北方两个方面的影响。例如，燕国青铜礼器具有与中原大体一致的风格，但以虎、牛等形象作为器足，是周初燕国青铜工艺的一个特点。另外，武器一项，除与中原相同的类型之外，还有与北方草原游牧部族风格一致的刀、剑、匕首、铜盔，这些器物以鹰首、马头作为装饰，都是北方草原地区发现的同类器物上普遍采用的。这些现象充分体现了南北文化在燕地的汇合和交融。

秦于公元前 222 年灭燕，次年统一中国，建立了专制主义的中央集权的封建国家。旧燕国地区分为六郡，今北京地区分属于上谷、渔阳、右北平和广阳四郡。相对于秦都咸阳来说，燕地是边远地区。秦始皇派蒙恬率军北逐匈奴，使之退于长城以北。两汉时期，蓟是这一地区的商业中心，是内地与东北各民族间贸易的枢纽。东汉中后期，乌桓和鲜卑族南迁，部分人迁入长城以内居住，各民族之间的交往更加密切。

秦汉时期，蓟城是抵御东北方和北方各族入侵的重镇，但到了魏晋十六国时期，却成了北方封建割据势力的一个中心。由于不同的割据势力纷纷援引塞外各族作为自己逐鹿中原的助力，边塞各族大量进入内地，蓟城很长一段时期内陷入各族统治者的轮番统治当中。由于蓟城地区政治形势变幻无常，蓟城居民的民族成分也不断变化。当时居民的主体仍是汉族，但内迁的乌桓、鲜卑人也不少。如慕容氏以蓟城为都时，曾把前燕文武官员、兵士及鲜卑人迁到蓟城居住。此外，在中原混战时，流民也常常自发地向幽州迁徙。刘裕时，中原流民进入幽州的达百万口。这些流民以汉人为主，也有久居塞内的其他各族人民。蓟城地区的人民向外流动的现象也时常发生，除了当地统治者的剥削压迫之外，还由于各族征服者掠夺人口的野蛮行为。例如，公元 338 年，后赵石虎强徙蓟城居民上万家于中原；公元 340 年，又从渔阳掠走大量户口。人口的流动，使蓟城地区居民的民族成分不断变化。可以说，在魏晋十六国北朝的将近四百年中，蓟城就是一个民族融合的巨大熔炉。移居蓟城的各族人民同以汉人为主的原住居民一起，创造着蓟城的物质和精神财富，发展着蓟城的历史。

今北京地区在隋代包括当时幽州的大部分地区，在唐代包括当时幽州的大部、檀州全部和妫州东部地区。公元 607 年，隋炀帝将幽州改称涿郡，唐初改郡为州，复称幽州，唐玄宗天宝时一度改称范阳郡，以后又改成幽州。幽州治所在蓟城，城址和北魏相同，一直到五代都没有什么改变。

幽州的居民主要是汉族，同时包括相当数量的少数民族。由于地处华北通往东北的要冲，一直与北方和东北少数民族地区保持着密切的联系。汉族劳动人民常常迁入少数民族地区谋生，少数民族人民也常常到这里来经商或者定居。隋唐的统一，给民族之间的往来提供了更多的便利条件。

五代之后北京地区及东北地区的历史情况可参见林焘（1987a）。总之，从历史来看，北京地区自古以来就是东北地区与中原地区的过渡地带，是不同文化、不同民族的交融地带。这种特殊的地理位置和文化背景，为北京官话区的形成创造了独特的人文地理环境。

（二）北京官话形成的历史过程

远古时期的北京人在长期的劳动中，应该会用语言来进行交流。但这种语言的性质如何，现在无从知道。早期不同文化的融合，以及西周初年燕国战胜蓟国取而代之，都必然引起语言上的竞争和融合。但具体如何，也难以说清。燕国据有蓟城以后，蓟城人的方言逐渐稳定下来。由于蓟城所具有的政治地位以及地理位置优势，它很快发展成为北方地区的一个中心。从考古发现来看，燕文化实际上仍然是一种融合型文化，既有中原文化的特点，又带有北方系统文化的特点。但从西周初年一直到两汉，由于中原的文化政治中心都在陕西、河南一带，而燕国属于边远地区，相对来说，燕文化与北方系统的文化直接接触更多，联系较为密切。燕国的统治区域大致是今北京周围及以北、以西地区，这也是燕方言的通行区域，在这一地区，燕方言应该属于优势方言。

关于北京地区方言的记载，最早见于西汉扬雄的《方言》，书中有 64 条提到燕方言，即北京地区的方言。其中，燕 3 条，北燕 8 条，燕之北鄙/燕之北郊/（北）燕之外郊的有 7 条，燕与朝鲜洌水并举的有 19 条，北燕朝鲜并举的有 5 条，燕齐之间 4 条，东齐北燕海岱之郊/东齐海岱北燕之郊/齐燕海岱之间/海岱东齐北燕之间 4 条，燕代东齐 1 条，燕之北鄙齐楚之郊/燕之北鄙东齐北郊 2 条，燕赵之间/燕赵之郊 4 条，燕之北鄙赵魏之郊 1 条，赵魏燕代之间 2 条，燕代之间/燕代之北鄙 2 条，梁宋齐楚北燕之间 1 条，晋卫燕魏 1 条。显然，当时已经形成一个比较大的燕方言区，这一方言与东北地区的方言关系最为密切，其次与齐海岱即今山东方言相似点较多。丁启阵（1991）认为，《方言》所反映的并非都是西汉时期的方言，而是保留了西汉之前的一部分方言词语。而北京地区的方言，他称之为"燕朝方言"，其分布"大体相当于今天河北省北部和辽宁省全省等地区（北朝鲜的部分地区），东南与海岱方言相邻。大致以黄河故道为界，即以'山东平原县——天津'为线分开。西南与赵魏方言相邻，大体近似今河北省与山西省的北部省界"。（丁启阵 1991：35）

从燕的历史来看，应该说，扬雄《方言》中的记载也反映了早期燕方言的通行范围。需要注意的一点是，当时燕方言与赵方言是两种不同的方言，而且关系比较疏远。也就是说，直到西汉时期，北京方言与其南部的河北方言一直分属于两个不同的方言区。

秦汉时期，北方的匈奴等少数民族就已经不断南下。东汉末年的战乱，北方少数民族的兴起，都推动了北京地区与中原地区的交融混合。到了南北朝时期，东晋偏安中国南方，而北方则处于不同政权的轮番统治之下，其中有不少是少数民族建立的政权，如北魏。这一时期也是中国历史上第一次民族大融合的时期。北京方言一方面与不同民族的语言接触，受到少数民族语言的很大影响，颜之推在《颜氏家训》中便说"北杂夷虏"，"北"也应该包括北京方言。另一方面，人口的流动使北京方言与其南部的河北方言开始混杂。隋代陆法言《切韵序》指出，"吴楚则时伤轻浅，燕赵则多涉重浊"，将"燕"、"赵"方言并举，说明这两种方言当时已有较强的一致性。

隋唐时期，中国处于统一的中央集权统治下，北京地区为幽州，是北方的军事重镇。随着北方少数民族的崛起，幽州的地位也日益提高，与中原一直保持密切的联系。这种状态到五代后期发生了变化。公元 936 年，石敬瑭为了做皇帝，不惜把包括今北京地区在内的"燕云十六州"割让给契丹，从此幽州成为辽的"五京"之一，称为南京。北宋政权虽然一直试图武力收复，但最终无能为力，只能与辽和平共处。因此，终辽一朝，北京地区与中原的交流大大减少，而在契丹族的统治下，其他少数民族也纷纷进入北京地区，形成多民族聚居的状态。在这种情况下，北京地区的文化开始不同于北宋境内的北方文化，而北京方言在与其他民族语言的接触中，也必然受到很大的影响。南宋人说："绝江渡淮，过河越白沟，风声气俗顿异，寒暄亦不齐。"（转引自葛剑雄主编《中国移民史》第四卷：26）当时淮河以北都在金的统治之下，还存在这么明显的差异，可见辽代时差异应当更为显著。

金代虽然也是北方少数民族建立的政权，但其统治者十分崇尚汉文化，而且，淮河以北都处在它的统治之下，与淮河以南的南宋处于对峙状态。因此，北京方言又恢复了与中原的交流。北宋以开封为都城，汴洛方言是当时共同语的基础方言。到了金代，以中都（今北京）为都城，汴洛方言的权威地位逐渐让位于北京方言。这可以从金代前后期词人的用韵看出来。前期词人的用韵与北宋时期基本一致，而后期则发生了明显变化，与元代的《中原音韵》基本一致。鲁国尧（1991）指出："金人占领中国后，其前期的北方籍词人如蔡松年（真定人）、赵可（高平人）、王寂（玉田人）、党怀英（泰安人）、王庭筠（盖州人）、王特起（崞县人），以及那些山东全真道士，他们的词韵尚未有太多的特点，至元好问崛起，词韵始以较新的面目展现于世，我们揣测在 13 世纪初年北方汉语发生了较大的变化，元好问的词韵（及其近体诗韵）是反映这种变化的较早的可靠证据，其晚年诸大曲家竞起，白朴以其词韵（及曲韵）

进一步反映了这一变化。他们的作品的用韵给汉语语音史留下了一份宝贵的文献。至 14 世纪终以周德清的《中原音韵》而集大成。"词韵的这种变化固然可能是 13 世纪初北方汉语变化的反映，但也很可能是词韵所依据的方言发生了变化，即以原来的汴洛方言为基础转变为以中都方言为基础，或者说，反映了当时北京话地位的变化。

元取代金之后，重新统一中国，仍然以中都为都城，改称大都。与金代统治者不同，元代的统治者非常排斥汉文化，对汉族实行民族压迫政策。在语言方面，也是竭力保持自己的语言，并制定了自己的文字——八思巴文。加上元朝的统治时间较短，汉语与蒙古语接触的层次较浅，受到蒙古语的影响相对来说也比较少。因此，元大都话与金代的中都话应该没有太大的差别。金代后期词人的用韵与《中原音韵》的一致性也说明了这一点。随着元曲的流行，大都话也得到广泛的传播。林焘（1987a）指出："所谓大都话，实际是辽金两代居住在北京地区的汉族人民和契丹、女真等族经过几百年密切交往逐渐形成的，到元建大都时已趋于成熟，成为现代北京话的源头。"

但到了明代，北京方言受到了很大的冲击。徐达攻下大都后，元顺帝带着蒙古贵族逃回大漠。由于战争的破坏，大都城几乎变成一座空城。明初，朱元璋把大都及附近的居民迁往开封一带，同时从山后等地区移民填实北平。迁都北京前后，明政府还从全国各地迁入北京大量人口。这就是说，明初北京的居民与元末几乎完全不一样。由此，韩光辉（1996：255）认为："早自辽代，契丹人迁入燕京地区，金代女真人大量迁入中都地区都以自己特定语言给汉语以某种影响，但都不能打断汉语一脉相承的发展。另一方面，元末明初北京地区，尤其城市人口的大量死亡与迁徙应该使当时地方语言的形成受到了强烈的冲击，几乎中断了它的发展。据此推测北京话的真正形成，并走向成熟，应该在明代以后。"

林焘（1987a）认为，明初从外地大量向北京移民，迁都北京后，大批高级官吏也从南京移居北京，加上守卫北京的大量军队以及从全国各地陆续征召来京的各行各业工匠，数量相当惊人，这大大改变了北京的人口结构。因此，明代"和北京话接触最频繁的已不再是契丹、女真等少数民族语言，而是来自中原和长江以南的各地汉语方言了"。虽然林焘没有明确说明，但显然他认为明初的北京话与明以前的北京话是一脉相传的，并没有如韩光辉所说的发展"中断"，只是后来更多地与南方汉语方言发生接触。比较今北京话与反映元大都话的《中原音韵》，二者的一致性说明确实也应该是这样。但根据历史记载，元末明初北京人口结构发生了巨大变化，按常理，明代的北京话应该不同于明之前的北京话，那么，为什么明以后的北京话与元代的大都话仍然保持明显的传承关系呢？

研究方言的形成，需要参考历史文献材料，但历史记载毕竟不是对历史的完整记录，有时只能给我们提供一些线索。因此，还是应以语言材料为准。与元代的《中原音韵》相比，明代的北京话发生了许多变化，如《中原音韵》清入字归上声，而到了明末《合并字学集韵》里，清入字已经开始派入四声；《中原音韵》只有宕江通摄入声字有文白异读，而明末《合并字学集韵》里曾梗摄入声字的韵母也出现文白异读。这些都说明，明初的移民确实对北京话产生了影响，但这种影响并没有导致原来的北京话中断发展，仅是有一点偏离而已。

虽然元末明初北京人口发生了很大的变化，但元代的北京话还是保留下来了。这可能有以下三方面的原因。第一，元末大都人逃离大都，但在明初可能又大量返还，他们说的仍然是元代的大都话。第二，当时北京周围地区的人大量进入北京。今天北京周围的河北方言与北京话十分接近，可以想见，当年大都附近的方言与大都话必然也很相近，因此，这些地方的人进入北京，他们所说的话与原来的大都话相差无几。如洪武时期，从山后移入大量人口，而当时山后地区的方言有可能与大都话十分接近。而且，由于地域相近，北京周围地区的人口会持续不断地流入北京。第三，虽然明代从外地迁入大量人口，但主要是军队、官员、富商、手工业者等，普通老百姓相对来说比较少，这些人来源复杂，方言也并不一致，所以他们的方言无法取代原来的北京话。

今北京话口语中常用的清入字，多归上声和阴平，而归阴平的占多数。归上声与《中原音韵》保持一致，归阴平则应该是周围方言的影响所致。北京话清入字归阴平，明代就已经存在，明末徐孝的《合并字学集韵》就记录了这一情况。今河北东南、山东西北一带的方言，与北京话声韵调很接近，但清入字归阴平。可以推测，明代这一地区进入北京的人口相当多，才使北京话的清入字出现归阴平的情况。不过，《合并字学集韵》中归阴平的清入字不如现在多，这可能是由于徐孝记录的以读书音为主，也说明在明代之后，河北等周围方言一直对北京话发生着潜移默化的影响。

明代东北地区虽然已经迁入许多汉族人口，但基本以少数民族为主。因此，这一时期的北京话与其周围的河北方言联系更多。

明末清初，北京城没有遭到战争的严重破坏。但清军入关，又一次改变了北京的人口结构。内城以满人、旗人为多，他们大部分是从东北来的。根据侯精一（2001），内城居民一开始多说满语，直到康熙年间，形成满汉双语，最后汉语替代满语，形成内城的北京话。原来住在内城的汉人则迁居外城。这样就使内外城的北京话有所不同。外城北京话应是明代北京话的延续，而内城北京话则带有许多东北方言以及满语的成分，但二者仍然可以算作一种方言，是北京话的不同的社会变体。由于清朝是由来自东北的满族建立的，终清一朝，北京地区与东北地区一直保持密切的联系。如从雍正时期开始，由于北京城人口过剩，清政府多次遣送京师旗人到东北屯田。（韩光辉1996：307）此外，清初的圈地政策，清室对皇陵的修建和管理，以及行宫和避暑山庄的修建，都促进了北京话的扩散及其与周围地区的交流。因此，清朝北京话与东北方言的关系比较密切，但与南部河北方言的联系也并未中断。

《红楼梦》是曹雪芹所写，大家已经公认是用清初的北京话写的。图穆热（2000）指出，《红楼梦》中的人物语言与东北话极为相似，其中的许多习俗东北也有。因此，他认为东北话是清初北京话的活化石。虽然这一结论还需要进一步的研究，但至少与历史事实比较相符，旗人正是从东北迁移入关的，后来又大量迁回东北。东北方言最早可以追溯到河北、山东的移民，本来就与北京话同源，之所以北京话与东北方言更为接近，而与河北方言差得较远，是由于从清代开始，内城北京话主要是来自东北的旗人所说，而且，之后北京话也一直与东北方言联系密切。

总之，北京官话的形成应该说是北京方言与周围方言及语言相互接触的最后一段历史。在漫长的历史发展中，由于北京地区的地理位置，北京方言既与东北地区的语言或方言不断地发生接触，又与南部的河北方言保持密切的联系。但受政治因素的影响，不同历史时期，北京方言与东北方言或河北方言接触的深度有所不同。大致说来，自西周初年至两汉时期，以蓟城为中心形成一个燕方言区，与辽宁一带的方言或语言比较接近，而与南部的河北方言较为疏远；从魏晋南北朝时期开始，北京方言与南部的河北方言接触密切，更为接近；宋辽时期，北京方言与其南面的河北方言的联系大大减少，发展出了不同的特点，但金、元、明三朝，北京方言又恢复与河北方言的联系；清代北京话受到东北方言及满语的很大影响，但也一直与河北方言保持联系。所以，今天的北京话与河北、东北方言有很多共同的特征。就本文所确定的北京官话区的范围来看，其形成应在清代。

第二节　北京官话的特点

北京官话最重要的特点就是其内部一致性很强。林焘（1987a）指出："现在的北京官话和汉语其他方言比较，不但方言内部分歧最小，而且语音结构最简单，保留的古音成分最少，可以说是发展最迅速的汉语方言。"

一　声母

北京官话的声母系统总的来说比较一致，大部分方言的声母都在 22～25 个之间。

（一）知庄章组声母

1. 北京官话大部分方言古知庄章组声母合并为一组。东北地区有的方言虽然知系字也有 tʂ、ts 两组声母，但与胶辽官话等其他官话方言知系字有规则的分化性质不同。例如：①

	珍知=臻庄=真章	丑彻=瞅初=醜昌	绸澄=愁崇=酬禅	梳生=书书	士崇=市禅
北京	₌tʂən	ꞈtʂʻou	₌tʂʻou	₌ʂu	ʂꞲˋ
赤峰	₌tʂən	ꞈtʂʻou	₌tʂʻou	₌ʂu	ʂꞲˋ
兴城	₌tʂən	ꞈtʂʻou	₌tʂʻou	₌ʂu	ʂꞲˋ
沈阳	₌tsən	ꞈtsʻou	₌tsʻou	₌su	sꞲˋ
巴彦	₌tʂən	ꞈtʂʻəu	₌tʂʻəu	₌ʂu	ʂꞲˋ

2. 庄组字部分字（另有个别知组字）北京话读 ts 组声母。《方言调查字表》中收入的 170 个庄组字，再加未收入的"刍淄缁率统~仄"，共 175 字中，北京读 ts 组的共 32 字，占庄组字的 18.3%。另有知组的"铛泽择" 3 个字，北京也读 ts 组。见下：

庄：阻淄辎缁滓邹扎仄责 ‖ 侧　　　初：差参~厕参~差篡测恻策 ‖ 册
崇：俟岑　　　　　　　　生：洒所搜飕馊蒐森瑟啬缩涩 ‖ 色
澄：铛泽 ‖ 择

"‖"后的字北京话也读 ts 组。例如：侧 tsai⁵⁵~歪 ｜ 册 tsʻai²¹⁴样~子 ｜ 择 tsai³⁵~菜 ｜ 色 ʂai²¹⁴掉~。这些有 ts 组声母一读的全是入声字，而且其韵母多有文白异读，tʂ 组声母只跟白读韵母相拼。

根据高晓虹（2002），《中原音韵》中就已经有庄组字读同精组的情况，但比较少，有"淄俟厕刍缩谡诅溲馊镀"，到清代才开始比较多，如清代李汝珍《李氏音鉴》中有"雏邹搜缩测仄戻恻策册稸啬涩色瑟"，裕恩《音韵逢源》中更多，有"篡邹骤搜馊溲飕镀阻诅俎龇滓筞制淄缁辎锱俟洒责帻簧戻仄册策侧测恻厕色缩谡"。

北京官话其他方言（东北地区除外）中，这类字中的入声字读 tʂ 组声母的多于北京话。以一些常用字在北京密云、河北承德②、内蒙古赤峰和辽宁朝阳各地的读音为例。例如：

---

①由于东北地区知系字 tʂ ts 两组声母自由变读，较为复杂，此处不列东北其他代表点的情况。
②"承德"指承德县政府驻地下板城，承德市政府驻地文中用"承德市"，以示区别。

	扎包~庄	侧庄	责庄	策初	册初	涩生	色生	泽澄	择~莱澄
密云	₌tʂa	tsˑʅ / ₌tʂai	₌tʂai	tʂˑʅ˒	₌tʂʰai		ʂai˒	₌tʂai	₌tʂai
承德	₌tsa	₌tʂai	₌tʂai	tʂˑʅ˒	₌tʂʰai	sʅˑ	ʂai˒	₌tʂai	₌tʂai
赤峰	₌tʂa	ʐʅ˒	₌tʂɛ	tʂˑʅ˒	₌tʂˑʅ	ʐɤˑ	ʂɤ˒	₌tʂɛ	₌tʂɛ
朝阳	₌tʂa	ʐʅ˒	₌tʂɛ	tʂˑʅ˒	tʂˑʅ˒	ʂɤˑ	ʂɤ˒	₌tʂɛ	₌tʂɛ

（二）不分尖团

北京官话各方言都不分尖团，精组细音字读 tɕ 组声母，与见晓组细音字同。例如：

	酒精=九见	焦精=骄见	妻清=欺溪	清清=轻溪	须心=虚晓
北京	ᶜtɕiou	₌tɕiau	₌tɕʰi	₌tɕʰiŋ	₌ɕy
赤峰	ᶜtɕiəu	₌tɕiau	₌tɕʰi	₌tɕʰiŋ	₌ɕy
兴城	ᶜtɕiou	₌tɕiau	₌tɕʰi	₌tɕʰiŋ	₌ɕy
沈阳	ᶜtɕiəu	₌tɕiau	₌tɕʰi	₌tɕʰiŋ	₌ɕy
吉林	ᶜtɕiou	₌tɕiau	₌tɕʰi	₌tɕʰiŋ	₌ɕy
巴彦	ᶜtɕiəu	₌tɕiau	₌tɕʰi	₌tɕʰiŋ	₌ɕy

（三）部分见系开口二等字声母有不同的层次

见系开口二等字的声母在北京官话中一般与见系细音字一样发生腭化，与精组细音字合并，但在部分地区，有的字还没有腭化。例如：

	街	解	虹	缸	耕	更打~	隔~壁(儿)	客
北京	₌tɕie	ᶜtɕie	tɕiaŋ˒	₌kaŋ	₌tɕiŋ	₌tɕiŋ	tɕie˒	ᶜtɕʰie
承德	₌tɕiE	ᶜtɕiE	tɕiaŋ˒	₌kaŋ	₌tɕiŋ	₌tɕiŋ	₌kɤ	ᶜtɕʰiE
兴城	₌kai	ᶜkai	kaŋ˒	₌kaŋ	₌tɕiŋ	₌tɕiŋ	₌kɤ	ᶜtɕʰie
沈阳	₌kai	ᶜtɕie	kaŋ˒	₌kaŋ	₌tɕiŋ	₌tɕiŋ	₌kɤ	ᶜtɕʰie
吉林	₌kai	ᶜkai	kaŋ˒	₌tɕiaŋ	₌tɕiŋ	₌tɕiŋ	₌kɤ	ᶜtɕʰie
巴彦	₌kai	ᶜkai	kaŋ˒	₌kaŋ	₌tɕiŋ	₌tɕiŋ	tɕie˒	ᶜtɕʰie
讷河	₌kai	ᶜkai	kaŋ˒	₌kaŋ	₌tɕiŋ	₌tɕiŋ	tɕie˒	ᶜtɕʰie

同一方言中，新派、老派见系二等字腭化与否也不尽一致。如北京、承德："街解虹"老派新派都读 tɕ；"缸"老派读 k，新派读 tɕ；"耕更打~隔~壁(儿)客"老派读 tɕ tɕʰ，新派一般读 k kʰ。兴城以下各点："街解虹缸"老派一般读 k，新派一般读 tɕ；"耕更打~客"老派读 tɕ tɕʰ，新派一般读 k kʰ。

如果从中古音系到现代官话音系的发展来看，tɕ 组声母是 k 组声母腭化的结果，见系细音字读 k 组声母早于读 tɕ 组声母，兴城以下各点"街解虹缸"老派与新派的读音差异与此一致，但"耕更打~客"的读音正好相反，新派为 k 组，老派为 tɕ 组，新派读音与普通话一致，显然是受普通话影响的结果。这说明北京官话见系开口二等字声母的这种新老差异是两种不同力量起作用的结果，一是音系自身的发展，另一则应是权威方言的影响。

除以上几个方面，北京官话声母还有一些一致的特点，如 xu-、f-不混，n-、l-不混等。

二　韵母

（一）入声字韵母

官话大部分方言无入声韵，中古的入声韵并入相应的阴声韵中，北京官话也不例外。入声韵归入阴声韵的具体情况，整个北京官话内部大体一致，只有少许差异。下面以北京话为例来说明。

　　根据《汉语方音字汇》（1989），北京话共有 23 个阴声韵母，除了 ɿ uai uei ər 4 个韵母之外，其他 19 个韵母中都有入声字。见表 2-1。

表 2-1　中古入声字在北京话中并入阴声韵一览表

古入声					今韵母	古阴声				
摄	开合	等	声母系组	例字		摄	开合	等	声母系组	例字
咸山	开	一二	帮端知	八搭插	a	果	开	一	端	他大
	合	三	非	乏发		假	开	二	帮端知	巴拿茶
	开	二四	见	甲荚瞎	ia	假	开	二	见	家
山	合	二三	知见非	刷刮袜	ua	假	合	二	知	髽
						蟹	合	二	见	蛙挂话
咸山	开	一三	见知	鸽涉割热	ɤ	果	开合	一	见	歌课
深	开	三	知	蛰涩						
宕	开	一	端见	乐欢~各		假	开	三	知	遮
曾梗	开	一二三	端知见	德泽色革						
山臻	合	一	帮	拨勃	o	果	合	一	帮	波
宕江	开	一二	帮	博驳						
曾梗	开	一二	帮	墨迫		遇	合	一	帮	模
山	合	一三	端知见	脱说活	uo	果	开	一	端见	多我坐过
宕江	开	一二三	端知见	托酌桌握						
宕曾	合	一	见	郭国		遇	合	一	端	做错
深臻	开	三	知	十质	ʅ	蟹止	开	三	知	制支
曾梗	开	三	知	直石						
深臻	开	三	帮端见	笔习急一	i	蟹止	开	三四	帮端见	蔽帝皮器
曾梗	开	三四	帮端见	逼力极碧笛						
臻通	合	一三	帮端知见	不福卒烛骨	u	遇	合	一三	帮端知见	布租夫姑
						流	开	三	帮	富妇
臻通	合	三	端见	律橘绿玉	y	遇	合	三	端见	虑句
咸山	开	三四	帮端见	接协别噎	ie	果假	开	三	见端	茄借夜
梗	开	二	见	客白隔~壁		蟹	开	二	见	蟹
山	合	三四	端见	雪月缺	ye	果	合	三	见	靴
宕江	开	三二	端见	爵约学						
宕	合	三	见	镢		假	开	三	见	嗟文
曾梗	开	三二	帮知	色白百择白	ai	蟹	开	一二	端见帮知	代该拜柴
臻	合	三	知	蟀	uai	蟹	合	一二	见	块乖歪快
						止	合	三	知	揣摔
曾	开	一	帮端见	北贼黑	ei	蟹	开合	一三	帮端	贝杯内
						止	开合	三	帮端	美类飞
宕江	开	一三二	帮端知见	凿郝芍雹	au	效	开	一二三	帮端知见	刀高抄饶
		三二	端见	嚼脚饺	iau			二三四	帮端见	交标妖刁
通	合	三	知	轴粥肉	ou	流	开	一三	帮端知见	某头勾柔
			端	六	iou			三	端见	流九

不符合上表来源的入声字：吓_{梗开二}（ia）；划_{梗合二}（ua）、硕_{梗开三}、虢获_{梗合二}、沃_{通合一}、缩_{通合三}（uo）、疫役_{梗合三}（i）；入_{深开三}、缚_{宕合三}、朴_{江开二}（u）；域_{曾合三}、剧_{梗开三}（y）；劣_{山合三}（ie）；塞_{曾开一}（ai）。

（二）入声字的韵母存在文白异读

除了古入声韵与阴声韵的归并情况一致性很强，北京官话韵母还有一个非常突出的特点，即宕江曾梗通五摄入声字韵母存在文白异读，主要分布在以下几韵中：宕摄开合一等铎韵、三等药韵，江摄开口二等觉韵，曾摄开口一等德韵、三等职韵庄组，梗摄开口二等陌韵、麦韵和通摄合口三等屋韵、烛韵。其中，宕摄和江摄、曾摄开口三等庄组和梗摄开口二等的文白读情况分别相同。下面仍以北京话为例。

1. 宕江摄

表 2-2　宕江摄入声字的文白异读

				文读			
				ɤ	o	uo	ye
宕				乐欢~各搁胳鄂恶	博莫膜寞摸	托跺铎诺洛作错昨柞索酌郭廓扩霍藿若弱	略掠却虐
	白读	au		烙酪姥焯着_睡~勺芍	鹤	薄	落骆络凿绰
		iau		脚药钥			雀鹊爵嚼削约疟跃
江	白读	au	雹		驳	桌卓琢啄涿戳浊捉镯朔握	确岳乐_{音~}
		iau	饺		剥		觉角学

此外，"幕_{宕开一铎韵}"读 u 韵，属例外。

2. 曾开一

表 2-3　曾开一入声字的文白异读

			文读	
			ɤ	o
白读	ei	北肋贼黑	德特则刻_{动词}刻_时~克	墨默
	ei/uei		得勒塞	
			忒	

"塞"还有一种读音 ₋sai。"塞"《广韵》有两种读音，一为苏则切，一为先代切，其中"先代切"释义为"边塞"，今音 sai³。曾开一的"塞"来自苏则切。

3. 曾开三_{庄组}、梗开二

表 2-4　曾开三_{庄组}、梗开二入声字的文白异读

			文读	
			ɤ	o
曾开三_{庄组}			测恻啬仄	
	白读	ai	侧色	
梗开二			泽格额赫策吓核革扼	魄帛陌
	白读	ai	拍白拆宅窄擘麦摘	择册责	百柏伯迫脉

梗开二还有两字有两种读音：客 kɣˀ / ˀtɕie，隔 ₌kɣ/tɕieˀ。虽然两种读音韵母不同，但显然韵母的不同与声母腭化与否密切相关，与梗开二入声字的文白异读性质不同。《中原音韵》中，梗开二入声字并没有今天的文白异读，但"客吓额"三字有异读：客，皆来入声作上声与楷字同音，又读车遮入声作上声与怯字同音；吓，皆来入声作上声与骇字同音，又读车遮入声作上声与血字同音；额，皆来入声作去声与隘字同音，又读车遮入声作去声与夜字同音。（宁继福1985：161）《中原音韵》皆来韵的读音与今天梗开二的白读音一致，但"客吓额"三字现在都没有这种白读了。"客"还保留车遮韵的读音，"吓额"连这一读音也没有了，但都新出现了一种读音，即今文读音。从这些情况来看，"客隔"的两种读音很可能是新旧文读音的区别，kɣˀ、kɣ 为新文读，tɕˀie、tɕie 为旧文读。旧文读在《中原音韵》时期已经进入北京话，新文读则在那之后才进入北京话。从音变的角度来看，则 tɕˀie、tɕie 是后起的，是 kɣˀ、kɣ 腭化的结果。

4. 通合三

表2-5　通合三入声字的文白异读（非组全部读u，本表不列）

			文读	
			u	y
			陆肃筑畜~牲逐缩祝淑录足促粟俗烛嘱触赎束属蜀褥辱	掬曲（麯）畜~牧蓄郁育绿续锔曲局玉狱欲浴峪
白读	ou	轴粥肉	叔竹熟	
	iou	六		菊宿

"宿"实际有三种读音：ɕy /su /ɕiou，其中 su 与普通话一致，一般被看作文读音。《中原音韵》"宿"有两种读音："鱼模入声作上声与屿字同音，又读尤侯入声作上声，"（宁继福1985：160）分别记为 siu/siəu。这两种读音随着声母的腭化发展为今天的 ɕy/ɕiou。

"缩通合三屋韵"北京话旧读 su，《中原音韵》鱼模入声作上声，只有这一种读音；今读 suo，同果摄，来源不明。

北京话宕江曾梗通等摄有文读韵母的入声字都多于有白读韵母的入声字，白读音处于残留状态。相比之下，北京官话其他点保留的白读音略多于北京话，但文读音也已经占据了优势。详见表2-6。

表2-6　部分方言点比北京话多出的入声字白读形式

		承德	围场	赤峰	朝阳	兴城	长春	吉林	巴彦	讷河	佳木斯
宕开一	搁	₌kau	₌kau			₌kau	ˀkau	₌kau	₌kau	₌kau	₌kau
	洛				lɔˀ						
	骆			lɔˀ		lauˀ					
	乐欢~					lauˀ			lauˀ		
宕开三	弱	zau̯ˀ	zau̯ˀ	zɔ̯ˀ	zɔ̯ˀ	zau̯ˀ	iauˀ	zau̯ˀ		iauˀ	iauˀ
	若	zau̯ˀ		zɔ̯ˀ	zɔ̯ˀ	zau̯ˀ				iauˀ	
	虐	iauˀ	iauˀ	iɔˀ		iauˀ	iauˀ	iauˀ	iauˀ	iauˀ	iauˀ
	略			liɔˀ	liɔˀ	liauˀ	liauˀ	liauˀ	liauˀ	liauˀ	liauˀ
江开二	岳	iauˀ	iauˀ	iɔˀ		iauˀ	iauˀ		iauˀ	iauˀ	iauˀ
	乐音~		iauˀ			iauˀ	iauˀ	iauˀ	iauˀ	iauˀ	iauˀ

		承德	围场	赤峰	朝阳	兴城	长春	吉林	巴彦	讷河	佳木斯
曾开一	墨	mei꜄	mei꜄	meɪ꜄	mi꜄	mi꜄	mi꜄	mi꜄	mi꜄	mi꜄	mi꜄
	则			꜀tseɪ	꜀tʂai	꜀tsai	꜀tʂai	꜀tsai			꜀tsai
	刻 动		꜀kʻei	꜀kʻeɪ	꜀kʻe	꜀kʻei	꜀kʻei	꜀kʻei	꜀kʻei		꜀kʻei
	刻 时~			꜀kʻeɪ		꜀kʻei					
	克			꜀kʻeɪ							
曾合一	或		xuei꜄			꜀xue	꜀xuei			꜀xuei	
	惑		xuei꜄			꜀xue				꜀xuei	
梗开二	魄				꜀pʻɛ			꜀pʻai			
	陌		me꜄				mai꜄			mai꜄	
	责	꜀tʂai	꜀tʂɛ	꜀tʂɛ	꜀tʂɛ	꜀tʂai	꜀tsai	꜀tsai	꜀tsai	꜀tsai	꜀tsai
梗合二	获~鹿					꜀xuai					

　　曾开一"墨"承德、围场、赤峰白读 mei/meɪ，朝阳、兴城等则读 mi，《中原音韵》"墨"在齐微韵，读 mui，与"妹密"同音。（宁继福 1985）《中原音韵》齐微韵的字今北京话有三个韵母：i ei uei。北京话中唇音声母不拼 u 之外的合口呼韵母，所以"墨"的韵母只能是 i 或 ei，北京话变为 ei，而有的北京官话方言则变为 i。

　　根据北京话文白读的规律，曾开一"则"的白读韵母应为 ei，如赤峰，但兴城等方言均为 ai。《中原音韵》中，"则"也在皆来韵，不在齐微韵，与曾开一其他字不同。兴城等方言的 ai 与《中原音韵》倒是一致的。

　　曾开一与梗合二的入声字在北京话中都没有白读音了，但在北京官话其他一些方言中还保留着白读音。这更加说明了文白异读的系统性。

　　此外，还有一些入声字也存在异读现象（详见表 2-7），但这些字的异读与北京话的文白异读并不属于同一层次。"笔、割"两字"/"前的读音与山东的一些方言一致，可能来源于山东方言，"/"后的读音则与普通话一致。不过，《中原音韵》中，"笔"与"墨"韵母相同，声母也都是双唇音，"笔"的两种读音与前面"墨"的两种读音是一致的，因此也可能是方言内部发展的结果。"液"在《中原音韵》中归齐微韵，读 i，另一种读音则很可能是受声符"夜"字的影响产生的。

表 2-7　"笔、割、液"在北京官话中的异读

	承德	围场	赤峰	朝阳	兴城	长春	吉林	巴彦	讷河	佳木斯
笔臻开三	꜀pei/꜀pi	꜀pei/꜀pi	꜀pei/꜀pi	꜀pe/꜀pi	꜀pi	꜀pi	꜀pi	꜀pi	꜀pi	꜀pi
割山开一	꜀ka/꜀kɤ	꜀ka/꜀kɤ	꜀ka/꜀kɤ	꜀ka/꜀kɤ	꜀kɤ	꜀ka/꜀kɤ	꜀ka/꜀kɤ	꜀ka/꜀kɤ	꜀ka/꜀kɤ	꜀ka/꜀kɤ
液梗开三	iɛ꜄	i꜄/ie꜄	i꜄/iə꜄	i꜄/iɛ꜄	i꜄/iɛ꜄	i꜄/iɛ꜄	i꜄/iɛ꜄	i꜄/iɛ꜄	i꜄/iɛ꜄	i꜄/iɛ꜄

（三）普遍区分 -n、-ŋ 两个韵尾

　　北京官话几乎所有方言都能区分 -n、-ŋ 两个韵尾，例如黑龙江巴彦：坟 fən≠逢 fəŋ｜宾 pin≠兵 piŋ｜准 tʂuən≠肿 tʂuŋ｜群 tɕʰyn≠穷 tɕʰyŋ，等等。其中，中古咸深摄舒声字与山臻两摄舒声字合并，为 -n 尾韵，中古宕曾梗通各摄舒声字为 -ŋ 尾韵。但赤峰咸山深臻宕江摄字韵母均为鼻化韵。例如：

	贪咸=滩山	咸咸=闲山	犯咸=饭山	林深=邻臻	深深=身臻	锦深=紧臻
北京	₌tʰan	₌ɕian	fanʔ	₌lin	₌ʂən	ˈtɕin
赤峰	₌tʰã	₌ɕiã	fãʔ	₌liə̃	₌ʂə̃	ˈtɕiə̃
兴城	₌tʰan	₌ɕian	fanʔ	₌lin	₌ʂən	ˈtɕin
沈阳	₌tʰan	₌ɕian	fanʔ	₌lin	₌ʂən	ˈtɕin
吉林	₌tʰan	₌ɕian	fanʔ	₌lin	₌ʂən	ˈtɕin
巴彦	₌tʰan	₌ɕian	fanʔ	₌lin	₌ʂən	ˈtɕin

	帮宕=邦江	榜宕=绑江	朋曾=棚梗	升曾=声梗	兄曾=胸通
北京	₌paŋ	ˈpaŋ	₌pʰəŋ	₌ʂəŋ	₌ɕiuŋ
赤峰	₌pã	ˈpã	₌pʰəŋ	₌ʂəŋ	₌ɕyŋ
兴城	₌paŋ	ˈpaŋ	₌pʰəŋ	₌ʂəŋ	₌ɕyŋ
沈阳	₌paŋ	ˈpaŋ	₌pʰəŋ	₌ʂəŋ	₌ɕyŋ
吉林	₌paŋ	ˈpaŋ	₌pʰəŋ	₌ʂəŋ	₌ɕyŋ
巴彦	₌paŋ	ˈpaŋ	₌pʰəŋ	₌ʂəŋ	₌ɕiuŋ

梗开三"贞侦祯帧浈"等字在北京官话各点都读 tʂən，同深臻摄。

（四）中古泥来母部分合口字今读开口呼

泥来母合口字北京官话读开口呼主要见于山摄和通摄，读音如下：①

	北京	承德	围场	赤峰	朝阳	兴城	长春	吉林	巴彦	讷河
暖山合一	ˈnan	ˈnan	ˈnan	ˈnã	ˈnã	ˈnan	ˈnan	ˈnan	ˈnan	ˈnan
乱山合一	lanʔ	lanʔ	lanʔ	lãʔ	lãʔ	lanʔ	lanʔ	lanʔ	lanʔ	lanʔ
卵山合一	ˈlan	ˈlan	ˈlan	ˈlã	ˈlã	ˈlan	ˈlan	ˈlan	ˈlan	ˈlan
鸾山合一	₌luan	₌luan		₌luã	₌luã	₌luan	₌luan	₌luan	₌lan	
弄通合一	nəŋʔ	nuŋʔ	nəŋʔ	nəŋʔ	luŋʔ	nuŋʔ	luŋʔ	luŋʔ	luŋʔ	nuŋʔ
农通合一	₌nuŋ	₌nuŋ	₌nəŋ	₌nəŋ	₌nəŋ	₌nəŋ	₌nəŋ	₌nəŋ	₌nəŋ	₌nəŋ
脓通合一	₌nəŋ	₌nuŋ	₌nəŋ	₌nəŋ	₌nəŋ	₌nəŋ	₌nəŋ	₌nəŋ	₌nəŋ	₌nəŋ
浓通合三	₌nuŋ	₌nuŋ	₌nəŋ	₌nəŋ	₌nəŋ	₌nəŋ	₌nəŋ	₌nuŋ	₌nuŋ	₌nəŋ

河北承德、辽宁兴城、黑龙江巴彦、讷河等地"暖"还读 nau，内蒙古赤峰、辽宁朝阳等地还读 nɔ。

除此之外，蟹合一"内雷"、止合三"累泪"等，北京官话的读音与普通话一致，也没有合口介音。这几字读开口的现象在官话区分布更为广泛。

（五）普遍存在儿化现象

北京官话各方言儿化韵都很丰富，一般除了 ɚ 韵母外，其他韵母都有儿化韵。北京官话儿化韵多为卷舌韵，如内蒙古赤峰：把儿 ˈpar｜芽儿 ₌iar｜本儿 ˈpər｜草儿 ˈtsʰɔr｜玩儿 ₌uɐr｜蜂儿 ₌fər。

三　声调

北京官话一般都有阴平、阳平、上声、去声四个声调，平分阴阳，全浊上变去，没有入声，全浊入归阳平，次浊入归去声，清入归四声。连读调也比较简单，阴平、阳平、去声作

---

① 各点都有一些字读合口呼，既有新老异读，也有文白异读。有两读的字表中只列老派和白读读法。

前字一般不发生变调，去声在去声前大多下降幅度减弱，上声作前字一般发生变调，普遍存在上上相连前字变同阳平的现象。

（一）调型一致性强

相对其他官话方言来说，北京官话各点的调型一致性较强，阴平调型多为平调，调值为55或44或33；阳平多为升调，调值为35或24；上声一般都是降升调，调值为214或213；去声一般是一个单纯的降调，调值为51或53。

	北京	承德	赤峰	朝阳	兴城	沈阳	吉林	长春	巴彦	讷河	海拉尔
阴平	55	55	44	44	44	33	44	44	44	44	55
阳平	35	35	335	335	35	35	24	24	24	24	35
上声	214	214	213	213	213	213	213	213	213	213	213
去声	51	51	53	53	51	53	53	52	53	53	52

（二）浊入字的归调

北京官话全浊入声字和次浊入声字的归调无论就一个方言内部还是就整个北京官话来看都比较统一，全浊入多归阳平，次浊入多归去声，归调情况分别见表2-8、表2-9。

表2-8 北京官话全浊入声字归各调的百分比（共129字）

	北京	承德	围场	赤峰	朝阳	兴城	沈阳	长春	吉林	巴彦	讷河
阴平	2	5	5	5	4	5	2	6	6	7	5
阳平	83	74	75	73	76	77	74	74	71	69	72
上声	2	4	5	7	6	6	7	5	7	9	5
去声	13	17	15	15	14	12	17	15	16	15	18

表2-9 北京官话次浊入声字归各调的百分比（共119字）

	北京	承德	围场	赤峰	朝阳	兴城	沈阳	长春	吉林	巴彦	讷河
阴平	2.7	5.9	5.9	4.2	6.7	5.9	6.0	4.2	4.3	4.2	6.8
阳平	0.9	2.5	4.2	3.4	3.4	4.2	3.4	3.4	3.4	3.4	2.5
上声	0.9	3.4	3.4	5.9	2.5	3.4	6.0	3.4	4.3	4.2	2.5
去声	95.5	88.2	86.5	86.5	87.4	86.5	84.6	89	88	88.2	88.2

（三）清入字派入四声

清入字归四声是北京官话的区别性特征，李荣（1985a）据此把北京官话和其他官话方言区分开来，但每个清入字在北京官话方言中的归调并不完全一致。下面是部分方言点归调一致的清入字。

阴平：搭鸽磕扎掐鸭压接腌贴汁湿捏擦撒₁八杀瞎揭歇蝎憋楔噎泼脱豁挖刷说缺七漆悉虱一窟忽屈托焯约郭劂克黑织拍拆擘踢只（隻）锡析击激吃哭屋督粥掬曲（麯）锔64

阳平：答劫胁折~叠急察别区~哲折~断浙洁决诀卒佛仿~博爵驳卓涿琢隔德则识格足27

上声：塔眨甲褶法给撒₂葛渴铁节雪发（髮）客笔乙骨郝雀脚朴觉~得角饺北色₁百柏迫窄载尺卜复腹宿嘱曲国幅40

去声：恰怯泣喝咳~泄撒彻设括阔厥毕必瑟率~领蟀错却扩朔确握测色₂嗇式饰忆亿抑赫吓恐~策栅碧壁斥释沃肃筑祝粟43

各点归调一致的清入字共 174 个（其中两读的"撒色"分别按两字计），占我们统计的所有 308 个清入字的 56.5%，其中归阴平的最多，占 36.8%，其次是去声，归阳平的最少。由此看来，清入字的归调在北京官话内部的一致性还是比较强的。

表 2-10　各点归调一致的清入字在各调的分布及比例

调类	阴平	阳平	上声	去声
字数	64	27	40	43
比例（174）	36.8%	15.5%	23.0%	24.7%
比例（308）	20.8%	8.7%	13.0%	14.0%

第三节　北京官话的内部比较及分片

一　声母

（一）ts tʂ 分混类型

根据中古知庄章组字今声母与精组洪音字（以下简称精组字）声母的关系，北京官话ts、tʂ 分混可以归纳为北京型、哈尔滨型、兴城型、沈阳型、吉林型五种类型。

1. 北京型：知庄章组字读 tʂ 组声母，精组字读 ts 组声母。主要分布在北京及其郊区县、河北承德地区、内蒙古赤峰地区和辽宁朝阳地区。

2. 哈尔滨型：除少数字外，知庄章组字与精组字基本上不混，但各点并不统一，同一点的不同发音人也不一致。主要分布在黑龙江哈尔滨及其所辖大部分区县、黑龙江黑河一带、吉林扶余、内蒙古满洲里等地。

3. 兴城型：知庄章组字与精组字合并，读 tʂ 组声母。主要分布在辽宁锦州、兴城一带。

4. 沈阳型：知庄章组字与精组字全读 ts 组声母。这一类方言的新派开始出现 ts 组声母和 tʂ 组声母自由变读，与吉林型一致。主要分布在辽宁沈阳地区、抚顺地区以及本溪、通化等地。

5. 吉林型：包括除以上四种类型之外的东北大部分地区，这些点知庄章组字和精组字的声母都不稳定，ts tʂ 自由变读，因人而异，一个人口中也会随时不同，没有变读条件。

表 2-11　北京官话 ts tʂ 分混类型对比

	奏精	昼知	皱庄	咒章	推清	锤澄	炊昌	苏心	梳生	书书
北京型	ts		tʂ		tsʻ		tʂʻ	s		ʂ
哈尔滨型	ts		tʂ		tsʻ	tʂʻ	tsʻ~tʂʻ	s		ʂ
兴城型			tʂ				tʂʻ			ʂ
沈阳型			ts				tsʻ			s
吉林型			ts~tʂ				tsʻ~tʂʻ			s~ʂ

哈尔滨有少量知庄章组字读 ts tsʻ s，大多数是 ts tsʻ s 和 tʂ tʂʻ ʂ 两读。尹世超《哈尔滨方言词典》"引论"所列知庄章 ts tʂ 两读的字有：债宅斋寨锥坠窄桌啄琢缀骤（以上 ts~tʂ）炊戳垂拆差出~柴（以上 tsʻ~tʂʻ）水税晒（以上 s~ʂ）。词典正文中知庄章组字读 ts 组的有：

琢~量锃（以上 ts）侧~者睡厕~所（以上 ts‘）色掉~（以上 s）；ts 组和 tʂ 组两读的字有：竹扎挓桌啄~木鸟侧~歪宅摘择窄锥坠（以上 ts~tʂ）截拆柴（以上 ts‘~tʂ‘）嗽晒色~子块儿水（以上 s~ʂ），等等。

（二）日母字（止开三除外）的今声母及与之相混的非日母字

北京官话中，日母字的声母与知庄章组字的声母密切相关，知庄章组声母与精组洪音字声母不混的方言，日母字的今声母往往比较稳定，多读 ʐ；知庄章组声母与精组洪音字声母相混的方言，即 ts tʂ 自由变读的方言，其日母字的今声母一般不稳定。

另外，有一部分非日母字的声母在北京官话中和日母字多有纠缠，在此一并讨论。

1. 日母字

北京官话日母字的读音有 ʐ、零声母、l 三种，但以 ʐ 和零声母为主，读 l 声母的字数很少。有的方言日母字基本全读 ʐ 声母，如北京，主要分布在北京及各郊县、河北省各点、内蒙古赤峰地区、辽宁朝阳和锦州的部分城市，以及黑龙江哈尔滨、内蒙古海拉尔等地；有的方言日母字几乎全读零声母，包括东北大部分地区尤其是沈阳及其以北的广大地区，如白城、讷河；有的方言日母字分别读 ʐ 声母和零声母，各地读 ʐ 或零声母的字多少不一，如巴彦、佳木斯等。东北新派方言中，日母字往往兼有三种读音，或向北京话靠拢。比较如下：

	北京	锦州	沈阳	吉林	白城	巴彦	讷河	佳木斯
乳通合三麌	ᶜʐu	ᶜʐu	ᶜlu/ ᶜiu	ᶜlu	ᶜy	ᶜʐu	ᶜlu	ᶜlu
蕊止合三纸	ᶜʐuei	ᶜʐuei	ᶜluei/ ᶜyei	ᶜlei		ᶜʐuei		ᶜyei
饶效开三宵	₌ʐau	₌ʐau	₌iau	₌iau	₌iau	₌ʐau	₌iau	₌iau
染咸开三琰	ᶜʐan	ᶜʐan	ᶜian	ᶜian	ᶜian	ᶜʐan	ᶜian	ᶜian
入深开三入	ʐuꜟ	ʐuꜟ	yꜟ /iuꜟ	yꜟ /ʐuꜟ	yꜟ	ʐuꜟ	yꜟ	yꜟ
热山开三薛	ʐɤꜟ	ʐɤꜟ	ieꜟ	ʐɤꜟ	ieꜟ	ʐɤꜟ	ieꜟ	iəꜟ
软山合三狝	ᶜʐuan	ᶜʐuan	ᶜyan	ᶜyan	ᶜyan	ᶜyan	ᶜyan	ᶜyan
人臻开三真	₌ʐən	₌ʐən	₌in	₌in	₌in	₌in	₌in	₌in
日臻开三质	ʐɻꜟ	ʐɻꜟ	iꜟ	ʐɻꜟ	iꜟ	ʐɻꜟ	iꜟ	iꜟ
闰臻合三稕	ʐuənꜟ	ʐənꜟ	inꜟ	ynꜟ	inꜟ	inꜟ	inꜟ	inꜟ
让宕开三漾	ʐaŋꜟ	ʐaŋꜟ	iaŋꜟ	iaŋꜟ	iaŋꜟ	ʐaŋꜟ	iaŋꜟ	iaŋꜟ
弱宕开三药	ʐuoꜟ	ʐauꜟ	iauꜟ	ʐauꜟ	iauꜟ	ʐauꜟ	iauꜟ	iauꜟ
扔曾开三蒸	₌ɻəŋ	ᶜləŋ	ᶜləŋ	ᶜləŋ	ᶜləŋ	ᶜləŋ	ᶜləŋ	ᶜləŋ
肉通合三屋	ʐouꜟ	ʐouꜟ	iəuꜟ	iouꜟ	iəuꜟ	iəuꜟ	iəuꜟ	iəuꜟ
褥通合三烛	ʐuꜟ	ʐuꜟ	yꜟ	yꜟ	yꜟ	ʐuꜟ	yꜟ	yꜟ

2. 非日母字

北京官话中普遍存在非日母字与日母字读音相混的现象，主要是影、云、以三母字。其中，比较系统的是"荣"类字（指与"荣"音韵地位相同或相近的一类字）的读音，这类字包括：荣永泳咏梗合三庚云融通合三东以雍痈拥通合三锺影容蓉熔庸勇涌用通合三锺以。日母字读 ʐ 声母的方言，"荣"类字一般也读 ʐ 声母。以下是一些代表点"荣"类字的声母情况，日母字"绒通合三东毧通合三腫"列出以资比较（北京"永"等字标音 iuŋ 按《汉语方音字汇》）。

	北京	赤峰	锦州	沈阳	吉林	长春	巴彦	讷河
绒	˵ʐuŋ	˵ʐuŋ	˵ʐuŋ	˵yŋ	˵yŋ	˵yŋ	˵iuŋ	˵yŋ
氄	ˊʐuŋ	ˊʐuŋ	ˊʐuŋ	ˊyŋ	ˊyŋ	ˊyŋ	ˊʐuŋ	ˊyŋ
荣	˵ʐuŋ	˵ʐuŋ	˵ʐuŋ	˵yŋ	˵yŋ	˵yŋ	˵ʐuŋ	˵yŋ
永	ˊiuŋ	ˊyŋ	ˊyŋ	ˊyŋ	ˊyŋ	ˊyŋ	ˊiuŋ	ˊyŋ
泳	ˊiuŋ	ˊyŋ	ˊyŋ	ˊyŋ	ˊyŋ	ˊyŋ	ˊiuŋ	ˊyŋ
咏	ˊiuŋ	ˊyŋ	ˊyŋ	ˊyŋ	ˊyŋ	ˊyŋ	ˊiuŋ	ˊyŋ
拥	ˎiuŋ	ˎyŋ	ˎyŋ	ˎyŋ	ˎyŋ	ˎyŋ	ˎiuŋ	ˎyŋ
蓉	˵ʐuŋ	˵ʐuŋ	˵ʐuŋ	˵ʐuŋ	˵ʐuŋ	˵ʐuŋ	˵ʐuŋ	˵yŋ
镕	˵ʐuŋ	˵ʐuŋ	˵ʐuŋ	˵ʐuŋ	˵ʐuŋ	˵ʐuŋ	˵ʐuŋ	˵yŋ
庸	ˊiuŋ	ˊyŋ	ˊyŋ	ˊyŋ	ˊyŋ	ˊyŋ	ˊʐuŋ	ˊyŋ
勇	ˊiuŋ	ˊyŋ	ˊyŋ	ˊyŋ	ˊyŋ	ˊyŋ	ˊiuŋ	ˊyŋ
涌	ˊiuŋ	ˊyŋ	ˊʐuŋ	ˊyŋ	ˊyŋ	ˊyŋ	ˊiuŋ	ˊyŋ
用	iuŋˋ	yŋˋ	ʐuŋˋ	yŋˋ	yŋˋ	yŋˋ	iuŋˋ	yŋˋ

北京官话"荣"类字与日母字的分合有四种情况：

（1）与日母字合流，均读零声母，如沈阳、长春、佳木斯。

（2）与日母字合流，均读 ʐ 声母，如锦州。

（3）部分字读 ʐ 声母，部分字读零声母，日母字读 ʐ 声母，如北京、赤峰、承德。

（4）部分字读 ʐ 声母，部分字读零声母，日母字分别读 ʐ 声母和零声母，如吉林、巴彦。

绥中至锦州一线的各点，包括兴城、锦州、葫芦岛基本上将所有的"荣"类字都读作 ʐ 声母，可能与该地区的地理位置有关。这一线是出入关的交通要冲，处于河北方言、东北方言板块的碰撞地带，在向标准语靠拢的过程中，容易出现矫枉过正的现象，而将"荣"类字全部并入日母；沈阳、长春、佳木斯、讷河的日母字多读零声母，"绒戎茸氄"等字也流入零声母；吉林、巴彦在整个东北地区比较独特，巴彦与哈尔滨相似，吉林市则是新兴的工业城市，较长春话更接近北京话。

"荣"类字之外，北京官话非日母字读 ʐ 的还有"锐瑞阮"等字。此外，山合三、山合四疑影云母字"圆员院缘山合三仙韵元原源阮愿冤怨袁辕园援远山合三元韵渊山合四先韵"锦州一带读 ʐuan，"腌咸开三业影"读 ʐan，"酿宕开三漾泥"朝阳、赤峰、围场、锦州读 ʐaŋ，"扬～场，宕开三阳以"北京北郊密云、怀柔及承德地区读 ʐaŋ。"右～手，流开三宥云"承德一带读 ʐou。

（三）泥母字的今声母

北京官话泥母字今声母根据洪细可分为两种情况。

1. 不论洪细，所有泥母字都读 n 声母，如北京、密云，辽宁的兴城、锦州，吉林的长春、吉林、通化、白城，黑龙江的哈尔滨、讷河、齐齐哈尔、佳木斯，内蒙古的海拉尔。

2. 洪音字读 n 声母，细音字读 ȵ 声母，如北京房山，河北的承德、滦平、围场、廊坊，内蒙古的赤峰，辽宁的朝阳、建平、义县、沈阳，吉林的九台、东丰、抚松，黑龙江的鹤岗、嫩江、七台河、鸡东、双城、五大连池、伊春、黑河等东北大部分地区。

（四）影疑母开口一、二等字的今声母

北京官话影疑母开口一、二等字今声母读音共有五种类型：北京型、密云型、房山型、

讷河型、承德型，具体见表2-12。

表2-12　北京官话影疑母开口一、二等字今声母类型对比

	饿	恶	碍	挨	袄	熬	懊	欧	呕	安	岸	恩	肮
北京型北京	ø	ø	ø	ø	ø	ø	ø	ø	ø	ø	ø	ø	ø
密云型密云	n	n	n	n	n	n	n	n	n	n	n	n	n
房山型房山	ŋ	ŋ	ŋ	ŋ	ŋ	ŋ	ŋ	ŋ	ŋ	ŋ	ŋ	ŋ	ŋ
讷河型讷河	n	n		n	n	n	n	n	n	n	n	n	n
承德型承德	n/ŋ	n/ŋ	n/ŋ	n/ŋ	n/ŋ	n/ŋ	n/ŋ	n/ŋ	n/ŋ	n/ŋ	n/ŋ	n/ŋ	n/ŋ

1. 北京型：全读零声母。

北京　昌平　通州　顺义以上北京市　沈阳　西丰　清原　新宾　铁岭　抚顺市　抚顺县　本溪市　本溪县　辽中　辽阳　灯塔　鞍山　海城　凤城以上辽宁　蛟河　舒兰　吉林　永吉　桦甸　敦化　通化市　通化县　柳河　梅河口　浑江　靖宇　安图　抚松　临江　白山　延吉　龙井　和龙　汪清　图们　珲春以上吉林　宁安　东宁　穆棱　绥芬河　尚志　漠河　黑河　呼玛　孙吴　逊克　嘉荫　同江　抚远　饶河以上黑龙江　海拉尔以上内蒙古

2. 密云型：全读n声母。

密云　怀柔以上北京市　香河　固安　廊坊　三河　大厂　平泉　丰宁北部　围场以上河北　朝阳　建平　凌源　喀左　建昌　阜新市　阜新县　昌图　康平　彰武　新民　黑山　台安　盘山　大洼　北镇　义县　北票　锦州　葫芦岛　兴城　绥中以上辽宁　长春　榆树　农安　九台　双阳　磐石　辉南　东丰　伊通　东辽　辽源　公主岭　四平　梨树　双辽　长岭　乾安　通榆　洮安　白城　镇赉　松原　扶余　前郭尔罗斯　大安以上吉林　哈尔滨　庆安　木兰　方正　延寿　宾县　巴彦　呼兰　阿城　五常　双城　肇源　肇州　肇东　安达以上黑龙江　宁城　克什克腾　阿鲁科尔沁　巴林左旗　翁牛特　通辽　乌兰浩特　林西　敖汉　满洲里以上内蒙古

3. 房山型：全读ŋ声母。

房山　大兴　延庆以上北京　武清以上天津　涿州　丰宁南部　滦平以上河北　北票　法库　开原以上辽宁　德惠以上吉林　多伦以上内蒙古

4. 讷河型：部分字读零声母，部分字读n声母。

嫩江　讷河　富裕　林甸　甘南　龙江　泰来　杜尔伯特　大庆　五大连池　北安　克山　克东　依安　拜泉　明水　青冈　望奎　海伦　绥棱　铁力　通河　塔河　绥化　兰西　齐齐哈尔　伊春　鹤岗　汤原　佳木斯　依兰　萝北　绥滨　富锦　宝清　集贤　双鸭山　桦川　桦南　勃利　七台河　密山　林口　牡丹江　海林　鸡东　鸡西以上黑龙江　扎兰屯以上内蒙古

讷河型哪些字读零声母，哪些字读n声母，在一个方言中并不固定，个体差异也比较明显，各方言之间也无明显的对应关系。如：

	蛾疑	鹅疑	俄疑	饿疑	讹疑	额疑	恶影	碍疑	艾疑	爱影	哀影	埃影
讷河	₋nɤ	₋nɤ	₋nɤ	nɤ˧	₋nɤ	₋nɤ		ai˧	ai˧	₋nai	₋nai	
鹤岗	₋nɤ	₋nɤ	₋nɤ	₋nɤ		₋nɤ	nai˧	nai˧	nai˧	₋nai	₋nai	
佳木斯	₋nɤ	₋nɤ	₋ɤ	₋nɤ	₋nɤ	₋nɤ	nai˧	nai˧	nai˧	₋nai	₋nai	

	挨影	蔼影	矮影	袄影	熬疑	傲疑	懊影	藕疑	偶疑	欧影	呕影	殴影
讷河	₋nai	ˉnai	ˉnai	ˉnau	₋nau	nauˀ	auˀ	ˉue	ˉue	₋ue	ˉue	₋nəu
鹤岗	₋nai	ˉai	ˉnai	ˉnau	₋nau	nauˀ	auˀ	ˉnəu	ˉue	₋ue	₋nəu	₋ue
佳木斯	₋nai	ˉnai	ˉnai	ˉnau	₋nau	auˀ		ˉue	ˉue	₋nəu	₋ue	₋ue

	沤影	怄影	安影	按影	岸疑	鞍影	案影	暗影	庵影	恩影	昂疑	肮影
讷河	əuˀ	₋nəu	₋nan	anˀ	nanˀ	₋nan	anˀ	nanˀ	₋an		₋aŋ	₋naŋ
鹤岗	ˉue	₋ue	₋nan	nanˀ	nanˀ	₋nan	nanˀ	nanˀ	₋nan	₋nən	₋uaŋ	₋naŋ
佳木斯	nəuˀ	₋nəu	₋nan	nanˀ	nanˀ	₋nan	nanˀ	nanˀ	₋an	₋nən	₋naŋ	₋naŋ

5. 承德型：读 n 声母或 ŋ 声母因人而异。

承德市 以上河北　赤峰　松山　元宝山 以上内蒙古

老派发音人所有影疑母开口一、二等字只读一个声母，或者 n 声母，或者 ŋ，不会出现两个声母混读的现象。承德的两个发音人是夫妻，男发音人读 n 声母，女发音人则读 ŋ 声母；赤峰的三个发音人都读 ŋ 声母，但他们说有的人都读 n 声母。

二　韵母

（一）儿化韵

北京官话大部分方言都有儿化韵，但具体情况内部并不一致。从儿化的类型来看，有 r 型儿化和 ɯ 型儿化两种，其中 r 型儿化以北京话为代表，分布于北京官话的大部分地区，是主要类型；ɯ 型儿化分布范围不大，主要在以密云西北番字牌乡为中心的部分乡镇。

1. r 型儿化

除了北京南部的个别郊县如房山（老派）和 ɯ 型儿化方言是混合型儿化，即部分韵母有对应的儿化形式，部分韵母则只能后加儿尾而无相应的儿化形式，北京官话 r 型儿化一般是完全型儿化，即除ər韵母外，所有韵母都有儿化形式。

完全型儿化方言内部也存在一定差异，表现在一些韵母儿化韵的分合上，主要包括 ai an 组韵母的儿化韵与 a 组韵母的儿化韵是否相同，ɤ 韵母的儿化韵是否与 ʅ ɿ ei ən 等韵母的儿化韵合并，aŋ、əŋ 两组韵母儿化韵主要元音是否鼻化等。而其他一些韵母，如 u ou iou uo au iau 等韵母的儿化韵则差别不大。

根据 a、ai an、aŋ、əŋ、ɤ、ʅ ɿ ei ən（以开口呼赅齐、合、撮三呼，下同）韵母儿化韵的差异状况，北京官话完全型儿化的方言大致可以分为四种类型（见表 2-13）。

（1）北京型：以北京话为代表。需要指出的是，由于北京话儿化韵共时变异比较复杂，这里我们按老派的情况，儿化韵从分不从合。

北京型的特点是 a、ai an、aŋ、əŋ、ɤ、ʅ ɿ ei ən 六组韵母各有自己的儿化韵。

北京型儿化韵在北京官话区分布面积最大，包括北京市及近郊县、河北省承德地区的滦平和丰宁等县市、内蒙古赤峰地区和几乎整个东北地区。但《普通话基础方言基本词汇集》中，东北的一些点如锦州、沈阳、通化、白城、海拉尔、黑河等方言 ɤr 组儿化韵并入 ar 组，可能是因为《词汇集》中上述各点发音人多为年轻人，另外可能还有记音的问题。

（2）密云型：目前只发现密云一点。a、ai an、aŋ、əŋ、ɤ、ʅ ɿ ei ən 韵母共有四组儿化韵，a 组与 ai an 组韵母的儿化韵合并为 ar，ɤ 组与 ʅ ʅ ei ən 组韵母的儿化韵合并为 ər，其他同北京型。

（3）承德市型：主要分布在承德地区东部靠近唐山地区的一些县市。a、ai an、aŋ、əŋ、ɤ、ʅ ʅ ei ən 韵母只有两个儿化韵。主要特点是：a 组、ai an 组与 aŋ 组韵母的儿化韵合并为 ɐ 组，ɤ、ʅ ʅ ei ən 组、əŋ 组韵母的儿化韵也合并为 ɪe 组，目前来看是北京官话中儿化韵合并最为彻底的方言。从周边方言的情况来看，承德市应该是 aŋ 组韵母的儿化韵先与 a 组的合并，əŋ 组韵母的儿化韵先与 ʅ ʅ ei ən 组的合并，然后再分别与 ai an 组和 ɤ 组韵母的儿化韵合并。

（4）怀柔型：也仅有怀柔一点。a、ai an、aŋ、əŋ、ɤ、ʅ ʅ ei ən 韵母有四个儿化韵，其突出特点是，两组后鼻音尾韵母的儿化韵合并为 ãr iãr uãr yãr，这在整个北京官话中可谓独树一帜。此外，a 组与 ai an 组韵母的儿化韵合并为 ar，ɤ 与 ʅ ʅ ei ən 组韵母的儿化韵则保持分立。

表 2-13　北京官话完全型儿化韵类型对照

	a	ai an	aŋ	əŋ	ɤ	ʅ ʅ ei ən
北京型	ar	ɐ	ãr	ɔ̃r	ɤɤ	ər
密云型	ar		ãr	ɔ̃r		ər
承德市型	ɐ			ɪe		
怀柔型	ar		ãr		ɤɤ	ər

2. ɯ 型儿化

从目前掌握的材料来看，有 ɯ 型儿化的方言一般都只有部分韵母可以儿化，其他则或只有儿尾形式，或者儿化和儿尾两可。以密云西北番字牌乡为中心的部分地区是比较纯粹的ɯ 型儿化和儿尾分布区，不论是儿化形式还是儿尾形式，都有舌面元音 ɯ。该地区有下列 9 个儿化韵：

əɯ < ʅ ʅ ɤ ei ən　　iəɯ < i ie in　　uəɯ < uei uən　　yəɯ < y ye yən

ʌɯ < a ai an　　iʌɯ < ia ian　　uʌɯ < ua uan uai　　yʌɯ < yan

uoɯ < uo

另外，还有 12 个韵母 u au iau ou iou aŋ iaŋ uaŋ əŋ iŋ uəŋ yŋ 没有儿化形式，只能带儿尾。这些韵母主要为 -u 尾和 -ŋ 尾韵，儿尾的形式因前面音节的韵尾不同而不同，u au iau ou iou 后的儿尾为 uəɯ，aŋ iaŋ uaŋ əŋ iŋ uəŋ yŋ 后的儿尾为 ŋɯ。

（二）果摄一等韵帮组字韵母的音值

北京官话果摄一等帮组字韵母的音值可以分为两种：一种以北京话为代表，该类字读 o 韵母，包括京郊各县、河北各点；一种以哈尔滨话为代表，该类字读 ɤ 韵母，包括几乎整个东北地区、内蒙古赤峰等点。果摄一等韵帮组字的韵母读 o 的，在东北地区只有个别点，如辽宁锦州、吉林九台、黑龙江鸡东。

果摄一等帮组字读 ɤ 韵母在北京官话区分布十分广泛，远远多于读 o 韵母的点。实际上，承德一带的 o 唇型已经不如北京的圆了。

三　声调

（一）四调方言的调型

四调方言的调型相对一致，但也存在差别。北京官话区调值地域差异的总趋势是从西向东逐渐降低：阴平从 55 到 44 到 33；阳平从 35 到 24；上声从 214 到 213；去声主要是由全降到高降的变化。另外，调型也有一定的差别。例如：

	北京	赤峰	朝阳	义县	双辽	榆树	本溪	通化
阴平	55	44	44	44	44	33	313	323
阳平	35	335	335	335	224	224	24	24
上声	214	213	213	213	213	213	413	213
去声	51	53	53	52	53	52	52	52

赤峰、朝阳、义县、双辽、榆树的阳平调调型与北京话不同，是平升调；本溪、通化阴平调型与北京话不同，是降升调。

（二）不同方言古清入字的归调差异

1. 不同方言清入字归四声的比例

中古清入字北京官话分别归入阴、阳、上、去，不同方言归各调的比例存在一定差异。

表 2-14　北京官话清入字归各调的比例（共 308 字）

	北京	承德	围场	赤峰	朝阳	兴城	沈阳	吉林	长春	讷河	巴彦
阴平	38	37	40	39	41	35	30	34	34	35	35
阳平	17	15	13	14	12	16	21	15	16	13	14
上声	10	21	24	24	25	26	25	25	27	29	28
去声	35	27	23	23	22	23	24	26	23	23	23

总的来说，清入字归入阴平的比例高于归其他三调的比例，各点都在 30% 以上。

北京归阳平的比例高于归上声的比例，其他点归阳平的比例都低于归其他三调的比例。

清入字归上声的比例以北京最低，只有 10%，其他各点都超过了 20%，总体趋势是越往东北，归上声的比例越高。

清入字归去声的比例，北京、承德、吉林高于上声，其中又以北京最高，达到 35%。其他各点则都是归去声的比例低于上声。

2. 清入字的声调异读

北京官话各方言都有数量不等的清入字有声调异读。

（1）两调异读

表 2-15　北京官话各点两调异读清入字

	阴阳异读	阴上异读	阴去异读	阳上异读	阳去异读	上去异读
北京 82	答搭插跌发割扎结抽泼搁驳啄息积昔惜锡击叔曲（麹）烛卓	撒眨薛撮雪匹喝~酒戳黑劈曲	踏压涩瞎骏切屑括豁刷悉鹊绰侧绩戚析戌迹	折~叠褶葛觉角得索国百菊	壳识益给	獭血室各恶色迫客册赤壁腹发（髪）笔鲫

	阴阳异读	阴上异读	阴去异读	阳上异读	阳去异读	上去异读
承德 14		撒刮匹伯	吸豁作忒塞	德		质客色宿
围场 13		撒	吸作塞侧剔肃	德	隔刻鹤	色客
赤峰 21	插挟摘笃	撒刮	作忒塞刻时~	乞	识剔速畜	室客色册宿赤
朝阳 11	橘	撒刮	作忒塞	得	吸隔剔	色客
兴城 12	橘	撒匹屈惜	豁塞侧	伯		色客宿
沈阳 20	接挖织屋塞	撒屈结撮刮匹劈	压作	伯		法迫魄客色
吉林 10		撒削刮	切豁塞侧肃			客色
长春 12		撒恶戳刮	吸作塞侧		隔	客赤色
讷河 8		撒刮恶刻动	塞			客侧色
巴彦 11		踏撒刮	塞	赤	壳摘隔	给客色

　　总体来看，以阴平和去声异读的字（次）数最多，上声和去声异读的次之，阴平和上声异读居第三。以上三种异读主要和阴平、上声、去声有关，而涉及阳平的异读不多，与各点清入字归阳平比例最低是一致的。

　　（2）三调和四调异读

表 2-16　北京官话三调和四调异读字

	阴阳上	阴阳去	阴上去	阳上去	阴阳上去
北京	节折~断伯扎押阁脊骨脚	夹挖作隔缩栅不克缉浙即塞逼	甲雀帖请~	柏复宿	法质幅的
赤峰		隔			
朝阳	插				

　　从以上清入字的声调异读来看，以两调异读为主，不仅字多，涉及的方言也多；三调和四调异读的字较少，涉及的方言很少。实际上，不管是两调异读，还是三调、四调异读，北京话的表现都最为突出，其他方言有声调异读的清入字并不多，赤峰是北京之外两调异读最多的方言，也只有21字，大致是北京话两调异读字数的四分之一。而且，不同方言中有异读的清入字并不一致，仅有个别字相同。

（三）连读调

　　1.东北广大地区上声作后字也发生变调，上声 213 变为只降不升的 21 或 31。

　　2.赤峰、朝阳等地阳平 335 作前字变为 33。

四　北京官话的分片

（一）北京官话的分片

　　北京官话内部一致性很强，但也有很多差异。而且，由于北京官话区的形成及发展一直处于一种开放的状态，特点的分布往往比较参差，互相交叉。这种状况给我们的分片带来很大困难。贺巍、钱曾怡、陈淑静（1986）和贺巍（1986）主要根据古影疑两母开口一二等字今声母的不同，并参考调值等特点，把《中国语言地图集》的北京官话分为京师片、怀承片、朝峰片和北疆片，把东北官话分为吉沈片、哈阜片和黑松片。林焘（1987b）曾指出："东北地区的官话既然和北京话同属一个大方言区，贺文所划分的哈阜片就不必局限于东北地区，还可以继续向西南方向延伸，一直延伸到北京市以南的河北固安、武清和三河。"由此来看，古影疑两母开口一二等字今声母应该是一个比较合适的标准。但本节第一部分指出，北京官话古影疑两母开口一二等字今声母有北京型、密云型、房山型、讷河型、承德型五种，前三种都分布在多个省区，比较分散，尤其是北京型。因此，我们改以知庄章三组声母与精组字声母的关系，即 ts tʂ 分混的类型作为标准，把北京官话区分为如下五片。

1. 幽燕片（58）

（1）京承小片（25）

北京（包括东城 朝阳 崇文 宣武 西城 丰台 石景山 海淀八区）通州 大兴 房山 门头沟 昌平 顺义 怀柔 密云 延庆以上北京 武清以上天津 涿州 固安 三河 大厂 香河 廊坊 承德市 承德下板城 丰宁 隆化 滦平 围场 平泉以上河北 多伦以上内蒙古

（2）赤朝小片（15）

赤峰 宁城 巴林左旗 阿鲁科尔沁旗 克什克腾旗 翁牛特旗 林西 敖汉旗以上内蒙古 朝阳 建平 凌源 喀左 建昌 义县 北票以上辽宁

（3）北疆小片（11）

布尔津 富蕴 福海 哈巴河 吉木乃 托里 和布克赛尔 石河子 克拉玛依市 温泉 博湖以上新疆

2. 锦（州）兴（城）片（5）

绥中 锦州 兴城 凌海 葫芦岛以上辽宁

3. 辽沈片（33）

沈阳 辽中 鞍山 海城 凤城 本溪市 本溪县 辽阳市 辽阳县 灯塔 清原 新宾 抚顺市 抚顺县 铁岭 阜新市 阜新县 昌图 西丰 开原 康平 法库 铁法 彰武 新民 黑山 台安 盘锦 盘山 大洼 北宁以上辽宁 通化市 通化县以上吉林

4. 黑吉片（110）

（1）吉（林市）绥（芬河）小片（36）

蛟河 舒兰 吉林 永吉 桦甸 敦化 柳河 梅河口 靖宇 安图 抚松 临江 江源 集安 长白 白山 延吉 龙井 和龙 汪清 图们 珲春以上吉林 宁安 东宁 穆棱 绥芬河 尚志 呼玛 孙吴 逊克 嘉荫 同江 抚远 饶河 黑河 漠河以上黑龙江

（2）长（春）辽（源）小片（25）

长春 榆树 农安 九台 德惠 双阳 磐石 辉南 东丰 伊通 东辽 辽源 四平 公主岭 梨树 双辽 长岭 乾安 通榆 洮南 白城 镇赉以上吉林 通辽市 开鲁 乌兰浩特以上内蒙古

（3）嫩（江）佳（木斯）小片（49）

嫩江 讷河 富裕 林甸 甘南 龙江 泰来 杜尔伯特 大庆 五大连池 北安 克山 克东 依安 拜泉 明水 青冈 望奎 海伦 绥棱 铁力 通河 塔河 绥化 兰西 齐齐哈尔 伊春 鹤岗 汤原 佳木斯 依兰 萝北 绥滨 富锦 宝清 集贤 友谊 双鸭山 桦川 桦南 勃利 七台河 密山 林口 牡丹江 海林 鸡东 鸡西以上黑龙江 扎兰屯以上内蒙古

5. 哈（尔滨）肇（州）片（21）

（1）哈肇小片（19）

哈尔滨 巴彦 庆安 木兰 方正 延寿 宾县 呼兰 阿城 五常 双城 肇源

肇州　肇东　安达以上黑龙江　扶余　前郭罗尔斯　松原　大安以上吉林

（2）满海小片（2）

满洲里　海拉尔以上内蒙古

（二）各片的语音特点

下表比较北京官话各片 ts tʂ 分混情况。日母字跟知庄章组关系密切：凡知庄章组今读 tʂ 组声母，日母字一般读 ʐ；没有 tʂ 组声母的，如辽沈片，日母字读零声母。表中将日母的今读情况一并列出，以便比较。

表 2-17　北京官话 ts tʂ 分混类型及日母字今读

		ts、tʂ 分混类型	知庄章声母与精组声母读音的关系	日母字今读
幽燕片	北京型	分：ts≠tʂ		ʐ
锦兴片	兴城型	混：tʂ		ʐ
辽沈片	沈阳型	混：ts；新派有ts tʂ 自由变读		两分：零声母（今开口呼韵母）；l（今合口呼韵母）
黑吉片	吉林型	混：ts tʂ 自由变读		两分：零声母（多）；零声母、ʐ（少）
哈肇片	哈尔滨型	分：ts≠tʂ（多），混：ts（个别）		ʐ（多），零声母（少）

1. 幽燕片

ts tʂ 分混类型属北京型，知系字基本读 tʂ 组声母，日母字读 ʐ 声母。

根据声调调值不同，可分三个小片。

（1）京承小片

①本小片声调与北京话相同（延庆除外）。

②除北京、昌平、通州、顺义、大兴外，其他各点影疑母开口一二等字不读零声母，而读 n 声母，如房山、廊坊、围场，或读 ŋ 声母，如延庆、武清、滦平。

（2）赤朝小片

①调型与北京话基本一致，调值偏低。

②阳平调稍有差别，多为 335 或 224。

③赤峰松山和建平太平庄一带只有三个单字调，平声不分阴阳。赤峰、朝阳等阳平作前字有变调，变调调值为 33 或 22。

④本小片位于幽燕片和黑吉片、辽沈片的交界地带，所以有些点带有一些黑吉片和辽沈片的特征，如赤峰市区知系字和精组洪音字不混，而赤峰元宝山区知系字和精组洪音字有一些混淆的现象，市区读 tʂ 组的一些字，元宝山读 ts 组，也有相反的情况；市区日母字读 ʐ 声母，元宝山读零声母。

（3）北疆小片

①去声调值 51，同北京话，阴平、阳平、上声一般比北京话低，分别为 44、24 和 213。

②部分点知系字声母分读 ts、tʂ 两组声母，如温泉，中古庄组字、知组二等字、章组止摄开口字读 ts 组声母，其他读 tʂ 组声母。

③北京话 p p' m f 拼 o 韵母的字，温泉、石河子、克拉玛依读 ɤ 韵母。

④温泉、石河子、克拉玛依不分 in iŋ 韵母，全读 iŋ。

2. 锦兴片

ts tʂ 分混类型属兴城型，精组字并入知系字，读 tʂ 组声母。

①调型与北京话相同，调值稍低，多为 44、24、213、53。

②精组字与知系字合流，读 tʂ 组声母。

③"用永拥勇"等字读 z̩ 声母。

3. 辽沈片

ts tʂ 分混类型属沈阳型，老派知系字只读 ts 声母，新派出现 ts tʂ 自由变读的现象。本片各点分布在沈阳周围，为北京官话和胶辽官话的边界地带，带有某些胶辽官话的色彩。

①日母字读零声母或 l 声母（今合口呼字）。

②本溪等少数点阴平为 313，去声为 412。

4. 黑吉片

ts tʂ 分混类型属吉林型，知系字多 ts tʂ 自由变读，日母字今多读零声母；北京话 p p' m f 拼 o 韵的字本片读 ɤ 韵；上声后字时，一般变为 21 或 31。

根据影疑母开口一二等字的今声母，可以分为三个小片。

（1）吉绥小片

①影疑母开口一二等字今读零声母。

②黑河、漠河知系字一些韵摄 ts、tʂ 两组声母自由变读，其他点知系字声母属于吉林型，基本上所有字都自由变读。

③延边地区语音不稳定，口音与其他东北方言有差别，夹杂较多山东或河北口音，有的乡村移民来源相同，相互用祖居地的方言交流；知系字和精组字有人全读 ts 组，有人全读 tʂ 组，有人自由变读；日母字读音也较乱。

（2）长辽小片

影疑母一二等字读 n 声母。

（3）嫩佳小片

影疑母一二等字今部分读 n 声母，部分读零声母。

5. 哈肇片

ts tʂ 分混类型属哈尔滨型，大部分知系字与精组不混，只有个别韵摄的知系字流入精组。

（1）哈肇小片

影疑母一二等字读 n 声母。

（2）满海小片

①海拉尔影疑母开口一二等字全读零声母，满洲里读 n 声母。

②北京话 p p' m f 拼 o 韵的字，本小片读 ɤ 韵。

③调型同东北大部分方言，部分点阴平、阳平调值比东北方言高，同北京。

第四节　北京官话的其他特点

（一）复元音韵母的单元音化

复元音韵母的单元音化在北京官话区分布范围比较小，主要分布在河北围场、内蒙古赤

峰地区、辽宁朝阳地区。这三个地区地理上连成一片。表 2-18 是北京话 ei ai au 三组韵母
与围场、赤峰、朝阳三地的对应。

表 2-18　围场、赤峰、朝阳复元音韵母单元音化情况

北京	ei	uei	ai	—	uai	au	iau
围场	ei	uei	ɛ	—	uɛ	au	uai
赤峰	eɿ	ueɿ	ɛ	—	uɛ	ɔ	ei
朝阳	e	ue	ɛ	iɛ	uɛ	ɔ	ei

ei uei 围场尚未单元音化，但我们与围场乡下人交谈时发现围场乡下 ei uei 基本上已
经完成了单元音化；赤峰 eɿ ueɿ 只有很小的动程，其实也可以记为 e' 或单元音 e；朝阳已
经完成单元音化。

ai uai 三地都已经完成了单元音化。朝阳 iɛ 与 iə 不同，只包括"崖涯"两字，应该
是由早期的 iai 直接变来的。

au iau 三地处于不同的演化阶段，围场尚未发生变化，赤峰、朝阳的变化已经完成。

（二）鼻辅音韵尾丢失及主要元音鼻化

咸山深臻宕江摄舒声字韵母的鼻音尾丢失及主要元音鼻化的现象也主要分布在赤峰地
区、朝阳地区、围场乡下。围场县城这几摄字的韵母尚未发生鼻化，但据我们与乡下人交谈，
围场乡下咸山深臻四摄字的韵母已经同赤峰、朝阳一样变成了鼻化韵母。

表 2-19　围场、赤峰、朝阳鼻音韵尾丢失及主要元音鼻化情况

北京	an	ian	uan	yan	ən	in	uən	yn	aŋ	iaŋ	uaŋ
围场县城	an	ian	uan	yan	ən	in	uən	yn	aŋ	iaŋ	uaŋ
赤峰	ã	iã	uã	yã	ə̃	iə̃	uə̃	yə̃	ã	iã	uã
朝阳	ã	iã	uã	yã	ə̃	iə̃	uə̃	yə̃	ã	iã	uã

（三）前后鼻音韵尾的混同

北京官话和晋语交界的河北丰宁境内存在前后鼻音韵尾混同的现象。

丰宁方言可以分为东片、南片、北片。东片像北京官话其他方言一样分 ən、əŋ 两组韵
母；北片与属于晋语的河北沽源、赤城为邻，ən 组韵母并入 əŋ 组，南片同北片。见下表。

表 2-20　丰宁方言前后鼻音韵尾的情况

	身	生	新	星	滚	拱	运	用
东片	ʂən	ʂəŋ	ɕin	ɕiŋ	kun	kuŋ	yn	yŋ
南片、北片	ʂəŋ		ɕiŋ		kuŋ		yŋ	

（四）特殊韵母

1. yei：佳木斯、辽阳"瑞锐蕊"三字读 yei。

2. iu：沈阳"如入乳"等一些今北京话读 u 韵母的古日母字读 iu 韵母，但与流摄字的
韵母并不相同，如：如 ₐiu ≠油 ₐiəu｜入 iu˨ ≠又 iəu˨｜乳 ˀiu ≠有 ˀiəu。

3. 声韵组合 nuei、luei：北京话 n l 声母与 y 韵母相拼的字，如"女吕绿驴律滤虑"，
房山、密云读 uei 韵。

（五）三调方言

北京官话区内的三调方言主要分布在内蒙古赤峰市元宝山区与辽宁省朝阳市建平县相邻的狭长区域。赤峰元宝山三调方言分布在五家镇的五家、乔家窝铺、房身、北台子、望甘池至平庄镇毛家一线；建平三调方言主要分布在老哈河沿岸的太平庄、三家一带，同赤峰元宝山三调方言相邻。北京官话区的三调方言都是平声不分阴阳。

	平声	上声	去声
元宝山五家镇	335	213	51
建平太平庄	335	213	51

第五节　北京官话研究简述

一　研究意义

在现代汉语中，北京官话是比较突出的一种官话方言。这不仅仅是因为其分布范围十分广泛，使用人口众多，更主要的是因为现代汉语标准语普通话的语音基础——北京话就在北京官话区内。

由于北京话在社会生活中所具有的重要地位，北京话的研究一直是汉语研究的一个重要课题。北京话的历史演变折射出汉语的发展历程，北京话的发展方向也基本上代表了整个汉语的发展方向。不论是从语文规划的角度还是从发展演变的角度来说，北京话的研究都是必不可少的。从某种意义上说，北京话的研究也就是整个现代汉语的研究。北京话的形成、清入字的归并、音位系统、儿化韵、轻声、词汇、口语语法等都是语言学者感兴趣的课题，并已经取得了大量成果。（参见曹志耘、张世方 2000）但总体来看，以往对北京话的研究主要是系统内部的研究，联系北京话所属的北京官话其他次方言的研究非常少见。而从北京话的形成与发展来看，北京话与北京官话的其他方言有密切的关系，尤其是东北方言，与北京话渊源甚深。（林焘 1987a）有的人更是认为，现在的东北方言保留了清初北京话的许多特点，是清初北京话的活化石。（图穆热2000）所以，研究北京官话可以为研究北京话的形成提供重要的材料。而且，北京话的许多特点，与北京官话其他方言常常连成一片，如四声调值、影疑母开口二等字的声母以及儿化等。如果能联系起来考虑，往往会有新的发现。因此，对北京官话进行深入的调查研究，有助于把北京话的研究推向深入。

北京官话有一个较为突出的特点，即内部一致性很强，许多语言现象的分布交叉在一起，而不像其他方言一样存在较为分明的界线。这与北京官话形成的特殊历史背景是分不开的。从历史来看，由于北京地区的地理位置正处于东北与中原的交界地带，北京地区的方言也一直处于与多种方言甚至语言的频繁接触之中。而东北地区的方言本身就是不同时期北京以及河北、山东地区的移民所带来的，这些移民一方面与东北地区的少数民族来往，引起语言上的接触，另一方面随着汉族人口的增多，不同的汉语方言之间也密切接触。可以说，方言接触（包括语言接触）是北京官话形成的一个重要因素。在今天的北京官话中，仍能找到许多历史上方言或语言接触所留下的痕迹，如中古入声字的文白异读，来源于蒙古语以及满语等少数民族语言的借词等。从目前来看，北京作为全国的首都，更是吸引了大量不同方言区的移民，而东北地区除了汉族，也还有不少少数民族居住。所以深入研究北京官话，对方言接触或语言接触的研究也具有一定的价值。

二　研究现状

北京官话这一名称是李荣在《官话方言的分区》（1985a）中提出来的，包括北京地区以及东北三省的许多方言。但对北京官话区方言的研究，却并非从 1985 年才开始。20 世纪二三十年代，就已经有文章讨论北京话以及东北方言的一些问题，如黎锦熙《京音入声字谱》（《东方杂志》1924 年 21 卷 2 期）、赵元任《北平音系的性质》（《国语周刊》1937 年 289 期）、孟伯荪《关外俗语续录》（《东北文化月报》1925 年 4 卷 8 期）、周孝若《东北入声的演变》（《国语周刊》1932 年 41 期）等。但总体来说，新中国成立前的研究比较少。

新中国成立后北京官话的研究大致可以分为两个阶段，以1979年《方言》的创刊为界。

（一）1979 年以前

新中国成立后，东北方言的研究主要是随着全国汉语方言的普查工作开始的。1956 年 2 月 6 日，国务院发出"关于推广普通话"的指示。同年 3 月，高等教育部和教育部联合发出"关于汉语方言普查的联合指示"。与其他方言一样，这一时期北京官话区内东北方言的研究主要是为推广普通话服务的。比如，20 世纪 50 年代末，黑龙江、辽宁、吉林三省就分别编写了一些学习普通话的手册。这些手册，虽然现在看来十分粗疏，存在许多问题，但在当时确实为推广普通话发挥了积极的作用。

由于北京的重要地位，对北京话的研究新中国成立之后不久就开始了。1955 年，国家召开了现代汉语规范问题学术会议，提出了现代汉民族共同语——普通话的标准，正式将北京话定为普通话的语音标准，这大大推动了对北京话的研究。与同时期其他方言的研究相比，对北京话的研究较为全面、深入，文章多，内容也较广。与推广普通话的运动相一致，出现了一些介绍北京话的文章，如《北京话的音节》（寒《中国语文》1952 年第 1 期）、《北京话》（黄典诚《语文知识》1954 年第 3、4 期）、《北京音里究竟有多少音节》（公士《中国语文》1958 年第 4 期）。还有不少文章讨论北京话与普通话的关系问题。

结合汉语拼音的制定问题，这一时期对北京话的音位进行了较为深入的探讨。1956～1957 年间，语言学界展开了一场关于北京话音系的讨论。傅懋勣的《北京话的音位和拼音字母》（《中国语文》1956 年第 5 期）是国内第一篇从音位学角度分析北京话语音系统的论文。其后，史存直（《中国语文》1957 年第 2 期）、徐世荣（《语文学习》1957 年第 8 期）、张静（《中国语文》1957 第 2 期）分别发表文章讨论这一问题。这次讨论不仅为制定《汉语拼音方案》奠定了理论基础，而且也为后来方言调查中的音系整理提供了一定的理论指导。

在语调和连读变调的研究方面，当时的北京话也走在其他方言的前面。文章有：《北京话里轻声的功用》（张洵如《中国语文》1956 年第 5 期）、《北京话里的两类特殊变调》（徐世荣《中国语文》1960 年第 2 期）、《北京话的连读音变》（林焘《北京大学学报·人文版》1963 年第 6 期）。此外，还有文章谈到北京音与中古音的对应规律问题以及儿化的问题。

大致说来，这一时期，无论东北方言还是北京话的研究，基本是围绕推广普通话这一任务展开的，以语音方面的描写研究为主，词汇方面较少，基本没有语法方面的文章。

（二）1979年以后

20世纪50～60年代之后，由于"文化大革命"的爆发，中国的学术研究基本处于停滞状态。北京官话的研究也不例外。"文化大革命"结束后，尤其是1979年《方言》杂志的创刊，带动全国的方言调查研究进入一个新的阶段，北京官话的研究也有很大发展。

总体来看，这一时期北京官话的研究主要集中在以下几个方面。

1. 方言描写

北京官话各方言中描写最充分的是北京话，有金受申《北京话语汇》（商务印书馆1964），陈刚《北京方言词典》（商务印书馆1985），徐世荣《北京土语辞典》（北京出版社1990），陈刚、宋孝才、张秀珍《现代北京口语词典》（语文出版社1997），贾采珠《北京话儿化词典》（语文出版社1990）及胡明扬《北京话初探》（商务印书馆1987），周一民《北京口语语法·词法卷》（语文出版社1998）等。北京话之外，研究较多的是哈尔滨方言，有尹世超的《哈尔滨方言词典》（1997）、《哈尔滨话音档》（1998）。其他方言则大多缺乏系统的描写。沈阳、赤峰、锦州等一些点的材料主要集中在陈章太、李行健主编的《普通话基础方言基本词汇集》（1996）中。刘淑学《中古入声字在河北方言中的读音研究》（2000）中有围场方言的入声字读音描写。

张世方的《北京官话语音研究》（2002）是在大量调查材料的基础上写成的，对北京官话的分区以及其他一些语音现象如儿化、声母、韵母等进行了研究，是迄今为止较为系统的研究北京官话的论文。

此外，关于北京官话特点的描写主要散见在一些关于分区的文章中，作为分区的依据简单列出。如：贺巍、钱曾怡、陈淑静（1986）指出北京官话的主要内部差别，贺巍（1986）描写了东北官话的一些特点及与北京话的差别。

显然，这些描写对北京官话这样一个在汉语方言中占重要地位的方言区来说是远远不够的。研究语言，描写是最基础的工作，如果连这一工作都没有做好，较为深入的研究就无从谈起了。因此，对北京官话进行更深入细致的调查和描写是非常必要的。

2. 关于分区的讨论

关于北京官话分区的讨论，焦点在于东北官话是否并入北京官话。在《中国语言地图集》（简称《地图集》1987）之前，东北官话区与北京官话区从未成为两个不同的次方言区。最早归"华北官话"，后来又属"北方官话"，1985年李荣在《官话方言的分区》中把官话区分为七区，划出北京官话区，东北官话也仍然在北京官话区内（参见郑仁甲1998）。直到《地图集》，才将东北官话从北京官话中分离出来。李荣（1989b）说明他把东北官话分离出来的理由是"专就古入声的清音声母字分归阴平、阳平、上声、去声而言，东北官话区也可以画到北京官话区。考虑到东北官话区古入声的清音声母字今读上声的比北京多得多；四声调值和北京接近，但是阴平的调值比北京低；以及多数方言无 z 声母等特点，现在把东北官话区独立成一区"。

但问题并没有就此解决。很多人不同意《地图集》的做法，纷纷撰文提出异议。林焘《北京官话区的划分》（1987b）以单一的声调调值和调型为标准，从总体上讨论北京官话的范围。他的北京官话区与李荣（1985a）中的北京官话区范围大体一致，也包东北大部分地区。他分区的依据主要是北京话的特点和两地区的历史渊源，"北京城区话在北京官话区中具有特殊重要的地位，确定北京官话的区域时，可以以北京城区话为核心，比较各方言点和它的异同，决定是否属于同一方言区"，"调值是汉语语音中相当敏感的成分，是一般人从听感上判断两个方言是否相似常用的标准"。再加上北京地区和东北地区的历史联系为依据，他认为不宜把东北方言从北京官话中分离出去。

刘勋宁（1994）根据中古入声字在共时官话系统中的不同分布，将北京官话（包括"东北官话"）、胶辽官话划为"入声一分为三区"。他认为虽然两种官话入声（尤其是清入）归调并不完全相同，但它们的类的对应是整齐的，即按清、次浊、全浊三分。不过他在《再论汉语北方话的分区》（1995）中，也因东北地区清入字归上声比北京话多而将东北地区从北京官话区中分离出去。

郑仁甲（1998）、侯精一（2002）的观点与林焘大致相同。郑仁甲（1998）指出，"从声、韵、调及词汇等诸方面看，北京官话与东北官话应该划为同一个次方言"，名之为"京满官话"，并进一步从"京满官话"的形成历史来论证。侯精一（2002）也将东北方言与北京地区的方言看作一个官话区，称之为"北京—东北官话"。

张世方（2002）在东北官话问题上与林焘的观点大体一致，但还主张把冀鲁官话保唐片的大部分方言也划入北京官话，因为这些方言与北京官话一样古清入字归四声。

总体来说，主张东北官话并入北京官话的居多。

此外，还有一些文章讨论北京官话内部的分片。贺巍、钱曾怡、陈淑静（1986）与贺巍（1986）是《地图集》的说明稿，分别给《地图集》的北京官话和东北官话分片。其中，北京官话分为四片：京师、怀承、朝峰及北疆（克石）；东北官话分为吉沈、哈阜、黑松三片。林焘（1987b）则根据北京官话区调值从西向东逐渐降低的变化趋势，以及古影疑母开口一二等字声母 n ŋ 的读法，认为贺巍的哈阜片可以向西南延伸，一直到北京市以南的河北固安、武清和三河，称为"哈承片"。郭正彦（1986）根据知系字声母读音的差异，将黑龙江方言分为东西两区。孙维张等（1986）把吉林方言分为东西两个区，主要依据是中古影疑母开口一二等字今声母的不同。

3. 方言历史探讨

由于北京的历史地位，关于北京话的历史文献材料相对其他官话方言来说比较丰富。因此，利用历史文献材料探讨北京官话的形成，对北京话的历史进行研究，是这一时期北京官话研究的另一个重要方面。

（1）北京官话的形成

在分区的讨论中，一般都会涉及北京官话的形成问题，如贺巍《东北官话的分区（稿）》（1986）等。专门讨论北京官话形成的，主要有林焘的《北京官话溯源》（1987a），根据历史文献材料探讨辽金以来北京官话的形成历史。

此外，林焘、周一民、蔡文兰《北京话音档》（1998）、尹世超《哈尔滨话音档》（1998）也分别谈到了北京话及东北地区官话的形成。

（2）韵书的研究

历史上关于北京话的韵书主要有以下几种：元代周德清的《中原音韵》，明代徐孝的《重订司马温公等韵图经》、《合并字学集韵》（两者都在徐孝《合并字学篇韵便览》一书中），清代李汝珍的《李氏音鉴》，清代裕恩的《音韵逢源》，英国威妥玛的《语言自迩集》，民国王璞的《京音字汇》。这些都是我们研究北京话历史的宝贵材料。其中，《中原音韵》的研究最为充分，赵荫棠（1936）、杨耐思（1981）、宁继福（1985）、薛凤生（1990）、李新魁（1983、1991）等都对其进行了全面的研究。虽然关于其基础方言还存在一定的争议，但根据宁继福（1985）及刘淑学（2000），可以断定，即使不是以元大都话为基础，也与之十分接近，可以反映早期北京话的情况。徐孝的《合并字学集韵》与《重订司马温公等韵图经》反映了明末北京话的情况，陆志韦（1988）及郭力（1987、1997）的研究较为详细。《李氏音鉴》的研究主要有杨亦鸣（1992b）。耿振生（1992）对《音韵逢源》进行了初步的描写，高晓虹（1999）讨论了其中的阴声韵母。

　　以上大部分是对韵书音系的整理描写，既然这些韵书是以不同时期的北京话为基础的，这些研究也就是对不同时期北京话的描写，为进一步研究北京话的历史演变奠定了基础。威妥玛的《语言自迩集》与其他韵书不同，是英国人编写的，用威妥玛字母注音，不只为我们提供了19世纪中期北京话的语音系统，而且提供了大量的口语语料，对北京话语法、词汇的研究也有重要价值。

　　现有的文献材料基本都是北京话的。关于东北方言的文献材料很少，目前所知，清代满洲旗人都四德的《黄钟通韵》带有东北方言的特点。耿振生（1992）有简要的介绍，构拟的 j 声母包括日母字和喻母字，与现代东北方言相近，知系与精组则有相混的趋势。陈雪竹《〈黄钟通韵〉音系研究》（1999）研究了《黄钟通韵》中的一部韵图，通过分析韵图所列字以及同其他相关语言材料的对比，探讨了《黄钟通韵》的音系，共有二十个声母，三十七个韵母，五个调类，其中入声调不是实际声调的反映。该文指出，《黄钟通韵》虽然同清代北方话有一致性，但同北京音有较明显的差别，例如日母、喻母合为一母，精组、照组声母字混读，儿类字读为 ei 音等。另外，一些常用字如"我、撴、雷、内、喝"等字的读音也与北京音不同。该文认为《黄钟通韵》音系的基础方言不是清代北京音，而是当时的东北方言，但由于作者是满族人，所以这个音系带有一些满音的特点。这一韵书对研究东北地区方言的发展演变具有较高的价值。

　　（3）北京话历史研究

　　由于北京话是普通话的语音基础，而且可以利用的文献材料比较丰富，关于北京话历史的研究也有一些成果。唐作藩的《普通话语音史话》（2000）虽然以"普通话"为名，但实际上讨论的是《中原音韵》到今北京话的语音演变历史。其他的一些汉语史著作中，也往往涉及北京话语音演变的一些情况。

　　太田辰夫《汉语史通考》（1991）第三部分讨论近代汉语的语法和词汇问题，主要根据以北京话写成的一些语料，如《红楼梦》、《儿女英雄传》和以《金瓶梅》故事为题材的满汉语并用的俗曲《升官图》、《小额》以及社会小说《北京》等。因此，这实际上也是对北京话语法、词汇的历史研究。

　　高晓虹（2000）利用《李氏音鉴》、《重订司马温公等韵图经》、《合并字学集韵》等材料，对北京话入声字文白异读及声调的历史层次进行了探讨。

　　4. 小结

　　与前期相比，这一时期的北京官话研究呈现出一个明显的特点，即北京话与非北京话（主要是东北方言）的不平衡。新中国成立初期，由于方言的调查研究处于起步阶段，尽管北京话作为普通话的语音基础，研究较为深入，但总体上还比较均衡。改革开放以后，对北京话的研究可以说是大踏步往前走，而东北方言的研究即使不能说是停滞不前，也是进展缓慢。

北京话的分布范围仅限于北京市区及郊区的县市，而东北方言及河北、内蒙古等地的非北京话方言占了北京官话区的大部分。与此不相称的是，无论从研究成果、研究力量，还是从研究内容的广度和深度看，北京话的研究都大大超出非北京话的研究。从研究文章的数量来看，研究北京话的文章是研究非北京话文章的三、四倍。从内容来看，东北方言的研究与前期相比，语音的研究减少，而语法、词汇方面的内容比较多，尤其是词法方面的文章较多，但多限于简单的描写分析，仅有少数几篇文章着眼于总体的东北方言，如关于分区的几篇文章，以及康瑞琮的《东北方言中的反复问句》（1987）。而对北京话的研究，内容十分广泛，研究方法也比较多样。具体情况可参考曹志耘、张世方《北京话研究的回顾与展望》（2000）一文。从研究力量来看，研究北京话的人数众多，而研究非北京话的人屈指可数。

　　造成这种情况的原因很多。其中一点可能是因为东北方言与北京话同属于北京官话，在声、韵、调方面都与北京话十分相似，缺乏显著的特点，因此人们往往不够重视。

　　东北方言与北京话有很强的一致性，这是不可否认的事实。但相似并不等于完全相同，它也有自己的特点。而且，对于方言工作者来说，任何一种方言都有它自己的价值，都有研究的必要。尽管东北方言不像南方方言或其他官话方言那样，保存比较多的古音特征，但也有自己的研究价值，应该引起足够的重视。

第三章
胶辽官话

第一节 胶辽官话概述

一 胶辽官话界说

胶辽官话是官话方言中的一个特殊土语群，分布于山东半岛、辽东半岛以及吉林省的南部。关于这一区域的方言，以前一直没有统一的名称，山东、辽宁两省的称呼有：在山东半岛的，丁惟汾《齐东语》（山东省立图书馆季刊1931年1卷1期）称为"齐东语"，通常则称"胶东方言"、"胶东话"。"胶东"原是一个地理概念，它指的是北起莱州湾，南到胶州湾的胶莱河东北的广大地区，包括今天的青岛、烟台、威海三市的二十几个县市区。地理上的"胶东"与语言学上的"胶东话"并不完全吻合。以往对"胶东话"的范围并没有严格的限定。一般人的认识比较笼统，跟地理上"胶东"的范围一致。从语言学角度进行划分，分为狭义的胶东话和广义的胶东话两个不同的范围：狭义的胶东话指通行于今烟台市和威海市各县市的方言，相当于钱曾怡、高文达、张志静《山东方言的分区》（1985）山东东区东莱片；广义的胶东话的分布范围除包括胶莱河东北的各县市外，还包含胶莱河西南的青岛、潍坊、日照三市的部分县市，共五十多个县市区，相当于钱曾怡等《山东方言的分区》的东区和李荣先生划分的胶辽官话在山东的分布区域。

辽东半岛跟胶东方言接近的土语群，通常称为"辽东半岛方言"（尚允川1983等）。"辽东半岛"在地理上是指辽河口跟鸭绿江口连线以南的地方，而辽东半岛方言的通行范围要比这个区域略大一些。

吉林省南部的通化、白山一带的方言，基本上处于浑江的上游、长白山的腹地。孙维张等（1986）称其为吉林方言通化片。根据罗福腾1996～1998年的调查材料显示，如果严格按照"清入字今读上声"的标准来划分的话，胶辽官话的范围其实并不仅仅限于山东和辽宁两省，吉林省南部的上述地区也应划归胶辽官话区。

李荣先生《官话方言的分区》（1985）根据古入声字的今调类在北方地区方言的不同归类，把原来的北方官话大区分为七区：北京官话、冀鲁官话（原文称为北方官话，后改今称）、胶辽官话、兰银官话、中原官话、西南官话、江淮官话。李先生第一次提出"胶辽官话"这一概念，为以后对这一区域的方言研究提供了很大的方便。

二 胶辽官话的分布

《中国语言地图集》（1987）根据方言内部差异，把胶辽官话划分成三个方言片，未作"小片"的划分。当时依据的是以下几份资料：①山东省的胶辽官话分片，根据山东方言调查总结工作组《山东方言语音概况》（1964年油印）；②辽宁省的胶辽官话分片，根据宋学等《辽宁方音说略》（1963）；③黑龙江省胶辽官话两个方言岛的情况，根据郭正彦《黑龙江方言分区略说》（1986）。

　　《中国语言地图集》在分析吉林省的方言分布时，主要是依据孙维张、路野、李丽君《吉林方言分区略说》（1986）提供的资料。该文尽管没有说到吉林也有胶辽官话的分布，但有一句很重要的话却被忽略了："本省没有入声，各地的声调都是阴平、阳平、上声、去声四个。古今声调的沿革，除集安一处外，和北京话大致相同，调值也大致相近。集安古平声次浊声母今读阴平，和古平声清音声母字同调，和古平声全浊声母字不同调。"这句话的提示很有价值。"古平声次浊声母今读阴平，和古平声清音声母字同调，和古平声全浊声母字不同调"，也正是胶辽官话登连片的特征之一。经过对集安等地方言的实地调查和分析，我们把这一带的方言归入胶辽官话的范围。这样，胶辽官话的地域比原先有所扩大，人口也有所增加，原来的分片也要重新考虑。

　　根据新的行政区划统计，截至 2005 年，胶辽官话的分布地域涉及山东省、辽宁省、吉林省、黑龙江省 4 个省的 74 个县市区，人口约 3330 万。其中，山东省 39 个县市，人口 2330 万；辽宁省 24 个县市，人口约 1000 万；吉林省 9 个县市，人口约 216 万；黑龙江省 2 个方言岛，人口不详（使用人口暂不计算在内）。详见表 1-1。

<h2 style="text-align:center">胶辽官话分布图</h2>

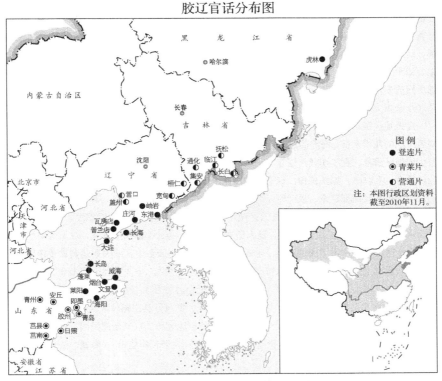

三　胶辽官话的形成

　　从地理上说，胶辽官话可以渤海海峡为界分为两大部分：渤海以南的山东地区胶辽官话；

渤海以北的辽宁省以及吉林省的胶辽官话。从历史来看，史前时期辽东半岛的文化跟胶东半岛的关系就很密切，但只局限于渤海湾南北的沿海地区，都是属于胶东文化区。所谓胶东话，实际上应该包括辽宁省南端的大连、长海等沿渤海地区，这是胶辽官话的"源"，是胶辽官话的发源地，具有胶辽官话的基本特点。以后由于胶东移民的北迁，导致胶辽官话从山东跨海北上，扩大了在辽宁、吉林的分布范围，这些地区的胶辽官话是"流"，是胶东话的辐射区，在胶东话的基础上又有所发展，融合了北京官话东北地区方言的某些特点。

"语言本身没有生命，不会扩散；它的扩散完全是由人员流动造成的，因而需要联系人民的迁徙、社会环境的改变来研究语言的扩散。"（徐通锵 1991）讨论山东的胶东方言在黄海北岸辽宁、吉林等省的扩散与发展，自然要结合山东地区与东北地区的关系，包括行政隶属、人口迁移等多种因素。历史上，地广人稀的东北三省一直是少数民族与汉族的杂居地区，而最早全面开发辽东半岛、吉林南部和东部的居民，绝大多数是历史上山东移民的后裔。本节将引用正史、方志和收集到的民间流传的一些材料，来讨论历史上山东移民将胶东方言带入东北的过程及分布状态。

（一）清代以前辽东地区与山东地区的关系

辽东半岛与中原地区的历史关系源远流长。早在原始社会时期，华夏族的先世就在这里生衍繁殖。在大连、金县、新金县等地发现的仰韶文化遗址中，出土的许多彩陶器及残片，与黄河流域彩陶文化同为一个系统。（参见张博泉等 1981）战国、秦、汉在东北设立了辽西郡、辽东郡、玄菟郡等。《汉书·地理志》记载："辽东郡，户五万五千九百七十二，口二十七万二千五百三十九，县十八。"现在的辽东半岛大致在古辽东郡的管辖范围之内。前汉辽东郡所属的安市县（今盖州东北汤池堡）、平郭县（今盖州）、文（汶）县（今瓦房店市）、沓氏县（今金州大岭屯），均位于辽东半岛。

辽东地区跟山东地区的接触、交流可以上溯到隋唐时期，当时主要是军事方面的接触。隋唐时期的几次东征，海路的进攻，都是从胶东的莱州、龙口等地发兵，顺着庙岛群岛向北，在大连地区登陆。到了明代，辽东半岛与山东地区的接触更加频繁，交往的内容更是多方面的，既有屯兵驻防、垦荒植田，也有行政隶属统领的关系。列举几项如下。

明太祖朱元璋征辽东，以叶旺、马云为都指挥使，由胶东登州府、莱州府一带发兵，渡海北上。《明史·叶旺列传》："旺与云之镇辽也，薙荆棘，立军府，抚辑军民，垦田万余顷，遂为永利。旺犹久，先后凡十七年，辽人德之。"叶旺、马云率部长期驻扎，对加深中原地区与辽东地区的交流产生了深刻影响，也对促进江南地区与胶东地区的关系起到重要作用。

行政设置上，辽东半岛与山东曾有过领属关系。明洪武二十九年（公元 1396 年），辽东设按察分司，属山东按察使司管辖。正统三年（公元 1438 年），设布政分司，属山东布政使司管辖。这种关系保持了数百年，一直延续到清代。据《复县志略·礼俗略》记载："旧属山左登莱。清初，士子应试远赴山东。"至今，在胶东地区和辽东半岛的民间，还流传着这样的谚语："金复海盖，辽阳在外。"就是说的金州、复州（今瓦房店市）、海城、盖州历史上这段隶属山东的史实。

（二）清代以来山东人口迁移东北的社会背景

山东人口迁移东北的过程，前前后后经历了比较长的时间。引起山东人"闯关东"的原因是多方面的。

　　第一，清朝满族入主中原后，造成东北人口锐减。明末清初，为躲避战乱，东北人口曾向关内大量迁移，辽东半岛不少人通过海路迁居山东。《复县志略·兵事略》记载，明"天启元年春三月，清兵取沈阳、辽阳，循海而南，海、盖、金、复四卫人望风奔窜，多航海走山东，不能达者则栖止各岛间。"清初的兵事，给东北造成的结果是人口的急剧减少，原本就人烟荒凉的东北地区人口更加稀少，土地更加荒芜，形成了一个人口的真空地带。这是山东人口下关东的一个重要契机。

　　鉴于东北地区的实际情况，清朝政府在初期是支持、鼓励关内人口向东北移民的。顺治十年（公元1653年），清廷颁布"辽东招民开垦例"。这个开垦条例，采取了一系列优惠政策，一方面鼓励当地的有产阶层招募佃农耕种稼穑，另一方面鼓励关内汉人移居东北垦荒生活。《盛京通志》23卷："招民开荒至百名者，文授知县，武授守备……五十名以上者，文授县丞主簿，武授百总。招民数百者，每百名各加一级。""所招民，每名口给月粮一斗，每地一晌（三十亩）给种六升，每百名给牛二十只。"自此以后，关内民众纷纷移民辽东，这是清代移民的开端。

　　到了康熙七年（公元1668年），清政府为保护自己的"龙兴之地"免受滋扰，保护满洲利益，对东北采取"封禁"政策，甚至用"柳条边"圈起所要保护的重地，"永行禁止流民，毋许入境"。（见《东华录》，乾隆四十一年十二月）可是，从康熙七年封禁到光绪末年的开放，这中间二百多年，关内流民仍然不断涌入。

　　第二，山东半岛地区人多地少，北边、东边、南边三面环海，只有西部跟大陆相连，生存环境狭窄，当地人称自己"住在牛角尖上"、"住在死胡同里"。胶东地区属于东夷之地，各种开发明显落后于山东西部地区。再加上人口稠密，天灾频仍，粮食生产丰歉不均，烧柴匮乏，导致胶东人北上辽东谋生。从清初以后至新中国成立以前的三百年间，山东省的移民，尤其是胶东半岛的老百姓，借助隔海与辽宁半岛相望的有利条件，纷纷渡海，"闯关东"，"下关东"，源源不断地踏上了到辽东地区谋生的道路。胶东至今还流传着这样的民谣："穷走京，富走南，死逼梁山上关东。"他们把东北地区看成比山东地区更容易生存的好去处，可以"棒打狼，瓢舀鱼"。

　　第三，山东半岛与辽东半岛一衣带水的地理优势，为山东人下关东提供了便利。山东半岛的移民走海路闯东北，首先是在航海技术发达以后的事情。山东半岛沿海地区居民一般以打鱼为谋生手段，主要的打鱼地点也多在渤海、黄海。这些渔民的渔船就成了驮载早期山东移民向东北迁移的主要工具。

　　山东半岛有多个天然良港，如烟台、青岛、威海、龙口、石岛等；辽东半岛也有一些海港，如大连、营口等。这些渔港和码头就像桥梁一样，为两地人们的往来提供了方便。从烟台港到大连的海路距离是89海里，约合165公里；从威海港到大连的距离是93海里，约合172公里；从青岛绕过成山角到大连的距离是272海里，约合504公里；从龙口港至营口港217海里，约合402公里，至大连也才只有117海里，约合217公里。海运的发展和地理条件，也是山东人口大批迁居东北的重要因素。

（三）山东人口移居东北的历史时代与方言层次

　　同属于胶辽官话的辽东半岛方言与吉林省通化地区的方言，有时代层次上的差异。这种差异与当地移民的祖籍来源、时间先后有直接关系。

　　总体上说，清代前期和中期，山东的胶东人首先迁移到辽东半岛，最先把胶东话带到了大连至丹东沿海一线；清代后期至民国年间，山东人（包括胶东和其他地区的人）、先期由胶东到达辽东而后再次搬迁的新辽宁人、部分河北省的人，开始流向辽东半岛以北和吉林通化、长白山区，这一带便出现了以胶东话为基础，同时掺杂有其他方言成分的方言。

　　以下借助一些地方史志及民间流传的家谱、墓志等资料，讨论不同时代辽东半岛居民与吉林通化地区居民来源上的差别，以及这些差别对方言的影响。

　　第一，辽东半岛的移民主要来自山东登州府和莱州府，迁入时间集中于清代早期和中期。胶东移民的方言奠定了大连、丹东、营口方言的基础。清王朝自 1644 年入关统治，至 1911 年被中华民国取代，共历 267 年。从清朝之初，就有山东人开始向东北移民。不严格区分的时候，人们一般说包括辽东半岛地区在内的东北人口，主要来自山东省，如果细致区分，则是辽东半岛的人口主要来自山东的胶东半岛，以清代登州府所管辖的县市人口为最多，莱州府次之，青州府再次之。而辽东半岛以北、以东的地区（包括吉林省、黑龙江省）的人口则来自山东省各个地区。从地理上讲，登州府、莱州府距离辽东半岛最近，海运发达，得天时与地利之益，所以，胶东人口迁移到辽东半岛的多，也就不足为奇了。

　　古登州始置于唐代，初治在今山东牟平，后徙治于蓬莱，其辖域相当于今蓬莱、龙口、栖霞、海阳、莱阳、莱西、招远、文登、荣成、威海、乳山、烟台、福山、牟平等县市区。古莱州始置于南北朝时期，其辖域相当于今莱州、平度、胶州、即墨、胶南、青岛等地。今日的莱州，只是烟台市辖区内的一个县级市。青州系古九州之一，其辖域包括今天的青州、临朐、潍坊、寿光、昌乐、昌邑、寒亭、安丘等地。我们搜集到的官方和民间的资料，较为详细地记录了胶东人迁徙到辽东地区的时间以及行走路线等情况。

　　辽宁省《安东县志》（1927 年）（安东即今丹东）记载："安东未设治前，原为边外荒土……迨同治初，山东……人民浮海避难来者渐次增加。"《岫岩县志》（1928 年）记载："邑境初无殖民，清乾隆间山东饥馑，始有避荒而流寓于兹者，续有经商负贩来而得籍者，邑内居民鲁籍占大多数。"《庄河县志》（1923 年）记载："庄境于清初为垦荒时代，人民除满族驻防外，汉族多由山东迁来。"

　　当地民间碑文、家谱等资料对胶东移民史实的记载更为详细，记叙了主人的迁出地、移居地、再迁移以及迁移时间等等。笔者在辽宁调查方言时，看到几份碑刻铭文和家谱，这些民间收藏的文字材料显示的结果跟地方史志的记载相同，清朝前期、中期、后期都有大量胶东人口移居辽东半岛，但以清前期、中期居多。以下酌举数例：

　　庄河县《例封修职太学生风南公墓表》记载："公祖居山东登州府宁海州（引者按：宁海州即今牟平）武台村，自雍正年间，公之曾祖讳玉公，与公之祖讳国柱公航海北迁金州厅。至乾隆元年，又由金州迁居岫岩西南乡大庄河耕桑为业。"

　　瓦房店市（原复县）《张公攀跻墓志铭》记述："公父讳国本，字道生，由山左登郡蓬莱东南乡航海北上，择居于复城西北之丁家屯……"

　　盖州市《邹士杰纪念碑》记载："先生邹姓讳士杰，山左宁海积学士也……嘉庆二十年泛海来北，寄寓盖邑东代葫芦峪。"

　　海城市《李氏族谱序》（1914 年修）记载："始祖讳宗，始迁居登州府黄县，卜筑城北李格庄，考其年代，当在明之中叶……居东以来，宗支蕃衍，间有懋迁于外，流寓东省者，会大父昆山公亦因经商于奉天海城县，侨居既久，乐其土俗，因奉会大父母以居……"

上述材料充分说明，正是清代初期、中期大量涌入辽东的胶东移民，把胶东话也带到了辽东半岛地区，从而奠定了辽东半岛方言的基本面貌。从方言的现状来看，长海、普兰店、庄河、东港、大连、丹东、岫岩和吉林省的集安等地的方言特点跟胶东话最接近，跟祖籍是胶东的居民有直接的关系。

第二，清代后期和民国年间，山东登州府、莱州府、青州府移民和辽东半岛二次搬迁的山东人口涌向辽宁东部、吉林南部地区，奠定了桓仁、宽甸、通化、白山、长白、临江、抚松等方言的基础。清代后期和民国时期，山东人口继续大举向东北迁移。到20世纪二三十年代，移民的规模达到了高峰。与此同时，河北省的移民也开始向吉林通化地区迁移。此时，辽东半岛北部桓仁和吉林省的通化、白山地区的居民有这样几个特点：一是山东流民的来源，已经不限于登州、莱州和青州几个府了，而是扩大到了山东临沂（属沂州府）、济南（济南府）等西部地区；二是山东移民的足迹已不再限于辽东半岛一带了，他们沿着鸭绿江、浑江逆流而上，开始向半岛北部的桓仁和吉林南部蔓延；三是河北省的一些移民跟山东、辽东的移民杂居在一起，共同生活。正是这些特点，对桓仁、通化、白山、抚松、江源、临江、长白的方言产生了一定的影响，使这些地方的方言在胶东话的基础上，掺进了较多的其他方言的成分，淡化了胶东方言的特色。

吉林省集安的情况跟周围通化地区的其他县市相比比较特殊。集安地处鸭绿江畔，与辽宁的宽甸等地相邻。从这里的移民来源看，集安人的祖籍主要是山东登州府和辽东半岛二次搬迁来的胶东人。罗福腾调查集安县城里的两位发音人，祖籍都是山东登州，后来搬迁到辽宁，又从辽宁二次搬迁到集安。调查集安乡镇的12位发音人，其中来自山东的11人，广西1人，无河北省籍。由于当地移民以胶东为主，所以当地方言胶东话的特点比较明显。

山东人向辽宁北部和吉林进发，还得益于清末中东铁路（也叫南满铁路）的开通。清廷在1897~1903年间建成的这条铁路，也从客观上加速了山东人口向东北吉林、黑龙江扩散。

经过上百年的移民，辽东地区已经遍布胶东移民。刘若含《东北人口史初探》（1983）："人满为患，遂转其锋东拓吉林，北殖黑龙江。"朱契《满洲移民的历史和现状》（1928）："据一般推测，谓1927年足达百余万人，计由大连上陆者七十余万人，由营口上陆者二十余万人，由京奉来者十万人。"剑虹《汉族开拓满洲史》（1919）："其飚举骤进之势，若蜂蚁离巢。"足见山东移民数量之多。这时，就有先期生活在辽南地区的一些山东移民或其后裔，开始二次搬迁，他们从辽南的大孤山、庄河、东港等地逐渐转移，向半岛北部、吉林的通化、长白山一带流散，在那里拓展新的生活空间。而新的移民则越过辽东，直接迁往吉林、黑龙江。这从以下地方志的记录材料和当地民众的口头传说中可以得到印证。

辽宁《桓仁县志》（1995年）记载："桓仁汉族90%以上人口祖籍山东，最早迁入的汉族多数不是直接来自山东，而是从（辽宁）海城、牛庄、岫岩、凤城、新宾等地暂居转迁而至。"志书举例性地罗列了该县几个姓氏的来源：①拐磨子镇岔路子村李德运，其上四世祖李俊，原籍山东省宁海县（今牟平县）。其祖坟墓碑中记载，雍正年间移居复州（今辽宁省瓦房店市）花椒岛居住，同治十一年（公元1872年）又移居今桓仁县拐磨子镇岔路子村西沟。②木盂子镇木盂子村刘凤起，祖居山东省海阳县，其上六世祖由山东迁至今新宾，上三世祖于19世纪40年代由新宾迁至桓仁县木盂子村三个顶子，是桓仁的"占山户"。③拐磨子镇东古城子村邵氏，于光绪十五年（公元1889年），一家四口从山东乘帆船到丹东，一路乞讨来到桓仁。该县志总结说："至80年代，桓仁汉族多数仍是山东祖籍，只有少数来自河北省省份。"

吉林的通化地区，在 20 世纪之前还是边疆荒芜之地。《浑江市志·人口》（1994）记载："清初长白山封禁，本地居民全部迁于边内，1892 年（光绪 18 年）始有邓铎、王凤阁、戴廷刚三户人家及少量单身流民在此定居。1902 年临江设治时，有 1786 户，人口总数为 9551 人。"从最初的三户住家发展到十年后的 1786 户，人口增长的速度比较显著。《长白县志》（1993）记载："光绪三十四年（1908 年）设府治，境内 718 户，3255 人。宣统元年（1909 年）达到 1392 户，5844 人。1925 年（民国十四年）5823 户，28909 人。"从这一串数字可以看出，清朝末期长白山地区的人口还是很稀少的。为了刺激开发边疆，当地政府在设治不久，便发布文告，鼓励山东、辽宁移民迁入。《长白县志》（1993）记载："对迁入的商民给予优惠，对携眷从安东（今丹东）乘江槽（船）来境的居民，一律免收船费；对来境的灾民发给赈济款；每大户（5 口人以上）发银 20 两；每小户（5 口人以下）发银 15 两。"这些招垦兴邦措施的实施，大大鼓励了山东、辽宁等外来人口进入长白山区。吉林省《通化县志》（1996）记叙该县的人口来源说："建县（1877 年）后，居民来自四面八方，以山东、辽宁人为最多。"通化市李氏祖谱（李秉臣存）记载："系山东青州府益都县揽柳树李家庄人氏，后移奉天府盖平县（今辽宁盖州市）下汤池居住。"后来，李秉臣的父亲再次迁移到通化县大泉源经商。

以上说明，吉林通化地区的移民来源比较复杂，不像辽宁南部那样纯粹是来自山东地区的人口。这种情况也说明在辽宁、吉林等地方言调查时发音人祖籍的不同。罗福腾在调查这一带方言时，采取随机抽样寻找发音人的方法，结果如下：大多数辽宁发音人来自山东登州府和莱州府，几乎没有祖籍河北省的。其中，辽东半岛的县市所在地发音人 17 名，全部是直接由山东搬迁来的；乡村发音人 13 人，从山东直接搬来的 10 人，先从山东来辽东的县市又从县市辗转到现居住乡村的 3 名。吉林省通化、抚松、临江、长白的发音人有来自山东登州、莱州、青州的，山东临沂地区（沂州府）的，也有来自辽东半岛的，还有来自河北省的。其中，吉林调查的县市政府所在地 15 名，直接从山东来的 8 人，从辽宁二次搬迁来的 5 人，从河北省搬来的 2 人；乡村发音人 29 名，直接来自山东的 20 人，从辽宁二次搬来的 4 人，祖籍河北省的 5 人。

辽东半岛和通化地区对移民和"土著"有不同的称呼。大连一带的人称胶东为"海南老家"，戏称刚从胶东移来的人是"海南丢儿"，而刚迁来的胶东人则称较早先到辽东半岛数代以上的山东人为"此地巴子"或"此里巴子"；通化一带的人称山东移民为"海南人"、"海南杆儿"，称呼本地人（大多是最先从外地来的移民）是"坐地炮儿"；抚松一带的移民称呼当地人是"臭袄子"。透过这些称谓，可以看出移民与土著人口之间的一些微妙关系。

综上所述，辽东半岛地区的移民主要来自山东的登州府和莱州府的州县，其他府治的人口较少。而通化地区的山东移民，不仅有登州府、莱州府、青州府的，还有山东西部一些县市的人。这种移民来源的差异，跟方言的现象一致。辽东半岛的语音、词汇、语法最接近胶东话，吉林省通化地区则具有综合性的特征。

第二节　胶辽官话的特点

胶辽官话的共同特点主要有二：一是古清声母入声字今读上声；二是古日母字多读零声母。前者是本区的标志性特征，是划分胶辽官话与邻近的北京官话、冀鲁官话、中原官话等相邻方言区的首要标准。本区方言区属的判定标准，除了清声母入声字以外，还参考另外一些条件。例如青莱片的莒照小片多数清入字归阴平，《中国语言地图集》归入冀鲁官话，但是考虑到该片古日母字读零声母，古知庄章三组声母的字分读为甲乙两组，以及古深臻摄开口三等"宾贫民林"等字读开口呼是胶辽官话青莱片的显著特点，加上地域及本地人的语感等多种因素，我们将其归入胶辽官话青莱片。还有营通片的情况，将在下文详细说明。

一　古清声母入声字读上声

古清声母入声字多读上声，是胶辽官话最主要的特征，也是判断胶辽官话的首要标准。本节从下面三方面说明：各方言点的读音情况；各点读音的差异与时代层次；与《中原音韵》相关的几个问题。

（一）各片代表点清声母入声字的读音统计

下面选择 23 个方言点统计古清声母入声字的今读调类，由于材料来源不同，各点所调查的字数不同，大多数点在 250 个字上下。不论总字数多少，所统计的百分比可以看出该方言清声母入声字的归类情况。（表中莱阳一点，方言普查的材料为四个调类，本表是据罗福腾 1997 年的调查）

表 3-1　古清声母入声字今 23 方言点读音统计表

片	小片	点	阴平（平声）		阳平		上声		去声		总字数
			字数	%	字数	%	字数	%	字数	%	
登连	烟威	烟台	16	6.4	（无阳平）		189	75.6	45	18.0	250
		荣成	12	4.8	31	12.4	188	75.2	19	7.6	250
		莱阳	12	4.9	（无阳平）		189	76.8	45	18.3	246
		长海	15	6.0	（无阳平）		182	73.4	51	20.6	248
		庄河	21	8.4	（无阳平）		174	69.6	55	22.0	250
		普兰店	17	6.8	（无阳平）		167	67.1	65	26.1	249
	蓬黄	龙口	17	6.8	33	13.3	170	68.3	29	11.6	249
		长岛	13	5.2	44	17.6	168	67.2	25	10.0	250
	大岫	大连	14	5.6	32	12.8	171	68.4	33	13.2	250
青莱	青岛	青岛	13	5.2	58	23.1	180	71.7	（无去声）		251
		诸城	16	6.5	10	4.0	205	82.7	17	6.8	248
	青朐	临朐	18	8.3	6	2.7	181	83.0	13	6.0	218
	莱昌	莱州	42	10.9	62	16.1	280	72.9	（无去声）		384
		沂水	54	14.0	34	8.9	257	67.3	37	9.7	382
	莒照	莒南	163	74.4	12	5.5	28	12.8	16	7.3	219
营通	盖桓	盖州	20	8.0	43	17.3	141	56.7	45	18.0	249
		丹东	18	7.2	31	12.4	164	65.6	37	14.8	250
		宽甸	16	6.4	46	18.3	142	56.6	47	18.7	251
		桓仁	38	15.2	75	30.0	78	31.2	59	23.6	250
	通白	通化县	40	15.7	75	29.4	89	34.9	51	20.0	255
		通化市	46	18.1	75	29.5	74	29.1	59	23.2	254
	长集	长白	18	7.1	38	15.1	140	55.6	56	22.2	252
		集安	17	6.7	49	19.4	132	52.4	54	21.4	252

　　从古清入字读入上声的比例来看，其中，诸城和临朐读入上声的字最多，都占 80% 以上，烟台、莱阳、荣成、长海、莱州、青岛都有超过 70% 的字归入上声；青莱片的莒南县，营通片的桓仁县、通化县、通化市读入上声的字都不超过一半，因为其他条件归入本区。

（二）营通片古清入字的声调

　　营通片有的点古清入字今读归上声的字不超过 50%，之所以归胶辽官话，是缘于这些地区今阴平的调值是一个降调，跟胶辽官话的登连片相同，而跟东北方言的平调型有明显差异。此外，某些字的读音也跟登连片相同，如："泥"的声母为 m、"扔辱"、"嫩"的声母读 l、"脱夺"读开口呼，以及词汇"将婆媳妇"、"歹吃饭"、"转日莲向日葵"、"昆抽鞭子"、"掇端盆"，等等。

　　另一种情况也值得注意，就是古代清声母入声在胶东地区，读上声的调类比较稳定，不管是单念还是在词语里，都读相同的声调，而在东北地区则常常是两种调类都可以。实际上这是不同时代层次的反映。主要有以下几种情况。

　　1. 年龄层次

　　一些清入字有两读现象，有时念上声，有时念上声以外的其他声调，如通化县，在 250 多个清声母入声字中，有数十个字声调两读，个别的甚至有三种读法。在两种或者三种读音里，一般总有一个读法是上声调，体现出胶东方言的特点，另外的一个声调，多是普通话的特点。反映在时代层次上，读上声调类是比较早的说法，读上声以外的声调是新兴的说法。我们调查的发音人，年纪多是 50 岁左右的人，他们对两种调类的说法都认同，但二三十岁的年轻人，则以读上声以外的调类为常见。例如：

节 ₌tɕiə / ꜂tɕiə	杀 ₌sa / ꜂sa / ꜛsɑ	憋 ₌piə / ꜂piə	说 ₌suo / ꜂suo
发 ₌fa / ꜂fa	七 ₌tɕʻi / ꜂tɕʻi	出 ₌tsʻu / ꜂tsʻu	镢 ₌tɕye / ꜂tɕye
国 ₌kuo / ꜂kuo	脊 ₌tɕi / ꜂tɕi	僻 ꜂pʻi / pʻiꜛ	屋 ₌u / ₌u
哭 ₌kʻu / ꜂kʻu	幅 ₌fu / ꜛfu	八 ₌pa / ₌pa / ꜛpɑ	

　　2. 词语环境

　　某些清入字，在旧词、旧说法里是上声调，而在新词、新说法里读成另外的声调。例如："黑"，用于形容没有光亮时的常用词"墨黑"中，各地都读上声，单独使用则多说阴平调；"磕"，在"磕倒"等常用词中读上声 ꜂kʻa，而在"磕碰"等新说法里则说阴平 ₌kʻə。

　　3. 音节环境

　　如果某个清入字的声母或者韵母是胶东方言的说法，则这个字的声调往往是上声；如果声母或者韵母接近普通话，则这个字的声调便极有可能是非上声调，整个音节比较接近普通话。辽宁省的桓仁、宽甸、盖州和吉林省的集安、通化县等都有这种现象。例如下面的读音，前一个字音（包括声母、韵母以及声调）接近登连片，是老派读音，后一个字音属于新派，接近北京话：

喝 ꜛxɑ / ₌xə	磕 ꜂kʻa / ₌kʻə	脱 ꜛtʻɤ / ꜛtʻou	黑 ꜂xə / ₌xei

（三）清声母入声字的读音对照

下面是胶辽官话 9 个点 23 个清入字的读音，其中"割贴八鳖发一胳滴扑哭" 10 个字北京话读阴平；"夹得格福咳" 5 个字北京话读阳平；"渴甲法笔" 4 个字北京话读上声；"客促壁触" 4 个字北京话读去声。

表 3-2　胶辽官话 9 点 23 古清声母入声字读音表

	牟平	长岛	大连	诸城	平度	沂水	丹东	宽甸	集安
割	꜀ka	꜀ka	꜀ka ꜀kə	꜀ka	꜀ka	꜀ka	꜀ka ꜀kə	꜀ka ꜀kə	꜀ka ꜀kə
贴	꜀tʻiə	꜀tʻiə	꜀tʻiə	꜀tʻiə	꜀tʻiə	꜀tʻiə	꜀tʻiə	꜀tʻiə	꜀tʻiə
八	꜀pa	꜀pa	꜀pa	꜀pa	꜀pa	꜀pa	꜀pa	꜀pa	꜀pa
鳖	꜀piə	꜀piə	꜀piə	꜀piə	꜀piə	꜀piə	꜀piə	꜀piə	꜀piə
发	꜀fa	꜀fa	꜀fa	꜀fa	꜀fa	꜀fa	꜀fa	꜀fa	꜀fa
一	꜀i	꜀i	꜀i	꜀i	꜀i	꜀i	꜀i	꜀i	꜀i
胳	꜀kə	꜀kə	꜀kə	꜀ka	꜀ka	꜀kuə	꜀kə	꜀kə	꜀kə
滴	꜀ti	꜀ti	꜀ti	꜀ti	꜀ti	꜀ti	꜀ti	꜀ti	꜀ti
扑	꜀pʻu	꜀pʻu	꜀pʻu	꜀pʻu	꜀pʻu	꜀pʻu	꜀pʻu	꜀pʻu	꜀pʻu
哭	꜀kʻu	꜀kʻu	꜀kʻu	꜀kʻu	꜀kʻu	꜀kʻu	꜀kʻu	꜀kʻu	꜀kʻu
夹	꜁cia	꜁cia	꜁tɕia	꜁tʃa	꜁cia	꜁tɕia	꜁tɕia	꜁tɕia	꜁tɕia
得	꜁tə	꜁tə	꜁tə	꜁tei	꜁tei ꜁tə	꜁tei	꜁tə	꜁tə	꜁tə
格	꜁kə	꜁kə	꜁kə	꜁kei	꜁kei ꜁kə	꜁kei	꜁kə	꜁kə	꜁kə
福	꜁fu	꜁fu	꜁fu	꜁fu	꜁fu	꜁fu	꜁fu	꜁fu	꜁fu
咳	꜁kʻə	꜁kʻə	꜁kʻə	꜁kʻə	꜁kʻuə ꜁kʻə	꜁kʻuə	꜁kʻə	꜁kʻə	꜁kʻə
渴	꜄kʻa	꜄kʻə	꜄kʻə ꜄kʻa	꜄kʻa	꜄kʻa ꜄kʻə	꜄kʻa	꜄kʻə ꜄kʻa	꜄kʻə	꜄kʻə
甲	꜄cia	꜄cia	꜄tɕia	꜄tʃa	꜄cia	꜄tɕia	꜄tɕia	꜄tɕia	꜄tɕia
法	꜄fa	꜄fa	꜄fa	꜄fa	꜄fa	꜄fa	꜄fa	꜄fa	꜄fa
笔	꜄pi	꜄pi	꜄pi	꜄pi	꜄pi	꜄pei	꜄pi	꜄pi	꜄pi
客	kʻə꜔	kʻə꜔	kʻə꜔	kʻə꜔	kʻei kʻə꜔	kʻei kʻə꜔	kʻə꜔	kʻər kʻə꜔	kʻə꜔
促	꜀tsʻu	꜀tsʻu	꜀tsʻu	꜀tθʻu	꜀tθʻu	꜀tθʻu	꜀tsʻu	꜀tsʻu	꜀tsʻu
壁	꜀pi	꜀pi	꜀pi	꜀pi	꜀pi	꜀pi	꜀pi	꜀pi	꜀pi
触	꜀tsʻu	꜀tsʻu	꜀tsʻu	꜀tʂʻu	꜀tʂʻu	꜀tʂʻu	꜀tsʻu	꜀tsʻu	꜀tsʻu

（四）与《中原音韵》"入声作上声"的比较、分析

元代周德清于 1324 年作《中原音韵》，是今天讨论近古时期北方方言语音的重要资料。《中原音韵》把入声派入三声，"入声作平声"、"入声作上声"、"入声作去声"。当代学者对当时到底还有没有入声的认识不一。古代音韵学的研究，常常要借助于活的方言事实来验证，胶辽官话入声字的读音对说明、探讨《中原音韵》会有一些启发。

《中原音韵》"入派三声"的具体情况是：全浊声母的入声字派入阳平，次浊字派入去声，清音声母字派入上声。这种归类跟今天的北京音相比较，全浊、次浊字的归类一致，唯有清音字的归类不合，但是跟胶辽官话是比较一致的。

陈舜政《荣成方言音系》（1974：64~65）"贰、比较音韵"的"（三）声调比较"说："在

我们所取用的四千字左右的材料中，荣成话的声调与中原音韵比较，不同的不到一百二十个字，其中还包括了中原音韵里所谓入声作平、上或去的在内。这说明了荣成话与中原音韵（早期白话）在声调上有着极为密切的关系。尤其是，中原音韵派入各声调的入声字，绝大多数在荣成话里也是这么读。在中原音韵里，中古时期的入声字派入平、上、去之声中的，约五百字，比较荣成话里的这些字，只有七十六个是例外的。"

《荣成方言音系》有一个"荣成话与中原音韵入声作平、上、去声字比较表"，说明古入声字在《中原音韵》中"入派三声"跟今荣成入声归类的一致性关系。其中"入声作上声"栏内的字绝大多数是古清声母字。我们按照这个表的格式，但只取其中"入声作上声"的一项，以胶辽官话的腹地牟平话为例，重点考察《中原音韵》一书中清声母入声字在胶辽官话中的声调归类，以便为治语音史的学者们提供一个观察问题的窗口。

《中原音韵》一共有十九个韵部，入声作其他声调的字，主要分布在支思、齐微、鱼模、皆来、萧豪、歌戈、家麻、车遮、尤侯九个韵部里。各部所包含的入声作上声的字出入较大，支思、尤侯两部的字最少，齐微、鱼模、车遮三部的字最多。周德清列出的"入声作上声"的字约三百来个，有个别字属于全浊或次浊声母（如"极"、"抹"等）或非古入声（如"缴"等），牟平方言口语不说的字约四十多个，都剔除在外。

表 3-3　《中原音韵》清入字在今牟平方言中的归类

韵部	阴平	阳平	上声	去声
支思 4	塞拥挤		塞堵住涩瑟	
齐微 64	只唧匹击激淅叱剔泣	戚必嫡	质织汁只七漆劈僻吉棘戟急汲给笔北失识适轼饰释湿积绩迹脊鲫毕碧璧壁昔惜息锡尺赤吃的滴德得踢剔挑选吸乞国黑一	室稷
鱼模 45	窟酷督	拂忽笏速缩	谷毂骨福幅蝠腹卜不菊鞠烛粥竹粟宿曲麴屈哭出畜叔扑触束簇足促秃蓐屋	覆筑卒沃谡
皆来 25		责仄	拍魄策册测伯百柏迫骼革隔格刻客摘侧窄色索则	赫
萧豪 26	戳	琢酌剥~削	角觉脚捉鹊雀托拓魄索拆郭廓剥~皮驳削柞作胡~阁各	错作~法
歌戈 15			葛割鸽阁拨钵粕泼括渴撮掇脱	阔
家麻 27		察	塔獭榻塌杀霎札扎匝咂插锸法发甲胛夹答搭撒靸刮瞎八掐恰	
车遮 48	沏	决别副词哲浙又	薛切结洁劫颊铗荚怯客节接疖血歇蝎阙缺铁帖贴瞥撤鳖拙褶折雪说	泄亵燮窃诀别代词辙撒澈浙又设摄文
尤侯 4	粥文		竹烛宿	
合计 258	16 6.2%	18 7.0%	200 77.5%	24 9.3%

以上荣成、牟平方言的事实都足以说明，古代的清声母入声字读上声是胶辽官话的主要规律。由此，我们对《中原音韵》的"入派三声"提出以下看法：

第一，《中原音韵》的入派三声，应该就是入声字分别归派到平、上、去三个声调里，入声已经不存在。如果不是这样的话，周德清何以会凭空捏造出"入派三声"的规律来？作者必是以当时的某种方言为依据而进行的总结，否则，就不容易解释为什么周德清当时归纳的"入派三声"的规律竟会跟现代方言如此一致。

第二，《中原音韵》"入派三声"不仅是对当时元曲作品的归纳，而且还有当时的实际语言作为依据，这就是原书所指示的"中原之音"。至于这个"中原之音"究竟是何地方音，各家认识不一，但是这个"中原之音"的入派三声与胶东方言一致是无可辩驳的事实。

二　古日母字的读音

胶辽官话各地古日母字的读音有较高的一致性。《方言调查字表》收录的日母字共58个，除去"濡芮桡攘冗"等几个较冷僻的字以外，其余的口语都能说。

（一）止摄开口字

止摄开口的日母常用字只有"儿尔二贰而耳饵"。这几个字的读音可以分为两种情况。

第一，山东的胶莱河平原以西的地区，包括青岛小片和青朐小片的全部点，如胶南、胶州、即墨、崂山、寒亭、昌邑、高密、安丘、诸城、五莲、临朐、青州、沂水等地，止摄开口的日母字的声母读为舌尖后浊边音 ɭ，韵母是一个不很明显的央元音 ə。这类读音在胶辽官话中只限于山东半岛各点，辽宁和吉林地区未见。

第二，除了上述县市外，其余胶辽官话的大部分方言点，止摄开口的日母字读音是 ər，跟北京话相同。

（二）止摄开口以外的字

青朐小片的青州、临朐两点读 l 声母，跟来母字的读音相混。跟山东西部章丘、淄博、东营一带的方言一致。例如临朐。

表 3-4　临朐日来母字的读音

日母	肉	⊑lou⁼	染	⊏lā	让	laŋ⁼	如	⊑lu	软	⊏luā	绒	⊑loŋ
来母	漏		懒		浪		炉		卵		龙	

其余县市，多数日母字读零声母，韵母是齐齿呼或撮口呼；少数字如"仍扔"读同来母，韵母是开口呼。详见表 3-5 的比较（三片各一个代表点）。

表 3-5　荣成等地日母字的读音

	热	日	饶	柔	染	人	让	如	弱	软	绒	仍
荣成	⁼iɛ	⁼i	⊑iau	⊑iu	⊏ian	⊑in	iaŋ⁼	⊑y	⊏yo	⊏yan	⊑yoŋ	⊑ləŋ
莱州	⊑iə	⊑i	⊑ci	⊑ieu	⊏iã	⊏iẽ	iaŋ⁼	⊑y	⊏yə	⊏yã	⊑yŋ	⊑ləŋ
盖州	iə⁼	i⁼	⊑oci	⊑iu	⊏ian	⊑in	iaŋ⁼	⊑y	ioci⁼	⊏yan	⊑ioŋ	⊑ləŋ

下表是日母字在胶辽官话 12 点的读音对比。

表 3-6　胶辽官话 12 点日母字读音

	肉	扰	染	让	软	褥	仍	扔
青州	lou⁼	⊏ci	⊏lā	laŋ⁼	⊏luā	lu⁼	⊑ləŋ	⊐ŋəŋ
临朐	lou⁼	⊏ci	⊏lā	laŋ⁼	⊏luā	lu⁼	⊑ləŋ	⊐ləŋ
诸城	iou⁼	⊏ci	⊏iā	iaŋ⁼	⊏yā	y⁼	⊑ləŋ	⊐ŋəŋ
沂水	iou⁼	⊏ci	⊏iā	iaŋ⁼	⊏yā	y⁼	⊑ləŋ	⊐ŋəŋ
莱阳	iou⁼	⊏iao	⊏iæn	iaŋ⁼	⊏yæn	yu⁼	⊑ləŋ	⊐ŋəŋ

	肉	扰	染	让	软	褥	仍	扔
烟台	iou³	⁼iɑo	⁼ian	iaŋ³	⁼yan	y³	₌ləŋ	₌ləɻ
大连	iou³	⁼iɑo	⁼ian	iaŋ³	⁼yan	y³	₌ləŋ	₌ləɻ
盖州	iou³	⁼iɑo	⁼ian	iaŋ³	⁼yan	y³	₌ləŋ	₌ləɻ
庄河	iou³	⁼iɑo	⁼ian	iaŋ³	⁼yan	y³	₌ləŋ	₌ləɻ
宽甸	iou³	⁼iɑo	⁼ian	iaŋ³	⁼yan	y³	₌ləŋ	₌ləɻ
集安	iou³	⁼iɑo	⁼ian	iaŋ³	⁼yan	y³	₌ləŋ	₌ləɻ
白山	iou³	⁼iɑo	⁼ian	iaŋ³	⁼yan	y³	₌ləŋ	₌ləɻ

（三）日母相关的字

北京话还有少数读 ʐ 声母的字来源于古疑、云、以三个声母，有"阮、荣、锐、融、容、蓉、熔"等，这些字在胶辽官话中一般也随古日母字走；另有"瑞"字来源于禅母，北京读 ʐ 是古今对应关系的例外，而在胶辽官话中的山东地区多读擦音声母 ʂ 或 s，符合古今规律。以下是这些字的读音比较（标有两个音的，分别是老派和新派的不同）。

表 3-7　荣成等地"阮"等字的读音

	荣成	长岛	大连	平度	诸城	丹东	通化	临朐
阮山合三疑	⁼yan		₌yan	₌yã	₌yã	⁼yan	⁼yan	₌yã
荣梗合三云	⁼yoŋ	₌yŋ	₌yŋ	₌ioŋ	₌iŋ	₌yŋ	₌yŋ	₌luŋ
锐蟹合三以	⁼lei	⁼lei	⁼lei	⁼lei	luei³	⁼luei	luei³	luei³
融通合三以	₌yoŋ	₌yŋ	₌yŋ	₌ioŋ	₌iŋ	₌yŋ	₌yŋ	₌luŋ
容通合三以	₌yoŋ	₌yŋ	₌yŋ	₌ioŋ	₌iŋ	₌yŋ	₌yŋ	₌yŋ
瑞止合三禅	sei³ lei³	suei³	suəi³	ʂuei³	ʂuei³ luei³	luei³	luei³	ʂuei³

第三节　胶辽官话的内部比较及分片

一　胶辽官话的主要内部差异及分片

李荣先生《官话方言的分区》（1985）把胶辽官话划分成三个方言片：登连片、青州片和盖桓片，未作下一个层级"小片"的划分。鉴于我们最新收集的资料，对李先生的分片进行适当的调整，并根据各片的内部差异进行"小片"的划分。

钱曾怡在侯精一主编《现代汉语方言概论》（2002）的"官话方言"中，概括胶辽官话语音的内部差异主要有六，见下表。

表 3-8　胶辽官话语音方面的内部差异

	(1)知庄章三组字分不分两套声母	(2)知庄章在山臻摄合口前的归类	(3)尖团分不分；团音音值	(4)蟹止山臻合口拼端系声母时的介音	(5)古次浊平声的归类	(6)古次浊入声的归类
青莱片	照二≠照三	归乙组	分；tɕ组	有介音 u	阳平	去声或阴阳平
登连片	照二≠照三	归甲组	分；c 组	无介音 u	阴平、阳平	去声、上声
营通片	照二=照三	不分组	不分	有介音 u	阳平	去声

说明：本文的"青莱片"和"营通片"，钱曾怡原文按《中国语言地图集》称为"青州片"和"盖桓片"。

上述六项特征都有分区意义。考虑到知庄章声母的分合是胶辽官话的重要特点，而且在地域分布上又有明显的地域差异，因此，本节将上表的（1）和（2）即古知庄章声母的读音情况作为胶辽官话分区的首要条件。

首先，根据中古知庄章三组声母今天读一类声母的特征，把营通片同登连片、青莱片划分开来：营通片各点，知庄章的"支"类和"知"类字，都读舌尖前音声母 ts ts' s，跟精组在洪音韵母前的读音相同，如通化话"支=知"、"巢=潮"、"梳=书"；登连片和青莱片各点知庄章三组声母几乎都成甲、乙两类声母，如平度话"支"（甲类）与"知"（乙类）的声母有分别。

其次，根据知庄章三组声母在山臻两摄合口二等、三等韵前的读音差别，将登连片与青莱片分开：登连片各点除威海、长海较特殊以外，山臻摄的合口字如"专穿拴、准春顺"等字归甲类声母，而青莱片则归入乙类。

第三，考虑到其他特点及地缘因素，将威海、长海等划归登连片。威海、长海等虽然山臻摄合口字归乙类，但是其他特点都跟周围方言相同。

登连、营通两片各分为三小片，青莱片分四小片，条件如下：

登连片：按条件（5）和（6），古次浊平声字无条件分化为阴平和阳平（阳平跟去声合并的三调方言归去声）、古次浊入声分化为去声和上声，为烟威小片；按条件（3），不分尖团的为大岫小片；古次浊声母平声和入声没有分化、分尖团的为蓬黄小片。

青莱片：通摄舒声跟曾梗摄舒声合并，即"东=登"、"争=忠"、"更=公"、"用=硬"，为青岛小片；古止摄以外的日母字今读 l 母字，即"肉=漏"、"如=炉"，为青胸小片；通摄舒声跟曾梗摄舒声不混、古日母字读零声母的，是莱昌小片；清声母入声字多归阴平、古日母字读零声母的，是莒照小片。

营通片：阴平读降升调的是盖桓小片；阴平读降调、清入字归上声不到50％的为通白小片；阴平读降调、清入读上声占50％以上的，是长集小片。

二　尖团分混

尖团音是胶辽官话比较复杂的问题之一。青莱片各点、登连片的烟威小片多数点、蓬黄小片各点都分尖团音，而辽宁省和吉林省的营通片各点、大连的金州、庄河、普兰店、东港都不分。

（一）尖团音声母的读音类型

尖团音的音值，胶辽官话有以下七种类型，其中营通型不分尖团。见下表。

表 3-9　胶辽官话尖团音的音值类型

类型	尖音	团音	分布地点列举	区属
一 荣成型	ts ts' s	c c' ç	荣成 文登 威海 乳山 平度	登连片烟威小片
二 牟平型	tɕ tɕ' ɕ	c c' ç	牟平 烟台 海阳 栖霞 高密	登连片烟威小片青莱片青岛小片
三 龙口型	tʃ tʃ' ʃ	c c' ç	龙口 长岛 长海 蓬莱 招远	登连片蓬黄小片
四 青岛型	ts ts' s	tɕ tɕ' ɕ	青岛 崂山 莱州 沂水 莒南	青莱片青岛小片 莱昌小片 莒照小片
五 诸城型	t ̱ ṯ' ɕ	tʃ tʃ' ʃ	诸城 五莲	青莱片青岛小片
六 日照型	tθ tθ' θ	tʃ tʃ' ʃ	日照	青莱片莒照小片
七 营通型		tɕ tɕ' ɕ	营口 庄河	营通片

日照型的尖团音音值有较大的地域差异，尖音主要是 tθ tθʻ θ，团音则有 tɕ tɕʻ ɕ、ts tsʻ s、tʃ tʃʻ ʃ 等的不同。

我们可以把荣成型的尖团音看作是最古老的读音类型，代表着发展速度比较缓慢的方言。古精组细音字的声母还没有颚化，跟精组洪音字的声母一样，都是 ts tsʻ s；而古见晓组细音字的声母 c cʻ ç，可以视为初步从舌根音 k kʻ x 分离出来。

青岛型的尖团音读音在整个汉语方言中有代表性。山东许多分尖团的方言，除胶辽官话以外，鲁西南的曹县、菏泽、单县等几个分尖团的方言，也都与之相同。

诸城型的读音比较特别，尖音读舌面前的塞音声母，团音读舌叶声母。

辽宁省只有长海一处分尖团，其余县市和吉林省的各县市，已经完全不分尖团音。这一方面表明，东北胶辽官话比胶东地区有了较大的发展，另一方面，这也预示着尖团音未来的趋向。胶东地区的年轻一代，已经开始趋向于不分尖团音了，如烟台市区、牟平农村等地，一般在 20 世纪 60 年代中后期出生的青年人，尖团音就已经合并，都读舌面前 tɕ tɕʻ ɕ。

（二）尖团音读音对照

下表选择 13 个代表点对 4 组尖团音的例字进行读音对比。

表 3-10　胶辽官话 13 点尖团音对照

	精精	经见	尖精	肩见	取清	曲溪	修心	休晓
荣成山东	꜀tsiŋ	꜀ciŋ	꜀tsian	꜀cian	꜀tsʻy	꜂cʻy	꜀siou	꜀çiou
牟平山东	꜀tɕiŋ	꜀ciŋ	꜀tɕian	꜀cian	꜀tɕʻy	꜂cʻy	꜀ɕiou	꜀çiou
烟台山东	꜀tɕiŋ	꜀ciŋ	꜀tɕian	꜀cian	꜀tɕʻy	꜂cʻy	꜀ɕiou	꜀çiou
龙口山东	꜀tʃiŋ	꜀ciŋ	꜀tʃian	꜀cian	꜀tʃʻy	꜂cʻy	꜀ʃiou	꜀çiou
莱阳山东	꜀tɕiŋ	꜀ciŋ	꜀tɕian	꜀cian	꜀tɕʻy	꜂cʻy	꜀ɕiou	꜀çiou
长岛山东	꜀tʃiŋ	꜀ciŋ	꜀tʃian	꜀cian	꜀tʃʻy	꜂cʻy	꜀ʃiou	꜀çiou
平度山东	꜀tsiŋ	꜀ciŋ	꜀tsiã	꜀ciã	꜀tsʻy	꜂cʻy	꜀siou	꜀çiou
沂水山东	꜀ziŋ	꜀tɕiŋ	꜀ziã	꜀tɕiã	꜀tsʻy	꜂tɕʻy	꜀siou	꜀çiou
诸城山东	꜀ȶiŋ	꜀tʃəŋ	꜀ȶiã	꜀tʃã	꜀ȶʻy	꜂tʃʻy	꜀ɕiou	꜀ʃou
五莲山东	꜀ȶiŋ	꜀tʃəŋ	꜀ȶiã	꜀tʃã	꜀ȶʻy	꜂tʃʻy	꜀ɕiou	꜀ʃou
长海辽宁	꜀tʃəŋ	꜀ciŋ	꜀tʃan	꜀cian	꜀tʃʻu	꜂cʻy	꜀ʃou	꜀çiou
大连辽宁	꜀tɕiŋ	꜀tɕiŋ	꜀tɕian	꜀tɕian	꜀tɕʻy	꜂tɕʻy	꜀ɕiou	꜀çiou
集安吉林	꜀tɕiŋ	꜀tɕiŋ	꜀tɕian	꜀tɕian	꜀tɕʻy	꜂tɕʻy	꜀ɕiou	꜀çiou

（三）团音的文白异读

登连片烟威小片荣成、文登、牟平、乳山等分尖团的一些点，团音读 c cʻ ç，尖音读 ts tsʻ s、tɕ tɕʻ ɕ 或 tʃ tʃʻ ʃ。这些点有少量的团音字白读读同尖音。根据王淑霞（1995）研究，荣成话部分团音字有比较系统的文白异读。见表 3-11。

表 3-11　荣成方言常用团音字文白异读表

例字	白读音	文读音	例字	白读音	文读音
家	꜀tsia	꜀cia	教	꜀tsiau	꜀ciau
叫	tsiau꜄	ciau꜄	肩	꜀tsian 勒勒~	꜀cian

例字	白读音	文读音	例字	白读音	文读音
间	꜀tsian ～苗	꜄cian	嫁	tsia꜄	cia꜄
港	꜀tsiaŋ ～头	꜀kaŋ	下	sia꜄	çia꜄
吓	sia꜄ ～唬	çia꜄	夹	꜀tsia	꜀cia
瞎	꜀sia	꜀çia	卡	꜀ts'i 鱼刺～着了	꜀c'ia
掐	꜀ts'ia 一～草	꜀c'ia	系	tsi꜄ ～鞋带	ci꜄
窖	tsiau꜄	ciau꜄	浇	꜀tsiau	꜀ciau
咸	꜁sian	꜁çian	耩	꜀tsiaŋ ～地	꜀ciaŋ
角	tsiau꜄ 墙～	꜀ciau	馅	sian꜄	çian꜄
陷	sian꜄	çian꜄	秸	꜀tsiai	꜀ciai
觉	tsiau꜄	ciau꜄	见	tsian꜄	cian꜄
街	꜀tsiai	꜀ciai	结	꜀tsiɛ 开花～果	꜀ciɛ
挟	꜀tsia～着包袱	꜀cia	牵	꜀ts'ian	꜀c'ian
铰	꜀tsiau	꜀ciau	碱	꜀tsian 地返～	꜀cian
敲	꜀ts'iau	꜀c'iau	茧	꜀tsian	꜀cian
跰	꜀tsian～子	꜀cian	虹	tsiaŋ꜄	꜁xoŋ
跤	꜀tsiau	꜀ciau	疥	tsiɛ꜄ 生～	ciɛ꜄
鸡	꜀tsi 驴～	꜀ci	血	꜀siɛ	꜀çiɛ
经	꜀tsiŋ	꜀ciŋ			

这种文白两读的字，从荣成向西呈现递减的趋势，上表荣成例字的"瞎街跤教叫浇见茧疥血"10个字，在牟平只读团音声母，未发现读同尖音声母的词语。个别见晓组字读尖音的情况一直延伸到青莱片的平度、即墨、莱州等地，如"虹、缰"等，见下表。

表3-12　平度、莱州"虹、缰"等字的白读

	结		跷		虹		缰		港	
	白读	文读	白读	文读	白读	文读	白读	文读	白读	文读
平度青岛小片		꜀ciə	꜀ts'iᵓ	꜀c'iᵓ	꜁siaŋ	꜁ciaŋ	꜀tsiaŋ	꜀ciaŋ		꜀kaŋ
莱州莱昌小片	꜀tsiə	꜀tɕiə	꜀ts'iᵓ	꜀tɕ'iᵓ	꜀tsiaŋ	꜁xuŋ		꜀kaŋ	꜀tsiaŋ	꜀kaŋ

三　古知庄章声母的读音

（一）古知庄章声母的甲类和乙类

除了营通片，古知庄章三组声母在胶辽官话中都分读为甲、乙两类。这种情况虽然并不涵盖全部胶辽官话，但仍不失为胶辽官话的典型特征之一。分类以韵摄开合口和等为条件，有比较明显的规律，但是内部也有一点不同。下面分两种情况介绍。

第一种情况，主要分布于登连片（威海和长海除外）的各点。钱曾怡《古知庄章声母在山东方言中的分化及其跟精见组的关系》（2004b）一文，将知庄章声母第一种情况的分化按摄、等、开合口的条件列为下表（表中的"茶"等为例字）。

表 3-13　古知庄章声母的分化条件（一）

		甲类			乙类		
		知	庄	章	知	庄	章
假	开二	茶	楂山~叉沙				
	开三						遮车蛇舍社
	合二		髭耍			*傻	
遇	合三		初锄梳		猪除		诸处书树
蟹	开二	摫	斋钗柴晒				
	开三				滞		制世誓
	合二		拽				
	合三	缀		赘税			
止	开三		辎差参~事师	支之齿诗是	知耻迟		
	合三	追槌	揣摔帅	锥吹水睡			
效	开二	罩	抓抄捎				
	开三				朝~夕超赵		招烧绍
流	开三		皱愁瘦		肘抽绸		周丑手受
咸	开二	站扎	斩馋衫插				
	开三				沾		瞻闪涉
深	开三		簪参~差渗涩		沉蛰		针深湿十
山	开二	绽	盏铲山杀				
	开三				展缠哲彻		战善舌设
	合二		撰闩刷				
	合三	转传~达（舒）		专穿船（舒）			拙说（入）
臻	开三		衬虱		珍趁陈侦		真神身实失
	合三	椿（舒）	率蟀	准春顺（舒）			出秫（入）
宕	开三	*着	庄疮床霜	*酌绰勺芍	张畅丈		章昌商上
江	开二	撞桌浊	窗双捉镯				
曾	开三		侧测色		徵惩直		蒸称升食植
梗	开二	撑澄摘择	争生责册				
	开三				贞蛏程撑		整声成尺石
通	合三	忠宠竹（入）	崇缩	终充烛（入）	轴（入）		粥叔（入）

说明：（1）前面有"*"号的是例外字：傻（假合二生），庄组唯一归乙组的字。"着"（睡~、~重，宕开三）、酌、绰、勺（宕开三章、昌、禅）"等，归甲组或乙组各地不一，如牟平甲组、平度归乙组；同一地也有不同，如荣成，"着（睡~）、勺（~子）、芍"归甲组，"酌、绰"归乙组。（2）山、臻摄合口三等知章组是古舒声归甲组，入声归乙组。通摄知章组也是舒声归甲组，入声则是不规则地分化为甲乙两组，有的字如"熟、赎"则是甲乙两读。

如果不计上述例外，笼统地说知庄的分类，第一种情况可以简化为下表。

表 3-14　古知庄章声母的分化条件（二）

甲类	知开二	章开口止摄	知章合口遇摄以外	庄开二、开三、合二、合三
乙类	知开三	章开口止摄以外	知章合口遇摄	

第二种情况,分布于青莱片及威海和长海,跟第一种情况的不同在于山臻两摄合口的"船、

春"等字，登连片归甲类，而青莱片归乙类。例如：

荣成登连片：支翅诗（甲类）tʂ tʂʻ ʂ＝专船准春顺山臻合口≠知迟石（乙类）tʃ tʃʻ ʃ

诸城青莱片：支翅诗（甲类）tʂ tʂʻ ʂ≠专船准春顺山臻合口＝知迟石（乙类）tʃ tʃʻ ʃ

（二）古知庄章的读音类型

知庄章甲乙两类在胶辽官话中共有 6 种读音，见下表。

表 3-15　胶辽官话古知庄章甲乙两类声母的读音

	甲类：支翅诗	乙类：知吃石	主要分布地	属区
一	tʂ tʂʻ ʂ	tʃ tʃʻ ʃ	荣成、文登、青岛、莒南	登连烟威，青莱青岛
二	ts tsʻ s	tɕ tɕʻ ɕ	牟平、烟台、莱阳、栖霞	登连烟威
三	ts tsʻ s	tʃ tʃʻ ʃ	威海、长岛、龙口	登连烟威，蓬黄
四	ts tsʻ s	tʂ tʂʻ ʂ	大连、普兰店、莱州	登连烟威，青莱莱昌
五	tʂ tʂʻ ʂ	ts tsʻ s	安丘、沂水	青莱青岛，莱昌
六	tʂ1 tʂʻ1 ʂ1	tʂ2 tʂʻ2 ʂ2	潍坊市寒亭	青莱莱昌

（三）两种特殊现象

第一，登连片烟威小片的辽宁省庄河一点，也分两类，读音跟烟台、牟平相同，但是分类情况与上述各点有所不同，主要是读乙类的字比较少。庄河点归甲类的字包括：①知组的开口二等、三等（不含止摄）、合口三等（不含遇摄）；②庄组的全部字；③章组的开口三等（不含假摄）、合口三等（不含遇摄）。乙类字只限于：①知组开口三等止摄、合口三等遇摄；②章组开口三等假摄和合口三等遇摄字。简而言之，庄河读乙类的字只限于"止假遇"三摄的知组和章组字，其余都读同甲类。见下表。

表 3-16　烟威小片庄河点古知庄章的甲乙两类

甲类：ts tsʻ s	乙类：tɕ tɕʻ ɕ
①知开二、开三（除止摄）、合三（除遇摄）	①知开三止摄、合三遇摄
②庄全部	②章开三假摄、合三遇摄
③章开三（除假摄）、合三（除遇摄）	

第二，登连片烟威小片的长海一点，古知庄章分读为三类。甲类字读齿间音 tθ tθʻ θ，包括：①知组开口二等、合口三等通摄；②庄组开口二三等、合口三等通摄；③章组开口三等止摄、合三通摄。乙类字读舌叶音 tʃ tʃʻ ʃ，包括：①知组开口三等、合口三等遇摄；②章组开口三等（除止摄）、合口三等遇摄。丙类字读齿间塞音 t tʻ 和擦音 θ，包括：①知组合口三等（不含遇摄、通摄）；②庄组合口二等、开口三等宕摄、开口二等江摄；③章组合口三等（不含遇通摄）。知庄章读 t tʻ 是比较晚近的事情。各类声母读音和分化条件见下表。

表 3-17　烟威小片长海点古知庄章甲乙丙分类表

甲类：tθ tθʻ θ	乙类：tʃ tʃʻ ʃ	丙类：t tʻ θ
①知开二、合三通摄	①知开三、合三遇摄	①知合三（除遇、通摄）
②庄开二三、合三通摄	②章开三（除止摄）、合三遇摄	②庄合（除通摄）、开三宕摄、开二江摄
③章开三止摄、合三通摄		③章合三（除遇、通摄）

（四）知庄章与精组、端组、见组的交叉关系

胶辽官话知庄章读音的差别,不仅表现为读音的类别和分化的条件细密、复杂,而且还体现在这些声母跟精组、端组、见组的种种交叉关系上。除了荣成、青岛等地两类读音各成系统,不与别的声类发生交错关系外,其余凡是知庄章二分或三分的方言,都分别与精组、端组、见组的声类有纠葛。以下分别说明。

1.烟威小片、蓬黄小片的知庄章甲类跟精组洪音字的读音相同,而乙类字则跟精组细音字相同。见表3-18。

表3-18　烟台等知庄章甲乙两类跟精组洪细音的分合表

	知庄章甲	精洪	知庄章甲	精洪	知庄章乙	精细	知庄章乙	精细
	支	资	初	粗	池	齐	升	星
烟台山东	₌tʂʅ		₌tsʻu		₌tɕʻi		₌ɕiŋ	
龙口山东	₌tʂʅ		₌tsʻu		₌tʃi		₌ʃiŋ	
庄河辽宁	₌tʂʅ		₌tsʻu		₌tɕʻi		₌səŋ	₌ɕiŋ

2.知庄章乙类字在烟台等地跟精组细音相混,而在青莱片青岛小片的部分地区,如诸城、五莲、胶南等地,则是跟见晓组细音相混。见表3-19。

表3-19　诸城知庄章乙类跟见晓组细音的读音比较表

	知庄章乙	见细	知庄章乙	见细	知庄章乙	见细	知庄章乙	见细	知庄章乙	见细
	沾	坚	蒸	经	抽	丘	昌	腔	书	虚
诸城	₌tʃan		₌tʃəŋ		₌tʃou		₌tʃʻaŋ		₌ʃu	

3.登连片烟威小片的普兰店、大连等地及青莱片莱昌小片的莱州,知庄章甲类读音跟精组洪音前的声母同类,读舌尖前音 ts tsʻ s,乙类读舌尖后音 tʂ tʂʻ ʂ,不跟别的声类发生联系。丹东话的情况略微有点特殊。甲类全部读同精组洪音前的声母 ts tsʻ s,乙类字多数读同甲类字,但是少量的字读卷舌音声母,跟大连话相似。见表3-20。

表3-20　莱州等知庄章与精组的分合表

	知庄章甲	精洪	知庄章甲	精洪	知庄章乙			
	终章	宗精	山生	三心	知知	者章	猪知	书书
莱州山东	₌tsuŋ		₌sã		₌tʂʅ	꜂tʂə	₌tʂu	₌ʂu
大连辽宁	₌tsoŋ		₌san		₌tʂʅ	꜂tʂə	₌tʂu	₌ʂu
丹东辽宁	₌tsoŋ		₌san		₌tʂʅ	꜂tʂə	₌tʂu	₌ʂu

4.营通片各点,知庄章只读一类声母,全部跟精组洪音同声母。

表3-21　营通片知庄章跟精组洪音的合并表

	知甲	知乙	精洪	知甲	知乙	精洪	知甲	知乙	精洪
	支	知	资	馋	缠	蚕	山	扇	三
桓仁	₌tʂʅ			₌tsʻan			₌san		
通化	₌tʂʅ			₌tsʻan			₌san		

5.辽宁长海一点,知庄章的甲类声母读齿间音 tθ tθʻ θ,跟精组洪音开口字和合口（不含

果遇二摄）字的声母相同；乙类读 tʃ tʃ ʃ，跟精组细音字声母相同；丙类读 t tʰ θ，跟精组洪音（果摄开合口、遇摄合口一等字）、端组字的声母相同。下表分组比字：

表 3-22　长海古知庄章今读与精组、端组比较表

知庄章甲	精洪	知庄章甲	精洪	知庄章甲	精洪	知庄章乙	精细	知庄章乙	精细	知庄章乙	精细
争	增	虫	从	师	丝	整	井	成	情	伤	箱
₌tθɛŋ		₌tθˤoŋ		₌θʅ		ᶜtʃʅ		₌tʃʅ		₌ʃiŋ	

知庄章丙	精	端	知庄章丙	精	端	知庄章丙	精	端	知庄章丙	精	知庄章丙	精
助	祖	杜	初	粗	土	桌	左	朵	梳	苏	追	庄
tuᶜ	ᶜtu	tuᶜ	₌tˤu	ᶜtˤu		₌tuə			₌su		₌tʂuɛu	₌tʂuɑŋ

说明：上述 "2."、"5."，"诸城见晓组细音" 和 "长海精组细音"，今韵母都读洪音，是受 tʃ 组声母影响而由原细音演变而来。（参见钱曾怡 2004b）

四　古影疑二母开口一等字的声母

古影疑二母开口一等字，如影开一 "哀袄欧庵安恩"、疑开一 "鹅艾熬藕岸昂"，胶辽官话中登连片、营通片读零声母，与北京相同；青莱片青朐小片的全部、青岛和莱昌两小片的南部、莒照小片除莒南以外，读舌根鼻音 ŋ 声母；莒南读舌根浊擦音 ɣ 声母。各地读音见表 3-23。

表 3-23　胶辽官话影疑母洪音字声母对比表

	安影	恩影	袄影	爱影	岸疑	熬疑	藕疑	岸疑
牟平登连片	₌an	₌ən	ᶜao	aiᶜ	anᶜ	₌ao	ᶜou	anᶜ
大连登连片	₌an	₌ən	ᶜao	aiᶜ	anᶜ	₌ao	ᶜou	anᶜ
盖州营通片	₌an	₌ən	ᶜao	aiᶜ	anᶜ	₌ao	ᶜou	anᶜ
平度青莱片青岛小片	₌ã	₌õ	ᶜɔ	ɛᶜ	ãᶜ	₌ɔ	ᶜou	ãᶜ
诸城青莱片青岛小片	₌ŋã	₌ŋõ	ᶜŋɔ	ŋɛᶜ	ŋãᶜ	₌ŋɔ	ᶜŋou	ŋãᶜ
临朐青莱片青朐小片	₌ŋã	₌ŋõ	ᶜŋɔ	ŋɛᶜ	ŋãᶜ	₌ŋɔ	ᶜŋou	ŋãᶜ
青州青莱片青朐小片	₌ŋã	₌ŋõ	ᶜŋɔ	ŋɛᶜ	ŋãᶜ	₌ŋɔ	ᶜŋou	ŋãᶜ
沂水青莱片莱昌小片	₌ŋã	₌ŋõ	ᶜŋɔ	ŋɛᶜ	ŋãᶜ	₌ŋɔ	ᶜŋou	ŋãᶜ
莒南青莱片莒照小片	₌ɣã	₌ɣẽ	ᶜɣɔ	ɣɛᶜ	ɣãᶜ	₌ɣɔ	ᶜɣou	ɣãᶜ

另外，部分古疑母字，北京话读 n 声母，如 "倪牛凝拟虐疟逆孽" 等，胶辽官话山东各点内部有分歧，书面语多数也读 n 声母，但是一些旧词语、姓氏、地名等，则读零声母。例如：即墨 "孽" 字，在 "造孽" 的口语中读 ₌iɛ，在书面语里读 ₌niɛ。"疟" 字，牟平话旧词 "发疟子" 的 "疟" 字说 ᶜyuo，新词 "疟疾" 里读 nyɛᶜ。"牛" 字，荣成话在 "牛子"（米象）里读 ₌ou，在 "黄牛" 里读 ₌niou；诸城话在姓氏里、旧词里多读 ₌iou，新词里读 ₌niou。辽宁省、吉林省的胶辽官话方言点没有这种分歧，都读同北京话。

五　果摄见系字韵母的读音

果摄见系开一歌韵、合一戈韵的常用字只有 40 个左右。属于歌韵的字有：歌哥个可蛾

鹅俄我饿荷_薄~河何荷_荷~花贺阿~_胶；属于戈韵的字有：过锅戈果裹过科窠棵颗课讹卧火夥货和~气禾祸和~_面倭窝。这些字，北京话歌韵字除"我"读合口韵母外，其余都读开口韵，如"哥可俄河"。而戈韵字多数读合口韵母，如"锅卧火"，少量读开口韵母，如"戈科讹"。

果摄见系开口一等歌韵、合口一等戈韵的字，登连片、青莱片不论开口合口字，今天基本都读合口呼 uo、uə 或者圆唇的 ɔ（荣成）。青莱片处于由 uo、uə 向北京靠拢的过渡地区，读合口呼的字逐渐减少；营通片各点基本跟北京话相同。从这一演变现象看，营通片各点已经把胶辽官话大本营（登连片、青莱片）的这一特点磨蚀了。见下表：

表 3-24　胶辽官话果摄见系字韵母读音对比表

	哥开一	锅合一	过合一	可开一	课合一	我开一	饿开一
荣成_{登连片}	˪kɔ	˪kɔ	kɔ˥	˪kʻɔ	kʻɔ˥	˪ɔ	ɔ˥
牟平_{登连片}	˪kuo	˪kuo	kuo˥	˪kʻuo	kʻuo˥	˪uo	o˥
蓬莱_{登连片}	˪kə	˪kuə	kuə˥	˪kʻuə	kʻuə˥	˪uə	ə˥
乳山_{登连片}	˪kuo	˪kuo	kuo˥	˪kʻuo	kʻuo˥	˪uo	uo˥
莱阳_{登连片}	˪kuə	˪kuə	kuə˥	˪kʻuə	kʻuə˥	˪uə	uə˥
长海_{登连片}	˪kuo ˪kə	˪kuo	kuo˥	˪kʻə	kʻuo˥	˪uo	uo˥
大连_{登连片}	˪kə	˪kuə	kuə˥	˪kʻə	kʻə˥	˪uə	uə˥ ə˥
凤城_{登连片}	˪kə ·	˪kuə	kuə˥	˪kʻə	kʻə˥	˪uə	ə˥
平度_{青莱片}	˪kuə	˪kuə	kuə˥	˪kʻuə	kʻuə˥	˪uə	uə˥ ə˥
青岛_{青莱片}	˪kuə	˪kuə	kuə˥	˪kʻuə	kʻuə˥	˪uə	uə˥
诸城_{青莱片}	˪kuə ˪kə	˪kuə	kuə˥	˪kʻuə	kʻuə˥ kʻə˥	˪və	və˥
沂水_{青莱片}	˪kuə ˪kə	˪kuə	kuə˥	˪kʻuə	kʻuə˥ kʻə˥	˪uə	uə˥
莒南_{青莱片}	˪kə	˪kuə	kuə˥	˪kʻə	kʻə˥	˪uə	uə˥
集安_{营通片}	˪kə	˪kuə	kuə˥	˪kʻə	kʻə˥	˪uə	ə˥

说明：有两个读音的，前面一个是口语音、旧音，后面一个是文读音、新读音。

六　古蟹止山臻四摄合口一三等端系字 u 介音的有无

古蟹止山臻四摄合口一三等韵端系字，如"堆推内雷｜端团暖乱｜遵村孙"等字，北京除声母 n、l 以外都读合口呼。胶辽官话三片有无 u 介音的情况不同：

登连片烟威小片、蓬黄小片几乎都没有 u 介音，如蓬莱话：堆 ˪tei、推 ˪tʻei、内 nei˥、雷 ˪lei，端 ˪tan、团 ˪tʻan、暖 ˪nan、乱 lan˥，遵 ˪tsən、村 ˪tsʻən、孙 ˪sən。大岫小片各点有的字有 u 介音，有的没有。

青莱片青朐小片、青岛小片的南部地区有 u 介音，如沂水：内 nuei˥、雷 ˪luei、对 tuei˥、碎 suei˥。青岛小片北部县市部分没有 u 介音。

营通片盖桓小片部分保留，部分消失。通白小片除了泥来二母后的 u 介音丢失外，其他声母后面一般还保留着。

从地域演变看，古蟹止山臻四摄合口一三等韵端系字没有 u 介音的核心地区是登连片，由此向南逐渐过渡到青莱片的青朐小片、向北逐渐过渡到营通片，这个过程是渐变的，通过

表 3-25，可以清楚地看出这个过程。

表 3-25　蟹止山臻四摄合口一三等端系字韵母读音的对比

	对蟹	内蟹	雷蟹	嘴止	短山	暖山	吞臻
威海登连片	tei⁼	nei⁼	₌lei	⸢tsei	⸢tan	⸢nan	⸢nao	₌t'ən
牟平登连片	tei⁼	nei⁼	₌lei	⸢tsei	⸢tan	⸢nan	⸢nao	₌t'ən
海阳登连片	tei⁼	nei⁼	₌lei	⸢tsei	⸢tan	⸢nan	⸢nao	₌t'ən
平度青莱片	₌tei	₌nei	₌lei	⸢tθuei	⸢tã	⸢nuã	⸢nɔ	₌t'ɔ̃
青岛青莱片	tei⁼ tuei⁼	nei⁼ nuei⁼	lei⁼	⸢tsuei	⸢tã	⸢nã	⸢nuã	₌t'ɔ̃ ₌t'uɔ̃
即墨青莱片	₌tuei	₌nei nuei	₌luei	⸢tθuei	⸢tuã	⸢nuã	₌t'uɔ̃
临朐青莱片	tuei⁼	nuei⁼	₌luei	⸢tsuei	⸢tuã	⸢nuã	₌t'uɔ̃
盖州营通片	tuei⁼	nei⁼	₌lei	⸢tsuei	⸢tuan	⸢nan	₌t'uən
通化营通片	tuei⁼	nei⁼	₌lei	⸢tsuei	⸢tuan	⸢nan	₌t'uən

说明：有两个读音的，前面一个是口语音、旧音，后面一个是文读音、新读音。

七　鼻辅韵尾的消存

古咸深山臻四摄阳声韵胶辽官话今读韵尾合并为同一个鼻辅音 n，或同为鼻化韵。具体读音为：青莱片各点、登连片的莱阳、招远等地读为鼻化元音，在地理上，青莱片的这一韵母特点与西边相邻的冀鲁官话淄博、济南一带方言一致；登连片东部县市区如龙口、福山、烟台、牟平、荣成、文登以及大连一带各点和整个营通片，都有明显的 n 辅音韵尾。

表 3-26　胶辽官话咸深山臻四摄读音对比表

	班山	篇山	胆咸	添咸	跟臻	滚臻	阴深
荣成登连片	₌pan	₌p'ian	⸢tan	₌t'ian	₌kən	⸢kuən	₌in
牟平登连片	₌pan	₌p'ian	⸢tan	₌t'ian	₌kən	⸢kuən	₌in
宽甸营通片	₌pan	₌p'ian	⸢tan	₌t'ian	₌kən	⸢kuən	₌in
平度青莱片	₌pã	₌p'iã	⸢tã	₌t'iã	₌kɔ̃	⸢kuɔ̃	₌iɔ̃
沂水青莱片	₌pã	₌p'iã	⸢tã	₌t'iã	₌kɔ̃	⸢kuɔ̃	₌iɔ̃
即墨青莱片	₌pã	₌p'iã	⸢tã	₌t'iã	₌kɔ̃	⸢kuɔ̃	₌iɔ̃
昌邑青莱片	₌pã	₌p'iã	⸢tã	₌t'iã	₌kɔ̃	⸢kuɔ̃	₌iɔ̃

八　古今声调的调类分合

汉语方言古今声调调类的演变主要以古声母清浊为条件，胶辽官话的总体情况是：①古平声分阴平和阳平；②清上和次浊上为上声；③全浊上声归去声，去声保留完整；④入派三声，清入归上声，次浊入和全浊入分别归去声和阳平。

但也有一些特殊情况，主要有：①古次浊声母平声字，登连片各点一分为二，读阴平和阳平（三调类的点称为平声和去声），没有规律，有的字还存在阴阳平两读，如"人仁"皆古臻摄开口三等日母字，荣成"人"读阴平，而"仁"读阳平，"龙"字在"龙山前""龙家"等当地地名中读阴平，而在外地地名"黑龙江"及"龙子龙孙"等词中读阳平（详见下文）。②古次浊入声字，登连片多数归去声，但也有不少字是归上声的，如《烟台方言报告》"同音字表"收次浊入声字 101 个，其中读去声的 60 字，读上声的 37 字，另有 4 字读阴平。③古全浊入声字，登连片多数归阳平（三调类的方言为去声），少数归上声。

表 3-27　胶辽官话古今调类对照表（即墨"六麦"二字阳平、阴平两读）

古调	平声			上声			去声			入声				
清浊	清	次浊	全浊	清	次浊	全浊	清	次浊	全浊	清	次浊	次浊	全浊	全浊
例字	开	羊洋	陈	口	老	近	盖	路	阵	息福铁	六	麦	独	读
荣成（登连片）	阴	阳	阳	上	上	上	去	去	去	上	去	上	阳	上
牟平（登连片）	阴	阳	阳	上	上	上	去	去	去	上	去	上	阳	上
烟台（登连片）	平	去	去	上	上	上	去	去	去	上	去	上	去	上
莱阳（登连片）	平	去	去	上	上	上	去	去	去	上	去	上	去	上
长海（登连片）	平	去	去	上	上	上	去	去	去	上	去	上	去	上
庄河（登连片）	平	去	去	上	上	上	去	去	去	上	去	上	去	上
丹东（登连片）	阴	阳	阳	上	上	上	去	去	去	上	去	去	阳	阳
即墨（青莱片）	阴	阳	阳	上	上	上	去	去	去	上	阳	阴	阳	阳
沂水（青莱片）	阴	阳	阳	上	上	上	去	去	去	上	去	去	阳	阳
盖州（营通片）	阴	阳	阳	上	上	上	去	去	去	上	去	去	阳	阳
长白（营通片）	阴	阳	阳	上	上	上	去	去	去	上	去	去	阳	阳
集安（营通片）	阴	阳	阳	上	上	上	去	去	去	上	去	去	阳	阳

第四节　胶辽官话其他重要特点

胶辽官话中还有一些分布范围较小的特点，分语音、词汇、语法三方面介绍。

一　语音

（一）声母特点

1. 声母系统比较复杂，主要是由于分尖团、知庄章声母分两套，塞擦音和擦音的部位多，登连片和青莱片多数方言点有三套，有的点甚至多达五套。详情如下：

三套：ts tsʻ s、tɕ tɕʻ ɕ、c cʻ ç（烟台、牟平、莱阳）　　ts tsʻ s、tʂ tʂʻ ʂ、tɕ tɕʻ ɕ（大连等）
　　　tθ tθʻ θ、c cʻ ç、tʃ tʃʻ ʃ（长海）　　　　　　　ts tsʻ s、tɕ tɕʻ ɕ、tʃ tʃʻ ʃ（莱西）
四套：ts tsʻ s、tʂ tʂʻ ʂ、tʃ tʃʻ ʃ、c cʻ ç（荣成）
五套：tθ tθʻ θ、ts tsʻ s、tʃ tʃʻ ʃ、tʂ tʂʻ ʂ、tɕ tɕʻ ɕ（即墨、昌邑、高密、安丘等）

2. 登连片烟威小片东部如荣成、威海、文登、牟平等地，中古全浊平声部分字，在口语中读为不送气声母，形成送气与不送气的文白异读现象。以荣成话为例，列表如下。

表3-28　荣成方言古全浊平声字声母读送气音与不送气音的文白异读表

	白读	文读	例字	白读	文读
虫	₌tʂoŋ	₌tʂʻoŋ	笤	₌tiau	₌tʻiau
糖	₌taŋ~瓜	₌tʻaŋ	瞿	₌cy	₌cʻy
头	₌tou	₌tʻou	频	₌pin	₌pʻin
穷	₌cioŋ	₌cʻoŋ	苔	₌tai蒜~	₌tʻai
潮	₌tʃau上~	₌tʃʻau	赔	₌pei	₌pʻei
驮	₌to	₌tʻo	蹄	₌ti	₌tʻi
弹	₌tan	₌tʻan	台	₌tai	₌tʻai
裁	₌tsai	₌tsʻai	盆	₌pən	₌pʻən
群	₌cyn	₌cʻyn	槌	₌tʂuei	₌tʂʻuei
条	₌tiau柳~	₌tʻiau	茄	₌ciɛ	₌cʻiɛ
渠	₌cy	₌cʻy	甜	₌tian	₌tʻian
瓶	₌piŋ	₌pʻiŋ	缠	₌tʃan	₌tʃʻan
爬	₌pa	₌pʻa	墙	₌tsiaŋ	₌tsʻiaŋ
牌	₌pai打~	₌pʻai	前	₌tsian	₌tsʻian
腾	₌təŋ折~	₌tʻəŋ	陈	₌tʃən	₌tʃʻən
抬	₌tai	₌tʻai	槽	₌tsau	₌tsʻau
填	₌tian	₌tʻian	场	₌tʃaŋ	₌tʃʻaŋ
长	₌tʃaŋ	₌tʃʻaŋ	搭	₌tʂa	₌tʂʻa
盘	₌pan	₌pʻan	荞	₌ciau	₌cʻiau
钱	₌tsian	₌tsʻian	团	₌tan	₌tʻan
沉	₌tʃən	₌tʃʻən	刨	₌pau	₌pʻau
婆	₌po	₌pʻo	晴	₌tsiŋ	₌tsʻiŋ
齐	₌tsi	₌tsʻi	骑	₌ci	₌cʻi
瓢	₌piau	₌pʻiau	瘸	₌cyɛ	₌cʻyɛ
从	₌tsoŋ	₌tsʻoŋ	裙	₌cyn	₌cʻyn

3. 诸城、五莲、胶南一带，精组字跟端组字分别按韵母的洪细合流。洪音声母的塞擦音（不包括擦音）读舌尖中塞音 t tʻ，细音读舌面塞音 ȶ ȶʻ。见下表：

表3-29　诸城、五莲等地精端组读音比较表

洪音	走精	抖端	仓清	汤透	葱清	通透	祖精	堵端	罪从	队定
	꜀tou		꜄tʻəŋ		꜄tʻəŋ		꜀tu		tuei꜄	
细音	齐从	题定	钱从	田定	精精	丁端	清清	听透	情从	停定
	꜄ȶʻi		꜄ȶʻiã		꜄ȶʻiŋ		꜄ȶʻiŋ		꜄ȶʻiŋ	

这一特点在其他胶辽官话各点乃至其他现代汉语方言中都是极为少见的。

（二）韵母特点

1. 古咸山摄开口一等入声字，北京端系字读 a 韵母、见系字读 ɤ 韵母。登连片和青莱片的许多地区，一般不论声母条件统一读为 a 韵母，只有少数例外。见下表：

表 3-30　咸山摄开口一等见系入声字的读音表（表中第一字为端系字，以便比较）

	塔咸	蛤咸	喝咸	盒咸	磕咸	瞌咸	割山	渴山
荣成	ˤtʼa	ˤka	ˤxa	₌xɔ	ˤkʼa	ˤkʼa	ˤka ˤkɔ	ˤkʼa ˤkʼɔ
牟平	ˤtʼa	ˤka	ˤxa	₌xuə	ˤkʼa	ˤkʼa	ˤka ˤkɔ	ˤkʼa ˤkʼɔ
烟台	ˤtʼa	ˤka	ˤxa	₌xuə	ˤkʼa	ˤkʼa	ˤka ˤkɔ	ˤkʼa ˤkʼɔ
莱阳	ˤtʼa	ˤka	ˤxa	₌xuə	ˤkʼa	ˤkʼa	ˤka	ˤkʼa
龙口	ˤtʼa	ˤka	ˤxa	₌xuə	ˤkʼa	ˤkʼa	ˤka	ˤkʼa
长岛	ˤtʼa	ˤka	ˤxa	₌xuə	ˤkʼa	ˤkʼa	ˤka	ˤkʼa
青岛	ˤtʼa	ˤka	ˤxa	xuə	ˤkʼa	ˤkʼa	ˤka	ˤkʼa
即墨	ˤtʼa	ˤka	ˤxa	₌xuə	ˤkʼa	ˤkʼa	ˤka	ˤkʼa
诸城	ˤtʼa	ˤka	ˤxa	₌xuə	ˤkʼa	ˤkʼa	ˤka	ˤkʼa
临朐	ˤtʼa	ˤka	ˤxa	₌xuə	ˤkʼa	ˤkʼa	ˤka	ˤkʼa
沂水	ˤtʼa	ˤka	ˤxa	₌xuə	ˤkʼa	ˤkʼa	ˤka	ˤkʼa

这个特点一直向西延伸到冀鲁官话的淄博等地区，但目前新派已经向北京靠拢。

2. 北京读 ye 韵母的字，登连片的荣成、文登、长岛等地分为两类。北京读 ye 韵母的字来源如下：

果合三戈韵：瘸靴
山合三薛韵：绝雪悦阅　　　月韵：倔厥撅镢橛月越曰粤
山合四屑韵：决诀缺穴
臻合三物韵：掘倔
宕开三药韵：虐疟略掠嚼脚雀鹊却削钥
江开二觉韵：觉角确学岳乐

这些字在荣成、长岛等地分为两套韵母，分化的条件一般是：果摄和山臻摄入声字的读音主要元音舌位在前，而宕江摄入声字的读音主要元音舌位在后，只有个别字例外。见下表：

表 3-31　荣成等地北京话 ye 韵母字的读音

	靴果合三	雪山合三	月山合三	掘臻合三	削宕开三	脚宕开三	学江开二	岳江开二
荣成	₌çyɛ	ˤsiɛ	ˤyɛ	₌çyɛ	ˤsyɔ	ˤçyɔ	₌çyɔ	ˤyɔ
牟平	₌çyə	ˤçyə	ˤyə	₌çyə	ˤçyuo	ˤçyuo	₌çyuo	ˤyuo
长岛	₌çye	ˤʃə	ˤye	₌çye	ˤʃuo	ˤçyo	₌çyo	ˤyo

3. 山东省介于渤海与黄海之间的长岛县由十个大小不同的岛屿组成，长岛县北部砣矶岛及其以北的海岛，由于与辽宁省的长海等地接近，渔民之间交往密切，方言有些相同的地方，如北京话 li 音节的字两地都读 lei 音节。例如长岛县大钦岛、小钦岛、隍城岛等：

梨犁＝雷 ꜀lei　　　　李里理＝累积累 ꜆lei　　　　利丽力＝泪lei꜊

4. 古曾摄、梗摄开合口字与通摄字的韵母，青莱片青岛小片的青岛、平度等地合并为一套 oŋ ioŋ（或 əŋ iŋ）韵母，这是青岛小片区别于青胸小片、莱昌小片的特征之一。

表 3-32　青岛小片曾梗通摄韵母分合表

	灯曾	东通	增曾	宗通	争梗	忠通	形梗	雄通	鹰曾	英梗	拥通
青岛	꜀toŋ		꜀tsoŋ		꜀tʂoŋ		꜅ɕioŋ		꜀ioŋ		
即墨	꜀toŋ		꜀tθoŋ		꜀tʂoŋ		꜅ɕioŋ		꜀ioŋ		
平度	꜀toŋ		꜀tθoŋ		꜀tʂoŋ		꜅ɕiŋ		꜀iŋ		
胶南	꜀təŋ		꜀tθəŋ		꜀tʂəŋ		꜅ɕiŋ		꜀iŋ		
胶州	꜀təŋ		꜀tθəŋ		꜀tʂəŋ		꜅ɕiŋ		꜀iŋ		
五莲	꜀təŋ		꜀tθəŋ		꜀tʂəŋ		꜅ʂəŋ		꜀iŋ		
诸城	꜀təŋ		꜀tθəŋ		꜀tʂəŋ		꜅ʂəŋ		꜀iŋ		

（三）声调特点

1. 登连片、青莱片有的方言只有三个声调。有两种类型：

（1）烟台型。山东的烟台、福山、栖霞以及辽宁的长海等，三个调类的特点是：古浊平跟全浊上、全部去声、全浊入声和次浊入声合为一个调类。例如烟台：

河全浊平＝祸全浊上＝货清去＝贺全浊去＝活全浊入 xuoˀ　　　余次浊平＝预次浊去＝玉次浊入 yˀ
符全浊平＝父全浊上＝富清去＝服全浊入 fuˀ　　　离次浊平＝利次浊去＝力次浊入 liˀ

值得注意的是，古代四个声调的全浊声母字，在烟台等地的方言里全部归为去声。

（2）平度型。青莱片的莱州、平度、城阳、莱西、即墨一线，古全浊上声、去声和次浊入声无条件分化为阴平和阳平两类。例如莱州：

表 3-33　莱州方言古今调类对比表

	平			上			去			入		
	清	次浊	全浊	清	次浊	全浊	清	次浊	全浊	清	次浊	全浊
阴平	丁					技	叫	用	共		六	
阳平		人	平			坐	世	漏	事		物	石
上声				手	李					七		

莱州不少字阴平、阳平两读，这种两读的字在上述无条件分化的古调类中都有存在。如：

全浊上：妇 ꜀fu / ꜀fu ㄡ　　技 ꜀tɕi~ / ꜀tɕi~术　　臼 ꜀ɕiou / ꜀ɕiou石~
清去：挂 ꜀kua单用 / ꜀kua~起来　　错 ꜀tsʰuo / ꜀tsʰuo~误　　笑 ꜀sio单用 / ꜀sio ㄦ
次浊去：意 ꜀i有~ / ꜀i　　虑 ꜀ly / ꜀ly考~　　位 ꜀uei~ / ꜀uei置
全浊去：宙 ꜀tʂou宇~ / ꜀tʂou ㄡ　　便 ꜀piã / ꜀piã方~　　现 ꜀xiã / ꜀xiã兑~
次浊入：热 ꜀iə / ꜀iə~死人　　略 ꜀lyə / ꜀lyə侵~　　蜜 ꜀mi蜂~ / ꜀mi ~蜂

2. 登连片次浊平声分化为阴平、阴平两类已如上述。下表排列 5 个方言点次浊平声字的读音分布。可以看出，次浊平声读阴平的字数，从胶辽官话的核心地带荣成、牟平等地一大半字读阴平，逐渐过渡到丹东、大连等方言点，在数量上呈递减趋势。

表 3-34　古次浊平声字的归类统计表

	阴平		阳平		上声		去声		总字数
	字数	%	字数	%	字数	%	字数	%	
荣成烟威小片	158	57.2	91	33.0	13	4.7	14	5.1	276
牟平烟威小片	156	58.4	74	27.7	19	7.1	18	6.7	267
庄河烟威小片	150	55.3	（无阳平）		17	6.3	104	38.4	271
丹东盖桓小片	64	23.3	191	69.7	15	5.5	4	1.5	274
大连大岫小片	19	7.0	232	85.0	14	5.1	8	2.9	273

（四）儿化音变特点

即墨、诸城、五莲、胶南一带的儿化现象比较特殊，除了韵尾和主要元音发生变化以外，声母也会有所变化。下面以诸城为例说明儿化音变的声母情况。

诸城方言儿化时声母的变化有三种情况。

1. 声母带滚音 r，这个滚音的明显程度因声母的发音部位而有所不同，其中以舌尖中 t tʻ 为最显著。例如（r 在音节末尾表示前面的元音卷舌，声调略去不记）：

p（拼细音）→pʳ	小鳖儿 ɕiɔ pʳər		
pʻ（拼细音）→pʳ	双眼皮儿 ʂuaŋ iã pʳˢər		
m（拼细音）→mʳ	药面儿 yə mʳer		
t →tʳ	名单儿 miŋ tʳer	小刀儿 ɕiɔ tʳɔr	
tʻ→tʳ	小兔儿 ɕiɔ tʳur	小桃儿 ɕiɔ tʳɔr	
tθ→tθʳ	小组儿 ɕiɔ tθʳur	鸡子儿 tʃʅ tθʳer	
tθʻ→tθʳ	小撮儿 ɕiɔ tθʳuər	村儿 tθʳ uər	
θ→θʳ	小锁儿 ɕiɔ θʳər	小苏儿 ɕiɔ θʳur	
ʈ→tʳ	小刁儿 ɕiɔ tʳɔr	小钉儿 ɕiɔ tʳer	
tθʳ	小焦儿 ɕiɔ tθʳɔr	小蒋儿 ɕiɔ tθʳãr	
ʈʻ→tʳ	小田儿 ɕiɔ tʳer	请帖儿 ʨʻiŋ tʳer	
tθʳ	小钱儿 ɕiɔ tθʳɛr	小枪儿 ɕiɔ tθʳãr	
ɳ→nʳ	小鸟儿 ɕiɔ nʳɔr		
ɕ→θʳ	小肖儿 ɕiɔ θʳɔr	小徐儿 ɕiɔ θʳur	

儿化之后，原本是齐齿呼的韵母，介音失落，为开口呼。又：ʈ ʈʻ 两个声母，按来源不同分读为 t tʻ（来自古端组）和 tθ tθʻ（来自古精组）。

2. 声母卷舌，l 变 ɭ，零声母（细音）时变卷舌半元音 ɻ。例如：

l → ɭ	小梨儿 ɕiɔ ɭər	小刘儿 ɕiɔ ɭour	
ø → ɻ	树叶儿 ʃu ɻər	电影儿 ȶiã ɻər	
	小鱼儿 ɕiɔ ɻur	花园儿 xua ɻuər	

儿化之后，齐齿呼和撮口呼的韵母也都分别变成开口呼或者合口呼。

3. 原声母保持不变，有：p pʻm（拼洪音），f v（拼洪音），tʂ tʂʻ ʂ ʅ，tʃ tʃʻ ʃ，k kʻ ŋ x，ø（洪音），例略。

二　词汇

各片都有一些比较特殊的词语，具有浓郁的地方特色。列举如下：

1. 登连片：婆（祖母），闺娘（女孩、女儿），将媳妇（娶媳妇），歹饭（吃饭），压水（倒水），站（玩儿），胡秫（高粱），转日莲（向日葵），落生（花生），粑粑（玉米面饼子），钻饰、钻子（水饺），彪（缺心眼，傻）等。

2. 青莱片：小厮（男孩），小嫚儿（女孩），嬷嬷（祖母），妗子（舅母），嘲巴（傻子），扁嘴（鸭子），埝儿（地方），朝阳花、场院花（向日葵），扁食、钻饰（水饺），知不道（不知道），抓地（刨地），不拢过（没时间），綦多（很多），鸢远（偏远）等。

3. 营通片：老疙瘩（姊妹中排行最小的），屯不错（爱出风头的人），棒槌（人参），唠嗑（闲聊），吃劳金（打工挣钱），放山（挖人参），麻答山（在山林中迷路），挠岗（逃跑，开小差），埋汰人（污辱人），打八刀（打离婚），猫月子（生孩子），尿兴（刁悍），全毙（全胜，没有对手）等。

三　语法

1. 登连片儿化的多种语法功能

登连片儿化的语法功能比普通话稍多，可以表示动作的完成，相当于方位词"里"，动词或形容词儿化在宾语的位置表示一种特殊的语气。以烟威小片和蓬黄小片较为突出，下面以牟平话为例简要说明。

（1）表示动作的完成，相当于北京话的时态助词"了"。例如：

吃儿饭了。　　　去儿三趟。　　　走儿仁钟头。

买儿个辣椒当梨吃。（儿歌）　　　打儿骨头坏儿髓。（谚语）

见儿龙的就作揖，见儿熊的就放枪。（谚语）

（2）儿化表示方位词"里"。例如：

缸儿有水。　　　　　　　手儿有的是钱。

山儿没有，海儿没有。（谚语）　　空儿来，雾儿去。（俗语）

（3）在某些固定结构里，其中的动词或形容词末尾的音节儿化。下面介绍两种常见结构。

结构一："没有个＋V 儿/A 儿"（V、A 分别代表动词、形容词），例如：

这种花儿抗干，没有个死儿。（＝不会死）

凳子没有个坏儿。（＝不会坏）

他妈没有个不生气儿。（＝肯定生气）

结构二："V＋不出来个＋好 V 儿"，表达的含义是因为受到能力、水平、条件等因素的限制做不好或者不会做好某事，含有信不过的语气。例如：

弄不出来个好弄儿。　　　　　他还能吃出来个好吃儿？

2. 登连片烟威小片的反复问句

通常用"是不"、"是没"的形式发问，与北京的正反问"V 不 V"（如"去不去"）不同。这种用法通行于东部地区的荣成、文登、乳山、牟平、烟台等地。例如：

　　是不去？（去不去）　　　　　是没去？（去没去）

　　是不想家？（想家不想家）　　是没将媳妇？（娶媳妇没有）

3.青莱片有几个特殊的名词后缀，用于称人，有：

汉　瞎汉（瞎子）　　聋汉（聋子）　　疯汉（疯子）　　胖汉（胖子）

巴　痴巴（白痴）　　嘲巴（傻子）　　野巴（疯子）　　秃巴（秃子）　　哑巴

厮　小厮（男孩）　　嫂厮（嫂子）

4.青莱片"大 AA"与"精 BB"（A、B 分别代表具有正反义特征的单音节形容词）的特殊形容词生动形式，例如：

大 AA　大长长　大宽宽　大高高　大胖胖　大厚厚　大粗粗　大深深　大肥肥

精 BB　精短短　精窄窄　精矮矮　精瘦瘦　精薄薄　精细细　精浅浅　精瘦瘦

第五节　胶辽官话研究简述

一　胶辽官话的研究价值

　　胶辽官话由于本身的特点早就引起了许多学者的注意，他们或从方言的静态角度描写分析它的特征，或从动态的角度将这片方言跟汉语某一历史时期的现象进行对照分析。大家都认为，胶辽官话是官话方言中比较特殊的一支，对于了解现代汉语方言和汉语史的研究都有重要地位。

（一）胶辽官话是汉语官话方言大区的一种特殊类型

　　胶辽官话除了具有官话方言的基本特征以外，还有一些标志性的特点。仅以语音来说，例如：声母的种类较多，由于中古的"知庄章"三组声母一般分为两套甚至三套、区分尖团音，所以塞擦音和擦音的部位分类较细，有齿间音、舌尖前音、舌叶音、舌尖后音、舌面前音、舌面中音等多套。入声消失以后，清声母入声字主要归并到上声。有十几个县市区只有三个声调，三调类的方言又有两种不同的类型。

（二）对研究近代汉语语音史具有参考价值

　　近代汉语语音指的是元明清时代的语音系统，代表作是周德清（1277～1365）的《中原音韵》。前人已经对这部书作过许多研究，有关论文和著作十分丰硕。但对它所代表的语音系统如声母系统、韵母数目、声调数量、入声存在与否，一直莫衷一是。近四五十年来，随着胶辽官话资源的不断被发掘，音韵学家们发现，原来胶辽官话里的许多特点跟《中原音韵》所记录的语音事实相合，因而便有学者利用胶东方言的材料来说明、论证、构拟《中原音韵》的语音系统。例如：《中原音韵》知庄章三组声母是否分为 tʂ tʂʻ ʂ 和 tʃ tʃʻ ʃ 两类、见组在细音前的实际读音是否是舌面中音 c cʻ ç、清声母入声字是否归上声，等等。这就无怪乎有的学者惊奇，为什么《中原音韵》跟胶辽官话相符合的语音特征这样多？《中原音韵》跟胶辽官话是什么关系？可以断定，研究现代胶辽官话语音，将会对近代汉语语音研究，特别是《中原音韵》音系提供有价值的参考。

（三）为研究人口迁移与语言的扩散提供参考

分布于胶东地区的胶辽官话古称"齐东语"，历史上跟隔海相望的辽东半岛有共同的文化，是胶辽官话的原生地。从清初以来直至新中国建立，三百年间由于移民的关系不断向东北地区扩展，由于移民的不同历史造成方言内部的一些差异，为研究人口迁移和语言特点的形成提供了丰富的资料。

第一，考察胶辽官话的形成历史和语言面貌，有助于我们弄清楚人口迁移和方言扩散的关系。胶辽官话从它的根据地——山东半岛地区，跨海散播到东北地区，完全是由于清代以来，山东人口大量往东北迁移而形成的。当时，山东移民往东北去，主要走水路，即跨过渤海、黄海，到达辽东半岛。除了部分流民从营口登陆外，大量的移民则是从大连至丹东一带沿海登陆，然后贴着黄海边向东部蔓延。有许多移民是顺着鸭绿江、浑江的水路逆流而上进入辽宁东部和吉林南部的。从今天的方言事实看，贴近黄海海岸、鸭绿江畔和浑江流域的县市，保留的胶东话比较纯正；而辽东半岛以北和通化的县市，由于山东移民与河北等地来的关内移民合流，再加上满族人口比较多，结果，那里的胶东方言特征便不十分突出。这样一来，东北地区的胶东方言由最南部的"浓重"向北部的逐渐"浅淡"，正好跟山东移民由南部的"稠密"逐渐向北部的"稀少"相重合。这正反映出移民人口数量的变化与方言特征之间的关系。

我国现有的汉语方言区，有一些就是由于历史上大量人口流动而形成的，典型的如客家方言区。客家先民南迁的历史始于东晋，经历了很长的历史时期，客家方言的形成过程复杂，其中的一些细节尚未搞清。而东北地区的胶辽官话，是清代前期开始萌芽、清代中后期发展、民国初年形成，直至 20 世纪五六十年代还在急剧发展变化，许多内容通过现时调查就可以了解，挖掘这些话生生的材料加以梳理分析，可以为研究其他方言的形成提供参考和借鉴。

第二，胶辽官话在东北地区，尤其是在辽东半岛偏北和吉林南部，仍然处于不稳定的"相对活跃期"，一些语音、词汇、语法现象还没有稳定下来，来自北部东北官话的影响也很大。因此，同是山东移民的后代，第一、二代人的方言特点跟第三、四代人的差异可能就很大。那么，影响移民后代方言有差异的原因，主要来自哪些方面呢？行政隶属关系对当地方言有没有影响？如果有，这种影响会有多大？辽宁省和吉林省的胶辽官话方言点哪些语言现象变化比较大？哪些变化比较快？这些问题都属于社会语言学思考的内容。从这一角度来说，关注它的发展就更有意义了。

二　胶辽官话研究概况

胶东话的调查研究起步较早。现在见到的最早的一份材料是元代于钦所撰《齐乘》，其中"齐乘释音"（6 卷）注释了一些异读、地名字的读音，可以从中了解当时齐地方言一些字的读音情况。明代莱州人毕拱宸作《韵略汇通》，这本书的语音系统被认为是作者母语系的反映。清代著名训诂学家郝懿行，栖霞人，著《尔雅义疏》等，考释词义时经常引用胶东方言做例证。清代前期，临朐人马益著《庄农日用杂字》474 句，颇多齐东语词。民国时期的著作如：丁惟汾《齐东语》（山东省立图书馆季刊 1931 年第 1 卷第 1 期）主要记录日照一带方言的词语、周孝若《东北入声的演变》（《国语周刊》1932 第 41 期）。

清末和民国时期修撰的地方史志，记录各地的政治、经济、风土人情，也多涉及方言，成为我们研究方言的一笔宝贵的财富。例如，道光年间的《胶州志》（1845）记录胶州一带的土语、土音，有较大参考价值。又如《胶州志》（1845）、《胶澳志》（1928）、《莱阳县志》（1935）、《临朐续志》（1935）、《四续掖县志》（1935）、《牟平县志》（1936）、《潍县志》（1941）等。其中《牟平县志》无论是编写体例还是内容的系统性，在当时的地方史志中都是领先的。

新中国成立以前，胶东话的研究，主要偏重于方言词汇的收集与整理，语音、语法等方面的工作做得较少。新中国成立以来，胶东方言得到了全面的调查和深入的发掘，出版的成果非常多。主要成果有以下三方面。

（一）专著

20 世纪 50~60 年代，山东省对每个县市的方言都进行过普查，有的还写出了较详细的调查报告。从 20 世纪 80 年代以来，全国编写地方志，胶辽官话地区的许多县市编写的地方志一般都收有方言志，虽然各地的篇幅长短不一，水平参差不齐，但毕竟反映了当地的一些方言事实。下面的重要成果中有许多是方言志专集，有的则是地方志中包含有方言的部分。

《荣成方言音系》，陈舜政，台湾三人行出版社 1974。

《烟台方言报告》，钱曾怡等，齐鲁书社 1981。

《即墨方言志》，《山东方言志丛书》之一，赵日新、沈明、扈长举，语文出版社 1992。

《平度方言志》，《山东方言志丛书》之一，于克仁，语文出版社 1992。

《牟平方言志》，《山东方言志丛书》之一，罗福腾，语文出版社 1992。

《长岛方言志》，钱曾怡、罗福腾、孔宪浩，山东史志丛刊增刊 1992。

《荣成方言志》，《山东方言志丛书》之一，王淑霞，语文出版社 1995。

《青岛市志·方言志》，李行杰主编，新华出版社 1996。

《威海方言志》，徐明轩、朴炯春，韩国学古房 1997。

《青岛话音档》，李行杰，上海教育出版社 1998。

《沂水方言志》，《山东方言志丛书》之一，张廷兴，语文出版社 1999。

《诸城方言志》，《山东方言志丛书》之一，钱曾怡、曹志耘、罗福腾，吉林人民出版社 2002。

《莱州方言志》，《山东方言志丛书》之一，钱曾怡、太田斋、陈洪昕、杨秋泽，齐鲁书社 2005。

《长海县志》（1984）。

《集安市志》，吉林文史出版社 1987。

《长白县志》，中华书局 1993。

《浑江市志》，中华书局 1994。

《桓仁县志》（1996）。

《通化县志》，吉林人民出版社 1996。

《通化市志》，中国城市出版社 1996。

《东北方言词典》，马思周、姜光辉著，吉林文史出版社 1991。

《简明东北方言词典》，许皓光、张大鸣，辽宁人民出版社 1988。

《牟平方言词典》，罗福腾，江苏教育出版社 1997。

《哈尔滨方言词典》，尹世超，江苏教育出版社 1997。

（二）专题研究

专题研究比较深入，不仅有语音专题分析，也有语法的专题调查。以下罗列的是新中国成立以来的部分成果。

《胶东方音概况》，钱曾怡，《山东大学学报》1959 年第 4 期。

《山东安丘方音和北京音》、《安丘方言词汇》、《山东安丘方言在词汇语法上的一些特点》，曹正一，《方言与普通话集刊》第 8 本，1961。

《文登、荣成方言中古清浊平声字的读音》，钱曾怡，《中国语文》1981 年第 4 期。

《牟平方言的比较句与反复问句》，罗福腾，《方言》1981 年第 4 期。

《山东诸城、五莲方言的声韵特点》，钱曾怡、罗福腾、曹志耘，《中国语文》1984 年第 3 期。

《文登、荣成方言中古见系部分字的文白异读》，张卫东，《语言学论丛》1984 年第 12 辑。

《山东平度方言内部的语音差异》，钱曾怡、曹志耘、罗福腾，《方言》1985 年第 3 期。

《牟平方言语法调查》，孔昭琪，《泰安师专学报》1987。

《牟平方言的介词"起"》，孔昭琪，《泰安师专学报》1988 年第 1 期。

《胶南方言调查报告》，太田斋，［日本］《神户外大论丛》1990 年第 41 卷。

《牟平方言上上相连的变调分析》，刘娟，《山东大学学报》1994 年第 1 期。

《胶辽官话概论》，罗福腾，［日本］《中国语学研究・开篇》1999。

《山东安丘方言的儿化现象》（赵光智，《潍坊学院学报》2002 年第 1 期）

《胶州方言中"着"的特殊用法》，周翠英，《青岛大学师范学院学报》2002 年第 4 期。

《即墨方言词缀研究》，刘健，《烟台教育学院学报》2004 年第 1 期。

《山东栖霞方言中表示处所/时间的介词》，刘翠香，《方言》2004 年第 2 期。

《从莱州方言看山东方言的分区》，邹心，《山东省经济管理干部学院学报》2004 年第 6 期。

《威海方言儿化与语法结构分析》，张晓曼，《山东社会科学》2005 年第 10 期。

《山东莱阳方言的儿化现象》，栾瑞波、宫钦第，《浙江万里学院学报》2006 年第 1 期。

《通化音系》，吉林大学中文系方言调查小组，《吉林大学学报》1959 年第 2 期。

《东北黄海沿岸几个地方的语音问题》，金贵士，《吉林师大学报》1959 年第 4 期。

《辽宁语音说略》，宋学等，《中国语文》1963 年第 2 期。

《长海方言的儿化与子尾》，厉兵，《方言》1981 年第 2 期。

《长海方言音系》（油印稿），于志培，山东大学硕士学位论文，1981。

《大连方言证古举例》，李心得，《辽宁师范大学学报》1989 年第 1 期。

《日母字在通化话中的读音演变探析》，王洪杰，《通化师范学院学报》2004 年第 3 期。

《从东北方言词语看东北的多元民族文化》，王颖，《社会科学战线》2004 年第 1 期。

《东北方言与关东文化关系摭谈》，王洪杰，《通化师范学院学报》2005 年第 1 期。

（三）配合推广普通话工作的方言研究

为了配合推广普通话工作，相继出版了一些普通话和方言对照的手册和指导某地人学习普通话的文章。例如：

《吉林人学习普通话手册》（通化地区），吉林省推广普通话委员会，吉林人民出版社1959。

《胶东人怎样学习普通话》，山东省方言调查指导组，山东人民出版社1960。

《昌潍人怎样学习普通话》，山东省方言调查指导组，山东人民出版社1960。

《青岛人怎样学说普通话》，青岛市推广普通话教材编写组，青岛出版社1987。

《潍坊方言与普通话》，潍坊市师范院校协编1990。

《威海人学习普通话》，李创业主编，中国社会出版社1995。

《从胶东话走向普通话》，罗福腾编写，山东大学出版社1996。

《诸城话与标准语音的系统比较》，丁志坤，《山东大学学生科学论文集刊》1卷4期，1956。

《平度方言与普通话语音的一同及其对应规律》，戴磊，《方言与普通话集刊》（第二本），1958。

《辽宁（九个地区）与北京声调对应关系》，宋学，《方言和普通话集刊》（第七本），1959。

《山东黄县方言与北京语音的对应》，高文达，《方言和普通话集刊》（第八本），1961。

《大连方言中韵母的常见发音错误与辨析》，宋协刚，《大连教育学院学报》2002年第2期。

（四）方言地理研究

方言地理研究有较多收获。由钱曾怡教授带头研究的方言在地理上的差异，已经画出了近百幅方言地图，平度、长岛、诸城、五莲等县都有比较全面的方言地图，潍坊、青岛也都有全地区的方言地图，这为了解各地的内部差异提供了十分直观的资料。

从现有成果看，山东地区的登连片、青莱片的方言点研究比较全面、深入，不仅有各县面上的材料，而且有某些专题性的研究，有的县市还有比较详细的语音、词汇、语法方面的地图。而东北辽宁和吉林的胶辽官话方言点，只见到一些综合性的材料，缺乏各点的基本资料，专题性研究报告更少。至于把胶东话跟东北的胶辽官话结合起来综合讨论的成果基本没有。对于胶辽官话的研究，除了要继续深入山东地区的调查研究以外，更应加强辽宁、吉林两省的调查和整个胶辽官话的综合性研究。

第四章
冀鲁官话

第一节　冀鲁官话概述

一　冀鲁官话的分布

冀鲁官话或称"北方官话"。[①]

冀鲁官话分布在河北省的大部分地区、天津市（除武清县外全部）、山东省的一半地区以及北京的平谷县、山西省的广灵县，使用人口约9159万。[②]

河北省内属于冀鲁官话的县市区有119个（分区的市按区为计算单位，下同），而属于北京官话的有13个，属于中原官话的有2个，属于晋语的有32个。冀鲁官话区约占全省的四分之三。从地理上看，晋语分布在河北省的西北部及西部边缘的太行山区，北京官话分布在北京市周围及北部山区，属中原官话的只有靠近河南的两个县。因此，可以说冀鲁官话是河北省方言的主体。

山东省内属于冀鲁官话的县市区有61个，而属于胶辽官话的有39个，属于中原官话的有30个。冀鲁官话区约占全省的一半。从地理上看，胶辽官话分布在胶东半岛地区，中原官话分布在鲁西南、鲁南地区，冀鲁官话分布在山东中部、西北部，东南则沿泰山南麓、鲁山南麓和蒙山北麓延伸至蒙阴、沂南。

天津市的19个区县除武清县属于北京官话外，其余18个均属冀鲁官话区。

从地图上来看，冀鲁官话区围绕渤海湾，像一只不十分圆整的人耳形状，只不过北部被北京及其周围的北京官话蚀出了一个缺口。其北部及东北都是北京官话，西及西北部是晋语区，南及西南是中原官话区，山东地区冀鲁官话的东部则是胶辽官话区。

《中国语言地图集》（以下简称《地图集》）分冀鲁官话为三片：保唐片、石济片、沧惠片，下分13个小片。分片的根据是古清入声字的今读：保唐片分归四声，石济片归阴平，沧惠片也归阴平，但有少数字读上声。其中，属沧惠片的章桓小片古清入声的多数字独成一个调类。考虑到分片标准的一致性，本章将清入字独立的章桓小片独立成一大片，并改称章利片。这样，共分保唐、石济、沧惠、章利四大片。[③]此外，《地图集》所分沧惠片的莒照小片（含莒县、莒南、日照三县市），本书改归胶辽官话。

---

①如《中国语言地图集》中，图A2称"冀鲁官话"，图B2、B3称"北方官话"。

②行政区划名称及人口数字据中华人民共和国民政部编2004年版《中华人民共和国行政区划简册》，所收资料截至2003年底。

③冀鲁官话与北京官话、胶辽官话的主要区别在于清声母入声字的今读。从这个意义上说，章利片的特点是独立于冀鲁、北京、胶辽甚至西南、江淮等大的官话区的。但考虑到该片范围较小、其余主要特点与冀鲁官话相同，所以还是算作冀鲁官话内的一个片比较合适。其内部还可以根据阳平是否与上声相混而分成章（丘）桓（台）、利（津）高（青）两个小片，不过因为该片比较小，所以本书不再为章利片分小片。《地图集》章利小片原只列章丘、桓台、邹平、利津4个县，今根据调查结果加上高青（《地图集》原归阳寿小片）和淄博市属的张店、周村两区。

　　大致来看，《地图集》冀鲁官话内各小片的划分中，调值是一个重要的标准（特别是保唐片的划分）；调值相同或相近的情况下，再看其他的一些特点。本书暂维持这一小片划分标准。冀鲁官话各片及小片的分布及其人口详见表1-1、表1-2，共计200个县市区，使用人口9159万。

冀鲁官话分布图

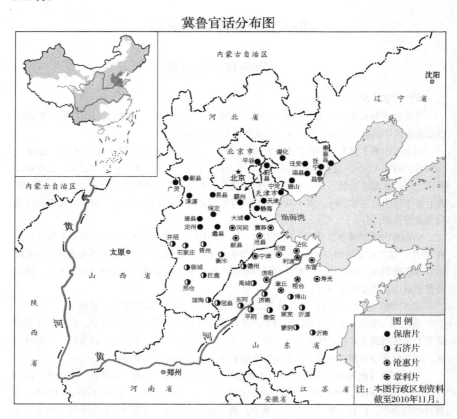

二　冀鲁官话的形成

　　属于冀鲁官话的河北大部分地区和山东的中西部地区，地理上相连，都属于华北大平原，人烟稠密，地势平坦，交通便利，不同地区之间的人民联系密切，是中华民族较早开发的地区之一。冀鲁官话的形成与这一历史和地理因素密切相关。

　　从地理上看，冀鲁官话与晋语的界限主要是自然地理形成的。在河北省的地形图上，大致来说，太行山的东缘、海拔200米以下的绿色地带就是冀鲁官话区，其上就是晋语区，只有冀南的邯郸和邢台之南是晋语向平原地区伸出的一个触角，再就是北京以西的蔚县、涞源以及山西的灵丘，尽管地势较高却仍属冀鲁官话。太行山以北的冀西北地区也属晋语区。

　　冀东北冀鲁官话与北京官话的界限也主要与地形有关：遵化、迁西等地处长城以北的山区属于北京官话区，而以南属于冀鲁官话区。至于冀鲁官话与东北话以山海关为界则既与地理有关，也与行政区划有关。

在山东省境内，冀鲁官话区与中原官话和胶辽官话的界限则与地形没有非常明显的关系。大体说来，中原官话分布在鲁南和鲁西南泰山、蒙山山脉以南及西南的地区，但泰山、蒙山山脉南麓的泰安、莱芜、蒙阴等地仍属冀鲁官话区。胶辽官话主要分布在山东半岛（胶东半岛），其最西部的青州、临朐、沂水地处鲁山、沂山山脉，但其北的广饶、寿光乃至青州以东的昌乐、潍坊为平原地带，均属冀鲁官话，这可以隐约见出地理对方言特点及区划的影响：在平原地带，冀鲁官话东进；而在丘陵山区，胶辽官话西突。下节有关论述会进一步说明冀鲁官话自西向东推进的一些特点。不过同是平原地区，潍坊（原潍县）以东便属胶辽官话，并没有自然地理阻隔。

冀鲁官话区所处的河北、山东地区又是中华民族最早活动的区域之一。原始时代，北京地区的北京猿人，说明了旧石器时代起华北地区就有人类生活；山东沂源的沂源人大致与北京猿人同时，说明这一地区也有人类活动的踪迹。但荒古难稽，其语言状况如何只有悬想。进入传说时代，东夷人生活于今山东为中心的地区，与原居处西方的炎、黄部落曾在河北地区展开激烈争战，东夷部落大败，炎黄部落成为这块土地上的主人，并以此为根据地向中原推进。从考古文化看，以山东为中心的大汶口文化、龙山文化等，达到了当时中华大地上的最高水平。此时的语言状况及其与现代语言的关系虽有零星迹象，但毕竟资料太过匮缺，所以这里也存而不论。降至殷商，甲骨文代表的语言是今存资料所能证实的汉语的最早源头。今冀鲁官话区在河南安阳以东、以北，相距不远，且都属于殷商帝国疆域，语言应当相近。特别是 2003 年在济南大辛庄发现了安阳之外的唯一的商代甲骨文，更是证明了今属冀鲁官话区的山东中西部与中原汉语的密切关系。

明确提到今冀鲁官话地区语言的是战国后期的孟子。《孟子·滕文公下》"齐傅楚咻"的比喻，提到了"齐语"与"楚语"的巨大差异。这说明当时的齐地语言很有特点。战国时期的河北地区属燕、赵、中山等国，与"齐语"当有一定区别。西汉初年刘邦立长子刘肥为齐王，"民能齐言者皆属齐"，尤可见齐地（今多属冀鲁官话区，东部属胶辽官话区）语言特殊，而与燕、赵诸语以及鲁、宋等语不同。

西汉末扬雄《方言》中，"齐"语与"燕"、"赵"语并未显出特别的关系。除去"东齐"（今属胶辽官话区）以及单称"齐"（或"齐言"、"齐语"、"中齐"）的之外，"齐"与其他地方并称的共有 45 条。其中，"齐"与"燕"、"赵"并举的共有 8 条："梁宋齐楚北燕之间"、"齐燕海岱之间"、"齐赵之总语"、"燕齐"、"燕齐之间"（3 条）、"燕之北鄙齐楚之郊"。而"齐"与"鲁"并称有 12 条，与"楚"（荆）并称的有 18 条。总的看是齐语与其南、其西的地方并称较多，但与燕赵等地也有一定联系。

随着秦汉之后统一国家的形成，今冀鲁官话区内的山东、河北两地的联系逐渐密切起来。即使在历史上的分裂时期，今冀鲁官话区也多属同一"国"。如东晋时期，前秦、后赵、前燕、后燕各国均包括今冀鲁官话区；南北朝时期，今冀鲁官话区均同属北朝。在五代十国时期，今冀鲁官话区的大部分地区也属一国。北宋时期，今保唐片地区多归辽国，其余均属宋；此后随着金兵南下，今冀鲁官话区便尽属之金了。元明清统一，河北与山东或同归中书省，或分归直隶与山东，但毕竟地缘相结，往来便利，易于形成比较一致的方言特点。

以上主要是从今冀鲁官话区内河北与山东两地关系来说的，事实上，今冀鲁官话区在历史上一直与中原地区有着密切的联系。河北南接河南，山东是西南与河南为邻，正南与苏北、皖北相接，同处华北大平原，交通便利，同样具有方言特点传播的方便条件。而中原地区自先秦以来就是中国的政治文化中心，其语言的优势地位具有悠久历史。先秦的"雅言"以成周为基础自不待说，其后的历代"通语"也莫不以河洛话为"正"。即使在东晋六朝和南宋时期，中国的政治中心南迁，但旧京话语仍是宫廷上层的通用语言。隋初参与"长安论韵"制定《切韵》纲要的颜之推，主张"共以帝王都邑，参校方俗，考核古今，为之折衷。推而量之，独金陵与洛下耳"（《颜氏家训·音辞篇》），正反映了当时文人们的普遍心理标准。在这种背景之下，历史上的河北、山东地方方言受中原官话影响应该是顺理成章的事。元代定都北京，政治中心在北，但一是由于元代时间较短，二是由于元为蒙古人统治，汉人心目中的传统之根仍在中原，北京话的地位仍不能与中原之音相比。元代周德清根据大都（北京）曲作家用韵所编写的韵书仍名之为《中原音韵》，便反映出人们"一以中原雅音为正"的心态。只是到了明代迁都北京之后，全国的政治中心才真正地移到幽燕之地。但是，又由于一是明代皇室仍为江淮之人，二是正如我们所熟知的一项基本原理所揭示的，上层建筑的变化总是迟于经济基础，政治中心的迁移并不会导致共同语基础的马上跟随，鲁国尧等先生已经以许多史料证明，终明一代，官话标准音的基础仍不是北京话。[1]并且，明代的北京话与其周围的河北地区是否有差异及有什么差异还是尚待研究的问题。换言之，今冀鲁官话区包括明代的北京话主要受到中原官话影响起码要持续到明代（其中明代的北京话受江淮官话的影响要较其他河北地区为大）。这从现代北京话以及河北话中的文白异读可以得到有力的证明。（参见薛凤生 1991）

　　清代之后的北京话无论与冀鲁官话有什么千丝万缕的联系，其调值系统属于东北话应该是不可否认的事实。今北京官话与冀鲁官话保唐片的主要区别在于调值，因此，北京地区变为不同于保唐片的独立官话区，应该就是满人入主北京之后的事情。入清之后，随着京都地位的确立和巩固，北京音的强势作用逐渐发挥，位处京畿的保唐片自然先受其影响。今京郊地区和属于河北的廊坊、大厂、今属天津的武清等地属于北京官话区，应该是清代以来发生的"脱冀入京"的变化。从历史看，保唐地区从五代时期便与中原地区脱节而与东北地区一体：从后晋儿皇帝石敬瑭将燕云十六州（今保唐片绝大部分地区以及北京属此）割让给契丹，直到北宋末年，保唐地区（包括北京）与中原地区分属不同政治实体的状况延续了有二百年之久。这也是东北地区汉语与保唐地区汉语密切交融的时期。因此，保唐片与北京官话及其前身东北官话的特点相近是其来有自的。而在现代，随着普通话的推广，保唐地区受到普通话的影响自然更是"近水楼台"。可以预见，保唐片方言"脱冀入京"的演变趋势将会越来越明显。我们目前仅是暂时维持保唐片在冀鲁官话中的地位。

　　在历史上，华北平原还曾经是北方游牧民族"牧马中原"首当其冲的地域。特别是南北朝时期、五代、两宋、元代、明末及清代，北方一些少数民族或在此建立政权割据，或建都于此并统治北方或全国。北朝时期民族的融合尤为突出。此后唐宋时期的契丹、女真等民族先后同化于汉族，给北方特别是华北的汉族带来了新的血液。这种民族的融合必然会给北方的汉语带来一定的冲击，只是目前还缺乏足够的证据能够说明这种融合与冀鲁官话形成的关系，所以这里不能加以讨论。唯一可以提及的是，冀鲁官话中有少数词语是来自北方民族语言的，有些已经进入通语而走向其他方言。如山东、河北、北京等不少地方称膝盖为"波罗

---

①至于是否即南京话，恐怕还需要进一步论证。

盖"（或经语音换位变成"格棱拜"），就应当是女真语"波罗"与汉语"盖"的合璧词。再如济南等地称"好"为"赛"，则来自蒙古语。河北、山东一些地方同北京一样，列举未尽时称"伍的"（等等，诸如此类），来自满语。不过此类词的数量及其通行地域还需细致调查。

　　总的来看，冀鲁官话与其他北方地区的官话方言一样，都是古代以中原为中心的汉语的继承和发展，但是由于地理的原因，这种发展并不同步，由此形成了本区域内较为一致而与其他官话方言有所差异的次方言。对此，下一节还有具体的论述。

第二节　冀鲁官话的总体特点

　　总的来看，冀鲁官话是除了东北话之外，与北京话最为接近的北方方言。但是，冀鲁官话内部也有相当的差异，几乎每一个语音特点都有或轻或重的内部分歧，这些差异使其与其他官话区（特别是北京官话）的区别呈现出参差不齐的特点。因此，要从总体上概括冀鲁官话的特点，求其对内具有一致性、对外具有排他性，存在着相当的难度。本节主要讨论作为官话方言分区重要标准的古入声字今读在冀鲁官话中的表现以及其他内部比较一致的地方，其余特点待下节再加讨论。

一　中古入声调在冀鲁官话中的演变类型

（一）冀鲁官话中古入声调类今读的类型

　　今冀鲁官话中，古浊声母入声字的读法比较一致：全浊声母入声读阳平（阳平与上声合并的方言归上声），次浊声母入声读去声；而清声母入声字在冀鲁官话中读法并不相同，有三种主要类型，如下表。

表 4-1　冀鲁官话入声调演变类型表

类型	分布	清入	次浊入	全浊入
甲	石济片、沧惠片	阴	去	阳平
乙	保唐片	阴阳上去		
丙	章利片	入		

　　其中，沧惠片有少数清入字读成上声，与石济片略有不同，但两片基本特点是一致的。具体例字请参下节。

　　除了上述三种成片的类型之外，还有少数地点清入主要归上声。这些地点有：山东的临邑（据曹延杰 2003）、沾化（贺巍 1985b 曾将其划入胶辽官话，后《地图集》改归冀鲁官话）；河北的唐县、顺平、望都、井陉（据刘淑学 2000）。其中，临邑、沾化两地属沧惠片，唐县、顺平、望都三地属保唐片，井陉属石济片。据刘淑学（2000），唐县清入字归上声的比例为72%，顺平为 75%，望都为 67%，井陉为 85%。

　　河北的晋州、无极两地清入大多归阳平，这是冀鲁官话区内比较特殊的现象。下文再讨论。

　　从冀鲁官话与周围方言的比较来看，古入声不独立是冀鲁、中原、胶辽、北京官话的共同特点而与晋语相区别（章利片也只是清入字的大部分独立成调，没有塞音尾）；次浊入读去声与北京、胶辽官话相同而与中原官话相区别；清入多数地区读阴平与胶辽官话相区别，但与中原官话、北京官话的区别则有所参差。下文着重讨论清入字的演变问题。

（二）章利片的入声

章利片有一个独立的入声调，调不短促，韵母也没有塞音尾，只是独立的一个调类，其调值是一个半高的平调44。由于章利片的上声都读高平调55，因此，入声与上声调型相同，调值非常接近，有些外地人甚至会误将两者听混。

章利片入声的主要来源为古代清声母的入声字（因此更准确地说应该叫作阴入），还有少数古代非入声的阴声韵字，但古代的清声母入声字也有少部分归入其他调。下面以利津为例看一下章利片的入声。（参杨秋泽1990）

利津方言中今入声调中来自古清入的，如：^①

> 答搭蛤鸽喝塌塌磕插夹甲鸭接贴法执汁湿吸撒割葛擦八扎瞎憋薛哲揭歇铁节结
> 切拨脱阔豁雪拙说发血决缺笔毕必吉七质虱失室乙一不骨出屈博作阁托恶脚削
> 雀鹊却约郭扩剥桌捉角觉确北得德则塞刻克黑息职识式色国百伯拍窄拆格客摘
> 责革隔策积迹惜适释尺劈滴踢剔吃击激绩锡析扑秃谷哭屋福复竹叔菊宿足曲触

利津今入声来自中古阴声韵的，主要是古清声母平声字和上声字，少数古去声字，如：

> 他可~以苟阿波播玻坡妥且剐鸦捕初赴需区驱瞿际滞抵济~南牺示史已以希撵巢搞
> 抄超马~搂怄否

古清入字今利津不读入声的，如：

> 踏级揖戌握壳束速旭粟粥隻沃烛以上阴平劫胁给察别区~洁卒爵琢酌逼亿赤斥即筑
> 以上阳平挖设各缩匹索促的目~酷朔以上上声抑压~迫轧妾怯泄彻撤率蟀肃忆益碧壁祝
> 以上去声

在章利片以东与胶辽官话之间的广饶、寿光、潍坊、博山等地，虽然古清入字一般读阴平，但在轻声前的连调中能够区分古清声母平声来的阴平和古清声母入声来的阴平。也就是说，在连读调中仍然能够区分出阴入来。如寿光：

一	i^{213}		一月	i^{213} yə⁰
衣	i^{213}		衣裳	i₂₁ ʂaŋ⁰
谷	ku^{213}		谷子	ku^{213} tsʅ⁰
姑	ku^{213}		姑子	ku₂₁ tsʅ⁰

这说明，这一带的清入声原来与章利片一样也是独立的，后来才在单字调中合到了阴平。（参张树铮2002）

在冀鲁官话清声母入声字演变的三种类型中，章利片分布面积较小，其他语音特点与周围的沧惠片、石济片一致，归在冀鲁官话中而不是独立一区应该说问题不是很大，这里暂且不论。

（三）石济片和沧惠片古清入字的归调

尽管石济片与沧惠片略有差异，各片内部也存在着一定的差异，但如上述，两片中古清

---

① 本章所列各地字音如果方言中有新老或文白差异，一般据老派的白读。

入字一般读入阴平（类型甲）。下面是济南、石家庄、寿光、沧州四地清入归属的一个统计（济南、石家庄、沧州据《普通话基础方言基本词汇集》，[①]寿光据张树铮 1995）。

表 4-2　济南、石家庄、寿光、沧州四地清入字归调统计

	总计	阴平	阳平	上声	去声
济南	348	269	25	15	39
	100%	77.30%	7.18%	4.31%	11.21%
石家庄[②]	261	110	29	39	83
	100%	42.15%	11.11%	14.94%	31.80%
沧州[③]	276	152	21	29	74
	100%	55.07%	7.61%	10.51%	26.81%
寿光	370	285	24	38	23
	100%	77.03%	6.49%	10.27%	6.22%

由上表可见，在清入归阴平这一点上，石济片与沧惠片的区别并不明显：属于石济片的济南和属于沧惠片的寿光清入归阴平的比例都比较高，而属于石济片的石家庄和属于沧惠片的沧州清入归阴平的比例都略低，但都高于其他三调。

石济片和沧惠片清入基本归阴平的特点与中原官话一致。但是由于中原官话中次浊入归阴平而不是归去声，所以石济片与沧惠片可以用清入归调的特点明显地区别于胶辽官话和北京官话，而以次浊入归调的特点区别于中原官话。再加上石济片与沧惠片占冀鲁官话的大部分地区这一因素，因此，可以说石济片和沧惠片清入归阴平更典型地代表着冀鲁官话的特点。

（四）保唐片古清入声字的归调

从总体上说，保唐片的古清声母入声字分归四声，但实际上片内各地的归派并不完全一致，与北京官话的归派也不完全一致。下面以保定为例分析其清入字的具体归派特点。

我们根据《普通话基础方言基本词汇集》所列同音字表统计了保定话和北京话中共有的古清声母入声字共 312 个（少数入声字有异读，按不同字计算），这些字在北京和保定两地的归派情况大致如下：

	阴平	阳平	上声	去声
北京	116	54	43	99
	37.18%	18.91%	13.78%	31.73%
保定	136	18	74	84
	43.59%	5.77%	23.72%	26.92%

由上可见，《中国语言地图集》说保唐片清入字"读阴平、上声的字比北京多是本片的特点"是符合事实的。由上面的数据，我们还可以看出，与北京相比差别最大的是阳平一类，保唐片中清入读阳平的字不及北京的三分之一。

下面再来具体看一下保定话与北京话在清入归派上的差异。

---

① 《普通话基础方言基本词汇集》中石家庄和沧州的收字都不是很全，只能就其所收的字来统计。

② 据刘淑学（2000），石家庄北郊阳平与上声相混，清入字读阴平者占 57%，读上声（阳平＋上声）者 19%，读去声者 24%（原文未列具体字数）。

③ 据刘淑学（2000），沧县阳平与上声相混，清入字读阴平者占 60%，读上声（阳平＋上声）者 22%，读去声者 18%。

表 4-3 保定话与北京话清入字归派的差异

北京 ＼ 保定	阴平 136	阳平 18	上声 74	去声 84
阴平 116	（108）	2	4	2
阳平 54	19	（16）	18	1
上声 43	1		（42）	
去声 99	8		10	（81）

上表可以从两个角度来看。从北京话角度横看，第 2～5 栏的数字表示北京话中归入某调的字在保定话中分别归入四声的情况，如北京话归阴平的 116 个字中，保定 108 个读阴平，2 个读阳平，4 个读上声，2 个读去声。从保定话角度竖看，第 2～5 行的数字表示保定话中归入某调的字在北京话中分别归入四声的情况，如保定话归阴平的 136 个字中，北京 108 个读阴平，19 个读阳平，1 个读上声，8 个读去声。括号内数字是两地读法相同的。其他类此。

上表说明：

（1）从北京话角度看，北京、保定两地最一致的是上声；而从保定话的角度看，可以说，北京话读上声的保定一般也读上声（42 个，只有 1 个读阴平），但保定读上声、北京话不读上声的 32 字（占保定读上声字的 43.24%），这就是所谓的"读上声的字比北京多"的具体表现。

（2）保定读阴平的字北京多数也读阴平（108 个），但还有 28 字（占保定读阴平字的 20.59%）北京不读阴平（北京多读阳平和去声），这就是所谓"读阴平的字比北京多"的具体表现。

（3）保定话中读阳平的字最少（18 个），其中 16 个是在北京话中就读阳平的，只有 2 个字北京读阴平。而北京话中读阳平的 54 字中保定多数不读阳平（38 个），这些不读阳平的字主要读阴平（19 个）和上声（18 个）。

（4）保定话中读去声的字北京话中一般也读去声，只有 3 个北京不读去声。而北京读去声的字中保定有 18 个不读去声，而是读成了阴平（8 个）和上声（10 个）。

上述（3）和（4）可以总结为：保定话中清入读阳平和去声的字与北京话基本相同，而北京读阳平和去声的不少字保定读成了阴平和上声。

下面摘录刘淑学（2000）所统计的唐山市及廊坊市东南部方言的清入声字今读，以见保唐片其他方言清入分归四声的一些情况（数字均为百分比）：[①]

	阴平	阳平	上声	去声
霸州	44	13	21	21
廊坊	43	11	19	27
玉田	45	11	19	24
丰润	45	12	18	25
滦县		62	16	23
乐亭	44	13	19	25
迁安	45	12	19	23

以上各点清入字分归四声的比例较为接近，与保定也比较接近，只是归阳平的比保定多。

———————

①下面的数字据刘淑学（2000）原文。其中可能因为四舍五入的原因，百分比的总和不是恰巧 100%。

保唐片清入分归四声，这一特点似乎与其他冀鲁官话格格不入，反倒与北京官话基本相同。因此，要说清保唐片与其他冀鲁官话方言的一致性及与北京官话的区别还存在着不小的困难。

（五）关于晋州、无极的清入归阳平

河北中部的晋州市、无极县方言中清入字基本归阳平。下面是刘淑学（2000）的统计：

	阴平	阳平	上声	去声	总计
晋州	11	226	2	42	281
	4%	80%	1%	15%	100%
无极	9	177	19	36	241
	4%	73%	8%	15%	100%

比较表 4-2，80%或73%读阳平的比例，不亚于甚至高于济南等地清入归阳平的比例，因此，说晋州、无极清入基本归阳平是没有大问题的。但耐人寻味的是，处在清入归阴平或上声或分归四声的方言包围之中的晋州、无极两地，为什么会特立独行地清入归阳平呢？不仅是在晋州、无极周围方言清入不统归阳平，就是再远的北方地区，中原官话、胶辽官话、兰银官话也都不是这种模式，而只有西南官话才有清入读阳平的现象，不过西南官话是所有入声统归阳平，与晋州、无极不同。

晋州、无极方言的清入归阳平现象必须联系北方方言中入声的演变才能加以解释，请看下文。

二　从比较看清入字归调的历史层次并论冀鲁官话的特点

由上可见，冀鲁官话内古清声母入声字的今读并不相同。因此，要作为冀鲁官话对内具有一致性、对外具有排他性的特点还存在着一些困难。如果说，冀鲁官话以次浊入读去声而不读阴平与中原官话相区别，以清入不是（或大部分不是）读上声与胶辽官话相区别，那么，与北京官话的区别便不是容易说清的问题。这甚至会使人对冀鲁官话作为一个独立官话区的整体性产生严重的怀疑。

那么，如何看待冀鲁官话的整体性及其与其他官话特别是北京官话的区别呢？

既然从现状观察冀鲁官话的总体特点存在着困难，下面我们从历史的角度来看一下冀鲁官话中的内部差异问题。

从现状看，冀鲁官话的一致性的最主要问题在于如何解释说明保唐片清入分归四声与冀鲁官话其他片的关系。从保唐片环卫京畿的地理位置和北京的独特地位与影响看，保唐片的清入分归四声似乎可以视为受北京官话影响的结果。但是，从表 4-2 所显示的保唐片清入归调的实际情况来看，保唐片与北京话的清入归调并不一致。如果我们认为保唐片原来清入字归调的特点与石济片、沧惠片相同即读阴平，那么即使它受到北京官话影响而发生字的扩散转移的话，也应该只是读阴平的字比北京多，而不应该是比北京还多地转读上声（将近两倍）。可见，保唐片清入字分归四声的现象不能简单地用受到了北京官话的强烈影响来解释。

其实，不仅保唐片清入归调与北京话不完全一致，就是与北京话更为接近的东北话中，清入的分归四声与北京也不完全一致，《中国语言地图集》分析东北官话的第一个特点就是"古

入声清音声母字今读上声的比北京多"。下面我们考察一下沈阳话和哈尔滨话中清入归调的情况，并与北京话作一比较。（均据《普通话基础方言基本词汇集》所列同音字表）

哈尔滨与北京比较的清入字共 263 个。两处清入字的今读统计如下：

	阴平	阳平	上声	去声
北京	102	51	39	71
	38.78%	19.39%	14.83%	27.00%
哈尔滨	97	40	58	68
	36.88%	15.21%	22.05%	25.86%

可以看出，哈尔滨话中读上声的字比北京多，而读其他三声的都比北京略少一些。

两处清入字的具体归派见下表。

表 4-4　哈尔滨话与北京话清入字归派的差异

北京＼哈尔滨	阴平 97	阳平 40	上声 58	去声 68
阴平 102	（91）	2	5	4
阳平 51	1	（38）	11	1
上声 39	2		（37）	
去声 71	3		5	（63）

上表说明，哈尔滨话与北京话差异较大的是阳平和上声。从阳平来看，哈尔滨读阳平的北京一般也读阳平，但北京读阳平的哈尔滨有 13 个不读阳平（约占四分之一），换言之，北京比哈尔滨有更多的字读阳平。从上声来看，北京读上声的哈尔滨一般也读上声（只有 2 个例外），但还有 21 个字北京不读上声而哈尔滨读上声（约占三分之一强）。

再看沈阳话的情况。

沈阳与北京比较的清入字共 289 个。两处清入字的今读统计如下：

	阴平	阳平	上声	去声
北京	107	51	42	89
	37.02%	17.65%	14.53%	30.80%
沈阳	83	58	71	77
	28.72%	20.07%	24.57%	26.64%

可以看出，沈阳话中读上声和阳平的字比北京多，而读阴平和去声的都比北京少。不过，沈阳话中清入字的归派是比较北京、保定、哈尔滨而言最为平均的：除了阳平占五分之一显得略少之外，其余都在四分之一左右。

两处清入字的具体归派见下表。

表 4-5　沈阳话与北京话清入字归派的差异

北京＼沈阳	阴平 83	阳平 58	上声 71	去声 77
阴平 107	（76）	17	9	5
阳平 51	1	（38）	10	2
上声 42	1		（41）	
去声 89	5	3	11	（70）

上表说明，比较而言，沈阳话与哈尔滨一样，也是与北京话在阳平和上声两类中相差较大。沈阳读阳平的字中有 20 个北京不读阳平（占三分之一略强），北京读阳平的字中有 13 个沈阳不读阳平（占四分之一略强；主要读上声）。北京读上声的哈尔滨一般也读上声（只有 1 个例外），但沈阳读上声的北京有 30 个不读上声（占五分之二强）。

从上面已经可以看出，同是东北话，哈尔滨话与沈阳话在清入的归调方面也不相同。下面是统计结果以及具体差异表。为节省篇幅，不再详细分析其差异。

哈尔滨与沈阳比较的清入字共 222 个。两处清入字的今读统计如下：

	阴平	阳平	上声	去声
哈尔滨	80	33	54	55
	36.04%	14.86%	24.32%	24.77%
沈阳	65	47	57	53
	29.28%	21.17%	25.68%	23.87%

两相比较，哈尔滨读阴平的字比沈阳多，而沈阳读阳平的字比哈尔滨多。

两处清入字的具体归派见下表。

表 4-6　哈尔滨话与沈阳话清入字归派的差异

哈尔滨 ＼ 沈阳	阴平 65	阳平 47	上声 57	去声 53
阴平 80	（58）	12	6	4
阳平 33	1	（30）	1	1
上声 54	3	3	（46）	2
去声 55	3	2	4	（46）

总结北京、保定、哈尔滨、沈阳四处清入分归四声的情况，以下两个特点尤其值得注意：

第一，清入归调各地不对应。

第二，保定、哈尔滨、沈阳三地清入读上声的字都比北京要多。此外，沈阳读阳平的字比北京多，而保定、哈尔滨读阳平的字都比北京少；保定读阴平的字要比其他三地多。

根据上述特点，东北话、北京话和冀鲁官话保唐片清入分归四声的这种不整齐现象显然不是其共同母方言特点的继承，而应当视为在其母方言基础上后来演变的结果。关于东北话和北京话的来源，这里暂不讨论，下面只讨论一下保唐片的问题。

上文提到，保定话与北京话相比，清入读阴平和读上声的字都要多。读阴平字多可以解释为冀鲁官话的特点，但读上声多，就不是现代冀鲁官话的特点了，并且如上已述，这也不是北京官话影响的结果。这种现象启示我们：保唐片很有可能其底层清入就是读上声的。这样，保定话中清入读阴平的字，是受到了其他相邻冀鲁官话的影响；而读阳平和去声的字，则主要是受到了北京官话的影响（请参看表 4-3，保定话中读阳平和去声的字北京一般也读阳平和去声）。

如果再联系石济片、沧惠片今仍有零星地点清入归上、章利片今清入与上声接近的事实，我们还可以推测，整个冀鲁官话中的清入字有可能原来都是读近上声的，只是后来受到中原官话的影响而改读了阴平，保唐片则是在中原官话、其他冀鲁官话和北京官话的共同影响之下分归了四声。

这一推测与现代冀鲁官话语音特征的地理分布是吻合的。

从地理分布看，冀鲁官话中比较整齐地读阴平的石济片，恰恰是最靠近中原官话的地区；比石济片有较多字读上声的沧惠片次远之；再远处，东北方是靠近渤海、被沧惠片包围的章利片，北方则是清入分归四声的保唐片。如下所示：

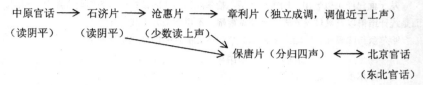

正如上文已经讨论过的，除了保唐片的一些特点（如清入部分字读阳平或去声）明显是受到了北京官话（东北官话）的影响之外，其余各方言区（片）之间的影响方向（箭头所示）是不可逆的，换言之，从清入字的演变特点来看只能解释为由中原官话向冀鲁官话扩散：距离最近的石济片清入读阴平比较整齐，距离稍远的沧惠片出现少数字读上声的参差，保唐片是在已"中原化"（清入读阴平）的石济片和北京官话双重影响下分归四声，而章利片则保留独立的阴入调，不过其调值接近上声。

因为沧惠片的东端也与胶辽官话相接，那么，沧惠片有部分字读上声的现象，在解释上很自然地会有另外一种疑问：是否是受到胶辽官话的影响所致？但这种解释还缺乏历史文化及古代语言资料的支持，这里不作讨论。

在章利片以西今属沧惠片黄乐小片的临邑、位居章利片以北今也属沧惠片黄乐小片的沾化，清入也是归上声，这尽管与胶辽官话一致，但由其地理位置来看，我们还是应该认为这是冀鲁官话原有特点的保留，而不可能是远隔数百里之外的胶辽官话的影响。具体一点儿说，就是在章利片清入独立但调值与上声相近的基础上，清入与上声合并的结果。至于河北唐县等地就更不能解释为胶辽官话的影响了。

由此看来，如果认为冀鲁官话中清入原读近上声（如同今章利片那样），可以比较统一地解释冀鲁官话清入读法的内部差异。甚至前面提到的章利片有部分非古代入声字也读阴入（多数来自上声）的特点也可以由此得到解释，即由于阴入调与上声调值相近而混。（参看张树铮 2002）而如果认为冀鲁官话原来的面貌是清入读阴平，则不能解释沧惠片、保唐片、章利片诸片以及临邑、唐县等地的清入归调特点。

早就有学者根据现代北方方言入声调的演变情况指出，在入声消失的过程中，全浊入、次浊入、清入消失的时代有先后之别：全浊入最早，次浊入次之，清入消失最晚。（参许宝华 1984）我们认为，冀鲁官话全浊入、次浊入消失之后，清入并没有马上消失，而是仍保持着独立性，但调型（或调值）与上声比较接近。这种清入与上声的相近，以现代章利片所表现的最为典型：调型相同，调值相近。

不过，调型相同调值相近，并不意味着一定会导致最终混同。在章利片中，独立的清入调已经开始走向消失，这主要表现在中年以下的新派口音中；而清入字消失的趋势有两种：一种是读上声，一种是读阴平。（参赵学玲 2003）读上声是调值相近自然混同的结果，而读阴平则是受到周围冀鲁官话方言清入读阴平影响的结果。

至于晋州、无极两地清入今读阳平的情况，则代表了清入归调的另外一种类型。这种类型在以前讨论北方方言入声演变的论著中未见提及。这两地清入归阳平，很可能是该处方言中原来清入调与阳平相近而发生的变化。现代晋州、无极方言的调值与周围是不同的，下面列出它们与周围方言的调值比较（除深州、新乐据《河北省方言概况》外均据刘淑学 2000）：

	阴平	阳平	上声	去声
藁城	2ĭ3	53	55	51
正定	24	52	55	31
新乐	23	43	55	41
深泽	33		35	51
深州	23	43	55	41
辛集	33	53	35	31
栾城	213	53	55	31
无极	33	335	45～55	51
晋州	33	224	55	51

可以看出，无极和晋州与周围方言最主要的不同在于：两地阳平都是升调，而其他各地都是降调。阳平读升调正是清入读阳平的一个重要原因，这里暂不详论。

从历史来看，最早系统记录北方方言中清入消失的语音资料是元代周德清的《中原音韵》，其中"入声作上声"的一般是古清声母入声字，这是众所周知的事实。但是，尽管人们对《中原音韵》中全浊入归阳平、次浊入归去几无异辞，但对清入归上的争论却至今未断。事实上，《中原音韵》这种清入归上的模式并非孤例，在与《中原音韵》时代相近的《中原雅音》和日本沙门了尊的《悉昙轮略图抄》中，在宋代一些反映清入消失的零星材料中，也都反映出清入与上声的密切关系。人们之所以对清入归上生疑，除了《中原音韵》本身自我龃龉的因素之外，更主要的是这种模式只跟千里之外的现代胶辽官话一致而与今北京以及周围的河北地区方言相去甚远。就是主张《中原音韵》是中原地区音系的人也不能很好地解释这一问题，因为今中原官话清入读阳平，所以只好认为当时的入声还是独立的入声韵或入声调。

现在来看，只要假设北京话中的清入字经历了由读近于上声到分归四声的演变就可以很容易地解释《中原音韵》与现代北京话的不一致。

记录北京话中入声变化的历史语音资料，除了元代的《中原音韵》外，明代的主要是明后期徐孝的《重订司马温公等韵图经》（1602 年）。《等韵图经》中，全浊入归阳平（书中称如声），次浊入归去声，清入分归阴平（书中称平声）、阳平（如声）、上声、去声，但归去声的特别多，且一半以上与今北京音不一致，耿振生（1992）认为"可能与当时的'读书音'有关"。

记录清代早期和中期北京话入声变化的语音资料，主要有李汝珍《李氏音鉴》（1805 年）和裕恩《音韵逢源》（1840 年）。尽管《李氏音鉴》的语音性质还是有争议的问题，不过据杨亦鸣（1992a）研究，该书是以北京音系为基础的。其中清声母入声字的实际读法是分归四声，具体字的归调也与现代北京音大体一致。据耿振生（1992），《音韵逢源》中"入声字派入四声，接近于现代北京音而与《等韵图经》差异较大，在《图经》中，凡有异读的古入声字均为去声与非去声的对立，读书音为去声；在《逢源》中有异读的字多为阳平与非阳平的对立，读书音为阳平（部分为去声）"。如果联系沈阳话中读阳平的字比较多来看，耿氏认为该书带有东北官话的特点，是很有见地的。到 1898 年的《官话萃珍》（美国人富善著）中，入声字的分派就与现代北京话基本一致了。

由上述几种历史语音资料来看，北京话中，全浊入、次浊入的表现都是与《中原音韵》一样的，与现代北京音、冀鲁官话、东北话也是一样的，具有很强的稳定性；而清入字的归调则一直处在波动之中，不仅明代后期与《中原音韵》不同，清代与明代也不全同，只是到了清代的后期，北京的读法才稳定下来。

明清时期反映河北和山东方言语音特点的资料，情况比较参差，但也没有与我们上述推论相反的表现，限于篇幅，这里就不多讨论了。

如上所述，河北、天津、山东以及北京地区清入调的演变过程当为：

第一，今冀鲁官话区以及北京官话区方言在全浊入和次浊入消失之后，清入仍独立成调，但调值接近于上声。今章利片即保存此一类型特点。今章利片以东及以南的广饶、寿光、潍坊、博山等地也只是在较晚近的时间才改变了此状态而致清入彻底消失。

第二，此后清入趋于消失。在消失的过程中，部分方言因为清入与上声调值相近而读同上声，如临邑、顺平、唐县等地；但部分方言清入调值与阳平更为相近，因而清入读同阳平，如晋州、无极；而靠近中原官话区的地区则受其影响而全部（或基本上）改读阴平，如济南、沧州等；较远离中原官话区的地区也受到中原官话影响，但影响较为间接，因而出现部分字因调值相近而读上声、部分字受中原官话影响而读阴平的现象，读书音的影响则使其部分字读去声，受清入归阳平方言的影响（或有本方言调值相近的原因）而有少数字读阳平，从而形成清入分归四声的局面，如今冀鲁官话保唐片和北京话。

这样看来，保唐片的分归四声不是受北京话的影响，而是恰恰相反，冀鲁官话内部的差异主要的是中原官话的影响造成的。北京话虽然在清代以来受到了东北话的强烈影响，但由于东北话的特点本来就与保唐片比较一致，因此，无论说现代北京话是清代之前原有北京话的继承和发展还是说现代北京话是满人从东北带过来的，都不影响我们对上述问题的结论。

至于次浊入声字冀鲁官话未受到中原官话影响，是因为冀鲁官话中次浊入声消失得比中原官话早。

上述假设便于统一解释冀鲁官话的内部差异（特别是保唐片、章利片），也有利于统一解释北京话和东北话，甚至也有利于统一解释胶辽官话（东北话与河北话、胶辽官话的渊源关系自不待言）。

这样，从历史的角度看，冀鲁官话就是在全浊入和次浊入消失后受到中原官话强烈影响后形成的一种方言。这个方言的底层特点与中原官话相比是次浊入已经消失，在这一点上显示出了其共性（至于全浊入消失则是冀鲁官话和中原官话的共同特点）。由于地理和其他方面的历史原因，中原官话的影响愈远愈弱，因而造成了冀鲁官话的内部差异。

在次浊入归去声这一点上，冀鲁官话和胶辽官话有其共性，甚至清入与上声相近的特点两者也是相同的。但是，中原官话清入读阴平的特点未影响到胶辽官话，因而冀鲁官话与胶辽官话不同；而冀鲁官话（特别是保唐片）与北京官话（含东北话）的区别主要是在调值上和受中原官话影响的强弱上，或者说，北京官话是受中原官话影响更弱的一种方言。冀鲁官话实际上可以看成是中原官话与北京官话之间的过渡：越靠近中原，则受中原影响越大；越远离中原，则受中原影响越小。

三　冀鲁官话其他方面的一些特点

除了古入声调类的演变之外，冀鲁官话在声母、韵母、声调以及词汇、语法等方面都存在着一些共同的特点，同样也存在着一些内部差异。这里先简单观察一下共同之处以及一些特点——之所以要"简单"观察，是因为这些共同之处如果放在整个官话方言之中，一般也是整个官话方言的共同特点，而关于冀鲁官话的内部差异待下一节详细讨论，至于冀鲁官话特有的一些方言现象，则请看本章第四节的讨论。

（一）声母方面

1. 古全浊声母今清化并分化。与北京话一样，中古全浊声母在冀鲁官话中已经清化，全浊擦音混同于同部位的清擦音，全浊的塞音塞擦音也与同部位的清音合并，但发生分化，分化条件是古声调的平仄：平声读送气声母，仄声读不送气声母。

2. 古来母与泥娘母不混。来母读 l，泥娘母读 n（不少地方在细音前读 ȵ，如济南：南 ɕnã，年 ɕniã）。

3. 轻唇音与重唇音不混。轻唇音读齿唇音 f（微母读零声母），重唇音读双唇音 p pʻ m。

4. 见组逢洪音读 k kʻ x，精组逢洪音读 ts tsʻ s。只有河北赵县精组洪音读 tθ tθʻ θ。

5. f 与 x 不混。只有个别地方如昌黎一些乡镇的少数人把少数 f 声母读成 x，如：发xua，饭xuan，房xuaŋ。

以上是冀鲁官话内部比较一致的地方，下面是内部存在差异的一些方面。这里只简单列出项目，详细差异请看下节。

6. 古知庄章组声母多数地区合一，少数地方二分。

7. 古日母字普通话读 ʐ 的这类字，河北的冀鲁官话多读 ʐ，而山东的冀鲁官话不少地方读 l。此外，还有少数地方读零声母。

8. 古影疑母洪音开口呼字（今普通话一般读零声母）多数地方有 ŋ 声母，保唐片多读 n 声母。

9. 古见系细音字和精组字细音在今北京话中混同（不分尖团），冀鲁官话中有分有不分。

10. 今普通话读零声母合口呼的字冀鲁官话中有半数以上的地区 u- 读为 v。

（二）韵母方面

1. 古咸深二摄阳声今读同山臻二摄。古咸深二摄属于"闭口韵"，其阳声韵收 -m 尾。今冀鲁官话与北京话一样，咸摄字读同山摄，深摄字读同臻摄，没有闭口韵。如：

表 4-7　冀鲁官话中古闭口阳声韵母的读音

	耽覃	单寒	咸咸	闲山	沉侵	陈真	深侵	身真
济南	ɕtã	ɕtã	ɕɕiã	ɕɕiã	ɕtʂʻɔ̃	ɕtʂʻɔ̃	ɕʂɔ̃	ɕʂɔ̃
德州	ɕtã	ɕtã	ɕɕiã	ɕɕiã	ɕtʂʻẽ	ɕtʂʻẽ	ɕʂẽ	ɕʂẽ
石家庄	ɕtan	ɕtan	ɕɕian	ɕɕian	ɕtʂʻən	ɕtʂʻən	ɕʂən	ɕʂən
沧州	ɕtan	ɕtan	ɕɕian	ɕɕian	ɕtʂʻən	ɕtʂʻən	ɕʂən	ɕʂən
利津	ɕtã	ɕtã	ɕɕiã	ɕɕiã	ɕtʂʻẽ	ɕtʂʻẽ	ɕʂẽ	ɕʂẽ
保定	ɕtan	ɕtan	ɕɕian	ɕɕian	ɕtʂʻən	ɕtʂʻən	ɕʂən	ɕʂən

2. 前后鼻尾韵不混，不过前鼻尾韵在不少地方读鼻化韵。冀鲁官话绝大部分地区古通江宕梗曾五摄字今读 ŋ 韵尾，与古咸山深臻四摄读 n 韵尾或鼻化韵不同。这与北京话也相同。但相当一部分地区的前鼻尾韵读成鼻化韵，这些地区主要有：山东境内的所有冀鲁官话区，河北境内靠近山东的属沧惠片和石济片的大部分地区，此外的一些零星地区如涞源、蔚县等。

表 4-8　冀鲁官话中古阳声韵母的读音

	钢唐	干(乾)寒	庚庚	根痕	江江	坚先	京庚	金侵
济南	꜀kaŋ	꜀kã	꜀kəŋ	꜀kə̃	꜀tɕiaŋ	tɕiã	꜀tɕiŋ	꜀tɕiə̃
德州	꜀kaŋ	꜀kã	꜀kəŋ	꜀kẽ	꜀tɕiaŋ	tɕiã	꜀tɕiŋ	꜀tɕiẽ
石家庄	꜀kaŋ	꜀kan	꜀kəŋ	꜀kən	꜀tɕiaŋ	꜀tɕian	꜀tɕiŋ	꜀tɕiən
沧州	꜀kaŋ	꜀kan	꜀kəŋ	꜀kən	꜀tɕiaŋ	꜀tɕian	꜀tɕiŋ	꜀tɕiən
利津	꜀kaŋ	꜀kã	꜀kəŋ	꜀kẽ	꜀tɕiaŋ	tɕiã	꜀tɕiŋ	꜀tɕĩ
保定	꜀kaŋ	꜀kan	꜀kəŋ	꜀kən	꜀tɕiaŋ	꜀tɕian	꜀tɕiŋ	꜀tɕiən

前后鼻音尾相混的只有少数地方：阜平、蔚县、井陉等地将 en 韵字读 eŋ，这些地方靠近晋语区，应当是晋语特点的延伸。无极和吴桥则是将 eŋ 韵字读成 ẽ（ən）。

中古梗摄清韵"贞侦祯"等字，北京读前鼻韵，这是前后鼻尾韵混并的例子。但冀鲁官话中多数地方旧读 ŋ 尾，保留古音。如济南、利津、沧州、昌黎。不过，北京话中同样将古代 ŋ 尾读成 n 尾的"肯孕皿聘拼罄"等字，冀鲁官话也读 n（或鼻化韵），同北京话。

3. 四呼齐全。冀鲁官话与北京话一样，i u y 三种介音俱全，i u y 也都可以作主要元音，从而与非 i u y 开头的开口呼构成开口、齐齿、合口、撮口四呼的韵母格局。字音的四呼读法与北京基本一致。如：

	台	康	家	低	姑	都	居	娟
济南	꜀tsʰɤ	꜀kʰaŋ	꜀tɕia	꜀ti	꜀ku	꜀tu	꜀tɕy	꜀tɕyã
石家庄	꜀tʰai	꜀kʰaŋ	꜀tɕia	꜀ti	꜀ku	꜀tu	꜀tɕy	꜀tɕyan
沧州	꜀tʰai	꜀kʰaŋ	꜀tɕia	꜀ti	꜀ku	꜀tu	꜀tɕy	꜀tɕyã
利津	꜀tsʰɤ	꜀kʰaŋ	꜀tɕia	꜀ti	꜀ku	꜀tu	꜀tɕy	꜀tɕyan
保定	꜀tʰai	꜀kʰaŋ	꜀tɕia	꜀ti	꜀ku	꜀tu	꜀tɕy	꜀tɕyan
昌黎	꜀tʰai	꜀kʰaŋ	꜀tɕia	꜀ti	꜀ku		꜀tɕy	꜀tɕyan

以上是冀鲁官话在韵母方面内部基本相同之处，也是与北京话基本相同之处。下面是几项与北京话不同、内部也存在差异的韵母现象，这里只是列出项目，详情请看下节。

4. 古曾梗摄入声字的韵母以及宕江摄入声字的韵母与北京话变化不完全一致。

5. 山东的冀鲁官话以及河北的沧惠片中"街蟹"与"姐谢"一般不同音，而河北的冀鲁官话除沧惠片外多数地点一般同音。

6. 古日母止摄开口三等字今北京读 ər 的字，今山东以及靠近山东的河北的一些地区读成自成音节的 ʅ 或 ʅ 声母。

7. 儿化在冀鲁官话中有不同形式。主要有：

（1）大部分地区与北京相同，原韵母加卷舌动作成为一个音节。如济南：字 tsʅ→tsɚ，花 xua→xuar，神儿 ʂə̃→ʂɚr。

（2）保唐片不少地区存在两种形式的儿化，一种同北京，另一种是"儿"尾 ər 自成音节。如保定：圈儿 tɕʰyan→tɕʰyar，穗儿 suei→suɚr；桃儿 tʰau uɚr，羊儿 iaŋ ŋɚr。

（3）山东章丘、淄博一带没有卷舌的儿化，相当于儿化的词或者不变，或者用变韵的形式（变与不变与韵母有关）。如博山：事儿 ʂ_l→ʂei，圈儿 tɕʻyæ→tɕʻyɛ。

（4）抚龙小片的儿化也不卷舌，而是主要元音加 ɯ。如：桃花儿 tʻau xuaɯ，房檐儿 faŋ iɛɯ。

（三）词汇特点

关于冀鲁官话的词汇特点，目前还缺乏全面的比较研究。总的来说，冀鲁官话与普通话在词汇方面是比较接近的。董绍克（2002）曾统计了基本词汇 1000 词济南方言与普通话的同异情况，减去无对应的 6 个词，其余 994 个词中，与普通话相同的有 666 个，占 67.00%；方言中有几种说法，其中一种与普通话相同的有 90 个，占 9.05%；与普通话完全不同的有 238 个，占 23.94%。考虑到词汇本身的复杂多样性，这样的比例应当说是相当高的。因为即使拿北京话的材料与普通话相比较，也是会有一定的差异度的。现在的问题是，我们似乎难以找到一个或一批词作为对内具有一致性、对外具有排他性的"特征词"。有些比较特殊的方言词，作为当地的"特征词"尚可，但作为整个冀鲁官话区的"特征词"就不够格；还有些词，在冀鲁官话内比较广泛地存在，但同时也在其他官话区内存在，这样也难以作为本区的"特征词"。即便我们能够发现一个只在本区通行的词语，也未必能够说明它与方言分区的关系（更何况这样的词语并不容易发现）。换言之，由于词汇是一个比较开放的系统，因此，词汇的分布与语音特点的分布并不是那么并行的。下面列举在冀鲁官话中较为通行而与普通话不同的几个词，但这些词在相邻的其他官话区也是存在的，只是不如在冀鲁官话内更为通行而已。

1. 第一人称代词"俺"（我）

单数第一人称代词冀鲁官话多用"俺"。据《普通话基础方言词汇集》，其所收 93 个方言点中有 29 个点有"俺"，主要分布在除保唐片之外的冀鲁官话区、胶辽官话区（大连除外）、中原官话区的东部（鲁西南、苏北、皖北、河南的豫东及豫北，另外还有陕西的西安）和晋语的多数地区，此外还有属东北的黑龙江等。而冀鲁官话保唐片的一些地方（如天津、昌黎等）与北京话以及东北的辽宁、吉林两省一般不说"俺"，江淮官话也不说"俺"。

2. 亲属称谓"妗"（舅母）

据《普通话基础方言词汇集》，其所收 93 个方言点中有 31 个点有"妗"，主要分布在冀鲁官话、中原官话、晋语、胶辽官话以及北京官话区的承德。东北话、西南官话、江淮官话等不说"妗"。

3. 形容词"俊"（漂亮）

据《普通话基础方言词汇集》，长相漂亮称"俊"的有：沧州、邯郸、张家口、长治、呼和浩特、二连浩特、锦州（俊俏）、大连、烟台、青岛、利津、诸城、济南、济宁、徐州、连云港、商丘、绥德、天水、西宁。分布区域大致是冀鲁官话、胶辽官话、中原官话（东部）、兰银官话（部分地区），此外，连云港属江淮官话，张家口、绥德属晋语。属冀鲁官话的天津、唐山、石家庄未列"俊"的说法，似乎"俊"在河北一带只分布在冀鲁官话的南部，不过据《昌黎方言志》，昌黎也有"俊"的说法，所以"俊"可能在冀鲁官话中有更大范围的分布。

4. 动词"拾"（捡）

据《普通话基础方言词汇集》，"捡起来"有"捡起来"、"拾起来"、"拈起来"等不同说法，其中，冀鲁官话中多半说"拾起来"。属冀鲁官话区说"拾起来"的地点有：天津、保定、沧州、利津、济南。未列"拾起来"说法的有：石家庄、唐山。据《昌黎方言志》，昌黎的"捡"也有"捡"和"拾"两种说法。"拾起来"的说法还比较普遍地存在于中原官话、胶辽官话、兰银官话、江淮官话（南京为"㧅起来"）、部分晋语区和西南官话的昆明、毕节等地。

（四）语法特点

在语法方面，冀鲁官话与普通话也比较接近，差异比较小。关于河北的冀鲁官话，这里举昌黎和平谷的例子。

《昌黎方言志》（1984）所列昌黎方言的语法特点共有四项：1. 动词"没"（表示无，阳平）和副词"没"（表示未，去声）声调不同。2. 普通话的助词"了"和语气词"了"昌黎分别用"嚼"和"咧"（如"吃嚼饭咧"）。3. 动词和形容词可以儿化，相当于动词和形容词加"嚼"（如"喝儿酒咧"、"多儿去咧"）。4. 肯定式的可能补语，昌黎用"V＋补语＋嚼"，而不是普通话的形式"V＋得＋补语"（如"我上去嚼"_{我上得去}）。

《平谷方言研究》（陈淑静1998）所列平谷语法特点主要有：1. 动词可以儿化相当于加"了"。2. 有些动词带有后缀，如"捏咕"、"拍巴"、"择拉"。3. 助词"了"和语气词"了"分别用"了"和"喽"。4. 可能补语肯定式，可以用"V＋补语＋喽"的形式（如"看见喽"_{看得见}）；相当于普通话说"V＋得了"的说法用"V＋了得"（如"我拿了得"_{我拿得了}）。

《山东方言研究》（钱曾怡主编 2001）所论山东方言语法特点更为细致，其中涉及冀鲁官话地区的特点主要有：

1.有一些普通话没有的词缀。如：瘸巴子_{瘸子}，剁巴_剁，走达_走，斜楞_斜。

2.有一些与普通话不同的代词、量词、副词、介词、助词。

3.形容词的重叠形式及其语法意义与普通话有所不同。

4.可能补语肯定式用"V＋补语＋了"格式。如：拿动了_{拿得动}。

5.处所补语前用"了"不用"在"、"到"。如：放了桌子上_{放到桌子上}。

6.差比句采用"甲＋A＋起＋乙"的格式。不过这种句式主要分布在东部，西部这种句式在使用上就不很普遍。如：老王高起老李。

7.反复问句多采用"V＋［语气词＋］不／没"的格式。如：你去［啊］不？你听见了［啊］没？

从山东省冀鲁官话的情况来看，越是往西、往北的地区，与普通话的差异越小；越是靠近胶辽官话的地区，方言特点就越多。

第三节　冀鲁官话的内部差异

本节讨论冀鲁官话的内部差异，由此也可以看出冀鲁官话的一些特点。

一　声调

（一）调类的数量及其与古四声的对应关系

冀鲁官话各地的声调多数为与普通话大致相近的四个：阴平、阳平、上声、去声。少数地区为三个或五个。

　　五调类的方言仅见于山东省中北部的利津。这里除了阴、阳、上、去之外，还有一个入声调。其主要来源为古代清声母的入声字，还有少数古代非入声的阴声韵字，参见上文。

　　三调类方言分两种情况：

　　第一种是河北滦县、行唐和井陉三处，古平声不分阴阳，与上声、去声共为三声。其中，井陉一点为晋语所包围，而周围的晋语如赞皇、元氏、平山等都是平声不分阴阳的，井陉当是原归晋语后来入声消失而归冀鲁官话的，它的平声不分阴阳是其原来晋语的底子。滦县处于冀鲁官话方言之中，其平声不分阴阳（读中平调33）大概是两者调值相近（如卢龙阴平44、阳平34）而发生的后起变化。这种三调类方言可称之为阴阳平合并型方言（严格地说，井陉属于阴阳平不分型，滦县、行唐属于阴阳平合并型）。

　　第二种情况分布在山东莱芜、博山、章丘、桓台、博兴、无棣、庆云以及河北东南部的沧县、孟村、青县、盐山、黄骅等地，[①]特点是其他冀鲁官话和普通话读阳平的字（清入来源的除外）与其他冀鲁官话和普通话读上声的字（清入来源的除外）合并为一个调类。这个调类的调值与周围方言的上声相同（一般读44或55）。如：

例字	济南	博山	沧县
时	42	55	55
史	55	55	55

因此，完全可以将博山、沧县等地的这个调称为上声。可以称这种三调类方言为阳平上声合并型方言。其中，博山等地在轻声前的连调中来自古浊平和全浊入的字与来自古上声的字表现不同，如淄川：

例字	单字调	轻声前连调
棉	55	24　（棉花）
石	55	24　（石头）
本	55	214（本子）

这说明这些地方的阳平与上声原是分开的，后来才与上声合并。合并的原因应当是调值的相近：阳平为高降调，降的成分减弱后成为高平（上声）。今沧州方言中，阳平和上声仍能分开，但调值非常接近：阳平读54，上声读55，而邻近的沧县两类合并统读55。比较周围其他四调类方言阳平读53的事实，可以认为阳平调合并到上声的过程可能是：

阳平　　53　→　54　→　55
上声　　　　　　　　　55

由于来自古全浊声母入声的字也随阳平一起读上声，所以阳平并入上声的变化应该发生在全浊入归阳平之后。

　　章利片除去利津外，也是四个调类。但是，这里的四个调类是：平声（阴平）、上声（阳平、上声）、去声、入声（阴入）。其入声如利津一样独立成一调类，而阳平与上声合并。这是与其他冀鲁官话四调类方言不同的，实际上这里也是阳平上声合并型方言。

　　冀鲁官话调类方面的情况可总结为下表（主要看非入声调的类型，关于入声演变类型请看表4-1）。

---

　　①据刘淑学（2000），石家庄市区的北郊也属这种类型。

表 4-9　冀鲁官话调类类型表（粗线左边为独立的单字调类）

	调类数量	清平	浊平	清上 次浊上	全浊上	去声	清入
济南	4	阴平	阳平	上		去	
寿光	4	阴平	阳平	上		去	
保定	4	阴平	阳平	上		去	
利津	5	阴平	阳平	上		去	入
章丘	4	阴平	上			去	入
沧县	3	阴平	上			去	
井陉	3	平		上		去	

（二）调值的差异

调值其实是反映方言特点最直观的一个方面，"南腔北调"的说法在很大程度上反映了"腔"与"调"在人们对方言特点的把握中的重要地位。所以，方言内部的差异也首先表现在声调上。

冀鲁官话各调类的调值并不很一致。下面列出各小片的代表点的调类和调值。

表 4-10　冀鲁官话调值表

大片	小片	代表点	阴平	阳平	上声	去声	阴入
保唐片	涞阜小片	涞源	55	24	213	51	
	定霸小片	保定	45	22	214	51	
	蓟遵小片	唐山	55	22	213	51	
	天津小片	天津	21	45	213	53	
	滦昌小片	昌黎	32	13	213	55	
	抚龙小片	抚宁	33	35	214	51	
石济片	赵深小片	石家庄	23	53	55	31	
	邢衡小片	衡水	213	53	55	31	
	聊泰小片	济南	213	42	55	21	
沧惠片	黄乐小片	沧州	213	55		31	
	阳寿小片	寿光	213	53	55	21	
章利片		利津	213	53	55	21	44

从调值来看，可以把冀鲁官话分为四种类型，如下表。

表 4-11　冀鲁官话调值类型表

调类 类型	阴平	阳平	上声	去声	入声（阴入）
甲类 石、沧、章	低调（低降升213，低升24）	高降（53、42）	高平（55）	低降（21、31）	半高平（44）（章利片）
乙类 涞、定、蓟、抚	高调（高平55、高升45、中平33）	低调（低平22、低升24）	降升（213、214）	全降（51）	
丙类 天津小片	低降（21）	高升（45）	降升（213）	高降（53）	
丁类 滦昌小片	低降（32）	低升（13）	降升（213）	高平（55）	

如果去掉阴入一类，只从高低来比较一下阴、阳、上、去四声，并加上北京作为对照，就是（其中"＋"代表高，"－"代表低）：

	阴平	阳平	上声	去声
甲	－	＋	＋	－
乙	＋	－	－	＋
丙	－	＋	－	＋
丁	－	－	－	＋
北京	＋	＋	－	＋

以上值得注意的有三点：

1. 甲、乙两种类型的高低恰好相反。

2. 甲、乙、丙三类都是两高两低，高低对称，而丁类与北京都是高低不对称的，丁类是三低一高，北京是三高一低。如果说北京是高调优势的声调系统，那么昌黎可以说是低调优势的声调系统，而甲、乙、丙三类都是高低均势的声调系统。

3. 从与北京的异同来看，乙、丙两类都是与北京各有三项相同，只有一项不同，与北京最为接近；丁类与北京有两项相同；甲类只有一项与北京相同（且升降相反）。所以，如果以北京话作为参照，则冀鲁官话中以上三种调值类型与北京的距离是：

北京——保唐片（乙类）——保唐片（丙类）——保唐片（丁类）——石、沧、章片

保唐片在调值上比石济、沧惠、章利诸片与北京官话相近，还可以联系保唐片清入声字与北京官话一样无规律地散入四声的调类特点，因此可以说保唐片在调类和调值上都比较接近于北京官话。

二　声母

在声母方面，总的来看，冀鲁官话与北京官话有许多相同之处，两者的相同处其实也是冀鲁官话内部差异较小之处。下面重点讨论与北京官话的不同之处，相同处则简单一提，不再举例。

（一）知庄章三组声母的今读

北京话中古知庄章三组声母（以下简称知系字）合一，除少数庄组字及个别知组字读 ts ts' s（如"责测色泽"）外，均读 tʂ tʂ' ʂ。

冀鲁官话中多数地区知系字是读成一组声母的，只有保唐片的天津、大城等少数市县，沧惠片的黄乐小片以及阳寿小片的少数地方分成两组。[1]因此，冀鲁官话中知系字的表现可以分为两大类型：合一型与二分型。

知系字合一型又可分为两类：一类如济南、德州、石家庄、保定、唐山等地，知系字均读为 tʂ tʂ' ʂ，不与古精组声母相混；一类则是知系字合一，但与古精组声母相混。后一类中，知系字和精组洪音字涞源等地均读 ts ts' s，而秦皇岛、卢龙等地则均读 tʂ tʂ' ʂ。

---

①据钱曾怡等（1987），属邢衡小片、邻近黄乐小片的枣强一地古知系字也是二分的，衡水则只是有少数知系字读 tɕ tɕ' ɕ。

知系字二分型也可分为两类：一类包括保唐片的天津小片、沧惠片的黄乐小片（以及两小片之间属保唐片定霸小片的大城等地），另一类是阳寿小片的潍坊和寿光部分地区。前者的特点是，知系字中的一部分（下文称"乙类字"）读 tʂ tʂʻ ʂ，而另一部分（下文称"甲类字"）读 ts tsʻ s，与精组洪音相混；后者的特点是，甲类字读 tʂ tʂʻ ʂ 而乙类字读 tʃ tʃʻ ʃ（潍坊的 tʃ tʃʻ ʃ 的音值非常接近于 tʂ tʂʻ ʂ，只是略带舌叶音色彩，或记作 tʂ₂ tʂʻ₂ ʂ₂）或 tɕ tɕʻ ɕ（寿光北部），甲乙两类字与精组字都不相混。（需要说明的是，在潍坊的新派方言中古知庄章组字已经合一了）

冀鲁官话知系字的读音类型可以归纳为下表。

表 4-12　冀鲁官话知系字读音类型

类型		地点	支	知	馋	缠	生	声
合一型	与精组不混读 tʂ组	济南	꜀tʂʅ		꜀tʂã		꜀ʂəŋ	
	与精组混读 ts 组	涞源	꜀tsʅ		꜀tsã		꜀səŋ	
	与精组混读 tʂ组	秦皇岛	꜀tʂʅ		꜀tʂan		꜀ʂəŋ	
二分型	知≠支=资	大城	꜀tsʅ	꜀tʂʅ	꜀tsʻan	꜀tʂʻan	꜀səŋ	꜀ʂəŋ
	知≠支≠资	潍坊	꜀tsʅ	꜀tʃʅ	꜀tʂã	꜀tʃã	꜀səŋ	꜀ʃəŋ

知系字二分是胶辽官话的典型特点之一。除去盖桓片知系字合一外，青州片和登连片的知系字分归甲、乙两类。归甲类的是：庄组全部，知组开口二等，章组止摄开口，知章组遇摄以外的合口三等。归乙类的是：知组开口三等，章组止摄以外的开口，知章组遇摄。甲类字一般读舌尖后音或舌尖前音，而乙类字一般读舌叶音或舌面音。如下面比较的各组字，前面的属于甲组，后面的属于乙组（据钱曾怡 2001）：

	支	知	站	战	愁	绸	生	声	梳	书
诸城青州	꜀tʂʅ	꜀tʃʅ	tʂã˥	tʃã˥	꜀tʂou	꜀tʃou	꜀ʂəŋ	꜀ʃəŋ	꜀ʂu	꜀ʃu
平度青州	꜀tʂʅ	꜀tʃʅ	tʂan˥	tʃan˥	꜀tʂou	꜀tʃou	꜀ʂoŋ	꜀ʃoŋ	꜀ʂu	꜀ʃu
荣成登连	꜀tʂʅ	꜀tʃʅ	tʂan˥	tʃan˥	꜀tʂou	꜀tʃou	꜀ʂəŋ	꜀ʃəŋ	꜀ʂu	꜀ʃu
烟台登连	꜀tʂʅ	꜀tɕi	tsan˥	tɕian˥	꜀tsʻou	꜀tɕʻiou	꜀səŋ	꜀ɕiŋ	꜀su	꜀ɕy

冀鲁官话中，潍坊、寿光在地域上与知系字二分的胶辽官话相连，其归字及读音特点上与胶辽官话表现基本一致，可见两地的表现其实带有胶辽官话的特点。

天津小片和黄乐小片与胶辽官话中间隔着冀鲁官话的章利片以及阳寿小片，并且音值上与胶辽官话不同。此外，天津小片和黄乐小片在甲、乙两类的归字上与胶辽官话大致相同，但也有一些差异，主要是有一些字在胶辽官话中读为甲类而在天津小片、黄乐小片中读为乙类。如大城话中一些庄组字如"盏笮皱绉以上庄母差抄钞衬刍楚础以上初母栈骤撰柴豺巢雏以上崇母傻厦煞衫杉史驶使梳疏蔬以上生母"读为乙类（tʂ tʂʻ ʂ），而在胶辽官话（包括莒照小片）中读为甲类。因此，天津小片和黄乐小片仅仅是在反映古音声类方面与胶辽官话有一致性，其发展与胶辽官话是不同的。

（二）见组与精组声母在细音韵母前的今读

北京话见组与精组声母在细音韵母前都读舌面前音 tɕ tɕʻ ɕ，不分尖团。冀鲁官话中，大部分地区与北京相同，不分尖团（特别是山东的冀鲁官话），仅小部分地区分尖团。

据《河北省方言概况》，河北省今属冀鲁官话的 105 个县市中，分尖团的有 41 个，占 39.05%，主要分布在河北境内保唐片的定霸小片、赵深小片、邢衡小片以及聊泰小片西部的清河等地。

在钱曾怡等（2001）第 121 页的方言地图上，所列山东省今属冀鲁官话的 48 个县市中，分尖团的只有 7 个，占 14.58%，它们是：冠县、滨州、利津、广饶、昌乐、沂南、沂源。

不分尖团的地区，见组和精组声母在细音前都读舌面前音 tɕ tɕʻ ɕ，同北京。分尖团的地区，细音前的见组声母一般读 tɕ tɕʻ ɕ，精组声母一般读 ts tsʻ s，少数地方如衡水、南宫、广宗等地读 tθ tθʻ θ。

表 4-13　冀鲁官话尖团音读音类型

类型	地点	精	经	清	轻	星	兴
不分尖团	济南	₌tɕiŋ	₌tɕiŋ	₌tɕʻiŋ	₌tɕʻiŋ	₌ɕiŋ	₌ɕiŋ
区分尖团	石家庄	₌tsiŋ	₌tɕiŋ	₌tsʻiŋ	₌tɕʻiŋ	₌siŋ	₌ɕiŋ
	衡水	₌tθiŋ	₌tɕiŋ	₌tθʻiŋ	₌tɕʻiŋ	₌θiŋ	₌ɕiŋ

（三）日母字的今读

古日母字今北京话中分成两类：一般的日母字读 ʐ（如"人然如软"），但逢止摄开口韵母（如"儿而耳二"）读零声母（ɚ）。这两类字在冀鲁官话中也是读音不同，本节分别称为"人类字"和"儿类字"。

"人类字"在冀鲁官话中有 ʐ、l、z 和零声母四种读法。具体可分以下几种类型。

表 4-14　冀鲁官话"人类字"读音类型

韵母 ＼ 类型	石家庄	淄博	济南	天津	涞源
开口呼（人）	ʐ	l	ʐ	∅（i-）	z
合口呼（如）			l	∅（y-）	

"人类字"均读作零声母的有天津、静海，河北的衡水、冀县、宁晋、吴桥等地。

"人类字"均读 z 声母的有河北的涞源、蔚县，山东的聊城。其中，涞源、蔚县与"人类字"读 z 的晋语区张家口地区相邻，应是张家口地区晋语特点的延伸。聊城则以运河与属中原官话的运河两岸方言（如济宁）相连，"人类字"读 z 是济宁一带方言特点的延伸。

"人类字"均读 l 或合口韵前读 l 的方言，河北有邢衡小片的新河、南宫等少数县，在山东省内则有较大的分布。东至冀鲁官话的边缘寿光、广饶，西至淄博、泰安、济南以及德州地区除德州、陵县外的大部分县，只有山东北部靠近黄河入海口附近的利津、滨州、惠民、无棣、高青等地才与北京话一样"人类字"都读 ʐ。因此，"人类字"全部或部分读 l 应当算是山东省内冀鲁官话的一个比较普遍的特征，而河北的新河、南宫也距山东不远。①

"儿类字"的读音冀鲁官话大半地区与北京相同，读作零声母的卷舌韵母 ɚ，但冀南

---

①据我们所知，"儿类字"读 l 声母的现象还断续地分布在从鲁西南一直到河南南阳的中原官话之中。

以及山东的一些地区，"儿类字"读成自成音节的 ɭ 或是"ɭ+元音"的结构。其中，河北南部及山东西部的一些地区读 ɭ，如藁城、枣强、阳谷；山东的章利片以及淄博、章丘、莱芜、广饶、寿光、沂南、蒙阴等地读"ɭ（或 l）+元音"。ɭ 后的元音比较特殊，为 ɭ 发完后轻轻带出的一个元音，本节暂按《山东省志·方言志》（1993）的记法标作 ɭə，但实际发音的舌位较 ə 为高并稍后，介于 ɿ 与 ɯ 之间。另外，河北巨鹿、平乡等地，"儿类字"读为 əɭ。

表 4-15　冀鲁官话"儿类字"读音类型

类型 例字	济南	枣强	淄博	巨鹿
儿耳二	ɚ	ɭ	ɭə	əɭ

（四）古影疑母开口呼洪音的今读

今北京话中开口呼零声母的字除 ɚ 音节外均来自古影疑母（一般为古一等开口，少数果摄字来自合口，如"讹"，另有少数字来自二等，如"挨坳额"等），如"阿安昂爱澳鹅恩欧"等。这些字在冀鲁官话中一般读辅音声母，但又有 ŋ n ɣ 三种读法，只有少数地方读零声母同北京话。

表 4-16　北京话零声母开口呼字在冀鲁官话中的声母

读音	地点	安	爱	袄	饿	恩
∅	乐亭	an	ai	au	ɣ	ən
ŋ	济南	ŋã	ŋɛ	ŋɔ	ŋə	ŋə̃
n	保定	nan	nai	nau	nɣ	nən
ɣ	聊城	ɣã	ɣɛ	ɣɔ	ɣə	ɣə̃

冀鲁官话中"安"等字读零声母的地方较少。这大概要算是冀鲁官话不同于北京官话的特点之一。其中，与北京话一样读零声母的仅散见于河北的部分地区：乐亭、安新、定兴、高阳、涞水、清苑、新城、雄县、涿县、饶阳。读 ɣ 的地区只有山东的聊城、冠县、莘县、东阿、平阴、茌平、肥城，这些地方都与普通读 ɣ 声母的中原官话郑曹片、蔡鲁片地域相连且特点一致，当是中原官话特点的延伸。

"安"等字读 n 的地区分布在北京以东（昌黎、滦县除外）、以南，南至天津、青县、交河，西南由保定至束鹿，另有井陉一点也是读 n。大体上是保唐片的范围，但保唐片西部的易县、唐县、定县等，东部的昌黎、滦县读 ŋ 不读 n。如前所述，井陉一点处在晋语区包围之中而归冀鲁官话，当是因其处于冀、晋交通要冲而受冀鲁官话影响的结果，在"安"等字读 n 声母而不读 ŋ 这一点上，明显是受到了保唐片的影响而不是石济片的影响。

河北省其余的冀鲁官话区、山东省除上述聊城等地之外的冀鲁官话区，"安"等字都读 ŋ。可以说，"安"等字读 ŋ 是冀鲁官话石济、沧惠、章利三片的共同特点。

总结上文，冀鲁官话在声母上的差异主要表现在古知系字今读、是否分尖团、古日母字今读以及古影疑母开口呼洪音的今读四个方面。此外，今合口呼零声母时有些地方带有摩擦 v（ʋ）。下表 4-17 综合列出各片在以上几个方面的表现。表中列出的"精组洪音读法"一项，可以看出古知系字是否与精组相混；知系字读法后标出"＝"表示与精组相混；见组精组细音读法中加"*"者表示其小片内有不同于代表点的方言点，如代表点尖团不分，加星号表示其小片内也有分尖团者。

表 4-17　冀鲁官话内部声母特点比较

大片	小片	代表点	知系字读法 甲类	乙类	精组洪音读法	见组精组细音读法 见系	精系	日母字读法 人类	儿类	影疑母开口呼洪音读法	合口呼零声母读法
保唐片	涞阜小片	涞源	ts=		ts	tɕ*		z	ər	ŋ	v
	定霸小片	保定	tʂ		ts	tɕ*		ʐ	ər	n	ø
	蓟遵小片	唐山	tʂ		ts	tɕ		ʐ	ər	n	ø
	天津小片	天津	ts=	tʂ	ts	tɕ		ø	ər	n	v
	滦昌小片	昌黎	ts	tʂ	ts	tɕ		ʐ	ər	n/ŋ	ø
	抚龙小片	抚宁	tʂ=	tʂ	ts	tɕ		ʐ	ər	n	ø
石济片	赵深小片	石家庄	tʂ		ts	tɕ	ts	ʐ	ər	ŋ	v
	邢衡小片	衡水	tʂ		tθ	tɕ	tθ	ø*	ər	ŋ	v
	聊泰小片	济南	tʂ		ts	tɕ*		ʐ	ər	ŋ	v
沧惠片	黄乐小片	沧州	ts=	tʂ	ts	tɕ		ʐ	ər	ŋ	v
	阳寿小片	寿光	tʂ	tʃ	ts	tɕ*		l	lə	ŋ	ø
章利片		利津	tʂ		ts	tɕ	ts	ʐ	lə		v

三　韵母

从韵类来看，冀鲁官话与北京话大同小异，主要是在古入声韵母的今读上一部分字与普通话有一定差异，冀鲁官话内部也存在着一些差异。从韵母的音值来看，冀鲁官话区内部也有一定的差异。

（一）古入声韵的读音

古入声韵收塞音尾，今冀鲁官话中古入声韵字同北京话一样，都已经消失了塞音尾，而与古阴声韵混同了。在入声韵类的归派上，冀鲁官话与北京话大同小异，其内部也有一定的差异。下面只看一下与北京话不同以及有内部差异的情况。

1. 曾、梗摄入声洪音开口字的读音

今北京话中曾摄、梗摄入声的细音开口字一般读 i（或舌尖元音 ɿ），只有部分庄组字读 ɤ（如"仄测色"）或有 ai 的异读（如"色"），总的来说规律性还是比较强的。但洪音开口字的读音就比较复杂，有的读 ai，有的读 o ɤ ei，如"百白伯泽（陌）脉册隔（麦）北德勒贼塞墨（德）"。这两摄的合口字较少，洪音读 uo（如"国获或"），细音字读 y（如"域阈"）或 i（如"役疫"）。①

曾、梗摄入声洪音字在冀鲁官话中的表现与北京话存在一些差异，内部也不一致。总的来说，山东省内济南以东、胶济线沿线及其以南的冀鲁官话区，曾、梗摄入声洪音字一般读 ei（或 uei），只有少数字不十分整齐。而河北省内的冀鲁官话区、山东省靠近河北的鲁西北

---

①这里所说的"细音字"指两摄除庄组声母之外的三、四等字，"洪音字"则指两摄的一、二等字和庄组声母的三等字（如"仄侧色"）。

地区与普通话的特点比较接近，即规律性不强地读 ei ai（ɛ）o ɤ（ə）uo（uə）不等，尽管具体的字音不一定与普通话完全一致。请看下表：

表 4-18　冀鲁官话中曾梗摄入声洪音字的读音

	百陌	北德	拍陌	麦麦	墨德	德德	则德	窄陌	册麦	黑德
济南	꜀pei	꜀pei	꜀pʻei	mei²	mei²	꜀tei	꜀tsei	꜀tʂei	꜀tʂʻei	꜀xei
博山	꜀pei	꜀pei	꜀pʻei	mei²	mei²	꜀tei	꜀tsei	꜀tʂei	꜀tʂʻei	꜀xei
寿光	꜀pei	꜀pei	꜀pʻei	mei²	mei²	꜀tei	꜀tsei	꜀tʂei	꜀tʂʻei	꜀xei
利津	pei꜎	pei꜎	pʻei꜎	mei꜎	mei²	tei꜎	tsei꜎	tʂei꜎	tʂʻei꜎	xei꜎
聊城	꜀pɛ	꜀pei	꜀pʻɛ	꜀mɛ	mei²	꜀tei	꜀tsɛ	꜀tʂɛ		꜀xei
德州	꜀pɛ	꜀pei	꜀pʻɛ	꜀mɛ	mei²	꜀tei	꜀tsɛ	꜀tʂɛ		꜀xei
沧州	꜀pai	꜀pei	꜀pʻai	mai²	mei²	꜀tɤ	꜀tsei	꜀tʂai	tsʻai²	꜀xei
石家庄	꜀pai	꜀pei	꜀pʻai	mai²	mei²	꜀tɤ	tsɤ²	꜀tʂai	tʂʻai²	꜀xei
保定	꜀pai	꜀pei	꜀pʻai	mai²	mo²	꜀tɤ	꜀tsɤ	꜀tʂai	tsʻɤ²	꜀xei
天津	꜀pai	꜀pei	꜀pʻai	mai²	mo²	꜀tɤ	꜀tsɤ	꜀tʂai	tsʻɤ²	꜀xei
昌黎	꜀pai	꜀pei	꜀pʻai	mai²	muo²	꜀tɤ	꜀tsɤ	꜀tsʻai	tsai²	꜀xei

2. 宕、江摄入声字的读音

宕、江摄的入声有觉、药、铎三韵，这些韵的字在今北京话中没有规律地读为 uo（o）ə ye 或 au iau 两类，有些则有两类的异读（如"剥学角薄落嚼"）。冀鲁官话中，这些字的读音与曾、梗摄入声的读音基本上是平行的：济南等读曾、梗摄入声为 ei、uei 的地方，宕江摄入声字一般读 uo ye 一类而不读 au（ɔ）iau（iɔ）；保定等读曾、梗摄入声为 ai ei o ɤ 不一的地方，宕江摄入声也不整齐地读 uo ye 和 au（ɔ）iau（iɔ）两类。不过章利片的利津、桓台、高青，在曾、梗摄洪音入声字的读法上与济南等地相同读 ei 类韵母，而在宕、江摄入声字的读法上与保定等地相同读 au（ɛ）类韵母。

此外，济南以东的冀鲁官话区，还有一些地方读觉韵的少数字为 a ia 韵母。如寿光：剥 ꜀pa，雹 ꜀pa，角白读 ꜀tɕia，捔~蒜 tɕʻia。这与其东的胶辽官话相同。

表 4-19　冀鲁官话中宕江摄入声字的读音

	剥觉	博铎	薄铎	莫铎	烙铎	略药	各铎	扩铎	郝铎	恶铎
济南	꜀pa	꜀pə	꜀pə	mə²	꜀luə	luə²	꜀kə	꜀kʻuə	꜀xə	꜀ŋə
博山	꜀pɑ	꜀pə	꜀pə	mɑ²	꜀luə	lyə²	꜀kuə	꜀kʻuə	꜀xuə	꜀uə
寿光	꜀pa	꜀pə	꜀pə	mə²	꜀luə	lyə²	꜀kuə	꜀kʻuə	꜀xuə	꜀uə
利津	pa꜎	pə꜎	pə꜎	mə²	lɔ꜎	liɔ꜎	kə꜎	kʻuə꜎	xɔ꜎	ŋə꜎
聊城	꜀pə	꜀pə	꜀pə	mə²	꜀luɔ	꜀luɔ	kʌ²	꜀kʻuɔ	꜀xə	꜀yɔ
德州	꜀pə	꜀pə	꜀pə	mə²	lɔ꜎	liɔ꜎	꜀kə	꜀kʻɔ	꜀xɔ	꜀ŋə
沧州	꜀po	꜀po	po²	mo²	lau꜎	liau꜎	꜀kɤ	꜀kʻuo	xau꜎	ŋɤ꜎
石家庄	꜀po	꜀po	꜀pau	mo²	lau²	lyɛ²	kɤ²	kʻuo²	xau꜎	ŋɤ꜎
保定	꜀pau	꜀po	꜀pau	mo²	lau²	liau²	kɤ²	kʻuo²	xau꜎	ŋɤ꜎
天津	꜀po	꜀po	꜀pau		lau²	lyɛ²	kɤ²	kʻuo²	xau꜎	ŋɤ꜎
昌黎	꜀pau	꜀puo	꜀pau	muo²	lau²	liau²	kɤ²	kʻɤ²	xau꜎	ŋɤ꜎

	药药	角觉	脚药	嚼药	削药	若药	勺药	凿铎	桌觉	作铎
济南	yɤʔ	₌tɕia	₌tɕyə	₌tɕiɔ	₌ɕyə	luaʔ	₌ʂɔ	₌tsuə	₌tʂuə	tsuəʔ
博山	yɤʔ	₌tɕia	₌tɕyə	ᶜtɕyə	ᶜɕyə	luaʔ	₌ʂuə	ᶜtsuə	₌tʂuə	₌tsuə
寿光	yɤʔ	₌tɕia	₌tɕyə	₌tɕyə	₌ɕyə	luaʔ	₌ʂuə	₌tsuə	₌tʂuə	₌tsuə
利津	iɔʔ	tɕiaᴖ	tɕiɔᴖ	₌tsiɔ	siɔᴖ	zɔ̥ʔ	₌ʂɔ	₌tsɔ	tʂuəᴖ	tsuəʔ
聊城	yɤʔ	ᶜtɕia	₌tɕyə	₌tɕiɔ	₌ɕyə	zuaʔ	₌suə	₌tsuə	₌tsuə	₌tsuə
德州	yɤʔ	₌tɕia	₌tɕiɔ	₌tɕiɔ	₌ɕiɔ	zɔ̥ʔ	₌sɔ	₌tsɔ	₌tʂuə	tsuəʔ
沧州	iauʔ	ᶜtɕiau	₌tɕiau	₌tɕiau	₌ɕiau	zauʔ	₌ʂau	₌tsau	₌tsuo	tsuoʔ
石家庄	iauʔ	ᶜtɕiau	ᶜtɕiau	₌tsyɛ	₌siau	zuoʔ	₌ʂau	₌tsau	₌tʂuo	tsuoʔ
保定	iauʔ	ᶜtɕiau	ᶜtɕiau	₌tsiau	₌ɕiau	zuoʔ	₌ʂau	₌tsau	₌tʂuo	tsuoʔ
天津	iauʔ	ᶜtɕiau	₌tɕiau	₌tɕiau	₌ɕyɛ		₌ʂau	₌tsau	₌tʂuo	tsuoʔ
昌黎	iauʔ	ᶜtɕiau	₌tɕiau	₌tɕiau	₌ɕiau	zauʔ	₌ʂau	₌tsau	₌tʂuo	₌tsuo

3.其他

　　除了上述两个大的方面之外，还有部分入声字的读音在冀鲁官话内部存在差异。如通摄屋韵三等在北京话中韵母一般读 u y，但有少数字读 ou iou，如"六肉宿又读轴妯粥熟又读"。除去"六肉"各地都读（i）ou 外，其余各字在济南以东一般读 u（y）。如济南：轴妯 ₌tʂu，熟 ₌ʂu，宿 ₌ɕy，只有"粥"读 tʂouᴖ。寿光则"粥"也读 u 韵母为 ₌tʂu。再如山摄及咸摄见系字北京读 γ，如"葛曷割曷渴曷磕盍喝（飲）合"，上述字在山东章丘以东的冀鲁官话区多数读 a 韵母，如寿光：葛 ₌ka，割 ₌ka，磕 ₌kʰa，喝 ₌xa，只有"渴"读 ₌kʰuə。值得注意的是德州尽管"葛割磕喝"不读 a 韵母，但"渴"也读 ₌kʰa。不过这种特点以胶辽官话更为突出，所以这里不作详论。

（二）蟹摄见系二等字的读音

　　北京话中蟹摄二等开口的见晓组字如"皆谐皆街鞋佳解蟹介界戒械怪懈斗"一般读 iɛ 韵母（声母相应读舌面音 tɕ 组），与来自假摄三等和一些入声韵的 iɛ 混同，如"街＝接，解＝姐，鞋＝协"；影母字则读为零声母 ai 韵，如"挨矮隘"（"揩楷溪母骸骇匣母"读 ai，"崖涯疑母"读 ia）。在冀鲁官话中，山东地区的全部、河北东南部毗邻山东的沧州等地，这些字多数地区读 iai（iɛ），与 ai（ɛ）相配，而与"接姐协"等字读 iə 韵母不同。据《河北方言概况》，"皆"等字读 iai 或 iɛ 的地点有：沧县、东光、阜城、故城、黄骅、交河、景县、孟村、南皮、吴桥、盐山、献县。据钱曾怡等《河北省东南部 39 县市方音概况》（1987），河北东南部"皆"等字读 iai 或 iɛ 的地点有：海兴、盐山、孟村、沧州、南皮、交河、东光、阜城、景县、吴桥、故城、清河、广宗、威县、临西、馆陶、大名，共 17 点。河北省其余地区的读音与北京类似。请看下表（另列"姐、结、协"三字作为比较）。

表 4-20　冀鲁官话中蟹摄见系二等开口字的读音

	皆皆	街佳	阶皆	解蟹	界怪	鞋佳	矮蟹	姐马	结屑	协帖
济南	₌tɕiɛ	₌tɕiɛ	₌tɕiɛ	ᶜtɕiɛ	tɕiɛᴖ	₌ɕiɛ	ᶜiɛ	ᶜtɕiə	₌tɕiə	₌ɕiə
博山	₌tɕiɛ	₌tɕiɛ	₌tɕiɛ	ᶜtɕiɛ	tɕiɛᴖ	₌ɕiɛ	ᶜiɛ	ᶜtɕiə	₌tɕiə	ᶜɕiə
寿光	₌tɕiɛ	₌tɕiɛ	₌tɕiɛ	ᶜtɕiɛ	tɕiɛᴖ	₌ɕiɛ	ᶜiɛ	ᶜtɕiə	₌tɕiə	ᶜɕiə
利津	₌tɕiɛ	₌tɕiɛ	₌tɕiɛ	ᶜtɕiɛ	tɕiɛᴖ	₌ɕiɛ	ᶜiɛ	ᶜtsiə	tɕiəᴖ	ᶜɕiə
聊城	₌tɕiɛ	₌tɕiɛ	₌tɕiɛ	ᶜtɕʰiɛ	tɕiɛᴖ	₌ɕiɛ	ᶜiɛ	ᶜtɕiə	₌tɕiə	ᶜɕiə

	皆皆	街佳	阶皆	解蟹	界怪	鞋佳	矮蟹	姐马	结屑	协帖
德州	₌tɕie	₌tɕie	₌tɕie	ᶜtɕie	tɕieᶜ	₌ɕie	⁼iɛ	ᶜtɕiə	₌tɕiə	₌ɕiə⁼
石家庄	₌tɕie	₌tɕie	₌tɕie	ᶜtɕie	tɕieᶜ	₌ɕie	⁼ai	ᶜtɕie	₌tɕie	ɕie⁼
保定	₌tɕie	₌tɕie	₌tɕie	ᶜtɕie	tɕieᶜ	₌ɕie	⁼nai	ᶜtɕie	₌tɕie	₌ɕie
天津	₌tɕie	₌tɕie	₌tɕie	ᶜtɕie	tɕieᶜ	₌ɕie	⁼nai	ᶜtɕie	₌tɕie	₌ɕie
昌黎	₌tɕie	₌tɕie	₌tɕie	ᶜtɕie	tɕieᶜ	₌ɕie	⁼ŋai	ᶜtɕie	₌tɕie	₌ɕiɛ

（三）前鼻尾韵的读音

冀鲁官话中古咸、山、深、臻摄阳声韵字今读主要有 -n 尾和鼻化韵两种，请参看上文表 4-7。-n（包括从中古闭口韵尾 -m 来的 -n）读成鼻化韵，是 -n 尾弱化的结果。

此外，据钱曾怡等(1987)，河北的巨鹿、平乡、临漳三点（其中临漳属于晋语区），咸山摄舒声韵除去一部分字读鼻化元音韵母或鼻音尾韵以外，一部分字读为无鼻音韵母或韵母有鼻音、无鼻音两可。如：

	三	翻	建	严	团	官	拳	院
巨鹿	san	fɛ	tɕian/tɕie	iɛ	tʻuan/tʻuɜ	kuan	tɕʻyɛ	yɛ
平乡	san/sɛ	fan	tɕie	iɛ	tʻuɛ	kuan/kuɛ	tɕʻyan	yan/yɛ
临漳	sã	fã/fa	tɕiã	iã	tʻuã	kuã/kua	tɕʻyã/tɕʻya	yã/ya

在山东的滨州一带，古咸、山二摄的阳声韵读成后元音 ɑ，如：殷 pɑ，咸 ɕiɑ，宽 kʻuɑ（但深、臻二摄的阳声韵读鼻化元音，如：本 põ，欣 ɕiõ，困 kʻuõ）。这都说明，在冀鲁官话中已经出现古阳声韵完全丢掉韵尾和鼻音成分而读纯粹的口元音的现象。此外，河北衡水一带，古咸、山二摄阳声韵读鼻化元音 ã iã uã yã，而深、臻二摄阳声韵字读前鼻尾韵 ən in uən yn。上述情况则说明，在前鼻尾韵的发展过程中，咸、山摄更容易丢失韵尾乃至鼻音成分，而深、臻二摄则相对保守一些。这种状况与今吴方言中较普遍存在的咸、山摄读纯元音韵、而深、臻摄读鼻尾韵是一致的，反映出一种共性特征。

（四）前响复合元音 ai au 的读音

普通话的前响复合元音 ai au 两韵（以及前加介音的 uai iau 和方言中的 iai）在山东的冀鲁官话区以及河北靠近山东的一些地区读单元音 ɛ ɔ，或者动程很小。如：

	爱	歪	鞋	败	塞	怪	袄	刀	摇	孝
济南	ŋɛᶜ	₌vɛ	₌ɕiɛ	pɛᶜ	tʂɛᶜ	kuɛᶜ	ᶜɔ	₌tɔ	ᶜiɔ	ɕiɔᶜ
博山	ŋɛᶜ	₌vɛ	₌ɕiɛ	pɛᶜ	tʂɛᶜ	kuɛᶜ	ᶜɔ	₌tɔ	ᶜiɔ	ɕiɔᶜ
寿光	ŋɛᶜ	₌uɛ	₌ɕiɛ	pɛᶜ	tʂɛᶜ	kuɛᶜ	ᶜɔ	₌tɔ	ᶜiɔ	ɕiɔᶜ
利津	ŋɛᶜ		₌ɕiɛ	pɛᶜ	tʂɛᶜ	kuɛᶜ	ᶜŋɔ	₌tɔ	ᶜiɔ	siɔᶜ
德州	ŋɛᶜ	₌vɛ	₌ɕiɛ	pɛᶜ	tʂɛᶜ	kuɛᶜ	ᶜɔ	₌tɔ	ᶜiɔ	ɕiɔᶜ
黄骅	ŋɛᶜ		₌ɕiɛ	pɛᶜ	tsɛᶜ	kuɛᶜ	ᶜŋɔ	₌tɔ	ᶜiɔ	ɕiɔᶜ
临西	ŋæɛᶜ		₌ɕiæɛ	pæɛᶜ	tʂæɛᶜ	kuæɛᶜ	ᶜŋɑ	₌tɑ	ᶜiɑ	ᶜɕiɑ

前响复合元音的单元音化和鼻韵尾韵母的鼻化元音化，具有共同的特点：都是发音动作趋简而造成的。前者减少了舌位移动的过程，后者则将鼻辅音的发音动作省掉，只剩下鼻音色彩保留在主要元音之中。

（五）其他

关于"儿耳二"等字的读音，冀鲁官话内部存在着差异。请看本节声母部分关于日母字读音的讨论及表4-14。

下面总结上文，列出冀鲁官话内部韵母特点的比较表。其中，入声字读音的音标主要代表音类或音位，如 ɤ 在唇音后是 o；不同地方的音值也不完全一样，如邢衡小片有些地方的 ai 是 ε，au 是 ɔ，等等。

表4-21　冀鲁官话内部韵母特点比较

大片	小片	代表点	曾梗摄入声字洪音韵母	宕江摄入声字	蟹摄见系二等开口字	咸山深臻摄舒声韵	前响复合元音
保唐片	涞阜小片	涞源	ai/ei/ɤ/uo	au/ɤ/uo	ie	ã、ẽ	ai、au
	定霸小片	保定	ai/ei/ɤ/uo	au/ɤ/uo	ie	an、en	ai、au
	蓟遵小片	唐山	ai/ei/ɤ/uo	au/ɤ/uo	ie	an、en	ai、au
	天津小片	天津	ai/ei/ɤ/uo	au/ɤ/uo	ie	an、en	ai、au
	滦昌小片	昌黎	ai/ei/ɤ/uo	au/ɤ/uo	ie	an、en	ai、au
	抚龙小片	抚宁	ai/ei/ɤ/uo	au/ɤ/uo	ie	an、en	ai、au
石济片	赵深小片	石家庄	ai/ei/ɤ/uo	au/ɤ/uo	ie	an、en	ai、au
	邢衡小片	衡水	ai/ei/ɤ/uo	au/ɤ/uo	ie	ã、en	ai、au
	聊泰小片	济南	ei/uei	ə/eu/yə	iε	ã、ẽ	ε、ɔ
沧惠片	黄乐小片	沧州	ai/ei/ɤ/uo	au/ɤ/uo	iε	an、en	ai、au
	阳寿小片	寿光	ei/uei	ə/uə/yə	iε	ã、ẽ	ε、ɔ
章利片		利津	ei/uei	ɔ/ə/ou	iε	ã、ẽ	ε、ɔ

四　各片及小片的特点

上文已经从总体上讨论了冀鲁官话的内部差异，下面我们分别从各个片及小片的角度看看各自的特点。说明各片特点时首先以北京话为参照，着重说明与北京话不同之处，其相同处前面已有说明，这里一般不再提及；其次说明与其他大片或小片的不同之处。说明各小片特点时主要说明不同于本大片一般特点以及不同于其他小片之处。因为本章其他节中另有说明，各项特点一般不再举例。

（一）保唐片

1.保唐片的总体特点

（1）中古清声母入声字散归四声。只有唐县、顺平、曲阳三地清入多数归上声。此点已见上面的讨论。

（2）调值上也与北京比较接近。特别是上声，调值一般都是降升调214、213（只有阜平、蔚县、曲阳等少数几个县的上声读高平调），而与石济片、沧惠片、章利片一般读高平调形成明显对比。去声起点较高，一般为全降调或高降调（个别读高平调），与北京比较一致，而石济片、沧惠片、章利片去声一般为低降调。阳平一般读平调或升调（只有少数读降调）

（3）一般不分尖团。区分尖团的只有阜平、曲阳_{以上涞阜小片}、博野、高阳、蠡县、望都、安国、定县_{以上定霸小片}。

（4）影疑母开口呼洪音一般有鼻音声母 n，少数为 ŋ。读 ŋ 声母的有涞源、曲阳_{以上涞阜小片}、唐县、顺平、望都、易县、定县_{以上定霸小片}、滦县_{以上滦昌小片}。昌黎_{滦昌小片} n ŋ 两读。也有少数地方影疑母开口呼洪音读零声母：安新、定兴、高阳、涞水、清苑、新城、雄县、乐亭。

2. 涞阜小片的特点

（1）ən in uən yn 与 əŋ iŋ uəŋ yŋ 相混。该片地处山区，与晋方言区毗邻，当是晋方言特点的延伸。

（2）北京在唇音声母后读 o 的字，该小片读不圆唇的 ɤ。

3. 定霸小片的特点

（1）阴平一般不读高平调。这是与蓟遵小片的主要区别。

（2）多数地点在轻声前能够区分出阴去和阳去。

（3）儿化时前一字是开尾韵、u 尾韵或 ŋ 尾韵时，多数地点"儿"自成音节。

4. 天津小片的特点

（1）阴平读低降调。这在保唐片中是唯一的例外。

（2）古日母字读零声母。这在整个冀鲁官话中也是较少的。

（3）古知系字二分，一读 ts 组，一读 tʂ 组。这在保唐片中是比较特殊的。

5. 蓟遵小片的特点

（1）阴平调一般读高平，而阳平多数读低平。只有平谷、兴隆两点是阴平读高升、阳平读高平。

（2）北京在唇音声母后读 o 的字，该小片读不圆唇的 ɤ。

6. 滦昌小片的特点

（1）去声读高平调。

（2）许多地方在轻声前能够区别阴去和阳去。这一点与定霸片相同。

（3）动词可以儿化，相当于普通话的动词后加"了"等助词。

7. 抚龙小片的特点

（1）普通话的 ts tʂ 两组声母，多读 tʂ 组。

（2）儿化韵不卷舌而收 ɯ 尾。

（二）石济片

1. 石济片的总体特点

（1）中古清声母入声字多数读阴平，少数散入阳平、上声、去声。只有井陉一地古清入字一般归上声。此点已见前述。

（2）在调值上，石济片的上声一般读高调，以高平调为主（只有少数县市读为曲折调与保唐片类似）；去声一般读低降调（只有少数点读全降调与保唐片类似），而阳平一般读高降调（53 或 54，有些记成中降调 42；只有少数地区读 31 调）。在这一点上，石济片与沧惠片、章利片其实是比较一致的，这也是这三片从听感上区别于保唐片的最明显的特征。

（3）中古知系字合一而不分。

（4）影疑母开口呼洪音字有鼻音声母，一般为 ŋ。只有赵深小片的束鹿、井陉、深县、武强读 n，与保唐片的特点比较一致。

总的来看，石济片与沧惠片、章利片的特点比较接近（除了章利片清入基本独立之外），区别较小。

2. 赵深小片的特点

（1）阴平一般读低平调或中平调。

（2）声母分尖团。

3. 邢衡小片的特点

（1）"儿耳二"读自成音节的 l。

（2）古日母字一般读零声母。

（3）多数地区分尖团。

4. 聊泰小片的特点

（1）阴平一般读曲折调。

（2）古日母字本小片内有较多的地点读 l 声母。其中，有的都读 l，如故城、淄博，有的是开口呼前读 z，合口呼前读 l。也有些地方都读 z，如德州。

（3）普通话读 n 尾的字一般读成鼻化元音。

（4）古曾、梗摄入声洪音字多数地区读 ei 韵母。

（三）沧惠片

1. 沧惠片的总体特点

（1）中古清声母入声字多数归阴平，少数散归阳平、上声、去声。这一点与石济片基本相同，但是读上声的字比石济片要多。其中，临邑、沾化古清入字主要归上声。

（2）在调值上与石济片、章利片相近，一般的读法是：阴平读低降升，阳平读高降（部分地区无阳平调，普通话读阳平的字这里读上声），上声读高平，去声为低降。只有北部靠近保唐片的任丘、献县、肃宁、河间等处阴平读平调，与保唐片类似，但其阳平读高降与保唐片不同。

（3）影疑母开口呼洪音字都有鼻音声母 ŋ。

总的看来，沧惠片与石济片特点比较接近。

2. 黄乐小片的特点

（1）中古知系字二分，一部分读 tʂ 组，一部分读 ts 组与精组字相混。这与毗邻的天津小片类似。

（2）本小片 24 个县市中有沧州、沧县、青县、泊头、孟村、盐山、黄骅、海兴以上河北省、庆云、无棣、博兴以上山东省 11 处只有 3 个声调，普通话读阳平的字这里读为上声。章利片的章丘、桓台、高青、周村、张店，石济片聊泰小片的淄川、博山、莱芜，也有同样的特点，这些地方与黄乐小片地域上接近，可以看作这个特点的延伸。

3. 阳寿小片的特点

（1）中古知系字一般合一读 tʂ 组，只有靠近胶辽官话的潍坊以及寿光的部分地区二分（潍坊新派已经不分）。这是阳寿小片与黄乐小片的主要区别。

（2）除博兴一地之外，调类都是 4 个。博兴单字调类只有 3 个，该地与阳平读上声的地区相连，特点一致。

古清入字今独立的章利片在地理上几乎将黄乐小片分成东西两部。其东的博兴、广饶、寿光、潍坊、昌乐等地在轻声前可以区别出清入字，这反映了这些地方的底层特点与章利片是一致的。此外，博兴、广饶、寿光、潍坊、昌乐等地宕江摄入声字读 uo ye，不读 ao iao，这一特点与聊泰小片的济南及其以东一致，与阳寿小片的西部以及章利片都不相同。

（四）章利片

章利片地域较小，所以下面不分小片。该片最主要的特点是中古清声母入声字基本独立成调。除利津外，其他各点都是阳平与上声同调，阴平、上声、去声加清入为 4 个调类，利津阳平和上声不混，为 5 个调类。其余特点与阳寿小片（特别是西部）基本一致。

第四节　冀鲁官话研究简述

无论从地理还是从语言事实来说，冀鲁官话都是与北京官话最为接近的官话方言。因此，冀鲁官话的研究对于共同语的研究自然具有更为重要的意义。但是，同样也是因为冀鲁官话与北京官话比较接近，对它的研究往往被人有所忽略。经过方言工作者特别是山东、河北两地方言工作者的努力，冀鲁官话的研究已经取得了为人瞩目的成绩，方言特点被逐步挖掘出来，其价值也越来越受到重视。

下面将冀鲁官话的研究以 1978 年为界分为两个时段来简要论述。

一　1978 年以前

早在 20 世纪 30 年代，就有学者开始注意冀鲁官话的研究，如张洵如《河间方言一瞥》（1932）、赵元任《定县方言改国音的注意点》（1936）等，不过论著较少。对冀鲁官话进行较为全面深入的研究，是新中国成立后开始的。

新中国成立之后，由于文字改革、推广普通话、汉语规范化三大语文政策的贯彻执行，现代汉语方言的调查研究受到重视。1956 年高教部和教育部下达了进行方言普查的指示，全国各地迅速组织进行了方言普查工作，冀鲁官话的大范围调查研究由此拉开序幕。

1957 年至 1959 年，山东省以山东大学、山东师范学院、曲阜师范学院及三校以外参加过教育部和中国科学院语言研究所联合举办的普通话语音训练班的学员为骨干，对包括冀鲁官话在内的山东方言展开了方言普查，共完成了山东省 110 个县市中 103 点的调查。在此基础上，1960 年，山东省教育厅从上述三所大学各抽一名参加普查的教师对山东方言普查进行总结，撰写出了《山东方言语音概况》。这是对包括冀鲁官话在内的山东省的汉语方言语音的第一次全面描写记录。此稿虽然未能按计划正式出版，但它一直是研究冀鲁官话乃至山东方言的必要参考资料。

与此同时，在收集整理山东方言原始资料的基础上，山东大学和曲阜师范学院又组织调查人员按照方言特点分片编写了胶东、昌潍、泗水滕县人学习普通话的手册三种。其中的《昌潍人学习普通话手册》，在当时冀鲁官话区的推普工作中发挥了积极的作用，并为以后同类著作的编写提供了参考。

在河北省，1957 年 3 月，省教育厅组织京津七所高等学校［北京大学、北京师范大学、中国人民大学、北京师范学院、天津南开大学、天津师范学院（现河北大学）、河北天津师范学院］的教师，分担了河北省 155 个县（市）的语音调查。调查完毕后，即着手编写学话手册，到 1958 年秋陆续编齐，共 62 本，油印发给各专区征求意见。在此基础上，由河北北京师范学院、中国科学院河北省分院语文研究所编写了《河北方言概况》，1961 年，由河北人民出版社出版。

丁声树、李荣 1955 年在现代汉语规范问题学术会议上所作的报告《汉语方言调查》中提出："不仅要调查语音情况，还要重视方言词汇和方言语法的研究。"1959 年，丁声树、李荣带领多名方言工作者，对扩大了行政区划的河北昌黎县方言进行了全面、深入的调查，于 1960 年编写出版了《昌黎方言志》。此书对方言音系、词汇、语法、方音和北京音的对应、方言内部差异等有详细的描写分析。同音字表、分类词表以及其他语料颇为丰富。编写上由概况介绍转向对语言结构各部分的细致描写。该书是比 20 世纪 30 年代末赵元任《钟祥方言记》更成熟的方言志样本，"可以作为进一步调查汉语方言的参考"。

与此同时，中国科学院河北省分院语言文字研究所于 1959 年调查了河北省 150 多个县市的方言词汇，编写了《河北方言词汇》（1996 年以李行健编《河北方言词汇编》为名出版）。这是全国汉语方言普查中唯一的专项词汇调查工作。

总的说来，20 世纪五六十年代的方言普查，为推广普通话服务的目的十分明确，调查的内容主要是单字音，成果主要是方言音系或方言与普通话的对照两个方面。

短短数年时间，冀鲁官话研究成绩显著，按其发展势头，本来可以做出更大成绩，但"文化大革命"中断了蓬勃发展的冀鲁官话研究工作。

二　1978 年以后

"文化大革命"结束以后，方言研究工作重新焕发生机。冀鲁官话的研究与全国其他方言的研究一样，迅速恢复和发展起来。专业研究队伍不断扩大，方言点和面的研究以及理论研究都不断深入，出现了相当数量的研究成果。下面从几个方面加以评介。

（一）专业研究队伍的不断扩大

1978 年恢复研究生招生制度之后，山东大学殷焕先教授开始招收现代汉语方向的研究生。1982 年开始，山东大学钱曾怡教授开始招收方言方向研究生，1994 年开始招收方言方向博士研究生，先后培养了硕士生、博士生（包括外国留学生）40 余人，山东大学还有几位教师也先后开始招收方言方向的研究生，上述研究生中有不少是研究冀鲁官话的。河北大学、河北师范大学也于 90 年代后期开始招收方言方向的硕士研究生。1982 年，山东大学成立了方言研究室（2003 年调整为山东大学汉语方言研究中心），这是全国高校中最早成立的方言研究机构之一。山东、河北还有部分高校教师通过进修、参加方言学习班等形式掌握了方言研究的基础，从事冀鲁官话的研究。其他省份所培养的研究生中也有一部分从事冀鲁官话研究的人才。此外，国外也有一些学者注意研究冀鲁官话，如平山久雄、柯理思、杨福绵等人对冀鲁官话的研究。专业研究队伍的扩大，为冀鲁官话研究的深入开展打下了良好基础。

（二）方言调查的全面、深入进行

1978 年以来，冀鲁官话的调查研究工作得到了加强，特别是因为这个时期的方言调查以专业人员为主，所以与 50 年代方言普查时的调查相比，在全面程度、深入程度、科学性等方面都有了很大的提高。

在这个时期，方言工作者对冀鲁官话进行了大量实地调查。这些调查，有些补上了方言普查时所欠缺的地点，更多的是对一些方言点的细致深入调查。分别综合论述山东省和河北省方言的《山东省志·方言志》和《河北省志·方言志》，在编写前都组织了大量人力进行了方言调查。如《山东省志·方言志》编写了统一的调查提纲，重点对全省的 36 个方言点进行了语音、词汇、语法的全面调查，其中属于冀鲁官话的有 10 个。又如《潍坊方言志》(1992)，就潍坊市 12 个县市的尖团音问题、古日母字读音问题、"登东"和"硬咖"分混问题、清入调类问题、"饺子"和"玉米"的说法问题、程度副词"蒜"的分布问题等，进行了 70 点的调查分析，绘制了方言地图，可以十分清楚地看清潍坊市所辖各区县方言（包括冀鲁官话和胶辽官话）的内部异同。

在新时期的冀鲁官话调查中，由原先的以语音为主发展到语音、词汇、语法的全面铺开。这方面的成果一方面表现在一些方言学专著、方言志、方言音档和指导全省或某地区人学习普通话的手册，多数都具有语音、词汇、语法等包括语言各要素的全部内容，另一方面表现在出现了一些专门论述方言词汇、语法的论著。在方言词汇方面，有方言词典出版，如《济南方言词典》(1998)，这是"八五"国家重点项目《现代汉语方言大词典》的子项目之一，收词精当，体例严谨，注音、释义、用例精雕细刻；有反映山东方言词汇面貌的《山东方言词典》(1997)；陈章太、李行健主编的《普通话基础方言基本词汇集》(1996) 中，收入官话 93 个方言点音系、同音字表和 2645 个词语，规模宏大，体现了普通话"以北方话为基础方言"的基本事实，其中属于冀鲁官话的有 7 个点。另外，还出现了多篇有关冀鲁官话词语研究的论文，如《山东方言词汇东西比较》(孔昭琪 1989)、《北方话词汇的内部差异与规范》(陈淑静 1991)、《从山东新泰方言看方言词的产生》(高慎贵 2000)、《河北土语探源》(康迈千 1982)、《石家庄的方言土语》(吴继章 2003) 等，有的论文注意分析方言词汇的特点，有的论文比较方言词语的地域差别，有的论文探讨方言词语产生的缘由。冀鲁官话方言语法方面的研究也成绩可观。在方言语法研究方面，除了方言志中关于当地方言语法的介绍之外，有不少单篇论文涉及构词法、句法、虚词等方面。关于构词法的论文，如《山东寿光方言的形容词》(张树铮 1990)、《河北昌黎方言双音形容词的重叠式》(宋玉柱 1986)、《河北官话方言区动词的两种重叠形式》(吴继章 2000)、《河北方言的音变造词》(陈淑静 1996)。关于句法的论文，如《山东方言比较句的类型及其分布》(罗福腾 1992)、《山东方言里的反复问句》(罗福腾 1996)、《山东潍坊方言的比较句》(冯荣昌 1996)、《河北省冀州方言"拿不了走"一类格式》(柯理思、刘淑学 2001)。关于虚词的论文，如《寿光方言的指示代词》(张树铮 1989)、《济南方言的虚词"可"》(岳立静 1994)、《山东省寿光方言的助词》(张树铮 1995)、《庆云方言里的"着"》(师静 2000)、《冀州方言中"唠"字的特殊用法》(刘淑学 2000)。这些论文在汉语方言语法研究中有一定影响。

以上这些成果属于"弄清汉语的基本事实"的工作，为冀鲁官话的进一步研究提供了丰富的材料。

（三）描写研究的细致和深化

首先是出现了若干部描写细致、研究深入的专著和方言志。如《博山方言研究》（钱曾怡 1993），这是"七五"国家重点项目"汉语方言重点调查"的成果之一。该书对博山方言语音、词汇、语法进行了深入详细的分析研究。钱曾怡主编的《山东方言志丛书》，1990 年至 2005 年已经出版 20 种，其中属冀鲁官话的有 7 种：《利津方言志》（杨秋泽 1991）、《德州方言志》（曹延杰 1991）、《淄川方言志》（孟庆泰、罗福腾 1994）、《寿光方言志》（张树铮 1995）、《聊城方言志》（张鹤泉 1995）、《新泰方言志》（高慎贵 1996）、《宁津方言志》（曹延杰 2003）。各志的编写，有统一的大纲和条目，体例一致，基本要求大致相同。河北的《定兴方言》（陈淑静、许建中 1997）也是描写精细之作。另外，河北、山东各县市新编志书中均有方言志章节，虽然有的写得不太规范或有些简略，但都能基本反映该地的方言面貌。

其次是语音描写的深化。方言普查时期的冀鲁官话调查研究，以记录单字音和总结方言与普通话的对应规律为主，而新时期的语音描写不再停留在静态单字音的调查研究，而是向动态的语流研究发展。如连读变调，凡是其内容是对一个点的全面调查，都有对变调的调查研究。由于挖掘深入，多有发现，不少地方动摇了某些定论，引起了学界对于语音理论的一些新的思考。如关于轻声，一般认为，轻声的音节"念得短而弱"。但在冀鲁官话中有的轻声并不轻短，如博山古清声母入声今读阴平的字，后面的轻声读长调 33。在冀鲁官话的一些地方，轻声进一步弱化而成为"零音节"。"零音节"是一种元辅音已经失去，但还能够从前一音节的连读变调以及延长的调长中区分出来的"音节"，实际上就是轻声音节脱落后留在前一音节中的痕迹。"零音节"首先在 1984 年 8 月山东方言志部分编委对德州进行的试点调查中发现，后来在《临清方言志》（张鸿魁 1990）、《德州方言里的零音节》（曹延杰 2000）中有详细描写。零音节也有进一步扩展的势头，博山方言中特殊的轻声音节"ə"，有时几乎和前一个音节合为一体，博山的"ə"，可说是轻声音节向"零音节"的过渡。

现代化手段也开始运用在冀鲁官话的研究中，特别是方言语音的实验研究取得了一些成绩。80 年代中期，山东大学在教育部的支持下建立了语音实验室，先后将方言语音的实验运用于测算方言单字调和变调的音值，主要论文有《山东方言声调的声学测算》（姜宝昌等 1990）、《济南方言上上相连前字变调的实验分析》（刘娟 1994）、《枣庄方言上上相连前字变调的实验分析》（刘娟 1994）等。这些成果深化了方言声调的研究。

（四）对方言及方言学规律的探讨和方言的历史研究

对材料的挖掘分析，需要理论和方法指导。由于中国语言学研究的传统是把方法隐藏在材料背后，这样，总结、梳理方言学方法论的工作，就显得很困难，必须在方言研究达到一定水平，方言研究经验丰富到一定程度时，才能做从汉语方言研究实践中归纳方法论的工作。结合冀鲁官话研究和其他方言研究的事实，钱曾怡的《汉语方言学方法论初探》（1987）、《汉语方言调查中的几个问题——从山东方言调查中所想到的》（1993）、《山东方言研究方法新探》（2002）等论著，对方言研究的方法论进行研究，提出了一系列的观点，在方言学界有较大影响。

冀鲁官话研究向深入发展的另一表现，是对隐藏在方言现象之中的规律的探讨。语言规律是指语言现象产生的原因以及语言现象的形成和变化过程。规律探求的一方面是方言自身纵的历史演变规律。这方面的研究，有《济南方言若干声母的分布和演变——济南方言定量研究之一》（曹志耘 1991）、《山东淄博方言"看他看"结构三百年间的发展与变化》（孟庆泰 2000）、《山东方言"V 他 V"结构的历史和现状》（罗福腾 1998）、《古知庄章三组声母在莒县方言的演变》（石明远 1990）、《衡水方言中古知庄章三组声母字的读音》（桑宇红 2000）、《论儿化》（钱曾怡 1995）、《山东寿光北部方言的儿化》（张树铮 1996）、《淄博等地方言的儿化变韵与幼儿型儿化》（张树铮 1999）、《鲁西方言中的儿化韵两读现象》（张鸿魁 2000）、《河北唐县方言词尾"儿"的读音》（刘淑学 2004）、《山东方言日母字研究》（张树铮 1994）等。规律探求还包括语言接触引起的变化及其过程方面的研究，这是方言横向的变化。《中古入声字在大河北方言中的文白异读》（刘淑学 1998），以叠置式音变理论为指导，联系古入声字在相关方言中的读音，对纷繁的异读进行层次分析，论证了哪种读音是本方言的底层形式，哪种读音是外方言扩散来的。

现代方言是古代汉语（包括古代方言）的继承和发展，方言史的研究不仅可以说明方言的发展变化，还可以为汉语史的研究提供重要参考。冀鲁官话研究中对方言史的研究，也取得了不少成绩。如《中原音韵》是近代汉语语音史上最重要的一部韵书，但它的基础方音到底在哪里，是个颇多争议的问题。《中古入声字在河北方言中的读音研究》（刘淑学 2000）一书，归纳了中古入声字在《中原音韵》音系中、北京话中、冀鲁官话中、中原官话中、胶辽官话中入声韵、入声调的不同消变轨迹，有说服力地论证了《中原音韵》音系保留在河北中西部唐县、顺平一带方言中，得到学界首肯。《山东方言历史鸟瞰》（张树铮 1996）、《山东桓台方音 180 年来的演变》（张树铮 1998）、《寿光方言古调值内部构拟的尝试》（张树铮 1999）、《从寿光方言看〈中原音韵〉的知庄章》（张树铮 1987）等论文也在方言史的探求方面作出了努力。《山东方言研究》一书中，则专设一卷（第三卷）以 15 万字的篇幅集中考察了清代山东方言（其中主要是冀鲁官话区）的语音词汇语法状况，可见对方言历史研究的重视，所得结论对近代汉语史的研究也很有裨益。

（五）方言研究与地域文化等多学科的结合

语言社会本质的表现是广泛而深刻的。方言研究只有结合人们的人文历史背景，如社会历史、居民迁徙、生产活动、婚姻习俗以及其他风俗习惯等多方面来进行，才能了解由非语言因素构成的原因。在山东方言研究中，较早注意到方言跟地域文化关系的，有《山东方言与社会文化二题》（曹志耘 1991），这是一篇方言跟社会因素联系起来进行研究的专文。方言跟民俗的关系方面更是引人关注。主要成果如罗福腾《山东方言与山东民俗探微》（1988）、《从山东谚语看民间居住习俗》（1995）等，其他如《语言崇拜与风俗习惯》（1991）、《试论民间的"四最"谚语》（1994）也是根据山东的方言和习俗写成的。结合语言社会本质的研究，将为汉语方言研究展示一个生动而深刻的方面。

近几年来，山东的方言工作者又将方言分区与考古文化结合进行研究，论文《山东地区的龙山文化与山东方言分区》（钱曾怡、蔡凤书 2002），尝试着利用考古总结的山东龙山文化类型来验证现代山东方言的分区，其一致性的结果使方言学者、考古学者进一步确信：方言跟地域文化同样都有悠久的历史，虽然都处于不断发展的过程中，却同样牢固地保存着地区性的特点而跟其他地区有所区别。这种研究在全国也还是刚刚开始，其学术价值显而易见，相信会有进一步的发展。

通过某些文学作品所运用的语言来分析作品所运用的方言，从而探讨作者的问题，在 20

世纪 30 年代就已经开始有学者注意，跟冀鲁官话有关的主要是《金瓶梅词话》和《醒世姻缘传》。70 年代以后，学术界围绕《金瓶梅词话》作者问题展开了热烈讨论，《中国语文》就此问题连续发表了不少文章。值得注意的是，以往讨论《金瓶梅》的语言，主要以词汇为据。《〈金瓶梅〉的方音特点》（张鸿魁 1987）和《金瓶梅语音研究》（张鸿魁 1996）以冀鲁官话中的临清方言为参照音系，从《金瓶梅词话》中开掘语言材料，利用谐音姓名、谐音故事、谐音歇后语、同音代替字、新造形声字、异形词、诗词曲韵语、押韵谣谚等丰富材料，从声、韵、调、轻声、儿化方面对《金瓶梅词话》语音系统进行分析研究，找出《金瓶梅词话》语音系统的特点和规律，从而得出结论：《金瓶梅词话》的语言反映了当时鲁西冀鲁官话方言特点。这一研究标志着《金瓶梅》语言研究的全面和深入，在学术界引起较大反响。关于《醒世姻缘传》的作者籍贯，向来有多种说法，但多数认为与该书所描写的章丘一带应该有密切关系。《醒世姻缘传作者和语言考论》（徐复岭 1993）从语言方面进行了考察，尽管作者认为《醒世姻缘传》的作者应为济宁人（今属中原官话区），但是书中对济宁方言与淄川、章丘等地方言进行了比较，这为问题的进一步解决提供了有益的参考。

　　总的来看，冀鲁官话的研究已经取得了蔚为可观的成绩，但是，这应该仅仅是一个良好的开端。无论田野调查还是理论研究，冀鲁官话的研究还有许多有待于进一步全面而深入探求的课题。由于冀鲁官话主要分布在河北和山东两省，过去的研究主要由两省分别进行，因此冀鲁官话的总体研究还很薄弱，尤其需要加强。

第五章
中原官话

第一节　中原官话概述

一　中原官话的分布

　　中原官话分布在河南省的黄河以南地区，陕西省中部的渭河流域，山西省西南部的汾河中下游地区和涑水河流域，山东省的西部，甘肃、宁夏、青海三省沿河西走廊一线及新疆维吾尔自治区的南部，河北的西南角，安徽、江苏两省的西北角。它分布区域很广，包括全国11个省、自治区的方言，东起江苏省的赣榆，西至新疆维吾尔自治区的喀什，横亘数千里，使用人口为一亿六千九百多万人，是汉语方言中在分布区域、使用人口上仅次于西南官话的方言。

中原官话分布图

　　《中国语言地图集》将中原官话分成9片：关中片、秦陇片、陇中片、南疆片、汾河片、洛徐片、郑曹片、蔡鲁片、信蚌片，其中，汾河片又分为平阳、绛州、解州三个小片。根据《中国语言地图集》的统计和最新的调查研究成果显示，中原官话共包括11个省、自治区的385个市县的方言，具体分布情况见表1-1。

二　中原官话的形成

（一）中原官话形成的自然条件和历史背景

　　中原官话分布的中心区域是陕西的关中平原（渭河平原）、山西西南部的临汾盆地和运城盆地、河南的黄河以南地区。这一区域的共同特点是地势平缓，海拔高度一般不超过 500

米，渭河平原、黄淮平原横陈在黄河南岸，临汾盆地、运城盆地斜列在黄河东岸；水源充足，黄河流经其间，其支流渭河、洛河、泾河、汾河在此处汇入黄河；气候温和，无霜期长，最北的临汾盆地平均气温 12.3℃，年无霜期在 180～200 天之间。

远古先民"逐水草而居"，这一区域的自然条件具备了先民生活的一切条件，因而这个区域成了我国古代文明的发祥地。从今天的考古发现来看，旧石器时代、新石器时代的遗址遍布各地。著名的原始人活动遗迹有：1961 年在山西芮城匼河村发现的西侯度人，距今至少有 180 万年，这是我国迄今发现最早的古人类化石和活动遗迹；1963 年，在陕西蓝田一带又发现了蓝田人，距今约 65 万年；1976 年在山西襄汾县的丁村又发现了丁村人，距今约 10 万年。另外，在蓝田以东的沿黄河两岸，如陕西潼关、河南三门峡、山西垣曲等地先后发现了旧石器时代的遗迹多处，这些发现说明早在数十万年以前，秦岭南北、沿黄河两岸都有人类居住。新石器时代的最为著名的有 1921 年发现于河南渑池县仰韶村的仰韶文化，现已发现 1000 余处遗址，如西安半坡、临潼姜寨、郑州大河村、安阳后岗等，它以关中平原、河东盆地、豫西沿河谷地为中心，距今约 6000 余年；与之同期的还有山东汶泗一带的大汶口文化。这两种文化后来又发展成龙山文化，分陕西的龙山文化、河南的龙山文化、山东的龙山文化，以山东历城的龙山文化最为典型。从遗址上可以看出，生活在这里的远古先民已经开始从事农业、畜牧业生产，并且已经有了冶炼和制陶的技术，而且有了文字的雏形。毋庸置疑，他们早已有了自己的语言，尽管这些语言的状况已无从稽考。

远古先民虽然已经有了自己的语言，但这些语言还不能认定就是汉语的直接祖先。只有当汉民族真正形成以后，汉民族先祖的语言才是后代汉语的源头。有关汉民族祖先的传说也都发生在这一带。汉族古称"华夏"或"诸夏"，以居住在太行山东麓的河内地区的炎帝的姜姓部落和居住在嵩山之外的黄帝的姬姓部落为代表。炎帝和黄帝联盟打败了东方的蚩尤以后，炎帝和黄帝"三战于阪泉之野"，以黄帝胜利而成为部落联盟的首领而告终。至此，华夏民族便告成立，黄帝被尊为汉民族共同的祖先。后来，神农氏教民稼穑于山西长子，后稷植百谷于山西稷山，尧都平阳，舜都蒲坂，传与禹，禹在阳城（今河南登封县郜城），一说在安邑（今山西运城市安邑镇）建立了中国历史上第一个奴隶制王朝——夏。华夏族从黄帝以降历经三代，在中原地区的主导地位已经确立，它的语言当是后世汉语的源头。当然，也是中原官话的源头。

（二）中原官话的形成过程和历史地位

有夏以后，历经商、周，到春秋战国时期，汉语已经有了更进一步的发展，有了较为成熟的文字系统。这时的汉语已有许多方言存在，正如《礼记·王制》里所言："五方之民，言语不通"（《十三经注疏》，上海古籍出版社 1997：1338）。《说文解字·序》（中华书局 1963：315）里也说："其后诸侯力政不统于王，恶礼乐之害己而皆去其典籍，分为七国。田畴异亩，车涂异轨，律令异法，衣冠异制，言语异声，文字异形。"典籍中的一些零星记载也反映了汉语方言的存在，如《孟子·滕文公章句下》（中华书局 1960：151）："孟子谓戴不胜曰：子欲子之王之善与？我明告子。有楚大夫于此，欲其子之齐语也，则使齐人傅诸？使楚人傅诸？"说明齐楚方言不同；《战国策·秦策》（上海古籍出版社 1978：201）："郑人谓玉未理者璞，周人谓鼠未腊者朴。周人怀朴过郑贾曰：'欲买朴乎？'郑贾曰：'欲之。'出其朴，视之，乃鼠也。因谢不取。"说明了周郑方言的差异。当然，那时的汉语也有原始的共同语——雅言的存在。《论语·述而》曰："子所雅言，诗、书、执礼皆雅言也。"（《四书集注》，岳麓书社 1985：

124）从上古一直到中古，雅言的基础方言都在今天的中原官话范围之内。从历史上看，商代以前的雅言基础在今河南一带，周代到汉、魏、晋这一时期雅言的基础在今陕西的关中平原。扬雄《方言》中秦、晋方言出现的频率最高，且常常并举，说明秦、晋方言在汉代的影响。《方言》里又出现了诸如"通语、通名、凡语"等术语，正好说明秦、晋方言并非雅言，而是地道的方言，这正是现在中原官话的前身。晋以后，随着政治、经济、文化中心的东移，古都洛阳的方言逐渐取代了秦、晋方言的位置。北齐颜之推《颜氏家训·音辞篇》（《颜氏家训集解》，中华书局 1993：529）说："自兹厥后，音韵蜂出，各有土风，递相非笑，指马之谕，未知孰是。共以帝王都邑，参校方俗，考核古今，为之折衷，权而量之，独金陵与洛下耳。"唐代李涪《刊误》："凡中华音切莫过东都，盖居天下之中，禀气特正。"（《四库全书·子部杂家类》）宋代陆游《老学庵笔记》（中华书局 1979：77）卷六："中原惟洛阳得天地之中，语音最正。"元代周德清《中原音韵》："惟我圣朝兴自北方，五十余年，言语之间，必以中原之音为正。"（见《中国古典戏曲论著集成》（一）1957：219）今人李新魁（1994：160）认为清代中叶以后北京音才逐渐上升为"正音"，在此之前，中州（洛阳）音才是标准音。这些都说明，古代雅言的标准音应在中原地区。

由于中原地区在中国古代历史上的特殊地位，中原地区的方言到清代中叶以前一直是汉民族共同语——雅言的标准音，它在汉语发展史上有着无以取代的作用，对现代汉语各大方言的形成和发展起了关键性的作用。今汉语方言多是从以中原官话为中心的北方方言中发展来的，其过程和原因许多学者都有专论，兹不赘述。

中原官话南疆片的形成时间较晚，刘俐李（1993a）认为中原官话南疆片是以陕西回族话为基础形成的："新疆建省前夕，南疆出现大批回族民户，多系清廷安置的被陕西回民头目白彦虎裹胁至南疆的陕西回族民众……他们所用的关中方言经过发展演变，就成了当地的汉语，以致影响到后来移居的汉语使用者。"

第二节　中原官话的特点

一　古入声今读

中原官话的所有方言古入声全部消失，今与舒声调合流，基本规律是"清、次浊入今归阴平，全浊入今归阳平"，部分点例外。陇中片、南疆片全部和秦陇片个别点平声不分阴阳，古入声今归平声。汾河片的新绛、闻喜、夏县、垣曲、沁水（城关）、襄汾和平阳片的曲沃等点古清、次浊入今归去声，全浊入仍归阳平，其中曲沃一点去声分阴阳，平声不分阴阳，清、次浊入归阴去，全浊入归平声。如表 5-1。

表 5-1　中原官话古入声字归调表

片	点	八帮入	笔帮入	福非入	各见入	拉来入	麦明入	月疑入	杂从入	活匣入	毒定入
关中	西安	꜀pa	꜀pi	꜀fu	꜀kɤ	꜀la	꜀mei	꜀ye	꜀tsa	꜀xuo	꜀tu
秦陇	宝鸡	꜀pa	꜀pi	꜀fu	꜀kuo	꜀la	꜀mei	꜀ye	꜀tsa	꜀xuo	꜀t'u
	西宁	꜀pa	꜀pj	꜀fʮ	꜀kɔ	꜀la	꜀mei	꜀yu	꜀tsa	꜀xu	꜀tʮ
	敦煌	꜀pa	꜀pi	꜀fʮ	꜀kə	꜀la	꜀mei	꜀yɛ	꜀tsa	꜀euɣ	꜀tʮ
陇中	天水	꜀pa	꜀pi	꜀fu	꜀kuo	꜀la	꜀mei	꜀yɛ	꜀tsa	꜀xuo	꜀t'u

片	点	八帮入	笔帮入	福非入	各见入	拉来入	麦明入	月疑入	杂从入	活匣入	毒定入
南疆	焉耆	꜀pa	꜀pi	꜀fu	꜀kɤ	꜀la	꜀mei	꜀ye	꜀tsa	꜁xuo	꜀tu
汾河	洪洞	꜀pɑ	꜀pi	꜀fu	꜀ko	꜀la	꜀mɛ	꜀ye	꜀t'ɑ	꜁xuo	꜀t'u
	新绛	pa꜒	pi꜒	fu꜒	ko꜒	la꜒	mei꜒	ye꜒	꜀ts'a	꜁xuə	꜀t'a
	襄汾	pa꜒	pei꜒	fu꜒	ko꜒	la꜒	mei꜒	ye꜒	꜀ts'a	꜁xuə	꜀t'u
	曲沃	pa꜒	pi꜒	fu꜒	ko꜒	la꜒	mei꜒	ye꜒	꜀tsa	꜁xuə	꜀tu
洛徐	洛阳	꜀pa	꜀pei	꜀fu	꜀kɤ	꜀la	꜀mɛ	꜀yɛ	꜀tsa	꜁xuo	꜀tu
	徐州	꜀pa	꜀pe	꜀fu	꜀kə	꜀la	꜀me	꜀yə	꜀tsa	꜁xuə	꜀tu
郑曹	郑州	꜀pa	꜀pei	꜀fu	꜀kɤ	꜀la	꜀mɛ	꜀ye	꜀tsa	꜁xuo	꜀tu
蔡鲁	金乡	꜀pa	꜀pei	꜀fu	꜀kə	꜀la	꜀mei	꜀yə	꜀tsa	꜁xuə	꜀tu
信蚌	信阳	꜀pa	꜀pei	꜀fu	꜀kɤ	꜀na	꜀mɛ	꜀ye	꜀tsa	꜁fɤ	꜁tou

入声调的消失是官话方言语音演变过程中的一件大事，大约从元代开始。周德清的《中原音韵》已经反映了入声派入别的调类的趋势。入声调的消失实际上就是入声韵尾脱落以后引起入声调的舒化，然后与舒声调发生了合并。合并的条件是调值的相同或相近。如表5-2。

表5-2

	清平	浊平	清、次浊上	全浊上	浊去	清去	清、次浊入	全浊入
西安	21	24	53	44			21	24
天水	13		53	24			13	
焉耆	24		51	44			24	
敦煌	13		53	44			13	
曲沃	213		55	53	31			213
侯马	31	324	44	53			31	324
新绛	53	325	44	31				325

从表中可知，西安方言清平和清、次浊入是低降调21，浊平和全浊入是中升调24；平声不分阴阳的点除曲沃外，平声、入声与西安的阳平一样是低升调 13/24；曲沃、侯马、新绛全浊入归阳平或平声，清入、次浊入的归向区别较大：曲沃归阴去，侯马归阴平，新绛归去声。但无论入声归何调，都是对调值的选择：全浊入选择曲调 213/324/325，清、次浊入选择低降调31。中原地区方言中古声调的具体调值已经无法确知，但从一些文献的描写可了解当时声调大致的特点。如日本和尚安然作于 880 年的《悉昙藏》中有对汉语声调的描写：“我日本国元传二音，表则平声直低，有轻有重；上声直昂，有轻无重；去声稍引，无轻无重；入声径止，无内无外。”丁邦新据此推断唐代平声是“平调，大概比较低，长度普通”，入声是“促调，高低难说，长度短”（《平仄新考》，见丁邦新1998：78）。丁邦新又据日本了尊作于 1287 年的《悉昙轮略图抄》的“平声重，初后俱低，平声初昂后低（邦新按：‘平声’之下疑脱轻字）”和“入声重，初后俱低，入声轻，初后俱昂”，推断元代以前汉语的阴平是降调，阳平是低平调，阴入是高平调，阳入是低平调。（同上：81～82）今中原官话古平声字的调值大都较低，跟中古平声字调值较低有关。梅祖麟（1982）认为“唐代官话的祖语的调值系统，现代官话方言大致还能保存”，原因是“长安、洛阳、开封是唐宋时代的首都，又是文化中心。首都方言是全国的标准语，影响力极大，四周的方言都向它看齐，变得一致。等到政治文化中心转移到他处，洛阳、开封丧失旧有地位的时候，以前受过影响的邻近方言调值还相当一致，互相支持，所以这一带的方言能长久维持旧有的调值”。（梅祖麟2000：347）

与中原官话毗邻的晋语中，一些方言的入声调值与平声、上声接近，与丁邦新先生推测的元代以前的汉语平声、入声调值也接近，如表 5-3。

表 5-3（见王临惠 2003b: 103）

	浊平	清平	清、次浊上	全浊上、去声	清、次浊入	全浊入
静乐	31	324	213	53	?4	?213
娄烦	33		213	53	?2	?212
古交	22		312	55	?2	?212
阳曲	22		213	353	?2	?212

在促声舒化的过程中，许多字丢失塞尾以后向调值接近的舒声调靠拢，如：古交"贼tsə?²¹²→tsei³¹²、轴tsuə?²¹²→tsəu³¹²、六luə?²→liəu²²、拉la?²→la²²"等，足见声调合并的条件是调值的相同或相近。温端政（1986）认为："一旦喉塞尾消失，入声韵母系统瓦解，阴阳入就可能分别向调值接近的舒声转化。从目前已经没有入声的山西南部来看，古清入归阴平的一般念低平调，可能就属于这种情况的进一步发展变化。"与晋语的入声字发展近于同步的吴方言（都收-?尾）中，入声舒化以后也有并入调值相同或相近的调类的现象。曹志耘（2002：107～108）在讨论金华、汤溪等方言的入声演变时认为："南部吴语入声调的演变过程首先是'延伸'，即把原来的短促调值拉长。延伸之后，如果原调系统中有相同相近的调值，就并入跟它最接近的那个调，如果没有，就保留单独的调类。在这个过程中，要受到声母清浊的制约，即阴入字只能并入阴调，阳入字只能并入阳调。"中原官话入声调舒化以后归入其他调类的情形也大致如此。在不同方言里，相同调类的归向不同是不同方言中声调的调值发展的趋向不同造成的，亦即调值的相同或相近是调类归并的首选条件。

二　古全浊声母今读

中原官话南疆片、洛徐片、郑曹片、蔡鲁片、信蚌片古全浊声母今音塞音、塞擦音的平声字读送气清声母，仄声字读不送气声母，与北京话相同，如表 5-4。

表 5-4　全浊声母今读表（一）

片	点	平		上		去		入	
		平並	谈定	并並	淡定	病並	垫定	别並	叠定
南疆	焉耆	₌pʻiŋ	₌tʻan	ˊpiŋ	taⁿ	piŋˋ	tiaⁿˋ	₌piɛ	₌tiɛ
洛徐	洛阳	₌pʻiŋ	₌tʻan	piŋˇ	tanˇ	piŋˋ	tianˋ	₌piɛ	₌tiɛ
	徐州	₌pʻiŋ	₌tʻæ	piŋˇ	tæˇ	piŋˋ	tiæˋ	₌piə	₌tiə
郑曹	郑州	₌pʻiŋ	₌tʻan	piŋˇ	tanˇ	piŋˋ	tianˋ	₌piɛ	₌tiɛ
蔡鲁	金乡	₌pʻiŋ	₌tʻã	piŋˇ	tãˇ	piŋˋ	tãˋ	₌piə	₌tiə
信蚌	信阳	₌pʻin	₌tʻan	piŋˇ	tanˇ	piŋˋ	tanˋ	₌piɛ	₌tiɛ

汾河片和关中片的大荔、华阴等方言古全浊声母今音塞音、塞擦音的字不论平仄大都读为送气音或平声字送气、仄声字文读不送气、白读送气。另外，关中片的西安、渭南、华县、韩城、合阳、宜川、白水、铜川、洛川、黄陵、橙城、丹凤、淳化，秦陇片的宝鸡、岐山、千阳、鳞游等点仄声字也有部分送气音的读法。（张维佳 2002：242）陇中片的部分仄声字也读送气音，如表 5-5。

表 5-5　全浊声母今读表（二）(一字两音者，上为文读，下为白读)

片	点	平		上		去		入	
		爬並	群群	造从	丈澄	大定	撞澄	白並	族从
关中	西安	₌p'a	₌tɕ'yẽ	tsↄ⁼ ts'ↄ⁼	tʂãɣ⁼	ta⁼	pf'ãɣ⁼	₌pei	₌ts'ou
	大荔	₌p'ɑ	₌tɕ'yẽ	ts'ao⁼	tʂ'ɑɣ⁼	t'ɤ⁼	pf'ɑɣ⁼	₌p'ei	₌ts'ɤu
	韩城	₌p'ɑ	₌tɕ'yẽ	ts'ao⁼	tʂ'ɑɣ⁼	t'uə⁼	pf'ɑɣ⁼	₌p'ei	₌ts'əu
秦陇	宝鸡	₌p'a	₌tɕ'yəŋ	tsↄ⁼	tʂ'ã⁼	ta⁼	tʂ'ã⁼	₌p'ei	₌ts'u
	延安	₌p'a	₌tɕ'yŋ	ts'au⁼	tʂ'aŋ⁼	ta⁼	⁼tʂ'uaŋ	₌p'ei	₌ts'u
陇中	天水	₌p'a	₌tɕ'yn	⁼ts'ao	tʂaŋ⁼	ta⁼	ts'uaŋ⁼	₌pai ₌p'ei	₌tsʅ
汾河	临汾	₌p'a	₌tɕ'yn	ts'ɑu⁼	tʂaŋ⁼ tʂ'ↄ⁼	ta⁼ t'ↄ⁼	tʂ'uaŋ⁼	₌pai ₌p'ɤ	₌ts'əu
	新绛	₌p'a	₌tɕ'yən	ts'ao⁼	tʂ'əŋ⁼ tʂ'ə⁼	ta⁼ t'ə⁼	pf'əŋ⁼	₌pai ₌p'ei	₌ts'əu
	运城	₌p'a	₌tɕ'yeĭ	ts'au⁼	tʂ'aŋ⁼ tʂ'uo⁼	ta⁼ t'uo⁼	pf'aŋ⁼	₌pai ₌p'ei	₌ts'ou
	灵宝	₌p'a	₌tɕ'yn	ts'au⁼	tʂaŋ⁼ tʂ'aŋ⁼	ta⁼	⁼tʂ'uaŋ	₌pai ₌p'iɛ	₌ts'ou

　　这个特点不仅分布在上述的中原官语语内，还在与中原官话相毗连的晋语吕梁片、志延片里有所反映，说明"古全浊声母今音塞音、塞擦音的字不论平仄都与同部位的次清声母合流"是中古西北方言语音演变的基本规律之一，它的历史可以上溯到唐、五代时期。罗常培在《唐五代西北方音》（1961：29）里说："全浊声母的字除去奉母的'凡梵'，定母的'怠道第大地盗定达'，澄母的'着'等十一字外，其余的都变成次清，我们得到这个时地相近的有力旁证，非单可以不再犹豫就决定其他三种藏音里的全浊声母应该读作送气音，并且全浊声母在现代西北方音跟大部分'官话'里所以平声变次清，仄声变全清的现象也可以得到解释了。因为《大乘中宗见解》里保持浊声本读的一共才有十一个字，其中倒有两个上声六个去声，上去两声所以不完全变次清一定是送气的成素受声调的影响渐渐变弱的缘故；并且《千字文》跟《大乘中宗见解》里的全清上去声字所以同全浊的上去声字相混也恰好可以拿同样的理由来解释：可见全浊平声变次清，仄声变全清的趋势从那时候已经开始了。"到了宋代，这种演变已经完成，龚煌城（1981：47～48）通过《番汉合时掌中珠》中的对音材料证明12世纪末西北方言"浊塞音与浊塞擦音，不分声调，均变成送气的清塞音与清塞擦音"。张维佳（2002：242）考察关中方言古全浊声母今读送气的现象时认为："从古全浊声母白读层送气的地理分布看，这种音变曾是整个关中地区发生过的现象。"李如龙、辛世彪（1999）认为："在唐宋时期，以关中晋南为中心的西北方言在当时的方言中是具有影响力的，这一时期的一些重要的对音材料都是用这种权威方言对译的。可见今天关中晋南一带的方言与唐宋西北方言在送气音特征上是一脉相承的。"

　　这个特点在长期的方言发展过程中已经磨损，主要表现为分布上的不平衡性：较为完整地保留在汾河片和关中片东北角（大荔、华阴、韩城等）、秦陇片北部（延安、甘泉等）方言里，其他方言只是部分保留（如天水等）或零星保留（如西安等）。且不说这些部分保留或零星保留的方言，就是较为完整地保留这一特点的方言，如汾河片等，也在朝着"平声送气，仄声不送气”的方向发展。全浊声母仄声不送气的字大都为次常用字或不常用字，如"暴、陡、导、阵、窨"等。方言在长期的发展过程中，因口语和书面语的脱节，许多不常用字慢慢地从口语中剥离，逐渐地变成了"死字"。后来，这些"死字"又以词汇扩散的方式进入了人们的口语。如汾河片方言中不用"电"，把"闪电"叫"火闪"，后来随着电力技术的运用，许多带"电"的词如"电灯、电话、电影"等进入了人们的口语，这些词都读不送气音；"道"文读不送气而白读送气，如"道义、道路"等"道"今读不送气音 t，"水道"等"道"今读送气音 t'。这显然是受到普通话的影响，主要渠道应是新中国成立以后的扫盲、推普、义务教育等工作。

三　知庄章三组字声母今读

中古知庄章三组字在中原官话中的演变情况非常复杂，大致可以分为以下几个类型：

（1）知庄章三组声母与北京话一样，不论开合口，今读均为 tʂ tʂ' ʂ。这种类型主要分布在郑曹片（费县、平邑、枣庄等点例外）。

（2）知庄章组声母不论开合口都与精组洪音字合流，今读 ts ts' s。这种类型主要分布在蔡鲁片和信蚌片（信阳等点遇、山、臻三摄合三知章组今读 tɕ tɕ' ɕ，例外），郑曹片的个别点，如枣庄等也属于这种类型。

（3）开口知摄二等、庄组、止摄三等章组与精组洪音字合流，今音 ts ts' s（宕摄庄组、江摄知庄组例外）；开口知组三等、章组（止摄例外）今音 tʂ tʂ' ʂ。合口字和宕摄开口庄组、江摄开口知庄组字合流，今音 pf pf' f。这种类型在中原官话中有 36 个点：汾河片有 23 点（临汾、霍县、洪洞、襄汾、沁水、侯马、闻喜、永济等点例外），关中片有西安、长安、周至、韩城、潼关、华阴、合阳、大荔等 8 点，秦陇片有安康、西乡、略阳、康县等 4 点，郑曹片有平邑 1 点。

（4）开口知组二等、庄组、止摄三等章组与精组洪音字合流，今音 ts ts' s（宕摄庄组、江摄知庄组例外）；开口知组三等、章组（止摄例外）今音 tʂ tʂ' ʂ。合口字（生、书、禅三母今读擦音的除外）和宕摄开口庄组、江摄开口知庄组字合流，今读 tʂ tʂ'；今音为擦音的生、书、禅三母今读 f。这种类型在中原官话中有 27 个点：秦陇片有西宁、平安、湟中、湟源、互助、化隆、门源、崇德等 8 点，陇中片有民和、乐都、大通等 3 点，南疆片有鄯善、疏勒等 13 点，汾河片有洪洞、襄汾、侯马等 3 点。

（5）开口知组二等、庄组、止摄三等章组与精组洪音字合流，今音 ts ts' s（宕摄庄组、江摄知庄组例外）；开口知组三等、章组（止摄例外）、宕摄庄组、江摄知庄组字和合口字合流，今音 tʂ tʂ' ʂ。这种类型分布在洛徐片、南疆片、秦陇片、陇中片的 24 个点中。汾河片的霍州、沁水（城关）大致也归入这个类型：霍县个别合口字今读 ts ts' s，如：追 ₌tsuei、吹 ₌ts'uei、水 ˚suei；沁水（城关）部分精组洪音字与知三、章组字合流，如：醉＝坠tʂuei°、岁＝睡ʂuei° 等。南疆片的阿克陶一点"[tʂ]组声母和[ts]组声母不对立，可以自由互换，"比如'支、翅、师'，既可读[₌tʂ　tʂ'ʅ° ₌ʂʅ]，也可读[₌tʂ　tʂ'ʅ° ₌ʂʅ]，以读[ts]为多"。（刘俐李、周磊 1986）

（6）开口字不与精组洪音字合流，除宕摄庄组、江摄知庄组、止摄开口三等字外，都读 tʂ tʂ' ʂ；合口字和宕摄开口庄组、江摄开口知庄组字今音 pf pf' f。这种类型只有汾河片的永济一点。

（7）开口字与精组洪音字合流，除宕摄庄组、江摄知庄组、止摄开口三等字外都读 ts ts' s；合口字和宕摄开口庄组、江摄开口知庄组字今音 pf pf' f。这种类型只有汾河片的闻喜一点。

（8）开口知组二等、庄组、止摄开口三等和合口字与精组洪音字合流，今音 ts ts' s，开口知组三等、章组字独立，今音 tʂ tʂ' ʂ。这种类型在中原官话中有 70 个点：关中片有咸阳、渭南等 34 点，秦陇片有凤翔、汉中等 27 点，陇中片有天水、渭源等 9 点。

（9）开口知组二等、庄组、止摄三等章组与精组洪音字合流，今音 ts ts' s（宕摄庄组、江摄知庄组例外）；开口知组三等、章组（止摄例外）今音 tʂ tʂ' ʂ。合口字（生、书、禅三母今读擦音的除外）和宕摄开口庄组、江摄开口知庄组字合流，今读 tʂf tʂf'。这种类型仅见于南疆片的焉耆、霍城，但这两点仍有不同：今音为擦音的生、书、禅三母，焉耆今音 ʂ、霍城今读 f。

（10）开口知组二等、庄组、止摄三等章组和知章组合口三等字（遇摄例外）与精组洪音字合流，今音 ts ts' s；开口知组三等、章组开口三等（止摄例外）、知章组遇摄字与精、见组细音字合流，今读 tɕ tɕ' ɕ。这种类型见于洛徐片的东明等点中。

（11）知庄章三组除合口字今音为擦音的生、书、禅母字声母读为 f 外，其他字都读 tʂ tʂ' ʂ。这种类型分布在汾河片的临汾，郑曹片的费县、苍山、鄄城、巨野、郓城、阳谷、梁山、郯城等点。

各种类型的古今对应规律和具体读音见表 5-6、5-7。

表 5-6　中原官话知庄章三组声母古今对应规律

类型	开口						合口			主要分布区
	知二	庄组	章组止摄	知三	章组	宕江知庄组	知	庄	章	
（1）	tʂ tʂ' ʂ									郑曹
（2）	ts ts' s									蔡鲁　信蚌
（3）	ts ts' s			tʂ tʂ' ʂ		pf pf' f				汾河　关中　秦陇　郑曹
（4）	ts ts' s			tʂ tʂ' ʂ		tʂ tʂ' f				秦陇　陇中　南疆　汾河
（5）	ts ts' s			tʂ tʂ' ʂ						洛徐　南疆　秦陇　陇中
（6）	tʂ tʂ' ʂ			pf pf' f						汾河（永济）
（7）	ts ts' s			pf pf' f						汾河（闻喜）
（8）	ts ts' s			tʂ tʂ' ʂ		ts ts' s				关中　秦陇　陇中
（9）	ts ts' s			tʂ tʂ' ʂ		tʂf tʂf' ʂ/f				南疆（焉耆、霍城）
（10）	ts ts' s			tɕ tɕ' ɕ		ts ts' s tɕ tɕ' ɕ（遇摄知章）				洛徐（东明）
（11）	tʂ tʂ' ʂ			tʂ tʂ' f						汾河（临汾）　郑曹

表 5-7　开口知庄章三组声母今读表

类型	片	点	开口								合口		
			站 知咸二	愁 崇流三	山 生山二	支 章止三	展 知山三	车 昌假三	食 船曾三	庄 庄宕二	猪 知遇三	穿 昌山三	书 书遇三
（1）	郑曹	郑州	tʂan	tʂ'ou	ʂan	tʂʅ	tʂan	tʂ'ɛ'	ʂʅ	tʂuaŋ	tʂu	tʂ'uan	ʂu
（2）	蔡鲁	曲阜	tsã	ts'ou	sã	tsʅ	tsã	ts'ə	sʅ	tsuɑŋ	tsu	ts'uã	su
	信蚌	信阳	tsan	ts'ou	san	tsʅ	tsan	ts'ɛ	sʅ	tsaŋ	tɕy	tɕ'yan	ɕy

(3)	关中	西安	tsã	ts'ou	sã	tsʅ	tʂã	tʂʽɤ	ʂʅ	pfãɣ	pfu	pfʽã	fu
	汾河	运城	tsæ	ts'ou	sæ	tsʅ	tʂæ	tʂʽE	ʂʅ	pfaŋ	pfu	pfʽæ	fu
(4)	秦陇	西宁	tsã	ts'ɯ	sã	tsʅ	tʂã	tʂʽɛ	ʂʅ	tʂuɔ̃	tʂy	tʂʽuã	fv
	汾河	洪洞	tsan	ts'ou	san	tsʅ	tʂan	tʂʽe	ʂʅ	tʂuaŋ	tʂu	tʂʽuan	fu
(5)	秦陇	宝鸡	tsæ	ts'ou	sæ	tsʅ	tʂæ	tʂʽə	ʂʅ	tʂã	tʂu	tʂʽæ	ʂʅ
	洛徐	洛阳	tsan	ts'əu	san	tsʅ	tʂan	tʂʽə	ʂʅ	tʂuaŋ	tʂu	tʂʽuan	ʂu
(6)	汾河	永济	tsæ	ts'əu	ʂæ	tʂʅ	tʂæ	tʂʽJE	ʂʅ	pfaŋ	pfu	pfæ	fu
(7)	汾河	闻喜	tsã	ts'əu	sã	tʂʅ	tsã	ts'ɛ	sʅ	pfəŋ	pfu	pfʽã	fu
(8)	秦陇	汉中	tsan	ts'ou	san	tsʅ	tʂan	tʂʽə	ʂʅ	tsuan	tsu	ts'uan	su
	陇中	天水	tsan	ts'ou	san	tsʅ	tʂan	tʂʽə	ʂʅ	tʂuan	tʂʅ	tʂ'uan	ʂʅ
(9)	南疆	焉耆	tsan	ts'ou	san	tsʅ	tʂan	tʂʽɤ	ʂʅ	tʂuaɣ̃	tʂu	tʂ'uan	ʂʅ
(10)	洛徐	东明	tsan	ts'ou	san	tsʅ	tɕian	tɕ'ie	ɕi	tsuan	tɕy	ts'uan	ɕy
(11)	汾河	临汾	tʂan	tʂ'əu	ʂan	tʂʅ	tʂan	tʂ'ɤ	ʂʅ	tʂuaŋ	tʂu	tʂ'uan	fu
	郑曹	郯城	tʂæ	tʂ'o	ʂæ	tʂʅ	tʂæ	tʂ'ə	ʂʅ	tʂuan	tʂu	tʂ'uæ	ʂu

注：焉耆的 tʂ tʂʽ 实际音值是 tʂf tʂf。（刘俐李 1988：32）

知组二等、止摄三等章组、庄组字与精组洪音字声母合流为 ts tsʽ s，知组三等、章组（止摄例外）今音 tʂ tʂʽ ʂ 的现象也多见于其他官话方言，如兰银官话的北疆片（乌鲁木齐）、河西片（民勤）、北京官话的沧惠片（沧州）、保唐片（天津）、北疆片（温泉）、胶辽官话的青州片（平度）等。而且，今知庄章合流为 tʂ tʂʽ ʂ 的方言，如北京官话、冀鲁官话等，也不同程度地存在着庄组、知组二等字混入精组的例外，如北京话的"洒阻所辐淬厕邹搜馊飕簪岑森涩篹瑟侧测色啬赜箣册缩庄择泽知二"等，但章组、知组三等字却没有这种例外。虽然上述方言在知庄章的具体分类和音值上存在着一定的差异，但大致可以说，这些方言也曾有过一个庄组、知组二等字声母与章组、知组三等字声母分立的时期，这些例外字是这些方言的知庄章组声母在晚期合并过程中的孑遗形式。从这个特点在现代官话方言中的分布情况上可以推断，庄组、知组二等字声母与章组、知组三等字声母分立是北方的官话方言中较为古老的层次。上古音里，知组尚未脱离端组早有定论，庄组与章组分立也是事实，但庄组与精组的关系尚有争议。王力（1985：20）说："关于正齿音二等庄初床山四母，在陈澧以前，没有人知道它们和正齿三等照穿神审禅是不同发音部位的……黄侃懂得这个区别，同时他把庄初床山并入上古的精清从心。他合并得颇有理由。从联绵字看，'萧瑟'、'萧疏'、'萧森'、'潇洒'等，都可以证明精庄两系相通。"黄淬伯根据唐代僧人慧琳（公元736～820年）的《一切经音义》中所使用的反切上字考订出唐代关中方言音系中庄组与精组不分，他还说："昔年旧作依傍陈澧《反切考》，把慧琳音舌尖音各声母的反切上字 B 系看作庄、初、床、疏四声母，不但破坏了慧琳反切上字分布的平行系统，而且使唐代关中方音凭空产生庄、初、床、疏四个声母。"（黄淬伯 1998：18）李珍华、周长楫（1999：5）也认为"上古无庄组"，并对《广韵》1089 个庄组字进行了分析，所得到的结论是"庄组互谐的有 328 字次，庄精组互谐的 523 字次。除去庄组互谐的，庄精组相谐的比重比庄组跟其他声组相谐的比重大得多，大抵是 7 比 3"。蒋希文（1982）认为《中原音韵》里声母庄组、知组二等为一类，章组、知组三等为一类；止摄字庄、章组为一类，通摄字知、庄、章三组为一类。这与今中原官话中这三组声母的分合情况基本一致，只在合口字上有所出入。从以上材料可以推知，中原官话中古知、庄、章三组声母的分合的大致轮廓早在唐五代之前就已经形成，庄组与章组的分立当是对《切韵》时代方言的保留，知组依等、开合口分别归入庄组和章组当是对近古方言的继承。《切韵》音系里精组在一、三、四等，庄组在二等，这种互补分布可以说明上古精组与庄组只是韵母"等"的不同。今方言中精庄一致不是庄组与精组的晚期合并，而是对上古音的继承。唐五代以后，知组从端组中分化出来以后，二等归庄、三等归章是韵母相同而引起的声母的合并。

　　知庄章合口字和宕开二庄组、江开二知庄组字声母今读 pf pfʻ f 的现象在古代韵书里没有记载，这使我们对它们的起源及其生成过程的考察陷入了困境。目前，对于这个问题较为一致的看法是：合口知庄章声母合并以后受到 u 介音或 u 韵母的影响而变为唇齿音，至于它们唇齿化的具体过程以及时间却不甚了了，或者说到目前为止仍是个谜。从中原官话中我们可以看到，pf 类声母的产生以合口呼韵母为基本条件。pf 类声母存在于合口的知庄章组字里，例外的是宕开三的庄组字、江开二的知庄组字今音 pf pfʻ f，不读 ts tsʻ s 或 tʂ tʂʻ ʂ。从这个例外现象我们大致可以推知，pf 类声母产生的时间当在知组声母依等、开合口分别并入庄章组和宕江两摄合流而且知庄组的韵母变为合口呼之后。如果庄章组合口声母在知组字未并入以前先期变为 pf 类，这些字的韵母因此而变为开口呼，知组合口字就失去了并入庄章组的条件。如果宕江两摄不合流，宕开三庄组和江开二知庄组字的韵母就没有共同变为合口呼的条件，也就没有今天"疮宕开三＝窗江开二"的结果；如果宕江两摄的知庄组韵母不变为合口呼，其声母也就不可能变为 pf 类。

　　据周祖谟《唐五代的北方语音》（1984，见周祖谟 1993）考证，唐五代北方语音中宕江两摄已合流且知照组韵母尚未转化为合口呼，敦煌变文中"仗（状）似败军之将"（王重民等编 1957：99）可以作为旁证。李新魁（1984）认为元代江阳韵的照二组字韵母尚未完成向合口呼的转化。因此，pf 类声母生成的时间最早当不超过元代。清代的地方志有关方言的内容里对此类现象已有反映，如乾隆己酉年（公元 1789 年）周大儒纂修的《虞乡县志·地舆志·风俗》（山东大学图书馆馆藏）（虞乡今属永济）里有"船读作樊"等，今永济、临猗、万荣、河津等方言中仍然沿用。关于 pf 类声母的生成过程，易于接受的看法是知庄章三组的合口字声母先合并为 tʂ tʂʻ ʂ，然后在 u 的作用下唇齿化，变为 pf pfʻ f，中原官话中南疆片、兰银官话的北疆片一些点把"猪出"读为 tʂfu tʂʻfu（刘俐李、周磊 1986）——这是从 tʂ 演变到 pf 的未完成形式，可以支持这种观点。但关中片从周至的哑柏镇到眉县的青化乡一带却把知庄章的合口字读为 tsf tsfʻ f（孙立新 1997），——这是从 ts 演变到 pf 的未完成形式，不能支持上述观点。因此，pf 类声母的生成过程当是：

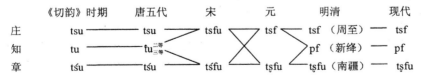

	《切韵》时期	唐五代	宋	元	明清	现代
庄	tsu	tsu	tsfu	tsf	tsf（周至）	tsf
知	tu	tu二等/三等			pf（新绛）	pf
章	tʂu	tʂu	tʂfu	tʂfu	tʂfu（南疆）	tʂfu

　　pf 类声母所拼的韵母大都是中古的合口二、三等韵，而这些韵母在中原官话上述各点里逢 pf pfʻ f 一律变为开口呼（单韵母 u 下面讨论），逢其他声母仍为合口呼，如河津"追 pfei、捶 pfʻei、水 fei、类 luei、翠 tsʻuei、跪 kʻuei、为 uei"等。这类声母集中分布的汾河片里"猪、出、书"类字的读音中 u 韵母实际音值是 υ（u 的唇齿化形式）。因为唇齿音的发音部位和 u 介音相近的缘故，在长期的语音发展过程中，它们与 u 合并了。我们今天所见到

的 pf pfʿ f 无疑是一种声介合一的产物，人们在拼读有 pf 类声母的音节时自觉不自觉地把唇形收拢当是 u 介音的残存形式。从分布的普遍性和保留的完整性来看，pf 类声母在其他方言里的分布当是中原官话关中片和汾河片（古秦晋方言）以黄河和河西走廊为自然条件向东西两翼延伸的结果。

四　日母字的今读

中原官话古日母字大致有两种：一是读零声母，一是读浊擦音或浊边擦音（以自成音节的 ɭ 为主）。止摄开口三等日母字除郑曹片和蔡鲁片的部分点今读 ɭ，秦陇片的天水等部分点、汾河片解州小片的部分点文读零声母、白读 z 声母外，大部分点都读零声母。其他摄比较有规律的是除了今读零声母的字外，其余字大都随着开口知组三等、章组和合口的知庄章组而变化，并与之互补为一套完整的塞擦音声母（其他声母的读音参见表 5-6），比如西安：日母字与开口知组三等、章组互补为 tʂ tʂʿ ʂ ʐ，与合口字互补为 pf pfʿ f v 等。郑曹片、蔡鲁片、信蚌片部分点遇三、臻合三、通合三的部分字也读零声母。秦陇片的西宁等点比较特殊，除遇合三今读自成音节的 ɣ 外，其余合口字大都读零声母。"日臻开三入"字在关中片、秦陇片的许多点读零声母，在汾河片的一些点里文读 ʐ、白读零声母。具体读音情况如表 5-8。

表 5-8　中原官话日母字今读表（一字两音者，左为文读，右为白读）

片	点	开口					合口				
		儿止	惹假	饶效	染咸	日臻	如遇	软山	闰臻	绒通	肉通
关中	西安	⊆ər	⁼ʐɤ	⊆ʐɔ	⁼ʐã	⊆ər	⊆vu	⁼vã	veˀ	⊆vəŋ	ʐouˀ
秦陇	宝鸡	⊆ər	⁼ʐə		⁼ʐæ	⊆ər	⊆ʐ̩	⁼ʐæ	ʐəŋ	⊆ʐəŋ	⊆ʐou
	西宁	⊆ɚ	⁼ʐɤ	⊆ʐɔ	⁼ʐæ	⊆ʐɿ	⊆ɣ	⁼uæ	uɜˀ	⊆uɜ̃	⊆ʐɯ
陇中	天水	⊆ər zɿ	⁼ʐə	⊆ʐao	⁼ʐan	⊆ʐɿ	ʐɿ	⁼ʐuan	ʐuɜnˀ	⊆ʐuɜn	⊆ʐou zɿˀ
南疆	焉耆	⊆ər	⁼ʐɤ	⊆ʐɔ	⁼ʐan	⊆ʐɿ	⊆ʐu	⁼ʐuaⁿ	ʐuŋˀ	⊆ʐuŋ	ʐouˀ
汾河	临汾	⊆ər	⁼ʐɤ	⊆ʐau	⁼ʐan	⊆ʐɿ	⊆vu	⁼van	vənˀ	⊆vəŋ	ʐouˀ ⊆vu
	新绛	⊆ər	⁼ʐe	⊆ʐao	⁼ʐã	⊆ʐɿ ʐ ɪˀ	⊆vu	⁼vã	vənˀ	⊆vəŋ	ʐuˀ
	运城	⊆ər	⁼ʐɛ	⊆ʐau	⁼ʐæ	⊆ʐɿ ʐ ɪˀ	⊆vu	⁼væ	veiˀ	⊆vəŋ	ʐuˀ
洛徐	洛阳	⊆ɯ	⁼ʐɤ	⊆ʐɔ	⁼ʐan	⊆ʐɿ	⊆ʐu	⁼ʐuan	ʐəŋˀ	⊆ʐuŋ	ʐuˀ
	徐州	⊆ər	⁼ʐɤ	⊆ʐɔ	⁼ʐæ	⊆ʐɿ	⊆ʐu	⁼ʐuæ	yəˀ	⊆ʐuŋ	ʐouˀ
郑曹	郑州	⊆ɭ	⁼ʐɤ	⊆ʐɔ	⁼ʐan	⊆ʐɿ	⊆ʐu	⁼ʐuan	ynˀ	⊆ʐuŋ	ʐuˀ
蔡鲁	曲阜	⊆ər	⁼ʐe	⊆ʐɔ	⁼ʐɑ̃	⊆ʐɿ	⊆ʐu	⁼ʐuɑ̃	yɜˀ	⊆ʐuŋ	ʐouˀ
信蚌	信阳	⊆ər	⁼ʐe	⊆ʐau	⁼ʐan	ʐɿˀ	⊆ɣ	⁼ʐuan	ynˀ	⊆ʐəŋ	ʐouˀ

止摄开口三等日母字今读零声母是官话里具有普遍性的一个特点。但在中原官话的秦陇片和汾河片里有文白异读，尤以汾河片突出：文读为零声母 ər，白读为 z/ʐ，如表 5-9。

表 5-9

小片	点	儿		耳		二	
		文	白	文	白	文	白
平阳	霍州	⊆ər	⊆ʐɿ	⁼ər	⁼ʐɿ	ərˀ	ʐɿˀ
解州	临猗	⊆ər	⊆ʐɿ	⁼ər	⁼ʐɿ	ərˀ	ʐɿˀ
	永济	⊆ər	⊆ʐɿ	⁼ər	⁼ʐɿ	ərˀ	ʐɿˀ

白读为 z 或者 ʐ 取决于该方言止摄开口章组字的具体读音，比如：止摄开口章组字临猗方言中与精组洪音字合流，今读 tsɿ tsʻɿ sɿ，日母白读就是 zɿ；永济方言不与精组洪音字合流，而与开口知组二等、其他章组字合流，今读 tʂʅ tʂʻʅ ʂʅ，日母白读就为 ʐʅ。这些白读音符合止摄开口三等字精组、知系字的古今演变规律，当是对中原官话中较早的历史层次的保留；而今读零声母，其韵母为卷舌音的是一种例外现象。

　　"肉通合三入"这个字比较特别，除个别点如临汾等的白读形式符合规律外，关中片（西安等）、秦陇片（西宁等）、陇中片（民和等）、郑曹片（平邑等）、南疆片（霍城等）的方言都是例外，不读 v，而读 z/ʐ。而且，这个字的韵母和声调也都与普通话大致一样。有人认为这是普通话的影响所致。光绪九年（公元 1884 年）重修的《文水县志》卷三（山东大学图书馆馆藏）中有"肉曰柔去声"的记载，今山西文水方言属晋语并州片。可见，这个字的今读不是从普通话中来的，它的例外变化可能与避讳"肏"这个禁忌字有关。

五　古影疑母开口字的今读

　　古影母、疑母开口字北京话今读零声母，中原官话关中片、汾河片、秦陇片、陇中片、信蚌片、南疆片今读 ŋ 声母；郑曹片、洛徐片、蔡鲁片今读 ɣ 声母。如表 5-10。

表 5-10　古影疑母开口字今读表

片	点	爱影	矮影	袄影	安影	恩影	鹅疑	藕疑	岸疑	昂疑
关中	西安	ˀŋɛ	ˉŋɛ	ˉŋɔ	ˍŋã	ˍŋẽ	ˍŋɣ	ˉŋou	ŋã˥	ˍŋãɣ
秦陇	宝鸡	ŋæ˥	ˉŋæ	ˉŋɔ	ˍŋæ̃	ˍŋən	ˍŋuo	ˉŋou	ŋæ̃˥	ˍŋã
陇中	天水	ŋai˥	ˉŋai	ˉŋao	ˍŋan	ˍŋən	ˍŋou	ˉŋou	ŋan˥	ˍŋaŋ
南疆	焉耆	ŋɛ˥	ˉŋɛ	ˉŋɔ	ˍaⁿ	ˍəŋ	ˍŋɣ	ˍou	ŋan˥	ˍaɣ
汾河	洪洞	ŋuo˥	ˉŋai	ˉŋao	ˍŋan	ˍŋen	ˍŋo	ˉŋou	ŋan˥	ˍŋəŋ
	新绛	ŋai˥	ˉŋai	ˉŋao	ˍŋã	ˍŋən	ˍŋə	ˍŋou	ŋã˥	ˍŋəŋ
	万荣	ŋai˥	ˉŋai	ˉŋɑu	ˍŋæ̃	ˍŋei	ˍŋɣ	ˍŋou	ŋæ̃˥	ˍŋʌŋ
洛徐	洛阳	ɣai˥	ˉɣai	ˉɣɔ	ˍɣã	ˍɣən	ˍɣɣ	ˉɣɣu	ɣã˥	ˍɣaŋ
郑曹	郑州	ɣai˥	ˉɣai	ˉɣau	ˍɣan	ˍɣei	ˍɣɣ	ˉɣou	ɣan˥	ˍɣaŋ
蔡鲁	曲阜	ɣɛ˥	ˉɣɛ	ˉɣau	ˍɣan	ˍɣən	ˍɣɣ	ˉɣou	ɣan˥	ˍɣaŋ
信蚌	信阳	ŋɑi˥	ˉŋɑi	ˉŋɑu	ˍŋan	ˍŋən	ˍŋɣ	ˉŋou	ŋan˥	ˍŋaŋ

六　果假两摄韵母的今读

　　中原官话各小片中都有部分果摄开口一等字和合口一等字韵母分立的现象，主要表现在开口一等端组的"他、大"等字、见系字和合口一等的帮组字上，其余字的韵母大致合流。果摄字韵母与假摄字韵母关系密切，开口一等的"他、大"等字与假摄二等非见系字韵母合流，开口三等字韵母与假摄开口三等精组见系字韵母合流，或文读与精组见系字合流，白读与假摄开口二等字合流（汾河片）。果摄一等、三等合口的见系字和假摄开口三等精组、章组字韵母合流，或互补为一套开、齐、合、撮四呼俱全的韵母。秦陇片的西宁等点例外，除果开三与假开三精组见系字合流外，其余字不与假摄合流。各片的具体情况见表 5-11。

表 5-11　中原官话果假摄今读表（一字两音者，上为文读，下为白读）

片	点	果摄						假摄				
		大箇定	左嵯精	河歌匣	茄戈群	婆戈並	瘸戈群	爬麻並	家麻见	写马心	车麻昌	瓜麻见
关中	西安	taᵊ	˫tsuo	⊆xuo	⊆tɕʰie	⊆pʰuo	⊆tɕʰye	⊆pʰa	⊂tɕia	˫ɕie	⊂tʂʰɤ	⊂kua
秦陇	宝鸡	taᵊ	˫tsuo	⊆xuo	⊆tɕʰie	⊆pʰo	⊆tɕʰye	⊆pʰa	⊂tɕia	˫ɕie	⊂tʂʰo	⊂kua
	西宁	taᵊ	˫tsu	⊆xu	⊆tɕʰi	⊆pʰo	⊆tɕʰyu	⊆pʰa	⊂tɕia	˫ɕi	⊂tʂʰɛ	⊂kua
陇中	天水	taᵊ	˫tsuo	⊆xuo	⊆tɕʰiɛ	⊆pʰo	⊆tɕʰye	⊆pʰa	⊂tɕia		⊂ɕie	⊂tʂʰə	⊂kua
南疆	焉耆	taᵊ	˫tsuo	⊆xɣ	⊆tɕʰiɛ	⊆pʰɣ	⊆tɕʰyɛ	⊆pʰa	⊂tɕia		⊂ɕie	⊂tʂʰɣ	⊂kua
汾河	临汾	taᵊ / tʰᵊ	tsoᵊ	⊆xɔ	⊆tɕʰiɛ / ⊆tɕʰia	⊆pʰɔ	⊆tɕʰye	⊆pʰa	⊂tɕia	˫ɕie	⊂tʂʰɣ / ⊂tʂʰa	⊂kua
	新绛	taᵊ / tʰəᵊ	˫tsuə	⊆xə	⊆tɕʰie / ⊆tɕʰia	⊆pʰə	⊆tɕʰye / ⊆tɕʰya	⊆pʰa	⊂tɕia	˫ɕie	⊂tʂʰe / ⊂tʂʰa	⊂kua
	运城	taᵊ / tʰuoᵊ	tsuoᵊ	⊆xuo	⊆tɕʰiE / ⊆tɕʰia	⊆pʰo	⊆tɕʰyE	⊆pʰa	⊂tɕia	⊂ɕiE	⊂tʂʰE / ⊂tʂʰa	⊂kua
洛徐	徐州	taᵊ	˫tsuə	⊆xə	⊆tɕʰiə	⊆pʰuə	⊆tɕʰyə	⊆pʰa	⊂tɕia	⊂ɕiə	⊂tʂʰə	⊂kua
	东明	taᵊ	˫tsʰɤ	⊆xə	⊆tsʰɤ	⊆pʰsue	⊆tsʰɤ	⊆pʰa	⊂tɕia	⊂ɕie	⊂tɕʰie	⊂kua
郑曹	郑州	taᵊ	˫tsuo	⊆xɣ	⊆tɕʰiɛ	⊆pʰo	⊆tɕʰyɛ	⊆pʰa	⊂tɕia	⊂sie	⊂tʂʰɣɛ	⊂kua
蔡鲁	曲阜	taᵊ	˫tsuə	⊆xə	⊆tɕʰiə	⊆pʰuə	⊆tɕʰyə	⊆pʰa	⊂tɕia	⊂ɕie	⊂tʂʰə	⊂kua
信蚌	信阳	taᵊ	˫tsuo	⊆xɣ	⊆tɕʰyɛ	⊆pʰo	⊆tɕʰyɛ	⊆pʰa	⊂tɕia	⊂ɕie	⊂tsʰɛ	⊂kua

七　蟹止两摄韵母的今读

　　蟹摄开口一、二等非见系字、合口一等见组部分字、二等部分字独立为一类韵母。开口二等见系多数点与果摄开口三等、假摄开口三等精组字合流（参见表 5-11），汾河片、洛徐片、信蚌片部分点读齐齿呼 iai，与蟹开一互补为一套韵母。合口一等的"块、会~计、外"等字与合口二等字（卦韵字除外）合流，今读 uai 或 uɛ，与蟹开一互补为一套韵母。开口三、四等字与止摄开口三等字同声母的字合流，合口一等非见系字、三四等字与止合口三等字合流。关中片、汾河片等方言合口三等知系字声母为 pf pfʰ f v 的，韵母与合口帮组字韵母合流。值得注意的是：蟹合一帮组字以 ei 为常，止开三帮组字在多数方言中有的读 ei 有的读 i；合口三等非组字以读 ei 为常，但郑曹片、信蚌片的部分方言今读 i。蟹合三、止合三非组字韵母洛徐片、郑曹片、蔡鲁片的部分方言中有 f 拼读细音 i 的现象，如洛阳、徐州、郑州、曲阜等方言"费、飞、肥"等字今读 fi；汾河片有文白异读，文读 ei，白读 i，如霍州、新绛、运城等方言"费、飞、肥"等字今读 fei/çi。另外，汾河片多数点蟹合三、止合三精组、知系字有文白异读，白读精组为 y ，知系为 u，和遇摄字合流（参见表 5-12），如：叙遇合三语邪=白读的岁蟹合三祭心、穗止合三至邪 çyᵊ ≠文读的岁、穗 sui²；猪遇合三鱼知=白读的级蟹合三祭心、锥止合三脂章 pfu/tʂu ≠文读的缀、锥 pfei/tʂuei。各点的具体情况见表 5-12。

表 5-12　中原官话蟹止摄韵母今读表（一字两音者，上为文读，下为白读）

摄		蟹摄								止摄					
开合口		开口				合口				开口			合口		
等		一	二	三	四	一	二	三	四	三	三	三	三	三	三
片	点	菜 代清	街 皆见	世 祭书	济 霁精	妹 对明	怪 怪见	岁 祭心	闰 齐见	披 支滂	知 支知	纪 止见	嘴 纸精	飞 微非	吹 支昌
关中	西安	ε	iε	ʅ	i	ei	uε	uei	uei	i	ʅ	i	uei	ei	ei
秦陇	宝鸡	æ	ie	ʅ		ei	uæ	uei	uei	i	ʅ	i	uei	ei	ei
	西宁	ε	i / ε	ʅ	j	ei	uε	uei	uei	ei	ʅ	j	uei	ei	uei
陇中	天水	ai	ai	ʅ	i	ei	uai			i	ʅ	i	uei	ei	uei
南疆	焉耆	ε	iε	ʅ	i	ei	uε	uei	uei	i	ʅ	i	uei	ei	uei
汾河	临汾	ai	iai	ʅ	i	ei	uai	uei / y	uei	i	ʅ	i	uei / y	ei	uei / u
	新绛	ai	ie	ʅ	i	ei	uai	uei / y		i	ʅ	i	uei / y	ei / i	ei / u
	运城	ai	iɛ / ai	ʅ	i	ei	uai	uei		i	ʅ	i	uei / y	ei / i	ei / u
洛徐	徐州	ε		ʅ	i	ei	uε	ue	ue	i	ʅ	i	ue	i	ue
	东明	ai	iai	i	i	ei	uai	uei	uei	i / ei	i	i	uei	ei	uei
郑曹	郑州	ε	iε	ʅ	i	ei				i	ʅ	i	uei		uei
蔡鲁	曲阜	ε	iε	ʅ	i	ei		uei	uei	i	ʅ	i	uei		uei
信蚌	信阳	ai	iai	ʅ	i	ei	uai	ei	uei	i / ei	ʅ	i	ei	ei	ei

八　遇效流三摄韵母的今读

中原官话流摄开口一等帮组字、开口三等非组字与遇摄合口一等见系字韵母合流，其他字保持独立的韵类。效摄字除开口二等庄组的"抓、爪"与假摄合口二等字合流外，其余字保持独立的韵类。在汾河片和信蚌片的部分方言中，遇摄合口一等帮端系字和合口三等庄组字韵母与流摄开口一等端见系字韵母合流。各片的具体读音情况见表5-13。

表 5-13　中原官话遇效流三今读表

摄		遇				效				流	
开合口		合口				开口					
等		一	三			一	二		三	一	三
片	点	姑模见	聚虞从	猪遇知	锄鱼崇	草皓清	抓肴庄	敲肴溪	烧宵书	母厚明	偷侯透	九有见
关中	西安	ᵕku	tɕy⁺	ᵕpfu	ᵎpfʻu	ᶜtsʻɔ	ᵕpfa	ᵕtɕiɔ	ᵎʂɔ	ᵑmu	ᵕtʻou	ᶜtɕiou
秦陇	宝鸡	ᵕku	ᵕtɕy	ᵎtʂʅ	ᵎtʂʻʅ	ᶜtsʻɔ	ᵕtʂua	ᵕtɕiɔ	ᵎʂɔ	ᵑmu	ᵕtʻou	ᶜtɕiou
	西宁	ᵕku	ᵕtɕy	ᵎtʂʮ	ᵎtʂʻʮ	ᶜtsʻɔ	ᵕtʂua	ᵕtɕiɔ	ᵎʂɔ	ᵑmu	ᵕtʻɯ	ᶜtɕiɯ

摄		遇				效				流		
开合口		合口				开口						
等		一	三	三	三	一	二	三	三	一	三	三
片	点	姑模见	聚虞从	猪遇知	锄鱼崇	草皓清	抓肴庄	敲肴溪	烧宵书	母厚明	偷侯透	九有见
陇中	天水	ku	tɕy	tʂʅ	tsʻʅ	tsʻao	tsua	tɕʻiao	sao	mu	tʻou	tɕiou
南疆	焉耆	ku	tɕy	tʂu	tʂʻu	tsʻɔ	tʂua	tɕʻiɔ	sɔ	mu	tʻou	tɕiou
汾河	临汾	ku	tɕy	tʂu	ʂəu	tsʻau	tʂua	tɕʻiau	ʂau	mu	tʻəu	tɕiəu
	新绛	ku	tɕy	pfu	tsʻəu	tsʻao	pfa	tɕʻiao	sao	mu	tʻəu	tɕiəu
	运城	ku	tɕy	pfu	tsʻou	tsʻɑu	pfa	tɕʻiɑu	sɑu	mu	tʻou	tɕiou
洛徐	徐州	ku	tɕy	tʂu	tʂʻu	tsʻɔ	tʂua	tɕʻiɔ	sɔ	mu	tʻou	tɕiou
	东明	ku	tɕy	tɕy	tsʻu	tsʻɔ		tɕʻiɔ	ɕiɔ			tɕiou
郑曹	郑州	ku	tsy	tʂu	tʂʅ	tsʻau	tʂua	tɕʻiau	sau	mu	tʻou	tɕiou
蔡鲁	曲阜	ku	tɕy	tsu	tsʻu	tsʻɔ	tsua	tɕʻiɔ	sɔ	mu	tʻou	tɕiou
信蚌	信阳	ku	tɕy	tɕy	tsʻou	tsʻɔ	tsa	tɕʻiau	sau	mu	tʻou	tɕiou

九　宕江摄入声韵的归向

中原官话宕江两摄的入声韵与果摄韵母合流，大致的规律是：宕摄开口一等、三等知系字、合口一等、三等非组字和江摄开口二等庄系以外的字与果摄一等字合流（江开二的雹、铰等字与效摄字合流，例外）；宕摄开口三等知系以外的字以及合口三等见系字、江摄开口二等见系字与果摄合口三等字合流。果摄的具体音值表5-11，宕江摄的具体读音见表5-14。

表 5-14　中原官话宕江两摄入声韵今读表

片	点	宕						江		
		摸铎	各铎	勺药	脚药	扩铎	钁药	剥觉	桌觉	学觉
		开一明	开一见	开三禅	开三见	合一溪	合三见	开二并	开二知	开二匣
关中	西安	muo	kɤ	fo	tɕyo	kʻuo	tɕye	puo	pfo	ɕyo
秦陇	宝鸡	mo	kuo	suo	tɕyo	kʻuo	tɕyo	po	tʂuo	ɕyo
	西宁	mɔ	kɔ	fɔ	tɕyu	kʻu	tɕyu	pɔ	tʂu	ɕyu
陇中	天水		kuo	suo	tɕyɛ	kʻuo	tɕyɛ	po	tsuo	ɕyɛ
南疆	焉耆	mɤ	kɤ	suo	tɕye	kʻuo	tɕye	pɤ	tʂuo	ɕyɛ
汾河	临汾	mɔ	kɔ	ʂɔ	tɕyɔ	kʻɔ	tɕyɔ	pɔ	tʂɔ	ɕyɔ
	新绛	mə	kə	ʂə	tɕiə	kʻuə	tɕiə	pə	pfə	ɕiə
	运城	mo	kɤ	ʂo	tɕyo	kʻuo	tɕyo	po	pfo	ɕyo
洛徐	徐州	mua	kə	ʂua	tɕyə	kʻuə	tɕyə	pua	tʂua	ɕyə
	东明	mo	kə	suo	tsuo			po	tsuo	suo
郑曹	郑州	mo	kɤ	ʂuo	tɕyo	kʻuo	tɕye	po	tʂuo	ɕyo
蔡鲁	曲阜	mə	kə	ʂə	tɕye	kʻuə	tɕye	pə	tsua	ɕye
信蚌	信阳	mo	kɤ	suo	tɕyo	kʻuo		po	tsuo	ɕyo

十　曾梗摄入声韵的归向

中原官话曾梗两摄入声韵与蟹止两摄的阴声韵发生了合并，具体规律是：曾开一、梗开二归蟹合一帮组；曾开三、梗开三四、梗合三蟹开三四、止开三。部分点曾合一、梗合二归果摄，郑曹片、信蚌片的部分点曾开一、梗开二归假摄，例外。蟹摄、止摄的今读参见表5-12，果、假摄的今读参见表5-11，曾、梗摄的具体读音如表5-15。

表5-15　中原官话曾梗两摄入声韵今读表

片	点	曾				梗						
		北德帮	力职来	直职澄	或德匣	百陌帮	隔麦见	积昔精	尺昔昌	踢锡透	获麦匣	疫昔以
关中	西安	꜀pei	꜀li	꜁tʂʅ	꜁xuei	꜀pei	꜀kei	꜀tɕi	꜀tʂʅ	꜀tʻi	꜁xuei	꜀i
秦陇	宝鸡	꜀pei	꜀li	꜁tʂʅ	꜁xuei	꜀pei	꜀kei	꜀tɕi	꜀tʂʅ	꜀tʻi	꜁xuei	꜀i
	西宁	꜀pei	꜀lj	꜁tʂʅ	꜁xuei	꜀pei	꜀kei	꜀tɕj	꜁tʂʅ	꜀tsʻʅ	꜁xu	꜀j
陇中	天水	꜀pei	꜀li	꜁tʂʅ	꜁xuei	꜀pei	꜀kei	꜀tɕi	꜀tʂʅ	꜀tʻi	꜁xuei	
南疆	焉耆	꜀pei	꜀li	꜁tʂʅ		꜀pei	꜀kɤ	꜀tɕi	꜀tʂʅ	꜀tʻi	꜁xuo	i꜄
汾河	临汾	꜀pei	꜀li	꜁tʂʻʅ	꜁xuei	꜀pɤ	꜀kɤ	꜀tɕi	꜀tʂʅ	꜀tʻi	꜁xuo	꜀i
	新绛	pei꜆	li꜆	꜁tʂʻʅ	꜁xuei	pei꜆	ke꜆	tɕi꜆	tʂʅ꜆	tʻi꜆	xuə꜆	i꜆
	运城	꜀pei	꜀li	꜁tʂʻʅ	꜁xuei	꜀pai	꜀kɤ	꜀tɕi	꜀tʂʅ	꜀tʻi	xuo꜄	i꜄
洛徐	徐州	꜀pe	꜀li	꜁tʂʅ	꜁xue	꜀pe	꜀ke	꜀tɕi	꜀tʂʅ	꜀tʻi	꜁xue	i꜄
	东明	꜀pe	꜀li	꜁tɕi	꜁xue	꜀pe	꜀ke	꜀tɕi	꜀tɕʻi	꜀tʻi	꜁xue	꜀i
郑曹	郑州	꜀pei	꜀li	꜁tʂʅ	꜁xuai	꜀pei	꜀ke	꜀tʂʅ	꜀tʂʅ	꜀tʻi	꜁xuai	꜀i
蔡鲁	曲阜	꜀pei	꜀li	꜁tʂʅ	꜁xuei	꜀pei	꜀kei	꜀tsʅ	꜀tʂʅ	꜀tʻi	꜁xuei	꜀i
信蚌	信阳	꜀pɛ	꜀ni	꜁tʂʅ	꜁fɛ	꜀pɛ	꜀kɛ	꜀tɕi	꜀tʂʅ	꜀tʻi	꜁fɛ	꜀i

第三节　中原官话的内部比较及分片

一　中原官话分区的语音标准

李荣（1985a）在给汉语方言分区时指出：中原官话的特性是古次浊入声今读阴平，与其他六区分开。古次浊入声读阴平蕴涵古清音入声也读阴平，古全浊入声读阳平，也就是说，"古清入、次浊入今归阴平，古全浊入今归阳平"是中原官话的基本特点。《中国语言地图集》将中原官话共分为9片，即关中片、秦陇片、陇中片、汾河片、洛徐片、郑曹片、蔡鲁片、信蚌片、南疆片，分区的标准大致是：

1.平声是否分阴阳。

2.古全浊声母仄声字的声母是否送气。

3.古知庄章组声母的今读。

4.古深臻摄韵母与古曾梗通摄韵母的分合情况。

各片的情况如表5-16。

表 5-16

片	代表点	丝心平	时禅平	就从去	伴并上	馋崇平	缠澄平	猪知平	深深书平	升曾书平	群臻群平	穷通群平
关中	西安	꜀ʅ	꜀ʅ	tsou꜄	pæ꜄	꜀tsʼæ	꜀tʂæ	꜀pfu	꜀ʂẽ	꜀ʂəŋ	꜀tɕʼyẽ	꜀tɕʼyŋ
秦陇	西宁	꜀ʅ	꜀ʅ	tɕiu꜄	pã꜄	꜀tsʼã	꜀tʂʼã	꜀tʂɣ	꜀ʂɔ̃	꜀ʂɔ̃	꜀tɕʼyɔ̃	꜀tɕʼyɔ̃
陇中	天水	꜀ʅ	꜀ʅ	tɕiou꜄	pʼan꜄	꜀tsʼan	꜀tʂʼan	꜀tʂʅ	꜀ʂən	꜀ʂən	꜀tɕʼyn	꜀tɕʼyn
南疆*	焉耆	꜀ʅ	꜀ʅ	tɕiou꜄	paⁿ꜄	꜀tsʼaⁿ	꜀tʂʼaⁿ	꜀tʂu	꜀ʂəŋ	꜀ʂəŋ	꜀tɕʼyŋ	꜀tɕʼyŋ
汾河*	运城	꜀ʅ	꜀ʅ	tɕʼiəu꜄	pʼæ꜄	꜀tsʼæ	꜀tʂʼæ	꜀pfu	꜀ʂeĩ	꜀ʂəŋ	꜀tɕʼyẽ	꜀tɕʼyŋ
洛徐	洛阳	꜀ʅ	꜀ʅ	tsiəu꜄	pan꜄	꜀tsʼan	꜀tʂʼan	꜀tʂu	꜀ʂən	꜀ʂəŋ	꜀tɕʼyŋ	꜀tɕʼyŋ
郑曹	郑州	꜀ʅ	꜀ʅ	tsiou꜄	pan꜄	꜀tʂʼan	꜀tʂʼan	꜀tʂu	꜀ʂən	꜀ʂəŋ	꜀tɕʼyn	꜀tɕʼyun
蔡鲁	金乡	꜀ʅ	꜀ʅ	tɕiou꜄	pã꜄	꜀tsʼã	꜀tʂʼã	꜀tsu	꜀ʂẽ	꜀ʂəŋ	꜀tɕʼyẽ	꜀tɕʼyŋ
信蚌	信阳	꜀ʅ	꜀ʅ	tɕiou꜄	pan꜄	꜀tsʼan	꜀tʂʼn	꜀tɕy	꜀tsʼən	꜀ʂən	꜀tɕʼyn	꜀tɕʼyŋ

*汾河片分为"平阳、绛州、解州"三个小片，下文讨论。

关中片：平声分阴阳；古全浊声母今塞音塞擦音平声送气仄声不送气（部分点有送气的读法，大多数点部分字今读送气音）；古知系字声母开口知二、庄组字与精组洪音字合流为 ts tsʼ s，开口知三、章组字今音 tʂ tʂʼ ʂ，合口字今音有的是 pf pfʼ f，有的是 tʂ tʂʼ ʂ 或 ts tsʼ s；古深臻摄韵母与古曾梗通摄韵母不合流。

秦陇片：平声分阴阳；古全浊声母今塞音塞擦音平声送气仄声不送气（部分字今读送气音）；古知系字声母开口知二、庄组字与精组洪音字合流为 ts tsʼ s，开口知三、章组字和知系合口字今音 tʂ tʂʼ ʂ；古深臻摄韵母与古曾梗通摄韵母合流。

陇中片：平声不分阴阳；古全浊声母今塞音塞擦音平声送气仄声不送气（部分字今读送气音）；古知系字声母开口知二、庄组字和知系合口字与精组洪音字合流为 ts tsʼ s，开口知三、章组字今音 tʂ tʂʼ ʂ；古深臻摄韵母与古曾梗通摄韵母合流。

南疆片：平声不分阴阳；古全浊声母今塞音塞擦音平声送气仄声不送气；古知系字声母开口知二、庄组字与精组洪音字合流为 ts tsʼ s，开口知三、章组字和知系合口字今音 tʂ tʂʼ ʂ；古深臻摄韵母与古曾梗通摄韵母合流。

汾河片：平声分阴阳；古全浊声母今塞音塞擦音不论平仄一律送气；古知系字声母开口知二、庄组字与精组洪音字合流为 ts tsʼ s，开口知三、章组字今音 tʂ tʂʼ ʂ，合口字今音 pf pfʼ f；古深臻摄韵母与古曾梗通摄韵母不合流。

洛徐片：平声分阴阳；古全浊声母今塞音塞擦音平声送气仄声不送气；古知系字声母开口知二、庄组字与精组字合流为 ts tsʼ s，开口知三、章组字和知系合口字今音 tʂ tʂʼ ʂ；古深臻摄韵母与古曾梗通摄韵母不合流。

郑曹片：平声分阴阳；古全浊声母今塞音塞擦音平声送气仄声不送气；古知系字声母今音 tʂ tʂʼ ʂ；古深臻摄韵母与古曾梗通摄韵母不合流。

蔡鲁片：平声分阴阳；古全浊声母今塞音塞擦音平声送气仄声不送气；古知系字声母与精组洪音字合流为 ts tsʼ s；古深臻摄韵母与古曾梗通摄韵母不合流。

信蚌片：平声分阴阳；古全浊声母今塞音塞擦音平声送气仄声不送气；古知系字声母与精组洪音字合流为 ts tsʼ s；古深臻摄韵母与古曾梗摄开口字合流，与通摄及曾梗摄合口不合流。

各片的特点比较如表 5-17。

表 5-17　中原官话分区特点比较表①

片	平分阴阳	全浊仄声不送气	知庄章今读		深臻摄与曾梗通摄韵母分合
			开口	合口	
关中	+	+/-	ts≠tʂ	pf	ən≠əŋ
秦陇	+	+/-	ts≠tʂ	tʂ	ən
陇中	-	+/-	ts≠tʂ	ts	ən
南疆	-	+	ts≠tʂ	tʂ	əŋ
汾河	+	-	ts≠tʂ	pf	ən≠əŋ
洛徐	+	+	ts≠tʂ	tʂ	ən≠əŋ
郑曹	+	+	tʂ	tʂ	ən≠əŋ
蔡鲁	+	+	ts	tʂ	ən≠əŋ
信蚌	+	+	ts	ts	ən　yn≠yŋ（通摄）

二　相关问题的讨论

《中国语言地图集》以声调为条件将中原官话汾河片31个市县的方言分为3小片：

平阳小片九市县：汾西　洪洞　襄汾　临汾　霍县　浮山　古县　闻喜　沁水城关

绛州小片五市县：新绛　绛县　垣曲　侯马　曲沃

解州小片十七市县：运城　蒲县　吉县　乡宁　河津　稷山　万荣　夏县　临猗　永济　芮城　平陆　安泽　翼城以上山西省　灵宝　陕县　三门峡以上河南省

关于中原官话汾河片声调的描写，《中国语言地图集》说："汾河片没有入声。古入声清音声母、次浊音声母字今多读阴平，古入声全浊音声母今读阳平。这是中原官话的共性。平阳小片去声分阴阳，解州、绛州两个小片去声不分阴阳。绛州小片只有三个单字调，其中新绛、垣曲、绛县单字调今阴平和去声同调；侯马、曲沃单字调平声不分阴阳。"依上述文字也可以列一个中原官话汾河片的声调分区表，如表5-18。

表 5-18　《中国语言地图集》中汾河片声调分区表

小片	代表点	单字调数	去声分阴阳	阴平、去声同调	平声不分阴阳
平阳小片	临汾	5	+	-	-
绛州小片	新绛 垣曲 绛县	3	-	+	-
	侯马 曲沃	3	-	-	+
解州小片	运城	4			

《中国语言地图集》出版以后这一区域的方言调查研究成果显示：②

1. 汾西虽然平声、去声分阴阳，但有入声且分阴阳，而且阴平与上声的调型一样，应归晋语吕梁片；蒲县方言有入声，也应归入晋语吕梁片；安泽县以冀鲁豫移民方言为主，土著

---

①"+"表示具有某特点，"-"表示不具有某特点，"+/-"表示部分字具有某特点；音标表示音类，"≠"表示不合并。例外不计。

②安泽的材料见王临惠《论安泽方言与其境内移民方言的融合》，载于《首届晋方言国际学术研讨会论文集》（陈庆延等主编）第215页，山西高校联合出版社1996。其余的材料见侯精一、温端政主编《山西方言调查研究报告》第486、697页，山西高校联合出版社1993。

居民的方言有入声，应归晋语上党片。

2.新绛、垣曲、绛县为四个声调：平分阴阳，去声与阴平调型一样但调值不同。

3.襄汾除汾河以西靠近临汾的一些地方去声分阴阳外，城关及大多数乡镇不分阴阳。

4.侯马单字调平声分阴阳，曲沃单字调平声不分阴阳，但去声分阴阳。

5.闻喜全浊上、浊去归阳平。

6.翼城去声分阴阳。

7.沁水城关清入归阴平，次浊入归去声，全浊入归阳平。

属于中原官话汾河片方言声调的调值调类的具体情况如表5-19。

表 5-19　汾河片部分点调值、调类表

	调类数	清平	浊平	清、次浊上	全浊上	浊去	清去	清、次浊入	全浊入
新绛	4	53	325	44			31		325
垣曲	4	31	212	44			53		212
绛县	4	31	13	44		53		31	13
襄汾	4	53	24	44			31		24
侯马	4	31	324	44		53		31	324
曲沃	4	213		55	53			31	213
闻喜	4	31	213	45	213		51		213
翼城	5	31	13	55	51	33		31	13
沁水	4	31	13	44		53		31	53	13

从表5-19中各点的调值调类情况来看，《中国语言地图集》给汾河片分区的标准需要进一步修订：以入声消失为前提，去声分阴阳归平阳小片；去声不分阴阳，清、次浊入归去声或去声与阴平同调型归绛州小片；去声不分阴阳，清、次浊入声归阴平，阴平不与去声同调型归解州小片。这样，汾河片的方言区划为：

平阳小片：霍县　古县　洪洞　临汾　浮山　翼城　曲沃

绛州小片：新绛　襄汾　侯马　闻喜　稷山　万荣　绛县　垣曲　夏县　沁水城关

解州小片：吉县　乡宁　河津　运城　临猗　永济　芮城　平陆　灵宝　陕县　三门峡

另外，据苏晓青（1997：4）调查，江苏省东海方言有入声，不属于中原官话，而属于江淮官话。这样，排除山西的汾西、蒲县、安泽和江苏的东海等4个点，中原官话共有385个点。

第四节　中原官话的其他特点

一　声调

（一）平声不分阴阳

大多数中原官话平声分阴阳，但也有一部分方言平声不分阴阳，主要分布在陇中片和南疆片。另外，汾河片平阳小片的曲沃平声也不分阴阳。平声不分阴阳的现象相应带来了古入声归向的变化：陇中片、南疆片归平声；汾河片的曲沃清、次浊入归阴去，全浊入归平声。

表 5-20

片	小片	地点	糟精	曹从	煎精	钱从	夹见	笔帮	力来	落来	白并	食船
陇中		天水	꜀tsao	꜀tsˀ	꜀tnɛiɑn	꜀tɕˀiɑn	꜀tɕiɑ	꜀pi	꜀li	꜀ouu	꜀pˀei	꜀ʐ̩
南疆		焉耆	꜀tsɔ	꜀tsˀɔ	꜀tɕiɑⁿ	꜀tɕˀiɑⁿ	꜀tɕiɑ	꜀pi	꜀li	꜀ouu	꜀pei	꜀ʐ̩
汾河	平阳	曲沃	꜀tsau	꜀tsau	꜀tɕiæ̃	꜀tɕˀiæ̃	tɕiɑ꜒	pi꜒	li꜒	lɔ꜒	꜀pˀei	꜀ʐ̩

从目前汉语声调演化的基本规律来看，声母的清浊在声调的分化过程中有着无以取代的作用，但并不等于说声母的清浊对立就一定能造成声调的阴阳对立。以上这些点平声不分阴阳以及中原官话大多数方言去声不分阴阳，都说明无论声母是清是浊都没有影响声调的分化。有人认为官话方言中平声不分阴阳是晚期形式，它曾经历过一个由分到合的过程，今方言连调中可以区分部分阴阳平就是分化的残留。这一观点值得商榷：第一，平分阴阳的条件是声母的清浊，合并的条件是什么很难说清。第二，连调中区分阴、阳平的现象在方言中大都是零散的、不系统的，这不是平声曾经分阴阳的残留，而是声母的清浊对调值影响的痕迹。中原官话中平声不分阴阳的现象，较之于大多数方言平声分阴阳的现象，它的发展是滞后的，但它的全浊声母清化则与其他官话是同期的。那么，在声母的清浊对声调的调值影响还未达到形成不同调类的程度时，这种影响就因全浊声母的清化而中断了，目前方言里这些在连调中零散的、不系统的区分阴、阳平的形式可能正是这种中断形式的具体表现。

（二）去声分阴阳

去声分阴阳在整个官话方言里都较为少见。中原官话去声分阴阳的现象主要分布在汾河片平阳小片除临汾城区以外的各个点里。另外，秦陇片的柞水一点去声也分阴阳。如表 5-21。

表 5-21

片	小片	地点	布帮	步并	贵见	柜群	化晓	话匣	怨影	愿疑
汾河	平阳	霍县	pu꜒	pˀu꜒	kuei꜒	kˀuei꜒	xua꜒	xua꜒	yɑn꜒	yɑŋ꜒
		洪洞	pu꜒	pˀu꜒	kuei꜒	kˀuei꜒	xua꜒	xuɑ꜒	yɑn꜒	yɑn꜒
秦陇		柞水	pu꜒	pu꜒	kuei꜒	kuei꜒	xua꜒	xua꜒		

如果说中原官话乃至于整个汉语方言中去声不分阴阳与平声不分阴阳一样是一种存古现象的话，那么，中原官话方言里的去声分阴阳现象则是声母的清浊影响声调分化的一种超前形式，它的形成当不晚于全浊声母清化的时间，否则，它就失去了分化的条件了。

二 声母

（一）分尖团

中原官话大多数点不分尖团，分尖团的点集中在洛徐片、郑曹片、蔡鲁片。如表 5-22。

表 5-22

片	地点	酒精≠九见		秋清≠丘溪		修心≠休晓	
洛徐	洛阳	꜀tsiəu	꜀tɕiəu	꜀tsˀiəu	꜀tɕˀiəu	꜀siəu	꜀ɕiəu
郑曹	·郑州	꜀tsiou	꜀tɕiou	꜀tsˀiou	꜀tɕˀiou	꜀siou	꜀ɕiou
	原阳	꜀tsiu	꜀ɕiu	꜀tsˀiu	꜀cˀiu	꜀siu	꜀ɕiu
	菏泽	꜀tsiou	꜀tɕiou	꜀tsˀiou	꜀tɕˀiou	꜀siou	꜀ɕiou
蔡鲁	单县	꜀tsiou	꜀tɕiou	꜀tsˀiou	꜀tɕˀiou	꜀siou	꜀ɕiou

汾河片平阳小片的临汾（郊区）、洪洞、浮山，解州小片的河津，绛州小片的万荣文读不分尖团，白读分尖团：见系开口二、三、四等字声母文读与精组细音字声母合流，今读 tɕ tɕʻ ɕ；见组白读洪洞、浮山等为 ȶ ȶʻ，河津、万荣为 tʂ tʂʻ，晓匣母都为 x。如表 5-23。

表 5-23

小片	地点	斜	鞋文	鞋白	嚎	轿文	轿白	荞	见文	见白	进	劲文	劲白
平阳	洪洞	₌ɕie	₌xɑi	tɕʻiao²	ȶʻiao²	tɕian⁻	ȶian⁻	tɕien⁻	ȶien⁻			
	浮山	₌ɕie	₌xɑi	tɕʻiau²	ȶʻiau²	tɕiã⁻	ȶiã⁻	tɕie⁻	ȶie⁻			
解州	河津	₌ɕie	₌xɑi	tɕʻiau⁻	tʂʻau⁻	tɕiæ⁻	tʂæ⁻	tɕie⁻	tʂe⁻			
绛州	万荣	₌ɕiE	₌xɑi	tɕʻiau⁻	tʂʻau⁻	tɕiæ⁻	tʂæ⁻	tɕiei⁻	tʂei⁻			

这种现象是上述方言见系字腭化的特殊性造成的。汉语的见系字腭化的过程大致分两步才完成，先是 k kʻ x 在 i 的作用下前化为一套介于 k kʻ x 和 tɕ tɕʻ ɕ 之间的舌面中塞音，然后进一步前化，变为塞擦音 tɕ tɕʻ ɕ。今晋语上党片的黎城、陵川方言分尖团现象可以说明这个过程，如表 5-24。

表 5-24（见侯精一、温端政主编 1993：503、525）

	酒精 流开三	九见 流开三	修心 流开三	休晓 流开三	精精 梗开三	经见 梗开四	清清 梗开三	轻溪 梗开三	泉从 山合三	拳群 山合三
黎城	tɕiəu	ciəu	ɕiəu	ɕiəu	tɕiŋ	ciŋ	tɕʻiŋ	cʻiŋ	tɕʻyæ	cʻyæ
陵川	tɕiəu	ciəu	ɕiəu	ɕiəu	tɕiŋ	ciŋ	tɕʻiŋ	cʻiŋ	tɕʻyə̃	cʻyə̃

黎城、陵川今读的见系字细音声母 c cʻ ç（舌面中音）正是介于 k kʻ x 和 tɕ tɕʻ ɕ 之间的舌面中塞音，属于从 k kʻ x 到 tɕ tɕʻ ɕ 的中间环节。洪洞、河津等方言见组细音声母 k kʻ 在 i 的作用下，前化为 c cʻ，却没有腭化为塞擦音 tɕ tɕʻ。其中，洪洞等方言以发音方法相同、发音部位接近、韵母相同等条件与同韵摄的端组开口四等字声母发生了合并，具体过程是：

见组开口三等 {二等 四等} ⟶ ki-、kʻi-→ci-、cʻi-→端组开口四等 ȶi-、ȶʻi-

河津等方言则以韵母相同为条件选择了同韵摄的章组、知组三等开口字声母，并随之脱落了 i 介音（声介合一），具体过程是：

见组开口三等 {二等 四等} ⟶ ki-、kʻi-→ci-、cʻi-→章组、知三 tʂi-、tʂʻi- → tʂʅ、tʂʻʅ → tʂ、tʂʻ

值得注意的是"吃"的读音。"吃"为梗摄开口四等溪母字，按古今语音演变规律应读为 ₌tɕʻi，它的演变过程应为：

kʻik₌（厦门）→tɕʻiak₌（南昌）→tɕʻiiʔ₌（苏州）→ ₌tɕʻi（武汉）

但是，在今中原官话里读为 tʂʻ 或 tsʻ，如：洪洞、河津 tʂʻʅ，信阳、金乡 tsʻʅ。除河津以外都属于例外现象。这种例外产生的过程当是：

*kʻiek₌ →cʻiek₌ →cʻieʔ₌ →tʂʻəʔ₌（tsʻəʔ₌）→tʂʻʅ（tsʻʅ）

与河津方言一样，"吃"的声母在由塞音变为塞擦音之前与开口三等昌、彻母字合并。今读 tʂʻ 的方言章、知三声母一定读 tʂ 类，今读 tsʻ 的方言章、知三声母也一定读为 ts 类。

（二）泥来母的分混

中原官话的古泥来两母在大多数方言中分得很清楚，脑≠老，男≠蓝。但在陇中片，汾河片的解州小片和绛州小片的闻喜、夏县以及平阳小片的霍县、曲沃等点今洪音前相混为 l，细音前不混，泥母为 n̠，来母仍为 l。如表5-25。

表5-25

片	小片	地点	洪音		细音			
			脑≠老	男=蓝	扭≠柳		年≠莲	
陇中		天水	ꞌlao	₌lan	Ꞌn̠ieu	Ꞌlieu	₌n̠ian	₌lian
汾河	解州	运城	ꞌlɑu	₌læ̃	Ꞌn̠iou	Ꞌliou	₌n̠iæ̃	₌liæ̃
	绛州	闻喜	ꞌlau	₌lã	Ꞌn̠ieu	Ꞌlieu	₌n̠iã	₌liã
	平阳	霍州	ꞌlau	₌laŋ	Ꞌn̠ieu	Ꞌlieu	₌n̠iaŋ	₌liaŋ

另外，信蚌片的信阳、始固等8个点泥来母完全相混，如信阳"脑=老 Ꞌnau，年=莲 ₌nian"等。陈章太、李行健（1996：1020）说："古泥来母字在信阳话中读为一个声母，其实际音值老年人为 n，中年人为 l，青年人为 n 或 l。"

三　韵母

（一）深臻与曾梗通摄互补为一套四呼俱全的韵母

中原官话的多数方言深臻摄和曾梗通摄分立，表现为韵母的主要元音相同但韵尾不同：前者收 -n 尾或为鼻化韵，后者收 -ŋ 尾。但秦陇片、陇中片、南疆片、汾河片平阳小片的霍州、翼城和信蚌片却合并为一套四呼俱全的韵母。其中，秦陇片、南疆片和汾河片的霍县、翼城收 -ŋ 尾，陇中片收 -n 尾。信蚌片曾梗摄开口字与深臻合流，今读收 -n 尾或为鼻化韵，曾梗摄合口字、通摄字收 -ŋ 尾。如表5-26。

表5-26

方言片	小片	地点	针真蒸	今斤惊	村	葱	群	穷
秦陇		宝鸡	₌tʂəŋ	₌tɕiŋ	₌tsʻuəŋ		₌tɕʻyəŋ	
陇中		天水	₌tʂən	₌tɕin	₌tsʻuən		₌tɕʻyn	
南疆		焉耆	₌tʂəŋ	₌tɕiŋ	₌tsʻuŋ		₌tɕʻyŋ	
汾河	平阳	翼城	₌tʂəŋ	₌tɕiŋ	₌tsʻuŋ		₌tɕʻyŋ	
信蚌		信阳	₌tsən	₌tɕin	₌tsʻn̩	₌tsəŋ	₌tɕʻyn	₌tɕʻyŋ
		蚌埠	₌tsə̃	₌tɕiĩ	₌tsʻuə̃	₌tsʻoŋ	₌tɕʻyĩ	₌tɕʻioŋ

大多数官话方言里，中古的深臻摄合并为一套韵母，曾梗通摄合并为一套韵母。中古深臻摄的合并与咸山摄的合并同步而且规律一样，都是主要元音相同引起的韵类归并现象，而曾梗通三摄的合并却是韵尾的相同引起的韵类归并现象。从大多数深臻与曾梗通分立的方言中可以清楚地看到，这两类韵母的主要元音是相同的或相近的，可见，这两类韵母的归并也是主要元音相同或相近引起的韵类归并现象。这两类韵母归并是在深臻合流和曾梗通合流的基础上进行的，是汉语史上发生较晚的事情。据杨耐思《近代汉语 -m 的转化》（见《语言

学论丛》第 7 辑，商务印书馆 1981）考证："-m 的部分转化（即由 -m 到 -n，引者按）不晚于十四世纪，全部转化不晚于十六世纪。"那么，-n 尾、-ŋ 尾的合并当在 16 世纪以后。

（二）宕江曾梗通韵母合流

中原官话大多数方言中，宕江摄与曾梗通摄是两套韵尾相同但主要元音不同的韵母。在汾河片绛州小片里，宕江摄与曾梗通摄韵母文读合并为一套，白读则宕江曾梗通分立。如表 5-27。

表 5-27

小片	点	文白	汤唐	娘阳	窗江	灯登	蒸蒸	生庚	惊庚	东东	风东
绛州	新绛	文	⁼t'əŋ	₌niəŋ	⁼pf'əŋ	⁼təŋ	⁼tʂəŋ	₌səŋ	⁼tɕiəŋ	₌tuəŋ	₌fəŋ
		白	⁼t'ə	₌nie	⁼pf'ə	⁼tən	⁼tʂən	₌ɕie	⁼tɕie	₌tuən	₌fən
	万荣	文	⁼t'ʌŋ	₌niʌŋ	⁼pf'ʌŋ	⁼tʌŋ	⁼tʂʌŋ	₌sʌŋ	⁼tɕiʌŋ	₌tuʌŋ	₌fʌŋ
		白	⁼t'ɤ	₌niɤ	⁼pf'ɤ	⁼tei	⁼tʂei	₌ʂa	⁼tɕiɛ		
	稷山	文	⁼t'əŋ	₌niəŋ	⁼pf'əŋ	⁼təŋ	⁼tʂəŋ	₌səŋ	⁼tɕiŋ	₌tuŋ	₌fəŋ
		白	⁼t'ə	₌nie	⁼pf'ə	⁼tẽ	⁼tʂɛ̃	₌ʂɛ̃	⁼tɕiɛ̃	₌tuẽ	₌fẽ

宕江合并、曾梗通合并甚至宕江曾梗通的合并（新绛、稷山等）都是鼻韵尾相同所引起的主要元音同化的结果。在长期的方言发展过程中，收 -ŋ 韵尾的各摄之间的归并首先表现为主要元音相近的韵摄之间的归并，如宕江的归并。曾梗通的归并较晚，相同的韵尾使它们的主要元音之间的差异逐渐缩小，最后形成了一个开齐合撮四呼俱全的格局。以鼻韵尾相同所引起的韵类之间的归并在今中原官话里也表现为主要元音的归并和韵尾的归并，但鼻韵尾相同是因，主要元音合并是果。

（三）宕江摄与咸山摄韵母合流

宕江摄在汾河片平阳小片的霍县、洪洞县的赵城方言里与咸山摄合流，在解州小片的河津宕江摄与咸摄合流而不与山摄合流。如表 5-28。

表 5-28

小片	点	残山	蚕咸	藏宕	拣山	碱咸	奖宕	讲江
平阳	霍县	⁼ts'aŋ			ᶜtɕian			
	赵城	⁼ts'æ			ᶜtɕiæ			
解州	河津	⁼ts'æ	⁼ts'aŋ		ᶜtɕiæ	ᶜtɕian		

宕江摄与咸山摄的合并也是主要元音引起的韵类合并，今咸山与宕江分立的方言中咸山和宕江的韵母的主要元音大致都相同可以证明这一点。霍县、赵城宕江摄与咸山摄的合并表现为归向的差异性：霍县咸山归入宕江，赵城宕江归入咸山。河津方言比较特殊：咸摄鼻韵尾 -m 脱落以后没有与山摄合并而与主要元音相同的宕江摄发生了合并。

四　汾河片主要的文白异读现象分析

中原官话各片方言都或多或少存在一些文白异读现象。如开口二等晓匣母字声母文读为 ɕ、白读为 x 等，但都较为零散。汾河片文白异读现象非常丰富，而且有一定的系统性，主要表现在声母和韵母上。

（一）古全浊声母的文白异读

汾河片古全浊声母今塞音、塞擦音的字不论平仄，多读送气音。部分字有文白异读，具体表现为两种。

1. 仄声字文读为不送气音，白读为送气音。如表 5-29。

表 5-29

小片	地点	别并入 文	别并入 白	段定去 文	段定去 白	在从上 文	在从上 白	住澄去 文	住澄去 白	局群入 文	局群入 白
平阳	临汾	₌pie	₌p'iɛ	tuanꜛ	t'uanꜛ	tsaiꜛ	ts'aiꜛ	tʂuꜛ	tʂ'uꜛ	₌tɕy	₌tɕ'y
绛州	新绛	₌pie	₌p'ie	tuæ̃ꜛ	t'uæ̃ꜛ	tsaiꜛ	ts'aiꜛ	pfuꜛ	pf'uꜛ	₌tɕy	₌tɕ'y
解州	运城	₌piɛ	₌p'iɛ	tuæ̃ꜛ	t'uæ̃ꜛ	tsaiꜛ	ts'aiꜛ	pfuꜛ	pf'uꜛ	₌tɕy	₌tɕ'y

汾河片里，这些声母的演变规律大致是：不论平仄一律送气。这种特点可以上溯到唐宋时期（参见第二节：古全浊声母的今读）。但今方言中已出现了许多仄声不送气的现象，部分表现为文读不送气、白读送气。下面，根据《方言调查字表》统计一下新绛、河津两点"并、定、从、澄、群"五母的送气不送气的情况。统计以前，先剔除一部分这些方言中不用的生僻字，如"鼙、饼（并）、簟、糰（定）、徛、褯、嶒（从）、箸、掷（澄）、捐、擎（群）"等，有效统计字数是 465 个，其中：平声 212 字，仄声 253 字。统计结果如表 5-30。

表 5-30（+为送气音，-为不送气音，-/+为文读不送气、白读送气）

		并101 平	并101 仄	定140 平	定140 仄	从76 平	从76 仄	澄69 平	澄69 仄	群79 平	群79 仄	总计 465	百分比
		44	57	64	76	32	44	32	37	40	39		
新绛	+	42	21	64	14	32	18	32	7	38	13	281	60.43
	−	2	19		28		18		18	2	22	109	23.44
	−/+		17		34		8		12		4	75	16.13
河津	+	42	27	64	33	32	18	32	14	38	13	313	67.31
	−	2	18		31		16		19	2	22	110	23.66
	−/+		12		12		10		4		4	42	9.03

从表中可以看出，新绛、河津方言仄声字不送气的读法已占所有全浊声母的 20% 以上，在仄声字里将近一半。从使用频率上看，仄声不送气的字大都为次常用字或不常用字，如"暴、陛、导、阵、窘"等；仄声文读不送气、白读送气的字在方言中所占的比例也不大，但大都是方言中的常用字。从语音演变的角度来看，文读和白读表现为新旧音类的交替：不送气音是新的音类，通过词汇扩散的方式进入了方言，而送气音则是方言自身演化的产物。从词汇的发展角度来看，文读和白读表现为新词和旧词、书面语词和口语词的并存：文读的通常是新词或书面语词，如"大学、告别、原子弹、运动"等；白读的通常都是旧词或口语词，如"大的、别针、琉璃弹儿、动弹"等。

2. 部分崇、船、禅母北京话今读塞擦音的字汾河片有白读擦音现象。汾河片方言中，古全浊声母今为塞音、塞擦音的字有文白异读，文、白读的对立主要表现在仄声字送气与不送气上。崇、船、禅三母的文白异读比较特殊：文读塞擦音、白读擦音，限于平声和个别入声今北京话读为塞擦音的字，个别禅母字文读也是擦音。如表 5-31。

表 5-31

小片	地点	柴崇		铡崇		唇船		尝禅	
		文	白	文	白	文	白	文	白
平阳	临汾	₌tʂ'ai	₌ʂai	₌tʂ'a	₌ʂa	₌tʂ'uən	₌fən	₌tʂ'ɑŋ	₌ʂɔ
绛州	新绛	₌ts'ai	₌sai	₌ts'a	₌sa	₌pf'ən	₌fən	₌tʂ'əŋ	₌ʂə
解州	运城	₌ts'ai		₌ts'a		₌pf'eɪ	₌feɪ	₌tʂ'ɑŋ	₌ʂuo

今北京话中，止开三的崇、船、禅母字除"豉"读为塞擦音 tʂ' 外，其他字不论平仄一律读为擦音。其他韵摄里，崇母一般读为塞擦音；船、禅两母仄声字一般读为擦音，而平声字部分读为擦音、部分读为送气塞擦音。崇、船、禅三母在汾河片以外的其他方言区里也有读为擦音的现象，如晋语并州片、吴方言等。这种现象绝非偶然，肯定有其一定的历史原因。李荣（1956）证明《切韵》音系里有一个"俟"母，是与崇母相配的浊擦音，这样，庄组与章组就有了整齐的对应关系：

庄组　　庄tʂ　　初tʂ'　　崇dʐ　　生ʂ　　俟ʐ

章组　　章tɕ　　昌tɕ'　　船dʑ　　书ɕ　　常ʑ

而且，"'崇'跟'俟'，'船'跟'常'在韵书的反切里都有参差的现象"（李荣 1956：91），如《广韵》："俟，床史切；晨，食邻切。"汾河流域的方言崇俟、船常（禅）在清化过程中，首先塞擦音并入擦音，然后清化为清擦音，即：

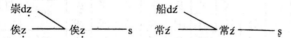

崇dʐ　　　　　　　　船dʑ

俟ʐ ——— 俟ʐ ——— s　　常ʑ ——— 常ʑ ——— ʂ

在这个过程中，仄声字比平声字变化得快，因为仄声这个过程已经完成，而平声字只有部分字变为擦音，部分字在还未完成向浊擦音的转化时全浊声母就已经清化，从而失去了并入擦音的条件。北京话今船母仄声字已完成了从船到禅的过程，平声字部分已经完成，部分尚未完成。因全浊声母清化已经完成，从船到禅的过程就中断了，然后没有从船到禅的字只好随着全浊声母的清化而与同部位的塞擦音合流。汾河片方言的船母字与北京话的情形大致一样。北京话崇母比船母演变得慢，止开三仄声已完成从崇到俟的过程，其他字大都读为塞擦音。今汾河片方言的崇母文读与北京话一致，白读大都读为清擦音，比北京话变化得快。

另外，古邪母字在汾河片里与北京话一样，除止摄开口三等的"词辞祠"和流摄开口三等的"囚泅"外大都读为擦音。而"词辞祠囚泅"这五个字中除"泅"不用外，其余四字都有文白异读：文读塞擦音，白读擦音。如新绛"词磁祠"₌tsʅ/₌ʐʅ，囚 tʂ'ieu/ ₌ɕieu"等。这些中古全浊塞擦音声母变读擦音的现象很可能说明它们的清化过程就是它们变读擦音的过程。

（二）见系开口二等字的文白异读

汾河片方言见系二等晓匣母字普遍存在着文白异读，文读 ɕ，白读 x；平阳小片的临汾（郊区）、洪洞、襄汾（襄陵）、浮山，解州小片的河津，绛州小片的万荣见组开口二、三、四等字声母文读 tɕ tɕ'，白读洪洞、浮山等为 ȶ ȶ'，河津、万荣为 tʂ tʂ'（见表5-23），除了这种特殊的文白异读现象外，解州小片和绛州小片的部分点见组开口二等以及个别三等字也有文白异读，文读 tɕ tɕ'，白读 k k'。如表5-32。

表 5-32（"/" 前为文读，后为白读）

小片	点	二等						三等
		街_{蟹见}	鞋_{蟹匣}	孝_{效匣}	咸_{咸匣}	瞎_{山晓}	杏_{梗匣}	起_{止溪}
平阳	临汾	⁼tɕiɛ	₌ɕiɛ/ ₌xai	ɕiau⁼	₌ɕiɛn/ ₌xan	₌ɕia/ ₌xa	ɕiɛ⁼	⁼tɕʻi
绛州	新绛	⁼tɕie	₌ɕie/ ₌xai	ɕiao⁼ /xao⁼	₌ɕiã/ ₌xã	₌ɕia/ ₌xa	ɕiəŋ⁼ /xə⁼	⁼tɕʻi/ ⁼kʻei
解州	临猗	⁼tɕiɛ/ ₌kai	₌ɕie/ ₌xai	ɕiau⁼ /xau⁼	₌ɕiæ̃/ ₌xæ	₌ɕia/ ₌xa	ɕiŋ⁼ /xa⁼	⁼tɕʻi/ ⁼kʻei
	永济	⁼tɕiai	₌ɕiai/ ₌xai	ɕiau⁼ /xau⁼	₌ɕiæ̃/ ₌xæ	₌ɕia/ ₌xɑ	ɕiŋ⁼ /xy⁼	⁼tɕʻi/ ⁼kʻei

　　见系字的文读和白读是方言里自然的新陈代谢现象。现代汉语方言中古见系开口二等字腭化的程度虽然没有开口三、四等高，但趋势是一样的：从南到北递增。粤、闽、客、赣方言大致保留着 k kʻ x（h）的古读；吴、湘方言有文白异读，文读腭化为 tɕ tɕʻ ɕ，白读也大致保留着 k kʻ x 的古读。官话方言中，西南官话、江淮官话、中原官话、兰银官话大致见组已腭化为 tɕ tɕʻ，晓组或保留古读 x，或文读腭化为 ɕ，白读保留古读 x；北京官话腭化过程已基本完成，见系二等今音 tɕ tɕʻ ɕ。汾河片方言见系二等字处于腭化的未完成状态，见组腭化已基本完成，晓组部分字也已腭化，如"霞、械、效、狭、限"等，部分字有文白异读。这种依汉语方言的普遍规律所发生的变化而形成的文白异读中，文读代表新的趋势，白读代表旧的体系，二者处于一种新旧交替的过程之中：

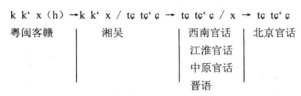

k kʻ x（h）→k kʻ x / tɕ tɕʻ ɕ → tɕ tɕʻ ɕ / x → tɕ tɕʻ ɕ

粤闽客赣　|　湘吴　|　西南官话　|　北京官话
　　　　　　　　　　　　江淮官话
　　　　　　　　　　　　中原官话
　　　　　　　　　　　　晋语

　　很难说这种文读 tɕ tɕʻ ɕ 的现象是从哪种权威方言里借来的。或许，有人认为见系字腭化是官话方言率先开始的，然后随着官话方言的南扩而对南方方言进行了覆盖，今见系字腭化的程度从北到南递减似乎可以证明这一观点。王力（1985：390）证明汉语见系字腭化在明代已经形成，假定洛阳是当时官话的标准音，那么从今天的方言中所表现出的见系字的腭化过程来看，洛阳音断然不可能在一夜之间由 k kʻ x 全部变为 tɕ tɕʻ ɕ。那么，作为腭化的发源地，洛阳的 tɕ tɕʻ ɕ 就是方言 k kʻ x 在 i 介音的作用下自身演化的结果。"由一个点先腭化，然后从这个点再向周边方言扩散"这个假设恐怕也不成立，可能当时中原地区的方言与洛阳方言是同时发生腭化的，它们之间也不存在谁向谁借用 tɕ tɕʻ ɕ 的问题。可见，见系细音字的文白异读是在腭化过程中因新旧交替而形成的。作为新的音类 tɕ tɕʻ ɕ 一开始首先出现在白读系统里，而文读系统里仍然保留着见系字固有的音类 k、kʻ、x。后来随着见系字腭化数量的增加，tɕ tɕʻ ɕ 成为方言里的主流音类，而 k kʻ x 却变成了行将淘汰的音类，从而使 tɕ tɕʻ ɕ 变成了新的文读音类。今方言中仍有一些文读 k kʻ 白读 tɕ tɕʻ 的现象，如北京话"更_{梗开二见庚平}/ ⁼kəŋ/ ₌tɕiŋ、隔_{梗开二见麦入}₌kɤ/ ₌tɕie"等。汾河片方言中也有类似的现象，如新绛"刚_{宕开一见唐平}/ ⁼kəŋ/ ₌tɕiŋ、客_{梗开二溪陌入}₌kʻeʔ /tɕʻieʔ"等。这些现象当是见系字腭化前期的真实面貌在今方言中的存留。在腭化前期，白读的 tɕ tɕʻ ɕ 比文读的 k kʻ x 时间层次晚。

（三）宕江曾梗通摄阳声韵的文白异读

1. 宕江两摄的文白异读

　　宕江两摄阳声韵母在汾河片各点里都有文白异读。文读平阳片、解州片宕江两摄合流为

ɑŋ iɑŋ uɑŋ（或主要元音为 a），绛州片宕江两摄与曾梗通三摄合流为一套韵母 əŋ ieŋ ueŋ yəŋ（或主要元音为 ʌ，参见表 5-27）。白读与同部位的入声字和果摄字的韵母合流。霍县一点例外：文读与咸山摄合流（参见表 5-28），白读音是一套鼻化音，不与同部位的入声字的韵母合流，但入声字韵母仍然与果摄字韵母合流。如表 5-33。

表 5-33　宕江摄阳声字白读音与入声字、果摄字今读分合情况表（不计声调）

小片	点	汤唐 宕开一	托铎 宕开一	拖歌 果开一	光唐 宕合一	郭铎 宕合一	锅戈 果合一	双江 江开二	朔觉 江开二	菠戈 果合一	唆戈 果合一
平阳	临汾	t‘ɔ			kuɔ			fɔ		pɔ	sɔ
平阳	霍县	t‘ɔ̃	t‘uɔ		kɔ̃	kuo		sɔ̃	suo	po	suo
平阳	洪洞	t‘o			kuo			fo	so	po	so
绛州	新绛	t‘ə			kuə			fə		pə	suə
绛州	万荣	t‘ɤ			kuɤ			fɤ		pɤ	suɤ
解州	运城	t‘uo			kuo			fo		po	suo
解州	永济	t‘uo			kuo			fo		po	suo

2. 梗摄开口阳声韵的文白异读

梗摄开口阳声字韵母汾河片各点也都有文白异读。文读大都读收 -ŋ 尾，白读有的归假摄文读，有的归假摄白读（假摄今读参见表 5-36）。霍县仍是一套鼻化韵，例外。如表 5-34。

表 5-34　梗摄开口阳声韵的文白异读表

小片	地点	猛开二 文	猛开二 白	甥开二 文	甥开二 白	杏开二 文	杏开二 白	平开三 文	平开三 白	声开三 文	声开三 白	听开四 文	听开四 白
平阳	临汾	məŋ	mɤ	ʂəŋ	ʂɤ	ɕiŋ	ɕiɛ	p‘iŋ	p‘iɛ	ʂəŋ		t‘iŋ	t‘ie
平阳	霍县	məŋ		səŋ	sɔ̃	ɕiŋ	xɔ̃	p‘iŋ	p‘ĩ	ʂəŋ		tɕ‘iŋ	tɕ‘ĩ
绛州	新绛	məŋ	mie		ɕie	ɕiəŋ	xe	p‘iəŋ	p‘ie		se	t‘iəŋ	t‘ie
解州	运城	məŋ	mia	səŋ	sa	ɕiŋ	xa	p‘iŋ	p‘iɛ	ʂəŋ	ʂɤ	t‘iŋ	t‘iɛ

3. 曾通摄阳声韵的文白异读

汾河片平阳小片、绛州小片曾摄开口、通摄都有文白异读，解州小片通摄无文白异读。文读收 -ŋ 尾，白读平阳小片（霍县除外）、绛州小片通摄、曾开口一等字与深臻摄合流，今读鼻化韵或收 -n 尾。曾摄开口三等白读解州小片与深臻摄合流，绛州小片只有知系字与深臻摄合流，平阳小片不与深臻摄合流。霍县仍是一套鼻化韵。具体情况见表 5-35。

表 5-35　曾通摄白读与深臻摄分合情况表

小片	地点	疼曾开一 文	疼曾开一 白	蒸曾开三 文	蒸曾开三 白	蝇曾开三 文	蝇曾开三 白	东通合一 文	东通合一 白	风通合三 文	风通合三 白
平阳	临汾	t‘əŋ	t‘en	tʂəŋ	tʂɤ	iŋ	ie	tuŋ	tuən	fəŋ	fən
平阳	霍县	təŋ		tʂəŋ		iŋ	ĩ	tuŋ		fəŋ	
绛州	新绛	t‘əŋ	t‘ən	tʂəŋ	tʂən	iəŋ	ie	tuəŋ	tuən	fəŋ	fən
解州	临猗	t‘əŋ	t‘eĩ	tʂəŋ		iŋ	ieĩ	tuŋ		fəŋ	

明代陆容《菽园杂记》（中华书局 1985：40）中记载："山西人以同为屯、以聪为村，无东字韵。"可见，曾通摄白读与深臻摄合流的现象至少在明代就已经存在了。今汾河片方言中，这类白读现象已经不成系统，但从各点都不同程度地保留这个特点来看，它当是今汾河片方言曾经普遍存在的语音现象。

汾河片方言中，阳声韵宕江曾梗通等摄的文读系统收 -ŋ 尾是对古代语音系统的继承，不是从权威方言或民族共同语中借来的，如河津方言：

噇，$_{\subset}$pf'aŋ，吃，有贬义。《广韵》江韵："宅江切，吃貌。"

焢，$^{\subset}$tɕ'yŋ，用火烤食物，如"焢红薯"等。《广韵》东韵："去宫切，干也。"

耸，ṣaŋ$^{\supset}$，怂恿别人干坏事或傻事，如"不要耸人家做兀缺德事"。《集韵》讲韵："双讲切"，《左传》有"故诲之以忠、耸之以行"之句（《十三经注疏》，中华书局 1980：2043）。

这三个在汾河片里广泛使用的方言词从来就没有白读形式，而这三个词在别的方言里也恐非常见，只好承认它们原本如此。一些见系二等字在汾河流域方言里有超前腭化的现象，如：

虹：霍县 tɕyə$^{\supset}$、临汾 tɕiaŋ$^{\supset}$、河津 zaŋ$^{\supset}$

甚至宕开一的"刚"也腭化，如：

刚：临汾 $_{\subset}$tɕiaŋ、新绛 $_{\subset}$tɕiəŋ、河津 $_{\subset}$tɕiaŋ

这类音节的声母在方言里为白读形式，而它们的韵母却大都是文读形式——收 -ŋ 尾，说明这类音是方言自身演化所致，不可能是其他权威方言影响的结果。由此可见，汾河片方言中阳声韵从来就没有全部消失过。

再看今汾河片方言中阳声韵在文读系统里的归并情况：

（1）深臻曾梗通互补为一套开齐合撮四呼俱全的韵母，如霍县、翼城。

（2）咸山宕江合流，如霍县。

（3）宕江曾梗通合流，如新绛。

（4）咸与宕江、深与曾梗通合流，如河津。

这些韵类的归并都是汾河流域方言自身演化的结果，而权威方言，不论是早期的中原官话还是晚期的北京官话都不可能对它们有如此大的影响，因为这两个不同历史层次的权威方言都不具备以上特点。应该说，汾河片方言中文读系统和白读系统是同源异流的关系，同一音韵地位的字在不同的系统中扮演着不同的角色，各自按照自身的规律发展。汾河片方言阳声韵白读音是 -ŋ 尾弱化以至于脱落造成的，中间环节是鼻韵尾弱化以后，它们的鼻音成分转嫁到韵母的主要元音上所形成的鼻化韵，霍县方言中的白读形式 ɔ̃ ĩ iẽ ɿ̃ ũ 就是这一中间环节的具体体现。目前，霍县方言这类鼻化韵正处于向纯口音转化的过渡时期，新派口语中鼻化成分趋于减少。鼻化韵中鼻化色彩完全消失以后，就完成阳转阴的过程了。当然，在发展过程中文、白系统也都或多或少地要受到周边方言的影响，如"扔$_{曾开三平蒸日}$"这个字在汾河片里文读都收 -ŋ 尾，白读有两种类型的读法：一是临汾读 $_{\subset}$va、洪洞读 $_{\subset}$va；一是霍县读 $^{\subset}$zɿ、河津读 $^{\subset}$zɿ。前者当是汾河片方言自身演变的结果，后者是晋语影响的结果，因为晋语曾梗摄知系字的白读音是 ɿ（限于知系字与精组洪音字合流的方言，如祁县等）或 ʐ̩（限于知三章组字分立的方言，如介休等）。

毋庸置疑，方言在发展过程中总要受到权威方言的影响，但不能无限度地夸大这种影响。方言作为汉语在不同区域的具体存在形式，它的形成、发展过程融进了本区域的人文背景和地域特征，具有很强的自足性，而且不同区域的人对他们的方言有着极强的认同感。"乡音未改鬓毛衰"成为千古绝唱反映了汉民族重"乡音"的普遍情结，客家人"宁卖祖宗田，不忘祖宗言"的故训把这种情结发挥到了极致。方言也正是靠着这种情结顽强地抵御着外来因素对它的侵蚀。如果方言容易受权威方言的覆盖，那么亘古几千年的汉语方言早就该统一了，但事实并非如此，且不说大方言区之间的差异，就是一个县里村与村之间尚有不同。新中国成立以后的"推普"工作取得了很大的成绩，在许多大城市里造就了一大批双言者——既能说流利的普通话又能讲地道的本地方言，但放弃方言而以普通话为母语的人并不很多。从历史上看，现代汉民族共同语——普通话对方言的影响达到了前所未有的程度，但方言中仍有许多与普通话逆向发展的现象。钱曾怡（1993）结合青岛、潍坊、临沂等地中古精组洪音字今读齿间音的扩大趋势认为：“方言发展既有向权威方言靠拢的一面，也存在不是靠拢乃至背离权威方言逆向发展的一面。”钱乃荣（1992：435）论及吴语知照三等字时说：“苏州、无锡赵记（赵元任《现代吴语的研究》记音，引者按）都有 tʂ 组，现在苏州城内除评弹艺人外很难找到有老年人读 tʂ 组音，无锡老派已是 tʂ 组、ts 组两读，中、新派全部并入 ts 组。”这些都说明方言在发展过程中首先遵循的是自身的发展规律，而这种规律是民族共同语或权威方言左右不了的。

（四）其他的文白异读现象

1. 假摄开口三等韵的文白异读

假摄开口三等韵在汾河片普遍存在着文白异读。文读精组、知母、以母为 iɛ（ie），章组、日母为 ɤ（e）；白读精组、知母、以母为 ia，章组、日母为 a。如表 5-36。

表 5-36

小片	地点	姐精		斜邪		爹知		爷以		遮章		惹日	
		文	白	文	白	文	白	文	白	文	白	文	白
平阳	临汾	ᶜtɕie	ᶜtɕia	ɕie	ɕia	tiɛ		iɛ	ia	tʂɤ	tʂa	ᵓʐɤ	ᵓʐa
绛州	新绛	ᶜtɕie	ᶜtɕia	ᶜɕie	ᶜɕia	tie	tia	ᶜie	ia	tʂe	tʂa	ᵓʐe	ᵓʐa
解州	运城	ᶜtɕiE	ᶜtɕia	ᶜɕiE	ᶜɕia	tiE	tia	iE	ia	tʂɤ	tʂa	ᵓʐɤ	ᵓʐa

2. 止摄合口三等韵精组、知系字的文白异读

汾河片各小片止摄合口三等字都有文白异读：文读为 tsuei、suei，白读为 tɕy、ɕy。知系字平阳小片的临汾、洪洞等点只有书、禅母有文白异读：文读 ʂuei，白读 fu。绛州小片、解州小片和平阳小片的翼城、浮山等点文读 pfei、pfˈei、fei，白读 pfu、pfˈu、fu。如表 5-37。

表 5-37

小片	地点	嘴精		穗邪		锤澄		锥章		水书		睡禅	
		文	白	文	白	文	白	文	白	文	白	文	白
平阳	临汾	ᶜtsuei	ᶜtɕy	suei	ɕyᵓ	tʂˈuei		tʂuei		ᶜʂuei	ᶜfu	ʂueiᵓ	fuᵓ
绛州	新绛	ᶜtsuei	ᶜtɕy	suei	ɕyᵓ	pfˈei	pfˈu	pfei	pfu	ᶜfei	ᶜfu	feiᵓ	fuᵓ
解州	运城	ᶜtsuei	ᶜtɕy	suei	ɕyᵓ	pfˈei	pfˈu	pfei	pfu	ᶜfei	ᶜfu	feiᵓ	fuᵓ

五　其他特点

1. 关中片、汾河片、洛徐片部分方言宕开一、曾开一、梗开二见晓组部分入声字韵母今读 ɯ，不与其他阴声韵合流。如表 5-38。

表 5-38

小片	地点	胳~膊宕开一见铎	刻~字曾开一溪德	黑曾开一晓德	核~桃梗开二匣麦
关中	西安	ᶜkɯ			ᶜxɯ
汾河	运城	ᶜkɯ	ᶜkˈɯ	ᶜxɯ	ᶜkˈɯ
洛徐	洛阳	ᶜkɯ		ᶜxɯ	ᶜxɯ

2. 汾河片遇摄一等的泥组和精组，三等的庄组韵母与流摄字韵母合流，路=漏，醋=凑，梳=搜，今音 əu（ou）。帮组、端组、见系字仍读 u。翼城的端组字也与流摄字韵母合流，堵=抖，图=头，今音 ou。关中片一些点遇摄一等的精组、三等的庄组韵母也与流摄字韵母合流；个别点与汾河片的翼城一样，遇摄一等的端组、泥组、精组以及三等的庄组韵母与流摄字韵母合流。如表 5-39。

表 5-39

方言片	小片	地点	布帮	土透	苦溪	怒泥	炉来	祖精	初初
汾河片	平阳	临汾	puꜝ	ꜛt'u	ꜛk'u	nəuꜝ	ꜞləu	ꜛtsəu	ꜛtʂ'əu
		翼城	puꜝ	ꜛt'ou	ꜛk'u	nouꜝ	ꜞlou	ꜛtsou	ꜛtʂ'ou
	绛州	新绛	puꜝ	ꜛt'u	ꜛk'u	nəuꜝ	ꜞləu	ꜛtsəu	ꜛtʂ'əu
	解州	运城	puꜝ	ꜛt'u	ꜛk'u	louꜝ	ꜞlou	ꜛtsou	ꜛtʂ'ou
关中片		西安	puꜝ	ꜛt'u	ꜛk'u	nuꜝ	ꜞlu	ꜛtsou	ꜛtʂ'ou
		户县	puꜝ	ꜛt'ɣu	ꜛk'u	nɣuꜝ	ꜞlɣu	ꜛtsɣu	ꜛtʂ'ɣu

3. 汾河片解州小片部分点曾开一来母入声字韵母今读阳声韵。如表 5-40。

表 5-40

	临猗	万荣	河津
勒	ꜞləŋ	ꜞlʌŋ	ꜞluŋ
肋	ləŋꜝ	ꜞlʌŋ	ꜞluŋ

4. 郑曹片的枣庄、平邑、梁山，蔡鲁片的泗水、邹城、滕州，精组洪音合口字今声母一律为 tɕ tɕ' ɕ，韵母一律为撮口呼，没有 ts ts' s 拼合口呼的音节。汾河片解州小片临猗县的临晋、东张等乡镇方言与枣庄、泗水等方言一样，其他解州小片的方言只是在山合一、臻合一合三精组字里具有这个特点。如表 5-41。

表 5-41

片	小片	点	左精哿 果开一	催清灰 蟹合一	岁心祭 蟹合三	酸心桓 山合一	尊精魂 臻合一	从从钟 通合三
郑曹		枣庄	ꜛtɕyə	ꜞtɕ'yei	ɕyeiꜝ	ꜞɕyã	ꜛtɕyẽ	ꜞtɕ'yŋ
		平邑	ꜛtɕyə	ꜞtɕ'yei	ɕyeiꜝ	ꜞɕyã	ꜛtɕyẽ	ꜞtɕ'yŋ
蔡鲁		滕州	ꜛtɕyə	ꜞtɕ'yei	ɕyeiꜝ	ꜞɕyã	ꜛtɕyõ	ꜞtɕ'yŋ
汾河	解州	临猗（临晋）	tɕyoꜝ	ꜞtɕ'yei	ɕyeiꜝ	ꜞɕyæ	ꜛtɕyeī	ꜞtɕ'yŋ
		临猗（城关）	tsuoꜝ	ꜞts'uei	sueiꜝ	ꜞɕyæ	ꜛtɕyeī	ꜞts'uŋ
		运城	tsuoꜝ	ꜞts'uei	sueiꜝ	ꜞɕyæ	ꜛtɕyeī	ꜞts'uŋ
		永济	tsuoꜝ	ꜞts'uei	sueiꜝ	ꜞɕyæ	ꜛtɕyei	ꜞts'uŋ

第五节 中原官话研究简述

一 历史文献关于中原官话的一些记载

（一）春秋到秦汉时期的中原官话研究

中古以前，今中原官话分布的中心区域——今陕西的关中、山西的西南部、河南黄河南岸地区一直是汉民族共同语——雅言的基础方言区（参见第一节：中原官话的形成）。这一区域的方言研究可以上溯到春秋时期。东汉应劭在《风俗通义·序》里说："周秦常以岁八月遣輶轩之使，采异代方言，还奏籍之，藏于秘室。及嬴氏之亡，遗脱弃漏，无见之者。"汉时此制已废，以前"藏于秘室"的宝贵的方言资料皆已亡佚不传，后人已无法详知春秋战国时期汉语方言的真实情况了，只能从散见于典籍和汉代经师注解中的片言只语了解一些方言的情况。如《战国策·秦策》："郑人谓玉未理者璞，周人谓鼠未腊者朴。周人怀朴过郑贾曰：'欲买朴乎？'郑贾曰：'欲之。'出其朴，视之，乃鼠也。因谢不取。"《礼记·中庸》："壹戎衣而有天下。"郑玄注："衣读如殷，声之误也，齐人言殷声如衣。"《说文解字》："黔，黎也，从黑今声。秦谓民为黔首，谓黑色也；周谓之黎民。《易》曰：'为黔喙。'"

现存的对这一时期的方言进行较为系统研究的成果是汉代扬雄的《方言》。《方言》作为我国第一部方言词汇比较研究集，对今中原官话分布区域（南疆除外）的方言都有涉及，所收的材料中以今中原官话的中心区域——秦、晋的方言为最多，且解释最为详尽，说明汉代秦、晋这两个方言在在社会生活中的重要地位。如：

　　嫁、逝、徂、适，往也。自家而出谓之嫁，由女而出为嫁也。逝，秦晋语也。（卷一）
　　搜、略，求也。秦晋之间曰搜，就室曰搜，于道曰略。略，强取也。（卷三）

今人据此将汉代的秦、晋方言合为一个大方言。

（二）魏晋南北朝至隋唐朝的中原官话研究

魏晋南北朝至隋唐朝是我国音韵学的成熟时期。这一时期先后有许多种依据方言写成的韵书。颜之推在《颜氏家训·音辞篇》中说："自兹厥后，音韵蜂出，各有土风，递相非笑，指马之谕，未知孰是。共以帝王都邑，参较方俗，考核古今，为之折衷，榷而量之，独金陵与洛下耳。"可惜的是，这些韵书都已失传，这些宝贵的方言资料也就不为后人所知了。

作为古代韵书的集大成者《切韵》，无论它的音系是"因论南北是非、古今通塞"的音系还是一时一地的音系，都在一定程度上反映了隋代基础方言的语音系统。陆法言在《切韵·序》里说："吴楚则时伤轻浅，燕赵则多伤重浊，秦陇则去声为入，梁益则平声似去"，独独未提中原地区，可见《切韵》的基础是当时以中原地区的方言为基础方言的雅言。

唐代是佛教在中土盛行的时代。在佛经的翻译和整理过程中，一些方言的语音系统在无意中被保留在汉译本的佛经之中，成为后世研究方言的宝贵资料。唐代玄应的《一切经音义》和慧琳《一切经音义》都是用当时的长安音来给佛经注音的，较为完整地保留了当时长安方言的语音系统。今人黄淬伯的《唐代关中方言音系》就是依据慧琳的《一切经音义》里的反切和直音材料完成的。罗常培依据敦煌藏传佛教的经文，通过汉藏对音来研究晚唐五代的西北方言的语音系统，完成了《唐五代西北方音》，产生了很大的影响。

（三）宋元明清时期的中原官话研究

宋元以降至明清时期，有关这一区域方言研究的材料多散见于一些笔记、杂志之中，如：宋代陆游《老学庵笔记》卷六（中华书局 1979：77）："四方之音有讹者，则一韵尽讹。如闽人讹高字，则谓高为歌，谓劳为罗。秦人讹青字，则谓青为蒌，谓经为稽。蜀人讹登字，则一韵皆合口。吴人讹鱼字，则一韵皆开口。他仿此。中原惟洛阳得天地之中，语音最正，然谓弦为玄，谓玄为弦，谓犬为遣，谓遣为犬之类，亦自不少。"

明代陆容《菽园杂记》卷四（中华书局 1985：41）："今天下音韵之谬者，除闽、粤不足较已。如吴语黄王不辨，北人每笑之，殊不知北人音韵不正者尤多。如京师人以步为布，以谢为卸，以郑为正，以道为到，皆谬也。河南人以河南为喝难，以妻弟为七帝。北直隶山东人以屎为鸟，以陆为路，以阁为杲，无入声韵。入声内以缉为妻，以叶为夜，以甲为贾，无合口字。山西人以同为屯，以聪为村，无东字韵……又如去字，山西人为库，山东人为趣，陕西人为气，南京人为可去声，湖广人为处。此外，如山西人以坐为剉，以青为蒌，陕西人以盐为年，以咬为袅……"

这些零星的资料虽然缺乏系统性，但在现在的方言研究中仍有着重要的价值。如陆游所说的"秦人讹青字，则谓青为蒌，谓经为稽"说明在宋代今陕西的方言的梗摄四等阳声韵的字鼻韵尾已经脱落，与蟹摄四等开口字发生了合并，这种现象仍然保留在晋语里；陆容所说的"山西人以同为屯，以聪为村，无东字韵"现象，在今中原官话汾河片平阳小片、绛州小片里仍然存在，说明这种现象至少在明代就已经出现了。

明清以后，许多地方志里都有了一些对当地方言的记载，如清代康熙二十五年（公元 1686年）刊行的《临晋县志》（见中国科学院图书馆编《中国稀见地方志汇刊》（七），中国书店 1992：1013）里反映了当时临晋（今属山西临猗县）方言的一些特点："若夫房为缚、羊为药、惊为戟、明为觅、养为药上、纺为缚上、镜为戟去、命为觅去，诸如此类，虽四声一韵之流转，然颠倒混淆，使听者几不解为何语。予尝谓周德清中原韵声分平仄、字别阴阳，以入声派入平上去三声，今乃驱三声而就入声。"

这些资料虽然也是片段性的，但在方言研究中也具有很高的价值。以上材料以入声字或入声字加注声调的方式来注阳声字，而不杂一个阴声字，反映了中原官话汾河片阳声韵演变的历史层次：阳声韵尾脱落以后先与同部位的入声韵合流，与阴声韵合流是此后发生的演变现象。

二　中原官话研究的现状

20 世纪初，汉语方言的研究较近代有了较大的发展，中原官话也不例外。主要表现在两个方面：一是对汉语方言进行了有目的的全面分区，二是科学的研究理论和方法的引入。章太炎在《訄书》（初刻本，1900）里把汉语方言分为十种，今中原官话分属于不同种系。这种分区虽然囿于传统的水土之见，但毕竟开了汉语方言全面分区的先河。运用现代语言学理论和方法研究汉语方言的是瑞典的高本汉，他在 20 世纪初先后详细调查了汉语的 22 种方言，用历史比较语言学理论来分析汉语方言，并开创了用国际音标给汉语方言记音的先例，在当时的汉语学界产生了巨大的影响。他的《中国音韵学研究》中收录的"方音字汇"里有中原官话的西安、平阳（今山西临汾）、开封等方言的语音材料，成为中原官话研究历史上最早的用国际音标记录语音的系统资料，对现在的中原官话研究有重要的参考价值。

20 世纪 20 年代以后，汉语方言的研究掀起了有史以来的第一次高潮。北京大学成立了专门的方言研究机构，当时的中央研究院相继组织了几次较大规模的方言调查工作。1933 年，白涤洲对关中地区 56 个方言点进行了全面细致的调查，并完成了《关中方音调查报告》（1954 年由喻世长整理出版），这是中原官话研究历史上第一个区域性的语音调查报告。

新中国成立以后，国家配合普通话的推广工作进行了汉语史上第一次方言普查工作。从 1960 年开始，中原官话分布区域的陕西、河南、山西、甘肃、山东、安徽、江苏等省都先后完成了方言普查工作，并分别撰写了各省的调查报告。这个工作为中原官话的调查研究奠定了坚实的基础。

"文化大革命"以后，汉语方言的调查研究工作又步入了正常的轨道。1979 年 2 月的《方言》杂志创刊和 1981 年 11 月全国汉语方言学会的成立对包括中原官话在内的汉语方言的调查研究工作起到了巨大的推动作用。在 1981 年厦门的"全国汉语方言学会成立暨首届年会"上，山东大学的钱曾怡教授积极倡导加强官话方言的研究，得到与会同行的支持和响应。1997 年 7 月，钱曾怡教授在青岛主持召开了"首届官话方言国际学术讨论会"，迄今已历三届，这对官话方言的研究起到了积极的推动作用。

现在的中原官话在 20 世纪 60 年代以后的汉语方言分区中分属于汉语方言北方方言的华北、西北、江淮次方言。1985 年，中国社会科学院和澳大利亚人文科学院合作编写的《中国语言地图集》中，李荣先生以"清入、次浊入归阴平"的特点将这一区域的方言从北方方言的其他次方言中分离出来，命名为中原官话，得到汉语学界的普遍认同。至此，中原官话就正式成为汉语官话方言的一个次方言。在不到二十年的时间里，中原官话的调查研究工作有了长足的发展，先后有一大批著作和论文问世，比较重要的有：温端政主编的"山西方言志丛书"（国家"六五"重点社科项目成果，其中有中原官话方言志 6 种），侯精一、温端政主编的《山西方言调查研究报告》（国家"七五"重点社科项目成果，1993 年 7 月由山西高校联合出版社出版），钱曾怡主编的"山东方言志丛书"（其中有中原官话方言志 5 种）和《山东方言研究》（山东大学"211"工程项目，2001 年 9 月由齐鲁书社出版）等。这些成果的问世，使中原官话的调查研究工作呈现出空前繁荣的局面。主要成果有以下四个方面。

（一）关于古代的中原官话的研究成果

《宋代汴洛语音考》，周祖谟，《辅仁学志》1943 年 12 卷第 1、2 期。

《唐五代西北方音》，罗常培，科学出版社 1961。

《敦煌俗文学中的别字异文和唐五代西北方音》，邵荣芬，《中国语文》1963 年第 3 期。

《十二世纪末汉语的西北方音》（声母部分），龚煌城，《史语所集刊》第 56 本第一分，1981 年。

《周隋长安音初探》，尉迟治平，《语言研究》1982 年第 2 期。

《周隋长安音再探》，尉迟治平，《语言研究》1984 年第 2 期。

《论隋唐长安音和洛阳音的声母系统》，尉迟治平，《语言研究》1985 年第 2 期。

《山西闻喜方言的白读层与宋西北方音》，王洪君，《中国语文》1987 年第 1 期。

《唐代关中方言音系》，黄淬伯，江苏古籍出版社 1998。

《宋代汴洛音与〈广韵〉》，周祖谟，载于《文字音韵训诂论集》，北京大学出版社 2000。

（二）综合研究成果

《山西方言志丛书》，温端政主编，1982～1995 年，《语文研究》增刊、语文出版社、山西高校联合出版社等出版。

《官话方言的分区》，李荣，《方言》1985 年第 1 期。

《河南山东皖北苏南的官话》（稿），贺巍，《方言》1985 年第 2 期。

《山东方言的分区》，钱曾怡、高文达、张志静，《方言》1985 年第 4 期。

《山西方言的分区》（稿），侯精一、温端政、田希诚，《方言》1986 年第 1 期。

《陕甘宁青四省区汉语方言的分区》（稿），张成材、张盛裕，《方言》1986 年第 2 期。

《新疆汉语方言的分区》（稿），刘俐李、周磊，《方言》1986 年第 3 期。

《西宁方言志》，张成材、朱世奎，青海人民出版社 1987。

《山东方言志丛书》（共 20 种，属于中原官话的有临沂、郯城、定陶、汶上、金乡 5 种），钱曾怡主编，1990～2005 年，语文出版社、齐鲁书社等出版。

《汉语方言的分区》，李荣，《方言》1989 年第 4 期。

《郑州方言志》，卢甲文，语文出版社 1992。

《山西方言调查研究报告》，侯精一、温端政主编，山西高校联合出版社 1993。

《河西走廊的汉语方言》，张盛裕，《方言》1993 年第 3 期。

《新疆方言的形成》，刘俐李，《方言》1993 年第 3 期。

《山东省志·方言志》，山东省地方史志编纂委员会，山东人民出版社 1993。

《再论汉语北方话的分区》，刘勋宁，《中国语文》1995 年第 6 期。

《首届官话方言国际学术讨论会论文集》，钱曾怡、李行杰主编，青岛出版社 2000。

《山东方言研究》，钱曾怡主编，齐鲁出版社 2001。

《户县方言研究》，孙立新，东方出版社 2001。

《汉语方言研究的方法与实践》，钱曾怡，商务印书馆 2002。

《现代汉语方言概论》，侯精一主编，上海教育出版社 2002。

《晋语与官话非同步发展》（一）、（二），乔全生，《方言》2003 年第 2、3 期。

《新疆维吾尔自治区的中原官话》（稿），周磊，《方言》2007 年第 2 期。

（三）语音

《关中方音调查报告》，白涤洲著，喻世长整理，中国社会科学院出版社 1954。

《河南省西南部方言的语音异同》，贺巍，《方言》1985 年第 3 期。

《山西闻喜方言古帮组声母的读音》，潘家懿，《方言》1985 年第 4 期。

《山西闻喜方言的声调——附论"每一个词都有它自己的历史"》，徐通锵、王洪君，《语文研究》1986 年第 4 期。

《永济方言咸山两摄韵母的分化》，吴建生、李改样，《方言》1989 年第 2 期。

《官话方言分 ts tʂ 的类型》，熊正辉，《方言》1990 年第 1 期。

《入声韵在山西方言中的演变》，王洪君，《语文研究》1990 年第 1 期。

《阳声韵在山西方言中的演变》（上、下），王洪君，《语文研究》1991 年第 4 期、1992 年第 1 期。

《山西方言韵母一二等的区别》，沈明，《中国语文》1999 年第 6 期。

《试论晋南方言中的几种文白异读现象》，王临惠，《语文研究》1999 年第 2 期。

《晋南方言知庄章组声母研究》，王临惠，《语文研究》2001 年第 1 期。

《汾河流域方言平声调的类型及其成因》，王临惠，《方言》2001 年第 1 期。

《陕西关中方言的 ʮ 类韵母》，王军虎，《方言》2001 年第 3 期。

《演化与竞争：关中方言音韵结构的变迁》，张维佳，陕西人民出版社 2002。

《山西方言的"圪"字研究》，王临惠，《语文研究》2002 年第 2 期。

《关中方言果摄读音的分化及历史层次》，张维佳，《方言》2002 年第 3 期。

《汾河流域方言的语音特点及其流变》，王临惠，中国社会科学出版社 2003。

《山西方言声调的类型》（稿），王临惠，《语文研究》2003 年第 2 期。

《从山西闻喜的小方言差异看 Z 变音的衰变》，王洪君，《语文研究》2004 年第 1 期。

《秦晋之交南部方言宕摄舒声字白读音的层次》，张维佳，《语言研究》2004 年第 2 期。

《论山西方言崇船禅三母的擦音化现象》，王临惠，《语文研究》2004 年第 3 期。

（四）词汇语法

《普通话基础方言基本词汇集》，陈章太、李行健主编，语文出版社 1996。

《汉语方言大词典·分卷》，李荣主编，江苏教育出版社 1996，包括：西安方言词典（王军虎）、万荣方言词典（吴建生、赵宏因）、西宁方言词典（张成材）、洛阳方言词典（贺巍）、徐州方言词典（苏晓青）。

《甘肃临夏方言的疑问句》，谢晓安，《中国语文》1990 年第 6 期。

《山西方言词异同例说》，吴建生，《语文研究》1992 年第 4 期。

《甘肃临夏一带方言的后置词"哈""啦"》，李炜，《中国语文》1993 年第 6 期。

《北方话词汇的初步考察》，陈章太，《中国语文》1994 年第 2 期。

《洪洞话轻声的语法语义作用》，乔全生，《语文研究》1994 年第 4 期。

《北方话里表示可能的动词词尾"了"》，柯理思，《中国语文》1995 年第 4 期。

《临猗方言中"走"的语法特点》，王临惠，《语文研究》1998 年第 1 期。

《晋方言语法研究》，乔全生，商务印书馆 2000。

《山西方言"圪"头词的结构类型》，王临惠，《中国语文》2001 年第 1 期。

《山西方言的小称》，沈明，《方言》2003 年第 4 期。

第六章
兰银官话

第一节　兰银官话概述

一　兰银官话的分布

兰银官话主要分布在宁夏、甘肃、新疆三个省区，共60个县市，使用人口约1173万（侯精一 2002）。其中，宁夏境内分布在同心县以北的银川平原地区，甘肃省分布在兰州市区以及河西走廊，新疆分布在东部的哈密盆地和天山北麓地区。从地图上看，兰银官话区的东南部与陕西和青海为邻，西北部与我国内蒙古自治区、蒙古共和国、俄罗斯、哈萨克斯坦接壤，从东经82°44′到东经107°47′，横跨三个省区呈带状分布。其东南是中原官话，东北是晋语，西北和西南则是藏缅、蒙古、突厥等民族语言。

兰银官话分布图

《中国语言地图集》（以下简称《地图集》）把兰银官话分为四片：银吴片、金城片、河西片、塔密片（官话之五"B5"图文皆为兰银官话北疆片，汉语方言的分区"A2"中改定为"塔密片"）。分片的依据主要是单字调和中古知庄章日四组声母的今读：

1. 银吴片除盐池有四个单字调外，其余各点都是阳平与上声合并，古全浊入部分归阳平、部分归去声；

2. 金城片的兰州、榆中两点四个单字调，永登、皋兰单字调不分阴阳平。兰州、榆中、永登的"猪出书入"读 pfu pfu fu vu ；

3. 河西片除民勤外，都是三个单字调。其中古浪、天祝阴平与上声不分，其他点是阳平与上声不分。阳平上声不分的方言古全浊入归阳平，有别于银吴片。张掖、民乐、高台、临泽、肃南的"猪出书入"读 ku kʻu fu vu；

4. 塔密片也是三个单字调，阳平与上声不分。独立为一片的原因大概主要是从地理分布上考虑的。

本章暂维持《地图集》的划分标准和结果（第三节比较各片特点时提出本文的一些观点），补充若干新的材料，明确几个边界地带的方言归属：宁夏盐池县的"西路声"是兰银官话，东部的"盐池声"接近中原官话；同心县北片话是兰银官话，南片话是中原官话；景泰县是中原官话，但是境内临近皋兰县的正路、大安、八道泉、红水等乡属于兰银官话。具体见表1-1。

二　兰银官话的形成

今天的兰银官话区历史上基本处于汉族和西北少数民族争夺和对峙的边缘地带。宁夏的河套地区（银川平原）是北方匈奴进入中原的立足地之一，甘肃的河西走廊则是中原汉族与西域各国彼此往来的必经之路，因此，历代统治者都很重视对这一地区的防守和建设。兰银官话的形成与地理、历史和民族等各方面的因素都有不同程度的关系。

（一）自然地理

兰银官话与周边方言的界限基本上都与自然地理相关。在宁夏境内，夹在贺兰山、六盘山、黄土高原之间的银川平原是兰银官话区，以南的六盘山区和东部的黄土高原则是中原官话和晋语的分布区。在甘肃境内，兰银官话分布在兰州盆地和河西走廊，陇南山地以及陇中、陇东黄土高原都是中原官话的分布区。从地图上可以看出，兰银官话的分布区域处于平原地带，山地或高原是中原官话。新疆境内兰银官话和中原官话的分布与地理因素有更为直接的关系，二者以天山为界，以北是兰银官话的塔密片，以南是中原官话。

（二）移民

秦汉以来统一的国家政权形成，当朝统治者采取战争、和亲、移民等措施加强对这一带的控制："始皇乃使将军蒙恬发兵三十万人北击胡，略取河南地。"（《史记·秦始皇本纪第六》）西汉前期一直对匈奴采取和亲政策，武帝时改变，对匈奴发动了三次大规模的反击。汉武帝一边打击匈奴，一边加强北部边防。加强边防的办法首先是大量移民。第一次反击（公元前127年）控制了秦时河南即河套地区，置五原、朔方郡，招募十万人口徙居。第二次反击（公元前121年）汉军胜利，并先后在河西置武威、酒泉、张掖、敦煌四郡。第三次反击（公元前119年①）时，"关东贫民徙陇西、北地、西河、上郡、会稽凡七十二万五千口……"（《汉书·武帝纪第六》）。在此期间，"山东被水灾……乃徙贫民于关以西，及充朔方以南新秦中，七十余万口，衣食皆仰给县官"（《史记·平准书第八》）。随着战争胜利，汉武帝迁徙了上百万人加强北方的边防，边地的屯戍部队与迁徙到那里的人民一起将草原牧场变成了农业区，

---

① 《中国通史简编》（第84页）为前119年，但据《平准书》徐广集解的"其明年"当在元狩三年，即公元前120年。

特别是河西四郡，到西汉后期，人口已达二十余万。

西汉末年扬雄《方言》中出现过"秦、西秦、秦晋、秦陇、秦甌、秦之西鄙、秦之北鄙"等西北方言地名，丁启阵（1991）认为当时的秦晋方言分布在今山西省西部、陕西省、宁夏回族自治区和甘肃省。说明秦汉时代汉语已进入西北地区，当时的方言可能带有混合语的性质，林语堂（1927）认为秦晋和西秦杂入羌语、秦晋之北鄙杂入狄语（参见丁启阵1991：1～10）。

魏晋南北朝的战争和政权更替，带来人口的频繁流动。北方各政权为加强自己的实力，进行过一些强制性的人口迁移，"永嘉之乱"又有不少中原人自愿迁往河西躲避战乱。秦汉以后扩展到西北边疆的汉语方言，在这段历史时期内又发生了进一步的融合、混化。郭璞所注《方言》和《尔雅》的"关中""包括了汉时的关东和晋时的关西"（周振鹤、游汝杰1986：90），可见，当时的关东和关西方言已经混化。

唐朝加强移民实边，在河西走廊组织多次屯田，汉族人口增长显著，元稹《西凉伎》"吾闻昔日西凉州，人烟朴地桑柘稠"。新疆也有"在京及诸州"的死罪囚犯和流人迁徙到西州和庭州，并在北庭都户府（奇台）和伊吾军（巴里坤）屯田。

隋唐时期西北地区形成一种秦陇方言，陆法言《切韵·序》："吴楚则时伤轻浅，燕赵则多涉重浊；秦陇则去声为入，梁益则平声似去"，说明该方言语音上的特点是"去声为入"，区别于梁益方言的"平声似去"。根据罗常培（1933）、王洪君（1987），唐五代的西北方音开始了浊擦音声母的清化、宕梗摄鼻尾消变、一二等元音失去分别等重要变化；宋代西北地区方言的音系面貌比《切韵》音系简单得多。看来中古的秦陇方言或西北方言是一种发展变化比较快的方言。"去声为入"与今兰银官话银吴片古入声的归向一致，"全浊声母清化仄声送气"的宋西北方音特点，也在兰银官话的白读音中有所体现。

近代人口的流动和更新对兰银官话的形成具有关键性作用。元代出现了"入派三声"这种划时代的变化。尽管各家对"入派三声"的性质有不同解释，但可以肯定此后的《中原雅音》（约14世纪末到15世纪上半叶）时代入声已经消失了（张树铮2000）。那么，入声分派在地域上的差异和分歧会在当时或以后的方言中表现出来。黎新第（1987）通过对官话方言促变舒声的层次和相互关系的分析，认为兰银官话就是从元代中原官话发展出来的，地域上要比中古的秦陇方言缩小很多。

明朝的军事经营和移民屯垦政策使兰银官话有了新的发展。明初，撤宁夏府，尽徙土著居民于陕西。洪武九年（公元1376年）以后，立宁夏诸卫，移民屯垦，恢复宁夏人口。移民是明朝宁夏人口构成的重要成分，遗憾的是史料对移民的来源几乎没有记载，只有一些笼统的说法如"杂五方"、"实以齐晋燕赵周楚"，而吴越居多"、"吴越居多，故彬彬然有江左之风"、"宁夏多江南人"等等，可以肯定的是宁夏的人口成分很复杂。李树俨、李倩（2001）认为宁夏方言"在高度集中的军屯经济和相对封闭的地理环境中，以某种优势方言为基础，经过几代人的传承，大约在弘治前后（15世纪90年代）形成并渐趋稳定"。清裁卫设府，宁夏境内人口发展出现了历史高峰。银川以北的平罗县人口剧增，乾隆五十年（公元1785年），平罗人被招垦到黄河东岸的陶乐（明代称套房）。随着人口由城镇到农村、由银南向银北的转移，明代形成的宁夏方言扩散到了农村和银川以北地区。

嘉峪关外至敦煌一带，明朝后期是蒙古人的游牧地。清初，康熙决定在关西实施屯垦，招徕甘肃无业贫民，河西人口占地近之便利，认垦的人数较多。沙州移民达1.2万余人。乾隆七年（公元1742年），安西民户3.3万余人。这样，河西走廊的方言就扩展到了关西。敦煌有内地 56 州县的贫民迁入，分居党河两岸，党河以东集中了宁夏和青海的移民，形成中原官话的方言岛。

清朝的两次移民浪潮奠定了兰银官话北疆片（即塔密片）的基础。（刘俐李 1993a）新疆平定后，清政府开始在新疆大规模移民屯田。移民主要来自甘肃的安西、肃州、甘州、凉州所属州县，今天新疆玛纳斯还有"兰州湾、凉州户"等标记移民来源的地名。汉族移民主要定居在乌鲁木齐和巴里坤地区，早期甘肃河西的移民奠定了东疆、北疆汉语方言的基础，"甘肃河西话是北疆片的基础方言"。（刘俐李 1993a）光绪九年（公元 1883 年）新疆建省后，清政府再次兴办军屯民垦，出现了第二次移民浪潮。政府一面招抚战乱中逃亡的清初移民后裔，一面采取裁兵分屯、遣犯助屯等移民实边政策，到光绪三十三年（公元 1907 年），奇台、玛纳斯的汉族人口均超过了当地人口构成的百分之八十。（刘俐李 1993a）这次移民的人口仍以陕甘居多，主要是甘肃。早期移民及其后裔被招回新疆后，他们的方言就是当地的土著方言，在此基础上，接受新移民方言的一些影响，形成了兰银官话的北疆片（即塔密片），它是对清初新疆河西片方言的进一步发展。

（三）行政区划

汉昭帝时，安定郡（今中卫、中宁、同心地区）和金城郡（今兰州市区）、河西四郡（今河西走廊）同属凉州刺史部，这是今天的兰银官话区（不包括玉门关以西）最早作为一个整体共处于同一行政区内，玉门关以西为西域都户府和匈奴辖地。

隋唐中原政权的统治重新到达了秦汉时期开拓的西北边疆地区。隋置河西诸郡（包括金城郡和河西四郡）、关陇诸郡（包括灵武郡）；新疆部分地区为西突厥领地。唐朝的宁夏境属关内道；兰州、凉州、甘州、肃州、瓜州、沙州同属陇右道；唐在新疆置西州和庭州。当时的河西诸郡、陇右道与今天甘肃兰银官话的分布有一致之处。

宋以及历代前朝的灵、夏等州都是自成一个行政区（今银吴片所在的银川平原），很少与甘肃河西走廊在同一范围内，这大概影响到银吴片方言与河西片方言的分离。宋代宁夏境内的同心县南北分治，这种区划一直影响到今天的方言差别：半个城以南为中原官话、以北为兰银官话。宋以前的兰州基本上与河西四郡在同一政区之内，宋元两代，兰州开始属陕西行省管辖范围内的秦凤路。这种分离可能影响到后来金城片和河西片方言特点的差别。

清代的宁夏府、兰州府、凉州府、甘州府、肃州、安西州均属于甘肃省。这是继秦汉以来，今兰银官话的分布区域第二次共处于同一行政区内。这对于形成一个内部一致的兰银官话区应该具有重要意义。

今兰银官话区边界地带的分布特点也反映了历史行政区划对方言分布的影响。例如，甘肃景泰县的正路、大安、八道泉、红水等属于兰银官话，但是该县大部分属于中原官话区。这种一县之内的方言差异可以追溯到明清的行政区划，这四个乡是旧红水县辖境，红水县明代属皋兰，清代为皋兰县分县，皋兰县是兰银官话分布区。

兰银官话内部的一些方言特点也能看到行政区划的影响。例如，新疆的兰银官话塔密片曾梗摄的入声字往往有异读，其中一个读音和兰银官话的特点一致，而另一个读音则和中原官话南疆片的特点一致。这种现象恐怕与新疆建省一个多世纪以来方言间的互相影响分不开。

（四）民族融合

今天的兰银官话区在历史上是一个多民族聚居的地区。甘肃民乐县出土的东灰山文化遗址被考古学界确认属于四坝文化的范畴，四坝文化约相当于中原地区的夏代。《民乐东灰山考古——四坝文化墓地的揭示与研究》（甘肃省文物考古研究所、吉林大学北方考古研究室编著，科学出版社 1998）鉴定墓地的人种为"在主要的种系特征方面与甘青地区的古代居民一致，即接近现代华北类型的东亚蒙古人种，但其较大的面部扁平度则表现出与东亚蒙古人种相分离的倾向，而与某些北亚蒙古人种接近"；遗址的文物表明"东灰山四坝文化居民在主要从事农业生产的同时，还兼营畜牧和狩猎"。这些情况说明，当时的河西地区除了少数民族游牧部落以外，已有定居的以农业生产为主的人，其人种特点与中原汉人相似。而史籍中记载的戎狄羌氐猃狁等则属于古代的少数民族或游牧部落，《左传·襄公十四年》有他们语言情况的一些记录："我诸戎饮食衣服，不与华同，贽币不通，言语不达。"

　　秦汉以来，史籍中记载的古代族名"戎、狄、匈奴、乌孙、月氏、鲜卑、柔然、羌、西突厥、回纥、吐蕃、党项"等，都曾在这一带生活过甚至建立了政权。今天境内的土著居民除汉族之外，还有回、蒙、藏、裕固、哈萨克、维吾尔、俄罗斯、锡伯、东乡、满、羌等民族，主要的民族语言是藏语、裕固语、哈萨克语、维吾尔语、蒙古语。

　　关于民族融合与兰银官话形成的关系还没有很确凿的证据来说明，但是其中的借词能说明民族接触和融合对语言的影响。此外，有学者（如宋金兰 1990、李克郁 1987、张维佳等 2007）认为兰银官话中的一些句法和词法现象也受到了民族语言的影响，如"给"字句、长短音构词、远指代词"兀"等。

第二节　兰银官话的总体特点

　　作为官话方言的分支，兰银官话具有官话方言的基本特点，特别是与毗邻的中原官话秦陇片和陇中片关系密切。兰银官话的一些特点同时也是秦陇片和陇中片的特点，因此我们谈到兰银官话的特点时，并非绝对地对内一致、对外排他。兰银官话的基本特点是中古清音入声字和次浊入声字今读去声，古全浊入声字今读阳平，《中国语言地图集》把这一条音韵特征作为其与临近的中原官话相区别的一个主要标准。除此之外，还有一些其他特点可以反映现代兰银官话的语音面貌。

一　声调

（一）中古入声字的声调

　　兰银官话的基本特点是中古清音入声字和次浊入声字今读去声，古全浊入声字今读阳平。这个特点可以涵盖其中多数方言的情况，但也有部分方言是这个特点概括不了的。兰银官话入声字的声调有四种不同情况。

表 6-1　兰银官话入声分派类型

类型	分布	清入	次浊入	全浊入
甲	银吴片	去声	去声	去声
乙	金城片、河西片、塔密片			阳平
丙	银吴片同心南、塔密片哈密等	阴平、去声	阴平、去声	
丁	银吴片盐池东	阳平	阳平	

　　甲类：银吴片13点入声字不论清浊统一归去声。

乙类：清入、次浊入归去声，全浊入归阳平。金城片的永登、西固阴阳平合并，全浊入归平声（可以看作归阳平）；红古阳平并入去声，入声都归去声（全浊入也可看作归阳平）。河西片的武威、永昌阴阳平为同一调值，全浊入归平声（也可以看作归阳平）。

丙类：银吴片同心南片话清入、次浊入归阴平，全浊入归阳平；塔密片哈密、乌鲁木齐、吉木萨尔的大部分清入、次浊入字有阴平和去声两读。

丁类：银吴片盐池县城以东的"东路声"，清入、次浊入、全浊入统一归阳平。

但是，内部各方言的入声分派并不完全一致，上述规律只是一个大致的倾向。下面是四个方言片七个方言点的古全浊入、古清入、古次浊入归调比例（古浪阴平、上声合并）。

表 6-2　兰银官话入声分派比例

片	点	全浊入				清入				次浊入			
		阴	阳	上	去	阴	阳	上	去	阴	阳	上	去
银吴	灵武		20%		80%	1%		5%	94%	3%		7%	90%
	中卫		23%		77%	3%		7%	90%	4%		5%	91%
金城	永登		56%	2%	42%	13%		5%	82%	13%		2%	85%
河西	古浪	3%	59%		38%	6%	5%		89%	6%	11%		83%
	张掖	2%	67%		31%	2%	6%	2%	90%	4%	4%	2%	90%
	酒泉		72%		28%	4%		6%	90%	5%		10%	85%
塔密	吉木萨尔		83%		17%	20%		16%	64%	7%		4%	89%

全浊入在银吴片是大部分归去声。在金城、河西、塔密片，全浊入归阳平的最高比例不超过85%，最低的是56%，刚刚过半，准确地说这些方言是全浊入大部分归阳平，归去声也占相当一部分比例。清入和次浊入归去声的比例最高达到94%，最低64%，可认为是清入和次浊入绝大部分归去声。总体来看，兰银官话入声与去声的关系最为密切。要对兰银官话入声分派进行比较全面、比较准确的概括，应该是：全浊入大部分归阳平、少部分归去声，清入和次浊入主要归去声，少数归其他声调。

（二）调类简化

单字调调类数目少。绝大多数方言是三个单字调，或者内部有三调和四调、三调和两调的地域或年龄差异。以下是兰银官话56个方言点（兰州一点包括城关、七里河、安宁、西固、红古五区）的调类情况。

表 6-3　兰银官话单字调概况统计

方言调类	四调	四调/三调	三调	三调/二调	二调	一调
方言点数	1	4	47	1	2	1
百分比	1.8%	7.1%	83.9%	1.8%	3.6%	1.8%

调类简化的途径是调类合流。绝大多数三调方言的调类合流是阳平和上声合并，部分方言是阴平和上声合并，还有阴平和阳平合并。两调方言去声或上声独自为一个调类，其余合为一个调类。

表 6-4　兰银官话三调方言调类归并概况

方言类型	分布点数	阴	阳	上	去
银川型	39	55		53	13
永登型	2	53		44	13
古浪型	5	44	53	=44	13
盐池型	1	44	13	53	=13

（三）单字调不稳定

一些方言某个单字调有不同的中古来源，最典型的是河西片民勤话。民勤话有三个单字调，每个单字调都有不同来源的字，而同一个字有时会有两个甚至三个不同的调值。所以民勤话的古今调类对应关系很乱，很难找到一条规律能够概括它的调类合并方式。河西片的永昌、山丹都不同程度地存在这种现象。此外，塔密片的塔城、裕民还有单字无定调的现象。

表 6-5　民勤单字调古今对应情况（表中数字是百分比）

古声调 今声调	平		上		去		入		
	清	浊	清、次浊	全浊	清	浊	清	次浊	全浊
一声 55	90	4	64		4		7	3	5
二声 13	0	40	27		11		8	10	49
三声 53	10	56	9		85		85	87	46

（四）特殊的轻声

与北京话轻声相对应的连读变调，在兰银官话中以后字变调为主，也有前后字同时变调的情况，轻声的调值多是"既不轻也不短"。（表中"连调组"指两字组单字调调值的组合，"连调式"指语流中发生连调变化后的实际调值）

表 6-6　兰银官话轻声的连读变调

片	点	例词	连调组	连调式	例词	连调组	连调式
银吴片	灵武	哥哥	55+55	55+21	肚子	13+53	11+55
金城片	永登	哥哥	53+53	53+21	丈夫	13+53	11+44
河西片	酒泉	包子	55+53	55+55	结巴	13+55	21+13
塔密片	巴里坤	哥哥	44+44	44+52	弟弟	24+24	21+24

从轻声变调的词汇范围来看，兰银官话发生变调的词汇范围要比北京话宽，除了北京话的轻声字组以外，北京话的非轻声字组（普通字组）在兰银官话中也往往发生轻声变调。比如：永登话去声作前字时，在我们的两字组连读变调表中，大约有一半字组的连调式读同轻声字组的连调式，例如"汽车、辣椒、北京、国家、木工、越南、大门、日本、墨水、四十、大麦、月亮"等，与"丈夫、肚子、弟弟、骆驼、橘子"一样，都读 11+44。

二　声母

（一）见系开口二等

见系开口二等字普遍有文白异读或新老异读现象，这里的"文白异读"指在不同词汇条件下读音不同的情况，新老异读是与词汇条件无关、因不同年龄而读音不同的情况。如下表：

表 6-7　兰银官话见系开口二等字读音

	解蟹开二	敲效开二	腔江开二	角江开二	杏梗开二
银川	ke⁵³～tɕie⁵³	kʼɔ⁴⁴	tɕʼiɑŋ⁴⁴	kə²¹³～tɕyə²¹³	xən²¹³～ɕin²¹³
永登	ke⁵³～tse⁵³～tɕiə⁵³	kʼɔ⁴⁴～tɕʼiɔ⁴⁴	kʼɑ⁴⁴～tɕʼiɑ⁴⁴	kə¹³～tɕyə¹³	xən¹³～ɕin¹³
酒泉	ke⁵³～tɕiə⁵³	kʼɔ⁵⁵～tɕʼiɔ⁵⁵	kʼɒɣ̃⁵⁵～tɕʼiɒɣ̃⁵⁵	kə¹³～tɕyə¹³	xəɣ̃¹³～ɕiɣ̃¹³
乌鲁木齐	kai⁵¹～tɕiɤ⁵¹	kʼɔ⁴⁴～tɕʼiɔ⁴⁴	kʼɑŋ⁴⁴～tɕʼiɑŋ⁴⁴	kɤ²¹³～tɕiɤ²¹³	xɤŋ²¹³～ɕiŋ²¹³

银吴片、塔密片异读音的声母有两种形式 k 组、tɕ 组，k 组声母是白读、老派读音；tɕ 组声母是文读、新派读音。金城片（兰州、皋兰、永登）、河西片（天祝、武威、张掖、临泽）的声母异读有 k 组、tɕ 组、ts 组三种形式。k 组声母是白读、老派读音；ts 组声母是文读、老派读音；tɕ 组声母是文读、新派读音。

（二）尖团

不分尖团，中古精见组声母在今细音韵母前面没有对立，统一读作 tɕ 组。在舌面高元音舌尖化的方言中，tɕ 组声母也相应读成 ts 或 tʃ 组声母，如下表所示。

表 6-8　兰银官话精见组细音字读音

	例字	北京	中卫	永登	张掖老派	安西	乌鲁木齐
精组	姿	tsɿ⁵⁵	tsɿ⁵⁵	tsɿ⁵³	tsɿ⁴⁴	tsɿ⁵⁵	tsɿ⁴⁴
	妻	tɕʰi⁵⁵	tɕʰi⁵⁵	tsʰɿ⁵³	tɕʰi⁴⁴	tʃʰɿ⁵⁵	tɕʰi⁴⁴
	泉	tɕʰyan³⁵	tɕʰye⁵³	tɕʰyæ⁵³	tsuæ⁵³	tɕʰyan⁵³	tɕʰyan⁵¹
见组	欺	tɕʰi⁵⁵	tɕʰi⁵⁵	tsʰɿ⁵³	tɕʰi⁴⁴	tʃʰɿ⁵⁵	tɕʰi⁴⁴
	权	tɕʰyan³⁵	tɕʰye⁵³	tɕʰyæ⁵³	tsuæ⁵³	tɕʰyan⁵³	tɕʰyan⁵¹

（三）全浊声母

兰银官话和官话方言的基本特点一致：古全浊声母清化，塞音塞擦音声母平声送气仄声不送气。但少数古全浊声母字清化，塞音塞擦音声母仄声送气，这些字是：舵~手、避~雨、乍~不~、初来~到、倍两~、跪~下、绽~开。另外，除与北京话一致的"辞词祠囚泅、蝉禅~宗辰晨臣纯莼醇常偿承丞城成诚盛~饭、畦洽苟溃"等古邪禅匣母平声字读送气塞擦音声母以外，还有几个字也普遍读送气塞擦音声母：饲~料、匙汤~子、祥吉~、详~细、航~空信、杭~州。

表 6-9　兰银官话部分古全浊字的今声母读音

	舵定	避並	乍崇	倍並	跪群	绽澄	饲邪	匙禅	祥邪	杭匣
银川	tʰ	pʰ	tʂʰ	p	k	tʂʰ	s	tʂʰ	tɕʰ	x
同心	t	pʰ	tʂʰ	p	k	tʂʰ	s	tʂʰ	tɕʰ	x
中卫	tʰ	pʰ	tʂʰ	p	kʰ	tʂʰ	s	ʂ	tɕʰ	x
兰州	tʰ	pʰ	tʂ	p	k	tʂ	s	tʂ	ɕ	x
永登	tʰ	pʰ	tʂ	p	k	tʂ	s	tʂ	tɕʰ	kʰ
古浪	tʰ	pʰ	ts	p	k	ts	s	ts	tɕʰ	kʰ
民勤	tʰ	pʰ	ts	p	k	ts	s	ts	tɕʰ	kʰ
张掖	tʰ	pʰ	tʂʰ	pʰ	k	tʂʰ	s	tʂ	tɕʰ	x
酒泉	tʰ	pʰ	ts	pʰ	k	ts	s	ts	tɕʰ	x
哈密	tʰ	pʰ	ts	pʰ	k	ts	s	ʂ	tɕʰ	x
乌鲁木齐	t	p	ts	pʰ	k	tʂ	s	s	ɕ	x

（四）零声母

北京话的零声母音节在兰银官话中不同程度地带有一个浊擦音声母，开口呼音节带 ɣ 声母，主要在金城片和河西片比较明显，而银吴片和塔密片的部分地区读鼻音声母 n 或 ŋ；合口呼音节全部读作 v 声母；齐齿呼和撮口呼音节带有擦音声母 ʑ 或 j，银吴片和塔密片的摩擦比较弱，金城片和河西片的擦音声母最为明显。

表 6-10　北京话零声母在兰银官话中的读音概况

| | | 银吴片 | | 金城片 | 河西片 | 塔密片 | |
		盐池	其他			部分	部分
开口呼	熬效开一疑	n	ø	ø（个别 ɣ）	ɣ	ŋ	ø
	安山开一影	n	ø	ø（个别 ɣ）	ɣ	ŋ	ø
合口呼	舞遇合三微	v	v	v	v	v	v
	位止合三云	v	v	v	v	v	v
齐齿呼	油流开三以	ø～j	ø～j	j～z	z	j	j
撮口呼	月山合三疑	ø～j	ø～j	j～z	z	j	j

除 n、ŋ 以外，这些声母都没有音位的价值，但它体现了一个方言的语音特色。

三　韵母

（一）韵尾脱落

中古的蟹摄、效摄是元音尾韵，兰银官话不同程度地失落韵尾，成为单元音韵母；中古鼻尾韵咸深山臻宕江摄在一些方言中失落鼻辅韵尾，成为开尾或鼻化韵。下表是兰银官话与北京话的字音对照。

表 6-11　兰银官话与北京话蟹效等摄的韵尾

	呆蟹开一	乖蟹合二	桃效开一	胆咸开一·掸山开一	榜宕开一·绑江开二	任深开三·刃臻开三
北京	tai⁵⁵	kuai⁵⁵	tʰau³⁵	tan²¹³	paŋ²¹³	zən⁵⁵
中卫	tæ⁵⁵	kuæ⁵⁵	tʰɔ⁵³	tæ⁵³	paŋ⁵³	zɐ̃i⁵⁵
兰州	tɛ³¹	kuɛ³¹	tʰɔ⁵³	tɛ̃⁴⁴²	pã⁴⁴²	zə̃n³¹
天祝	tɛ⁵¹	kuɛ⁵¹	tʰɔ⁵¹	tæ̃⁵¹	paŋ⁵¹	zən⁵¹
民勤	tæ⁵⁵	kuæ⁵⁵	tʰɔ²¹³~⁵³	tæ̃	paŋ¹³	zəŋ⁵⁵
肃南	tɛ⁵⁵	kuɛ⁵⁵	tʰɔ⁵³	tã⁵³		zəɣ⁵⁵
酒泉	tɛ⁵⁵	kuɛ⁵⁵	tʰɔ⁵³	tæ̃⁵³	pɒɣ̃⁵³	zəɣ⁵⁵
吉木萨尔	tai⁴⁴	kuai⁴⁴	tʰɔ⁵¹	tan⁵¹	paŋ⁵¹	zəŋ⁴⁴

（二）韵类归并

咸山摄阳声韵字失落鼻辅尾后，往往与古阴声韵合并。如表 6-12 所示。

表 6-12　兰银官话韵类归并概况（一）

| | 洪音 | | | | 细音 | | |
| | 开 | | 合 | | 齐 | | 撮 |
	改蟹开一	敢咸开一	怪蟹合二	惯山合二	杯蟹合一	介蟹开二	见山开四	全山合三
中卫	kæ⁵³	kæ⁵³	kuæ¹³	kuæ¹³	pei⁵⁵		tɕie¹³	tɕʰye⁵³
民勤	kæ⁵³	kæ²¹³	kuæ⁵³	kuæ⁵³	pi⁵⁵		tɕi⁵³	tɕʰy⁵³
玉门	kæ⁵³	kæ⁵³	kuæ¹³	kuæ¹³	pei⁵⁵	tɕiɔ¹³	tɕie¹³	tɕʰye⁵³

深臻曾梗通五摄的阳声韵字，除了中卫以外，都合并为一套韵母。少数方言的咸山宕江摄也合并为一套韵母，例如：

207

表 6-13　兰银官话韵类归并概况（二）

	根	庚	心	星	魂	红	群	穷	胆	党
中卫	kẽi^{55}	kəŋ^{55}	ɕi^{55}	ɕiŋ^{55}	xuẽi^{53}	xuŋ^{53}	tɕʰy̆^{53}	tɕʰyŋ^{53}	tæ^{53}	taŋ^{53}
兰州	kẽn^{31}		ɕiẽn^{31}		xuẽn^{53}		tɕʰyẽn^{53}		tẽ^{442}	tɑ̃^{442}
张掖	kəɣ̃^{44}		ɕiɣ̃^{44}		xuɣ̃^{53}		tɕʰyɣ̃^{53}		tæ^{313}	
乌鲁木齐	kəŋ^{44}		ɕiŋ^{44}		xuŋ^{51}		tɕʰyŋ^{51}		tan^{51}	taŋ^{51}

（三）果蟹止臻摄合口字的介音

中古果摄合口一等见系字"科棵颗稞和禾"，蟹止摄合口泥来母字"内雷累累垒泪类"今兰银官话多数读合口呼韵母，臻摄的"嫩"多读合口呼，"论轮伦沦仑抡"在部分方言读合口呼韵母、部分方言读撮口呼韵母。

表 6-14　果蟹止臻摄合口字读音比较

	果合一		蟹合一		止合三	臻合一	臻合三
	棵	和	内	雷	泪	嫩	轮
中卫	kʰuə^{55}	xuə^{53}	nuẽi^{13}	luẽi^{53}	luẽi^{13}	nuẽi^{13}	luẽi^{53}
永登	kʰuə^{53}	xuə^{53}	nui^{13}	lui^{53}	lui^{13}	nən^{13}	lyn^{53}
古浪	kʰuə^{44}	xuə^{53}	nui^{13}	lui^{53}	lui^{13}	nuɣ̃^{13}	lyɣ̃^{53}
民勤	kʰuə^{55}	xuə$^{53\sim213}$	lui^{53}	lui^{213}	lui$^{53\sim213}$	luŋ^{51}	ȵyŋ$^{53\sim213}$
张掖	kʰuə^{44}	xuə^{53}	nii^{31}	lui^{53}	lui^{31}	nəɣ̃^{13}	lyɣ̃^{53}
酒泉	kʰuə^{55}	xuə^{53}	nui^{13}	lui^{53}	lui^{13}	nuɣ̃^{13}	lyɣ̃^{53}
吉木萨尔	kʰə^{44}	xə^{51}	nei^{213}	luei^{213}	luei^{51}	nuŋ^{213}	luŋ^{51}

（四）高元音 i y 带强烈摩擦

不少方言的舌面高元音带强烈摩擦，或者因强摩擦而改变发音部位，读成舌尖元音 ɿ ʮ。这些舌尖元音主要来源于蟹止遇摄以及深臻曾梗通摄的入声字，与舌尖元音韵母相拼的声母有 p pʰ m、t tʰ n l、ts tsʰ s 以及零声母。

表 6-15　兰银官话舌面高元音读音概况

	中卫	永登	民勤	古浪	永昌	临泽	金塔	吉木萨尔
迷蟹开四明	mji^{53}	mʅ^{53}	mʅ^{55}	mʅ^{53}	mʅ^{213}	mʅ^{53}	mʅ^{55}	mi^{41}
低蟹开四端	ti^{55}	tʅ^{53}	tsʅ^{55}	tʅ^{44}	tʅ^{213}	tʅ^{334}	tʅ^{55}	ti^{44}
祭蟹开三精	tɕji^{13}	tsʅ^{13}	tsʅ^{55}	tsʅ^{13}	tsʅ^{213}	tsʅ^{53}	tsʅ^{31}	tɕi^{213}
鸡蟹开四见	tɕji^{55}	tsʅ^{53}	tsʅ^{55}	tsʅ^{44}	tsʅ^{213}	tsʅ^{334}	tsʅ^{55}	tɕi^{44}
皮止开三帮	pʰji^{53}	pʰʅ^{53}	pʰʅ^{53}	pʰʅ^{53}	pʰʅ^{213}	pʰʅ^{53}	pʰʅ^{53}	pʰi^{51}
地止开三定	ti^{13}	tʅ^{13}	tsʅ^{213}	tʅ^{13}	tʅ^{31}	tʅ^{31}	tʅ^{31}	ti^{213}
饥止开三见	tɕji^{55}	tsʅ^{53}	tsʅ^{55}	tsʅ^{44}	tsʅ^{213}	tsʅ^{334}	tsʅ^{55}	tɕi^{44}
立深开三来	li^{13}	lʅ^{13}	lʅ^{213}	lʅ^{213}	lʅ^{31}	lʅ^{31}	lʅ^{31}	li^{213}
笔臻开三帮	pji^{13}	pʅ^{13}	pʅ^{213}	pʅ^{13}	pʅ^{31}	pʅ^{31}	pʅ^{31}	pi^{213}
极曾开三群	tɕji^{13}	tsʅ^{13}	tsʅ^{213}	tsʅ^{13}	tsʅ^{31}	tsʅ^{31}	tsʅ^{31}	tɕi^{213}
踢梗开四透	tʰi^{13}	tʰʅ^{13}	tsʅ^{213}	tʰʅ^{13}	tʰʅ^{31}	tʰʅ^{31}	tʰʅ^{31}	tʰi^{213}
醋遇合一清	tsʰu^{13}	tsʰu^{13}	tsʰʅ^{213}	tsʰʮu^{13}	tsʰʮu^{31}	tsʰu^{31}	tsʰu^{31}	tsʰu^{13}
律臻合三来	ly^{13}	lʮ^{13}	lʮ^{213}	lʮ^{13}	lʮ^{31}	lʮ^{31}	lʮ^{31}	ly^{213}
菊通合三见	tɕy^{13}	tsʮ^{13}	tsʮ^{213}	tsʮ^{13}	tsʮ^{31}	tsʮ^{31}	tsʮ^{31}	tɕy^{213}

（五）曾梗摄入声字的文白异读

曾开一、曾开三庄组和梗开二入声字合流，但多数方言存在文白异读。一共有四种音值的异读音：a ia；æ 或 ɛ；ei；ə iə 或 ɤ ia。

表 6-16 兰银官话曾梗摄入声文白异读概况（"~"前为白读，后为文读）

	北曾开一帮	墨曾开一明	色曾开三庄	克曾开一溪	白梗开二并	麦梗开二明	窄梗开二庄	客梗开二溪
银川	pia¹³~pɛ¹³	mia¹³~mə¹³	sə¹³	kʻa¹³~kʻə¹³	pia¹³~pɛ¹³	mia¹³~mə¹³	tsa¹³	kʻa¹³~kʻə¹³
永登	piə¹³	miə¹³	ʂə¹³	kʻiə¹³~kʻə¹³	piə⁵³	miə¹³	tsə¹³	kʻiə¹³~kʻə¹³
张掖	piə³¹	miə³¹	sə³¹	kʻə³¹	piə⁵³~pʰiː⁵³	miə³¹	tsə³¹	kʻə³¹
乌鲁木齐	pei²¹³	mei⁴⁴~mɤ²¹³	sei⁴⁴~sɤ⁵¹	kʻɤ²¹³	pei⁵¹~pai⁵¹	mei⁴⁴~mai²¹³	tsei⁴⁴~tsai⁵¹	kʻei⁴⁴~kʻɤ²¹³

（六）止开三日母字及儿尾

日母止摄开口三等今北京话读 ɚ 的字，银吴片汉民读 ɑ 或略带卷舌意味的 ɑʵ，回民为 ɚr；金城片、河西片除永登、天祝为 ɚr 以外，其余都是 ɯ；塔密片的乌鲁木齐是 ʐ，吉木萨尔是 ɚr。

北京话中的儿化词在银吴片汉民汉语和金城片、河西片方言中是儿尾自成音节，银吴片是基本韵加 ɑ 或 ɑʵ 音节，金城片与河西片是基本韵加 ɯ 音节，不过在语速快的时候，有所谓"急读 ɯ 化韵"，如兰州话基本韵 32 个，ɯ 化韵 30 个（高葆泰 1985：6）。塔密片、河西片的永登和天祝、银吴片的回民汉语有儿化。其中塔密片的乌鲁木齐有 26 个儿化韵、吉木萨尔有 23 个儿化韵；银吴片回民汉语一般有 8 个儿化韵：ɚ iɚ uɚ yɚ 和 ær iær uær yær；河西片的永登只有 4 个儿化韵：ɚr iɚr uɚr yɚr。

四 其他

（一）借词丰富

在宁夏银吴片回民居住较为集中的县份，回民的日常用语特别是经堂用语中，会出现一些阿拉伯语、波斯语的借词，借用的方式以音译为主，也有音译加意译或音意兼译的（张安生 2000）。同一个借词经过不同方言音系的折合，语音形式并不完全相同，以平罗（李树俨 1990）和同心（张安生 2000）为例：

	朋友	同伴	裹尸布	福气	信念	晨礼	晌礼
平罗	多斯提 tuə⁴⁴sɿ⁰tʻi⁰	亚勒 ia⁴⁴liɑ⁰	客范 kʻa¹³fan¹³	白勒克提 pia¹¹liɑ¹¹kʻə⁰tʻi⁰	依玛尼 i⁴⁴ma⁴⁴ni⁰	巴目达 pa⁴⁴mʊ⁰taʔ⁰	撒尸尼 pʻiə⁵³ʂɿ⁴⁴ni⁰
同心	多斯提 tuə ʂ tʻi	牙日 ia ʐɿ	卡凡 kʻæ fan	拜热卡提 pæ zə kʻæ tʻi	耶给尼 ie kei ni	邦卜达 pɑŋ pu tæ	撒什尼 pʻie⁵³ʂɿ⁴⁴ni⁰

甘肃河西片天祝和肃南两地藏民汉语的亲属称谓系统受藏语影响很深，以一组父系称谓为例（藏语材料引自张广裕 2000，"－"表示缺材料，"～"表示又读）：

	父亲	伯伯叔叔	爷爷	奶奶	姑姑	舅舅
藏语	aba	abaqi~aka	ami	amayin	anai	ayang
天祝	tiɑ⁵⁵tiə²¹~tɑ⁵⁵ta²¹	a²¹kʻa⁵⁵	a²¹mi⁵⁵	a²¹ma⁵⁵i⁵⁵~a²¹iə⁵¹	a²¹nɛ⁵⁵	a²¹tɕiu⁵⁵
肃南	pa³¹pa²¹	a¹³pa³¹tɕiɤ²¹	－	－	a²¹nɛ⁵⁵	a²¹zɤɣ⁵³

藏语亲属称谓的一个特点是带词头 a，天祝和肃南的称谓系统带有混合语的性质，用藏语的词头加汉语的词根，形成"阿舅"这样的称谓词。

新疆汉语中的借词以饮食、器物、节日、娱乐等词为主，多数借自维吾尔语，也有少部分哈萨克、俄罗斯语的借词（周磊 1998），以乌鲁木齐为例：

称谓	巴郎子(小孩) $pa^{44}laŋ^{44}tsɿ^{0}$	央格子(老婆、妇女) $iaŋ^{44}kɤ^{44}tsɿ^{0}$
饮食	塔尔米（哈萨克食品）$tʰar^{13}mi^{51}$	苏伯汤（俄式菜汤）$su^{44}\ pɤ^{0}\ tʰɑŋ^{0}$
器物	萨哈尔（游戏用具）$sa^{44}xɤr^{51}$	袷袢（对襟长外套）$tɕʰia^{13}\ pʰan^{51}$
娱乐	肉孜节（开斋节）$ʐɤu^{13}tsɿ^{44}\ tɕir^{51}$	维囊（跳舞）$vei^{44}naŋ^{51}$

（二）长短音构词

兰银官话普遍存在利用长短音的对比来表示指示代词中"近指、远指、更远指"的区别。例如（"‾"表示音节延长，"～"表示又读）：

表 6-17　兰银官话长短音构词

	那里（远指）	那里（更远指）
灵武	$na^{11}ni\cdot^{55}\sim nu^{11}ni\cdot^{55}$	$nei^{11-}li\cdot^{55}\sim nu^{11-}ni\cdot^{55}$
中卫	$nə^{13}tʼə^{21}tʼə^{21}$	$vu^{13}tʼə^{21}tʼə^{21}$
兰州	$la^{13}ta^{0}\sim lɛ^{13}ta^{0}$	$la^{13}ta^{0}\sim lɛ^{13}ta^{0}$
永登	$lɿi^{13}tsər^{21}ɦ^{21}$	$lɿi^{13-}tsər^{21}ɦ^{21}$
古浪	$nɿi^{44}ɦ^{53}$	$nɿi^{44-}ɦ^{53}$
张掖	$na^{31}\ li^{21}$	$nou^{44}\ li^{21}\sim nɔ^{44}li^{21}$

（三）"子"尾丰富

兰银官话的儿尾都不发达，儿尾的构词功能很有限，普通话的儿化词在这些方言中多数都不带儿尾。相比之下，子尾要丰富得多，普通话中儿化的小称功能，在兰银官话中由名词重叠后带子尾来表达。例如：

同心	脸——脸脸子	棚——棚棚子
中卫	窝——窝窝子	花生仁——花生仁仁子
兰州	水——水水子	瓜——瓜瓜子
永登	山梁——山梁梁子	罐——罐罐子
古浪	山梁——山梁梁子	勺——勺勺子
民勤	碗——碗碗子	桶——桶桶子
张掖	窝——窝窝子	桶——桶桶子
酒泉	桶——桶桶子	桌——桌桌子
乌鲁木齐	眼——眼眼子	房——房房子

这种构词手段并不限于名词。量词、动词、形容词、副词都可以重叠加子尾或儿尾，在不改变原来词意的前提下，增加了轻化、中和或渲染、强化的意味。这样，名词、量词的重叠加子尾或儿尾都可以表达小称意义，不同于普通话的量词重叠表遍指；动词的重叠加子尾则具有短时体或尝试体的语法意义；形容词、副词的重叠加子尾或儿尾是一种生动形式，但有时形容词的这种结构也有小称意味。例如：

量词

同心	几两两子盐	兰州　分分钱/把把糖
中卫	一子子菜	永登　一把把芫荽

| 古浪 | 一把把香菜 | 张掖 | 一捻捻芫荽 |
| 民勤 | 一子子菜 | 酒泉 | 一子子香菜 |

动词

银川	缓缓子再走
中卫	站站子就走了
盐池	忍忍子就好了

形容词和副词

同心	这么宽宽=窄的一个路	张掖	歪歪子躺下
中卫	正正子放下	酒泉	歪歪子躺下
永登	歪歪子躺下	乌鲁木齐	横横子放下
古浪	圪柔柔动作慢地		

（四）特殊句式

以"给"字句为例。兰银官话的"给"除了和普通话一样具有动词（给₁）和介词（给₂）的性质，还可以附着在动词后面（给₃），使该动词结构具有交付、给出、传递、施与等意义。最常见的是附在动词"给"后面，"给₁给₃"连用；其他常见的既有给予的动词"送、借、捐、卖"等，也有非给予的动词，甚至形容词，如"吃、喝、喂、帮、跑、看、说、做、打、揪、掐、切、亮、忙、高兴"等。例如：

灵武	他给给我五张电影票。		
盐池	你去跑给一趟。	给给他看去。	
同心	这本书我看给了三遍了。	打给他一顿。	
中卫	你给我帮给起忙。	我的衣服你给给给小弟了。	
兰州	发票早就给他开给了。	热给几天就过去了。	一下把人灌醉给了。
民和	我把他吃给了喝给了。	我吃给了。	
永登	给他给给五张。	看给没看？	给给没给给？
古浪	我给他给给一本书。	给给没给给？	
武威	给李师傅吃给喝给。		
民勤	给给没给给？	我给给他了。	
张掖	我给给他一本书看给。		
酒泉	我给他给给一本书。		
乌鲁木齐	他给他媳妇子给给哩。	让老师骂给了一顿。	
吉木萨尔	他给我给给了一百块。		

选择问句完全以语气词作为形式标志，语气词的语法功能相当于普通话中的连词。选择问句中的语气词在各地不完全一致，基本上以"VP₁＋复合语气词，VP₂＋单音节语气词"为主，或在两个选项后面出现相同的语气词。例如：

| 银川 | 你抽烟了吗，是喝茶哩？ | 民勤 | 你抽烟嘛，喝茶嘛？ |
| 永登 | 你抽烟哩吗，喝茶哩？ | 酒泉 | 他抽烟呢么，是喝茶呢？ |

（五）语序

以否定词、状语、动词谓语这三个语法成分的关系来看，兰银官话的语序和普通话有一定差异。兰银官话中否定副词和动词结合紧密，否定词要直接放在动词前面对动词否定，而不是对状语否定。一些方言区分全部否定和部分否定的语法意义时，否定词优先与动词结合的规则不变，用动词后加补语"完、上"来表示部分否定，如金城片的红古、西固、永登，河西片的天祝。例如：

银川	那块地我还给你没渹上水。	天祝	饼子一挂没吃完=饼子没有全吃完。
同心	我们也北京很没去过。	民勤	平时甚没人坐。
盐池	这句话甚不说。	武威	这个话甚不说。
兰州	把门不要关。	永昌	平时甚没人来。
红古	饼子全部没有吃掉=饼子没有全吃完。	高台	甚没人来。
西固	饼子一挂没吃完=饼子没有全吃完。	安西	甚没人去。
永登	饼子全没吃上=饼子没有全吃完。	乌鲁木齐	我从来就把你莫看上过。

第三节　兰银官话的内部差异

一　声母

（一）知庄章组

兰银官话知庄章组今声母的读音分合比较复杂。一部分方言知庄章三组声母的今读合一，除少数庄组字及个别知组字读 ts ts' s 外，其余均读 tʂ tʂ' ʂ；另一部分方言知庄章组今声母根据中古韵母等、摄、开合的条件二分为ts ts' s、tʂ tʂ' ʂ。少数方言在合一型的基础上以韵母开合为条件，知庄章组今声母二分为 tʂ tʂ' ʂ、pf pf' f 或三分为 tʂ tʂ' ʂ、pf pf' f 、k k' f 。所以，我们从区分 ts tʂ 的方式和知庄章合口字的读音这两个方面说明问题。

1. 知庄章组分 ts tʂ 的方式

（1）合一型

知庄章组的今声母除少数庄组字及个别知组字读 ts ts' s 外，其余均读 tʂ tʂ' ʂ。读 ts ts' s 的例外字主要有：洒豺厦巢察争责策庄开二、滓厕邹揪搜飕馊皱骤瘦又漱簪色侧参人~森涩庄开三、篡庄合二、阻缩庄合三、宅知开二。

金城片全部，河西片的天祝、古浪、永昌、山丹、民乐、临泽、张掖、肃南、高台，都属于这一类。除古浪和永昌外，其他方言都存在合口呼的 tʂ 组声母变为 pf 组或 k 组的现象。

（2）二分型

根据方言中 ts 组和 tʂ 组声母与中古声韵的对应关系，区分 ts 和 tʂ 的方式又可分为以下两个大类，见表 6-18。（表中"tʂ/ts"表示读 tʂ 组的是多数，读 ts 组的是少数；"ts/tʂ"表示读 ts 组的是多数，读 tʂ 组的是少数）

表 6-18　兰银官话知庄章组分 ts tʂ 的类型

	A类				B类			
	开二	开三	合二	合三	开二	开三	合二	合三
知组	tʂ/ts	tʂ		tʂ	ts/tʂ	tʂ		tʂ
庄组	tʂ/ts	tʂ/ts	tʂ	tʂ/ts	ts/tʂ	ts/tʂ	tʂ	tʂ
章组		tʂ		tʂ	tʂ/ts			tʂ

A 类分布在银吴片，知庄章组开口二等字除梗摄字（舒声或入声）读 ts 组以外，其余

均读 tʂ 组；开口三等字中只有庄组的止摄和宕摄读 tʂ 组，其余读 ts 组。合口字除遇通三等庄组外其余读 tʂ 组。如果宕开三庄组按合口处理的话，银吴片分 ts tʂ 的规律就是：梗开二的知庄组、庄组开口三等（止开三除外）、遇合三、通合三庄组读 tʂ 组声母，其余读 ts 组声母。具体情况见下表。

表 6-19　兰银官话银吴片知庄章 ts tʂ 分读的规律

中古声韵 声母分类		ts	tʂ
知组	开口二等	**宅摘**	**茶罩站绽撞桌**
	开口三等		滞知超抽沾沉展珍张征郑
	合口三等		猪追传椿术虫
庄组	开口二等	**生窄争策**	沙斋柴吵谗山窗捉
	开口三等	**愁瘦参森涩衬侧色**	事师床
	合口二等		耍闩
	合口三等	助锄数崇缩	衰
章组	开口三等		车世止**翅**志试烧收占深真常蒸声
	合口三等		书水船准终

银吴片各方言分 ts tʂ 的方式基本上属于这个类型，但也并不完全一致。表中黑体例字一般存在 ts 组和 tʂ 组的异读，如：青铜峡、吴忠、永宁、石嘴山的新派把梗摄二等字也读作 tʂ 组，石嘴山读 ts 组声母的字最少，部分庄组三等字"愁初"也可以又读为 tʂ 组。东南部的盐池和同心方言读 ts 组声母的字要多一些，除了银吴片普遍读 ts 组声母的例字以外，还包括：知开二假效咸梗摄、庄开二假蟹效咸山梗摄、庄开三和章开三的止摄。分 ts tʂ 的规律成为：合口字除遇合三庄组外其余读 tʂ 组，开口字中知开二，庄开二、开三，章开三止摄字读 ts 组，接近 B 类方言分 ts tʂ 的方式。

B 类分布在河西片的武威、民勤、酒泉、金塔、玉门、嘉峪关、安西，塔密片的哈密、巴里坤、阿勒泰、额敏等方言。这些方言分化的规律性很强，从甘肃的民勤到新疆的哈密，两组声母所辖例字总体没有出入。基本规律是：知庄章组合口字读 tʂ 组声母（通合三庄组的"缩"例外），其中包括今韵母为合口呼的宕开三庄组和江开二知庄组字。开口字中知开二和庄组字读 ts 组声母；章开三止摄字读 ts 组声母，其余全部读 tʂ 组声母。

表 6-20　兰银官话河西片与塔密片知庄章 ts tʂ 分读的规律

中古声韵 声母分类		ts	tʂ
知组	开口二等	茶罩站绽宅	撞桌
	开口三等		滞知超抽沾沉展珍张征郑
	合口三等		猪追传椿术虫
庄组	开口二等	沙斋柴窄吵谗山杀生	窗捉朔
	开口三等	愁师事森衬色	床爽
	合口二等		耍闩
	合口三等	缩	初衰崇
章组	开口三等	纸	车世烧收占深真常蒸声
	合口三等		书水船准勺终

2.知庄章组合口字的读音

首先要说明：本小节"知庄章组"中的宕开三庄组字（庄装疮床霜闯爽壮创状）、宕开三入声知章组字（着酌绰勺芍）、江开二知庄组字（桩撞窗双桌卓琢啄浊戳捉镯朔）作为合口字处理。另外，知庄章组二分为 ts 组和 tʂ 组的方言不必讨论合口字的问题，这些方言的合口字读 tʂ 组声母,银吴片全部,河西片的民勤、古浪、武威、金昌、永昌、酒泉、金塔、玉门、安西,塔密片的巴里坤、哈密、阿勒泰、额敏都属于这一类。此处主要说明那些合口字中有 pf 组或 k 组声母读音的情况。

（1）读 pf pfʻ f

知庄章组合口字读 pf pfʻ f。分布在金城片的兰州市城关区、七里河区、西固区、安宁区、红古区（红古村、海石湾除外）、皋兰、永登大部分地区、榆中的金崖以西地区,河西片的山丹县城周围。

表 6-21　兰银官话知庄章组合口字今读（一）

	猪知	初初	书书	转知	船船	闩生
兰州	pfu	pfʻu	fu	pfɛ̃	pfʻɛ̃	fɛ̃
西固马家山	pfu	pfʻu	fu	pfæ̃	pfʻæ̃	fæ̃
红古平安镇	pfu	pfʻu	fu	pfæ̃	pfʻæ̃	fæ̃
皋兰	pfu	pfʻu	fu	pfan	pfʻan	fan
榆中金崖以西	pfu	pfʻu	fu	pfæ̃	pfʻæ̃	fæ̃
永登	pfu	pfʻu	fu	pfæ̃	pfʻæ̃	fæ̃
山丹	pfu	pfʻu	fu	pfɛ	pfʻɛ	fɛ

（2）读 tʂ tʂʻ f

知庄章组合口字读 tʂ tʂʻ f。主要分布在兰州市区的外围:西有永登县（接近青海的河桥镇、连城镇、大有乡、民乐乡、通远乡）和天祝县,东有榆中县（金崖以东包括县城在内）,西南有红古区（接近青海的红古村、海石湾）。此外,新疆的乌鲁木齐、吉木萨尔、米泉、阜康、呼图壁也属于这种类型。

表 6-22　兰银官话知庄章组合口字今读（二）

	猪知	初初	书书	转知	船船	闩生
永登河桥镇等	tʂu	tʂʻu	fu	tʂuæ̃	tʂʻuæ̃	fæ̃
天祝	tʂu	tʂʻu	fu	tʂuæ̃	tʂʻuæ̃	fæ̃
榆中县城	tʂu	tʂʻu	fu	tʂuæ̃	tʂʻuæ̃	fæ̃
红古红古村等	tʂu	tʂʻu	fu	tʂuɛ̃	tʂʻuɛ̃	fɛ̃
乌鲁木齐	tʂu	tʂʻu	fu	tʂuan	tʂʻuan	fan∼ʂuan
吉木萨尔	tʂu	tʂʻu	fu	tʂuan	tʂʻuan	fan
米泉	tʂu	tʂʻu	fu	tʂuɑn	tʂʻuɑn	fan
阜康	tʂu	tʂʻu	fu	tʂuɑn	tʂʻuɑn	fan
呼图壁	tʂu	tʂʻu	fu	tʂuan	tʂʻuan	fan

（3）读 k kʻ f

知庄章组合口字今塞擦音声母读 k kʻ,擦音声母读 f。这种类型分布在张掖地区的张掖市、高台县、山丹县的东乐和霍城、民乐县的洪水河以东、肃南县,以及酒泉地区金塔县的鼎新、芨芨、双城、天苍。

表 6-23　兰银官话知庄章组合口字今读（三）

	猪知	初初	裤溪	书书	转知	船船	宽溪	闩生
高台	ku	kʻu	kʻu	fu	kuæ̃	kʻuæ̃	kʻuæ̃	fæ̃
山丹东乐等	ku	kʻu	kʻu	fu	kuæ̃	kʻue	kʻue	fe
张掖	ku	kʻu	kʻu	fu	kuæ̃	kʻuæ̃	kʻuæ̃	fæ̃
民乐洪水河东	ku	kʻu	kʻu	fu	kuæ̃	kʻuæ̃	kʻuæ̃	fæ̃
肃南	ku	kʻu	kʻu	fu	kuã	kʻuã	kʻuã	fã
金塔鼎新等	ku	kʻu	kʻu	fu	kuan	kʻuan	kʻuan	fan

（4）读 pf pfʻ f 与 k kʻ f

北京话为 u uo 韵母的知庄章字声母读 pf pfʻ f，其他合口呼韵母的知庄组字声母为 k kʻ f。这种类型主要分布在张掖地区临泽的倪家营、民乐的洪水河以西。

表 6-24　兰银官话知庄章组合口字今读（四）

	猪知	初初	书书	捉庄	说书	转知	船船	闩生
民乐洪水河西	pfu	pfʻu	fu	pfə	fə	kuɛ	kʻuɛ	fɛ
临泽	pfu	pfʻu	fu	pfə	fə	kuã	kʻuã	fã

	猪知	初初	哭溪	书书	转知	船船	宽溪	闩生
民乐洪水河西	pfu	pfʻu	pfʻu	fu	kuɛ	kʻuɛ	kʻuɛ	fɛ
临泽	pfu	pfʻu	pfʻu	fu	kuã	kʻuã	kʻuã	fã

（二）日母字的今读

中古日母字在兰银官话中分成两类：止开三以外日母字（人然如软）读 ʐ 或 v ；止摄开口三等字（儿二耳而）读零声母或浊擦音声母 ɣ 。以下分别说明。

1. 止开三以外日母字

止开三以外日母字的读音与知庄章组字的读音具有一致性，依据韵母开合口的条件读 ʐ 或 v 声母，开口字"入若弱仍扔"在多数方言中随合口字变化。分为两种类型，见表6-25。

表 6-25　兰银官话止开三以外日母字读音

	银川	兰州
开口呼（人）	ʐ	ʐ
合口呼（如）		v

开合口都读 ʐ 声母的方言有银吴片各点，河西片的古浪、永昌、武威、民勤、酒泉、金塔、玉门、嘉峪关、安西，塔密片的哈密、巴里坤、阿勒泰、额敏。

开口字读 ʐ 声母、合口字读 v 声母的方言有金城片各点，河西片的天祝、山丹、张掖、民乐、临泽、肃南、高台，塔密片的乌鲁木齐、吉木萨尔、阜康、米泉。只有"仍扔"存在差异，读 v 声母的是老年人。

表 6-26　兰银官话"仍扔"的读音差异

	永登	兰州	皋兰	榆中	天祝	山丹	肃南	张掖	吉木萨尔
弱	v	v	v	v	v	v	v	v	ʐ~v
仍	v	v	ʐ	ʐ	ʐ	ʐ	v	v	ʐ

2. 止开三日母字

止开三日母字在银吴片汉民汉语方言中读零声母的 ɑ 或者 ɑʳ 音节，回民汉语方言是零声母的卷舌韵母 ɚ 。金城片止开三日母字今读零声母的 ɯ 韵母，但音节开头带有一定的摩擦。河西片止开三日母字也读零声母的 ɯ 韵母，音节开头均有不同程度的摩擦，其中民勤、肃南、金塔三点带有明显的浊擦音声母 ɣ ，但无音位价值，其中金城片的永登与河西片的天祝例外，读 ɚ 韵母。塔密片是零声母的 ɐ 或 ɚ 韵母。

表 6-27　兰银官话止开三日母字读音

	银川	兰州	乌鲁木齐
儿二而耳	ɑ~ɚ	ɯ	ɚ

（三）见系开口二等字

兰银官话的见系开口二等字今声母存在文白或新老异读，异读音有 k 组、tɕ 组、ts 组三种形式。大概有 20 多个见系开口二等字存在异读现象，主要集中在蟹摄，如"阶秸介界芥届戒街解鞋下敲咸涎瞎腔项精巷杏角"。

1. 银吴片

有些字在各点都有 tɕ 组与 k 组声母的异读，如"街西~解~开芥~末油鞋棉~敲~一下涎~水精~土巷~子角牛~杏~子"，但是"戒咸瞎腔"则很少保留 k 组声母读音，只有中卫、同心等少数地区有一定程度的保留。

表 6-28　兰银官话银吴片见系二等字声母今读

	街	戒	鞋	下	敲	瞎	腔	角	杏
银川	k~tɕ	tɕ	x~ɕ	x~ɕ	kʻ	x~ɕ	tɕʻ	k~tɕ	x~ɕ
永宁	k~tɕ	tɕ	x~ɕ	x~ɕ	kʻ	x~ɕ	tɕʻ	k~tɕ	x~ɕ
贺兰	k	tɕ	x	x~ɕ	kʻ	ɕ	tɕʻ	k~tɕ	x
平罗	k	tɕ	x	x~ɕ	kʻ~tɕʻ		tɕʻ	k~tɕ	x
陶乐	k	tɕ	x~ɕ	ɕ	kʻ~tɕʻ		tɕʻ	k~tɕ	x
石嘴山	k	tɕ	x~ɕ	x~ɕ	kʻ		tɕʻ	k~tɕ	x
青铜峡	k	tɕ	x~ɕ	x~ɕ	kʻ	ɕ	tɕʻ	k~tɕ	
中宁	k~tɕ	tɕ	x~ɕ	x~ɕ	kʻ	ɕ	tɕʻ	k~tɕ	x
同心	k~tɕ	k~tɕ	x~ɕ	x~ɕ	kʻ	x~ɕ	kʻ~tɕʻ	k~tɕ	x
中卫	k	tɕ	x	ɕ	kʻ~tɕʻ	ɕ	kʻ~tɕʻ	k~tɕ	x
吴忠	k~tɕ	tɕ	x	ɕ	kʻ~tɕʻ	ɕ	tɕʻ	k~tɕ	x~ɕ
灵武	k	tɕ	x	ɕ	kʻ~tɕʻ	ɕ	tɕʻ		tɕ
盐池	k	tɕ	x~ɕ	x~ɕ	kʻ	x~ɕ	tɕʻ	k~tɕ	x

2. 金城片

k 组声母的保留比银吴片多，兰州、皋兰、永登的异读除 k 组声母外，还有第三种异读 ts 组声母。不过只有蟹摄开口二等字"阶解芥戒界蟹械懈"存在这种异读现象，以永登话为例：解 kɛ^{44}~板、~开/tsɛ^{44}~放军/tɕiə^{44}讲，芥 kɛ^{13}~末油/tsɛ^{13}~菜，蟹 sɛ^{13}/ɕiə^{13}螃~。ts 组和 tɕ 组的异读没有很严格的词汇条件，有时可以自由变读。但在使用者看来，ts 组比 tɕ 组要保守或老气一些。

表 6-29　兰银官话金城片见系二等字今读

	街	戒	鞋	敲	咸	瞎	腔	角	杏
兰州	k~tɕ	k~ts~tɕ	x	kʻ~tɕʻ	x~ɕ	x~ɕ	kʻ~tɕʻ	k~tɕ	ɕ
皋兰	k~tɕ	ts~tɕ	x	kʻ		x~ɕ	kʻ~tɕʻ	k~tɕ	ɕ
榆中	k	tɕ	x	kʻ			kʻ~tɕʻ	k~tɕ	ɕ
永登	k	ts		kʻ~tɕʻ			kʻ~tɕʻ	k~tɕ	x~ɕ

3. 河西片

异读特点与金城片相似。个别字如"界戒敲"，保留的白读音没有金城片那么多。其中天祝、武威、张掖、临泽的蟹开二也有 k 组、ts 组、tɕ 组三种异读音。我们以武威和张掖话为例分析三种读音的关系。

武威　　阶tsɿ³⁵~级　　介tsɿ³¹~绍　　解ke³⁵~开/tsɿ³⁵讲~　　芥ke³¹~末　　戒tsɿ³¹/tɕie³¹~烟

张掖　　解ke⁵³~板/tse⁵³~开、讲　　戒tse³¹~烟/tɕiə³¹猪八　　阶tse⁴⁴~级　　蟹sɛ³¹螃~

这两个方言以及金城片方言中的 k 组和 ts 组字的韵母都没有 i 介音，就二等字出现 i 介音、见系舌根音发生腭化的逻辑顺序来看，它们的时间层次应该都比 tɕ 组早。再结合三组声母的词汇条件和使用者的语感，可以认为 k 组是白读，ts组是旧文读，tɕ 组是新文读。

表6-30　兰银官话河西片见系二等字今读

	街	戒	鞋	下	敲	咸	瞎	腔	角	杏
天祝	k	ts~tɕ	x	x~ɕ	tɕʻ	x	x	kʻ~tɕʻ	k~tɕ	x
古浪	k	tɕ	x	x~ɕ	tɕʻ	x	x~ɕ	kʻ~tɕʻ	k~tɕ	x
民勤	k	tɕ	x	x~ɕ	tɕʻ	ɕ	x	kʻ~tɕʻ	k~tɕ	x~ɕ
武威	k	ts~tɕ	x	ɕ	tɕʻ	x	x	kʻ	k~tɕ	x
永昌	k~tɕ	tɕ	x	x~ɕ	tɕʻ	x~ɕ	x	kʻ~tɕʻ	k~tɕ	x~ɕ
山丹	k~tɕ	tɕ	x~ɕ	x~ɕ	kʻ	x~ɕ	x~ɕ	kʻ~tɕʻ	k~tɕ	x
民乐	k	tɕ	x	x~ɕ	kʻ	x	x	kʻ~tɕʻ	k~tɕ	x
临泽	k	tɕ	x	x~ɕ	kʻ~tɕʻ	x	x	kʻ	k~tɕ	x~ɕ
肃南	k	tɕ	x	x~ɕ	tɕʻ	x	x	kʻ	k~tɕ	x
高台	k	tɕ	x~ɕ	x~ɕ	tɕʻ	x	x	tɕʻ	k~tɕ	x
酒泉	k	tɕ	x	x~ɕ	kʻ~tɕʻ	ɕ	x/ɕ	kʻ~tɕʻ	k~tɕ	x~ɕ
金塔	k	tɕ	x	x~ɕ	tɕʻ	x~ɕ	x	kʻ~tɕʻ	k~tɕ	x
安西	k	tɕ	x	x~ɕ	tɕʻ	x	x	kʻ~tɕʻ	k~tɕ	x
玉门	k~tɕ	tɕ	x	x~ɕ	kʻ~tɕʻ	x	x	kʻ~tɕʻ	k~tɕ	x

4.塔密片

除了没有 ts 组声母的读音以外，其他特点与河西片基本一致。

表6-31　兰银官话塔密片见系二等字今声母读音

	街	戒	鞋	下	敲	咸	瞎	腔	角	杏
哈密	tɕ	tɕ	x	ɕ	tɕʻ		ɕ	tɕʻ	tɕ	ɕ
阜康	k		x	x		x	x	kʻ		x
米泉	k		x	x			x			x
乌鲁木齐	k~tɕ	tɕ	x~ɕ	x~ɕ	tɕʻ	x~ɕ	x~ɕ	tɕʻ~kʻ	k~tɕ	x~ɕ
吉木萨尔	k~tɕ	tɕ	x~ɕ	x~ɕ	tɕʻ	x~ɕ	x~ɕ	tɕʻ	k~tɕ	x~ɕ

（四）泥来母

兰银官话泥来母的今读在多数方言中不混，即泥母读鼻音声母 n，来母读边音声母 l，少数例字不符合这个规律，如"糯女泥倪弄农浓"。另有一部分方言中泥来母的今读相混，一种是泥来母字今读 n 或者 l，n 和 l 是两个自由变体，没有区别意义的作用，这种情况分布在金城片的兰州、西固、榆中的金崖以西地区；另一种是泥来母逢今洪音韵母读边音声母 l，逢今细音韵母读鼻音声母 ȵ，这种情况分布在河西片的民勤、玉门、安西等方言中。

1.银吴片

银吴片泥来母不混，个别字如"弄、农、泥"的读音普遍特殊。

表 6-32　兰银官话银吴片泥来母字声母今读

	难	年	农	女	泥	弄	兰	连	路	吕
石嘴山	nan	nian	luŋ	ny	mi~ni	nuŋ	lan	lian	lu	ly
银川	nan	nian	nuŋ	ny	mi~ni	nuŋ	lan	lian	lu	ly
吴忠	nã	niã	nuŋ	ny	mi	nuŋ	lã	liã	lu	ly
同心	nan	nian	nuŋ~luŋ	mi~ny	mi~ni	nuŋ~luŋ	lan	lian	lu	ly
中卫	næ	nie	nuŋ	ny	mi	luŋ	læ	lie	lu	ly
灵武	nã	niã	nuŋ	ny	mi	luŋ	lã	liã	lu	ly
盐池	nẽ	niẽ	nuŋ~luŋ	ny	mi	nuŋ	lẽ	liẽ	lu	ly

2. 金城片

金城片存在泥来母相混现象，一类是 n 和 l 自由变读，如兰州话；另一类泥来母逢洪音韵母读 l，逢细音韵母 n 和 l 混读，如榆中的金崖以西地区。

表 6-33　兰银官话金城片泥来母字声母今读

	难	年	农	女	泥	弄	兰	连	路	吕
皋兰	nan	nian	luŋ	ny	ni	luŋ	lan	lian	lu	ly
榆中_{金崖西}	læ	niæ~liæ	luŋ	ny~ly	ni~li	luŋ	læ	niæ~liæ	lu	ny~ly
兰州	nẽ~lẽ	niẽ~liẽ	nuẽn~luẽn	ɴy~ly	ni~li	nuẽn~luẽn	nẽ~lẽ	niẽ~liẽ	nu~lu	ɴy~lʏ
永登	næ	niæ	lun	mʅ	mʅ	lun	læ	liæ	lu	lʅ

3. 河西片

河西片的多数点泥来母不混。部分点泥来母相混，逢今洪音韵母为 l、逢细音韵母为 ȵ，这些方言是民勤、金昌（双湾乡）、金塔（古城、中东和西坝乡）、玉门和安西。此外，泥母字"弄农浓"普遍读同来母的 l，"女泥倪"读同明母的 m。

表 6-34　兰银官话河西片泥来母字声母今读

	难	年	农	女	泥	弄	兰	连	路	吕
古浪	næ	nie	luỹ	mʅ	mʅ	luỹ	læ	lie	lu	lʅ
民勤	læ	ȵi	luŋ	nʅ		luŋ	læ	ȵi	lu	nʅ
张掖	næ	niæ	nuỹ~luỹ	mʅ	mʅ	luỹ	læ	liæ	lu	lʅ
高台	næ	niẽ	nuỹ	mʅ	mʅ~mʅ	nuỹ	læ	liẽ	lu	lʅ
酒泉	næ	niæ	nuỹ~luỹ	mji	mji	nuỹ~luỹ	læ	liæ	lu	lɥy
金塔_{西坝}	lan	ȵien	luŋ	nʅ	nʅ	luŋ	lan	ȵien	lu	nʅ
玉门	læ	ȵie	luŋ	nʅ	nʅ	luŋ	læ	ȵie	lu	nʅ
安西	lan	ȵian	luŋ	nʅ	nʅ	luŋ	lan	ȵian	lu	nʅ

4. 塔密片

塔密片泥来母的今读不混，只有两个泥母字"糯农"常常读同来母的边音声母 l。

表 6-35　兰银官话塔密片泥来母字声母今读

	难	糯	农	女	泥	弄	兰	连	路	吕
乌鲁木齐	nan	luə	luŋ	ny	ni	nuŋ	lan	lian	lu	ly
吉木萨尔	nan	luə	luŋ	ny	ni	nuŋ	lan	lien	lu	ly

（五）影疑母开口洪音字

影疑母开口洪音字在兰银官话的大部分方言读零声母，少数方言读鼻音声母 n 和 ŋ。有些方言的零声母带摩擦成分或明显的擦音声母 ɣ。各片概况如下。

表 6-36　影疑母洪音字读音概况

		爱蟹开一影	矮蟹开二影	儿止开三日	岸山开一疑	额梗开二疑
银吴片	中卫	æ¹³	æ⁵³	ɑ⁵³	æ¹³	ə⁵³
金城片	红古	ɣɛ³⁵	ɣɛ³¹	ɣɯ³⁵	ɣã³⁵	ɣə³⁵
河西片	民勤	ɣæ⁵⁵/¹³	ɣæ⁵⁵/¹³	ɣɯ⁵³/¹³	ɣæ⁵³/⁵⁵	ɣə⁵³/¹³
塔密片	吉木萨尔	ŋai²¹³	ŋai⁵¹	ər⁵¹	ŋan²¹³	ŋɣ⁵¹

1. 银吴片

银吴片绝大多数方言都读零声母，只有盐池一个点例外。盐池话的影疑母开口一等字（"阿"除外）读鼻音声母 n。大致情况如下表。

表 6-37　兰银官话银吴片影疑母洪音字声母今读

	阿影	爱影	袄影	安影	恩影	饿疑	艾疑	藕疑	岸疑
平罗	a⁵⁵	ɛ¹³	ɔ⁵³	ã⁵⁵~nã⁵⁵	əŋ⁵⁵	ə¹³	ɛ¹³	əu⁵³	ã¹³
吴忠	a⁵⁵	ɛ¹³	ɔ⁵³	an⁵⁵	əŋ⁵⁵	ə¹³	ɛ¹³	əu⁵³	an¹³
盐池	a⁴⁴	ɛ¹³	nɔ⁵³	næ⁴⁴	nəŋ⁴⁴	nuə¹³~və¹³	nɛ¹³	nəu⁵³	næ¹³
中卫	a⁵⁵	æ¹³	ɔ⁵³	æ⁵⁵	ẽi⁵⁵	və¹³	æ¹³	ou⁵³	æ¹³

2. 金城片和河西片

金城片和河西片的影疑母开口一等字为零声母，但是音节前面带有不同程度的摩擦。河西片所带 ɣ 声母最典型的方言点：古浪、武威、民勤、肃南、金塔。带 ɣ 声母的字在各点也不相同，除了最典型的点都带 ɣ 声母以外，其他点都是有的字带明显的 ɣ 声母，有的字 ɣ 声母不太明显。总之，ɣ 声母是不稳定的，没有音位的价值。疑母字"饿"读 v，是因该方言"饿"读合口呼韵母 uə 或 uɣ，u 实际读 v 声母。

表 6-38　兰银官话金城片和河西片影疑母洪音字声母今读

	阿影	爱影	袄影	安影	恩影	饿疑	艾疑	藕疑	岸疑
兰州	a³¹	ɛ¹³	ɔ⁴⁴²	ɛn³¹	ən³¹	və¹³	ɛ¹³	əu⁴⁴²	an¹³
皋兰	a⁴⁴	ɣɛ¹³	ɔ⁵³	ɣan⁴⁴	əŋ⁴⁴	və¹³	ɣɛ¹³	əu⁵³	ɣan¹³
民勤	ɣa⁵⁵	ɣæ⁵³	ɣɔ⁵⁵/¹³	ɣæ⁵⁵/¹³	ɣəŋ⁵⁵	və¹³	ŋæ⁵⁵/¹³	ɣou⁶⁵	ɣæ¹³
武威	ɣa³⁵	ɣɛ³¹	ɣɔ³⁵	ɣã³⁵	ɣəɣ³⁵	və³¹	ɣɛ³¹	ɣou³⁵	ɣã³¹
酒泉	ɣa⁵⁵	ɣɛ¹³	ɣɔ⁵³	ɣæ⁵⁵	ɣə⁵⁵	və¹³	ɣɛ¹³	ɣou⁵³	ɣæ¹³
金塔	ɣa⁵⁵	ɣɛ¹³	ɣɔ⁵³	ɣan⁵⁵	ɣəŋ⁵⁵	və¹³	ɣɛ¹³	ɣou⁵³	ɣan¹³

3. 塔密片

塔密片除了巴里坤以外，影疑母洪音字普遍读鼻音声母。在我们掌握的材料里，哈密、奇台、吉木萨尔、阜康、米泉、乌鲁木齐、呼图壁、塔城、额敏、阿勒泰都有影母或疑母字读鼻音声母的情况。其中，米泉和阿勒泰只有疑母读鼻音声母的例字，所以不能确定影母是否与疑母合流，但多数方言的影疑母都合流为 ŋ 或 n 声母了。表 6-39 是塔密片部分方言影疑母的今读。

表 6-39　兰银官话塔密片影疑母读音情况

	影一			影二	疑一				疑二
	爱	袄	安	挨	饿	艾	藕	岸	挨
巴里坤	ɐi²⁴	ɔ⁵²	an⁴⁴	ɐi⁴⁴	ɤ²⁴	ɐi²⁴	ɤu⁵²	an²⁴	ɐi⁵²
吉木萨尔	ŋai²¹³	ŋɔ⁵¹	ŋan⁴⁴	ŋ~nai⁴⁴	ŋɤ²¹³	ŋai²¹³	ŋɤu⁵¹	ŋan²¹³	ŋ~nai⁵¹
塔城	nai	nɔ			nai		nəu	nan	
乌鲁木齐	ŋai²¹³	ŋau⁵¹	ŋɑn⁴⁴	ŋ~nai⁵¹	ŋɤ²¹³	ŋai²¹³	ŋɤu⁵¹	ŋan²¹³	ŋ~nai⁴⁴

二　韵母

（一）舌面高元音的强烈摩擦

舌面高元音 i y 在兰银官话中普遍带强烈摩擦，各方言的摩擦程度并不相同。根据是否改变发音部位这条标准可以将实际音值互有参差的元音分为两类：（1）带摩擦的舌面元音，实际音值为 ji ɥy；（2）舌尖元音 ɿ ʮ。

表 6-40　兰银官话舌面高元音 i y 的读音概况

	银吴片		金城片		河西片		塔密片	
	i	y	i	y	i	y	i	y
ø	ji	ɥy	ji~ʅ	ɥy~ʮ	ji~ʅ~ɻ	ɥy~ʮ~ɻ	ji	ɥy
p组	ji		ji~ʅ		ji~ʅ		ji	
t组	i		ji~ʅ		ji~ʅ		ji	
ts组	ʅ		ʅ	ʮ		ʮ	ʅ	
tɕ组	ji	y	ji	ɥy	ji~ʅ	ɥy~ʮ	i	y
n和l	i	y	i~ʅ	y~ʮ	i~ʅ	ɥy~ʮ	i	y

其中，舌尖元音 ɿ 的来源除了止开三精组以外，还包括蟹开三四帮组、端系和见系；止开三帮组、端系和见系；深开三入端系和见系；臻开三入帮组、端系和见系；曾开三入帮组、端系和见系；梗开三四入帮组、端系和见系；梗合三入影组。ʮ 韵母来源于遇合三泥组、精组和见系；臻合一入精组；臻合三入泥组、精组和见组；曾合三入影组；通合三入泥组、精组和见系。i y 因强烈摩擦变成 ɿ ʮ。随着 i y 舌尖化为 ɿ ʮ，与 i y 韵母相拼的部分 t 组、tɕ 组声母也变成了 ts 组声母。

1. 银吴片

高元音 i y 的摩擦现象不是很明显。大多数方言点的老派发音很少带有摩擦，只有中卫话的 i 拼 p 组和 tɕ 组声母以及 i y 拼零声母时带一定程度的摩擦，实际音值可以记作 ji、ɥy 。i y 的摩擦现象在新派发音人中间相对多一些，青铜峡、中宁、盐池的 i y 都有一定程度的摩擦色彩，但是这种摩擦时有时无，比较随意，没有规律。

表 6-41　兰银官话银吴片高元音 i y 的读音对照

	蟹开三四			止开三		遇合三			深臻曾梗通					
	批	齐	泥	眉	离	聚	女	雨	立	笔	极	译	律	菊
银川	i	i	i	i	i	y	y	y	li	i	i	i	y	y
中卫	ji	ji	i	ji	i	y	y	ɥy	li	ji	ji	ji	y	y

2. 金城片

金城片带摩擦的舌面高元音分布在皋兰县、兰州的西固区，榆中基本上是带摩擦的舌面元音，只有个别拼 t 组、tɕ 组和零声母的字读成舌尖元音；兰州话的高元音 i y 为单韵母时实际音值是 ɪ ʏ（高葆泰 1985）。永登和兰州红古村的 i y 全部舌尖化为 ɿ ʮ。

表 6-42　兰银官话金城片高元音 i y 的读音对照

	蟹开三四			止开三		遇合三			深臻曾梗通					
	批	齐	泥	眉	离	聚	女	雨	立	笔	极	译	律	菊
兰州	ɪ	ɪ	ɪ	ɪ	ɪ	ʏ	ʏ	ʏ	ɪ	ɪ	i̇	ɪ	ʏ	ʏ
皋兰	ji	ji	i	i	i	ʨy	y	y	i	ji	ji	ji	y	ʨy
榆中	ɿ	ɿ	i	i	i	ʮ	y	ʨy	i	ɿ	ɿ	ɿ	y	ʮ
永登	ɿ	ɿ	ɿ	ɿ	ɿ	ʮ	ʮ	ʮ	ɿ	ɿ	ɿ	ɿ	ʮ	ʮ

3. 河西片

河西片除了武威、张掖（西关）、酒泉的 i y 有带强摩擦的舌面高元音之外，其余各点都舌尖化为 ɿ ʮ。其中，张掖（西关）老派读音为带强摩擦的舌面高元音，新派读音为舌尖元音，张掖（老城）则是老派和新派都读舌尖元音；酒泉的 p 组声母和零声母的字已经读成舌尖元音。永昌主要读舌尖元音，但是拼 n l 声母的 i 和 y 不读舌尖元音。

表 6-43　兰银官话河西片片高元音 i y

	蟹开三四			止开三		遇合三			深臻曾梗通					
	批	齐	泥	眉	离	聚	女	雨	立	笔	极	译	律	菊
天祝	ɿ	ɿ	ɿ	ɿ	ɿ	ʮ	ʮ	ʮ	ɿ	ɿ	ɿ	ɿ	ʮ	ʮ
古浪	ɿ	ɿ	ɿ	ɿ	ɿ	ʮ	ɿ	ʮ	ɿ	ɿ	ɿ	ɿ	ʮ	ʮ
民勤	ɿ	ɿ	ɿ	ɿ	ɿ	ʮ	ʮ	ʮ	ɿ	ɿ	ɿ	ɿ	ʮ	ʮ
武威	ji	ji	ji	ji	ji	ʨy	ʨy	ʨy	ji	ji	ji	ji	ʨy	ʨy
永昌	ɿ	ɿ	ji	ɿ	ji	ʮ	ʨy	ʮ	ji	ɿ	ɿ	ɿ	ʨy	ʮ
山丹	ɿ	ɿ	ɿ	ɿ	ɿ	ʮ	ɿ	ʮ	ɿ	ɿ	ɿ	ɿ	ʮ	ʮ
民乐	ɿ	ɿ	ɿ	ɿ	ɿ	ʮ	ɿ	ʮ	ɿ	ɿ	ɿ	ɿ	ʮ	ʮ
临泽	ɿ	ɿ	ɿ	ɿ	ɿ	ʮ	ɿ	ʮ	ɿ	ɿ	ɿ	ɿ	ʮ	ʮ
张掖	ɿ	ɿ	ɿ	ɿ	ɿ	ʮ	ɿ	ʮ	ɿ	ɿ	ɿ	ɿ	ʮ	ʮ
肃南	ɿ	ɿ	ɿ	ɿ	ɿ	ʮ	ɿ	ʮ	ɿ	ɿ	ɿ	ɿ	ʮ	ʮ
高台	ɿ	ɿ	ɿ	ɿ	ɿ	ʮ	ɿ	ʮ	ɿ	ɿ	ɿ	ɿ	ʮ	ʮ
酒泉	ɿ	ji	ji	ji	ji	ji	ji	ʨy	ji	ji	ji	ɿ	ʨy	ʨy
金塔	ɿ	ɿ	ɿ	ɿ	ɿ	ʮ	ɿ	ʮ	ɿ	ɿ	ɿ	ɿ	ʮ	ʮ
玉门	ɿ	ɿ	ɿ	ɿ	ɿ	ʮ	ʮ	ʮ	ɿ	ɿ	ɿ	ɿ	ʮ	ʮ
安西	ɿ	ɿ	ɿ	ɿ	ɿ	ʮ	ʮ	ʮ	ɿ	ɿ	ɿ	ɿ	ʮ	ʮ

4. 塔密片

我们掌握的塔密片方言材料中，只有塔城、额敏、阜康的音系说明中提到 p 组声母和零声母拼齐齿呼韵母时，中间带有过渡性的 j，阜康的零声母拼撮口呼韵母时音节开头带有舌面半元音 ɥ。

表 6-44　兰银官话塔密片高元音 i y 的读音对照

	蟹开三四			止开三		遇合三			深臻曾梗通					
	批	齐	泥	眉	离	聚	女	雨	立	笔	极	译	律	菊
阜康	ji	i	i	i	i	y	y	ʨy	i	ji	i	ji	y	y

（二）阳声韵

中古的鼻音韵尾 -m -n -ŋ 在官话方言中普遍合并为 -n -ŋ，从而形成像北京话这样的阳声韵韵类格局：an ian uan yan、 aŋ iaŋ uaŋ、ən in un yn、əŋ iŋ uŋ（uəŋ）yŋ（iuŋ），下面分别称为 an类、aŋ 类、ən 类、əŋ类。若以北京话作为参照，可以从韵尾和韵类两个角度来看兰银官话阳声韵的演化。

1. 鼻韵尾的弱化和脱落

古阳声韵字的韵尾在兰银官话中有三种形式：-n -ŋ、弱化的 ỹ，韵尾完全脱落的我们称为零韵尾。以下是北京话的四类鼻尾韵在兰银官话里的分合与分布情况。

表 6-45　北京话四类鼻尾韵在兰银官话的分合情况及其分布

韵类	韵尾	韵母	分布
an 类	-n	an ian（iɛn ien） uan yan（yɛn yen）	石嘴山、贺兰、银川、同心、皋兰、金塔、嘉峪关、安西、哈密、乌鲁木齐、吉木萨尔
	鼻化	ã iã uã yã　　æ̃ iæ̃（iẽ）uæ̃ yæ̃（yẽ） ɛ̃ iẽ uɛ̃ yẽ	平罗、中宁、吴忠、灵武、陶乐、永宁、盐池、榆中、兰州、永登、张掖、肃南、酒泉、天祝、高台
	零尾	æ　iæ（ie i）　uæ　yæ（ye y） ɛ　ie（i）　uɛ　ye（y）	青铜峡邵岗、中卫、古浪、民乐、玉门、民勤、永昌、山丹
aŋ 类	-ŋ	aŋ iaŋ uaŋ　　ɑŋ iɑŋ uɑŋ ɒŋ iɒŋ uɒŋ　　ɔŋ iɔŋ uɔŋ	银吴片、塔密片、皋兰、天祝、民勤、山丹、金塔、嘉峪关、玉门、安西
	-ỹ	aỹ iaỹ uaỹ　　ɒỹ iɒỹ uɒỹ	永昌、民乐、高台、酒泉
	鼻化	ã iã uã õ iõ uõ　　ɔ̃ iɔ̃ uɔ̃	兰州、武威、民乐杨坊乡、临泽、永登、红古、西固、榆中
	零尾	ɑ iɑ uɑ	古浪
ən 类	-n	ən in un yn　　ə̃n iə̃n uə̃n yə̃n	银吴片回民汉语、西固、永登、兰州、红古、榆中
	鼻化	ə̃i ĩ uə̃i ỹ	中卫
əŋ 类	-ŋ	əŋ iŋ uŋ yŋ	银吴片汉民汉语、皋兰、民勤、山丹、金塔、安西、嘉峪关、玉门、哈密、乌鲁木齐、吉木萨尔
	-ỹ	ỹ iỹ uỹ yỹ	古浪、武威、永昌、民乐、张掖、临泽、肃南、高台、酒泉

（1）银吴片

aŋ 类、ən 类（中卫除外）和 əŋ 类韵母银吴片基本都保留了鼻音韵尾。an 类韵母在多数方言中保留鼻音尾；平罗、陶乐、中宁、吴忠、灵武、永宁、盐池失落鼻尾，主要元音鼻化；中卫和青铜峡邵岗的 an 类韵母失落鼻尾，成为元音型韵母，与部分阴声韵的今韵母合并（详见第四节）。

（2）金城片

an 类韵和 aŋ 类韵金城片基本上都失落鼻尾，主要元音鼻化，只有皋兰两类韵母都带有鼻音韵尾。ən 类韵母和 əŋ 类韵母金城片合并，保留鼻音尾，除皋兰为 ŋ 尾以外，其他点都是 n 尾。

（3）河西片

an 类韵母只有金塔、嘉峪关和安西带鼻尾；天祝、张掖、肃南、酒泉、高台失落鼻尾，主要元音鼻化；古浪、民勤、永昌、山丹、民乐、玉门失落鼻尾成为元音型韵母。北京话的 aŋ 类韵在天祝、民勤、山丹、金塔、玉门、嘉峪关、安西带鼻尾；永昌、民乐、酒泉、高台

带鼻尾的弱化形式 ỹ 尾；古浪是元音型韵母。ən 类韵和 əŋ 类韵合并后在民勤、金塔、嘉峪关带鼻尾；古浪、永昌、高台、酒泉带鼻尾的弱化形式 ỹ 尾；山丹、安西、玉门的鼻尾不稳定，同时有 n 尾和 ŋ 尾。

（4）塔密片

内部比较一致，韵类格局是：an 类鼻尾韵、 aŋ 类鼻尾韵，ən 类和 əŋ 类合并为 əŋ 类鼻尾韵。

2. 古阳声韵字今韵母的合并

以北京话作为参照，兰银官话古阳声韵字的韵母有以下几种类型。

表 6-46　古阳声韵字韵母的合并类型

	an类	aŋ类	ən类	əŋ类
中卫型	æ ie uæ ye	aŋ iaŋ uaŋ	ẽi ĩ uẽi ỹ	əŋ iŋ uəŋ yŋ
乌鲁木齐型	an ian uan yan	aŋ iaŋ uaŋ	əŋ iŋ uəŋ yŋ	
兰州型	ɛ̃ iɛ̃ uɛ̃ yɛ̃	ã iã uã	ə̃n iə̃n uə̃n yə̃n	
武威型	ã iã uã yã		əỹ iỹ uỹ yỹ	
张掖型	æ̃ iæ̃ uæ̃ yæ̃		əỹ iỹ uỹ yỹ	

（1）银吴片

表 6-47　银吴片古阳声韵的字音对照

	胆咸开一	党宕开一	减咸开二	讲江开二	根臻开一	庚梗开二	新臻开三	星梗开四
银川	tan⁵³	taŋ⁵³	tɕian⁵³	tɕiaŋ⁵³	kəŋ⁵⁵		ɕiŋ⁵⁵	
灵武	tã⁵³	taŋ⁵³	tɕiã⁵³	tɕiaŋ⁵³	kə̃ŋ⁵⁵		ɕiŋ⁵⁵	
中卫	tæ⁵³	taŋ⁵³	tɕie⁵³	tɕiaŋ⁵³	kẽi⁵⁵	kəŋ⁵⁵	cĩ⁵⁵	ɕiŋ⁵⁵

银吴片古阳声韵字韵母的合并方式属于乌鲁木齐型，ən 类韵并入 əŋ 类韵。中卫的四类韵母则保持分立。

（2）金城片

表 6-48　金城片古阳声韵的字音对照

	胆咸开一	党宕开一	减咸开二	讲江开二	根臻开一	庚梗开二	新臻开三	星梗开四
兰州	tɛ̃⁴⁴²	tã⁴⁴²	tɕiɛ̃⁴⁴²	tɕiã⁴⁴²	kə̃n³¹		ɕiə̃n³¹	
皋兰	tan⁴⁴	toŋ⁴⁴	tɕian⁴⁴	tɕioŋ⁴⁴	kəŋ⁵³		ɕiŋ⁵³	
榆中	tæ̃³³	tɔ̃³³	tɕiæ̃³³	tɕiɔ̃³³	kəñ³³		ɕiñ³³	

韵类合并方式基本上都属于兰州型，əŋ 类韵并入 ən 类韵，但皋兰属于乌鲁木齐型。

（3）河西片

表 6-49　河西片古阳声韵的字音对照

	胆咸开一	党宕开一	减咸开二	讲江开二	根臻开一	庚梗开二	新臻开三	星梗开四
武威	tã³⁵		tɕiã³⁵		kəỹ³⁵		ɕiỹ³⁵	
张掖	tæ̃³¹³		tɕiæ̃³¹³		kəỹ⁴⁴		ɕiỹ⁴⁴	
古浪	tæ⁴⁴	ta⁴⁴	tɕie⁴⁴	tɕia⁴⁴	kəỹ⁴⁴		ɕiỹ⁴⁴	
民勤	tæ⁵⁵	taŋ⁵⁵	tɕie⁵⁵	tɕiaŋ¹³	kəŋ⁵⁵		ɕiŋ⁵⁵	
酒泉	tæ⁵³	tɒỹ⁵³	tɕiæ⁵³	tɕiɒỹ⁵³	kəỹ⁵⁵		ɕiỹ⁵⁵	

韵类合并方式有三种。一种是武威型，分布在武威、临泽、民乐杨坊乡，an 类韵向 aŋ 类韵合并，ən 类韵和 əŋ 类韵合并，中古的阳声韵在这些方言中只有 8 个韵母。另一种是张

掖型，分布在张掖、肃南，aŋ 类韵向 an 类韵合并，ən 类韵和 əŋ 类韵合并，中古阳声韵也是合并为 8 个韵母。第三种是乌鲁木齐型，分布在古浪、民勤、永昌、山丹、民乐、高台、酒泉、金塔、嘉峪关、安西。

（4）塔密片

表 6-50　塔密片古阳声韵的字音对照

	胆咸开一	党宕开一	减咸开二	讲江开二	根臻开一	庚梗开二	新臻开三	星梗开四
哈密	tan^{53}	taŋ^{53}	tɕian^{53}	tɕiaŋ^{53}	kən^{55}		ɕiŋ^{55}	
乌鲁木齐	tan^{51}	taŋ^{51}	tɕian^{51}	tɕiaŋ^{51}	kən^{55}		ɕiŋ^{55}	

四类韵母的合并方式属于乌鲁木齐型，有三类鼻尾韵：an 类和 aŋ 类各为一类，ən 和 əŋ 合并为一类，三类都带鼻尾。

（三）曾梗摄入声字的韵母

兰银官话的曾开一德韵和曾开三职韵庄组、梗开二陌韵和麦韵字今韵母存在文白异读，并且有比较明显的内部差异。

1. 银吴片

下面以银川、盐池、同心为代表，说明曾开一德韵、曾开三职韵庄组以及梗开二陌韵、麦韵的韵母异读。

表 6-51　银吴片曾梗摄入声字韵母的异读

	曾开一			曾开三	梗开二				
	北	墨	克	测	白	麦	窄	客	核
银川	pia^{13}~pe^{13}	mia^{13}~mə^{13}	kʻa^{13}~kʻə^{13}	tsʻə^{13}	pia^{13}~pe^{13}	mia^{13}~me^{13}	tsə^{13}	kʻa^{13}~kʻə^{13}	xe^{13}~xɯ^{13}
盐池	pia^{13}~pei^{13}	mia^{13}~mei^{13}~mə^{13}	kʻa^{13}~kʻei^{13}	tsʻə^{13}	pia^{13}~pei^{13}	mia^{13}~mei^{13}	tsa^{13}~tsə^{13}	kʻa^{13}~kʻei^{13}~kʻə^{13}	xɯ^{13}
同心	pæ^{13}	mæ^{13}	kʻæ^{13}~kʻə^{13}	tsʻæ^{13}~tsʻə^{13}	pæ^{13}	mæ^{13}	tsæ^{13}	kʻa^{13}~kʻə^{13}	xæ^{13}

这 3 个方言点曾梗摄入声字异读的共同特点是：

（1）曾摄德韵和梗摄陌韵、麦韵字的今韵母合流。

（2）有两个或三个不同层次的异读。

（3）各点一致的读音是 ə 和 ia a 韵母，ia 拼帮端组声母，a 拼见组声母。不一致的是 ɛ ei 和 æ 韵母。

（4）从异读性质来看，ia　a　æ 韵母是白读音，ə　ɛ　ei 韵母是文读音。

（5）从音类关系来看，ə 来源于舒声韵的果开一、假开三章组和入声韵的曾开一、曾开三庄组、梗开二；ia 和 a 来源于舒声韵的假摄和入声韵的曾开一、梗开二；ɛ 来源于舒声韵的蟹开一二和入声韵的曾开一、曾开三庄组、梗开二；ei 来源于舒声韵的蟹止摄帮组合口一二等和入声韵的曾开一、曾开三庄组、梗开二；æ 韵母读音没有相应的阴声韵来源，同心话的曾开一、曾开三庄组、梗开二独立为一韵。

这些特点大体上概括了银吴片的共性。银吴片的差异在于阴声韵与入声韵音类叠置关系的不同：银川、石嘴山、陶乐、平罗、贺兰、永宁、青铜峡、灵武 8 点是蟹开一端见系、蟹开二见系（部分字除外）与曾开一、曾开三庄组、梗开二合并为 ɛ 韵母；盐池、吴忠、中宁、中卫 4 点是蟹开一帮组、蟹合一帮泥组、蟹合三非组、止合三帮组、止合三非组与曾开一、曾开三庄组和梗开二合并为 ei 韵母；同心自成一类，曾开一、曾开三庄组和梗开二的韵母

为 æ，æ 没有阴声韵来源。

2.金城片与河西片

金城片与河西片的曾梗摄入声字的今韵母基本上没有异读现象，而且两片读音一致，所以放在一起说明。曾开一、曾开三庄组、梗开二入声字在几个代表点的读音列举如下：

表 6-52　金城片与河西片曾梗摄入声字韵母的异读

| | 曾开一 | | | 曾开三 | 梗开二 | | | | |
	北	墨	克	测	白	麦	窄	客	核
兰州	pɤ¹³	mɤ¹³	kʻɤ¹³	tsʻɤ¹³	pɤ⁵³	mɤ¹³	tsɤ¹³	kʻɤ¹³	xɤ⁵³~xɛ⁵³
永登	piə¹³	miə¹³	kʻɤ¹³	tsʻɤ¹³	piə⁵³	miə¹³	tsɤ¹³	kʻɤ¹³~kʻiə¹³	xɤ⁵³~xiə⁵³
武威	pɤ³¹	mɤ³¹	kʻɤ³¹	tsʻɤ³¹	pɤ³⁵	mɤ¹³	tsɤ¹³	kʻɤ¹³	xɤ³⁵~xɛ³⁵
张掖	pii³¹~piə³¹	mɤ³¹	kʻɤ³¹	tsʻɤ³¹	pii⁵³~piə⁵³	miə³¹	tsɤ¹³	kʻɤ¹³	xɯ⁵³~xɛ⁵³

从这些方言代表点来看，金城片与河西片的特点是：

（1）曾开一、曾开三庄组、梗开二入声字韵母全部合流。

（2）读音有两类：洪音和细音。ɯ 可看作是 ɤ 的条件变体，只拼舌根擦音声母 x。

（3）个别字音有异读韵母 ei 或 ii，但只有金城片的兰州西固与河西片的天祝、肃南、张掖有这种现象。

（4）读韵母 ɛ 的只有一个字：核审~。

3.塔密片

塔密片异读特点与其他方言片有别。下表是一些方言曾梗摄入声字韵母的异读概况。

表 6-53　塔密片曾梗摄入声字韵母的异读

| | 曾开一 | | | | 梗开二 | | | | |
	北	肋	黑	刻	柏	麦	宅	客	核审~
巴里坤		lə²¹³	xə²¹³	kʻə²¹³	pə²¹³		tsə⁵¹	kʻə²¹³	xə⁵¹~xai⁵¹
哈密	pei²¹³	lə²¹³	xə²¹³	kʻə²¹³	pei²¹³	mei²¹³	tsə⁵¹	kʻə²¹³	xə⁵¹
吉木萨尔	pei²¹³	lei⁴⁴~lɤ²¹³	xei⁴⁴	kʻɤ²¹³	pei²¹³~pai²¹³	mei⁴⁴~mai²¹³	tsai	kʻei⁴⁴~kʻɤ²¹³	xɤ⁵¹

塔密片的基本特点是：

1.韵母异读有三类：ə ɤ 与 ei ai，其中 ai 韵母读音只见于梗摄字中，ei 是白读音，ə 或 ɤ 是文读音，ai 是受北京官话影响产生的新读音。

2.韵母 ə ɤ 和 ei 的异读伴随声调的异读，读 ə ɤ 韵母是去声、读 ei 韵母是阴平。曾梗摄入声字读 ei 韵母、清入字读阴平与中原官话的特点一致，乌鲁木齐、吉木萨尔、哈密等点都有这个特点。

三　声调

（一）调类

兰银官话绝大多数方言是三个单字调，四个单字调的方言仅仅分布在兰州和其他边界地带，少数方言是两个单字调，分布在兰州郊区的红古村、西固马家山（新派）和武威市。

1.调类概况

除兰州话是四个单字调外，银吴片的盐池、同心，金城片的榆中，河西片的张掖，都有四调和三调的地域或年龄差异。具体如下表（方言点后的数字表示单字调数目，下同）。

表 6-54　兰银官话四调方言和三调方言的分布

	平			上			去			入		
	清	次浊	全浊	清	次浊	全浊	清	次浊	全浊	清	次浊	全浊
	阴	阳			上			去		阳/阴/去		阳
兰州 4	31	53		442			13					=53
盐池老派 4	44	13		53			35					=13
同心下马关 4	53	13		44（442/53）			35					=13
同心南片 4	214	24		53			44			=214		=24
榆中老派 4	53	31		55			214			=53		=31
张掖老派 4	44	53		313			31					=53
盐池新派 3	44	13		53			=13					
盐池西路 3	44			53			13					
同心北片 3	44			53			13					
榆中新派 3	332	53		=332			13					=53
张掖新派 3	44	53					31					=53

2. 三调方言的类型

从调类的演变来看，三调是四调的进一步归并。归并方式有：银川型（阳平与上声合并）、永登型（阴平和阳平不分）、古浪型（阴平和上声合并）、盐池型（阳平与去声合并）。

表 6-55　三调方言调类的演变

	平			上			去			入		
	清	次浊	全浊	清	次浊	全浊	清	次浊	全浊	清	次浊	全浊
	阴	阳			上			去				
银川型	55	53					13					
永登型	53			44			13					=53
古浪型	33	53		=33			13					=53
盐池型	44	13		53			=13					

三调方言分布广泛，其中：银川型的三调方言分布在银吴片和塔密片全部，以及河西片的民乐、临泽、张掖、肃南、高台、酒泉、金塔、嘉峪关、安西，共计 39 个点；永登型三调方言分布在金城片的西固马家山（老派）、永登，河西片的永昌，一共 3 个点；古浪型三调方言分布在金城片的皋兰和榆中新派，河西片的古浪、山丹、玉门，一共 5 个点；盐池型仅见于银吴片盐池话新派的三调方言。

3. 两调方言

两调也是四调归并的结果，归并方式有：阴平和阳平不分、上声和去声合并，如兰州西固马家山新派；阴平、阳平与去声合并，上声自成一个调类，如兰州红古村；阴平、阳平与上声合并，去声自成一个调类，如河西片的武威。

表 6-56　兰银官话两调方言的调类分合

	平			上			去			入		
	清	次浊	全浊	清	次浊	全浊	清	次浊	全浊	清	次浊	全浊
	阴	阳		上			去					
西固新派	53			13						=53		
兰州红古村	13			55			=13					
武威	35						31			=35		

　　兰州西固区马家山的材料是来自同一时间对不同年龄的发音人的调查，新派（27 岁，40多岁）两个单字调，老派（80 岁）三个单字调。兰州红古区红古村的材料来自雒鹏（1999）。

　　《甘肃方言概况》（1960）所记录的武威话声调是：阴平 35、阳平上 53、去声 31；《武威市志》所记的声调是：阴平上 22、阳平 35、去声 53。两书所记都是三个单字调，去声一致为降调，阴、阳平和上声的归并方式不一致。我们调查的是两个单字调：升调 35 和降调31，升调 35 的实际调值是 354，但降幅不明显，处理为 35。

（二）调值

　　银吴片和塔密片调值的内部一致性很强，基本上都是阴平为高平调、阳平上为高降调、去声为低升或低降升；金城片和河西片的山丹以东地区的声调分歧较多。

表 6-57　兰银官话内部调值比较

		阴平	阳平	上声	去声
银吴片		高平 55	高降 53		低升 13
塔密片		高平 55	高降 53		低升/低降升 13/213
河西片	酒泉地区	高平 55	高降 53		低升/低降 13/21
	张掖地区	高平升 445/334	高降 53		低降 31
	张掖老派	高平 55	高降 53	低降升 313	低降 31
	永昌	低降升 213		高降 53	中平 33/低降 31
	武威	升 35/13			降 31/53
	古浪/山丹/玉门	中平 33/中平升 334	高降 53	=中平 33/中平升 334	低升 13
金城片	永登/西固老派	高降 53		高平 55	低升 13
	西固新派	高降 53		低升 13	
	红古村	低升 13		高平 55	=低升 13
	红古平安镇	高平 55/高降 53	低升 13	高平 55	=低升 13
	兰州	低降 31		高降 53	高平降 442	低升 13
	皋兰/榆中	高平 55/平降 332	高降 53	=高平 55/平降 332	低升 13

　　方言片或地区等多点并举时，内部各点的调值不尽相同，一般"高平"包括 44、55 调值，"高降"包括 53、51、42 等调值，"低升"包括 13、24 等调值。

　　银吴片各点调值的差别很小，比如：银川、中宁、同心、盐池的阴平为 44，灵武、中卫是 55；中宁的阳平上为 51、去声为 113，灵武、中卫分别是 53 和 13。

　　金城片调值的内部分歧很多，除了永登和西固马家山老派的调值相同以外，其他点的调值各有参差。皋兰的阴平上是高平调 55，榆中是中平略降的 332，去声的调值没有差异。

河西片调值的分歧主要在天祝到山丹这一带，永昌县城的去声是中平调 33，永昌朱王堡乡的去声为低降调 31；山丹和玉门的阴平上为平升调 334。山丹以西的张掖和酒泉地区调类一致，调值的差异主要在去声。张掖地区都是低降调，酒泉地区是低升调。

塔密片各点的调值差别也在去声，有的点是低升，有的是低降升。

四　各片的特点

下面对各片声韵调三方面的语音特点进行综合比较（表 6-58），说明各片的一些特点，主要着眼于各片之间的不同之处。各项特点前文已有不少具体例证，此处不再举例。

（一）银吴片

中古入声字不论清浊绝大部分归去声，少数字归阳平。调类和调值的内部一致性很强，阴平都是高平调 55 或 44，阳平上是高降调 53 或 51，去声是低降升 213 或低升 13。知庄章分 ts tʂ 的方式接近官话方言中的南京型。泥来母不混。见系开口二等有 tɕ 组和 k 组的异读。影疑母开口洪音字多数读零声母，只有盐池一点读 n 声母。舌面高元音没有舌尖化。鼻尾韵保留鼻尾较多，除中卫一点外其余各点 ən 类韵都与 əŋ 类韵合并。曾梗摄入声字韵母有丰富的文白异读。

（二）金城片

中古清入、次浊入归去声，全浊入多数归阳平、少数归去声。声调的内部差异较多，单字调从四个到两个的方言都有，调值差别也很大。知庄章分 ts tʂ 的方式接近官话方言中的济南型，其中合口字读 pf。部分方言泥来母相混。见系开口二等有 tɕ 组、ts 组和 k 组的异读。影疑母开口洪音字多数读零声母，个别点有浊擦音 ɣ 声母。舌面高元音舌尖化。鼻尾韵的鼻尾较多弱化或脱落，ən 类韵与 əŋ 类韵合并。曾梗摄入声字的韵母没有文白异读。

（三）河西片

中古清入、次浊入归去声，全浊入多数归阳平、少数归去声。声调多数是阳平上合并、少数是阴平上合并或缺乏归并规律的三调方言，阳平上三调方言有一致的调值。有的方言两个单字调。知庄章分 ts tʂ 的方式有济南型和昌徐型两种，其中济南型方言合口字读 pf 组或 k 组。部分方言泥来母相混。见系开口二等有 tɕ 组、ts 组和 k 组的异读。影疑母开口洪音字多数读浊擦音 ɣ 声母。舌面高元音舌尖化。鼻尾韵的鼻尾较多弱化或脱落，ən 类韵与 əŋ 类韵合并，武威、张掖等方言的 an 类韵与 aŋ 类韵合并。曾梗摄入声字没有文白异读。

（四）塔密片

中古清入、次浊入归去声和阴平，全浊入多数归阳平、少数归去声。调类和调值的内部一致性也很强，阴平都是高平调 55 或 44，阳平上是高降调 53 或 51，去声是低降升 213 或低升 13。知庄章分 ts tʂ 的方式属于昌徐型。泥来母不混。见系开口二等有 tɕ 组和 k 组的异读。影疑母开口洪音字多数读 n 或 ŋ 声母。舌面高元音没有舌尖化。鼻尾韵保留鼻尾较多，ən 类韵与 əŋ 类韵合并。曾梗摄入声字的韵母有文白异读。

可以看出，金城片与河西片的一致之处比较多，尤其是在一些比较重要的语音特征上，如见系开口二等字的异读、舌面高元音的舌尖化、鼻尾韵的演变、曾梗摄入声字韵母的今读。仅仅根据声调的调类归并方向把两片分开来，似乎没有很强的说服力。从内部差异看，兰银官话金城片、河西片可并在一起。

表 6-58　兰银官话语音特点综合比较表

类	序号	项目			银吴片	金城片	河西片		塔密片
声母	1	知庄章		开	tʂ tʂʻ ʂ / ts tsʻ s	tʂ tʂʻ ʂ / ts tsʻ s	tʂ tʂʻ ʂ / ts tsʻ s		tʂ tʂʻ ʂ / ts tsʻ s
			合	u uə	tʂ tʂʻ ʂ	pf pfʻ f		pf pfʻ f	tʂ tʂʻ f
				其他			k kʻ f	k kʻ f	
	2	日母		开	ʐ̩	z̩	z̩		z̩
				合	ʐ̩	v	v		z̩
	3	泥来母分混			分	部分分、部分混	部分分、部分混		分
	4	见系开口二等			tɕ文 k白	tɕ文 ts文 k白	tɕ文 ts文 k白		tɕ文 k白
	5	影疑母洪音字			∅多 n少	∅多 ɣ少	ɣ多 ∅少	ɣ~∅少	ŋ多 n少 ∅少
韵母	6	舌面高元音舌尖化			无	有	有		无
	7	鼻尾韵类	an类		an	ɛ̃	ã ǽ	æ ie uæ ye	an
					æ ie uæ ye				
			aŋ类		aŋ　aŋ	ã	aŋ		aŋ
			ən类		əŋ	ɔ̃n	əỹ		əŋ
					ei ĩ uei ỹ				
			əŋ类		əŋ				
	8	曾梗摄入声			曾=梗　ə文 ei文 ɛ文　a白 ia白	曾=梗　ə	曾=梗　ə		曾=梗　ə文 ai文　ei白
声调	9	入声归类	清、次浊		去声	去声	去声		阴平、去声
			全浊		去声	阳平	阳平		阳平
	10	三调类型			阳平上　阳平去	阴阳平　阴平上	阳平上　阴平上		阳平上

第四节　兰银官话其他重要特点

一　声母

汉语方言中极为少见的一种声母演变现象——合口知系字见晓组混同。

河西片张掖地区的方言合口呼知系字的声母演化为 pf 组或 k 组，与见晓组声母相同。民乐（杨坊乡）、临泽（倪家营）、山丹县城 u uə 韵母的知系字和见晓组声母同音，读为 pf 组。u uə 以外的合口呼韵母，知系字声母为 k 组，也和见晓组声母相同。山丹李桥北 u 韵母的见晓组和知系字都读 tʂ 组声母。

表 6-59　见晓组和知系字声母同变情况

	u				uə			u-（u uə 以外合口呼）	
	处昌	裤溪	出昌	哭溪	捉庄	过见	戳彻	课溪	船船	款溪
民乐杨坊乡	pfu³¹				pfə³¹		pfə³¹		k'uɛ⁵³	
临泽倪家营	pfu³¹				pfə³¹		pfə³¹		k'uɑ̃⁵³	
山丹县城	pfu³¹							pfɛ⁵³	k'uɛ⁵³	
山丹李桥北	tʂ'u³¹							tʂ'uɛ⁵³	k'uɛ⁵³	

二　韵母

（一）北京话的撮口呼韵母读成合口呼韵母

张掖老派的西关话，把北京话的撮口呼韵母字（除零声母以外）读成合口呼韵母。例如：

表 6-60　张掖老派西关话北京话撮口呼韵母字的读音

果合一三	遇合一三	山合一三	臻合一三	宕开一三	通合一三	通合一三
靴＝梭	絮＝素	宣＝酸	均＝尊	鹊＝错~杂	胸＝松	曲＝族
suə⁴⁴	su³¹	suæ⁴⁴	tsuỹ⁴⁴	ts'uɑ³¹	suỹ⁴⁴	ts'u³¹

在《唐五代西北方音》（罗常培 1933）里已经有这种现象的记录，摘录如下（只收我们讨论范围内的例字）：

-wan：远，劝，宣，缘。（52页）
-war：厥，悦，绝，劣。（60页）
-un：军，群，运，云，蕴。（54页）

罗常培（1933：67）解释："西藏语没有撮口音，遇到 [iu]，[y] 之类就勉强拿 [u] 来替代。"从张掖的材料来看，"合口细音"今天就是读合口呼韵母的，不像别的方言那样变成撮口呼。此外，兰银官话的"全人来~了，好事~了"字普遍有一个合口呼的读音，例如：同心话读作 ts'uan⁵³。

（二）北京话的复韵母读成单韵母

天祝和肃南把北京话所有的 ei 韵母都读成单韵母 ɪ。民勤话是部分读复韵母 ii，部分读单韵母 i，例如：pi 贝杯倍辈背焙碑卑悲；mi 梅枚媒煤每妹昧美寐；fi 废肺吠非飞妃肥匪费翡；vi 微未味；p'i 沛胚坯培陪赔装配佩丕。只有送气塞音声母字保留复韵母读音。帮组蟹止等摄在北京话读 i 韵母的字在民勤话读舌尖韵母 ɹ，所以民勤话下列两个韵类字的读音不同：迷mɹ²¹³≠梅mi²¹³⁻⁵³｜蜜mɹ⁵³≠妹mi⁵³｜蓖pɹ⁵³≠悲pi⁵⁵｜闭pɹ⁵³≠辈pi⁵³。

（三）韵尾增生

中卫和古浪的一部分中古阴声韵字增生鼻音尾或鼻尾弱化形式（鼻化，-ɣ̃尾），与相应的阳声韵字韵母合并。从韵尾的角度看，相当于中古阴声韵字增生了鼻音韵尾。

北京话的 ən 类韵，中卫话是 ẽi ĩ uẽi ỹ，为元音鼻化型韵母。其中的洪音韵母不仅包含中古深臻摄的字，还有蟹止摄的字和曾梗摄入声字的文读。列举如下：

ẽi　　　　　　　　　　　uẽi

深臻摄：深任跟恩珍榛真奔们墩分文　　　深臻摄：吞盾嫩尊困遵春

蟹摄：贝沛杯梅废卫　　　　　　　　　　蟹摄：腿队雷催盍回脆税桂

止摄：悲美非尾委为唯　　　　　　　　　止摄：类醉追水规毁

曾摄入：北得德贼

梗摄入：百柏迫

古浪话 ən 类韵和 əŋ 类韵合并为 əỹ iỹ uỹ yỹ，其中齐齿呼 iỹ 韵母里也包括一部分中古的阴声韵字，即蟹止摄的明母字。例如：

　　蟹合一：梅枚媒煤 miỹ⁵³、每 miỹ⁴⁴、妹昧 miỹ¹³

　　止开三：美 miỹ⁴⁴、寐 miỹ¹³

所以，古浪话就有这样的同音现象：

　　miỹ⁴⁴ 美止＝敏臻＝皿梗　　miỹ⁵³ 梅蟹＝民臻＝明梗　　miỹ¹³ 妹蟹＝命梗

这种现象分布在境内古浪河流域的黄羊滩、龙沟、十八里铺、古浪城关、古丰、泗水、定宁、土门、胡家边、永丰滩、黄花滩。

（四）阳声韵与阴声韵合并

中古阳声韵的鼻音韵尾在有些方言里完全脱落，往往与古阴声韵字的韵母合并。以银吴片的中卫话为例，普通话四类鼻尾韵母的读音如下：

an类	ɑŋ类	ən类	əŋ类
æ	ɑŋ	ẽi	əŋ
ie	iɑŋ	ĩ	iŋ
uæ	uɑŋ	uẽi	uəŋ
ye		ỹ	yŋ

an 类不再有鼻尾，与古阴声韵的蟹摄一二等字合并。兰银官话凡是古阳声韵与阴声韵字的韵母合并，都像中卫话一样（中卫话内部也不完全一致，如河北片就没有合并），多是 an 类韵。如表 6-61。

表 6-61　阳声韵与阴声韵合并方式举例

	洪音							细音			
	开				合				齐		
	敢咸	改蟹	盘山	排蟹	官山	乖蟹	宦山	坏蟹	监咸	阶蟹	现山	懈蟹
中卫	kæ⁴⁴	pʻæ⁵³			kuæ⁴⁴		xuæ¹³		tɕie⁴⁴		ɕie¹³	
玉门	kæ³³	pʻæ⁵³			kuæ³³		xuæ¹³		tɕie¹³	tɕiə¹³	ɕie¹³	ɕiə¹³

兰银官话里 an 类韵母并入蟹摄的方言点是：银吴片的青铜峡（邵岗）、中卫，河西片的民勤、永昌、山丹、玉门。这些方言又可分为两类：洪音韵母、细音韵母都与阴声韵合并，这类方言点有中卫、民勤、永昌；洪音韵母与阴声韵合并，细音韵母虽然是元音型韵母，但仍然维持独立的韵类，这类方言点有青铜峡（邵岗）、山丹、玉门。

第五节　兰银官话研究简述

一　20世纪80年代以前

西汉扬雄的《方言》中就出现过"秦陇、西陇、凉州"和"西秦、秦之西鄙、秦之关西"等方言地名，郭璞以为"西秦，酒泉敦煌张掖是也"。（刘君惠等1992）从现代方言学的角度研究兰银官话，最早可以追溯到20世纪初高本汉的《中国音韵学研究》（1948），其中有兰州方言语音的描写和说明。此后，罗常培先生的《唐五代西北方音》利用汉藏对音材料以及《切韵》和现代方言材料，为西北方言历史的断代研究、语音构拟提供了一个范本。20世纪40年代有杨国柱的《兰州人口语中常见之合音》（《新西北》6卷8期）、卢铨书的《兰州市方音字谱》（稿本），后者包括"纽韵表"和"同音常用字汇"，在当时看来应该是一种比较细致的语音描写。1958年刘众生的《新疆的汉语语音和北京语音有什么差别》收在《方言与普通话集刊》第三本里。同年，日本出版的《中国语学事典》中收录了钟江信光、岛村修治的《西北方言的语汇》。到20世纪60年代，甘肃师大中文系方言调查室曾进行过全省较大范围的方言调查，其成果发表在《甘肃师大学报》1960年第1期上，后结集为铅印本《甘肃方言概况》（1960）。全书包括语音、词汇、语法三部分，分别将甘肃省四十几个县市的方言单字音、词汇、语法例句进行对照和排比，其中的词汇和语法例句没有标音。限于当时条件，方言调查的发音人是该校来自各县市的学生，尽管如此，这些材料还是被后来兰银官话的研究者一再引用。杨晓敏的《乌鲁木齐汉语方言中的特殊语法现象》发表在《新疆大学论文集》（人文版，1963年第2期）里。

二　20世纪80年代以后

20世纪80年代以后，随着全国汉语方言调查研究的发展，兰银官话的调查研究也开始活跃起来，有关的论文、论著出现了不少，其中一些重要成果都是在国家重大社科项目的支持下完成的，比如《中国语言地图集》、《汉语方言大词典》、《普通话基础方言基本词汇集》、《现代汉语方言音库》等。这个时期，兰银官话调查研究的范围和讨论问题的广度都大大拓展了，对个别语音现象还进行了较为深入的探讨。

（一）语音方面

《中国语言地图集》的编纂工作带动了兰银官话区大面积的调查，并且引发了对方言区域性特点和方言归属问题的讨论。相关的论文有：张盛裕、张成材《陕甘宁青四省区汉语方言的分区》，刘俐李、周磊《新疆汉语方言分区（稿）》，张盛裕《河西走廊的汉语方言》，高葆泰《宁夏方言的语音特点和分区》，李树俨《宁夏方言的分区及其归属》，李树俨《石嘴山市市区的方言现状和未来》，张安生《宁夏盐池方言的语音及归属》，等等。前两篇文章综合介绍了兰银官话各点声调、知庄章组合口字方面的大致特点，此外，还有关于零声母、阳声韵鼻尾、舌尖前声母和舌尖后声母（卷舌）等方面的字音对照。关于单点方言或过渡地带方言的归属问题，《宁夏盐池方言的语音及归属》讨论得比较透彻，作者根据11项语音特征的比较，认为盐池话近于中原官话的秦陇片，异于兰银官话的银吴片，分析问题的角度具有一些方言地理学的特点。

　　语音方面更多的是方言音系的报告，一般偏重于寻找方言与普通话的对应规律，或方言与中古音的对应规律。例如：高葆泰《兰州方言音系》、《贺兰音略》，张安生《同心音略》，林涛《中卫方言的语音系统》，高葆泰《兰州音系略说》，刘伶《新兰州话简论》，林端《新疆汉语的语音特征》、《新疆汉语的音韵特征》，刘俐李《乌鲁木齐回民汉语声母与〈广韵〉声母比较》。其中以高葆泰的《兰州方言音系》影响最大。该书的语音描写非常细致，如语音变化中的"合音、两可音、习惯异字音"等现象。标音材料丰富，包括"诗歌、快板、鼓子词、童谣、谜语、谚语"等。该书较多篇幅为兰州话和北京话的对照，很大程度上是服务于普通话学习的。

　　关注方言中比较特殊的语音现象，也有一系列论文，例如：刘俐李《乌鲁木齐回民汉语中的双焦点辅音》，张文轩《舌尖后音在兰州方言中的分化》，高葆泰《兰州方言中的"急读 ɯ 化韵"与合音简介》，雒鹏《兰州方言的 pf、pfʻ》，刘伶《甘肃张掖方言声母 tʂ tʂʻ ʂ ʐ 与 kf kfʻ f v 的分合》，雒鹏《一种只有两个声调的汉语方言——兰州红古话的声韵调》，等等。

　　对声调演变的历史层次，形成了比较深入的共识。张盛裕《银川方言的声调》和雒鹏《银川话阳平、上声合并史探析》较早地注意到了银川话中单字调和连读调反映不同历史层次的声调面貌；林端《新疆汉语的声调特点》、刘俐李《乌鲁木齐回民汉语的单字调、连读调和调类的共时演变——兼论声调的层次》、曹德和《巴里坤汉语的底层调类及其调值》更加明确地提出多层次划分调类，单字调处于静态层，连调处于动态层。动态层连调可以保存静态单字调层历时演变的面貌。曹志耘《敦煌方言的声调》和曹德和《巴里坤话的轻声词》不约而同地发现了"既不轻也不短"的轻声现象，曹德和认为这样的轻声具有"中和性、依附性、模糊性、语法语用的对应性"特点，曹志耘提出了"轻声化"概念，启发我们深入认识兰银官话以及整个西北方言声调简化的途径。这一系列文章对兰银官话的声调演化进行了比较清晰、深入的探讨。由此引出的关于声调层次、轻声性质的理论问题已经超越兰银官话本身，具有普通语言学的意义。

（二）词汇方面

　　《汉语方言大词典》分卷本出版了《乌鲁木齐方言词典》（周磊编纂）和《银川方言词典》（李树俨、张安生编纂），收词 6000 多条，包括现代汉语的基本词汇，也包括了具有本地方言特色的词语。词条的音标按照语流中的实际读音标注，反映了变调、增音、减音、弱化等音变现象；词条的义项后面大多数有例句，这些例句都是当地方言词汇、语法特色最好的反映。可以说，每部词典都是一种方言的语料库。

　　《普通话基础方言基本词汇集》把兰银官话中乌鲁木齐、哈密、兰州、银川作为基础方言的其中几个代表点，每点收词 3200 条，非常丰富，便于比较方言之间的共性和差异。但《词汇集》毕竟是从推广普通话出发，为现代汉语规范化提供参考的，所以一些具有方言自身特色的词语还是没有收入，而且有些词目的意思不容易掌握或词目后的参考条不贴切，都会影响到反映方言事实的真实程度。

　　词汇方面的论文主要集中在语源探究和借词上。例如：张安生《同心（回民）方言语词考释》、《同心回民话中的阿拉伯语、波斯语借词》，刘俐李《乌鲁木齐回民汉语和汉民汉语词汇比较》，马煦增《有趣的乌鲁木齐各民族语词互借现象》，严峻《新疆汉语方言古词征略》，张洋《哈密汉话中的古汉语词》，周磊《释"髀石"》，多官《"三甬碑"与"三屯碑"——乌鲁木齐地名一例》。

（三）语法方面

语法方面的研究对一些特殊句式、特殊语法现象的讨论比较多，例如：泉敏弘《兰州方言的"给"字句考》，公望《兰州方言的"给给"》，李炜《兰州方言的两种"一个"句》，张淑敏《兰州话量词的用法》，何天祥《兰州方言的第三人称代词》、《兰州方言里的叠字》、《榆中方言的若干语法现象》。还有李树俨的一组关于中宁方言语法现象的论文：《中宁方言"一子"的语法功能和特殊变调》、《中宁方言的始动体》、《中宁方言的虚词"着"》、《银川方言人称代词的两种形式及词缀"都"》，描写细致，分析深入，具有一定的理论探讨意义。

（四）方言与文化

主要探究方言与人文背景的关系，例如：李树俨《试论宁夏方言的形成》、《宁夏方言与引黄灌区农耕文化》，林涛《银川方言的形成》，刘俐李《略论乌鲁木齐汉民话和回民话的形成》、《新疆汉语方言的形成》。探究方言生成的人文背景或方言反映的社会文化现象是方言研究的另一个角度，是对语言外部因素的一种关注，这种研究在兰银官话乃至整个汉语方言中都还不多。

（五）方言历史

西北方言（包括今兰银官话）历史的研究除了早期罗常培的《唐五代西北方音》以外，近二十年又见到龚煌诚的《十二世纪末汉语的西北方音》、高田时雄（日本）《依据敦煌文献的汉语史研究——九、十世纪的河西方言》和李范文的《宋代西北方言》。《宋代西北方言》利用西夏人骨勒茂才所著《番汉合时掌中珠》的汉夏对音材料，构拟西夏语语音系统和汉语西北方言的音系，该书占有的对音材料比以前的著述更为丰富。

（六）综合

全国各省市地方志办公室新修地方志的同时，都把方言作为一个重要部分，有的还编纂出版了专门的方言志。方言志作为一种专志，能够比较细致、全面地反映一个地点方言的面貌。兰银官话区已出版的方言志有：李树俨《中宁方言志》，高葆泰、林涛《银川方言志》，林涛《中卫方言志》，刘俐李《回民乌鲁木齐语言志》，周磊、王燕《吉木萨尔方言志》。体例多依照方言学界的惯例，描写语音、词汇、语法，一般包括音系描写和分析、同音字汇、与普通话语音的比较、分类词表、语法特点、语法例句、语料等内容。这些志书都具有详细描写方言事实的优点，尤其是常被忽视的语法事实。例如：《中宁方言志》罗列了"词缀、副词、语气词、时体、特殊句式"等现象；《中卫方言志》对构词法的描写非常全面，词缀类型、重叠方式的列举极其详尽；《银川方言志》专门收录了回民汉语中的波斯语和阿拉伯语借词。多数方言志都有各种文体的标音材料，如"儿歌、仪式歌、花儿、谚语、歇后语、快板"，这些材料不仅反映语言事实，还可以窥见当地地域文化之一斑。

"现代汉语方言音库"属于兰银官话的有《兰州话音档》、《银川话音档》、《乌鲁木齐话音档》。音档的内容比较全面，包括：1.语音系统；2.常用词汇；3.构词法举要；4.语法例句；5.长篇语料。基本上是一种综合性的方言报告。语音部分为声韵调的发音、比字，音变和文白异读，音变突出了规律性，忽略了例外或规律性不强的内容。词汇、语法、语料部分安排统一的条目，词汇近 200 条，语法例句 60 条，语料 1 篇。音档均有附论部分，介绍所代表方言区的概况和方言点的特点。所以，三种音档对了解兰银官话的概貌非常有帮助。

研究兰银官话的专著很少。张安生《同心方言研究》是以宁夏同心县北片回民话为调查研究对象的专著。同心县北片回民话是一种与周边汉民话有显著区别的汉语回民方言，地理分布的范围很广，是同心县内的主体方言，这种现象本身就很有特色。作者对轻声和变调进行了充分的研究，用"中轻音"来称述兰银官话中普遍存在的"既不轻也不短"的轻声；分析连调时，作者虽然没有明确使用表层调和底层调这样的术语，但她显然已经注意到了这样的语言事实，区分了单字调和连调，认为连调更能反映一种方言的口语面貌。作者从历时演变的观点分析异读的来历、考释词语，力求理出其中的层次。书中对语法特点的分析充分而透彻，比如"给"的用法和"给"字句，作者对"给"字句的类别进行了穷尽性的列举，再根据《老乞大》、《朴事通》等近代汉语资料探究其历史来源。该书具有较高的学术价值。

综观兰银官话的研究，语音方面相对丰富，对声调讨论较多，并形成了一定的理论认识。总体来看，以往对兰银官话的调查研究比较有限，尤其甘肃最为薄弱，随着调查研究的深入，兰银官话的面貌应该会有一个比较完整的展现，相关的理论问题也将得到进一步的探讨和解释。

第七章
西南官话

第一节　西南官话概述

一　西南官话的分布

　　西南官话的分布因不同的分区观念，在不同的分区图中有相当大的差别。下面是不同时期西南官话的分区概况。

　　1934 年上海申报馆发行《中华民国新地图》，"中国语系"（汉语方言）分成"华北官话区"、"华南官话区"、"吴方言"、"闽方言"、"客家方言"、"粤方言"、"海南方言"等七个部分，云、贵、川、渝、鄂、湘等省市的汉语方言画在"华南官话区"内。

　　1939 年上海申报馆发行的《中国分省新图》中，"华南官话区"被一分为三，分别是"上江官话区"、"下江官话区"和"皖方言"（安徽的徽州一带），云、贵、川、渝、鄂、湘等省市的汉语方言画在"上江官话区"内。

　　1948 年上海申报馆发行的《中国分省新图》中，原"上江官话区"被取消，湖南省的汉语方言自成一区，称为"湘语"，云南、贵州、四川、重庆、湖北等省市的官话方言另为一区，称为"西南官话"。虽然赵元任先生（1939：序）早就提出了"西南官话"的名称，但直到《中国分省新图》中才在全国汉语方言分区正式使用这个名称。

　　其他如《湖北方言调查报告》（赵元任等 1948）在"分区概说"和"参考地图"中把属于"北方派"的第一区正式命名为"西南官话"，分布地域包括西起利川、东止武汉等 32 个县市。此后的《云南方言调查报告》（杨时逢 1969）、《湖南方言调查报告》（杨时逢 1974）、《四川方言调查报告》（杨时逢 1984）等三种方言调查报告分别对滇、湘、川三省的汉语方言分了区，画出了方言分区图。

　　随着汉语方言调查和研究的不断深入，"西南官话"的内涵和外延逐渐明确，这些成果集中体现在《中国语言地图集》（中国社会科学院和澳大利亚人文科学院 1987）中。在《中国语言地图集》的汉语方言分区中，除四川、重庆、云南、贵州四省市外，湖北、湖南、广西、陕西等省区的一些市县，包括江西省的赣州市区和信丰县城，甘肃省文县的碧口镇等，全国共有 517 个方言点属西南官话，使用西南官话的人口约为两亿。整个西南官话区被分为成渝、滇西、黔北、昆贵、灌赤、鄂北、武天、岑江、黔南、湘南、桂柳、常鹤等 12 片。其中，滇西片下分为姚理、保潞 2 个小片，灌赤片又分成岷江、仁富、雅棉、丽川 4 个小片。

　　《中国语言地图集》的西南官话内部分片及小片仍有进一步修改的必要。据最新的语言调查材料和研究成果，《西南官话的分区（稿）》（李蓝 2009）对《中国语言地图集》的西南官话作了调整，重点是重新分片及分小片。西南官话主要分布在四川、重庆、云南、贵州、广西、湖北、湖南、陕西、江西等九个省、市、区，使用人口约两亿七千万，9 个省、区、市中有 550 个县、区、市使用西南官话，西南官话内部分成 6 个片，22 个小片。

　　这个分区除了方言片和方言小片的名称及分布范围外，与《中国语言地图集》中西南官话分区的差别主要是把川西地区的城镇方言纳入了西南官话的分区范畴，根据语言调查材料明确了广西境内的西南官话与其他汉语方言的分界线。

　　本章讨论西南官话时，以上列方言片及小片作为讨论对象。

西南官话分布图

注1：▲末区分，湖北神农架林区和江西赣州市市、信丰。
注2：本图行政区划资料截至2010年11月。

二　西南官话形成的历史文化背景

　　西南官话是一个"地跨九省区，人口两亿七"的超大型方言，经历了漫长而曲折的形成发展过程。根据有关的历史文献及西南官话的共时分布、语言差别，结合各省区的历史文化背景，西南官话大概是先在四川成型，然后以四川（含今重庆市）为中心，逐步扩展到湖北、贵州、云南、广西及其他省市的。

　　1. 从三星堆出土文物所反映的文化类型来看，在与秦陕文化接触前，上古时期的巴蜀与中原地区显然属不同的文化类型，种姓、语言大概也各不相同。公元前316年秦灭巴蜀，在四川设郡县，修都江堰，强力推行秦陕文化。自此而后，古代巴人、蜀人的语言文化逐渐湮灭，四川开始走上与中原地区同步发展的道路。历经秦、汉、隋、唐，四川逐步发展成文风昌盛、繁华富庶的天府之国。现在已很难确定巴蜀语言演变成汉语的时间，但从扬雄等人的著述及其经历来看，至迟在西汉时，四川的语言文化与中原已基本相同。

元明以来，对四川方言影响最大的事件当属发生在清初的"湖广填四川"。1644 年，张献忠率众入川，12 月称帝建立政权，国号"大西"，定成都为"西京"。四川进入一个历时近三十年的战乱时期，人口损失非常惨重。清廷平定四川后，施行了一系列恢复四川经济的措施，其中包括把进入四川的一些军队就地转军为民，并制订一些优惠政策鼓励周边省份移民四川垦荒殖民。当时规定，凡愿入川者，将地亩给为永业。各省贫民携带妻子入蜀者，准其入籍。在赋税政策上实行额外的优惠。康熙下诏规定，移民垦荒地亩，五年后才征税，滋生人口，永不加赋，并把招民入川的政绩实效与各级官吏的升迁紧密联系起来。这些政策和措施为移民创造了良好条件。邻近省份的贫苦农民纷纷移民入川，其中尤其以湖广（大致相当于今湖北、湖南两省）人为多。周边省份移民入川前后历时一百余年。从现代四川方言的分布情况来看，清代的湖广移民虽然没有从整体上改变四川方言的原貌，但也留下了众多的客家话及湘语方言岛。

2. 明代著名学者杨慎在《贵州通志·序》中说："贵州为邦，在古为荒服，入圣代始建官立学，驱鳞介而衣裳之，伐茷乱而郡县之，划砦落而卫守之。百七十年来驿驿乎济美华风。"这一段话很好地概括了贵州的历史文化发展历程。明以前，贵州是所谓的"荒服"之地，不是一个统一的政区，也没有一个影响贵州全境的政治、经济、文化中心。秦在贵州地区设郡县，但归属不一。汉代贵州地区大部分属黔中郡，其余分属武陵郡、犍为郡和巴郡，互不统属。唐、宋、元三代，贵州地区大体上分别属湖广、四川、云南等管辖。明永乐十一年（公元 1413 年）设置贵州布政使司，贵州正式成为省一级的行政单位。贵州建省后，与内地的交往日益密切，随着交通的改善，邻近省份纷纷向贵州移民，还有大量的商人和工匠也涌进了贵州，这些外来移民带来了内地的文化与技术，贵州开始"渐比中州"。清廷于公元 1726 年至 1731 年在贵州"改土归流"，在全省推行府、州、县、厅的四级行政建置，雍正五年（公元 1727 年）将原属四川的遵义府及下属各县改隶贵州，将原属广西的永丰州（现名贞丰）、荔波和原属湖南的平溪（现属镇远）、天柱划归贵州管辖。一直到现在，贵州的疆域未发生大的变动。

贵州汉语方言的形成与贵州的汉族移民及行政区划的形成密切相关。明初在沿湖广到云南、四川到云南途经贵州的交通要道布置卫、所、屯、堡、哨等军事据点，这些军事据点后来演变为汉族定居点，当这些卫、所、屯、堡、哨转化为居民点后，又进而演变成行政区划上的府、州、县、厅等各级政府驻地，贵州现代最重要的城市如省会贵阳以及安顺、毕节、都匀、铜仁、兴义等地市政府驻地都由明代的卫发展而来。总的说来，汉语方言随着汉族移民的移入而移入，随着行政区划的稳定而稳定，最后成为当地世居汉族的母语而留传至今。

贵州的早期移民主要来自四川、湖广、江西三省，由于四川话音系简明，词汇语法系统也与明清小说等白话文献比较接近，因而在与湖南话、江西话的竞争中占有先天的文化优势，这可能是现代贵州话整体上属于官话的主要原因。从地域分布上看，贵州的汉语方言大致可分为三块：原属湖广行省的黔东南地区比较接近湖南话，与广西相邻的黔南地区和柳州、桂林等地的桂北官话更为接近，黔中、黔北、黔西北和黔西南的贵阳、遵义、毕节、兴义等地的汉语方言更接近四川话。这种地理分布状态与行政区划及相邻语言之间的相互影响等因素密切相关。

3.云南有众多的古人类居住遗迹，但族属不明。和贵州一样，云南汉语方言的形成也与汉族移民密切相关。与贵州不同的一点是，汉族往云南移民的历史比较早，汉语方言进入云南的历史也比较早。

公元前 286 年左右，楚将庄蹻率军溯沅江经贵州进入云南，这是云南历史上有记载的最早的汉族移民。庄蹻及其部属说的应该是汉语（楚方言）。不过，庄蹻及其后代成为滇王后"变服易俗"，这种古代的汉语方言后来大概已融入当地的少数民族语言，被当地少数民族语言同化了。秦国在云南派官置吏，并往云南有计划、成规模地移民，这标志着中原文化、汉族、汉语正式进入云南。汉武帝时设益州郡，东汉在今保山设永昌郡。西晋时云南改设中央直接统治的宁州，为当时全国十九州之一。唐代基本上恢复了汉晋时期的郡县规模。从唐代樊绰撰写的《蛮书》中的有关记载来看，至迟在唐代，云南已形成了稳定的汉族行政区划，有了稳定的汉族城镇。从这种情况来推测，至迟到唐代，云南应该已经有了稳定的汉语方言。公元 937 年段思平建大理国，设有八府、四郡、三十七部。大理王向宋朝称臣纳贡，保持对宋王朝的臣属关系。公元 1253 年，忽必烈灭大理国，建立云南行省，治中庆（今昆明）。明朝建立后，朱元璋于 1381 年派傅友德、蓝玉、沐英率大军西进平定云南，1382 年建立了云南布政使司（相当于省政府），云南内地设府、州、县，实行以流官为主的统治，在边远地区则建立宣慰司、宣抚司、安抚司、长官司、"御夷"府州等，全由土司管辖。明朝大量内地汉族人口入滇，云南的社会经济迅速发展。从明代著名旅行家徐霞客写的《徐霞客游记》中的记述来看，明代云南的风俗民情、语言文化均与内地无大差别。清朝大量移民入滇，推行"改土归流"，推进了边疆的开发，云南的汉语方言进一步向滇西、滇南等少数民族地区扩展，并逐渐成为云南各族人民之间交际的通用语言。

4.大致在夏商（公元前 21 世纪～前 11 世纪）以前，今湖北省的主体居民大概都是古代的一些南方民族。春秋时（公元前 770～前 476 年）楚国兴起，并逐渐统一了南方诸国，战国时成为当时疆域最为广阔的大国。秦统一全国后，分天下为四十郡，湖北大部属南郡，鄂西北地区则分属汉中、南阳、长沙和黔中诸郡。西汉划天下为十三部（州），湖北以汉水为界，西为南郡，东为江夏，均属荆州。唐分全国为十二道，湖北属淮南、山南及江南道。宋分全国为十五路，湖北有三十多县属荆湖北路，"湖北"之名即源于此。元朝分全国为十一个行中书省，今湖北省长江以北部分属河南行省，以南属湖广行省。明朝改制，全国设十三个承宣布政使司，湖北属湖广布政使司。清康熙三年（公元 1664 年）湖广分治，大体以洞庭湖为界，南为湖南省，北为湖北省，是为湖北建省之始。湖北省当时领有武昌、汉阳、黄州、安陆、德安、荆州、襄阳、郧阳、宜昌、施南等十府。

根据古代文献，结合现代考古发掘的文物来看，湖北一直是楚国政治、经济、文化的核心区域。在整个春秋战国时期，楚文化的影响力遍及南方各省，源于周秦汉语的古楚语是当时中国南方的强势语言。秦统一中国后，在全国推行秦陕文化，楚文化逐渐失去了对南方各省的影响力。此后，一方面是四川话（西南官话）沿长江顺流而下，逐渐蚕食两岸的湖北话，直抵湖北省的政治经济中心武汉；另一方面是以洛阳、开封等地的中原官话从北向南扩展，整个长江北岸的湖北话都受其强烈影响。古楚语在这两大强势方言的夹击下日益萎缩，只有在鄂东南的一些县市才能发现其踪迹。到现在，湖北省的大多数地方都已变成官话或半官话方言，而西南官话在湖北省漫长的语言竞争过程中逐步成为人口最多、占地最广的强势方言。

5. 湖南在上古时大体上属"蛮夷"所居的"荒服"之列。战国时，楚国在湖南设立黔中郡，郡治在今常德市，辖区大体相当于今湖南怀化地区、湘西自治州和常德地区，还包括贵州的黔东地区。秦始皇二十四年（公元前 233 年）灭楚，初设楚郡，后又析黔中以南置长沙郡，所辖地在今岳阳、长沙、衡阳、湘潭、株洲、邵阳、娄底、郴州、永州等 9 市，以及广东连县等地。郡治在临湘（今长沙市）。西汉时湖南属荆州刺史辖区，有长沙国及桂阳、武陵、零陵三郡，下辖 38 县。东汉建安十三年（公元 208 年）赤壁之战后，荆州分为南北两部，曹魏得南郡以北，孙吴据南郡以南。晋代湖南基本上属荆州地。唐代湖南地区分别属于江南西道（治洪州，今江西南昌市），黔中道（治黔州，今四川彭水县），共置 14 州郡和 1 个羁縻州，辖 56 县。宋代湖南分属荆湖南路、荆湖北路。路下共辖 12 州郡、3 军、59 县。元行行省制，湖南大部分地区属湖广行省，小部分隶于四川行省。明承元制，湖南仍属湖广省（治武昌）。清初承袭明朝制度，湖南属湖广布政使司，布政使驻武昌。康熙三年（公元 1664年），分湖广右布政使驻长沙，同年，移偏沅巡抚驻长沙，为湖南建省之始。雍正元年（公元 1723 年）改湖广右布政使司为湖南布政使司，次年改偏沅巡抚为湖南巡抚，湖南自此正式成为中国一个独立的省。

湖湘关系自古密切。在上古时期，虽从文化发展序列来说可细分为"先楚后湘"，但从汉唐以来，湖湘两地共同构成了荆楚文化的核心区域，从行政区划来说，两省直到 18 世纪初才完全分开；从方言来说，整个湖北、湘西南地区变成半官话区，而且是变成一种和湖北、贵州黔东南地区的汉语方言比较接近的官话，应该都是这种历史文化关系的产物。

湘南地区的语言演变状况和湘北有所不同。湘南地区早期的通行方言应该是"湘南土话"一类的汉语方言，在长期的演变过程中，由于区域内没有共同的经济文化中心，又远离长沙、湘潭等地，湘南土话逐渐分化为内部差别比较大、通话程度比较低的乡村型方言。湘南地近桂林，桂林在经济文化方面对湘南各地的影响都很大，可能是因为这种关系，桂柳官话逐渐进入湘南地区，成为湘南地区的公共交际语。

6. 广西古称百越之地。公元前 214 年，秦王朝统一百越，在岭南设置桂林、南海和象郡，其中桂林郡和象郡包括今广西大部分地区。宋初，广西绝大部分地域属广南西路，后简称广西路，这是"广西"名称的由来。元朝，设置"广西行中书省"，这是广西设省的雏形。明朝，广西是当时全国 13 个布政使司之一，称广西承宣布政使司，广西名称由此固定下来。自广西设省起直至民国时期，省会绝大部分时间在桂林，仅 1912～1936 年曾一度迁到南宁。1949年至 1958 年称广西省，省会在南宁。1958 年广西省更名为广西壮族自治区，首府驻南宁。此后，广西境内的行政区划基本上没有发生什么变化。

广西语言复杂，清代即有"官平壮白客"之分，即官话、平话、壮语、白话（粤方言）、客家话五种。从现代的语言地理分布来看，广西北部主要通行以桂林、柳州为中心的西南官话，南部主要通行以南宁、梧州为中心的粤方言。广西早期大概是通行平话一类的方言，后来官话主要通过公共交际方式，以"由官而民、由城而乡"的方式进入社会，最后成为地域方言；白话则主要是广东商人通过商业贸易，以"从南到北、由商及民"的方式进入社会，最后成为地域方言。

广西的语言演变情况可以南宁为窗口进行观察。南宁早期应该也是通行土话的，大概到明清时，"邕宁官话"成为南宁市区的通行语言。根据周本良等（2006；1～8）的调查研究，白话大致是民国时期才进入南宁，最后取代了官话，并成为南宁市区的通行方言，原来通行的"邕宁官话"到现在只在南宁市郭街一带尚有少数老年人还能说。

7. 陕西多数县市通行中原官话，但陕南地区由于其特殊的地理位置及历史文化背景，成为西南官话和中原官话的交汇地带。从地理位置来看，汉中"左控三秦，右跨西蜀，中缠襄楚，为关陇一大都会"。[①]安康（原名兴安州）"东接襄沔，南通巴蜀"，自古号称"秦头楚尾"。[②]商洛原名商州，"东连荆襄，西通关辅，固秦楚咽喉也"。[③]由于陕南地区位于陕西、四川（含重庆）、湖北三省交界处，又由于秦岭和大巴山的屏障作用，使得陕南地区与陕西腹地相对隔绝，而汉江的航运舟楫之利便于与湖北的往来，从而为四川、湖北等地的西南官话进入陕南提供了地利优势。

从历史文化背景看，陕南古称南郑，在行政上与陕西相对独立，而在历史文化关系上倒是和四川更为接近。汉代陕南属梁州，四川属益州，汉代扬雄著《方言》，谈到方言词语的通用范围时，梁益并称达15次之多，而梁与秦从未单独连用。三国时蜀魏相争，陕南先属魏，后属蜀，后又归魏。唐宋时陕南常与四川、重庆等地同属一行政区域，元代才划归陕西。从陕南地区与四川的这种历史文化关系可以推知，西南官话从四川进入陕南应该是比较早的。

三　从历史文献看早期的西南官话

以上主要是从行政区划与语言分布的关系来看早期西南官话的形成与演变过程，下面根据一些见于文献著录的语言材料来窥探早期西南官话的情况。

1. 扬雄著《方言》，常常梁益并称。《方言》卷四："俎，几也。西南蜀汉之郊曰杫，揖前几。""西南蜀汉"的范围比"梁益之间"更小，大致不出今四川、重庆和贵州的范围。

2. 《广韵》去声祃韵必驾切："坝，蜀人谓平川为坝。"这是一个宋代就见于著录且指明是四川话的方言词。该词亦见于明代四川遂宁人李实所著《蜀语》。清代贵州学者郑珍编写《遵义府志》时，其中的"方言"部分系据《蜀语》删改而成，也收了"坝"字。民国三十七年（1948年）成稿的《贵州通志》中也收了这个词。此外，王文虎等编著的《四川方言词典》（1986）、吴积才等编著的《云南省汉语方言志》（1989）等书中都收了这个词。在现代汉语方言中，"坝"作为地名用字只见于四川、重庆、贵州、云南四省市，相邻的湖南、湖北、广西等省区基本不用这个字作地名，更不见于其他汉语方言。因此，"坝"字基本上可以看成是西南官话特征词。

3. 明正统七年（公元1442年），云南嵩明州（今嵩明县）人兰茂的《韵略易通》刊行于世。这是一本重要的官话系韵书，《四库提要》认为此书"尽变古法，以就方音"。用今天的眼光来看，这是一部不可多得的反映明代云南嵩明方言语音系统的方言韵书。书中摒弃旧来的三十六母，另据作者的方言创制了一首《早梅诗》来标示嵩明话的声母。原诗为：

东风破早梅，向暖一枝开。冰雪无人见，春从天上来。

根据《云南方言调查报告》（杨时逢 1969：306）嵩明话声母表和"同音字表"，按发音部位和发音方法，可把《早梅诗》整理并拟音如下：

---

①②③并见清代《陕西通志》卷七"疆域"。

冰 p	破 p'	梅 m	风 f	无 v	
东 t	天 t'	暖 n			来 l
早 ts	从 ts'		雪 s		
枝 tʂ	春 tʂ'		上 ʂ	人 ʐ	
见 k	开 k'		向 x		
一 ∅					

对照现代云南嵩明话，除了不分尖团外这一点外，这套声母与今天的嵩明话声母系统几乎完全相同。

从明朝前期到现在，五百年来，嵩明话声母的唯一变化就是精见两组在今细音韵母前都读成 tɕ tɕ' ɕ，即不分尖团。

4. 明末四川遂宁人李实撰写了一部《蜀语》，其中记载的词语现在绝大多数仍存留于川滇黔三省的汉语方言中。从语音上看，作者除了注直音字外，还根据方言实际创制了一些反切，系联这些注字、被注字、反切上下字，可以大略推知明代晚期遂宁话的一些情况。

（1）声母方面

①攘音朗。

②编，郎佐切，音螺去声，读若懦。

据这两条看，明代的遂宁话泥来至少已部分相混。

③大曰奘○类，在朗切，音庄上声。

④撑○张伞作平声，音村。支柱作去声，音寸。

⑤搅曰搯○音潮去声。

这三条，都和现代不分 ts tʂ 的川黔派西南官话一致。据此可知，明代的遂宁话大概已部分不分 ts tʂ 了。

（2）韵母方面

①从上面的"撑音村"又"音寸"的注音，可知当时的遂宁话至少已部分不分深臻与曾梗了。"撑"字《蜀语》注的音义和今天大多数川黔派西南官话方言点也是一样的。

②至少已有部分入声字舒化了。这可以从下列同音字中看出来：

肉曰肉○上肉入声，下肉去声，音鞣。一读若衣。十读若诗。篱音力。玉读若遇。

（3）声调方面

①古平声已分成阴平、阳平两类。《蜀语》的"平声清呼"即今阴平，"平声浊呼"即今阳平。如："猫，毛清浊两呼。"这句话的意思是"猫"字音毛，有阴平、阳平两读，阴平是白读，阳平是文读。今天川黔两省的西南官话大多仍然是这样读的。

②古入声已开始分化。如下例：

一读若衣○考字书，一古音奇，坚溪切，后人转为入声，益悉切。蜀今作平声。

另参看前所举"一"、"十"、"玉"、"肉"等字的读音。

从这些情况看，古入声字至少已有部分字有两读，除读入声外，还读去声或阴平。

上列所举，全部能在今天的四川话中找到证据。

《蜀语》印行后产生了一定的影响，清朝中后期的贵州学者郑珍因《蜀语》所记大多与遵义话相同而据其改写成《遵义府志》中的"方言"篇。民国时期修《贵州通志》时又照录《遵义府志》中的"方言"部分。于此可见川贵两省的方言相近由来已久。

5. 1900 年，上海 American Presbyterian Mission Press 出版了《西蜀方音 Western Mandarin or the Spoken Language of West China》，编著者是英国传教士 Adam Grainger（钟秀芝）。该书是研究 19 世纪晚期成都话的重要材料。据甄尚灵先生的研究，《西蜀方言》与现代成都话的主要差别是：

（1）有阴平、阳平、上声、去声、入声五个调。入声尚未归阳平。

（2）分 ts tʂ。

（3）除少数字外，仍分尖团。

（4）除了多出一个与 tʂ 组声母相配的 ʅ 韵母外，韵母系统和现代成都话完全一样。

6. 1899 年，James Addison Ingle 编著的《汉音集字》印行，反映的是 19 世纪晚期汉口的方音。根据朱建颂（1992：6）的研究，从声调看，《汉音集字》的古入声大体仍读入声。来母字读 l，泥母字 n l 不定，属于泥来相混的开始阶段。大多数日母字读 ʐ 声母，止摄开口日母字读 ɚ 韵，"日"字也读 ɚ 韵，零声母。

到本世纪 30 年代赵元任、丁声树等人调查湖北方言时，汉口话中的泥来两母已混同为 n，日母中大部分字也读 n 声母。古入声已读同阳平。

第二节　西南官话的总体特点

一　古入声今读阳平是西南官话最重要的语音特点

从赵元任 1936 年提出"西南官话"（赵元任 1939：序）这个概念以来，经过中国几代学者持续不断的调查研究，到 1987 年版《中国语言地图集》明确指出，西南官话区别于其他官话方言最为显著的语音特性是古入声今归阳平。

（一）古入声今归阳平是西南官话区别于其他官话方言最突出的语音特性

赵元任、丁声树等（1948：1568）曾指出："入声归阳平，这是西南官话一个最重要的特点。"

李荣先生（1985a）根据古入声在全国官话方言中的古今演变关系把全国的官话方言一分为七。如表 7-1。

表 7-1　古入声字的今调类

	中原官话	冀鲁官话	兰银官话	北京官话	胶辽官话	西南官话	江淮官话
古清音	阴平		去声	阴阳上去	上声	阳平	入声
古次浊	阴平		去声				
古全浊	阳平						

李荣先生还指出："西南官话的特性是古入声今全读阳平，与其他六区分开。西南官话包括成都、重庆、武汉、昆明、贵阳、柳州、桂林等地。"李先生从全国官话方言比较分析

的角度把入声归阳平这一条提升到全国汉语分区的层次，定性为西南官话在全国官话方言中最具代表性的语音特征，对西南官话的研究具有重大影响。

从全国官话方言古入声演变类型的共时比较来看，古入声今归阳平既是西南官话在全国汉语方言中最重要的区别性特征，也是绝大多数西南官话方言点的语音共性，有相当高的对外排他性和对内一致性。这一点从比较西南官话内部古入声的今读音类型可以看得更清楚。

（二）古入声在西南官话中的读音类型

古入声今归阳平是认定一个方言是否属西南官话最基本的语音条件，但是，古入声在西南官话中并非只有归阳平一种读音类型，事实上，古入声在西南官话中的读音类型有十种之多。下面罗列各种读音类型及其所属方言点。

1. 古入声今仍为入声

这种读音也是西南官话中常见的声调类型，有 86 个西南官话方言点属于这种类型。

贵州省 15 个县市：赤水市、丹寨县、德江县、都匀市、独山县、黎平县、平塘县、仁怀市、三都水族自治县、思南县、桐梓县、务川仡佬族苗族自治县、习水县、沿河土家族自治县、印江土家族苗族自治县。

湖北省 9 个县市：公安县、汉川市、鹤峰县、洪湖市、监利县、石首市、松滋市、天门市、仙桃市。

湖南省 8 个县市：东安县、华容县、江永县、靖州苗族侗族自治县、桃源县、永州市、沅陵县、张家界市。

四川省 41 个县区市：长宁县、崇州市、大邑县、都江堰市、峨边彝族自治县、峨眉山市、高县、珙县、古蔺县、合江县、黑水县、洪雅县、犍为县、江安县、乐山市市辖区、泸县、泸州市市辖区、马边彝族自治县、茂县、眉山市市辖区、沐川县、南溪县、彭山县、彭州市、郫县、屏山县、蒲江县、青神县、邛崃市、射洪县、什邡市、双流县、松潘县、汶川县、新津县、兴文县、叙永县、盐亭县、宜宾市市辖区、宜宾县、荥经县。

云南省 11 个县区市：宾川县、洱源县、剑川县、丽江纳西族自治县、陆良县、曲靖市市辖区、水富县、绥江县、寻甸回族彝族自治县、云龙县、沾益县。

重庆市 2 个县市：江津市、綦江县。

2. 古入声今归阴平

属这种类型的有 13 个县区市。除湖南省的通道侗族自治县外，其余 12 个县市均在四川省：宝兴县、丹棱县、甘洛县、汉源县、夹江县、芦山县、泸定县、冕宁县、名山县、石棉县、天全县、雅安市市辖区。

3. 古入声今归阳平

这是西南官话中最具优势的演变类型。属于这一读音类型的西南官话多达 411 个。

广西壮族自治区 45 个县区市：巴马瑶族自治县、宾阳县、东兰县、都安瑶族自治县、富川瑶族自治县、恭城瑶族自治县、桂林市区、合山市、河池市、贺州市、环江毛南族自治县、来宾县、乐业县、荔浦县、临桂县、灵川县、凌云县、柳城县、柳江县、柳州市区、龙胜各族自治县、隆林各族自治县、鹿寨县、罗城仫佬族自治县、马山县、那坡县、南丹县、平果县、平乐县、融安县、融水苗族自治县、三江侗族自治县、上林县、天峨县、田东县、田林县、武宣县、西林县、象州县、忻城县、阳朔县、宜州市、永福县、昭平县、钟山县。

　　贵州 67 个县区市：安龙县、安顺市市辖区、毕节市、册亨县、岑巩县、长顺县、从江县、大方县、道真仡佬族苗族自治县、凤冈县、福泉市、关岭布依族苗族自治县、贵定县、贵阳市市辖区、赫章县、黄平县、惠水县、剑河县、江口县、金沙县、锦屏县、开阳县、凯里市、雷山县、荔波县、六盘水市市辖区、六枝特区、龙里县、罗甸县、麻江县、湄潭县、纳雍县、盘县、平坝县、普安县、普定县、黔西县、清镇市、晴隆县、榕江县、三穗县、施秉县、石阡县、水城县、松桃苗族自治县、绥阳县、台江县、天柱县、铜仁市、万山特区、望谟县、威宁彝族回族苗族自治县、瓮安县、息烽县、兴仁县、兴义市、修文县、余庆县、玉屏侗族自治县、贞丰县、镇宁布依族苗族自治县、镇远县、正安县、织金县、紫云苗族布依族自治县、遵义市市辖区、遵义县。

　　湖北省 37 个县区市：巴东县、保康县、长阳土家族自治县、丹江口市、当阳市、恩施市、房县、谷城县、建始县、江陵县、京山县、荆门市、荆州市、来凤县、利川市、罗田县、南漳县、潜江市、沙洋县、十堰市、随州市区、五峰土家族自治县、武汉市区、咸丰县、襄樊市、兴山县、宣恩县、宜昌市、宜城市、宜都市、远安县、郧西县、郧县、枣阳市、枝江市、钟祥市、秭归县。

　　湖南 24 个县区市：保靖县、郴州市、道县、凤凰县、古丈县、桂阳县、洪江市、花垣县、怀化市、吉首市、嘉禾县、江华瑶族自治县、蓝山县、临武县、龙山县、麻阳苗族自治县、宁远县、双牌县、新晃侗族自治县、新田县、宜章县、永顺县、芷江侗族自治县、中方县。

　　陕西省 8 个县：佛坪县、汉阴县、岚皋县、宁陕县、石泉县、镇巴县、镇坪县、紫阳县。

　　四川省 92 个县区市：阿坝县、安县、安岳县、巴塘县、巴中市市辖区、白玉县、北川县、布拖县、苍溪县、成都市市辖区、达县、达州市市辖区、大英县、大竹县、丹巴县、道孚县、德昌县、德格县、德阳市市辖区、甘孜县、广安市市辖区、广汉市、广元市市辖区、红原县、华蓥市、会东县、会理县、简阳市、剑阁县、江油市、金川县、金堂县、金阳县、九龙县、开江县、康定县、阆中市、乐至县、雷波县、理县、理塘县、邻水县、炉霍县、罗江县、马尔康县、美姑县、米易县、绵阳市市辖区、绵竹市、木里藏族自治县、南部县、南充市市辖区、南江县、宁南县、攀枝花市市辖区、蓬安县、蓬溪县、平昌县、平武县、普格县、青川县、渠县、壤塘县、若尔盖县、三台县、色达县、石渠县、遂宁市市辖区、通江县、万源市、旺苍县、温江县、武胜县、西昌市、西充县、喜德县、乡城县、小金县、新龙县、宣汉县、雅江县、盐边县、盐源县、仪陇县、营山县、岳池县、越西县、昭觉县、中江县、资阳市市辖区、资中县、梓潼县。

　　云南省 112 个县区市：安宁市、保山市市辖区、沧源佤族自治县、昌宁县、呈贡县、澄江县、楚雄市、大关县、大理市、大姚县、德钦县、峨山彝族自治县、凤庆县、福贡县、富民县、富宁县、富源县、个旧市、耿马傣族佤族自治县、贡山独龙族怒族自治县、广南县、河口瑶族自治县、鹤庆县、红河县、华宁县、华坪县、会泽县、建水县、江城哈尼族彝族自治县、江川县、金平苗族瑶族傣族自治县、晋宁县、景东彝族自治县、景谷傣族彝族自治县、景洪市、开远市、昆明市市辖区、兰坪白族普米族自治县、澜沧拉祜族自治县、梁河县、临沧县、龙陵县、陇川县、泸水县、泸西县、鲁甸县、禄丰县、禄劝彝族苗族自治县、潞西市、绿春县、罗平县、麻栗坡县、马关县、马龙县、勐海县、勐腊县、蒙自县、孟连傣族拉祜族佤族自治县、弥渡县、弥勒县、墨江哈尼族自治县、牟定县、南华县、南涧彝族自治县、宁潖彝族自治县、屏边苗族自治县、普洱哈尼族彝族自治县、巧家县、丘北县、瑞丽市、师宗县、施甸县、石林彝族自治县、石屏县、双柏县、双江拉祜族佤族布朗族傣族自治县、思茅市、嵩明县、腾冲县、通海县、威信县、巍山彝族回族自治县、维西傈僳族自治县、文山县、武定县、西畴县、西盟佤族自治县、香格里拉县、祥云县、新平彝族傣族自治县、宣威市、砚山县、漾濞彝族自治县、姚安县、宜良县、彝良县、易门县、盈江县、永德县、永平县、永仁县、永善县、永胜县、玉溪市市辖区、元江哈尼族彝族傣族自治县、元谋县、元阳县、云县、昭通市市辖区、镇康县、镇雄县、镇沅彝族哈尼族拉祜族自治县。

重庆市 26 个县区市：璧山县、城口县、大足县、垫江县、丰都县、奉节县、合川市、开县、梁平县、南川市、彭水苗族土家族自治县、黔江区、荣昌县、石柱土家族自治县、铜梁县、潼南县、万州区、巫山县、巫溪县、武隆县、秀山土家族苗族自治县、永川市、酉阳土家族苗族自治县、云阳县、忠县、重庆市市辖区。

4. 古入声今归去声

属这种读音类型的有以下 12 个县市。

湖南省 2 个县市：常德市、桑植县。

四川省 9 个县区市：富顺县、井研县、筠连县、隆昌县、内江市、仁寿县、荣县、威远县、自贡市。

云南省 1 个县：盐津县。

以上四种的共同点是古入声作为一个整体来演变，且参与演变的方言点比较多，主要分布在川渝黔滇等西南官话的核心区域。

以下六种则主要以古声母清浊为条件分归其他声调，参与演变的方言点比较少，而且主要分布在陕西南部和湖南、湖北等三省，都位于西南官话的边缘地带。

5. 清入和次浊入今归阴平，全浊入今归阳平

属这种类型的方言有 10 个县区。

湖南省 1 个县：石门县。

陕西省 9 个县区市：白河县、城固县、汉中市区、略阳县、勉县、南郑县、宁强县、平利县、西乡县。

6. 清入今归阴去，浊入今归阳去

属这种类型的有湖南北部的 4 个县市：汉寿县、津市市、澧县、临澧县。

7. 古入声分归阴平或阳平，没有明显的语音条件

属于这种类型的只有湖北省的老河口市和竹溪县。

8. 清入和次浊入今归阳去，全浊入今归阳平

属这种类型的只有广西金秀瑶族自治县。

9. 清入今归阴平，浊入今归阳去

属这种类型的只有湖南兹利县。

10. 多数字今归阴平，少数字今归阳去

属这种类型的只有湖北省竹山县。

从上列古入声在西南官话方言中的各种读音类型及其所属方言点数可以看到，"古入声今归阳平"在西南官话区占绝对优势，西南官话几乎所有的重要方言点都是这种类型，这是西南官话可以使用"古入声今读阳平的为西南官话"这个定义的事实依据，尽管湘方言中也

有少数方言古入声今读阳平，尽管西南官话中也有一些方言的古入声今不读阳平，但"古入声今归阳平"作为西南官话最基本、最重要的语音特征则不容置疑。

二 川黔派西南官话的入声及其历史文化背景

以上从整体上说明古入声在整个西南官话区的今读音类型。四川、重庆和贵州三省市是西南官话的核心区域，三省市的汉语方言在整体上比较接近，根据历史来源，这一地区的汉语方言可以合称为"川黔派西南官话"。古入声在这个地区还有一些比较特殊的地方需要单独讨论。为了便于比较和行文措辞，我们这里把"入声"定义为古入声字的今读音，不管它是独立成调还是读同其他调。

（一）入声的调值与区域分布

在川黔两省的西南官话中，入声字有三种读音，根据调型可以称为"平调入声"、"升调入声"和"降调入声"。

1. 平调入声。平调入声的情况见所举方言实例。

	阴平	阳平	上声	去声	入声
雅安	55	21	42	14	55
芦山	55	21	53	12	55
名山	55	21	42	13	55
汉源	55	21	42	12	55
石棉	55	21	53	24	55
天全	55	21	42	213	55
宝兴	44	21	53	213	44
泸定	55	21	53	24	55
丹棱	55	21	53	13	55
洪雅	44	21	42	213	55
峨眉	44	21	42	13	55
雷波	44	21	42	214	55
乐山	55	21	52	13	44
浦江	55	21	53	13	33
双流	55	21	52	13	33
郫县	55	21	52	13	33
彭县	55	21	52	13	33
新津	55	21	42	13	33
桐梓	55	21	42	213	33
仁怀	55	21	42	213	33
习水	55	21	42	213	33
赤水	55	21	42	213	33
绥江	55	31	52	24	33
水富	55	31	53	213	33
务川	55	21	42	213	22
沿河	55	21	42	213	22
德江	55	21	42	213	22
思南	55	21	42	213	22
印江	55	21	42	213	22

平调入声呈狭长型分布：西起四川西部的宝兴、泸定，沿长江顺流而下，经云南的绥江、

水富，往东到达贵州东北部的思南、印江，从西到东绵延近千里。平调入声的高低与分布地域的位置及海拔高度密切相关：长江上游，川西高原的天全、芦山声调最高，沿长江越往东走、越往下游走声调越低，到贵州印江等地和调值为[21]的阳平调难以辨别。

　　从内部关系来看，平调入声比较稳定，独立性比较强，一般不混入其他调。

　　2.升调入声。升调入声中包括读成降升调的，为了称述方便，只说"升调"。升调入声包括的方言点见下。

	阴平	阳平	上声	去声	入声
筠连	55	21	42	14	14
大关	55	21	53	24	24
内江	55	21	42	213	213
自贡	55	21	52	24	24
隆昌	55	21	52	13	13
富顺	55	21	52	13	13
荣县	55	21	42	214	214
井研	55	21	42	213	213
仁寿	55	21	42	315	315
威远	55	21	42	214	214
盐津	55	31	53	213	213
盐亭	55	21	53	214	13
彭山	55	21	53	13	24
眉山	55	31	53	13	24

　　与去声同调的有十一个点，独立成调的有三个点。这种入声分布于川东地区的沱江流域，在地域上与平调入声区是相连的，往西到岷江流域就是平调入声区。这种入声的特点是：在地理分布上，处于平调入声与入声读同阳平的常规西南官话之间。其他几个声调的调型和调高之间的对比关系、稳定程度均同平调入声区。此外，此种入声的独立性比较差，大多数已并到去声里去了，只有盐亭、彭山、眉山三处仍保持着一个独立的调。

　　3.降调入声。降调入声是西南官话区最具优势的类型，有成都、重庆、贵阳、昆明等调查点，不用举例。降调入声的分布范围非常大，在云南一直延伸到中缅、中越边境的汉语方言区。降调入声的特点是：总是一个低降调并与阳平同调。其他四声的对应关系与平调入声、升调入声相同。

　　为了便于比较，把上面所说的情况概括如下。

	阴平	阳平	上声	去声	入声
平调入声一	55	21	42	13	55
平调入声二	44	21	53	13	44
平调入声三	44	21	42	13	55
平调入声四	55	21	42	13	44
平调入声五	55	21	42	13	33
平调入声六	55	21	42	13	22
升调入声一	55	21	42	13	24
升调入声二	55	21	42	13	13
降调入声	55	21	42	13	21

（二）川黔派三种入声的历史文化背景

　　据《辞海》地理分册（历史地理）第 9 页"三蜀"条："汉初分蜀郡置广汉郡，武帝又分置犍为郡，合称三蜀。其地约当今四川中部，贵州赤水河流域、三岔河上游及云南金沙江下游以东和会泽以北地区。左思《蜀都赋》：'三蜀之豪，时来时往。'"另据曹学佺《蜀中名胜记》所列四川各道、府、州、县，今四川的平调入声区全在古三蜀及明代四川省的川西道、上川南道、下川南道、遵义道（现贵州省遵义地区）范围内。这一带，从古到今都是巴蜀文化的中心区域，在地理上远离湖北、湖南，受明清两代湖广及江西、广东等外来移民的影响较小，是老四川话保存得比较完整的地区。在声调上，阴平、阳平、上声、去声相互之间的对比关系明确而稳定，只是入声随地理分布发生东低西高的变化，主体部分是中部的[33]调。这种入声，据声调特点命名，可称为"平调入声"。若据其历史文化背景，也可称为"巴蜀型入声。"

升调入声主要位于沱江流域，往南一直延伸到云贵边境地区。大体位于平调入声与降调入声之间。这种入声大多与去声同调，少数仍独立成调。这种入声可能是受外来移民的影响形成的。据《湖北方言调查报告》"第四十四图"（入声调值图），湖北的应山、安陆、孝感、应城、云梦、天门、鄂城、大治、广济、黄安等地仍保留着入声，入声调值是[13]调。麻城、黄陂、黄冈、汉川、沔阳等地的入声是[24]调，礼山、罗田、英山、浠水是[313]调。《湖南方言调查报告》"第三十五图"（入声调值图），长沙、宁乡、南县、湘乡、湘潭、新化、新宁等地的入声是[24]调，靖县、城步、衡山等地是[13]调，如果明清时期这些地区的入声还是这样的话，那么可以这样设想：这些移民到达沱江流域并定居后，一般情况是要努力学习新的方言以便尽快融入当地社会，同时也把维持原来的方言作为联络家乡人的手段之一，这种又要放弃又要保留的语言态度使得他们学的四川话难免要留下自己的方言特征，把四川话原来的入声说成一个升调可能就是这种特征之一。到移民的第二三代，除非是像客家人那样有严厉的族规约束，或者是有一个相对封闭而稳定的话言环境（像"靖州腔"那种情况），一般也就说四川话了，但父兄辈的一些方言特征也被留传了下来。到后来进一步变化，由于这种入声的调型和调高老四川话的去声相近，有些方言的入声就先后混入了去声。按照老四川话的四声声调能稳定地从明清时期一直留传到现代的情况来推测，老湖广话中的一些方言的声调在一定条件下代代相承，无大改变也应该是可能的。这种入声，根据调值，可以称为"升调入声"，若根据历史文化背景，也可以称之为"湖广型入声"。武汉及附近县市的方言，虽然是入声与阳平同调，但如果结合武汉方言的声调与周围方言的关系来看，也是升调入声。

降调入声很可能是由老四川话的低平调入声变化而来的，而外来移民加速和加强了这一演变趋势。上面我们已经说过，平调入声的调值变化是西高东低。当降到[22]和[11]后，和低降调阳平已经非常接近。变化的情形可能是，外来移民在学习新的方言时，由于分辨不出这种微小的差别而学成了一个调，这种误差到第二三代人时被自然地传递了下去，反过来又影响了原来尚能保持区别的人，逐渐混同为一个调，这种情况在五方杂处的城市口岸及交通要道上几乎成为一种规律。从湖广到云南的驿道上，进入贵州后，往西一直到昆明，往北一直到遵义，都是这种变化。在四川大部分地区，尤其是临近陕西和湖北湖南的地方，几乎都是这种变化。成都的变化较晚。从成都周围的语言环境看，早期的成都话也应该是一个平调入声。据《西蜀方言》，当时成都的入声有时难于和阳平区别，后来受不分阳平和入声的方言的影响，也变成了不分阳平和入声的方言。

（三）从川黔派入声类型看移民与方言的关系

明末清初的大战乱使四川的人口受到严重损失，有的地方几乎成为赤地是可以肯定的，但史籍和方志上的记载大概只是封建官吏视察几个地方后的印象而非逐地调查统计的真实资料。实际情况可能是，战乱发生时人口大量逃亡，战乱过后，外逃的人又陆续返回家乡，如同抗战时期内地人大量涌入西南，抗战结束后又返回一样。四川历来号称"天府之国"，经济文化相当发达。而移入四川的湖广、广东等移民多半是边远山区的贫苦农民而非豪富之家，迁入四川后，与四川土著相比，经济实力、文化素质、社会地位各个方面都略逊一筹，在这种情况下，原来的方言逐渐被消磨不但是必然的，而且还是积极的、主动的，尤其是在城市集镇、商贸口岸及交通要道这样的地方。这一点和贵州移民的情况大不一样。

除黔北地区外，明代以前贵州的主体居民是苗、彝、侗、水、布依、仡佬等少数民族。这些少数民族大多还停留在比较原始的刀耕火种时代，生产方式相对来说比较落后。从生产力发展的角度看，进入贵州的屯军起码使贵州的耕作技术突然跃进了上千年，从刀耕火种一步跃入江南和四川的精耕细作。同样是移民，在四川则只是增加了劳动力，重新开垦荒芜的田地。根据现代调查的情况，在整个四川省，只发现位于农村或郊区的客家话和湘语等残留的移民方言岛，所有进入城镇的外来移民的话都已融入四川话。从语言本身看，江西、湖广、广东移民的方言大都属东南方言，难以和本属官话、音系简明、易学易懂的四川话竞争。因此，从移民本身的社会地位和移民的语言两个方面看，外来移民的语言都不可能取代原来的四川话。

三　稳定的四声框架也是西南官话重要的语音特征

李荣先生（1985a：3）在确定古入声今读阳平是西南官话的共性的同时还指出，"官话分布的地区以百万平方公里计，说官话的人口以亿计，无论官话内部的共性有多大，这样简单的表格只能是粗线条的。何况方言在地理上又是渐变的。用这个表来画分官话一定很费斟酌，尤其是两个官话区的交界和只有三个单字调的方言。"

黄雪贞（1986b：266）通过更进一步的研究发现，四川、重庆、贵州、云南等省市的一些西南官话古入声并不归阳平，而是入声独立，或归阴平，或归去声，有近一百个方言点，而这些古入声今不归阳平的方言的四声调值却又和成都、重庆、贵阳、昆明等中心城市几乎完全相同。例如：

省市	县市区	阴平	阳平	上声	去声	入声
四川	成都市区	55	21	42	13	阳平
重庆	重庆市区	35	21	42	13	阳平
贵州	贵阳市区	55	21	42	213	阳平
贵州	德江县	35	21	42	24	22
贵州	赤水市	55	21	42	213	33
四川	乐山市	55	21	52	13	44
四川	峨眉山市	44	21	42	13	55
四川	盐亭县	55	21	53	214	13
四川	都江堰市	55	31	42	24	23
四川	长宁县	55	21	42	213	34

省市	县市区	阴平	阳平	上声	去声	入声
四川	茂县	55	31	53	13	43
四川	南溪县	55	21	53	13	45
四川	富顺县	55	21	52	13	去声
四川	宝兴县	44	21	53	213	阴平

从上列情况可以看出，云贵川渝四省区交界处的这些方言，从古入声的今读音类型来看有三种：（1）独立成调；（2）归阴平；（3）归去声。今独立成调时，不论入声的实际调值是什么，阴平、阳平、上声、去声四调总是非常稳定的[55 21 42 13]这样的声调框架，入声调只在四川峨眉山市才影响了阴平调值，迫使它变成次高调。不论是归去声还是归阴平，其他四声的调值也都非常稳定。而且和成都、贵阳、重庆等西南官话核心城市的四声调值几乎完全相同。因此，这些方言显然不宜单单因为古入声今不归阳平一条将其排除于西南官话之外。

因此，黄雪贞先生据此扩充了西南官话的语音共性：古入声今读阳平的是西南官话，古入声今读入声或阴平、去声的方言，阴平、阳平、上声、去声调值与西南官话的常见调值相近的，即调值与成都、昆明、贵阳等六处的调值相近的，也算是西南官话。

事实上，"西南官话核心方言稳定的四声框架"这一条不但在处理西南官话内部古入声今不读阳平这一类方言的归属是有效的，在处理西南官话与其他方言交界处方言的区属时也有重要作用。下面以陕南方言的归属问题来说明这一点。

由于历史及地理的原因，陕南是中原官话和西南官话的交错地带，加上历代移民，陕南汉语方言的混杂度比较高，因此，确定陕南方言的归属在方言分区上有一定的难度。通过比较和分析，陕南方言在语音上有分区意义的主要是以下三项：一，四声框架；二，入声归类；三，知章组开合口的今读音。如下表7-2。

表7-2　陕南28县市四声及知章组的读音

	平		上	去	入			知章	
	清	浊	上声	去声	清	次浊	全浊	开	合
洛南县	31	35	53	44	阴平		阳平	tʂ /ts	tsʮ
商南县	31	35	445	512/22	阴平		阳平	tʂ /ts	tʂ
丹凤县	31	35	53	44	阴平		阳平	tʂ /ts	tsʮ/tsʮ
柞水县	31	35	445	214/22	阴平		阳去/阴平	tʂ /ts	tsʮ
安康市	31	35	53	55	阴平		阳平	ts/tʂ	pf
旬阳县	31	324	53	44	阴平		阳平	ts/tʂ	tsʮ
平利县	43	52	445	214	阴平		阳平	ts/tʂ	tsʮ
白河县	313	42	45	51	阴平		阳平	tʂ	tʂ
略阳县	54	31	34	313	阴平		阳平	ts/tʂ	pf
勉县	55	31	34	313	阴平		阳平	ts/tʂ	tʂ/f
宁强县	55	52	34	312	阴平		阳平	ts	ts
汉中市	55	31	35	213	阴平		阳平	ts/tʂ	ts
南郑县	54	31	45	213	阴平		阳平	ts/tʂ	tsʮ
城固县	54	32	44	213	阴平		阳平	ts/tʂ	tsʮ
西乡县	54	31	45	213	阴/阳平少	阴平	阳平	ts/tʂ	pf
留坝县	45	21	53	213	阴/阳平	阴平	阳平	tʂ	tʂ

	平		上	去	入			知章	
	清	浊	上声	去声	清	次浊	全浊	开	合
商洛市	31	35	53	44	阴/阳平	阴平	阳平	tʂ/ts	tsʮ
山阳县	31	35	53	44	阴/阳平	阴平	阳平	tʂ/ts	tsʮ
洋县	31	35	412	55	阴/阳平	阴/阳平	阳平	ts/tʂ	tsʮ
汉阴县	44	31	45	214		阳平		ts/tʂ	ts/tʂ
紫阳县	45	31	44	214		阳平		ts/tʂ	tʂ
岚皋县	45	31	44	214		阳平		tʂ	tʂ
石泉县	45	31	44	214		阳平		ts/tʂ	tʂ
宁陕县	45	31	44	214		阳平		ts/tʂ	tʂ
佛坪县	45	21	53	213		阳平		ts/tʂ	ts/f
镇巴县	45	21	53	213		阳平		ts/tʂ	tsʮ/pf
镇坪县	45	31	53	214		阳平		ts/tʂ	ts/tʂ
镇安县	41	35	445	22		阳平		ts/tʂ	tʂʮ

先看古入声的今读音类型。

古入声的今读音在陕南地区有三种基本情况：

（1）清入、次浊入今读阴平，全浊入今读阳平。属这种读音类型的县市有洛南、商南、丹凤、柞水、安康、旬阳、平利、白河、略阳、勉县、宁强、汉中、南郑、城固等14处。

（2）不分清浊，古入声今读阳平。属这种类型的有汉阴、紫阳、岚皋、石泉、宁陕、佛坪、镇巴、镇坪、镇安等9处。

（3）清入部分字读阴平，部分字读阳平，次浊入今读阴平，全浊入今读阳平。属这种读音类型的县市有留坝、西乡、商洛、山阳、洋县等5处。其中，洋县的次浊入也是分读阴平和阳平两个调。

上列读音差别可画成下图7-1。

图7-1 陕南方言古入声今读音类型

如果把图7-1作为陕南方言的分区图来看，这个图大致把陕南中部地区的一些县市归到

西南官话中，这在方言分区上是有作用的。但这个图把包括汉中市在内一些当地人都觉得更像西南官话的方言排除在西南官话之外，而把留坝、洋县、商洛等差别很大的方言归为一类，显然难以令人满意。

下面看知章组在陕南方言中的读音类型。陕南知章组开口字的读音类型比较简单，合口字的读音类型比较复杂，以下分别说明。

开口字有三种读音：

（1）都读成 ts 组，这种读音只有宁强县一个点。

（2）都读成 tʂ 组，有岚皋、留坝和白河三处。

（3）读成 ts 组或 tʂ 组，除上列四县外，陕南其他县市都是这种读音。

合口字的读音类型比较多，大致可以归纳为 ts 组（包括 tsʅ 组）、tʂ 组（包括 tʂʅ 组）、pf 组（包括只有 f 声母）三种基本类型，以及 ts 组加 tʂ 组、ts 组加 pf 组、tʂ 组加 pf 组这样三种复合类型。

开合口交叉后可得到知章组的 8 种读音类型。

（1）ts ＋ ts：宁强。

（2）tʂ ＋ tʂ：白河、留坝、岚皋。

（3）ts/tʂ ＋ ts：汉中、旬阳、南郑、城固、洋县、洛南、商洛、山阳。

（4）ts/tʂ ＋ tʂ：紫阳、石泉、宁陕、镇安、平利、商南、柞水。

（5）ts/tʂ ＋ pf：安康、略阳、西乡。

（6）ts/tʂ ＋ ts/tʂ：丹凤、汉阴、镇坪。

（7）ts/tʂ ＋ ts/pf：镇巴。

（8）ts/tʂ ＋ tʂ/pf：勉县、佛坪。

根据以上类型可画出陕南方言知章组的读音分布图来，见下图 7-2。

图 7-2　陕南方言知章组的读音类型

从图 7-2 可以看出，虽然知章组丰富多变的读音类型确实是陕南方言的语音特点，但显而易见，既难以根据这个图来判断陕南方言内部各方言之间的语言关系，也难以从总体上判

断陕南方言与其他方言的区属关系。

根据对西南官话阴平、阳平、上声、去声四个声调调值的统计，绝大多数西南官话的阴平是高平调[55]或[44]，阳平是低降调[21]或[31]，上声是次高降调[42]或高降调[53]，去声是低降升调[213]或低升调[13]。因此，可以根据这个统计把[55 21 42 213]作为西南官话最具代表性的四声框架。

由于历史文化背景和地理分布位置，西安在中原官话具有突出的代表性。西安话的四声框架是[21 24 53 44]。下面我们把重庆和西安话分别看成中原官话四声框架的代表，根据这两个方言四声框架的高低升降等对立关系，可以得到两个在调型和调高上都形成明显对比的声调类型：

　　西南官话的四声框架　　阴平 55 + 阳平 21 + 上声 42 + 去声 213
　　中原官话的四声框架　　阴平 21 + 阳平 24 + 上声 53 + 去声 44

由于西南官话和中原官话的上声调值非常接近，因此，上声调在判断一个陕南方言是中原官话还是西南官话没有实际意义。但从表 7-2 上声调的调值可以看出，陕南方言的上声读[44]或[45]既不同于西南官话，也不同于中原官话，显然是陕南方言的一个区域特征。因此，可以根据表 7-2 所列陕南 28 个方言点的四声调值另设计一个表来描述陕南方言四声框架与中原官话或西南官话的关系。在表首加进西安，在表尾加进重庆。表中"+"号表示该方言的调值可归入此类，"－"号表示难于归类，空白表示不对应。如下表 7-3。

表 7-3　陕南方言四声框架的调值类型

	阴平		阳平		上声		去声	
	低降	高平	高升	低降	次高平	高降	次高平	低降升
西安市	+		+			+	+	
洛南县	+		+			+	+	
商洛市	+		+			+	+	
山阳县	+		+			+	+	
丹凤县	+		+			+	+	
洋县	+		+			+	+	
安康市	+		+			+	+	
旬阳县	+		+			+	+	
柞水县	+		+		+		－	－
商南县	+		+		+		－	－
白河县	－		－		－		－	－
镇安县	－	－	+		+			－
平利县		－		－				+
宁强县		+		－				+
汉阴县		+		+	+			+
留坝县		+		+		+		+
佛坪县		+		+				+
镇巴县		+		+				+
岚皋县		+		+				+
紫阳县		+		+	+			+

	阴平		阳平		上声		去声	
	低降	高平	高升	低降	次高平	高降	次高平	低降升
石泉县		+		+	+			+
宁陕县		+		+	+			+
镇坪县				+		+		+
南郑县		+		+	+			+
西乡县		+		+	+			+
略阳县		+		+	+			+
城固县		+		+	+			+
汉中市		+		+	+			+
勉县		+		+				+
重庆市		+		+		+		+

　　表 7-3 中间粗线表示白河以上至洛南等地大致可归入西安类，镇安以下至勉县可和重庆归为一类。但这样的分类显然是太粗了，不能体现陕南方言的特点。分得稍微细一些，旬阳以上可归入西安，汉阴以下可归入重庆，而两条双线以内的柞水、商南、白河、镇安、平利、宁强六处则或多或少都有一些既不同于西安也不同于重庆的特点，尤其是两条曲线内的白河、镇安两处，除了上声调有独立读音外，白河的阴平、阳平和去声，镇安的阴平、去声，都明显不同于西安和重庆，独立性相当大。从声调类型来说，把镇安和白河划入西安类的中原官话或重庆类的西南官话都是很困难的。因此，在讨论陕南方言的归属时，除了注意这个地区方言的过渡性以外，还应该看到这个地区的方言相当明显的独立性。根据这种语音情况可以画出陕南方言的声调框架类型图。如下图 7-3。

　　图 7-3　陕南方言四声框架类型图

　　图 7-3 不仅是陕南方言的声调框架图，实际上也是陕南各县市城区方言的方言区划图：商南、丹凤、洛南、商洛、山阳、柞水、旬阳、安康、洋县 9 县可直接划归中原官话，白河的古入声今读音类型同西安，可据此将其归入中原官话。

　　西南官话主要分布在陕南的东部，平利、宁强、汉阴、留坝、佛坪、镇巴、岚皋、紫阳、石泉、宁陕、镇坪、南郑、西乡、略阳、城固、汉中、勉县等17个县市可以直接划归西南官话。镇安的古入声今读音类型同重庆，可据此将其归入西南官话。

和图 7-1 和图 7-2 相比，图 7-3 无论是各方言点的地理分布状态，还是整体的方言语感，根据四声框架画出来的方言分布图都优于古入声归类和知章组读音的归类图。

第三节　西南官话的分片及内部比较

学术界有不少人相信，官话方言的一致性比较高，而且西南官话的一致性是所有官话方言中最高的。实际上，就西南官话来说，这个结论只适用于西南官话区的一些中心城市，如川渝黔三省市的成都、重庆和贵阳等地，这些城市之间的方言差异确实比较小。但西南官话是一个"人口两亿七，地跨九省区"的超级大方言，内部有各种各样的差异性。首先是城镇与乡村的方言差别比较大，这一点是南方汉语方言的共性。比如贵阳市区出生的老师在贵阳市南郊的花溪区教学时就会听不懂花溪乡下孩子说的"西南官话"。同属西南官话，不同区域、不同省份之间的西南官话有的差别相当大，西南官话与其他方言交界地带的地方与核心区域的西南官话差别也很大。此外，由于西南官话是西南地区各民族之间的通用语言，与许多南方少数民族语言有历时久远的深刻接触，民族语言对西南官话也有重要影响，如川西地区凉山、阿坝、康定三州的西南官话就带有明显的民族口音。本节将先从分片的角度说明西南官话内部的语音差别，然后再从九个方面来讨论西南官话的一些语音演变类型。

一　西南官话的内部分片及其语音差别

结合声母、韵母和声调等各方面的语音条件，此外还必须根据地理分布状态来调整纯语音条件的分区结果，可以把西南官话分成 6 个片，22 个小片。下面从分片及小片的角度来介绍西南官话内部的一些语音差别。本小节介绍各片的语音差别时重点说明各片之间的语音差异，介绍同片内各小片的语音特点时重点突出不同小片的语音条件。由于后文还要讨论西南官话内部的一些语音特点，为简明起见，本小节所述各项语音特点均不展开讨论，一般也不举例。

（一）川黔片

川黔片主要分布于四川、重庆、贵州三省市，使用人口约一亿，是西南官话中人口最多的一个片。川黔片最主要的语音特点是音系简明，都是 4 个声调，各方言点的四声调值大致都是阴平[55]、阳平[21]、上声[42]、去声[213]，没有变调，也没有轻声，多数方言没有 tʂ组声母，不分鼻音和边音，没有 iŋ eŋ 之类的鼻音韵母，内部一致性非常高，是最典型的西南官话。以有无撮口呼韵母为区别条件，四川、重庆和贵州三省市的西南官话可分成成渝、黔中两个小片。

陕南小片与成渝、黔中两小片的差别比较大，因其地理位置及声调框架均与川黔片接近，现暂将其归入川黔片，成为川黔片中的陕南小片。

1. 成渝小片。本小片的特点是四呼俱全，四川省多数县市及重庆市属的多数方言点有和北京话基本相同的儿化韵。

2. 黔中小片。本小片不最突出的语音特点是没有撮口呼韵母，"雨"读同"椅"，"圆"

读同"言"，"军"读同"斤"，"全"读同"钱"。多数方言点没有儿化韵。

3.陕南小片。本小片主要的语音特点是位于西南官话与中原官话的过渡区，杂有一些中原官话的特点，如知章组开口多数读 tʂ 组，合口有 tsʅ tʂʅ pf ts tʂ 等读音，古清入和次浊入字在一些方言中不归阳平而是归阴平。

（二）西蜀片

西蜀片主要分布于四川、重庆、云南、贵州四省市交界处的沿江地带，使用人口约四千万。西蜀片最突出的语音特点是古入声不归阳平，分别有古入声今仍读入声、古入声今归阴平和古入声今归去声三种情况。西蜀片中，古入声今归其他调的方言只有四个声调，古入声独立的方言有五个声调。西蜀片多数方言有丰富的儿化韵，有和北京话基本相同的卷舌声母，鼻音声母和边音声母不分。根据古入声的今读，本片分为三个小片。

1.岷赤小片。本小片最突出的语音特点是古入声今读入声，各方言点都有五个声调。

2.雅甘小片。本小片最突出的语音特点是古入声今读阴平，各方言点都只有四个声调。

3.江贡小片。本小片最突出的语音特点是古入声今读去声，各方言点都只有四个声调。

（三）川西片

川西片分布于四川西部的凉山、甘孜、阿坝三个少数民族自治州，还包括攀枝花市的一区两县，使用人口约六百万。凉山等三州城乡的居民主体有差别：乡村总的情况是"民多汉少"，主体居民是藏、彝、羌等少数民族；城区是"汉多民少"，主体居民是汉族。甘孜和阿坝的藏族、羌族现仍多以放牧为主，凉山地区的彝族现已多转为农耕。城区与山区、农村的少数民族在语言使用上有一些差别。城区的少数民族一般是使用双语，中小学生中有的已不会说本族语。牧区的少数民族男性一般都会双语，老年人，尤其是老年妇女到现在仍有不会说汉语的。牧区不论汉族还是少数民族，都不同程度带有少数民族口音。川西地区的少数民族使用汉语时与当地汉民有一些差别，当地人称为"团结腔"。团结腔在音系上与当地汉族说的西南官话差别不大，口音上最明显的差别是韵母发音不到位，鼻韵尾常发成鼻化、半鼻化甚至完全脱落鼻韵尾。当地人对这种口音比较敏感。常用词汇和当地汉族差不多，但亲属称谓多数仍使用本民族原来的"阿"字头系统（如"阿爸"、"阿妈"、"阿哥"、"阿姐"之类的说法）。本片依其人文背景和语言混用情况的不同，将其分为两个小片。

1.康藏小片。康藏小片主要分布在甘孜和阿坝两州，本小片的西南官话主要受藏语或羌语影响。

2.凉山小片。凉山小片主要分布在凉山州和攀枝花市，本小片西南官话主要受彝语影响。

（四）云南片

云南片都分布于云南省，使用人口约四千万。根据声调类型的不同，云南片内部分为三个小片。

1.滇中小片。本小片属于昆明型的声调类型，其他主要特点是多数方言有卷舌音声母，鼻音和边音不混，包括昆明在内，超过一半的方言不分an aŋ，也没有撮口呼韵母。其中，曲靖、沾益、陆良、寻甸等四处有入声调。

2.滇西小片。本小片属于保山型的声调类型，内部的语音差异比较大，洱源、剑川、云龙、宾川、丽江四县有入声调，一些方言分尖团。此外，滇西是汉族与多种少数民族混居的地区，少数民族说汉语时也程度不同地带有一些"民族口音"。

3.滇南小片。本小片属于开远型的声调类型。滇南小片的语音特点是，除石屏外，其他地点都没有撮口呼。此外，滇南小片中部的开远、个旧等七个市县没有卷舌声母和昆明等地不同，但不分 an aŋ 又和昆明等多数滇中片方言一致；而东部的富宁、文山等地有卷舌声母和昆明相同，但分 an aŋ 又和昆明等地不一样。

（五）湖广片

湖广片东起湖北武汉，经湘西北地区进入贵州的黔东南，大致均属原湖广行省范围。湖广片的使用人口约五千万。湖广片相当多的方言与中原官话、江淮官话、湘语或古楚语历史渊源非常深，从地理分布看则位于西南官话的边缘地带，内部差异也比较大。自东向西，湖广片可分成8个小片。

1.鄂北小片。鄂北小片是中原官话和西南官话的过渡方言。本小片虽然古入声全归阳平，但阴平是中平、阳平是高降、上声是高平，这种声调在听感上和武汉有明显差别而更像河南话。

2.鄂中小片。鄂中小片东起武汉，西至湖南湘西，有武汉、荆州等重要城市。本小片的主要特点是古入声今读阳平且四声调值与武汉接近，但天门、仙桃、汉川古入声今仍读入声。

3.鄂西小片。鄂西小片位于湖北与陕西的交界地带。本小片的语言特点比较突出，是一种介于西南官话、江淮官话和中原官话之间的混杂型方言，内部的一致性较低，古入声的分派也比较乱。原《中国语言地图集》把竹山、竹溪等地画入江淮官话，这些地方因而成为江淮官话方言岛。本文把湖北境内的竹山、竹溪、郧西三处与陕西境内的白河、平利两处合成一个方言小片，放在西南官话湖广片内。

4.湘北小片。本小片的主要特点是去声分阴阳，多数方言点的古入声多以古声母清浊为条件分归阴去和阳去。

5.湘西小片。本小片的主要特点是古全浊声母平声今读不送气浊声母，仄声今读不送气清声母。

6.怀玉小片。本小片的主要特点是知章组合口字今读 t tɕ 组声母。

7.黔东小片。本小片的主要特点是古知章组今读 ts 组声母。

8.黎靖小片。本小片的主要特点是古入声今不归阳平。其中，贵州的黎平古入声今仍读入声，而湖南靖州的古入声今归阴平。

（六）桂柳片

桂柳片东起湖南的湘南地区，西达贵州黔南，核心区域位于广西的桂北地区，有桂林、柳州等重要城市。使用人口约三千万。桂柳片内部可分为三个小片。

1.湘南小片。湘南小片分布于湖南南部。本小片的主要特点是多数市县官话与土话并用，官话在不同程度上受土话影响，是一个双方言区。

就桂柳片内部来说，湘南地区与桂林更接近，蓝山、郴州等地的人甚至认为他们的话和桂林话是一样的。从方言分区分片的角度来说，可用"通行双语"这一条把本小片分出来。湘南地区早期大概是通行湘南土话，后来由于受桂林的影响，以"由城及乡、由官及民、由商及农"的方式引进了接近桂林音系的西南官话，这个过程直到现在仍在继续。现在的进展情况是：在郴州城区，土话已完全被官话替换；在蓝山、江永等地的县城里，土话已退出公共交际场合，一般只用于家庭成员或亲友之间的交流；而在偏远山村，仍有一些老年妇女不太会说官话。

2. 桂北小片。本小片的主要特点是分尖团，尖音字读 tɕ 组或 ts 组声母，团音字读 k 组声母，知章组合口字多读 tɕ 组声母。

本小片内部有一些语音差别，一些方言点还有很特殊的语音现象。最突出的是马山的古全浊声母和次清声母今都读不送气清声母。都安也有类似的语言现象，但只有部分古全浊声母字和部分次清声母字读不送气清音。这种现象可能是受没有送气声母的壮语影响后形成的。其次，本小片多数方言点分尖团，但桂林市、永福县、龙胜各族自治县、三江侗族自治县、临桂县、灵川县、阳朔县、南丹县、田林县等九处不分尖团。第三，多数方言点的知章组合口字今读 tɕ 组，但田林、东兰、临桂、灵川、田东等地读成 ts 组。

3. 黔南小片。本小片的主要特点是咸山摄阳声韵字不同程度脱落鼻辅韵尾，读成舒声韵或鼻化元音韵。

本小片内部还有一些语音差异：独山、平塘、丹寨、都匀、三都等五处有入声调，阳平是高降调。此外，贵定、龙里、福泉、荔波等地多把咸山摄阳声韵字读成鼻化韵。

二　西南官话的八种声调类型

上文第二节第三小节指出，阴平[55]、阳平[21]、上声[42]、去声[213]这个四声框架是西南官话中分布范围最大，使用人口最多，调值对比关系最为稳定，也是最具代表性的声调类型，但这种声调类型只是西南官话多种声调类型中的一种，西南官话中还有一些其他的声调类型，其中有的声调类型的分布范围也比较大，使用人口也比较多，其他还有一些分布范围比较狭小，使用人口也比较少的声调类型。根据现有调查材料，包括上文已提到的一种，可以从分布于全国九个省区的西南官话中概括出下列八种基本的声调类型。如下表7-4。

表 7-4　西南官话的声调类型

	阴平	阳平	上声	去声	入声
1a 成都	55	21	42	213	归阳平
1b 泸定	55	21	53	24	归阴平
1c 内江	55	21	42	213	归去声
1d 泸州	55	21	42	13	入声：33
2 昆明	44	31	53	212	归阳平
3 开远	55	42	33	12	归阳平
4 保山	32	44	53	25	归阳平
5a 武汉	55	213	42	35	归阳平
5b 汉寿	55	213	42	阴去35/阳去33	阴去/阳平白，少
6 桂林	33	21	55	212	归阳平
7 襄樊	34	52	55	35	归阳平
8 汉中	55	31	35	213	归阳平

注：表中汉中点据本人调查的新派话。据邢向东告知，汉中市区北街的四声框架与东街同，但古入声的归类是清入、次浊入归阴平，全浊入归阳平，不同于城区其他地方。

从上表可以看出，虽然四川省的泸定、内江、泸州等地入声调不归阳平，但这三个地方的四声框架几乎与成都等地完全相同。虽然湖南汉寿去声分阴阳，入声分归阴阳去，但从听感来说，汉寿的声调和武汉相差并不大。因此，从声调的总体框架来看，西南官话基本的声调类型大致就是上表所概括的八种，这八种不同的声调类型也是西南官话内部各方言间比较显著的语音差别。

第一种声调类型的基本特点如上述。这种声调类型主要分布在四川、重庆和贵州三省市，所属市县都位于西南官话的核心区域。重庆市及其所属市县在历史上一直属四川省管辖，贵州在历史上受四川影响非常深，川黔两地的历史文化关系历来密切。因此，从这种声调的历史文化背景来看，也可以把这种声调类型简称为"川黔型"。

值得注意的是，单从古入声的今读音类型看，泸定、内江、泸州三地的声调也可以分成三种类型，但如果综合看整体的声调类型则可以发现，泸定、内江、泸州三地阴平、阳平、上声、去声等全部四个调的调值几乎完全相同，所以单就古入声的今读音差别将其分立为三种不同的声调类型显然有失偏颇，而根据整体的声调框架将这几种声调归为一种类型显得更为合理。

第二种声调类型，上文第二小节把这种声调和第一种归为一类。这里着眼于其与第一种不同的一面，加上其他语音特点，将其和第一种分开来说。这种声调类型分布在以昆明、东川、玉溪等城市为中心的云南中西部地区，在听感上与成都、重庆、贵阳等地的西南官话小有差别，也是西南官话重要而常见声调类型之一。由于属于这一声调类型的昆明、玉溪等重要城市位于滇中地区，本文把这种声调类型称为"滇中型"。

第三种声调类型主要分布在以开远为中心的滇南地区，其基本特点是：最高调是阴平，最低调是去声，阳平是一个次高降调，上声是一个中平调。

第四种声调类型分布在以保山为中心的滇西地区。这种声调的特点是：阴平是中降调，阳平是一个次高平调，上声是高降调，去声是次低升调。

滇西型、滇南型与滇中型的声调差别都比较大，根据这两种声调类型与滇中型方言的历史文化关系来推测，滇西型和滇南型早期可能与滇中型的四声调型对比关系是相同的，现在和滇中型的声调差别可能是长期发展、逐渐变化的结果，最后这两种声调演变成西南官话区中的边缘性声调类型。

第五种声调类型的基本特点是：阴平和去声都是高调，阳平是一个低降升调，上声是一个次高降调。这种声调类型东起武汉，经湖南向西一直延伸到贵州的黔东南地区，绵延上千里。这些地方从汉唐至宋元大多属同一行政区域，元代曾称为湖广行省。贵州虽明代就立省，但黔东南地区的"学政"直到清代前期仍属湖广行省管辖，湖南则迟至清朝才脱离大湖广单独立省。根据这种历史渊源关系，可以把这种声调类型称为"湖广型"。

汉寿等地所属的 5b 型调值需要适当讨论。单从调类看，汉寿是五个调，而武汉是四个调，而且汉寿的古入声归阴去，少数白读字归阳平，和武汉归阳平也不一样。但从声调总体看，阴平、阳平、上声等三个调几乎完全相同，虽然汉寿分阴阳去，但阴去字多，而阴去字的调值与武汉话相同，因此，总体上仍可将其与武汉等地合为一种声调类型。

第六种声调类型的基本特点是：阴平是一个中平调，阳平是低降调，上声是高平调，去声是一个低降升调。这种声调类型在地域分布上以广西桂林为中心，东起湘南，西至黔南，横跨湘黔桂三省。历史上，桂林一直是广西的政治、经济文化中心，对周边方言的影响非常大，湖南的湘南和贵州的黔南在历史上一直受桂林影响，湘南地区一些说西南官话的人甚至认为他们说的话和桂林完全相同。这种声调类型也是西南官话重要的声调类型之一。由于这种声调类型的核心区域位于广西的桂北地区，这种声调类型中最重要的城市桂林和柳州也位于桂北，本文把这种声调称为"桂北型"。

第七种声调类型的基本特点是：阴平是中升调，阳平是高降调，上声是高平调，去声是高升调。这种声调类型主要分布在湖北与河南、陕西、重庆接壤的鄂西北地区，个别地方还向陕西延伸。总体上看，这种声调类型与相邻的河南话比较接近而与武汉等地的西南官话有相当差别，属于受其他方言影响比较大的边缘性声调类型，可简称为"鄂北型"。

第八种声调类型的整体框架与成都等地比较接近，但上声是一个高升调，这一点不同于成都、重庆、武汉等地的西南官话。这种声调类型主要分布在陕西南部，有18个县市属于这种声调类型，因此，可以把这种声调称为"陕南型"。从语言地理学意义来说，和鄂北型差不多，陕南型也是西南官话受其他方言影响后形成的边缘类型。

三　分阴阳去的西南官话和三个声调的西南官话

（一）分阴阳去的西南官话

"平分阴阳，去声不动"是绝大多数官话方言声调古今演变的共同规律，云贵川渝鄂桂等省市核心地带的西南官话如昆明、贵阳、成都、重庆、武汉、桂林等地都符合这条规律，但在湖南湖北交界处的汉寿、公安等地的西南官话却是去声分阴阳的。下面是这些方言的声调的古今对应关系表。

表7-5　湘鄂交界处西南官话声调的古今对应关系表

省	县市	平		上			去		入	
		清	浊	清、次浊	全浊		清	浊	清	浊
湖南	通道县	213	21	24	54		35	54	213	213
	桃源县	34	22	21	33		14	33	54	54
	汉寿县	55	213	42	33		35	33	35	213
	慈利县	25	13	52	33		12	33	12	33
	津市市	45	14	21	33		25	33	25	33
	澧县	45	14	21	33		25	33	25	33
	临澧县	45	213	22	33		24	33	24	33
	华容县	45	314	21	33		24	33	25	25
湖北	公安县	45	213	42	33		13	33	35	35
	监利县	45	213	21	33		25	33	25	25
	石首市	45	13	32	33		24	33	25	
	鹤峰县	55	213	53	13		35	13	33	33
	竹山县	34	53	43	323		313	323	34/323	34/323

表7-5共列出现为西南官话区的13个分阴阳去的方言，其中，湖南有8个，湖北有5个。除通道和竹山外，其他11个都在湖南和湖北两省交界处。这9处不止是去声分阴阳，入声的归类也比较一致：或是独立，或是归阴阳去。总体来说，这9处的声调框架应属同一方言类型，与武汉、长沙等地的方言比较接近而与成都、贵阳、重庆等地西南官话相差甚远。

（二）只有三个声调的西南官话

西南官话方言中最常见的是四个声调：阴平，阳平，上声，去声。如果保留入声，则成为五个调。如果去声分阴阳而入声归阳平或去声或阴平，也是五个调。如果去声分阴阳而且入声仍独立；则为六个调。云南省施甸县属保山市，1962 年从保山县分出单独立县。施甸话只有三个声调，是已有调查材料中的西南官话中唯一的一个三调方言。

施甸声调的古今对应关系如下表 7-6。

表 7-6　云南施甸声调古今对应关系表

省	县市	平		上			去		入	
		清	浊	清、次浊	全浊		清	浊	清	浊
云南	施甸县	55	31	55（阴平）			213		31（阳平）	

施甸上声归阴平大概是上声调值抬高后与阴平调重合的结果，是一种晚起的语音变化。这可以从施甸周边方言的声调读音情况得到一些旁证。下面是施甸周边方言的声调情况：

	阴平	阳平	上声	去声	古入声
昌宁	44	31	42	325	阳平
保山	32	44	53	25	阳平
龙陵	44	41	53	214	阳平
临沧	44	31	54	214	阳平
永德	43	42	45	313	阳平
镇康	43	42	45	313	阳平

与施甸紧邻的永德和镇康的上声调就抬升得高于阴平调，由于永德和镇康的阴平是一个次高降调，上声和阴平因此没有相混。由于施甸的阴平是一个高平调，如果上声抬升到最高平调，或阴平调上扬为高升调，阴平和上声就会同调。我们认为施甸的上声与阴平同调就是由于声调由趋近而后合这样一种演变方式导致的结果。

四　精见两组的分混形式与尖团的分混类型

学术界主要是从分或不分的两分法角度来讨论汉语方言的尖团问题。实际上，汉语方言的尖团分混形式很多，分尖团也有各种各样的分法，不分尖团也有不同的相混方式。下面我们从这个思路来观察西南官话精见两组的分混形式和尖团的分混类型。

（一）精见两组的分混形式

西南官话中精组和见组(本节的"见组"不包括疑母，但包括晓组)有 17 种分混类型，下面分别说明。

第一种：不论今韵母洪细，精组读 ts 组，见组读 k 组，精见两组绝不相混。这种类型见于广西阳朔等地。

第二种：精组在今洪音韵母前读 ts 组，在细音韵母前读 tɕ 组，见组则不论今韵母洪细均读 k 组。虽然精组在今细音韵母前读成了舌面音，但因见组未腭化，精见两组亦未相混。这种类型主要见于广西柳州及其邻近的方言。

第三种：不论洪细，精组在今韵母前均读 ts 组，见组则在今细音韵母前读 tɕ 组，在今洪音韵母前读 k 组。虽然见组在今细音韵母前读成了舌面音，但因精组未腭化，精见两组亦不相混。这种类型和山东、河南等地一些分尖团的方言相同，属于最常见的尖团分混类型，但在西南官话区则比较少见，主要见于四川通江等地。

第四种：精组在今洪音韵母前读 ts 组，在细音韵母前读 tɕ 组；见组则在今细音韵母前读 c 组，在今洪音韵母前读 k 组。虽然精组在今细音韵母前读成了舌面音，但因见组在今细音韵母前只腭化到舌面中音的位置，精见两组亦未相混。这种类型主要见于湖南宜章。

第五种：精组在今洪音韵母前读 ts 组，在细音韵母前有两种读音：（1）在撮口呼韵母前读 tɕ 组；（2）在齐齿呼韵母前读 ts 组。见组在今细音韵母前读 tɕ 组，在今洪音韵母前读 k 组，精见两组在今撮口呼韵母前相混，在齐齿呼韵母前不混。这种类型主要见于云南滇西地区的兰坪等地。

第六种：精组在今洪音韵母前读 ts 组，在细音韵母前有两种读音：（1）在 iɛ 韵母前读 ts 组；（2）在其他细音韵母（包括撮口呼及其他齐齿呼韵母）前读 tɕ 组。见组在今细音韵母前读 tɕ 组，在今洪音韵母前读 k 组，精见两组只在 iɛ 韵母前分，在其他韵母前不分。这种类型主要见于云南的盐丰等地。

第七种：精组在今洪音韵母前读 ts 组，在细音韵母前有两种读音：（1）在今细音韵母前多数读 tɕ 组；（2）在止摄韵母前心、邪两母部分字读 ɬ 声母，其他精、清、心、邪四母仍读 tɕ 组。见组在今洪音韵母前读 k 组，在细音韵母也有两种读音：（1）在少数细音韵母前读 tɕ 组；（2）在多数细音韵母前读 k 组。精见两组在今少数细音韵母前相混，在多数情况下不混。这种类型只见于云南富宁。

第八种：精组在今洪音韵母前读 ts 组，在细音韵母前读 tɕ 组，但只和齐齿呼韵母相拼。见组在今洪音韵母前读 k 组，在今细音韵母前读 tɕ 组，但只和撮口呼韵母相拼。精见两组在今细音韵母前单就声母来说读音相同，但就整体音节来说，tɕi- 音节和 tɕy- 音节并不同音，是分尖团的类型中比较特殊的形式。这种类型主要见于贵州的丹寨等地。

第九种：精组在今洪音韵母前读 ts 组，细音韵母前读 tɕ 组。见组在今细音韵母前读 tɕ 组，在今洪音韵母前读 k 组，精见两组在今细音韵母前完全相混。这是绝大多数西南官话方言的尖团相混类型。

第十种：这一种和第九种的不同之外是精组在今洪音韵母前读 tʂ 组，见组在今洪音韵母前读 k 组，精见组在细音韵母前都读 tɕ 组，完全相混。这种类型只见于精组洪音与知庄章混同，读卷舌声母的方言，这种类型主要见于重庆的城口县等地。

第十一种：这一种同第九种的不同之处是精见两组在今细音韵母前都读 tʃ 组，在今洪音韵母前精组读 ts 组，见组读 k 组。这是尖团相混的另一种类型，见于湖南慈利。

第十二种：精见两组在今细音韵母前有两个读音：（1）在 ĩ 韵母前读 ts 组；（2）在其他细音韵母前读 tɕ 组。今洪音韵母前精组读 ts 组，见组读 k 组。这是尖团相混的又一种特殊形式，见于云南省新平县等地。

第十三种：这一种和第十二种的不同之处是见组字在今洪音韵母前读成 ʔ 声母。这种读音仅见于见组读喉音声母的方言，如云南玉溪及周边县市。

第十四种：精见两组在今细音韵母前有两个读音：（1）在 ʮ 韵母前读 ts 组；（2）在其他细音韵母前读 tɕ 组。今洪音韵母前精组读 ts 组，见组读 k 组。这可以看成第十二种的一种变读形式，见于湖南省安乡等地。

第十五种：精见两组在今细音韵母前有两个读音：（1）在 i 韵母前读 tʃ 组或 tɕ 组；（2）在其他细音韵母前读 tɕ 组。今洪音韵母前精组读 ts 组，见组读 k 组。这种类型见于云南邱北等地。

第十六种：精见两组在今细音韵母前读 tɕ 组（深臻摄三等精见组字读 tʂə̃ tʂʰə̃ ʂə̃，和知庄章的读音相同）。在今洪音韵母前精组读 tʂ 组，见组读 k 组。这种类型见于云南元江等地。

　　第十七种：精见两组在今细音韵母前有两个读音：（1）读 tɕ 组；（2）在 i iŋ 两韵母（止摄，深臻摄三等）前读成 ts 组。在今洪音韵母前精组读 ts 组，见组读 k 组。这种类型见于云南石屏等地。

　　为了便于阅读和对比，我们用表 7-7 来概括上述内容。

表 7-7　西南官话精见分混形式一览表

序号	代表点	精组		见组	
		洪	细	细	洪
1	阳朔	ts		k	
2	柳州	ts	tɕ	k	
3	通江	ts		tɕ	k
4	宜章	ts	tɕ	c	k
5	兰坪	ts	tɕ（撮口呼） ts（齐齿呼）	tɕ	k
6	盐丰	ts	tɕ ts（iẽ）	tɕ	k
7	富宁	ts	tɕ ɬ（心、邪母）	tɕ（少） k（多）	k
8	丹寨	ts	tɕ（齐齿呼）	tɕ（撮口呼）	k
9	贵阳	ts		tɕ	k
10	城口	tʂ		tɕ	k
11	慈利	ts		tʃ	k
12	新平	ts	tɕ ts（ɿ）		k
13	玉溪	ts	tɕ ts（ɿ）		ʔ
14	安乡	ts	tɕ ts（ʅ）		k
15	邱北	ts	tɕ tʃ tɕ（i）		k
16	元江	ts	tɕ tʂ（深、臻舒声三等）		k
17	石屏	ts	tɕ ts（i iŋ）		k

（二）尖团的分混类型

　　根据上述内容可以进一步讨论西南官话的尖团分混类型。

　　从表 7-7 可以看出，以丹寨为界，从阳朔到丹寨都是分尖团的，不过是分的类型和程度各有不同。从贵阳以下到石屏都是不分尖团的，但混的方式却也有一些差别。就尖团分混的方言点来说，西南官话区中百分之九十的方言都不分尖团；从分尖团的类型来说，西南官话区尖团分混的内容和种类都比较丰富，值得仔细研究。

　　阳朔类的尖团是分得最彻底的，不论洪细，精见组都不分化，在这种情况下，尖团也就没有相混的机会。

柳州、通江、宜章等类型是分尖团的方言中比较常见的。柳州的精组依洪细分成两个声母，但见组不分化；通江的见组分化了，精组不分化；宜章的精组分成 ts 和 tɕ，见组分化成 k 和 c，也维持了精见两组不混的局面。

兰坪的尖音字依今四呼的不同分成 ts（齐齿呼）和 tɕ（撮口呼）两组，团音字都读 tɕ 组，因此，兰坪在今撮口呼前不分尖团，在今齐齿呼前分尖团。例如：

<blockquote>
节 ₌tsie ≠ 杰 ₌tɕie　　秋 ₌tsʻiəu ≠ 丘 ₌tɕʻiəu　　小 ˰siəu ≠ 晓 ˰ɕiəu
绝 ₌tɕye = 决 ₌tɕye　　全 ₌tɕʻyī = 权 ₌tɕʻyī　　旋 ₌ɕyī = 玄 ₌ɕyī
</blockquote>

盐丰和新平可以看成一类，只是具体读音有细微的差别。这两处分尖团的范围比兰坪小，只在 iẽ（盐丰）或 ĩ 韵母（新平）前分，在其他细音韵母前都混了。

富宁的情况比较复杂，要分成三种情况来说。

1. 先看塞音和塞擦音声母的变化。

大体上是，和一般的官话方言一样，富宁的精组依今韵母的洪细分化成 ts（洪）和 tɕ（细）两组，但见组则和粤语一样，不论今韵母洪细，一般读 k。例如：

<blockquote>
节 ₌tɕie ≠ 洁 ₌kie　　　切 ₌tɕʻie ≠ 缺 ₌kʻie
</blockquote>

精、见两组塞音和塞擦音声母的大多数字都是这样读的，这是主要的变化。从这一点看，富宁和柳州属同一类型。

2. 富宁话中的清擦音 ɬ 主要来自精组的心母和邪母（邪母中今读塞擦音的仍依洪细分成 ts 和 tɕ 两种，少数来自生母的与我们此处讨论的问题无关，可暂时置而不论。晓组的字不论洪细，一般是读 h。因此，富宁话中擦音声母分尖团的情况是：

<blockquote>
西 ₌ɬi ≠ 希 ₌hi　　　洗 ˰ɬi ≠ 喜 ˰hi　　　小 ˰ɬiau ≠ 晓 ˰hiau
选 ˰ɬian ≠ 险 ˰hian　　箱 ₌ɬian ≠ 香 ₌hian
</blockquote>

3. 富宁话中，ɬ 声母的字中没有来自晓组的，h 声母中也没有来自精组的字，界限是明确的。但由于精组和见组的细音都有一些字读 tɕ tɕʻ ɕ，在这一层面上又部分地导致了尖团不分。例如：妻 ₌tɕʻi = 区 ₌tɕʻi　聚 tɕiˀ = 巨 tɕiˀ

总的来说，见组中读 k 组声母的多，读 tɕ 组声母的少，一些字则有两读：

<blockquote>
巨 tɕiˀ / kiˀ　　　　句 tɕiˀ / kiˀ　　　　系 ɕiˀ / hiˀ
家 ₌tɕia / ₌kia　　　虾 ₌ɕia / ₌hia　　　奸 ₌tɕien / ₌kien
间 ₌tɕien / ₌kien　　谦 ₌tɕʻien / ₌kʻien　玄 ₌ɕien / ₌hien
贤 ₌ɕien / ₌hien　　腔 ₌tɕʻian / ₌kʻian　闲 ₌ɕien / ₌hien
宪 ɕienˀ / hienˀ　　香 ₌ɕian / ₌hian　　减 ˰tɕien / ˰kien
</blockquote>

精组则没有这种现象。

由于这种三重交错的原因，富宁话中就出现了这种在其他汉语方言中很少见的现象：

<blockquote>
细 ɬiˀ ≠ 系 hiˀ / ɕiˀ ≠ 戏 hiˀ　　选 ˰ɬien ≠ 显 ˰ɕien ≠ 险 ˰hien
心 ₌ɬin ≠ 欣 ₌ɕin ≠ 勋 ₌hin
</blockquote>

因此，这种分尖团的情况可以写成这样的形式：ɬ(i) ≠ ɕ(i) / h(i)。

贵州丹寨尖团的分法比较特殊。丹寨的特点是，光从声母看是不分尖团的，结合韵母看情况就不一样了：同样是 tɕ 组声母，来自精组的 tɕ tɕʻ ɕ 只和齐齿呼韵母搭配，来自见组的 tɕ tɕʻ ɕ 只和撮口呼韵母搭配，精组和见组在今细音韵母的差别不是通过声母，而是通过整个音节来体现的，从而演变为这样的对立方式：

　　　　　精组　tɕi tɕʻi ɕi ≠ 见组　tɕy tɕʻy ɕy

这种情况在汉语方言里非常少见。

贵阳以下九种均为不管具体音值是什么，精组和见组总是发生同样的变化。但虽然同为"不分尖团"，却有九种不同的读音形式。这九种不同的读音形式又可归纳为两种基本的尖团相混类型：一种是精组或见组在今细音韵母前的读音相同，不管具体读音是什么。贵阳、城口、慈利等处的精见混同属这种类型。另一种则是在不同的细音韵母前，精见组有不同的读音，而精见两组的读音又总是完全相同，精见两组不因不同的韵母而读成不同的声母，从而形成了特殊的尖团混同格式。新平、玉溪、安乡、邱北、元江、石屏等六处的方言属于这种类型。

五　云南方言声母中的尖团与腭化问题

上一节我们讨论了西南官话区总体的精见分混形式和尖团分混类型，其中，云南元江等地的精见分混有特殊的形式：一些在三四等韵前的精见组字也和知系字一样，读成了 tʂ 组声母，和洪音韵母的精组字、其他细音韵母前的精组字都不同音。这种情况引起了何大安先生的注意。何大安先生（1985）在《云南汉语方言中与腭化音有关诸声母的演变》（下简称为《演变》）一文中对这个问题作了深入而富于启发性的研究。根据杨时逢《云南方言调查报告》中除富宁外一百个点的材料，《演变》将精见知庄章五组的分混形式归纳为十八种，分别讨论了"舌尖音的腭化"、"卷舌音的舌尖化"、"腭化音的舌尖化"等问题，得到了一些重要结论。何大安先生认为，精见组的腭化并非同时发生，见组的腭化发生在精组之后。并进一步推论："官话方言的腭化程序，不但是舌根音先于舌尖音，而且是舌尖音先于卷舌音。"

我们认为，讨论云南的精见分混形式，肯定要涉及知系字，但在概括精见两组的分混类型时，却不必和知庄章声母合并在一起。原因是，精见两组和知庄章三组各有不同的语音演变规律，如精见组的读音相混往往有共同的语音条件：在今细音韵母前。知庄章的语音变化则基本上不受这一韵母条件的限制，另有更为复杂的变化条件和变化规律。把两种有不同变化规律的声母合并在一起来讨论方言类型，就使得本来简单的问题变复杂了。因此，应把精见和知庄章分成两组来讨论。因此，我们把《演变》归纳的十八种类型缩减成下列两组四类来讨论。

表 7-8　西南官话精见分混与知庄章类别一览表

	精组		见组		知庄章		
	洪	细	细	洪	云南型	川黔型	湖广型
昆明	ts		tɕ	k	tʂ ts		
保山	ts		tɕ	k	tʂ ts		
建水	ts		tɕ	k		ts	
蒙自	ts		tɕ	k			ts tɕ

精组在今细音韵母的变化有分和不分两大类别，知庄章则有三种不同的变化结果。于是，我们把《演变》中"舌尖音的腭化"和"腭化音的舌尖化"两个问题合并成"精见两组

在今细音前的分混"这样一个问题来讨论，从这个角度来讨论头绪可能会更清楚一些，其间一些特殊的变化也比较容易说清楚。"卷舌音的舌尖化"则换成"知庄章的演变类型"来讨论。因为，知庄章三组在全国各地方言中有不同的读音差别，全读卷舌音的情况在西南官话只有几个方言点(参看本章第六节"知庄章的读音类型")。从"卷舌音"来讨论云南方言中知庄章三组读音类型的角度过于偏狭，不能涵盖蒙自的 tɕ 音类型。

　　下面我们的讨论重点是云南各地精见两组在今细音前的分混情况。蒙自的情况本文不再涉及。

　　先看分尖团的情况。云南分尖团的方言主要集中于滇西北的金沙江、澜沧江和怒江中上游地区，包括丽江、兰坪、腾冲、保山、昌宁、顺宁、陇川、龙陵、潞西、镇康、云县、景东、双江、镇沅、景谷、牟定、盐丰等十七处。其中，兰坪是在今撮口韵前不分尖团，盐丰是只在今 ie 韵母前分尖团。下面举一些例字，完全分尖团的只举保山为代表。另举出昆明话作对比。

	齐—其	节—杰	绝—决	津—巾
保山	₌tsʼi ≠ ₌tɕʼi	₌sie ≠ ₌ɕie	₌sye ≠ ₌ɕye	₌tsin ≠ ₌tɕin
兰坪	₌tsʼi ≠ ₌tɕʼi	₌sie ≠ ₌ɕie	₌tɕye = ₌tɕye	₌tsin ≠ ₌tɕin
盐丰	₌tɕʼi = ₌tɕʼi	₌ɕie = ₌ɕie	₌tɕye = ₌tɕye	₌tsiẽ ≠ ₌tɕiẽ
昆明	₌tɕʼi = ₌tɕʼi	₌ɕie = ₌ɕie	₌tɕie = ₌tɕie	₌tɕin = ₌tɕin

　　这个分布格局可以从交通和地理两个方面来解释。从昆明出发，沿滇缅公路往西，不分尖团的情况一直推进到澜沧江东岸的永平，过了澜沧江，进入保山，怒江流域、澜沧江西岸一带就全是分尖团的汉语方言。兰坪和盐丰处于不分尖团的方言的包围之中，尤其是盐丰，四周都是不分尖团的方言，因受周围方言而变得逐渐不分尖团了，应该说是势所必然。牟定则是因处于比较闭塞、远离交通要道的环境中才保存了分尖团的语音特点。据此似可推论，早期滇西地区的汉语方言大概都是分尖团的，但受其他不分尖团的汉语方言的影响，尤其是像昆明这种在经济上文化上占有明显优势的方言的影响，逐渐变成了不分尖团的方言。这种影响一直推进到澜沧江中上游北岸地区，盐丰、兰坪的地理位置和方言特点表明这种影响的强度在开始减弱。过了怒江到盈江、瑞丽一带，由于商业贸易的原因，这一小片地区又变成不分尖团的方言。因此，我们不同意《演变》把"腭化"看成是一种抽象演变结果的说法，并把这种变化推及其他汉语方言。

　　至于精组和见组哪一种在今细音前先变成 tɕ 组，就滇西汉语方言来说的确是见组在先，精组在后。但反例也容易举出，广西的汉语方言走的恰好是相反的道路，如下例：

	精—斤	清—轻	心—兴
桂林	₌tɕin = ₌tɕin	₌tɕʼin = ₌tɕʼin	₌ɕin = ₌ɕin
柳州	₌tɕin ≠ ₌kin	₌tsʼin ≠ ₌kʼin	₌sin ≠ ₌xin
平乐	₌tsin ≠ ₌kin	₌tsʼin ≠ ₌kʼin	₌sin ≠ ₌xin
荔浦	₌tsin ≠ ₌kin	₌tsʼin ≠ ₌kʼin	₌sin ≠ ₌xin
恭城	₌tsin ≠ ₌kin	₌tsʼin ≠ ₌kʼin	₌sin ≠ ₌xin
永福	₌tsin ≠ ₌kin	₌tsʼin ≠ ₌kʼin	₌sin ≠ ₌xin
阳朔	₌tsin ≠ ₌kin	₌tsʼin ≠ ₌kʼin	₌sin ≠ ₌xin
鹿寨	₌tsin ≠ ₌kin	₌tsʼin ≠ ₌kʼin	₌sin ≠ ₌xin

(上述材料据《广西汉语方言概要》(初稿上册)"桂北八县(市)音系特点"中的"声母对照表")

从鹿寨到平乐，不论洪细，精组都是 ts 组，见组都是 k 组。在今细音韵母前，柳州话的精组不送气声母变 tɕ，送气的塞擦音和摩擦音仍是 tsʻ s，见组都读 k 组。从柳州来看，结合桂林的情况，广西官话的"腭化"是从古精组的全清声母（今不送气塞擦音声母）开始的。

云南的汉语方言中，除上述十七种分（或部分分）尖团的方言外，其余都是不分尖团的，但其中一些方言的情况值得仔细研究。这些情况可以归纳为这样一些语音类型，如表 7-9。

表 7-9　云南方言尖团分混类型

	精		见	
	洪	细	细	洪
昆明	ts	tɕ		k
晋宁	ts	tɕ ts（ĭ）		k
元江	ts	tɕ tʂ（ən）		k
墨江	ts	tɕ ts（i, iŋ）		k
邱北	ts	tɕ tʃ（i）		k
宾川	ts	tɕ ts（ue）		k
江川	ts	tɕ ts（ʅ）		k

表中所列各点都代表一种类型。其中，昆明代表的方言点最多，云南省大多数的汉语方言点不分尖团的都是这种类型。晋宁类还包括建水、玉溪、徵江、宜良、路南、峨山、新平、弥勒。墨江还包括石屏。元江、邱北、江川和宾川都只是一个方言。

下面比较四对例字在云南十个方言中的读音。

	齐—其	节—杰	津—巾	旋—玄
昆明	₌tɕʻi = ₌tɕʻi	₌tɕie = ₌tɕie	₌tɕin = ₌tɕin	₌ɕiã = ₌ɕiã
晋宁	₌tɕʻi = ₌tɕʻi	₌tɕie = ₌tɕie	₌tsĭ = ₌tsĭ	₌ɕien = ₌ɕien
元江	₌tɕʻi = ₌tɕʻi	₌tɕi = ₌tɕi	₌tʂən = ₌tʂən	₌ɕiẽ = ₌ɕiẽ
墨江	₌tsʻi = ₌tsʻi	₌tɕie = ₌tɕie	₌tsiŋ = ₌tsiŋ	₌ɕien = ₌ɕien
邱北	₌tʃʻi = ₌tʃʻi	₌tɕi = ₌tɕi	₌tɕin = ₌tɕin	₌ɕiẽ = ₌ɕiẽ
宾川	₌tɕʻi = ₌tɕʻi	₌tɕie = ₌tɕie	₌tɕĭ = ₌tɕĭ	₌sue = ₌sue
江川	₌tsʻʅ = ₌tsʻʅ	₌tɕi = ₌tɕi	₌tɕĭ = ₌tɕĭ	₌ɕiẽ = ₌ɕiẽ
盐丰	₌tɕʻi = ₌tɕʻi	₌tɕie = ₌tɕie	₌tsie ≠ ₌tɕiẽ	₌ɕyĭ = ₌ɕyĭ
兰坪	₌tsʻi ≠ ₌tɕʻi	₌tsie ≠ ₌tɕie	₌tsĭ ≠ ₌tɕĭ	₌ɕyĭ = ₌ɕyĭ
保山	₌tsʻi ≠ ₌tɕʻi	₌tsie ≠ ₌tɕie	₌tsin ≠ ₌tɕin	₌syen = ₌ɕyen

晋宁、元江、墨江、邱北、宾川、江川等地精见两组的变化情况，《演变》认为都是腭化音舌尖化，认为其演变规律是：精见两组先变成 tɕ 组，再由 tɕ 变成 ts 或 tʃ，甚至进一步发展成为元江类的 tʂ。

我们认为，根据语言地理学和相关方言的音系构造规律，云南元江等地看去特殊的演变类型还可以得到更为合理的解释。

据《云南方言调查报告》第四图（尖团分混），从邱北、路南开始，以宜良、徵江、晋宁、江川、玉溪、峨山、新平、元江、墨江为过渡，与滇西尖团的景东、镇沅、景谷等地是连成一片的，这一点使我们可以推论：邱北、路南等地因受昆明等不分尖团的地区优势方言的影响，逐渐变成了不分尖团的方言，但虽然从类上看已不再分尖团了，在一些细音韵母前，尤其是原 in 和 i 前，仍留下了 ts 等仍读 ts 组的痕迹，并使与之相对应的由 k 系字变来的 tɕ

组也发生了类化，成为 ts 组声母，或发生其他变化。试比较兰坪、宾川和晋宁三地的情况：

	兰坪	宾川	晋宁
津	₌tsi̱	₌tɕi̱	₌tsi̱
巾	₌tɕi̱	₌tɕi̱	₌tsi̱

把晋宁和宾川不分尖团的读音加起来恰好等于兰坪分尖团的读音。这使我们看到，虽然不分尖团的类化作用同时影响了宾川和晋宁，但不同的方言却可选择不同的类化方式，有的方言是精组声母优先，并类化相应的见组字，如晋宁。有的方言是见组声母优先，并类化相应的精组字，如宾川。由此可见，精见两组在今细音韵母前的分混必须结合韵母来分析才看得清楚。就现有的调查点而言，在不同的韵母前，云南精见两组相互影响的作用力并不相等。

大致的情况是：在 ie 韵前，见组同化精组，从昆明到江川，七种类型是同样的变化。在 in 韵母和 i 韵母前，是精组同化见组，上列七种方言中有六种是这样。在撮口韵前，一般是见组同化精组，但宾川是精组同化见组。

我们相信，这样的分析和解释可能更合理一些，更能解释云南方言中这种看去比较特殊的方言现象。一个合情合理的推论是：云南西部和南部的汉语方言，原来都是分尖团的，上限可以推到兰茂写《韵略易通》时，《韵略易通》的刊行年代为明正统七年，公元 1442 年。

六 知庄章三组的读音类型

西南官话区知庄章三组的古今演变关系比较复杂，演变类型比较多。虽然在多数西南官话方言中知庄章三组的变化是相同的，但在一些方言中知庄章三组的演变并不完全同步，有不同的演变条件和演变结果。下面，我们先把知庄章三组分开来说明其演变情况，然后再把知庄章三组合起来概括其整体的演变类型。

（一）知庄章三组的分组演变情况

1.知组的读音情况

第一种：读成同一发音部位的声母，不因其他语音条件分读成不同声母。有下列几种读音。

（1）最常见的是读成舌尖前音的 ts 组。贵州、四川、重庆三省市的多数县市有这种读音。以贵阳为例，知组各声母的读音情况如下：

知： ts 知猪摘中追　　　　　彻： tsʻ 痴超撑拆
澄平: tsʻ 持潮除锤澄虫　　　澄仄: ts 治赵箸坠仲 | tsʻ 泽择宅

（2）读成舌尖后音的 tʂ 组。四川的城口、安县、德阳，湖北的钟祥、当阳、郧县、荆门等七处有这种读音。

（3）湖南江华的澄母不论平仄都读 tsʻ，其他同贵阳。

第二种：因古开合、等、韵摄等语音条件而有不同形式的读音。这种读音类型的方言也很多，读音类型很复杂。

（1）因为等不同而有不同的读音变化。

①在梗摄开口二等韵前是一种读音，在其他韵摄前是另一种读音。这种读音也是西南官话中的常见类型。根据不同的发音，可以分成以下三个小类。

a. 梗摄二等读 ts 组，其他韵摄读 tʂ 组。这种演变类型主要分布于云南及其周边地区。下面举昆明话为例：

知 梗开二： ts 摘　　　　　　其他： tʂ 知猪中追

彻 梗开二： tsʻ 撑拆　　　　　　其他： tʂʻ 痴超

澄ₚₗ梗开二： tsʻ 橙澄　　　　　　其他： tʂʻ 持潮除锤

澄ₖ梗开二： tsʻ 宅泽择　　　　　其他： tʂ 治赵柱坠仲

云南石屏、文山和四川荣昌在止摄开口前读 tʂ 组，其他读 ts 组。

b. 梗摄开口二等读 tɕ 组，其他韵摄读 ts 组。这种类型见于四川的长寿和重庆的丰都。

c. 梗开口二等读 ts 组，其他韵摄读 tɕ 组。这种类型仅见于湖南新田。

②四川的邻水、大邑二等韵读 ts 组，三等韵读 tɕ 组。

（2）因古开合口不同而有不同的读音。基本情况是，在古开口韵前是一种读音，在古合口韵是另一种读音。这种类型多见于两湖及其邻近地区的方言。根据读音的不同，可以分成以下几种类型。

①古开口韵前读 ts 组，古合口韵前读 tɕ 组。这种类型主要见于贵州玉屏，湖南桃源、汉寿、常德、龙山、桂阳、宜章、永明等地。

②在遇摄前读 tɕ 组，其他摄读 ts 组。武汉市属汉口、汉阳、武昌及湖南芷江有这种读音类型。

③湖南慈利开口读 t 组，合口读 pf 组。

（3）因韵摄不同而有不同的读音。有以下几种类型。

①贵州的丹寨和三都两地的咸山两摄读 tɕ 组，其他韵摄读 ts 组。

②湖南东安在止通摄开口前读 ts 组，其他摄前读 tɕ 组。澄母止通摄不论平仄都读 dz，其他读 dʑ。

③湖南零陵与东安的区别是，澄母止通摄不论平仄都读 z，其他读 ʑ。

（4）古开合口、等及韵摄等不同而有不同的读音。

①湖南宁远合口三等读 tɕ 组，其他读 ts 组。

②湖南晃县梗摄开口二等读 ts，其他开口读 tʂ，合口都读 tɕ 组。

③湖南嘉禾梗摄开口二等读 t，其他摄读 ts，合口都读 tɕ 组。

2. 庄组的读音情况

第一种演变是只读成同一发音部位的声母，不因其他语音条件分读成不同发音部位的声母。有下列几种读音。

（1）最常见的是读成舌尖前音的 ts 组。贵州、四川、重庆三省市的多数县市有这种读音。以贵阳为例，庄组各声母的读音情况如下：

庄： ts 渣阳庄侧窄扎

初： tsʻ 叉楚疮测策察

崇ₚₗ： tsʻ 查锄床　　　　　崇ₖ： ts 助状镯铡

生： s 沙梳霜色生

（2）四川城口等全变 tʂ 组。这种类型包括安县、德阳以及湖北的荆门、当阳、郧县、钟祥等县市。

（3）湖北慈利庄、初、崇变 t 组，生母变成 s、ʃ。

（4）东安的崇母变 dz，不论平仄。其他同贵阳。

（5）湖南零陵的崇母变 z，不论平仄。其他同贵阳。

（6）湖南永顺崇母平声读 dz，仄声读 ts。其他同贵阳。

（7）湖北监利的崇母仄声大多数读 tsʻ，但入声读 ts，其他同贵阳。

第二种：因古韵摄不同而有不同的读音。可以分成以下几种类型。

（1）遇、止、流、深、臻、梗、通等七摄（以下统称为"前七摄"）为一种读音，果、假、蟹、效、咸、山、宕、江、梗等九摄（以下统称为"后九摄"）读成另一种读音。根据实际读音，可以分成以下几个小类。

①前七摄读 ts 组，后九摄读 tʂ 组。云南省的昆明及大多数县市，湖南的临澧、澧县、石门、桑植、大庸、晃县，湖北的鹤峰、秭归、巴东、恩施、郧西、均县、南漳、枣阳、随县，宣恩，贵州的威宁、赫章都是下列变化方式。以昆明话为例：

庄：　ts　臻（深）　　　　　庄：　tʂ　斩（咸）

初：　ts　初（遇）　　　　　初：　tʂʻ　抄（效）

崇平：　tsʻ　愁（流）　　　　崇平：　tʂ　馋（咸）

崇仄：　tsʻ　骤（流）　　　　崇仄：　tʂ　状（宕）

生：　s　师生（止梗）　　　　生：　ʂ　沙山（假山）

②四川长寿前七摄读 ts 组，后九摄读 tɕ 组。

③湖南嘉禾前七摄读 ts 组或 t tʻ，后九摄读 tɕ 组。

（2）咸山摄读 tɕ 组，其他韵摄读 ts 组。贵州丹寨和三都有这种读音。

（3）深臻舒声读 tɕ 组，其他韵摄读 ts 组。湖南宜章有这种读音。

第三种：因开合口不同而不同的读音。这种类型只有一种读音形式：开口各摄都读 ts 组，合口各摄读 tʂ 组。湖南汉寿、常德，湖北的天门、汉川、来凤和贵州的玉屏等地有这种读音类型。

第四种：因开合、不同韵摄及等之类的组合限制条件而有不同发音。

（1）云南丽江外转合口读 tʂ 组，其他读 ts 组。

（2）四川丰都和大足合口二等读 tɕ 组，其他读 ts 组。

第五种：复杂个案。这种情况见于云南富宁，下面举例说明。

庄母和崇母平声同贵阳，读 ts 组。

初母的臻、梗两摄开口三等读 tɕʻ，如：衬 tɕʻinˀ。其他摄的读音同贵阳，都是 tsʻ。

生母臻、梗两摄开口三等读 ɕ，如：森 ɕin；其他有的读 s，如：筛 ₋sai；大多读 ɬ，如：师狮 ɬ、生 ₋ɬen、数 ɬuˀ。

崇母仄声读 ts 组，但也有读 ɬ 的，如：事 ɬˀ。

3.章组的读音情况

第一种：读成同一发音部位的声母，不因其他语音条件分读成不同发音部位的声母。有下列几种读音。

（1）最常见的是读成舌尖前音的 ts 组。贵州、四川、重庆三省市的多数县市有这种读音。以贵阳为例，章组各声母的读音情况如下：

章：　　ts　　者诸制占战折砖章

昌：　　tsʻ　　扯处齿穿昌

船平：　ts　　船乘｜s　蛇神

船仄：　s　　实射舌

书：　　s　　舍书世水闪摄扇说商

禅平：　tsʻ　垂酬成｜s　时

禅仄：　s　　社薯树誓是涉上｜ts　殖

（2）湖南永顺船母平声 dz s 两读，仄声读 s，书禅都读 s。其他同贵阳。

（3）章组全读 tʂ 组的也比较多，云南省的方言包括昆明在内多属此类，此外还包括四川城口，湖北荆门、秭归和湖南临澧，贵州的威宁、赫章等。

第二种：大致以开合口为条件而有不同发音，有以下八种读音类型。

（1）开口读 ts 组，合口读 tʃ 组。湖北的天门、汉川、来凤，贵州的玉屏，湖南的桃源、汉寿、常德、龙山、新田等地有这种读音类型。

（2）开口读 ts 组，合口 ts tɕ 不定。湖北监利有这种读音类型。

（3）章、船、禅以开合为条件大致读成 ts（开口）和 tɕ（合口）两组，昌、书两母读 ts 组。四川邻水有这种读音类型。

（4）云南盐丰的章、船开口读 ts 组，合口大致读 tɕ 组，昌、书、禅不论开合均读 ts 组。

（5）湖南慈利开口读 t 组，合口读 pf 组，书母开口读 ∫，合口读 f。

（6）湖南通道开口读 tʂ 组，合口 tʂ tɕ 不定。

（7）湖南宁远开口读 ts 组，合口 ts tɕ 不定。

（8）湖南嘉禾合口读 tɕ 组，开口 ts tɕ t 不定。

第三种：以古韵摄为条件读成不同的声母。

（1）湖北省武汉市属的武昌、汉口、汉阳、汉川等地遇、臻两摄读 tɕ 组，其他韵摄读 ts 组。

（2）湖南永州市章组止、通两摄读 ts 组，其他韵摄读 tɕ 组。船、禅没有 dʐ 声母，只有 ʐ 声母。

（3）湖南东安的章组在蟹摄合口和止、通两摄读 ts 组，其他韵摄读 tɕ 组。船母只有 ʐ 声母。禅母蟹摄合口和止、通摄读 z，其他摄读 dʐ。

（4）贵州的丹寨和三都的章组在咸、山、假三摄前读 tɕ 组，在其他韵摄前读 ts 组。

（5）湖南桂阳的止、蟹、通三摄读 tɕ 组，其他韵摄读 ts 组。

（6）湖南宜章的章组在蟹摄合口、止摄开口前读 ts 组，其他韵摄读 tɕ 组。

（7）湖南江永的章组在止、通两摄前读 ts 组，其他韵摄读 tɕ 组。

（8）湖南芷江在遇摄前读 tɕ 组，其他韵摄读 ts 组。

（9）湖南晃县章组在山摄合口、通摄前读 tʂ 组，其他韵摄读 tɕ 组。

第四种：以下三个方言点章组各声母之间，以及在不同的语音条件下读音复杂。

（1）云南丽江的章组在遇、效、流三摄，咸、山、深、臻、曾、梗开口舒声前读 ts 组。如：招 ₌tsɔ＝糟，收 ˚səu＝手＝搜（丽江上声与阴平同调）。

在假、止、蟹、咸、山、深、臻、曾、梗合口舒声前读 tʂ 组。如：支之 ₌tʂʅ、砖 ₌tʂuæ、穿 ₌tʂʻuæ。

章组逢通摄舒声时读 tʂ tʂʻ，如：钟 ₌tʂu、冲 ₌tʂʻu。

入声字有的读 ts 组，有的读 tʂ 组，大致是跟着今韵母走的。如：说 so。、食 ʂʅ。、出 tʂʻʅ。等。

（2）云南富宁的章组开口除效、流、宕读 ts 组外，一般是读 tɕ 组，如：之 ₌tɕi、陕 ˇɕien、成 ₌tɕin。

遇、臻两摄 ts tɕ 不定，如"诸"读 ₌tsu、"春"读 ₌tsʻən，但"纯禽"读 ₌ɕin、"朱"读 ₌tɕi、"树"读 ɕi。。

效、流、宕及其他各摄合口字大多读 ts 组，如：船 ₌tsʻuan、睡 sueiˀ、烧 ₌sau、周 ₌tsou、上 saŋ。。

（3）湖北宣恩的大致情况是：蟹止合口、通摄、臻摄(入声)读 tʂ 组，山摄舒声读 tɕ 组，其他 tʂ tɕ 不定。

（二）西南官话中知庄章三组的演变类型

《官话区方言分ts tʂ 的类型》(熊正辉 1990)把一些官话方言分 ts tʂ 的情况归纳为济南型、昌徐型、南京型三种基本的演变类型。

从本节上列知庄章三组在各地西南官话的读音情况来看，知庄章三组的读音显然不止 ts tʂ 两种，无论是语音条件还是音变类型都要复杂得多，但我们仍可借鉴熊正辉先生讨论这一问题的思路来归纳西南官话区知庄章三组的读音类型。

为了便于比较，我们先把南京型改写成以下形式：

	二等韵		三等韵	
	梗摄	其他摄	止合/宕	止开/其他摄
知组	ts	tʂ	tʂ	tʂ
庄组	ts	tʂ	tʂ	ts
章组			tʂ	tʂ

济南型则可写成：知庄章 tʂ。

于此可见，南京型和济南型的区别仅在于知庄组梗摄二等和庄组止摄开口三等及除宕摄之外的其他摄的读音，可表示为：

	知庄组梗摄二等	庄组三等(止合及宕摄在外)	章组
济南型	tʂ	tʂ	tʂ
南京型	tʂ	ts	tʂ

比照熊正辉先生的分析，根据西南官话现有调查点声母的特点，可以把前述分布范围较大、使用人口较多的知庄章三组的读音形式合并为三种基本类型：川黔型、云南型和湖广型。

川黔型的特点是知庄章三组合成一个 ts 组或 tʂ 组：合成 ts 组的主要分布于川黔两省，有贵阳、成都、重庆等重要城市；合成 tʂ 组的有四川城口、安县、德阳以及湖北的当阳、荆门等。这种类型的特点是无条件、无例外的读成一类声母。

云南型就是南京型，与昆明相类似的调查点有一百二十个左右，主要分布于云南和湖北，贵州的威宁和赫章也属此类。

湖广型的基本特点是知庄章三组大致按开合或等或摄分化成 ts tɕ 两组。纯以开合为条件分化的有：湖南的常德、桃源，贵州的玉屏等地，武汉是这一类型的重要城市。贵州的丹寨、麻江和湖南的宜章、新田等地则主要以摄为条件进行分化。由于这些调查点在今声母的音值上主要是 ts tɕ 对立，且都属原湖广行省，因而称之为"湖广型"。

就读音形式和语音条件来说，湖广型内部还有一些差别，还可以再分成更多小类，限于篇幅，这里不展开。

七 泥母与来母的分混

有人把泥来分混说成 n l 分混或鼻音边音分混。从鼻音边音分混的角度来讨论的好处是可以把一些来自疑母和日母的字也包括进来，从泥来分混的角度来讨论则范围稍窄。为了与本章其他小节的名称相配，本节使用"泥来分混"的说法，举例时也不涉及来自日母或疑母的字。

泥来分混也是西南官话一个比较普遍的语音问题，一些研究者把泥来不分视为西南官话一个突出的语音特点。实际上，西南官话中泥来分混的类型很多，本文不讨论单纯的语音问题，而注重有音位对立的泥来分混类型。根据现有调查材料，西南官话泥来分混主要有以下几种情况。

第一种：泥母和来母全面相混，无论读成鼻音还是边音都不能区别意义，没有辨字作用。下面的三种读音在泥来不分的方言中都能听到：

（1）路 lu° = 怒 lu° 李 $^{\circ}li$ = 你 $^{\circ}li$

（2）路 nu° = 怒 lu° 李 $^{\circ}ni$ = 你 $^{\circ}li$

（3）路 = 怒 nu° / lu° 李 = 你 $^{\circ}ni$ / $^{\circ}li$

这种类型主要见于以贵阳、重庆、武汉为中心的川渝黔鄂四省市的广大地区。

第二种：泥母和来母在今洪音韵母前相混，读成鼻音或边音都不能区别意义；在今细音韵母前读音不同，能区别意义。例如：

路 nu° = 怒 nu° 李 $^{\circ}li$ ≠ 你 $^{\circ}ni$ 。

这种类型中主要见于四川省属包括成都在内的大多数县市，以及现属重庆市的丰都、石柱、忠县等县市。此外，湖北的均县、郧县、郧西，湖南的澧县、蓝山、永顺、靖县，云南的华坪、永仁也属此类。

上所举是典型的洪混细分的例子，实际上，"细分"还有两种分法：

（1）来母字读舌尖中鼻音 n，泥母字读舌面鼻音 ȵ。例如：

李 $^{\circ}ni$ ≠ 你 $^{\circ}ȵi$ 连 $_{\circ}nian$ ≠ 年 $_{\circ}ȵian$

湖南境内的西南官话如蓝山等地多属这种类型。

（2）来自来母的字读舌尖中鼻音或边音，来自泥母的字读零声母。例如：

李 $^{\circ}ni$ ≠ 你 $^{\circ}i$ = 以 $^{\circ}i$ 连 $_{\circ}nian$ ≠ 年 $_{\circ}ian$ = 言 $_{\circ}ian$

四川的潼南、邻水、重庆市属的丰都、石柱、忠县等县市属这种类型。

第三种：和北京话一样，来自古泥母的读舌尖中鼻音，来自古来母的读舌尖中边音，泥来两母洪细皆分。例如：

怒 nu° ≠ 路 lu° 你 $^{\circ}ni$ ≠ 李 $^{\circ}li$ 。

西南官话分泥来的类型与地理分布情况高度相关。

（1）与行政区划的相关度比较高：重庆和贵州两省市的泥来多全混，成都及其周边地区的汉语方言多为洪混细分类型，云南省境内的西南官话多数泥来不混。

（2）城市往往不分泥来，边远山区或农村往往泥来不混：贵州省许多地方城里一般不分泥来，乡村及山区往往分泥来。如贵阳市区是典型的不分泥来的方言，但花溪区的农村就有一些乡镇泥来不混。

（3）少数民族与汉族混居的地区一般泥来不混：四川西部凉山、阿坝、康定三州，贵州黔南和黔东南少数民族自治州，广西壮族自治区的大多数西南官话区属县市，泥来一般不混，尤其是少数民族说的汉语，基本都分泥来。

八　非组与晓组的分混

西南官话中非晓两组声母的分混情况比较复杂，把分混条件定得稍微细一点，大致可以分为下列十种类型。

第一种：和北京一样，来自非组的 f 和来自晓组的 x 不混。云南省境内的大多数方言，包括贵州省的威宁县都属这种类型。

第二种：来自非组的 f 和来自晓组的 x 基本是分开的，但如果碰到 u 韵母时，非组和晓组都读成 fu，晓组在 u 韵母前混入非组。例如：

（1）f 来自非组。例如：方夫飞封俘妃蜂房扶肥逢。

（2）x 来自晓组。例如：花灰红黄好孩河。

（3）在 u 韵母前，晓组混入非组。例如：福复 $_\epsilon$fu ＝胡狐 $_\epsilon$fu。

这是非晓分混在西南官话中最为常见的类型，主要出现在四川、重庆、贵州和广西等地，都是西南官话的核心区域。

第三种情况：在 oŋ 韵母前，非组读 x 声母，非组混入晓组。例如：

　　　封蜂 $_\epsilon$xoŋ ＝烘 $_\epsilon$xoŋ　　　缝逢 $_\epsilon$xoŋ ＝红宏 $_\epsilon$xoŋ

这种情况主要见于贵州的岑巩、镇远、台江、剑河、天柱、锦屏、黎平、榕江、从江、玉屏、三穗等地。

第四种：非敷奉在今合口韵和 oŋ 韵母前读都读 x 声母，与晓组字相混。例如：

　　　夫 $_\epsilon$xu ＝呼 $_\epsilon$xu　　　蜂 $_\epsilon$xoŋ ＝烘 $_\epsilon$xoŋ

这种类型主要见于川渝湘鄂四省市的交界地带如资阳、开江、巫山、乐至、巫溪、桃源、江华、来凤等地。

第五种：非敷奉除了在 u、ou 两个韵母前仍读 f 声母外，在其他韵母前都读 x，混入晓组。例如：

　　　夫 $_\epsilon$fu ≠呼 $_\epsilon$xu　　　浮 $_\epsilon$fu ≠猴 $_\epsilon$xou

　　　蜂 $_\epsilon$xoŋ ＝烘 $_\epsilon$xoŋ　　　房 $_\epsilon$xaŋ ＝杭 $_\epsilon$xaŋ

这种类型主要见于四川的资中，湖南的桑植、大庸，湖北的鹤峰、宣恩、利川、恩施、荆门、宜城等地。

第六种：所有来自非敷奉的字都读成 x 声母，非组完全混入晓组。四川的仪陇、营山、蓬安、罗江、德阳，重庆的奉节、云阳，湖南的道县、汉寿、石门，湖北的巴中属这种类型。

第七种：除果、通两摄外，晓组在其他韵摄的合口字中都读成 f，混入非组，韵母则从合口呼变成开口呼。例如：

	花	胡	灰	黄	环	欢	火	红
镇远等	꜀fa	꜀fu	꜀fei	꜀faŋ	꜁fan	꜀fan	꜂xo	꜁xoŋ
锦屏等	꜀fa	꜀fu	꜀fei	꜀faŋ	꜁fan	꜀xoan	꜂xo	꜁xoŋ

这种情况主要见于贵州黔东南的镇远、玉屏、岑巩、三穗、台江、剑河、天柱、锦屏、黎平、榕江、从江、三都等县市。此外，湖南的桃源、通道与此大致相同。

第八种：晓组除在果摄前面读 x 外，在其他合口洪音韵母前都混入非组，读 f 母。例如：

和 ꜀xo 火 ꜂xo 货 xoꜛ

夫 ꜀xu ＝呼 ꜀xu 飞 ꜀fei ＝灰 ꜀fei 房 ꜁xaŋ ＝杭 ꜁xaŋ 蜂 ꜀xoŋ ＝烘 ꜀xoŋ

属于这种类型的有四川的中江、巫溪和乐至，湖南的龙山、永明、江华、永顺、芷江、靖县、晃县，湖北的来凤等。

第九种：晓组读 f 的限于蟹止宕合口洪音字，其他韵摄前仍读 x 声母。例如：

飞 ꜀fei ＝灰 ꜀fei 回 ꜁fei 黄 ꜁fan ＝房 ꜁fan

胡 ꜁xu ≠浮 ꜁fu 欢 ꜀xuan ≠翻 ꜀fan 烘 ꜀xoŋ ≠蜂 ꜀foŋ

属于这种类型的有湖南蓝山、龙山及云南永胜等处。

第十种：晓、匣读 f 的限于蟹、止摄合口字，在其他韵摄前非晓仍不混。例如：

灰 ꜀fei ＝飞 ꜀fei 回 ꜁fei 会 feiꜛ ＝费 feiꜛ

胡 ꜁xu ≠浮 ꜁fu 欢 ꜀xuan ≠翻 ꜀fan 烘 ꜀xoŋ ≠蜂 ꜀foŋ

这种类型主要见于广西桂林等地。

九 四种特殊的声母演变类型

（一）古全浊声母字今读浊声母

西南官话绝大多数的方言点都是和北京话一样，古全浊声母的古今演变规律是今读塞音塞擦音时清化，平声送气仄声不送气，但湖南却有一些西南官话方言的古全浊字读不送气浊声母。

1.湘南东安、永州等地塞音、塞擦音声母的古今对应关系如表 7-10。

表 7-10 东安等塞音、塞擦音声母古今关系演变表

	清		全浊	
	全清	次清	平	仄
帮组	p	pʻ		b
端组	t	tʻ		d
精组	ts：洪，tɕ：细	tsʻ：洪，tɕ：细		dz：洪，dʑ：细
知庄章组	ts tɕ	tsʻ tɕʻ		dz dʑ
见组	k：洪，tɕ：细	kʻ：洪，tɕʻ：细		g：洪，dʑ：细

例如：皮 ₌bi，爬拔 ₌ba，被 bi²，防 ₌baŋ，奉 boŋ²。

2.湘西沅陵、古丈、吉首等地塞音、塞擦音声母的古今对应关系如下表 7-11。

表 7-11 湘西沅陵等地塞音、塞擦音声母古今关系演变表

	清		全浊	
	全清	次清	平	仄
帮组	p	p'	b	p
端组	t	t'	d	t
精组	ts：洪，tɕ：细	ts'：洪，tɕ'：细	dz：洪，dʑ：细	ts：洪，tɕ：细
知庄章组	ts	ts'	dz	ts
见组	k：洪，tɕ：细	k'：洪，tɕ'：细	g：洪，dʑ：细	k：洪，tɕ：细

沅陵等地的古入声今归阳平。因此，下列在其他西南官话中多数会同音的字在沅陵等地并不同音：出 ts'u²¹ ≠ 除 dzu²¹，擦 ts'a²¹ ≠ 茶 dza²¹。

（二）端组字在今细音韵母前读舌面前清塞擦音

这种语音现象主要分布川西地区的天全、宝兴、芦山等地。其表现形式是：端组字逢今齐齿呼韵母时读成 tɕ tɕ'，并与细音韵母前的精见组字相混。天全等地端组的古今演变关系如下表 7-12。

表 7-12 四川天全端组古今关系演变表

	端		透		定			
					平		仄	
	洪音	细音	洪音	细音	洪音	细音	洪音	细音
今读	t	tɕ	t'	tɕ	t'	tɕ'	t	tɕ
例字	多 ₌to 端 ₌tuan	低 ₌tɕi	塔 t'a 推 ₌tuei	梯 ₌tɕ'i	坛 t'an 图 ₌t'u	亭 ₌tɕ'in	淡 tan² 断 tuan²	电 tɕian²

在天全等地，下列字分别同音：

丁 ₌tɕin ＝ 今 ₌tɕin ＝ 精 ₌tɕin   厅 ₌tɕ'in ＝ 轻 ₌tɕ'in ＝ 清 ₌tɕ'in

亭 ₌tɕ'in ＝ 情 ₌tɕ'in ＝ 琴 ₌tɕ'in   电 tɕian² ＝ 见 tɕian² ＝ 荐 tɕian²

由于天全话中的端透定等母不拼撮口呼，来自端透定三母在今细音韵母只有齐齿呼字，没有撮口呼字，因此，来自端组的字不会与"居、区、虚"等字同音。

端组跟精组声母合流的现象在官话方言中还见于胶辽官话的诸城、五莲等地，参见第三章胶辽官话第三节。

（三）古全浊仄声字今读送气声母

和大多数官话方言一样，古全浊声母今读塞音、塞擦音时，西南官话方言一般也是"清化，平声送气仄声不送气"演变类型。可能是受了客赣方言的影响，或本来就是客赣方言的底层，湖南省江华县古全浊平声字今读塞音塞擦音时多数读送气声母，仄声字只有少数读不送气声母，和一般的官话方言有明显差别。

表 7-13　湖南江华古全浊声母古今关系演变表

	清		全浊	
	全清	次清	平	仄
帮组	p	p'		p'（多），p（少）
端组	t	t'		t'（多），t（少）
精组	ts：洪，tɕ：细	ts'：洪，tɕ'：细		ts'：洪，tɕ'：细（多） ts：洪，tɕ：细（少）
知庄章	ts	ts'		ts'（多），ts（少）
见组	k：洪，tɕ：细	k'：洪，tɕ'：细		k'：洪，tɕ'：细（多） k：洪，tɕ：细（少）

由于江华的古入声今读阳平，去声不分阴阳，因此，在阳平和去声中，一些在其他所有西南官话中不同音的字在江华是同音的：

　　替（透母去声）tʰiᵒ ＝ 地第弟 tʰiᵒ　　　爬（并母阳平）ₛpʰa ＝ 拔白 ₛpʰa

（四）古次清声母今读不送气声母

古次清声母今读不送气清音声母，这是现代汉语方言中非常罕见的演变类型，这种读音在西南官话中目前只见于广西的都安县和马山县两处。

都安和马山的声调系统在西南官话桂柳片方言中并不特殊，如下表 7-14。

表 7-14　都安和马山的声调系统

省	县市	平		上			去		入	
		清	浊	清、次浊		全浊	清	浊	清	浊
广西	都安县	33	21	55			324		21	
	马山县	33	21	55			214		21	

声母系统就非常有意思，如下表 7-15。

表 7-15　广西都安、马山塞音、塞擦音声母古今关系演变表

	清		全浊	
	全清	次清	平	仄
帮组	p		p p'	p
端组	t		t t'	t
精组	ts：洪，tɕ：细		ts / ts'：洪，tɕ / tɕ'：细	ts：洪，tɕ：细
知庄章	ts tɕ		ts / ts'　tɕ / tɕ'	ts tɕ
见组	k		k k'	k

下列在其他汉语方言不可能同音的字在都安和马山都是同音字：

　　班 pan³³ ＝攀 pan³³　　　饱 pao⁵⁵＝保 pao⁵⁵　　单 tan³³＝摊 tan³³

　　董 toŋ⁵⁵＝统 toŋ⁵⁵　　　党 tan⁵⁵＝淌 tan⁵⁵　　租 tsu³³＝粗 tsu³³

　　招 tsao³³＝超 tsao³³　　　公 koŋ³³＝空 koŋ³³　　开 kai³³＝该 kai³³

由于都安和马山的入声归阳平，因此，一些在其他西南官话里不会同音的字在都安和马山也是同音字：逼 pi²¹＝皮 pi²¹、八 pa²¹＝爬 pa²¹。

马山已有一些次清字和浊平字读送气音了。例如：茶 tsʰa²¹、抄 tsʰao³³、床 tsʰuan²¹、船

ts'uan²¹、秋 tɕ'iəu³³。还有些字是两读的。例如：权 ken²¹，又读 k'ɛn²¹；清 tɕ'in³³，又读 ɕin³³。

上列两读的音中，不送气或读成擦音的是白读音或老派音，送气的是文读音或新派音。

都安和马山的这种读音形成的主要原因是西南官话与音系中没有送气塞音和送气塞擦音的壮侗语接触的结果。

要注意的是马山"清"字有擦音一读。这种情况笔者在贵州的贵阳郊区以及惠水农村也发现过。这是一种发音过程中出现的补偿机制：用一个本族语中有的擦音声母来代替目标语言中的送气音，可以这样替换的原因是送气塞擦音除阻时实际读音就是一个擦音，而擦音一般又带有明显的气流，二者的语音性质有相当多的相似性。

十　两种特殊的韵母演变类型

（一）没有鼻辅音韵尾的西南官话

一般说来，汉语方言中咸山摄舒声字的鼻辅音韵尾比较容易脱落，变成口元音或鼻化元音韵，而深臻曾梗通五摄的鼻音韵尾则比较稳固。在长江沿岸的汉语方言中，包括西南官话、江淮官话及吴语，最常见的情况是深臻摄与曾梗混同，多数方言没有 iŋ eŋ 两个后鼻音韵尾，都读成 in en。西南官话核心区域的方言都是有鼻辅音韵尾的，但桂柳片黔南小片咸山摄的鼻辅音韵尾不同程度脱落，贵州丹寨等地的咸山摄字甚至全部读成口元音，但深臻曾梗通等摄的鼻辅音韵尾依然很稳固。

据《云南方言调查报告》（杨时逢 1969：1618～1634），云南省丽江（七河）没有任何鼻辅音韵尾，即《广韵》音系中的咸深山臻宕江曾梗通九摄的舒声字全部读为阴声韵，既没有任何鼻辅音韵尾，也没有任何鼻化元音韵母，这种现象在我们目前所知的现代汉语方言中仅此一例。下面是丽江（七河）咸深山臻宕江曾梗通九摄舒声韵的古今对应关系表。

表 7-16　云南丽江（七河）阳声韵古今对应关系表

摄	开合	一等 帮系	一等 端系	一等 见系	二等 帮系	二等 泥组	二等 知庄	二等 见系	三四等 帮系	三四等 端系	三四等 庄组	三四等 知章	三四等 日母	三四等 见系
咸	开		æ	æ			æ	æ iæ	iæ	iæ		æ	æ	iæ
山	合	æ	uæ	uæ	æ			uæ	æ iæ	iæ		uæ		yæ
深	开		ue	e					i	i		e	e	i
臻	合	e	ue	ue					i e	ue		ue	ue	ye i
宕	开	æ	æ	æ			uæ	iæ æ		iæ	uæ	æ	æ	iæ
江	合	æ		uæ						æ				uæ
曾	开	əu	e	e	əu o			e i	i	i		e	e	i
梗	合			u	e			u ue	i					i ye
通	合	əu o	o	u					əu	o u	o	u	u	u iu

下面摘录原文"G.会话"（1633～1634）中所有阳声韵字的实际读音（声调略）：

讲 tɕi　们 me　听 t'i　　　江 tɕiæ　前面 tɕ'iæ miæ　挡 tæ　山 ʂæ　想 ɕiæ
让 zæ　天 t'iæ　晚上 væ sæ　冲 ts'u　潭潭 t'æ t'æ　很 xe　丈 tsæ　人 zə
方 fæ　点 tiæ　名 mi　　　跟 ku　风 fəu　　　转 tʂuæ　忙 mæ

从上列"对话"中记录的阳声韵字的读音来看，丽江的鼻韵尾消失得非常彻底，不但在上表所列音系层面无鼻辅音韵尾，在实际的语流也没有，连鼻化元音韵也没有。

在已知的汉语方言中，浙江汤溪话（曹耘 1987：85～101；曹志耘 2002）的鼻音韵丢失也非常严重，只保留着三种鼻音韵尾。

第一种：来源于合音现象的鼻音韵尾（如"咱们"的合音词 ɑoŋ²⁴）和来自"儿尾"的鼻音韵尾（如"小手儿"音 sia⁴²⁻³³ɕiəŋ⁵³⁵⁻⁵³）。这种鼻音韵尾实际上另一个"字"的读音，有特定的语法意义，不是音系学意义上的鼻音韵尾。

下面两种是有音系学意义的鼻音韵尾：（1）个别拟声词有鼻音韵尾，如鼓声"咚"音 toŋ²⁴，狗叫声"汪"音 uaoŋ²⁴，等等。（2）咸山宕江摄文读音有舌根鼻音："帮"白读音为 pao²⁴，文读音 paŋ²⁴；"江"白读音 tɕiao²⁴，文读音 tɕiaŋ²⁴，等等。这两种鼻音韵尾中，第一种属字很少，第二种鼻音韵尾（文读层）与无鼻音韵尾的另一读音（白读层）构成了不同的历史层次。

对比浙江汤溪话后可以知道，在现在已知的现代汉语方言中，只有丽江（七河）话才是没有任何鼻音韵的方言。注意：丽江城里话与这里所说的七河话不同。丽江城里是有鼻韵母的，而且是两种鼻韵母。一种是鼻化韵，来源于除通摄以外的其他各阳声韵摄。通摄一等读 oŋ，三等读 ioŋ，是真正的鼻韵尾，这和其他的官话方言相同。详见《云南省志》卷五十八《汉语方言志》（吴积才等 1989：96）。

（二）有入声韵尾的西南官话

西南官话中虽然有近一百个方言点有入声调，但几乎所有的现代西南官话方言都是和北京话一样，属于古入声韵已全部舒化，没有入声塞辅尾的方言。但在局部地区，在一些特别的情况下，还有少数西南官话方言有入声塞辅尾。有以下三种情况。

第一种：根据《云南方言调查报告》（杨时逢 1969：695～710，728～745），云南陆良（静宁乡）和曲靖（城里）当时（记音时间：1940 年 4 月 23 日。记音人：丁声树）是有类似吴语或江淮官话一样的喉塞尾入声韵的，但陆良和曲靖的入声韵的语音表现形式却不相同。

陆良的入声韵和吴语、江淮官话的入声韵差不多，也是一个喉塞尾。曲靖入声韵则好像是嵌在韵母中间一个紧喉动作，结果是韵母被重读一遍后成了一个舒声韵尾，声调也断成了两截，成为一个中间嵌入喉塞音的中断调：中低降调加喉塞尾再接低升调的 ꜔ʔ꜒ 调。以下是曲靖入声韵的实际读音（同上：730 页）：

十：	ʂ↻ʔ³¹²	>	ʂ↻ʔ³¹↻¹²
鼻：	piʔ³¹²	>	piʔ³¹i¹²
不：	puʔ³¹²	>	puʔ³¹u¹²
八：	paʔ³¹²	>	paʔ³¹a¹²
甲：	tɕiaʔ³¹²	>	tɕiaʔ³¹a¹²
袜：	uaʔ³¹²	>	uaʔ³¹a¹²
说：	ʂoʔ³¹²	>	ʂoʔ³¹o¹²
学：	ɕioʔ³¹²	>	ɕioʔ³¹o¹²
白：	peʔ³¹²	>	peʔ³¹o¹²
接：	tɕieʔ³¹²	>	tɕieʔ³¹e¹²
国：	kueʔ³¹²	>	kueʔ³¹e¹²

第二种：根据《江西方言的分区（稿）》（颜森 1986：19～38），江西省境内有两种官话方言，一种是江淮官话，分布在赣北的九江等地，另一种是西南官话，分布在赣南的赣州城内和信丰县。信丰的西南官话入声已完全舒化，且入声归阳平，是比较典型的西南官话。赣州的西南官话则为有入声调，并且入声韵还有入声喉塞尾，入声不分阴阳。例如：

发：$fa\textipa{P}^5$　　　　吃：$t\textctc\textctc ie\textipa{P}^5$

第三种：根据《南宁市下郭街官话同音字汇》（周本良等 2006），广西南宁市区下郭街目前还有一些七八十岁的老人会说一种"邕宁官话"，这实际上是明清时期通用于南宁城区的公共交际语，是一种西南官话。下郭街官话虽然多数入声字已完全舒化了，声调也已归阳平，但口语中仍有一些字读入声，有 -p -t -k 三种韵尾，声调则为阴入和阳入。例如：

凹 $m\textturnv p^5$	粒 $l\textschwa p^5$	的司的榅：手杖 tet^5
佛 $f\textschwa t^2$	突凸 $t\textschwa t^2$	卒率蟀 $t\textcyr\textcyr yt^5$
屐 $k\text{'}ek^2$	簏辘 $l\textopeno k^5$	

其他绝大多数古入声字则读舒声韵，声调也是阳平。例如：

壁 pi^{21}	笛 ti^{21}	熄 $\textbarl i^{21}$	急 $t\textctc i^{21}$
日 i^{21}	木 mu^{21}	福 fu^{21}	哭 $k\text{'}u^{21}$
吉 $t\textctc i^{21}$	八 pa^{21}	杀 $\textctc ia^{21}$	甲 $t\textctc ia^{21}$
袜 ua^{21}	药 io^{21}	箴 mie^{21}	雪 $\textbarl ye^{21}$

此外，据刘村汉（1995：15），广西柳州市城区也有类似情况：古入声今基本归阳平，但有少数字仍读入声，并有入声韵尾 -ʔ。

第四节　西南官话研究简述[①]

调查和研究实际上是分不开的，为了叙述的方便，本文把以描写事实为主的论著视为报告类，把以分析问题、讨论问题为主的论著视为讨论类来介绍。

一　关于西南官话的调查

赵元任先生的《钟祥方言记》（科学出版社 1956）是第一部使用现代语言学方法来分析和描写西南官话的单地方言调查报告。这本书描写和分析一个单地汉语方言的方法和体例可以说是以后同类著作的样板，如单字音表、同音字汇、方言与古音的比较、方言与国音（今北京音）的比较、分类词汇、一段活的语料（北风与太阳的故事）等。《钟祥方言记》中列出了 435 个例外字，用列表对照的方式说明这些字的音韵地位，实际读音及可以对比参照的方言，这就为进一步的调查和研究打下了比较好的基础，可惜在后来的方言著作中很少有这样的描写。此书对助词的描写一直是方言语法调查和分析的典范，为此，《方言》杂志 1992 年第 2 期曾以《钟祥方言的助词》为名刊出原书第四章"40。助词"。

《钟祥方言记》原为历史语言研究所单刊甲种之十五，1939 年上海商务印书馆出版，第

[①]本节内容主要根据《六十年来西南官话的调查与研究》（李蓝 1998）改写，改写时增加了西南官话近年来的调查研究成果。

一页"声母表"原缺 tɕ tɕʻ ɕ 等三个舌面音。1956 年科学出版社据原纸型重出"新一版"时将这三个声母补入了声母表，把原"十七声母表"改为"二十声母表"，但目录仍为"十七声母表"，这是补正者有意留下的改动痕迹，使用时须注意。

1936 至 1940 年间，赵元任、丁声树、杨时逢等人陆续调查了湖北、湖南、云南、四川等地的汉语方言。1948 年，《湖北方言调查报告》出版（上海商务印书馆）。这本书的内容主要包括三项：总说明，分地报告，综合报告。总说明可以把它当作汉语音韵学和汉语方言学的入门教科书来读。分地报告（卷一）共有 64 个方言点，每个点大致均有下列内容：1. 发音人履历；2. 声韵调表；3. 声韵调描写；4. 与古音比较；5. 同音字表；6. 音韵特点；7. 会话。最后一项有的点没有。综合报告（卷二）甲类是综合材料，包括"总理遗嘱"、"狐假虎威故事"、"特字表"、"极常用词表"四个部分；乙类是"湖北特点及概说"，丙类是 64 幅方言地图。这本书的成就可以举出下列三项来说。

一是用分地报告和综合报告相结合的方式对湖北全境的汉语方言作了全面描写和分析；二是首次用实地调查的材料对一个区域进行分区，分区结果到现在看来还是比较合理的；三是从调查过程到材料报告都采用以方言语音学为主、以方言地理学为辅两相结合的方法，因此，既比较全面地描写了湖北汉语方言的语音面貌，还能反映湖北汉语方言在词汇和语法方面的一些重要特点。这本书也有一些不足之处。就调查点来看，64 个调查点中，20 个在城镇，42 个在乡村，所得材料没有完全处于同一平面上；就调查材料说，用来调查音系的 678 个字中，"诧、乍、滞、缀、吾、臭、丕、靡、卑、萌、笃"等字现在看来过于偏离口语，可能会导致发音人错读、乱读，不能反映方言的真实情况。此外，对话材料不整齐，有的点多，有的点少，有的点甚至没有。后来，杨时逢先生在台湾把云南（1969 年）、湖南（1974 年）、四川（1984 年）的材料也整理了出来。这三个材料的体例依照湖北，其中，湖南方言的分区曾在方言学界引起一些争论。大概是因为工作人手少的原因，三本报告在校对上都有一些问题。一些点的韵母表排得不好。有些点"与古音的比较"中归纳出来的音韵规律有时和后面的同音字表对不上。不知什么原因，湖南和四川两个报告书眉上的方言点顺序号被删掉了，这有时不便于查阅分地报告。

50 年代中期，为了推广普通话，在全国范围内进行了一次方言调查。这次调查以省为单位组织方言调查工作组，以县（市）政府驻地为调查点，主要以刚离家到高校读书的青年学生为发音人，没有合适发音人时再派人下点去调查，调查提纲统一采用丁声树、李荣合编的《汉语方言调查简表》。成果形式主要有三种：一是以县为单位的分点报告，二是以县或省为范围的学习普通话手册，三是一个省的综合报告。现在，分点的调查报告已很难看到。各种学话手册可以从中发现一些方言特点，各省的综合报告现在已成为重要的方言材料。在西南各省区中，湖南、湖北、广西都有汉语方言概况（湖南是石印本，广西和湖北是油印本），贵州的材料后来由刘光亚先生补充调查后编成《贵州省汉语方音概况》（油印本，1986），四川的材料后来写成了《四川方音音系》，发表在《四川大学学报》1960 年第 3 期方言专号上。和三四十年代的调查相比，这次调查在调查所用材料和调查选点上优于前者，但调查的整体质量却不如前者，主要原因是调查人员的业务素质难以和赵元任、丁声树等人相提并论。这次调查的成果中，有两点需提出来单说。一是彭秀模、曾少达等在《湖南省汉语方言普查总结报告（初稿）》中对湖南方言所作的分区。这个分区把湖南的汉语方言分为第一区（湘语区）、第二区（西南官话区）和第三区（接近江西方言），西南官话和湘语的界限划得比较准确，远优于杨时逢在《湖南方言调查报告》中的分区。二是《四川方言音系》。此书在材料归纳整理上颇见功夫，李荣先生（1961）认为"元书的篇幅不大，全省 150 个调查点的声韵调系统和它们之间的异同都说得很清楚，安排材料的方法可以供其他省区（尤其是方言不很纷歧的省区）编写方言概况的参考"。

80 年代以来，方言志的编写开始盛行。县级方言志的篇幅大小不拘，有的只是县志里的一节，有的则是一本独立的专著；省级方言志一般是专著。县级方言志的质量比较参差，完全依编写者的水平而定。云、贵、川、鄂、湘的西南官话区都有一些方言志，其中，张茀《玉溪方言志》（内部出版，1985）是出版得比较早的，可惜印刷质量不高。此外，还有张茀《永善方言志》（语文出版社 1989），张映庚《大关方言志》（语文出版社 1990），涂光禄《桐梓方言志》（内部出版，1987）、《清镇方言志》（内部出版，1988）等。

省级方言志目前已出版云南和贵州两种。吴积才等编写的《云南省志・汉语方言志》（云南人民出版社）出版于 1989 年。此书根据实地调查的材料，比较全面地反映了云南省汉语方言语音、词汇、语法等方面的情况，在很多方面可以补《云南方言调查报告》之不足。此书的不足可以举两项来说：一是语音上没有逐点的分地报告；二是第二章词汇部分虽然占了全书一半多篇幅，但"表 30"却只罗列了昆明、曲靖、昭通、大理、保山、蒙自、文山、思茅、临沧等九个方言点的 981 条词，"表 31"列举了 802 条流行于个别地点的方言词，虽然篇幅浩大，材料丰富，却没有全省的方言词汇分布图。因此，该书尽管是后出，仍不能代替《云南方言调查报告》。

涂光禄等编写的《贵州省志・汉语方言志》（方志出版社）出版于 1998 年。此书的体例和云南汉语方言志比较接近，但内容不及云南志丰富。由于没有作全省范围的方言调查，这本志书只集中描写了贵阳、镇远、都匀三市的城区方言，画了一幅方言分区示意图，没有全省范围的方言分布图，词汇和语法部分主要是罗列贵阳话的情况，对全省其他地方的情况几乎没有涉及。这一点是这部志书明显的缺陷之一。

1986 年，王文虎、张一舟、周家筠《四川方言词典》由四川人民出版社出版。这本词典收列方言词语、歇后语、谚语、习用语七千多条，用汉语拼音符号注音，引用文艺作品中方言词语的用例，是西南官话区最早出版的方言词典。该书的主要缺点是用汉语拼音符号来给方言注音。这首先是注不准，其次是改变拼音规则迁就方音后显得不伦不类。另外，词典中一些词语的重要义项没有列出，有的解释也不够准确。

江苏教育出版社发行、李荣先生主编《汉语方言大词典・分地词典》中，西南官话区有贵阳、柳州、成都、武汉四个点。这四部词典有统一的编写体例，国际音标标音，编写者的专业水平比较高，标志着西南官话方言词典的编写进入了一个新的历史阶段。

1992 年，侯精一先生主持的"现代汉语方言音档"开始启动，1996 年，该项目成为国家重点项目。在计划收录的四十种汉语方言中，西南官话有武汉、成都、贵阳、昆明四处。每一个地点方言音档都包括下列内容：1. 语音系统；2. 常用词汇；3. 构词法举要；4. 语法例句；5. 长篇语料，以及一盒录音带。从 20 世纪 20 年代开始，方言调查或多或少都有录音，但像这样主要以录音方式来系统地保存现代汉语方言却是第一次。

陈章太先生和李行健先生共同主持的国家八五重点项目"北方话词汇调查"于 1985 年开始立项，经过起落十年，一百多名学者的共同努力，《普通话基础方言基本词汇集》1996 年由语文出版社出版。93 个调查点中，西南官话有成都、重庆、贵阳、昆明、武汉、桂林、常德等 25 个方言点。各方言点都有音系和同音字表，全书计收 93 个方言点的 2645 个方言词语，还有 63 幅方言地图。对照其他方言点的情况，可以大致了解西南官话词汇的基本特点。

上述调查都是有一定规模的，此外，还有相当数量的单个或多个方言点的研究报告，如：杨时逢《李庄方言记》（1987），朱建颂《武汉方言研究》（1992），刘兴策《宜昌方言研究》（1994），李蓝《贵州丹寨方言音系》（1994），邵则遂《天门方言研究》（1991），刘海章等《荆楚方言研究》（1992），王群生等《湖北荆沙方言》（1994），等等。限于篇幅，本文不能详述。

西南官话区内还有一些非西南官话的汉语方言。早在 20 世纪 40 年代，董同龢先生的《华阳凉水井客家话记音》（1948）就记录了成都市郊的客家话。80 年代以来，四川境内因移民带来的客家话和湘语得到了进一步的调查和研究。见于报告的著述有：黄雪贞《成都市郊龙潭寺的客家话》（1986），崔荣昌、李锡梅《四川境内的"老湖广话"》（1986），崔荣昌《四川乐至县"靖州腔"音系》（1988）、《四川达县"长沙话"记略》（1989）、《四川湘语记略》（1993），左福光《四川省宜宾（王场）方言记略》（1995）等等。

湖南的西南官话区有两种很奇怪的"土语"，一种是沅陵乡下的"乡话"，详细报告见王辅世《湖南泸溪瓦乡话语音》（1982）、《再论湖南泸溪瓦乡话是汉语方言》（1985），鲍厚星、伍云姬《沅陵乡话记略》（1985）。另一种分布于湘南地区，见于报告的有：谢伯端《嘉禾土话"一、两"的读音及用法》（1987），李永明《双方言区宁远官话与平话的音韵》（1988）、《临武方言——土话与官话的比较研究》（1988），黄雪贞《湖南江永方言音系》（1988）、《湖南江永方言词汇》（1991）、《江永方言研究》（1993），周先义《湖南道县（小甲）土话同音字汇》（1994），鲍厚星《湘南东安土话的特点》（1997），王本瑛《湘南土话之比较研究》附录三"蓝山方言词汇"（1997）。

此外，笔者于 1987 年曾简略调查过蓝山县境内四种"土话"中的两种，其中，龙溪乡土话与王本瑛所记"蓝山土话"基本相同，都是城关土话，但大洞乡土话却与城关土话相差很大，几乎不能通话。这些"土话"的方言特征看来与其他汉语方言相差比较大，湘南地区的西南官话实际是浮在其上的公共交际语，许多特点必须联系土话来研究才能得到比较满意的答案，比如笔者在蓝山调查当地"官话"时，两个发音人中，一个分尖团，另一个不分尖团。后来调查"土话"时才发现，"土话"分尖团的人说的"官话"也分尖团，"土话"不分尖团的人说的"官话"也不分尖团。"官话"的差别实际上是受"土话"的影响形成的。

贵州境内非西南官话的汉语方言现在所知的有两种。一种是分布在晴隆、普安交界处的"喇叭苗"说的"苗话"，这实际上是一种汉语方言，主要的音韵特点是《切韵》音系的全浊声母今仍读浊声母。另一种是安顺城郊的"屯堡人"说的"屯堡话"，屯堡话古全浊声母今读同一般的官话，平声送气仄声不送气，但古入声与今阴平同调，和贵州境内的其他西南官话都不一样。据民间口头传说和族谱记载，"喇叭苗"是明代从湖南征调到贵州驻防的军队，后来在驻防地留住下来的居民。屯堡人则是明代洪武年间平定云贵时从"江南"调来的屯军。

贵州大学硕士研究生张力甫于 1987 年调查过位于贵州省天柱县和锦屏县交界地带白市镇的"酸汤苗话"，认为这种话的主要音韵特点是古全浊声母今读塞音、塞擦音声母时，不管古声调平仄，大多读送气音，少数读不送气音。使用"酸汤苗话"的苗族是清代从江西搬来的，"酸汤苗话"是一种方言岛。

李蓝（2006）经过实地调查后发现，所谓的"酸汤苗话方言岛"并不存在，所谓"酸汤苗话"实际上是天柱县清水江沿岸至湖南会同县之间的通用语，当地汉语族和苗族都使用这种话，且和会同城里话非常接近。"酸汤苗话"实际上是湘方言往贵州境内延伸的部分，可以划入湘语北片。

二　关于西南官话的研究

　　"西南官话"这个名称出现得比较早，但直到 1948 年上海申报馆发行的《中国分省新图》中，西南官话才独立成区。不过，那时的分区大致是印象式的。在后来的一些调查报告中，西南官话的分区工作都局限于一个省的范围之内。1985 年，李荣先生在《官话方言的分区》一文中根据"古入声字的今调类"把所有的官话分成七个区（后调整为八个区），西南官话的特性是"古入声今全读阳平"。1986 年黄雪贞先生在《西南官话的分区（稿）》（1986）一文中对西南官话进行了具体的分区，这是第一次在全国范围内、根据实地调查材料对西南官话的分区。分区时黄雪贞先生发现，在云贵川鄂湘五省中还有 103 个方言点的古入声字有的今仍读入声（四川 48 个，云南 12 个，贵州 15 个，湖北 4 个，湖南 3 个，共 82 个），有的今读阴平（四川 8 个），有的今读去声（四川 11 个，云南 2 个，共 13 个），占参加分区方言数的五分之一，但这些方言的其他调的调值却又和成都、贵阳、昆明、武汉等地的声调很相近。因此，黄雪贞先生调整了分区标准："古入声今读阳平的是西南官话，古入声今读入声或阴平、去声的方言，阴平、阳平、上声、去声调值与西南官话的常见调值相近的，即调值与成都、昆明、贵阳等处的调值相近的，也算是西南官话。"但在西南官话与湘语交界处的一些方言的语音特点却是：古入声今读阳平，古全浊平声字今仍读浊声母的阳平，但阴平、阳平、上声、去声却又和西南官话的常见调值相近。在这种情况下，黄雪贞采用声母发音方法优先的方法把吉首、保靖、花垣、古丈、沅陵五处划归湘语。这个分区总的说来是比较符合方言实际的。不过，在西南官话的内部分片上，从刘光亚先生的《贵州省汉语方言的分区》（1986）开始，就把贵阳以西直到昆明等地划成"昆贵片"，这一片共同的语音特点是没有撮口呼韵母，相应的字读成齐齿呼了。综合古知庄章日的今读音，泥和来、咸山和宕江的分混，语气词，反复问句的类型，单音动词能否叠用成 AA 式表短暂或尝试等方面来看，成都、重庆、贵阳、安顺等地的方言应归为一类（川黔片），昆明、曲靖、宣威等地应为另一类（滇中片）。

　　周振鹤和游汝杰在《方言与中国文化》（1986：29～31）中从"什么样的移民就会形成什么样的方言"这一基本认识出发认为，云南、贵州、广西的西南官话是明代"大批北方汉人"进入这些地区后带来的。李蓝《〈贵州毕节方言的文白异读〉及〈读后〉订补》（1991）认为，贵州的人口来源主要是江西、湖广、四川三处，从文白异读来看，贵阳、毕节、大方等地的白读音往往反映湘赣语的特点，文读音往往反映四川话的特点。李蓝对此提出的解释是，现在通行贵州的西南官话不是由湘赣语发展出来的，而是方言竞争和社会选择的结果：江西人和湖广人的方言土语由于难懂难学，竞争不过四川人说的简明易懂的官话，第一代移民大致是各持乡音，但他们的子女却是向社会学习通用的官话，于是，官话系统的四川话取代了其他汉语方言。崔荣昌在《四川方言的形成》（1985）提到："元末明初的大移民把以湖北话为代表的官话方言传播到四川，从而形成了以湖北话为基础的四川话；清朝前期的大移民则进一步加强了四川话在全省的主导地位，布下了四川话的汪洋大海。"这个结论看来与语言事实不尽相合。明末人李实的《蜀语》记录了 563 条（笔者据函海本统计）当时通用于四川的词语，清代贵州学者郑珍修《遵义府志》时即根据遵义话选择"与其相合"者入志，结果选入近 500 个词语。甄尚灵、张一舟《〈蜀语〉词语的记录方式》说到，《蜀语》中记录的词语"觉得多与自己的用语（引者注：四川遂宁话）相合"（1992：28）。这些情况说明，清代移民对西南官话的影响并不大。这里再补充一个例子。《广韵》去声祃韵必驾切："坝，蜀人谓平川为坝。"根据现有材料，这个词在现代汉语方言中，主要用于云贵川三省的西南官话区，湖南、湖北、江西等地极少使用。如果明代进入四川的湖北话真的取代了原来的四川话，就没办法解释现代西南官话中这个词的分布情况。

四川境内一些乡村除了通用西南官话外，内部还使用着原湘语区移民带来的湘语，但这些湘语在西南官话数百年的消磨下又发生了一些特殊的变化，如永兴古全浊声母有的今读浊送气塞音、塞擦音声母。何大安（2004）通过比较分析后认为，移民前湘语古全浊声母的读音应该还是如同现代仍读浊声母的湘语一样，读不送气浊塞音和浊塞擦音，永兴这种送气的浊声母应当是受"古全浊声母今读塞音塞擦音时平声送气仄声不送气"的西南官话的影响形成的。

我们认为这个结论是可信的。据此也可看出，是原来的四川话改造和影响了移民带来的方言，而不是移民的方言取代了原有的西南官话。同时我们还想指出，在研究移民对方言的影响时，必须对比和分析移民前后语言的使用情况和分布特点。如果只根据移民数量来推测方言的变化，从研究方法上说，这是用人口学研究来代替语言学研究；从研究结果看，往往是把语言变化的可能认定为语言变化的事实。

云南汉语方言的声母有一些比较特殊的变化，如滇西一些方言部分或全部分尖团，元江点的古精见组在今 en 韵母前像知系声母一样读卷舌声母等。台湾学者何大安先生在《云南汉语方言中与腭化音有关诸声母的变化》（1985：261～283）中对此的解释是，元江的这种变化是见组先变成腭化音 tɕ 组，精组受此影响也变成腭化音，然后又开始舌尖化成 ts，最后变成卷舌音 tʂ 组。对此，李蓝在博士论文《西南官话内部声调与声母的异同》（未刊稿。下简称《异同》）中有不同的看法。《异同》认为，首先，影响知系声母变化的条件是古摄和等（内转和外转），影响精组和见组分合的条件是今方言韵母的洪细，所以，应该把知系声母和精见组分开来讨论。在元江话的 en 韵母前，云南其他汉语方言中读 tɕ 组声母的精组声母和见组声母在元江都读 tʂ 组声母。何文的解释是，先是见组发生腭化，影响相应的精组声母也腭化，然后又舌尖化成 ts 组，最后受知系声母的影响变读为 tʂ 组。李文认为这种解释过于迂曲勉强。李文提出的解释是，元江在 en 韵母前的精组声母先是读 ts，相应的见组字受此影响也读成相同的声母，然后受读 tʂ 声母的知系声母的影响后才变成 tʂ。这种解释可以用云南境内其他汉语方言来证明。比如新平、玉溪等地也不分尖团，但在 en 韵母前，精见组声母都读 ts。新平、玉溪等地的 in 与元江的 en 有对应关系。可见，元江 en 韵母前的精组声母并未经历过腭化阶段，和见组的变化不完全一致。

至于精组和见组究竟是哪一种腭化在先，这不能一概而论。在云南，在不同的韵母前，精组和见组腭化的力度和方向并不一致，在今 ie 韵母前是见组腭化后同化精组，使精组也发生同样变化；在今 i in 两韵母前是精组同化见组，精组仍读 ts 并使见组也发生同样变化；在今撮口呼韵母前，大多是见组同化精组，但宾川是精组同化见组。

现代西南官话有一个特点，古入声今可以独立成调，也可以和今阳平、今上声、今去声同调，只是没有与今上声同调的。李蓝在博士论文中对此提出了一种解释。结合调类和调值两方面来看，在历史上，西南官话的古入声没有与今上声同调的机会；从今天西南官话的分布来看，由于西南官话区的重要城市都是古入声今归阳平的方言，这就引导和制约周边次方言产生趋同性变化，从而也堵住了一些方言的入声向今上声变化的途径，比如云南寻甸，《云南方言调查报告》中记的声调是：阴平[44]阳平[53]上声[31]去声[13]入声[42]。四十年后《云南汉语方言志》记的音是：阴平[44]阳平[31]上声[53]去声[213]。原入声今归阳平，也是[31]调。四十年前的声调保留入声，入声的调值介于上声和阳平之间，如果要归并的话，可能归阳平，也可能归上声，四十年后则变得和昆明几乎一样了。

黄雪贞先生《西南官话的分区（稿）》（1986）曾讨论过西南官话名词和动词的重叠式，并根据动词和名词的重叠式把西南官话归纳为只有 AA 式名词的贵阳和重庆、名词和动词都有 AA 式的昆明、名词和动词都没有 AA 式的柳州和桂林等三派。随后，《方言》编辑部发起西南官话名词和动词能否重叠的讨论。1987 年的《方言》第一、二、三期，分别刊登了朱建颂（武汉）、汪平（湖北）、张宁（昆明）、梁德曼（成都）、刘自力（四川仁寿）、张惠泉（贵阳）、李蓝（贵州大方）、涂光禄（贵阳）、杨发兴（湖北长阳）等九人的文章。讨论结果表明，在整个西南官话区，云贵川鄂四省都有 AA 式名词，但湖北较少。动词有以下几种情况：

第一，云南的动词可以象北京话那样 AA 式或 ABAB 式重叠，也可以像贵阳那样使用"V+下"的方式表时间短暂或尝试。

第二，贵阳、重庆、成都、大方等地的动词一般只能使用"V+下"方式，"V 倒 V 倒"式往往只能表示动作进行的方式，后面加"的"后在句中作状语。

第三，湖北武汉等地常见的还是"V+（一）下（子）"，少数地方有"AA"式重叠，湖北大多数地方的"AA 神"也是用来表状态而不强调动作性。

这次讨论使我们基本了解了西南官话区构词的"AA"式名词重叠和动词叠用、"V+下"的分布范围和语用差别，效果比较好。

西南官话的语法研究比较活跃，研究的问题涉及语气词的用法、句法成分、否定词和否定句、虚词的用法等方面。从 1983 年汪平先生的《贵阳方言的语法特点》（1983）开始讨论贵阳方言中的"倒"和"起"以来，西南官话的"倒"和"起"逐渐成为一个学术热点。前后有田懋勤《四川话的"倒"和"起"》（1983）、喻遂生《重庆方言的"倒"和"起"》（1990）、张清源《成都话的动态助词"倒"和"起"》（1991）、李蓝《大方话的"到"和"起"》（1997），这几篇文章在方言描写上各有侧重。喻文主要说明重庆话中"倒"和"起"的各种用法，张文用动词义类结合句型分析的方法来研究成都话的"倒"和"起"，将"倒₁"（动态持续）、"起₁"（静态持续）分析为动态助词和作补语的"倒₂"、"起₂"。李文比较了大方话中"到"和"起"在不同词类、不同句式中用法的异同，并用方言对比和文献资料相结合的方法证明"倒"的本字就是"到（上声）"。"到"跟在谓词后表持续的用法首先出现于赣语区，随着江西向湖广和西南地区持续不断的移民而把这种用法辗转带到了这些地方。

三　小结

总的说来，经过六十年来几代学者的努力，西南官话的调查研究工作取得了巨大的成就，就现在已经发表的调查报告和研究成果而言，西南官话区的材料在各汉语方言中相对而言数量最为丰富，质量也是一流的，但也有美中不足。

西南官话大致可以分为川黔、湖广、桂柳和云南四种基本类型，贵州恰好位于这四种西南官话的十字路口，贵州汉语方言的许多特点必须放在这个大的方言环境中才能看得比较清楚，而研究整个西南官话也不能脱离贵州这个中心环节，否则看不清变化的连续性和过渡性，但贵州迄今仍没有像《湖北方言调查报告》那样简明而又详尽的逐县分地调查报告。广西的汉语方言非常复杂，广西的西南官话在这种环境中也有许多不同于其他西南官话的变化，但由于受种种主客观条件的限制，广西的语言调查仍滞后于当地极其丰富的语言事实。此外，西南官话现在已经有了比较丰富的材料，已可以从整个西南官话出发来做一些比较工作，从整体上把握西南官话语音、词汇和语法的特点，但这种研究现在仍几乎是空白。从研究习惯上看，西南官话区的研究者大多是个体操作，很少进行大规模的联合行动，这样就难以取长补短，在较短时间内获得比较大型的研究成果。根据目前这种情况，在调查上重点是查漏补缺，尤其是贵州和广西两省区，最好像《湖北方言调查报告》那样有古今对比、有同音字表的逐点分地报告。事实上，没有同音字表的方言报告在使用价值上要大打折扣。另外就是考虑多方合作，变被动的、随机的、分散的研究为主动的、有计划的研究，使西南官话在各方言区域之间、在方言研究的各个方面都得到均衡发展。

第八章
江淮官话

第一节　江淮官话概述

江淮官话区是官话方言中有入声调的方言区，主要处于北方的中原官话和南方的吴语、徽语和赣语之间，东邻大海，西接西南官话。地处长江、淮河之间，故称江淮官话，因处长江下游沿线，也叫做下江官话。相对于北方的其他官话而言，江淮官话靠近中国东南，有的著作也因此称之为南方官话。

就语言特点而言，江淮官话介于相邻的南方汉语方言和北方官话方言之间。相邻的北方地区是中原官话、西方地区是西南官话，相邻的南方地区是吴语、徽语和赣语。中原官话的特点是没有单独的入声调，中古清入、次浊入今读阴平；西南官话的中古入声字大多今读阳平；而江淮官话都有入声调，从而跟中原官话和西南官话都有着明显的区别。南方方言吴语、徽语和赣语都有入声，中古入声字往往今读阴阳两个入声调，或者归入两个不同的声调。江淮官话与相邻的南方方言都有入声调，这是相同的语言特点。不同点主要在于江淮官话的中古全浊字今读逢塞音塞擦音时平声送气，仄声不送气（泰如片仄声大多送气）；而吴语今读浊声母，徽语、赣语今读送气声母。

一　江淮官话的分布

江淮官话主要分布在安徽、江苏两省江淮之间的大部分地区，两省淮河以北和长江以南一小部分地区，湖北东部的黄冈、孝感地区以及江西省的九江地区。另外，浙江省的个别地方也有说江淮官话的。分布在 116 县市，总人口 6723 万人。

江淮官话区可以分为泰如、洪巢、黄孝三个片，分片的标准在下面的第三节再具体论述。主要分布在江苏、安徽、湖北以及江西，具体情况见表 1-1、1-2。

与原《中国语言地图集》相比，基本上未作分片上大的调整。主要的调整有两点：一是原《中国语言地图集》安庆市、桐城市和枞阳县三个点划归洪巢片，根据最新的研究成果，这三个点在分区特征方面与黄孝片方言更加接近，因此将这三个点划归黄孝片；二是原《中国语言地图集》将湖北西部竹山、竹溪两县方言划归黄孝片，根据最新的调查和研究，现将湖北西部竹山、竹溪两县方言和相邻的陕西南部地区的所谓"客伙话"作为一片特殊的区域单列出来附在后面。江淮官话方言的共同特征是有入声，而这个特殊区域没有入声，但是在其他的特征方面与黄孝片方言有诸多类似的地方，因此暂列于此，其具体面貌还有待于更深入的调查和研究。另外，原《中国语言地图集》江淮官话与皖南吴语交错分布的地方，经过调查发现目前说吴语的人口比例很低，特别是县城，大多通行江淮官话，现列为江淮官话分布区。

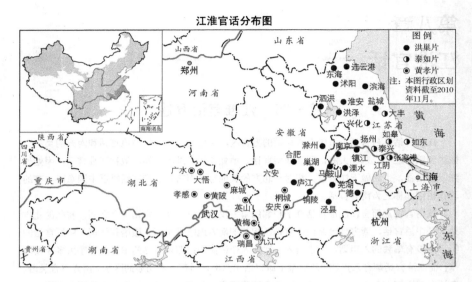

江淮官话分布图

二 江淮官话的形成

从中国地图上看，秦岭淮河以北为北方，长江以南为南方，江淮官话区位于长江和淮河之间，地处中国南北之间，是中国北方方言和南方方言的过渡区域。当地居民时常有这种位居中央的心理，称北方方言口音为"侉"，称南方方言口音或者其他难懂的外地口音为"蛮"。江淮地区地处南北之间，南北交流和迁移历来频繁甚至十分剧烈，江淮官话区有着长期的历史形成过程，而最后定型的时间是比较晚的。

江淮地区周代时多为淮夷（九夷）及舒、六等群体的生活和活动区，北接中原，南邻荆蛮。春秋战国时仍为九夷之地，又作为吴、越、楚北上交往和争霸的途径地而逐步纳入吴、越、楚的范围。此时江淮地区的方言情况当与南方的吴、越、楚方言较为接近，扬雄《方言》常以"吴楚扬越"、"吴扬越"并提。西汉分封诸侯时，江淮地区仍多属吴国，吴王刘濞即以江都（今扬州）为都。东汉三国，特别是永嘉之乱晋室东渡以后，大规模的北人南下，这一区域成为途经地、中转站或落脚点。持续的移民潮，使江淮地区的居民构成和方言归属处于不断变化之中。这期间主要是北方话的影响越来越大，但南方吴语的底层作用及后代影响也同时存在。在东晋、南北朝、南宋辽金等时代，由于长期的战争等等原因导致大量移民或难民由北向南迁移。江淮之间往往是南北割据政权重点争夺的战略要地，人口发生剧烈变化，语言相应发生剧烈变化。明初，明政府鉴于江淮地区因为战争影响人口剧减十有九荒的情况，迁移了大量的周边地区的移民进来，为这一地区的方言形成南北方言过渡类型奠定了近代的基础。明代江淮官话作为明统治集团的发源地而取得重要的地位，对于明清官话的影响产生重要的作用，这种作用一直延续到清代晚期。从 16 世纪意大利传教士利玛窦的《利玛窦中国札记》记载当时传教士跟一名说纯正南京话的小男孩儿学习中国话，可以看出，当时的官话与南京话有着极为密切的关系。日本六角恒广的《日本中国语教育研究》更明确指出，直到 1876 年，日本的官办汉语教育机构才将"南京语教育转换成北京语教育"。对书面共同语产生过重大影响的几大明清文学名著《水浒传》、《西游记》、《儒林外史》都是由江淮官话区的作者创作的。早期的来华传教士和早期的西方外交人员以及商业往来大多出现在中国南方沿海，特别是鸦片战争初期，中国的开放口岸主要集中在东南沿海一带，中国的南方官话仍有极为重要的地位，这种官话与当时的江淮官话极有渊源关系。根据西方早期驻华外交人员的记录，直到19世纪中叶之后，随着大量的政治经济文化等的对外往来越来越集中在北京一带，北京话才逐步取代南京话，成为全国官话的标准语，学习北京话的教材逐渐增多。

从江淮官话形成的历史过程看，江淮地区原为吴楚方言，随着中原方言的逐渐南下，而向中原官话的方向演变，并最后发展成为介于北方的中原官话和南方的吴徽赣方言两者之间，却又都不完全相同的江淮官话。

江淮官话的分布范围由于其过渡区域的特点仍在不断发生着变化。总的说来，就是南北边界都在望南移动。北部边界由于入声逐渐消失而让位于中原官话，边界也由此向南后撤。吴徽赣语的北端正在逐步官话化而成为江淮官话，其实质是南方方言的北部边界也在向南后撤，从而形成所谓江淮官话南进的现象。实际上，江淮官话作为过渡型方言，并不具有强势方言的地位，南方方言北界后撤往往更多是由于北方方言特别是普通话的强大作用而引起的，而并非是由于江淮官话的直接影响产生的。江淮官话在某种程度上可以说是中国南北方言竞争的副产品，虽然在历史上曾经发挥过重要的作用，但是这种方言类型在今日并不具有足以蚕食弱势方言的强势方言地位，自身并不具有向四周进行自我扩张的能力。可以说，今日的江淮官话来源于昔日的南方方言，由于北方官话的影响而逐步变成了一种具有南方方言特征的中原官话，只是长期发展中仍然保留入声声调而有别于其他地区的中原官话，成为江淮官话。而且这种官话化的演变趋势仍在持续，很可能将演变成为未来的中原官话，而今日的吴徽赣语的北端区域则很可能将是未来的江淮官话。

第二节　江淮官话的特点

一　存在独立的入声调类

就总体而言，江淮官话作为官话方言中的一种，其最为突出的特征就是本区域内的方言整体存在独立的入声调类。作为北方的官话方言与南方的吴徽赣语的过渡区域的方言，江淮官话本身的特征也具有过渡性，没有那些对内一致、对外排他的特点。入声调的存在相对于其他官话而言是其特点，相对于相邻的这些南方方言而言又是共同点。

表 8-1　江淮官话的入声字读音

方言片	方言点	八山	福通	笔臻	各宕	麦梗	月山	杂咸	毒通
泰如片	南通	pɑʔ⁴	foʔ⁴	piʔ⁴	koʔ⁴	moʔ⁵	yʔ⁵	tsaʔ⁴	t'oʔ⁵
	泰州	pæʔ³	fɔʔ³	piiʔ³	kaʔ³	mɔʔ⁵	yuʔ⁵	tsæʔ³	t'ɔʔ⁵
洪巢片	扬州	pæʔ⁴	fɔʔ⁴	pieʔ⁴	kaʔ⁴	mɔʔ⁴	yeʔ⁴	tsæʔ⁴	tɔʔ⁴
	连云港	pɐ²⁴	fuu²⁴	piɪ²⁴	kɐ²⁴	mə²⁴	yə²⁴		tuu²⁴
	涟水	paʔ³⁴	fɔʔ³⁴	piʔ³⁴	kaʔ³⁴		uiʔ³⁴	tsaʔ³⁴	tɔʔ³⁴
	南京	paʔ⁵	fuʔ⁵	piʔ⁵	koʔ⁵	məʔ⁵	yeʔ⁵	tsaʔ⁵	tuʔ⁵

方言片	方言点	八山	福通	笔臻	各宕	麦梗	月山	杂咸	毒通
洪巢片	芜湖	paʔ^5	foʔ^5	pieʔ^5	koʔ^5	məʔ^5	yeʔ^5	tsaʔ^5	toʔ^5
	合肥	pɐʔ^5	fəʔ^5	piəʔ^5	kɐʔ^5	mɐʔ^5	yɐʔ^5	tsɐʔ^5	tuəʔ^5
黄孝片	安庆	pa^{55}	fu^{55}	pi^{55}	ko^{55}	me^{55}	ye^{55}	tsa^{55}	teu^{55}
	红安	pa^{214}	fu^{214}	pi^{214}	ko^{214}	mæ^{214}	ɥæ^{214}	tsa^{214}	təu^{214}
	孝感	pa^{13}	fu^{13}	pi^{13}	ko^{13}	me^{13}	ɥe^{13}	tsa^{13}	təu^{13}
	英山	pa^{213}	fu^{213}	pi^{213}	ko^{213}	me^{213}	ɥe^{213}	tsa^{33}	təu^{213}

引用材料：南通、连云港、涟水、芜湖、安庆、红安（《普通话基础方言基本词汇集》）；泰州、扬州（《江苏省志·方言志》）；南京、合肥（《现代汉语方言音档》）；黄冈、孝感、英山（《湖北方言调查报告》）。另外，英山有一部分字音还取自《湖北英山方言志》（陈淑梅 1989）。

二　ən əŋ 不分，in iŋ 不分

江淮官话各点普遍存在 ən əŋ 不分、in iŋ 不分的情况，中古深臻曾梗四摄开口字今读韵尾合并为 -n，少数点合并为 -ŋ，或者读鼻化韵。

表 8-2　江淮官话深臻曾梗四摄字的韵母

片	点	根	庚	真	蒸	今	经	新	星
洪巢	扬州	kən^{21}		tsən^{21}		tɕin^{21}		ɕin^{21}	
	南京	kən^{31}		tʂən^{31}		tɕin^{31}		ɕin^{31}	
泰如	南通	kɛ̃^{21}		tsɛ̃^{21}		tsen^{21}		sen^{21}	
黄孝	英山	kən^{11}		tʂən^{11}		tɕin^{11}		ɕin^{11}	

三　n l 大多不分

江淮官话绝大多数方言点 n l 不分，中古泥来母字今读 n 或者 l；泰如片部分方言点如南通方言 n l 不混；黄孝片有一部分点洪音混同，细音有别。

表 8-3　江淮官话 n l 分混情况

片	点	南	蓝	泥	离	娘	良	农	笼	女	吕
洪巢	扬州	læ̃^{34}		li^{34}		liaŋ^{34}		loŋ^{34}		ly^{42}	
泰如	泰州	nɛ̃^{45}		ni^{45}		niaŋ^{45}		noŋ^{45}		ny^{213}	
	南通	nyɤ̃^{35}	lɑ̃^{35}	ni^{35}	li^{35}	niẽ^{35}	liẽ^{35}	nʌŋ^{35}		ny^{55}	liø^{55}
黄孝	英山	lən^{31}		ȵi^{31}	li^{31}	ȵiaŋ^{31}	liaŋ^{31}	lən^{31}		m̩ɻ^{44}	ɻ̩^{44}
	孝感	nan^{31}		ni^{31}		niaŋ^{31}		noŋ^{31}		m̩ɻ^{53}	

四　不分尖团

江淮官话三个小片的方言都不分尖团，例如下表。南京方言老派也只是在一小部分韵母中保存有尖团的对立。绝大多数的方言点精组、见晓组今读细音字声母为 tɕ，或者由 tɕ 派生来的声母 ts（如合肥话的"西"、"希"都读作 sɿ^{21}）。

表 8-4　江淮官话的尖团情况

	积精	激见	七清	乞溪	集从	及群	西心	希晓
南通	tɕiʔ^{24}		tɕʻiʔ^{24}		tɕiʔ^{25}		ɕi^{21}	
泰州	tɕiɪʔ^{3}		tɕʻiɪʔ^{3}		tɕiɪʔ^{3}		ɕi^{21}	
扬州	tɕieʔ^{24}		tɕʻieʔ^{24}		tɕieʔ^{24}		ɕi^{21}	
连云港	tɕiɪ^{24}		tɕʻiɪ^{24}		tɕiɪ^{24}		ɕi^{214}	
涟水	tɕiʔ^{34}		tɕʻiʔ^{34}		tɕiʔ^{34}		ɕi^{31}	
南京	tsiʔ^{5}	tɕiʔ^{5}	tsʻiʔ^{5}	tɕʻiʔ^{5}	tsiʔ^{5}	tɕiʔ^{5}	si^{31}	ɕi^{31}
芜湖	tɕieʔ^{5}		tɕʻieʔ^{5}		tɕieʔ^{5}		ɕi^{31}	
合肥	tɕiəʔ^{5}		tɕʻiəʔ^{5}		tɕiəʔ^{5}		ʂɿ^{21}	
安庆	tɕi^{55}		tɕʻi^{55}		tɕi^{55}		ɕi^{31}	
红安	tɕi^{214}		tɕʻi^{214}		tɕi^{33}		ɕi^{11}	
黄冈	tɕi^{24}		tɕʻi^{24}		tɕi^{24}		ɕi^{34}	
孝感	tɕi^{13}		tɕʻi^{13}		tɕi^{13}		ɕi^{24}	
英山	tɕi^{213}		tɕʻi^{213}		tɕi^{33}		ɕi^{31}	

第三节　江淮官话的内部比较及分片

一　江淮官话的主要内部差异及分片

　　《中国语言地图集》列出江淮官话内部的语音差别主要有四项：1.入声是否分阴阳；2.去声是否分阴阳；3.古仄声全浊声母字今读塞音塞擦音时是否送气；4.“书虚、篆倦”两类字是否同音。根据这些差别，《中国语言地图集》把江淮官话分成洪巢、泰如、黄孝三片。

表 8-5　《中国语言地图集》所列江淮官话内部的语音差别

片	入声分阴阳	去声分阴阳	全浊仄声是否送气	“书虚、篆倦”是否同音
洪巢	不分	不分	不送气	不同音
泰如	分	分	送气	不同音
黄孝	不分	分	不送气	同音

　　洪巢片的特点是，声调都是阴平、阳平、上声、去声、入声五个。古入声字今读入声，不分阴阳。古去声字今读不分阴阳。古仄声全浊声母字今读塞音、塞擦音时不送气。

　　泰如片的主要特点是今入声分阴阳，古去声字今读分阴阳，部分浊去字归入阴平。古仄声全浊声母字读塞音、塞擦音时多数字送气。

　　黄孝片的主要特点是古去声字今读分阴阳。“书虚、篆倦”两对字同音。例如：

表 8-6　黄孝片“书虚”、“篆倦”两对字的读音

	黄冈	孝感	应城	麻城	浠水	红安	罗田	英山	蕲春
书 虚	ɕy	ʂʅ	ʂʅ	ʂʅ	ʂʅ	ʂʅ	ʂʅ	ʂʅ	ʂʅ
篆 倦	tɕɥan^{2}	tʂʮan^{2}	tʂʮan^{2}	tʂʮan^{2}	tʂʮan^{2}	tʂʮan^{2}	tʂʮan^{2}	tʂʮan^{2}	tʂʮan^{2}

　　洪巢片和泰如片这两对字不同音。此外，黄孝片的声调是阴平、阳平、上声、阴去、阳

去、入声六个，可以跟洪巢片相区别；就黄孝片的入声不分阴阳、一律读长调来说，也可以跟泰如片的入声分阴阳、一律读短调相区别。

《中国语言地图集》上述对江淮官话分片的论述是比较合适的，不过也有可以讨论的余地。比如分片标准"入声是否分阴阳"和"古仄声全浊声母字今读塞音、塞擦音时是否送气"这两条从实际效果看属于等价标准，使用其中任意的一条即可；至于"书虚"、"篆倦"两类字是否同音这一标准实际上并不能很好地区分洪巢片和黄孝片，黄孝片这两类字固然是同音的，洪巢片一些长江沿线方言点如池州、芜湖、青阳、南陵、宣州、广德、郎溪等地方言这两类字也有同音的现象。例如：

表 8-7　芜湖"书虚"、"篆倦"两类字的读音

	猪	居	除	渠	书	需	专	捐	穿	圈
芜湖	tɕy³¹		tɕʻy³⁵		ɕy³¹		tsõ³¹	tɕyĩ³¹	tsʻõ³¹	tɕʻyĩ³¹

基于上述分片标准不能很好地区分洪巢片和黄孝片的问题，这里提出新的分片标准：根据古入声字今读情况（是否分阴阳和是否塞音尾）。

入分阴阳，区分泰如片与非泰如片；入声韵无塞音尾区分黄孝片与非黄孝片。这样一来，仅仅依靠入声字的今读这么一个主要的语音标准就可以区分出三个小片。泰如片入声调分阴阳、入声字有塞音韵尾；洪巢片入声调不分阴阳、入声字有塞音韵尾；黄孝片入声调不分阴阳、入声字无塞音韵尾。三片的主要区别如表 8-8 所示。

表 8-8　江淮官话三片方言入声的区别

	洪巢片	泰如片	黄孝片
入声是否分阴阳	不分	分	不分
入声韵有无塞音尾	有	有	无

下面就一些重要的语音特征依次说明江淮官话内部各片之间的一致性和差异性。

二　中古全浊声母字今读塞音塞擦音的声母送气情况

洪巢片与黄孝片的方言中古全浊声母字今读塞音塞擦音声母时平声送气，仄声不送气，例如南京、合肥、黄冈、英山等。而泰如片则无论平仄，大多送气；有文白异读的，白读不论平仄一律送气，文读与洪巢片、黄孝片的方言类似，平声送气，仄声不送气。也就是说，仄声字会存在文白异读的现象，如泰州。

表 8-9　江淮官话古全浊声母字今读塞音塞擦音的声母送气情况

	並		定		群	
	平	仄	平	仄	平	仄
例字	平	白	同	代	群	舅
南通	pʻeŋ³⁵	pʻoʔ⁵	tʻʌŋ³⁵	tʻa²¹³	tɕʻyŋ³⁵	tɕʻyo²¹³
泰州	pʻiŋ⁴⁵	pʻoʔ⁵|poʔ³	tʻoŋ⁴⁵	tʻɛ²¹|tɛ³³	tɕʻyŋ⁴⁵	tɕʻiɤɯ²¹|tɕiɤɯ³³
扬州	pʻiŋ³⁴	poʔ⁴	tʻoŋ³⁴	tɛ⁵⁵	tɕʻyŋ³⁴	tɕiɤɯ⁵⁵
连云港	pʻiŋ³⁵	pei³⁵	tʻoŋ³⁵	tɛ⁵⁵	tɕʻion³⁵	tɕiəɯ⁵⁵
涟水	pʻiŋ³⁵	poʔ³⁴	tʻoŋ³⁵	tɛ⁵⁵	tɕʻyŋ³⁵	tɕiu⁵⁵

	並		定		群	
	平	仄	平	仄	平	仄
例字	平	白	同	代	群	舅
南京	$p'in^{24}$	$pəʔ^{5}$	$t'oŋ^{24}$	tai^{44}	$tɕ'yŋ^{24}$	$tɕiɯ^{44}$
芜湖	$p'in^{35}$	$pəʔ^{5}$	$t'oŋ^{35}$	$tɛ^{55}$	$tɕ'yŋ^{35}$	$tɕiɵ^{55}$
合肥	$p'in^{55}$	$pɐʔ^{5}$	$t'əŋ^{55}$	$tɐ^{53}$	$tɕ'yn^{55}$	$tɕiɯ^{53}$
安庆	$p'in^{35}$	pe^{55}	$t'oŋ^{35}$	$tɐ^{52}$	$tʂ'uən^{35}$	$tɕieu^{52}$
红安	$p'in^{31}$	$pæ^{214}$	$t'oŋ^{31}$	tai^{33}	$k'uən^{31}$	$tɕiəu^{33}$
黄冈	$p'in^{313}$	pe^{44}	$t'oŋ^{313}$	tai^{44}	$tɕ'yən^{313}$	$tɕiəu^{44}$
孝感	$p'in^{31}$	$pɛ^{13}$	$t'oŋ^{31}$	tai^{33}	$tʂ'uən^{31}$	$tɕiəu^{33}$
英山	$p'in^{31}$	$pɛ^{33}$	$t'oŋ^{31}$	tai^{33}	$tʂ'uən^{31}$	$tɕieu^{33}$

三　中古四声与今读调类关系

洪巢片有五个声调；黄孝片六个声调，去声分阴阳；泰如片六到七个声调，入声分阴阳，有的方言点去声也分阴阳。泰如片方言来源于中古全浊上声、全浊去声的字有相当一部分存在又读音，大多读阴平调；泰州方言中古浊声母入声字存在文读音，读阴入调。

表 8-10　江淮官话中古四声与今读调类关系

	平		上		去		上	入	
	清	浊	清	次浊	清	浊	全浊	清	浊
例字	春生	能肥	土产	老买	去见	命洞	户杏	七角竹	十集月落
南通	阴平 21	阳平 35	上声 55		阴去 42	阳去 213		阴入 4	阳入 5
泰州	阴平 21	阳平 45	上声 213		去声 33			阴入 3	阳入 5
扬州	阴平 21	阳平 34	上声 42		去声 55			入声 4	
连云港	阴平 214	阳平 35	上声 41		去声 55			入声 24	
涟水	阴平 31	阳平 35	上声 211		去声 55			入声 34	
南京	阴平 31	阳平 24	上声 212		去声 44			入声 5	
芜湖	阴平 31	阳平 35	上声 213		去声 55			入声 5	
合肥	阴平 21	阳平 55	上声 24		去声 53			入声 5	
安庆	阴平 31	阳平 35	上声 213		去声 52			入声 55	
红安	阴平 11	阳平 31	上声 55		阴去 35	阳去 33		入声 214	
黄冈	阴平 34	阳平 313	上声 42		阴去 35	阳去 44		入声 24	
孝感	阴平 24	阳平 31	上声 53		阴去 35	阳去 33		入声 13	
英山	阴平 11	阳平 31	上声 44		阴去 35	阳去 33		入声 313	

四　知系合口字与见系合口字是否同音

这两类字是否同音，也就是所谓的"书虚"是否同音的问题。知系合口字在泰如片、洪巢片基本上不与见系三四等合口字相混（沿长江有一部分洪巢片方言点存在部分相混的情形）；而在黄孝片方言，大多相混，并且韵母常常带有 ʮ 介音，多数学者认为这是黄孝片方言的重要语音特点，实际上这个语音特征在黄孝片周边的西南官话、赣语和湘语等方言也有较大范围的分布。

表 8-11　江淮官话知系合口字与见系合口字的读音

例字	山合三薛四屑		臻合三术物		遇合三鱼		遇合三鱼	
	拙章	决见	出昌	屈溪	书书	虚晓	如日	鱼疑
南通	tɕy?⁴		tɕ'yɛ?⁴	tɕ'y?⁴	su²¹	ɕy²¹	lu³⁵	y³⁵
泰州	tsu?³	tɕyʊ?³	ts'uə?³	tɕ'yʊ?³	su²¹	ɕy²¹	zu⁴⁵	y⁴⁵
扬州	tsuo?⁴	tɕye?⁴	ts'uə?⁴	tɕ'ye?⁴	su²¹	ɕy²¹	lu³⁴	y³⁴
连云港	tʂuə²⁴	tɕyə²⁴	tʂ'uu²⁴	tɕ'yu²⁴	ʂu²¹⁴	ɕy²¹⁴	zu³⁵	y³⁵
涟水	tso?³⁴	tɕyɪ?³⁴	ts'uə?³⁴	tɕ'yɪ?³⁴	su³¹	ɕy³¹	zu²¹¹	y³¹
南京	tʂo?⁵	tɕye?⁵	tʂ'u?⁵	tɕ'y?⁵	ʂu³¹	ɕy³¹	zu²⁴	y²⁴
芜湖	tsuo?⁵	tɕye?⁵	ts'uo?⁵	tɕ'ye?⁵	ɕy³¹		y³⁵	
合肥	tʂuæ?⁵	tɕyɤ?⁵	tʂ'uə?⁵	tɕ'yə?⁵	ʂu²¹	sʮ²¹	zu⁵⁵	zʮ⁵⁵
安庆	tʂuo⁵⁵	tɕye⁵⁵	tʂ'u⁵⁵		ʂu³¹	ɕy³¹	y³⁵	
红安	kɣæ²¹⁴		k'ʮ²¹⁴		ʂʮ¹¹		ʮ³¹	
黄冈	tɕye²⁴		tɕ'y²⁴		ɕy³⁴		y³¹³	
孝感	tʂʅɤ¹³		tʂ'ʮ¹³		ʂʮ²⁴		ʮ³¹	
英山	tʂye³¹³		tʂ'ʮ³¹³		ʂʮ¹¹		ʮ³¹	

五　知章组洪音与精组洪音的分合关系

知章组洪音与精组洪音是否相混也就是通常所说的 ts tʂ 分混的问题。大致说来，泰如片和洪巢片东部（主要限于江苏境内）的方言点这两类声母合流，主要读 ts，少量的点合流后全部读 tʂ；洪巢片西部方言和黄孝片大致上保持两类音对立，只有个别点不分 ts tʂ。分 ts tʂ 的各点大致上是精组洪音读 ts，知章组洪音读 tʂ，如表 8-12 所示。

江淮官话的庄组字根据不同韵类分别派入精组和知章组，对于不分 ts tʂ 的点而言，知系、精组无对立（部分合口字后期演变变同见系合口字的情形不包括在内），对于 ts tʂ 不相混而保持对立的方言而言，庄组分别归入精组和知章组，因此，就是否区分 ts tʂ 这两类声母而言，江淮官话的庄组字可以不予考虑，而主要看精组与知章组之间是否有区别，就可以看出 ts tʂ 这两类声母是否存在区别。

当然就古今分合关系而言，庄组字的今读也十分重要。江淮官话的庄组字今读根据中古音类大致可以分为两类，一类是三等字（止摄部分字、宕摄除外）和梗摄二等字；一类是二等字（梗摄除外）和三等止摄部分字、三等宕摄字。前者以三等字为主，读同精组洪音；后者以二等字为主，读同知章组。庄组字今读归并走向的根本原因除了韵等的作用，主要还跟江淮官话庄组字发生分化时，与所在韵类的主元音高低有关，后面第四节第三部分另有详细分析。

表 8-12　江淮官话知章组洪音与精组洪音的分合

例字	通合三烛		效开一豪三宵		宕开一唐三阳	
	足精	烛章	造从	赵澄	桑心	商书
南通	tsoʔ²⁴		tsɣ²¹³		sõ²¹	
泰州	tsɔʔ³		tsʻɔ²¹		saŋ²¹	
扬州	tsɔʔ⁴		tsɔ⁵⁵		saŋ²¹	
连云港	tʂuʊ²⁴		tʂɔ⁵⁵		ʂaŋ²¹⁴	
涟水	tsɔʔ³⁴		tsʻɔ⁵⁵	tsɔ⁵⁵	saŋ³¹	
芜湖	tsoʔ⁵	tsuoʔ⁵	tsɔ⁵⁵		sã³¹	
南京	tsuʔ⁵	tʂuʔ⁵	tsɔo⁴⁴	tʂɔo⁴⁴	saŋ³¹	ʂaŋ³¹
合肥	tsuəʔ⁵	tʂuəʔ⁵	tsɔ⁵³	tʂɔ⁵³	sã²¹	ʂã²¹
安庆	tseu⁵⁵	tʂu⁵⁵	tsɔ⁵²	tʂɔ⁵²	san³¹	ʂan³¹
红安	tsəu²¹⁴	tʂəu²¹⁴	tsau³³	tʂau³³	saŋ¹¹	ʂaŋ¹¹
孝感	tsəu¹³	tʂəu¹³	tsau³³	tʂau³³	saŋ²⁴	ʂaŋ²⁴
英山	tsəu³¹³	tʂəu³¹³	tsʻau³⁵	tʂau³³	saŋ¹¹	ʂaŋ¹¹
黄冈	tsəu²⁴		tsʻau³⁵	tsau⁴⁴	saŋ³⁴	

六　阴声韵的演变

江淮官话泰如片和洪巢片的蟹摄、效摄字大多失去韵尾，流摄字也有失去韵尾的情形。黄孝片方言则大多保留有韵尾 -i 和 -u。

表 8-13　江淮官话阴声韵的演变

例字	蟹摄开一	效摄开一二	流摄开一
	开在	到包	后头
南通	a	ɣ	e
泰州	ɛ	ɔ	ɣɯ
扬州	ɛ	ɔ	ɣɯ
连云港	ɛ	ɔ	əɯ
涟水	ɛ	ɔ	əu
南京	ai	ɔo	əu
芜湖	ɛ	ɔ	θ
合肥	ɛ	ɔ	ɯ
安庆	ɛ	ɔ	eu
红安	ai	au	əu
黄冈	ai	au	əu
孝感	ai	au	əu
英山	ai	au	əu

黄孝片方言的遇摄端系字和庄组字多数有 u 韵尾，与相对应的流摄字合流。

表 8-14　黄孝片方言的遇摄端系字和庄组字韵母

	肚端	斗端	路来	漏来	锄崇	愁崇
红安	təu⁵⁵		ləu³³		ts'əu³¹	
黄冈	təu⁴²		nəu⁴⁴		ts'əu³¹³	
孝感	təu⁵³		nəu³³		ts'əu³¹	
英山	təu⁴⁴		nəu³³		ts'əu³¹	

七　阳声韵的演变

江淮官话阳声韵咸山两摄合流，多数方言今读鼻化韵母，宕江摄与深臻曾梗通摄往往保留一个或两个鼻辅音韵尾。

江淮官话除黄孝片之外，大多数点阳声韵类可以分为五个相互对立的韵类。其中，咸山摄分为两大韵类（仅仅介音不同的四呼韵母或者互补分布而不构成对立的韵母算作一个韵类），一类主要是山摄合口一等字，另一类多为开口一二等字（开口一等见系字除外）。比如合肥话"般"pṍ²¹ ≠ "班"pæ̃²¹；"官"kũ²¹ ≠ "关"kuæ̃²¹。为了方便，这里称"般、官"一类为 on 类，"班、关"一类为 an 类。江淮官话宕江为一类，如"帮、光"，称为 aŋ 类；深臻全部和曾梗开口为一类，称为 ən 类；通摄和曾梗合口为一类，称为 oŋ 类。这五个相互对立的韵类在唇音和舌根音等声母后面都构成最小对立，相互区别（中古音开合口在唇音条件下实际上并无对立，为了行文方便，中古唇音字无论开合口一律视为合口字，不再单独注明）。

洪巢片部分方言和黄孝片多数方言咸山摄一二等韵没有主元音对立，也可以说没有 on 类和 an 类的区别，比如英山"般山合一" = "班山开二"pan³¹，"官山合一" = "关山合二"kuan³¹。

江淮官话沿江有一部分方言如南京、芜湖、安庆等点咸山摄开口一二等与宕江摄不分，如"班" = "帮"，也就是没有 an 类和 aŋ 类的区别，"班" = "帮"，"关" = "光"，从而导致阳声韵的主元音对立或韵尾对立更为减少。因此，对于南京等地方言，阳声韵类虽然有两个韵尾，但是两个韵尾互补分布，不构成对立，实际上只起到了一个韵尾的功能和作用，韵尾 n 分布于 ən 类韵母（包含 ən in un yn ien yen），韵尾 ŋ 分布于 aŋ 类韵母（包含 aŋ iaŋ uaŋ）和 oŋ 类韵母（包含 oŋ ioŋ）。

下面两个表分别选取唇音字和舌根音字为例来看上述五个韵类在江淮官话中的分布（部分字存在文读音，因与韵类分合的讨论不甚相关，表中从略）。

表 8-15　江淮官话的阳声韵（一）

	山合一	咸山开一二	宕江开一二	深臻开一三	曾梗通
唇音例字	般	班	帮	奔	崩
今读韵类	on类	an类	aŋ类	ən类	oŋ类
南通	p'ṹ³⁵	pã²¹	põ²¹	pɛ̃²¹	pʌŋ⁴²
泰州	pũ²¹	pɛ̃²¹	paŋ²¹	pəŋ²¹	poŋ²¹
扬州	puõ²¹	pæ̃²¹	paŋ²¹	pən²¹	poŋ²¹
连云港	põ²¹⁴	pã²¹⁴	paŋ²¹⁴	pəŋ²¹⁴	
涟水	põ³¹	pã³¹	paŋ³¹	pən³¹	poŋ³¹

	山合一	咸山开一二	宕江开一二	深臻开一三	曾梗通
唇音例字	般	班	帮	奔	崩
今读韵类	on类	an类	aŋ类	ən类	oŋ类
南京	paŋ³¹			pən³¹	
芜湖	põ³¹	pã³¹		pən³¹	
合肥	pũ²¹	pæ̃²¹	pã²¹	pən²¹	pəŋ²¹
安庆	pon³¹	pan³¹		pən³¹	
红安	pan¹¹		paŋ¹¹	pən¹¹	
英山	pan³¹		paŋ³¹	pən³¹	

表中唇音类黄孝片大致上分为三类，咸山、宕江、深臻曾梗通三类；泰如片、洪巢片基本上五个韵类存在对立（南京和芜湖较为特殊，分别只有两类和三类对立）。

表 8-16　江淮官话的阳声韵（二）

	山合一	山合二	宕合一	臻合一	通合一三
舌根音例字	官	关	光	棍	共
今读韵类	on类	an类	aŋ类	ən类	oŋ类
南通	kũ²¹	kuã²¹	kuõ²¹	kuɛ̃⁴²	kʻʌŋ²¹³
泰州	kŭ²¹	kuɛ̃²¹	kuan²¹	kuəŋ³³	koŋ³³
扬州	kuõ²¹	kuæ̃²¹	kuaŋ²¹	kuən⁵⁵	koŋ⁵⁵
连云港	kõ²¹⁴	kuã²¹⁴	kuaŋ²¹⁴	koŋ⁵⁵	
涟水	kõ³¹	kuã³¹	kuaŋ³¹	kuən⁵⁵	koŋ⁵⁵
南京	kuaŋ³¹			kun⁴⁴	koŋ⁴⁴
芜湖	kõ³¹	kuã³¹		kuən⁵⁵	koŋ⁵⁵
合肥	kũ²¹	kuæ̃²¹	kuã²¹	kun⁵³	kəŋ⁵³
安庆	kuon³¹	kuan³¹		kuən⁵²	koŋ⁵²
红安	kuan¹¹		kuaŋ¹¹	kuən³⁵	koŋ³³
英山	kuan³¹		kuaŋ³¹	kuən³⁵	kəŋ³³

上表为见母合口洪音字的比较，黄孝片大致上分为四类，咸山、宕、臻、通四类；泰如片、洪巢片除此四类分别之外，咸山再分为两类，基本上是五个韵类存在对立。

江淮官话深臻曾梗通几摄字的归并根据开合有所不同，绝大多数方言深臻曾梗开口韵合流，也就是通常所说的 ən əŋ 不分的问题，江淮官话方言普遍 ən əŋ 不分、in iŋ 不分。ən əŋ 不分和 in iŋ 不分，属于同一种类型，只是洪细的不同。

表 8-17　江淮官话的 ən əŋ 情况

	深摄	臻摄	曾摄	梗摄
例字	深	身	升	声
南通	sɛ̃²¹			
泰州	səŋ²¹			
扬州	sən²¹			

	深摄	臻摄	曾摄	梗摄
例字	深	身	升	声
连云港	ʂən^{214}			
涟水	sən^{31}			
南京	ʂən^{31}			
芜湖	sən^{31}			
合肥	tʂʰən^{21}	ʂən^{21}		
安庆	ʂən^{31}			
红安	ʂən^{11}			
英山	ʂən^{31}			

　　就臻曾梗通合口韵类而言，江淮官话大多数方言臻摄合口跟曾梗通三摄合口相互对立，也就是 un uŋ 对立、yn yŋ 对立。un uŋ 对立、yn yŋ 对立和上面的 ən əŋ 不分、in iŋ 不分类似，也是同一种类型下的洪细不同。上述讨论五个对立韵类的表中"棍≠共"就是例证，此处不再赘述。

　　江淮官话深臻曾梗通开口、合口韵类的演变方向有所不同，一方面是开合口的不同，另一方面同时跟 ən 类和 oŋ 类韵母的自身特点有关。普通话 oŋ 类 əŋ iŋ uŋ yŋ 四呼俱全，与 ən 类的 ən in un yn 四呼相区别；而江淮官话 ən 类韵母包括 ən in un yn 四呼俱全的韵母，而 oŋ 类韵母往往只有 oŋ ioŋ 或者 uŋ yŋ 这样的两类韵母。因此，江淮官话深臻曾梗通五摄之间实际上相当于开口韵类合并而合口韵类保持两类韵尾的区别。其中，臻梗通三摄的唇音合口字（深曾两摄无唇音合口字）与合口韵类的其他字演变方向相一致，臻摄为 ən 类，梗通为 oŋ 类。有的方言唇音字韵母 əŋ 与非唇音字韵母 oŋ 表面上记音不同，但是互补分布，不构成对立，实际上是同一韵类。

八　入声韵的演变

　　江淮官话入声韵根据有无塞音韵尾大致上可以分为两个大类：有塞音韵尾，无塞音韵尾。泰如片、洪巢片方言入声韵有塞音韵尾，黄孝片方言虽然有入声调类，但是没有入声韵类，古入声字今读跟阴声韵类合流。

　　下表选取来母字作为最小对立的对比，看看各点不同韵摄之间的分合关系（江摄无来母入声字）。

表 8-18　江淮官话入声韵的分合

	咸山摄	深臻摄		宕摄	曾梗摄		通摄
例字	腊辣	立律		落	力历		六
南通	laʔ^{5}	liʔ^{5}		loʔ^{5}	liʔ^{5}		loʔ^{5}
泰州	næʔ^{5}	niɿʔ^{3}		naʔ^{5}	niɿʔ^{5}	niɿʔ^{3}	nɔʔ^{5}
扬州	læʔ^{4}	lieʔ^{4}		laʔ^{4}	lieʔ^{4}		lɔʔ^{4}
连云港	lɤ^{24}	liɿ^{24}	lyu^{24}	luə^{24}	liɿ^{24}		luʊ^{24}
涟水	naʔ^{34}	niʔ^{34}		nɑʔ^{34}	niʔ^{34}		nɔʔ^{34}

	咸山摄	深臻摄		宕摄	曾梗摄	通摄
例字	腊辣	立律		落	力历	六
南京	laʔ⁵	liʔ⁵	lyʔ⁵	loʔ⁵	liʔ⁵	luʔ⁵
芜湖	laʔ⁵	lieʔ⁵		loʔ⁵	lieʔ⁵	loʔ⁵
合肥	leɐʔ⁵	liəʔ⁵	lyəʔ⁵	luɐʔ⁵	liəʔ⁵	luɐʔ⁵
安庆	la⁵⁵	li⁵⁵		lo⁵⁵	li⁵⁵	leu⁵⁵
红安	la²¹⁴	li²¹⁴		lo²¹⁴	li²¹⁴	ləu²¹⁴
孝感	na¹³	ni¹³		no¹³	ni¹³	nəu¹³
英山	la²¹³	li²¹³		lo²¹³	li²¹³	ləu²¹³

有塞音韵尾的入声韵，根据入声韵的主元音可以大致看出中古韵类的分合关系。江淮官话入声韵类比相应的阴声韵和阳声韵要复杂，有些方言中古入声韵合流较多，有些方言则保留较多的对立。

大致说来，江淮官话方言一般都有一套主元音由高元音组成的入声韵如 iʔ uʔ yʔ，或由舌尖元音构成的入声韵，这些入声韵主要来源于深臻摄和曾梗通摄三四等入声字，这里称为 iʔ 韵类；中古咸山摄开口一二等入声字（一等见系字除外）多读 aʔ iaʔ uaʔ 韵或 æʔ iæʔ uæʔ，这里统称为 aʔ 韵类；中古咸山摄开口一等见系和山合一入声字多读 oʔ uoʔ 韵或 ʊʔ uʊʔ 韵，这里统称为 oʔ 韵类；中古咸山摄三四等入声字多读 əʔ iəʔ uəʔ yəʔ 韵，这里统称为 əʔ 韵类；中古宕江摄入声字多读 ɔʔ iɔʔ uɔʔ 韵或 ɒʔ iɒʔ uɒʔ 韵，这里统称为 ɔʔ 韵类；中古曾梗摄一二等入声字多读 ɛʔ iɛʔ uɛʔ 韵或 əʔ iəʔ uəʔ yəʔ 韵，这里统称为 ɛʔ 韵类。

表8-19　江淮官话的入声韵类

中古入声韵类	咸山开一非见系、开二	咸山开一见系山合一	咸山三四
今入声韵类	aʔ类	oʔ类	əʔ类
中古入声韵类	宕江	曾梗一二	曾梗三四深臻通
今入声韵类	ɔʔ类	ɛʔ类	iʔ类

江淮官话仍保留这六个大类的入声韵类相互对立的方言很少，如扬州；多数方言保留四个或五个韵类的对立，如泰州、南通等方言有五个韵类的对立；少数方言只有三个乃至两个韵类的对立，如合肥只有两个韵类的对立，一类是 ɛʔ iɛʔ uɛʔ yɛʔ，一类是 əʔ iəʔ uəʔ yəʔ。常见的合并方向是非央元音向央元音方向合并，宕江 ɔʔ 类与咸山一见系 oʔ 类合并为 oʔ 类，比如南通"合咸一=活山一=鹤宕一=学江二"xoʔ⁵；曾梗一二 ɛʔ 类与咸山三四 əʔ 类合并为 əʔ 类，比如南通"褶咸三=哲山三=则曾一=责梗二"tsəʔ⁴；合流最剧烈的是合肥等洪巢片西北部方言，aʔ 类、oʔ 类、ɔʔ 类、ɛʔ 类和 əʔ 类等中古一二等入声字和一部分知系三等入声字全部合流为一个韵类 ɛʔ iɛʔ uɛʔ yɛʔ。

九　中古疑影母今读

江淮官话疑母字跟影母、云母、以母合并。开口韵读零声母或 ŋ z 等声母，合口、齐齿、撮口韵母前多读零声母。

表 8-20　江淮官话的疑影母字读音

例字	疑母 岸	影母 按	疑母 危	云以母 围维	疑母 元	云以母 袁缘
南通	ʊ̃²¹³	ʊ̃⁴²	ue³⁵			yə̃³⁵
泰州	ʊ̃²¹	ɛ̃²¹	vəi⁴⁵			yʊ̃⁴⁵
扬州	æ̃⁵⁵		uɪ³⁴			yə̃³⁴
连云港	ã⁵⁵		uei³⁵			yõ³⁵
涟水	ã⁵⁵		uei³⁵			uɪ̃³⁵
南京	aŋ⁴⁴		uəi²⁴			yen²⁴
芜湖	ã⁵⁵		uei³⁵			yĩ³⁵
合肥	zæ̃⁵³		ue⁵⁵			yĩ⁵⁵
安庆	ŋan⁵²		uei³⁵			yen³⁵
红安	ŋan³³	ŋan³⁵	uei³¹			ȵan³¹
孝感	ŋan³³	ŋan³⁵	uei³¹			ȵan³¹
英山	ŋan³³	ŋan³⁵	uei⁵⁵			ȵan⁵⁵

十　中古日母今读

止摄开口普通话读零声母的日母字，江淮官话今读也是零声母。其余日母字江淮官话今读音大体上可以分为三类：一、读零声母；二、读同来母；三、独立为一类，读作知章组字塞擦音声母相配套的浊擦音声母，多数为卷舌擦音 ẓ，不分 ts tʂ 的方言往往读 z。黄孝片多为第一种类型，同时往往带有卷舌介音 ʅ；江苏境内的一部分泰如片和洪巢片方言为第二种类型（今读洪音的，声母同来母；今读细音的，声母同零声母）；其余的大多数方言为第三种类型，读作知章组字塞擦音声母相配套的浊擦音声母。

表 8-21　江淮官话的古日母字读音

	二	热	忍	日	如	软
南通	ər²¹³	iʔ⁵	iɛ̃⁵⁵	ieʔ⁵	lu³⁵	yə̃⁵⁵
扬州	a⁵⁵	ieʔ⁴	lən⁴²	ləʔ⁴	lu³⁴	luõ⁴²
泰州	ər²¹	iɪʔ⁵	zəŋ²¹³	iɪʔ⁵ ẓəʔ⁵	zu⁴⁵	zʊ̃²¹³
连云港	ɛ⁵⁵	zʅʔ²⁴	zəŋ⁴¹	zə²⁴	zu³⁵	zõ⁴¹
涟水	ər⁵⁵	iɪʔ³⁴	zən²¹¹	zə²³⁴	zu²¹¹	zõ²¹¹
南京	ər⁴⁴	zəʔ⁵	zən²¹²	zʅ⁵	zu²⁴	zuaŋ²¹²
芜湖	ər⁵⁵	zəʔ⁵	zən²¹³	zəʔ⁵	y³⁵	zõ²¹³
合肥	a⁵³	zʅʔ⁵	zən²⁴	zəʔ⁵	zu⁵⁵	zən²⁴ zʊ̃²⁴
安庆	ər⁵²	zə⁵⁵	zən²¹³	zʅ⁵⁵	y³⁵	zuon²¹³
红安	ər³³	ȵæ²¹⁴	ȵən⁵⁵	ər²¹⁴	ȵæ³¹	ȵan⁵⁵
黄冈	ə⁴⁴	ye²⁴	ȵən⁴²	ə²⁴	y³¹³	ȵan⁴²
英山	ər³³	ȵe³¹³	ȵən⁴⁴	ər³¹³	ȵʅ³¹	ȵan⁴⁴

十一 中古端系合口字今读大多无介音

　　江淮官话绝大部分方言端系字即端组、精组、泥组字拼中古合口韵今读洪音时失去介音。特别是臻摄合口字，很少例外；蟹止摄合口字也大多如此；山摄合口字除了部分洪巢片西北部方言点存在合口介音外，大多数方言点也是如此。

表 8-22　江淮官话的古端系合口字的介音

例字	山摄合口 短算乱	蟹止摄合口 对最内	臻摄合口 顿村论
南通	yə̃	e / ye	ɛ̃
泰州	ũ	y / uəi	əŋ
扬州	uõ	uɪ	ne
连云港	õ	ei	əŋ
涟水	õ	ei	ən
南京	uaŋ	uəi	un
芜湖	õ	ei	ən
合肥	ũ	e	ən
安庆	on	ei	ən
红安	an	i	ən
黄冈	an	i	ən
孝感	an	i	ne
英山	an	i	ən

十二　中古开口见系二等字大多存在文白异读

　　江淮官话中古开口见系二等字存在系统的文白异读，白读音多读 k kʻ x 声母，文读音多读 tɕ tɕʻ ɕ 声母。

表 8-23　江淮官话古见系开口二等字的读音

例字 文白读	下假 白	下假 文	咸咸 白	咸咸 文	鞋蟹 白	鞋蟹 文	教效 白	教效 文	巷江 白	巷江 文	硬梗 白	硬梗 文
南通	xiø^{213}	ɕia^{213}	xɑ̃^{35}		xa^{35}		kɤ^{21}	tɕiɤ^{42}	xõ^{213}		ŋɛ̃^{213}	
泰州	xa^{21}	ɕia^{21}	xɛ̃^{45}	ɕiɛ̃^{45}	xɛ^{45}		kɔ^{21}	tɕiɔ^{33}	xaŋ^{21}		əŋ^{21}	
扬州	xa^{55}	ɕia^{55}		ɕiã^{34}	xɛ^{34}		kɔ^{21}	tɕiɔ^{21}	xaŋ^{55}		ən^{55}	
连云港		ɕia^{55}		ɕiã^{35}		ɕiɛ^{35}		tɕiɔ^{55}	xaŋ^{55}			iŋ^{35}
涟水	xa^{55}	ɕia^{55}	xɑ̃^{35}		xɛ^{35}		kɔ^{31}	tɕiɔ^{55}	xaŋ^{55}		ən^{55}	
南京		ɕia^{44}		ɕien^{24}		ɕiɛ^{24}		tɕiɔɔ^{44}		ɕiaŋ^{44}	ən^{44}	
芜湖	xa^{55}	ɕia^{55}	xɑ̃^{35}	ɕĩ^{35}	xɛ^{35}	ɕiɛ^{35}	kɔ^{31}	tɕiɔ^{55}	xã^{55}	ɕiã^{55}	ən^{55}	
合肥		ɕia^{53}		ɕĩ^{55}		ɕie^{55}		tɕiɔ^{53}		ɕiã^{53}	zən^{53}	
安庆	xa^{52}	ɕia^{52}	xan^{35}		xɛ^{35}			tɕiɔ^{52}	xan^{52}		ŋən^{52}	
红安	xa^{33}	ɕia^{33}		ɕien^{31}	xai^{31}			tɕiau^{35}	xaŋ^{33}	ɕiaŋ^{33}	ŋən^{33}	
黄冈	xa^{44}	ɕia^{44}	xan^{313}		xai^{313}				xaŋ^{44}		ŋən^{44}	
孝感	xa^{33}	ɕia^{33}	xan^{31}	ɕien^{31}	xai^{31}			tɕiau^{35}	xaŋ^{33}		ŋən^{33}	
英山	xa^{33}	ɕia^{33}	xan^{55}		xai^{55}			tɕiau^{31}	xaŋ^{33}		ŋən^{35}	

十三　中古庄组内转字读同精组，外转字读同知章组

　　江淮官话庄组字大致上可以分庄组三等字为一类，庄组二等字为另一类。根据韵摄的分布特点，又可以大致上把前者归为内转字，后者归为外转字。这里的内外转概念主要依据主元音是否为低元音（或半低元音），符合这个条件的是外转，不符合的则是内转。假摄、蟹摄、效摄、咸摄、山摄、江摄等二等韵庄组字主元音基本上为低元音，属于外转，其余的韵摄主元音大多为非低元音，属于内转。梗摄二等字的主元音江淮官话今读多为央元音或半高元音，与其他二等韵摄的主元音是低元音不同，归入内转字；相反的，宕摄三等字庄组字主元音为低元音，与江摄庄组字相同；止摄合口庄组字主元音为低元音，与蟹摄庄组字相同，因此归入外转字。

　　江淮官话这两类庄组字归并方向不同，庄组外转字归入知章组（不包括梗开二知组字）；庄组内转字归入精组，梗开二知组字也归入精组。或者说低元音类庄组字归入知章组，非低元音类庄组字归入精组。严格说来，主元音的高低应该是指庄组字当初发生分化时的主元音高低不同，今读主元音可能会因后起的音变跟当初的高低有所不同，从而造成此规律有个别例外。比如江摄庄组"捉镯"等字今江淮官话多读 uoʔ 韵母，主元音是半高元音，按理应算作内转字，但是在庄组字发生分化的时代，很可能这些字读低元音 uaʔ 之类的韵母，是当时的外转字，今天的泰州、涟水、扬州等方言正是读作 uaʔ 韵母。

　　有一部分方言点精组字和知系字不分，都读成 ts 或 tʂ 组声母，在洪音之前只有一套塞擦音声母，因此也就不存在进一步的分类。不过，就庄组字而言，这些方言也可能存在过庄组字分为两类，后来进一步跟随 ts tʂ 不分的演变进程而重新归为一类。

表 8-24　江淮官话古知庄章精组字的声母（一）

例字	精组 增走	庄组外转字							知章 知章
		查假	债蟹	找效	斩咸	盏山	捉江	揣止	
南通	ts	tsʻiø^{35}	tsa^{42}	tsɤ^{55}	tsɑ̃^{55}	tsɑ̃^{42}	tɕyoʔ^{4}	tɕʻya^{21}	ts
泰州	ts	tsʻa^{45}	tsɛ^{33}	tsɔ^{213}	tsɛ̃^{213}	tsɛ̃^{213}	tsuaʔ^{3}	tsʻue^{21}	ts
扬州	ts	tsʻa^{34}	tsɛ^{55}	tsɔ^{42}	tsæ̃^{42}	tsæ̃^{42}	tsuaʔ^{4}	tsʻue^{21}	ts
连云港	tʂ	tʂʻa^{35}	tʂɛ^{55}	tʂɔ^{41}	tʂɑ̃^{41}	tʂɑ̃^{41}	tʂuo^{24}	tʂʻue^{214}	tʂ
涟水	ts	tsʻa^{35}		tsɔ^{211}	tsɑ̃^{211}	tsɑ̃^{211}	tsuɑʔ^{34}	tsʻue^{31}	ts
芜湖	ts	tsʻa^{35}	tsɛ^{55}	tsɔ^{213}	tsɑ̃^{213}	tsɑ̃^{213}	tsuoʔ^{5}	tɕʻye^{31}	ts
南京	ts	tʂʻa^{24}	tʂai^{44}	tʂɔo^{212}	tʂaŋ^{212}	tʂaŋ^{44}	tʂoʔ^{5}	tʂʻuai^{31}	tʂ
合肥	ts	tʂʻa^{55}	tʂɛ^{53}	tʂɔ^{24}	tʂæ̃^{24}	tʂæ̃^{24}	tʂuɤʔ^{5}	tʂʻue^{21}	tʂ
安庆	ts	tʂʻa^{35}	tʂɛ^{52}	tʂɔ^{213}	tʂan^{213}	tsan^{213}	tʂo^{55}	tʂʻuɛ^{213}	tʂ
红安	ts	tʂʻa^{31}	tsai^{35}	tsau^{55}	tsan^{55}	tsan^{55}	tso^{214}	tsʻai^{11}	tʂ
英山	ts	tʂʻa^{55}	tsai^{35}	tsau^{34}	tsan^{34}	tsan^{34}	tso^{213}	tʂʻuai^{34}	tʂ

表 8-25　江淮官话古知庄章精组字的声母（二）

例字	精组 增走	知组 眐梗二	庄组内转字						知章 知章
			阻遇	师止	邹流	衬臻	测曾	缩通	
南通	ts	tsɛ^{21}	tsu^{55}	sʅ^{21}	tse^{21}	tsɜ^{42}	tsʻɿ^{3}ʔ^{4}	soʔ^{4}	ts

	精组	知组	庄组内转字							知章
例字	增走	睁梗二	阻遇	师止	邹流	衬臻	测曾	缩通		知章
泰州	ts	tsən²¹	tsu²¹³	ʂʅ²¹	tsɤɯ³³	tsʻuən³³	tsʻəʔ³	soʔ³		ts
扬州	ts	tsən²¹	tsu⁴²	ʂʅ²¹	tsɤɯ⁵⁵	tsʻuən⁵⁵	tsʻəʔ⁴	soʔ⁴		ts
连云港	tʂ	tʂən²¹⁴	tʂu⁴¹	ʂʅ²¹⁴	tʂʻəɯ⁵⁵	tʂʻən⁵⁵	tʂʻə²⁴	ʂuu²⁴		tʂ
涟水	ts	tsən³¹	tsu²¹¹	ʂʅ³¹	tsəu³¹	tsʻən⁵⁵	tsʻəʔ³⁴	soʔ³⁴		ts
芜湖	ts	tsən³¹	tsu²¹³	ʂʅ³¹	tse³¹	tsʻən⁵⁵	tsʻəʔ⁵	soʔ⁵		ts
南京	ts	tsən³¹	tsu²¹²	ʂʅ³¹	tsəɯ³¹	tsʻun⁴⁴	tsʻəʔ⁵	soʔ⁵		tʂ
合肥	ts	tsən²¹	tsu²⁴	ʂʅ²¹	tsɯ²¹	tsʻən⁵³	tsʻɐʔ⁵	suaʔ⁵		tʂ
安庆	ts	tsən³¹	tseu²¹³	ʂʅ³¹	tseu³¹	tsʻən⁵²	tsʻe⁵⁵	so⁵²		tʂ
红安	ts	tsən¹¹	tsəu⁵⁵	ʂʅ¹¹	tsəu¹¹	tsʻən³⁵	tsʻæ²¹⁴	səu²¹⁴		tʂ
英山	ts	tsən³¹	tsəu³⁴	ʂʅ³¹	tsəu³¹	tsʻən³⁵	tsʻɛ²¹³	səu²¹³		tʂ

十四　部分中古邪母平声字大多读同次清声母字

江淮官话中古邪母平声字"词祠辞囚"跟普通话一样，读送气塞擦音。除了这几个字之外，还有若干邪母字如"祥详随斜"等字在江淮官话的很多方言里面也读送气塞擦音声母。

表8-26　江淮官话古邪母字的读音

	详	祥	随	斜
南通	tɕʻiẽ³⁵	tɕʻiẽ³⁵	tɕʻye³⁵	tɕʻia³⁵
泰州	tɕʻiaŋ⁴⁵	tɕʻiaŋ⁴⁵	tsʻuəi⁴⁵	tɕʻia⁴⁵
扬州	tɕʻiaŋ³⁴	tɕʻiaŋ³⁴	tsʻur³⁴	tɕʻia³⁴
连云港	tɕʻiaŋ³⁵	tɕʻiaŋ³⁵	tʂʻei³⁵	tɕʻʅ³⁵
涟水	tɕʻiaŋ³⁵	tɕʻiaŋ³⁵	sei³⁵	tɕʻia³⁵
南京	tsʻiaŋ²⁴	tsʻiaŋ²⁴	tsʻuəi²⁴	sie²⁴
芜湖	tɕʻiã³⁵	tɕʻiã³⁵	sei³⁵	ɕi³⁵
合肥	tɕʻiã⁵⁵	tɕʻiã⁵⁵	se⁵⁵	ɕi⁵⁵
安庆	tɕʻian³⁵	tɕʻian³⁵	sei³⁵	ɕie³⁵
红安	tɕʻiaŋ³¹	tɕʻiaŋ³¹	ɕi³¹	ɕie³¹
黄冈	tɕʻiaŋ³¹³	tɕʻiaŋ³¹³	ɕi³¹³	
孝感	tɕʻiaŋ³¹	tɕʻiaŋ³¹	ɕi³¹	
英山	tɕʻiaŋ⁵⁵	tɕʻiaŋ⁵⁵	ɕi⁵⁵	ɕia⁵⁵

十五　关于鄂西陕南的江淮官话

这里将湖北西部竹山、竹溪两县方言和相邻的陕西南部地区的所谓"客伙话"作为一片特殊的区域单列出来附在后面。

江淮官话方言的共同特征是有入声，而这个特殊区域没有入声，但是在其他的方面与黄孝片方言有诸多类似的特征，因此暂列于此，其具体面貌还有待于更深入的调查和研究。

　　鄂西陕南江淮官话主要分布于湖北省竹山、竹溪两县，陕西省商洛市的柞水、镇安、商南、丹凤和山阳，安康市辖区、旬阳、平利、白河等 9 个市县的部分乡镇，人口约 180 万。

　　其中，商南、丹凤和山阳三县部分乡镇的方言全浊字今读塞音塞擦音时为送气声母，有学者据此归为赣语。

　　鄂西陕南江淮官话的主要特点有如下五点：

　　1. 无入声调，古清入、次浊入今多读阴平，类似于中原官话；全浊入今多读阳去，部分地类似于江淮官话黄孝片和部分北部赣语。见表 8-27。

表 8-27

	平		上		去		入		
	清	浊	清 次沙	全浊	浊	清	清 次浊	全浊	
竹山	阴平 24	阳平 53	上声 44	阳去 33		阴去 313	阴平 24	阳去 33	
白河	阴平 31	阳平 44	上声 35	阳去 22		阴去 213	阴平 31	阳去 22	
商南	阴平 31	阳平 35	上声 55	阳去 22		阴去 212	阴平 31	阳去 22	

引用资料说明：主要参考郭沈青 2006、周政 2006，另外邢向东先生在材料方面给予了无私的帮助。

　　2. 去声分阴阳，古清去字读阴去，古浊去字读阳去。类似于江淮官话黄孝片和部分北部赣语。

　　3. 古全浊字今读塞音塞擦音时平声送气，而仄声字则有两种情形，一种读送气声母，主要分布于商南、丹凤和山阳三县，此特点类似于赣语；另一种情形是不送气，主要分布于除了商南、丹凤和山阳三县之外的区域，此特点与其他官话相类。

	罪_{从上}	步_{並去}	读_{定入}
竹山	$t\varphi i^{33}$	pu^{33}	tou^{24}
白河	$tsei^{22}$	pu^{22}	tou^{22}
商南	$ts'ei^{22}$	$p'u^{22}$	$t'ou^{22}$

　　4. 普通话撮口呼字、tʂ tʂʻ ʂ ʐ 声母的合口呼字鄂西陕南江淮官话读 ʮ- 类韵母，拼 tʂ tʂʻ ʂ ʐ 声母。也即古知系二三等合口字和见系三四等合口字合流，读 ʮ- 类韵母，这个特点类似于江淮官话黄孝片和部分北部赣语。如：猪=菊 ⊂tʂʮ，船=权 ⊂tʂʻʮan，顺=训 ʂʮnᵓ，如=鱼 ⊂ʮ。

　　5. 古蟹止山臻摄端系合口字，鄂西陕南江淮官话今多读开口呼韵母。这个特点与江淮官话和部分北部赣语相近。如平利话：对 teiᵓ，罪 tseiᵓ，醉 tseiᵓ，乱 lanᵓ，短 ⸉tan，墩 ⊂tən，孙 ⊂sən。

第四节　江淮官话研究简述

　　江淮官话的调查和研究总体上来说比较薄弱，成果相对较少，深度也有所缺乏。

　　江淮官话的调查和研究可以上推到明清两代的一些韵书，不过这些韵书是否可以完全定性为方言韵书的性质，还有待于进一步的研究。除了韵书，这一时期各地所修的地方志，或多或少有一些方言词语的零星记录。

　　真正对江淮官话方言进行语言学意义上的记录和研究的，大致可以分为 17 世纪初至 20 世纪初、20 世纪初至 1949 年、1949 年以后三部分介绍。

一　17 世纪初至 20 世纪初

大致上从 17 世纪初至 20 世纪初。主要是外来传教士所留下的相关记录和资料。其中比较著名的有 17 世纪初的利玛窦(Matteo Ricci)《西字奇迹》和金尼阁(Nicolas Trigaut)《西儒耳目资》，利用西文字母拼写汉字，根据目前的研究，学者们认为这是现存最早的一批拉丁字母拼写汉语的文献，其音系基础是当时的南京官话。1703 年出版于广州的瓦罗《华语官话语法》中所给出的音系也是根据 17 世纪末期西班牙来华传教士记录的南方官话音系。这些材料显示当时的南京官话或南方官话有 5 个声调，入声是个促调。

这一阶段后半段，19 世纪来华传教士发表了一些汉语著作，记录了江淮官话的一些基本的面貌。1815 年马礼逊(Robert Morrison)出版的《字典》第一卷，特别说明该字典音系是根据南京话而不是北京话记录的，并指出这两个方言的若干不同点，特别是入声有无和尖团分混上的不同。这本字典根据康熙字典所收字用拉丁字母一一注音，并且给出英文释义，这也是第一本英汉字典，共三卷六巨册，厚达 5000 页，是一份价值较高的材料。

初版于 1892 年、再版于 1912 年的翟理斯（Herbert Giles）《英汉词典》中，有 Parker 用统一的音标标注的扬州方言字音，这是较早的用统一的音标记录的江淮官话材料。

1899 年出版的穆麟德（Paul Georg Von Mollendorff）《汉语方言分类》一书中把官话分为北部、中部和西部三个大的部分，其中的中部官话就是江淮官话，包括江西和安徽乃至浙江的杭州方言。该书认为，中部官话扬州方言颇呈异彩，使得与扬子江以南的各省有入声的方言有一种连接。

二　20 世纪初至 1949 年

大致上是从 20 世纪初至 1949 年。这个阶段是现代语言学逐步确立的阶段，也是方言调查和描写日渐科学化的阶段。有若干文章和专著描写江淮官话方言的语音、词汇等内容，特别是歌谣研究会成立之后，一些学者在各种报刊上撰写了若干江淮官话的文章，比如叶德均《淮安方言录》(1929)、钱文晋《沭阳方言考》(1930)、朱锦江《金陵方言考》(1936)和李庆富《合肥方言考》(1936)等等。除了这些散见的文章之外，还有一些重要的著作值得一提。

1907 年在德国莱比锡出版的 K. Hemeling 博士论文《南京官话》，比较系统地描写了南京方言的音系，并列出了大约 4000 字的同音字表。该书虽然列出 an aŋ、en eŋ、in iŋ 三对韵母，虽然列出 n l 两个声母，但是在书后特别指出，实际上没有韵尾的对立，n l 两者并无区别，并说明其实际音值是鼻化边音。出版于 1926 年的高本汉《中国音韵学研究》第四卷《方音字汇》中收录有南京 3125 个字音，根据作者的说明，其材料来源就是来自 K. Hemeling 博士的调查。

1929 年赵元任的《南京音系》发表于《科学》杂志，系统描写和研究了当时的南京方言。

1939 年出版的《湖北方言调查报告》调查描写了湖北省汉语方言第二区，也就是江淮官话黄孝片方言，这是江淮官话首次出版的大规模方言调查资料，并附有数十张方言同言线地图。

1939 年中研院史语所出版的《语言区域图》分出下江官话区，包括江西省在内。

三　1949 年以后

新中国成立至今，可以分为 1949～1966 年和 1978 年以后两个阶段。

从 1949 年到 1966 年之前。这一阶段，特别是 50 年代末，为了推广普通话的需要，全面展开汉语方言普查工作，江淮官话的调查和研究有了大规模的进展。

1960 年《江苏省和上海市方言概况》出版，该书所列的第一区就是江淮官话洪巢片方言，共 28 个方言点；第三区就是江淮官话泰如片方言，共 10 个方言点。除了声韵调之外，还列有 2601 个字音对照，567 条词语对照，并附有 42 张方言地图。

1962 年《安徽方言概况》出版。该书分出的肥芜方言区就是江淮官话洪巢片方言，共有 5 市 29 个县。列有声韵调对照、172 个词语对照和 37 个语法例句对照，并附有 14 张方言地图。

1960 年袁家骅《汉语方言概要》出版，相关内容集中全面地介绍了江淮官话的概貌。1962 年《汉语方音字汇》出版，收录扬州方言字音，第二版增加了合肥方言字音；1964 年《汉语方言词汇》出版，收录合肥、扬州两个方言的音系和词汇。

这一阶段有几部江淮官话方言的论著出版，初步揭示了江淮官话方言局部或整体的面貌，如王世华《扬州话音系》（1959）、孟庆惠《安徽方音辨正》（1960）等。

这个时期出版的《方言与普通话丛刊》和《方言与普通话集刊》收入了一部分江淮官话方言的论文，如王年芳《扬州方言》（丛刊第二本，1959）、胡维新《湖北广济方音与北京语音》（集刊第三本，1958）、徐铁生《略谈江苏南通专区方音的声母》（集刊第五本，1958）、刘特如《淮北方音》（集刊第七本，1959）、陈振亚《湖北孝感专区江北九县方音与北京音的对应规律》（集刊第七本，1959）、南京大学中文系方言调查组《南京方音中几个问题的调查》（集刊第八本，1961）等。

这一时期发表了不少江淮官话方言的论文，大多讨论方音与普通话的关系或对应规律。比如周景绍《合肥舌尖元音 i 韵辨正》（《合肥师范学院学报》1959 年第 1 期）、詹伯慧《广济方音和北京语音的比较》（《武汉大学人文科学学报（语文专号）》1959 年第 6 期）、刘颐《广济方言》（《武汉大学学报（人文科学版）》1963 年第 1 期）、俞扬《泰州话里的文白异读》（《中国语文》1961 年第 5 期），等等。另外，丁邦新《如皋方言的音韵》（台湾《史语所集刊》之三十六，1966）也是这一时期发表的，通过历时比较和共时比较，对如皋方音作了系统的分析和研究。

从 1978 年至今。这一时期，有相对较多的成果发表，研究深度较以往大大深入，一批学术水平高的著作问世。

1987 年中国社会科学院和澳大利亚人文科学院合编的《中国语言地图集》出版，江淮官话的分区及其特征在其中得到明确的界定，首次在江淮官话北部分出泰如片、洪巢片和黄孝片三个方言片，确定有入声调是江淮官话区别于其他官话方言的重要特点，将一直归属未定的鄂东方言划归江淮官话，均已成为方言学界的共识。为《中国语言地图集》项目而作的几篇重要文章都是江淮官话的分布和分区研究的重要文献，如李荣《官话方言的分区》（《方言》1985 年第 2 期）和郑张尚芳《皖南方言的分区》（《方言》1986 年第 1 期）。

李荣主编《现代汉语方言大词典》40 册分卷本方言词典（江苏教育出版社）1992～1998

年陆续出版，其中江淮官话方言有《南京方言词典》（刘丹青 1995）和《扬州方言词典》（王世华、黄继林 1996）两本。2002 年《现代汉语方言大词典》综合卷出版。

侯精一主编的《现代汉语方言音库》（上海教育出版社）共收 40 个方言的音档，20 世纪90 年代末陆续出版，其中收入江淮官话方言的《南京话音档》（刘丹青 1997）和《合肥话音档》（李金陵 1997）。音档除了收录声韵调、连调、轻声、儿化等语音资料、180 余条词语、55 条语法例句和故事语料等有声资料之外，还收录有江淮方言概说、安徽方言分区概说等概述性文字资料。2005 年上述 40 个方言的音档录音重新制作为《现代汉语方言音库》光盘（上海教育出版社、上海教育音像出版社）出版，可以进行多功能电子检索。2002 年侯精一主编的《现代汉语方言概论》由上海教育出版社出版，其中钱曾怡撰写的官话部分系统地概述了江淮官话的特点，并做了大量表格与其他官话方言进行对照。

陈章太、李行健主编《普通话基础方言基本词汇集》共五卷，1996 年语文出版社出版，收录的 93 个音系中有 9 个江淮官话方言点：南通、南京、扬州、连云港、涟水、合肥、芜湖、安庆、红安，除了列出同音字表之外，还列有 2645 个词语对照、63 幅方言地图。

安徽省地方志编纂委员会《安徽省志·方言志》（孟庆惠编撰 1997），综述皖中江淮官话的语音、词汇、语法特点，并列有 9 个方言点 608 字音对照，10 幅方言地图。

江苏省地方志编纂委员会《江苏省志·方言志》（鲍明炜主编 1998），其中江淮官话方言收录 42 个方言音系，700 字音对照表，614 条词语对照表，52 条语法例句对照表以及 68幅方言地图，另外还收有南京、扬州和泰州三个方言的同音字表。同时还给江苏境内的江淮官话进行了内部分片，分为南京片、扬淮片和通泰片。

除了省志方言志之外，各地地方志也或多或少列有方言部分的内容，这里不一一赘述。另外，还有方言志的专书出版，如：卢源斌等《广济方言志》（1985），陈淑梅《湖北英山方言志》（1989），张建民《泰县方言志》（1991），费嘉、孙力《南京方言志》（1993），张丙钊《兴化方言志》（1995），等等。

上述出版物的陆续出版，江淮官话的资料日渐丰富和深入，成为江淮官话研究必备的参考文献。

除上述重要文献之外，还有一批个人研究专著或局部地区方言研究成果。如：顾黔《通泰方言音韵研究》（南京大学出版社 2001），对泰如片方言进行了综述和分析，特别是考察了声母、韵母和声调的历时演变，进行了方言史的构拟；鲍明炜、王均主编《南通地区方言研究》（2002），系统描写了南通地区方言的语音、词汇和语法，其中的如海片和南通片属于江淮官话泰如片方言，书中列有如海话和南通话同音字表，700 字音对照，词汇对照以及 38 幅方言地图；汪化云《鄂东方言研究》（2004），对湖北黄冈市辖的七县二市一区的方言的语音、词汇和语法进行概述性描写和深入分析。

这一时期发表的论文也有相当的数量，这里不再一一列举。其中比较有影响的有平山久雄《江淮方言祖调值构拟和北方方言祖调值初案》（1984），鲍明炜《六十年来南京方音向普通话靠拢情况的调查》（1980），鲁国尧《明代官话及其基础方言问题——读〈利玛窦中国札记〉》（《南京大学学报》1985 年第 4 期，收入《鲁国尧自选集》1994）、《通泰方音史及通泰方言史研究》（日本《アジア·アフリカ語の計数研究》1988 年第 30 号，收入《鲁国尧语言学论文集》），杨福绵《罗明坚、利玛窦〈葡汉辞典〉所记录的明代官话》（1995），等等。

第九章
晋　语

第一节　晋语概述

一　晋语的分布

晋语指"山西及其毗连地区有入声的方言"（李荣 1985a）。

晋语分布图

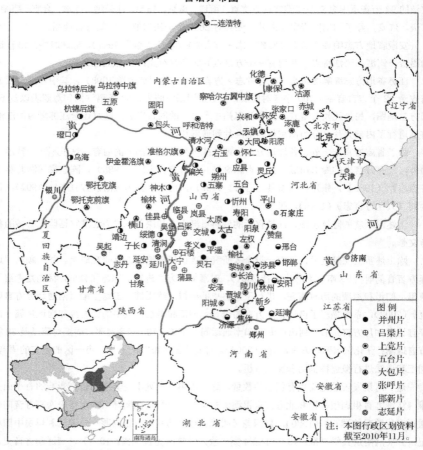

（一）晋语区的行政区划

据《中国语言地图集》（1987）图 B7 和侯精一《晋语的分区》（1986b），晋语分布于山西省（南部 28 个市县和河南省灵宝、陕县、三门峡市属于中原官话汾河片），河北省西部邻近山西的地区，河南省黄河以北地区（其中孟县属中原官话），内蒙古自治区中西部黄河以东地区，以及陕西省的北部地区，共 175 个市县，使用人口约 4570 万。本章根据近二十年来关于晋语的调查研究成果，参照 2004 年行政区划的变更情况，对《中国语言地图集》的内容作了必要的补充和更新。本章所说的晋语仍分布于上述五省区，共 191 个市县旗。其中山西省 82 个市县，河北省 32 个市县，河南省 19 个市县，内蒙古自治区 39 个市县旗，陕西省 19 个市县。具体情况见本章第三节"晋语的分片及各片特点"。

（二）晋语区的人口

据 2004 年《中华人民共和国行政区划简册》统计，使用晋语的人口约 6170 万，其中山西省约 2370 万，河北省约 1198 万，河南省约 1104 万，陕西省约 437 万，内蒙古自治区约 1061 万。

二　晋语的形成

黄河流域是华夏民族发祥地。黄河流经晋语分布的广大地区，其第二大支流汾河流域的中下游穿行于山西晋语区的腹地。自古以来，晋语区的人民在这片自然条件十分优越的土地上繁衍生息，在创造原始文化的同时，也形成了本地的语言。

"晋"指称山西始于春秋。当时晋国吞并周围二十多个小国和部分戎狄部落，据有今山西中南部、河北西南部、河北西北小部分和陕西一带。战国时韩、赵、魏三家分晋（公元前 403 年）。韩建都阳翟（今河南禹县），辖山西东南角和河南中部。赵建都晋阳（今太原东南），辖山西中部、陕西东北角和河北西南部；赵武灵王改革后，又占有今河北西部和河套地区。魏建都安邑（今山西夏县西北），辖山西芮城北。韩、赵、魏三国之疆域为今晋语区之大部，赵国都城古晋阳今太原一带逐渐成为晋语区的中心区域。

从地理环境来看，山西省位于华北中部，北纬 $34°36'\sim40°44'$，东经 $110°15'\sim114°32'$，东凭太行山脉与河北相邻，南连河南，西隔黄河与陕西相邻，北与内蒙古自治区接壤。东西宽约 290 公里，南北长约 550 公里，总面积约 156266 平方公里。山西省是一个山地型黄土高原。海拔一般在 1000 至 2000 米。主要山脉有太行山脉、恒山山脉、太岳山脉、中条山脉、吕梁山脉。主要河流有黄河、汾河、沁河、涑水河、桑干河、滹沱河、漳河，其中汾河是最大的河流。从北向南依次有大同盆地、忻（州）定（襄）盆地、太原盆地、上党盆地、临汾盆地、运城盆地。封闭的地理环境是山西晋语区形成的自然条件，也是晋语中心区域方言演变滞后的重要原因之一。

由于"山西之形势最为完固"、"山川形便"，大的战乱很少波及。居民"仰有所事，俯有所育"，社会稳定，经济活跃，人丁兴旺，形成了一套独具特色的文化及人文心理。

明清以来，"重建式移民"（曹树基 1997）使晋语扩展到河南北部、河北西南部、陕西北部和内蒙古中西部等地。今属晋语区的河南北部林州市（原林县）、汤阴、获嘉、汲县等县志中均有从山西移民的记载。如《林县志》大事记载："二十一（即 1388 年）年，徙泽、潞民无业者实林……林民先世多籍晋，其来也皆在明初……旧志云，永乐十年归并县属为二十五里，后相继迁民，加以军屯，增为三十三里。知在洪（洪武）、永（永乐）两朝，盖继续行之，不止一次也"。汤阴县《郑氏家谱》首句是"吾郑之先……山西壶关县籍"。汲县《李氏族谱》

载"明洪武二年（即 1369 年）自山西泽州府凤台县头村迁汲"。当时的泽州、潞州所治大体相当于今山西东南部晋城市和长治市、潞城市等。

河北西南部。《明太祖实录》卷 193 载"迁山西泽、潞二州民之无田者，往彰德、真定、临清、归德、太康诸处闲旷之地，令自便置屯耕种，免其赋役三年，每户给钞二十锭，以备农具"。卷 197 载洪武二十二年"山西沁州民张从整等一百一十六户告愿应募田，户部以闻命赏从整等钞锭送后军都督金事徐礼分田给之，仍令回沁州招募居民。时上以山西地狭人稠，下令许其民丁于北平、山东、河南旷土耕种，故从整等来应募也"。

陕西北部。神木、横山、绥德县志均记载山西移民的情况。据邢向东（2002）引，神木南乡《贾家沟村志》载："我村立业者，叫贾治。历代相传，祖籍系山西省大槐树村……据此推断，我村立业者不一定就是大槐树村人，但经由此处移来则是肯定的。"《刘家坡村史》载："相传刘姓祖先……由洪洞县沙蓬逃荒而来。"《张家塔村志》载："张家塔张姓祖籍山西省紫金山下，沙蓬窳村。明朝末年，山西遭灾，祖先张毕川带六个儿子逃荒到神木。"

内蒙古中西部。移往内蒙的山西移民要晚于河南、河北和皖北。清初禁止汉人入满蒙地区。至康熙末年起，山西、陕西农民越长城，私租蒙人土地耕种，并逐渐北移，同时原居住在土默特地区的山西籍农民也不断西移黄河沿岸。乾隆以后，清政府对逃往塞外的农民采取了默认和鼓励的态度，逐步由封禁变为弛禁和"借地养民"的开发政策。1901 年，清政府实行"移民实边"政策，公开开垦蒙旗土地，使"走西口"的山西、陕西、河北移民骤增。由于大量的汉人进入内蒙，使得归绥道所辖的厅新增设了丰镇、宁远、武川、兴和、五原、陶林、东胜七厅。《清水河厅志》载："清水一郡所属幅员辽阔至千余里，所有居民并无土著，大抵皆内地各州县人民流寓，而附近边墙之偏关、平鲁二县人尤为多，其风气各就所隶之地。"该志"职官"一栏，"七品功牌十四人"中有九人是山西北部人士。

北方地区中原等官话方言成为强势方言，晋语周边（晋南、陕西和河北）也不断被强势方言所侵蚀。由于特殊的地理环境和人文心理等因素，使晋语的中心区域仍然保留着许多和其他官话方言不同的特点。

第二节 晋语的特点

晋语语音的特点看五个方面：一，入声。二，全浊上声归去声（分阴阳去的归阳去）。三，分音词。四，文白异读。五，韵母一二等的分别。前三项在晋语里非常一致，后两项各片不尽相同。

一 入声

古入声字今大多收喉塞尾 -ʔ，短调。

（一）入声韵

其特点是入声韵类合并、入声韵一二等的分别不同程度的消失。

1. 入声韵类的分合。晋语绝大多数方言入声韵类两分：①咸山为 aʔ 类；②深臻曾梗通为 əʔ 类。宕江多同咸山（上党片多同深臻曾梗通）。

少数方言入声韵类三分：①咸山为 aʔ 类；②宕江为 ɔʔ 类或 ɛʔ 类；③深臻曾梗通为 əʔ

类。目前只见于吕梁片岚县,五台片忻州、定襄、原平、五台和阳曲等六个点。

入声韵类只有一个,多处于晋语与官话方言的交界地带(并州片平遥、介休等点除外)。分两种情形:一是入声韵类合并,即咸山、宕江、深臻曾梗通合并为 aʔ 类或 ɔʔ 类,如张呼片沽源、赤城、涿鹿、怀来和邯新片磁漳小片的部分方言。二是入声韵和阴声韵类合并,如志延片延安,咸山与假摄合流,宕江与果摄合流,而深臻曾梗通则保留入声韵类 əʔ。

2.从入声韵等的分别来看,分三种情形:①咸山宕江见系、曾梗一二等不同。多见于并州片、吕梁片、上党片(长治小片)和志延片。②曾梗一二等不同。多见于五台片、大包片和张呼片。③咸山、宕江、曾梗一二等都相同。多见于上党片(晋城小片)和邯新片。

入声韵类的分合关系和一二等的分别,以开口韵为例,请看表9-1。

表9-1　晋语入声韵类的分合

片	点	咸山				宕江				深臻曾梗			
		一	二	三	四	一	二		三	一	二	三	四
		盒喝	匣瞎	镊	捏	薄	剥	角	脚	刻	客	急吉极	壁
并州	孝义	əʔ	aʔ	iəʔ		əʔ	aʔ	yaʔ	yəʔ	əʔ	aʔ	iəʔ	
吕梁	岚县	ieʔ	aʔ	ieʔ		Eʔ	aʔ	yeʔ	yEʔ	əʔ	ieʔ	iəʔ	
上党	长治	əʔ	aʔ	iəʔ		əʔ	iɑʔ		iəʔ	əʔ		iəʔ	
上党	晋城	ʌʔ		iʌʔ		ʌʔ			iʌʔ	əʔ		iəʔ	
五台	朔州	ɑʔ		iɑʔ		ɑʔ			iɑʔ	əʔ	ɑʔ	iəʔ	
大包	大同	aʔ		iaʔ		aʔ			iaʔ	əʔ	aʔ	iəʔ	
张呼	呼市	aʔ		iaʔ		aʔ			iaʔ	əʔ	aʔ	iəʔ	
邯新	武安	ʌʔ		iʌʔ		ʌʔ			iʌʔ	ʌʔ			
邯新	成安	ɣ	əʔ ɔ	iəʔ		əʔ			iəʔ	əʔ		iəʔ	
邯新	获嘉	aʔ		iɐʔ		aʔ			iaʔ	əʔ			iʔ
志延	延安	a		ie		ɣ	o		yo	əʔ	a	iəʔ	

(二)入声调

入声调类的分合分三种情形。

1.入声分阴阳。分布于并州片、吕梁片和上党片(长治小片)。单字调入舒调型对应关系是并州片、吕梁片阴入同阳平(平声),阳入同上声;上党片(长治小片)阴入同阴平,阳入同去声。

2.入声调只有一个。也有三种情形:一是五台片、大包片、张呼片、上党片(晋城小片)古入声今读入声;二是志延片古清入、次浊入今归阴平(或去声),全浊入保留入声调。三是邯新片古清入、次浊入保留入声调,全浊入多归阳平。

3.入声丢失喉塞尾 -ʔ,自成调类。多体现在晋语边缘地带的一些方言,比如吕梁片和中原官话交界处的汾西,张呼片和冀鲁官话交界处的灵寿、平山、元氏等。

晋语入声调类的分合请看表9-2。

表 9-2　晋语入声调类的分合

		湿	十	摘	宅	吉	集	月	袜	麦
并州	太原	səʔ²	səʔ⁵⁴	tsaʔ²	tsaʔ⁵⁴	tɕiəʔ²	tɕiəʔ⁵⁴	yəʔ²	vaʔ²	miəʔ²
吕梁	岚县	səʔ⁴	səʔ³¹²	tsEʔ⁴	tsʻEʔ³¹²	tɕieʔ⁴	tɕʻieʔ³¹²	yeʔ³¹²	uaʔ³¹²	miaʔ³¹²
	蒲县	sŋʔ⁵¹	sŋʔ³³	tsəʔ⁵¹	tsʻəʔ³³	tɕiʔ⁵¹	tɕʻiʔ³³	yεʔ⁵¹	uaʔ⁵¹	mæʔ⁵¹
上党	潞城	səʔ²	səʔ⁵³	tʃəʔ²	tʃəʔ⁵³	tɕieʔ²	tɕieʔ⁵³	yeʔ⁵³	uaʔ⁵³	miaʔ⁵³
	晋城	ʂəʔ²		tʃʌʔ²		tɕiəʔ²		yʌʔ²	uʌʔ²	miʌʔ²
五台	朔州	ʂəʔ³⁴		tsaʔ³⁴		tɕiəʔ³⁴		yaʔ³⁴	vaʔ³⁴	miaʔ³⁴
大包	大同	ʂəʔ³²		tsaʔ³²		tɕiəʔ³²		yaʔ³²	vaʔ³²	miaʔ³²
	包头	ʂəʔ⁴		tsaʔ⁴		tɕiəʔ⁴		yaʔ⁴	vaʔ⁴	miaʔ⁴
张呼	呼和浩特	səʔ⁴³		tsaʔ⁴³		tɕiəʔ⁴³		yaʔ⁴³	vaʔ⁴³	miaʔ⁴³
	灵寿	sŋ³⁵	₌sŋ²	tʂEₔ³³	₌tʂEₔ³²	tɕi̩³⁵	₌tɕi̩³²	yεₔ³⁵	va̩⁵¹	mεₔ³⁵
邯新	成安	səʔ⁴⁴		tʂəʔ⁴⁴		tɕiəʔ⁴⁴	₌tɕi⁵³	₌yɣ³³	vəʔ⁴⁴	məʔ⁴⁴
	获嘉	səʔ³		tsæʔ³		tɕiʔ³		yəʔ³	ua³³	mæʔ³
志延	延川	ʂəʔ⁵⁴		tʂʌ⁴²³	tʂʌʔ⁴²³	tɕiəʔ⁵⁴		yʌ⁴²³	uʌ⁴²³	miʌ⁴²³

二　全浊上声

晋语全浊上声归去声。上党片有些方言去声分阴阳，全浊上声归阳去。请看表 9-3。

表 9-3　晋语全浊上声归去声

		布	步	部	数	树	竖	帝	递	弟	试	事	市
并州	太原	pu³⁵			su³⁵			ti³⁵			ʂʅ³⁵		
	孝义	pu⁵³			su⁵³			ti⁵³			ʂʅ⁵³		
吕梁	岚县	pu⁵³			su⁵³			ti⁵³			ʂʅ⁵³		
	隰县	pu⁵⁵			su⁵⁵			ti⁵⁵			ʂʅ⁵⁵		
上党	长治	pu⁴⁴	pu⁵³		su⁴⁴	su⁵³		ti⁴⁴	ti⁵³		ʂʅ⁴⁴	ʂʅ⁵³	
	潞城	pu⁵³	pu³⁵³		ʃu⁵³	ʃu³⁵³		ti⁵³	ti³⁵³		ʂʅ⁵³	ʂʅ³⁵³	
	晋城	pu⁵¹			ʂu⁵¹			ti⁵¹			ʂʅ⁵¹		
五台	忻州	pu⁵³			su⁵³			ti⁵³			ʂʅ⁵³		
大包	大同	pu²⁴			ʂu²⁴			ti²⁴			ʂʅ²⁴		
张呼	呼和浩特	pu⁵⁵			su⁵⁵			ti⁵⁵			ʂʅ⁵⁵		
邯新	获嘉	pu¹³			ʂu¹³			ti¹³			ʂʅ¹³		
志延	延安	pu⁴⁴			su⁴⁴			ti⁴⁴			ʂʅ⁴⁴		

三　分音词

分音词指把一个字音分成两个音节来说，也有人称作"嵌 l 词"（赵秉璇 1979，侯精一、温端政 1993）。分音词的结构规律是（C 表示声母，V 表示韵母，T 表示声调）：

本字音　　→　　附加音　　→　　分音词

C＋V т　　　　1+ə?ₒ/uə?ₒ　　（C＋ə?ₒ/uə?ₒ）＋（1+V т）

晋语区都有分音词，各点数量不一。常见的请看表 9-4。

表 9-4　晋语分音词举例

		薄楞蹦	薄ᶜ来摆	圪料翘	圪榄杆	骨峦卷	忽峦环
并州	太原	pə?ₒ ˨ləŋˀ	pə?ₒ ˨lai	kə?ₒ ˨liauˀ	kə?ₒ ˨læ	kuə?ₒ ˨lye	xuə?ₒ ˨luæ
吕梁	岚县	pə?ₒ ˨ləŋˀ	pə?ₒ ˨lai	kə?ₒ ˨liauˀ	kə?ₒ ˨laŋ	kuə?ₒ ˨lyẽ	k'uə?ₒ ˨luaŋ
上党	长治	pə?ₒ ˨ləŋˀ	pə?ₒ ˨læ	kə?ₒ ˨lioˀ	kə?ₒ ˨laŋ	kuə?ₒ ˨lyE	k'uə?ₒ ˨luaŋ
五台	忻州	pə?ₒ ˨ləŋˀ	pə?ₒ ˨læ	kə?ₒ ˨lioˀ	kə?ₒ ˨lã	kuə?ₒ ˨lyẽ	k'uə?ₒ ˨luã
大包	大同	pə?ₒ ˨ləɣˀ	pə?ₒ ˨lee	kə?ₒ ˨lieu	kə?ₒ ˨læ	kuə?ₒ ˨lye	k'uə?ₒ ˨luæ
张呼	呼市	pə?ₒ ˨lə̃ŋˀ	pə?ₒ ˨lɛ	kə?ₒ ˨lioˀ	kə?ₒ ˨læ	kuə?ₒ ˨lyẽ	k'uə?ₒ ˨æ̃
邯新	获嘉	pə?ₒ ˨ləŋˀ	pə?ₒ ˨lai	kə?ₒ ˨liauˀ	kə?ₒ ˨lan	kuə?ₒ ˨lyan	k'uə?ₒ ˨luan
志延	延川	pə?ₒ ˨ləŋˀ	pə?ₒ ˨lai	kə?ₒ ˨liauˀ	kə?ₒ ˨lɛ	kuə?ₒ ˨lyɛ	k'uə?ₒ ˨luɛ

详例如吕梁片岚县（沈明 2008）：

薄楞 pə?⁴ ləŋ⁵³	蹦 pəŋ⁵³	不要在炕上瞎～
薄拉 pə?⁴ la²¹³	拨 pa?⁴	把盘子里菜～到锅里去
薄ᶜ来 pə?⁴ lai³¹²	摆 pai³¹²	湿头发把水点子～得到处都是
薄烂 pə?⁴ laŋ⁵³	拌 pã⁵³	～子一种面食，把菜和面拌在一起蒸着吃
薄烂 pə?⁴ laŋ⁵³	绊 paŋ⁵³	东跑西跑，一块石头～倒
薄浪 pə?⁴ luə⁵³	棒 paŋ⁵³	粗～｜细～
扑捞 p'ə?⁴ lau⁴⁴	刨 p'au⁴⁴	忙唠半天，也没啦～下几块钱
扑棱 p'ə?⁴ ləŋ⁴⁴	蓬 p'əŋ⁴⁴	那花长得可好了，圆圆底一～
扑咧 p'ə?⁴ liE³¹²	撇 p'iE³¹²	鱼儿从水里跳出来咧，在地上乱～｜不要在院里子瞎～
突栾 t'uə?⁴ luẽ⁴⁴	团 t'uẽ⁴⁴	一～线
突弄 t'uə?⁴ luəŋ⁵³	褪 t'uəŋ⁵³	把裤～下来｜裤子没啦紧好，～下去咧
得料 tə?⁴ liau⁵³	调 tiau⁵³	把头～过来
得料 tə?⁴ liau⁵³	吊 tiau⁵³	树上～着几颗果子
得拉 tə?⁴ la²¹³	耷 ta²¹³	叶子蔫咧，～下来咧
特拉 t'ə?⁴ la²¹³	跋 t'a²¹³	～着鞋
圪旯 kə?⁴ la⁵³	罅 xa⁵³	腿～桌面风干咧，别唠～咧｜孩子在人～钻来钻去
圪劳 kə?⁴ lau⁴⁴	角 tɕya?⁴	墙～｜门～背～院～
圪捞 kə?⁴ lau³¹²	搅 tɕiau³¹²	掉到炕底下去咧，拿棍棍～出来｜把水和灰～匀
圪溜 kə?⁴ lieu²¹³	勾 keu²¹³	～拐弯｜这根棍棍～得，不好用，要直得
圪料 kə?⁴ lieu⁵³	翘 tɕ'ieu⁵³	木板子受潮咧，～咧｜兀人性情可～哩，不好处
圪榄 kə?⁴ laŋ³¹²	秆 kã³¹²	玉茭～稻黍高粱～
圪楞 kə?⁴ ləŋ⁵³	埂 kəŋ³¹²	地～｜拿棍棍溜唠一下，胳膊上立马起唠一条～

骨拢 kuəʔ⁴ luəŋ³¹² 滚 kuəŋ³¹² 球～哪去咧？|跌倒～得，站不起来

骨赖 kuəʔ⁴ lai⁵³ 块 kʻuai⁵³ 被子里棉花不匀咧，一～一～的

骨拉 kuəʔ⁴ la⁴⁴ 刮 kuɑʔ⁴ 把碗里的圪巴～～|墙上的泥子干住唠，可难～下来嘞

骨联 kuəʔ⁴ luẽ⁴⁴ 卷 tɕʻye⁴⁴ 头发烫成～毛咧|～成一圪蛋咧

骨掠 kuəʔ⁴ lyə⁴⁴ 橛 tɕyəʔ⁴ 买唠几根～子盖房

窟浪 kʻuəʔ⁴ luə⁵³ 框 kʻuə⁵³ 抽屉没啦咧，剩下块空～|～子架子猪

窟栾 kʻuəʔ⁴ luɑŋ⁴⁴ 环 xuɑŋ⁴⁴ 把它～起|汗把背心洇得一～一～的

窟窿 kʻuəʔ⁴ luəŋ⁴⁴ 孔 kʻuəŋ³¹² 墙上的～是原来搭架子留下的|烟头把单子烫唠块个～

囫囵 xuəʔ⁴ luəŋ⁴⁴ 浑 xuəŋ⁴⁴ ～咽下去

黑浪 xəʔ⁴ luə⁵³ 巷 xuə⁵³ 窄～

四 文白异读

文白异读指同一个字在口语词中、不同词汇环境中读音不同，是一种有规律的、成套的、地域上相连成片的语音现象。

晋语的文白异读只保留在部分字里。体现在声母和韵母上，其中声母 5 项，韵母 8 项。本节主要介绍文白异读并存的情形，举例时尽量文白对举。有的字目下，有些方言只有一读，或相当于白读，或相当于文读，放在相应的位置，不再出现词汇环境。表中划"—"表示所引用的方言志中没有记载。

通常所说的白读还包括只有一读，"地处文白异读成系统的方言区内，其韵类分合关系与相邻方言的白读层相同的方音"（王洪君 1991）。比如并州片清徐，宕江摄韵母只有一读 ɒ iɒ uɒ（同假摄）。这类白读的音值及音类的分合关系，详见本章第三节"晋语的分片及各片特点"。

（一）声母的文白异读

归纳见表 9-5（"并"表示并州片，"吕"表示吕梁片，"五"表示五台片）。

表 9-5 晋语声母文白异读的类型

古声母	今音分合关系	例字	分布
1.全浊声母今读塞音、塞擦音	平不送气=全清	婆=波 p|桃=刀 t|槽=糟 ts|迟=知 tʂ|骑=鸡 tɕ	并
	仄声送气=次清	败=派 pʻ|撞=创 tsʻ|白=拍 pʻ|直=吃 tʂʻ|集=七 tɕʻ	吕、五
2.非组	= 帮组 p pʻ m	孵 p|蜂马～pʻ|网罗～蛛蛛：蜘蛛 m|务从事、致力 m	并、五
3.初、崇、船	= 生心 s	窗疮|茬柴锄床镯|唇 s	并、吕
4.晓匣母二等	= 一等 x	瞎|下~雨鞋解晓也咸闲匣辖管~x	并、吕、五
5.疑影组今细音	= 泥 n/ȵ	宜雁牙芽鱼砚眼银硬|哑鸭|孟|艳 n/ȵ	并、吕、五

分别举例说明。

1.全浊声母今白读。古全浊声母今读塞音、塞擦音声母的字，并州片、吕梁片、五台片分文白读。并州片平声不送气，与同部位全清声母今读同；吕梁片、五台片仄声送气，与同部位次清声母今读同。

（1）文白异读举例。

①全浊声母今读塞音、塞擦音平声字，白读不送气，文读送气。见于并州片。例见表9-6。

表9-6　晋语全浊声母平声字今文白读（一）

	婆果合一并		赔蟹一二并		盘山合一并		盆臻合一并	
	白读	文读	白读	文读	白读	文读	白读	文读
清徐	₌pɤɯ~姨	₌pʻɤɯ~媳		₌pʻai	₌pɜ~	₌pʻɜ棋~	₌pʌ̃~	₌pʻʌ̃~塘
平遥	₌pei~姨	₌pʻɔ~媳	₌pæ~了	₌pʻæ~礼	₌paŋ~	₌pʻaŋ~山	₌pəŋ~	₌pʻəŋ~地
孝义	₌pɛ~姨	₌pʻɛ~媳	₌pei~本	₌pʻei~俗	₌puɤ~	₌pʻaŋ棋~	₌pəŋ~	₌pʻəŋ~塘

表9-6　晋语全浊声母平声字今文白读（二）

	桃效开一定		甜咸开四定		团山合一定		头流开一定	
	白读	文读	白读	文读	白读	文读	白读	文读
清徐	₌tɔu~儿	₌tʻɔ人名	₌tie~	₌tʻie~蜜	₌tuɛ~一线	₌tʻɜ1兵	₌tɐɯ~剃	₌tʻə̃~脑
平遥	₌tɔ~儿	₌tʻɔ~花扇	₌tiE~茶	₌tʻiE~言蜜语	₌tuaŋ~住	₌tʻuaŋ~长	₌təu~发	₌tʻəu~带
孝义	₌taɔ~儿	₌tʻaɔ~花扇	₌tiE~	₌tʻiaŋ~蜜	₌tuɤ~枣	₌tʻuaŋ兵~	₌tou~剃	₌tʻou~脑

表9-6　晋语全浊声母平声字今文白读（三）

	瓷止开三从		槽效开一从		厨遇合三澄		重通合三澄	
	白读	文读	白读	文读	白读	文读	白读	文读
清徐	₌tsɿ		₌tsɔu		₌tsu~房	₌tsʻu~师	₌tsuʌ̃~说	₌tsʻuʌ̃~复
平遥	₌tsɿ~器	₌tsʻɿ	₌tsɔʔ~驴	₌tsʻɿ水~	₌tsʅ~房	₌tsʻʅ新派	₌tsuŋ~起来	₌tsʻuŋ~复
孝义	₌tsɿ陶~	₌tsʻɿ~器	₌tsaɔ		₌tsu~房儿	₌tsʻu~师	₌tsuŋ~叠	₌tsʻuŋ~新

表9-6　晋语全浊声母平声字今文白读（四）

	迟止开三澄		缠山开三澄		场宕开三澄		尘臻开三澄	
	白读	文读	白读	文读	白读	文读	白读	文读
清徐	₌tʂʅ~了	₌tʂʻʅ~早	₌tʂɜ盘~	₌tʂʻɜ~绕	₌tʂɒ~儿	₌tʂʻɒ~排		₌tʂʻəŋ
平遥	₌tʂʅ~了	₌tʂʻʅ~到	₌tʂaŋ~住	₌tʂʻaŋ~绕	₌tʂuɜ~	₌tʂʻaŋ~排	₌tʂuəŋ~扬	₌tʂʻəŋ~灰
孝义	₌tʂʅ		₌tʂE~线	₌tʂʻaŋ~麻	₌tʂE打~	₌tʂʻaŋ~排	₌tʂuəŋ~烟	₌tʂʻuəŋ~灰

表9-6　晋语全浊声母平声字今文白读（五）

	群臻合三群		齐蟹开三从		骑止开三群		墙宕开三从	
	白读	文读	白读	文读	白读	文读	白读	文读
清徐	₌tɕyʌ̃羊~	₌tɕʻyʌ̃~众		₌tɕʻi	₌tɕi~马	₌tɕʻi~兵	₌tɕiɒ~	₌tɕʻiɒ~报
平遥		₌tɕʻyŋ	₌tsʻei	₌tɕʻi	₌tɕi~马	₌tɕʻi~兵	₌tɕyə~	₌tɕʻiaŋ铜~
孝义	₌tɕyŋ羊~	₌tɕʻyŋ~众	₌tɕi~楚	₌tɕʻi整~	₌tɕi~马	₌tɕʻi~兵	₌tɕiE~	₌tɕʻiaŋ~根

②全浊声母今读塞音、塞擦音仄声字，白读送气，文读不送气。见于吕梁片、五台片。例见表9-7。

表9-7　晋语全浊声母仄声字今文白读（一）

		败蟹开二并		白梗开二并		夺山合一定		造效开一从	
		白读	文读	白读	文读	白读	文读	白读	文读
吕梁	岚县	pʻai꜄		pʻieʔ꜄~的	₌pai~菜	tʻueʔ꜄~将来	tueʔ꜄~取	tsʻau꜄	
	临县		pee꜄	pʻiaʔ꜄~的	₌pɛɛ~天	tʻueʔ꜄~东西	tueʔ꜄~抢~	tsʻou꜄	
	汾西		pai꜄	pʻiə꜄~的	₌pai~天	tʻuə꜄		tsʻau꜄	

五台	忻州	pæ꜄	p'iɛʔ꜆ ~净	₌pæ~天		tuʔ꜆	ts'ɔ꜄	
	定襄	pæ꜄	p'iəʔ꜆ ~的	₌pæ~天		tuəʔ꜆	ts'ou꜄	tsɔuꜜ
	原平	pæɛ꜄	p'iɤʔ꜆ ~的	₌ʐæɛ~天		tuʔ꜆		tsɔu꜄

表 9-7　晋语全浊声母仄声字今文白读（二）

		族通合一从		集深开一从		侄臻开三澄		值曾开三澄	
		白读	文读	白读	文读	白读	文读	白读	文读
吕梁	岚县	ts'uaʔ₌		tɕiəʔ₌ 赶~	tɕiaʔ꜆ ~体	ts'əʔ꜆		tʂ'əʔ꜆ ~钱	tʂəʔ꜆ ~班
	临县		tsuaʔ꜆	ts'iəʔ꜆ 赶~	tsiəʔ꜆ ~合	tʂəʔ꜆		tʂ'əʔ꜆ ~得	tʂəʔ꜆ ~班
	汾西	₌ts'ou		tɕ'iə₌ 赶~		ts'ə₌		tʂ'ə₌	
五台	忻州		tsuaʔ꜆	ts'iəʔ꜆ 赶~	tɕiəʔ꜆ ~合	tʂəʔ꜆		tʂ'əʔ꜆ ~得	tʂəʔ꜆ ~班
	定襄		tsuaʔ꜆	ts'iəʔ꜆ 赶~	tɕiəʔ꜆ ~合	tʂəʔ꜆		tʂ'əʔ꜆ ~钱	tʂəʔ꜆ ~班
	原平	tɕ'yaʔ꜆	tsuəʔ꜆		tɕiəʔ꜆		tʂəʔ꜆	tʂ'əʔ꜆ ~钱	tʂəʔ꜆ ~班

表 9-7　晋语全浊声母仄声字今文白读（三）

		撞江开二澄		及深开三群		橛山合三群		倔臻合三群	
		白读	文读	白读	文读	白读	文读	白读	文读
吕梁	岚县	ts'uaꜜ			tɕiəʔ꜆	tɕ'yeʔ꜆		tɕ'yaʔ꜆	
	临县	ts'yaꜜ			tɕiəʔ꜆	tɕ'yeʔ꜆		tɕ'yaʔ꜆	
	汾西	₌ts'uɑ̃		tɕ'iə₌		tɕ'yə₌		tɕ'yə₌	
五台	忻州	ts'uɑ̃꜄			tɕiəʔ꜆	tɕ'yoʔ꜆			tɕyoʔ꜆
	定襄	—	—		tɕiəʔ꜆	tɕ'yoʔ꜆			tɕyoʔ꜆
	原平		tsuɑ̃꜄		tɕiɤʔ꜆		tɕyɤʔ꜆		tɕyɤʔ꜆

（2）今白读声类分合关系。并州片＝全清声母，吕梁片＝次清声母。请看表9-8（声调不同的例字，中间用"："隔开。列音标的时候只出现声韵母，不标调。本节下文同）

表 9-8　晋语全浊声母今白读声类分合关系

		婆玻	桃刀	槽糟	迟知	骑鸡	造糙	撞创	白：拍	直：吃
并州	清徐	₌pɣɯ	₌tɔ	₌tsɔ	₌ʐʅ	₌tɕi				
	平遥	₌pei	₌tɔ	₌tsɔ	₌ʐʅ	₌tɕi				
	孝义	₌pE	₌tɑ	₌tsɑ	₌ʐʅ	₌tɕi				
吕梁	岚县						ts'au꜄	ts'uə꜄	p'ieʔ	ts'əʔ
	临县						ts'ou꜄	ts'yə꜄	p'iaʔ	tʂəʔ
	汾西						ts'ɑu꜄	₌ts'uɑ̃	p'iə	ts'ə
五台	忻州						ts'ɔ꜄	ts'uɑ̃꜄	p'iɛʔ꜆	tʂ'əʔ꜆
	定襄						ts'ou꜄		p'iəʔ꜆	tʂəʔ꜆

2."伏、蜂、网、务"等字的白读。即古非组个别字，白读为 p p' m（同帮组）。"伏、务"见于晋语各片；"蜂"多见于并州片和上党片、大包片紧邻并州片的方言点；"网"多见于五台片、张呼片。

（1）白读举例。

①伏扶妇切，遇合三奉去　晋语很多方言管"孵小鸡"叫"pu꜄ 小鸡/鸡儿子"。各方言志里，大多写作"菢"。例如：并州片清徐、祁县、文水、平遥、孝义，吕梁片岚县、兴县、汾西、临县，上党片沁县、武乡，五台片忻州、定襄、子长，大包片和顺、大同，张呼片呼和浩特，

邯新片获嘉，都说 pu꜔。

②蜂通合三非平　"蜂"在"马蜂（儿）"一词中，声母是 pʻ；在"蜂蜜"等词中，声母是 f. 各方言志里，"马蜂"的"蜂"大多写作"蜂"，武乡写同音字"喷"。见表 9-9。

表 9-9

并州								大包	上党	
清徐	太谷	祁县	文水	平遥	孝义	介休	盂县	和顺	沁县	武乡
ꞯpʻʌ̃	ꞯpʻɔ̃	ꞯpʻɔ̃	ꞯpʻə̃ŋ	ꞯpʻə̃ŋ	ꞯpʻə̃ŋ	ꞯpʻə̃ŋ	ꞯpʻər	ꞯpʻər	ꞯpʻə̃ŋ	ꞯpʻɑ̃ŋ

③网宕合三微上　有些方言称结网的大蜘蛛为"罗马蛛蛛"。"马"可能是"网"的白读（太田斋 1999）。各方言志里，"网"有的写作"马"，有的写作"蚂"。例见表 9-10。

表 9-10

五台	忻州	罗马蛛蛛 lɛ³¹ ma³¹³ tsu³¹³⁻²⁴ tsu²¹³⁻³¹	定襄	罗马蛛蛛 lɔ³¹ ma²¹³ tsu²¹³ tsu²¹³⁻⁵³
	原平	罗蚂蛛蛛 lɤ³³ ma²¹³⁻³¹ tsu²¹³ tsu²¹³⁻³¹	朔州	龙马蛛蛛 luɔ̃³⁵ ma³¹³ tʂɿ³¹³ tʂɿ³¹³⁻²³
	代县	狼马蛛蛛 lɔ̃³³ ma²² tsu²² tsu⁰	五寨	罗马蛛蛛 luɤ⁴⁴ ma²¹⁴ tsu²¹⁴ tsu²¹⁴⁻⁴⁴
	巴彦淖尔	罗马蛛蛛 luɤ⁴⁴ ma²¹³ tʂɿ²¹³⁻²⁴ tʂɿ⁰		
张呼	呼和浩特	罗马蛛蛛 luo³³ ma⁰ tsu³³ tsu⁰		
	乌兰察布	狼麻蛛蛛 lɑ̃²² ma⁰ tsu²² tsu⁰		

④务遇合三微去　"务"表示从事、致力义，很多方言说"务"。比如太原，"做甚的～甚｜这块个皱头固执的人，～住块个甚就非得是块个甚。"这个意思内蒙、河南有些方言也有，比如洛阳说"务 u꜔"。晋语区各方言志里，有的写作"慕"，有的写作"墓"。例如并州片太原、清徐、祁县、平遥、孝义、介休，吕梁片岚县、临县、汾阳、中阳、兴县，上党片沁乡、武乡，大包片大同、天镇，张呼片呼和浩特，都说 mu꜔。

（2）今白读声类分合关系。非组白＝帮组。请看表 9-11。

表 9-11　晋语非组今白读声类分合关系

		伏抱	蜂喷	网马	务墓
并州	清徐	pu꜔	ꞯpʻʌ̃	≠	mu꜔
	平遥	pu꜔	ꞯpʻə̃ŋ	≠	mu꜔
	孝义	pu꜔	ꞯpʻə̃ŋ	≠	mu꜔
上党	沁县	pu꜔	ꞯpʻə̃ŋ	≠	mu꜔
	武乡	pu꜔	ꞯpʻɑ̃ŋ	≠	mu꜔
吕梁	岚县	pu꜔	≠	≠	mu꜔
	临县	pu꜔	≠	≠	mu꜔
	汾西	pu꜔	≠	≠	mu꜔
五台	忻州	pu꜔	≠	ꞯma	mu꜔
	朔州	pu꜔	≠	ꞯma	mu꜔
	巴彦淖尔	pu꜔	≠	ꞯma	mu꜔
张呼	呼和浩特	pu꜔	≠	ꞯma	mu꜔
	乌兰察布	pu꜔	≠	ꞯma	mu꜔

3. "茌、窗、唇"等字的白读。即古崇、初、船平声字，白读为 s/ʂ（同生母、书母），文读为 tsʻ/tʂʻ。主要见于并州片、吕梁片。

（1）文白异读举例。请看表 9-12。

表 9-12　古崇、初、船母平声字今文白读（一）

		茌假开二崇		柴蟹开二崇		锄遇合三崇		床宕开三崇	
		白读	文读	白读	文读	白读	文读	白读	文读
并州	清徐	₌sɒ~子	₌tsʻʈ二~罪	₌sai	₌tsʻai 火~	₌su~儿	₌tsʻu~地	₌suɒ~	₌tsʻuɒŋ~板
	平遥	₌sɑ~子		₌sæ		₌sʅ~头		₌suə~儿	₌tsʻuɑŋ~板
	孝义	₌sa~子	₌tsʻa 二~罪	₌sai 硬~	₌tsʻai 火~	₌su~地	₌tsʻu~头	₌suə	₌tsʻuɑŋ~板
吕梁	岚县		₌tsʻa		₌tsʻai	₌tsʻu~儿			₌tsʻuə~
	汾西	₌sɑ		₌sɑi		₌sou		₌su	₌tsʻuɑ̃
	蒲县	₌ʂʻa		₌tsʻai			₌tsʻou		₌ʂʻuɑŋ

表 9-12　古崇、初、船母平声字今文白读（二）

		疮宕开三初		窗江开二初		唇臻合三船		镯宕合三入崇	
		白读	文读	白读	文读	白读	文读	白读	文读
并州	清徐	₌suɒ~儿	₌tsʻuɒ~疮	₌suɒ~台	₌tsʻuɒ 天~	₌suʌ̃		₌sua	
	平遥	₌suə		₌suə~		₌suŋ			tsuʌʔ₌
	孝义	₌suə口~	₌tsʻuan~疮	₌suə	₌tsʻuaŋ~户	₌suŋ口~	₌tsʻuŋ 豁~子	suaʔ₌	
吕梁	岚县		₌tsʻuə~儿		₌tsʻuə~子		₌tsʻuən	suaʔ₌	
	汾西	₌tsʻu	₌tsʻuɑ̃	₌tsʻu	₌tsʻuɑ̃		₌tsʻuən		tsuaə
	蒲县		₌ʂʻuan		₌ʂʻuaŋ	₌ʂueĩ			ʂʻuəʔ₌

（2）今白读声类分合关系。崇/初/船白＝生/书。请看表 9-13。

表 9-13　古崇、初、船母平声字今白读声类分合关系

		茌：沙	柴：筛	锄：梳	床：霜双	唇：孙	镯：朔
并州	清徐	₌sɒ	₌sai	₌su	₌suɒ	₌suʌ̃	₌sua　₌sua
	平遥	₌sɑ	₌sæ	₌sʅ	₌suə	₌suŋ	suaʔ₌　suaʔ₌
	孝义	₌sa	₌sai	₌su	₌suə	₌suŋ	suaʔ₌　suaʔ₌
吕梁	汾西	sɑ	sɑi	sou	su	≠	≠
	蒲县	≠	≠	≠	ʂueĩ		≠

4. "下、鞋、咸、匣"等字的白读。即古晓匣母二等字，白读为 x（同一等），文读为 ɕ。多见于并州片、吕梁片、五台片。

（1）文白异读举例。请看表 9-14。

表 9-14　古晓匣母二等字今文白读（一）

		下假开二匣		鞋蟹开二匣		解（晓也）蟹开二匣		咸咸开二匣	
		白读	文读	白读	文读	白读	文读	白读	文读
并州	清徐	xɒˀ~头	ɕiɒˀ~级	₌xai~楦	₌ɕiaiˀ穿小~	xaiˀ~不精明	ɕiaiˀ姓	₌xɤ~菜	₌ɕian~盐
	平遥	xɑˀ~头	ɕiɑˀ~级	₌xæ~楦	₌ɕiæˀ穿小~	xaiˀ~不精明	ɕiaiˀ姓	₌xɑŋ~菜	₌ɕiaŋ
	孝义	xaˀ~头	ɕiaˀ~级	₌xai~楦	₌ɕiaiˀ~林	xaiˀ~不精明	ɕiaiˀ姓	₌xaŋ~菜	₌ɕiaŋ~盐

		下假开二匣		鞋蟹开二匣		解（晓也）蟹开二匣		咸咸开二匣	
		白读	文读	白读	文读	白读	文读	白读	文读
吕梁	岚县	xaˀ~头	ɕiaˀ~级	₌xai		xaiˀ~不下	ɕiaiˀ姓	₌xaŋ~菜	
	临县	xʌˀ~头	ɕiʌˀ~降	₌xɛe~林	₌ɕiɛe~子	xɛˀ~下了		₌xaŋ~菜	₌ɕian~盐
	汾西	xɒˀ~坡	ɕiɑˀ~眼	₌xɑi 穿~	₌ɕiⱱ~帽店	xɑiˀ~不下		₌xɒ̃~菜	₌ɕiɒ̃
五台	忻州	xɒˀ~雨	ɕiɑˀ天~	₌xæ	₌ɕiæ胶~	xæˀ~不下	ɕieˀ姓	₌xæ̃~菜	₌ɕiẽ
	定襄	xaˀ~雨	ɕiaˀ上~	₌xæ布~	₌ɕiæ厂~	xaiˀ~不下	ɕiæˀ姓	₌xæ̃~菜	₌ɕiæ~盐

表 9-14　古晓匣母二等字今文白读（二）

		闲山开二匣		匣咸开二入匣		瞎山开二入晓		辖山开二入匣	
		白读	文读	白读	文读	白读	文读	白读	文读
并州	清徐	₌xɤ~在家里	₌ɕiɛ空~	₌xa		₌xa			₌ɕia
	平遥	₌xɑŋ~在家里	₌ɕiɑŋ空~	xʌʔ₌		xʌʔ₌		xʌʔ₌	
	孝义	₌xaŋ~在家里	₌ɕiaŋ空~	xaʔ₌		xaʔ₌		xaʔ₌管~	ɕiaʔ₌直~
吕梁	岚县	₌xaŋ~在家里	₌ɕieŋ空~	xaʔ₌		xaʔ₌		xaʔ₌管~	ɕiaʔ₌直~
	临县	₌xæ~在家里	₌ɕiɛ空~	xaʔ₌	ɕiaʔ₌	xaʔ₌		xaʔ₌管~	
	汾西	₌xɒ̃~在家里	₌ɕiɒ̃空~	xɒ	ɕia	₌xɒ	₌ɕia		
五台	忻州		₌ɕiẽ	xaʔ₌	ɕiaʔ₌	xaʔ₌	ɕiaʔ₌	xaʔ₌管~	ɕiaʔ₌直~
	定襄		₌ɕiæi	xaʔ₌	ɕiaʔ₌	xaʔ₌	ɕiaʔ₌	xaʔ₌管~	ɕiaʔ₌直~

（2）今白读声类分合关系。晓匣母二等＝一等。请看表9-15。

表 9-15　晋语晓匣母二等今白读声类分合关系（表中"≠"表示声母不同）

		解	亥害	孝	耗	咸	函	闲	寒	匣	合盒	瞎	喝
并州	清徐	xaiˀ		≠		₌xɤ		₌xɤ		₌xa		₌xa	
	平遥	xaiˀ		≠		₌xɑŋ		₌xɑŋ		xʌʔ₌		xʌʔ₌	
	孝义	xaiˀ		xaoˀ		₌xaŋ		₌xaŋ		xaʔ₌		xaʔ₌	
吕梁	岚县	xaiˀ		xɑuˀ		₌xaŋ		₌xaŋ		xɑʔ₌	xieʔ₌	xɑʔ₌	xieʔ₌
	临县	xɛeˀ		xouˀ		₌xæ		₌xæ		xaʔ₌	xəˀ₌	xaʔ₌	xəˀ₌
	汾西	xɑiˀ		xaoˀ		₌xɒ̃		₌xɒ̃		xɒ	xəˀ	xɒ	xəˀ
五台	忻州	xæˀ		≠		≠		≠		xaʔ₌		xɑʔ₌	
	定襄	xaiˀ		≠		≠		≠		xaʔ₌		xaʔ₌	

5．"牙、眼、硬、哑、鸭、孟、艳"等字的白读。即古疑母、影组字，白读细音前为 n/ɲ（同泥母），洪音前为 ŋ；文读为 ∅。见于并州片、吕梁片、五台片。

（1）文白异读举例。请看表9-16。

表 9-16　晋语疑影组细音今文白读（一）

		宜止开三疑		雁山开二疑		芽假开二疑		鱼遇合三疑	
		白读	文读	白读	文读	白读	文读	白读	文读
并州	清徐	₌ni北~武	₌i便~	nieˀ~儿	ieˀ~北	₌niɒ豆~	₌iɒ萌~		₌y
	平遥		₌i便~	ɲiaŋˀ~儿	iaŋˀ~北	₌ɲia~	₌ia萌~	₌ny	
	孝义	₌ni不~	₌i便~	nianˀ~屎	ianˀ大~	₌nia生~	₌ia发~	₌ny~肉	₌y鳖虾蟹

		宜止开三疑		雁山开二疑		芽假开二疑		鱼遇合三疑	
		白读	文读	白读	文读	白读	文读	白读	文读
吕梁	岚县	₌ni平~	₌i不~	niɑŋˀ~儿	iɛ̃ˀ~北	₌niɑ豆~	₌iɑ萌~	₌ny	
	临县	₌ni适~		niɛˀ		₌niA		₌ny~肉	₌y打~
	汾西	₌ni			iɑ̃ˀ	₌niɑ		₌ny	
五台	忻州		₌i	niɛˀ		₌niɑ生~	₌iɑ萌~		₌y
	定襄		₌i	niæ̃ˀ	iæ̃ˀ	₌niɑ生~	₌iɑ萌~		₌y

表 9-16　晋语疑影组细音今文白读（二）

		砚山开四疑		眼山开二疑		银臻开三疑		硬梗开二疑	
		白读	文读	白读	文读	白读	文读	白读	文读
并州	清徐	nieˀ~瓦	ieˀ~台	ꜛnie			₌iʌ̃	niʌ̃ˀ	iʌ̃ˀ过~
	平遥	ɳiɛˀ~瓦	iaŋˀ~台	ꜛɳiaŋ		₌ɳiŋ~子	₌iŋ~行	ɳiɛˀ~的	iŋˀ过~
	孝义	nieˀ~瓦	iaŋˀ~台	ꜛniaŋ		₌niəŋ~子	₌iəŋ~行	niəŋˀ~柴	iəŋˀ过~
吕梁	岚县	niɛ̃ˀ~瓦		ꜛniɑŋ		₌niəŋ~子	₌iəŋ~行	niəŋˀ~的	iəŋˀ过~
	临县	niɛˀ~瓦		ꜛniɛ	ꜛiɛ	₌niəŋ		niəŋˀ	
	汾西		iɑ̃ˀ	ꜛniɑ̃		₌niəŋ		niəŋˀ	
五台	忻州		iɛˀ	ꜛniɑ̃		₌iəŋ		niəŋˀ	
	定襄		iɛˀ	ꜛniæ̃~睛	iæ~前	₌iəŋ		niəŋˀ	

表 9-16　晋语疑影组细音今文白读（三）

		哑假开二影		鸭咸开二影		盂遇合三云		艳咸开三以	
		白读	文读	白读	文读	白读	文读	白读	文读
并州	清徐		ꜛia	₌ia		₌y			ieˀ
	平遥	ꜛŋɑ~子		ŋʌʔˀ		₌y痰~		ɳiɛˀ色太~	ieˀ鲜~
	孝义	ꜛniɑ~巴	ꜛia聋~	niɑʔˀ		₌y			iaŋˀ
吕梁	岚县	ꜛnia~巴		niɑʔˀ		₌ny钵~	₌y~县	niɛ̃ˀ色太~	ieˀ鲜~
	临县	ꜛniA		niɑʔˀ		₌y			iɛˀ
	汾西	ꜛnia		₌nia		₌y			iɑ̃ˀ
五台	忻州	ꜛŋɑ~子	ꜛia~铃	niɑʔˀ		₌y			iɛˀ
	定襄	ꜛŋa~子	ꜛia~谜	niɑʔˀ	iaʔˀ	₌y			ieˀ

（2）今白读声类分合关系。疑、影组＝泥。请看表 9-17。

表 9-17　晋语疑影组细音今白读声类分合关系（表中"≠"表示声母不同）

		宜 泥	眼 词	捻动	银 宁安~	硬 宁可~	鱼 女	鸭	镊
并州	清徐	₌ni	ꜛnie	≠		niʌ̃ˀ	≠	≠	
	平遥	≠	ꜛɳiaŋ	ꜛɳiɛ	₌ɳiŋ	ɳiɛˀ	ɳy	≠	
	孝义	₌ni	ꜛniaŋ	ꜛniɛ	₌niəŋ	niəŋˀ	ny	niɑʔˀ	niəʔˀ
吕梁	岚县	₌ni	ꜛniaŋ	ꜛniẽ	₌niəŋ	niəŋˀ	ny	niɑʔˀ	nieʔˀ
	临县	₌ni		ꜛniɛ	₌niəŋ	niəŋˀ	ny	niɑʔˀ	nieʔˀ
	汾西	₌ni		ꜛniɑ̃	₌niəŋ	niəŋˀ	ny	₌nia	₌nii

		宜 泥	眼 词	捻 动	银 宁安~	硬 宁~可	鱼 女	鸭 镊
五台	忻州	≠	⁼niã	⁼niẽ	≠	niəŋ⁼	≠	niaʔ⊃
	定襄	≠	⁼niæ̃	niẽ	≠	niəŋ⁼	≠	niaʔ⊃

（二）韵母的文白异读

主要有 8 项。请看表 9-18。

表 9-18　晋语韵母文白异读的类型（表中及后面行文的"*"号表示此类音值各地有所不同，"*"后的音只是其中一种）

	古韵母	今音分合关系	例字	分布
1	宕江今洪音	=果*uə	忙=磨｜汤=拖｜糠=苛｜巷=贺｜光=锅｜黄=禾	并、吕、五
2	梗二等	=假二*a/ya	孝义：进棚 ia｜冷 a｜生=沙 a｜耕=家 ia｜横 ya	并、吕、五
		=假三*ie/ye	岚县：进棚 iɛ｜冷 a｜耕 iɛ｜横 yɛ	
	梗曾三四等	开=蟹止三四*i	病=算｜凌=犁梨｜钉=低｜镜=记继｜蝇赢=移	并、吕、五
		合=遇三*y	兄=弟｜须虚｜茎~地：坟地=余于	
3	蟹开口一等	=合口一等*ei	袋台耐来灾才菜该开害爱：杯悲碑佩肥匪	并、吕
4	蟹止合三等	非组=蟹止开三*i	肥费尾 i	并、五
		其他=遇三*y/u	脆岁｜醉嘴随髓穗柜苇喂慰 y｜吹水 u	
5	咸山一等见系	=果*ə/o/效白	干=高=哥｜汉=号=贺｜案=鏊=饿	并、吕
	咸山三等知系	=果一/假三知*ə	扇=射｜占=遮｜转=左｜穿=搓	并、五
6	效一等见系	=果*ə/o/咸山白	高=哥=干｜烤=可｜号=贺=汉｜鏊=饿=案	并、吕
	效三等知系	=假三等知系*ə/o	招=遮｜超=车｜烧=赊｜绕=惹	
7	假三等	=假二等*ia	姐=假｜借=架｜车=权｜赊=沙｜夜=亚	并、吕
8	果	独立韵类	磨拖苛贺*ɛ｜锅黄*uɛ（文=宕江白，例见①）	并

分别举例说明。

1. "帮、汤、钢、张、窗、粮、香、光、黄"等字的白读。即宕江今读洪音的字分文白读（细音自成韵类），白读为元音韵（同果摄），文读为鼻尾韵 *aŋ。见于并州片、吕梁片、五台片。

（1）文白读举例。请看表 9-19。

表 9-19　晋语宕江今文白读（一）

		忙宕开一微		汤宕开一透		糠宕开一溪		巷江开二匣	
		白读	文读	白读	文读	白读	文读	白读	文读
并州	孝义	⁼muɤ		⁼tⁱɤ		⁼kⁱuɤ		xuɤ⊃	ɕiaŋ⊃ 柳~
	平遥	⁼mɔ~的	⁼maŋ 帮	⁼tⁱuɔ 清~	⁼tⁱaŋ 姓	⁼kⁱuɔ~疮	⁼kⁱaŋ 吃~	xuɔ⊃	ɕiaŋ⊃ ~战
	介休	⁼muə~得	⁼mæ̃~硬	⁼tⁱuə 喝~	⁼tⁱæ̃ 赴~蹈火	⁼kⁱuə~疮	⁼kⁱæ̃ 吃~	xuə⊃	ɕiæ̃⊃ ~战
吕梁	临县	⁼mu	⁼muo 帮~		⁼tⁱɔ		⁼kⁱɔ		xɔ⊃
	吴堡	⁼məu		⁼tⁱəu		⁼kⁱəu	⁼kⁱã	xəu⊃ 吃~子	
	汾西	⁼mɯ~的	⁼mã 帮~	⁼tⁱu 清~		⁼kⁱɯ 吃~	⁼kⁱã 糠	xɯ⊃ 李家~	ɕiã⊃ 小~
五台	忻州	⁼mɛ~得很	⁼mã~硬	⁼tⁱɛ 喝~	⁼tⁱã 赴~蹈火	⁼kⁱɛ 吃~	⁼kⁱã 糠		
	定襄	⁼muɐ~得	⁼mæ̃~硬	⁼tⁱuɐ~药	⁼tⁱæ̃ 赴~蹈火	⁼kⁱuɐ 吃~	⁼kⁱã 皮	xuɐ⊃ ~道	ɕiɐ⊃ ~战

表9-19　晋语宕江今文白读（二）

		张宕开三知		长宕开三澄		窗江开二初		床宕开三庄	
		白读	文读	白读	文读	白读	文读	白读	文读
并州	孝义	₌tʂE~口	₌tʂaŋ姓	₌tʂE~短	₌tʂˈaŋ特	₌suɤ~	₌tsˈuaŋ~户	₌suɤ~儿	₌tsˈuaŋ~板
	平遥	₌tsuə~村	₌tʂaŋ姓	₌tsuə拖	₌tʂˈaŋ~短	₌suə~子	₌tsˈuaŋ~户	₌suə~	₌tsˈuaŋ东~
	介休	₌tɕyə~开	₌tʂæ姓	₌tɕyə拖	₌tʂˈæ~短	₌ɕye~子	₌sˈuæ~户	₌ɕyə~	₌tsˈuæ东~
吕梁	临县		₌tʂɔ		₌tʂˈɔ	₌ɕh~	₌tsˈyə		₌tsˈyə
	吴堡	₌tʂəu	₌tʂã姓	₌tʂˈəu~短	₌tʂˈã特	₌tsˈuəu		₌uəu~	₌tsˈuəu
	汾西	₌tsɯ~~	₌tʂã姓	₌tsˈɯ~短	₌tʂˈã特	₌tsˈu~子	₌tsˈuã橱	₌su高凳子	₌tsˈuã~板
五台	忻州	₌tʂзɪ~村	₌tʂã姓	₌tʂˈз~短	₌tʂˈã~度	₌зɪ~子	₌tʂˈuã橱	₌tʂзɪ木~	₌tʂˈuã温~
	定襄	₌tʂɔ~飞	₌tʂæ	₌tʂˈɔ~短	₌tʂˈæ~度	₌ɕɪ~花	₌tsˈuæ橱	₌tʂˈɔ木~	₌tʂˈuæ温~

表9-19　晋语宕江今文白读（三）

		粮宕开三来		墙宕开三从		想宕开三晓		样宕开三以	
		白读	文读	白读	文读	白读	文读	白读	文读
并州	孝义	₌liE~食	₌liaŋ~店	₌tɕiE~	₌tɕˈiaŋ~报	ˀɕiə~妈	ˀɕiaŋ思	iE°~：样子	iaŋ°榜~
	平遥	₌luə~食	₌liaŋ杂~	₌tɕyə~	₌tɕˈiaŋ~报	ˀɕyə~吃	ˀɕiaŋ思	yə°~	iaŋ°榜~
	介休	₌luə~食	₌liæ杂~	₌tɕyə~头	₌tɕˈiæ~报	ˀɕyə不~吃	ˀɕiæ思	yə°~	iæ°榜~
吕梁	临县		₌liɔ		₌tsˈɔ		ˀsiɔ		iɔ°
	吴堡	₌liəu~食	₌liã~站	₌tsˈuəi	₌tsˈiã~报	ˀsiəu~吃	ˀsiã思	iəu~	iã°榜~
	汾西	₌li~食	₌liã~站	₌tɕˈi	₌tɕˈiã~报	ˀɕi~吃	ˀɕiã思	iˀ°	iã°榜~
五台	忻州	₌liE~食	₌liã细~	₌tɕˈiE上~	₌tɕˈiã~报	ˀɕiE~望	ˀɕiã思	iE°~子	iã°榜~
	定襄	₌liɔ~食	₌liæ细~	₌tɕˈiɔ上~	₌tɕˈiæ~报	ˀɕiɔ~头	ˀɕiæ思	iɔ°~子	iæ°榜~

表9-19　晋语宕江今文白读（四）

		房宕合三奉		光宕合一见		王宕合三云		黄宕合一匣	
		白读	文读	白读	文读	白读	文读	白读	文读
并州	孝义	₌xuɤ~子	₌xuaŋ	₌kuɤ~耍	₌kuaŋ~明	₌uɤ姓	₌uaŋ~道	₌xuɤ	₌xuaŋ
	平遥	₌xuə~子	₌xuaŋ~管	₌kuə~溜溜	₌kuaŋ~明	₌uə~子蜂王	₌uaŋ姓	₌xuə~的	₌xuaŋ姓
	介休	₌xuə~子	₌xuæ~间	₌kuə~油油	₌kuæ~明	₌uə~子头儿	₌uæ帝~	₌xuə~瓜	₌xuæ姓
吕梁	临县	₌fu~子	₌fuo~屋	₌ku~棍儿	₌kuo~明	₌u~子	₌uo帝~	₌xu~土	₌xuo~金
	吴堡	₌fəu			₌kuã	₌u东~家	₌uã	₌xəu~的	
	汾西	₌fu~子	₌fã~产	₌ku很~	₌kuã~明	₌u~家庄	₌uã帝~	₌xu~颜色	₌xuã~鼹狼
五台	忻州	₌fe~子	₌fã心~	₌kuɛ~的	₌kuã~荣	₌зu为~霸道	₌vã帝~	₌xuɛ~色	₌xuã~金
	定襄	₌fuɔ~子	₌fæ心~	₌kuɔ~滑	₌kuæ~荣	₌uɔ	₌uæ帝~	₌xuɔ~色	₌xuæ~金

（2）今白读韵类分合关系。宕江_白＝果。请看表9-20。

表 9-20　晋语宕江今白读韵类分合关系（表中"≠"表示韵母不同）

		忙磨动	汤拖	糠苟	巷贺	苍搓	光锅	筐稞	黄和	王窝
并州	孝义	₌muɤ	₌tɤ	₌kʰuɤ	xuɤ	₌tsʰɤ	₌kuɤ	₌kʰɤ	₌xuɤ	₌ɤ
	平遥	₌cm	₌tɤ	₌kʰuə	₌xuə	₌tsʰə	₌kuə	₌kʰə	₌xuə	₌əu
	介休	₌muə	₌tɤ	₌kʰuə	xuə	₌tsʰə	₌kuə	₌kʰuə	₌xuə	₌ə
吕梁	临县	₌mu	₌tɔ̃	kʰɔ̃	xɔ̃	₌tsʰuɔ̃	ku	kʰu	₌xu	₌u
	吴堡	₌məu	₌tʰu	kʰuə	xuə	₌tsʰə	≠	≠	₌xəu	₌u
	汾西	₌mu	₌tʰu	kʰu	xɯ	₌tsʰɤ	ku	kʰu	₌xu	₌u
五台	忻州	₌me	₌tʰɤ	kʰɛ	xɛ	₌tsʰɤ	kuɛ	kʰuɛ	₌xuɛ	₌əu
	定襄	₌cuə	₌tʰɤ	kʰuɤ	xuɤ	₌tsʰɤ	kuɤ	kʰɤ	₌xuɤ	₌ə

宕果合流早在唐五代西北方音中已有反映（罗常培 1933），宕江丢失鼻音成分在宋代已完成（龚煌城 1986）。上述白读所反映的情形与此相合。

2.“棚、冷、耕、杏、横、平、钉、晴、剩、赢”等字的白读。即梗曾今韵母分文白读，白读为元音韵（二等开口同假二三等，果一等，合口同果三等；三四等开口同蟹止三等，合口同遇摄），文读为鼻尾韵 *əŋ。见于并州片、吕梁片、五台片。

（1）文白异读举例。请看表 9-21。

表 9-21　晋语曾梗今文白读（一）

		逬梗开二帮		冷梗开二来		生梗开二生		耕梗开二见	
		白读	文读	白读	文读	白读	文读	白读	文读
并州	清徐	piɔ²~裂子	pəŋ²~开		ˉlʌ̃	₌ʂʅ~饭	₌sʌ̃~		₌kʌ̃
	平遥	piɛ²~开	piŋ²~裂	ˉliɑ~水	ˉləŋ~冻	₌ʂʅE~日	₌səŋ学~	₌tɕiɛ~地	₌kəŋ春~
	孝义	pia²~火星	pəŋ²~发	ˉlia~水	ˉləŋ~冰冰	₌sa~饭	₌səŋ学~	₌tɕia~地	₌kəŋ春~
吕梁	岚县	piɛ²~裂子	pəŋ²~发	ˉla~水	ˉləŋ~冰冰	₌suə~日	₌səŋ学~	₌tɕiɛ~地	₌kəŋ春~
	临县	piʌ²~火星	pəŋ²~发	ˉliʌ~水	ˉləŋ~冰冰	₌ʂʌ~日	₌səŋ学~		₌kəŋ
	汾西	—	—	ˉlei~水	ˉləŋ~冻	₌sei~米	₌səŋ~产		₌kəŋ
五台	忻州	piɛ²~着了	pəŋ²~裂	ˉlɑ~蛋子	ˉləŋ~子	₌ʂʅ双~子	₌səŋ~财	₌tɕiɛ~地	₌kəŋ春~
	定襄	pie²~开	pəŋ²~裂	ˉlɑ~子;裡	ˉləŋ~风	₌sɔ~人	₌səŋ~财	₌tɕie~地	₌kəŋ春~

表 9-21　晋语曾梗今文白读（二）

		病梗开三并		凌曾开三来		钉梗开四端		青梗开四清	
		白读	文读	白读	文读	白读	文读	白读	文读
并州	清徐	pi²~了	piʌ̃²疾~	₌li冬~;冰	₌liŋ姓	₌ti~子		₌tɕʰi~菜;菠菜	₌tɕʰiŋ~色
	平遥	pi²寒~	piŋ²~号	₌li冻~;	₌liŋ空	₌ti~	₌tiŋ碰~子	₌tɕʰei~菜;菠菜	₌tɕʰiŋ~年
	孝义	pi²~了	piŋ²疾~	₌li~	₌liŋ姓	₌ti~子		₌tɕʰi~菜;菠菜	₌tɕʰiŋ~色
吕梁	岚县	pi²~了	piəŋ²疾~	₌li冬~;冰	₌liəŋ姓	₌ti~子		₌tɕʰiə~菜;菠菜	₌tɕʰiəŋ~色
	临县	pi²~了	piəŋ²疾~		₌liəŋ	₌ti~子	₌tiŋ~书机	₌tsʰiʌ~草	₌tsʰiəŋ~年
	汾西	pi²~得	piəŋ²~菌	₌li冬~;	₌liəŋ空	₌ti~子	₌tiəŋ碰~子	₌tɕʰi~草	₌tɕʰiəŋ~年
五台	忻州	pi²青~	piəŋ²~人		₌liəŋ	₌ti~子	₌tiəŋ~耙	₌tɕʰi~草	₌tɕʰiəŋ~年
	定襄	pi²疡~	piəŋ²~人		₌liəŋ	₌ti~子	₌tiəŋ鞁~	₌tɕʰi~草	₌tɕʰiəŋ~苗

表9-21　晋语曾梗今文白读（三）

片	点	蒸曾开三章 白读	蒸曾开三章 文读	称曾开三船 白读	称曾开三船 文读	声梗开三书 白读	声梗开三书 文读	镜梗开三见 白读	镜梗开三见 文读
并州	清徐	꜀tsʅ~笼	꜀tsɤ~汽	꜀tsʅ~东西	꜀tsʰɤ~呼	꜀sʅ~音	꜀sɤ名~	tɕiˀ~子	꜀tɕiɤˀ眼~
	平遥	꜀tsʅ~饺子	꜀tsəŋ~汽	꜀tsʅ~东西	꜀tsʰəŋ~呼	꜀sʅ不作~	꜀səŋ~音	tɕiˀ~儿	꜀tɕiŋˀ~子
	孝义	꜀tsʅ~吃的	꜀tsəŋ~汽	꜀tsʅ~东西	꜀tsʰəŋ~呼	꜀sʅ~音	꜀səŋ名~	tɕiˀ~子	tɕiŋˀ 反光
吕梁	岚县	꜀tsʅ~馍馍	꜀tsəŋ~汽	꜀tsʅ~东西	꜀tsʰəŋ~呼	꜀sʅ~气	꜀səŋ名~	tɕiˀ~子	꜀tɕiəŋˀ眼~
	临县	꜀tsei~夜面	꜀tsəŋ~馍	꜀tsʰei~盘	꜀tsʰəŋ~呼	꜀sʅ~气	꜀səŋ~韵调	tɕiˀ~子	꜀tɕiəŋˀ眼~
	汾西	꜀tsei~饭	꜀tsəŋ~汽	꜀tsʰei~东西	꜀tsʰəŋ~呼	꜀sei~音	꜀səŋ名~	tɕiˀ~子	꜀tɕiəŋˀ眼~
五台	忻州	꜀tsʅ~窝窝	꜀tsəŋ~汽	꜀tsʰʅ~分量	꜀tsʰəŋ~赞	꜀sʅ~音	꜀səŋ~誊	tɕiˀ眼~	꜀tɕiəŋˀ望远~
	定襄	꜀tsʅ~窝窝	꜀tsəŋ~汽	꜀tsʰʅ~分量	꜀tsʰəŋ~赞	꜀sʅ~音	꜀səŋ~誊	tɕiˀ眼~	꜀tɕiəŋˀ望远~

表9-21　晋语曾梗今文白读（四）

片	点	蝇曾开三以 白读	蝇曾开三以 文读	赢梗开三以 白读	赢梗开三以 文读	横梗合二匣 白读	横梗合二匣 文读	兄梗合三晓 白读	兄梗合三晓 文读
并州	清徐	꜀i~子	꜀iɤ	꜀i输~	꜀iŋ~利	꜀xuɒ~顺	꜀xɤ~蛮~	꜀ɕy~弟	꜀ɕyŋ~老~
	平遥	꜀i~子	꜀iŋ苍~	꜀i输~	꜀iŋ~利	꜀ɕyE~放	꜀xəŋ~行霸道	꜀ɕy 大~哥	꜀ɕyŋ~长
	孝义	꜀i~子		꜀i输~	꜀iŋ~利	꜀ɕya~顺	꜀xəŋ~蛮~	꜀ɕy~弟	꜀ɕyŋ~长
吕梁	岚县	꜀i~子		꜀i输~	꜀iəŋ~利	꜀ɕyE~线	꜀xəŋ~行霸道	꜀ɕy~弟	꜀ɕyəŋ~长
	临县	꜀i~子	꜀iəŋ苍~	꜀i输~	꜀iəŋ~利	꜀ɕya歪	꜀xəŋ~行霸道	꜀ɕy~弟	꜀ɕyəŋ~长
	汾西	꜀i~子	꜀iəŋ苍~	꜀i输~	꜀iəŋ~利	꜀xei			꜀ɕyəŋ~
五台	忻州	꜀i~子	꜀iəŋ~拍	꜀i输~	꜀iəŋ~利	꜀ɕy~ɜyʌ~顺	꜀xəŋ~行霸道	꜀ɕy 大~哥	꜀ɕyəŋ~长
	定襄	꜀i~子	꜀iəŋ~拍	꜀i~钱	꜀iəŋ~利	꜀ɕye~顺	꜀xəŋ~行霸道	꜀ɕy 大~哥	꜀ɕyəŋ~长

（2）今白读韵类分合关系。梗摄二等开口＝假、果一等，合口＝果三等；梗曾三四等开口＝蟹止三四等，合口＝遇摄。请看表9-22。

表9-22　晋语曾梗今白读韵类分合关系（表中"≠"表示韵母不同）

片	点	杏	夏	横	花	病	弊	钉	低	蝇赢	移	蒸	知	声	施	兄	虚
并州	清徐	ɕiɒˀ		꜀xuɒ		piˀ		꜀ti		꜀i		꜀tsʅ		꜀sʅ		꜀ɕy	
	平遥	ɕiEˀ	=谢	꜀ɕyE~靴		piˀ		꜀ti		꜀i		꜀tsʅ		꜀sʅ		꜀ɕy	
	孝义	ɕiaˀ		꜀ɕya		piˀ		꜀ti		꜀i		꜀tsʅ		꜀sʅ		꜀ɕy	
吕梁	岚县	ɕiEˀ	=谢	꜀ɕyE~靴		piˀ		꜀ti		꜀i		꜀tsʅ		꜀sʅ		꜀ɕy	
	临县	ɕiAˀ	꜀ɕya	piˀ		piˀ		꜀ti		꜀i		꜀tʂEI		꜀ʂʅ		꜀ɕy	
	吴堡	ɕiaˀ	꜀ɕya	piˀ		piˀ		꜀ti		꜀i		꜀tʂe		꜀ʂe		≠	
五台	忻州	≠		꜀ɕyε:靴		piˀ		꜀ti		꜀i		꜀tsʅ		꜀sʅ		꜀ɕy	
	定襄	≠		꜀ɕye:靴		piˀ		꜀ti		꜀i		꜀tsʅ		꜀sʅ		꜀ɕy	

3. "袋、台、来、耐、裁、才、该、开、害、爱"等字的白读。即蟹摄一等字，白读为*ei（同蟹止开合口一三等帮系），文读是 ai（同二等）。多见于并州片、吕梁片。

（1）文白异读举例。请看表9-23。

表 9-23　晋语蟹摄开口一等今文白读（一）

		袋		带		台		耐	
		白读	文读	白读	文读	白读	文读	白读	文读
并州	文水	teᵓ ~子		teᵓ ~子	taiᵓ ~领	⊆t'e戏~		neᵓ	
	祁县		taiᵓ		taiᵓ		⊆t'ai		neiᵓ
	孝义	teiᵓ ~子		teiᵓ ~孝	taiᵓ ~领	⊆t'ei圪~	⊆t'ai戏~	neiᵓ	naiᵓ ~心
吕梁	岚县	teiᵓ ~子		teiᵓ ~子	taiᵓ ~领	⊆t'ei圪~		neiᵓ	naiᵓ ~心
	汾西		taiᵓ		taiᵓ		⊆t'ɑi		nɑiᵓ

表 9-23　晋语蟹摄开口一等今文白读（二）

		栽		在		才		材	
		白读	文读	白读	文读	白读	文读	白读	文读
并州	文水	⊆tse~花	⊆tsai~培	tseᵓ	tsaiᵓ	⊆ts'e~刚	⊆ts'ai 人~	⊆ts'e棺~	⊆ts'ai ~料
	祁县	⊆tsei~花	⊆tsai~培	tseiᵓ	tsaiᵓ	⊆ts'ei~刚	⊆ts'ai 人~		
	孝义	⊆tsei~花	⊆tsai~培	tseiᵓ		⊆ts'ei~刚	⊆ts'ai 人~	⊆ts'ei棺~	⊆ts'ai ~料
吕梁	岚县	⊆tsei~花	⊆tsai~培	tseiᵓ		⊆ts'ei~米	⊆ts'ai 人~	⊆ts'ei棺~	⊆ts'ai ~料
	汾西		⊆tsɑi		tsɑiᵓ		⊆ts'ɑi		⊆ts'ɑi

表 9-23　晋语蟹摄开口一等今文白读（三）

		该		开		爱		害	
		白读	文读	白读	文读	白读	文读	白读	文读
并州	文水	⊆kei 活~	⊆kai 应~	⊆k'ei门	⊆k'ai ~	ŋeiᵓ~见	ŋaiᵓ 敬	xeiᵓ ~人	xaiᵓ 灾~
	祁县	⊆kei 活~	⊆kai 应~	⊆k'ei门	⊆k'ai ~	ŋeiᵓ~见	ŋaiᵓ 敬	xeiᵓ ~人	xaiᵓ ~虫
	孝义	⊆kei 活~	⊆kai 应~	⊆k'ei门	k'ai ~	ŋeiᵓ~见	ŋaiᵓ 敬	xeiᵓ ~人	xaiᵓ ~虫
吕梁	岚县	⊆kei 活~	⊆kai 应~	⊆k'ei门	⊆k'ai召~	ŋeiᵓ~见	ŋaiᵓ 敬	xeiᵓ ~人	xaiᵓ 灾~
	汾西		⊆kɑi	⊆k'ei门	⊆k'ɑi召~		ŋɑiᵓ		xɑiᵓ

（3）今白读韵类分合关系。蟹开一＝蟹开合口一三等帮系/止开合口三等帮系≠蟹开二。请看表 9-24。

表 9-24　晋语蟹摄开口一等今白读韵类分合系

		袋台来耐在材菜该开害爱	杯陪蟹合一废蟹合三碑止开三匪止开三	排柴鞋蟹开二
并州	清徐	ei		ai
	平遥	ei		ai
	孝义	ei		ai
吕梁	岚县	ei		ai
	汾西	ei		ɑi

4. "脆岁，肥费尾、嘴脆穗、吹水"等字的白读。即蟹止合口三等字，白读为 i/y/u（非组同开口三等晓、心母及影组，其他同遇摄），文读为 *ei/uei。多见于并州片、吕梁片。

（1）文白异读举例。请看表 9-25。

表 9-25　晋语蟹止合口三等今文白读（一）

		肥 止合三奉		费 止合三敷		尾 止合三微		醉 止合三精	
		白读	文读	白读	文读	白读	文读	白读	文读
并州	清徐	₌çi 太~了	₌fi 沃	çiꜛ ~钱	fiꜛ 用	ꜛi ~巴	ꜛvi 结~	tçyꜛ	
	平遥		₌fei	çiꜛ ~钱	feiꜛ 用	ꜛi ~巴	ꜛuei 结~		tsueiꜛ
	孝义	₌çi ~头子	₌fei ~料	çiꜛ ~钱	feiꜛ 用	ꜛi ~巴	ꜛuei 结~	tçyꜛ	
吕梁	岚县	₌çi 太~了	₌fei ~料	çiꜛ ~钱	feiꜛ 用	ꜛi ~巴	ꜛuei 结~	tçyꜛ	
	临县	₌çi 太~了	₌feɪ ~料	çiꜛ ~钱	feɪꜛ ~用	ꜛi ~巴	ꜛueɪ 结~	tçyꜛ	tsueɪꜛ
	汾西	₌çʐ 太~了	₌fei ~料	çʐꜛ ~人	feiꜛ ~用	ꜛʐ ~巴	ꜛvei 结~	tçyꜛ	tsueiꜛ

表 9-25　晋语蟹止合口三等今文白读（二）

		嘴 止合三精		脆 蟹合三清		随 止合三邪		髓 止合三心	
		白读	文读	白读	文读	白读	文读	白读	文读
并州	清徐	ꜛtçy		tçʼyꜛ ~枣	tsʼuaiꜛ 干~	₌çy		₌çy 骨~	
	平遥		ꜛtsuei		tsʼueiꜛ	₌çy 陪~	₌suei 和~	₌çy 骨~	
	孝义	ꜛtçy ~头子	ꜛtsuei	tçʼyꜛ ~枣	tsʼueiꜛ 干~	₌çy ~人	₌suei 和~	₌çy 骨~	
吕梁	岚县	ꜛtçy ~		tçʼyꜛ ~的	tsʼueiꜛ 干~	₌çy ~便		ꜛçy 骨~	
	临县	ꜛtçy			tsʼueiꜛ	₌çy ~人	₌suei 和~	ꜛçy 骨~	
	汾西	ꜛtçy	ꜛtsuei	tçʼyꜛ			₌suei		₌suei

表 9-25　晋语蟹止合口三等今文白读（三）

		岁 蟹合三心		穗 止合三邪		吹 止合三知		水 止合三书	
		白读	文读	白读	文读	白读	文读	白读	文读
并州	清徐	çyꜛ 儿~	suaiꜛ 万~	çyꜛ		₌tçʼy ~风	₌tsʼuai ~牛	ꜛçy 喝~	
	平遥	çyꜛ 儿~	sueiꜛ 万~	çyꜛ			₌tsʼuei		ꜛsuei
	孝义	çyꜛ 儿~	sueiꜛ 万~	çyꜛ			₌tsʼuei		ꜛsuei
吕梁	岚县	çyꜛ 儿~	sueiꜛ 万~	çyꜛ		₌tsʼu ~风	₌tsʼuei 鼓~	ꜛsu 喝~	ꜛsuei ~利
	临县		sueiꜛ	çyꜛ			₌tsʼueɪ		ꜛsuei
	汾西	çyꜛ 儿~	sueiꜛ 万~	çyꜛ		₌tsʼβ ~风	₌tsʼuei 鼓~	ꜛfy 喝~	ꜛsuei ~利

表 9-25　晋语蟹止合口三等今文白读（四）

		柜 止合三群		苇 止合三云		喂 止合三影		慰 止合三影	
		白读	文读	白读	文读	白读	文读	白读	文读
并州	清徐	kyꜛ			ꜛvi		viꜛ	yꜛ ~问	ueiꜛ ~劳
	平遥	tçyꜛ 平面~	kueiꜛ 立~	ꜛy ~子地		yꜛ ~鸟儿	ueiꜛ ~养	yꜛ ~问	ueiꜛ ~劳
	孝义	tçyꜛ 平面~	kueiꜛ 立~	ꜛy ~子		yꜛ ~孩儿	ueiꜛ ~养	yꜛ ~问	ueiꜛ ~劳
吕梁	岚县	tçyꜛ 平面~	kueiꜛ 立~	ꜛy ~子			ueiꜛ	yꜛ ~问	ueiꜛ ~劳
	临县	tçyꜛ ~儿	kueiꜛ 立~	ꜛy ~子		yꜛ ~羊	ueiꜛ ~养	yꜛ ~问	ueiꜛ ~劳
	汾西	tçyꜛ	kueiꜛ		ꜛuei	yꜛ ~狗	ueiꜛ ~养	yꜛ ~问	ueiꜛ ~劳

（2）今白读韵类分合关系。非组＝开口三等晓、心母及影组，其他＝遇三等。请看表 9-26。

表 9-26　晋语蟹止合口三等今白读韵类分合关系

		肥：洗	费戏	尾椅	醉：聚	脆去	岁絮	柜锯	苇雨	慰预
并州	清徐	ɕi	ɕiᵊ	ˈi	tɕy	tɕ'yᵊ	ɕyᵊ	≠	≠	yᵊ
	平遥	≠	ɕiᵊ	ˈi	≠	≠	ɕyᵊ	tɕyᵊ	ˈy	yᵊ
	孝义	ɕi	ɕiᵊ	ˈi	tɕy	tɕ'yᵊ	ɕyᵊ	tɕyᵊ	ˈy	yᵊ
吕梁	岚县	ɕi	ɕiᵊ	ˈi	tɕy	tɕ'yᵊ	ɕyᵊ	tɕyᵊ	ˈy	yᵊ
	临县	ɕi	ɕiᵊ	ˈi	tɕy	≠	≠	tɕyᵊ	ˈy	yᵊ
	汾西	cʐ	cʐᵊ	ˈʐ	tɕy	tɕ'yᵊ	ɕyᵊ	tɕyᵊ	≠	yᵊ

5. "干、看、汉、揞，毡、缠、闪、扇，宽"等字的白读。即古咸山一等见系和三四等字，白读为元音韵（洪音同果/效见系一等/假知系三等；细音同果假），文读多为鼻尾韵或元音韵。见于并州片、吕梁片。

（1）文白异读举例。请看表 9-27。

表 9-27　晋语咸山一等见系、三四等今文白读（一）

		揞咸开一影		看山开一溪		闪咸开三书		扇山开三书	
		白读	文读	白读	文读	白读	文读	白读	文读
并州	孝义	ˈŋɤ~雀儿		ᶜk'ɤ~家	ᶜk'aŋ~守	ˈʂE~窖	ˈʂaŋ~亮	ʂEᵊ~子	ʂaŋᵊ桃花~
	平遥		ˈŋaŋ		ᶜk'aŋ~守		ˈʂaŋ		ʂaŋᵊ
吕梁	临县	ˈniE~住		ᶜk'iE~照	ᶜk'æ~守	ˈʂʅɘr打~	ˈʂæ电~雷鸣	ʂʅɘrᵊ~子	ʂæᵊ桃花~
	吴堡	ˈŋie		ᶜk'ie		ˈʂe		ʂeᵊ	

表 9-27　晋语咸山一等见系、三四等今文白读（二）

		甜咸开四定		田山开四定		尖咸开三精		剪山开三精	
		白读	文读	白读	文读	白读	文读	白读	文读
并州	孝义	ᶜtiE~	ᶜt'ian~蜜	ᶜtiE~家沟	ᶜt'ian姓	ᶜtɕiE~	ᶜtɕian~锐	ˈtɕiE~	ˈtɕian~裁
	平遥	ᶜtiE~茶	ᶜt'iE~蜜	ᶜtiE~家铺	ᶜt'iE姓	ᶜtɕiE~		ˈtɕiE~	
吕梁	临县	ᶜt'iE		ᶜt'iE		ᶜtsiE		ˈtsiE	
	吴堡	ᶜt'ie		ᶜt'ie		ᶜtsie		ˈtsie	

表 9-27　晋语咸山一等见系、三四等今文白读（三）

		团山合一定		宽山合一溪		专山合三章		元山合三疑	
		白读	文读	白读	文读	白读	文读	白读	文读
并州	孝义	ᶜtuɤ麻~	ᶜt'uaŋ~结	ᶜk'uɤ~窄	ᶜk'uaŋ~限	ᶜtsuɤ~门	ᶜtsuaŋ~长	ᶜyE~宝	ᶜyaŋ~旦
	平遥		ᶜt'uaŋ	ᶜk'uɤ~窄	ᶜk'uaŋ~限		ᶜtsuaŋ		ᶜyE
吕梁	临县	ᶜt'uo~~	ᶜt'uæ~结	ᶜk'uo~窄	ᶜk'uæ~宏	ᶜtsʮɘ~门	ᶜtsuæ~长		ᶜyæ
	吴堡	ᶜt'uɘ		ᶜk'uɘ		ᶜtsuɘ		ᶜye	

（2）今白读韵类分合关系。洪音一等见系＝果/效白；三等知系＝假；细音＝果假。请看表 9-28。

表 9-28　晋语咸山一等见系、三四等今文白读韵类分合关系

		干哥高	汉贺号	闪舍	扇射	剪姐	团多	宽科	穿搓	宣靴
并州	孝义	˗kɤ	xɤ²	˗ʂE	ʂE²	˗tɕiE	˗tuɤ	˗kʰuə	˗tsʰʊɤ	ˍɕyE
	平遥	≠	≠	≠	≠	˗tɕiE	≠	˗kʰuɤ	≠	ˍɕyE
吕梁	临县	≠	≠	˗ʂʅər	ʂʅər²	˗tsiE	≠	≠	≠	≠

6. "高、烤、号、熬，臁、桥、条、浇，招、超、烧"等字的白读。即效摄一等见系、三四等今韵母分文白读，白读主要元音不同于二等，文读同二等。见于并州片、吕梁片。

（1）文白异读举例。请看表 9-29。

表 9-29　晋语效一等见系、三四等今文白读（一）

		高 效开一见		熬 效开一疑		臁 效开三帮		桥 效开三群	
		白读	文读	白读	文读	白读	文读	白读	文读
并州	文水	˗kəi=哥	˗kau	˗ŋəi=蛾	˗ŋau	˗pi	˗piau	˗tɕi	˗tɕʰiau
	孝义	˗kɤ=哥	˗kao	˗ŋɤ~菜=讹	˗ŋao	˗pyɔ	˗piao	˗tɕyɔ~头	˗tɕʰiao
	祁县	˗ko=锅	˗kau	˗ŋo~菜	˗ŋau	˗pio	˗piau	˗tɕio~头	˗tɕʰiau
吕梁	岚县		˗kɑu		˗ŋɑu	˗piɤu		˗tɕʰiɤu	
	吴堡	˗ko		˗ŋo		˗piə		˗tɕʰiə	

表 9-29　晋语效一等见系、三四等今文白读（二）

		烧 效开三书		绕 效开三日		条 效开四并		浇 效开四见	
		白读	文读	白读	文读	白读	文读	白读	文读
并州	文水	ˍsəi=赊	ˍsau	ˀzəi=惹	ˀzau	ˍti	ˍtʰiau	˗tɕi	˗tɕiau
	孝义	ˍʂɤ~人	ˍʂao	ˀʐɤ~道儿	ˀʐao	ˍtʰyɔ纸~	ˍtʰiao	˗tɕyɔ	˗tɕiao
	祁县	ˍʂo=梢	ˍʂau	ˀʐo~道儿	ˀʐau	ˍtʰio纸~	ˍtʰiau	˗tɕio	˗tɕiau
吕梁	岚县	ˍʂɤu		ˀʐɤu		ˍtʰiɤu		˗tɕiɤu	
	吴堡	ˍsə		ˀzə		ˍtʰiə		˗tɕiə	

（2）今白读韵类分合关系。洪音＝果一等见系/咸山一等见系白/假三等知系（细音自成韵类）。洪音请看表 9-30。

表 9-30　晋语效一等见系、三四等今白读韵类分合关系

	高哥干	烤可	号贺汉	整饿案	照蔗	超车	烧赊	绕惹
文水	ˍkəi	ˀkʰəi	xəi²	ŋəi²	tsəi²	˗tsʰəi	ˍsəi	ˀzəi
孝义	ˍkɤ	ˀkʰɤ	xɤ²	ŋɤ²	tʂɤ²	˗tʂʰɤ	ˍʂɤ	ˀʐɤ
祁县	ˍko=锅	ˀkʰo=颗	xo²=祸	≠	tso²=坐	˗tso=搓	ˍso=梢	≠

7. "姐、借、邪、夜，茄、靴"等字的白读。即假、果三等今细音韵母分文白读，白读为 *ia（同二等），文读为 *ie。多见于吕梁片。

（1）文白异读举例。请看表 9-31。

表 9-31　晋语假（果）三等今文白读（一）

		姐假开三精		借假开三精		邪假开三邪		夜假开三以	
		白读	文读	白读	文读	白读	文读	白读	文读
吕梁	临县	꜄tsiA ~夫	꜄tsiE ~姊	tsiA꜄ ~钱	tsiE꜄ 凭~	꜂siA ~气	꜂siE ~恶	iA꜄ 半~里	iE꜄ ~间
	吴堡		꜄tse	tsia꜄ ~钱		꜂sia ~气		ia꜄ 半~里	
	汾西	꜄tɕiɑ ~夫	꜄tɕi~	tɕiɑ꜄ ~钱	tɕi꜄ 凭~	꜂ɕiɑ ~气	꜂ɕi~恶	iɑ꜄ 半~里	i꜄ ~间

表 9-31　晋语假（果）三等今文白读（二）

		车假开三昌		蛇假开三船		茄果开三群		靴果合三晓	
		白读	文读	白读	文读	白读	文读	白读	文读
吕梁	临县	꜄tʂʻA大~	꜄tʂʻʅər 汽~	꜂ʂA		꜂tɕʻiA		꜂ɕyA	
	吴堡	꜄tʂʻa		꜂ʂa		꜂tɕʻia		꜂ɕya	
	汾西	꜄tsʻɑ牛~	꜄tsʻei火~	꜂sɑ属		꜂sei龙~马羊	꜂tɕʻiɑ	꜂ɕyɑ	

（2）今白读韵类分合关系。假三等＝二等。请看表 9-32。

表 9-32　晋语假（果）三等今白读韵类分合关系

	姐假真~	借假放~	邪霞	夜亚	遮渣	车叉	赊沙	茄搭
临县	꜄tsiA	tsiA꜄	꜂siA	iA꜄	꜄tʂA	꜄tʂʻA	꜂ʂA	tɕʻiA
吴堡	≠	tsia꜄	꜂sia	ia꜄	꜄tʂa	꜄tʂʻa	꜂ʂa	tɕʻia
汾西	꜄tɕiɑ	tɕiɑ꜄	꜂ɕiɑ	iɑ꜄	꜄tsɑ	꜄tsʻɑ	꜂sɑ	tɕʻiɑ

8."多、拖、挪、罗、搓、哥、我、河，坡、骡、坐、锅、棵、和、窝"等字的白读。即古果摄今韵母分文白读，白读多自成韵类，文读同宕江白（参看本节（二）1）。见于并州片。

（1）文白异读举例。请看表 9-33。

表 9-33　晋语果摄今文白读（一）

	拖果开一透		萝果开一来		左果开一精		哥果开一见	
	白读	文读	白读	文读	白读	文读	白读	文读
平遥	꜄tʻei~住	꜄tʻuə	꜂lei~卜	꜂luə	꜄tɕiE~手	꜄tsuə~右	꜂kiE后~继父	꜂kɔ~
孝义	꜄tʻE~搜	꜄tʻuɣ~拉机	꜂lE~	꜂luɣ	꜄tsuE~手	꜄tsuə	꜂kE~	꜂kɣ~
介休	꜄tʻiE~累	꜄tʻuə~拉机	꜂liE~	꜂luə波~	꜄tɕiE~手	꜄tsuə向~转	꜂kiE大~：妻兄	꜂kə~

表 9-33　晋语果摄今文白读（二）

	坡果合一滂		骡果合一来		坐果合一从		锅果合一见	
	白读	文读	白读	文读	白读	文读	白读	文读
平遥	꜂pʻei 上~	꜂pʻuə	꜂luei~子	꜂luə	tɕyE꜄ ~下	tsuə꜄	꜂kuei~儿	꜂kuə大~饭
孝义	꜂pʻE~	꜂pʻuɣ山~	꜂lE~子	꜂luə	tsuE꜄ ~下	tsuə꜄ ~说	꜂kuE~盖	꜂kuə大~饭
介休	꜂pʻiE~	꜂pʻuə山~	꜂lyE		tɕyE꜄ ~下	tsuə꜄ ~标	꜂kuE~盖	꜂kuə~儿

（2）今白读韵类分合关系。孝义、介休白读自成韵类。平遥果帮系、见系＝蟹止合口，例如：婆杯悲 ꜂pei | 破佩 pʻei꜄ | 磨霉 ꜂mei ‖ 锅规 ꜂kuei | 过贵桂 kuei꜄ | 棵亏葵 kʻuei | 火毁匪 ꜂xuei | 窝微威 ꜂uei。

五　韵母一二等的分别

　　根据切韵音系，古韵母分十六摄，遇通两摄只有合口韵，其余十四摄都有开口韵。这十四个摄又可分为甲乙两类：甲类包括果、假、蟹、效、咸、山、宕、江、曾、梗十摄，乙类包括止、流、深、臻四摄。甲类中，果摄有一三等，假摄有二三等，把果假合起来看作有一二三等；把宕江合起来看作有一二三等。曾摄舒声韵三等分文白读，白读同梗摄（＝蟹止三等），入声韵三等也同梗、深臻摄，所以把曾梗也合起来看作有一二三四等。这样，甲类韵母大体包括一二三四等，乙类韵母只有一三等。本节讨论甲类韵母等的分别。

　　韵母等的不同，指的是主要元音不同，比如北京话咸摄入声见组字，"盒 ₌xɤ" 是一等字，"匣 ₌ɕia" 是二等字，主要元音 ɤ 和 a 不同，这样就是分一二等。而不是说有无介音，或者是由于有介音而使主要元音升高，比如北京话咸摄舒声见组字，"看 kʼan " 是一等字，"咸 ₌ɕiɛn" 是二等字，iɛn 的主要元音 ɛ 是由于有 i- 介音使 an 的主要元音 a 升高所致，这种情形就不能算是等有分别。这样，北京话里，分一二等的韵摄见于咸山入声见系和曾梗入声非见系，例如：盒 ₌xɤ ≠狭匣 ₌ɕia｜喝 ₌xɤ ≠瞎 ₌ɕia｜活 ₌xuo ≠滑 ₌xua‖北 ˮpei ≠百 ˮpai｜墨默moˮ ≠麦脉maiˮ。

　　晋语各方言里，古阳声韵类今大多三分：咸山合流，宕江合流，深臻曾梗通合流。文读层有些方言咸山宕江合并，如孝义、平遥、忻州、长治等。古入声韵今大多两分：咸山为 *a 类，深臻曾梗通为 *ə 类。宕江大多和咸山合流，少数和深臻曾梗通合流。

　　从等的角度看，一二等韵母有同有异，三四等已完全合流。分一二等的方言，三四等多同一等。具体说来，果假都分一二等，三等多同一等（有些方言白读同二等，主要体现在果假三等，如"赊=沙 ₌sa｜姐=假 ˮtɕia｜夜=亚 iaˮ"）；蟹摄一等帮组字常用的只有"贝佩"几个字，也都保留着一二等的分别。这两种情形同北京话。本节说到分一二等，不再提这两种情形。

　　等的分别多见于白读。因此，本节讨论一二等是否有别的时候，采用的是白读音系统。白读音在音标下划横杠"—"来表示。

　　晋语分一二等的类型，大体分成三种。归纳见表 9-34（"＋"表示分一二等，"－"表示不分一二等）。

表 9-34　晋语分一二等的类型

	果假	蟹	效 一等见系/三等四	咸山见系	宕江入声	曾梗	分布
1.全分型	＋	＋	＋	＋	＋	＋	吕梁、并州
2.半分型	＋			＋/－	＋/－	＋	五台、吕梁、并州
3.不分型	＋		－		－		上党

　　以开口韵为例分别说明。

　　1.全分型。即蟹、效、咸山见系、宕江入声、曾梗一二等韵母不同，一等为 *ə，二等是 *a。三四等同一等。多见于吕梁片、并州片靠近吕梁片的方言。

　　（1）岚县（沈明1999b）。咸山、宕江、曾梗舒声韵和入声韵对应比较整齐，各为一类。入声韵类咸山为 aʔ 类，宕江为 ɛʔ 类，曾梗为 əʔ 类。请看表 9-35。

表 9-35 岚县

	一等			二等				三四等	
	帮系	端系	见系	帮	泥	知庄	见系	知章组	非知章组
果假		多iE	河iE	马a	拿a	沙a	家ia	车ʅE	姐夜iE
蟹	贝ei	袋ei	开ei	卖ai	奶ai	柴ai	街iai	世ʅ	米鸡i
效	保ɑu	刀ɑu	高ɑu	跑ɑu	闹ɑu	吵ɑu	交iɑu	烧ʯu	苗叫ivu
咸山舒		南ɑŋ	看iẽ	扮ɑŋ		站ɑŋ	咸ɑŋ	占ẽ	连见iẽ
咸山入		纳ɑʔ	磕ieʔ	八ɑʔ		杀ɑʔ	匣iɑʔ	折ʅeʔ	裂结ieʔ
宕江舒	帮uə	汤uə	糠uə	绑uə	攘uə	窗uə	江yə	章uə	娘香yə
宕江入	薄Eʔ	托Eʔ	各iEʔ	剥ɑʔ		镯uɑʔ	角yeʔ	着Eʔ	脚yEʔ
曾梗舒	朋ŋ	等əŋ	肯əŋ	猛iE/əŋ	冷a/əŋ	生uə/əŋ	耕iE/əŋ	正ʅ/əŋ	平影i/iəŋ
曾梗入	墨iəʔ	德eiʔ	刻əʔ	麦iɑʔ		窄ʯeʔ	客ieʔ	石əʔ	笛益iəʔ

（2）孝义。把岚县型的宕江入声合流到咸山了。即入声韵类两分：咸山宕江为 ɑʔ 类，深臻曾梗通为 əʔ 类。这种情形最为常见，比如离石、汾阳、临县、中阳、兴县、柳林、汾西、蒲县等点。以孝义（郭建荣 1989）、临县（李小平 1991）、汾西（乔全生 1990）为例。请看表 9-36。

表 9-36 孝义（一）

	一等			二等				三四等	
	帮系	端系	见系	帮	泥	知庄	见系	知章组	非知章组
果假		多E	河E	马a	拿a	沙a	家ia	车ʅE	姐夜iE
蟹	贝ei	代ei	开ei	卖ai	奶ai	柴ai	街iai	世ʅ	米鸡i
效	保ɔ	刀ɔ	高ɣ	跑ɔ	闹ɔ	吵ɔ	交iɔ	烧ɔ	苗叫iɔ
咸山舒		南aŋ	看ɣ	扮aŋ		站aŋ	咸iaŋ	占aŋ	连见iaŋ
咸山入		纳aʔ	渴əʔ	八aʔ		杀aʔ	匣iaʔ	折əʔ	裂结ieʔ
宕江舒	帮uɣ	汤uɣ	炕uɣ	绑uɣ	攘uɣ	窗uɣ	江iE	章uɣ	娘香iE
宕江入	薄aʔ	托aʔ	各əʔ	剥aʔ		镯uaʔ	觉iaʔ	勺ʅaʔ	脚yaʔ
曾梗舒	朋əŋ	等əŋ	肯əŋ	猛ia/əŋ	冷ia/əŋ	生a/əŋ	耕ia/iəŋ	正ʅ/əŋ	平影i/iəŋ
曾梗入	墨iəʔ	德iəʔ	刻iəʔ	麦iaʔ		窄aʔ	格əʔ	石əʔ	笛益iəʔ

表 9-36 临县（二）

	一等			二等				三四等	
	帮系	端系	见系	帮	泥	知庄	见系	知章组	非知章组
果假		多ɔ	河ɔ	马A	拿A	沙A	家iA	车A/ʯr	姐夜iA/iE
蟹	贝ɛɛ	代ɛɛ	开ɛɛ	卖ɛɛ	奶ɛɛ	柴ɛɛ	街iE	世ʅ	米鸡i
效	保uo	刀ou	高ou	跑uo	闹ou	吵ou	交iou	烧ou	苗叫iou
咸山舒		南æ	看iE/æ	扮æ		站æ	咸æ	占ʯr/æ	连见iE
咸山入		纳aʔ	渴əʔ	八aʔ		杀aʔ	匣ɑʔ	折əʔ	裂结ieʔ
宕江舒	帮u/uo	汤ɔ	炕ɔ	绑uo	攘ɔ	窗ɥɔ	江iɔ	章ɔ	娘香iɔ
宕江入	薄əʔ	托uəʔ	各əʔ	剥ɑʔ		镯uɑʔ	觉yɑʔ	勺uəʔ	脚iəʔ
曾梗舒	朋ŋ	等əŋ	肯ŋ	猛iA	冷iA	生A	耕ŋ	正ei	平影i
曾梗入	墨əʔ	德əʔ	刻əʔ	麦iaʔ		窄ɑʔ	格əʔ	石əʔ	笛益iəʔ

表 9-36 汾西（三）

	帮系	端系	见系	帮	泥	知庄	见系	知章组	非知章组
果假		多ɯ	河ɯ	马a	拿a	沙a	家ia	车a/ei	姐夜ia
蟹	贝ei	代ai	开ei	卖ai	奶ai	柴ai	街i	世ʅ	米鸡ʐ
效	保ao	刀ao	高ao	跑ao	闹ao	吵ao	交iao	烧ao	苗叫iao
咸山舒		南ã	看ã	扮ã		站ã	咸ã	占ã	连见iã
咸山入		纳a	渴u	八a		杀a	匣ı	折ɪ	裂结iə
宕江舒	帮ã	汤ɯ/ã	炕ɯ/ã	绑ã	攘ã	窗u/uã	江iã	章ã	娘iɯ/iã香i/iã
宕江入	薄u	托u	各u	剥u		镯uə	觉iu	勺ə	脚iu
曾梗舒	朋ŋ	等ŋ	肯ŋ	猛ŋ	冷ei/ŋ	生ei/ŋ	耕ŋ	正ei/ŋ	平影i/ŋ
曾梗入	墨ɪ	德ə	刻u	白ə/ai		窄ɪ	格u	石ə	笛益iə

（3）祁县。跟孝义相比，咸山宕江入声一二等合流（一等合流到二等）。多见于并州片，比如祁县、太谷、交城、文水等点。以祁县（杨述祖、王艾录1984）、太谷（杨述祖1983）为例。请看表9-37。

表 9-37 祁县（一）

	一等			二等				三四等	
	帮系	端系	见系	帮	泥	知庄	见系	知章组	非知章组
果假		多ɯ	河ɯ	马a	拿a	沙a	家ia	车ɯ	姐夜i
蟹	贝ei	代ai	开ei	卖ai	奶ai	柴ai	街iei	世ŋ	米鸡ŋ
效	保au	刀au	高o	跑au	闹au	吵au	交iau	烧o	苗叫io
咸山舒		南ã	看ũ	扮ã		站ã	咸ã	占ũ	连见iẽ
咸山入		纳aʔ	渴aʔ	八aʔ		杀aʔ	匣aʔ	折aʔ	裂结iaʔ
宕江舒	帮ã	汤a	炕a	绑o	攘ã	窗o	江ia	章a	娘香ia
宕江入	薄aʔ	托uaʔ	各aʔ	剥aʔ		镯uaʔ	觉yaʔ	勺aʔ	脚yaʔ
曾梗舒	朋ɔ̃	等ɔ̃	肯ɔ̃	猛ɔ̃	冷ɔ̃	生ɔ̃ŋ	耕i	正ŋ	平影ŋ
曾梗入	墨iəʔ	德iəʔ	刻əʔ	麦iaʔ		窄aʔ	格aʔ	石əʔ	笛益iəʔ

表 9-37 太谷（二）

	一等			二等				三四等	
	帮系	端系	见系	帮	泥	知庄	见系	知章组	非知章组
果假		多uo	河ie	马ɒ	拿ɒ	沙ɒ	家iɒ	车ɤ	姐夜ie
蟹	贝ei	代ei	开ei	卖ai	奶ai	柴ai	街iai	世ŋ	米鸡i
效	保ɯ	刀aɯ	高uo	跑aɯ	闹aɯ	吵aɯ	交iaɯ	烧uo	苗叫io
咸山舒		南ã	看ẽ	扮ã		站ã	咸iẽ	占ã	连见iẽ
咸山入		纳aʔ	渴iaʔ	八aʔ		杀aʔ	匣iaʔ	折aʔ	裂结iaʔ
宕江舒	帮uo	汤ɒ	炕ɒ	绑uo	攘ɒ	窗uo	江iɒ	章ɒ	娘香iɒ
宕江入	薄aʔ	托aʔ	各iaʔ	剥aʔ		镯uaʔ	觉iaʔ	勺aʔ	脚iaʔ
曾梗舒	朋ɔ̃	等ɔ̃	肯ɔ̃	猛ɔ̃	冷ɔ̃	生ɔ̃	耕ie	正ŋ/ɔ̃	平影i/iɒ̃
曾梗入	墨iəʔ	德iəʔ	刻əʔ	麦iaʔ		窄aʔ	格iaʔ	石əʔ	笛益iəʔ

2. 半分型。也曾叫过渡型（沈明 1999b）。分一二等的韵摄见于咸山入声见系、宕江入声、曾梗。内部还有些差别，这三项各点不一定都兼备。

（1）忻州。咸山入声见系、宕江入声见系、曾梗一二等有别。入声韵类三分：咸山为 aʔ 类，宕江为 o 类，深臻曾梗通为 əʔ 类。这种情形还见于定襄、原平、五台、阳曲等点。例如忻州（温端政 1985）：

表 9-38　忻州

	一等			二等				三四等	
	帮系	端系	见系	帮	泥	知庄	见系	知章组	非知章组
果假		多ɛ	河ɛ	马ɑ	拿ɑ	沙ɑ	家iɑ	车ɛ	姐夜iɛ
蟹	贝ei	代æ	开æ	卖æ	奶æ	柴æ	街iæ	世ʅ	米鸡i
效	保ɔ	刀ɔ	高ɔ	跑ɔ	闹ɔ	吵ɔ	交iɔ	烧ɔ	苗叫iɔ
咸山舒		南ã	看ã	扮ã		站ã	咸iɛ̃	占ã	连见iɛ̃
咸山入		纳aʔ	渴aʔ	八ɑʔ		杀aʔ	匣aʔ	折ɔʔ	裂结iɛ
宕江舒	帮ɣ/ã	汤ɣ/ã	炕ɣ/ã	绑ɣ/ã	攘ã	窗uɣ/uã	江iã	章ɣ/ã	娘香iɣ/iã
宕江入	薄ɔuʔ	托ɔuʔ	各ɔuʔ	剥ɔuʔ		镯uɔʔ	觉iɛʔ	勺uɔʔ	脚ieʔ
曾梗舒	朋əŋ	等əŋ	肯əŋ	猛əŋ	冷əŋ	生ɣ/əŋ	耕əŋ	正ɣ/əŋ	平影i/iəŋ
曾梗入	墨iəʔ	德iəʔ	刻iəʔ	白ɜiʔ		窄ɔʔ	格ɔʔ	石əʔ	笛益iəʔ

（2）太原（沈明 1999b）。咸山入声见系、宕江入声帮系、曾梗一二等不同。也就是把忻州的宕江合到深臻曾梗通里了，即入声韵类两分：咸山为 aʔ 类，宕江深臻曾梗通为 əʔ 类。请看表 9-39。

表 9-39　太原

	一等			二等				三四等	
	帮系	端系	见系	帮	泥	知庄	见系	知章组	非知章组
果假		多ɣ	河ɣ	马a	拿a	沙a	家ia	车ɣ	姐夜ie
蟹	贝ei	代ai	开ai	卖ai	奶ai	柴ai	街ie	世ʅ	米鸡i
效	保ɑu	刀ɑu	高ɑu	跑ɑu	闹ɑu	吵ɑu	交iɑu	烧ɑu	苗叫iɑu
咸山舒		南æ	看æ	扮æ		站æ	咸ie	占æ	连见ie
咸山入		纳aʔ	渴aʔ	八 aʔ		杀 aʔ	匣aʔ	折ɔʔ	裂结iəʔ
宕江舒	帮ɒ̃	汤ɒ̃	炕ɒ̃	绑ɒ̃	攘ɒ̃	窗uɒ̃	江iɒ̃	章ɒ̃	娘香iɒ̃
宕江入	薄ɒʔ	托ɒʔ	各ɒʔ	剥ɒʔ		镯uɒʔ	觉yɒʔ	勺ɒʔ	脚iɒʔ
曾梗舒	朋əŋ	等əŋ	肯əŋ	迸 ie	冷əŋ	生əŋ	耕əŋ	正əŋ	青影i/iəŋ
曾梗入	墨iəʔ	德iəʔ	刻iəʔ	麦iaʔ		窄aʔ	格aʔ	石əʔ	笛益iəʔ

（3）长治（侯精一 1986）。咸山入声见系、宕江入声见系分一二等。入声韵类两分：咸山为 aʔ 类，宕江深臻曾梗通为 əʔ 类。多见于上党片，如黎城、潞城等点。例如长治：

表 9-40　长治

	一等			二等				三四等	
	帮系	端系	见系	帮	泥	知庄	见系	知章组	非知章组
果假		多 uə	河 ə	马 a	拿 a	沙 a	家 ia	车 ə	姐夜 iɛ
蟹	贝 ei	代 æ	开 æ	卖 æ	奶 æ	柴 æ	街 iɛ	世	米鸡 i
效	保 ɔ	刀 ɔ	高 ɔ	跑 ɔ	闹 ɔ	吵 ɔ	交 iɔ	烧 ɔ	苗叫 iɔ
咸山舒		南 aŋ	看 aŋ	扮 aŋ		站 aŋ	咸 iaŋ	占 aŋ	连见 iaŋ
咸山入		纳 aʔ	渴 əʔ	八 aʔ		杀 aʔ	匣 iaʔ	折 əʔ	裂结 iəʔ
宕江舒	帮 aŋ	汤 aŋ	炕 aŋ	绑 aŋ	攘 aŋ	窗 uaŋ	江 iaŋ	章 aŋ	娘香 iaŋ
宕江入	薄 əʔ	托 aʔ	各 əʔ	剥 aʔ		桌 uəʔ	角 iaʔ	勺 uəʔ	脚 iəʔ
曾梗舒	朋 əŋ	等 əŋ	肯 əŋ	猛 əŋ	冷 əŋ	生 əŋ	耕 əŋ	正 əŋ	平影 iŋ
曾梗入	墨 iəʔ	德 iəʔ	刻 aʔ	麦 iəʔ		窄 əʔ	客 aʔ	石 əʔ	笛益 iəʔ

　　（4）和顺（田希诚 1990）。咸山入声见系分一二等。入声韵类两分：咸山宕江为 aʔ 类，深臻曾梗通为 əʔ 类。请看表 9-41。

表 9-41　和顺

	一等			二等				三四等	
	帮系	端系	见系	帮	泥	知庄	见系	知章组	非知章组
果假		多 uɤ	河 ɤ	马 a	拿 a	沙 a	家 ia	车 ɤ	姐夜 i
蟹	贝 ei	代 ai	开 ai	卖 ai	奶 ai	柴 ai	街 i	世	米鸡 i
效	保 uo	刀 uo	高 uo	跑 uo	闹 uo	吵 uo	交 iou	烧 uo	苗叫 iou
咸山舒		南 æ	看 æ	扮 æ		站 æ	咸 iæ	占 æ	连见 iæ
咸山入		纳 aʔ	渴 əʔ	八 aʔ		杀 aʔ	匣 iaʔ	折 əʔ	裂结 iəʔ
宕江舒	帮 ɒ	汤 ɒ	炕 ɒ	绑 ɒ	攘 ɒ	窗 uɒ	江 iɒ	章 ɒ	娘香 iɒ
宕江入	薄 aʔ	托 uaʔ	各 aʔ	剥 aʔ		镯 uaʔ	觉 ieʔ	勺 jaʔ	脚 ieʔ
曾梗舒	朋 əŋ	等 əŋ	肯 əŋ	猛 əŋ	冷 əŋ	生 əŋ	耕 əŋ	正 əŋ	平影 iŋ
曾梗入	墨 ieʔ	德 ieʔ	刻 aʔ	白 ieʔ		窄 əʔ	格 aʔ	石 əʔ	笛益 ieʔ

　　（5）大同。曾梗入声一二等有别。入声韵类两分：咸山宕江为 aʔ 类，深臻曾梗通为 əʔ 类。多见于大包片、五台片、上党片。大包片如大同、天镇；五台片如朔州、灵丘；上党片如沁县、武乡。分别以大同（马文忠、梁述中 1986）、朔州（江荫褆 1991）、武乡（史素芬、李奇 1990）为例。请看表 9-42。

表 9-42　大同（一）

	一等			二等				三四等	
	帮系	端系	见系	帮	泥	知庄	见系	知章组	非知章组
果假		多 uo	河 uo	马 a	拿 a	沙 a	家 ia	车 ɤ	姐夜 ie
蟹	贝 ɛe	代 ɛe	开 ɛe	卖 ɛe	奶 ɛe	柴 ɛe	街 ie	世	米鸡 i
效	保 ɑə	刀 ɑə	高 ɑə	跑 ɑə	闹 ɑə	吵 ɑə	交 ɑəi	烧 ɑə	苗叫 ɑəi
咸山舒		南 æ	看 æ	扮 æ		站 æ	咸 iɛ	占 æ	连见 iɛ
咸山入		纳 aʔ	渴 əʔ	八 aʔ		杀 aʔ	匣 iaʔ	折 aʔ	裂结 iaʔ
宕江舒	帮 ɒ	汤 ɒ	炕 ɒ	绑 ɒ	攘 ɒ	窗 uɒ	江 iɒ	章 ɒ	娘香 iɒ
宕江入	薄 aʔ	托 uaʔ	各 aʔ	剥 aʔ		镯 uaʔ	觉 yaʔ	勺 aʔ	脚 yaʔ
曾梗舒	朋 ɤ	等 ɤ	肯 ɤ	猛 ɤ	冷 əɤ	生 əɤ	耕 ɤ	正 ɤ	平影 iəɤ
曾梗入	墨 iəʔ	德 iəʔ	刻 əʔ	白 iaʔ		窄 aʔ	客 iaʔ	石 əʔ	笛益 iəʔ

表 9-42　朔州（二）

	一等			二等				三四等	
	帮系	端系	见系	帮	泥	知庄	见系	知章组	非知章组
果假		多uo	河uo	马a	拿a	沙a	家ia	车ɿ	姐夜iɛ
蟹	贝ei	代ɛ	开ɛ	卖ɛ	奶ɛ	柴ɛ	街iɛ	世ʅ	米鸡i
效	保ɔɔ	刀ɔɔ	高ɔɔ	跑ɔɔ	闹ɔɔ	吵ɔɔ	交iɔɔ	烧ɔɔ	苗叫iɔɔ
咸山舒		南æ	看æ	扮æ		站æ	咸iɛ	占æ	连见iɛ
咸山入		纳aʔ	渴aʔ	八aʔ		杀aʔ	匣iaʔ	折aʔ	裂结iaʔ
宕江舒	帮ɒ	汤ɒ	炕ɒ	绑ɒ	攘ɒ	窗uɒ	江iɒ	章ɒ	娘香iɒ
宕江入	薄aʔ	托uaʔ	各aʔ	剥aʔ		镯uaʔ	觉iaʔ	勺ɔɔ	脚iaʔ
曾梗舒	朋ɔ̃	等ɔ̃	肯ɔ̃	猛ɔ̃	冷ɔ̃	生ɔ̃	耕ɔ̃	正ɔ̃	平影iɔ̃
曾梗入	墨iəʔ	德iəʔ	刻əʔ	白iaʔ		窄əʔ	格aʔ	石əʔ	笛益iəʔ

表 9-42　武乡（三）

	一等			二等				三四等	
	帮系	端系	见系	帮	泥	知庄	见系	知章组	非知章组
果假		多ɣ	河ɣ	马a	拿a	沙a	家ia	车ɣ	姐夜iɛ
蟹	贝ei	代ɛ	开ɛ	卖ɛ	奶ɛ	柴ɛ	街iɛ	世ʅ	米鸡ɿ
效	保ɔ	刀ɔ	高ɔ	跑ɔ	闹ɔ	吵ɔ	交iɔ	烧ɔ	苗叫ɕiɔ
咸山舒		南æ	看æ	扮æ		站æ	咸ei	占æ	连见ei
咸山入		纳ʌʔ	渴ʌʔ	八ʌʔ		杀ʌʔ	匣iʌʔ	折ʌʔ	裂结iʌʔ
宕江舒	帮ɔ̃	汤ɔ̃	炕ɔ̃	绑ɔ̃	攘ɔ̃	窗uɔ̃	江iɔ̃	章ɔ̃	娘香iɔ̃
宕江入	薄ʌʔ	托iʌʔ	各ʌʔ	剥ʌʔ		镯uʌʔ	觉iʌʔ	勺ʌʔ	脚iʌʔ
曾梗舒	朋aŋ	等aŋ	肯aŋ	猛aŋ	冷aŋ	生aŋ	耕aŋ	正aŋ	平影iaŋ
曾梗入	墨iəʔ	德iəʔ	刻ʌʔ	白iʌʔ		窄əʔ	格ʌʔ	石əʔ	笛益iəʔ

（6）介休。曾梗舒声一二等有别。入声韵只有一类，即咸山宕江深臻曾梗通都为aʔ类或əʔ。是入声韵类合流的极端形式。该类型见于介休、平遥。例如介休（张益梅1991）：

表 9-43　介休

	一等			二等				三四等	
	帮系	端系	见系	帮	泥	知庄	见系	知章组	非知章
果假		多uə	河ə	马a	拿a	沙a	家ia	车E/ə	姐夜iE
蟹	贝ei	代ɛi	开ɛi	卖ɛi	奶ɛi	柴ɛi	街iE	世ei	米鸡i
效	保uɔ	刀uɔ	高uɔ	跑uɔ	闹uɔ	吵uɔ	交iɔɔ	烧uɔ	苗叫iɔɔ
咸山舒		南æ̃	看æ̃	扮æ̃		站æ̃	咸iæ̃	占æ̃	连见iæ̃
咸山入		纳ʌʔ	渴ʌʔ	八ʌʔ		杀ʌʔ	匣iʌʔ	折ʌʔ	裂结iʌʔ
宕江舒	帮æ̃	汤uə	炕uə	绑uə	攘uə	窗yə	缰yə	张uə	娘香yə
宕江入	薄ʌʔ	托ʌʔ	各ʌʔ	剥ʌʔ		镯uʌʔ	觉yʌʔ	着ʌʔ	脚yʌʔ
曾梗舒	朋əŋ	等əŋ	肯əŋ	棚 a/əŋ	冷 ia/əŋ	生 a/əŋ	耕 ia/əŋ	正 ei/əŋ	平影 i/iŋ
曾梗入	墨iʌʔ	德iʌʔ	刻ʌʔ	白iʌʔ		窄ʌʔ	格ʌʔ	石ʌʔ	笛益iʌʔ

3. 不分型。即一二等都相同。多见于上党片。如晋城（沈慧云 1983）：

表 9-44　晋城

	一等			二等				三四等	
	帮系	端系	见系	帮	泥	知庄	见系	知章组	非知章组
果假		多uA	河A	马a	拿a	沙a	家ia	车A	姐夜iA/ie
蟹	贝ee	代E	开E	卖E	奶E	柴E	街ie	世ʅ	米鸡i
效	保o	刀o	高o	跑o	闹o	吵o	交io	烧o	苗叫io
咸山舒		南æ	看æ	扮æ		站æ	咸ie	占æ	连见ie
咸山入		纳Aʔ	渴Aʔ	八Aʔ		杀Aʔ	匣iAʔ	折Aʔ	裂结iAʔ
宕江舒	帮õ	汤õ	炕õ	绑õ	攘õ	窗uõ	江iõ	章õ	娘香iõ
宕江入	薄Aʔ	托uAʔ	各Aʔ	剥Aʔ		镯uAʔ	觉iAʔ	勺Aʔ	脚iAʔ
曾梗舒	朋oŋ	等ɛ̃	肯ɛ̃	猛oŋ	冷ɛ̃	生ɛ̃	耕ɛ̃	正ɛ̃	平影iɛ̃
曾梗入	墨Aʔ	德Aʔ	刻əʔ	白Aʔ		窄əʔ	格əʔ	石əʔ	笛益iəʔ

综上所述，晋语的核心区域比较完整地保留了一二等的分别，其他区域则有不同程度的合流。

第三节　晋语的分片及各片的特点

一　晋语的分片

晋语分为八片：并州片、吕梁片、上党片、五台片、大包片、张呼片、邯新片、志延片。其中，吕梁片、上党片、邯新片分别再分两个小片。具体情况是：

（一）并州片

分布于山西中部十六个市县：太原市、古交市、清徐县、娄烦县、晋中市（原榆次市）、太谷县、祁县、平遥县、介休市、灵石县、交城县、文水县、孝义市、寿阳县、榆社县、盂县。

（二）吕梁片

分布于山西西部、西南部及陕西北部，共十九个市县。又分为两个小片：

1. 汾州小片。其中山西西部十一个市县：吕梁市（离石市）、汾阳市、方山县、柳林县、临县、中阳县、兴县、岚县、静乐县、交口县、石楼县。陕西北部三个县：佳县、吴堡县、清涧县。

2. 隰县小片。山西西南部五个县：隰县、大宁县、永和县、汾西县、蒲县。

（三）上党片

分布于山西东南部，共十九个市县。又分为两个小片：

1. 长治小片。山西东南部偏北十四个市县：长治市、长治县、长子县、潞城市、屯留县、黎城县、壶关县、平顺县、沁县、武乡县、沁源县、襄垣县、安泽县、沁水县城关以东。

2. 晋城小片。山西东南部偏南五个市县：晋城市、阳城县、陵川县、泽州县、高平市。

（四）五台片

分布于山西北部，内蒙古西部后套地区和陕西北部，共二十九个市县旗。其中山西北部十八个市县：忻州市、原平市、定襄县、五台县、岢岚县、神池县、五寨县、宁武县、代县、繁峙县、应县、河曲县、保德县、偏关县、灵丘县、朔州市（原朔县、平鲁县）、浑源县、阳曲县。内蒙古西部后套地区四个市县旗：杭锦后旗、磴口县、乌海市、巴彦淖尔市（原临河）。陕西北部七个市县：府谷县、神木县、靖边县、米脂县、绥德县、子长县、子洲县。

（五）大包片

分布于山西东北部，内蒙古西部黄河以东和陕西北部，共三十七个市县旗。其中山西东北部、东部十三个市县：大同市、大同县、阳高县、天镇县、左云县、右玉县、怀仁县、山阴县；阳泉市、平定县、昔阳县、左权县、和顺县。内蒙古西部黄河以东二十二个市县旗：包头市、固阳县、武川县、土默特左旗、土默特右旗、和林格尔县、托克托县、清水河县、达拉特旗、准格尔旗、伊金霍洛旗、五原县、杭锦旗、乌审旗、达尔罕茂明安联合旗、四子王旗、乌拉特前旗、乌拉特中旗、乌拉特后旗、鄂托克旗、鄂托克前旗、鄂尔多斯市（原东胜）。陕西北部两个市县：榆林市、横山县。

（六）张呼片

分布于内蒙古中部和河北省西北部，共三十个市县旗。其中内蒙古中部十三个市县旗：呼和浩特市、卓资县、凉城县、商都县、太仆寺旗、兴和县、化德县、察哈尔右翼前旗、察哈尔右翼中旗、察哈尔右翼后旗、乌兰察布市（原集宁）、丰镇市、二连浩特市。河北西北部十七个市县：张家口市、张北县、康保县、沽源县、尚义县、阳原县、怀安县、万全县、崇礼县、怀来县、涿鹿县、赤城县、灵寿县、平山县、鹿泉市（原获鹿）、元氏县、赞皇县。

（七）邯新片

分布于河北西南部、河南北部，共三十四个市县。又分为两个小片：

1. 磁漳小片。河北西南部十五个市县：邯郸市、邯郸县、涉县、成安县、临漳县、武安市、磁县、永年县、肥乡县、鸡泽县、曲周县（东里町以西）、广平县（城关以西）、邢台县（城关以西）、沙河市、南和县。

2. 获济小片。河南北部十九个市县：新乡市、新乡县、卫辉市（原汲县）、辉县市、获嘉县、延津县、鹤壁市、淇县、安阳市、安阳县、林州市（原林县）、汤阴县、焦作市、沁阳市、修武县、博爱县、武陟县、温县、济源市。

（八）志延片

陕西北部七个市县：延安市、延长县、甘泉县、安塞县、志丹县、延川县、吴旗县。

二　晋语各片的特点

1987 年《中国语言地图集》根据"古四声在今音的演变"把晋语分为八片（侯精一 1986b）。近二十年的调查研究证明用调类分区、分片的方法简洁有效。各片古今声调的演变请看表 9-45。

表 9-45　晋语各片古今声调的演变

古声调		平声		上声			去声		入声		
古声母		浊	清	清	次浊	全浊	浊	清	清	次浊	全浊
例字		麻陈	高	古	老	舅	让旧	救	八	热	拔
并州		平声	平声	上声	上声	上声	去声	去声	阴入	阳入	阳入
吕梁	汾州	阳平	阴平	上声	上声	上声	去声	去声	阴入	阳入	阳入
	隰县	阳平	阴平	上声	上声	上声	去声	去声	阴入	阳入	阳入
上党	长治	阳平	阴平	上声	上声	上声	阳去	阴去	阴入	阳入	阳入
	晋城	阳平	阴平	上声	上声	上声	去声	去声	入声	入声	入声
五台		阳平	阴平上	阴平上	阴平上	阴平上	去声	去声	入声	入声	入声
张呼		平声	平声	上声	上声	上声	去声	去声	入声	入声	入声
大包		阳平	阴平	上声	上声	上声	去声	去声	入声	入声	入声
邯新	磁漳	阳平	阴平	上声	上声	上声	去声	去声	入声	入声	阳平
	获济	阳平	阴平	上声	上声	上声	去声	去声	入声	入声	阳平
志延		阳平	阴平	上声	上声	上声	去声	去声	阴平咸山宕江	入声	入声

上述特点在分片说明时不再赘述。

(一)并州片、吕梁片

这两片的语音系统有一些共同点,所以放在一起说。

1.有文白读。文读基本上同北京话,白读自有特点。以下重点介绍白读,主要有五项:

(1)宕江今读音。并州片、吕梁片宕江今多分文白读。

①文读为鼻尾韵 aŋ 组或鼻化韵,韵类分合关系两种:一是自成韵类,如并州片太原、吕梁片临县;二是同咸山,如并州片孝义、平遥和吕梁片隰县、汾西。例如(并州片平声只一个,举例标作阳平。本节同):

表 9-46　并州、吕梁片宕江摄舒声韵文读

	贪摊	汤	看	糠	监兼间肩	姜江	官关	光
太原	₌tʻæ̃	₌tʻɒ̃	₌kʻæ̃	₌kʻɒ̃	₌tɕie	₌tɕiɒ̃	₌kuæ̃	₌kuɒ
临县	₌tʻæ	₌tʻɔ̃	₌kʻæ	₌kʻɔ̃	₌tɕiE	₌tɕiɔ̃	₌kuæ	₌kuɔ̃
孝义	₌tʻaŋ		₌kʻaŋ		₌tɕiaŋ		₌kuaŋ	
平遥	₌tʻaŋ		₌kʻaŋ		₌tɕiaŋ		₌kuaŋ	
隰县	₌tʻaŋ		₌kʻaŋ		₌tɕiaŋ		₌kuaŋ	
汾西	₌tʻã		₌kʻã		₌tɕiã		₌kuã	

②白读多为元音韵,与其他韵类的分合关系大体有三种:

a.自成韵类。例如并州片文水,吕梁片岚县:

表 9-47

	帮	狼	钢	绑	窗	瓬	张章	香	光	房	黄
文水	₌pu	₌lu	₌ku	ᶜpu	₌su	₌tɕiu	₌tsu	₌ɕiu	₌ku	₌xu	
岚县	₌puə	₌luə	₌kuə	ᶜpuə	₌tsʻuə	₌tɕyə	₌tsuə	₌ɕyə	₌kuə	₌fuə	₌xuə

b. 宕江白读系统内部音值一致，与某类阴声韵合流。

(a) 宕江＝假。例如并州片清徐、榆次（下例中"他"果摄开口一等，今韵母同假摄）：

表 9-48

	帮巴	汤他	巷下	绑把	窗	豇家	张渣	香虾	光瓜	房	筐夸
清徐	₌pɒ	₌t'ɒ	xɒ⁼	⁼pɒ	₌suɒ	₌tɕiɒ	₌tsɒ	₌ɕiɒ	₌kuɒ	₌fɒ	₌k'uɒ
榆次	₌pɑ	₌t'ɑ	xɑ⁼	⁼pɑ	₌suɑ	₌tɕiɑ	₌tsɑ	₌ɕiɑ	₌kuɑ	₌fɑ	₌k'uɑ

(b) 宕江白＝果。例如并州片介休、盂县，吕梁片汾州小片兴县、柳林和隰县小片汾西、蒲县（表中"－"表示暂未找到白读音的例子）：

表 9-49

	帮玻	汤拖	糠苛	绑簸	疮	豇	张	想	光锅	房	黄和
介休	₌puə	₌t'uə	₌k'uə	⁼puə	₌ɕyə	₌tɕyə	₌tɕyə	⁼ɕyə	₌kuə	₌xuə	₌xuə
盂县	₌puo	₌t'o	₌k'o	⁼puo	₌ts'uo	₌tso	₌tɕio	⁼ɕio	₌kuo	₌fuo	₌xuo
兴县	₌pɣ	₌t'ɣ	₌k'ɣ	⁼pɣ	₌ts'ɣ	₌tɕiɛ	₌tsɣ	⁼ɕiɛ	₌kuɣ	₌fɣ	₌xuɣ
柳林	—	₌t'ɔ	₌k'ɔ	—	₌ts'ɔ	₌tɕiɔ	₌tsɔ	⁼ɕiɔ	₌kuɔ	₌fuɔ	₌xuɔ
汾西	₌pɯ	₌t'ɯ	₌k'ɯ	⁼pɯ	₌ts'u	₌tɕi	₌tsɯ	⁼ɕi	₌ku	₌fu	₌xu
蒲县	—	₌t'uo	₌k'uo	—	₌ts'uo	₌tɕiɛ	₌tʂɛ	⁼ɕiɛ	₌kuo	₌fuo	₌xuo

c. 宕江白读系统内部音值不一致，分别和几个阴声韵类合流。

(a) 宕江白开口呼、齐齿呼＝假，合口呼＝果（/效如太谷、祁县）。例如并州片娄烦、太谷、祁县，吕梁片吕梁、方山：

表 9-50

	汤他	糠	梆簸	窗	豇家	张	香虾	光锅	房	黄禾
娄烦	₌t'a	₌k'a	pɣɯ	₌sɣɯ	₌tɕia	₌tʂa	₌ɕia	₌kuɣɯ	₌fɣɯ	₌xuɣɯ
太谷	₌t'ɒ	₌k'ɒ	puo	₌ts'uo 搓超	₌tɕiɒ	₌tsɒ 茶	₌ɕiɒ	₌kuo 高	₌fuo	₌xuo 毫
祁县	₌t'a	₌k'a	po	₌so 梭烧	₌tɕia	₌tsa 茶	₌ɕia	₌ko 高	₌xo 毫	
吕梁	₌t'ɒ	₌k'ɒ	po	₌ts'ɒ	₌tɕiɒ	₌tsɒ	₌ɕiɒ	₌kuo	₌xuo	
方山	₌t'uo	₌k'ɒ	puo	₌ts'uo	₌tɕiɒ	₌tsɒ	₌ɕiɒ	₌kuo	₌xuo	

(b) 宕江白开口呼、合口呼＝果，齐齿呼＝假精见。例如吕梁片兴县：帮＝玻 ₌pɣ｜当＝多 ₌tɣ｜钢＝哥 ₌kɣ｜绑＝簸 ⁼pɣ｜张＝遮 ₌tsɣ｜壮＝坐 tsuɣ⁼｜房黄＝禾 ₌xuɣ｜酱＝借 tɕiɛ⁼｜香＝些 ₌ɕiɛ。

(c) 宕江白开口呼＝假开三知系白，齐齿呼＝假开三白、蟹开二见系、咸山开口三四等，合口呼＝果文。例如并州片孝义："张＝遮 ₌tʂɛ｜梆＝搬＝玻 ₌puɣ｜当＝团＝多 ₌tuɣ｜糠＝宽＝科 ₌k'uɣ｜绑 ⁼puɣ｜窗＝酸＝梭 ₌suɣ｜匠＝件＝借 tɕiɛ⁼｜香＝先＝斜＝鞋 ₌ɕiɛ｜广＝管＝果 ⁼kuɣ｜房＝黄＝欢＝和 ₌xuɣ"。

（2）曾梗今读音。曾梗文读同深臻通 əŋ 组。白读开口二等＝假，三四等＝蟹（止）三四等；合口三等＝遇（止白）合口三等。

①梗二白=假。例如并州片孝义、介休，吕梁片临县、中阳：

表9-51

	进	棚	冷	生	赊	耕	家	杏	夏姓	横
孝义	pia⁼	₌p'ia	⁼lia	₌ʂa	₌ʂE		₌tɕia	ɕia⁼		₌ɣya
介休	pia⁼	₌p'ia	⁼lia	₌ʂa	₌ʂə		₌tɕia	ɕia⁼		₌ɣya
临县	piʌ⁼	₌p'iʌ	⁼liʌ	₌ʂʌ			₌tɕia	ɕiʌ⁼		₌ɣyʌ
中阳	pia⁼	₌p'ia	⁼lia	₌ʂa			₌tɕia	ɕia⁼		₌ɣya

此外，梗二白帮系、见系细音=蟹开二见系=咸山三四等。例如平遥："进=变piE｜棚=边₌piE｜生=赊₌ʂɣE｜耕=阶=兼₌tɕiE｜杏=谢=宪ɕiE⁼｜横=玄₌ɣyE"。

②曾三白梗三四白=蟹（止）三四等；合口三白=遇（止白）合口三等。例如：

表9-52

		平评=皮	钉=低	晴=齐	剩=世	蝇赢=移	兄=虚
并州	清徐	₌p'i	₌ti	₌tɕ'i	ʂʅ⁼	₌i	₌ɕy（=谁）
	文水	₌p'ʅ	₌tʅ	₌tsʅ	ʂʅ⁼	₌zʅ	₌ɕy
	平遥	₌p'i	₌ti	₌ts'ei	ʂʅ⁼	₌i	₌ɕy
吕梁	临县	₌p'i	₌ti	₌ts'ei	ʂei⁼	₌i	₌ɕy
	岚县	₌p'i	₌ti	₌tɕ'i	ʂʅ⁼	₌i	₌ɕy
	汾阳	₌p'i	₌ti	₌tɕ'i	ʂʅ⁼	₌i	₌ɕy
五台	忻州	₌p'i	₌ti	₌tɕ'i	ʂʅ⁼	₌i	₌ɕy
	定襄	₌p'i	⁼ti	₌tɕ'i	ʂʅ⁼	₌i	₌ɕy

（3）"废费飞肥、脆岁嘴醉"白读韵母。即蟹、止合口三等今白读韵母为 i/y（有的字同时有文读韵母 uei，有的无文读）。白读举例如下：

表9-53

		废蟹合三	费止合三	飞止合三	肥止合三	脆蟹合三	岁蟹合三	嘴止合三	醉止合三
并州	清徐	ɕi⁼	₌ɕi	₌ɕi		tɕ'y⁼	ɕy⁼	⁼tɕy	tɕy⁼
	文水	ɕi⁼	₌ɕi	₌ɕi		tɕ'y⁼	ɕy⁼	⁼tɕy	tɕy⁼
	孝义	ɕi⁼	₌ɕi	₌ɕi		tɕ'y⁼	ɕy⁼	⁼tɕy	tɕy⁼
吕梁	岚县	ɕi⁼	₌ɕi	₌ɕi	₌ɕi	tɕ'y⁼	ɕy⁼	⁼tɕy	tɕy⁼
	吴堡	ɕi⁼	₌ɕi	₌ɕi	₌ɕi	tɕ'y⁼	ɕy⁼	⁼tɕy	tɕy⁼
	隰县	ɕi⁼	₌ɕi	₌ɕi	₌ɕi	tɕ'y⁼	ɕy⁼	⁼tɕy	tɕy⁼

（4）"借≠介、姐≠解、爷≠崖"。即假开三精组和蟹开二见系今韵母不同。例如：

表9-54

		姐假开三精上	解蟹开二见上	借假开三精去	介蟹开二见去	爷假开三以平	崖蟹开二疑平
并州	太谷	⁼tɕie	⁼tɕiai	tɕie⁼	tɕiai⁼	₌ie	₌iai
	文水	⁼tɕi	⁼tɕiai	tɕi⁼	tɕiai⁼	₌i	₌iai
	孝义	⁼tɕiE	⁼tɕiai	tɕiE⁼	tɕiai⁼	₌iE	₌iai
吕梁	岚县	⁼tɕiE	⁼tɕiai	tɕiE⁼	tɕiai⁼	₌iE	₌iai
	吴堡	⁼tɕia	⁼tɕiae	tɕia⁼	tɕiae⁼	₌ia	₌iae
	大宁	⁼tɕia	⁼tɕiai	tɕia⁼	tɕiai⁼	₌ia	₌iai

（5）等的分别。白读蟹、效、咸山、宕江入声、曾梗一二等不同，三（四）等同一等。例如：

表 9-55（一）

		蟹				效				咸	
		灾一	斋二	害一	解二	高一	交二	梢二	烧三	含一	咸二
并州	太谷	ˍtsɐi	ˍtsai	xei⁼	xai⁼	ˍkuo	ˍtɕiɑɯ	ˍsaɯ	ˍsuo	ˍxẽ	ˍxã
	祁县	ˍtsɐi	ˍtsai	xei⁼	xai⁼	ˍko	ˍtɕiau	ˍsau	ˍso	ˍxũ	ˍxã
	孝义	ˍtsɐi	ˍtsai	xei⁼	xai⁼	ˍkyu	ˍtɕiɔu	ˍsɔu	ˍsou	ˍxɤ	ˍxaŋ
吕梁	岚县	ˍtsɐi	ˍtsai	xei⁼	xai⁼	ˍkau	ˍtɕiau	ˍsau	ˍsyu	ˍxẽ	ˍxɑŋ
	汾阳	ˍtsɐi	ˍtsai	xei⁼	xai⁼	ˍkɤ	ˍtɕiɔu	ˍsɔu	ˍsɤ	ˍxẽ	ˍxã
	兴县	ˍtsɐi	ˍtsai	xei⁼	xai⁼	ˍkyu	ˍtɕiau	ˍsau	ˍsyu	ˍxɤ̃	ˍxæ

表 9-55（二）

		咸山									
		站二	占三	山二	煽三	搬一	班二	官一	关二	盒一	匣二
并州	太谷	tsã⁼	tsẽ⁼	ˍsã	ˍsẽ	ˍpẽ	ˍpã	ˍkuẽ	ˍkuã	xaʔ₂	
	祁县	tsã⁼	tsũ⁼	ˍsã	ˍsũ	ˍpuĩ	ˍpã	ˍkuũ	ˍkuã	xɑʔ₂	
	孝义	tsaŋ⁼	tsɤ⁼	ˍsaŋ	ˍsɤ	ˍpɤ	ˍpaŋ	ˍkuɤ	ˍkuaŋ	xɤʔ₂	xaʔ₂
吕梁	岚县	tsaŋ⁼	tsẽ⁼	ˍsaŋ	ˍsẽ	ˍpẽ	ˍpaŋ	ˍkuẽ	ˍkuaŋ	xieʔ₂	xaʔ₂
	汾阳	tsã⁼	tsẽ⁼	ˍsã	ˍsẽ	ˍpẽ	ˍpã	ˍkuẽ	ˍkuã	xɤʔ₂	xaʔ₂
	兴县	tsæ⁼	tsɤ̃⁼	ˍsæ	ˍsɤ̃	ˍpɤ̃	ˍpæ	ˍkuɤ̃	ˍkuæ	xɤʔ₂	xaʔ₂

表 9-55（三）

		咸山入		宕江入				曾梗入			
		活一	猾二	薄一	剥二	角二	脚三	墨一	麦二	刻一	客二
并州	太谷	xuaʔ₂		paʔ₂	paʔ₂	tɕiaʔ₂		miəʔ₂	miaʔ₂	kʻəʔ₂	kʻaʔ₂
	祁县	xuaʔ₂		paʔ₂	paʔ₂	tɕiaʔ₂		miəʔ₂	miaʔ₂	kʻəʔ₂	kʻɑʔ₂
	孝义	xuɤʔ₂	xuaʔ₂	pəʔ₂	paʔ₂	tɕyaʔ₂	tɕyɤʔ₂	miəʔ₂	miaʔ₂	kʻəʔ₂	kʻaʔ₂
吕梁	岚县	xueʔ₂	xuaʔ₂	pʻɛʔ₂	pɑʔ₂	tɕyeʔ₂	tɕyɛʔ₂	miəʔ₂	miaʔ₂	kʻəʔ₂	kʻieʔ₂
	汾阳	xuəʔ₂	xuaʔ₂	pʻəʔ₂	paʔ₂	tɕyaʔ₂	tɕyɤʔ₂	miəʔ₂	miaʔ₂	kʻəʔ₂	kʻaʔ₂
	兴县	xuəʔ₂	xuaʔ₂	pʻəʔ₂	paʔ₂	tɕyaʔ₂	tɕyɤʔ₂	miəʔ₂	miaʔ₂	kʻəʔ₂	kʻaʔ₂

此外，声母方面"冯＝红、飞＝灰、扶＝胡"，即古非组和晓匣母字今声母相同。例如：

表 9-56

		扶＝胡	飞＝灰	犯饭＝换	分＝婚	房＝黄	冯＝红
并州	孝义	ˍxu	ˍxuei	xuaŋ⁼	ˍxuŋ	ˍxuɤ	ˍxuŋ
	平遥	ˍxu	ˍxuei	xuɑŋ⁼	ˍxuŋ	ˍxuə	ˍxuŋ
吕梁	方山	ˍxu	ˍxuei	xuæ̃⁼	ˍxuʌŋ	ˍxuə	ˍxuʌŋ
	隰县	ˍxu	ˍxuei	xuæ⁼	ˍxuɐŋ	ˍxuə	ˍxuɐŋ

2. 并州片、吕梁片各自还有一些特点，分别说明。

（1）并州片

①古全浊声母今读塞音、塞擦音声母的字，平声白读不送气。例如：

表 9-57

	陪~随	婆~姨	甜~茶	桃~儿	虫~	前~头	墙~	瓷~	迟~了
清徐	₌pæ	₌pɣuı	₌tie	₌ucʱ	₌tsuı̃	₌tɕie	₌tɕiɒ	₌tsʅ	₌tsʅ
孝义	₌pei	₌pᴇ	₌tiᴇ	₌caʱ	₌tsuŋ	₌tɕiᴇ	₌tɕiᴇ	₌tsʅ	₌tsʅ
平遥	₌pæ	₌pei	₌tiᴇ	₌cʱ	₌tsuŋ	₌tɕiᴇ	₌tɕyə	₌tsʅ	₌tsʅ
介休	₌pei	₌puə	₌tiᴇ̃	₌ucʱ	₌tsuŋ	₌tɕiᴇ̃	₌tɕyə	₌tsʅ	₌tsʅ

②"苴、柴、锄、窗"等字的白读声母。即古庄组部分崇母和少数初母字，并州片白读为清擦音声母 s/ɕ。例如：

表 9-58

	苴崇	柴崇	锄崇	窗初	疮初	愁崇	馋崇	铡崇	镯崇
清徐	₌sa	₌sai	₌su	₌ᴅuɑ	₌ᴅuɑ	₌uɑs	₌ᴢə	tsaʔ₌	tsuaʔ₌
孝义	₌sa	₌sai	₌su	₌suɣ	₌suɣ	₌uo·ts	₌saŋ	saʔ₌	suaʔ₌
平遥	₌sa	₌sai	₌su	₌suɒ	₌suɒ	₌ᴅeu	₌ts·ɒŋ	sʌʔ₌	tsuʌʔ₌
介休	₌sa	₌sei	₌sʅ	₌ɕyə·	₌ɕyə·	₌ᴅeu	₌sæ̃	sʌʔ₌	tsuaʔ₌

③古平声今单字调只有一个，但连调可能区分来源。例如平遥（侯精一 1982），古平声今读 13 调，在两字组偏正结构和叠字组中，前字古清平变 31 调，古浊平不变调。例如：

东＝铜tuaŋ^{13}　　　东虹东边的彩虹tuaŋ$^{13-31}$ tɕyə$^{35-13}$　≠　铜匠tuaŋ^{13} tɕyə^{35}

铅＝墙tɕʻiaŋ^{13}　　铅笔tɕʻiaŋ$^{13-31}$ piʌʔ$^{13-35}$　≠　墙壁tɕʻiaŋ^{13} piʌʔ^{13}

升＝盛ʂʅ^{13}　　　　升起ʂʅ$^{13-31}$ tɕʻi^{53}　≠　盛起ʂʅ^{13} tɕʻi$^{53-523}$

丝＝匙ʂʅ^{13}　　　　丝丝细丝儿ʂʅ$^{13-31}$ ʂʅ$^{13-35}$　≠　匙匙调羹儿ʂʅ^{13} ʂʅ^{13}

再如文水（胡双宝 1986）古平声今读 22 调。在儿尾前古清平和儿尾都变调：古清平变读为 11，儿尾变读为 35 调（同去声调）；古浊平和儿尾都不变调。例如：

方＝黄xu^{22}　　　　方儿药方xu$^{22-11}$ e$^{22-35}$　≠　黄儿黍米做的一种糕xu^{22} e^{22}

庄＝场tsu^{22}　　　（南）庄儿宋家庄tsu$^{22-11}$ e$^{22-35}$　≠　场儿打场用的场院tsu^{22} e^{22}

秧＝羊iu^{22}　　　　（瓜）秧儿iu$^{22-11}$ e$^{22-35}$　≠　羊儿iu^{22} e^{22}

梳＝锄su^{22}　　　　梳儿梳子su$^{22-11}$ e$^{22-35}$　≠　锄儿锄头su^{22} e^{22}

蜂＝盆pʻəŋ^{22}　　　蜂儿马蜂pʻəŋ$^{22-11}$ e$^{22-35}$　≠　盆儿pʻəŋ^{22} e^{22}

（2）吕梁片

①古全浊声母今读塞音、塞擦音的部分仄声字，白读送气。例如：

表 9-59

	病~得	蛋~鸡	皂~荚	郑~姓	柜~	白~的	毒~药	值~钱	集~赶
临县	pi⁼	tæ⁼	tsɒu⁼	tʂəŋ⁼	kuei⁼	pʻiəʔ₌	tʻuə⁼	tʂʻəʔ₌	tɕʻiəʔ₌
吴堡	pi⁼	tā⁼	tso⁼	tʂəŋ⁼	kue⁼	pʻiəʔ₌	tʻuə⁼	tʂʻəʔ₌	tɕʻiəʔ₌
隰县	pʻi⁼	tʻæ⁼	tsʻɒu⁼	tʂʻəŋ⁼	kʻuei⁼	pʻiəʔ₌	tʻuə⁼	tʂʻəʔ₌	tɕʻiəʔ₌
汾西	pʻi⁼	tʻæ⁼	tsʻɒu⁼	tʂʻəŋ⁼	kʻuei⁼	pʻiəʔ₌	tʻuə⁼	tʂʻəʔ₌	tɕʻiəʔ₌

②k kʻ x 与细音韵母。汾州小片 k kʻ x 多能与细音韵母相拼，而隰县小片则不能。例如：

表 9-60

	敢咸开一见	干山开一见	看山开一溪	鼾山开一晓	汗山开一匣	旱山开一匣	案山开一疑
中阳	ᶜɕiæ	kiæ	kʰiæ⁼	ɕiæ⁼			ŋiæ⁼
临县	ᶜkji	kji⁼	kʰji⁼	ɕi⁼			ŋji⁼
岚县	ᶜkiẽ	kiẽ⁼	kʰiẽ⁼	xiẽ⁼			ŋiẽ⁼

③汾州小片和隰县小片的调型、调值不同。其差异大体为：

表 9-61

	阴平	阳平	上声	去声	阴入	阳入
汾州	低降升213	高平44	中降升312	高降53	短平4（同阳平）	降升312（同上声）
隰县	高降51	中升24	中降31	中平33	降51/平3（同阴平）	低降21（同上声）

（二）上党片

上党片分为长治小片和晋城小片。

1. 长治小片和晋城小片的共同点，主要有三项：

（1）"精≠经、秋≠丘、修≠休，全≠权、宣≠轩"，即分尖团。例如：

表 9-62

	精精	经见	秋清	丘溪	修心	休晓	全从	权群	旋邪	悬匣
潞城	₌tʃiŋ	₌tɕiŋ	₌tʃʰiəu	₌tɕʰiəu	₌ɕiəu	ᶜɕiəu	ˢʃʰyæ	ˢtɕʰyæ	ˢʃyæ	ˢɕyæ
黎城	₌tɕiŋ	₌ciŋ	₌tɕʰiəu	₌cʰiəu	₌ɕiəu	ᶜɕiəu	ˢtɕʰyɛ	ˢcʰyɛ	ˢɕyɛ	ˢcyɛ
平顺	₌tsiŋ	₌ciŋ	₌tsʰiəu	₌cʰiəu	₌siəu	ᶜɕiəu	ˢtsʰæ	ˢcʰyæ	ˢsyæ	ˢcyæ
阳城	₌tɕiə̃ŋ	₌ciə̃ŋ	₌tɕʰuai	₌cʰuai	₌ɕuai	ᶜɕuai	ˢtɕʰye	ˢcʰye	ˢcye	ˢcye
陵川	₌tɕiŋ	₌ciŋ	₌tɕʰiəu	₌cʰiəu	₌ɕiəu	ᶜɕiəu	ˢtɕʰyə̃n	ˢcʰyə̃n	ˢcyə̃n	ˢcyə̃n
高平	₌tsəŋ	₌ciŋ	₌tsʰʌu	₌cʰiʌu	₌sʌu	ᶜæ	ˢtsʰæ	ˢcʰiæ		ˢiæ

（2）"袄、爱、鹅、岸"声母。即古疑影母今北京话读零声母的字，上党片多读 ɣ 声母。如：

表 9-63

	鹅果一疑	爱蟹一影	崖蟹二疑	袄效一影	沤流一影	岸山一疑
长治	ˢɣə	ɣæ⁼	ˢɣæ	ᶜɣɔ	ɣəu⁼	ɣɑŋ⁼
黎城	ˢɣɣ	ɣɛ⁼	ˢɣɛ	ᶜɣɔ	ɣəɣ⁼	ɣæ⁼
晋城	ˢɣʌ	ɣɛ⁼	ˢɣɛ	ᶜɣo	ɣʌɣ⁼	ɣæ⁼
阳城	ˢɣə	ɣæ⁼	ˢɣæ	ᶜɣo	ɣau⁼	ɣɛ̃⁼

（3）"根≠庚、心新≠星、魂≠红、群≠穷"，即深臻≠曾梗通。例如：

表 9-64

		根	庚	心	新	星	魂	红	群	穷
长治小片	潞城	₌kẽ	₌kəŋ	₌ʃiẽ	₌ʃiŋ		ˢxuẽ	ˢxuŋ	ˢtɕʰyẽ	ˢtɕʰyŋ
	黎城	₌kẽ	₌kəŋ	₌ɕiẽ	₌ɕiŋ		ˢxuẽ	ˢxuŋ	ˢcʰyẽ	ˢcʰyŋ
晋城小片	陵川	₌kɔ̃n	₌kəŋ	₌ciə̃n	₌ciŋ		ˢxuə̃n	ˢxuŋ	ˢcʰyə̃n	ˢcʰyŋ
	高平	₌kẽ	₌kəŋ	₌sẽ	₌səŋ		ˢxuẽ	ˢxuəŋ	ˢcʰiẽ	ˢcʰioŋ

2. 长治小片和晋城小片的不同点，有以下两项：

（1）古日母字今声母。"人、热、软、闰"长治小片多为零声母 ø，晋城小片多为 z̞ 声母。"二耳儿"长治小片多为自成音节的 ḷ，晋城小片多为 ər。例如：

表 9-65

		人	热	软	闰	二	耳	儿
长治小片	潞城	₌iẽ	iaʔ꜌	꜀yẽ	yn²	ḷ²	꜀ḷ	ḷ
	壶关	₌iəŋ	iʌʔ꜌	꜀yaŋ	yn²	ḷ²	꜀ḷ	ḷ
	屯留	₌in	iɛʔ꜌	꜀yan	yn'	ḷ²	꜀ḷ	ḷ
晋城小片	晋城	₌z̞ẽ	z̞ʌʔ꜌	꜀zuæ	yõn²	ər	꜀ər	₌ər
	阳城	₌z̞əñ	z̞ʌʔ꜌	꜀zuẽ	yõn²	ər	꜀ər	₌ər

（2）子变韵和子变调。晋城小片有子变韵或子变调，而长治小片没有。例如晋城（沈慧云 1983，沈明 2005）单字调 6 个：阴平 33，阳平 35，上声 213，去声 53，阴入 2。入声子变调古清入同阴平，古浊入同去声。例如：

阴平　　钉^子tiẽ33　　　　　　　单^子tæ33　　　　　　　窗^子tʂʻuɒ̃33
阳平　　钯^子pʻɑ:（>pʻɑ）35　　袍^子pʻo:（>pʻo）35　　帘^子liːe（>lie）35
上声　　椅^子iːɣ（>i）213
去声　　耙^子pɑ:（>pɑ）53　　　蔥^子piːɣ（>pi）53
清入　　瞎^子ɕiːɑ（>ɕiʌʔ）2-33　　楔^子ɕiːɑ（>ɕiʌʔ）2-33　　蝎^子ɕiːɑ（>ɕiʌʔ）2-33
次浊入　褥^子zuːɣ（>zuɣʔ）2-53　　裂^子liːɣ（>liɣʔ）2-53　　袜^子uːɑ（>uʌʔ）2-53
全浊入　脖^子pɑ:（>pʌʔ）2-53　　　勺^子ʂɑ:（>ʂʌʔ）2-53　　　匣^子ɕiːɑ（>ɕiʌʔ）2-53

（三）五台片、大包片、张呼片

这三片语音系统有不少共同点，所以放在一起说。

1. 五台片、大包片和张呼片的共同点，体现在以下五个方面：

（1）鼻韵尾只有 ŋ。咸山、宕江为鼻化韵或元音韵，深臻曾梗通多为鼻尾韵。例如：

表 9-66

		贪盏	甜田	官砖	全原	钢	豇姜	光	根庚	心星	魂红	群穷
五台	忻州	ã	iẽ	uã	yẽ	ɛ/ã	iɛ/iã	uɛ/uã	əŋ	i/iəŋ	uəŋ	yəŋ
	神木	ɛ	ie	ue	ye	ã	iã	uã	ɣ̆	i/iɤ̆	uɤ̆	yɤ̆
	巴彦淖尔	æ	ie	uæ	ye	ɔ̃	iɔ̃	uɔ̃	ɔ̃ŋ	iɔ̃ŋ	uɔ̃ŋ	yɔ̃ŋ
大包	大同	æ	iɛ	uæ	ye	ɒ	iɒ	uɒ	əɣ	iəɣ	uəɣ	yəɣ
	包头	æ	ie	uæ	ye	ã	iã	uã	əŋ	iəŋ	uəŋ	yəŋ
	鄂尔多斯	ɛ̃	ie	uẽ	yẽ	ɒ	iɒ	uɒ	əŋ	iəŋ	uəŋ	yəŋ
张呼	呼和浩特	æ	ie	uæ	yẽ	ã	iã	uã	əŋ	ĩŋ	uəŋ	ỹŋ
	乌兰察布	æ	ie	uæ	ye	õ	iõ	uõ	əŋ	ĩŋ	uəŋ	ỹŋ
	凉城	ẽ	ie	uẽ	yẽ	ã	iã	uã	əŋ	iŋ	uəŋ	ỹŋ

（2）"剑箭＝借＝介、钳钱前＝茄、馅献现＝谢、蟹、全权＝瘸"。即咸山精组及见系细音韵母＝蟹＝假＝果。例如：

表 9-67

		剑箭＝借＝介	钳钱前＝茄	馅献现＝谢＝蟹	全权＝瘸
五台	朔州	tɕiɛ꜓	꜀tɕʰiɛ	ɕiɛ꜓	꜀tɕʰyɛ
	神木	tɕiɛ꜓	꜀tɕʰiɛ	ɕiɛ꜓	꜀tɕʰyɛ
	巴彦淖尔	tɕie꜓	꜀tɕʰie	ɕie꜓	꜀tɕʰye
大包	大同	tɕie꜓	꜀tɕʰie	ɕie꜓	꜀tɕʰyɛ
	包头	tɕie꜓	꜀tɕʰie	ɕie꜓	꜀tɕʰye
	鄂尔多斯	tɕie꜓	꜀tɕʰie	ɕie꜓	꜀tɕʰye
张呼	呼和浩特	tɕie꜓	꜀tɕʰie	ɕie꜓	꜀tɕʰye
	乌兰察布	tɕie꜓	꜀tɕʰie	ɕie꜓	꜀tɕʰye
	太仆寺	tɕie꜓	꜀tɕʰie	ɕie꜓	꜀tɕʰye

（3）"张＝庄、昌＝窗、钢＝光、糠＝筐、杭＝黄"。即古宕江今北京话分别读开口呼和合口呼的字，这三片都读开口呼。例如：

表 9-68

		张＝庄	昌＝窗	钢＝光	糠＝筐	杭＝黄
五台	浑源	꜀tʂɔ̃	꜀tʂʰɔ̃	꜀kɔ̃	꜀kʰɔ̃	꜀xɔ̃
	五寨	꜀tʂɔ̃	꜀tʂʰɔ̃	꜀kɔ̃	꜀kʰɔ̃	꜀xɔ̃
	保德	꜀tʂɒ	꜀tʂʰɒ	꜀kɒ	꜀kʰɒ	꜀xɒ
大包	包头	꜀tʂã	꜀tʂʰã	꜀kã	꜀kʰã	꜀xã
	巴彦淖尔	꜀tʂã	꜀tʂʰã	꜀kã	꜀kʰã	꜀xã
	固阳	꜀tʂã	꜀tʂʰã	꜀kã	꜀kʰã	꜀xã
张呼	凉城	꜀tʂã	꜀tʂʰã	꜀kã	꜀kʰã	꜀xã
	鄂尔多斯	꜀tʂã	꜀tʂʰã	꜀kã	꜀kʰã	꜀xã
	乌兰察布	꜀tʂɔ̃	꜀tʂʰɔ̃	꜀kɔ̃	꜀kʰɔ̃	꜀xɔ̃

（4）"牌＝赔、卖＝妹、怪＝桂＝柜＝贵、槐＝回、外＝卫位"。即蟹摄开口一二等和合口二等、蟹摄合口一三四等和止摄合口三等字，今北京话分别读 ai uai 和 ei uei。这三片今读合流。例如：

表 9-69

		牌＝赔	卖＝妹	怪＝桂	柜＝贵	槐＝回	外＝卫位
五台	神池	꜁pʰɛe	mɛe꜓	kuɛe꜓		꜀xuɛe	vɛe꜓
	宁武	꜁pʰe	me꜓	kue꜓		꜀xue	ve꜓
	五寨	꜁pʰei	mei꜓	kuei꜓		꜀xuei	vei꜓
大包	大同	꜁pʰɛe	mɛe꜓	kuɛe꜓		꜀xuɛe	uɛe꜓
	天镇	꜁pʰɛe	mɛe꜓	kuɛe꜓		꜀xuɛe	uɛe꜓
	怀仁	꜁pʰei	mei꜓	kuei꜓		꜀xuei	uei꜓
张呼	丰镇	꜁pʰɛi	mɛi꜓	kuɛi꜓		꜀xuɛi	vɛi꜓
	商都	꜁pʰɛi	mɛi꜓	kuɛi꜓		꜀xuɛi	vɛi꜓
	乌兰察布	꜁pʰɛi	mɛi꜓	kuɛi꜓		꜀xuɛi	vɛi꜓

（5）一二等的分别。大多只体现在曾梗入声字上（张呼片只体现在帮系字）。例如：

表 9-70

		墨一	麦二	刻一	客二	黑一	赫二	窄二	直三	惑一	获二
五台	朔州	miəʔ₂	miaʔ₂	kʼəʔ₂	kʼaʔ₂	xəʔ₂	xaʔ₂	tsaʔ₂	tʂəʔ₂	xuəʔ₂	xuaʔ₂
	保德	miəʔ₂	miɑʔ₂	kʼəʔ₂	kʼɑʔ₂	xəʔ₂	xɑʔ₂	tsɑʔ₂	tʂəʔ₂	xuəʔ₂	xuɑʔ₂
	神池	miəʔ₂	miʌʔ₂	kʼəʔ₂	kʼʌʔ₂	xʌʔ₂	xʌʔ₂	tsʌʔ₂	tʂəʔ₂	xuəʔ₂	xuʌʔ₂
大包	大同	miəʔ₂	miaʔ₂	kʼəʔ₂	kʼaʔ₂	xəʔ₂		tsaʔ₂	tʂəʔ₂		xuaʔ₂
	天镇	miəʔ₂	miaʔ₂	kʼəʔ₂	kʼaʔ₂	xəʔ₂	xaʔ₂	tsaʔ₂	tʂəʔ₂		xuaʔ₂
	包头	miəʔ₂	miaʔ₂	kʼəʔ₂	tɕʼiaʔ₂	xəʔ₂	xaʔ₂	tsaʔ₂	tʂəʔ₂		xuaʔ₂
张呼	呼市	miəʔ₂	miaʔ₂	kʼəʔ₂	kʼaʔ₂	xəʔ₂	xaʔ₂	tsaʔ₂	tʂəʔ₂		xuaʔ₂
	张北	mo⁼	mai⁼	kʼəʔ₂		xəʔ₂		tsəʔ₂			xuəʔ₂
	万全	miʌ⁼	miəʔ₂	kʼʌʔ₂		xʌʔ₂		tsʌʔ₂			xuʌʔ₂

2.五台片、大包片、张呼片各自还有一些特点，分别说明如下。

（1）五台片

①忻州、定襄、原平、五台和阳曲及陕北部分方言以下特点同吕梁片。

a.古全浊声母今读塞音、塞擦音的部分仄声字，今白读送气。例如（该片古入声调只有一个，举例标作阴入，本节同。神木指贺家川，子长指瓦窑堡，子洲指何家集，绥德指枣林坪）：

表 9-71

	败打~	蛋鸡~	递	坐	白~的	碟~子	薄	侄	集赶~
忻州	pæ⁼	tã⁼	ti⁼	tsuɛ⁼	pʼiɛʔ₂	tʼiɛʔ₂	pʼuɔʔ₂	tʂʼəʔ₂	tɕʼiəʔ₂
定襄	pæ⁼	tæ⁼	ti⁼	tsuɔ⁼	pʼiəʔ₂	tʼiəʔ₂	pʼuɔʔ₂	tʂʼəʔ₂	tɕʼiəʔ₂
神木	pʼæ⁼	tæ⁼	ti⁼	tsuə⁼	pʼiəʔ₂	tʼiəʔ₂	pʼəʔ₂	tʂʼəʔ₂	tɕʼiəʔ₂
子长	pʼae⁼	tæ⁼	tʼi⁼	tsuɤ⁼	꜁pʼiɛ	tʼiəʔ₂	pʼəʔ₂	tʂʼəʔ₂	tɕʼiəʔ₂
子洲	pʼae⁼	tʼæ⁼	tʼi⁼	tsʼu⁼	pʼɤʔ₂	tʼiəʔ₂	꜁pʼɤ	tʂʼəʔ₂	tɕʼiəʔ₂

b.宕江白=果。例如：

表 9-72

	帮玻	汤拖	糠苛	绑簸	疮	江	张	想	光锅	房	黄和
忻州	꜀pɛ	꜀tʼɛ	꜀kʼɛ	꜀pɛ	꜀tsʼuɛ	꜀tɕiɛ	꜀tʂɛ	꜀ɕiɛ	꜀kuɛ	꜁fɛ	꜁xuɛ
定襄	꜀puɔ	꜀tʼɔ	꜀kʼɔ	꜀puɔ	꜀tsʼuɔ	꜀tɕiɔ	꜀tʂɔ	꜀ɕiɔ	꜀kuɔ	꜁fɔ	꜁xuɔ
神木	꜀pɤ	꜀tʼɤ	꜀kʼɤ	꜀pɤ	꜀tsʼuɤ	꜀tɕiɤ	꜀tʂɤ	꜀ɕiɤ	꜀kuɤ	꜁fɤ	꜁xuɤ
府谷	≠	≠	꜀kʼã	꜀pã	꜀tʂʼuã	꜀tɕiã	꜀tʂã	꜀ɕiã	꜀kuã	꜁fã	꜁xuã

c.曾梗今读音。曾梗文读同深臻通 əŋ 组。白读开口三四=蟹（止）三四，合口=遇三等。白读举例如下：

表 9-73

	平坪=皮	钉=低	晴=齐	剩=世	蝇赢=移	兄=虚
忻州	꜁pʼi	꜀ti	꜁tɕʼi	ʂʅ⁼	꜁i	꜀ɕy
定襄	꜁pʼi	꜀ti	꜁tsʼʅ	ʂʅ⁼	꜁i	꜀ɕy
神木	꜁pʼi	꜀ti	꜁tsʼei	ʂʅ⁼	꜁i	꜀ɕy

d. 等的分别。白读咸山、宕江入声帮系、曾梗入声系见一二等不同，三四等同一等。例如：

表 9-74（一）

	站咸开二	占咸开三	山山开二	煽山开三	搬山合一	班山合二	官山合一	关山合二
忻州	tsɑ̃ˀ	tʂuɒ̃ˀ	₌sɑ̃	₌ʂuɒ̃	₌puɒ̃	₌pɑ̃	₌kuɒ̃	₌kuɑ̃
定襄	tsæ̃ˀ	tʂɛ̃ˀ	₌sæ̃	₌ʂɛ̃	₌puɛ̃	₌pæ̃	₌kuɛ̃	₌kuæ̃
神木	tsæ̃ˀ	tʂuĩˀ	₌sæ̃	₌ʂũ	₌puĩ	₌pæ̃	₌kuũ	₌kuæ̃

表 9-74（二）

	盒咸开一	匣咸开一	杀山开二	折山开三	薄宕开一	剥江开一	刻曾开一	客梗开二
忻州	xɑʔ₌		sɑʔ₌	ʂəʔ₌	p'uɔʔ₌	puɔʔ₌	k'əʔ₌	k'əʔ₌
定襄	xɔʔ₌	xɑʔ₌	saʔ₌	ʂɔʔ₌	p'uɔʔ₌	puɔʔ₌	k'əʔ₌	k'uɔʔ₌
神木	xəʔ₌	xaʔ₌	saʔ₌	ʂəʔ₌	p'əʔ₌	paʔ₌	k'əʔ₌	

②连调区分来源。如忻州（温端政 1990）单字调 4 个：阳平 31，阴平上 313，去声 53，入声 2。在非叠字两字组偏正结构和叠字组中，古清平和古清上、次浊上的连调不同。例如：

表 9-75

阴平上+阴平上	西=喜çi³¹³	西瓜çi³¹³⁻³³ kuɑ³¹³⁻³¹ ≠喜瓜结婚时吃的瓜çi³¹³⁻⁴² kuɑ³¹³
	天tiɛ̃³¹³：老lɔ³¹³	天每tiɛ̃³¹³⁻³³ mei³¹³⁻³¹：老马lɔ³¹³⁻⁴² mɑ³¹³
阳平+阴平上	风=粉fəŋ³¹³	凉风lɑŋ³¹ fəŋ³¹³≠凉粉lɑŋ³¹ fəŋ³¹³⁻³¹
	花xuɑ³¹³：马mɑ³¹³	棉花miɛ̃³¹ xuɑ³¹³：儿马ɚ³¹ mɑ³¹³⁻³¹
阴平上+阳平	烟=眼iɛ̃³¹³	烟煤iɛ̃³¹³⁻³³ mei³¹³⁻⁴²≠眼眉眉毛mi³¹
	温=婆ləu³¹³	温壶暖壶uəŋ³¹³⁻³³ xu³¹：婆壶瓷制茶壶ləu³¹³⁻⁴² xu³¹
阴平上+入声	猪=主tsu³¹³	猪食tsu³¹³⁻³³ ʂɔʔ²≠主食tsu³¹³⁻⁴² ʂɔʔ²
	春tsʰuəŋ³¹³：马mɑ³¹³	春麦tsʰuəŋ³¹³⁻³³ miɛʔ²：马脚mɑ³¹³⁻⁴² tɕiɛʔ²
清平叠字 清上叠字 次浊上叠字	姑=股ku³¹³	姑姑ku³¹³⁻²⁴ ku³¹³⁻⁴²≠股股ku³¹³⁻⁴² ku³¹³⁻²⁴
	尖=剪tɕiɛ̃³¹³	尖尖尖儿tɕiɛ̃³¹³⁻²⁴ tɕiɛ̃³¹³⁻⁴²≠剪剪小剪tɕiɛ̃³¹³⁻⁴² tɕiɛ̃³¹³⁻²⁴
	天tiɛ̃³¹³：米mi³¹³	天天tiɛ̃³¹³⁻²⁴ tiɛ̃³¹³⁻⁴²：米米米粒儿mi³¹³⁻⁴² mi³¹³⁻²⁴
	哥ke³¹³：婆ləu³¹³	哥哥ke³¹³⁻²⁴ ke³¹³⁻⁴²：婆婆ləu³¹³⁻⁴² ləu³¹³⁻²⁴

③"题=齐棋、条=瞧桥、天=千牵、听=青轻"。即古透定、清从、溪群六母的平声在今齐齿呼韵母前，该片有些方言读 tɕ' 声母。例如：

表 9-76

	题定=齐从棋群	条定=瞧从桥群	天透=千清牵溪	听透=青清轻溪
五台	₌tɕʰi	₌tɕʰiɔ	₌tɕʰiæ̃	₌tɕʰi/ ₌tɕʰiəŋ
神池	₌tɕʰi	₌tɕʰi	₌tɕʰie	₌tɕʰiɤ̃
宁武	₌tɕʰi	₌tɕʰi	₌tɕʰiE	₌tɕʰiɤ̃
朔州	₌tɕʰi	₌tɕʰiɔi	₌tɕʰie	₌tɕʰiɔ̃

④"姐≠解、借≠介、爷≠崖"。即假开三精组和蟹开二见系今韵母不同。例如：

表 9-77

	姐假开三精上	解蟹开二见上	借假开三精去	介蟹开二见去	爷假开三以平	崖蟹开二疑平
忻州	ˬtɕie	ˬtɕiæ	tɕieˎ	tɕiæˎ	ˌie	ˌiæ
定襄	ˬtɕie	ˬtɕiæ	tɕieˎ	tɕiæˎ	ˌie	ˌiæ
保德	ˬtɕiʏ	ˬtɕie	tɕiʏˎ	tɕieˎ	ˌiʏ	ˌiɛ
偏关	ˬtɕiE	ˬtɕi	tɕiEˎ	tɕiˎ	ˌiE	ˌi

（2）大包片。单字调五个。调型、调值山西与内蒙古不尽相同，山西内部也不尽一致。

表 9-78

	今调类	阴平	阳平	上声	去声	入声
调型	山西大同8点	中降 31	降升 313	高降 53	低升 24	短平 2/低降 32/低升 34
	山西阳泉5点	降升 313	中平 33/44	高降 53	低升 24	短平 4/3/2
	内蒙	高升 35	中平 33/44	降升 213	高降 53	短平 4/低降 32/低升 34

本片山西东部的和顺、左权、阳高有子变韵子变调。例如和顺（田希诚 1990）单字调 5 个：阴平 31，阳平 22，上声 35，去声 44，入声 21。入声子变调同阳平。例如：

阴平	疤ˉpaː31	梭ˉsuːʏ31	箱ˉɕiːɒ31	靴ˉɕy31
阳平	蹄ˉtiˋ22	茄ˉtɕˋi22	骡ˉluːʏ22	炉ˉlu22
上声	拐ˉkuːai35	肘ˉtʂəːu35	板ˉpæː35	领ˉliːəŋ35
去声	架ˉtɕiːa44	裤ˉkˋu44	帽ˉmɔːu44	豆ˉtəːu44
古清入	鸽ˉkaː(>kaʔ)21-22	瞎ˉɕiːa(>ɕiaʔ)21-22	鸭ˉiːa(>iaʔ)21-22	刷ˉsuːa(>suaʔ)21-22
次浊入	辣ˉlaː(>laʔ)21-22	林ˉuaː(>uaʔ)21-22	麦ˉmiːʏu(>miəʔ)21-22	
全浊入	脖ˉpaː(>paʔ)21-22	勺ˉʂaː(>ʂaʔ)21-22	鼻ˉpiːʏu(>piəʔ)21-22	笛ˉtiːʏu(>tiəʔ)21-22

（3）张呼片。单字调四个。调型、调值河北与内蒙古不尽一致。

表 9-79

	今调类	平声	上声	去声	入声
调型	河北	高降 42/53/32	高平 55	降升 214/高降 53/中降 31	低降 32/高升 35
	内蒙	降升 312/低降 31	高降 53	中升 24/高升 35	低降 32/高降 54

张呼片河北各点古入声字有不同程度的舒化。总体来看，全浊入和次浊入的舒化程度高于清入。其规律是清入归平上去三声；次浊入多归去声，全浊入多归阳平。统计见下表（刘淑学 2000）。

表 9-80

	灵寿		平山		元氏		赞皇	
古清入	入 76%	三 24%	入 77%	三 21%	入 71%	三 28%	入 72%	三 27%
次浊入	入 36%	去 61%	入 60%	去 32%	入 19%	去 72%	入 17%	去 72%
全浊入	入 21%	平 69%	入 35%	平 56%	入 19%	平 62%	入 19%	平 66%

（四）邯新片

分为磁漳小片和获济小片。其共同点是全浊入今多归阳平，而清入、次浊入则多保留喉

塞尾 ʔ。不同点有以下三项：

1.调型、调值的差异，见下表。

表 9-81

今调类		阴平	阳平	上声	去声	入声
调	磁漳	高平 44/55/降升 453	高降 53	高平 55	降升 312	短平 44/低降 32
型	获济	高平 44/中平 33	中降 31	高降 53	低升 13	短平 33/3

2.子变韵和子变调。获济小片有子变韵、子变调，而磁漳小片则无此现象。如获嘉（贺巍 1989）单字调 5 个：阴平 33，阳平 31，上声 53，去声 13，入声 33。入声子变调古清入、次浊入同阴平，全浊入同阳平。例如：

阴平	铁丝ᵀˢiou³³	梯ᵀtʻi:ou³³	砖坯ᵀpʻi:ou³³	驴驹ᵀtɕyu³³
阳平	茅池ᵀtʂʻiou³¹	豆皮ᵀpʻi:ou³¹	豆芽ᵀiɔ³¹	树苗ᵀmiɔ³¹
上声	鞋底ᵀti:ou⁵³	床围ᵀui:ou³¹	火把ᵀpɔ⁵³	小ᵀɕiɔ⁵³
去声	软柿ᵀʂiou¹³	馍算ᵀpi:ou¹³	痱ᵀfi:ou¹³	柳絮ᵀɕyu¹³
古清入	谷ᵀku³³⁻³³	橘ᵀtɕyu³³⁻³³	秃ᵀtʻu³³⁻³³	鸽ᵀkɔ³³⁻³³
次浊入	竹篾ᵀmi:ou³³⁻³³	毛栗ᵀli:ou³³⁻³³	锯末ᵀmɔ³³⁻³³	麦ᵀmiɔ³³⁻³³
全浊入	猪食ᵀʂiou³³⁻³¹	鼻ᵀpi:ou³³⁻³¹	匣ᵀɕiɔ³³⁻³¹	脖ᵀpɔ³³⁻³¹

3.入声韵类的分合关系。磁漳小片入声韵类大多只有一类，即咸山清入和次浊入宕江深臻曾梗通合并为一类，而获济小片则咸山宕江和深臻曾梗通分为两类。例如：

表 9-82（一）

		喝咸插咸渴山搁宕剥江	镊咸捏山瞎山	阔山刷山郭宕	月山脚宕角江
磁漳	成安	əʔ	iəʔ	uəʔ	yəʔ
	涉县	ʌʔ	iʌʔ	uʌʔ	yʌʔ
获济	获嘉	aʔ	iɐʔ	uaʔ	yɐʔ
	济源	aʔ	iaʔ	uaʔ	yaʔ

表 9-82（二）

		十深实臻食曾石梗	急深吉臻力曾踢梗锡梗	出臻或曾谷通独通褥通	屈臻菊通曲通
磁漳	成安	əʔ	iəʔ	uəʔ	yəʔ
	涉县	ʌʔ	iʌʔ	uʌʔ	yʌʔ
获济	获嘉	əʔ	iʔ	uʔ	yʔ
	济源	əʔ	iʔ	uʔ	yʔ

（五）志延片

古入声字有不同程度的舒化。其方式大体分为两种：

1.古入声字舒化和韵摄及古声母的清浊有关。来源于咸山宕江梗二等的入声字，大多已舒化，其中清入、次浊入多归阴平（延长保留独立，长调），全浊入同阳平，类似于关中一带的中原官话；来源于深臻曾梗三四等通的入声字仍保留喉塞尾 ʔ，延川、延长分阴阳入（清入、次浊入为阴入，全浊入为阳入），其余五点入声只有一个（类似的情形还有并州片清徐，吕梁片清涧、汾西，五台片绥德、子洲、子长等点）。详见表 9-83。

表 9-83

	咸山宕江梗二等			深臻曾梗三四等通		
	今韵母音值	清入、次浊入	全浊入	今韵母音值	清入、次浊入	全浊入
延长	A iA Y uY iE yE	独立长调 423	阳平 35	ǝʔ iǝʔ uǝʔ yǝʔ	阴入 ?423	阳入 53
延川	a ia ua ie ye	阴平 213	阳平 35	ǝʔ iʔ ǝuʔ iǝʔ yǝʔ	阴入 3	阳入 43
志丹	a ia ua ie ye, uo yo	阴平 213	阳平 35	ǝʔ iʔ ǝuʔ iǝʔ yǝʔ	入声 3	
安塞	a ia ua ie ye, uo yo	阴平 213	阳平 35	ǝʔ iʔ ǝuʔ iǝʔ yǝʔ	入声 3	
吴旗	a ia ua ie ye, uo yo	阴平 213	阳平 35	ǝʔ iʔ ǝuʔ yǝʔ	入声 3	

2. 延安、甘泉、延长近 90%的古入声字今单字调已舒化，但在口语高频词中仍保留入声读法。入声舒化的规律是古清入、次浊入归阴平，全浊入归阳平，类似于关中一带的中原官话。例如甘泉，约 68%的古入声字已经舒化，其中清入和次浊入约 83%归阴平，全浊入约 58.6%归阳平。又如延长，约 50.7%的古入声字已舒化，其中清入和次浊入 64%归阴平，全浊入 65%归阳平（邢向东、孟万春 2006）。

第四节　晋语其他语音现象

一　声母

（一）古知庄章今读音

晋语古知庄章的分合关系有两种：1. 古知庄章今读分 ts、tʂ，即今开口呼韵母前知二庄章止摄和知三章非止摄不同音。2. 古知庄章今同音。具体情况是：

1. 今开口呼韵母前，知庄章分为 ts、tʂ 两组，即知二庄章组止摄为 ts 组，知三章非止摄为 tʂ 组。根据合口呼韵母前的读音，又可以细分为三种情形。

（1）合口呼与开口呼一致：知二庄章组止摄读 ts 组，知三章组非止摄读 tʂ 组。如大包片左权。

（2）合口呼前读 ts 组，即昌徐型昌黎类（熊正辉 1990）。如并州片平遥、孝义、介休，吕梁片吕梁、临县、方山、隰县，上党片黎城，五台片忻州、原平、定襄、五寨，大包片阳泉、平定、昔阳、和顺等点。

（3）合口呼韵母前读 tʂ 组。即昌徐型徐州类（熊正辉 1990）。如大包片大同、阳高、天镇、山阴、右玉、左云，五台片代县、繁峙、保德、河曲、偏关、朔州、岢岚，吕梁片汾阳、中阳、石楼、大宁、永和、蒲县，上党片潞城、平顺、沁源等点。

2. 知庄章合为一组（同精组）。根据音值，又分为两种情形。

（1）太原型。精知庄章今读 ts 组，如并州片太原、清徐、榆次、交城、文水、祁县、寿阳、榆社、灵石、盂县，吕梁片岚县、柳林、兴县、汾西，上党片长治、屯留、长子、沁县、武乡、襄垣，五台片阳曲，大包片怀仁、浑源、应县，五台片五台、灵丘、神池、宁武、五寨，张呼片呼和浩特。

（2）晋城型。古精知庄章今读 tʂ 组，如上党片晋城、阳城、陵川、高平、泽州等点。

表 9-84（为便于比较，表中每组例字前先列一个精组字）

		止摄开口三等		咸摄开口			(曾)梗摄开口			宕江开口		
		私师生施书	池知	暂站知二	蘸庄二	占章三	增争庄二	贞知三	正章三	胫张知三章章三	窗庄二	双庄二
1	(1) 左权	₌ʂ	₌tʂʅ	tseᵓ		tseᵓ	₌tsəŋ		₌tʂəŋ	₌tʂɔ		₌ʂɔ
	(2) 孝义	₌ʂ	₌tʂʅ	tsaŋᵓ	tsaŋᵓ		₌tsəŋ		₌tʂəŋ	₌tʂɛ/₌tʂaŋ		₌suɣ
	临县	₌ʐ	₌tʂʻei	tsæᵓ	tsæᵓ		₌tsəŋ		₌tʂəŋ	₌tʂɔ̃	₌tʂʻyə	₌ʂyə
	忻州	₌ʂ	₌tʂʅ	tsɑ̃ᵓ	tʂuõᵓ		₌tsəŋ		₌tʂəŋ	₌tʂɛ ₌tʂɑ̃	₌tʂʻuɛ	₌suɛ
	和顺	₌ʂ	₌tʂʅ	tsæᵓ	tsæᵓ		₌tsəŋ		₌tʂəŋ	₌tʂɒ	₌tʂʻuɒ	₌suɒ
	黎城	₌ʂ	₌tɕʻi	tsæᵓ	tɕiɛᵓ		₌tɕiŋ		₌tɕiŋ	₌tɕiɑŋ	₌tsʻuaŋ	₌suaŋ
	(3) 大同	₌ʂ	₌tʂʅ	tsæᵓ	tsæᵓ		₌tsəɣ		₌tsəɣ	₌tʂɒ	₌tʂʻuɒ	₌suɒ
	蒲县	₌ʂ	₌tʂʅ	tsæᵓ	tsæᵓ	₌tsɛ	₌tʂeɪ		₌tʂɛ	₌tʂaŋ	₌tʂʻuo	₌ʂuo
	潞城	₌ʂ	₌tʃʅ	tsæᵓ	tʃæᵓ	₌tʃɛ			₌tʃʅ	₌tʃaŋ	₌tʃʻuaŋ	₌ʃuaŋ
2	(1) 太原	₌ʂ	₌tʂʻʅ	tsæᵓ				₌tsəŋ		₌sɒ	₌tsʻuõ	₌suõ
	太谷	₌ʂ	₌tʂʅ	tsãᵓ	tseᵓ			₌tsɔ̃		₌tsa	₌tsʻuo	
	岚县	₌ʂ	₌tʂʅ	tsaŋᵓ	tseᵓ			₌tsəŋ		₌tsuə	₌tsʻuə	₌suə
	长治	₌ʂ	₌tʂʅ	tsaŋᵓ	tsaŋᵓ			₌tsəŋ		₌tsaŋ	₌tsʻuaŋ	₌suaŋ
	阳曲	ˀʂ	ˀtʂʻʅ	tsɛᵓ				ˀtsəŋ		ˀtsɔ	ˀtsʻuɔ	ˀsuɔ
	呼市	₌ʂ	₌tʂʻʅ	tsæᵓ				₌tsə̃ŋ		₌tsã	₌tsʻuã	₌suã
	(2) 晋城	₌ʂʅ	₌tʂʻʅ	tʂæᵓ				₌tʂẽ		₌tʂõ	₌tʂʻuõ	₌ʂuõ

　　并州片娄烦、太谷和吕梁片静乐古知庄章在今合口呼韵母前的分合关系和音值不尽相同：娄烦开口呼前知二庄章止摄开口为 ts tsʻ s，知三章为 tʂ tʂʻ ʂ；合口呼前一律为 pf pfʻ f。静乐知庄章开口呼前为 ts tsʻ s（同精组），合口呼前为 pf pfʻ f；太谷开口呼前为 ts tsʻ s，合口呼前为 ts tsʻ f。例如：

表 9-85

	山摄				宕江		曾	通
	山开二生	闩合二生	毡开三知	砖合三知	昌宕开三昌	窗江开二初	蒸曾开三章	钟通合三章
娄烦	₌sɛ	₌fɛ	₌tʂɛ	₌pfɛ	₌tʂʻa	₌pfɣɯ	₌tʂɔ̃	₌pfɔ̃
静乐	₌sæ	₌fæ	₌tsæ	₌pfæ	₌tsʻɒ	₌pfɣ	₌tsɔ̃	₌pfɔ̃
太谷	₌sã	₌fã	₌tsẽ	₌tsuẽ	₌tsʻɒ	₌tsʻuo	₌tsɔ̃	₌tsũ

　　晋语古知庄章今读类型归纳如表 9-86。

表 9-86

		开口						合口				
		知二	庄二	庄三	章止	知三	章余	庄二	庄三	章止	知三	章余
1	(1) 左权	甲ts	甲ts	甲ts	甲ts	乙tʂ	乙tʂ	甲ts	甲ts	甲ts	乙tʂ	乙tʂ
	(2) 平遥	甲ts	甲ts	甲ts	甲ts	乙tʂ	乙tʂ	甲ts	甲ts	甲ts	甲ts	甲ts
	(3) 大同	甲ts	甲ts	甲ts	甲ts	乙tʂ	乙tʂ	乙tʂ	乙tʂ	乙tʂ	乙tʂ	乙tʂ
	娄烦	甲ts	甲ts	甲ts	甲ts	乙tʂ	乙tʂ	丙pf	丙pf	丙pf	丙pf	丙pf
	静乐	=精组ts						丙pf	丙pf	丙pf	丙pf	丙pf
	太谷	=精组ts						ts tsʻ f				
2	(1) 太原	=精组ts										
	(2) 晋城	=精组tʂ										

（二）古日母今读音

古日母止摄"二耳儿"等字，晋语大多读零声母 ø（上党片长治小片多读自成音节的 ļ。参看本章第三节）。古日母非止摄如"人染闰软"等字，根据古韵母的开合口，今读音分为两种情形。

1. 古日母字在古开口韵和合口韵前今同音。音值略有差异，大体有三种：

（1）z。如并州片太原、清徐、晋中（原榆次）、文水、寿阳、榆社、灵石、盂县，吕梁片兴县、柳林，上党片沁县、武乡，五台片五台、宁武、阳曲，大包片怀仁、应县、灵丘等点。

（2）z̥。如并州片祁县、交城，吕梁片吕梁（原离石）、汾阳、岚县、中阳、石楼、隰县、大宁、永和、蒲县，五台片朔州、代县、神池、五寨、岢岚、保德、偏关、河曲、繁峙，大包片大同、阳高、天镇、左云、右玉、山阴、左权，张呼片呼和浩特等点。

（3）ø。如上党片长治小片长治、潞城、黎城、平顺、壶关、屯留、长子等点。

2. 古日母字在古开口韵和合口韵前今音不同。

（1）古开口韵前读 ʐ，合口韵前读 z。比如并州片平遥、孝义、介休，吕梁片临县、方山，五台片忻州、定襄、原平，大包片阳泉、平定、昔阳、和顺等点。

（2）并州片太谷、娄烦和吕梁片静乐三点合口韵前为 v（娄烦今 u 韵母前为零声母 ø），是随知庄章在今开口呼韵母前的擦音 s > f 变来的，娄烦、静乐与 pf pfʰ 配套。

以上两种分合类型和五种音值请看表 9-87。

表 9-87

			如 遇合三	饶 效开三	染 咸开三	软 山合三	刃 臻开三	闰 臻合三	日 臻开三	褥 通合三
1	(1)	太原	₌zu	₌zau	ˆzæ̃	ˆzuæ̃	zəŋˀ	zuəŋˀ	zəʔₔ	zuəʔₔ
		兴县	₌zu	₌zau	ˆzẽ	ˆzuẽ	zəŋˀ	zuəŋˀ	zəʔₔ	zuəʔₔ
		沁县	₌zu	₌zɔ	ˆzan	ˆzuan	zəŋˀ	zuəŋˀ	zəʔₔ	zuəʔₔ
		阳曲	₌zu	uɜˀ	ˆzʑ	ˆzuɛ	zɜˀ	zuɜˀ	zəʔₔ	zuɔʔₔ
	(2)	祁县	₌z̥u	₌z̥au	ˆz̥ỹ	ˆz̥uỹ	z̥ɜˀ	z̥uɜˀ	z̥əʔₔ	z̥uəʔₔ
		蒲县	₌z̥u	₌z̥au	ˆz̥æ̃	ˆz̥uæ̃	z̥ei̯ˀ	z̥uei̯ˀ	ʐ̥ʅₔ	ʐ̥uʔₔ
		朔州	₌z̥u	₌z̥ɔ	ˆz̥æ̃	ˆz̥uæ̃	z̥ɜˀ	z̥uɜˀ	z̥əʔₔ	z̥uəʔₔ
		大同	₌z̥u	₌z̥ɑ	ˆz̥æ̃	ˆz̥uæ̃	z̥əɣˀ	z̥uəɣˀ	z̥əʔₔ	z̥uəʔₔ
	(3)	长治	₌y	₌ɔ	ˆiaŋ	ˆyaŋ	iŋˀ	yŋˀ	iəʔₔ	yəʔₔ
2	(1)	孝义	₌nz	₌ʑʏ	ˆzʅ	ˆzuʏ	zəŋˀ	zuŋˀ	zəʔₔ	zuəʔₔ
		临县	₌zʅ	₌zou	ˆzʅɐr	ˆzʅɐ	zəŋˀ	zuəŋˀ	zəʔₔ	zuəʔₔ
		忻州	₌zu	₌zɔ	ˆzuõ	ˆzuõ	zəŋˀ	zuəŋˀ	zəʔₔ	zuəʔₔ
		和顺	₌nzu	₌nzɔ	ˆzæ̃	ˆzuæ̃	zəŋˀ	zuəŋˀ	zəʔₔ	zuəʔₔ
	(2)	娄烦	₌u	₌zau	ˆzʅ	ˆve	zɜˀ	vɜˀ	zəʔₔ	vəʔₔ
		静乐	₌vu	₌zɔ	ˆzẽ	ˆve	zɜˀ	vɜˀ	zəʔₔ	vəʔₔ
		太谷	₌vu	₌zou	ˆzẽ	ˆve	zɜˀ	vɜˀ	zəʔₔ	vəʔₔ

晋语古日母今读类型归纳见表 9-88。

表 9-88

		古开口韵	古合口韵
1	太原	= z	
	祁县	= ʐ	
	长治	= ø	
2	平遥	ʐ	z
	太谷	z	v

（三）尖团分混

晋语分尖团有三种情形。

1. 古精、见组在今齐齿呼和撮口呼韵前今音不同。集中在上党片，如平顺、壶关、黎城、潞城、陵川、阳城、高平等点。

2. 古精、见组在今齐齿呼韵母前今同音，在今撮口呼韵母不同音，如大包片阳泉、平定、昔阳、和顺、左权等点。

3. 古精、见组在今齐齿呼韵母前不同音，在今撮口呼韵母同音，如吕梁片临县、陕北吴堡等点。

先看齐齿呼前尖团分混的情形。例如：

表 9-89（一）

		精梗开三精	经梗开四见	秋流开三清	丘流开三溪	修流开三心	休流开三晓
1	潞城	₌tʃiŋ	₌tɕiŋ	₌tʃʻiəu	⁼tɕʻiəu	₌ʃiəu	⁼ɕiəu
	黎城	₌tɕiŋ	₌ciŋ	₌tɕʻiəu	⁼cʻiəu	₌ɕiəu	⁼ɕiəu
	平顺	₌tsiŋ	₌ciŋ	₌tsʻiəu	⁼cʻiəu	₌siəu	⁼ɕiəu
	阳城	₌tɕiɤn	₌ciɤn	₌tɕʻiɐi	⁼cʻiɐi	₌ɕiɐi	⁼ɕiɐi
	陵川	₌tɕiŋ	₌ciŋ	₌tɕʻiəu	⁼cʻiəu	₌ɕiəu	⁼ɕiəu
2	阳泉	₌tɕiəŋ		₌tɕʻiəu		₌ɕiəu	
	和顺	₌tɕiŋ		₌tɕʻiəu		₌ɕiəu	
3	临县	₌tsiəŋ	₌tɕiəŋ	₌tsʻiɐu	⁼tɕʻiɐu	₌siɐu	⁼ɕiɐu
	吴堡	₌tsiəŋ	₌tɕiəŋ	₌tsʻiau	₌tɕʻiau	₌siau	₌ɕiau

再看撮口呼韵母的情况。例如：

表 9-89（二）

		聚遇合三从	矩遇合三晓	全山合三从	权山合三群	旋山合三邪	悬山合四匣
1	潞城	tʃyᵓ	tɕyᵓ	₌ʃʻyæ	₌tɕʻyæ	₌ʃyæ	₌ɕyæ
	黎城	tɕyᵓ	cyᵓ	₌tɕʻyE	₌cʻyE	₌ɕyE	₌ɕyE
	平顺	tsyᵓ	cyᵓ	₌tsʻyæ	₌cʻyæ	₌syæ	₌ɕyæ
	阳城	tɕyᵓ	cyᵓ	₌tɕʻye	₌cʻye	₌ɕye	₌ɕye
	陵川	tɕyᵓ	cyᵓ	₌tɕʻyɤn	₌cʻyɤn	₌ɕyɤn	₌ɕyɤn
2	阳泉	tsyᵓ	tɕyᵓ	₌tsʻyæ	₌tɕʻyæ	₌syæ	₌ɕyæ
	和顺	tɕyᵓ		₌tsʻuæ	₌tɕʻyæ	₌suæ	₌ɕyæ
3	临县	tɕyᵓ		₌tɕʻye		₌ɕye	
	吴堡	tɕyᵓ		₌tɕʻye		₌ɕye	

（四）古微疑影云以合口字今读音

即"武午窝位维"今声母。从音类分合关系来看有两种。

1. 古微疑影云以合口字今同音。根据音值，又分为三类。

（1）零声母ø。比如并州片文水、交城、祁县、平遥、孝义、介休、灵石；吕梁片吕梁（原离石）、中阳、柳林、方山、岚县、兴县、石楼、隰县、永和、蒲县；上党片长治、潞城、黎城、平顺、壶关、屯留、长子、沁源、襄垣、晋城、阳城、陵川、高平；大台片五台；大包片阳高、天镇、怀仁、左云、右玉、和顺等点。

（2）v。比如并州片太原、清徐、晋中（原榆次）、太谷、寿阳、榆社、娄烦、盂县；吕梁片汾阳、临县、静乐、大宁；上党片沁县、武乡；五台片朔州、代县、神池、宁武、偏关、河曲；大包片大同、阳泉、平定、昔阳、左权等点。

（3）u为单韵母时为ø，以u-为介音的其他合口呼韵母前为v。比如五台片忻州、定襄、原平、灵丘、五寨、岢岚、保德、繁峙等点。

2. 古微母≠疑影云以。

微母字字读v，疑影云以母字今读ø。比如吕梁片清涧；志延片子长、延川等点。

以上两种情形四种音值例见表9-90。

表9-90

			武遇一微	午遇三疑	味止微	胃止云	维止以	晚山微	碗山影	网宕微	往宕云
1	（1）	孝义	ꜛu		uei꜓		ꜗuei	ꜛuaŋ			
		岚县	ꜛu		uei꜓		ꜗuei	ꜛuẽ		ꜛuə	
		长治	ꜛu		uei꜓		ꜗuei	ꜛuaŋ			
		天镇	ꜛu		uee꜓		ꜗuɜe	ꜛuæ		ꜛua	
	（2）	太原	ꜛvu		vei꜓		ꜗvei	ꜛvæ̃		ꜛvɔ̃	
		临县	ꜛvu		veɪ꜓		ꜗveɪ	ꜛuæ		ꜛuo	
		沁县	ꜛvu		vei꜓		ꜗvei	van		ꜛvõ	
		朔州	ꜛvu		vei꜓		ꜗvei	ꜛvæ		ꜛvõ	
	（3）	忻州	ꜛu		vei꜓		ꜗvei	ꜛvã	ꜛvõ	ꜛvã	
2		延川	ꜗvu	ꜛu	vei꜓	uei꜓	ꜗuei	ꜛvẽ	ꜛuẽ	ꜛvaŋ	ꜛuaŋ

二　韵母

晋语韵母最突出的特点就是单元音化，也有人叫做元音高化（陈庆延1991）。

（一）阴声韵的音值

蟹、止、效摄今北京话读复元音韵母，晋语多为单元音。例如：

表 9-91

摄		蟹						止		效			
古开合口		开口		合口				合口		开口			
等		一	二	二	一	三	四	三		一	二	三	四
例字		来	排柴	怪	灰	岁	桂	吹	水	高	交	苗	叫
并州	平遥	æ	uæ	uei	y/uei	uei		y/uei		ɔ	iɔ		
	孟县	æ	uæ	ue	y/uei	ue		y/uei		ɔ	iɔ		
	灵石	ɛ	ue	uei	y/uei	uei		y/uei		ɔ	iɔ		
吕梁	中阳	æ	uæ	uei	y/uei	uei		y/uei		ɔ	iɔ		
	静乐	ɛ	uɛ	uei	y/uei	uei		y/uei		ɔ	iɔ		
	隰县	æ	uæ	uei	y/uei	uei		y/uei		uɔ	iuɔi		
上党	长治	æ	uæ	iɑu	uei					ɔ	iɔ		
	沁县	ɛ	əu	uei						ɔ	iɔ		
	晋城	E	uE	uɛe						o	io		
五台	五台	ɛ	əu	uei						o	io		
	忻州	æ	uæ	uei						ɔ	iɔ		
	宁武	e	ue	ue						ɔ	iɔ		
张呼	呼市	ɛ	əu	uei						ɔ	iɔ		
	张北	ɛ	ue	uei						ɔ	io		

（二）阳声韵的音值

这一项与鼻韵尾的消存有关。下面分别说明。

1.咸山。大多自成韵类，上党片、邯新片多保留鼻韵尾 n，其他各片大多丢失鼻韵尾 n，或为鼻化韵，或为元音韵。

并州片、吕梁片、五台片忻州等点咸山分文白读：文读多与宕江合流为 aŋ iaŋ uaŋ，白读为元音韵。比如并州片孝义、平遥、介休，吕梁片汾阳、隰县、大宁、永和、蒲县等点。

2.宕江。大多自成韵类，上党片、邯新片多保留鼻韵尾 ŋ，其他各片多丢失鼻韵尾 ŋ，或为鼻化韵，或为元音韵。

并州片、吕梁片、五台片忻州等点宕江分文白读：文读多为 aŋ iaŋ uaŋ，或与咸山合流，或自成韵类；白读为元音韵，或同果摄，或同假摄，或自成韵类（参看本章第三节）。

3.深臻曾梗通。上党片、邯新片深臻 ən ≠ 曾梗通 əŋ 组，其他片深臻＝曾梗通 əŋ 组。

并州片、吕梁片、五台片忻州等点曾梗分文白读：文读为 əŋ iəŋ uəŋ；白读为元音韵，梗摄二等同假摄 *a 类，梗（曾）三四等开口同蟹（止）开口三等 i/ʅ/ei，合口同遇（止白）。（参看本章第三节）

分别举例如下。

表 9-92（一）

摄		咸山								宕江				
古开合口		开口				合口				开口			合口	
等		一	二	三	四	一	二	三	四	一	二	三	一	三
例字		贪摊	斩盏	尖煎	甜田	酸官	拴关	旋楦	悬	钢	豇	姜	光	筐
并州	太原	æ̃		ie		uæ̃		ye		õ		iõ	uõ	
	孝义	uɣ/aŋ		iɛ/iaŋ		uɣ/uaŋ		yɛ/yaŋ		uɣ/aŋ		iɛ/iaŋ	uɣ/uaŋ	
吕梁	岚县	ɑŋ		iẽ		uẽ uaŋ		yẽ		uə		yə	uə	
	隰县	æ/aŋ		iæ/iaŋ		uæ/uaŋ		yæ/yaŋ		ə/aŋ		iə/iaŋ	uə/uaŋ	
五台	忻州	ã		iɛ̃		uã uõ		yɛ̃		ɛ/uã		iɛ/iã	uɛ/uã	
	朔州	æ		iɛ		uæ		yɛ		ɒ		iɒ	uɒ	
大包	大同	æ		iɛ		uæ		ye		ɒ		iɒ	uɒ	
	包头	ɛ		ie		uɛ		ye		õ		iõ	uõ	
张呼	呼市	æ̃		ie		uæ̃		ye		ã		iã	uã	
	张北	æ̃		iæ̃		uæ̃		yæ̃		ɔ̃		iɔ̃	uɔ̃	
志延	延安	æ̃		iæ̃		uæ̃		yæ̃		aŋ		iaŋ	uaŋ	
	延川	æ̃		iɛ̃		uæ̃		yɛ̃		aŋ		iaŋ	uaŋ	
上党	长治	ɑŋ		iɑŋ		uɑŋ		yɑŋ				iɑŋ	uɑŋ	
	屯留	an		ian		uan		yan		ɑŋ		iɑŋ	uɑŋ	
邯新	武安	an		ian		uan		yan		ɑŋ		iaŋ	uaŋ	
	获嘉	an		ian		uan		yan		ɑŋ		iaŋ	uaŋ	

表 9-92（二）

摄		深臻曾梗通								
古开合口		开口					合口			
等		一	二	三	三	四	一	二	三	三
例字		根 灯	庚 杏争	金筋	蝇嬴	星	魂 弘红	横	群穷	兄
并州	太原	əŋ		iəŋ	i/iəŋ		uəŋ	əŋ	yəŋ	y
	孝义	əŋ	ɛ/əŋ	iəŋ	i/iəŋ		uəŋ	ya/əŋ	yəŋ	y
吕梁	岚县	əŋ		iəŋ	i/iəŋ		uən		yəŋ	y
	隰县	əŋ	æ/əŋ	iəŋ	i/iəŋ		uəŋ	yæ/uəŋ	yəŋ	yæ
五台	忻州	əŋ		iəŋ	i/i		uəŋ	əŋ	yəŋ	y
	朔州	ə̃		iə̃			uə̃	ɔ̃	yə̃	
大包	大同	əɣ		iəɣ			uəɣ	əɣ	yəɣ	
	包头	ə̃ŋ		iə̃ŋ			uə̃ŋ	ə̃ŋ	yə̃ŋ	
张呼	呼市	ə̃ŋ		ĩŋ			uə̃ŋ	ə̃ŋ	yə̃ŋ	
	张北	əŋ		iŋ			uŋ	yŋ	yŋ	

摄		深臻曾梗通											
古开合口		开口							合口				
等		一		二		三		四	一		二	三	
例字		根	灯	庚	杏争	金筋	蝇赢	星	魂	弘红	横	群穷	兄
志	延安	əŋ	əŋ	əŋ	əŋ	iŋ	iŋ	iŋ	uəŋ	uəŋ	əŋ	yəŋ	yəŋ
延	延川	əŋ	əŋ	əŋ	əŋ	iəŋ	iəŋ	iəŋ	uəŋ	uəŋ	əŋ	yəŋ	yəŋ
上	长治	əŋ	əŋ	əŋ	əŋ	iŋ	iŋ	iŋ	uŋ	uŋ	əŋ	yŋ	yŋ
党	屯留	ən	əŋ	əŋ	əŋ	in	iŋ	iŋ	un	uŋ	əŋ	yn	yŋ
邯	武安	ən	əŋ	əŋ	əŋ	in	iŋ	iŋ	un	uŋ	əŋ	yn	yŋ
新	获嘉	ən	əŋ	əŋ	əŋ	in	iŋ	iŋ	un	uŋ	əŋ	yn	yŋ

三　声调

有两点值得关注：一是两字组连调不仅能够区分来源，而且连调方式和语法结构有关。二是入声调类的演变。

（一）两字组连调不仅可以区分来源（参看第三节），有的还和语法结构有关

比如平遥（侯精一 1982）：单字调不分阴阳平，但是有的连读调可以分。平遥连读调分阴阳平和语法结构有关：偏正式、并列式、谓补式、名叠式、名儿式平声作前字变调后大多分阴阳平（阴平变调，阳平不变）；述宾式、主谓式不分。例如：

偏正式　　　　　　　　　　　　　　　　　动宾式

风门夏天时用的纱门 xuŋ$^{13-31}$ məŋ$^{13-35}$　　　≠　封门 xuŋ^{13} məŋ^{13}

推车手推车 tʰuæ$^{13-31}$ tʂʅE$^{13-35}$　　　　　≠　推车 tʰuæ^{13} tʂʅE^{13}

蒸茄子蒸熟的茄子 tʂʅ$^{13-31}$ tɕiE$^{13-35}$ tsʌʔ$^{13-53}$　≠　蒸茄子 tʂʅ^{13} tɕiE^{13} tsʌʔ^{13}

生豆芽相对于"熟豆芽" ʂʅE$^{13-31}$ təu$^{35-31}$ niɑ$^{13-53}$　≠　生豆芽 ʂʅE^{13} təu^{35} niɑ^{13}

再如忻州（温端政 1985）：非叠字两字组中，偏正式变调，动宾式不变调。例如：

清平+清上　针眼一种眼病，医学称"麦粒肿" tʂəŋ$^{313-33}$ niɑ$^{313-31}$　　　　睁眼 tʂəŋ^{313} niɑ^{313}

去声+清上　下水猪羊的内脏 ɕiɑ^{53} suei$^{313-31}$　　　　　　　下水 ɕiɑ^{53} suei^{313}

上声+去声　炒面煮熟后炒着吃的面条 tʂʂɔ$^{313-42}$ miɛ^{53}　　　炒面 tʂʂɔ^{313} miɛ^{53}

（二）入声调类的演变

分两项来说，一是入声调类之间的合流，二是入声和舒声调类的合流，即入声舒化。

1. 入声调类之间的合流。入声调并州片、吕梁片、上党片分阴阳，五台片、大包片、邯新片、志延片只一类。分阴阳入的方言，有些字并州片、吕梁片浊入（阳入）已归清入（阴入）；上党片有的清入（阴入）归浊入（阳入），如长治；有的浊入（阳入）归清入（阴入），如晋城。分别举例说明。

（1）并州片如太原（沈明 1994）。太原老派入声分阴阳：清入、次浊入为阴入2，全浊

入为阳入 <u>54</u>。而太原新派的入声只有一个 2，相当于老派的阴入。也就是说，老派的阳入在新派口中已全部归阴入。例如：

表 9-93

	拨	拔	喝	盒	急	集	昔	席习	做	镯	决	绝橛
老	paʔ²	paʔ⁵⁴	xəʔ²	xəʔ⁵⁴	tɕiəʔ²	tɕiəʔ⁵⁴	ɕiəʔ²	ɕiəʔ⁵⁴	tsuəʔ²	tsuəʔ⁵⁴	tɕyəʔ²	tɕyəʔ⁵⁴
新	paʔ²		xəʔ²		tɕiəʔ²		ɕiəʔ²		tsuəʔ²		tɕyəʔ²	

（2）吕梁片如岚县（沈明 2008）。岚县阴入（清、次浊入）4，阳入（全浊入）312。部分全浊入声字已合到阴入。例如：达~答 taʔ₂⁴ | 杰捷＝接 tɕieʔ₂⁴ | 绝撅＝决 tɕyeʔ₂⁴ | 择~日子泽仄~楞起睡＝摘窄 tsEʔ₂⁴ | 植~物＝织质 tsəʔ₂⁴ | 敌狄~仁杰＝滴德 tiəʔ₂⁴ | 局＝足桔 tɕyəʔ₂⁴。

这种情形陕北晋语吕梁片也存在。比如佳县佳芦、坑镇、吴堡宋家川、岔上、张家山，"中古全浊入、次浊入的部分字今已归阴入。在这些方言中，只有中古全浊入、次浊入归阴入，没有中古清入今读阳入的。"（李建校 2006）又如陕北神木（邢向东 2002），县城神木镇属于五台片，今入声调只有一个。西南部万镇及东南部贺家川的语音接近吕梁片，分阴阳入，其中阴入字包括古清入和部分浊入字。阳入字"万镇全浊入占 36.5%，次浊入占 28.8%；贺家川全浊入占 34.1%，次浊入占 13.6%。说明阳入字向阴入字的归并是逐步的、零散的。"说明古浊入正向清入合流。

（3）上党片。长治清入（阴入）归浊入（阳入），晋城浊入（阳入）归清入（阴入）。

①清入归浊入。比如长治（侯精一 1986），今入声调只有一个 <u>54</u>，但入声儿化连调有两个：清入、次浊入变 44（同阴去调），全浊入变 53（同阳去调）。例如：

清入　　鹊野~儿·喜鹊tɕʼiar⁵⁴⁻⁴⁴　　刷牙~儿suar⁵⁴⁻⁴⁴　　塞纸~儿sar⁵⁴⁻⁴⁴　　八腊~儿par⁵⁴⁻⁴⁴

次浊入　叶小~儿ar⁵⁴⁻⁴⁴　　鹿小~儿luar⁵⁴⁻⁴⁴　　沫~儿mar⁵⁴⁻⁴⁴

全浊入　勺耳~儿sar⁵⁴⁻⁵³　　活~儿xuar⁵⁴⁻⁵³　　匣小~儿ɕyar⁵⁴⁻⁵³　　碟小~儿tar⁵⁴⁻⁵³

说明入声调曾分为阴阳两类，清入（阴入）后来合流到浊入（阳入）里了。

长治郊区埝北庄乡针漳村（长治市西南约两公里处）单字调 7 个：阴平 213，阳平 24，上声 535，阴去 44，阳去 53，阴入 4，阳入 <u>54</u>。比长治市多出一个阴入调 4，源于古清入和次浊入。

②浊入归清入。比如晋城（沈明 2005），今入声调只有一个 2，但入声儿化连调有两个：清入变 33（同阴平调），浊入变 53（同去声调）。例如：

清入　　汁墨~儿tʂər²⁻³³　　屋东~儿uər²⁻³³

次浊入　鹿~儿luər²⁻⁵³　　沫~儿mər²⁻⁵³　　叶树~儿iər²⁻⁵³

全浊入　盒纸~儿xər²⁻⁵³　　核桃~儿xuər²⁻⁵³　　蝶蝴~儿tiər²⁻⁵³　　橛木~儿tɕyər²⁻⁵³

说明入声调类曾分为两类，浊入（阳入）合流到清入（阴入）里了。

2. 入声和舒声调类之间的合流。即入声舒化。这里先把入声字分成两类：甲类指方言里固有的、口语里常说的、土语里用到的古入声字。比如"鸽角~儿、蒸~月腊~鹿活拾~摄"等。乙类指口语常说的、文词里用到的古入声字。比如"怡~当狭~隘胁~威阅~读劣恶~略~朴~素诺~言跃~进额超~拖~要悉熟~恤抚~金执~行涉干~或~者亿一~域地~录记~育教~局蓄储~所沃曲~，县名"等。这两类入声字的舒化方式不尽相同。

（1）甲类入声字舒化。丢失喉塞尾 ʔ，短调拉长，绝大部分归调值相同或相近的舒声调，即按调值舒化。见于并州片、吕梁片、上党片、五台片大多数、大包片大多数。少数按类归阳平，如五台片、大包片的少数方言。从字数来看，甲类入声字很少舒化。

晋语入声调舒入调型对应关系、入声儿化连调和舒化方式。归纳见表9-94。

表 9-94

	单字调舒入调型对应关系	入声儿化连调＝入声舒化方式
并州	清、次浊入同平声，全浊入同上声	清入、次浊入归平声，全浊入归上声
吕梁	清入同阳平，浊入同上声	清入归阳平，浊入归上声
上党	清入同阴平，浊入同去声	清入归阴平，次浊入归阴去，全浊入归阳去
五台	入声同阳平，或上声，或自成一类	归阳平
大包	入声同阳平，或上声，或自成一类	同阳平。清归阴平，次浊归去声，全浊归阳平
张呼	入声同阳平，或上声，或自成一类	同阳平。清归阴平，次浊归去声，全浊归阳平
邯新	清入、次浊入同阴平全浊入归阳声	清、次浊入归阴平，全浊入归阳平
志延	全浊入同上声/阳平清入、次浊入同阴平	全浊入归上声/阳平。清入、次浊入归阴平

分别举例说明（邯新片磁漳小片同冀鲁官话，获济小片同中原官话。举例省略）。

①入声舒化归调值相同或相近的舒声调，即按调值舒化。见于并州片、吕梁片、上党片、志延片。

a.并州片。清徐：百 ₌pai｜迫拍 ₌pʰai｜北 ₌pai｜麦 ₌mai‖文水：阁鸽 ₌ka｜角~儿 ₌tɕya｜粥~儿 ₌tsue｜钵~子 ₌pou｜戌 ₌su｜孝义：食打野~｜十诸~ ⁼ʂʅ｜介休：眨 ₌tsa‖揖作~ ⁼ᴢE｜抹 ⁼mE／⁼muə‖铡~菜：剁菜 ⁼tsa。

b.吕梁片。岚县：咧~开 ⁼liɛ｜月正~｜腊~ ⁼yɛ‖闸~门 ₌tsa｜匣单念~ ₌xa｜贼抓~ ₌tsei｜轴~皮 ₌tsɐu‖临县：沃曲~ ⁼u｜闸 ₌tsʌ。

c.上党片。黎城：扎纸~ ₌tsɐ｜插门~ ₌tsɐ‖纳接~ə ⁼nə｜蜡洋~ ⁼lə｜药吃~yə ⁼yə‖活生~ ₌ɐux｜拾收~ ⁼ɐs‖晋城：节过~ ₌tɕiʌ｜鸭 ₌Ai｜猎打~liʌ ⁼Ai｜业作~iʌ ⁼Ai｜嚼~头：嚼子tɕyʌ ⁼｜镯手~ ₌tʂuʌ。

②入声舒化一律归阳平。即按类归阳平。多见于五台片。例如：

定襄（范慧琴2004）：答达 ₌tə｜跌叠 ₌tie｜接集杰吉极 ₌tɕie｜豁活滑藿获 ₌xuə｜雪削学 ₌ɕye｜腊辣 ₌lə｜猎裂立力 ₌lie｜麦灭密 ₌mie｜落鹿 ₌luə｜月岳域狱 ₌ye｜喝盒郝核果子~ ₌xɣ｜热日弱 ₌zɣ｜沫木目 ₌mɣ‖保德：瞎匣 ₌xa｜腊辣 ₌la｜麦 ₌mia｜碟 ₌tia｜夹脚疖 ₌tɕia｜桌镯 ₌tsua｜角 ₌tɕya｜月 ₌ya｜黑 ₌xə｜日 ₌zʅ｜乙 ₌iə33‖绥德：瞎匣 ₌xa｜八拔 ₌pa｜腊辣 ₌la｜磕渴壳客 ₌kʰə｜摺折窄 ₌tsə｜猎裂略 ₌lie｜接挟节脚 ₌tɕiə｜活霍 ₌xuo｜雪学 ₌ɕye。

（2）乙类入声字的舒化。常见的有"粥阔｜抹落络烙骆易忆亿翼肄牧玉六"等，大多来源于次浊入，舒化归去声。例如：

①并州片。清徐：嗑~瓜子阔~气 kʰuɣ ⁼｜译 ⁼i｜易肄亿忆翼 iˀ｜牧畜~mu ⁼｜玉裕 yˀ｜落~下功课啊 lɒ ⁼｜骆~驼 lou ⁼｜学~不会下棋 ɕiɔ ⁼‖寿阳：亿易 iˀ｜牧 muˀ｜玉 zuˀ｜络 lɔˀ｜跃 iɔˀ｜忆翼 iˀ｜牧 muˀ｜玉 yˀ｜白~菜 ₌pai｜文水：络~线线落鸟儿~在树上烙~饼骆 laˀ｜易忆亿翼 iˀ｜白~吃 ₌pai｜轴 ₌tsou‖孝义：曰 ₌ya｜烙 luˀ｜忆亿易翼肄译 iˀ｜牧 muˀ｜玉 yˀ｜日zʅˀ。

②吕梁片。临县：易忆亿翼 iˀ｜玉 yˀ｜烙骆 louˀ｜白~天 ₌pɛɛ｜芍~药 ₌ʂou‖岚县：络活~烙~饼骆~驼 lɑuˀ｜易亿忆 iˀ｜郁育教~玉~石峪柳~，村名浴闹沐~，村名 yˀ｜阔~气 kʰueˀ。

③五台片。忻州：粥 ⁼tʂuɐu｜肄易忆亿 iˀ｜牧 muˀ｜玉 yˀ｜烙骆 lɔˀ｜跃 iɔˀ‖原平：肄易忆亿

iˀ｜牧 muˀ｜玉 yˀ｜烙骆lɔˀ｜跃 iɔˀ。

（3）入声字舒入两读并存，已舒化的入声字明显增多。舒化方式同冀鲁官话。集中在大包片、张呼片。

①大包片。大同：揖 ₌i｜粥 ₌tʂəu｜匹 ₌pʻi｜轧~路机 iaˀ｜亿忆益 iˀ｜郁 yˀ｜腊辣 laˀ｜林 uaˀ｜栗 liˀ｜杌 uˀ｜幕 muˀ｜烙络 ₌lou｜肋 lɛɛˀ｜钥~匙 ₌ɕiɤɔˀ｜翼译易疫iˀ｜麦 ₌mɛɛˀ｜目穆牧muˀ｜历liˀ｜六liəuˀ｜绿lyˀ｜褥zu̩ˀ｜肉 zə̩uˀ｜玉育狱yˀ｜杂 ₌tsa｜盒 ₌xa｜炸~丸子₌tsa｜匣 ₌ɕia｜碟 tie｜拔 ₌pa｜锄 ₌tsa｜折竹担~了舌 ₌ʂə｜截 ₌tɕie｜滑猾 ₌xua｜罚 ₌fa｜橛 ₌tɕye｜穴 ₌ɕye｜侄 ₌tʂʅ｜佛 ₌fʏ｜薄 ₌pʏ｜嚼 ₌tɕiou｜勺芍 ₌nʨ｜芍₌ʂou｜镯 tʂuʏ｜白 ₌pee｜笛敌狄 ₌ti｜犊毒碡 ₌tu｜轴 ₌tʂəu｜赎秫 ₌su｜术述 suˀ｜宅 tsaiˀ‖天镇：粥 ₌tʂoʔ｜揖 ₌i｜阔 kʻuʌˀ｜轴 ₌tʃʃəuˀ｜白 ₌pee｜佛 ₌fuʌ｜嚼 ₌tɕiou｜匣 ₌ɕia｜学~说：背后议论人 ₌ɕiou｜忆亿 iˀ｜压轧 iaˀ｜捋 lyˀ｜牧目幕 muˀ｜碌 luˀ｜六 liəuˀ｜骆 luʌˀ｜日zʅˀ｜翼易疫役 iˀ｜跃 iɔˀ｜玉狱yˀ‖和顺：刮~风 ₌kua｜鸭 ₌ia｜阔 kʻuʏˀ｜白 ₌pai｜匣风~ ₌ɕia｜入~鬼：骗人zʅˀ｜疫役忆亿翼钥易交~iˀ｜幕牧muˀ｜裕玉岳山~yˀ｜烙 lou̩ˀ｜跃 iɔˀ。

②张呼片。呼和浩特：播 ₌pʏ｜侄~女 ₌tʂʅ｜罚乏~了 ₌fa｜闸 ₌tsa｜白 ₌ʂɛ｜膜 ₌mʏʏ｜佛 ₌fʏ｜舌 ₌ʂʏ｜盒 ₌xʏ｜日zʅˀ｜疫役忆亿翼译 iˀ｜幕牧木目眼~苜穆 muˀ｜律lyˀ｜裕玉 yˀ｜跃钥 iɔˀ｜六 liəuˀ。

第五节　晋语研究简述

一　20 世纪 80 年代以前

1948 年，瑞典汉学家高本汉（Karlgren）（1889～1978）《中国音韵学研究》出版。其中《方言字汇》收录了太原、太谷、兴县、文水、大同、凤台（晋城）及归化（包头）七个点3000 多个字的单字音，平阳（临汾）一点的字音资料散见于正文中。字音未标声调，也未标出入声的促音韵尾。没有音系，也未涉及词汇和语法。其目的是从方音中寻找构拟古音的依据。高本汉的研究方法与所记录的晋语资料至今还有借鉴和参考的价值。

1939 年到 1944 年，刘文炳先后完成三部研究山西方言的论著。1939 年《徐沟县志·语言志》用注音字母描写了徐沟方言音系，列出同音字表，指出文（读书音）和白（别读音）异读，说明当时的新老差异并总结出演变规律。同时还列出了入声字表，较为详细地讨论了有入声的区域在"太行恒山以西，霍山以北，雁门以南，黄河以东，以及东南太行山脉各地"。词汇部列出了分类词表，分析了词头词尾，相当详尽地记录了"顿颤音词"和"颤顿音词"，其中大部分是分音词和连绵词。1941 年《入声研究与太原盆地人之读入声》（《说文月刊》3卷 1 期）研究山西方言的入声。1944 年《山西中部无鼻音之古韵别读音考证》（《说文月刊》4 卷合订本。笔者按：该文署名刘耀黎。刘文炳，字耀黎）讨论山西方言的文白异读。

1948 年，英国学者富励士（R. Forrest）在《汉语》（The Chinese Language）一书中提出晋语，他是最早提出"晋语"称说的学者。他所说的晋语用以指称分布在我国西北甘肃东部、山西和陕西一带的方言。并说明把这个方言叫晋语，完全是出于对历史的兴趣（他所说的晋语的分布地区和春秋时秦晋两国的疆域相近）。他还总结出晋语的五个语音特点：（1）鼻音声母有失去鼻音成分的倾向，如文水"母"mᵇu；（2）有入声，收ʔ尾，如太原"麦"mieʔ₌；（3）鼻音塞擦音声母的送气成分强烈，如兰州"皮"pçi；（4）鼻音尾韵转为鼻化韵，如太原"炭"˷t'ɛ̃,"桑"˷sɔ̃;(5)知照组合口单元音声母转为唇音声母,如西安"猪"˷pfu,"出"˷pfu,"水"˷fu。

20世纪50年代末,为配合全国汉语方言普查,山西编写出12种学话手册。1961年,田希诚执笔的《山西方言概况》(油印本)语音部分(初稿)完成。包括四项内容:(1)方言分区。根据入声的有无、入声是否分阴阳、z zჼ的有无,把山西方言分为四区。(2)11种语音现象:①北京话零声母字"安袄爱藕"的读音;②ts ts's 和 tʂ tʂ' ʂ 的分合;③北京话 zჼ声母的读音;④尖团分混;⑤古全浊声母今读塞音、塞擦音是否送气;⑥古疑母字今读音;⑦古微母字今读音;⑧中古鼻尾韵的消失与合流;⑨"科、雷、某、否"等字的读音;⑩古入声韵的读音;⑪调类的分合。(3)分别讨论了声韵调的特点,并分区列出各点声韵调对照表。(4)绘制了22幅方言地图。

1976 年至 1977 年,日本学者桥本万太郎《晋语诸方言的比较研究》(载《亚非语言文化研究》)用"晋语"指称山西省的方言、河北崇礼和尚义方言,整理出朔县(今朔州)、五台、汾阳、安邑(今属运城)四点的音系,并分别同北京话、中古音作了比较。该文还有词汇和语法方面的内容。

二　20 世纪 80 年代以后

本节分类介绍三方面的内容:关于汉语方言分区标准和晋语归属问题的讨论、晋语方言调查报告和研究、晋语个案研究。

(一)关于汉语方言分区标准和晋语归属问题的讨论

1985 年,李荣先生《官话方言的分区》按古入声今声调的分派情况把官话方言分成七个次方言;1989 年《汉语方言的分区》改为八个,把晋语从官话方言中独立出来,用来"指山西省以及毗连地区有入声的方言"。所谓毗连地区,包括陕北、内蒙古中西部、河北西北部和沿太行山麓地带以及河南北部等广大地区。自此,关于汉语方言分区标准和晋语归属等问题的讨论成为热点,一直持续至今。焦点是晋语在汉语方言分区中的层级,或主张晋语是与官话方言平行的大方言区,或主张晋语是官话方言区之下的次方言。本节把关于晋语归属问题的讨论意见归纳起来作一介绍,不作评价。

主张晋语分立的文章主要有:李荣《官话方言的分区》(1985a)、《汉语方言分区的几个问题》(1985b)、《汉语方言的分区》(1989b),侯精一、温端政、田希诚《山西方言的分区》(稿)(1986),侯精一《晋语的分区(稿)》(1986b)、《晋语研究十题》(1996)、《晋语入声韵母的区别性特征与晋语区的分立》(1999)和《论晋语的归属》(1999)等,温端政《晋语区的形成和晋语入声的特点》(1996)、《试论晋语的特点和归属》(1997)、《〈方言〉和晋语研究》(1998)、《晋语"分立"与汉语方言分区问题》(2000),张振兴《重读〈中国语言地图集〉》(1997),李蓝《方言比较、区域方言史与方言分区——以晋语分音词和福州切脚词为例》(2002),乔全生《晋语与官话非同步发展》(2003)。

主张把晋语作为官话方言之下的一个次方言的文章主要有:丁邦新《汉语方言区分的条件》(1982)、《论官话方言研究中的几个问题》(1987)、《书评:〈中国语言地图集〉》(1996),刘勋宁《再论汉语北方话的分区》(1995),梁金荣、高然、钟奇《关于汉语方言分区的几个问题》(1997),王福堂《汉语方言语音的演变和层次》(1999/2005),李小凡《汉语方言分区方法再认识》（2005）。

归纳起来，相关争论集中在三个方面：晋语的入声；古全浊声母今白读；分音词。

1. 晋语的入声和江淮官话的入声，性质是否相同。

（1）入声是方言分区的重要条件。晋语指"山西及其毗连地区有入声方言"。主张晋语分立的意见认为晋语是与官话方言并列的大方言区。反对意见认为仅凭入声一条将晋语独立，理由不够充分（刘勋宁 1995，丁邦新 1996，梁金荣、高然、钟奇 1997，王福堂 1999/2005）。王福堂（1999/2005）认为：晋语有入声韵和入声调从官话方言中分出来，江淮官话有入声韵和入声调、四川不少方言有入声调，却都留在官话方言里，这在方言分区原则的掌握上存在标准相同而处理不同的矛盾。况且就山西省内的方言来说，晋南方言具有晋语的大部分重要特点，某些特点的出现还极为典型，但仅仅因为没有入声就被划入中原官话，这不能不影响晋语本身的完整。就整个晋语而言，一些方言（如陕北延安、延长、甘泉）因不同年龄的人口音中有无入声的情况不一，致使归属的意见也不同，而如果把有入声的老年人口音归入晋语，没有入声的年轻人口音归入其他官话方言，这种处理显然不可思议。

（2）晋语的入声和江淮官话的入声。主张晋语分立的意见认为：晋语的入声和江淮官话的入声性质不同。首先，入声韵尾不同。晋语大多保留明显的喉塞尾 ʔ，"具有稳定性，喉塞尾闭塞性强；而江淮官话（以及相关的吴方言）的入声多已弱化，有些甚至丢失了喉塞尾。"（温端政 1997）。其次，入声韵类的分合关系不同（乔全生 2003）。晋语大多两分，而江淮官话合肥两套，扬州五套。再次，入声调类的分合关系不同（乔全生 2003）。晋语（山西境内）入声分阴阳的有 41 个点，只有一个的有 35 个点。而江淮官话（江苏境内）入声分阴阳的只有 4 个点，一个入声调的有 14 个点。第四，入声韵的音值不同（侯精一 1998，乔全生 2003）。晋语的入声有三个区别性特征：①通摄合口一等与合口三等精组入声字晋语区今读音多有分别，一等字读入声洪音，三等字读入声细音，如太原话"族 tsuəʔ₅ ≠ 足 tɕyəʔ₅、速 suəʔ₅ ≠ 俗 ɕyəʔ₅"。②曾摄开口一等、梗摄开口二等帮组入声字今韵母多读齐齿呼，如太原话"北 piəʔ₅墨 miəʔ₅｜伯 piəʔ₅ 迫 pʰiəʔ₅｜掰 piəʔ₅ 麦 miəʔ₅"。③曾摄开口一等与梗摄开口二等帮组今入声字韵母读音不同，如清徐话"北曾开一 piəʔ₅ ≠ 伯掰梗开二 ₅pia｜墨曾开一 miəʔ₅ ≠ 麦梗开二 ₅mia"。第五，从入声的演变来看，"今晋语的入声与唐五代西北方音的入声有关，同时又有宋辽金时北方话的影响，而扬州一带的入声既有古吴语的底层，又深受南方官话的影响，二者渊源有自，发展不同"（乔全生 2003）。

反对意见认为（王福堂 2005）：当初使晋语独立成区，并不是因为它和江淮官话（以及相关的吴方言）相比在入声韵的音值上有独特之处。方言分区中入声韵韵尾的强弱是不需要考虑的。而且晋语中实际上也同样存在入声韵韵尾弱化的现象。因此，晋语的入声韵和江淮官话（以及相关的吴方言）的入声韵实际上音值方面并没有明显的不同，二者很难进行区别性比较。具体到入声的三个区别性特征，其中的①也"见于官话河南地区"。

（3）入声作为分区条件还应当考虑地域性限制。晋语的入声分布于"山西省及其毗连地区"，在地域上相连成片（张振兴 1997，温端政 1998，乔全生 2003）。这"在北方地区的汉语方言中显得非常特殊，其形成原因和形成历史，至今还不能作出满意的解释。而江淮官话的入声实际上只是吴语等南方方言入声地区的延续。正是从这个意义上，人们往往把江淮官话区看成是南方非官话方言区和北方官话方言区的过渡地带"（张振兴 1997）。乔全生（2003）认为：晋语区和江淮官话区"远隔千山万水，一是在官话的重重包围之中，一是在官话的南沿，处于官话与非官话的入声所处环境截然不同，不论是形成还是发展上均不可同日而语"。

2. 古全浊声母的演变是区分大方言的条件（丁邦新 1996/1998，王福堂 1999/2005，李小凡 2005）。晋语古全浊声母今读塞音、塞擦音，白读层与官话方言不同：一是不论平仄一律不送气，比如并州片 16 个方言点；二是不论平仄（或入声）一律送气，比如吕梁片 19 个方言点。这应该是晋语的重要特点（侯精一 1996，乔全生 2005）。认为这一条也不足以让晋语独立成区的意见认为：它们的分布地区太小（丁邦新 1998，王福堂 2005）。"就整体来说，晋语中古全浊声母演变的情况和其它官话方言相同，即清化后塞音塞擦音平声送气，仄声不送气。某些土语群的重要特点，并不能在分区中作为晋语的特点来考虑"。（王福堂 2005）而且，"这些白读音字数有限，表明白读系统已走向衰亡，而占优势的文读系统则属于平声送气，仄声不送气的官话类型"（李小凡 2005）。

3. 分音词和圪头词。晋语最为一致的共同点是有分音词和圪头词（侯精一 1986/1996，刘育林 1988，温端政 1996/1998）。李蓝（2002）认为晋语的分音词（如太原话的"拨"paʔₒ 分音为"薄拉"pəʔₒ laₒ。）是先秦以来古老反语的保留，因此在晋语得以独立成区的重要条件中应占据第一位。王福堂（2005）认为分音是一种词语由单音节衍化为双音节的构词手段。近千年的文献中的这些极少用例，应该认为是因修辞方面韵律的要求才偶尔一用，即应当是语用的，不是语法的。虽然这种分音形成的机制——语音构词——已经出现，但不能说当时就已经是汉语语法系统中构词法的组成部分。而且这种构词手段从那时以后也没有继续存在和发展。所以要以当时极个别的分音形式作为晋语分音词的起源，恐怕是有困难的。汉末以后的反语多为文人所用，谣谚中所用也有假托之嫌。这种反语的形式与分音词不同，而且它并不是一种正常的语言行为，而只是一种语言游戏，就其性质而言应属社会语言学的范畴。这类反语也不可能随着语言系统发展。宋以后出现的反语则有语言中大量运用的切脚语，还有属于社会语言学范畴的各种形式的社会秘密语。因此，"晋语的分音词不能认为是先秦反语的继承，就性质和形式来说也和汉末唐代的反语及唐以后的秘密语无关，而应该是在宋以后中原地区流行的切脚语的基础上发展起来的一种构词方式。它在方言分区的几种历史性标准中不属于早期。而且作为一种语法特点，在目前以语音标准进行方言分区的情况下，也难有恰当的运用"。

（二）关于晋语的方言调查研究报告

1. 温端政主编《山西方言志丛书》（1982～1995），先后出版了 40 种单点方言志（书目详见"参考文献"）。该《丛书》有统一的体例。内容包括：一，导言。介绍地理人口和历史沿革及当地语言情况；说明所用音标及其与拼音方案的对照关系。二，语音分析。描写声韵调系统，适当描写两字组连调、儿化、轻声、文白异读。三，同音字表。四，比较该方言音系与北京话音系。五，分类收录 400 条常用词汇。六，方言例句 68 条。七，标音举例，包括谚语、谜语、绕口令、儿歌、民歌、民间故事等，约 5000 字。上述内容基本上反映了该方言的面貌。

此外，还有胡福汝《中阳县方言志》（1990），孟庆海《阳曲方言志》（1991）。

2. 侯精一、温端政主编《山西方言调查研究报告》（1993）。上卷总论卷包括绪论，山西方言概说，山西方言语音（包括历史音韵）、词汇、语法特点，山西方言的文白异读，42 个代表点的字音和词汇对照，语法例句和长篇语料，附有山西方言地图 50 幅。下卷分区卷包括山西方言的分区及分区标准，并按中区、西区、东南区、北区、南区和东北区分别列出各方言点的音系，介绍其语音和词汇特点，附有方言地图 31 幅。书后还附有山西地名的特殊读音和山西方言研究论著的目录。该书反映了山西方言的整体面貌和内部差异。

3. 沈明《太原方言词典》（1994），温端政、张光明《忻州方言词典》（1997）。每种收条目约八千条。内容包括：引论、正文、义类索引与条目首字笔划索引。引论部分介绍该方言的地理概况、历史沿革及使用人口，说明该方言的城郊差别和新老差别，描写声韵调、连调和儿化，列出单字音表，归纳出语音、词汇和语法特点，说明词典凡例和例句常用字举例，排出音节表。正文比较全面地反映了该方言的词汇面貌，在收词、注音、用字、释义、举例均具有特色。

4. 温端政、沈明《太原话音档》（1998），邢向东《呼和浩特话音档》（1998），乔全生、陈丽《平遥话音档》（1999）。每种文本部分约 9 万字，配有一盒 60 分钟的录音带。内容包括：语音系统、常用词汇（近 200 条）、构词法举要、语法例句（60 条）和长篇语料（"太阳和北风"），大致可以反映所录制方言语音、词汇和语法的主要特点。附论包括某方言区记略和所录制方言概述，分别简要介绍该方言语音、词汇和语法特点，说明方言分区标准及内部分歧。书后列有同音字汇。

5. 贺巍《获嘉方言研究》（1989），描写获嘉方言音系，对韵母变化（子变韵和动词变韵）的描写尤为细致。词汇部分按义类收条目，语法部分选取若干专题。是研究河南北部晋语重要的参考文献。

6. 刘育林《陕西省志・方言志（陕北部分）》（1990），描写陕北晋语的音系，附有几个点的字音对照材料。

7. 邢向东《神木方言研究》（2002）分四部分：导论，语音篇，词汇篇，语法篇。将神木方言的微观研究置于晋语乃至整个汉语的宏观格局之中，有一些新发现。该书是迄今为止最为详细的汉语方言单点调查的研究报告。

8. 王临惠《汾河流域方言的语音特点及其流变》（2003）描写汾河流域方言的语音现状，比较各点的一致性和差异性，并在此基础上提出了汾河流域方言分区的新建议，调整了方言区划，并讨论了汉语方言分区的语音标准问题。

9. 乔全生主编《山西方言重点研究丛书》（1999～2007）陆续由山西人民出版社出版 15 种，其中属于晋语方言点 13 种。该丛书"不强求体例的一致，重在挖掘与北方方言不同的特点"。（见"出版前言"）

10. 论文集。侯精一《现代晋语的研究》（1999），贺巍《官话方言研究》（2002）和温端政《方言与俗语研究——温端政语言学论文选集》（2003）先后出版。每种收录作者关于晋语研究的文章十几篇，涉及晋语若干语言现象，是研究晋语的重要参考文献。

此外，《山西方言研究》（侯精一、温端政主编 1989）和《首届晋方言国际学术研讨会论文集》（陈庆延、文琴、沈慧云、乔全生主编 1996）中也有一些佳作。

（三）关于晋语重要问题的个案研究

1. 晋语语音问题

（1）入声韵及入声调。王洪君《入声韵在山西方言中的演变》（1990）和沈明《山西晋语入声韵的类型》(1996)，从不同角度讨论山西晋语入声韵类的分合关系和演变过程，沈文还根据入声韵的类型给山西晋语分区。

沈明《晋东南晋语入声调的演变》(2005)、《晋语五台片入声调的演变》(2007)分别研究晋语上党片、五台片入声调类的分合关系和演变过程，指出山西晋语入声单字调类演变方向的异同，说明不同的入声舒化方式有的源于方言自身的演变，有的则是受外来强势方言的影响。邢向东、孟万春《陕北甘泉、延长入声字读音研究》(2005)描写这两个方言的入声调，指出其演变与韵摄及古声母的清浊有关。

（2）全浊声母。徐通锵《山西方言古浊塞音、浊塞擦音今音的三种类型和语言史的研究》(1990)，乔全生《古浊塞音、浊塞擦音在山西方言今读中的第四种类型》(1998)。徐文根据山西方言全浊声母演变的三种类型——平送仄不送、平仄皆送气、平仄皆不送气，推测古全浊声母的早期形式和分化途径。乔文描写临汾汾城方言平声不送气仄声送气的现象，认为是平仄都送气和平仄都不送气两种不同类型的叠置。

（3）文白异读。刘勋宁《陕北清涧方言的文白异读》(1983)描写清涧方言的文白异读现象。王洪君《阳声韵在山西方言中的演变》(上、下，1991、1992b)描写阳声韵文白两层的音值，构拟阳声韵的早期音值，根据白读层推测演变过程，指出鼻韵尾消失快慢不同的原因。王洪君《文白异读与叠置式音变》(1992)根据闻喜方言的白读层，指出语音演变存在着条件式和叠置式两种性质不同的音变，对丰富语言学理论有着重大意义。侯精一、杨平《山西方言的文白异读》(1993)描写山西方言文白异读的类型。沈明《山西方言宕江两摄的白读》(2006)归纳宕江白读与其他韵摄分合关系的三种类型，指出宕江与果摄合流之后再继续共同演变，并从等的角度解释宕江分合关系分歧的原因。

（4）一二等的分别。田希诚《山西方言古二等字的韵母略说》(1994)指出某些方言古二等字与一三等字今音的差别。沈明《山西方言韵母一二等的分别》(1999)把山西方言一二等有别分成三类六型，并指出各类型之间的异同。

（5）古平声字的演变。沈明《山西晋语古清平字的演变》(1999)，王临惠《汾河流域方言平声调的类型及其成因》(2001)，乔全生《晋语的平声调及其历史音变》(2007)讨论晋语古平声的性质。晋语并州片古平声只有一个，沈文根据两字组连读变调和儿尾连调认为该平声先分后合，属于创新演变，王文、乔文则认为从来就只有一个，属于存古。

（6）连读变调。侯精一《平遥方言的连读变调》(1980)、《平遥方言三字组的连读变调》(1982)、《平遥方言广用式三字组的连读变调》(1982)，详尽描写平遥方言的连读变调，反映音系变调和语法变调的区别，是迄今为止描写汉语方言连读变调最为深入的文章之一。

（7）词汇变调。主要是子变调和儿尾、儿化变调。子变调是一种语音—语法变调，以韵母/韵母和声调的变化来表示与普通话名词后缀"-子"相同的语法意义。沈慧云《晋城方言的"子尾"变调》(1983)，侯精一《晋东南地区的子变韵母》(1985)、《山西和顺方言的子变韵母》(田希诚 1986)，王希哲《昔阳话的子变韵母和长元音》(1997)，分别归纳该方言子变韵和子变调的类型。

儿尾变调和儿化变调。徐通锵《山西平定方言的"儿化"和晋中的所谓"嵌l词"》(1981)，蒋平、沈明《晋语的儿尾变调和儿化变调》(2002)。徐文认为平定的儿化和嵌l词有关。蒋、沈认为：第一，儿尾变调和儿化变调是两种不同的词法音系过程：儿尾变调是由词缀非重读而引发的"儿"语素失本调。失调后的儿缀音节延续前邻词根音节的调尾。第二，儿化变调分重叠儿化和非重叠儿化。前者大都变读轻声或降调；后者舒声字大都保留词根音节的声调，入声字多数变同调型相同或相近的舒声调。第三，儿化是儿尾的语流变体。因此，由构词引发的变调同样受到与连读变调相同的音系规则的制约。

（8）知庄章的分合。王洪君《〈中原音韵〉知庄章声母的分合及其在山西方言中的演变》（2007）归纳山西方言知庄章声母的分合类型，认为知庄章本来二分，合一型属于后期演变。

（9）晋语语音史。乔全生《晋语与官话非同步发展》（2003）、《现代晋方言与唐五代西北方言的亲缘关系》（2004）、《晋方言轻唇音声母的演变》（2005）、《从晋方言看古见系字在细音前腭化的历史》（2006）分别根据罗常培（1961）《大乘中宗见解》、《千字文》、《金刚经》、《阿弥陀经》四种藏译汉音与《开蒙要训》注音，高田时雄（1988）关于其他敦煌资料的汉藏对音以及对罗先生补充，龚煌城（1981，1989）、李范文（1994）对《掌中珠》西夏汉对音，前苏联汉学家 M. B. coφpoHoB（1968）对藏文注音的西夏残经对音及聂鸿音（1998）对回鹘汉对音研究成果，简要比较了唐五代汉语西方音与现代晋方音，认为晋语的语音早在一千年前就与官话的演变不同。

2. 晋语语法问题

（1）乔全生《晋方言语法研究》（2000）选取 16 个语法专题，描写其语法意义和形式，考察语法成分的各种变异。有的还属于历时比较，比如《从洪洞方言看唐宋以来助词"着"的性质》。

（2）邢向东《陕北晋语语法比较研究》（2006）描写陕北晋语的语法现象，进行共时和历时比较，并试图用语法化等理论框架来解释若干语法现象。

（3）邢向东、张永胜《内蒙古西部方言语法研究》（1997），全面描述了乌海（五台片）、包头（大包片）、呼和浩特（张呼片）等内蒙古西部晋语的语法特点，并对许多现象的性质、源头等进行深入探讨。

第十章
音变现象述要

　　本章的音变是相对于基本音系而言的，指方言共时平面上因为语流中音素之间互相影响、语音节律、特殊的词汇语法功能等导致的语音变化，如连读变调、轻声、儿化、合音、儿化变调、"子变韵"、"子变调"等有别于古今语音演变的语音变化。这种音变的共同特征是，存在与之相对的"基式"（但"基式"和"变式"之间并不一一对应），不论是连读变调还是儿化韵、子变韵等，都具有这一特征。其中有些音变现象，可能是历史上不同时期形成的。西北地区存在的重轻式两字组后字的调位中和现象，有学者称为"轻声不轻"、"虚调"、"零调"等。还有人主张把这种现象仍然叫"轻声"，指一种音系学上的概念，把传统的指称音节弱化的"轻声"改称"轻音"，专指语音学上的概念，这样区分的可操作性不强，在汉语研究界、教学界是很难行得通的。笔者主张，不如直接叫作"中和调"，让"轻声"专司其语音学上的职责。"中和调"包括"轻声"在内。

第一节　非重叠式两字组的连读变调

　　官话的连读变调情况十分复杂。（1）从非重叠式两字组连读变调的位置来看，可分为前变型、后变型、前后均变型。大部分官话方言为前变型，即前字变调，后字不变调；有少数属于前后均变型，即两字组的前后字都变调；后变型极少。（2）从变调的结果来看，有的方言变调后不产生新调值，可叫作"（调值）循环型变调"，有的变调后产生新调值，可叫作"增（加调）值型变调"。（3）从参加变调的单字调来看，有的方言变调涉及所有单字调，可叫作"全部变调型"，有的变调只涉及部分单字调，可叫作"部分变调型"。

　　官话方言连读变调的具体表现也是多种多样的。有的单字调在所有声调前面（或后面）都变调，有的只在部分声调前面（或后面）变调。有的一个单字调只有一种变调，有的则有两种以上的变调。

　　从与词汇、语法的关系来看，已有不少方言报道连读变调同语法结构的关系较为密切，如兰银官话中宁话、中原官话焉耆话、晋语平遥话、神木话等。比较普遍的是，动宾结构、后补结构、主谓结构等形成的两字组，与偏正结构、并列结构的连读调可能有区别，①而 AA 式名词、AA 儿式名词、AA 子式名词、ABB 式名词、ABB 式形容词等，大多已经形成固定的连调模式。此外，词语的风格色彩和使用频率，尤其是口语词与书面语词的差异，也可能导致连调行为的不同。

　　本章按照官话方言的分区，对官话方言两字组的连读变调进行考察。

---

　　①所以，在连读变调的调查表中，在同类字组中，宜将前三类结构和后两类结构的字组分开，以便于发现语法结构对连读变调的影响。

一　北京官话

北京官话一般有 4 个单字调。变调方式属前变型。如北京话的 4 个单字调中，上声和去声作前字时变调，上声在非上声前读半上[21]调，在上声字前读阳平[35]调；去声在去声字前读半去[53]调。连读中产生两个变调值[21]、[53]调。再如，内蒙古赤峰话（北京官话朝峰片）有 4 个单字调：阴平[55]，阳平[335]，上声[213]，去声[52]。阳平、上声作前字变调。见表 10-1（黑体字表示有变调，连读调前的数码指连调式数目。下同）。

表 10-1

前字＼后字	阴平 55	阳平 335	上声 213	去声 52
阴平 55	（1）55　55	（5）55　335	（9）55　213	（12）55 52
阳平 335	（2）335 55	（6）335 335	（10）335 213	（13）**33** 52
上声 213	（3）**21** 55	（7）**21** 335	（10）**335** 213	（14）**21** 52
去声 52	（4）52 55	（8）52 335	（11）52 213	（15）52 52

赤峰和北京话连读调的相同点在于上声字的变调。不同点在于，赤峰阳平在去声前变调，去声在去声前不变调。连读中产生 1 个变调值[21]。16 个两字组共形成 15 种连读调，这一点也和北京话一致。（马国凡等 1997：42~44）

吉林丹东话的 4 个单字调是：阴平[312]，阳平[24]，上声[214]，去声[52]。有 2 个曲折调，连读中均变调。见表 10-2。

表 10-2

前字＼后字	阴平 312	阳平 24	上声 214	去声 52
阴平 312	（1）**35** 312	（5）**211** 24	（8）**211** 214	（12）**211** 52
阳平 24	（2）24 312	（6）24　24	（9）24　214	（13）24　52
上声 214	（3）**25** 312	（5）**211** 24	（10）**25** 214	（12）**211** 52
去声 52	（4）52 312	（7）52　24	（11）52 214	（14）52　52

16 个两字组中，阴平、上声在阳平前合并，阴平、上声在去声前合并，形成 14 组连调式，连读中产生 3 个变调值：[211]、[25]、[35]。值得注意的是，阴平、阳平、上声在阴平前调值接近，阳平和上声在上声前调值接近。（陈章太、李行健 1996：692~693）

其他如内蒙古海拉尔，黑龙江黑河、齐齐哈尔、佳木斯、哈尔滨，吉林长春，辽宁沈阳、锦州等，除了一些特殊的语法成分外，和北京话的情况大体相同，都属于前变型，变调后大都产生新调值。

总的来看，北京官话的连读变调主要集中在上声字上面。其他调类的变调存在一定的差异，但差异不大。

二　冀鲁官话和胶辽官话

冀鲁官话、胶辽官话一般有 3~4 个单字调。少数方言有入声调，但没有独立的入声韵。变调方式大都是前变型。

1.三调方言主要分布在山东省。如山东博山话（冀鲁官话石济片）的3个单字调是：平声[214]，上声[55]，去声[31]。有1个曲折调。变调涉及平声和上声。见表10-3。

表10-3

后字 前字	平声 214	上声 55	去声 31
平声 214	（1）**55 214**	（3）214 55	（6）**24 31**
上声 55	（1）**55 214**	（3）**214 55** （4）**53　55**	（6）**24 31**
去声 31	（2）31 214	（5）31　55	（7）31 31

博山话平声和上声各有两组发生变调，其中上声在上声前又有两种变化，读[214 55]的限于古上声字，但并不是所有来源于古上声的字都这样变。变调后共形成7种连调式，平声和上声在作前字时大多合并。连读中形成2个变调值：[53]、[24]。（钱曾怡1993：26～27）

山东烟台话（胶辽官话登连片）的3个单字调是：平声[31]，上声[214]，去声[55]，和博山话的单字调恰好"错位"。连读变调的特点是平声、上声、去声都变调，见表10-4。

表10-4

后字 前字	平声 31	上声 214	去声 55
平声 31	（1）**35 31**	（3）31 214	（5）31　55
上声 214	（1）**35 31**	（4）**55 214**	（6）214 55
去声 55	（2）55 31	（4）55 214	（5）**31　55**

连读中有3组合并，产生1个变调值[35]，9个两字组共形成6种连调式。烟台比博山的两字组少1种连调式，因为上声只有一种变调。

在山东省的三调方言中，平声（或阳平）和上声作前字时合并的现象十分普遍。连调式的总数都小于两字组的数目。（钱曾怡主编2001）

2.四调方言济南话（冀鲁官话石济片）的4个单字调是：阴平[213]，阳平[42]，上声[55]，去声[21]。两字连调共有16种组合，其中11种不变调，3种前字变调，2种有不变和前字变调两种调式。见表10-5。

表10-5

后字 前字	阴平 213	阳平 42	上声 55	去声 21
阴平 312	（1）**23 213**	（5）213 42	（9）213 55	（12）**23 21**
阳平 42	（2）42 213	（6）42　42	（10）42　55	（13）**55 21** （14）42 21
上声 55	（3）55 213	（7）55　42	（10）**42　55**	（13）55 21
去声 21	（4）21 213	（8）21　42	（11）21　55	（12）**23 21** （15）21 21

单字调在前字位置上均发生变调，有3组连调合并，形成15组连调式。连读中产生1个连调值[23]调。（钱曾怡1997：8）

河北定兴话（冀鲁官话保唐片）的4个单字调是：阴平[33]，阳平[35]，上声[213]，去声[314]。有 2 个曲折调。定兴话的连读变调涉及 3 个单字调，情况比济南复杂。在 16 种组合中，阴平、上声、去声作前字的 12 组发生变调，只有 2 组合并（其中一组有 3 种组合）。其中"上声+去声"有 3 种变调方式。经过变调，共形成 14 种连调式，生成 5 种变调值：[55]、[24]、[21]、[31]、[53]，可见其连读变之复杂。变调的原因，大多数可以用逆异化来解释。曲折调多可能是导致定兴话连读变调复杂的重要因素。（陈淑静、许建中 1997：42）见表 10-6。

表 10-6

前字＼后字	阴平 33	阳平 35	上声 213	去声 314
阴平 33	（1）**55 33**	（4）**55 35**	（8）**35 213**	（11）**35 314**
阳平 35	（2）**35 33**	（5）**35 35**	（8）**35 213**	（11）**35 314**
上声 213	（3）**24 33**	（6）**21 35**	（9）**24 213**	（11）**35 314** （12）**21 314** （13）**35 21**
去声 314	（3）**24 33**	（7）**31 35**	（10）**53 213**	（14）**53 314**

山东牟平话（胶辽官话登连片）的 4 个单字调是：阴平[51]，阳平[53]，上声[213]，去声[131]。也有 2 个曲折调。牟平话的连读变调同样比较复杂，主要表现在下面几点："第一，发生的变调结构多，16 种组合形式中，除'上+阳''上+去'两种前字变化不甚明显外，其余 14 种形式的前字都有变调现象；第二，同一种结构中，由于有的前字不变调，有的前字变调，因而可分为 A 类、B 类甚至 C 类；第三，因变调而出现的合并现象较突出。"（罗福腾 1992）具体见表 10-7（为简明起见，表中略去不变调的组合）。

表 10-7

前字＼后字	阴平 51	阳平 53	上声 213	去声 131
阴平 51	**55 51** **213 51**	**213 53**	**55 213**	**213 131**
阳平 53	**55 51**	**213 53**	**55 213**	**51 131**
上声 213	**35 51** **55 51**		**55 213**	
去声 131	**55 51**	**213 53** **53 53** **51 53**	**55 213**	**51 131** **53 131**

连调中分化和合并现象比较突出，经过变调共形成 13 种连调式。连读中产生 2 个变调值：[55]、[35]，其中前者的出现频率极高，后者只出现一次。就调型来看，既有曲折调变为非曲折调的，也有非曲折调变为曲折调的。其中在阴平和上声前面，每个调的字都有读成[55]的，在阳平前面，每个调的字都有读成[213]的，在去声前面，除上声外都有读成[51]的。因此，牟平话存在严重的前字调位中和现象，有形成某些词调的迹象。也许应当将牟平话的连读变调分为两个不同的层次来分析，才能更好地揭示其中的规律和原因。

总之，冀鲁官话和胶辽官话的连读变调比较复杂，不同程度地存在前字调位中和的情况，其中以山东方言最为明显。

三　中原官话

中原官话一般有 4 个单字调，少数去声分阴阳调的方言有 5 个单字调。大都属前变型。西北地区 3 个单字调的方言，前字和后字都变调，属于前后均变型。

郑州话（郑曹片）有 4 个单字调：阴平[24]，阳平[42]，上声[53]，去声[312]。有 1 个曲折调。共有 7 组前字发生变调，涉及 3 个单字调，阴平字一律不变。16 种组合有 3 组合并，1 组有 2 种连调式，共形成 14 种连调式。连读中产生 1 个变调值[31]调。其他都是在单字调之间进行交替。其中曲折调作前字时一律变成非曲折调。（卢甲文 1992）见表 10-8。

表 10-8

后字 前字	阴平 213	阳平 42	上声 55	去声 21
阴平 24	（1）24 24	（5）24 42	（9）24 53	（12）24 312
阳平 42	（2）42 24	（5）**24 42** （6）42 42	（10）42 53	（13）**53 312**
上声 53	（3）53 24	（7）53 42	（10）**42 53**	（13）53 312
去声 312	（4）**31 24**	（8）**31 42**	（11）**31 53**	（14）**24 312**

洛阳话（洛徐片）的连读变调比郑州简单。洛阳话的 4 个单字调是：阴平[33]，阳平[31]，上声[53]，去声[412]。也有 1 个曲折调。在连读中，上声和去声作前字变调，上声+上声＝阳平+上声[31 53]，去声+去声，前字一般变读[13]调。连读中产生 1 个变调值[31]调。（贺巍 1993：36～37）

西安话（关中片）的情况和洛阳类似，但变调的具体调类不同。它的 4 个单字调是：阴平[21]，阳平[24]，上声[53]，去声[44]。没有曲折调。连读变调只涉及部分阴平和上声字。即：阴平+阴平＝阳平+阴平[24 21]，上声+上声＝阳平+上声[21 53]。连读中不产生新调值。（王军虎 1996）

再如，陕西宝鸡话（秦陇片）的 4 个单字调，只在"阴平+阴平"和"上声+上声"的时候有简单的变调；甘肃天水话（陇中片）的 3 个单字调，只有"平声+平声"有时发生变调。（陈章太、李行健 1996：1104，1167～1168）

山西洪洞话（汾河片）有 5 个单字调：阴平[21]，阳平[24]，上声[42]，阴去[33]，阳去[53]。没有曲折调。洪洞话的连读变调方式与词或词组的结构有关。在动宾式结构中，前字阴去、阳去在非轻声字前发生变调。见表 10-9。

表 10-9

后字 前字	阴平 21	阳平 24	上声 42	阴去 33	阳去 53
阴平 21	（1）21 21	（4）21 24	（7）21 42	（10）21 33	（13）21 53
阳平 24	（2）24 21	（5）24 24	（8）24 42	（11）24 33	（14）24 53
上声 42	（3）42 21	（6）42 24	（9）42 42	（12）42 33	（15）42 53
阴去 33	（3）**42 21**	（6）**42 24**	（9）**42 42**	（12）**42 33**	（15）**42 53**
阳去 53	（1）**21 21**	（4）**21 24**	（7）**21 42**	（10）**21 33**	（13）**21 53**

洪洞话连读中没有产生新的变调值。在前字位置上，上声和阴去完全合并，阴平和阳去完全合并，25 组连调合并成 15 组，比郑州的 16 种组合只多 1 组连调式。连读调大大简化了

单字调的组合，或许是相应的单字调合并的前奏。（乔全生 1999）

新疆焉耆话（南疆片）有 3 个单字调：平声[24]，上声[51]，去声[44]。没有曲折调。焉耆话平声中的古清平和浊平字在连调中大都有区别，所以刘俐李（1993）另立了 4 个调类的连读调系统。焉耆话的变调系统很复杂，特点是分为"语汇变调"、"语流音变"和"调类演变变调"三个层次。这里只取后两种连读变调。"语汇变调"见刘俐李（1993b）、邢向东（2002）。焉耆话连读调见表 10-10。

表 10-10

前字 ＼ 后字		平声 24		上声 51	去声 44
		清平 21	浊平 24		
平声 24	清平 21	（1）21 24 （2）24 24 （3）24 21	（1）21 24 （2）24 24	（8）21 51	（13）21 44
	浊平 24	（2）24 24 （3）24 21	（2）24 24	（9）24 51	（14）24 44
上声 51		（4）51 21 （5）51 24	（5）51 24	（10）52 51 （11）51 52	（15）51 44
去声 44		（6）44 21 （7）44 24	（7）44 24	（12）44 51	（16）44 44

根据刘俐李（1993b），"语流音变"的变调发生在上声和上声连读中，"调类演变变调"发生在清平作前字和后字的时候，上声作后字也有变调。经过变调，16 个两字组共形成 16 种连调式。其中的复杂性主要表现在清平字上。这正是清平和浊平单字调合流所造成的结果。"焉耆话连读调变体有一突出特征，即所有变体的调值未超出四个基本调值的调型"。（同上：27）属于循环型变调，与西安话一致。

总体来看，中原官话的连读变调有一个比较明显的特点，即连读中或者不产生新调值，或者只有一个新调值。如果把它和冀鲁官话的部分方言及江淮官话比较一下，这个特点就会给人留下深刻的印象。

四　兰银官话

兰银官话一般有 3～4 个单字调，在重轻式语音词中存在较普遍的调位中和现象（邢向东 2002）。在重轻式语音词之外的变调则不很复杂。特点是大多属于前后均变型，调类归并程度不高，连调式合并的情况比较少。许多兰银官话的阳平和上声合流，但有的在连读中还有区别。

银川话（银吴片）的 3 个单字调是：阴平[44]，阳平上[53]，去声[13]，没有曲折调。连读中，阴平、去声和阳平上中的古浊平字不变调，只有古清上字在去声前变调，有 1 个变调值[35]。9 个两字组共 10 种连读式。和同样是三调方言的博山、烟台相比，银川话连读变调很少，连调式的归并程度要差得多。（高葆泰、林涛 1993）

新疆吉木萨尔话（塔密片）的 3 个单字调是：阴平[44]，阳平上[51]，去声[213]。有 1 个曲折调。变调特点是前字、后字都变。见表 10-11。

表 10-11

前字＼后字	阴平 44	阳平 51	去声 213
阴平 44	（1）44　44	（4）44 51	（7）**44** 13
阳平上 51	（2）**53** 44	（5）**53** 51	（8）51 213
去声 213	（3）213 44	（6）**13** 51	（9）**13** 213

在 9 个两字组中，有 5 组发生变调，涉及阳平上和去声，连读中产生 2 个变调值：[13]、[53]。经过变调，仍然有 9 个连调式。连调式同样没有发生合并。（周磊、王燕 1991：9～13）

兰州话（金城片）有 4 个单字调：阴平[31]，阳平[53]，上声[33]，去声[24]。连读变调见表 10-12。

表 10-12

前字＼后字	阴平 31	阳平 53	上声 33	去声 24
阴平 31	（1）31　31	（5）31　53	（8）31　33	（11）31　24
阳平 53	（2）53　31	（6）**11**　53	（9）53　33	（12）53　24
上声 33	（3）33　31	（7）33　53	（7）**33 53**	（13）33　24
去声 24	（4）**11**　31	（5）**11**　53	（10）**11**　33	（14）**11**　24

16 个两字组有 6 组发生变调，涉及阳平、上声、去声。其中 2 组合并，形成 14 种连调式。连读中产生 1 个变调值[11]调。

五　西南官话

西南官话一般有 4 个单字调。连读变调大都很简单，如四川成都、南充、达县、西昌，重庆，云南昭通，贵州遵义、毕节、贵阳，广西柳州，湖南常德等方言，除了功能类似北京话轻声的变调（多发生在重叠式中）之外，均没有成规律的连读变调。（陈章太、李行健 1996）

武汉话（武天片）的 4 个单字调是：阴平[55]，阳平[213]，上声[42]，去声[35]，只有阳平作前字时发生变调。见表 10-13（为了简明起见，表中只列变调的组合）。

表 10-13

前字＼后字	阴平 55	阳平 213	上声 42	去声 35
阴平 55				
阳平 213	21+55	13+213	21+42	21+35
上声 42				
去声 35				

连读中未发生单字调之间的循环交替，而是产生两个变调值[21]、[13]，16 个两字组变调后仍然形成 16 组连调式。（朱建颂 1995）

再如云南大关，湖北宜昌、天门，也都是只有曲折调发生变调。（陈章太、李行健 1996）

西南官话连读变调的共同特点可以大致概括为：变调少；变调涉及的单字调少，只有曲折调发生变调；变调时多产生新调值，调类合并很少。

六　江淮官话

江淮官话保留了入声韵和入声调，一般有 5～6 个单字调。大多数属前变型。

南京话（洪巢片）老派有 5 个单字调：阴平[31]，阳平[24]，上声[11]，去声[44]，入声[5]。没有曲折调。连读变调涉及所有单字调。见表 10-14。

表 10-14

后字 前字	阴平 31	阳平 24	上声 11	去声 44	入声 5
阴平 31	(1) **33 31**	(6) 31 24	(11) 31 11	(16) 31 44	(21) 31 5
阳平 24	(2) 24 31	(7) 24 24	(12) 24 11	(17) 24 44	(22) **11 5**
上声 11	(3) **12 31**	(8) 11 24	(13) **42 11**	(18) 11 44	(22) 11 5
去声 44	(4) 44 31	(9) 44 24	(14) 44 11	(19) 44 44	(23) **42 5**
入声 5	(5) 5 31	(10) 5 24	(15) 5 11	(20) 5 44	(24) **3 5**

变调的结果主要是产生新调值，25 个两字组有 6 组发生变化，只有"阳平+入声"和"上声+入声"合并，形成 24 种连调式，产生[33]、[12]、[42]、[3] 4 个变调值。（刘丹青 1995）

扬州话（洪巢片）的 5 个单字调是：阴平[11]，阳平[35]，上声[42]，去声[55]，入声[5]。没有曲折调。连读变调涉及 4 个单字调。阳平作前字一律不变调。见表 10-15。

表 10-15

后字 前字	阴平 11	阳平 35	上声 42	去声 55	入声 5
阴平 11	(1) **33 11**	(6) 11 35	(11) 11 42	(16) 11 55	(21) 11 5
阳平 35	(2) 35 11	(7) 35 35	(12) 35 42	(17) 35 55	(22) 35 5
上声 42	(3) **44 11**	(8) **44 35**	(13) **44 42**	(18) **44 55**	(23) **44 5**
去声 55	(4) 53 11	(9) **53 35**	(14) **53 42**	(19) **53 55**	(24) 53 5
入声 5	(5) 5 11	(10) 5 35	(15) 5 42	(20) 5 55	(25) **53 5**

25 种两字组中共有 10 种发生变调。变调结果是产生[33]、[44]、[53]、[?53] 4 个变调值。没有一组发生归并，共有 25 种连调式。（王世华、黄继林 1996）

江苏南通话（泰如片）有 7 个单字调：阴平[21]，阳平[35]，上声[55]，阴去[42]，阳去[213]，阴入[4]，阳入[5]。有规律的变调只涉及阳去一个曲折调，即"阳去+阴平、阳去"，前字变[35]，"阳去+阳平、上声、阴去、阴入、阳去"，前字变[211]。连读中产生 1 个变调值[211]，只有 2 组发生归并，形成 47 组连调式。（陈章太、李行健 1996：1978～1979）

湖北英山话（黄孝片）有 6 个单字调：阴平[31]，阳平[55]，上声[34]，阴去[35]，阳去[33]，入声[213]。只有 1 个曲折调。变调涉及入声和阴平两个单字调，前者作前字时变，后者作后字时变。即"入声+X"，前字变[22]，并失去喉塞音韵尾；阴平在阴去后面受前字调值的影响变[51]（[35]+[51]），属于后变型。连读中产生两个变调值：[22]、[51]，36 个两字组仍然保持 36 个连调式。（陈淑梅 1989）

总的来看，江淮官话的连读变调大多属于增值型变调，产生新调值的情况较多。连调中很少发生调位中和，连调式的数目一般接近两字组合的数目。

七　晋语

晋语保留了入声韵和入声调，有 4~7 个单字调。晋语的变调有三个特点：一是许多方言不仅前字变调，后字也变调，属于前后均变型；二是许多方言单字调合流，连读调有别；三是语法结构往往影响连读变调。

呼和浩特话（张呼片）有 4 个单字调：平声[31]，上声[53]，去声[45]，入声[43]。没有曲折调。连读变调涉及 3 个单字调，平声、上声、入声作前字变调，入声字作后字也变调。见表 10-16。

表 10-16

后字 前字	平声 31	上声 53	去声 45	入声 43
平声 31	（1）**33 31**	（5）**33 53**	（9）31 45	（13）31 43
上声 53	（2）53 31	（6）**31 53**	（10）53 45	（14）**53 21**
去声 45[①]	（3）45 31	（7）45 53	（11）45 45	（15）**45 21**
入声 43	（4）43 31	（8）43 53	（12）**21 45**	（16）**43 21**

16 个两字组中，共有 7 组发生变调，但不发生调类归并。连调式的数目等于两字组的数目。连读中产生[33]、[21]两个变调值。（邢向东 1998）

太原话（并州片）有 5 个单字调：平声[11]，上声[53]，去声[45]，阴入[2]，阳入[54]。没有曲折调。连读中后字不变调。见表 10-17。

表 10-17

后字 前字	平声 11	上声 53	去声 45	阴入ʔ2	阳入ʔ54
平声 11	（1）11 11	（5）11 53	（8）11 45	（11）11 2	（15）11 54
上声 53	（2）53 11	（5）**11 53**	（9）53 45	（12）53 2	（15）**11 54**
去声 45	（3）45 11	（6）45 53	（9）53 45	（13）45 2	（16）45 54
阴入 2	（4）**54 11**	（6）**45 53**	（10）2 45	（14）**54 2**	（16）**45 54**
阳入 54	（4）54 11	（7）**2 53**	（10）2 45	（14）54 2	（17）54 54

25 个两字组中，8 组发生变调，有 8 组连调合并，共 17 种连调式。其中阴入和阳入在连读调中的合并正是新派单字调阴入和阳入合流的前奏。（沈明 1994）

陕西延川话（志延片）有 5 个单字调：阴平[314]，阳平[35]，上去[53]，长入[423]，短入[54]。有 2 个曲折调。张崇（1990）将延川话两字组的重音模式分为"重·中"、"中·重"两种类型，后者前后字都变，功能类似北京话的轻声词，属于中和调，此处不赘。"重·中"型只有前字变，后字不变。其中阳平、短入作前字一律不变调。见表 10-18。

---

①原文作[55]，但说明实际调值是[45]，今从说明。

表 10-18

前字＼后字		阴平 314	阳平 35	上去 53	长入 423	短入ʔ54
阴平 314		(1) **35** 314	(5) **31** 35	(10) **31** 53	(15) **35** 423	(18) **53** 54
阳平 35		(1) 35 314	(6) 35 35	(11) 35 53	(15) 35 423	(19) 35 54
上去 53	上声	(2) **53** 314	(7) 53 35	(12) **42** 53	(15) **35** 423	(18) **53** 54
	去声	(2) 53 314	(8) **42** 35	(13) 53 53	(16) 53 423	(20) **42** 54
长入 423		(3) **42** 314	(8) **42** 35	(12) **42** 53	(15) **35** 423	(20) **42** 54
短入ʔ54		(4) 54 314	(9) 54 35	(14) 54 53	(17) 54 423	(21) 54 54

　　因为上、去处在前字位置时在部分条件下相互区别，所以表中将它们分开。这样共有 30 个两字组，其中 14 组发生变调。经过变调，形成 21 种连调式。连读中产生两个变调值：[31]、[42]。总的来说，连读变调对两字组合的声调起了简化作用。（张崇 1990：16）

　　像太原、延川这样经过变调简化声调系统的特点，在其他晋语中也有反映。典型例证是并州片的平遥话。平遥话有 5 个单字调：平声[13]，上声[53]，去声[35]，阴入[13]，阳入[53]。没有曲折调。平遥话连读中前、后字都变调，词语的内部结构对连调行为有影响。在连读中，有些两字组可以区别阴阳平。侯精一（1980）将平遥话两字组的连读调分为 ABC 三类，C 类本文不涉及，A 类的内部结构是述宾式、主谓式，连读调不分阴阳平，属于前变型；B 类的内部结构是偏正式、并列式、谓补式以及名叠式、名儿式，平声作前字时大多数能够区分阴阳平，属于前后均变型。"上声、阳入＋平声、阴入、去声"六种组合不分 A、B 类，也就是"不变两字组"。表 10-19、10-20 是平遥话两字组 A 类和 B 类连调表，单字调按照侯精一（1980：230）的顺序排列，连调式数目统一标出。因为入声调型与舒声相同，所以下面划横线以示区别。

表 10-19　A 类变调表

前字＼后字	平声 13	阴入ʔ13	去声 35	上声 53	阳入ʔ53
平声 13	(1) 13 13	(1) 13 13	(3) **31** 35	(5) **35** 513	(5) **35** 513
阴入ʔ13	(1) 13 13	(1) 13 13	(3) **31** 35	(5) **35** 513	(5) **35** 513
去声 35	(1) 13 13	(1) 13 13	(3) **31** 35	(5) **35** 513	(5) **35** 513
上声 53	(2) 53 13	(2) 53 13	(4) 53 35	(5) **35** 513	(5) **35** 513
阳入ʔ53	(2) 53 13	(2) 53 13	(4) 53 35	(5) **35** 513	(5) **35** 513

表 10-20　B 类变调表

前字＼后字	平声 13	阴入ʔ13	去声 35	上声 53	阳入ʔ53
阴平 13	(3) **31** 35	(3) **31** 35	(7) **31** 13	(8) **31** 53	(8) **31** 53
阳平 13	(1) 13 13	(1) 13 13	(3) **31** 35	(5) **35** 513	(5) **35** 513
阴入ʔ13	(3) **31** 35	(3) **31** 35	(1) **13** 13	(8) **31** 53	(8) **31** 53
去声 35	(6) **35** 53	(6) **35** 53	(6) **35** 53	(6) 35 53	(6) 35 53
上声 53	(2) 53 13	(2) 53 13	(4) 53 35	(9) 53 53	(9) 53 53
阳入ʔ53	(2) 53 13	(2) 53 13	(4) 53 35	(6) **35** 53	(9) 53 53

在上面两个表中，将调型相同的舒声调和促声调合并。A 类变调形成 5 种连调式，B 类变调形成 9 种连调式，包括全部 A 类连调式。连读中产生 5 个变调值：[31]、[513]、[ʔ31]、[ʔ513]、[ʔ35]，其中后 3 个分别与相应的舒声调（包括变调值）相同。看似复杂的连读变调，实际上大大简化了平遥话的声调系统。

上党片方言大多有 6 个单字调。前字、后字往往都变调。下面看武乡话。武乡话的 6 个单字调是：阴平[113]，阳平[33]，上声[213]，去声[55]，阴入[3]，阳入[423]。特点是没有升调和降调，有 3 个曲折调，曲折调之多居晋语之冠。武乡话语法结构对连调式有影响，主要表现在上声作后字时，动宾式和一部分偏正式结构的词不变调，其他结构的词变调。表 10-21 是武乡话的连读变调表。

表 10-21

后字 前字	阴平 113	阳平 33	上声 213	去声 55	阴入 3	阳入 423
阴平 113	(1)113 33	(1) 113 33	(10) 113 213①	(15) 113 55	(21) 113 3	(27) 113 42
阳平 33	(2)33 33	(2) 33 33	(11) 33 213	(16) 33 55	(22) 33 3	(28) 33 42
上声 213	(3)211 213	(7) 213 33	(12) 213 213	(17) 211 55	(23) 211 3	(29) 213 42
去声 55	(4)55 113	(8) 55 33	(13) 55 213	(18) 53 55	(24) 55 3	(30) 55 42
阴去 3	(5)3 33	(5) 3 33	(14) 4 213	(19) 3 55	(25) 3 3	(31) 4 42
阳去 423②	(6)42 113	(9) 42 33	(14) 4 213	(20) 42 55	(26) 42 3	(31) 4 42

36 种两字组中，有 17 种发生变调，其中 5 对 10 组合并。共形成 31 组连调式。连读中产生 4 个变调值：[21]、[211]、[42]、[4]。(史素芬、李奇 1990)

总的来看，晋语的连读变调相当复杂，曲折调和非曲折调同样容易变调，前后均变型也不少。有的方言变调对声调系统有简化作用。

八 非重叠式两字组连读变调的特点

（一）变调的位置

从目前掌握的材料来看，大部分官话方言的两字组变调属于前变型，单纯的后变型很少，如江淮官话的英山。晋语后字变调的方言可能最多，但是后字也变，属于前后均变型。

（二）单字调和连读调的关系

1. 单字调不同，连读调合并。多数方言有不同程度的单字调不同、连读调合并的情况，其中山东方言、晋语最为突出。以山东为例，"如烟台、招远、莱州、平度、博山等合并程度都比较高"（钱曾怡主编 2001：105）。烟台、博山话已见上文，再举平度为例。平度话属胶辽官话青莱片，有 3 个单字调：阴平[214]，阳平[53]，上声[55]。连读中的合并有 3 组，其中一组是 3 种组合的合并，如下：

（1）阴平+阳平＝上声+阴平

肩章 ciã²¹⁴⁻⁵⁵tʃaŋ²¹⁴＝简章 ciã²¹⁴⁻⁵⁵tʃaŋ²¹⁴ 　　　生鸡 ʂoŋ²¹⁴⁻⁵⁵ci²¹⁴＝省级 ʂoŋ⁵⁵ci²¹⁴

---

①原书上声作后字时都有两种变调方式，我们认为后字读[21]调可以看作中和调，故不列入。
②阳去原文单字调记作[423]，同时注明"连读为 42"。这里将[42]作为连读变调处理。

（2）阴平+阳平＝阳平+阳平

花头 xua²¹⁴t'ou²¹⁴＝滑头 xua⁵³⁻²¹⁴t'ou²¹⁴　　称粮 tʃoŋ²¹⁴liaŋ²¹⁴＝盛粮 tʃoŋ⁵³⁻²¹⁴liaŋ²¹⁴

（3）阳平+上声＝阴平+上声＝上声+上声

红枣儿 xoŋ⁵³⁻²¹⁴tθɔr⁵⁵＝烘枣儿 xoŋ²¹⁴tθɔr⁵⁵　　果脯儿 kuə⁵⁵⁻²¹⁴p'ur⁵⁵＝歌谱儿 kuə²¹⁴p'ur⁵⁵

这就是说，在前字位置上，阴平与上声，阴平与阳平，阴平与阳平、上声都有可能合并。"平度话合并程度较高的两字组连读调组合格式主要表现为日常使用频率较高的词语。"（于克仁 1992：66～70）

总之，"汉语方言变调产生的分化跟合并相比，合并的趋势远远大于分化"（钱曾怡 2000）。我们认为连读调合并属于调位中和，这种现象同词汇、语法的关系值得进一步研究。

2. 单字调相同，连读调不同。最突出地表现在晋语和西北官话中。如前述延川话的清上与去声，焉耆话的清平和浊平，均是如此。晋语五台片古清平和清上、次浊上单字调合流，连读调不同程度地可以区别。如陕西神木话，清平与清上单字调合流为阴平上[213]，梯=体，灯=等，连读中部分条件下有区别。具体见表 10-22、10-23（表中排黑体表示有变调）。

表 10-22

清平作为两字组的前一字			清上作为两字组的前一字		
调类	调值	例词	调类	调值	例词
清平+阳平	**24 44**	天河 t'iɛ xuo	**清上+阳平**	**21 44**	口才 k'əu tsʻɛ
清平+清平	**24 213**	天空 t'iɛ k'uɣ	**清上+清平**	**21 24**	口音 k'əu iɣ
清平+清上	**24 213**	天理 t'iɛ li	清上+清上	24 213	口苦 k'əu k'u
清平+去声	**24 53**	天旱 t'iɛ xɛ	**清上+去声**	**21 53**	口袋 k'əu tɛ
清平+入声	24 4	天毒 t'iɛ tuəʔ	**清上+入声**	**21 4**	口泼 k'əu p'əʔ

表 10-23

清平作为两字组的后一字			清上作为两字组的后一字		
调类	调值	例字	调类	调值	例字
阳平+清平	44 213	蓝天 le t'iɛ	阳平+清上	44 213	黄狗 xuɑ̃ kəu
清平+清平	**24 213**	阴天 iɣ t'iɛ	**清平+清上**	**24 213**	拴狗 ʂuɛ kəu
清上+清平	21 24	好天 xɔ t'iɛ	清上+清上	24 213	打狗 ta kəu
去声+清平	53 213	冻天 tuɣ t'iɛ	去声+清上	53 213	喂狗 vei kəu
入声+清平（甲）	**2 24**	八天 paʔ t'iɛ	入声+清上	4 213	杀狗 saʔ kəu
入声+清平（乙）	4 213	雪花 ɕyəʔ xua			

表 10-22 显示，清平和清上作为前字，除了在清上前面外，都不同调。表 10-23 显示，清平和清上作为后字，除了在清上和入声后面外，都同调。同时还应注意，入声作为前字，在清平和清上前的调值不同，在清平前绝大多数变[ʔ2]调（个别组合不变调），在清上前不变调。（邢向东 2002）

上面两种现象看起来是声调演变过程中相对立的运动，但它们殊途同归，结果都是方言声调向简化的方向发展，声调在语言中负载功能的弱化。

（三）关于上声字的变调

人们普遍认为，北京话的上声变调，是因为曲折调容易发生变调的缘故。然而，"我们从许多方言调查的报告中看到，像北京这样'两上相连前上变阳平'的方言在官话方言地区相当普遍，许多例子已不是简单的音值异化所能解释，而事实又使我们不得不把思考的角度从音值异化转而向音类合并……"（钱曾怡2000）。钱文是从上声和阳平之间的关系着眼的。比较显示，不论上声是否曲折调，上上相连，前字都变阳平。联系到兰银官话阳平和上声单字调大多合流的事实，这个结论无疑是发人深省的。表10-24转引钱文的例子。

表 10-24

	上声	阳平	上+上=阳+上	例词
北京	214	35	35 214	图纸=土纸　读本=赌本　财礼=彩礼
哈尔滨	213	24	24 213	粉笔　美好　友好；来往　游泳　存款
牟平	213	53	55 213	土改=涂改　虎口=糊口　骑马=起码儿
新泰	55	42	42 55	有水=油水　雨水=鱼水　养狗=洋狗
东海	35	55	55 35	打闪　小雨　点火；泉眼　苗圃　年底
洛阳	53	31	31 53	有水=油水　养马=洋马　老米=捞米
郑州	53	42	42 53	喜酒　雨伞　手表；儿马　年底　姨奶
获鹿	35	55	55 35	耍水　你俩；工厂　仙女　棉袄　陈米
兰州	33	53	53 33	土改=涂改　雨水=鱼水　海底=鞋底

下面我们看看上声字在晋语中的表现。先看陕北晋语，除了延川、延长之外，不管上声的单字调是否与阴平、阳平合流，上声都发生变调，一般变作中升调[24]，与阴平或阳平合并。其中延安、甘泉、安塞、志丹、吴旗、清涧上声是高降调，而非曲折调。（刘育林1990）再看山西晋语和内蒙古晋语。表10-25列举8个方言的上声变调。

表 10-25

	调值	变调值	归并调	条件	例词
集宁	53	22	平声	上声前	滚水　水井
大同	54	313	阳平	上声前	稳妥　里手
天镇	54	22	阴平、阳平	上声前	土改=涂改　井口=金口
怀仁	55	31	阴平、阳平	上声前	洗澡　小产
清徐	53	11	平声	上声、阳平前	好歹　土产、口舌　数伏
左权	53	35	去声、阴平、阳平	上声前	选举　冷水
盂县	53	412	阴平	上声、阳入前	打闪　左首、小学　宝石
汾西	33	53	阳去、阴平、阳平	阳平后	黄酒　尘土

8个方言上声字的变调结果，大都是跟平声（有两个包括去声）合并。尤其值得注意的是，大同和盂县的上声由降调变为曲折调。其他上声读曲折调的山西晋语、内蒙古晋语，上声在连读中一律变调，而且多跟平声合并。以上事实说明两点：第一，上声是方言中最容易变调的调类，不论某一方言中上声的单字调型是否曲折调；第二，上声变调后总是与平声（或阳平）发生合并，证明钱曾怡的论断是很有说服力的。

（四）连读变调的普遍特征

从上面对官话连读变调的描写中，可以归纳出三个普遍现象，其中大多数是异化作用的结果。

1．两个低降调相连，前字一般变读中升调。如西安话：阴平[21]+阴平[21]=[24+21]；烟台话：平声[31]+平声[31]=[35+31]；郑州话：阳平[42]+阳平[42]=[24+42]。

2．两个低降升调相连，绝大多数前字变中升调或低升调，如北京话：上声[214]+上声[214]=[35+214]；济南话：阴平[213]+阴平[213]+[23+213]；武汉话：阳平[213]+阳平[213]=[13+213]；新疆吉木萨尔话：去声[213]+去声[213]=[13+213]。这一点有例外，如烟台话：上声[214]+上声[214]=[55+214]。

3．两个高降调相连，大多数前字变读中降调、低降调、中平调或低平调。如郑州话：上声[53]+上声[53]=[42+53]；呼和浩特话：上声[53]+上声[53]=[33+53]；兰州话：阳平[53]+阳平[53]=[11+53]。再如陕西关中礼泉话：上声[52]+上声[52]=[31+52]：土匪 $t'u^{31}$ fei^{52}、手表 $ʂou^{31}$ $piɔ^{52}$。

（五）连读变调的方言特征和地域特征

从方言区来看，西南官话的连读变调比较少，即使有变调也很简单；江淮官话的前字变调多数是"增值型"，所以这两个官话区的两字组很少发生调类的合并。[①] 兰银官话在"语流音变"层面上的连读变调也较少发生调类合并。而胶辽官话、冀鲁官话山东部分、晋语则存在程度较高的调类合并现象。中原官话介于两种情况之间，有的调类归并很厉害，如汾河片的洪洞话；有的调类归并比较少，如西安话。

从地域特征来看，山东地区，西南地区，西北地区的甘、宁、青、新，陕北地区、吕梁地区，这几个大的区域内，连读变调的特点存在比较高的一致性。

总之，连读变调既有方言特征，更有地域特征，有时地域特征可能比方言特征更加明显，更具类化的力量。当然，这两者又是互相联系的。

第二节　轻声

轻声存在于大多数官话方言中。不过，目前轻声的调查研究还比较粗疏，许多方言调查报告和方言志都比照北京话来处理轻声，把它看成一个失去了升降曲折的变化、由前字决定的音点。因此，往往多谈轻声对声母、韵母的影响和出现的范围，轻声对词义、词性的区别作用，而对轻声弱化程度和调值的描写十分简单，有的连音高都不反映，仅仅标作一个点。有的方言报告不列轻声的内容，但其他部分却一再出现轻声的字眼儿。

我们认为，首先应当把轻声看作一种语音现象，在方言音系的描写中给以适当的地位，然后才能把它和词汇、语法之间的关系说清楚。不能对其弱化程度、高低升降简单地一带而过，甚至闭口不谈。由于受材料限制，本节对官话方言轻声的介绍也是比较简略的。

有的方言调查报告和方言志认为本方言没有轻声，如成都、贵阳、柳州、大关、延川等，其中多数是西南官话。本节将对这类情况进行具体分析。

本节从轻声音节是否受前字声调的控制、轻声调值是否发生归并出发，分四个方面来讨论轻声的情况。

---

①看起来，"增值型变调"和连调中调类的合并存在互相对立的关系，后者往往属于"循环型变调"。

一　调值不受前字控制、完全归并的轻声

官话中都存在这种轻声，即只读某个唯一的调值，不因前字或本字的声调而变化。从目前掌握的材料看，主要分布在中原官话、冀鲁官话、胶辽官话和晋语。

比如，洛阳话的轻声是固定的[3]调。（贺巍 1993）各单字调后加轻声的调式是：

　　　　阴平+轻声　33 3　　　　　　　　阳平+轻声　31　3
　　　　上声+轻声　53 3　　　　　　　　去声+轻声　412 3

西安话的轻声是固定的弱[21]调。各单字调后加轻声的调式是：

　　　　阴平+轻声　21 21　　　　　　　阳平+轻声　24 21
　　　　上声+轻声　53 21　　　　　　　去声+轻声　55 21
　　　　　　　　　　21 21

更为常见的情况是，在一个方言中，部分轻声完全归并，部分轻声存在差异。如山西万荣话（中原官话汾河片）"大部分轻声读得轻而短，调值 20。阳平字后的轻声往往重读，调值 33，为与去声字区分，我们写作 330。有些阴平字后的轻声，调值为 13；有些上声和去声字后的轻声调值为 31……"（吴建生 1984）。见表 10-26（表中用黑体字表示调值发生归并）。

表 10-26

前字	调式	前字	调式
阴平 51	**51 20** 51 13	上声 55	**55 20** 55 31
阳平 24	24 330 **24 20**	去声 33	**33 20** 33 31

由于作者将轻声词的注音作了统一处理，我们无法知道不同轻声词的具体读音。不过，作者的描述反映出，万荣话的轻声应当存在两个不同的层次。一个层次是在不同的声调后调值不同，在这个层次上，前字的声调决定了后字的读法。另一个层次是每个声调后的轻声都读成同一个[20]调，前字对后字没有制约作用。

山东莱州话（胶辽官话青莱片）和万荣的情况十分相似，也存在两类轻声。莱州话有阴平、阳平、上声 3 个单字调，举例如下（钱曾怡 2000。多音节词语中间读轻声的字下加"＿"线，下同）：

　　　　第一种　　213 42　　阴平+轻声　衣裳　干净　正月　那个
　　　　第二种　　55　3　　阳平+轻声　长虫　麻烦　豆腐　石头
　　　　第三种　　45　3　　上声+轻声　卷子　母牛　耳朵　结实
　　　　第四种　　42　2　　阴平+轻声　分数儿　三分之一　凑付　热闹
　　　　　　　　　　　　　阳平+轻声　黄牛　刺猬　大爷　脖子
　　　　　　　　　　　　　上声+轻声　百灵　伙计　打扮　恐怕

"以上第四种轻声前字可以是莱州全部单字调的阴平、阳平和上声"。（同上）显然，莱州话的轻声词也可分为两个不同的层次。一个层次上，前字的调值对后字轻声的调高有制约作用；另一个层次上，前字对后字轻声的调值失去了制约作用，"使这个方言在这些词语的范围内没有了声调的区别性差异"。（同上）从例词中，看不出这些词在结构、风格上有什么明

显区别。

在山东的胶辽官话、冀鲁官话中，与莱州话情况完全相同的还有两个方言点。见表 10-27。

表 10-27

方言点	所属片	前字		轻声		
平度	胶辽官话 青莱片	阴平 214		214 31		53 21
		阳平 53		55 42		53 21
		上声 55		45 43		53 21
庆云	冀鲁官话 沧惠片	平声 213		31 3		213 3
		上声 55	古浊平		55 3	
			古清上 次浊上		213 3	
		去声 31		53 3		31 3

平度和莱州的情况相同，地理上也相互接近。庆云话轻声词调式的特点是：第一，"平声+轻声"一部分等于"上声（古清上、次浊上）+轻声"，一部分等于"去声+轻声"；第二，不管前字为什么调值，轻声一律读[3]度。说明轻声音节的调值已经不受前字的制约了。（钱曾怡主编 2001：109～111）

甘肃张掖话（兰银官话河西片）也是每个单字调后面的轻声都有一部分归并为同一个调值，其中前三组都有[44 21]调式（张燕来 2002）：

阴平 44+轻声：　　　　　　**44 21**　　13 44

阳平上 53+轻声：➝ 浊平+轻声　**44 21**

　　　　　　　　➘ 清上+轻声　**44 21**　　21 53

去声 31+轻声：　　　　　　13 21　　31 21

在本章第三节将会看到，在晋语中，这种轻声后字脱离前字控制的情况是比较普遍的，只不过晋语的这类轻声音节的弱化程度比洛阳、西安、万荣、莱州等方言要低。

二　调值部分归并的轻声

这是官话中分布最广的轻声。即包含轻声音节的字组中，轻声调值不同程度地有所归并。

《山东方言研究》（钱曾怡主编 2001：108～113）详细比较了山东方言各片之间轻声的异同，下面从该书的"两字组轻声连调表"中摘引 5 个轻声有归并的方言点。见表 10-28（黑体表示前字调位也有合并）。

表 10-28

方言点	所属方言	前字	轻声			
烟台	胶辽官话 登连片	平声 31		31 21		
		上声 214	214 55		**55 31**	
		去声 55		**55 31**		
荣城	胶辽官话 登连片	阴平 42		42 1		
		阳平 35		**35 3**		
		上声 214	214 1		**35 3**	
		去声 44	44 1		**35 3**	

方言点	所属方言	前字	轻声	
诸城	胶辽官话青莱片	阴平 214	**31** 1	
		阳平 53	24　3	53　2
		上声 55	214 5	
		去声 31	55　3	**31** 1
济南	冀鲁官话石济片	阴平 213	**21** 1	**213** 4
		阳平 42	55　4	53　2
		上声 55	**213** 4	55　2
		去声 21	54　2	**21** 1
郓城	中原官话郑曹片	阴平 213	21 <u>34</u>	
		阳平 42	55　3	**42** <u>32</u>
		上声 55	45　3	**42** <u>32</u>
		去声 312	53 <u>32</u>	31 <u>23</u>

山西洪洞话有 4 个单字调，该方言的轻声词很发达，轻声读[30]和[20]调。列举如下：

前字	轻声调式	例词		
阴平 21	44 20	花朵	司机	热气
阳平 24	22 30	油水	裁判	长江
上声 42	33 30	打锅	老婆	起面
阴去 33	33 30	靠山	盼望	衬衣
阳去 53	44 20	运气	焖饭	猎人

在连读的轻声词中，阴平+轻声=阳去+轻声，上声+轻声=阴去+轻声，只剩下 3 个轻声连调式。如果只看轻声音节本身，则归并程度更高。在轻声音节调位中和的同时，前字的调类也在一定程度上合并了。

晋语中轻声字的归并更加严重。如山西清徐话（晋语并州片）有 5 个单字调，轻声和北京话的不同"表现在它没有北京话的轻声那么轻那么短，不但有平调，也有升调和降调。另外，入声变来的轻声没有喉塞音"（潘耀武 1990）。见表 10-29。

表 10-29

轻声甲				轻声乙			
前字	调值	条件	例词	前字	调值	条件	例词
平声 11	**11** 10	非去声	他的	平声 11	**11** <u>34</u>	后字去声	兄弟
上声 53	**53** 10	非去声	冷水	上声 53	**53** <u>34</u>	后字去声	买卖
阴入 2	**2** 10	非去声	喝嘞	阴入 2	**2** <u>34</u>	后字去声	绿豆
阳入 54	**54** 10	非去声	兀家	阳入 54	**54** <u>34</u>	后字去声	鼻涕
去声 35	35 <u>43</u>		故事				

表 10-29 反映，前字和后字的调类与调值对轻声的制约已经十分有限。具体情况是：去声不论作前字还是后字，都对轻声有强有力的制约，其他声调作前字时失去对后字的制约，变轻声时一律中和为一个轻而短的低调。轻声共有 3 个调值，其中 2 个有升降。

再看山西武乡话（晋语上党片），"武乡话轻声字的调值与前一个音节的声调关系不大"，一般读[20]调，但在阴平字后读[40]调。同时，入声字念轻声时，喉塞尾消失。见表 10-30。（史素芬、李奇 1990）

表 10-30

前字	调式	例词	前字	调式	例词
阴平 113	113 40	跟头	去声 55	55 20	大爷
阳平 33	33 20	葡萄	阴入 3	3 20	桌的
上声 213	213 20	椅的	阳入 423	42 20	石榴

　　表 10-30 显示，武乡的情况比清徐又进了一步，表现为后字轻读时，原来的调值对轻声调值完全不起作用，和北京话的情况类似。前字的声调除了阴平[113]以外，也对后字轻声的调值失去了控制作用，这又是和北京话很不相同的。但还没有达到其他一些晋语后字轻声只有一个调值的程度。（见本章第三节）

　　甘肃永登话（兰银官话金城片）有 3 个单字调。轻声归并也很严重（张燕来 2002）：

　　　　平声 53+轻声：→清平+轻声 53+21　　　　　　上声 44+轻声：13+21 13+53

　　　　　　　　　　　╲浊平+轻声 44+21 11+13　　　　去声 13+轻声：13+44 11+13

　　就目前的材料看，胶辽官话、晋语中这种情况最普遍，冀鲁官话、中原官话、兰银官话也有一定的表现。

三　调值没有归并的轻声

　　这类轻声的分布还不清楚。北京话的轻声大致属于读音弱化但调值未发生归并的轻声。这里举几个方言的例子，其中有的轻声音节弱化严重，有的还有高低升降的变化。

　　山东省的冀鲁官话大量存在这类轻声，如表 10-31。（钱曾怡主编 2001：111～112）

表 10-31

方言点	所属方言片	前字		轻声		
博山	石济片	平声 214		31 23		22 33
		上声 55	古浊平	24	54	
			古清上、次浊上	214	55	
		去声 31		55	31	
新泰	石济片	阴平 213		212 4		
		阳平 42		55 3		
		上声 55		213 5		
		去声 31		54 2		
临邑	沧惠片	阴平 213		31 2		
		阳平 42		45 4		
		上声 55		323 5		
		去声 31		42 1		

　　湖北英山话（江淮官话黄孝片）的轻声调值是前字调值尾音的简单延伸。列举如下：

　　　　前字　　　　轻声调式　　　　前字　　　　轻声调式

　　　　阴平 31　　　　31 1　　　　阴去 35　　　　35 5

　　　　阳平 55　　　　55 5　　　　阳去 33　　　　33 3

　　　　上声 34　　　　34 4　　　　入声 213　　　　213 3

　　扬州话（江淮官话洪巢片）的情况与英山相同，"轻声的高低跟前字声调终点的调值相当"（王世华、黄继林 1996）。列举如下：

前字	轻声调式	前字	轻声调式
阴平 11	11 1	去声 55	55 5
阳平 35（34）	34 4	入声 4	4 4
上声 42	42 2		

从上面的情况和《南京方言词典》南京话"轻声没有固定调值，其实际调值受前字影响"（刘丹青 1995）的描述来判断，英山话和扬州话的轻声在江淮官话中有一定的代表性。

四　不轻的"轻声"

官话中有些变调方式，其功能相当于轻声，但读音既不轻也不短。单纯从语音上不能认定为轻声。这种情况在西南官话中最为普遍。

成都话（西南官话川黔片）有 4 个单字调。"成都话的轻声不明显"（梁德曼、黄尚军 1998）。但其变调的功能与北京话轻声相同。见表 10-32（阴平[55]字不变调，略）。

表 10-32

单字调	变调条件	连调值	例词
阳平 21	阳平叠字或双音词、多音词	21 55	皮皮　娃娃　头发　男娃子
上声 53	上声叠字或双音词、多音词	53 21	姐姐　本本儿　老子　土狗子
去声 213	去声叠字或双音词、多音词	213 55	弟弟　棒棒　妹妹　四季豆儿

贵阳话（西南官话黔中片）有 4 个单字调：阴平[55]，阳平[31]，上声[53]，去声[24]。"变调的字在北京话里大多读轻声。贵阳话没有跟北京话一样的轻声，所以，贵阳话的变调大致相当于轻声"。列举如下（汪平 1994）：

条件	变调值	例词
阳平叠字	55	娃娃　坛坛　脚脚
双音词后字	55	衣裳　早晨　耳朵　牙齿
助词或后缀	55	他们　男的　是的　下头

晋语也有同类现象。如陕西延川话，张崇（1990：15）："延川话中没有'轻音'，两个音节以上的词语中只有'重音'和'中重音'。它的两字组轻重模式为：

重+中　　人民　红糖　同学　割麦

中+重　　五个　东西　单子　石头"

重音模式不同，连读变调也不同，"重+中"式的连调，后字一律不变调，"中+重"式的连调，后字一律变调。"只要前字声调相同，后字不论是舒声韵的任何声调，变调的读法相同"。（同上：21）具体规律如下（原书前字分舒声和入声两组，本文合一）：

阴平+X	31 42	长入+X	42 324
阳平+X	35 53		?42 324
上声+X	42 213	短入+X	?54 42
去声+X	53 31		53 31
	42 35		

符合这种变调规律的"一般都是老牌性词语，例如'延川、西瓜、金针黄花菜、软米黏糜

子米、洋烟大烟土、茶叶'等。另外，像语气词或助词'的、了、过、咧'，量词'个'，构词用的虚语素'子、儿、头'，方位词'上、下、里'，表示趋向的'上、下、起来'等字与前字组合的两字组及叠音名词（如'妈妈、爷爷'）、单音节形容词重叠（如'大大、红红'）等……而这些两字组的后字，在北京话中多读轻声"（同上：21）。从以上描述看，延川话的这种变调，显然属于读音上不轻化的"轻声"。其后字的单字调已不起作用，完全受前字控制，在不同的声调后读不同的调值。

江苏东海（牛山镇）话（江淮官话洪巢片）的轻声与上面的方言表现不同。东海话有 5 个单字调：阴平[213]，阳平[55]，上声[35]，去声[41]，入声[5]。该方言的多数轻声音节是一种轻而短的调子。"但是东海方言中还有另外一种情况，即有一部分本应轻读的音节，口语中往往读成一种高降的声调，与去声调值[41]相似，这是比较特别的方言现象"。各个单字调后边都有这样的"轻声"。（苏晓青 1997：50～51）如：

窗户 tṣʻuɑŋ²¹³xu⁴¹　　　　　　打打尖 ta³⁵taʔ⁴¹tɕiæ²¹³

苍蝇 tsʻɑŋ²¹³iŋ⁴¹　　　　　　　寿仙寿星 ṣəu⁴¹ɕiæ⁴¹

学生 ɕyə⁵⁵ṣəŋ⁴¹　　　　　　　　便宜饭 piæ⁴¹i⁴¹fæ⁴¹

裁缝 tsʻɛ³⁵fɑŋ⁴¹　　　　　　　　石头 ṣəʔ⁵tʻəu⁴¹

裹脚 kuə³⁵tɕiŋ⁴¹　　　　　　　　夹生 tɕiɐʔ⁵ṣəŋ⁴¹

从例词来看，似乎阴平、阳平后面的例子多些，其他单字调后的少些。同时，"在这类词语中有些存在轻短调和'高降调'两读的情况"（同上：51）。

像东海方言这样同时存在轻化的"轻声"和不轻的"轻声"，似应将两者分为不同的层次，考察它们的关系和成因。

总之，和不带轻声的两字组连读变调相比，轻声字的特点及其分布，方言区或方言地域的特点可能更加突出。只是限于材料，现在还不能就这个问题轻易下结论。

五　轻声前字的变调

1. 尽管轻声是音节弱化的结果，许多方言的轻声失去了原来的调值，由前字的调值决定其高低变化，但是，不少方言的轻声对前字往往有影响。从单字调出发来看，就是轻声词的前字发生变调。例如：

方言点	所属方言	前字	轻声词调式	
招远	胶辽官话	平声 214	**21**	**44**
		上声 42	**45**	**3**
		去声 55	**53**	**3**
			55	**3**
德州	冀鲁官话	阴平 213	**21**	**3**
		阳平 42	**55**	**2**
		上声 55	**213**	**2**
		去声 21	**42**	**2**
临沂	中原官话	阴平 214	**21**	**24**
		阳平 53	**55**	**2**
		上声 55	**214**	**5**
		去声 312/31	**53**	**2**

方言点	所属方言	前字	轻声词调式	
安庆	江淮官话	阴平 11	11	1
		阳平 35	35	5
		上声 213	11	4
		去声 41	41	1
		入声 43	44	3
神木	晋语	阳平 44	44	21
		阴平上 213	24	21（清平、清上）
			21	24/4（清上）
		去声 53	53	21
		入声 4	4	21

2.对于轻声前变调，可以从两个角度进行解释。第一，一部分"前字+轻声"的调式是前字的调值覆盖了整个轻声字组，轻声前变调是发生在共时平面上的语流音变。如招远的"平声+轻声"，安庆的"上声+轻声"，神木的"清上+轻声"（部分）。第二，有些看似特殊的轻声前变调是整个字组先变调，后字才弱化，该轻声调式是在两字组发生连读变调以后形成的。如北京话"上声+轻声（来自上声）"分读[35 3]和[21 4]，后者是一般的轻声调式，前者则是前字先变[35]以后，后字才弱化为轻声。西安话的"老鼠、老虎"等读[21+21]（后字较弱），也是在"上声[53]+上声[53]=[21+53]"连读变调的基础上，后字再轻化的结果。所以在这种轻声里隐含着早期的连读变调，许多方言的上上相连中后字轻化时，都存在这种情况，所以"上声+上声"的轻声词调式大都比较复杂。

3.轻声前变调与单字调的循环关系。有些轻声前的字调和单字调存在一种递变关系，好像单字调转了一定的度数，变成了轻声前的调子。山东方言存在这类变调。如临沂话（中原官话郑曹片）：

阴平+轻声 21 24　　前字≈去声 31　　上声+轻声 214 5　　前字=阴平 214

阳平+轻声 55 2　　前字=上声 55　　去声+轻声 53 2　　前字=阳平 53

平山久雄（1998：249～262）用保留较早时期的单字调值来解释这类轻声前变调。他以德州、潍坊等方言为例来作具体分析：假定德州方言的"古调值"和现代的轻声前变调基本相同，然后来说明该方言轻声前变调的原因和经过。结论是德州方言"古调值"到现代单字调曾经发生过近似循环式的演变，而"这一套调值演变在轻声前面没有发生，那是由于轻声前的音节跟轻声音节结合得非常紧密，在音节末尾发音弱化的程度较小，所以阳平*55较易把高音维持到音节末尾，因而没有变成降调，也没有推动其他调类发生与此相关联的一系列调值变化"。也就是说，"德州方言的轻声前变调中保留着比单字调早一层的调值状态"。平山久雄先生对这一类轻声前变调的解释是有说服力的。

第三节　儿尾和儿化韵〔附：子变韵和子变调〕

儿化韵（或儿尾）的存在是大部分北方方言的共同特点，但也有一些方言有不存在儿化韵的报道。据目前的材料，中原官话秦陇片的宝鸡、兰银官话银吴片汉民汉语和甘肃境内的大部分方言，江淮官话的南京新派、扬州等方言，没有儿化韵。总的情况是江淮官话儿化现象较少，西北部分地区的甘、宁、青汉民方言儿化不发达，西南官话和部分晋语儿化韵合并现象最突出。北京官话、冀鲁官话、胶辽官话和大部分中原官话的儿化现象最丰富。

儿化问题可以从两个不同的角度来考察。一是根据"儿"与词根音节合音的不同阶段来分类，如：1. 儿尾自成音节；2. 儿尾与词根音节"若即若离"、处于自成音节和组成一个长音节的中间阶段；3. 儿尾与前一音节组成一个长音节；4. "儿"和前一音节融合成一个带特殊作用的韵母；5. 儿化韵合并成两套 8 个或一套 4 个韵母；6. 儿化的卷舌作用影响到介音和声母，等等。二是根据儿化韵尾的特点来分类，如：卷舌韵、ʅ尾韵、平舌韵三类。本书采取的是将两种分类相结合的处理方法。

一　儿尾自成音节及其地域分布

有些方言的后缀"儿"还没有同词根音节融合，而是一个独立的音节。这种"儿尾"在西北官话、西南官话、晋语中都有分布。

如山西文水话（晋语并州片）："文水方言有一部分名词带'儿'，但'儿'自成音节……读为舌面前元音[e]，无卷舌作用，即有儿尾但没有儿化。平、上、去声名词的字，不论元音尾或鼻音尾，带儿尾后，分别按各调加平声变调。如'马儿'[ma⁴²³ e²²⁻²¹]、'树儿'[su³⁵ e²²⁻⁵³]'镰儿'[lien²² e²²]'根儿'[kən²²⁻¹¹ e²²⁻³⁵]等。"（胡双宝 1988：16）

文水话"儿"作为词尾要按照平声的变调方式变调，并引发前字的变调。说明"儿"的独立性很强，还没有弱化。值得注意的是，"有文白两读的字，一般是白读音带儿尾，文读音不带"。说明其儿尾词是在方言系统内部发展起来的，而不是从其他方言借入。在文水话中，"入声字不大带儿尾，或带儿尾后音节保持原来音值，不发生变化"（同上）。

和文水话类似的有西宁话（中原官话秦陇片）。"西宁儿尾读[ɛ]，一般自成音节"。如：

花儿 xua⁴⁴ ɛ⁰　　　歌儿 kɔ⁴⁴ ɛ⁰　　　枣儿 tsɔ⁵³ ɛ⁰　　　雀儿 tɕʻiɔ⁵³ ɛ⁰
糖儿 tʻɔ̃²⁴⁻²¹ ɛ²⁴⁻⁵³　梨儿 l²⁴⁻²¹ ɛ²⁴⁻⁵³　镜儿 tɕiɤ̃²¹³⁻²¹ ɛ²⁴⁻⁵³　蛋儿 tã²¹³⁻²¹ ɛ²⁴⁻⁵³

从例词来看，西宁话带儿尾的词是按照重轻式语音词的连调模式变调的。（张成材、朱世奎 1987，又见本章第三节）

关中西部的岐山话（中原官话秦陇片）除"AA 儿"式形容词外没有儿化，只有儿尾。儿尾读轻声，与前面音节的连接比较紧密，但仍能分开。例如：（吴媛 2006）

荠儿菜 ʈʂʻʅ⁴⁴ ɚ²¹ tsʻɛ⁴⁴　　　　手套儿 ʂou⁵³ tʻɔ⁵³ ɚ²¹
蚕儿 tsʻæ²⁴ ɚ⁵³　　　　　　　　扑灯蛾儿 pʻu³¹ təŋ³¹ ŋɤ²⁴ ɚ²¹
后儿后天 xou⁵³ ɚ²¹　　　　　　　被儿 pi⁵³ ɚ²¹
钱包儿 tɕʻiæ²⁴ pɔ⁵³ ɚ²¹　　　　险忽儿差点儿 ɕiɛ⁴⁴ xu⁵³ ər²¹
裤儿 kʻu⁵³ ɚ²¹　　　　　　　　大模儿大概 tA⁴⁴ mu⁵³ ɚ²¹

云南昭通话（西南官话片）也是只有儿尾而没有儿化韵，儿尾不丰富，自成音节。比较特殊的是，昭通的儿尾"分阴平儿尾和阳平儿尾两类"。限于材料，暂时看不出这两类儿尾有什么条件。（陈章太、李行健 1996：1426）例如：

阴平儿尾　猫儿 ₋cɑɔ ꜙɚ　　金鱼儿 ₋tɕin i ꜙɚ　　八儿八哥 ₋pɑ ꜙɚ
阳平儿尾　狗儿 ꜗkəu ꜖ɚ　　土狗儿 ꜗtʻu ꜗkəu ꜖ɚ　　小瓜儿 ꜗɕiɑɔ ₋kua ꜖ɚ

"儿"尾自成音节的还有关中的合阳话、甘肃省敦煌方言等。

二　对基本韵母不发生影响的儿化韵

这类儿化韵，还没有和词根的韵母真正"化"为一体。即作为词尾的"儿"只是简单地附着在前字的韵母上，没有发生融合。如晋语的平遥、交城、延川、清涧等方言，江淮官话的安徽省淮河两岸及其以南、长江以北的大片地区，南部另有一片。

延川话（晋语志延片）正处在儿尾向儿化过渡的阶段。"延川话的儿尾有两种读法。一种是儿尾自成音节，即在前字读完后紧接着读出前字韵母或韵母主要元音的卷舌音，或读出[ər]音节"。（张崇 1990：23）如：

章儿 tʂaʵ²¹³⁻³¹ aʵ³⁵⁻⁴²　　　袖儿 ɕiʵu⁵³⁻⁴² ʵu³⁵　　　眼儿 niɯɛ̃⁵³ ɯɛ̃³⁵⁻³¹

花儿 xuA²¹³⁻³¹ ɐr³⁵⁻⁴²　　　兔儿 tʼu⁵³⁻⁴² ur³⁵　　　角儿 tɕiE⁴²³⁻⁴² ɛr³⁵

梨儿 li³⁵ ər³⁵⁻⁵³

从例词可以看出，延川话仅"儿尾"的第一种读法就有 3 种读音：重复前字的韵母；在前字韵母上加卷舌；读卷舌的 ər 音。同时"儿尾"还要变调。王洪君（1999）认为，延川话的这种儿尾实际上是在发出卷舌动作之前拉长了词根主要元音的发音过程，使它变成长元音。

延川话"儿尾的另一种读音是，在急读的情况下和前字读为一个音节"（张崇 1990：24）。这后一种读法就是儿化韵：

阴平+儿　　　　　　　章儿 tʂaʵr³²⁴　　　　　花儿 xuɐr³²⁴

阳平+儿　　　　　　　梨儿 liər³⁴³　　　　　房儿 faʵr³⁴³

去声、长入+儿　　　　兔儿 tʼur⁴²⁴　　　　　角儿 tɕiɛr⁴²⁴

上声、短入+儿　　　　眼儿 niɯɛ̃r⁵³　　　　笛儿 tiər⁵³

值得注意的是儿尾急读时的变调："去声与长入的儿化字调相同，上声与短入儿化字调相近……除上声字，其他声调字儿化后都发生变调现象。这种儿化变调的产生，可以说是儿尾自成音节时它本身的调值和前字调值糅合的结果……可见，延川话的儿化并没有真正达到'化'的程度。"（同上：24）延川儿化韵的变调，是探求儿化变调问题的一个突破口。

延川话的 39 个平舌韵都有相应的卷舌韵，儿化时没有发生韵母的合并现象。列举如下：

ər	ʵr	ɚ̃	uɯ̃r	əɚ	ɚ		ɔr	ʵur	aʵr	ʵɐr	ʵər	ʵa
iər		iɐr		iɯ̃r			iɛr	·iɚr	iʵur	ʵɒr	iɛ̃r		iɚr
ur	uɚr	uʵr	uɐ̃r	uuɚ̃r	uɛ̃ɚ	uɛr		uɒr	·uɛ̃ɚr	ʵr	ʵɚr		uɛr
yɐr		yuɯ̃r			yɛr					yɐʵr			yɚr

陕西礼泉话（中原官话关中片）的"儿"读 ɚ²⁴，作后缀时与前一音节连接紧密，已经黏到一起，连读调也合为一体，但还未达到融合的程度，除了后鼻韵母字带"儿"时要失落鼻尾（韵腹鼻化）以外，它对前字的韵母基本没有影响。说的略微慢一点，即可听出"儿"的独立音值来。整个"儿缀词"的时长比礼泉话的单音节长，比两个音节短，属于"一个半音节"。例如：

巷道儿 xaŋ³¹ tɔɚ⁵²¹　　　时候儿 ʂʅ²⁴ xouɚ⁵²¹　　　旋儿风 ɕyæ̃ɚ²⁴¹ fɚŋ³¹

外后儿 uɚ⁵⁵ xouɚ⁵²¹　　　牛娃儿｟牛犊儿｠niou²⁴ uaɚ²⁴¹　　　今儿 tɕiɚ³¹¹

一时儿｟一会儿｠i³¹ ʂʅɚ²⁴¹　　　妻妹儿 tɕʼi³¹ meɚ⁵²¹　　　花生儿 xua²⁴ sʵɚ³¹¹

三　卷舌儿化韵

卷舌儿化韵是儿化韵最普遍的读音类型。在这种类型中，儿化韵尾已经和基本韵母融为一体，由于基本韵母和卷舌动作的融合，引起原韵母韵尾、韵腹甚至韵头发生变化。如有入声韵尾 ʔ 的韵母，儿化时韵尾一律丢失。

北京官话大多数方言的儿化韵非常丰富，一律为卷舌韵。普遍的情况是变成 20 多个儿化韵。北京话有 26 个儿化韵，可以作为北京官话的代表，兹不举例。

中原官话的大多数方言有丰富的儿化韵。如山西洪洞话。洪洞话有 28 个儿化韵，与 42 个基本韵母对应。列举如下：

ɯr < ɯ							
ɻ < ɻ							
ʅr < ʅ		ir < i		ur < u		yr < y	
ɐr < a ai an		ier < ia iai ian		uɐr < ua uai uan		yɐr < ya yan	
or < o		ior < io		uor < uo			
ər < e ɛ ei en		ɪr < ie ien		uər < ue uei uen		yər < ye yen	
aor < ao		iaor < iao					
our < ou		iour < iou					
ŏr < aŋ		iŏr < iaŋ		uŏr < uaŋ			
ɚr < eŋ		iɚr < ieŋ		uɚr < ueŋ		yɚr < yeŋ	

儿化以后，有些基本韵母发生了合并。合并的基本条件是原韵母的主要元音舌位接近。同时，原韵母是否发生合并，还跟平舌韵的发音动作是不是和卷舌动作相冲突有关。如果有冲突，卷舌动作就会对平舌韵作适当改造，使儿化韵的发音动作协调。当然，发音动作是否协调，一方面有发音原理上的规律，一方面要看儿化韵尾和基本韵母的结合程度，更重要的是说这种方言的人是否"感到"不协调。当卷舌韵尾和平舌韵的结合程度不够紧密或当地人并不感到不协调时，儿化韵母不一定发生合并，就像延川话所显示的那样。此外，和北京话一样，洪洞话鼻音尾韵儿化后，保留了鼻音成分，变成了鼻化的卷舌韵。

卷舌韵尾和平舌韵结合程度越紧，儿化韵数量就越少。不过儿化韵主要向什么方向归并，不同方言并不一致。比如，山西大同话（晋语大包片）的"儿"音 ar，共有 37 个基本韵母，其中 36 个可以儿化，合并成 5 组 14 个儿化韵：

ar < a ɛɛ æ ɣe		iar < ia iɘɣ		uar < uɛ uɛɛ uæ uɘɣ		yar < yɘɣ	
aʔ əʔ		iaʔ iɘʔ		uaʔ uɘʔ		yaʔ yɘʔ	
or < o u				uor < u uo			
ʅr < ʅ ɿ ɻ		iər < i ɛ iɛ				yər < y ye	
əur < əu		iəur < iəu					
ɔr < ɐ ɒ		iɔr < iɐɔ iɒ		uɔr < uɒ			

大同儿化韵主要是向低元音 a 归并，即使基本韵母的主要元音是央元音的也不例外。这可能是晋语大包片、张呼片方言的共同特点。如内蒙古晋语呼和浩特、集宁、丰镇等都是 ar iar uar yar 4 个儿化韵。

山西忻州话（晋语五台片）的"儿"音 ər，基本韵母儿化后合并成 3 组 11 个卷舌韵，它的韵母归并方向与大同话很不相同：

ɤr ＜ ɑ ɑʔ əʔ　　　　ɿr ＜ ɿ ɛ ɜ ɿʔ　　　　ẽr ＜ ã əŋ

iɤr ＜ ɑi　　　　　　iɤr ＜ i iɛ ɔi iəʔ iɛʔ　　iẽr ＜ iẽ iã iəi

uɤr ＜ uɑ　　　　　　uɤr ＜ əu uei uɔi uɔʔ　　uẽr ＜ uõ uəŋ

　　　　　　　　　　yɤr ＜ y yəʔ yɔʔ　　　　yẽr ＜ yã

　　忻州话的儿化韵主要是向央元音 ə 集中，其中包括主要元音较低的基本韵母。同时，它的鼻尾韵儿化后仍保留鼻音色彩，也就是保持鼻音／非鼻音的对立。我们预测，随着鼻化卷舌韵鼻音色彩减弱以至消失，忻州话儿化韵将会逐渐变成 2 组 8 个。

　　山西长治话（晋语上党片）"儿"音 ɚ。36 个基本韵母，儿化后变成 8 个儿化韵，其主要合并方向并不是"儿"音的央元音，而是低元音 a，其中包括主要元音舌位较高的韵母。情况和大同类似。儿化后鼻音色彩消失：

ar ＜ ɑ e æ ɔ ɑŋ əʔ　　　　　　ɤr ＜ ɿ ei ue əŋ

iar ＜ ia ai iɛ ɔi iaŋ iaʔ iəʔ　　iɤr ＜ i uei iŋ

uar ＜ ua uə uæ uaŋ uaʔ uəʔ　　uɤr ＜ u uei uŋ

yar ＜ yaŋ yəʔ　　　　　　　　yɤr ＜ y yɛ yŋ

　　同样是 2 组 8 个儿化韵的四川达县话（西南官话成渝片），儿化韵向央元音 ə 为主要元音的一组归并的略占优势。（陈章太、李行健 1996：1326）

　　从上面的事实来看，儿化韵合并的方向，并不一定跟"儿"韵相同。这显示了儿化韵的独立性。同时也提醒我们，在考察儿化韵的起源和演变问题时，应避免机械地把儿化韵看成是该方言共时平面的基本韵母的"儿化"，而应当具有历史的眼光。

　　有 8 个卷舌儿化韵的还有西南官话的遵义、常德（7 个）等方言。

　　卷舌儿化韵数量最少的是 4 个或 3 个。如内蒙古临河话（晋语五台片）有 ɚ iɚ uɚ yɚ 等 4 个儿化韵，分别按照基本韵母的开、齐、合、撮四呼归并而成。其他内蒙古晋语也都是 4 个儿化韵。兰银官话的银川回民汉语，西南官话的安乡、吉首、白河、成都、汉源、自贡、重庆等方言，同样是 4 个卷舌儿化韵。还有一些西南官话，由于没有撮口呼韵母，所以只剩 3 个儿化韵。如四川西昌话：ɚ iɚ uɚ。

四　边音尾儿化韵

　　有些方言"儿"读 l 或以 l 为声母。在这些方言中，儿化韵可能是用 l 作韵尾。如安徽阜阳（中原官话郑曹片）"儿"音 l，39 个基本韵母，儿化后形成 20 个 l 尾韵。例如：

al ＜ a　　　　　　ial ＜ ia

əl ＜ ɤ ɛ e æ̃ ə̃　iəl ＜ i ie əi iæ̃ iə̃　uəl ＜ uɛ ue uæ̃ uə̃　yəl ＜ y yə yæ̃ yə̃

ɔl ＜ ɔ　　　　　　iɔl ＜ iɔ

ol ＜ o　　　　　　　　　　　　　uol ＜ uo　　　　　　　yol ＜ yo

　　　　　　　　　　　　　　　　ul ＜ u

oul ＜ ou　　　　　ioul ＜ iou

ãl ＜ ã　　　　　　iãl ＜ iã　　　　　　uãl ＜ uã

ə̃l ＜ əŋ　　　　　　ĩl ＜ əŋ

õl ＜ uŋ

由上可以看出，除了主元音为 ə 的一组外，其他儿化韵都是原韵母加上边音韵尾 l̩ 构成。

四川仁寿话（西南官话西蜀片）"儿"音 l̩，"除[l̩]以外的 36 个韵母儿化后合并成八个儿化韵，大致规律是（刘自力 1988 硕士论文《仁寿方言报告》，转引自钱曾怡 1995）：

ol̩	o oŋ	iol̩	io ioŋ
ɿl̩	跟 ts ts' s 相拼的韵母	il̩	其余的齐齿呼韵母
ʅl̩	跟 tʂ tʂ' ʂ ʐ 相拼的韵母	ul̩	合口呼韵母
əl̩	其余的开口呼韵母	yl̩	撮口呼韵母

仁寿方言的 8 个儿化韵，除了 4 个特殊韵母和开口呼韵母向央元音合并外，齐、合、撮三呼都是向高元音集中，在北方方言中是十分独特的。比较四川南滨县李庄话："李庄'儿'音[əl̩]，儿化韵就是[əl̩]替代前一音节的韵腹和韵尾，其他韵母与本韵合并时，除齐合撮口韵的前面介音i, u, y不变外，其余无论开口韵或收 i, u 尾韵及收鼻音尾韵，皆一律变为 əl̩。"李庄方言的儿化韵一共是 4 个（杨时逢《李庄方言记》，转引自钱曾怡 1995）：

əl̩	尾巴儿 uei⁴² pəl̩⁵⁵		盖盖儿 kai¹³ kəl̩¹³
	沙葫豆儿 sa⁵⁵ fu¹¹ təl̩¹³		老汉儿 nau⁴² xəl̩¹³
iəl̩	画眉儿 xua¹³ miəl̩¹¹		蚊烟儿 uən¹¹ iəl̩⁵⁵
	钉儿 tiəl̩⁵⁵		鱼鳅儿 y¹¹ tɕʰiəl̩⁵⁵
uəl̩	花儿 xuəl̩⁵⁵		幺姑儿 iau⁵⁵ kuəl̩⁵⁵
	毡窝儿 tsan⁵⁵ uəl̩⁵⁵		娃儿 uəl̩¹¹
yəl̩	鱼鱼儿 y¹¹ yəl̩¹¹⁻⁵⁵		汤圆儿 tʰaŋ⁵⁵ yəl̩¹¹
	雀儿 tɕʰyəl̩²⁴		

山东寿光话（冀鲁官话沧惠片）"儿"音 l̩i。其儿化韵既有卷舌韵、鼻化韵，又有边音尾韵。可以儿化的 36 个韵母，儿化后并为 24 个儿化韵（张树铮 1995：47~52）。列举如下：

ʌr < ʌ	iʌr < iʌ	uʌr < uʌ		
ɔr < ɔ	iɔr < iɔ			
ɚr < ɛ ɜ ã	iɚr < iɛ iã	uɚr < uɛ uã	yɚr < yɛ	
ɤr < ə əŋ	iɤr < iə iŋ	uɤr < uə uŋ yŋ	yɤr < yə	
		ur < u	yr < y	
əur < əu	iəur < iəu			
l̩ < ɿ ʅ i ei ɜ	il̩ < i iɜ	ul̩ < uei uɜ	yl̩ < yɜ	
ãr < aŋ	iãr < iaŋ	uãr < uaŋ		

在 24 个儿化韵中，共有 4 个 l̩ 韵或 l̩ 尾韵，由 2 个舌尖音韵母和 7 个平舌韵变来。同时，儿化韵对声母的发音也有影响，这些情况都反映出儿化韵的复杂性。

总的来说，儿化韵收 l̩ 尾的方言不是很多，而既有卷舌韵，又有 l̩ 尾韵的儿化现象，目前仅看到寿光方言的报道。

五　平舌儿化韵

在官话中，有不少方言的儿化韵是平舌韵。兰州话（兰银官话金城片）可以算平舌儿化韵的典型。兰州话的 32 个平舌韵，儿化后变成 30 个儿化韵，儿化韵尾就是"儿"音的 ɯ。
列举如下（陈章太、李行健 1996：1187～1188）：

aɯ ＜ a　马儿	ɤuɯ ＜ uɤ　锅儿	iɛɯ ＜ iɛ　钱儿
iaɯ ＜ ia　芽儿	ɛɯ ＜ ɛ　孩儿	uɛɯ ＜ uɛ　环儿
uaɯ ＜ ua　瓜儿	uɛaɯ ＜ ɑu　筷儿	yɛɯ ＜ yɛ　圈儿
ɯ ＜ ʅʅ　字儿	ɔɯ ＜ ɔ　桃儿	ãɯ ＜ ã　缸儿
iɯ ＜ i　鸡儿	iɔuɯ ＜ ci　条儿	iãɯ ＜ iã　箱儿
uɯ ＜ u　兔儿	eɯ ＜ ei　杯儿	uãɯ ＜ uã　筐儿
yɯ ＜ y　鱼儿	ueɯ ＜ uei　嘴儿	ɤ̃ɯ ＜ ɤ̃　盆儿
ieɯ ＜ ie　叶儿	əɯ ＜ əu　猴儿	iɤ̃ɯ ＜ iɤ̃　镜儿
yeɯ ＜ ye　月儿	iəɯ ＜ iəu　球儿	uɤ̃ɯ ＜ uɤ̃　棍儿
ɤɯ ＜ ɤ　歌儿	ɛ̃ɯ ＜ ɛ̃　盘儿	yɤ̃ɯ ＜ yɤ̃　裙儿

兰州话儿化韵尾只在 4 个儿化韵中分别替换了基本韵母的韵尾 i、u，对基本韵母的影响
是极其微小的。

洛阳话"儿"音 əɯ，它的儿化韵也收 ɯ 尾，共 8 个，与基本韵母的关系如下（贺巍
1993：32）：

əɯ ＜ ʅ ʅ ei əu ən əŋ ʅ ʅ əɯ　ɯ u	ɑɯ ＜ a ə œ aŋ ɑŋ əɯ
iɯ ＜ i iəu in iŋ	iɑɯ ＜ ia nai ci ei ai io ian iaŋ
uɯ ＜ u uei un uŋ	uɑɯ ＜ ua uə æ uan uaŋ
yɯ ＜ y yn yŋ	yɛɑɯ ＜ ye ɤ yan

儿化韵按照主要元音舌位的高低，分别归并成 2 组。除"儿"音外，儿化韵与基本韵母
不重合。

陕西户县话（中原官话关中片）"儿"音 ɯ，也是 8 个平舌儿化韵，其主要元音较低的
基本韵母儿化后变成以 ə 为韵腹的一组韵母。除"儿"音外，儿化韵与基本韵母没有交叉。
列举如下（孙立新 2001：76）：

əɯ ＜ ʅ ʅ ei ɤu ɛ̃ əŋ əɯ	ə ＜ a ɤ ʒʅ æ au ã aŋ
iɯ ＜ i iɤu iɛ̃ iŋ	iə ＜ ia iɛ iæ iau iã iaŋ
uɯ ＜ u uei uɛ̃ uəŋ	uə ＜ ua ɤu uæ uã uaŋ
yɯ ＜ y yɛ̃ yŋ	yə ＜ yɤ yɛ yã

陕西神木话（晋语五台片）"儿"音 ʌɯ，儿化韵是 4 个 ɯ 尾韵。基本韵母按照开齐
合撮四呼与儿化韵对应（邢向东 2002：154）。例如（括号内是基本韵母）：

ʌɯ　籽儿 tsʌɯ²¹³ (ʅ)	迟迟儿 tʂʅ⁴⁴ tʂ'ʌɯ⁵³ (ʅ)
响圪叭儿 ɕiã²¹ kə⁷²⁴ pʌɯ⁵³ (a)	一半儿 iə⁷²⁴ pʌɯ⁵³ (ɛ)
牌儿 p'ʌɯ⁵³ (ɛ)	桃儿 t'ʌɯ⁵³ (ɔ)
巧舌儿家畜的小舌 tɕ'iɔ²¹ ʂʌɯ⁵³ (ɤ)	味儿 vʌɯ⁵³ (ei)
小镢头儿 ɕiɔ²¹ tɕyɤ⁷²⁴ t'ʌɯ⁵³ (əu)	海棠儿 xɛ²¹ t'ʌɯ⁵³ (ã)
顶针儿 tiɤ̃²¹ tʂʌɯ²⁴ (ɤ̃)	法儿 fʌɯ⁴⁴ (aʔ)
色儿 sʌɯ⁴⁴ (əʔ)	老婆儿 lɔ²¹ p'ʌɯ⁵³ (uo)

iʌɯ　鸡儿 tɕiʌɯ²¹³ (i)　　　　　　孩伢儿 xəʔ⁴ iʌɯ⁵³ (ia)

　　　先前儿 ɕie²¹ tɕʰiʌɯ⁵³ (iɛ)　　　雀儿 tɕʰiʌɯ²¹³ (iɔ)

　　　牛儿 niʌɯ⁵³ (iəu)　　　　　样儿 iʌɯ⁵³ (iã)

　　　围巾儿 vei⁴⁴ tɕiʌɯ²¹ (iʏ̃)　　甲掐儿 tɕiəʔ⁴ tɕʰiʌɯ²¹ (iaʔ)

　　　圪截儿 kəʔ⁴ tɕʰiʌɯ²¹ (iəʔ)

uʌɯ　酒壶儿 tɕiəu²¹ xuʌɯ⁵³ (u)　　瓜儿 kuʌɯ²¹³ (ua)

　　　官儿 kuʌɯ²¹³ (uɛ)　　　　方块儿 fã²⁴ kʰuʌɯ²¹³ (uɛ)

　　　陀儿捻线陀螺 tʰuʌɯ⁵³ (uo)　小竖柜儿 ɕiɔ²¹ ʂu⁵³ kuʌɯ²¹ (uei)

　　　时光儿 sɿ⁴⁴ kuʌɯ²¹ (uã)　冰棍儿 piʏ̃²⁴ kuʌɯ⁵³ (uʏ̃)

　　　杏棚儿 xʏ̃⁵³ kuʌɯ²¹ (uəʔ)

yʌɯ　麦鱼儿 miə²⁴ yʌɯ⁵³ (y)　　花卷儿 xua²⁴ tɕyʌɯ²¹ (yɛ)

　　　伲群儿 kəʔ⁴ tɕʰyʌɯ⁵³ (yʏ̃)　牛角儿 niəu⁴⁴ tɕyʌɯ⁴⁴ (yaʔ)

　　　月儿 yʌɯ⁴⁴ (yəʔ)

　　只有 4 个平舌儿化韵的方言还有四川南充、云南保山等。

　　云南大理、昆明、蒙自等方言，儿化韵没有撮口呼，只有 3 个不卷舌的儿化韵。如蒙自"儿"音 ɔ，它的 3 个儿化韵是 ɔ iɔ uɔ，分别对应于基本韵母。（陈章太、李行健 1996：1481～1482）王福堂（2005：174）认为："西南官话区就有不少方言的卷舌儿化韵失去了作为语音标志的卷舌成分，变为平舌元音……而且儿化韵的卷舌韵尾失落后，甚至'儿'字的基本韵母也随同变化，如昆明话 ə（←ər），蒙自 ʌ（←ʌr）。"按照王先生的观点，像西南官话、神木话这样儿化处于萎缩状态的方言，"儿"字读平舌韵是儿化韵失去卷舌作用的结果。如果比较西宁、兰州、户县等方言，这个结论还是可以商榷的。在笔者看来，这些方言"儿"读平舌韵是儿化韵读平舌韵的原因，而不是结果。

　　就目前掌握的材料来看，大多数方言的平舌儿化韵都是比较整齐的，除了兰州以外，一般是 2 组 8 个或 1 组 4 个，并且不和卷舌音共存。但也有特殊的情况，如湖北红安话和甘肃临夏话。

　　红安话（江淮官话黄孝片）有 41 个基本韵母，除 ɿ ʅ i u ʯ ər æ ʯæ e ie ʮe ei uei ʮei 等 14 韵外，都有"小称变韵"。列举如下（陈章太、李行健 1996：1729～1730）：

æ < a　一把 几大　　　　　　　iəʮ < iəu 小皮球

iæ < ia　树桠　　　　　　　　　ĩ < an ən 淡了点 小凳

uæ < ua　一挂（一串儿）　　　　iĩ < ian in 一边 白菜心

ʯæ < ʯa　哕（呕吐声）　　　　　uĩ < uan uən 砂罐 问下子

ər < o au 铅笔刀 唱歌　　　　　ʮĩ < ʮan ʮən 打转 一匀地

iər < io iau 麻雀 瞧下子　　　　æ̃ < aŋ 两三张

e < ai 表带　　　　　　　　　　iæ̃ < iaŋ 菜秧

ue < uai 两三块　　　　　　　　uæ̃ < uaŋ 沾光

ʮe < ʮai 甩了　　　　　　　　　ər̃ < oŋ 笔筒

əʮ < əu 豆 扣（～子）　　　　　iər̃ < ioŋ 小牛

　　在 20 个小称变韵中，有 4 个卷舌韵母：ər iər ər̃ iər̃。əʮ iəʮ 两韵的舌尖也要翘起来，属于卷舌韵。有 6 个和基本韵母重合：æ uæ ɣæ ǝr e ɥe。综合韵母的特点和变韵的功能来分析，我们认为，红安的"小称变韵"就是儿化韵，不过表现形式比较复杂，功能也比大多数方言的儿化韵多样。钱曾怡（1995）已经指出，不少方言儿化韵的功能是极其多样的。红安话小称变韵的功能主要是表小，并没有超出钱文列举的类型。红安的儿化韵可能处于正在演变的过程中。

甘肃临夏话（中原官话秦陇片）汉民的儿化音变发生在部分韵母上。它的 32 个基本韵母中，əŋ iəŋ uəŋ yəŋ 四韵分别变成 ei iei uei yei 4 个儿化韵，æ iæ uæ yæ 变成 ei iei uei yei 韵或 ɛ iɛ uɛ yɛ 韵，同时 ɛ i u y 也有零星的儿化音变，变成 ei uei yei 韵。这样，临夏汉民话共有 8 个儿化韵，（其中 ei uei ɛ iɛ uɛ 和基本韵母重合）分别来自 8 个鼻音韵和 4 个开尾韵。（王森 1985）

不少山东方言也存在这类"小称变韵"，例如博山。"博山的变韵有表示小、轻微的意味，其作用相当于北京的儿化，但是在发音上跟'儿'音的关系不明显，所涉及的韵母也不及北京普遍。博山成系统的变韵有以下十三个"（钱曾怡 1993：23～24）：

ã → ɛ	老伴、小碗		ʅ → ei	没有词、说话带刺
iã → iɛ	河涯边、挨肩		ɭ → ei	大侄、吃巧食
uã → uɛ	大官、小官		i → ei	影壁墙、小的
yã → yɛ	圆圈、包圆		u → əu	香炉 ə、蝼蛄
ɔ̃ → ei	出门、丢人		uŋ → uɛ	灯笼、灯笼裤
iɔ̃ → iei	不得劲		y → iɛu	孙女 ə
uɔ̃ → uei	掉 ə 魂			

变韵的结果是 9 个平舌韵，其中 7 个跟基本韵母 ɛ iɛ uɛ ei uei əu iəu 相交叉，产生 2 个新韵母 yɛ iei。除了这 13 个韵母变韵以外，该方言再没有儿化现象。淄川话的情况和博山类似，也没有其他儿化现象。（孟庆泰、罗福腾 1994：44～46）这种现象分布的地区是：淄博市管辖范围内的张店、桓台、淄川、博山、周村、邹平等地，靠近淄博的章丘市，鲁南的定陶、平邑、微山的部分方言。（钱曾怡 1995，张树铮 1999：172～173）特别值得注意的是，博山等地和临夏远隔数千公里，但发生儿化音变的语音条件几乎完全相同，音变结果也很相似。这一点对于探讨这种音变的原因具有重要的价值。

对这种变韵的性质和来源，张树铮通过对成人的卷舌儿化韵和幼儿学习儿化过程的对照，进行了解释。他认为这些变韵就是儿化变韵，来源于幼儿对成人儿化韵的幼稚模仿："根据现有研究，儿化音是明代中期产生、后期成熟的，由绝大部分山东方言均具有卷舌型儿化来看，山东地区的儿化肯定也是很早就已经产生并普及了的，淄博等地不大可能独自发展得最晚。因此，看来正确的解释只能是乙：幼儿对成人卷舌型儿化的幼稚模仿而形成幼儿型儿化，幼儿型儿化延续到成人期便成了这种儿化变韵。"（张树铮 1999：181）

六　嵌 r 儿化韵及其对声母的影响

有些方言的儿化韵，卷舌动作不但影响到韵尾和主要元音，而且影响到介音甚至声母。其主要表现方式为，齐齿呼和撮口呼韵母儿化时，介音后产生闪音 r 或边音 ɭ，有些声母在儿化时发生变化。山东省即墨、平度、阳谷、利津、被县、诸城、金乡、定陶、宁津，河南偃师，山西平定等存在这种类型的儿化现象。

先看山东即墨话（胶辽官话青莱片）。即墨话"儿"音 ər，有 35 个韵母，其中 34 个平舌韵儿化后变成 24 个卷舌韵。列举如下（赵日新等 1991：44～45）：

ɑr < ɑ	iˡɑr < iɑ	uɑr < uɑ	
er < ɛ ã iã	iˡer < ie iã	uer < ue uã	yˡer < yã
er < ʅ ɿ i ei ɔ̃ iɔ̃	iˡei < iɔ̃	uer < u y uei uɔ̃	yˡer < y yɔ̃
		ur < u	
ər < ə iə	iˡər < iə	uər < uə	yˡər < yə
ɔr < ɔ iɔ	iˡɔr < iɔ		
our < ou iou	iˡour < iou		
ãr < ɑŋ iɑŋ	iˡãr < iɑŋ	uãr < uɑŋ	
õr < oŋ ioŋ	iˡõr < ioŋ		

值得注意的是，齐齿呼、撮口呼韵母儿化时有两种变化方式，一是保留介音，在介音后加上闪音 r，主要元音加卷舌动作；一是变成开口呼、合口呼韵母加卷舌动作。到底采取哪一种变化方式，跟声母的类型和闪音的位置有关。一部分声母后面直接带闪音，那么即使原韵母是齐、撮两呼，也要遵从声母的变化规则，在闪音前去掉介音。也就是说，卷舌特征已经扩展到了介音和声母。

下面看即墨儿化对声母的影响："声母变化主要有 tʃ tʃʻ ʃ → tʂ tʂʻ ʂ、ts tsʻ s → tθ tθʻ θ，l → ʐ。ts 组声母变 tθ 组后，原韵母齐齿呼和撮口呼变为相应的开口呼和合口呼；闪音 r 主要加在声母 t tʻ n、tθ tθʻ θ 和元音 i 和 y 的后面，t 组声母原韵母如果是齐齿呼和撮口呼，加闪音后变为相应的开口呼和合口呼。"（同上：43～44）具体如下：

tʃ → tʂ	侄 tʃʅ⁴²	侄儿 tʂer⁴²
tʃʻ → tʂʻ	尺 tʃʻʅ⁵⁵	尺儿 tʂʻer⁵⁵
ʃ → ʂ	叔 ʃu⁵⁵	小叔儿 siɔ⁵⁵⁻⁴² ʂur⁵⁵
ts → tθ	节 tsiə⁵⁵	节儿 tθˡər⁵⁵
tsʻ → tθʻ	雀 tsʻyɔ⁵⁵	家雀儿 tɕiɑ²¹³ tθˡuər⁵⁵
s → θ	小 siɔ⁵⁵	小小儿 siɔ⁵⁵⁻⁴² θˡər⁵⁵
l → ʐ	楼 liaŋ⁴²	小楼儿 iɔ̃²¹³ ʐaŋr⁴²
t 后加 r	点 tiã⁵⁵	一点儿 i⁵⁵⁻⁴² tˡer⁵⁵
tʻ 后加 r	天 tʻiã²¹³	伏天儿 fu⁴² tʻˡer²¹³
n 后加 r	脑 nɔ⁵⁵	豆腐脑儿 tou⁴²⁻⁵⁵ fu·nˡɔr⁵⁵
tθ 后加 r	子 tθi⁵⁵	鸡子儿 tɕi²¹³ tθˡer⁵⁵
tθʻ 后加 r	刺 tθʻʅ⁴²	刺儿 tθʻˡer⁴²
θ 后加 r	丝 θʅ⁴²	肉丝儿 iou⁴² θˡer²¹³
i 后加 r	鸡 tɕi²¹³	小鸡儿 siɔ⁵⁵ tɕiˡer²¹³
y 后加 r	鱼 y⁴²	小鱼儿 siɔ⁵⁵ yˡer⁴²

其中，原来读 ts tsʻ s 母的字，先变成 tθ tθʻ θ 母，再按照 tθ tθʻ θ 声母后加闪音的

规则，在后面加上闪音 r。由于儿化对声母的影响，原来读 tʃ tʃʻ ʃ ts tsʻ s 声母的字，在儿化音节中变得与 tʂ tʂʻ ʂ tθ tθʻ θ 母字同音了。

在有的方言里，儿化还进一步对儿化音节前后的声母发生影响。如山东金乡话（中原官话蔡鲁片）。金乡话"儿"音 ər。儿化时凡舌尖前声母都变为舌尖后声母。其对前后音节的影响是（马凤如 2000：59～60）：第一，儿化韵"使前面音节的舌尖前音声母变为舌尖后音声母，相应地主要元音为'ɿ'的一律变为'ʅ'"。如：

爪子 tsua⁵⁵ tsɿ⁰ → 爪子儿 tsua⁵⁵ tʂer⁰
初五 tsʻu²¹³ u⁵⁵ → 初五儿 tsʻu²¹³ ur⁵⁵
十四 sɿ⁴² sɿ³¹² → 十四儿 sɿ⁴² ʂer³¹²
肉刺 zou³¹² tsɿ³¹² → 肉刺儿 zou³¹² tʂʻer³¹²

第二，"使前面两个音节或往前数第二个音节的舌尖前音声母变为舌尖后音声母，主要元音为'ɿ'相应地变成'ʅ'。这种较古老的老派音变现象如今比较罕见，而且仅残留在少数几个村名或地名的读音上面"。如：

张翟庄 tsaŋ²¹³⁻²¹ tsei⁴² tsuan²¹³ → 张翟庄儿 tʂaŋ²¹³⁻²¹ tʂei⁴² tʂuãr²¹³
周大庙 tsou²¹³ ta³¹² miɔ³¹² → 周大庙儿 tʂou²¹³ ta³¹²⁻³¹ miɔr³¹²
张暗楼 tsaŋ²¹³ ã⁰ lou⁴² → 张暗楼儿 tʂaŋ²¹³ ã⁰ lour⁴²
石家庄 sɿ⁴² tɕia⁰ tsuan²¹³ → 石家庄儿 ʂɿ⁴² tɕia⁰ tʂuãr²¹³

第三，"使后面一个音节的舌尖前音声母变为舌尖后音声母"。比较：

走扇 tsou⁵⁵⁻⁴⁵ sã⁰ → 每儿扇 mer⁵⁵⁻⁴⁵ ʂã⁰
来省 lɛ⁴²⁻⁵⁵ səŋ⁰ → 没事儿省 mei²¹³⁻²¹ ʂer³¹²⁻⁴² ʂəŋ⁰
没制啥 mei²¹³⁻²³ tsɿ³¹²⁻³¹ sa⁰ → 玩儿啥 uɜr⁴²⁻⁵⁵ ʂa⁰

从词例和作者的描述来看，金乡话儿化韵对声母影响的第二、第三种形式，已经属于残留状态。可见，该方言儿化韵的这种特殊形式由来已久。

山西平定话（晋语大包片）的"儿"音 ʅ，儿化韵和单字韵的对应关系如下：

ʅar < a aʔ/ia	ʅɚr < æ ææ/iæ	ʅər < ei əʔ eʔ/i	ʅur < y
ʅuar < ua	ʅuɚr < uæ uɛɛ yæ	ʅuər < uei uə/yəʔ	ʅur < u
ʅɤr < ɤ	ʅɣur < ɣu iɣu	ʅaor < ao	ʅ̃ɤr < ɤŋ iɤŋ　ʅã < aŋ
ʅuɤ̃r < uɤ			ʅũ̯ɤr < uɤŋ　ʅuãr < uaŋ

特殊 iʅɚr < iæ/pʻ、t-；ʅur < uə?

儿化声母的变化：tɕ tɕʻ ɕ ø (j-/ɥ-) → ts tsʻ s z（王洪君 1999：208）

"平定儿化韵母与单字韵母对应的总规则是：1. 韵尾：阻塞音韵尾、i 韵尾和来源于 n 的鼻化成分脱落，u ŋ 保留；2. 韵腹：前元音央化，前高元音央化后与中元音合流，央后元音不变；3. 介音：齐撮变开合，即不允许舌前介音，但允许舌体介音。"（同上：209）平定和山东几个方言的区别在于，它不允许前高元音作介音，齐、撮两呼一律变开、合两呼，而山东方言则是在前高元音 i y 后加闪音，只是在声母的变化要求去掉介音 i y 时才变为开口呼和合口呼。

在其他方言中，也零星存在着儿化时带闪音的情况。如陕西神木万镇话（晋语五台片），在 21 个儿化韵中，有 3 个带闪音：

rɤr < i ə?	抽屉儿 tsʻou⁴² tʻrɤr⁵³ (i)	忒儿形容鸟飞的声音 tʻrɤr⁵³ (ə?)
irɤr < i	畦儿 tɕʻirɤr⁵³ (i)	星儿 ɕirɤr²¹³ (i)
yrɤr < y	鱼儿 nyrɤr⁵³ (y)	

关于儿化韵带 r l 并影响到介音甚至声母的原因，王洪君（1999：207～210）以平定儿化为例进行了解释：平定话"'-儿'的基本音形特征组成是：[+边音]、舌前（coronal）、[+卷舌]"。其儿化现象是"儿"的特征扩展到介音或声母，并删除这些位置上不能与舌前[+卷舌共容的特征后形成的。

七　儿尾和儿化并存的方言

有些方言还有儿尾与儿化并存的现象，例如河北省顺平、高碑店、定兴、满城，湖北英山、鄂城，云南大关等方言。

顺平话（冀鲁官话保唐片）共 38 个基本韵母，"儿"尾的读音有两类，一类是"儿"尾自成音节："[-u] 尾韵和 [-ŋ] 尾韵只能带儿尾 [ər]，不能产生儿化韵（[u] 韵母可以儿化，也可以带儿尾。[uau] 韵母字少，未发现能带'儿尾'的）。儿尾自成音节，前字的韵尾是 [-u] 时，儿尾读 [uər]，前字的韵尾是 [-ŋ] 时，儿尾读作 [ŋər]。"（刘淑学 2001）例如：

au uər	桃儿 tʻau²¹⁴⁻⁵³ uər		uaŋ ŋər	蛋黄儿 tan⁵¹ xuaŋ²¹⁴⁻⁵³ ŋər
iau uər	瓜瓢儿 kua³³⁻⁵⁵ pʻiau²¹⁴⁻⁵³ uər		əŋ ŋər	蜜蜂儿 mi⁵¹⁻⁵³ fəŋ³³ ŋər
ou uər	兜儿 tou²¹⁴⁻³⁵ uər		iŋ ŋər	花瓶儿 xua³³⁻⁵⁵ pʻiŋ²¹⁴⁻⁵³ ŋər
iou uər	煤球儿 mei²¹⁴⁻³⁵ tɕʻiou²¹⁴⁻⁵³ uər		uŋ ŋər	门洞儿 men²¹⁴⁻³⁵ tuŋ⁵¹⁻²¹ ŋər
aŋ ŋər	药方儿 iaŋ⁵¹⁻⁵³ faŋ³³ ŋər		yŋ ŋər	表兄儿 piau³⁵⁻⁵⁵ ɕyŋ³³ ŋər
iaŋ ŋər	娘儿俩 niaŋ²¹⁴⁻²¹ ŋər lia³⁵			

"其余韵母（15 个）可以儿化，形成以[ə ɐ]为主要元音的两套儿化韵母（共 8 个），相当于十三辙所附的小人辰儿、小言前儿两小辙"。儿化韵母与基本韵母的关系如下：

ər < ei ən u	iɚr < i in	uər < u uei uən	yər < y yn
ɐr < a ai an ɤ o	iɐr < ia ian iɛ	uɐr < ua uai uo uan	yɐr < yan yɛ

有些词的词尾"儿"，读"儿化"和"儿尾"均可。（同上）

部分"儿"自成音节；部分"儿"已经与词根音节融合，并恰与十三辙所附的小人辰儿、小言前儿两小辙对应；有些词尾"儿"读"儿尾"和"儿化"两可，说明顺平话的"儿化"处于由"儿"自成音节向"儿化"演变的过程中。但是，这个过程又具有一定的稳定性，和前述延川话的情况不同。据王福堂（2002）研究，它正好反映了北京话"儿化"的早期面貌，生动地证明了明清官话说唱文学中儿化押韵为什么只有小人辰儿、小言前儿两个小辙。

和顺平同类的情况还存在于高碑店、定兴、满城等方言点。高碑店（冀鲁官话定霸片）带儿尾的韵母除了.u ŋ 作韵尾的，还有 o y 两韵。值得注意的是，uo 已经"儿化"，而 o 还是"儿尾"，y 在"毛驴儿"、"小鱼儿"中为"儿尾"，在"有趣儿"中是"儿化"。杨同用（2000）定兴话除了"儿尾"自成音节外，儿化韵又可分为甲、乙两类：甲类是和顺平相同的 8 个儿化韵，"儿"与词根音节紧密融为一体；乙类儿化韵 15 个。陈淑静、许建中（1997）："'儿'虽不能自成音节，但仍保留充当儿尾用的音值，而且它同前字组合而成的音节，音高形式也与儿尾同前字的连调形式相同。"陈等的乙类儿化韵共 4 个，列举如下：

iɛər ＜ ie　老爷儿 lao²¹³⁻²⁴ iɛər²¹³ （阳平+轻声：21 3）

yɛər ＜ ye　橛儿 tɕyɛər²¹³ （阳平+轻声：21 3）

oər ＜ o　小磨儿 ɕiao²¹³⁻³⁵ moər³¹⁴ （去声+轻声：31 4）

uoər＜ uo　小桌儿 ɕiao²¹³⁻²⁴ tʂuoər³³ （阴平+轻声：33 3）

高碑店不稳定的 o uo 韵在定兴话中正是处于过渡阶段的乙类儿化韵，最能说明这几个方言的"儿尾"正在向"儿化"过渡的事实。

湖北英山话（江淮官话黄孝片）"词根+儿"是儿尾还是儿化，不但取决于韵尾，而且与韵腹有关。首先，入声韵既不能儿化，也不带"儿尾"。阴声韵和阳声韵各有一部分可以儿化，另一部分则只能带儿尾。儿化的有 9 个韵母，列举如下：

ər ＜ ai an　　　əɔr ＜ ən

iər ＜ ian　　　iəɔr ＜ in

uər ＜ uan　　　uəɔr ＜ uən

ɥər ＜ ɥan　　　ɥəɔr ＜ ɥən

除了入声韵以外，不能儿化、只能带儿尾 ɚ 的韵母，包括阳声韵的 ŋ 尾韵，阴声韵的 ɿ ʅ i u a ia ua o au iau əu uɛi əi uei，即无尾韵、u 尾韵及 i 尾韵中主要元音舌位较高的韵母。即使是能够儿化的 ən 组韵母，儿化后必须在央元音后加上舌位较低的 ɔ 作为过渡。（陈淑梅 1989：61～65，王福堂 2005：161～162）从发展的角度来看，英山话的儿化韵可能还处在开始形成的阶段。

八　儿化音节的变调

儿化韵是由词尾"儿"和词根音节合音后形成的，不少方言的儿化伴随着变调。"AA 儿"形容词等形式不仅关涉到儿化，而且与重叠有关，本书暂不涉及。这里只简单介绍一些方言名词儿化的变调。

陕西神木话（晋语五台片）的儿化变调规律是，去声和清平字儿化时不变调。变调的有三个调。（邢向东 2002：133）

第一，阳平变读[53]调（同去声）：

孩伢儿 xəʔ⁴ iʌɯ⁵³　　七成儿 tɕʰiəʔ⁴ tʂʰʌɯ⁵³　　沙渠儿地名 sa²⁴ tɕʰyʌɯ⁵³

第二，入声字儿化大都变读[44]调（同阳平），有的进一步随阳平变[53]调，形成异读：

夹克儿 tɕia ʔ⁴ kʰʌɯ⁴⁴　　各儿家 kʌɯ⁴⁴ tɕiəʔ²¹　　赤脚儿 tʂʰəʔ⁴ tɕiaʌɯ⁴⁴

跌色儿 tiəʔ⁴ sʌɯ⁴⁴/sʌɯ⁵³　　月儿 yʌɯ⁴⁴/yʌɯ⁵³　　豌饦儿 vɛ²¹ tʰuʌɯ⁴⁴/tʰuʌɯ⁵³

第三，阴平上儿化单字调不变，但清上字儿化后连调值与清平相同：

枣儿 tsʌɯ²¹³　　雀儿 tɕʰiʌɯ²¹³　　狗儿 kʌɯ²¹³

籽儿稠 tsʌɯ²¹³⁻²⁴ tʂʰəɯ⁴⁴　　袄儿襟襟 ŋʌɯ²¹³⁻²⁴ tɕiɤ²⁴ tɕiɤ²¹　　张板儿崖地名 tʂɑ²¹³⁻²⁴ pʌɯ²⁴ nɛ⁴⁴

这样，神木话儿化名词除了一部分读轻声外，就只剩阴平、去声、阳平（很少）三个声调，而且单字调和连读调统一了起来。

户县话（中原官话关中片）名词儿化也要变调，双音节儿化词变调的规律是："被儿化字是平声调的，儿化后读阳平调；被儿化字是上声、去声的，儿化后读上声调。"单音节儿化时一部分阴平字仍读阴平，其余和双音词相同。（孙立新 2001：83、84）结果儿化词只有阳平、上声和少数阴平调：

　　　梨瓜儿 li³⁵kuə³¹⁻³⁵　　胳膊儿 kɯ³¹pə³¹⁻³⁵　　醋瓶儿 tsʰɤu⁵⁵pʰiɯ³⁵　　阳台儿 iaŋ³⁵tʰə³⁵

　　　铁片儿 tʰiɛ³¹pʰiə⁵¹　　纱盏儿 sa³¹tsə⁵¹　　辣面儿 la³¹miə⁵⁵⁻⁵¹　　捻柱儿 niã⁵¹tsuɯ⁵⁵⁻⁵¹

有些方言的儿化变调发生在个别单字调上。如乌鲁木齐话（兰银官话塔密片），来自古清上和次浊上的阳平字儿化后读如去声[213]调（周磊 1995：6）：

　　　盖碗儿 kai²¹³⁻¹³ver⁵¹⁻²¹³　　鸟儿 niɔr⁵¹⁻²¹³　　沙果儿 sa⁴⁴kuɤr⁵¹⁻²¹³　　枣儿 tsɔr⁵¹⁻²¹³

山西大同话（晋语大包片）舒声字儿化不变调，入声字儿化后变阳平调。（马文忠、梁述中 1986）例如：

　　　法儿 far³²⁻³¹³　　　桌儿 tʂuar³²⁻³¹³　　　撒儿 pʰiar³²⁻³¹³　　　曲儿 tɕʰyar³²⁻³¹³

有些方言单字调已经合流，儿化后可以区分。如山西长治话（晋语上党片）儿化变调可以区分阴阳入："入声字儿化后喉塞音[ʔ]尾脱落读舒声，有的读阴去，有的读阳去。从来历看，古全浊声母字儿化后读阳去调。古清音和次浊声母字儿化多数读阴去。"（侯精一 1985：32）说明儿化出现的时间在清入和浊入合流以前。例如：

　　全浊入　　　围脖儿 uei²⁴par⁵⁴⁻⁵³　　凉席儿 liaŋ²⁴ɕiar⁵⁴⁻⁵³　　牛犊儿 iəu²⁴tuar⁵⁴⁻⁵³

　　清、次浊入　小格儿 ɕiɔ⁵³⁵kar⁵⁴⁻⁴⁴　　纸塞儿 tʂɿ⁵³⁵sar⁵⁴⁻⁴⁴　　小鹿儿 ɕiɔ⁵³⁵luar⁵⁴⁻⁴⁴

儿化变调是"儿"缀前音节的调值与"儿"音节的调值相互协调的结果。如前文所述，关中礼泉话的"儿"缀只是和前音节紧紧黏在一起，还没有彻底"化"入该音节，所以可以通过它来观察儿化导致变调的过程。礼泉话阴平[31]+儿[21]＝[311]，阳平[24]+儿[21]＝[241]，上声[52]+儿[21]＝[521]，去声[55]+儿[21]＝[521]。儿化后去声和上声变为同调。礼泉"儿化"的今天可能就是户县儿化的昨天，它的"儿"缀词的声调变化，对北方方言儿化变调的形成机制的解释具有重要价值。

总的来看，晋语和中原官话关中片儿化伴随变调的方言比较多，其他方言有此类报道的较少。

九　子变韵

在山西南部和河南北部，有一种功能相当于其他北方话名词词尾"子"的变韵，一般叫"子变韵"。目前报道有子变韵的方言如：山西和顺、晋城、阳城、陵川、垣曲、闻喜、运城等，河南获嘉、济源、温县、郑州等。其中大部分在晋语区，其次是中原官话区。

有子变韵的方言，并不是所有的基本韵母都有子变韵。目前掌握的材料中，子变韵最多的方言属晋语大包片的和顺话。和顺话 37 个基本韵母，共生成 31 个子变韵，几乎每个基本韵母都有一个子变韵（田希诚 1990）。列举如下：

ʅ: < ʅ 枝子　　　　i:: < i 蹄子　　　　u: < u 炉子　　　　　y: < y 瘸子

a:< a aʔ 疤子 脖子　　i:a < ia iaʔ 架子 鸭子　　u:a < ua uaʔ 爪子 刷子

　　　　　　　　　　　　　　　　　　　　　u:ɤ < uɤ 骡子

æ: < æ 盆子　　　　i:æ < iæ 鞭子　　　　u:æ < uæ 橡子　　　y:æ < yæ 园子

ɒ:< ɒ 房子　　　　i:ɒ < iɒ 箱子　　　　u:ɒ < uɒ 筐子

a:i < ai 牌子　　　　　　　　　　　　　u:ai < uai 拐子

　　　　　　　　　　　　　　　　　　　u:ei < uei 柜子

ɔ:u < ɔu 刀子　　　i:ɔu < iɔu 条子

ə:u < əu 肘子　　　i:ɔu < iəu 袖子

ə:ŋ < əŋ 身子　　　i:ŋ < iŋ 银子　　　u:əŋ < uəŋ 粽子　　y:ŋ < yŋ 裙子

ʅɤʔ < ɤʔ 虱子　　i:ɤʔ < ieʔ 笛子　　u:ɤʔ < ɤuʔ 褥子　　y:ɤu < yeʔ 镢子

ʅɤʔ < ɤʔ 尺子

上表反映，和顺话阴声韵、阳声韵的子变韵都是将原韵母第一个元音的时值拉长，使韵腹或介音变成长元音。aʔ 组入声韵则失落塞音尾，韵腹或介音时值变长，əʔ 组入声韵则变成介音是长元音的 ɤu 组舒声韵。在基本韵母中，有 4 个（ɤ ɿ l ei）没有对应的子变韵。不存在子变韵和基本韵母同音的情况。

山西阳城话（晋语上党片）40 个基本韵母，有 12 个子变韵（侯精一 1985）。列举如下：

ɔ: < ɑ ɒ ʊ ə　　　　　　i:ɔ < iɑ ie ẽ　　　　　　　　　　y:ɔ < ye ũ

　　ɔ:ʔ < ʌ ɤʔ iʊʔ uʌʔ　　　　iəʔ iʌʔ　　　　　　　　yəʔ yʌʔ

ʅɔ: < ʅ（限拼 ts 组声母）

ʅɔ: < ʅ ẽ uʌʔ（限拼 tʂ 组声母）　i:u < i iʌʔ

ẽ:ŋ < ɔ̃ŋ ɑ̃ŋ　　　　　　　i:ẽŋ < iɑ̃ŋ　　uẽ:ŋ < uɑ̃ŋ uẽŋ

ʅɔŋ < ɔ̃n（限拼 tʂ 组声母）　i:ɔŋ < iɔ̃ŋ　　　　　　　　y:oŋ < yɔ̃ŋ yẽŋ

这 12 个子变韵和 27 个基本韵母对应。在阳城话的基本韵母中，还有 u y o i o e ə æ uæ uɑ uai ər uẽn ɻ 等 13 个韵母没有相应的子变韵。

阳城话子变韵的突出特点仍然是每个韵母的第一个元音（韵腹、介音）都变成了长元音。韵腹同样是向后、圆唇的位置靠拢。入声韵的情况与和顺类似。阳声韵则保留了鼻韵尾，第一个元音变成长元音，韵腹变成后、圆唇元音。阳城的子变韵可以看作是在和顺类型的子变韵基础上归并的一个阶段。

获嘉话（晋语邯新片）有 47 个基本韵母，其中 7 个没有子变韵（贺巍 1989）。下面是获嘉话子变韵表：

ɤ‌nou < ʅ ʅ əʔ　　i:ou < i ei iʔ　　u < uʔ　　　　yu < y uei yʔ

ou < l

ɔ < a au　　　　iɔ < ia iau　　　uɔ < ua

o < ɤ aʔ əʔ　　　io < ie ai ieʔ　　uo < uɤ uaʔ　　yo < ye uai yaʔ yæʔ

ã < an　　　　　iã < ian　　　　uã < uan　　　yã < yan

ɔ̃ < aŋ　　　　　iɔ̃ < iaŋ　　　　uɔ̃ < uaŋ

　　　　　　　　i:ŋ < ən in iŋ　　　　　　　　　　y:ŋ < un yn uŋ

获嘉话的 40 个基本韵母对应于 21 个子变韵。获嘉话子变韵有下面几个特点：

第一，存在几个不同的基本韵母中和为一个子变韵的情况。这一点与阳城相同。

第二，阴声韵对应的子变韵，一般变成韵腹或韵尾圆唇化的后元音。入声韵对应的子变韵，一般失去塞音尾，韵腹和阴声韵的变化相同。

第三，阳声韵对应的子变韵，韵腹前、低的韵母一般变成鼻化韵，其韵腹变成后、圆唇元音。韵腹后、高的韵母一般韵腹变成长元音，保留鼻韵尾。（贺书说明：ã iã uã yã 的 a 偏后，接近 ɑ）

第四，有的子变韵与基本韵母相同。在获嘉话的子变韵中，有 2 个和基本韵母同形。

第五，有的子变韵与基本韵母四呼不一致，基本韵母是开口呼、合口呼，子变韵是齐齿呼、撮口呼。

在获嘉话的子变韵中，元音后、圆唇化是最重要的特点。元音拉长的韵母也有，但已不是主要特征。如果假设和顺话反映了子变韵较早期的状况的话，那么获嘉话和阳城话的演变方向既有相同的一面，也有很大的不同。

郑州话（中原官话郑曹片）有 42 个基本韵母，子变韵已经缩减为整齐的 8 个，与 23 个基本韵母对应（卢甲文 1992：24～25）：

$$ou < ɿ ʅ ou \qquad iou < i ei iou \qquad uou < u \qquad you < y uei$$
$$au < a o ɤ ʅ au \qquad iau < ia iɛ ai iau \qquad uau < ua uo \qquad yau < yo ye uai$$

郑州的子变韵在获嘉话的阶段上又发生了进一步的归并，与儿化韵中合并成 2 组 8 个的情形非常相似。

由于大多数方言的子变韵并不是在今音平面上"变"来的，而是在历史上形成的，变音一旦形成独立的系统以后，就有可能在系统内部成分的互相作用下发生演变。同时，基本韵母和子变韵系统的演变方向、速度可能并不同步。因此不能机械地拿共时的基本韵母和子变韵进行对应，从而认为子变韵就是在今基本韵母的基础上直接变来的。

关于子变韵的演变问题，王福堂（2005）有比较深入的分析。子变韵的发展是不平衡的。有些方言的子变韵正处在生成的过程之中，如山西原平话。有些方言的子变韵处在兴旺阶段，如以上的和顺、阳城、获嘉，再如晋南的运城、闻喜、夏县、临猗、平陆，豫北的济源、长垣等。有的方言子变韵则已处于衰减阶段，如山西陵川、晋城、垣曲，河南郑州等方言。

近年来对关中方言的调查发现，关中方言也存在类似"子变韵"的音变现象，比如岐山方言（中原官话秦陇片）的"韵母局部重叠"，功能十分多样，其中一个功能就类似其他方言的"儿化"。关中西府的凤县、凤翔等方言，也存在大量类似"儿化词"（或"子缀词"）的韵母重叠现象。值得注意的是，这些都是"儿化"很不发达甚至没有"儿化"的方言。位于关中东部的合阳话，也没有儿化韵，只有少量儿尾词。但在合阳话中，存在着一种韵母拉长的现象，其表现形式与晋南、豫北等地的"子变韵"十分相似。例如（其中第(1)(2)(4)组与其他方言的"儿化"同源）：

（1）时间词后缀"日 ər²¹"的进一步弱化、合音：今日 tɕie³¹ər²¹→tɕiẽ:³¹¹，前日 tsʻiã²⁴ər²¹→tsʻiã:²⁴¹，先前日 siã⁵⁵tsʻiã²⁴ər²¹→siã⁵⁵tsʻiã:²⁴¹。

（2）名词：向日葵 ɕiaŋ⁵⁵ʐ̩³¹kʻuɪ²⁴（说慢时是 ɕiaŋ⁵⁵ʐ̩³¹kʻuɪ²⁴），落花生红皮儿 luo³¹xua²⁴sẽ³¹xuoŋ²⁴pʻi²⁴ər²¹→luo³¹xua²⁴sẽ³¹xuoŋ²⁴pʻi:²⁴¹。

（3）量词"个"、后缀"里"等的进一步弱化、合音：两个 liaŋ³¹ue²¹/kue²¹/kə²¹→{两个}lia:ŋ³¹¹,三个 sã³¹uε²¹/kuε²¹/kə²¹ →{三个}sã:³¹¹,五个 u⁵²uε²¹/kuε²¹/kə²¹/ə²¹ →{五个}uo:³¹¹,头里 tʰou²⁴li²¹→tʰo:u²⁴¹,一搭里 i³¹ta:²⁴¹。

（4）后缀"儿"的弱化、合音：一件儿衣服 i³¹tsʻiã:⁵²¹n̠i³¹fu²¹,一对儿花瓶 i³¹tuɪ:⁵²¹xuɑ³¹pʰiəŋ²⁴,说一阵儿 fo²⁴i³¹tsʻẽ:⁵⁵¹,一丝儿肉 i²⁴sɿ:³¹¹zou³¹,一匣儿洋火 i³¹xɑ:²⁴¹iaŋ²⁴xuo⁵²,大一点儿 tʰuo⁵⁵i³¹tiã:²⁴¹。（邢向东调查）①

上述方言的词语中有一个现象：它们的"子"缀词很多，但"儿"缀词很少，一般没有儿化韵，即"儿化"和"韵母局部重叠／拉长"处于互补分布。这些新的事实——尤其是亲自调查所发现的事实，促使笔者反复思考，这类"子变韵"有可能是较早时期发生的"儿化"或重叠式名词后字进一步弱化的结果。由于这个问题非常复杂，还需要从共时、历时两个角度进行考察，才可能得出站得住脚的结论。

赵日新（2007：210～228）对"子变韵"等变韵现象作出了统一的解释，"指出所谓的'子变韵'很可能是'儿化韵'。中原地区官话'变韵'是名词后缀'儿、子、家、里'、动词后虚成分'了、着、得、到、在'等轻声音节弱化所引发的变化，不同地区的变韵处于不同的阶段，可以形成从两个独立音节到变韵的完整链条"。他还分析了变韵发生的具体过程，并且认为，此类变韵可以统称为"弱化变韵"。就目前的调查研究成果来看，赵日新的解释是很有说服力的。

十 子变调

子变韵大多伴随着变调。

基本韵母中的入声字，在子变韵中一律读舒声调，归并到调值相近的舒声调里去。如山西陵川话（晋语上党片）分阴阳入，老派读子变韵时阴入变读[24]（去声），阳入变读[53]（阳平）。但新派统一变读[53]调。（侯精一 1985）

舒声字读子变韵后变调的情况各方言不大一致。比如，陵川话舒声字的子变韵读本调。阳城话在阴平、阳平、上声、去声 4 个舒声调中，上声字变读[313]，不与任何调类重合。（同上）

山西晋城话（晋语上党片）子变韵萎缩，子变调较发达。晋城只有 7 个子变韵，来自 11 个基本韵母。在阴平、阳平上、去声、入声 4 个单字调中，阴平、来源于古浊平的阳平上字子变韵母读[35]调，不与任何单字调重合，来源于古上声清声母和次浊声母的阳平上和去声字子变韵母读本调[213]、[53]，入声子变韵母一律变读去声[53]调。阴平、阳平上（古浊平）"多数例子是韵母不变韵，仍旧读基本韵母，但读变调[35]，有人把这种现象称为'子尾变调'"（侯精一 1985）。沈慧云（1983）："晋城方言里能出现子尾变调的只限于阴平、阳平和入声三个声调的某些字，上声和去声没有子尾变调。"晋城方言"某些子变调词也能儿化"。例如（沈文记音调值与侯文稍有不同，下面的例词是沈文记音）：

秧儿 iẽr³³⁻³⁵　　包儿 pər³³⁻³⁵　　钉儿 tiãr³³⁻³⁵
胡儿 xuər¹¹³⁻³⁵⁴　　盒儿 xər²²⁻⁴³　　汁儿 tsər²²⁻⁴³

---

① 另外，在中国语言学会第十四届年会（2008 年 8 月，温州）上，听取了沈力、冯良珍、津村宏臣教授《霍州内部方言扩散的数理分析——导入 CIS 分析法》的大会发言，其中有对霍州方言"子变韵"的分析。笔者曾同沈力、冯良珍教授交流，建议考虑其中的"子变韵"是否较早时期儿化的反映。

　　山西垣曲话（中原官话汾河片）主要用变调来表示"子"尾。垣曲话有 4 个单字调：阴平 [31]，阳平 [13]，上声 [55]，去声 [53]。阴平、去声的子变调为 [224]，阳平的子变调为 [442]，上声的子变调为 [53]，其中上声的子变调与去声单字调合流。读子变调时韵母的主要元音变读长元音（侯精一 1988b）。例如：

　　狮子 sɿ:$^{31\text{-}224}$　　蹄子 tʰi:$^{13\text{-}442}$　　领子 liɛ:$^{55\text{-}53}$　　被面子 pi^{53} miɛ:n$^{53\text{-}224}$

　　前文对儿化变调形成原因的分析，可以用之于子变调，兹不赘述。

附录

官话方言 8 区 42 片 1026 个音系基础字字音对照表

凡例

　　1.本表选择能够反映官话方言音系特点的常用字 1026 个，分别标注官话方言 8 区 42 片各一个代表点的读音。1026 个字经过精心挑选，原则是通过字音比较官话方言各种特点在不同区片的情况，如：尖团分混、古知庄章三组声母的今读、泥来分混、非晓分合、古鼻音韵尾和塞音韵尾的消亡分合、古今声调的演变，等等，以期使读者能够对官话方言的特点及内部差异有进一步真切的了解。

　　2.多音字选择用得多的前两个音，第三音以后用脚注补充。

　　3.字音有文白异读的先列白读后列文读，白读下加单线，文读下加双线。

　　4.所缺字音栏内空白。

　　5.由于页面受限，奇数页地点栏的地名以第一字代表，多字的地名和多种读音用小一点的字号。

区	片	代表点	多 果开一 歌平端	拖 果开一 歌平透	驼 果开一 歌平定	大~小 果开一 简去定	挪 果开一 歌平泥	罗 果开一 歌平来	左 果开一 哿上精	搓 果开一 歌平清
北京	幽燕	北京	₌tuo	₌t'uo	₌t'uo	ta⁻	₌nuo	₌luo	⁻tsuo	₌ts'uo
	锦兴	兴城	₌tuo	₌t'ʊɣ	₌t'uo	ta⁻	₌nuo	₌luo	⁻tsuo	₌tʂ'uo
	辽沈	沈阳	₌tuɣ	₌t'ʊɣ	₌t'ʊɣ	ta⁻	₌nuɣ	₌luɣ	⁻tsuɣ	₌ts'uɣ
	黑吉	长春	₌tuɣ	₌t'ʊɣ	₌t'ʊɣ	ta⁻	₌nuɣ	₌luɣ	⁻tsuɣ	₌ts'uɣ
	哈肇	巴彦	₌tuɣ	₌t'ʊɣ	₌t'ʊɣ	ta⁻	₌nuɣ	₌luɣ	⁻tsuɣ	₌ts'uɣ
胶辽	登连	牟平	₌tuo	₌t'uo	₌t'uo	ta⁻	₌nuo	₌luo	⁻tsuo	₌ts'uo
	青莱	诸城	₌tuə	₌t'uə	₌t'uə	ta⁻	₌nuə	₌luə	⁻tɵuə/⁻t'ɵuə	₌tɵ'uə
	营通	丹东	₌tuo	₌t'uo	₌t'uo	tɑ⁻	₌nuo	₌luo	⁻tsuo	₌ts'uo
冀鲁	保唐	高阳	₌tuo	₌t'uo	₌t'uo	ta⁻	₌ŋuo	₌luo	⁻tsuo	₌ts'uo
	石济	济南	₌tuə	₌t'uə	₌t'uə	ta⁻	₌nuə	₌luə	tsuə⁻	₌ts'uə
	沧惠	河间	₌tuo	₌t'uo	₌t'uo	ta⁻	₌ŋuo	₌luo	⁻tsuo	₌ts'uo
	章利	利津	₌tuə	₌t'uə	₌t'uə	ta⁻	₌nuə	₌luə	⁻tsuə	₌ts'uə
中原	关中	西安	₌tuo	₌t'uo	₌t'uo/tuo⁻	ta⁻	₌nuo	₌luo	⁻tsuo	₌ts'uo
	秦陇	敦煌	₌tuə	₌t'uə	₌t'uə	ta⁻	₌nuə	₌luə	⁻tsuə	₌ts'uə
	陇中	天水	₌tuo	₌t'uo	₌t'uo	ta⁻	₌luo	₌luo	⁻tsuo	₌ts'uo
	南疆	吐鲁番	₌tuɣ	₌t'ʊɣ	₌t'ʊɣ	ta⁻	₌nʊɣ	₌luɣ	⁻tsuɣ	₌ts'uɣ
	汾河	运城	₌tuo	₌t'uo	₌t'uo	ta⁻	₌luo	₌luo	tsuo⁻	₌ts'uo
	洛徐	徐州	₌tuə	₌t'uə	₌t'uə	ta⁻	₌nuə	₌luə	⁻tsuə	₌ts'uə
	郑曹	郑州	₌tuo	₌t'uo	₌t'uo	ta⁻	₌nuo	₌luo	⁻tsuo	₌ts'uo
	蔡鲁	曲阜	₌tuə	₌t'uə	₌t'uə	tɑ⁻	₌nuə	₌luə	⁻tsuə	₌ts'uə
	信蚌	信阳	₌tuo	₌t'uo	₌t'uo	ta⁻	₌nuo	₌nuon	⁻tsuo	₌ts'uo
兰银	银吴	灵武	₌tuə	₌t'uə	₌t'uə	tɑ⁻	₌nuə	₌luə	⁻tsuə	₌ts'uə
	金城	永登	₌tuə	₌t'uə	₌t'uə	ta⁻	₌nuə	₌luə	⁻tsuə	₌ts'uə
	河西	张掖	₌tuə	₌t'uə	₌t'uə	ta⁻	₌nuə	₌luə	⁻tsuə	₌ts'uə
	塔密	吉木萨尔	₌tuɣ	₌t'uɣ	⁻t'uɣ	ta⁻	₌nuɣ	₌luɣ	⁻tsuɣ	₌ts'uɣ
西南	黔川	大方	₌to	₌t'o	₌t'o	ta⁻		₌lo	⁻tso	₌ts'o
	西蜀	都江堰	₌to	₌t'o	₌t'o	ta⁻	₌no		⁻tso	₌ts'o
	川西	喜德	₌to	₌t'o	₌t'o	ta⁻	₌no	₌no	⁻tso	₌ts'o
	云南	昆明	₌to	₌t'o	₌t'o	ta⁻	₌no	₌lo	⁻tso	₌ts'o
	湖广	武汉	₌to	₌t'o	₌t'o	ta⁻		₌no	⁻tso	₌ts'o
	桂柳	荔浦	₌to	₌t'o	₌t'o	ta⁻	₌no	₌lo	⁻tso	₌ts'o
江淮	洪巢	南京	₌to	₌t'o	₌t'o	ta⁻	₌lo	₌lo	⁻tso	₌ts'o
	泰如	泰州	₌tu	₌t'u	₌t'u	₌tu⁻/₌tɛ⁻①	₌nu	₌nu	⁻tsu	₌ts'u
	黄孝	红安	₌to	₌t'o	₌t'o	ta⁻	₌lo	₌lo	⁻tso/tso⁻	₌ts'o/ts'o⁻
晋语	并州	太原	₌tɣ	₌t'ɣ	₌t'ɣ	ta⁻	₌nɣ	₌lɣ	⁻tsuɣ	₌ts'uɣ
	吕梁	岚县	₌tiE	₌t'iE	₌t'iE	tiE⁻	₌niE	₌liE	⁻tʂʅE	₌tʂ'ʅE
	上党	长治	₌tuə	₌t'uə	₌t'uə	tuə⁻	₌nuə	₌uə	⁻tsuə	₌ts'uə
	五台	忻州	₌tʅ	₌t'ʅ	₌t'ʅ	tʅ⁻/ta⁻	₌nʅ	₌lʅ	⁻tsuE	₌ts'uE
	大包	大同	₌tuo	₌t'uo	₌t'uo	ta⁻	₌nuo	₌luo	⁻tsuo	₌ts'uo
	张呼	呼和浩特	₌tuɣ	₌t'uɣ	₌t'uɣ	ta⁻	₌nuɣ	₌luɣ	⁻tsuɣ	₌ts'uɣ
	邯新	获嘉	₌tuɣ	₌t'uɣ	₌t'uɣ	ta⁻	₌nuɣ	₌luɣ	⁻tsuɣ	₌ts'uɣ
	志延	志丹	₌tuə	₌t'uə	₌t'uə	ta⁻	₌nuə	₌luə	⁻tsuə	₌ts'uə

①音3（白）：₌ta；音4（文）：ta⁻。

歌	个～	我	饿	河	贺	茄	波	破	婆	代表点
果开一	果开一	果开一	果开一	果开一	果开一	果开三	果合一	果合一	果合一	
歌平见	箇去见	哿上疑	箇去疑	歌平匣	箇去匣	戈平群	戈平帮	过去滂	戈平并	
₋kɤ	kɤᵓ	ˀuɤ	ɤᵓ	₌xɤ	xɤᵓ	₌tɕʰie	₋po	pʰoᵓ	₌pʰo	北
₋kɤ	kɤᵓ	ˀuɤ	nɤᵓ	₌xɤ	xɤᵓ	₌tɕʰiE	₋pɤ	pʰɤᵓ	₌pʰɤ	兴
₋kɤ	kɤᵓ	ˀɤ	ɤᵓ	₌xɤ	xɤᵓ	₌tɕʰie	₋pɤ	pʰɤᵓ	₌pʰɤ	沈
₋kɤ	kɤᵓ	ˀuɤ	nɤᵓ	₌xɤ	xɤᵓ	₌tɕʰiɛ	₋pɤ	pʰɤᵓ	₌pʰɤ	长
₋kɤ	kɤᵓ	ˀuɤ	nɤᵓ	₌xɤ	xɤᵓ	₌tɕʰie	₋pɤ	pʰɤᵓ	₌pʰɤ	巴
₋kuo/₋kə	kuoᵓ	ˀuo	uoᵓ	₌xuo	xuoᵓ	₌cʰiə	₋po	pʰoᵓ	₌pʰo	牟
₋kuə/₋kə	kuəᵓ/kəᵓ	ˀvə	vəᵓ	₌xuə	xuəᵓ	₌cʃa	₋pə	pʰəᵓ	₌pʰə	诸
₋kuo/₋kə	kuoᵓ	ˀuo	əᵓ	₌xə	xəᵓ	₌tɕʰiə	₋pə	pʰəᵓ	₌pʰə	丹
₋kɤ	kɤᵓ	ˀnɤ/ˀuo①	nɤᵓ/uoᵓ②	₌xɤ	xɤᵓ	₌tɕʰiɛ	₋po	pʰoᵓ	₌pʰo	高
₋kə	kəᵓ	ˀvə	vəᵓ/ŋəᵓ	₌xə	xəᵓ	₌tɕʰiə	₋pə	pʰəᵓ	₌pʰə	济
₋kɤ	kɤᵓ	ˀnɤ/ˀuo③	nɤᵓ/uoᵓ④	₌xɤ	xuəᵓ/xɤᵓ⑤	₌tɕʰiɛ	₋po	pʰoᵓ	₌pʰo	河
₋kə	kəᵓ	ˀvə	ŋəᵓ	₌xə	xəᵓ	₌tɕʰiə	₋pə	pʰəᵓ	₌pʰə	利
₋kɤ	kɤᵓ	ˀŋɤ	ŋɤᵓ	₌xuo	xuoᵓ	₌tɕʰie	₋pʰuo	pʰuoᵓ	₌pʰuo	西
₋kə	kəᵓ	ˀŋə	ŋəᵓ	₌xə	xəᵓ	₌tɕʰiə	₋pə	pʰəᵓ	₌pʰə	敦
₋kuo	kuoᵓ	ˀŋuo	ŋuoᵓ	₌xuo		₌tɕʰiɛ	₋po	pʰoᵓ	₌pʰo	天
₋kɤ	kɤᵓ	ˀvɤ	vɤᵓ	₌xɤ	xɤᵓ	₌tɕʰiʏ	₋pɤ	pʰɤᵓ	₌pʰɤ	吐
₋kuo/₋kɤ	kuoᵓ/kɤᵓ	ˀŋuo/ŋuo	uoᵓ/ŋuoᵓ	₌xuo	xuoᵓ	₌tɕʰiɛ	₋po	pʰoᵓ	₌pʰo	运
₋kə	kəᵓ	ˀuə	əᵓ	₌xə	xəᵓ	₌tɕʰiə	₋pə	pʰəᵓ	₌pʰə	徐
₋kɤ	kɤᵓ	ˀuo	ɤᵓ	₌xɤ	xɤᵓ	₌tɕʰiE	₋po	pʰoᵓ	₌pʰo	郑
₋kɤ	kɤᵓ	ˀuə	ɣɤᵓ	₌xɤ	xɤᵓ	₌tɕʰiɛ	₋pʰuə	pʰuəᵓ	₌pʰuə	曲
₋kɤ	kɤᵓ	ˀvo	ŋɤᵓ	₌xɤ	xɤᵓ	₌tɕʰiɛ	₋po	pʰoᵓ	₌pʰo	信
₋kɤ	kɤᵓ	₌vɤ	ɤᵓ	₌xɤ	xɤᵓ	₌tɕʰiə	₋pɤ	pʰɤᵓ	₌pʰɤ	灵
₋kɤ	kiəᵓ	ˀɤ/ˀvɤ	ɤᵓ	₌xɤ	xɤᵓ	₌tɕʰiə	₋pɤ	pʰɤᵓ	₌pʰɤ	永
₋kə	kəᵓ	ˀvə	vəᵓ	₌xə	xəᵓ	₌tɕʰiə	₋pə	pʰəᵓ	₌pʰə	张
₋kɤ	kɤᵓ	ˀvə	vɤᵓ/ŋɤᵓ	₌xɤ	xɤᵓ	₋tɕʰiE	₋pɤ	pʰɤᵓ	₌pʰɤ	吉
₋ko	koᵓ	ˀo	oᵓ	₌xo	xoᵓ	₌tɕʰye	₋po	pʰoᵓ	₌pʰo	大
₋ko	koᵓ	ˀo	oᵓ	₌xo	xoᵓ	₌tɕʰye	₋po	pʰoᵓ	₌pʰo	都
₋ko	koᵓ	ˀŋo	oᵓ	₌xo	xoᵓ	₌tɕʰye	₋po	pʰoᵓ	₌pʰo	喜
₋ko	kəᵓ	ˀo	oᵓ	₌xo	xoᵓ	₌tɕʰie	₋po	pʰoᵓ	₌pʰo	昆
₋ko	koᵓ	ˀo	oᵓ	₌xo	xoᵓ	₌tɕʰye	₋po	pʰoᵓ	₌pʰo	武
₋ko	koᵓ	ˀŋo	ŋoᵓ	₌ho	hoᵓ	₋kʰe	₋po	pʰoᵓ	₌pʰo	荔
₋ko	koᵓ	ˀŋo	oᵓ	₌xo	xoᵓ	₌tɕʰye/₌tsʰuɛi	₋po	pʰoᵓ	₌pʰo	南
₋ku/₋kɤɯ	kuᵓ/kɤɯᵓ	ˀʊ/ˀŋ	₌u	₌xu	xuᵓ	₌tɕya	₋pu	pʰuᵓ	₌pʰu	泰
₋ko	koᵓ	ˀŋo	ŋoᵓ	₌xo	xoᵓ	₌tɕʰie	₋po	pʰoᵓ	₌pʰo	红
₌kɤ	kɤᵓ	ˀɤ	ɤᵓ	₌xɤ	xɤᵓ	₌tɕʰie	₋pɤ	pʰɤᵓ	₌pʰɤ	太
₋kiE	kiEᵓ	ˀŋiE	ŋiEᵓ	₌xiE	xiEᵓ	₌tɕʰiE	₋pE	pʰEᵓ	₌pʰE	岚
₋kə	kəᵓ	ˀuə	əᴱᵓ	₌xə	xəᴱᵓ	₌tɕʰiE	₋pə	pʰəᵓ	₌pʰə	长
ˀkɛ	kɛᵓ	ˀŋɛ	ŋɛᵓ	₌xɛ	xɛᵓ	₌tɕʰiɛ	₋pɛ	pʰɛᵓ	₌pʰɛ	忻
₋kɤ	kɤᵓ	ˀvo	nɤᵓ	₌xɤ	xɤᵓ	₌tɕʰie	₋po	pʰoᵓ	₌pʰo	大
₋kɤ	kɤᵓ	ˀvɤ	ŋɤᵓ	₌xɤ	xɤᵓ	₌tɕʰie	₋pɤ	pʰɤᵓ	₌pʰɤ	呼
₌kɤ	kɤᵓ	ˀuɤ	ɤᵓ	₌xɤ	xɤᵓ	₌tɕʰiɛ	₋pɤ	pʰɤᵓ	₌pʰɤ	获
₋kuə	kuəᵓ	ˀnuə	nuəᵓ	₌xuə	xuəᵓ	₌tɕʰie	₋puə	pʰuəᵓ	₌pʰuə	志

①②③④⑤音 1 为老派读音，音 2 为新派读音。

区	片	代表点	磨 果合一 戈平明	躲 果合一 果上端	惰 果合一 果上定	糯 果合一 果上定	螺 果合一 戈平来	坐 果合一 果上从	锁 果合一 果上心	果 果合一 果上见
北京	幽燕	北京	⊆mo	ꜛtuo	tuo꜔	nuo꜔	⊆luo	tsuo꜔	ꜛsuo	ꜛkuo
	锦兴	兴城	⊆mɤ	ꜛtuo	tuo꜔	nuo꜔	⊆luo	tsuo꜔	ꜛsuo	ꜛkuo
	辽沈	沈阳	⊆mɤ	ꜛtuɤ	tuɤ꜔	nuɤ꜔	⊆luɤ	tsuɤ꜔	ꜛsuɤ	ꜛkuɤ
	黑吉	长春	⊆mɤ	ꜛtuɤ	tuɤ꜔	nuɤ꜔	⊆luɤ	tsuɤ꜔	ꜛsuɤ	ꜛkuɤ
	哈肇	巴彦	⊆mɤ	ꜛtuɤ	tuɤ꜔	nuɤ꜔	⊆luɤ	tsuɤ꜔	ꜛsuɤ	ꜛkuɤ
胶辽	登连	牟平	mo꜔	ꜛtuo	tuo꜔	⊆nuo	luo꜔	tsuo꜔	ꜛsuo	kuo
	青莱	诸城	⊆mə	ꜛtuə	tuə꜔	nuə	⊆uə	tθuə꜔	ꜛθuə	ꜛkuə
	营通	丹东	mə꜔	ꜛtuo	tuo꜔	nuo꜔	⊆luo	tsuo꜔	ꜛsuo	ꜛkuo
冀鲁	保唐	高阳	⊆mo	ꜛtuo	tuo꜔	nuo꜔	⊆luo	tsuo꜔	ꜛsuo	ꜛkuo
	石济	济南	⊆mə	ꜛtuə	tuə꜔	⊆nuə	⊆luə	tsuə꜔	ꜛsuə	ꜛkuə
	沧惠	河间	⊆mə	ꜛtuo	tuo꜔	⊆ŋuo	⊆luo	tsuo꜔	ꜛsuo	ꜛkuo
	章利	利津	⊆mə	ꜛtuə	⊆tuə	nuə꜔	⊆luə	tsuə꜔	ꜛsuə	ꜛkə
中原	关中	西安	⊆muo	ꜛtuo	tuo꜔	luo꜔	⊆luo	tsuo꜔	ꜛsuo	ꜛkuo
	秦陇	敦煌	⊆mə	ꜛtuə	tuə꜔	nuo꜔	⊆uə	tsuə꜔	ꜛsuə	ꜛkuə
	陇中	天水	⊆mo	ꜛtuo	tuo꜔	luo꜔	⊆luo	ts'uo꜔	ꜛsuo	ꜛkuo
	南疆	吐鲁番	⊆mɤ	ꜛtuɤ		luɤ꜔		tsuɤ꜔	ꜛsuɤ	ꜛkuɤ
	汾河	运城	⊆mo	ꜛtuo	tuo꜔	luo꜔	⊆luo	ts'uo꜔	ꜛsuo	ꜛkuo
	洛徐	徐州	⊆mə	ꜛtuə	tuə꜔	nuə꜔	⊆luə	tsuə꜔	ꜛsuə	ꜛkuə
	郑曹	郑州	⊆mo	ꜛtuo	tuo꜔	nuo꜔	⊆luo	tsuo꜔	ꜛsuo	ꜛkuo
	蔡鲁	曲阜	⊆muə	ꜛtuə	tuə꜔	nuə꜔	⊆luə	tsuə꜔	ꜛsuə	ꜛkuə
	信蚌	信阳	⊆mo	ꜛtuo	tuo꜔	nuo꜔	⊆luo	tsuo꜔	ꜛsuo	ꜛkuo
兰银	银吴	灵武	⊆mɤ	⊆tuə	tuə꜔	nuə꜔	⊆luə	tsuə꜔	⊆suə	⊆kuə
	金城	永登	⊆mɤ	⊆tuə	tuə꜔	luə꜔	⊆luə	tsuə꜔	ꜛsuə	ꜛkuə
	河西	张掖	⊆mə	ꜛtuə	⊆ə	nuə꜔	⊆luə	tsuə꜔	ꜛsuə	ꜛkuə
	塔密	吉木萨尔	ꜛmɤ	ꜛtuɤ	tuɤ꜔	nuɤ꜔	⊆luɤ	tsuɤ꜔	ꜛsuɤ	ꜛkuɤ
西南	黔川	大方	⊆mo	ꜛto	to꜔	lo꜔	⊆lo	tso꜔	ꜛso	ꜛko
	西蜀	都江堰	⊆mo	ꜛto	꜔	no꜔	⊆no	tso꜔	ꜛso	ꜛko
	川西	喜德	⊆mo	ꜛto	to꜔	no꜔	⊆no	tso꜔	ꜛso	ꜛko
	云南	昆明	⊆mo	ꜛto	to꜔	no꜔	⊆lo	tso꜔	ꜛso	ꜛko
	湖广	武汉	⊆mo	ꜛto	to꜔	no꜔	⊆no	tso꜔	ꜛso	ꜛko
	桂柳	荔浦	mo꜔	ꜛto	to꜔	no꜔	⊆no	tso꜔	ꜛso	ꜛko
江淮	洪巢	南京	⊆mo	ꜛto	to꜔	lo꜔/loŋ꜔	⊆lo	tso꜔	ꜛso	ꜛko
	泰如	泰州	⊆mu	ꜛtu	tu꜔	⊆nu̇	⊆nu	⊆ts'u/tsu꜔	ꜛsu	ꜛku
	黄孝	红安	⊆mo	ꜛto	to꜔	lo꜔	⊆lo	tso꜔	ꜛso	ꜛko
晋语	并州	太原	⊆mɤ	ꜛtuɤ	tuɤ꜔	nuɤ꜔	⊆luɤ	tsuɤ꜔	ꜛsuɤ	ꜛkuɤ
	吕梁	岚县	⊆mE	ꜛtuE	tuE꜔	nuE꜔	⊆luE	tsuE꜔	ꜛsuE	ꜛkuE
	上党	长治	⊆mə	ꜛtuəˀ	tuə꜔	nuəˀ	⊆luə	tsuə꜔	ꜛsuə	ꜛkuə
	五台	忻州	⊆mɛ	ꜛtuɛˀ	tuɛ꜔	nuɛˀ	⊆ɛˀ	tsuɛˀ	ꜛsuɛ	ꜛkuɛ
	大包	大同	⊆mo	ꜛtuo	tuo꜔	nuo꜔	⊆ouo	tsuo꜔	ꜛsuo	ꜛkuo
	张呼	呼和浩特	⊆mɤ	ꜛtuɤ	tuɤ꜔	nuɤ꜔	⊆luɤ	tsuɤ꜔	ꜛsuɤ	ꜛkuɤ
	邯新	获嘉	⊆mɤ	ꜛtuɤ	tuɤ꜔	nuɤ꜔	⊆luɤ	tsuɤ꜔	ꜛsuɤ	ꜛkuɤ
	志延	志丹	⊆muə	ꜛtuə	tuə꜔	nuə꜔	⊆luə	tsuə꜔	ꜛsuə	ꜛkuə

过	科	课	火	和	靴	爬	马	拿	茶	代表点
果合一 过去见	果合一 戈平溪	果合一 过去溪	果合一 果上晓	果合一 戈平匣	果合三 戈平晓	假开二 麻平並	假开二 马上明	假开二 麻平泥	假开二 麻平澄	
kuoꜛ	₌k'ɤ	k'ɤꜛ	ꜛxuo	₌xɤ	₌çye	₌p'a	ꜛma	₌na	₌tʂ'a	北
kuoꜛ	₌k'ɤ	k'ɤꜛ	ꜛxuo	₌xɤ	₌çyE	₌p'a	ꜛma	₌na	₌tʂ'ɑ	兴
kuɤꜛ	₌k'ɤ	k'ɤꜛ	ꜛxuɤ	₌xɤ	₌çye	₌p'a	ꜛma	₌na	₌tʂ'a	沈
kuɤꜛ	₌k'ɤ	k'ɤꜛ	ꜛxuɤ	₌xɤ	₌çyɛ	₌p'a	ꜛma	₌na	₌tʂ'a	长
kuɤꜛ	₌k'ɤ	k'ɤꜛ	ꜛxuɤ	₌xɤ	₌çyɛ	₌p'a	ꜛma	₌na	₌tʂ'a	巴
kuoꜛ	₌k'uo	k'uoꜛ	ꜛxuo	₌xuo/₌xə	₌çyo	₌p'ɑ	ꜛma	₌nɑ	₌tʂ'ɑ	牟
kuəꜛ	₌k'uə	k'uəꜛ	ꜛxuə	₌xuə/₌xɤ	₌ʃyo	₌p'ɑ	ꜛmɑ	₌nɑ	₌tʂ'ɑ	诸
kuoꜛ	₌k'ə	k'əꜛ	ꜛxuo	₌xou	₌çyə	₌p'ɑ	ꜛma	₌nɑ/₌na	₌tʂ'a	丹
kuoꜛ	₌k'ɤ	k'ɤꜛ	ꜛxuo	₌xɤ	₌çyɛ	₌p'ɑ	ꜛma	₌na	₌tʂ'a	高
kəꜛ/kuaꜛ	₌k'ə	k'əꜛ	ꜛxuə	₌xə	₌çyə	₌p'a	ꜛma	₌na	₌tʂ'a	济
kuoꜛ	₌k'ɤ	k'ɤꜛ	ꜛxuo	₌xɤ	₌çyɛ	₌p'a	ꜛma	₌na	₌tʂ'a	河
kəꜛ	₌k'ə	k'əꜛ	ꜛxuə	₌xə	₌çyə	₌p'ɑ	ꜛmɑ	₌nɑ	₌tʂ'ɑ	利
kuoꜛ	₌k'uo	k'uoꜛ	ꜛxuo	₌xuo	₌çye	₌p'a	ꜛma	₌na	₌tʂ'a	西
kuəꜛ	₌k'ə	k'uəꜛ	ꜛxuə	₌xuə	₌çye	₌p'ɑ	ꜛma	₌na	₌tʂ'a	敦
	₌k'uo	k'uoꜛ	ꜛxuo		₌çyɛ	₌p'a	ꜛma	₌na	₌tʂ'a	天
kuɤꜛ	₌k'ɤ	k'ɤꜛ	ꜛxuɤ	₌xɤ	₌çyɤ	₌p'a	ꜛma	₌na	₌tʂ'a	吐
kuoꜛ	₌k'uo	k'uoꜛ	ꜛxuo	₌xuo	₌çyE	₌p'a	ꜛma	₌la	₌tʂ'a	运
kuəꜛ	₌k'ə	k'əꜛ	ꜛxuə	₌xuə	₌çyə	₌p'ɑ	ꜛmɑ	₌nɑ	₌tʂ'ɑ	徐
kuoꜛ	₌k'uo	k'uoꜛ	ꜛxuo	₌xuo	₌çyɛ	₌p'a	ꜛma	₌na	₌tʂ'a	郑
kəꜛ/kuəꜛ	₌k'uə	k'uəꜛ	ꜛxuə	₌xuə	₌çye	₌p'ɑ	ꜛmɑ	₌nɑ	₌tʂ'ɑ	曲
kuoꜛ	₌k'uo	k'uoꜛ	ꜛfɤ	₌fɤ	₌çyɛ	₌p'a	ꜛma	₌na	₌tʂ'ɑ	信
kuəꜛ	₌k'uə	k'uəꜛ	₌xuə	₌xuə	₌çyə	₌p'a	₌ma	₌na	₌tʂ'a	灵
kuəꜛ	₌k'uə	k'uəꜛ	ꜛxuə	₌xuə	₌çyə	₌p'a	ꜛma	₌na	₌tʂ'a	永
kuəꜛ	₌k'uə	k'uəꜛ	ꜛxuə	₌xuə	₌çyə	₌p'a	ꜛma	₌na	₌tʂ'a	张
kuɤꜛ	₌k'ɤ	k'ɤꜛ	ꜛxuɤ	₌xɤ/₌xuɤ	₌çyE	ꜛp'a	ꜛma	₌na	ꜛtʂ'a	吉
koꜛ	₌k'o	k'oꜛ	ꜛxo	₌xo	₌çy	₌p'a	ꜛma	₌na	₌tʂ'a	大
koꜛ	₌k'o	k'oꜛ	ꜛxo	₌xo	₌çy	₌p'a	ꜛma	₌na	₌tʂ'a	都
koꜛ	₌k'o	k'oꜛ	ꜛxo	₌xo		₌p'a	ꜛma	₌na	₌tʂ'a	喜
koꜛ	₌k'o	k'oꜛ	ꜛxo	₌xo		₌p'a	ꜛma	₌na	₌tʂ'a	昆
koꜛ	₌k'o	k'oꜛ	ꜛxo	₌xo	₌çy	₌p'a	ꜛma	₌na	₌tʂ'a	武
koꜛ	₌k'o	k'oꜛ	ꜛho	₌ho	₌hye	₌p'a	ꜛma	₌na	₌tʂ'a	荔
koꜛ	₌k'o	k'oꜛ	ꜛxo	₌xo	₌çye	₌p'a	ꜛma	₌la	₌tʂ'a	南
₌ku/kuꜛ	₌k'u	k'uꜛ	ꜛxu	₌xu	₌çya	₌p'a	ꜛma/₌ma	₌na	₌tʂ'a	泰
koꜛ/₌ko	₌k'o	k'oꜛ	ꜛxo	₌xo	₌ʂyɛ	₌p'a	ꜛma	₌la	₌tʂ'a	红
kuɤꜛ	₌k'uɤ	k'uɤꜛ	ꜛxuɤ	₌xuɤ	₌çye	₌p'a	ꜛma	₌na	₌tʂ'a	太
kuEꜛ	₌k'uE	k'uEꜛ	ꜛxuE	₌xuE	₌çyE	₌p'a	ꜛma	₌na	₌tʂ'a	岚
kuəꜛ	₌k'uə	k'uəꜛ	ꜛxuə	₌xuə	₌çyE	₌p'a	ꜛmɑ	₌nɑ	₌tʂ'ɑ	长
kuɛꜛ	ꜛk'uɛ	k'uɛꜛ	ꜛxuɛ	₌xuɛ	₌çyɛ	₌p'ɑ	ꜛma	₌nɑ	₌tʂ'ɑ	忻
kuoꜛ	₌k'uo	k'uoꜛ	ꜛxuo	₌xuo	₌çye	₌p'a	ꜛma	₌na	₌tʂ'a	大
kuɤꜛ	₌k'uɤ	k'uɤꜛ	ꜛxuɤ	₌xuɤ	₌çye	₌p'a	ꜛma	₌na	₌tʂ'a	呼
kuɤꜛ	₌k'uɤ	k'uɤꜛ	ꜛxuɤ	₌xuɤ	₌çyɛ	₌p'a	ꜛma	₌na	₌tʂ'a	获
kuəꜛ	₌k'uə	k'uəꜛ	ꜛxuə	₌xuə	₌çye	₌p'a	ꜛma	₌na	₌tʂ'a	志

区	片	代表点	查调~ 假开二 麻平崇	沙 假开二 麻平生	加 假开二 麻平见	价 假开二 祃去见	牙 假开二 麻平疑	虾 假开二 麻平晓	夏~天 假开二 祃去匣	哑~巴 假开二 马上影
北京	幽燕	北京	ʈʂʰa	sa	tɕia	tɕiaꜝ	ia	ɕia	ɕiaꜝ	ia
	锦兴	兴城	ʈʂʰa	sa	tɕia	tɕiaꜝ	ia	ɕia	ɕiaꜝ	ia
	辽沈	沈阳	ʈʂʰa	sa	tɕia	tɕiaꜝ	ia	ɕia	ɕiaꜝ	ia
	黑吉	长春	ʈʂʰa	sa	tɕia	tɕiaꜝ	ia	ɕia	ɕiaꜝ	ia
	哈肇	巴彦	ʈʂʰa	sa	tɕia	tɕiaꜝ	ia	ɕia	ɕiaꜝ	ia
胶辽	登连	牟平	ʈʂʰa	sa	ɕia	ɕiaꜝ	ia	ɕia	ɕia	ia
	青莱	诸城	ʈʂʰa	sa	tʃa	tʃaꜝ	ia	ʃa	ʃaꜝ	ia
	营通	丹东	ʈʂʰa	sa	tɕia	tɕiaꜝ	ia/ia	ɕia	ɕia	ia
冀鲁	保唐	高阳	ʈʂʰa	sa	tɕia	tɕiaꜝ	ia	ɕia	ɕiaꜝ	ia
	石济	济南	ʈʂʰa	sa	tɕia	tɕiaꜝ	ia	ɕia	ɕiaꜝ	ia
	沧惠	河间	ʈʂʰa	sa	tɕia	tɕiaꜝ	ia	ɕia	ɕiaꜝ	ia
	章利	利津	ʈʂʰa	sa	tɕia	tɕiaꜝ	ia	ɕia	ɕiaꜝ	ia
中原	关中	西安	ʈʂʰa	sa	tɕia	tɕiaꜝ	na/ia	ɕia	ɕiaꜝ	nia/ia
	秦陇	敦煌	ʈʂʰa	sa	tɕia	tɕiaꜝ	ia	ɕia	ɕiaꜝ	
	陇中	天水	ʈʂʰa		tɕia	tɕiaꜝ	ia	ɕia	ɕiaꜝ	nia
	南疆	吐鲁番				tɕiaꜝ				
	汾河	运城	ʈʂʰa	sa	tɕia	tɕiaꜝ	nia/ia	ɕia	ɕiaꜝ	ia
	洛徐	徐州	ʈʂʰa	sa	tɕia	tɕiaꜝ	ia	ɕia	ɕiaꜝ	ia
	郑曹	郑州	ʈʂʰa	sa	tɕia	tɕiaꜝ	ia	ɕia	ɕiaꜝ	ia
	蔡鲁	曲阜	ʈʂʰa	sa	tɕia	tɕiaꜝ	ia	ɕia	ɕiaꜝ	ia
	信蚌	信阳	ʈʂʰa	sa	tɕia	tɕiaꜝ	ia	ɕia	ɕiaꜝ	ia
兰银	银吴	灵武	ʈʂʰa	ʂa	tɕia	tɕiaꜝ	ia	ɕia	ɕiaꜝ	ia
	金城	永登	ʈʂʰa	ʂa	tɕia	tɕiaꜝ	ia	ɕia	ɕiaꜝ	ia
	河西	张掖	ʈʂʰa	ʂa	tɕia	tɕiaꜝ	zia	ɕia	ɕiaꜝ	zia
	塔密	吉木萨尔	tsʰa		tɕia	tɕiaꜝ	ia	ɕia	ɕiaꜝ	ia
西南	黔川	大方	ʈʂʰa	sa	tɕia	tɕiaꜝ	ia	ɕia	ɕiaꜝ	ia
	西蜀	都江堰	ʈʂʰa	sa	tɕia	tɕiaꜝ	ia	ɕia	ɕiaꜝ	ia
	川西	喜德	ʈʂʰa	sa	tɕia	tɕiaꜝ	ia	ɕia	ɕiaꜝ	ia
	云南	昆明	ʈʂʰa	sa	tɕia	tɕiaꜝ	ia	ɕia	ɕiaꜝ	ia
	湖广	武汉	ʈʂʰa	sa	tɕia	tɕiaꜝ	ia	ɕia	ɕiaꜝ	ia
	桂柳	荔浦	ʈʂʰa	sa	kia	kiaꜝ	ia	hia	hiaꜝ	ŋa
江淮	洪巢	南京	ʈʂʰa	sa	tɕia	tɕiaꜝ	ia	ɕia	ɕiaꜝ	ia
	泰如	泰州	ʈʂʰa	sa	tɕia	tɕiaꜝ	a/ia	xa/ɕia	xa/ɕia	ŋa/na①
	黄孝	红安	ʈʂʰa	ʂa/sa	tɕia	tɕiaꜝ	ia	ɕia	ɕiaꜝ	ia/na
晋语	并州	太原	ʈʂʰa	sa	tɕia	tɕiaꜝ	nia	ɕia	ɕiaꜝ	ia
	吕梁	岚县	ʈʂʰa	sa	tɕia	tɕiaꜝ	nia	ɕia	ɕiaꜝ	nia/ŋa
	上党	长治	ʈʂʰa	sa	tɕia	tɕiaꜝ	ia	ɕia	ɕiaꜝ	ia
	五台	忻州	ʈʂʰa	sa	tɕia	tɕiaꜝ	nia/ia	ɕia	xaꜝ	ŋa/ia
	大包	大同	ʈʂʰa	sa	tɕia	tɕiaꜝ	ia	ɕia	ɕiaꜝ	ia
	张呼	呼和浩特	ʈʂʰa	sa	tɕia	tɕiaꜝ	ia	ɕia	ɕiaꜝ	ia
	邯新	获嘉	ʈʂʰa	sa	tɕia	tɕiaꜝ	ia	ɕia	ɕiaꜝ	ia
	志延	志丹	ʈʂʰa	sa	tɕia	tɕiaꜝ	ia	ɕia	ɕiaꜝ	ia

①音3：ia。

借	写	谢	爹	遮	车	蛇	社	惹	爷	代表点
假开三 祃去精	假开三 马上心	假开三 祃去邪	假开三 麻平知	假开三 麻平章	假开三 麻平昌	假开三 麻平船	假开三 马上禅	假开三 马上日	假开三 麻平以	
tɕie²	ˋɕie	ɕie²	₌tie	₌tʂɤ	₌tʂʻɤ	₌ʂɤ	ʂɤ²	ˋzɤ	₌ie	北
tɕiE²	ˋɕiE	ɕiE²	₌tiE	₌tʂɤ	₌tʂʻɤ	₌ʂɤ	ʂɤ²	ˋʐɤ	₌iE	兴
tɕie²	ˋɕie	ɕie²	₌tie	₌tʂɤ	₌tʂʻɤ	₌ʂɤ	ʂɤ²	ˋie	₌ie	沈
tɕie²	ˋɕie	ɕie²	₌tie	₌tʂɤ	₌tʂʻɤ	₌ʂɤ	ʂɤ²	ˋzɤ	₌ie	长
tɕie²	ˋɕie	ɕie²	₌tie	₌tʂɤ	₌tʂʻɤ	₌ʂɤ	ʂɤ²	ˋʐɤ	₌ie	巴
tɕiə²	ˋɕiə	ɕiə²	₌tiə	₌tɕiə	₌tɕʻiə	₌ɕiə	ɕiə²	ˋiə	₌iə	牟
₌tʃiə²	ˋɕiə	ɕiə²	₌tiə	₌tʃə	₌tʃʻə	₌ʃə	ʃə²	ˋiə	₌iə	诸
tɕiə²	ˋɕiə	ɕiə²	₌tiə	₌tʂə	₌tʂʻə	₌ʂə	ʂə²	ˋiə	₌iə/ɕiə	丹
tsie²	ˋsie	sie²	₌tie	₌tʂɤ	₌tʂʻɤ	₌ʂɤ	ʂɤ²	ˋzɤ	₌ie	高
tɕiə²	ˋɕiə	ɕiə²	₌tiə	₌tʂə	₌tʂʻə	₌ʂa/ ₌ʂə①	ʂə²	ˋzə	₌iə	济
tsie²	ˋsie	sie²	₌tie	tʂɤ²	₌tʂʻɤ	₌ʂɤ	ʂɤ²	ˋzɤ	₌ie	河
tsiə²	ˋsiə	siə²	₌tiə	₌tʂə	₌tʂʻə		ʂə²	ˋzə	₌iə/ ₌iə②	利
tɕie²	ˋɕie	ɕie²	₌tie	₌tʂɤ	₌tʂʻɤ	₌ʂɤ	ʂɤ²	ˋzɤ	ie²	西
tɕiə²	ˋɕiə	ɕiə²	₌tiə	₌tʂə	₌tʂʻə	₌ʂə	ʂə²	ˋzə	₌iə	敦
tɕiə²	ˋɕiə	ɕiə²	₌tiə	₌tʂə	₌tʂʻə	₌ʂə	ʂə²	ˋzə	₌ie	天
tɕiɤ²	ˋɕiɤ	ɕiɤ²	₌tiɤ	₌tʂɤ	₌tʂʻɤ	₌ʂɤ	ʂɤ²	ˋzɤ	₌iɤ	吐
tɕiE²	ˋɕiE	ɕiE²	₌tiE	₌tʂE	₌tʂʻE	₌ʂa/ ₌ʂE	ʂE²	ˋʐE	₌iE	运
tɕiə²	ˋɕiə	ɕiə²	₌tiə	₌tʂə	₌tʂʻə	₌ʂɑ	ʂə²	ˋʐə	₌iə	徐
tsie²	ˋsie	sie²	₌tie	₌tʂʅɤ	₌tʂʻʅɤ	₌ʂʅɤ	ʂʅɤ²	ˋʐʅɤ	₌ie	郑
tɕie²	ˋɕie	ɕie²	₌tie	₌tʂɤ	₌tʂʻɤ	₌ʂɑ	ʂɤ²	ˋzɤ	₌ie	曲
tɕie²	ˋɕie	ɕie²	₌tie	₌tʂE	₌tʂʻE	₌ʂE	ʂE²	ˋzE	₌ie	信
tɕiə²	₌ɕiə	ɕiə²	₌tiə	₌tʂɤ	₌tʂʻɤ	₌ʂɤ	ʂɤ²	ˋʐɤ	₌iə	灵
tɕiə²	ˋɕiə	ɕiə²	₌tiə	₌tʂɤ	₌tʂʻɤ	₌ʂɤ	ʂɤ²	ˋiɤ	₌iə	永
tɕiə²	ˋɕiə	ɕiə²	₌tiə	₌tʂɤ	₌tʂʻɤ	₌ʂɤ	ʂɤ²	ˋzɤ	₌ziə	张
tɕiE²	ˋɕiE	ɕiE²	₌tiE	₌tʂɤ	₌tʂʻɤ	₌ʂɤ	ʂɤ²	ˋiE	₌iE	吉
tɕie²	ˋɕie	ɕie²	₌tie	₌tsE	₌tsʻE	₌sE	sE²	ˋze	₌ie	大
tɕie²	ˋɕie	ɕie²	₌tie	₌tsE	₌tsʻE	₌sE	sE²	ˋze	₌ie	都
tɕie²	ˋɕie	ɕie²	₌tie	₌tʂə	₌tʂʻə	₌ʂE	ʂE²	ˋʐE	₌ie	喜
tɕie²	ˋɕie	ɕie²	₌tie	₌tʂə	₌tʂʻə	₌ʂə	ʂə²	ˋzə	₌ie	昆
tɕie²	ˋɕie	ɕie²	₌tie	₌tsɤ	₌tsʻɤ	₌sɤ	sɤ²	ˋiɤ	₌ie	武
tse²	ˋse	se²	₌te	₌tse	₌tsʻe	₌se	se²	ˋŋe	₌e	荔
tsie²	ˋsie	sie²	₌tie	₌tʂe/ ₌tɕie	₌tʂʻe	₌ʂe	ʂae²/ ₌ʂe²	ˋze	₌ie	南
tɕia²/tɕiɛ²	ˋɕie/ ˋɕia	₌tɕʻia/ ₌ɕia③	₌tia	₌tsa	₌tsʻa	₌sa	₌sa/ ʂe²	ˋza	₌ia/ ₌i	泰
tɕie²	ˋɕie	ɕie²	₌tie	tʂə²/tʂa²④	₌tsʻe	₌se	ʂe²	ˋɥe	₌ie	红
tɕie²	ˋɕie	ɕie²	₌tie	₌tʂɤ	₌tsʻɤ	₌ʂɤ	ʂɤ²	ˋzɤ	₌ie	太
tɕiE²	ˋɕiE	ɕiE²	₌tiE	₌tʂʅE	₌tʂʻʅE	₌ʂʅE	ʂʅE²	ˋʐʅE	₌iE	岚
tɕiE²	ˋɕiE	ɕiE²		₌tʂɤ	₌tʂʻɤ	₌ʂɤ	ʂɤ²	ˋiE	₌iE	长
tɕie²	ˋɕie	ɕie²	₌tie	₌tʂɛ	₌tʂʻɛ	₌ʂɛ	ʂɛ²	ˋʐɛ	₌ie	忻
tɕie²	ˋɕiE	ɕiE²	₌tie	₌tʂɤ	₌tʂʻɤ	₌ʂɤ	ʂɤ²	ˋzɤ	₌ie	大
tɕie²	ˋɕie	ɕie²	₌tie	₌tʂɤ	₌tʂʻɤ	₌ʂɤ	ʂɤ²	ˋzɤ	₌ie	呼
tɕie²	ˋɕie	ɕie²	₌tie	₌tʂɤ	₌tʂʻɤ	₌ʂɤ	ʂɤ²	ˋzɤ	₌ie	获
tɕie²	ˋɕie	ɕie²	₌tie	₌tʂɤ	₌tʂʻɤ	₌ʂɤ	ʂɤ²	ˋzɤ	₌ie	志

① ₌ʂə，马~子。② ₌iə，老~。③ 音3（文）：ɕie²。④ 音3：₌tʂə。

区	片	代表点	傻	瓜	瓦名	花	蛙	谱	布	步
			假合二 马上生	假合二 麻平见	假合二 马上疑	假合二 麻平晓	假合二 麻平影	遇合一 姥上帮	遇合一 幕去帮	遇合一 幕去並
北京	幽燕	北京	⁼ʂa	⊂kua	⁼ua	⊂xua	⊂ua	⁼pʻu	pu⊃	pu⊃
	锦兴	兴城	⁼ʂa	⊂kua	⁼ua	⊂xua	⊂ua	⁼pʻu	pu⊃	pu⊃
	辽沈	沈阳	⁼ʂa	⊂kua	⁼va	⊂xua	⊂va	⁼pʻu	pu⊃	pu⊃
	黑吉	长春	⁼ʂa	⊂kua	⁼ua	⊂xua	⊂ua	⁼pʻu	pu⊃	pu⊃
	哈肇	巴彦	⁼ʂa	⊂kua	⁼va	⊂xua	⊂va	⁼pʻu	pu⊃	pu⊃
胶辽	登连	牟平	ᶜɕia	⊂kua	⊂uɑ	uɑ	⊂uɑ	⁼pʻu	pu⊃	pu⊃
	青莱	诸城	ᶜʃa	⊂kua	⁼ɑ	⊂uɑ	⊂uɑ	⁼pʻu	pu⊃	pu⊃
	营通	丹东	⁼sa	⊂kua	⁼uɑ	⊂uɑ	⊂uɑ	⁼pʻu	pu⊃	pu⊃
冀鲁	保唐	高阳	⁼ʂa	⊂kua	⁼ua	⊂xua	⊂ua	⁼pʻu	pu⊃	pu⊃
	石济	济南	⁼ʂa	⊂kua	⁼va	⊂xua	⊂va	⁼pʻu	pu⊃	pu⊃
	沧惠	河间	⁼ʂa	⊂kua	⁼ua	⊂xua	⊂ua	⁼pʻu	pu⊃	pu⊃
	章利	利津	⁼ʂa	⊂kua	⁼va	⊂xua	⊂va	ᶜpʻu/⊂pʻu①	pu⊃	pu⊃
中原	关中	西安	⁼ʂa	⊂kua	⁼ua	⊂xua	⊂uɑ	⁼pʻu		
	秦陇	敦煌	⁼ʂa	⊂kua	⁼va	⊂xua		⁼pʻu	pu⊃	
	陇中	天水	⁼ʂa	⊂kua	⁼va	⊂xua	⊂va	⁼pʻu	pu⊃	
	南疆	吐鲁番	⁼ʂa	⊂kua	⁼va	⊂xua		⁼pʻu	pu⊃	
	汾河	运城	⁼ʂa	⊂kua	⁼va	⊂xua	⊂uɑ	⁼pʻu		
	洛徐	徐州	⁼ʂɑ	⊂kua	⁼ua	⊂uɑ	⊂uɑ	⁼pʻu	pu⊃	
	郑曹	郑州	⁼ʂa	⊂kua	⁼ua	⊂xua	⊂uɑ	⁼pʻu	pu⊃	
	蔡鲁	曲阜	⁼sɑ	⊂kua	⁼uɑ	⊂xua	⊂uɑ	⁼pʻu	pu⊃	pu⊃
	信蚌	信阳	⁼sa	⊂kua	⁼va	⊂fa	⊂va	⁼pʻu	pu⊃	pu⊃
兰银	银吴	灵武	⊆ʂa	⊂kua	⊆va	⊂xua	⊆va	⊆pʻu	pu⊃	pu⊃
	金城	永登	⁼ʂa	⊂kua	⁼va	⊂xua	⊂va	⁼pʻu	pu⊃	pu⊃
	河西	张掖	⁼ʂa	⊂kua	⁼va	⊂xua	⊂va	⁼pʻu	pu⊃	pu⊃
	塔密	吉木萨尔	⁼ʂa	⊂kua	⁼va	⊂xuɑ		⁼pʻu	pu⊃	pu⊃
西南	黔川	大方	⁼sa	⊂kua	⁼ua	⊂xua	⊂ua	⁼pʻu	pu⊃	pu⊃
	西蜀	都江堰	⁼sa	⊂kua	⁼ua	⊂xua	⊂ua	⁼pʻu	pu⊃	pu⊃
	川西	喜德	⁼ʂa	⊂kua	⁼ua	⊂xua	⊂ua	⁼pʻu	pu⊃	pu⊃
	云南	昆明	⁼ʂa	⊂kua	⁼ua	⊂xua	⊂ua	⁼pʻu	pu⊃	pu⊃
	湖广	武汉	⁼sa	⊂kua	⁼ua	⊂xua	⊂ua	⁼pʻu	pu⊃	pu⊃
	桂柳	荔浦	⁼sa	⊂kua	⁼ua	⊂hua	⊂ua	⁼pʻu	pu⊃	pu⊃
江淮	洪巢	南京	⁼ʂa	⊂kua	⁼ua	⊂xua	⊂ua	⁼pʻu	pu⊃	pu⊃
	泰如	泰州	⁼sa	⊂kua	⁼ua	⊂xua	⊂ua	⁼pʻu	pu⊃	⊂pʻu/pu⊃
	黄孝	红安	⁼ʂa	⊂kua	⁼ua	⊂fa	⊂ua/⊆ua	⁼pʻu	pu⊃	pu⊃
晋语	并州	太原	⁼sa	⊆kua	⁼va	⊆xua	⊆va	⁼pʻu	pu⊃	pu⊃
	吕梁	岚县	⁼sa	⊆kua	⁼ua	⊆xua	⊆ua	⁼pʻu	pu⊃	pu⊃
	上党	长治	⁼sa	⊆kua	⁼uɑ	⊆xuɑ	⊆uɑ	⁼pʻu	pu⊃	pu⊃
	五台	忻州	⁼ʂa	⁼kua	⁼va	⁼xuɑ	⁼va	⁼pʻu	pu⊃	pu⊃
	大包	大同	⁼ʂa	⊆kua	⁼va	⊆xua	⊆va	⁼pʻu	pu⊃	pu⊃
	张呼	呼和浩特	⁼sa	⊆kua	⁼va	⊆xua	⊆va	⁼pʻu	pu⊃	pu⊃
	邯新	获嘉	⁼ʂa	⊆kua	⁼ua	⊆xua	⊆ua	⁼pʻu	pu⊃	pu⊃
	志延	志丹	⁼sa	⊆kua	⁼va	⊆xua	⊆va	⁼pʻu	pu⊃	pu⊃

① ᶜpʻu，歌~；⊂pʻu，打~。

墓	肚(猪~)	肚(~子)	怒	路	租	做	粗	错	苏	代表点
遇合一 幕去明	遇合一 姥上端	遇合一 姥上定	遇合一 幕去泥	遇合一 幕去来	遇合一 模平精	遇合一 幕去精	遇合一 模平清	遇合一 幕去清	遇合一 模平心	
mu꜔	꜁tu	tu꜔	nu꜔	lu꜔	꜀tsu	tsuo꜔	꜀tsʅ	tsʼuo꜔	꜀su	北
mu꜔	꜁tu	tu꜔	nu꜔	lu꜔	꜀tsu	tsuo꜔	꜀tʂʅ	tʂʼuo꜔	꜀ʂu	兴
mu꜔	꜁tu	tu꜔	nu꜔	lu꜔	꜀tsu	tsuɤ꜔	꜀tsʅ	tsʼuɤ꜔	꜀su	沈
mu꜔	꜁tu	tu꜔	nu꜔	lu꜔	꜀tsu	tsəu꜔	꜀tsʅ	tsʼuɤ꜔	꜀su	长
mu꜔	꜁tu	tu꜔	nu꜔	lu꜔	꜀tsu	tsəu꜔	꜀tsʅ	tsʼuɤ꜔	꜀su	巴
mu꜔	꜁tu	tu꜔	꜁nu	lu꜔	꜀tsu	tsou꜔	꜀tsʅ	tsʼu꜔	꜀su	牟
mu꜔	꜁tu	tu꜔	꜁nu	lu꜔	꜀tsu	tθu꜔/tθua꜔	꜀tθʅ	tθʼu꜔	꜀θu	诸
mu꜔	꜁tu	tu꜔	꜁nu	lu꜔	꜀tsu	tsuo꜔	꜀tsʅ	tsʼu꜔	꜀su	丹
mu꜔	꜁tu	tu꜔	ȵu꜔	lu꜔	꜀tsu	tsou꜔/tsua꜔	꜀tsʅ	tsʼuo꜔	꜀su	高
mu꜔	꜁tu	tu꜔	nu꜔	lu꜔	꜀tsu	tsou꜔/tsua꜔	꜀tsʅ	tsʼuə꜔	꜀su	济
mu꜔	꜁tu	tu꜔	ȵu꜔	lu꜔	꜀tsu	tsou꜔/tsua꜔	꜀tsʅ	tsʼuə꜔	꜀su	河
	꜁tu	tu꜔	nu꜔	lu꜔	꜀tsu	tsu꜔/tsua꜔	꜀tsʅ	tsʼuə꜔	꜀su	利
mu꜔	꜁tu	tu꜔	nu꜔	lu꜔	꜀tsou/꜀usi	tsou꜔/tsuo꜔	꜀tsʼou/꜀tsʼʅ①	꜀tsʼuo/tsʼuo꜔	꜀sou/꜀su	西
mu꜔	꜁tu	tu꜔	nu꜔	lu꜔	꜀tsu	tsʅ꜔	꜀tsʅ	tsʼuə꜔	꜀sʅ	敦
mu꜔	꜁tu	tʼu꜔	lu꜔	lu꜔	꜀tsu	tsʅ꜔	꜀tsʅ	tsʼuə꜔	꜀su	天
mu꜔	꜁tu	tu꜔	nu꜔	lu꜔	꜀tsu	tsu꜔	꜀tsʅ	tsʼuɤ꜔	꜀su	吐
mu꜔	꜁tu	tʼu꜔	lou꜔	lou꜔	꜀tsou	tsou꜔	꜀tsʼou	꜀tsʼuo	꜀sou	运
mu꜔	꜁tu	tu꜔	nu꜔	lu꜔	꜀tsu	tsuə꜔	꜀tsʅ	tsʼuə꜔	꜀su	徐
mu꜔	꜁tu	tu꜔	nu꜔	lu꜔	꜀tsu	tsu꜔	꜀tsʅ	tsʼuo꜔	꜀su	郑
mu꜔	꜁tu	tu꜔	nu꜔	lu꜔	꜀tsu	tsou꜔	꜀tsʅ	tsʼuə꜔	꜀su	曲
mu꜔	꜁tou	tou꜔	nou꜔	nou꜔	꜀tsou	tsou꜔	꜀tsʼou	tsʼuo꜔	꜀sou	信
mu꜔	꜀tu	tu꜔	nu꜔	lu꜔	꜀tsu	tsu꜔	꜀tsʅ	tsʼuə꜔	꜀su	灵
mu꜔	꜁tu	tu꜔	nu꜔	lu꜔	꜀tsu	tsu꜔/tsuə꜔	꜀tsʅ	tsʼuə꜔	꜀su	永
mu꜔	꜁tu	tu꜔	nu꜔	lu꜔	꜀tsu	tsu꜔	꜀tsʅ	tsʼuə꜔	꜀su	张
mu꜔	꜁tu	tu꜔	nu꜔	lu꜔	꜀tsu	tsu꜔	꜀tsʅ	tsʼuɤ꜔	꜀su	吉
mo꜔	꜁tu	tu꜔	lu꜔	lu꜔	꜀tsu	tsu꜔	꜀tsʅ	tsʼo꜔	꜀su	大
mo꜔	꜁tu	tu꜔	nu꜔	nu꜔	꜀tsu	tsu꜔	꜀tsʅ	tsʼo꜔	꜀su	都
mu꜔	꜁tu	tu꜔	nu꜔	nu꜔	꜀tsu	tsu꜔	꜀tsʅ	tsʼo꜔	꜀su	喜
mo꜔	꜁tu	tu꜔	nu꜔	lu꜔	꜀tsu	tso꜔	꜀tsʅ	tsʼo꜔	꜀su	昆
mo꜔	꜁tou	tou꜔	nou꜔	nou꜔	꜀tsou	tsou꜔	꜀tsʼou	tsʼo꜔	꜀sou	武
mu꜔	꜁tu	tu꜔	nu꜔	lu꜔	꜀tsu	tsəu꜔	꜀tsʅ	tsʼo꜔	꜀su	荔
mo꜔	꜁tu	tu꜔	lu꜔	lu꜔	꜀tsu	tso꜔	꜀tsʅ	tsʼo꜔	꜀su	南
꜀mu	꜁tu	꜁tu/tʼu	nu꜔	꜀nu/nu꜔	꜀tsu	tsu꜔	꜀tsʅ	tsʼu꜔	꜀su	泰
moŋ꜔	꜁təu	təu꜔	loŋ꜔	ləu꜔	꜀tsəu	tsəu꜔	꜀tsʼəu	tɕʼoʔ꜔/tsʼʅ꜔	꜀səu	红
mu꜔	꜁tu	tu꜔	nəu꜔	ləu꜔	꜀usʅ	tsuəʔ꜔	꜀ʅtsʅ	tsʼɤ꜔	꜀nsʅ	太
mu꜔	꜁tu	tu꜔	nau꜔	ləu꜔	꜀uasʅ	tsau꜔/tsuasʅ	꜀sausʅ	tsʼuə꜔	꜀nas	岚
mu꜔	꜁tu	tu꜔	nu꜔	lu꜔	꜀tsu	tsuə꜔	꜀tsʅ	tsʼə꜔	꜀su	长
mu꜔	꜁tu	tu꜔	nəu꜔	ləu꜔	꜀tsu	tsuəʔ꜔	꜀tsʅ	tsʼɤ꜔	꜀su	忻
mu꜔	꜁tu	tu꜔	nu꜔	ləu꜔	꜀tsu	tsu꜔/tsuəʔ꜔	꜀tsʅ	tsʼoo꜔	꜀su	大
mu꜔	꜁tu	tu꜔	nəu꜔	ləu꜔	꜀tsu	tsuəʔ꜔	꜀tsʅ	tsʼɤ꜔	꜀su	呼
mu꜔	꜁tu	tu꜔	nu꜔	lu꜔	꜀tsu	tsu꜔	꜀tsʅ	tsʼɤ꜔	꜀su	获
mu꜔	꜁tu	tu꜔	nəu꜔	ləu꜔	꜀tsu	tʂuəʔ꜔	꜀tʂʅ	tsʼuə꜔	꜀nʂ	志

①音 3：꜀pfu。

区	片	代表点	姑 遇合一模平见	裤 遇合一幕去溪	五 遇合一姥上疑	呼 遇合一模平晓	湖 遇合一模平匣	乌 遇合一模平影	女 遇合三语上泥	旅 遇合三语上来
北京	幽燕	北京	꜀ku	kʰu꜄	꜂u	꜀xu	꜄xu	꜀u	꜂ny	꜂ly
	锦兴	兴城	꜀ku	kʰu꜄	꜂u	꜀xu	꜄xu	꜀u	꜂ny	꜂ly
	辽沈	沈阳	꜀ku	kʰu꜄	꜂u	꜀xu	꜄xu	꜀u	꜂ɲy	꜂ly
	黑吉	长春	꜀ku	kʰu꜄	꜂u	꜀xu	꜄xu	꜀u	꜂ny	꜂ly
	哈肇	巴彦	꜀ku	kʰu꜄	꜂u	꜀xu	꜄xu	꜀u	꜂ny	꜂ly
胶辽	登连	牟平	꜀ku	kʰu꜄	꜂u	꜀xu	꜄xu	꜀u	꜂ny	꜂ly
	青莱	诸城	꜀ku	kʰu꜄	꜂u	꜀xu	꜄xu	꜀u	꜂ny	꜂ly
	营通	丹东	꜀ku	kʰu꜄	꜂u	꜀xu	꜄xu	꜀u	꜂ny	꜂ly
冀鲁	保唐	高阳	꜀ku	kʰu꜄	꜂u	꜀xu	꜄xu	꜀u	꜂ny	꜂ly
	石济	济南	꜀ku	kʰu꜄	꜂u	꜀xu	꜄xu	꜀u	꜂ny	꜂ly
	沧惠	河间	꜀ku	kʰu꜄	꜂u	꜀xu	꜄xu	꜀u	꜂ny	꜂ly
	章利	利津	꜀ku	kʰu꜄	꜂u	xu꜄ ①	꜄xu	꜀u	꜂ny	꜂ly
中原	关中	西安	꜀ku	kʰu꜄	꜂u	꜀xu	꜄xu	꜀u	꜂ny	꜂ly
	秦陇	敦煌	꜀ky	kʰy꜄	꜂y	꜀xu	꜄xu	꜀y	꜂ny	꜂ly
	陇中	天水	꜀ku	kʰu꜄	꜂vu	꜀xu	꜄vu	꜀vu	꜂mi	꜂ly
	南疆	吐鲁番	꜀ku	kʰu꜄		꜀xu	꜄xu	꜀vu	꜂ny	
	汾河	运城	꜀ku/꜀ku	kʰu꜄	꜂u	꜀xu	꜄xu	꜀u	꜂ny	꜂ly/꜂y
	洛徐	徐州	꜀ku	kʰu꜄	꜂u	꜀xu	꜄xu	꜀u	꜂ny	꜂ly
	郑曹	郑州	꜀ku/꜂ku	kʰu꜄	꜂u	꜀xu	꜄xu	꜀u	꜂ny	꜂ly
	蔡鲁	曲阜	꜀ku	kʰu꜄	꜂u	꜀xu	꜄xu	꜀u	꜂ny	꜂ly
	信蚌	信阳	꜀ku	kʰu꜄	꜂u	꜀fu	꜄fu	꜀u	꜂ny	꜂ny
兰银	银吴	灵武	꜀ku	kʰu꜄	꜄vu	꜀xu	꜄xu	꜀vu	꜂mi	꜄ly
	金城	永登	꜀ku	kʰu꜄	꜂vu	꜀xu	꜄xu	꜀vu	꜂ɲʐ	꜂lʐ
	河西	张掖	꜀ku	kʰu꜄	꜂vu	꜀xu	꜄xu	꜀vu	꜂mi	꜂ly
	塔密	吉木萨尔	꜀ku	kʰu꜄	꜂vu	꜀xu	꜄xu	꜀vu	꜂ny	꜂ly
西南	黔川	大方	꜀ku	kʰu꜄	꜂u	꜀fu	꜄fu	꜀u	꜂ly	꜂ly
	西蜀	都江堰	꜀ku	kʰu꜄	꜂u	꜀fu	꜄fu	꜀u	꜂ny	꜂ny
	川西	喜德	꜀ku	kʰu꜄	꜂u	꜀fu	꜄fu	꜀u	꜂ny	꜂ny
	云南	昆明	꜀ku	kʰu꜄	꜂u	꜀xu	꜄xu	꜀u	꜂ni	꜂li
	湖广	武汉	꜀ku	kʰu꜄	꜂u	꜀xu	꜄xu	꜀u	꜂ny	꜂ny
	桂柳	荔浦	꜀ku	kʰu꜄	꜂u	꜀fu	꜄fu	꜀u	꜂ny	꜂ly
江淮	洪巢	南京	꜀ku	kʰu꜄	꜂u	꜀xu	꜄xu	꜀u	꜂ly	꜂ly
	泰如	泰州	꜀ku	kʰu꜄	꜂u	꜀fu	꜄u/꜄fu	꜀u	꜂ny	꜂ny
	黄孝	红安	꜀ku	kʰu꜄	꜂u	꜀fu	꜄fu	꜀u	꜂ŋʐ	꜂li
晋语	并州	太原	꜀ku	kʰu꜄	꜂vu	꜀xu	꜄xu	꜀vu	꜂ny	꜂ly
	吕梁	岚县	꜀ku	kʰu꜄	꜂u	꜀xu	꜄xu	꜀u	꜂ny/꜂nu	꜂ly
	上党	长治	꜀ku	kʰu꜄	꜂u	꜀xu	꜄xu	꜀u	꜂ny	꜂ly
	五台	忻州	꜂ku	kʰu꜄	꜂u	꜂xu	꜄xu	꜂u	꜂ny	꜂ly
	大包	大同	꜀ku	kʰu꜄	꜂vu	꜀xu	꜄xu	꜀vu	꜂ny	꜂ly
	张呼	呼和浩特	꜀ku	kʰu꜄	꜂vu	꜀xu	꜄xu	꜀vu	꜂ny	꜂ly
	邯新	获嘉	꜀ku	kʰu꜄	꜂u	꜀xu	꜄xu	꜀u	꜂ny	꜂ly
	志延	志丹	꜀ku	kʰu꜄	꜂u	꜀xu	꜄xu	꜀u	꜂ny	꜂ly

①xu꜄，~吸。

蛆	徐	猪	除	锄	梳	所	诸	鼠	如	代表点
遇合三鱼平清	遇合三鱼平邪	遇合三鱼平知	遇合三鱼平澄	遇合三鱼平崇	遇合三鱼平生	遇合三语上生	遇合三鱼平章	遇合三语上书	遇合三鱼平日	代表点
₌tɕʰy	₌ɕy	₌tʂu	₌tʂʰu	₌tʂʰu	₌ʂu	ᶜsuo	₌tʂu	ᶜʂu	₌ʐu	北
₌tɕʰy	₌ɕy	₌tʂu	₌tʂʰu	₌tʂʰu	₌ʂu	ᶜsuo	₌tʂu	ᶜʂu	₌ʐu	兴
₌tɕʰy	₌ɕy	₌tsu	₌tsʰu	₌tsʰu	₌su	ᶜsuɤ	₌tsu	ᶜsu	₌iu/ ₌ʐu	沈
₌tɕʰy	₌ɕy	₌tʂu	₌tʂʰu	₌tʂʅ	₌ʂu	ᶜsuo	₌tʂu	ᶜʂu	₌y/ ₌ʐu①	长
₌tɕʰy	₌ɕy	₌tʂu	₌tʂʰu	₌tʂʰu	₌ʂu	ᶜʂuo	₌tʂu	ᶜʂu	₌ʐu	巴
₌tɕʰy	₌ɕy	₌tɕy	₌tɕʰy	₌tsʰu	₌su	ᶜsuo	₌tɕy	ᶜɕy	y˧	牟
₌tsʰy	₌ɕy	₌tɕy	₌tɕʰy	₌tsʰu	₌su	ᶜsuo	₌tɕy	ᶜɕy	y˧	诸
₌tɕʰy	₌ɕy	₌tsu	₌tsʰu	₌tsʰu	₌su	ᶜsuo	₌tsu	ᶜʂu	₌y	丹
₌tsʰy	₌sy	₌tʂu	₌tʂʰu	₌tʂʰu	₌ʂu	ᶜʂuo	₌tʂu	ᶜʂu	₌ʐu	高
₌tsʰy	₌ɕy	₌tʂu	₌tʂʰu	₌tʂʅ	₌ʂu	ᶜʂuə	₌tʂu	ᶜʂu	₌lu	济
₌tsʰy	₌sy	₌tʂu	₌tʂʰu	₌tʂʰu	₌ʂu	ᶜʂo	₌tʂu	ᶜʂu	₌ʐu	河
₌tsʰy	₌sy	₌tʂu	₌tʂʰu	₌tʂʰu	₌ʂu	ᶜʂuə	₌tʂu	ᶜʂu	₌ʐu	利
₌tɕʰy	₌ɕy	₌pfu	₌pfu	₌pfou	₌fu	ᶜfo	₌pfu	ᶜfu	₌vu	西
₌tɕʰy	₌ɕy	₌tʂʅ	₌tʂʰʅ	₌tʂʅ	₌ʂʅ	ᶜʂuə	₌tʂʅ	ᶜtʂʰʅ	₌ʐʅ	敦
₌tɕʰy	₌ɕy	₌tʂʅ	₌tʂʰʅ	₌tʂʰʅ	₌ʂʅ	ᶜfo	₌tʂʅ	ᶜtsʰʅ	₌ʐʅ	天
₌tɕʰy	₌ɕy	₌tʂu	₌tʂʰu	₌tʂʰu	₌ʂu	ᶜsuɤ		ᶜtʂʰu	₌vu	吐
₌tɕʰy	₌ɕy	₌tʂu	₌tʂʰu	₌tʂʰu	₌ʂu	ᶜʂuə	₌tʂu	ᶜʂu/ ᶜfu	₌ʐʅ	运
₌tɕʰy	₌sy	₌tʂu	₌tʂʰu	₌tʂʰu	₌ʂu	ᶜsuo	₌tʂu	ᶜʂu	₌ʐu	徐
₌tɕʰy	₌ɕy	₌tsu	₌tsʰu	₌tsʰu	₌su	ᶜsuo	₌tsu	ᶜsu	₌zu	郑
₌tɕʰy	₌ɕy	₌tsou	₌tsʰu	₌tsʰou	₌sou	ᶜsuo	₌tsu	ᶜsou	ᶜzu	曲
₌tɕʰy	₌ɕy	₌tɕy	₌tɕʰy	₌tsʰou	₌sou	ᶜsou/ ᶜsuo	₌tɕy	ᶜfu	₌y	信
₌tɕʰy	₌ɕy	₌tʂu	₌tʂʰu	₌tʂʅ	₌ʂu	ᶜsuə	₌tʂu	ᶜtʂʰu	₌ʐu	灵
₌tsʰʅ	₌sʅ	₌pfu	₌pfu	₌pfu	₌fu	ᶜsuə	₌pfu	ᶜpfu	₌vu	永
₌tsʰu	₌su	₌ku	₌kʰu	₌kʰu	₌fu	ᶜsuə	₌ku	ᶜkʰu	₌vu	张
₌tɕʰy	ᶜɕy	₌tʂu	ᶜtʂʅ	ᶜtʂʅ	₌ʂu	ᶜsuɤ		ᶜtʂʅ/ ᶜʂu	zʅ˧	吉
₌tɕʰy	₌ɕy	₌tsu	₌tsʰu	₌tsʰu	₌su	ᶜso	₌tsu	ᶜsu	₌zu	大
₌tɕʰy	₌ɕy	₌tʂu	₌tʂʰu	₌tʂʰu	₌ʂu	ᶜso	₌tʂu	ᶜʂu	₌ʐu	都
₌tɕʰi	₌ɕi	₌tʂu	₌tʂʰu	₌tʂʰu	₌su	ᶜso	₌tsu	ᶜtʂʰu	₌ʐu	喜
₌tɕʰy	₌ɕy	₌tɕy	₌tɕʰy	₌tsʰou	₌so	ᶜso	₌tɕy	ᶜɕy	₌y	昆
₌tsʰy	₌tsʰy	₌tsy	₌tsʰy	₌tsʰʅ	₌su	ᶜso	₌tsy	ᶜsy	₌y	武
₌tsʰy	₌tsʰy	₌tʂu	₌tʂʰu	₌tʂʅ	₌so	ᶜso	₌tsy	ᶜtʂʰu	₌ʐu	荔
₌tɕʰy	₌tɕʰy	₌tsu	₌tsʰu	₌tsʰu	₌su	ᶜsu	₌tsu	ᶜtsʰu	₌zu	南
₌tɕʰi	ᶜɕi	₌kʅ	ᶜkʰʅ	₌tsʰou	₌sou	ᶜso	₌kʅ	ᶜʂʅ	₌yæ/ ₌ʅ	泰
₌tɕʰy	₌ɕy	₌tsu	₌tsʰu	₌tsʰu	₌su	ᶜsuɤ	₌tsu	ᶜsu	₌zu	红
₌tɕʰy	₌ɕy	₌tsu	₌tsʰu	₌tsʰu	₌su	ᶜsuɛ	₌tsu	ᶜsu	₌y	太
ᶜtɕʰy	₌ɕy	ᶜtsu	₌tsʰu	₌tsʰu	₌su	ᶜsuə	ᶜtsu	ᶜsu	₌uʐ	岚
₌tɕʰy	₌ɕy	₌tsu	₌tsʰu	₌tsʰu	₌su	ᶜsuə	₌tsu	ᶜsu	₌y	长
ᶜtɕʰy	₌ɕy	ᶜtsu	₌tsʰu	₌tsʰu	₌su	ᶜsuɛ	₌tsu	ᶜsu	₌uz	忻
₌tɕʰy	₌ɕy	₌tʂu	₌tʂʰu	₌tʂʅ	₌ʂu	ᶜsuo	₌tʂu	ᶜʂu	₌ʐu	大
₌tɕʰy	₌ɕy	₌tʂu	₌tʂʰu	₌tʂʅ	₌ʂu	ᶜsuɤ	₌tʂu	ᶜʂu	₌ʐu	呼
₌tɕʰy	₌ɕy	₌tʂu	₌tʂʰu̩	₌tʂʅ	₌ʂu	ᶜsuɤ	₌tʂu	ᶜʂu	₌ʐu	获
₌tɕʰy	₌ɕy	₌tʂu	₌tʂʰu	₌tʂʰu	₌ʂu	ᶜsuə	₌tʂu	ᶜʂu	₌ʐu	志

①音 1 为老派读音，音 2 为新派读音。

区	片	代表点	居 遇合三 鱼平见	锯 遇合三 御去见	去 遇合三 御去溪	距 遇合三 语上群	鱼 遇合三 鱼平疑	虚 遇合三 鱼平晓	余 遇合三 鱼平以	夫 遇合三 虞平非
北京	幽燕	北京	₌tɕy	tɕy⁼	tɕʻy⁼	tɕy⁼	₌y	₌ɕy	₌y	₌fu
	锦兴	兴城	₌tɕy	tɕy⁼	tɕʻy⁼	tɕy⁼	₌y	₌ɕy	₌y	₌fu
	辽沈	沈阳	₌tɕy	tɕy⁼	tɕʻy⁼	tɕy⁼	₌y	₌ɕy	₌y	₌fu
	黑吉	长春	₌tɕy	tɕy⁼	tɕʻy⁼	tɕy⁼	₌y	₌ɕy	₌y	₌fu
	哈肇	巴彦	₌tɕy	tɕy⁼	tɕʻy⁼	tɕy⁼	₌y	₌ɕy	₌y	₌fu
胶辽	登连	牟平	₌cy	cy⁼	cʻy⁼	₌cy	₌y	₌ɕy	y⁼	₌fu
	青莱	诸城	₌cy	cy⁼	cʻy⁼	tʃu⁼	₌y	₌ʃu	₌y	₌fu
	营通	丹东	₌tɕy	tɕy⁼	tɕʻy⁼	tɕy⁼	₌y/ ₌y	₌ɕy	₌y	₌fu
冀鲁	保唐	高阳	₌tɕy	tɕy⁼	tɕʻiʔ /tɕʻy⁼	tɕy⁼	₌y	₌ɕy	₌y	₌fu
	石济	济南	₌tɕy	tɕy⁼	tɕʻy⁼ /tɕʻiʔ	tɕy⁼	₌y	₌ɕy	₌y	₌fu
	沧惠	河间	₌tɕy	tɕy⁼	tɕʻy⁼	tɕy⁼	₌y	₌ɕy	₌y	₌fu
	章利	利津	tɕy⁼	tɕy⁼	tɕʻiʔ /tɕʻy⁼	tɕy⁼	₌y	₌ɕy	₌y	fu⁼
中原	关中	西安	₌tɕy	tɕy⁼	tɕʻiʔ /tɕʻy⁼	tɕy⁼	₌y	₌ɕy	₌y	₌fu
	秦陇	敦煌	₌tɕy	tɕy⁼	tɕʻy⁼ /tɕʻiʔ	tɕy⁼	₌y	₌ɕy	₌y	₌fɣ
	陇中	天水	₌tɕy	tɕy⁼	tɕʻy⁼	⁼tɕy	₌y	₌ɕy	₌y	₌fu
	南疆	吐鲁番	₌tɕy	tɕy⁼	tɕʻy⁼	tɕy⁼	₌y	₌ɕy	₌y	₌fu
	汾河	运城	₌tɕy	tɕy⁼	tɕʻy⁼	tɕy⁼	₌y	₌ɕy	₌y	₌fu
	洛徐	徐州	₌tɕy	tɕy⁼	tɕʻy⁼	tɕy⁼	₌y	₌ɕy	₌y	₌fu
	郑曹	郑州	₌tɕy	tɕy⁼	tɕʻiʔ /tɕʻy⁼	₌tɕy	₌y	₌ɕy	₌y	₌fu
	蔡鲁	曲阜	₌tɕy	tɕy⁼	tɕʻiʔ	tɕy⁼	₌y	₌ɕy	₌y	₌fu
	信蚌	信阳	₌tɕy	tɕy⁼	tɕʻy⁼	tɕy⁼	₌y	₌ɕy	₌y	₌fu
兰银	银吴	灵武	₌tɕy	tɕy⁼	kʻɯ⁼	tɕʻy⁼	₌y	₌ɕy	₌y	₌fu
	金城	永登	₌tsʮ	tsʮ⁼	tsʻʮ⁼/tsʻʮ⁼	tsʮ⁼	₌ʮ	₌sʮ	₌ʮ	₌fu
	河西	张掖	₌tsu	tsu⁼	kʻɯ⁼	tsu⁼	₌y	₌su	₌y	₌fu
	塔密	吉木萨尔	₌tɕy	tɕy⁼	tɕʻy⁼ /tɕʻiʔ	tɕy⁼	⁼y	₌ɕy	⁼y	₌fu
西南	黔川	大方	₌tɕy	tɕy⁼	kʻe⁼	tɕy⁼	₌y	₌ɕy	₌y	₌fu
	西蜀	都江堰	₌tɕy	tɕy⁼	kʻe⁼	tɕy⁼	₌y	₌ɕy	₌y	₌fu
	川西	喜德	₌tɕy	tɕy⁼	kʻe⁼	tɕy⁼	₌y	₌ɕy	₌y	₌fu
	云南	昆明	₌tɕi	tɕi⁼	kʻə⁼	tɕi⁼	₌i	₌ɕi	₌i	₌fu
	湖广	武汉	₌tɕy	tɕy⁼	kʻɯ⁼	tɕy⁼	₌y	₌ɕy	₌y	₌fu
	桂柳	荔浦	₌ky	ky⁼	kʻə⁼ /kʻy⁼	ky⁼	₌y	₌hy	₌y	₌fu
江淮	洪巢	南京	₌tɕy	tɕy⁼	kʻiʔ /tɕʻy⁼	tɕy⁼	₌y	₌ɕy	₌y	₌fu
	泰如	泰州	₌tɕy	tɕy⁼	tɕʻy⁼	tɕy⁼	₌y	₌ɕy	₌y	₌fu
	黄孝	红安	₌kʮ	keᵊ /kuᵊ	tɕʻiʔ /kʮ⁼	kʮ⁼	₌ʮ	₌ʂʮ	₌ʮ	₌fu
晋语	并州	太原	₌tɕy	tɕy⁼	tɕʻy⁼ /kəʔ	tɕy⁼	₌y	₌ɕy	₌y	₌fu
	吕梁	岚县	₌tɕy	tɕy⁼	tɕʻy⁼ /kəʔ	tɕy⁼	₌ny	₌ɕy	₌y	₌fu
	上党	长治	₌tɕy	tɕy⁼	tɕʻy⁼	tɕy⁼	₌y	₌ɕy	₌y	₌fu
	五台	忻州	⁼tɕy	tɕy⁼	tɕʻy⁼ /kəʔ	tɕy⁼	₌y	⁼ɕy	₌y	⁼fu
	大包	大同	₌tɕy	tɕy⁼	tɕʻy⁼ /kəʔ	tɕy⁼	₌y	₌ɕy	₌y	₌fu
	张呼	呼和浩特	₌tɕy	tɕy⁼	tɕʻy⁼ /kəʔ	tɕy⁼	₌y	₌ɕy	₌y	₌fu
	邯新	获嘉	₌tɕy	tɕy⁼	tɕʻy⁼	tɕy⁼	₌y	₌ɕy	₌y	₌fu
	志延	志丹	₌tɕy	tɕy⁼	tɕʻiʔ	tɕy⁼	₌y	₌ɕy	₌y	₌fu

父	武	屦	趣	聚	藙	厨	住	雏	数动	代表点
遇合三	遇合三	遇合三	遇合三	遇合三	遇合三	遇合三	遇合三	遇合三	遇合三	
虞上奉	虞上微	遇去来	遇去清	虞上从	虞平心	遇平澄	遇去澄	遇平崇	虞上生	
fuᵓ	ꜛu	ꜛly	tɕʰyᵓ	tɕyᵓ	₌ɕy	₌ʈʂʰu	ʈʂuᵓ	₌tʂʰu	ꜛʂu	北
fuᵓ	ꜛu	ꜛly	tɕʰyᵓ	tɕyᵓ	₌ɕy	₌ʈʂʰu	ʈʂuᵓ	₌tʂʰu	ꜛʂu	兴
fuᵓ	ꜛu	ꜛly	tɕʰyᵓ	tɕyᵓ	₌ɕy	₌tsʰu	tsuᵓ	₌tsʰu	ꜛsu	沈
fuᵓ	ꜛu	ꜛly	tɕʰyᵓ	tɕyᵓ	₌ɕy	₌ʈʂʰu	ʈʂuᵓ	₌tʂʰu	ꜛʂu	长
fuᵓ	ꜛu	ꜛly	tɕʰyᵓ	tɕyᵓ	₌ɕy	₌ʈʂʰu	ʈʂuᵓ	₌tʂʰu	ꜛʂu	巴
₌fu	ꜛu	ꜛly	tɕʰyᵓ	tɕyᵓ	₌ɕy	₌tɕʰy	tɕyᵓ	₌tsʰu	ꜛsu	牟
fuᵓ	ꜛu	ꜛly	tʃʰyᵓ	tʃyᵓ	₌ɕy	₌tʃʰu	tʃuᵓ	₌tʃʰu	ꜛʂu	诸
fuᵓ	ꜛu	ꜛly	tsʰyᵓ	tsyᵓ	₌sy	₌ʈʂʰu	ʈʂuᵓ	₌tʂʰu	ꜛʂu	丹
fuᵓ	ꜛu	ꜛly	tɕʰyᵓ	tɕyᵓ	₌ɕy	₌ʈʂʰu	ʈʂuᵓ	₌tʂʰu	ꜛʂu	高
fuᵓ	ꜛu	ꜛly	tsʰyᵓ	tsyᵓ	₌sy	₌ʈʂʰu	ʈʂuᵓ	₌tʂʰu	ꜛʂu	济
fuᵓ	ꜛu	ꜛly	tsʰyᵓ	tsyᵓ	₌sy	₌ʈʂʰu	ʈʂuᵓ	₌tʂʰu	ꜛʂu	利
fuᵓ	ꜛvu	lyᵓ	tɕʰyᵓ	tɕyᵓ	₌ɕy	₌pfu	pfuᵓ		ꜛsou/ꜛfu	西
fyᵓ	ꜛɣ		₌tɕʰy	tɕyᵓ	₌ɕy	₌tʂʰʅ	tʂʅᵓ		ꜛʂʅ	敦
fuᵓ	ꜛvu		tɕʰyᵓ	tɕyᵓ	₌ɕy	₌tsʰʅ	tsʅᵓ	₌tsʰʅ	ꜛsʅ	天
fuᵓ	ꜛvu		tɕʰyᵓ	tɕyᵓ	₌ɕy	₌ʈʂʰu	ʈʂuᵓ		fuᵓ	吐
fuᵓ	ꜛvu	yᵓ/lyᵓ	₌tɕʰy	tɕyᵓ	₌ɕy	₌pfu	pfuᵓ		ꜛsou	运
fuᵓ	ꜛu	ꜛly	tɕʰyᵓ	tɕyᵓ	₌ɕy	₌ʈʂʰu	ʈʂuᵓ	₌ʈʂʰu	ꜛʂu/ꜛnʐ	徐
fuᵓ	ꜛu	ꜛly	tsʰyᵓ	tsyᵓ	₌sy	₌ʈʂʰu	ʈʂuᵓ	ꜛʈʂʰu	ꜛʂuo	郑
fuᵓ	ꜛu	ꜛly	tɕʰyᵓ	tɕyᵓ	₌ɕy	₌tsʰu	tsuᵓ	₌tsʰu	ꜛʂu	曲
fuᵓ	ꜛu	ꜛny	tɕʰyᵓ	tɕyᵓ	₌ɕy	₌tsʰou	tsouᵓ	₌tsʰou	ꜛsou	信
fuᵓ	₌vu	₌ly	tɕʰyᵓ	tɕyᵓ	₌ɕy	₌ʈʂʰu	ʈʂuᵓ	₌ʈʂʰu	₌ʂu	灵
fuᵓ	ꜛvu	ꜛlʮ	tsʰʮᵓ	tsʮᵓ	₌sʮ	₌pfu	pfuᵓ	₌pfu	ꜛfu	永
fuᵓ	ꜛvu	ꜛly	tsʰuᵓ	tsuᵓ	₌su	₌kʰu	kuᵓ	₌kʰu	ꜛfu	张
fuᵓ	ꜛvu	ꜛly	tɕʰyᵓ	tɕyᵓ	₌ɕy	₌tʂʰu	ʈʂuᵓ	₌tʂʰu	ꜛʂu/ʂuᵓ	吉
fuᵓ	ꜛu	ꜛluei	tɕʰyᵓ	tɕyᵓ	₌ɕy	₌tsʰu	tsuᵓ	₌tsʰu	ꜛsu	大
fuᵓ	ꜛu	ꜛnuei	tɕʰyᵓ	tɕyᵓ	₌ɕy	₌tsʰu	tsuᵓ	₌tsʰu	ꜛsu	都
fuᵓ	ꜛu	ꜛnuei	tɕʰyᵓ	tɕyᵓ	₌ɕy	₌ʈʂʰu	ʈʂuᵓ	₌ʈʂʰu	ꜛsu	喜
fuᵓ	ꜛu	ꜛluei	tɕʰiᵓ	tɕiᵓ	₌ɕi	₌ʈʂʰu	ʈʂuᵓ	₌ʈʂʰu	ꜛsu	昆
fuᵓ	ꜛu	ꜛny	tɕʰyᵓ	tɕyᵓ	₌ɕy	₌tɕʰy	tɕyᵓ	₌tsʰou	ꜛso	武
fuᵓ	ꜛu	ꜛly	tsʰyᵓ	tsyᵓ	₌sy	₌tsʰy	tsyᵓ		ꜛsu	荔
fuᵓ	ꜛu	ꜛly	tsʰyᵓ	tsyᵓ	₌sy	₌tsʰu	ʈʂuᵓ	₌tsʰu	ꜛsu	南
₌fu/fuᵓ	ꜛu	ꜛny	tɕʰyᵓ	tɕʰyᵓ/tsyᵓ①	₌ɕy	₌tsʰu	₌tsʰu/tsuᵓ	₌tsʰu	ꜛsu	泰
fuᵓ	ꜛu	ꜛli	tɕʰiᵓ	tɕiᵓ	₌ɕi	₌kʰu	kʮᵓ	₌tsʰou	ꜛsəu	红
fuᵓ	ꜛvu	ꜛly	tɕʰyᵓ	tɕyᵓ	₌ɕy	₌tsʰu	tsuᵓ	₌tsʰu	ꜛsu	太
fuᵓ	ꜛu	ꜛly	tɕʰyᵓ	tɕyᵓ	₌ɕy	₌tsʰu	tsuᵓ	₌tsʰu	ꜛsu	岚
fuᵓ	ꜛu	ꜛly	tɕʰyᵓ	tɕyᵓ	₌ɕy	₌tsʰu	tsuᵓ	₌tsʰu	ꜛsu	长
fuᵓ	ꜛu	ꜛly	tɕʰyᵓ	tɕyᵓ	₌ɕy	₌tsʰu	tsuᵓ	₌tsʰu	ꜛsu	忻
fuᵓ	ꜛvu	ꜛly	tɕʰyᵓ	tɕyᵓ	₌ɕy	₌tʂʰu	ʈʂuᵓ	₌tʂʰu	ꜛʂu	大
fuᵓ	ꜛvu	ꜛly	tɕʰyᵓ	tɕyᵓ	₌ɕy	₌tsʰu	tsuᵓ	₌tsʰu	ꜛsu	呼
fuᵓ	ꜛu	ꜛly	tɕʰyᵓ	tɕyᵓ	₌ɕy	₌ʈʂʰu	ʈʂuᵓ	₌tʂʰu	ꜛʂu	获
fuᵓ	ꜛu	ꜛluei	tɕʰyᵓ	tɕyᵓ	₌ɕy	₌tʂʰu	tsuᵓ	₌tʂʰu	ꜛʂu	志

①音 3（文）：tsuəiᵓ。

区	片	代表点	主 遇合三 虞上章	树 遇合三 遇去禅	乳 遇合三 虞上日	句 遇合三 遇去见	具 遇合三 遇去群	遇 遇合三 遇去疑	雨 遇合三 虞上云	台(旁~) 蟹开一 哈平定
北京	幽燕	北京	ꜛtʂu	ʂuꜜ	ꜛʐu	tɕyꜜ	tɕyꜜ	yꜜ	ꜛy	⸗tʰai
	锦兴	兴城	ꜛtʂu	ʂuꜜ	ꜛʐu	tɕyꜜ	tɕyꜜ	yꜜ	ꜛy	⸗tʰai
	辽沈	沈阳	ꜛtsu	suꜜ	ꜛiu/ꜛy	tɕyꜜ	tɕyꜜ	yꜜ	ꜛy	⸗tʰai
	黑吉	长春	ꜛtʂu	ʂuꜜ	ꜛlu	tɕyꜜ	tɕyꜜ	yꜜ	ꜛy	⸗tʰai
	哈肇	巴彦	ꜛtʂu	ʂuꜜ	ꜛʐu	tɕyꜜ	tɕyꜜ	yꜜ	ꜛy	⸗tʰai
胶辽	登连	牟平	ꜛtɕy	ɕyꜜ	ꜛy	cyꜜ	⸗cy	yꜜ	ꜛy	⸗tʰai
	青莱	诸城	ꜛtʃu	ʃuꜜ	ꜛy	tʃuꜜ	tʃuꜜ	yꜜ	ꜛy	⸗tʰɛ
	营通	丹东	ꜛtsu	suꜜ	ꜛy	tɕyꜜ	tɕyꜜ	yꜜ	ꜛy	⸗tʰai
冀鲁	保唐	高阳	ꜛtʂu	ʂuꜜ	ꜛʐu	tɕyꜜ	tɕyꜜ	yꜜ	ꜛy	⸗tʰɛ
	石济	济南	ꜛtʂu	ʂuꜜ	ꜛlu	tɕyꜜ	tɕyꜜ	yꜜ	ꜛy	⸗tʰɛ
	沧惠	河间	ꜛtʂu	ʂuꜜ	ꜛʐu	tɕyꜜ	tɕyꜜ	yꜜ	ꜛy	⸗tʰai
	章利	利津	ꜛtʂu	ʂuꜜ	ꜛʐu	tɕyꜜ	tɕyꜜ	yꜜ	ꜛy	⸗tʰɛ
中原	关中	西安	ꜛpfu	fuꜜ	ꜛvu	tɕyꜜ	tɕyꜜ	yꜜ	ꜛy	⸗tʰɛ
	秦陇	敦煌	ꜛtʂʅ	ʂʅꜜ	ꜛʐʅ	tɕyꜜ	tɕyꜜ	yꜜ	ꜛy	⸗tʰai
	陇中	天水	ꜛtsʅ	sʅꜜ	ꜛʐʅ	tɕyꜜ	tɕyꜜ	yꜜ	yꜜ	⸗tʰai
	南疆	吐鲁番	ꜛtʂu	fuꜜ	ꜛvu	tɕyꜜ	tɕyꜜ	yꜜ	ꜛy	⸗tʰai
	汾河	运城	ꜛpfu	fuꜜ	ꜛvu	tɕyꜜ	tɕyꜜ	yꜜ	ꜛy	⸗tʰai
	洛徐	徐州	ꜛtʂu	ʂuꜜ	ꜛlu	tɕyꜜ	tɕyꜜ	yꜜ	ꜛy	⸗tʰɛ
	郑曹	郑州	ꜛtʂu	ʂuꜜ	ꜛʐu	tɕyꜜ	tɕyꜜ	yꜜ	ꜛy	⸗tʰɛ
	蔡鲁	曲阜	ꜛtsu	suꜜ	ꜛzu	tɕyꜜ	tɕyꜜ	yꜜ	ꜛy	⸗tʰɛ
	信蚌	信阳	ꜛtsou/ꜛtɕy	ɕyꜜ	ꜛzou	tɕyꜜ	tɕyꜜ	yꜜ	ꜛy	⸗tʰai
兰银	银吴	灵武	⸗tʂu	ʂuꜜ	⸗ʐu	tɕyꜜ	tɕyꜜ	yꜜ	⸗y	⸗tʰɛ
	金城	永登	ꜛpfu	fuꜜ	ꜛvu	tsʅꜜ	tsʅꜜ	ʅꜜ	ꜛʅ	⸗tʰɛ
	河西	张掖	ꜛku	fuꜜ	ꜛvu	tsuꜜ	tsuꜜ	zyꜜ	ꜛy	⸗tʰɛ
	塔密	吉木萨尔	ꜛtʂu	ʂuꜜ/ʂuꜜ	ꜛʐu/ꜛvu	tɕyꜜ	tɕyꜜ	yꜜ	ꜛy	⸗tʰai
西南	黔川	大方	ꜛtsu	suꜜ	ꜛzu	tɕyꜜ	tɕyꜜ	yꜜ	ꜛy	⸗tʰai
	西蜀	都江堰	ꜛtsu	suꜜ	ꜛzu	tɕyꜜ	tɕyꜜ	yꜜ	ꜛy	⸗tʰai
	川西	喜德	ꜛtʂu	ʂuꜜ	ꜛʐu	tɕyꜜ	tɕyꜜ	·yꜜ	ꜛy	⸗tʰæ
	云南	昆明	ꜛtʂu	ʂuꜜ	ꜛʐu	tɕiꜜ	tɕiꜜ	iꜜ	ꜛi	⸗tʰɛ
	湖广	武汉	ꜛtɕy	ɕyꜜ	ꜛy	tɕyꜜ	tɕyꜜ	yꜜ	ꜛy	⸗tʰai
	桂柳	荔浦	ꜛtsy	syꜜ	ꜛy	kyꜜ	kyꜜ	yꜜ	ꜛy	⸗tʰai
江淮	洪巢	南京	ꜛtʂu	ʂuꜜ	ꜛʐu	tɕyꜜ	tɕyꜜ·	yꜜ	ꜛy	⸗tʰae
	泰如	泰州	ꜛtsu	⸗su	ꜛzu	⸗tɕy/tɕyꜜ	tɕyꜜ	⸗y/yꜜ	ꜛy	⸗tʰɛ
	黄孝	红安	ꜛkʅ	ʂʅꜜ	ꜛʅ	kʅꜜ	kʅꜜ	ʅꜜ	ꜛʅ	⸗tʰɛ
晋语	并州	太原	ꜛtsu	suꜜ	ꜛzu	tɕyꜜ	tɕyꜜ	yꜜ	ꜛy	⸗tʰai
	吕梁	岚县	ꜛtsu	suꜜ	ꜛzu	tɕyꜜ	tɕyꜜ	yꜜ	ꜛy	⸗tʰei/⸗tʰai
	上党	长治	ꜛtsu	suꜜ	ꜛy	tɕyꜜ	tɕyꜜ	yꜜ	ꜛy	⸗tʰæ
	五台	忻州	ꜛtsu	suꜜ	ꜛzu	tɕyꜜ	tɕyꜜ	yꜜ	ꜛy	⸗tʰæ
	大包	大同	ꜛtʂu	ʂuꜜ	ꜛʐu	tɕyꜜ	tɕyꜜ	yꜜ	ꜛy	⸗tʰɛe
	张呼	呼和浩特	ꜛtsu	suꜜ	ꜛʐu	tɕyꜜ	tɕyꜜ	yꜜ	ꜛy	⸗tʰɛ
	邯新	获嘉	ꜛtʂu	ʂuꜜ	ꜛʐu	tɕyꜜ	tɕyꜜ	yꜜ	ꜛy	⸗tʰai
	志延	志丹	ꜛtʂu	ʂuꜜ	ꜛʐu	tɕyꜜ	tɕyꜜ	yꜜ	ꜛy	⸗tʰae

代	耐	来	才	在	赛	开	海	孩	爱	代
蟹开一	蟹开一	蟹开一	蟹开一	蟹开一	蟹开一	蟹开一	蟹开一	蟹开一	蟹开一	表
代去定	代去泥	哈平来	哈平从	海上从	代去心	哈平溪	海上晓	哈平匣	代去影	点
tai⊃	nai⊃	⊆lai	⊆ts'ai	tsai⊃ / ⊂tsai	sai⊃	⊂k'ai	⁻xai	⊆xai	ai⊃	北
tai⊃	nai⊃	⊆lai	⊆ts'ai	tsai⊃ / ⊂tsai	sai⊃	⊂k'ai	⁻xai	⊆xai	nai⊃	兴
tai⊃	nai⊃	⊆lai	⊆tʂ'ai	tʂai⊃ / ⊂tʂai	ʂai⊃	⊂k'ai	⁻xai	⊆xai	nai⊃	沈
tai⊃	nai⊃	⊆lai	⊆ts'ai	tsai⊃ / ⊂tai①	sai⊃	⊂k'ai	⁻xai	⊆xai	nai⊃	长
tai⊃	nai⊃	⊆lai	⊆ts'ai	tsai⊃ / ⊂tai	sai⊃	⊂k'ai	⁻xai	⊆xai	nai⊃	巴
tai⊃	nai⊃	⊆lai	⊆ts'ai	tsai⊃	sai⊃	⊂k'ai	⁻xai	⊆xai	ai⊃	牟
te⊃	ne⊃	⊆lɛ	⊆tθ'ɛ	tθɛ⊃	θɛ⊃	⊂k'ɛ	⁻xɛ	⊆xɛ	ŋɛ⊃	诸
tai⊃	nai⊃	⊆lai	⊆ts'ai	tsai⊃	sai⊃	⊂k'ai	⁻xai	⊆xai	ai⊃	丹
tai⊃	ŋai⊃	⊆lai	⊆ts'ai	tai⊃ / ⊂tsai②	sai⊃	⊂k'ai	⁻xai	⊆xai	nai⊃	高
te⊃	ne⊃	⊆lɛ	⊆ts'ɛ	tsɛ⊃ / ⊂tsɛ	sɛ⊃	⊂k'ɛ	⁻xɛ	⊆xɛ	ŋɛ⊃	济
tai⊃	ŋai⊃	⊆lai	⊆ts'ai	tsai⊃	sai⊃	⊂k'ai	⁻xai	⊆xai	ŋai⊃	河
te⊃	ne⊃	⊆lɛ	⊆ts'ɛ	tɛ⊃ / ⊂tsɛ③	sɛ⊃	⊂k'ɛ	⁻xɛ	⊆xɛ	ŋɛ⊃	利
tɛ⊃	ne⊃	⊆lɛ	⊆ts'ɛ	tsɛ⊃	sɛ⊃	⊂k'ɛ	⁻xɛ	⊆xɛ	ŋɛ⊃	西
tɛ⊃	ne⊃	⊆lɛ	⊆ts'ɛ	tsɛ⊃	sɛ⊃	⊂k'ɛ	⁻xɛ	⊆xɛ	ŋɛ⊃	敦
tai⊃	lai⊃	⊆lai	⊆ts'ai	ts'ai⊃ / tsai⊃	sai⊃	⊂k'ai	⁻xai	⊆xai	ŋai⊃	天
tai⊃	nai⊃	⊆lai	⊆ts'ai	tsai⊃	sai⊃	⊂k'ai	⁻xai	⊆xai	nai⊃	吐
tai⊃	lai⊃	⊆lai	⊆ts'ai	ts'ai⊃	sai⊃	⊂k'ai	⁻xai	⊆xai	ŋai⊃	运
te⊃	ne⊃	⊆lɛ	⊆ts'ɛ	tsɛ⊃	sɛ⊃	⊂k'ɛ	⁻xɛ	⊆xɛ	ɛ⊃	徐
tai⊃	nai⊃	⊆lai	⊆ts'ai	tsai⊃	sai⊃	⊂k'ai	⁻xai	⊆xai	ai⊃	郑
tɛ⊃	ne⊃	⊆lɛ	⊆ts'ɛ	tsɛ⊃	sɛ⊃	⊂k'ɛ	⁻xɛ	⊆xɛ	yɛ⊃	曲
tai⊃	nai⊃	⊆lai	⊆ts'ai	tsai⊃	sai⊃	⊂k'ai	⁻xai	⊆xai	ŋai⊃	信
tɛ⊃	ne⊃	⊆lɛ	⊆ts'ɛ	tsɛ⊃	tsɛ⊃	⊂k'ɛ	⊆xɛ	⊆xɛ	ɛ⊃	灵
tɛ⊃	ne⊃	⊆lɛ	⊆ts'ɛ	tsɛ⊃	tsɛ⊃	⊂k'ɛ	⁻xɛ	⊆xɛ	ɛ⊃	永
tɛ⊃	ne⊃	⊆lɛ	⊆ts'ɛ	tsɛ⊃	tsɛ⊃	⊂k'ɛ	⁻xɛ	⊆xɛ	yɛ⊃	张
tai⊃	nai⊃	⁻lai	⁻ts'ai	tsai⊃	sai⊃	⊂k'ai	⁻xai	⁻xai	ŋai⊃	吉
tai⊃	lai⊃	⊆lai	⊆ts'ai	tsai⊃	sai⊃	⊂k'ai	⁻xai	⊆xai	ŋai⊃	大
tai⊃	nai⊃	⊆nai	⊆ts'ai	tsai⊃	sai⊃	⊂k'ai	⁻xai	⊆xai	ŋai⊃	都
tæ⊃	næ⊃	⊆næ	⊆ts'æ	tsæ⊃	sæ⊃	⊂k'æ	⁻xæ	⊆xæ	æ⊃	喜
tɛ⊃	ne⊃	⊆lɛ	⊆ts'ɛ	tsɛ⊃	sɛ⊃	⊂k'ɛ	⁻xɛ	⊆xɛ	ɛ⊃	昆
tai⊃	nai⊃	⊆nai	⊆ts'ai	tsai⊃	sai⊃	⊂k'ai	⁻xai	⊆xai	ŋai⊃	武
tai⊃	nai⊃	⊆lai	⊆ts'ai	tsai	sai⊃	⊂k'ai	⁻hai	⊆hai	ŋai⊃	荔
tae⊃	lae⊃	⊆lae	⊆ts'ae	tsae⊃	sae⊃	⊂k'ae	⁻xae	⊆xae	ae⊃	南
⊂t'ɛ / tɛ⊃	⊂ne / nɛ⊃	⊆nɛ	⊆ts'ɛ	⊂tsɛ / tsɛ⊃	sɛ⊃	⊂k'ɛ	⁻xɛ	⊆xɛ	ɛ⊃	泰
tai⊃	lai⊃	⊆lai	⊆ts'ai	tsai⊃	sai⊃	⊂k'ai	⁻xai	⊆xai	ŋai⊃	红
tai⊃	nai⊃	⊆lai	⊆ts'ai	tsai⊃	sai⊃	⊂k'ai	⁻xai	⊆xai	yai⊃	太
tai⊃	nei⊃ / nai⊃	⊆lei / ⊆lai	⊆ts'ei / ts'ai	tsei⊃	sai⊃	⊂k'ei / k'ai	⁻xai	⊆xai	ŋei⊃ / ŋai⊃	岚
tæ⊃	næ⊃	⊆læ	⊆ts'æ	tsæ⊃	sæ⊃	⊂k'æ	⁻xæ	⊆xæ	æ⊃	长
tæ⊃	næ⊃	⊆læ	⊆ts'æ	tsæ⊃	sæ⊃	⊂k'æ	⁻xæ	⊆xæ	ŋæ⊃	忻
tɛe⊃	nɛe⊃	⊆lɛe	⊆ts'ɛe	tsɛe⊃	sɛe⊃	⊂k'ɛe	⁻xɛe	⊆xɛe	nɛe⊃	大
tɛ⊃	ne⊃	⊆lɛ	⊆ts'ɛ	tsɛ⊃	sɛ⊃	⊂k'ɛ	⁻xɛ	⊆xɛ	ŋɛ⊃	呼
tai⊃	nai⊃	⊆lai	⊆ts'ai	tsai⊃	sai⊃	⊂k'ai	⁻xai	⊆xai	ai⊃	获
tae⊃	nae⊃	⊆lae	⊆ts'ae	tsae⊃	sae⊃	⊂k'ae	⁻xae	⊆xae	nae⊃	志

①音3：⊂tsai。②tai⊃，介词。③tɛ⊃，介词。

区	片	代表点	贝 蟹开一 泰去帮	带 蟹开一 泰去端	蔡 蟹开一 泰去清	艾 蟹开一 泰去疑	害 蟹开一 泰去匣	拜 蟹开一 怪去帮	排 蟹开一 皆平並	斋 蟹开一 皆平庄
北京	幽燕	北京	pei⁼	tai⁼	tsʻai⁼	ai⁼	xai⁼	pai⁼	₌pʻai	₌tsai
	锦兴	兴城	pei⁼	tai⁼	tsʻai⁼	nai⁼	xai⁼	pai⁼	₌pʻai	₌tsai
	辽沈	沈阳	pei⁼	tai⁼	tʂʻai⁼	ai⁼	xai⁼	pai⁼	₌pʻai	₌tsai
	黑吉	长春	pei⁼	tai⁼	tsʻai⁼	nai⁼	xai⁼	pai⁼	₌pʻai	₌tsai
	哈肇	巴彦	pei⁼	tai⁼	tsʻai⁼	nai⁼	xai⁼	pai⁼	₌pʻai	₌tsai
胶辽	登连	牟平	pei⁼	tai⁼	₌tsʻai	ai⁼	xai⁼	pai⁼	₌pʻai	₌tsai
	青莱	诸城	⁼pei	te⁼	₌tθʻɜ	ŋɜ⁼	xɛ⁼	pɛ⁼	⁼pʻɛ	₌tʂɜ
	营通	丹东	pei⁼	tai⁼	₌tsʻai	ai⁼	xai⁼	pai⁼	₌pʻai	₌tsai
冀鲁	保唐	高阳	pei⁼	tai⁼	tsʻai⁼	ŋai⁼	xai⁼	pai⁼	₌pʻai	₌tʂɜ
	石济	济南	pei⁼	te⁼	tsʻɛ⁼	ŋe⁼	xɛ⁼	pɛ⁼	⁼pʻɛ	₌tʂɜ
	沧惠	河间	pei⁼	tai⁼	tsʻai⁼	ŋai⁼	xai⁼	pai⁼	₌pʻai	₌tsai
	章利	利津	pei⁼	te⁼	tsʻɛ⁼	ŋe⁼	xɛ⁼	pɛ⁼	₌pʻɛ/ pʻɛ⁼①	₌tʂɛ
中原	关中	西安	pei⁼	te⁼	tsʻɛ⁼	ŋe⁼	xɛ⁼	pɛ⁼	⁼pʻɛ	₌tsɛ
	秦陇	敦煌	₌pei	te⁼	tsʻɛ⁼	ŋe⁼	xɛ⁼	pɛ⁼	⁼pʻɛ	₌tsai
	陇中	天水	pei⁼	tai⁼	tsʻai⁼	ŋai⁼	xai⁼	pai⁼	⁼pʻɛ	₌tsai
	南疆	吐鲁番	pei⁼	tai⁼	tsʻai⁼	ai⁼	xai⁼	pai⁼	⁼pʻɛ	₌tsai
	汾河	运城	pei⁼	tai⁼	tsʻai⁼	ŋai⁼	xai⁼	pai⁼	⁼pʻai	₌tsai
	洛徐	徐州	pe⁼	tɛ⁼	tsʻɛ⁼	ɛ⁼	xɛ⁼	pɛ⁼	⁼pʻɛ	₌tʂɛ
	郑曹	郑州		tai⁼	tsʻai⁼	ai⁼	xai⁼	pai⁼	⁼pʻai	₌tsai
	蔡鲁	曲阜	pei⁼	te⁼	tsʻɛ⁼	ɣe⁼	xɛ⁼	pɛ⁼	⁼pʻɛ	₌tsɛ
	信蚌	信阳	pei⁼	te⁼	tsʻai⁼	ŋai⁼	xai⁼	pai⁼	⁼pʻai	₌tsai
兰银	银吴	灵武	pei⁼	te⁼	tsʻɛ⁼	ɛ⁼	xɛ⁼	pɛ⁼	⁼pʻɛ	₌tʂɛ
	金城	永登	pɪi⁼	te⁼	tsʻɛ⁼	ɛ⁼	xɛ⁼	pɛ⁼	⁼pʻɛ	₌tʂɛ
	河西	张掖	pɪi⁼	te⁼	tsʻɛ⁼	ɣe⁼	xɛ⁼	pɛ⁼	⁼pʻɛ	₌tʂɛ
	塔密	吉木萨尔	pei⁼	tai⁼	tsʻai⁼	ŋai⁼	xai⁼	pai⁼	⁼pʻai	₌tsai
西南	黔川	大方	pei⁼	tai⁼	tsʻai⁼	ŋai⁼	xai⁼	pai⁼	⁼pʻai	₌tsai
	西蜀	都江堰	pei⁼	tai⁼	tsʻai⁼	ŋai⁼	xai⁼	pai⁼	⁼pʻai	₌tsai
	川西	喜德	pei⁼	tæ⁼	tsʻæ⁼	æ⁼	xæ⁼	pæ⁼	⁼pʻæ	₌tʂæ
	云南	昆明	pei⁼	te⁼	tsʻɛ⁼	ɛ⁼	xɛ⁼	pɛ⁼	⁼pʻɛ	₌tʂɛ
	湖广	武汉	pei⁼	tai⁼	tsʻai⁼	ŋai⁼	xai⁼	pai⁼	⁼pʻai	₌tsai
	桂柳	荔浦	pəi⁼	tai⁼	tsʻai⁼	ŋai⁼	hai⁼	pai⁼	⁼pʻai	₌tsai
江淮	洪巢	南京	pəi⁼	tae⁼	tsʻae⁼	ae⁼	xae⁼	pae⁼	⁼pʻae	₌tʂae
	泰如	泰州	pɪi⁼	te⁼	tsʻɛ⁼	₌ɛ	₌xɣɛ/xɣ⁼	pɛ⁼	⁼pʻɛ	₌tsɛ
	黄孝	红安	pi⁼/pei⁼②	te⁼	tsʻai⁼	ŋai⁼	xai⁼	pai⁼	⁼pʻai	₌tsai
晋语	并州	太原	pei⁼	tai⁼	tsʻai⁼	ɣai⁼	xai⁼	pai⁼	⁼pʻai	₌tsai
	吕梁	岚县	pei⁼	tei⁼/tai⁼	tsʻai⁼	ŋei⁼/ŋai⁼	xei⁼/xai⁼	pai⁼	⁼pʻai	₌tsai
	上党	长治	pei⁼	tæ⁼	tsʻæ⁼	æ⁼	xæ⁼	pæ⁼	⁼pʻæ	₌tʂæ
	五台	忻州	pei⁼	tæ⁼	tsʻæ⁼	ŋæ⁼	xæ⁼	pæ⁼	⁼pʻæ	⁼tʂæ
	大包	大同	pεe⁼	tεe⁼	tsʻεe⁼	nεe⁼	xεe⁼	pεe⁼	⁼pʻɜe	₌tsεe
	张呼	呼和浩特	pei⁼	te⁼	tsʻɛ⁼	ŋe⁼	xɛ⁼	pɛ⁼	⁼pʻɛ	₌tsɛ
	邯新	获嘉	pei⁼	tai⁼	tsʻai⁼	ai⁼	xai⁼	pai⁼	⁼pʻai	₌tsai
	志延	志丹	pei⁼	tae⁼	tsʻae⁼	nae⁼	xae⁼	pae⁼	⁼pʻae	₌tsae

①⁼pʻɛ，地~子车。②音1为老派读音，音2为新派读音。

豺	界	挨	派	牌	买	奶	柴	街	掗	代
蟹开一	蟹开一	蟹开一	蟹开二	蟹开二	蟹开二	蟹开二	蟹开二	蟹开二	蟹开二	表
皆平崇	怪去见	皆平影	卦去滂	佳平並	蟹上明	蟹上泥	佳平崇	佳平见	佳平疑	点
ʈʂ'ai	tɕie	ai	p'ai	p'ai	mai	nai	ʈʂ'ai	tɕie	ai	北
ʈʂ'ai	tɕiɛ	nai	p'ai	p'ai	mai	nai	ʈʂ'ai	tɕiE	nai	兴
ts'ai	tɕie	ai	p'ai	p'ai	mai	nai	ts'ai	kai/tɕie	ai	沈
ts'ai	tɕie	nai	p'ai	p'ai	mai	nai	ts'ai	kai/tɕie	ai	长
ts'ai	tɕie	nai	p'ai	p'ai	mai	nai	ts'ai	kai/tɕie	nai	巴
ts'ai	ciai	iai	p'ai	p'ai	mai	nai	ts'ai	ciai	iai	牟
ʈʂ'ɛ	tʃɛ	iɛ	p'ɛ	p'ɛ	mɛ	nɛ	ʈʂ'ɛ	ʃɛ	iɛ	诸
ts'ai	tɕie	ai	p'ai	p'ai	mai	nɛ	ts'ai	tɕiə	iai	丹
ts'ai	tɕie	ŋai	p'ai	p'ai	mai	ŋai	ts'ai	tɕie	ŋai	高
ts'ɛ	tɕie	iɛ	p'ɛ	p'ɛ	mɛ	nɛ	ts'ɛ	tɕie	iɛ	济
ts'ai	tɕie	ŋai	p'ai	p'ai	mai	ŋai	ts'ai	tɕie	ŋai	河
ts'ɛ	tɕie	iɛ	p'ɛ	p'ɛ	mɛ	nɛ	ts'ɛ	tɕie	iɛ	利
ts'ɛ	tɕie	ŋɛ	p'ɛ	p'ɛ	mɛ	nɛ	ts'ɛ		ŋɛ	西
ts'ɛ	tɕiə	ŋɛ	p'ɛ	p'ɛ	mɛ	nɛ	ts'ɛ	kɛ/tɕiə	ŋɛ	敦
tsai	tɕie	ŋai	p'ai	p'ai	mai	lai	ts'ai	kai	ŋai	天
	tɕiɤ	nai	p'ai	p'ai	mai	nai	ts'ai	kai	nai	吐
ts'ai	tɕiE	ŋai	p'ai	p'ai	mai	lai	ts'ai	tɕiE	lai/ŋai	运
ts'ɛ	tɕie	ɛ	p'ɛ	p'ɛ	mɛ	nɛ	ts'ɛ	tɕie	ɛ	徐
ts'ai	tɕie	ai	p'ai	p'ai	mai	nɛ	ts'ai	tɕie	ai	郑
ts'ɛ	tɕie	iɛ	p'ɛ	p'ɛ	mɛ	nɛ	ts'ɛ	tɕie	iɛ	曲
ts'ai	tɕiai	ŋai	p'ai	p'ai	mai	nai	ts'ai	tɕiai	ŋai	信
ts'ɛ	tɕiə	ɛ	p'ɛ	p'ɛ	mɛ	nɛ	ts'ɛ	kɛ	ɛ	灵
ts'ɛ	tɕiə	ɛ	p'ɛ	p'ɛ	mɛ	nɛ	ts'ɛ	kɛ	ɛ	永
ts'ɛ	tɕiə	ɣɛ	p'ɛ	p'ɛ	mɛ	nɛ	ts'ɛ	kɛ	ɣɛ	张
ts'ai	tɕiE	nai/ŋai	p'ai	p'ai	mai	nai	ts'ai	kai		吉
ts'ai	kai	ŋai	p'ai	p'ai	mai	lai	ts'ai	kai	ŋai	大
ts'ai	kai	ŋai	p'ai	p'ai	mai	nai	ts'ai	kai	ŋai	都
ts'æ	kæ	æ	p'æ	p'æ	mæ	næ	ts'æ	kæ	æ	喜
ts'ɛ	kɛ	ɛ	p'ɛ	p'ɛ	mɛ	nɛ	ts'ɛ	kɛ	ɛ	昆
ts'ai	kai	ŋai	p'ai	p'ai	mai	nai	ts'ai	kai	ŋai	武
ts'ai	kai	ŋai	p'ai	p'ai	mai	nai	ts'ai	kai	ŋai	荔
ts'ae	tɕie	ae	p'ae	p'ae	mae	lae/lae	ts'ae	tɕie	ae	南
ts'ɛ	kɛ	ɛ	p'ɛ	p'ɛ	mɛ	nɛ	ts'ɛ	kɛ	ɛ	泰
ts'ai	kai	ŋai	p'ai	p'ai	mai	læ/lai	ts'ai	kai	ŋai	红
ts'ai	tɕie	ɣai	p'ai	p'ai	mai	nai	ts'ai	tɕie	ɣai	太
ts'ai	tɕiai	ŋai	p'ai	p'ai	mai	nai	ts'ai	tɕiai	niai	岚
ts'æ	tɕiE	æ	p'æ	p'æ	mæ	næ	ts'æ	tɕiE	æ	长
ts'æ	tɕiæ	ŋæ	p'æ	p'æ	mæ	næ	ts'æ	tɕiæ	ŋæ	忻
ts'ee	tɕie	nee	p'ee	p'ee	mɛɛ	nɛɛ	ts'ee	tɕiE	nɛɛ	大
ts'ɛ	tɕie	ŋe	p'ɛ	p'ɛ	mɛ	nɛ	ts'ɛ	tɕie	ŋɛ	呼
ts'ai	tɕie	ai	p'ai	p'ai	mai	nai	ts'ai	tɕiE	ai	获
ts'ae	tɕie	nae	p'ae	p'ae	mae	nae	ts'ae	tsae	nae	志

区	片	代表点	鞋 蟹开二 佳平匣	矮 蟹开二 蟹上影	败 蟹开二 夬去並	寨 蟹开二 夬去崇	弊 蟹开三 祭去並	厉 蟹开三 祭去来	祭 蟹开三 祭去精	制 蟹开三 祭去章
北京	幽燕	北京	ɕie	ai	paiᶜ	tʂaiᶜ	piᶜ	liᶜ	tɕiᶜ	tʂʅᶜ
	锦兴	兴城	ɕiɛ	nai	paiᶜ	tʂaiᶜ	piᶜ	liᶜ	tɕiᶜ	tʂʅᶜ
	辽沈	沈阳	ɕie	ai	paiᶜ	tsaiᶜ	piᶜ	liᶜ	tɕiᶜ	tʂʅᶜ
	黑吉	长春	ɕie	nai	paiᶜ	tʂaiᶜ	piᶜ	liᶜ	tɕiᶜ	tʂʅᶜ
	哈肇	巴彦	ɕie	nai	paiᶜ	tʂaiᶜ	piᶜ	liᶜ	tɕiᶜ	tʂʅᶜ
胶辽	登连	牟平	ɕiai	iai	paiᶜ	tsai	pi	liᶜ	tɕiᶜ	tɕi
	青莱	诸城	ʃɛ	ɛ	pɛᶜ	tʂɛᶜ	piᶜ	liᶜ	ʈiᶜ	tʃʅᶜ
	营通	丹东	tɕiə	iai	paiᶜ	tsaiᶜ		liᶜ	tɕiᶜ	tʂʅ
冀鲁	保唐	高阳	ɕiɛ	ŋai	paiᶜ	tʂaiᶜ	piᶜ	liᶜ	tsiᶜ	tʂʅᶜ
	石济	济南	ɕie	ie	pɛᶜ	tʂɛᶜ	piᶜ	liᶜ	tɕiᶜ	tʂʅᶜ
	沧惠	河间	ɕie	ŋai	paiᶜ	tʂaiᶜ	piᶜ	liᶜ	tsiᶜ	tʂʅᶜ
	章利	利津	ɕie	ie	pɛᶜ	tʂɛᶜ		liᶜ	tsiᶜ	tʂʅᶜ
中原	关中	西安	xɛ/ɕie	ŋɛ	pɛᶜ	tsɛᶜ	piᶜ	liᶜ	tɕiᶜ	tʂʅᶜ
	秦陇	敦煌	xɛ/ɕiə	ŋɛ	pɛᶜ	tsɛᶜ	piᶜ	liᶜ	tɕiᶜ	tʂʅᶜ
	陇中	天水	xai	ŋai	p'aiᶜ	ts'aiᶜ/tsaiᶜ	piᶜ	liᶜ	tɕiᶜ	tʂʅᶜ
	南疆	吐鲁番	xai	ai		tsaiᶜ	piᶜ	liᶜ	tɕiᶜ	tʂʅᶜ
	汾河	运城	ɕiɛ	ŋai	p'aiᶜ	tsaiᶜ	piᶜ	liᶜ	tɕiᶜ	tʂʅᶜ
	洛徐	徐州	ɕie	ie	pɛᶜ	tsɛᶜ	piᶜ	liᶜ	tɕiᶜ	tʂʅᶜ
	郑曹	郑州	ɕie	ai	paiᶜ	tʂaiᶜ	piᶜ	liᶜ	tsiᶜ	tʂʅᶜ
	蔡鲁	曲阜	ɕie	ie	pɛᶜ	tsɛᶜ	piᶜ	liᶜ	tɕiᶜ	tʂʅᶜ
	信蚌	信阳	ɕie	ŋai	paiᶜ	tsaiᶜ	piᶜ	niᶜ	tɕiᶜ	tʂʅᶜ
兰银	银吴	灵武	xɛ	ɛ	pɛᶜ	tʂɛᶜ	piᶜ	liᶜ	tɕiᶜ	tʂʅᶜ
	金城	永登	xɛ	ɛ	pɛᶜ	tʂɛᶜ	pʅᶜ	ɬʅᶜ	tsiᶜ	tʂʅᶜ
	河西	张掖	xɛ	ɣɛ	pɛᶜ	tʂɛᶜ	piᶜ	liᶜ	tɕiᶜ	tʂʅᶜ
	塔密	吉木萨尔	xai	ŋai	paiᶜ	tsaiᶜ	piᶜ	liᶜ	tɕiᶜ	tʂʅᶜ
西南	黔川	大方	xai	ŋai	paiᶜ	tsaiᶜ	piᶜ	liᶜ	tɕiᶜ	tʂʅᶜ
	西蜀	都江堰	xai	ŋai	paiᶜ	tsaiᶜ	piᶜ	niᶜ	tɕiᶜ	tʂʅᶜ
	川西	喜德	xæ	æ	pæᶜ	tʂæᶜ	piᶜ	niᶜ	tʃʅᶜ	tʂʅᶜ
	云南	昆明	xɛ	ɛ	pɛᶜ	tʂɛᶜ	piᶜ	liᶜ	tɕiᶜ	tʂʅᶜ
	湖广	武汉	xai	ŋai	paiᶜ	tsaiᶜ	peiᶜ	niᶜ	tɕiᶜ	tʂʅᶜ
	桂柳	荔浦	hai	ŋai	paiᶜ	tsaiᶜ		liᶜ	tsiᶜ	tsiᶜ
江淮	洪巢	南京	ɕie	ae	paeᶜ	tʂaeᶜ	piᶜ	liᶜ	tɕiᶜ	tʂʅᶜ
	泰如	泰州	xɛ	ɛ	p'ɛ/pɛᶜ	tsɛᶜ	piĩᶜ	ni/niᶜ	tɕiᶜ	tʂʅᶜ
	黄孝	红安	xai	ŋai	paiᶜ	tsaiᶜ	piᶜ	liᶜ	tɕiᶜ	tʂʅᶜ
晋语	并州	太原	xai	ɣai	paiᶜ	tsaiᶜ	piᶜ	liᶜ	tɕiᶜ	tʂʅᶜ
	吕梁	岚县	xai	ŋai/nai	p'aiᶜ	tsaiᶜ	piᶜ	liᶜ	tɕiᶜ	tʂʅᶜ
	上党	长治	ɕiɛ	æ	pæᶜ	tʂæᶜ	piᶜ	liᶜ	tɕiᶜ	tʂʅᶜ
	五台	忻州	xæ/ɕiæ	ŋæ	pæᶜ	tʂæᶜ	piᶜ	liᶜ	tɕiᶜ	tʂʅᶜ
	大包	大同	ɕiɛ	nɛe	peeᶜ	tsɛeᶜ	piᶜ	liᶜ	tɕiᶜ	tʂʅᶜ
	张呼	呼和浩特	xɛ	ŋɛ	pɛᶜ	tsɛᶜ	piᶜ	liᶜ	tɕiᶜ	tʂʅᶜ
	邯新	获嘉	ɕie	ai	paiᶜ	tsaiᶜ	piᶜ	liᶜ	tɕiᶜ	tʂʅᶜ
	志延	志丹	xae	nae	paeᶜ	tsaeᶜ	piᶜ	liᶜ	tɕiᶜ	tʂʅᶜ

世	艺	米	帝	体	弟	第	泥	犁	丽	代表点
蟹开三 祭去书	蟹开三 祭去疑	蟹开四 荠上明	蟹开四 霁去端	蟹开四 荠上透	蟹开四 荠上定	蟹开四 霁去定	蟹开四 齐平泥	蟹开四 齐平来	蟹开四 霁去来	代表点
ʂʅ²	i²	⁼mi	ti²	⁼tʰi	ti²	ti²	₌ni	₌li	li²	北
ʂʅ²	i²	⁼mi	ti²	⁼tʰi	ti²	ti²	₌ni	₌li	li²	兴
ʂʅ²	i²	⁼mi	ti²	⁼tʰi	ti²	ti²	₌ȵi	₌li	li²	沈
ʂʅ²	i²	⁼mi	ti²	⁼tʰi	ti²	ti²	₌ni	₌li	li²	长
ʂʅ²	i²	⁼mi	ti²	⁼tʰi	ti²	ti²	₌ni	₌li	li²	巴
çi²	i²	⁼mi	ti²	⁼tʰi	ti²	ti²	₌mi	₌li	li²	牟
ʃi²	i²	⁼mi	ȶi²	⁼ȶʰi	ȵi²	ȵi²	₌mi	₌li	li²	诸
ʂʅ²	i²	⁼mi	ti²	⁼tʰi	ti²	ti²	₌mi	₌li	li²	丹
ʂʅ²	i²	⁼mi	ti²	⁼tʰi	ti²	ti²	₌ȵi	₌li	li²	高
ʂʅ²	i²	⁼mi	ti²	⁼tʰi	ti²	ti²	₌ȵi	₌li	li²	济
ʂʅ²	i²	⁼mi	ti²	⁼tʰi	ti²	ti²	₌ni	₌li	li²	河
ʂʅ²	i²	⁼mi	ti²	⁼tʰi	ti²	ti²	₌ni	₌li	li²	利
ʂʅ²	i²	⁼mi	ti²	⁼tʰi	ti²	ti²	₌ni	₌li	li²	西
ʂʅ²	i²	⁼mi	ti²	⁼tʰi	ti²	ti²	₌ni	₌li	li²	敦
ʂʅ²	i²	⁼mi	ti²	⁼tʰi	ti²	ti²	₌ni	₌li	li²	天
ʂʅ²	i²	⁼mi	ti²	⁼tʰi	ti²	ti²	₌ni	₌li	li²	吐
ʂʅ²	i²	⁼mi	ti²	⁼tʰi	ti²/tʰi²	ti²	₌ni	₌li	li²	运
ʂʅ²	i²	⁼mi	ti²	⁼tʰi	ti²	ti²	₌ni	₌li	li²	徐
ʂʅ²	i²	⁼mi	ti²	⁼tʰi	ti²	ti²	₌ni	₌li	li²	郑
sʅ²	i²	⁼mi	ti²	⁼tʰi	ti²	ti²	₌ni	₌ni	ni²	曲
ʂʅ²	i²	₌mi	ti²	⁼tʰi	ti²	ti²	₌ni	₌ni	li²	信
ʂʅ²	i²	⁼mi	ti²	₌tʰi	ti²	ti²	₌ni	₌li	li²	灵
ʂʅ²	ʅ²	⁼mʅ	tʅ²	⁼tʰʅ	tʅ²	tʅ²	₌mʅ	₌lʅ	lʅ²	永
ʂʅ²	zi²	₌mi	ti²	⁼tʰi	ti²	ti²	₌mi	₌li	li²	张
ʂʅ²		⁼mi	ti²	⁼tʰi	ti²		ⁿȵi	ⁿli	li²	吉
sʅ²	i²	⁼mi	ti²	⁼tʰi	ti²	ti²	₌li	₌li	li²	大
ʂʅ²	i²	⁼mi	ti²	⁼tʰi	ti²	ti²	₌ȵi	₌ni	ni²	都
ʂʅ²	i²	⁼mi	ti²	⁼tʰi	ti²	ti²	₌ni	₌ni	ni²	喜
ʂʅ²	i²	⁼mi	ti²	⁼tʰi	ti²	ti²	₌ni	₌li	li²	昆
sʅ²	i²	⁼mi	ti²	⁼tʰi	ti²	ti²	₌ni	₌ni	ni²	武
si²	ŋi²	⁼mi	ti²	⁼tʰi	ti²	ti²	₌ni	₌li	li²	荔
ʂʅ²	i²	⁼mi	ti²	⁼tʰi	ti²	ti²	₌li/li²	₌li	li²	南
sʅ²	i²	₌mi	ti²	⁼tʰi	₌tʰi/ti	⁼tʰi/ti	₌ni	₌ni	ni²/₌ni	泰
sʅ²	ȵi²	⁼mi	ti²	⁼tʰi	ti²	ti²	₌ȵi	₌li	li²	红
sʅ²	ĩ²	⁼mi	ti²	⁼tʰi	ti²	ti²	₌ni	₌li	li²	太
sʅ²	i²	⁼mi	ti²	⁼tɕʰi	ti²	ti²	₌ni	₌li	li²	岚
sʅ²	i²	⁼mi	ti²	⁼tʰi	ti²	ti²	₌ni	₌li	li²	长
sʅ²	i²	⁼mi	ti²	⁼tʰi	ti²	ti²	₌ni	₌li	li²	忻
ʂʅ²	i²	⁼mi	ti²	⁼tʰi	ti²	ti²	₌ni	₌li	li²	大
ʂʅ²	i²	⁼mi	ti²	⁼tʰi	ti²	ti²	₌ni	₌li	li²	呼
ʂʅ²	i²	⁼mi	ti²	⁼tʰi	ti²	ti²	₌ni	₌li	li²	获
ʂʅ²	i²	⁼mi	ti²	⁼tʰi	ti²	ti²	₌ni	₌li	li²	志

区	片	代表点	妻 蟹开四 齐平清	齐 蟹开四 齐平从	西 蟹开四 齐平心	鸡 蟹开四 齐平见	溪 蟹开四 齐平溪	倪 蟹开四 齐平疑	辈 蟹合一 队去帮	赔 蟹合一 灰平並
北京	幽燕	北京	₌tɕʻi	₌tɕʻi	₌ɕi	₌tɕi	₌ɕi	₌ni	pei⁼	₌pʻei
	锦兴	兴城	₌tɕʻi	₌tɕʻi	₌ɕi	₌tɕi	₌ɕi	₌ni	pei⁼	₌pʻei
	辽沈	沈阳	₌tɕʻi	₌tɕʻi	₌ɕi	₌tɕi	₌ɕi	₌ȵi	pei⁼	₌pʻei
	黑吉	长春	₌tɕʻi	₌tɕʻi	₌ɕi	₌tɕi	₌ɕi	₌ni	pei⁼	₌pʻei
	哈肇	巴彦	₌tɕʻi	₌tɕʻi	₌ɕi	₌tɕi	₌ɕi	₌ni	pei⁼	₌pʻei
胶辽	登连	牟平	₌tɕʻi	₌tɕʻi	₌ɕi	₌ci	₌çi	₌ȵi	pei⁼	₌pʻei
	青莱	诸城	₌tʂʻi	₌tʂʻi	₌ʂi	₌tʃi	₌ʃi	₌i		
	营通	丹东	₌tɕʻi	₌tɕʻi	₌ɕi	₌tɕi	₌ɕi	₌ni	pei⁼	₌pʻei
冀鲁	保唐	高阳	₌tsʻi	₌tsʻi	₌si	₌tɕi	₌çi	₌i/₌ȵi①	pei⁼	₌pʻei
	石济	济南	₌tɕʻi	₌tɕʻi	₌ɕi	₌tɕi	₌ɕi	₌ȵi	pei⁼	₌pʻei
	沧惠	河间	₌tsʻi	₌tsʻi	₌si	₌tɕi	₌çi	₌i/₌ȵi②	/pei⁼	₌pʻei
	章利	利津	₌tsʻi	₌tsʻi	₌si	₌tɕi	₌çi		pei⁼	₌pʻei
中原	关中	西安	₌tɕʻi	₌tɕʻi	₌ɕi	₌tɕi	₌ɕi	₌ni	pei⁼	₌pʻei
	秦陇	敦煌	₌tɕʻi	₌tɕʻi	₌ɕi	₌tɕi	₌ɕi	₌ni	pei⁼	₌pʻei
	陇中	天水	₌tɕʻi	₌tɕʻi	₌ɕi	₌tɕi	₌ɕi	₌ȵi	pei⁼	₌pʻei
	南疆	吐鲁番	₌tɕʻi	₌tɕʻi	₌ɕi	₌tɕi		₌ni	pei⁼	
	汾河	运城	₌tɕʻi	₌tɕʻi	₌ɕi	₌tɕi	₌ɕi			
	洛徐	徐州	₌tɕʻi	₌tɕʻi	₌ɕi	₌tɕi	₌çi	₌ni	pei⁼	₌pʻe
	郑曹	郑州	₌tɕʻi	₌tsʻi	₌si	₌tɕi	₌ɕi	₌i	pei⁼	₌pʻei
	蔡鲁	曲阜	₌tɕʻi	₌tɕʻi	₌ɕi	₌tɕi	₌ɕi	₌i	pei⁼	₌pʻei
	信蚌	信阳	₌tɕʻi	₌tɕʻi	₌ɕi	₌tɕi	₌ɕi	i⁼	pei⁼	₌pʻei
兰银	银吴	灵武	₌tɕʻi	₌tɕʻi	₌ɕi	₌tɕi	₌ɕi	₌mi	pei⁼	₌pʻei
	金城	永登	₌tsʻʅ	₌tsʻʅ	₌sʅ	₌tsʅ	₌sʅ	₌mʅ	pʅi⁼	₌pʻʅi
	河西	张掖	₌tɕʻi	₌tɕʻi	₌ɕi	₌tɕi	₌ɕi	₌mi	pʅi⁼	₌pʻʅi
	塔密	吉木萨尔	₌tɕʻi	ᶜtɕʻi		₌tɕi		ᶜȵi	pei⁼	₌pʻei
西南	黔川	大方	₌tɕʻi	₌tɕʻi	₌ɕi	₌tɕi	₌ɕi	₌li	pei⁼	₌pʻei
	西蜀	都江堰	₌tɕʻi	₌tɕʻi	₌ɕi	₌tɕi	₌tɕʻi	₌ȵi	pei⁼	₌pʻei
	川西	喜德	₌tʃi	₌tʃi	₌ʃi	₌tʃi	₌tʃi		pei⁼	₌pʻei
	云南	昆明	₌tɕʻi	₌tɕʻi	₌ɕi	₌tɕi	₌ɕi	₌ni	pei⁼	₌pʻei
	湖广	武汉	₌tɕʻi	₌tɕʻi	₌ɕi	₌tɕʻi	₌ɕi	₌ni	pei⁼	₌pʻei
	桂柳	荔浦	₌tsi	₌tsʻi	₌si	₌ki	₌hi	₌ni	pəi⁼	₌pʻəi
江淮	洪巢	南京	₌tsʻi	₌tsʻi	₌si	₌tɕi	₌tɕʻi/₌ɕi	₌li	pəi⁼	₌pʻəi
	泰如	泰州	₌tɕʻi	₌tɕʻi	₌ɕi	₌tɕi	₌tɕʻi	₌ni	pʅi⁼	₌pʻi/₌pʻʅi
	黄孝	红安	₌tɕʻi	₌tɕʻi	₌ɕi	₌tɕi	₌ɕi	₌ȵi	pi⁼/pei⁼③	₌pʻi/₌pʻei④
晋语	并州	太原	₌tɕʻi	₌tɕʻi	₌ɕi	₌tɕi	₌çi	₌ni		₌pʻei
	吕梁	岚县	₌tɕʻi	₌tɕʻi	₌ɕi	₌tɕi	₌ɕi			₌pʻei
	上党	长治	ᶜtɕʻi	₌tɕʻi	₌ɕi	₌tɕi	₌ɕi	₌ȵi	pei⁼	₌pʻei
	五台	忻州	ᶜtɕʻi	₌tɕʻi	ᶜɕi	₌tɕi	ᶜçi	₌ni	pei⁼	₌pʻei
	大包	大同	₌tɕʻi	₌tɕʻi	₌ɕi	₌tɕi	₌ɕi	₌ni	pee⁼	₌pʒee
	张呼	呼和浩特	₌tɕʻi	₌tɕʻi	₌ɕi	₌tɕi	₌ɕi	₌ni	pei⁼	₌pʻei
	邯新	获嘉	₌tɕʻi	₌tɕʻi	₌ɕi	₌tɕi	₌ɕi	₌ni	pei⁼	₌pʻei
	志延	志丹	₌tɕʻi	₌tɕʻi	₌ɕi	₌tɕi	₌ɕi	₌ni	pei⁼	₌pʻei

①②③④音1为老派读音，音2为新派读音。

梅	堆	对	腿	队	内	雷	罪	碎	块	代表点
蟹合一灰平明	蟹合一灰平端	蟹合一队去端	蟹合一贿上透	蟹合一队去定	蟹合一队去泥	蟹合一灰平来	蟹合一贿上从	蟹合一队去心	蟹合一队去溪	代表点
꜀mei	꜀tuei	tuei꜄	꜂tʰuei	tuei꜄	nei꜄	꜀lei	tsuei꜄	suei꜄	kʰuai꜄	北
꜀mei	꜀tuei	tuei꜄	꜂tʰuei	tuei꜄	nei꜄	꜀lei	tʂuei꜄	ʂuei꜄	kʰuai꜄	兴
꜀mei	꜀tuei	tuei꜄	꜂tʰuei	tuei꜄	nei꜄	꜀lei	tsuei꜄	suei꜄	kʰuai꜄	沈
꜀mei	꜀tuei	tuei꜄	꜂tʰuei	tuei꜄	nei꜄	꜀lei	tsuei꜄	suei꜄	kʰuai꜄	长
꜀mei	꜀tuei	tuei꜄	꜂tʰuei	tuei꜄	nei꜄	꜀lei	tsuei꜄	suei꜄	kʰuai꜄	巴
꜀mei	꜀tei	tei꜄	꜂tʰei	tei꜄	nei꜄	꜀lei	tsei꜄	sei꜄	kʰuai꜄	牟
꜀mei	꜀tuei	tuei꜄	꜂tʰuei	tuei꜄	nuei꜄	꜀luei	tθuei꜄	θuei꜄	kʰuɛ꜄	诸
꜀mei	꜀tei/꜀tuei①	tei꜄/tuei꜄②	꜂tʰei/꜂tʰuei	tei꜄/uei꜄	nei꜄	꜀lei	tsei꜄/tsuei꜄	sei꜄/suei꜄	kʰuai꜄	丹
꜀mei	꜀tsuei	tei꜄	꜂tʰei	tei꜄	ŋei꜄	꜀lei	tsuei꜄	suei꜄	kʰuɛ꜄	高
꜀mei	꜀tsuei/꜀tuei	tuei꜄	꜂tʰuei	tuei꜄	nei꜄	꜀luei	tsuei꜄	suei꜄	kʰuɛ꜄	济
꜀mei	꜀tsuei	tuei꜄	꜂tʰuei	tuei꜄	ŋei꜄	꜀lei	tsuei꜄	suei꜄	kʰuɛ꜄	河
꜀mei	꜀tuei	tuei꜄	꜂tʰuei	tuei꜄	nei꜄	꜀luei	tsuei꜄	suei꜄	kʰuɛ꜄	利
꜀mei	꜀tuei	tuei꜄	꜂tʰuei	tuei꜄	lei꜄	꜀lei	tsuei꜄	suei꜄	꜂kʰuai	西
꜀mei	꜀tuei	tuei꜄	꜂tʰuei	tuei꜄	luei꜄	꜀luei	tsuei꜄	suei꜄	꜂kʰuɛ	敦
꜀mei	꜀tuei	tuei꜄	꜂tʰuei	tuei꜄	lei꜄	꜀lei	tsuei꜄	suei꜄	꜂kʰuai	天
꜀mei	꜀tuei	tuei꜄	꜂tʰuei	tuei꜄	nei꜄	꜀luei	tsuei꜄	suei꜄	꜄kʰuai	吐
꜀mei	꜀tuei	tuei꜄	꜂tʰuei	tuei꜄		꜀luei	tsuei꜄	suei꜄	꜂kʰuai	运
꜀me	꜀tue	tue꜄	꜂tʰue	tue꜄	ne꜄	꜀le	tsue꜄	sue꜄	kʰuɛ꜄	徐
꜀mei	꜀tsuei	tuei꜄	꜂tʰuei	tuei꜄	nei꜄	꜀luei	tsuei꜄	suei꜄	kʰuɛ꜄	郑
꜀mei	꜀tsuei	tuei꜄	꜂tʰuei	tuei꜄	nei꜄	꜀lei	tsuei꜄	suei꜄	꜂kʰuai	曲
꜀mei	꜀tei	tei꜄	꜂tʰei	tei꜄	nei꜄	꜀nei	tsei꜄	sei꜄	꜂kʰuai	信
꜀mei	꜀tui	tui꜄	꜂tʰui	tui꜄	nui꜄	꜀lui	tsui꜄	sui꜄	kʰuɛ꜄	灵
꜀mĩi	꜀tui	tui꜄	꜂tʰui	tui꜄	nui꜄	꜀lui	tsui꜄	sui꜄	kʰuɛ꜄	永
꜀mĩi	꜀tui	tui꜄	꜂tʰui	tui꜄	nui꜄	꜀lui	tsui꜄	sui꜄	kʰuɛ꜄	张
꜂mei	꜀tuei	tuei꜄	꜂tʰuei	tuei꜄	nei꜄	꜂luei	tsuei꜄	suei꜄		吉
꜀mei	꜀tuei	tuei꜄	꜂tʰuei	tuei꜄	luei꜄	꜀luei	tsuei꜄	suei꜄	꜂kʰuai	大
꜀mei	꜀tuei	tuei꜄	꜂tʰuei	tuei꜄	nuei꜄	꜀nuei	tsuei꜄	suei꜄	꜂kʰuai	都
꜀mei	꜀tuei	tuei꜄	꜂tʰuei	tuei꜄	nuei꜄	꜀nuei	tsuei꜄	suei꜄	꜂kʰuæ	喜
꜀mei	꜀tuei	tuei꜄	꜂tʰuei	tuei꜄	nuei꜄	꜀luei	tsuei꜄	suei꜄	꜂kʰuɛ	昆
꜀mei	꜀tei	tei꜄	꜂tʰei	tei꜄	nei꜄	꜀nei	tsei꜄	sei꜄	꜂kʰuai	武
꜀məi	꜀təi	təi꜄	꜂tʰəi	təi꜄	nəi꜄	꜀ləi	tsəi꜄	səi꜄	꜂kʰuai	荔
꜀məi	꜀tuəi	tuəi꜄	꜂tʰuəi	tuəi꜄	luəi꜄	꜀luəi	tsuəi꜄	suəi꜄	kʰuae꜄	南
꜀mĩi	꜀ty꜄/꜀tuəi	ty꜄/tuəi꜄	꜂tʰty/꜂tʰuəi	tuəi꜄	nuəi꜄	꜀ny꜄/꜀nuəi	tɕy꜄/tsuəi꜄	ɕy꜄/suəi꜄	kʰuə꜄	泰
꜀mi/꜀mei③	꜀ti/꜀tei④	ti꜄/tei꜄⑤	꜂tʰti/꜂tʰei⑥	ti꜄/tei꜄⑦	li꜄/lei꜄⑧	꜀li/꜀lei⑨	tɕi꜄/tsei꜄⑩	tɕʰi꜄/tsʰei꜄⑪	꜂kʰuai	红
꜀mei	꜀tuei	tuei꜄	꜂tʰuei	tuei꜄	nuei꜄	꜀luei	tsuei꜄	suei꜄	kʰuai/kʰuai꜄	太
꜀mei	꜀tɕy/꜀tuei	tuei꜄	꜂tʰuei		nai꜄	꜀luei	tsuei꜄	suei꜄	kʰuai/kuei꜄	岚
꜀mei	꜂tuei	tuei꜄	꜂tʰuei	tuei꜄	nuei꜄	꜀luei	tsuei꜄	suei꜄	kʰuæ꜄	长
꜀mei	꜂tuei	tuei꜄	꜂tʰuei	tuei꜄	nei꜄	꜀luei	tsuei꜄	suei꜄	꜂kʰuæ/kʰuæ	忻
꜀mɛɛ	꜀tuɛɛ	tuɛɛ꜄	꜂tʰɛɛ	tuɛɛ꜄	nɛɛ꜄	꜀lɛɛ	tsuɛɛ꜄	suɛɛ꜄	꜂kʰuɛɛ	大
꜀mei	꜀tuei	tuei꜄	꜂tʰuei	tuei꜄	nɛ꜄	꜀luei	tsuei꜄	suei꜄	kʰuɛ/kʰuɛ꜄	呼
꜀mei	꜀tuei	tuei꜄	꜂tʰuei	tuei꜄	nei꜄	꜀luei	tsuei꜄	suei꜄	kʰuai꜄	获
꜀mei	꜀tuei	tuei꜄	꜂tʰuei	tuei꜄	nei꜄	꜀luei	tsuei꜄	suei꜄	kʰuae꜄	志

①②音 1 常用。③④⑤⑥⑦⑧⑨⑩⑪音 1 为老派读音，音 2 为新派读音。

区	片	代表点	灰 蟹合一 灰平晓	回 蟹合一 灰平匣	外 蟹合一 泰去疑	会 蟹合一 泰去匣	怪 蟹合二 怪去见	坏 蟹合二 怪去匣	挂 蟹合二 卦去见	歪 蟹合二 佳平晓
北京	幽燕	北京	꜀xuei	꜀xuei	uai꜄	xuei꜄	kuai꜄	xuai꜄	kua꜄	꜀uai
	锦兴	兴城	꜀xuei	꜀xuei	uai꜄	xuei꜄	kuai꜄	xuai꜄	kua꜄	꜀uai
	辽沈	沈阳	꜀xuei	꜀xuei	vai꜄	xuei꜄	kuai꜄	xuai꜄	kua꜄	꜀vai
	黑吉	长春	꜀xuei	꜀xuei	uai꜄	xuei꜄	kuai꜄	xuai꜄	kua꜄	꜀uai
	哈肇	巴彦	꜀xuei	꜀xuei	vai꜄	xuei꜄	kuai꜄	xuai꜄	kua꜄	꜀vai
胶辽	登连	牟平	꜀xuei	꜀xuei	uai꜄	꜀xuei/xuei꜄	kuai꜄	xuai꜄	kuɑ꜄	꜀uai
	青莱	诸城	꜀xuei	꜀xuei	vε꜄	xuei꜄	kuε꜄	xuε꜄	kuɑ꜄	꜀ε
	营通	丹东	꜀xuei	꜀xuei	uai꜄	꜀xuei	kuai꜄	xuai꜄	kuɑ꜄	꜀ai
冀鲁	保唐	高阳	꜀xuei	꜀xuei	uai꜄	xuei꜄	kuai꜄	xuai꜄	kua꜄	꜀uai
	石济	济南	꜀xuei	꜀xuei	vε꜄	xuei꜄	kuε꜄	xuε꜄	kua꜄	꜀vε
	沧惠	河间	꜀xuei	꜀xuei	uai꜄	xuei꜄	kuai꜄	xuai꜄	kua꜄	꜀uai
	章利	利津	꜀xuei	꜀xuei	vε꜄	xuei꜄	kuε꜄	xuε꜄	kua꜄	꜀vε
中原	关中	西安	꜀xuei	꜀xuei	uai꜄	xuei꜄	kuai꜄	xuai꜄	kua꜄	꜀uai
	秦陇	敦煌	꜀xuei	꜀xuei	vε꜄/vei꜄	xuei꜄	kuε꜄	xuε꜄	kua꜄	꜀vε
	陇中	天水	꜀xuei	꜀xuei	vai꜄	xuei꜄	kuai꜄	xuai꜄	kua꜄	꜀vε
	南疆	吐鲁番	꜀xuei	꜀xuei	vai꜄	xuei꜄	kuai꜄	xuai꜄	kua꜄	꜀vai
	汾河	运城		꜀xuei	uai꜄	xuei꜄	kuai꜄	xuai꜄		꜀uai
	洛徐	徐州	꜀xue	꜀xue	ue꜄	xue꜄	kue꜄	xue꜄	kuɑ꜄	꜀uε
	郑曹	郑州	꜀xuei	꜀xuei	uai꜄	xuei꜄	kuai꜄	xuai꜄	kua꜄	꜀uai
	蔡鲁	曲阜	꜀xuei	꜀xuei	uε꜄	xuei꜄	kuε꜄	xuε꜄	kuɑ꜄	꜀uε
	信蚌	信阳	꜀fei	꜀fei	vai꜄	fei꜄	kuai꜄	fai꜄	kua꜄	꜀vai
兰银	银吴	灵武	꜀xui	꜀xui	vε꜄	xui꜄	kuε꜄	xuε꜄	kua꜄	꜀vε
	金城	永登	꜀xui	꜀xui	vε꜄	xui꜄	kuε꜄	xuε꜄	kua꜄	꜀vε
	河西	张掖	꜀xui	꜀xui	vε꜄	xui꜄	kuε꜄	xuε꜄	kua꜄	꜀vε
	塔密	吉木萨尔	꜀xuei	ˀxuei	vai꜄	xuei꜄	kuai꜄	xuai꜄	kua꜄	꜀vai
西南	黔川	大方	꜀xuei	꜀xuei	uai꜄	xuei꜄	kuai꜄	xuai꜄	kua꜄	꜀uai
	西蜀	都江堰	꜀xuei	꜀xuei	uai꜄	xuei꜄	kuai꜄	xuai꜄	kua꜄	꜀uai
	川西	喜德	꜀xuei	꜀xuei	uæ꜄	xuei꜄	kuæ꜄	xuæ꜄	kua꜄	꜀uæ
	云南	昆明	꜀xuei	꜀xuei	uε꜄	xuei꜄	kuε꜄	xuε꜄	kua꜄	꜀uε
	湖广	武汉	꜀xuei	꜀xuei	uai꜄	xuei꜄	kuai꜄	xuai꜄	kua꜄	꜀uai
	桂柳	荔浦	꜀huəi	꜀huəi	uai꜄	huəi꜄	kuai꜄	huai꜄	kua꜄	꜀uai
江淮	洪巢	南京	꜀xuəi	꜀xuəi	uae꜄	xuəi꜄	kuae꜄/ˀkuae	xuae꜄	kua꜄	꜀uae
	泰如	泰州	꜀xuəi	꜀kʰuəi/iəu꜄	꜀iəu/vε꜄	꜀xuəi/xuəi꜄	kuε꜄	꜀xuε/iəu꜄	kua꜄	꜀vε
	黄孝	红安	꜀fei	꜀fei	uai꜄	fei꜄	kuai꜄	fai꜄	kʰua꜄/kua꜄	꜀uai
晋语	并州	太原	꜀xuei	꜀xuei	vai꜄	xuei꜄	kuai꜄	xuai꜄	kua꜄	꜀vai
	吕梁	岚县	꜀xuei	꜀xuei	uei꜄/uai꜄	xuei꜄	kuai꜄	xuai꜄	kua꜄	꜀uai
	上党	长治	꜀xuei	꜀xuei	uæ꜄	xuei꜄	kuæ꜄	xuæ꜄	kuɑ꜄	꜀væ
	五台	忻州	ˀxuei	꜀xuei	uæ꜄	xuei꜄	kuæ꜄	xuæ꜄	kuɑ꜄	ˀvæ
	大包	大同	꜀xuεe	꜀xuεe	vεe꜄	xuεe꜄	kuεe꜄	xuεe꜄	kua꜄	꜀vεe
	张呼	呼和浩特	꜀xuei	꜀xuei	vε꜄	xuei꜄	kuε꜄	xuε꜄	kua꜄	꜀vε
	邯新	获嘉	꜀xuei	꜀xuei	uai꜄	xuei꜄	kuai꜄	xuai꜄	kua꜄	꜀uai
	志延	志丹	꜀xuei	꜀xuei	vei꜄	xuei꜄	kuae꜄	xuae꜄	kua꜄	꜀vae

画	蛙	快	话	脆	岁	税	卫	锐	肺	代表点
蟹合二	蟹合二	蟹合二	蟹合二	蟹合三	蟹合三	蟹合三	蟹合三	蟹合三	蟹合三	
卦去匣	佳平影	夬去溪	夬去匣	祭去清	祭去心	祭去书	祭去云	祭去以	废去敷	
xua꜄	꜀ua	kʼuai꜄	xua꜄	tsʼuei꜄	suei꜄	ʂuei꜄	uei꜄	ʐuei꜄	fei꜄	北
xua꜄	꜀ua	kʼuai꜄	xua꜄	tʂʼuei꜄	ʂuei꜄	ʂuei꜄	uei꜄	꜁ʐuei	fei꜄	兴
xua꜄	꜁va	kʼuai꜄	xua꜄	tsʼuei꜄	suei꜄	suei꜄	vei꜄	꜁luei	fei꜄	沈
xua꜄	꜀ua	kʼuai꜄	xua꜄	tsʼuei꜄	suei꜄	ʂuei꜄	uei꜄	꜁ʐuei꜄/꜁luei	fei꜄	长
xua꜄	꜁va	kʼuai꜄	xua꜄	tsʼuei꜄	suei꜄	suei꜄	vei꜄	꜁ʐuei	fei꜄	巴
xuɑ꜄	꜀uɑ	kʼuai꜄	xua꜄	tsʼuei꜄	suei꜄	suei꜄	꜀uei	꜁lei	fei꜄	牟
xuɑ꜄	꜁vɑ	kʼuɛ꜄	xuɑ꜄	tθʼuei꜄	θuei꜄	θuei꜄	vei꜄	꜁luei	fei꜄	诸
xuɑ꜄	꜁uɑ	kʼuai꜄	xuɑ꜄	tsʼuei꜄/tsʼei꜄	suei꜄/sei꜄	suei꜄	uei꜄	꜁lei	fei꜄	丹
xua꜄	꜀ua	kʼuai꜄	xua꜄	tsʼuei꜄	suei꜄	ʂuei꜄	uei꜄	ʐuei꜄	fei꜄	高
xua꜄	꜁vɜ	kʼuɜ꜄	xua꜄	tsʼuei꜄	suei꜄	ʂuei꜄	vei꜄	luei	fei꜄	济
xua꜄	꜀ua	kʼuɜ꜄	xua꜄	tsʼuei꜄	suei꜄	ʂuei꜄	uei꜄	ʐuei꜄	fei꜄	河
xua꜄	꜁vɜ	kʼuɜ꜄	xua꜄	tsʼuei꜄	suei꜄	ʂuei꜄	vei꜄	꜁ʐuei꜄	fei꜄	利
xua꜄	꜀ua	kʼuɜ꜄	xua꜄	tsʼuei꜄	suei꜄	fei꜄	uei꜄/꜀uei	꜀ve	fei꜄	西
xua꜄		kʼuɜ꜄	xua꜄	tsʼuei꜄	suei꜄	ʂuei꜄	vei꜄	ʐuei꜄	fei꜄	敦
xua꜄	꜁va	kʼuai꜄	xua꜄	tsʼuei꜄	suei꜄	suei꜄	vei꜄	vei꜄	fei꜄	天
xua꜄	꜁va	kʼuai꜄	xua꜄	tsʼuei꜄	suei꜄	fei꜄	vei꜄	vei꜄	fei꜄	吐
xua꜄	꜁ua	kʼuai꜄	xua꜄	tsʼuei꜄	suei꜄	fei꜄	uei꜄	vei꜄	fei꜄	运
xuɑ꜄	꜀uɑ	kʼue꜄	xuɑ꜄	tsʼue꜄	sue꜄	ʂue꜄	ue꜄	ʐue꜄	fi꜄	徐
xua꜄	꜁vɜ	kʼua꜄	xua꜄	tsʼuei꜄	suei꜄	ʂuei꜄	uei꜄	ʐuei꜄	fi꜄	郑
xuɑ꜄	꜁uɑ	kʼue꜄	xuɑ꜄	tsʼuei꜄	suei꜄	suei꜄	uei꜄	zuei꜄	fi꜄	曲
fa꜄	꜁va	kʼuai꜄	fa꜄	tsʼei꜄	sei꜄	sei꜄	vei꜄	zei꜄	fei꜄	信
va꜄	꜁va	kʼue꜄	xua꜄	tsʼui꜄	sui꜄	ʂui꜄	vei꜄	꜁ʐui꜄	fei꜄	灵
xua꜄	꜁va	kʼue꜄	xua꜄	tsʼui꜄	sui꜄	fii꜄	vii꜄	vii꜄	fii꜄	永
va꜄	꜁va	kʼuɛ꜄	xua꜄	tsʼui꜄	sui꜄	fii꜄	vii꜄	vii꜄	fii꜄	张
xuɑ꜄	꜁va	kʼuai꜄	xuɑ꜄	tsʼuei꜄	suei꜄	ʂuei꜄/fei꜄	vei꜄	vei꜄/ʐuei꜄	fei꜄	吉
xua꜄	꜀ua	kʼuai꜄	xua꜄	tsʼuei꜄	suei꜄	suei꜄	uei꜄	zuei꜄	fei꜄	大
xua꜄	꜀ua	kʼuai꜄	xua꜄	tsʼuei꜄	suei꜄	suei꜄	uei꜄	zuei꜄	fei꜄	都
xua꜄	꜀ua	kʼuɛ꜄	xua꜄	tsʼuei꜄	suei꜄	ʂuei꜄	uei꜄	ʐuei꜄	fei꜄	喜
xua꜄	꜀ua	kʼue꜄	xua꜄	tsʼei꜄	sei꜄	sei꜄	uei꜄	ɹuei꜄	fei꜄	昆
xua꜄	꜀ua	kʼuai꜄	xua꜄	tsʼei꜄	sei꜄	sei꜄	uei꜄	ɹuei꜄	fei꜄	武
hua꜄	꜀ua	kʼuai꜄	hua꜄	tsʼəi꜄	səi꜄	suəi꜄	uəi꜄	iəi꜄	fəi꜄	荔
xua꜄	꜀ua	kʼuae꜄	xua꜄	tsʼuəi꜄	suəi꜄	ʂuəi꜄	uəi꜄	zuəi꜄	fəi꜄	南
꜀xua/xua꜄	꜀ua	kʼue꜄	꜀xua/xua꜄	tɕʼy꜄/tsʼuəi꜄	ɕy꜄/suəi꜄	suəi꜄	꜀vəi/vəi꜄	zuəi꜄	fəi꜄	泰
fa꜄	꜀ua/꜁ua	kʼuai꜄	fa꜄	tsʼei꜄	sei꜄	ʂɥei꜄	uei꜄	꜁ɥei꜄	fei꜄	红
xua꜄	꜁va	kʼuai꜄	xua꜄	tsʼuei꜄	suei꜄	suei꜄	vei꜄	ʐuei꜄	fei꜄	太
xua꜄	꜀ua	kʼuai꜄	xua꜄	tɕʼy꜄/tsʼuei꜄	ɕy꜄/suei꜄	suei꜄	uei꜄	ʐuei꜄	fei꜄	岚
xuɑ꜄	꜁uɑ	kʼuæ꜄	xuɑ꜄	tsʼuei꜄	suei꜄	suei꜄	uei꜄	uei꜄	fei꜄	长
xuɑ꜄	꜁uɑ	kʼuæ꜄	xuɑ꜄	tsʼuei꜄	suei꜄	suei꜄	vei꜄	zuei꜄	fei꜄	忻
xua꜄	꜁va	kʼuee꜄	xua꜄	tsʼuɛe꜄	suɛe꜄	suɛe꜄	vɛe꜄	ʐɛe꜄	fee꜄	大
xua꜄	꜁ua	kʼuai꜄	xua꜄	tsʼuei꜄	suei꜄	suei꜄	vei꜄	ʐuei꜄	fei꜄	呼
xua꜄	꜀ua	kʼuai꜄	xua꜄	tsʼuei꜄	suei꜄	suei꜄	uei꜄	ʐuei꜄	fei꜄	获
xua꜄	꜁va	kʼuae꜄	xua꜄	tsʼuei꜄	suei꜄	suei꜄	vei꜄	ʐuei꜄	fei꜄	志

区	片	代表点	闺 蟹合四 齐平见	惠 蟹合四 霁去匣	碑 止开三 支平帮	皮 止开三 支平並	避 止开三 寘去並	离 止开三 支平来	刺 止开三 寘去清	赐 止开三 寘去心
北京	幽燕	北京	₌kuei	xuei⁼	₌pei	⁼p'i	pi⁼	₌li	ts'ʅ⁼	ts'ʅ⁼
	锦兴	兴城	₌kuei	xuei⁼	₌pei	⁼p'i	pi⁼	₌li	tʂʅ⁼	tsʅ⁼
	辽沈	沈阳	₌kuei	xuei⁼	₌pei	⁼p'i	pi⁼	₌li	tsʅ⁼	tsʅ⁼
	黑吉	长春	₌kuei	xuei⁼	₌pei	⁼p'i	pi⁼	₌li	tsʅ⁼	tsʅ⁼
	哈肇	巴彦	₌kuei	xuei⁼	₌pei	⁼p'i	pi⁼	₌li	tsʅ⁼	tsʅ⁼
胶辽	登连	牟平	₌kuei	xuei⁼	₌pei	⁼p'i	pi⁼	₌li	tsʅ⁼	tsʅ⁼
	青莱	诸城	₌kuei	xuei⁼	₌pei	⁼p'i	pi⁼	₌li	⁼tθʅ/tθʅ⁼	θʅ⁼
	营通	丹东	₌kuei	xuei⁼	₌pei	⁼p'i	pi⁼	₌li	tsʅ⁼	tsʅ⁼
冀鲁	保唐	高阳	₌kuei	xuei⁼	₌pei	⁼p'i	pei⁼/pi⁼	₌li	tsʅ⁼	sʅ⁼/tsʅ⁼
	石济	济南	₌kuei	xuei⁼	₌pei	⁼p'i	pi⁼	₌li	tsʅ⁼	sʅ⁼
	沧惠	河间	₌kuei	xuei⁼	₌pei	⁼p'i	pei⁼/pi⁼	₌li	tsʅ⁼	tsʅ⁼
	章利	利津	₌kuẽ	xuei⁼	₌pei	⁼p'i		₌li	tsʅ⁼	sʅ⁼
中原	关中	西安	₌kuei	xuei⁼	₌pi	⁼p'i	⁼p'i	₌li/li⁼	tsʅ⁼	₌tsʅ/ ₌ʐʅ
	秦陇	敦煌	kuei⁼	xuei⁼	₌pei	⁼p'i	⁼p'i	₌li	tsʅ⁼	₌tsʅ
	陇中	天水	₌kuei	xuei⁼		⁼p'i	⁼p'i	₌li	tsʅ⁼	₌sʅ
	南疆	吐鲁番	₌kuei	xuei⁼	₌pei	⁼p'i		₌li	tsʅ⁼	tsʅ⁼
	汾河	运城	₌kuei	xuei⁼	₌pi	⁼p'i	⁼p'i	li⁼	tsʅ⁼	tsʅ⁼
	洛徐	徐州	₌kue/ ₌kuɤ	xue⁼	₌pe	⁼p'i	pi⁼	₌li	tsʅ⁼	tsʅ⁼
	郑曹	郑州	₌kuei	xuei⁼	₌pei	⁼p'i	pi⁼	li⁼	tsʅ⁼	tsʅ⁼
	蔡鲁	曲阜	₌kuei	xuei⁼	₌pei	⁼p'i	pi⁼	li⁼	tsʅ⁼	tsʅ⁼
	信蚌	信阳	₌kuei	fei⁼	₌pei	⁼p'i	pi⁼	₌ni	tsʅ⁼	tsʅ⁼
兰银	银吴	灵武	₌kui	xui⁼	₌pei	⁼p'i	pi⁼	₌li	tsʅ⁼	tsʅ⁼
	金城	永登	₌kui	xui⁼	₌pɿ	⁼pʅ	pʅ⁼	₌lʅ	tsʅ⁼	tsʅ⁼
	河西	张掖	₌kui	xui⁼	₌pɿ	⁼p'i	pi⁼	₌li	tsʅ⁼	tsʅ⁼
	塔密	吉木萨尔	₌kuei		₌pei	⁼p'i	pi⁼	li⁼	tsʅ⁼	tsʅ⁼
西南	黔川	大方	₌kuei	xuei⁼	₌pei	⁼p'i	pi⁼	₌li	tsʅ⁼	tsʅ⁼
	西蜀	都江堰	₌kuei	xuei⁼	₌pei	⁼p'i	pi⁼	₌ni	tsʅ⁼	tsʅ⁼
	川西	喜德	₌kuei	xuei⁼	₌pei	⁼p'i	pi⁼	₌ni	tsʅ⁼	tsʅ⁼
	云南	昆明	₌kuei	xuei⁼	₌pei	⁼p'i	pi⁼	₌li	tsʅ⁼	tsʅ⁼
	湖广	武汉	₌kuei	xuei⁼	₌pei	⁼p'i	pei⁼	₌ni	tsʅ⁼	tsʅ⁼
	桂柳	荔浦	₌kuəi	həi⁼	₌pəi	⁼p'i	pi⁼	₌li	tsʅ⁼	
江淮	洪巢	南京	₌kuəi	xuəi⁼	₌pəi	⁼p'i	pi⁼	₌li/li⁼	tsʅ⁼	tsʅ⁼
	泰如	泰州	₌kuəi	xuəi⁼	₌piĩ	⁼p'i	₌p'iĩ/piĩ⁼	₌ni/ ⁼ni	tsʅ⁼	tsʅ⁼
	黄孝	红安	₌kuei	fei⁼	₌pei	⁼p'i	pi⁼ /pei⁼ ①	₌li	tsʅ⁼	tsʅ⁼
晋语	并州	太原	₌kuei	xuei⁼	₌pei	⁼p'i	pi⁼	₌li	tsʅ⁼	sʅ⁼
	吕梁	岚县	₌kuei	xuei⁼	₌pei	⁼p'i	pi⁼	₌li	tsʅ⁼	sʅ⁼
	上党	长治	₌kuei	xuei⁼	₌pei	⁼p'i	pi⁼	₌li	tsʅ⁼	tsʅ⁼
	五台	忻州	₌kuei	xuei⁼	⁼pei	⁼p'i	pi⁼	₌li	tsʅ⁼	sʅ⁼
	大包	大同	₌kuɛe	xuɛe⁼	₌pɛe	⁼p'i	pi⁼	₌li	tsʅ⁼	tsʅ⁼
	张呼	呼和浩特	₌kuei	xuei⁼	₌pei	⁼p'i	pi⁼	₌li	tsʅ⁼	tsʅ⁼
	邯新	获嘉	₌kuei	xuei⁼	₌pei	⁼p'i	pi⁼	₌li	tsʅ⁼	sʅ⁼
	志延	志丹	₌kuei	xuei⁼	₌pei	⁼p'i	pi⁼	₌li	tsʅ⁼	sʅ⁼

①音1为老派读音，音2为新派读音。

知	池	枝	是	儿	奇	义	戏	椅	移	代表点
止开三	止开三	止开三	止开三	止开三	止开三	止开三	止开三	止开三	止开三	代
支平知	支平澄	支平章	纸上禅	支平日	支平群	寘去疑	寘去晓	纸上影	支平以	表点
꜀tʂʅ	꜁tʂʰʅ	꜀tʂʅ	ʂʅ꜄	꜁ɚ	꜁tɕʰi	i꜄	ɕi꜄	꜀i	꜁i	北
꜀tʂʅ	꜁tʂʰʅ	꜀tʂʅ	ʂʅ꜄	꜁ɚ	꜁tɕʰi	i꜄	ɕi꜄	꜀i	꜁i	兴
꜀tsʅ	꜁tsʰʅ	꜀tsʅ	sʅ꜄	꜁ɚ	꜁tɕʰi	i꜄	ɕi꜄	꜀i	꜁i	沈
꜀tʂʅ	꜁tʂʰʅ	꜀tʂʅ	ʂʅ꜄	꜁ɚ	꜁tɕʰi	i꜄	ɕi꜄	꜀i	꜁i	长
꜀tʂʅ	꜁tʂʰʅ	꜀tʂʅ	ʂʅ꜄	꜁ɚ	꜁tɕʰi	i꜄	ɕi꜄	꜀i	꜁i	巴
꜀tɕi	꜁tɕʰi	꜀tsʅ	ʂʅ꜄/ɻʅ꜄	꜁ə	꜁cʰi	i꜄	ɕi꜄	꜀i	꜁i	牟
꜀tʃʅ	꜁tʃʰʅ	꜀tʂʅ	ʂʅ꜄	꜁lə	꜁tʃʰi	i꜄	ʃi꜄	꜀i	꜁i	诸
꜀tʂʅ	꜁tʂʰʅ	꜀tʂʅ	sʅ꜄	꜁ər	꜁tɕʰi	i꜄	ɕi꜄	꜀i	꜁i	丹
꜀tʂʅ	꜁tʂʰʅ	꜀tʂʅ	ʂʅ꜄	꜁ər	꜁tɕʰi	i꜄	ɕi꜄	꜀i	꜁i	高
꜀tʂʅ	꜁tʂʰʅ	꜀tʂʅ	ʂʅ꜄	꜁ər	꜁tɕʰi	i꜄	ɕi꜄	꜀i	꜁i	济
꜀tʂʅ	꜁tʂʰʅ	꜀tʂʅ	ʂʅ꜄	꜁ər	꜁tɕʰi	i꜄	ɕi꜄	꜀i	꜁i	河
꜀tʂʅ	꜁tʂʰʅ	꜀tʂʅ	ʂʅ꜄	꜁lə	꜁tɕʰi		ɕi꜄	꜀i	꜁i	利
꜀tʂʅ	꜁tʂʰʅ	꜀tʂʅ	ʂʅ꜄	꜁ər	꜁tɕʰi	i꜄	ɕi꜄	꜀i	꜁i	西
꜀tʂʅ	꜁tʂʰʅ	꜀tʂʅ	ʂʅ꜄	꜁ər	꜁tɕʰi	i꜄	ɕi꜄	꜀i	꜁i	敦
꜀tʂʅ	꜁tʂʰʅ	꜀tʂʅ	ʂʅ꜄	꜁ʐ/ɻʅ	꜁tɕʰi	i꜄	ɕi꜄	꜀i	꜁i	天
꜀tʂʅ	꜁tʂʰʅ	꜀tʂʅ	ʂʅ꜄	꜁ər	꜁tɕʰi	i꜄	ɕi꜄	꜀i	꜁i	吐
꜀tʂʅ	꜁tsʰʅ/꜁tʂʰʅ	꜀tʂʅ	ʂʅ꜄	꜁ər	꜁tɕʰi	i꜄	ɕi꜄	꜀ni	꜁i	运
꜀tʂʅ	꜁tʂʰʅ	꜀tʂʅ	ʂʅ꜄	꜁ər	꜁tɕʰi	i꜄	ɕi꜄	꜀i	꜁i	徐
꜀tʂʅ	꜁tʂʰʅ	꜀tʂʅ	ʂʅ꜄	꜁ɿ	꜁tɕʰi	i꜄	ɕi꜄	꜀i	꜁i	郑
꜀tsʅ	꜁tsʰʅ	꜀tsʅ	sʅ꜄	꜁ər	꜁tɕʰi	i꜄	ɕi꜄	꜀i	꜁i	曲
꜀tsʅ	꜁tsʰʅ	꜀tsʅ	sʅ꜄	꜁ər	꜁tɕʰi	i꜄	ɕi꜄	꜀i	꜁i	信
꜀tʂʅ	꜁tʂʰʅ	꜀tʂʅ	ʂʅ꜄	꜁a	꜁tɕʰi	i꜄	ɕi꜄	꜀i	꜁i	灵
꜀tʂʅ	꜁tʂʰʅ	꜀tʂʅ	ʂʅ꜄	꜁ər	꜁tsʰʅ	ʅ꜄	sʅ꜄	꜀ʅ	꜁ʅ	永
꜀tʂʅ	꜁tʂʰʅ	꜀tʂʅ	ʂʅ꜄	꜁ɣɯ	꜁tɕʰi	i꜄	ɕi꜄	꜀zi	꜁zi	张
꜀tʂʅ	꜀tʂʰʅ	꜀tʂʅ	sʅ꜄	꜁ər	꜀tɕʰi		ɕi꜄	꜀i	꜁i	吉
꜀tʂʅ	꜁tʂʰʅ	꜀tʂʅ	sʅ꜄	꜁ɚ	꜁tɕʰi	i꜄	ɕi꜄	꜀i	꜁i	大
꜀tʂʅ	꜁tʂʰʅ	꜀tʂʅ	ʂʅ꜄	꜁ɚ	꜁tɕʰi	i꜄	ɕi꜄	꜀i	꜁i	都
꜀tʂʅ	꜁tʂʰʅ	꜀tʂʅ	ʂʅ꜄	꜁ɚ	꜁tʃʰi	i꜄	ʃi꜄	꜀i	꜁i	喜
꜀tsʅ	꜁tsʰʅ	꜀tsʅ	ʂʅ꜄	꜁ə	꜁tɕʰi	i꜄	ɕi꜄	꜀i	꜁i	昆
꜀tsʅ	꜁tsʰʅ	꜀tsʅ	sʅ꜄	꜁ɯ	꜁tɕʰi	ni꜄	ɕi꜄	꜀i	꜁i	武
꜀tsi	꜁tsʰi	꜀tsi	si꜄	꜁ə	꜁kʰi	ŋi꜄	hi꜄	꜀i	꜁i	荔
꜀tʂʅ	꜁tʂʰʅ	꜀tʂʅ	ʂʅ꜄	꜁er	꜁tɕʰi	i꜄	ɕi꜄	꜀i	꜁i	南
꜀tʂʅ	꜁tʂʰʅ	꜀tʂʅ	꜀ʂʅ/ɻʅ	꜁ər	꜁tɕʰi	i꜄	ɕi꜄	꜀i	꜁i	泰
꜀tʂʅ	꜁tʂʰʅ	꜀tʂʅ	ʂʅ꜄	꜁ər	꜁tɕʰi	ni꜄	ɕi꜄	꜀i	꜁i	红
꜀tsʅ	꜁tsʰʅ	꜀tsʅ	ʂʅ꜄	꜁ɚ	꜁tɕʰi	i꜄	ɕi꜄	꜀i	꜁i	太
꜀tsʅ	꜁tsʰʅ	꜀tsʅ	ʂʅ꜄	꜁ɚ	꜁tɕʰi	i꜄	ɕi꜄	꜀i	꜁i	岚
꜂tʂʅ	꜁tʂʰʅ	꜂tsʅ	ʂʅ꜄	꜁ɚ	꜁tɕʰi	i꜄	ɕi꜄	꜀i	꜁i	长
꜀tʂʅ	꜁tʂʰʅ	꜀tʂʅ	sʅ꜄	꜁ɚ	꜁tɕʰi	i꜄	ɕi꜄	꜀i	꜁i	忻
꜀tsʅ	꜁tsʰʅ	꜀tsʅ	sʅ꜄	꜁ar	꜁tɕʰi	i꜄	ɕi꜄	꜀i	꜁i	呼
꜀tʂʅ	꜁tʂʰʅ	꜀tʂʅ	ʂʅ꜄	꜁ɿ	꜁tɕʰi	i꜄	ɕi꜄	꜀i	꜁i	获
꜁tʂʅ	꜁tʂʰʅ	꜁tʂʅ	sʅ꜄	꜁ər	꜁tɕʰi	i꜄	ɕi꜄	꜀i	꜁i	志

区	片	代表点	鼻 止开三 至去並	眉 止开三 脂平明	美 止开三 旨上明	呢~子 止开三 脂平泥	梨 止开三 脂平来	资 止开三 脂平精	自 止开三 至去从	四 止开三 至去心
北京	幽燕	北京	⊆pi	⊆mei	⊂mei	⊆ni	⊆li	⊂tʂ	tʂ⁼	ʂ⁼
	锦兴	兴城	⊆pi	⊆mei	⊂mei	⊆ni	⊆li	⊂tʂ	tʂ⁼	ʂ⁼
	辽沈	沈阳	⊆pi	⊆mei	⊂mei	⊆ȵi	⊆li	⊂tʂ	tʂ⁼	ʂ⁼
	黑吉	长春	⊆pi	⊆mei	⊂mei	⊆ni	⊆li	⊂tʂ	tʂ⁼	ʂ⁼
	哈肇	巴彦	⊆pi	⊆mei	⊂mei	⊆ni	⊆li	⊂tʂ	tʂ⁼	ʂ⁼
胶辽	登连	牟平	⊆pi	⊆mei	⊂mei		⊆li	⊂tʂ	⊆tʂ	ʂ⁼
	青莱	诸城	⊆pi	⊆mei	⊂mei		⊆li	⊂tθ	⊂tθ/tθ°	θ⁼
	营通	丹东	⊆pi	⊆mei	⊂mei	⊆ȵi	⊆li	⊂tʂ	tʂ⁼	ʂ⁼
冀鲁	保唐	高阳	⊆pi	⊆mei	⊂mei		⊆li	⊂tʂ	tʂ⁼	ʂ⁼
	石济	济南	⊆pi	⊆mei	⊂mei	⊆ȵi	⊆li	⊂tʂ	tʂ⁼	ʂ⁼
	沧惠	河间	⊆pi	⊆mei	⊂mei		⊆li	⊂tʂ	tʂ⁼	ʂ⁼
	章利	利津	⊆pi	⊆mei	⊂mei	⊆ȵi	⊆li	⊂tʂ	⊆tʂ	ʂ⁼
中原	关中	西安	⊆pi	⊆mi	⊂mei	⊆ni	⊆li	⊂tʂ	tʂ⁼	ʂ⁼
	秦陇	敦煌	⊆pi	⊆mei	⊂mei		⊆li	⊂tʂ	tʂ⁼	ʂ⁼
	陇中	天水		⊆mi	⊂mei	⊆ȵi	⊆li	⊂tʂ	tʂˁ⁼	ʂ⁼
	南疆	吐鲁番	⊆pi	⊆mei	⊂mei		⊆li	⊂tʂ	tʂ⁼	ʂ⁼
	汾河	运城	⊆pʻi	⊆mi	⊂mei	⊆ni	⊆li	⊂tʂ	tʂˁ⁼/tʂˁ⁼	ʂ⁼
	洛徐	徐州	⊆pi	⊆me	⊂me	⊆ȵi	⊆li	⊂tʂ	tʂ⁼	ʂ⁼
	郑曹	郑州	⊆pi	⊆mei	⊂mei		⊆li	⊂tʂ	tʂ⁼	ʂ⁼
	蔡鲁	曲阜	⊆pi	⊆mei	⊂mei	⊆ȵi	⊆li	⊂tʂ	tʂ⁼	ʂ⁼
	信蚌	信阳	⊆pi	⊆mei	⊂mei	⊆ȵi	⊆ni	⊂tʂ	tʂ⁼	ʂ⁼
兰银	银吴	灵武	pi⁼	⊆mi	⊆mei	⊆ni	⊆li	⊂tʂ	tʂ⁼	ʂ⁼
	金城	永登	pɿ⁼	⊆mŋ	⊂mii	⊆mŋ	⊆lŋ	⊂tʂ	tʂ⁼	ʂ⁼
	河西	张掖	pi⁼	⊆mi	⊂mii	⊆ni	⊆li	⊂tʂ	tʂ⁼	ʂ⁼
	塔密	吉木萨尔	⊂pi	⊆mei	⊂mei		⊆li	⊂tʂ	tʂ⁼	ʂ⁼
西南	黔川	大方	⊆pi	⊆mi	⊂mei	⊆li	⊆li	⊂tʂ	tʂ⁼	ʂ⁼
	西蜀	都江堰	⊆pi		⊂mei	⊆ȵi	⊆li	⊂tʂ	tʂ⁼	ʂ⁼
	川西	喜德	⊆pi		⊂mei	⊆ȵi	⊆li	⊂tʂ	tʂ⁼	ʂ⁼
	云南	昆明	⊆pi	⊆mei	⊂mei	⊆ni	⊆li	⊂tʂ	tʂ⁼	ʂ⁼
	湖广	武汉	⊆pi	⊆mei	⊂mei	⊆ȵi	⊆ni	⊂tʂ	tʂ⁼	ʂ⁼
	桂柳	荔浦	⊆pʻi	⊆mi	⊂məi	⊆li	⊆li	⊂tʂ	tʂ⁼	ʂ⁼
江淮	洪巢	南京	piʔ⁼	⊆məi	⊂məi	⊆li	⊆li	⊂tʂ	tʂ⁼	ʂ⁼
	泰如	泰州	pʻiʔ⁼/piʔ⁼	⊆miĩ	⊂mi/⊂miĩ	⊆ni	⊆ni	⊂tʂ	tʂ⁼	ʂ⁼
	黄孝	红安	pʻi⁼	⊆mi/⊆mei①	⊂mi/⊂mei②	⊆ȵi	⊆li	⊂tʂ	tʂ⁼	ʂ⁼
晋语	并州	太原	piəʔ⁼	⊆mi	⊂mei	⊆ni	⊆li	⊂tʂ	tʂ⁼	ʂ⁼
	吕梁	岚县	pʻiəʔ⁼	⊆mi	⊂mei	⊆ni	⊆li	⊂tʂ	tʂ⁼	ʂ⁼
	上党	长治	piəʔ⁼	⊆mi	⊂mei	⊆ni	⊆li	⊂tʂ	tʂ⁼	ʂ⁼
	五台	忻州	piəʔ⁼	⊆mi	⊂mei	⊆ȵi	⊆li	⁼tʂ	tʂ⁼	ʂ⁼
	大包	大同	piəʔ⁼	⊆mi	⊂mɛɛ	⊆ni	⊆li	⊂tʂ	tʂ⁼	ʂ⁼
	张呼	呼和浩特	piəʔ⁼	⊆mi	⊂mei	⊆ȵi	⊆li	⊂tʂ	tʂ⁼	ʂ⁼
	邯新	获嘉	⊆pi	⊆mei	⊂mei	⊆ni	⊆li	⊂tʂ	tʂ⁼	ʂ⁼
	志延	志丹	piəʔ⁼	⊆mi	⊂mei	⊆ni	⊆li	⊂tʂ	tʂ⁼	ʂ⁼

　　①②音1为老派读音，音2为新派读音。

迟	师	至	视	二	饥	器	姨	你	里	代表点
止开三 脂平澄	止开三 脂平生	止开三 至去章	止开三 至去禅	止开三 至去日	止开三 脂平见	止开三 至去溪	止开三 脂平以	止开三 止上泥	止开三 止上来	
₌tʂʅ	꜀ʂʅ	tʂʅ꜄	ʂʅ꜄	ɚ꜄	꜀tɕi	tɕʰi꜄	꜁i	꜀ni	꜀li	北
₌tʂʅ	꜀ʂʅ	tʂʅ꜄	ʂʅ꜄	ɚ꜄	꜀tɕi	tɕʰi꜄	꜁i	꜀ni	꜀li	兴
₌tʂʅ	꜀ʂʅ	tʂʅ꜄	ʂʅ꜄	ɚ꜄	꜀tɕi	tɕʰi꜄	꜁i	꜀ȵi	꜀li	沈
₌tʂʅ	꜀ʂʅ	tʂʅ꜄	ʂʅ꜄	ɚ꜄	꜀tɕi	tɕʰi꜄	꜁i	꜀ni	꜀li	长
₌tʂʅ	꜀ʂʅ	tʂʅ꜄	ʂʅ꜄	ɚ꜄	꜀tɕi	tɕʰi꜄	꜁i	꜀ni	꜀li	巴
₌tɕʰi	꜀ʂʅ	tʂʅ꜄	ʂʅ꜄	ɚ꜄	꜀ci	cʰi꜄	꜁i	꜀ȵi	꜀li	牟
₌tʃʅ	꜀ʂʅ	tʂʅ꜄	ʂʅ꜄	lə꜄	꜀tʃʅ	tʃʰʅ꜄	꜁i	꜀ȵi	꜀li	诸
₌tʂʅ	꜀ʂʅ	tʂʅ꜄	ʂʅ꜄	ɚ꜄	꜀tɕi	tɕʰi꜄	꜁i	꜀i	꜀li	丹
₌tʂʅ	꜀ʂʅ	tʂʅ꜄	ʂʅ꜄	lə꜄	₌tɕi	tɕʰi꜄	꜁i	꜀ȵi	꜀li	高
₌tʂʅ	꜀ʂʅ	tʂʅ꜄	ʂʅ꜄	ɚ꜄	꜀tɕi	tɕʰi꜄	꜁i	꜀ȵi	꜀li	济
₌tʂʅ	꜀ʂʅ	tʂʅ꜄	ʂʅ꜄	ɚ꜄	꜀tɕi	tɕʰi꜄	꜁i	꜀ȵi	꜀li	河
₌tʂʅ	꜀ʂʅ	tʂʅ꜄	ʂʅ꜄	lə꜄	꜀tɕi	tɕʰi꜄	꜁i	꜀ni	꜀li	利
₌tʂʅ	꜀ʂʅ	tʂʅ꜄	ʂʅ꜄	ɚ꜄	꜀tɕi	tɕʰi꜄	꜁i	꜀ni	꜀li	西
₌tʂʅ	꜀ʂʅ	tʂʅ꜄	ʂʅ꜄	ɚ꜄	꜀tɕi	tɕʰi꜄	꜁i	꜀ȵi	꜀li	敦
₌tʂʅ/₌tsʅ	꜀ʂʅ	tʂʅ꜄	ʂʅ꜄	ɚ꜄	꜀tɕi	tɕʰi꜄	꜁i	꜀ȵi	꜀li	天
			ʂʅ꜄	ɚ꜄		tɕʰi꜄	꜁i	꜀ni	꜀li	吐
₌tʂʅ	꜀ʂʅ		ʂʅ꜄	ɚ꜄/꜀ɚ	꜀tɕi	tɕʰi꜄	꜁i	꜀ni/꜁ni	꜀li	运
₌tʂʅ	꜀ʂʅ	tʂʅ꜄	ʂʅ꜄	ɚ꜄	꜀tɕi	tɕʰi꜄	꜁i	꜀ni	꜀li	徐
₌tʂʅ	꜀ʂʅ	tʂʅ꜄	ʂʅ꜄	l̩꜄	꜀tɕi	tɕʰi꜄	꜁i	꜀ni	꜀li	郑
₌tʂʅ	꜀ʂʅ	tʂʅ꜄	ʂʅ꜄	ɚ꜄	꜀tɕi	tɕʰi꜄	꜁i	꜀ȵi	꜀li	曲
₌tʂʅ	꜀ʂʅ	tʂʅ꜄	ʂʅ꜄	ɚ꜄	꜀tɕi	tɕʰi꜄	꜁i	꜀ni	꜀ni	信
₌tʂʅ	꜀ʂʅ	tʂʅ꜄	ʂʅ꜄	₌a	꜀tɕi	tɕʰi꜄	꜁i	₌ni	₌li	灵
₌tʂʅ	꜀ʂʅ	tʂʅ꜄	ʂʅ꜄	꜀ɚ	꜀tʃʅ	tsʅ꜄	꜁i	꜀m̩	꜀l̩	永
₌tʂʰʅ	꜀ʂʅ	tʂʅ꜄	ʂʅ꜄	₌ɣɯ	꜀tɕi	tɕʰi꜄	₌zi	꜀ni	꜀li	张
꜁tsʅ	꜀ʂʅ		ʂʅ꜄	ɚ꜄	꜀tɕi	tɕʰi꜄		꜀ȵi	꜀li	吉
₌tsʅ	꜀ʂʅ	tsʅ꜄	ʂʅ꜄	ɚ꜄	꜀tɕi	tɕʰi꜄	꜁i	꜀li	꜀li	大都
₌tʂʅ	꜀ʂʅ	tʂʅ꜄	ʂʅ꜄	ɚ꜄	꜀tʃʅ	tʃʰʅ꜄	꜁i	꜀ni	꜀ni	喜
₌tʂʅ	꜀ʂʅ	tʂʅ꜄	ʂʅ꜄	a꜄	꜀tɕi	tɕʰi꜄	꜁i	꜀ni	꜀li	昆
₌tʂʅ	꜀ʂʅ	tsʅ꜄	ʂʅ꜄	ɚ꜄	꜀tɕi	tɕʰi꜄	꜁i	꜀ni	꜀ni	武
₌tʂʅi	꜀ʂʅ	tsi꜄	ʂʅ꜄	ə꜄	꜀ki	kʰi꜄	꜁i	꜀ni	꜀li	荔
₌tʂʰʅ	꜀ʂʅ	tʂʅ꜄	ʂʅ꜄	ɚ꜄	꜀tɕi	tɕʰi꜄	꜁i	꜀li	꜀li	南
₌tʂʅ	꜀ʂʅ	tsʅ꜄	ʂʅ꜄	꜀ɚ	꜀tɕi	tɕʰi꜄	꜁i	꜀niĩ	꜀ni	泰
₌tʂʅ	꜀ʂʅ	tʂʅ꜄	ʂʅ꜄	ɚ꜄	꜀tɕi	tɕʰi꜄	꜁i	꜁li	꜀li	红
₌tʂʅ	꜀ʂʅ	tʂʅ꜄	ʂʅ꜄	ɚ꜄	꜀tɕi	tɕʰi꜄	꜁i	꜀ni	꜀li	太
₌tʂʅ	꜀ʂʅ	tʂʅ꜄	ʂʅ꜄	꜀ɚ	꜀tɕi	tɕʰi꜄	꜁i	꜀li	꜀li	岚
₌tʂʅ	꜀ʂ	tsʅ꜄	ʂʅ꜄	l̩꜄	꜀tɕi	tɕʰi꜄	꜁i	꜀li	꜀li	长
₌tʂʅ	꜁ʂ	tsʅ꜄	ʂʅ꜄	ɚ꜄	꜁tɕi	tɕʰi꜄	꜁i	꜀ni	꜀li	忻
₌tʂʅ	꜀ʂʅ	tsʅ꜄	ʂʅ꜄	ɚ꜄	꜀tɕi	tɕʰi꜄	꜁i	꜀ni	꜀li	大
₌tʂʅ	꜀ʂʅ	tsʅ꜄	ʂʅ꜄	ar꜄	₌tɕi	tɕʰi꜄	꜁i	꜀ni	꜀li	呼
₌tʂʅ	꜀ʂʅ	tsʅ꜄	ʂʅ꜄	l̩꜄	꜀tɕi	tɕʰi꜄	꜁i	꜀ni	꜀li	获
₌tʂʅ	꜀ʂʅ	tsʅ꜄	ʂʅ꜄	ɚ꜄	꜀tɕi	tɕʰi꜄	꜁i	꜀ni	꜀li	志

区	片	代表点	子 止开三 止上精	字 止开三 志去从	词 止开三 之平邪	置 止开三 志去知	治 止开三 志去澄	柿 止开三 止上崇	事 止开三 志去崇	齿 止开三 止上昌
北京	幽燕	北京	ᶜtsɿ	tsɿꜛ	⁼tsɿ	tʂʅꜛ	tʂʅꜛ	ʂʅꜛ	ʂʅꜛ	ᶜtʂʅ
	锦兴	兴城	ᶜtsɿ	tsɿꜛ	⁼tsɿ	tʂʅꜛ	tʂʅꜛ	ʂʅꜛ	ʂʅꜛ	ᶜtʂʅ
	辽沈	沈阳	ᶜtsɿ	tsɿꜛ	⁼tsɿ	tʂʅꜛ	tʂʅꜛ	sʅꜛ	sʅꜛ	ᶜtʂʅ
	黑吉	长春	ᶜtsɿ	tsɿꜛ	⁼tsɿ	tʂʅꜛ	tʂʅꜛ	sʅꜛ	sʅꜛ	ᶜtʂʅ
	哈肇	巴彦	ᶜtsɿ	tsɿꜛ	⁼tʂʅ	tʂʅꜛ	tʂʅꜛ	ʂʅꜛ	ʂʅꜛ	ᶜtʂʅ
胶辽	登连	牟平	ᶜtsɿ	tsɿꜛ	⁼tsɿ	tɕiꜛ	tɕiꜛ	sʅꜛ	ʂʅꜛ	ᶜtʂʅ
	青莱	诸城	ᶜtθɿ	tθɿꜛ	⁼tθɿ	tʃɿꜛ	tʃɿꜛ	ʂʅꜛ	ʂʅꜛ	ᶜtʂʅ
	营通	丹东	ᶜtsɿ	tsɿꜛ	⁼tsɿ	tʂʅꜛ	tʂʅꜛ	sʅꜛ	sʅꜛ	ᶜtʂʅ
冀鲁	保唐	高阳	ᶜtsɿ	tsɿꜛ	⁼tsɿ	tʂʅꜛ	tʂʅꜛ	ʂʅꜛ	ʂʅꜛ	ᶜtʂʅ
	石济	济南	ᶜtsɿ	tsɿꜛ	⁼tsɿ	tʂʅꜛ	tʂʅꜛ	ʂʅꜛ	ʂʅꜛ	ᶜtʂʅ
	沧惠	河间	ᶜtsɿ	tsɿꜛ	⁼tsɿ	tʂʅꜛ	tʂʅꜛ	ʂʅꜛ	ʂʅꜛ	ᶜtʂʅ
	章利	利津	ᶜtsɿ	tsɿꜛ	⁼tsɿ	tʂʅꜛ	tʂʅꜛ	ʂʅꜛ	ʂʅꜛ	ᶜtʂʅ / ᶜtsʅ ①
中原	关中	西安	ᶜtsɿ	⁼sɿ	⁼sɿ	⁼tʂʅ	tʂʅꜛ	sʅꜛ	sʅꜛ	ᶜtʂʅ
	秦陇	敦煌	ᶜtsɿ	tsɿꜛ	⁼tsɿ	tʂʅꜛ	tʂʅꜛ	ʂʅꜛ	ʂʅꜛ	ᶜtʂʅ
	陇中	天水	ᶜtsɿ	tsɿꜛ	⁼sɿ	⁼tʂʅ	tʂʅꜛ	sʅꜛ	sʅꜛ	ᶜtʂʅ
	南疆	吐鲁番	ᶜtsɿ	tsɿꜛ	⁼tʂʅ	tʂʅꜛ	tʂʅꜛ	ʂʅꜛ	ʂʅꜛ	ᶜtʂʅ
	汾河	运城	ᶜtsɿ	tsɿꜛ	⁼tsɿ	tʂʅꜛ	tʂʅꜛ	ʂʅꜛ	ʂʅꜛ	ᶜtʂʅ
	洛徐	徐州	ᶜtsɿ	tsɿꜛ	⁼tsɿ	⁼tsɿ	tʂʅꜛ	sʅꜛ	sʅꜛ	ᶜtʂʅ
	郑曹	郑州	ᶜtsɿ	tsɿꜛ	⁼tʂʅ	tʂʅꜛ	tʂʅꜛ	ʂʅꜛ	ʂʅꜛ	ᶜtʂʅ
	蔡鲁	曲阜	ᶜtsɿ	tsɿꜛ	⁼tsɿ	tʂʅꜛ	tʂʅꜛ	ʂʅꜛ	ʂʅꜛ	ᶜtʂʅ
	信蚌	信阳	ᶜtsɿ	tsɿꜛ	⁼tsɿ	tʂʅꜛ	tʂʅꜛ	ʂʅꜛ	ʂʅꜛ	ᶜtʂʅ
兰银	银吴	灵武	⁼tsɿ	tsɿꜛ	⁼tsɿ	tʂʅꜛ	tʂʅꜛ	ʂʅꜛ	ʂʅꜛ	⁼tʂʅ
	金城	永登	ᶜtsɿ	tsɿꜛ	⁼tsɿ	tʂʅꜛ	tʂʅꜛ	ʂʅꜛ	ʂʅꜛ	ᶜtʂʅ
	河西	张掖	ᶜtsɿ	tsɿꜛ	⁼tsɿ	tʂʅꜛ	tʂʅꜛ	ʂʅꜛ	ʂʅꜛ	ᶜtʂʅ
	塔密	吉木萨尔	ᶜtsɿ	ᶜtsɿ	ᶜtsɿ	tʂʅꜛ	tʂʅꜛ	ʂʅꜛ	ʂʅꜛ	ᶜtʂʅ
西南	黔川	大方	ᶜtsɿ	tsɿꜛ	⁼tsɿ	⁼tsɿ	tʂʅꜛ	ʂʅꜛ	ʂʅꜛ	ᶜtʂʅ
	西蜀	都江堰	ᶜtsɿ	tsɿꜛ	⁼tsɿ	tsɿꜛ	tsɿꜛ	ʂʅꜛ	ʂʅꜛ	ᶜtʂʅ
	川西	喜德	ᶜtsɿ	tsɿꜛ	⁼tsɿ	⁼tʂʅ	tʂʅꜛ	sʅꜛ	sʅꜛ	ᶜtʂʅ
	云南	昆明	ᶜtsɿ	⁼sɿ	⁼tsɿ	⁼tʂʅ	tʂʅꜛ	ʂʅꜛ	ʂʅꜛ	ᶜtʂʅ
	湖广	武汉	ᶜtsɿ	tsɿꜛ	⁼tsɿ	⁼tsɿ	tsɿꜛ	sʅꜛ	sʅꜛ	ᶜtsʅ
	桂柳	荔浦	ᶜtsɿ	tsɿꜛ	⁼tsɿ	tsi	tsi	ʂʅꜛ	ʂʅꜛ	ᶜtsi
江淮	洪巢	南京	ᶜtsɿ	tsɿꜛ	⁼tsɿ	tʂʅꜛ	tʂʅꜛ	ʂʅꜛ	ʂʅꜛ	ᶜtʂʅ
	泰如	泰州	ᶜtsɿ	⁼sɿ/tsɿꜛ	⁼tsɿ	tsɿꜛ	tsɿꜛ	⁼sɿ/ʂʅ	⁼sɿ/ʂʅ	ᶜtʂʅ
	黄孝	红安	ᶜtsɿ	tsɿꜛ	⁼tsɿ	tʂʅꜛ	tʂʅꜛ	tsʅꜛ/ʂʅꜛ	sʅꜛ	ᶜtʂʅ
晋语	并州	太原	ᶜtsɿ	tsɿꜛ	⁼tsɿ	tʂʅꜛ	tʂʅꜛ	ʂʅꜛ	ʂʅꜛ	ᶜtʂʅ
	吕梁	岚县	ᶜtsɿ	tsɿꜛ	⁼sɿ	tʂʅꜛ	tʂʅꜛ	sʅꜛ	sʅꜛ	ᶜtsʅ
	上党	长治	ᶜtsɿ	tsɿꜛ	⁼tsɿ	⁼tʂʅ	tʂʅꜛ	sʅꜛ	sʅꜛ	ᶜtsʅ
	五台	忻州	ᶜtsɿ	tsɿꜛ	⁼sɿ	tʂʅꜛ	tʂʅꜛ	sʅꜛ	sʅꜛ	ᶜtʂʅ
	大包	大同	ᶜtsɿ	tsɿꜛ	⁼tsɿ	tʂʅꜛ	tʂʅꜛ	ʂʅꜛ	ʂʅꜛ	ᶜtʂʅ
	张呼	呼和浩特	ᶜtsɿ	tsɿꜛ	⁼tsɿ	tʂʅꜛ	tʂʅꜛ	ʂʅꜛ	ʂʅꜛ	ᶜtʂʅ
	邯新	获嘉	ᶜtsɿ	tsɿꜛ	⁼tsɿ	tʂʅꜛ	tʂʅꜛ	ʂʅꜛ	ʂʅꜛ	ᶜtʂʅ
	志延	志丹	ᶜtsɿ	⁼sɿ	⁼sɿ	tʂʅꜛ	tʂʅꜛ	ʂʅꜛ	ʂʅꜛ	ᶜtʂʅ

① ᶜtʂʅ，杈子~。

诗	时	耳	欺	忌	疑	医	气	希	衣	代表点
止开三 之平书	止开三 之平禅	止开三 止上日	止开三 之平溪	止开三 志去群	止开三 之平疑	止开三 之平影	止开三 未去溪	止开三 微平晓	止开三 微平影	
₋ʂʅ	₌ʂʅ	ˀ˞	₋tɕʻi	tɕiꜛ	₌i	₋i	tɕʻiꜛ	₋ɕi	₋i	北
₋ʂʅ	₌ʂʅ	ˀ˞	₋tɕʻi	tɕiꜛ	₌i	iꜛ	tɕʻiꜛ	₋ɕi	₋i	兴
₋ʂʅ	₋ʂʅ	ˀ˞	₋tɕʻi	tɕiꜛ	₌i	₋i	tɕʻiꜛ	₋ɕi	₋i	沈
₋ʂʅ	₌ʂʅ	ˀ˞	₋tɕʻi	tɕiꜛ	₌i	₋i	tɕʻiꜛ	₋ɕi	₋i	长
₋ʂʅ	₌ʂʅ	ˀ˞	₋tɕʻi	tɕiꜛ	₌i	₋i	tɕʻiꜛ	₋ɕi	₋i	巴
₋ʂʅ	₌ʂʅ	ˀ˞	₋ɕʻi	ɕiꜛ	₌i	₋i	ɕʻiꜛ	₋ɕi	₋i	牟
₋ʂʅ	₌ʂʅ	ˀlə	₋tʃʻ	tʃiꜛ	₌i	₋i	tʃʻiꜛ	₋ʃi	₋i	诸
₋ʂʅ	₌ʂʅ/₋ʂʅ	ˀ˞	₋tɕʻi	tɕiꜛ	₌i	₋i	tɕʻiꜛ	₋ɕi	₋i	丹
₋ʂʅ	₌ʂʅ	ˀ˞	₋tɕʻi	tɕiꜛ	₌i	₋i	tɕʻiꜛ	₋ɕi	₋i	高
₋ʂʅ	₌ʂʅ	ˀ˞	₋tɕʻi	tɕiꜛ	₌i	₋i	tɕʻiꜛ	₋ɕi	₋i	济
₋ʂʅ	₌ʂʅ	ˀ˞	₋tɕʻi	tɕiꜛ	₌i	₋i	tɕʻiꜛ	₋ɕi	₋i	河
₋ʂʅ	₌ʂʅ	ˀlə	₋tɕʻi	tɕiꜛ	₌i		tɕʻiꜛ	₋ɕi	₋i	利
₋ʂʅ	₋ʂʅ	ˀər	₋tɕʻi	tɕiꜛ		₋i	tɕʻiꜛ	₋ɕi	₋i	西
₋ʂʅ	₌ʂʅ	ˀ˞	₋tɕʻi	tɕiꜛ	₌ni	₋i	tɕʻiꜛ	₋ɕi	₋i	敦
₋ʂʅ	₌ʂʅ	ˀ˞	₋tɕʻi	tɕiꜛ	₌i	₋i	tɕʻiꜛ	₋ɕi	₋i	天
₋ʂʅ	₌ʂʅ	ˀ˞	₋tɕʻi	tɕiꜛ		₋i	tɕʻiꜛ	₋ɕi	₋i	吐
₋ʂʅ	₌ʂʅ	ˀ˞	₋tɕʻi	tɕiꜛ	₌ni	₋ni	tɕʻiꜛ	₋ɕi	₋i	运
₋ʂʅ	₌ʂʅ	ˀ˞	₋tɕʻi	tɕiꜛ	₌i	₋i	tɕʻiꜛ	₋ɕi	₋i	徐
₋ʂʅ	₌ʂʅ	ˀ̩	₋tɕʻi	tɕiꜛ	₌i	₋i	tɕʻiꜛ	₋ɕi	₋i	郑
₋ʂʅ	₌ʂʅ	ˀ˞	₋tɕʻi	tɕiꜛ	₌i	₋i	tɕʻiꜛ	₋ɕi	₋i	曲
₋ʂʅ	₌ʂʅ	ˀ˞	₋tɕʻi	tɕiꜛ	₌i	₋i	tɕʻiꜛ	₋ɕi	₋i	信
₋ʂʅ	₌ʂʅ	₌a	₋tɕʻi	tɕiꜛ	₌i	₋i	tɕʻiꜛ	₋ɕi	₋i	灵
₋ʂʅ	₌ʂʅ	ˀ˞	₋tsʻʅ	tsʅꜛ	₌ʅ	₋ʅ	tsʻʅꜛ	₋sʅ	₋ʅ	永
₋ʂʅ	₌ʂʅ	ˀɣɯ	₋tɕʻi	tɕiꜛ	₌zi	₋zi	tɕʻiꜛ	₋ɕi	₋zi	张
₋ʂʅ	₋ʂʅ	ˀ˞	₋tɕʻi	tɕiꜛ	ˀi	₋i	tɕʻiꜛ	₋ɕi	₋i	吉
₋ʂʅ	₌ʂʅ	ˀ˞	₋tɕʻi	tɕiꜛ	₌li	₋i	tɕʻiꜛ	₋ɕi	₋i	大
₋ʂʅ	₌ʂʅ	ˀ˞	₋tɕʻi	tɕiꜛ	₌ni	₋i	tɕʻiꜛ	₋ɕi	₌i	都
₋ʂʅ	₌ʂʅ	ˀ˞	₋tʃʻ	tʃiꜛ	₌i	₋i	tʃʻiꜛ	₋ʃi	₋i	喜
₋ʂʅ	₌ʂʅ	ˀə	₋tɕʻi	tɕiꜛ	₌i	₋i	tɕʻiꜛ	₌ɕi	₋i	昆
₋ʂʅ	₌ʂʅ	ˀɯ	₋tɕʻi	tɕiꜛ	₌ni	₋i	tɕʻiꜛ	₋ɕi	₋i	武
₋si	₌si	ˀ˞	₋kʻi		₌ŋi	₋i	kʻiꜛ	₋hi	₌i	荔
₋ʂʅ	₌ʂʅ	ˀər	₋tɕʻi	tɕiꜛ	₌i	₋i	tɕʻiꜛ	₋ɕi	₌i	南
₋ʂʅ	₌ʂʅ	ˀer	₋tɕʻi	₋tɕiꜛ/tɕiꜛ	₌i	₋i	tɕʻiꜛ	₋ɕi	₋i	泰
₌ʂʅ	₌ʂʅ	ˀ˞	₋tɕʻi	tɕiꜛ	₌n̩i	₋i	tɕʻiꜛ	₋ɕi	₋i	红
₋ʂʅ	₌ʂʅ	ˀ˞	₋ɕʻi	tɕiꜛ	₌i	₋i	tɕʻiꜛ	₋ɕi	₋i	太
₋ʂʅ	₌ʂʅ	ˀ˞	₋tɕʻi	tɕiꜛ	₌i	₋i	tɕʻiꜛ	₋ɕi	₋i	岚
ˀʂʅ	₌ʂʅ	ˀ̩	₋tɕʻi	tɕiꜛ	₌i	₋i	tɕʻiꜛ	₋ɕi	₋i	长
ˀʂʅ	₌ʂʅ	ˀər	ˀtɕʻi	tɕiꜛ	₌i	ˀi	tɕʻiꜛ	ˀɕi	ˀi	忻
₋ʂʅ	₌ʂʅ	ˀ˞	₋tɕʻi	tɕiꜛ	₌i	₋i	tɕʻiꜛ	₋ɕi	₋i	大
₋ʂʅ	₌ʂʅ	ˀar	₋tɕʻi	tɕiꜛ	₌i	₋i	tɕʻiꜛ	₌ɕi	₋i	呼
₋ʂʅ	₌ʂʅ	ˀ̩	₋tɕʻi	tɕiꜛ	₌i	₋i	tɕʻiꜛ	₋ɕi	₋i	获
₌ʂʅ	₌ʂʅ	ˀər	₌tɕʻi	tɕiꜛ	₌i	₌i	tɕʻiꜛ	₌ɕi	₌i	志

区	片	代表点	累	嘴	随	吹	瑞	跪	危	泪
			止合三 真去来	止合三 纸上精	止合三 支平邪	止合三 支平昌	止合三 真去禅	止合三 纸上群	止合三 支平疑	止合三 至去来
北京	幽燕	北京	lei꜒	꜂tsuei	⊆suei	⊂tʂʰuei	ʐuei꜒	kuei꜒	⊂uei	lei꜒
	锦兴	兴城	lei꜒	꜂tʂuei	⊆ʂuei	⊂tʂʰuei	ʐuei꜒	kuei꜒	⊂uei	lei꜒
	辽沈	沈阳	lei꜒	꜂tsuei	⊆suei	⊂tʂʰuei	luei꜒	kuei꜒	⊂vei	lei꜒
	黑吉	长春	lei꜒	꜂tsuei	⊆suei	⊂tʂʰuei	lei꜒/ʐuei꜒①	kuei꜒	⊂uei	lei꜒
	哈肇	巴彦	lei꜒	꜂tsuei	⊆suei	⊂tʂʰuei	ʐuei꜒	kuei꜒	⊂vei	lei꜒
胶辽	登连	牟平	꜂lei/lei꜒	꜂tsei	⊆sei	⊂tʂʰuei	suei꜒	kuei꜒	⊂uei	lei꜒
	青莱	诸城	꜂luei/luei꜒	꜂tθuei	⊆θuei	⊂tʂʰuei	ʂuei꜒/luei꜒	kuei꜒	⊂vei	luei꜒
	营通	丹东	꜂lei/lei꜒	꜂tsei/꜂tsuei	⊆sei/⊆suei	⊂tʂʰuei	suei꜒/ruei꜒	kuei꜒	⊂uei	lei꜒
冀鲁	保唐	高阳	lei꜒	꜂tsuei	⊆suei	⊂tʂʰuei	ʐuei꜒	kuei꜒	⊂uei	lei꜒
	石济	济南	luei꜒	꜂tsuei	⊆suei	⊂tʂʰuei	luei꜒	kuei꜒	⊂vei	luei꜒
	沧惠	河间	lei꜒	꜂tsuei	⊆suei	⊂tʂʰuei	ʐuei꜒	kuei꜒	⊂uei	lei꜒
	章利	利津	luei꜒	꜂tsuei	⊆suei	⊂tʂʰuei	ʐuei꜒	kuei꜒	⊂vei	luei꜒
中原	关中	西安	luei꜒	꜂tsuei	⊆suei	⊂pfʰei	vei꜒	kuei꜒	⊂uei	luei꜒
	秦陇	敦煌	luei꜒	꜂suei	⊆suei	⊂tʂʰuei	ʂuei꜒	kuei꜒	⊂uei	luei꜒
	陇中	天水	luei꜒	꜂tsuei	⊆suei	⊂tʂʰuei	suei꜒	kʰuei꜒	⊂uei	luei꜒
	南疆	吐鲁番	luei꜒/lei꜒	꜂tsuei	⊆suei	⊂tʂʰuei	vei꜒	kuei꜒	⊂vei	luei꜒
	汾河	运城	luei꜒	꜂tsuei	⊆suei	⊂pfʰei	fei꜒	kʰuei꜒	⊂uei	luei꜒
	洛徐	徐州	le꜒	꜂tsue	⊆sue	⊂tʂʰue	ʐue꜒	kue꜒	⊂ue	le꜒
	郑曹	郑州	luei꜒	꜂tsuei	⊆suei	⊂tʂʰuei	ʐuei꜒	kuei꜒	⊂uei	luei꜒
	蔡鲁	曲阜	lei꜒	꜂tsuei	⊆suei	⊂tsʰuei	zuei꜒	kuei꜒	⊂vei	lei꜒
	信蚌	信阳	nei꜒	꜂tsei	⊆sei	⊂tsʰei	zei꜒	kuei꜒	⊂vei	nei꜒
兰银	银吴	灵武	lei꜒	⊆tsui	⊆sui	⊂tʂʰui	ʐui꜒	kui꜒	⊂vei	lui꜒
	金城	永登	lɿi꜒	꜂tsui	⊆sui	⊂pfʰii	fii꜒	kui꜒	⊂vii	lui꜒
	河西	张掖	lɿi꜒	꜂tsui	⊆sui	⊂kʰui	vii꜒	kui꜒	⊂vii	lui꜒
	塔密	吉木萨尔	lei꜒/luei꜒	꜂tsuei	⊆suei	⊂tʂʰuei	vei꜒/ʐuei꜒	kuei꜒	⊂vei	luei꜒
西南	黔川	大方	luei꜒	꜂tsuei	⊆suei	⊂tʂʰuei	zuei꜒	kuei꜒	⊂uei	luei꜒
	西蜀	都江堰	nuei꜒	꜂tsuei	⊆suei	⊂tʂʰuei	zuei꜒	kuei꜒	⊆uei	nuei꜒
	川西	喜德	nuei꜒	꜂tsuei	⊆suei	⊂tʂʰuei	zuei꜒	kuei꜒	⊆uei	nuei꜒
	云南	昆明	luei꜒	꜂tsuei	⊆suei	⊂tʂʰuei	zuei꜒	kuei꜒	⊆uei	luei꜒
	湖广	武汉	nei꜒	꜂tsei	⊆sei	⊂tsʰuei		kuei꜒	⊆uei	nei꜒
	桂柳	荔浦	ləi꜒	꜂tsəi	⊂tsʰəi	⊂tsʰuəi	suəi꜒	kuəi꜒	⊂uəi	ləi꜒
江淮	洪巢	南京	luəi꜒	꜂tsuəi	⊆suəi/⊆ɕuəi	⊂tʂʰuəi	zuəi꜒	kuəi꜒	⊂uəi	luəi꜒
	泰如	泰州	nuəi꜒	꜂tɕy/꜂tsuəi	⊆tsʰuəi/⊆suəi	⊂tsʰuəi	suəi꜒	⊂kʰuəi	⊂vəi	nuəi꜒
	黄孝	红安	li꜒/lei꜒②	꜂tɕi/꜂tsei③	⊆ɕi/⊆sei④	⊂kʰy/⊂kʰuei	ʂye꜒	kuei꜒	⊂uei	li꜒/lei꜒⑤
晋语	并州	太原	luei꜒	꜂tsuei	⊆suei	⊂tʂʰuei	zuei꜒	kʰuei꜒	⊂uei	luei꜒
	吕梁	岚县	ly꜒/luei꜒	꜂tɕy	⊆ɕy/⊆suei	tsʰu꜒/tsʰuei꜒	suei꜒/zuei꜒	kʰuei꜒	⊂uei	ly꜒
	上党	长治	luei꜒	꜂tsuei	⊆suei	⊂tʂʰuei	luei꜒	kuei꜒	⊂uei	lei꜒
	五台	忻州	luei꜒	꜂tsuei	⊆suei	⊂tʂʰuei	suei꜒	kʰuei꜒	⊂vei	luei꜒
	大包	大同	lɛe꜒	꜂tsuɛe	⊆suɛe	⊂tʂʰuɛe	ʐuɛe꜒	kʰuɛe꜒	⊂vɛe	lɛe꜒
	张呼	呼和浩特	luei꜒	꜂tsuei	⊆suei	⊂tʂʰuei	ʐuei꜒	kʰuei꜒	⊂uei	luei꜒
	邯新	获嘉	luei꜒	꜂tsuei	⊆suei	⊂tʂʰuei	ʐuei꜒	kuei꜒	⊂uei	luei꜒
	志延	志丹	luei꜒	꜂tsuei	⊆suei	⊂tʂʰuei	ʐuei꜒	kʰuei꜒	⊂vei	luei꜒

①②③④⑤音1是老派读音，音2是新派读音。

醉	虽	追	帅	水	谁	葵	柜	位	飞	代表点
止合三至去精	止合三脂平心	止合三脂平知	止合三至去生	止合三旨上书	止合三脂平禅	止合三脂平群	止合三脂平群	止合三至去云	止合三微平非	代表点
tsuei⁼	⊂suei	⊂tʂuei	ʂuai⁼	ᶜʂuei	⊆sei	⊆kʼuei	kuei⁼	uei⁼	⊂fei	北
tʂuei⁼	⊂ʂuei	⊂tʂuei	ʂuai⁼	ᶜʂuei	⊆sei	⊆kʼuei	kuei⁼	uei⁼	⊂fei	兴
tsuei⁼	⊂suei	⊂tsuei	suai⁼	ᶜsuei	⊆sei	⊆kʼuei	·kuei⁼	vei⁼	⊂fei	沈
tsuei⁼	⊂suei	⊂tʂuei	suai⁼	ᶜsuei	⊆sei	⊆kʼuei	kuei⁼	uei⁼	⊂fei	长
tsuei⁼	⊆suei	⊂ʂuei	ʂuai⁼	ᶜʂuei	⊆ʂei	⊆kʼuei	kuei⁼	vei⁼	⊂fei	巴
tsei⁼	⊂sei	⊂tsuei	suai⁼	ᶜsuei	⊆sei/cyə⁼	kʼuei⁼	kuei⁼	uei⁼	⊂fei	牟
tθuei⁼	⊂θuei	⊂tʂuei	ʂue⁼	ᶜʂuei	⊆suei/⊆sei	⊆kʼuei	kuei⁼	vei⁼	⊂fei	诸
tsei⁼/tsuei⁼	⊆sei/⊆suei	⊂tsuei	suai⁼	ᶜsuei	⊆sei/⊆suei	⊆kʼuei	kuei⁼	uei⁼	⊂fei	丹
tsuei⁼	⊂suei	⊂tʂuei	ʂuai⁼	ᶜʂuei	⊆ʂei	⊆kʼuei	kuei⁼	uei⁼	⊂fei	高
tsuei⁼	⊂suei	⊂tʂuei	ʂue⁼	ᶜʂuei	⊆sei/⊆suei	⊆kʼuei	kuei⁼	vei⁼	⊂fei	济
tsuei⁼	⊂suei	⊂tʂuei	ʂuai⁼	ᶜʂuei	⊆ʂuei	⊆kʼuei	kuei⁼	uei⁼	⊂fei	河
tsuei⁼		⊂tʂuei	ʂue⁼	ᶜʂuei	⊆ʂei	⊆kʼuei	kuei⁼	vei⁼	⊂fei	利
tsuei⁼	⊂suei	⊂pfei	fɛ⁼	ᶜfei	⊆sei	⊆kʼuei	kuei⁼	vei⁼	⊂fei	西
tsuei⁼	⊂suei	⊂tʂuei	ʂuɛ⁼	ᶜʂuei	⊆ʂuei	⊆kʼuei	kuei⁼	vei⁼	⊂fei	敦
tsuei⁼	⊂suei	⊂tʂuei	suai⁼	ᶜsuei	⊆suei	⊆kʼuei	kʼuei⁼	vei⁼	⊂fei	天
tsuei⁼	⊂suei	⊂tʂuei	fai⁼	ᶜfei	⊆sei		kuei⁼	vei⁼	⊂fei	吐
tsuei⁼	⊂suei	⊂pfei	fai⁼	ᶜfei/ᶜfu	⊆sei	⊆kʼuei	kʼuei⁼	uei⁼	⊂fei	运
tsue⁼	⊂sue	⊂tsue	ʂuɛ⁼	ᶜʂue	⊆sue	⊆kʼue	kue⁼	ue⁼	⊂fi	徐
tsuei⁼	⊂suei	⊂tʂuei	ʂuai⁼	ᶜʂuei	⊆sei	⊆kʼuei	kuei⁼	uei⁼	⊂fi	郑
tsuei⁼	⊂suei	⊂tsuei	sue⁼	ᶜsuei	⊆suei	⊆kʼuei	kuei⁼	uei⁼	⊂fi	曲
tsei⁼	⊂sei	⊂tsei	sai⁼	ᶜsei	⊆sei	⊆kʼei	kuei⁼	vei⁼	⊂fei	信
tsui⁼	⊂sui	⊂tʂui	ʂue⁼	ᶜʂui	⊆ʂui	⊆kʼui	kui⁼	vei⁼	⊂fei	灵
tsui⁼	⊂sui	⊂pfɿi	fɛ⁼	ᶜfɿi	⊆fɿi	⊆kʼui	kui⁼	vɿi⁼	⊂fɿi	永
tsui⁼	⊂sui	⊂kui	fɛ⁼	ᶜfɿi	⊆fɿi	⊆kʼui	kui⁼	vɿi⁼	⊂fɿi	张
tsuei⁼	⊂suei	⊂tʂuei	ʂuai⁼/fai⁼	ᶜfei/ᶜʂuei	⊆sei	⊆kʼuei	kuei⁼		⊂fei	吉
tsuei⁼	⊂ɕy	⊂tsuei	suai⁼	ᶜsuei	⊆suei	⊆kʼuen	kuei⁼	uei⁼	⊂fei	大
tsuei⁼	⊂ɕy	⊂tsuei	suai⁼	ᶜsuei	⊆suei	⊆kʼuən	kuei⁼	uei⁼	⊂fei	都
tsuei⁼	⊂suei	⊂tʂuei	ʂuæ⁼	ᶜʂuei	⊆suei	⊆kʼuei	kuei⁼	uei⁼	⊂fei	喜
tsuei⁼	⊂suei	⊂tʂuei	ʂuɛ⁼	ᶜʂuei		⊆kʼuei	kuei⁼	uei⁼	⊂fei	昆
tsei⁼	⊂ɕy	⊂tsuei	suai⁼	ᶜsuei	⊆suei	⊆kʼuei	kuei⁼	uei⁼	⊂fei	武
tsei⁼	⊂səi	⊂tsuei	suai⁼	ᶜsuəi	⊆səi	⊆kʼuəi	kuəi⁼	uəi⁼	⊂fəi	荔
tsuəi⁼	⊂suəi	⊂tsuəi	ʂuae⁼	ᶜʂuəi	⊆ʂuəi	⊆kʼuəi	kuəi⁼	uəi⁼	⊂fəi	南
tɕy⁼/tsuəi⁼	⊂ɕy/⊆suəi	⊂tsuəi	sue⁼	ᶜɕy/ᶜsuai	⊆suəi	⊆kʼuəi	⊆kʼuəi	⊆vəi/vəi⁼	⊂fəi	泰
tɕi⁼①/tsei⁼	⊂ɕi②/⊆sei	⊂kʼuei	ʂyai⁼/sai⁼	ᶜʂyei	⊆ʂyei	⊆kʼuei	kuei⁼	uei⁼	⊂fei	红
tsuei⁼	⊆suei	⊆tsuei	suai⁼	ᶜsuei	⊆suei	⊆kʼuei	kuei⁼	vei⁼	⊂fei	太
tɕy⁼	⊆suei	⊂tsuei	suai⁼	ᶜsu/ᶜsuei	⊆su	⊆kʼuei	tɕy⁼/kuei⁼	uei⁼	⊂fei	岚
tsuei⁼	⊆suei	⊂tsuei	suæ⁼	ᶜsuei	⊆suei	⊆kʼuei	kuei⁼	uei⁼	⊂fei	长
tsuei⁼	⊆suei	ᶜtsuei	suæ⁼	ᶜsuei	⊆suei	⊆kʼuei	kuei⁼	vei⁼	ᶜfei	忻
tsuɛɛ⁼	⊆suɛɛ	⊂tʂuɛɛ	ʂuɛɛ⁼	ᶜʂuɛɛ	⊆suɛɛ	⊆kʼuɛɛ	kuɛɛ⁼	vɛɛ⁼	⊂fɛɛ	大
tsuei⁼	⊆suei	⊂tsuei	suai⁼	ᶜsuei	⊆suei	⊆kʼuei	kuei⁼	vei⁼	⊂fei	呼
tsuei⁼	⊆suei	⊂tʂuei	ʂuai⁼	ᶜʂuei	⊆sei	⊆kʼuei	kuei⁼	uei⁼	⊂fei	获
tsuei⁼	⊆suei	⊂tʂuei	ʂuae⁼	ᶜʂuei	⊆ʂuei	⊆kʼuei	kuei⁼	vei⁼	⊆fei	志

①②音 1 为老派读音，音 2 为新派读音。

区	片	代表点	肥 止合三 微平奉	尾 止合三 尾上微	味 止合三 未去微	贵 止合三 未去见	威 止合三 微平影	围 止合三 微平云	报 效开一 号去帮	抱 效开一 晧上並
北京	幽燕	北京	꜀fei	꜂uei	uei꜄	kuei꜄	꜀uei	꜀uei	pau꜄	pau꜄
	锦兴	兴城	꜀fei	꜂uei	uei꜄	kuei꜄	꜀uei	꜀uei	pau꜄	pau꜄
	辽沈	沈阳	꜀fei	꜂vei	vei꜄	kuei꜄	꜀vei	꜀vei	pau꜄	pau꜄
	黑吉	长春	꜀fei	꜂i/ ꜂uei	uei꜄	kuei꜄	꜀uei	꜀uei	pau꜄	pau꜄
	哈肇	巴彦	꜀fei	꜂i/ ꜂vei	vei꜄	kuei꜄	꜀vei	꜀vei	pau꜄	pau꜄
胶辽	登连	牟平	꜀fei	꜂uei	uei꜄	kuei꜄	꜀uei	꜀uei/ ꜀uei	pao꜄	pao꜄
	青莱	诸城	꜀fei	꜂vei	vei꜄	kuei꜄	꜀vei	꜀vei	pɔ꜄	pɔ꜄
	营通	丹东	꜀fei	꜂uei	uei꜄	kuei꜄	꜀uei	꜀uei	pao꜄	pao꜄
冀鲁	保唐	高阳	꜀fei	꜂i/ ꜂uei	uei꜄	kuei꜄	꜀uei	꜀uei	pau꜄	pau꜄ /pu꜄
	石济	济南	꜀fei	꜂i/ ꜂vei	vei꜄	kuei꜄	꜀vei	꜀vei	pɔ꜄	pɔ꜄
	沧惠	河间	꜀fei	꜂i/ ꜂uei	uei꜄	kuei꜄	꜀uei	꜀uei	pɔ꜄	pau꜄
	章利	利津	꜀fei	꜂i	vei꜄	kuei꜄	꜀vei	꜀vei	pɔ꜄	pu꜄
中原	关中	西安	꜀fei	꜀uei	vei꜄	kuei꜄	꜀uei	꜀uei	pɔ꜄	pɔ꜄
	秦陇	敦煌	꜀fei	꜂vei	vei꜄	kuei꜄	꜀vei	꜀vei	pɔ꜄	pɔ꜄
	陇中	天水	꜀fei	꜂vei	vei꜄	kuei꜄	꜀vei	꜀vei	pao꜄	pao꜄
	南疆	吐鲁番	꜀fei	꜂vei/ ꜂i	vei꜄	kuei꜄	꜀vei	꜀vei	pɑu꜄	pɑu꜄
	汾河	运城	꜀fei	꜂vei	vei꜄	kuei꜄	꜀uei	꜀uei	pau꜄	pau꜄
	洛徐	徐州	꜀fi	꜂ue	ue꜄	kue꜄	꜀ue	꜀ue	pɔ꜄	pɔ꜄
	郑曹	郑州	꜀fi	꜂i	uei꜄	kuei꜄	꜀uei	꜀uei	pau꜄	pau꜄
	蔡鲁	曲阜	꜀fi	꜂i/ ꜂vei	uei꜄	kuei꜄	꜀uei	꜀uei	pɔ꜄	pɔ꜄
	信蚌	信阳	꜀fei	꜂vei	vei꜄	kuei꜄	꜀vei	꜀vei	pau꜄	pau꜄
兰银	银吴	灵武	꜀fei	꜀vei	vei꜄	kui꜄	꜀vei	꜀vei	pɔ꜄	pɔ꜄
	金城	永登	꜀fii	꜂vii	vii꜄	kui꜄	꜀vii	꜀vii	pɔ꜄	pɔ꜄
	河西	张掖	꜀fii	꜂vii	vii꜄	kui꜄	꜀vii	꜀vii	pɔ꜄	pɔ꜄
	塔密	吉木萨尔	꜂fei	꜂vei/ ꜂i		kuei꜄	꜀vei	꜀vei	pɔ꜄	pɔ꜄
西南	黔川	大方	꜀fei	꜂uei	uei꜄	kuei꜄	꜀uei	꜀uei	po꜄	po꜄
	西蜀	都江堰	꜀fei	꜂uei	uei꜄	kuei꜄	꜀uei	꜀uei	pao꜄	pao꜄
	川西	喜德	꜀fei	꜂uei	uei꜄	kuei꜄	꜀uei	꜀uei	pao꜄	pao꜄
	云南	昆明	꜀fei	꜂uei	uei꜄	kuei꜄	꜀uei	꜀uei	pɔ꜄	pɔ꜄
	湖广	武汉	꜀fei	꜂uei	uei꜄	kuei꜄	꜀uei	꜀uei	pau꜄	pau꜄
	桂柳	荔浦	꜀fei	꜂uəi	uəi꜄	kuəi꜄	꜀uəi	꜀uəi	pau꜄	pau꜄
江淮	洪巢	南京	꜀fəi	꜂uəi/ ꜂i	uəi꜄	kuəi꜄	꜀uəi	꜀uəi	pɔɔ꜄	pɔɔ꜄
	泰如	泰州	꜀fəi	꜂vəi	꜀vəi/ vəi꜄	kuəi꜄	꜀vəi	꜀vəi	pɔ꜄	꜀p'ɔ/pɔ꜄
	黄孝	红安	꜀fei	꜂uei	uei꜄	kuei꜄	꜀uei	꜀uei	pau꜄	pau꜄
晋语	并州	太原	꜀fei	꜂i/ ꜂vei	vei꜄	kuei꜄	꜀vei	꜀vei	pau꜄	pau꜄
	吕梁	岚县	꜀ɕi/ ꜀fei	꜂i/ ꜂uei	uei꜄	kuei꜄	꜀uei	꜀uei	pɑu꜄	pu꜄
	上党	长治	꜀fei	꜂i/ ꜂ue	ue꜄	kuei꜄	꜀uei	꜀uei	pɔ꜄	pɔ꜄
	五台	忻州	꜀fei	꜂i/ ꜂vei	vei꜄	kuei꜄	꜀vei	꜀vei	pɔ꜄	pɔ꜄
	大包	大同	꜀fee	꜂i/ ꜂vɛe	vɛe꜄	kuɛe꜄	꜀vɛe	꜀vɛe	pɤɐ꜄	pɤɐ꜄
	张呼	呼和浩特	꜀fei	꜂i/ ꜂vei	vei꜄	kuei꜄	꜀vei	꜀vei	pɔ꜄	pɔ꜄
	邯新	获嘉	꜀fei	꜂i/ ꜂uei	uei꜄	kuei꜄	꜀uei	꜀uei	pau꜄	pau꜄
	志延	志丹	꜀fei	꜂i/ ꜂vei	vei꜄	kuei꜄	꜀vei	꜀vei	pɔ꜄	pɔ꜄

毛	桃	道	盗	脑	老	早	造	嫂	高	代表点
效开一 豪平明	效开一 豪平定	效开一 晧上定	效开一 号去定	效开一 晧上泥	效开一 晧上来	效开一 晧上精	效开一 晧上从	效开一 晧上心	效开一 豪平见	代表点
꜀mau	꜀tʰau	tauᵓ	tauᵓ	꜂nau	꜂lau	꜂tsau	tsauᵓ	꜂sau	꜀kau	北
꜀mau	꜀tʰau	tauᵓ	tauᵓ	꜂nau	꜂lau	꜂tʂau	tʂauᵓ	꜂ʂau	꜀kau	兴
꜀mau	꜀tʰau	tauᵓ	tauᵓ	꜂nau	꜂lau	꜂tsau	tsauᵓ	꜂sau	꜀kau	沈
꜀mau	꜀tʰau	tauᵓ	tauᵓ	꜂nau	꜂lau	꜂tsau	tsauᵓ	꜂sau	꜀kau	长
꜀mau	꜀tʰau	tauᵓ	tauᵓ	꜂nau	꜂lau	꜂tsau	tsauᵓ	꜂sau	꜀kau	巴
꜀mao	꜀tʰao	taoᵓ	taoᵓ	꜂nao	꜂lao	꜂tsao	tsaoᵓ	꜂sao	꜀kao	牟
꜀mɔ/꜂mɔ	꜀tʰɔ	tɔᵓ	tɔᵓ	꜂nɔ	꜂lɔ	꜂tθ	tθᵓ	꜂θ	꜀kɔ	诸
꜀mao	꜀tʰao	taoᵓ	taoᵓ	꜂nao	꜂lao	꜂tsao	tsaoᵓ	꜂sao	꜀kao	丹
꜀mau	꜀tʰau	tauᵓ	tauᵓ	꜂ŋau	꜂lau	꜂tsau	tsauᵓ	꜂sau	꜀kau	高
꜀mɔ	꜀tʰɔ	tɔᵓ	tɔᵓ	꜂nɔ	꜂lɔ	꜂tsɔ	tsɔᵓ	꜂sɔ	꜀kɔ	济
꜀mau	꜀tʰau	tauᵓ	tauᵓ	꜂ŋau	꜂lau	꜂tsau	tsauᵓ	꜂sau	꜀kau	河
꜀mɔ	꜀tʰɔ		tɔᵓ	꜂nɔ	꜂lɔ	꜂tsɔ	tsɔᵓ	꜂sɔ	꜀kɔ	利
꜀mɔ	꜀tʰɔ	tɔᵓ	tɔᵓ	꜂nɔ	꜂lɔ	꜂tsɔ	tsʰɔᵓ/tsɔᵓ	꜂sɔ	꜀kɔ	西
꜀mɔ	꜀tʰɔ	tɔᵓ	tɔᵓ	꜂nɔ	꜂lɔ	꜂tsɔ	tsɔᵓ	꜂sɔ	꜀kɔ	敦
꜀mao	꜀tʰao	taoᵓ	taoᵓ	꜂lao	꜂lao	꜂tsao	꜂tsʰao	꜂sao	꜀kao	天
꜀mau	꜀tʰau	tauᵓ	tauᵓ	꜂nau	꜂lau	꜂tsau	tsauᵓ	꜂sau	꜀kau	吐
꜀mau	꜀tʰau	tʰauᵓ	tʰauᵓ	꜂lau	꜂lau	꜂tsau	tsʰauᵓ	꜂sau	꜀kau	运
꜀mɔ	꜀tʰɔ	tɔᵓ	tɔᵓ	꜂nɔ	꜂lɔ	꜂tsɔ	tsɔᵓ	꜂sɔ	꜀kɔ	徐
꜀mau	꜀tʰau	tauᵓ	tauᵓ	꜂nau	꜂lau	꜂tsau	tsauᵓ	꜂sau	꜀kau	郑
꜀mɔ	꜀tʰɔ	tɔᵓ	tɔᵓ	꜂nɔ	꜂lɔ	꜂tsɔ	tsɔᵓ	꜂sɔ	꜀kɔ	曲
꜀mau	꜀tʰau	tauᵓ	tauᵓ	꜂nau	꜂nau	꜂tsau	tsʰauᵓ	꜂sau	꜀kau	信
꜀mɔ	꜀tʰɔ	tɔᵓ	tɔᵓ	꜀nɔ	꜀lɔ	꜂tsɔ	tsɔᵓ	꜀sɔ	꜀kɔ	灵
꜀mɔ	꜀tʰɔ	tɔᵓ	tɔᵓ	꜂nɔ	꜂lɔ	꜂tsɔ	tsɔᵓ	꜂sɔ	꜀kɔ	永
꜀mɔ	꜀tʰɔ	tɔᵓ	tɔᵓ	꜂nɔ	꜂lɔ	꜂tsɔ	tsɔᵓ	꜂sɔ	꜀kɔ	张
꜂mɔ	꜂tʰɔ	tɔᵓ	tɔᵓ	꜂nɔ	꜂lɔ	꜂tsɔ	tsɔᵓ	꜂sɔ	꜀kɔ	吉
꜀mo	꜀tʰao	taoᵓ	taoᵓ	꜂lao	꜂lao	꜂tsao	tsʰaoᵓ	꜂sao	꜀kao	大
꜀mao	꜀tʰao	taoᵓ	taoᵓ	꜂nao	꜂nao	꜂tsao	tsʰaoᵓ	꜂sao	꜀kao	都
꜀mao	꜀tʰao	taoᵓ	taoᵓ	꜂nao	꜂nao	꜂tsao	tsaoᵓ	꜂sao	꜀kao	喜
꜀mɔ	꜀tʰɔ	tɔᵓ	tɔᵓ	꜂nɔ	꜂lɔ	꜂tsɔ	tsɔᵓ	꜂sɔ	꜀kɔ	昆
꜀mau	꜀tʰau	tauᵓ	tauᵓ	꜂nau	꜂nau	꜂tsau	tsʰauᵓ	꜂sau	꜀kau	武
꜀mau	꜀tʰau	tauᵓ	tauᵓ	꜂nau	꜂lau	꜂tsau	tsʰauᵓ	꜂sau	꜀kau	荔
꜀mɔo	꜀tʰɔo	tɔoᵓ	tɔoᵓ	꜂lɔo	꜂lɔo	꜂tsɔo	tsɔoᵓ	꜂sɔo	꜀kɔo	南
꜀mɔ	꜀tʰɔ	tʰɔᵓ/tɔᵓ	tɔᵓ	꜂nɔ	꜂nɔ	꜂tsɔ	꜀tsʰɔ/tsɔ	꜂sɔ	꜀kɔ	泰
꜀mau	꜀tʰau	tauᵓ	tauᵓ	꜂lau	꜂lau	꜂tsau	tsauᵓ/tsʰauᵓ	꜂sau	꜀kau	红
꜀mau/꜂mau	꜀tʰau	tauᵓ	tauᵓ	꜂nau	꜂lau	꜂tsau	tsauᵓ	꜂sau	꜀kau	太
꜂uau	꜀tʰau	tauᵓ	tauᵓ	꜂nau	꜂lau	꜂tsau	tsʰauᵓ	꜂sau	꜀kau	岚
꜀mɔ	꜀tʰɔ	tɔᵓ	tɔᵓ	꜂nɔ	꜂lɔ	꜂tsɔ	tsɔᵓ	꜂sɔ	꜀kɔ	长
꜀mɔ	꜀tʰɔ	tɔᵓ	tɔᵓ	꜂nɔ	꜂lɔ	꜂tsɔ	tsʰɔᵓ	꜂sɔ	꜀kɔ	忻
꜀mɒɑ	꜀tʰɒɑ	tɒɑᵓ	tɒɑᵓ	꜂nɒɑ	꜂lɒɑ	꜂tsɒɑ	tsɒɑᵓ	꜂sɒɑ	꜀kɒɑ	大
꜀mɔ	꜀tʰɔ	tɔᵓ	tɔᵓ	꜂nɔ	꜂lɔ	꜂tsɔ	tsɔᵓ	꜂sɔ	꜀kɔ	呼
꜀mau/꜂mau	꜀tʰau	tauᵓ	tauᵓ	꜂nau	꜂lau	꜂tsau	tsauᵓ	꜂sau	꜀kau	获
꜀mɔ	꜀tʰɔ	tɔᵓ	tɔᵓ	꜂nɔ	꜂lɔ	꜂tsɔ	tsɔᵓ	꜂sɔ	꜀kɔ	志

区	片	代表点	熬 效开一 豪平疑	豪 效开一 豪平匣	袄 效开一 晧上影	包 效开二 肴平帮	猫 效开二 肴平明	闹 效开二 效去泥	罩 效开二 效去知	吵 效开二 巧上初
北京	幽燕	北京	꜀au	꜁xau	꜂au	꜀pau	꜁mau	nau꜄	tʂau꜄	꜂tʂʰau
	锦兴	兴城	꜀nau	꜁xau	꜂nau	꜀pau	꜁mau	nau꜄	tʂau꜄	꜂tʂʰau
	辽沈	沈阳	꜀au	꜁xau	꜂au	꜀pau	꜁mau	nau꜄	tʂau꜄	꜂tsʰau
	黑吉	长春	꜀nau	꜁xau	꜂au	꜀pau	꜁mau	nau꜄	tʂau꜄	꜂tsʰau
	哈肇	巴彦	꜀nau	꜁xau	꜂nau	꜀pau	꜁mau	nau꜄	tʂau꜄	꜂tʂʰau
胶辽	登连	牟平	꜀ɑo	꜁xɑo	꜂ɑo	꜀pɑo	꜁mɑo	nɑo꜄	tsɑo꜄	꜂tsʰɑo
	青莱	诸城	꜀ɔ	꜁xɔ	꜂ɔ	꜀pɔ	꜁mɔ	nɔ꜄	tʂɔ꜄	꜂tʂʰɔ
	营通	丹东	꜀ɑo	꜁xɑo	꜂ɑo	꜀pɑo	꜁mɑo	nɑo꜄	tsɑo꜄	꜂tsʰɑo
冀鲁	保唐	高阳	꜀ŋɑu	꜁xɑu	꜂ŋɑu	꜀pɑu	꜁mɑu	ŋɑu꜄	tʂɑu꜄	꜂tʂʰɑu
	石济	济南	꜀ɔ	꜁xɔ	꜂ɔ	꜀pɔ	꜁mɔ	nɔ꜄	tʂɔ꜄	꜂tʂʰɔ
	沧惠	河间	꜀ŋɑu	꜁xɑu	꜂ŋɑu	꜀pɑu	꜁mɑu	ŋɑu꜄	tʂɑu꜄	꜂tʂʰɑu
	章利	利津	꜀ɔ	꜁xɔ	꜂ɔ	꜀pɔ	꜁mɔ	nɔ꜄	tʂɔ꜄	꜂tʂʰɔ
中原	关中	西安	꜀ŋɔ/꜀nɔ	꜁xɔ	꜂ɔ	꜀pɔ	꜁mɔ	nɔ꜄	tsɔ꜄	꜂tsʰɔ
	秦陇	敦煌	꜀ɔ	꜁xɔ	꜂ɔ	꜀pɔ	꜁mɔ	nɔ꜄	tsɔ꜄	꜂tsʰɔ
	陇中	天水	꜀ŋɑo	꜁xɑo	꜂ŋɑo	꜀pɑo	꜁mɑo	lɑo꜄	tsɑo꜄	꜂tsʰɑo
	南疆	吐鲁番	꜀nau	꜁xau	꜂nau	꜀pau	꜁mau	nau꜄	tsau꜄	꜂tsʰau
	汾河	运城	꜀ŋuau/꜀nau	꜁xau	꜂ŋau	꜀pau	꜁mau	lau꜄	tsau꜄	꜂tsʰau
	洛徐	徐州	꜀ɔ/꜀ɔ	꜁xɔ	꜂ɔ	꜀pɔ	꜁mɔ	nɔ꜄	tsɔ꜄	꜂tsʰɔ
	郑曹	郑州	꜀ua	꜁xau	꜂au	꜀pau	꜁mau	nau꜄	tʂau꜄	꜂tʂʰau
	蔡鲁	曲阜	꜀ɤ	꜁xɤ	꜂ɤ	꜀pɔ	꜁mɔ	nɔ꜄	tsɔ꜄	꜂tsʰɔ
	信蚌	信阳	꜀ŋau/꜀nau	꜁xau	꜂ŋau	꜀pau	꜁mau	nau꜄	tsau꜄	꜂tsʰau
兰银	银吴	灵武	꜀ɔ	꜁xɔ	꜂ɔ	꜀pɔ	꜁mɔ	nɔ꜄	tʂɔ꜄	꜁tʂʰɔ
	金城	永登	꜀ɔ	꜁xɔ	꜂ɔ	꜀pɔ	꜁mɔ	nɔ꜄	tʂɔ꜄	꜁tʂʰɔ
	河西	张掖	꜀ɤ	꜁xɤ	꜂ɤ	꜀pɔ	꜁mɔ	nɔ꜄	tʂɔ꜄	꜁tʂʰɔ
	塔密	吉木萨尔	꜀ɔ/꜀nɔ	꜁xɔ	꜂ɔ	꜀pɔ	꜁mɔ	nɔ꜄	tsɔ꜄	꜁tsʰɔ
西南	黔川	大方	꜀ŋao	꜁xao	꜂ŋao	꜀po	꜁mo	lao꜄	tsao꜄	꜂tsʰao
	西蜀	都江堰	꜀ŋao	꜁xao	꜂ŋao	꜀po	꜁mo	nao꜄	tsao꜄	꜂tsʰao
	川西	喜德	꜀ao	꜁xao	꜂ao	꜀pao	꜁mao	nao꜄	tʂao꜄	꜂tʂʰao
	云南	昆明	꜀ɔ	꜁xɔ	꜂ɔ	꜀pɔ	꜁mɔ	nɔ꜄	tʂɔ꜄	꜂tʂʰɔ
	湖广	武汉	꜀ŋau	꜁xau	꜂ŋau	꜀pau	꜁mau	nau꜄	tsau꜄	꜂tsʰau
	桂柳	荔浦	꜀ŋau	꜁hau	꜂ŋau	꜀pau	꜁mau	nau꜄	tsau꜄	꜂tsʰau
江淮	洪巢	南京	꜀ɔo	꜁xɔo	꜂ɔo	꜀pɔo	꜁mɔo/꜁ɔom	lɔo꜄	tʂɔo꜄	꜂tsʰɔo
	泰如	泰州	꜀ɔ/꜀ɔ	꜁xɔ	꜂ɔ	꜀pɔ	꜁mɔ	꜀nɔ/꜁nɔ	tsɔ꜄	꜂tsʰɔ
	黄孝	红安	꜀ŋau	꜁xau	꜂ŋau	꜀pau	꜁mau	lau꜄	tsau꜄	꜂tsʰau
晋语	并州	太原	꜀ɣau	꜁xau	꜂ɣau	꜀pau	꜁mau	nau꜄	tsau꜄	꜂tsʰau
	吕梁	岚县	꜀ŋɑu	꜁xɑu	꜂ŋɑu	꜀pɑu	꜁mɑu	nɑu꜄/ŋɑu꜄	tsɑu꜄	꜂tsʰɑu
	上党	长治	꜀ɔ	꜁xɔ	꜂ɔ	꜀pɔ	꜁mɔ	nɔ꜄	tsɔ꜄	꜂tsʰɔ
	五台	忻州	꜀ɤ	꜁xɤ	꜂ɤ	꜀pɔ	꜁mɔ	nɔ꜄	tsɔ꜄	꜂tsʰɔ
	大包	大同	꜀ɔau	꜁xɔau	꜂ɔau	꜀pɔɑ	꜁mɔɑ	nɔau꜄	tsɔau꜄	꜂tsʰɔau
	张呼	呼和浩特	꜀ɔ	꜁xɔ	꜂ɔ	꜀pɔ	꜁mɔ	nɔ꜄	tsɔ꜄	꜂tsʰɔ
	邯新	获嘉	꜀au	꜁uax	꜂au	꜀pau	꜁mau	nau꜄	tsau꜄	꜂tsʰau
	志延	志丹	꜀ɔ	꜁xɔ	꜂ɔ	꜀pɔ	꜁mɔ	nɔ꜄	tsɔ꜄	꜂tsʰɔ

捎	交	敲	咬	效	飘	苗	焦	笑	超	代表点
效开二 宵平生	效开二 宵平见	效开二 宵平溪	效开二 巧上疑	效开二 效去匣	效开三 宵平滂	效开三 宵平明	效开三 宵平精	效开三 笑去心	效开三 宵平彻	
꜀sau	꜀tɕiau	꜀tɕʰiau	⁻iau	ɕiauꜝ	꜀pʰiau	₌miau	꜀tɕiau	ɕiauꜝ	꜀tʂʰau	北
꜀sau	꜀tɕiau	꜀tɕʰiau	⁻iau	ɕiauꜝ	꜀pʰiau	₌miau	꜀tɕiau	ɕiauꜝ	꜀tsʰau	兴
꜀sau	꜀tɕiau	꜀tɕʰiau	⁻iau	ɕiauꜝ	꜀pʰiau	₌miau	꜀tɕiau	ɕiauꜝ	꜀tsʰau	沈
꜀sau	꜀tɕiau	꜀tɕʰiau	⁻iau	ɕiauꜝ	꜀pʰiau	₌miau	꜀tɕiau	ɕiauꜝ	꜀tʂʰau	长
꜀ʂau	꜀tɕiau	꜀tɕʰiau	⁻iau	ɕiauꜝ	꜀pʰiau	₌miau	꜀tɕiau	ɕiauꜝ	꜀tʂʰau	巴
꜀sao	꜀ɕiao	꜀tɕʰiao	⁻iao	ɕiaoꜝ	꜀pʰiao	₌miao	꜀tɕiao	ɕiaoꜝ	꜀tɕʰiao	牟
꜀sɔ	꜀tʃɔ	꜀tʃʰɔ	⁻iɔ	ʃɔꜝ	꜀pʰiɔ	₌miɔ	꜀tɕiɔ	ɕiɔꜝ	꜀tʃʰɔ	诸
꜀saɔ	꜀tɕiaɔ	꜀tɕʰiaɔ	⁻iaɔ	ɕiaɔꜝ	꜀pʰiaɔ	₌miaɔ	꜀tɕiaɔ	ɕiaɔꜝ	꜀tsʰaɔ	丹
꜀ʂau	꜀tɕiau	꜀tɕʰiau	⁻iau	ɕiauꜝ	꜀pʰiau	₌miau	꜀tsiau	siauꜝ	꜀tʂʰau	高
꜀sɔ	꜀tɕiɔ	꜀tɕʰiɔ	⁻iɔ	ɕiɔꜝ	꜀pʰiɔ	₌miɔ	꜀tɕiɔ	ɕiɔꜝ	꜀tʂʰɔ	济
꜀ʂau	꜀tɕiau	꜀tɕʰiau	⁻iau	ɕiauꜝ	꜀pʰiau	₌miau	꜀tsiau	siauꜝ	꜀tʂʰau	河
꜀sɔ	꜀tɕiɔ	꜀tɕʰiɔ	⁻iɔ	ɕiɔꜝ	꜀pʰiɔ	₌miɔ	꜀tsiɔ	siɔꜝ	꜀tʂʰɔ	利
꜀sɔ		꜀tɕʰiɔ	⁻niɔ	ɕiɔꜝ	꜀pʰiɔ	₌miɔ	꜀tɕiɔ	ɕiɔꜝ	꜀tʂʰɔ	西
꜀sɔ	꜀tɕiɔ	꜀tɕʰiɔ	⁻niɔ	ɕiɔꜝ	꜀pʰiɔ	₌miɔ	꜀tɕiɔ	ɕiɔꜝ	꜀tʂʰɔ	敦
꜀sao		꜀tɕʰao	⁻niao	ɕiaoꜝ	꜀pʰiao	₌miao	꜀tɕiao	ɕiaoꜝ	꜀tʂʰao	天
꜀sau	꜀tɕiau	꜀tɕʰiau	⁻niau	ɕiauꜝ	꜀pʰiau	₌miau	꜀tɕiau	ɕiauꜝ	꜀tʂʰau	吐
꜀sau	꜀tɕiau	꜀tɕʰiau	⁻niau	ɕiauꜝ	꜀pʰiau	₌miau	꜀tɕiau	ɕiauꜝ	꜀tʂʰau	运
꜀sɔ	꜀tɕiɔ	꜀tɕʰiɔ	⁻iɔ	ɕiɔꜝ	꜀pʰiɔ	₌miɔ	꜀tɕiɔ	ɕiɔꜝ	꜀tsʰɔ	徐
꜀ʂau	꜀tɕiau	꜀tɕʰiau	⁻iau	ɕiauꜝ	꜀pʰiau	₌miau	꜀tsiau	siauꜝ	꜀tʂʰau	郑
꜀sɔ	꜀tɕiɔ	꜀tɕʰiɔ	⁻iɔ	ɕiɔꜝ	꜀pʰiɔ	₌miɔ	꜀tɕiɔ	ɕiɔꜝ	꜀tsʰɔ	曲
꜀sau	꜀tɕiau	꜀tɕʰiau	⁻iau	ɕiauꜝ	꜀pʰiau	₌miau	꜀tɕiau	ɕiauꜝ	꜀tsʰau	信
꜀sɔ	꜀tɕiɔ	꜀tɕʰiɔ	⁻iɔ	ɕiɔꜝ	꜀pʰiɔ	₌miɔ	꜀tɕiɔ	ɕiɔꜝ	꜀tʂʰɔ	灵
꜀sɔ	꜀tɕiɔ	꜀tɕʰiɔ	⁻niɔ	ɕiɔꜝ	꜀pʰiɔ	₌miɔ	꜀tɕiɔ	ɕiɔꜝ	꜀tʂʰɔ	永
꜀sɔ	꜀tɕiɔ	꜀tɕʰiɔ	⁻ziɔ	ɕiɔꜝ	꜀pʰiɔ	₌miɔ	꜀tɕiɔ	ɕiɔꜝ	꜀tʂʰɔ	张
꜀sɔ	꜀tɕiɔ	꜀tɕʰiɔ	⁻niɔ / ⁻iɔ	ɕiɔꜝ	꜀pʰiɔ	₌miɔ	꜀tɕiɔ	ɕiɔꜝ	꜀tʂʰɔ	吉
	꜀tɕiao	꜀kʰao	⁻liao	oaiꜝ	꜀pʰiao	₌miao	꜀tɕiao	ɕiaoꜝ	꜀tsʰao	大
	꜀tɕiao	꜀kʰao	⁻niao	ɕiaoꜝ	꜀pʰiao	₌miao	꜀tɕiao	ɕiaoꜝ	꜀tsʰao	都
	꜀tɕiao	꜀kʰao	⁻iao	ɕiaoꜝ	꜀pʰiao	₌miao	꜀tɕiao	ɕiaoꜝ	꜀tsʰao	喜
	꜀tɕiɔ	꜀kʰɔ	⁻iɔ	ɕiɔꜝ	꜀pʰiɔ	₌miɔ	꜀tɕiɔ	ɕiɔꜝ	꜀tʂʰɔ	昆
꜀sau	꜀tɕiau	꜀kʰau	⁻niau	ɕiauꜝ	꜀pʰiau	₌miau	꜀tɕiau	ɕiauꜝ	꜀tsʰau	武
	꜀kiau	꜀kʰau	⁻ŋau	hiauꜝ	꜀pʰiau	₌miau	꜀tsiau	siauꜝ	꜀tsʰau	荔
꜀ʂɔɔ	꜀tɕɔiɔ	꜀kʰɔ/꜀tɕʰiɔ	⁻ɔiɔ	ɕiɔɔꜝ	꜀pʰiɔ	₌miɔɔ	꜀tsiɔɔ	siɔɔꜝ	꜀tʂʰɔɔ	南
꜀sɔ/꜀sɔ	꜀tɕiɔ	꜀kʰɔ/꜀tɕʰiɔ	⁻ɔ	ɕiɔꜝ	꜀pʰiɔ	₌miɔ	꜀tɕiɔ	ɕiɔꜝ	꜀tʂʰɔ	泰
꜀sau	꜀tɕiau	꜀kʰau/꜀tɕʰiau	⁻ŋau/⁻iau	ɕiauꜝ	꜀pʰiau	₌miau	꜀tɕiau	ɕiauꜝ	꜀tʂʰau/꜀tsʰau	红
꜀sau	꜀tɕiau	꜀tɕʰiau	⁻niau	ɕiauꜝ	꜀pʰiau	₌miau	꜀tɕiau	ɕiauꜝ	꜀tsʰau	太
꜀uas	꜀uaiɔ	꜀uaiɔ	⁻niau	ɕiau	꜀uiʁd	₌miʁu	꜀tɕiʁu	ɕiʁuꜝ	꜀uʁʂɔ	岚
꜀sɔ	꜀tɕiɔ	꜀tɕʰiɔ	⁻niɔ	ɕiɔꜝ	꜀pʰiɔ	₌miɔ	꜀tɕiɔ	ɕiɔꜝ	꜀tʂʰɔ	长
⁻sɔ	⁻tɕiɔ	꜀tɕʰiɔ·	⁻niɔ	ɕiɔꜝ	꜀pʰiɔ	₌miɔ	⁻tɕiɔ	ɕiɔꜝ	꜀tʂʰɔ	忻
꜀sao	꜀ɔaiɔ	꜀ɔaiɔ	⁻ɔai	ɕiaoꜝ	꜀pʰiɔ	₌oaim	꜀ɔaiɔ	ɕiaoꜝ	꜀oa.ʂɔ	大
꜀sɔ	꜀tɕiɔ	꜀tɕʰiɔ	⁻niɔ	ɕiɔꜝ	꜀pʰiɔ	₌miɔ	꜀tɕiɔ	ɕiɔꜝ	꜀tsʰɔ	呼
꜀sau	꜀tɕiau	꜀tɕʰiau	⁻iau	ɕiauꜝ	꜀pʰiau	₌miau	꜀tɕiau	ɕiauꜝ	꜀tʂʰau	获
꜀sɔ	꜀tɕiɔ	꜀tɕʰiɔ	⁻niɔ	ɕiɔꜝ	꜀pʰiɔ	₌miɔ	꜀tɕiɔ	ɕiɔꜝ	꜀tʂʰɔ	志

区	片	代表点	赵 效开三 小上澄	招 效开三 宵平章	烧 效开三 宵平书	饶 效开三 宵平日	扰 效开三 小上日	桥 效开三 宵平群	轿 效开三 笑去群	妖 效开三 宵平影
北京	幽燕	北京	tʂau˞	ˉtʂau	ˉʂau	ˍʐau	ˇʐau	ˍtɕʰiau	tɕiau˞	ˍiau
	锦兴	兴城	tʂau˞	ˉtʂau	ˉʂau	ˍʐau	ˇʐau	ˍtɕʰiau	tɕiau˞	ˍiau
	辽沈	沈阳	tsau˞	ˉtsau	ˉsau	ˍiau	ˇiau	ˍtɕʰiau	tɕiau˞	ˍiau
	黑吉	长春	tʂau˞	ˉtʂau	ˉʂau	ˍiau	ˇiau	ˍtɕʰiau	tɕiau˞	ˍiau
	哈肇	巴彦	tʂau˞	ˉtʂau	ˉʂau	ˍiau	ˇiau	ˍtɕʰiau	tɕiau˞	ˍiau
胶辽	登连	牟平	tɕiao˞	ˉtɕiao	ˉɕiao	ˍiao	ˇiao	ˍtɕʰiao	tɕiao˞	ˍiao
	青莱	诸城	tʃɔ˞	ˉtʃɔ	ˉʃɔ	ˍiɔ	ˇiɔ	ˍtʃʰɔ	tʃɔ˞	ˍiɔ
	营通	丹东	tsao˞	ˉtsao	ˉsao	ˍiao	ˇiao	ˍtɕʰiao	tɕiao˞	ˍiao
冀鲁	保唐	高阳	tʂau˞	ˉtʂau	ˉʂau	ˍʐau	ˇʐau	ˍtɕʰiau	tɕiau˞	ˍiau
	石济	济南	tʂɔ˞	ˉtʂɔ	ˉʂɔ	ˍʐɔ	ˇʐɔ	ˍtɕʰiɔ	tɕiɔ˞	ˍiɔ
	沧惠	河间	tʂau˞	ˉtʂau	ˉʂau	ˍʐau	ˇʐau	ˍtɕʰiau	tɕiau˞	ˍiau
	章利	利津	tʂɔ˞	ˉtʂɔ	ˉʂɔ	ˍʐɔ/ˇʐɔ ①	ˇʐɔ	ˍtɕʰiɔ	tɕiɔ˞	ˍiɔ
中原	关中	西安	tʂɔ˞	ˉtʂɔ	ˉʂɔ	ˍʐɔ	ˇʐɔ	ˍtɕʰiɔ	tɕiɔ˞	ˍiɔ
	秦陇	敦煌	tʂɔ˞	ˉtʂɔ	ˉʂɔ	ˍʐɔ	ˇʐɔ	ˍtɕʰiɔ	tɕiɔ˞	ˍiɔ
	陇中	天水	tʂao˞	ˉtʂao	ˉʂao	ˍʐao	ˇʐao	ˍtɕʰiao	tɕiao˞	ˍiao
	南疆	吐鲁番	tʂau˞	ˉtʂau	ˉʂau	ˍʐau	ˇʐau	ˍtɕʰiau	tɕiau˞	ˍiau
	汾河	运城	tʂʰau˞	ˉtʂau	ˉʂau	ˍʐau	ˇʐau	ˍtɕʰiau	tɕiau˞	ˍiau
	洛徐	徐州	tʂɔ˞	ˉtʂɔ	ˉʂɔ	ˍʐɔ	ˇʐɔ	ˍtɕʰiɔ	tɕiɔ˞	ˍiɔ
	郑曹	郑州	tʂau˞	ˉtʂau	ˉʂau	ˍʐau	ˇʐau	ˍtɕʰiau	tɕiau˞	ˍiau
	蔡鲁	曲阜	tsɔ˞	ˉtsɔ	ˉsɔ	ˍzɔ	ˇzɔ	ˍtɕʰiɔ	tɕiɔ˞	ˍiɔ
	信蚌	信阳	tsau˞	ˉtsau	ˉsau	ˍzau	ˇzau	ˍtɕʰiau	tɕiau˞	ˍuai
兰银	银吴	灵武	tʂɔ˞	ˉtʂɔ	ˉʂɔ	ˍʐɔ	ˇʐɔ	ˍtɕʰiɔ	tɕiɔ˞	ˍiɔ
	金城	永登	tʂɔ˞	ˉtʂɔ	ˉʂɔ	ˍʐɔ	ˇʐɔ	ˍtɕʰiɔ	tɕiɔ˞	ˍiɔ
	河西	张掖	tʂɔ˞	ˉtʂɔ	ˉʂɔ	ˍʐɔ	ˇʐɔ	ˍtɕʰiɔ	tɕiɔ˞	ˍʑiɔ
	塔密	吉木萨尔	tʂɔ˞	ˉtʂɔ	ˉʂɔ	ˍʐɔ	ˇʐɔ	ˍtɕʰiɔ	tɕiɔ˞	ˍiɔ
西南	黔川	大方	tsao˞	ˉtsao	ˉsao	ˍzao	ˇzao	ˍtɕʰiao	tɕiao˞	ˍiao
	西蜀	都江堰	tsao˞	ˉtsao	ˉsao	ˍzao	ˇzao	ˍtɕʰiao	tɕiao˞	ˍoai
	川西	喜德	tsao˞	ˉtsao	ˉsao	ˍzao	ˇzao	ˍtɕʰiao	tɕiao˞	ˍiao
	云南	昆明	tʂɔ˞	ˉtʂɔ	ˉʂɔ	ˍʐɔ	ˇʐɔ	ˍtɕʰiɔ	tɕiɔ˞	ˍiɔ
	湖广	武汉	tsau˞	ˉtsau	ˉsau	ˍnau	ˇnau	ˍtɕʰiau	tɕiau˞	ˍiau
	桂柳	荔浦	tsau˞	ˉtsau	ˉsau		ˇiau	ˍkʰiau	kiau˞	ˍiau
江淮	洪巢	南京	tʂoɔ˞	ˉtʂoɔ	ˉʂoɔ	ˍʐoɔ	ˇʐoɔ	ˍtɕʰioɔ	tɕioɔ˞	ˍioɔ
	泰如	泰州	ˍtsɔ/tsʰɔ˞	ˉtsɔ	ˉsɔ	ˍzɔ	ˇzɔ	ˍtɕʰiɔ	ˍtɕʰiɔ˞	ˍiɔ
	黄孝	红安	tʂau˞	ˉtʂau	ˉʂau	ˍʐau	ˇʐau	ˍtɕʰiau	tɕiau˞	ˍiau
晋语	并州	太原	tsau˞	ˉtsau	ˉsau	ˍzau	ˇzau	ˍtɕʰiau	tɕiau˞	ˍiau
	吕梁	岚县	tsɤu˞	ˉtsɤu	ˉsɤu/nʐu	ˍʐɤu	ˇʐɤu	ˍtɕʰiɤu	tɕiɤu˞	ˍiɤu
	上党	长治	tsɔ˞	ˉtsɔ	ˉsɔ	ˍiɔ	ˇiɔ	ˍtɕʰiɔ	tɕiɔ˞	ˍiɔ
	五台	忻州	tʂɔ˞	ˉtʂɔ	ˉʂɔ	ˍʐɔ	ˇʐɔ	ˍtɕʰiɔ	tɕiɔ˞	ˍiɔ
	大包	大同	tʂaʐ˞	ˉtʂaʐ	ˉʂaʐ	ˍʐaʐ	ˇʐaʐ	ˍtɕʰiaʐ	tɕiaʐ˞	ˍiaʐ
	张呼	呼和浩特	tsɔ˞	ˉtsɔ	ˉsɔ	ˍzɔ	ˇzɔ	ˍtɕʰiɔ	tɕiɔ˞	ˍiɔ
	邯新	获嘉	tʂau˞	ˉtʂau	ˉʂau	ˍʐau	ˇʐau	ˍtɕʰuai	tɕiau˞	ˍuai
	志延	志丹	tʂɔ˞	ˉtʂɔ	ˉʂɔ	ˍɔu	ˇɔu	ˍtɕʰiɔ	tɕiɔ˞	ˍiɔ

① ˍʐɔ，～想；ˇʐɔ，富～。

摇	雕	挑	掉	尿	料	萧	叫	晓	畝	代
效开三	效开四	效开四	效开四	效开四	效开四	效开四	效开四	效开四	效开四	流开一	表
宵平以	萧平端	萧平透	啸去定	啸去泥	啸去来	萧平心	啸去见	篠上晓		厚上明	点
꜀iau	꜀tiau	꜀tʰiau	tiau꜄	niau꜄	liau꜄	꜀ɕiau	tɕiau꜄	꜀ɕiau	꜀mu	北
꜀iau	꜀tiau	꜀tʰiau	tiau꜄	niau꜄	liau꜄	꜀ɕiau	tɕiau꜄	꜀ɕiau	꜀mu	兴
꜀iau	꜀tiau	꜀tʰiau	tiau꜄	ȵiau꜄	liau꜄	꜀ɕiau	tɕiau꜄	꜀ɕiau	꜀mu	沈
꜀iau	꜀tiau	꜀tʰiau	tiau꜄	niau꜄	liau꜄	꜀ɕiau	tɕiau꜄	꜀ɕiau	꜀mu	长
꜀iau	꜀tiau	꜀tʰiau	tiau꜄	ȵiau꜄	liau꜄	꜀ɕiau	tɕiau꜄	꜀ɕiau	꜀mu	巴
꜀iɑo	꜀tiɑo	꜀tʰiɑo	tiɑo꜄	ȵiɑo꜄	liɑo꜄	꜀ɕiɑo	ɕiɑo꜄	꜀ɕiɑo	꜀mu	牟
꜀iɔ	꜀tiɔ	꜀tʰiɔ	tiɔ꜄	ȵiɔ꜄	liɔ꜄	꜀ɕiɔ	tʃɔ꜄	꜀ʃɔ	꜀mu	诸
꜀iɑo	꜀tiɑo	꜀tʰiɑo	tiɑo꜄	ȵiɑo꜄	liɑo꜄	꜀ɕiɑo	tɕiɑo꜄	꜀ɕiɑo	꜀mu	丹
꜀iau	꜀tiau	꜀tʰiau	tiau꜄	ȵiau꜄	liau꜄	꜀siau	tɕiau꜄	꜀ɕiau	꜀mu	高
꜀iɔ	꜀tiɔ	꜀tʰiɔ	tiɔ꜄	ȵiɔ꜄	liɔ꜄	꜀ɕiɔ	tɕiɔ꜄	꜀ɕiɔ	꜀mu	济
꜀iau	꜀tiau	꜀tʰiau	tiau꜄	ȵiau꜄	liau꜄	꜀siau	tɕiau꜄	꜀ɕiau	꜀mu	河
	꜀tiɔ	꜀tʰiɔ	tiɔ꜄	niɔ꜄	liɔ꜄	꜀siɔ	tɕiɔ꜄	꜀ɕiɔ	꜀mu	利
꜀iɔ	꜀tiɔ	꜀tʰiɔ	tiɔ꜄	niɔ꜄	liɔ꜄	꜀ɕiɔ	tɕiɔ꜄	꜀ɕiɔ	꜀mu	西
꜀iɔ	꜀tiɔ	꜀tʰiɔ	tiɔ꜄	niɔ꜄	liɔ꜄	꜀ɕiɔ	tɕiɔ꜄	꜀ɕiɔ	꜀mu	敦
꜀iɑo	꜀tiɑo	꜀tʰiɑo	tiɑo꜄			꜀ɕiɑo	tɕiɑo꜄	꜀ɕiɑo	꜀mu	天
꜀iau	꜀tiau	꜀tʰiau	tiau꜄	niau꜄	liau꜄	꜀ɕiau	tɕiau꜄	꜀ɕiau	꜀mu	吐
꜀iau	꜀tiau	꜀tʰiau	tiau꜄	niau꜄	liau꜄	꜀ɕiau	tɕiau꜄	꜀ɕiau	꜀mu	运
꜀iɔ	꜀tiɔ	꜀tʰiɔ	tiɔ꜄	niɔ꜄	liɔ꜄	꜀ɕiɔ	tɕiɔ꜄	꜀ɕiɔ	꜀mu	徐
꜀iau	꜀tiau	꜀tʰiau	tiau꜄	niau꜄	liau꜄	꜀ɕiau	tɕiau꜄	꜀ɕiau	꜀mu	郑
꜀iɔ	꜀tiɔ	꜀tʰiɔ	tiɔ꜄	ȵiɔ꜄	liɔ꜄	꜀ɕiɔ	tɕiɔ꜄	꜀ɕiɔ	꜀mu	曲
꜀iau	꜀tiau	꜀tʰiau	tiau꜄	niau꜄	niau꜄	꜀ɕiau	tɕiau꜄	꜀ɕiau	꜀mu	信
꜀iɔ	꜀tiɔ	꜀tʰiɔ	tiɔ꜄	ȵiɔ꜄	liɔ꜄	꜀ɕiɔ	tɕiɔ꜄	꜀ɕiɔ	꜀mu	灵
꜀iɔ	꜀tiɔ	꜀tʰiɔ	tiɔ꜄	ȵiɔ꜄	liɔ꜄	꜀ɕiɔ	tɕiɔ꜄	꜀ɕiɔ	꜀mu	永
꜀ɕiz	꜀tiɔ	꜀tʰiɔ	tiɔ꜄	ȵiɔ꜄	liɔ꜄	꜀ɕiɔ	tɕiɔ꜄	꜀ɕiɔ	꜀mu	张
꜀iɔ	꜀tiɔ	꜀tʰiɔ	tiɔ꜄	ȵiɔ꜄	liɔ꜄	꜀ɕiɔ	tɕiɔ꜄	꜀ɕiɔ	꜀mu	吉
꜀iɑɛ	꜀tiɑo	꜀tʰiɑo	tiɑo꜄	liɑo꜄	liɑo꜄	꜀ɕiɑo	tɕiɑo꜄	꜀ɕiɑo	꜀mɔŋ	大
꜀iɑɛ	꜀tiɑɛ	꜀tʰiɑɛ	tiɑo꜄	ȵiɑo꜄	niɑo꜄	꜀ɕiɑo	tɕiɑo꜄	꜀ɕiɑo	꜀mɔŋ	都
꜀iɑɛ	꜀tiɑɛ	꜀tʰiɑɛ	tiɑo꜄	niɑo꜄	niɑo꜄	꜀ɕiɑo	tɕiɑo꜄	꜀ɕiɑo	꜀mu	喜
꜀iɔ	꜀tiɔ	꜀tʰiɔ	tiɔ꜄	niɔ꜄	liɔ꜄	꜀ɕiɔ	tɕiɔ꜄	꜀ɕiɔ	꜀mu	昆
꜀iau	꜀tiau	꜀tʰiau	tiau꜄	niau꜄	niau꜄	꜀ɕiau	tɕiau꜄	꜀ɕiau	꜀mou	武
꜀iau	꜀tiau	꜀tʰiau	tiau꜄	niau꜄	liau꜄	siau	kiau꜄	hiau꜄	꜀məu	荔
꜀iɔo	꜀tiɔo	꜀tʰiɔo	tiɔo꜄	liɔo꜄	liɔo꜄	꜀siɔo	tɕiɔo꜄	꜀ɕiɔo	꜀mu	南
꜀iɔ	꜀tiɔ	꜀tʰiɔ	꜀tiɔ/ɕiɔ꜄	niɔ꜄	꜀ɕiɔ/ȵiɔ꜄	꜀ɕiɔ	tɕiɔ꜄	꜀ɕiɔ	꜀mu	泰
iau꜄ / ꜀uei①	꜀tiau	꜀tʰuei	ȵiau꜄	liau꜄	꜀ɕiau	tɕiau꜄/kau꜄	꜀ɕiau	꜀məu			红
꜀iau	꜀tiau	꜀tʰiau	tiau꜄	niau꜄	liau꜄	꜀ɕiau	tɕiau꜄	꜀ɕiau	꜀mu	太
꜀iʮ	꜀tiʮ	꜀tɕʰiʮ	tiʮ꜄	niʮ꜄	liʮ꜄	꜀ɕiʮ	tɕiʮ꜄	꜀ɕiʮ	꜀mu	岚
꜀iɔ	꜀tiɔ	꜀tʰiɔ	tiɔ꜄	niɔ꜄	liɔ꜄	꜀ɕiɔ	tɕiɔ꜄	꜀ɕiɔ	꜀mu	长
꜀iɔ	꜀tiɔ	꜀tʰiɔ	tiɔ꜄	niɔ꜄	liɔ꜄	꜀ɕiɔ	tɕiɔ꜄	꜀ɕiɔ	꜀mu	忻
꜀iɐɛ	꜀tiɐɛ	꜀tʰiɐɛ	tiɐo꜄	niɐo꜄	liɐo꜄	꜀ɕiɐo	tɕiɐo꜄	꜀ɕiɐo	꜀mu	大
꜀iɔ	꜀tiɔ	꜀tʰiɔ	tiɔ꜄	niɔ꜄	liɔ꜄	꜀ɕiɔ	tɕiɔ꜄	꜀ɕiɔ	꜀mu	呼
꜀iau	꜀tiau	꜀tʰiau	tiau꜄	niau꜄	liau꜄	꜀ɕiau	tɕiau꜄	꜀ɕiau	꜀mu	获
꜀iɔ	꜀tiɔ	꜀tʰiɔ	tiɔ꜄	niɔ꜄	liɔ꜄	꜀ɕiɔ	tɕiɔ꜄	꜀ɕiɔ	꜀mu	志

①音 3（文）：꜀iau。

区	片	代表点	母 流开一 厚上明	茂 流开一 候去明	贸 流开一 候去明	头 流开一 侯平定	豆 流开一 候去定	楼 流开一 侯平来	走 流开一 厚上精	狗 流开一 厚上见
北京	幽燕	北京	ᶜmu	mauᵓ	mauᵓ	ᶜtʰou	touᵓ	₌lou	ᶜtsou	ᶜkou
	锦兴	兴城	ᶜmu	mauᵓ	mauᵓ	₌tʰou	touᵓ	₌lou	ᶜtʂou	ᶜkou
	辽沈	沈阳	ᶜmu	mauᵓ	mauᵓ	₌tʰəu	təuᵓ	₌ləu	ᶜtsəu	ᶜkəu
	黑吉	长春	ᶜmu	mauᵓ	mauᵓ	₌tʰəu	təuᵓ	₌ləu	ᶜtsəu	ᶜkəu
	哈肇	巴彦	ᶜmu	mauᵓ	mauᵓ	₌tʰəu	təuᵓ	₌ləu	ᶜtsəu	ᶜkəu
胶辽	登连	牟平	ᶜmu	₌mɑo	mɑoᵓ	ᶜtʰu	touᵓ	₌lou	ᶜtsou	ᶜkou
	青莱	诸城	ᶜmu	₌mɔ	ᶜmɔ	ᶜtʰu	touᵓ	₌lou	ᶜtθou	ᶜkou
	营通	丹东	ᶜmu	₌mɑo	mɑoᵓ	ᶜtʰu	touᵓ	₌lou	ᶜtsou	ᶜkou
冀鲁	保唐	高阳	ᶜmu	mɑuᵓ	mɑuᵓ	ᶜtʰu	touᵓ	₌lou	ᶜtsou	ᶜkou
	石济	济南	ᶜmu	ᶜmɔ	ᶜmɔ	ᶜtʰu	touᵓ	₌lou	ᶜtsou	ᶜkou
	沧惠	河间	ᶜmu	mɑuᵓ	mɑuᵓ	ᶜtʰu	touᵓ	₌lou	ᶜtsou	ᶜkou
	章利	利津	ᶜmu	ᶜmɔ	ᶜmɔ	ᶜtʰu	touᵓ	₌lou	ᶜtsou	ᶜkou
中原	关中	西安	ᶜmu	ᶜmɔ	ᶜmɔ	₌tʰou	tʰouᵓ	₌lou	ᶜtsou	ᶜkou
	秦陇	敦煌	ᶜmu	ᶜmɔ	ᶜmɔ	₌tʰou	touᵓ	₌lou	ᶜtsou	ᶜkou
	陇中	天水	ᶜmu	mɑoᵓ	mɑoᵓ	ᶜtʰou	tʰouᵓ	₌lou	ᶜtsou	ᶜkou
	南疆	吐鲁番	ᶜmu	mauᵓ	mauᵓ	₌tʰʏu	tʏuᵓ	₌lʏu	ᶜtsʏu	ᶜkʏu
	汾河	运城	ᶜmu	mauᵓ	mauᵓ	ᶜtʰou	touᵓ	₌lou	ᶜtsou	ᶜkou
	洛徐	徐州	ᶜmu	ᶜmɔ	ᶜmɔ	₌tʰou	touᵓ	₌lou	ᶜtsou	ᶜkou
	郑曹	郑州	ᶜmu	mauᵓ	mauᵓ	₌tʰou	touᵓ	₌lou	ᶜtsou	ᶜkou
	蔡鲁	曲阜	ᶜmu	ᶜmɔ	ᶜmɔ	₌tʰou	touᵓ	₌lou	ᶜtsou	ᶜkou
	信蚌	信阳	ᶜmu	mauᵓ	mauᵓ	₌tʰou	touᵓ	₌nou	ᶜtsou	ᶜkou
兰银	银吴	灵武	₌mu	ᶜmɔ	ᶜmɔ	₌tʰou	touᵓ	₌lou	₌tsou	ᶜkou
	金城	永登	ᶜmu	ᶜmɔ	ᶜmɔ	₌tʰou	touᵓ	₌lou	ᶜtsou	ᶜkou
	河西	张掖	ᶜmu	ᶜmɔ	ᶜmɔ	₌tʰou	touᵓ	₌lou	ᶜtsou	ᶜkou
	塔密	吉木萨尔	ᶜmu	ᶜmɔ	ᶜmɔ	ᶜtʰəu	təuᵓ	ꜞləu	ᶜtsəu	ᶜkəu
西南	黔川	大方	ᶜmu	moŋᵓ	moŋᵓ	ᶜtʰəu	təuᵓ	₌ləu	ᶜtsəu	ᶜkəu
	西蜀	都江堰	ᶜmu	moŋᵓ	moŋᵓ	ᶜtʰəu	təuᵓ	₌nəu	ᶜtsəu	ᶜkəu
	川西	喜德	ᶜmu	maoᵓ	maoᵓ	ᶜtʰʏu	tʏuᵓ	ꜞnʏu	ᶜtsʏu	ᶜkʏu
	云南	昆明	ᶜmu	ᶜmɔ	ᶜmɔ	ᶜtʰəu	₌uəi	ꜞnəi	ᶜtsəu	ᶜkəu
	湖广	武汉	₌moŋ	mouᵓ	mouᵓ	ᶜtʰou	touᵓ	₌nou	ᶜtsou	ᶜkou
	桂柳	荔浦	ᶜmu	₌məu	₌məu	ᶜtʰəu	₌uəi	ꜞnəi	ᶜtsəu	ᶜkəu
江淮	洪巢	南京	ᶜmu	mɔᵓ/ieiᵓ①	mɔᵓ/ieiᵓ②	ᶜtʰɯ	tɯᵓ	₌lɯ	ᶜtsɯ	ᶜkɯ
	泰如	泰州	₌mi/ᶜmu	muᵓ	muᵓ	ᶜtʰɯ	tɯᵓ/tɣʏᵓ	ꜞnɣɯ	ᶜtsɣɯ	ᶜkɣɯ
	黄孝	红安	ᶜmoŋ	məuᵓ	məuᵓ	ᶜtʰəu	₌uəi	ꜞnəi	ᶜtsəu	ᶜkəu
晋语	并州	太原	ᶜmu	mauᵓ	mauᵓ	ᶜtʰu	təuᵓ	₌ləu	ᶜtsəu	ᶜkəu
	吕梁	岚县	ᶜmu	₌məu	mɑuᵓ	ᶜtʰuaʔ	tɐuᵓ	ꜞuaʔ	ᶜtsuaʔ	ᶜkuaʔ
	上党	长治	ᶜmu	ᶜmɔ	ᶜmɔ	ᶜtʰəu	₌uəʔ	ꜞuəʔ	ᶜtsuəʔ	ᶜkuəʔ
	五台	忻州	ᶜmu	ᶜmɔ	ᶜmɔ	ᶜtʰəu	təuᵓ	ꜞuəʔ	ᶜtsuəu	ᶜkuəu
	大包	大同	ᶜmu	məuᵓ	məuᵓ	ᶜtʰəu	təuᵓ	ꜞuəʔ	ᶜtsəu	ᶜkuəʔ
	张呼	呼和浩特	ᶜmu	ᶜmɔ	ᶜmɔ	ᶜtʰəu	təuᵓ	ꜞuəʔ	ᶜtsəu	ᶜkuəʔ
	邯新	获嘉	ᶜmu	mauᵓ	mauᵓ	ᶜtʰuoʔ	touᵓ	₌lou	ᶜtsou	ᶜkou
	志延	志丹	ᶜmu	ᶜmɔ	ᶜmɔ	ᶜtʰuəʔ	təuᵓ	₌nəu	ᶜtsəu	ᶜkəu

①音3：mɔɔᵓ，新派读音。②音3：mɔɔᵓ，新派读音。

藕	厚	欧	否	妇	谋	矛	扭	柳	酒	代表点
流开一	流开一	流开一	流开三	流开三	流开三	流开三	流开三	流开三	流开三	
厚上疑	厚上匣	侯平影	有上非	有上奉	尤平明	尤平明	有上泥	有上来	有上精	代表点
꜀ou	xou꜄	꜁ou	꜁fou	fu꜄	꜁mou	꜁mau	꜀niou	꜀liou	꜀tɕiou	北
꜀nou	xou꜄	꜁nou	꜁fou	fu꜄	꜁mou	꜁mau	꜀niou	꜀liou	꜀tɕiou	兴
꜀əu	xəu꜄	꜁əu	꜁fəu	fu꜄	꜁məu	꜁mau	꜀niəu	꜀liəu	꜀tɕiəu	沈
꜀nəu	xou꜄	꜁nəu	꜁fau	fu꜄	꜁məu	꜁mau	꜀niəu	꜀liəu	꜀tɕiəu	长
꜀nəu	xəu꜄	꜁nəu	꜁fəu	fu꜄	꜁ɤ	꜁maɯ	꜀niəu	꜀liəu	꜀tɕiəu	巴
꜀ou	xou꜄	꜁ou	꜁fou	꜁fu	꜁mu/mou	꜁mao	niou꜄/꜀nioŋ	꜀liou	꜀tɕiou	牟
꜀ŋou	xou꜄	꜁ŋou	꜁fɔ	fu꜄	mu꜄	꜁m	꜀niou	꜀liou	꜀tiou	诸
꜀ou	xou꜄	꜁ou	꜁fou	fu꜄	꜁mu	꜁maŋ	꜀iou	꜀liou	꜀tɕiou	丹
꜀ŋou	xou꜄	꜁nou	꜁fou	fu꜄	꜁mou	꜁mau	꜀niou	꜀liou	꜀tsiou	高
꜀ŋou	xou꜄	꜁ŋou	꜁fɔ	fu꜄	꜁mu	꜁m	꜀niou	꜀liou	꜀tɕiou	济
꜀ŋou	xou꜄	꜁ŋou	꜁fau	fu꜄	꜁mou	꜁mau	꜀niou	꜀liou	꜀tɕiou	河
꜀ŋou	xou꜄	꜁ŋou		fu꜄	mu꜄	꜁m	꜀niou	꜀liou	꜀tsiou	利
꜀ŋou	xou꜄	꜁ŋou	꜁fu	fu꜄	꜁mu	꜁m	꜀niou	꜀liou	꜀tɕiou	西
	xou꜄		꜁fɣ/fʮ	꜁mu	꜁m	꜀niou	꜀liou	꜀tɕiou		敦
꜀ŋou	xou꜄	꜁ŋou	꜁fu	fu꜄	꜁mu	꜁mao	꜀niou	꜀liou	꜀tɕiou	天
꜀ɣu	xɣu꜄	꜁ɣu		fu꜄	꜁mu	꜁mau	꜀liɣu	꜀liɣu	꜀tɕiɣu	吐
꜀ŋou	xou꜄	꜁ŋou	꜁fu	fu꜄	꜁mu	꜁mau	꜀niou	꜀liou	꜀tɕiou	运
꜀ou	xou꜄	꜁ou	꜁fɔ	fu꜄	꜁mu	꜁m	꜀niou	꜀liou	꜀tsiou	徐
꜀ou	xou꜄	꜁ou	꜁fu	꜁fu	꜁mu	꜁mau	꜀niou	꜀liou	꜀tsiou	郑
꜀you	xou꜄	꜁you	꜁fɔ	꜁fu	꜁mu	꜁m	꜀niou	꜀liou	꜀tɕiou	曲
꜀ŋou	xou꜄	꜁ŋou		꜁fu	꜁mu	꜁mau	꜀niou	꜀niou	꜀tɕiou	信
꜁ou	xou꜄	꜁ou	꜁fu	fu꜄	꜁mu	꜁m	꜀niu	꜁liu	꜀tɕiu	灵
꜀ou	xou꜄	꜁ou	꜁fu	fu꜄	꜁mu	꜁m	꜀niu	꜀liu	꜀tɕiu	永
꜀you	xou꜄	꜁you	꜁fu	fu꜄	꜁mu	꜁mɔ	꜀niu	꜀liu	꜀tɕiu	张
꜀ŋəu	xəu꜄	꜁ŋəu		fu꜄	꜁mu	꜁mo	꜀niəu	liəu꜄	꜀tɕiəu	吉
꜀ŋəu	xəu꜄	꜁ŋəu	꜁fu	fu꜄	꜁moŋ	꜁mo	꜀niəu	꜁liəu	꜀tɕiəu	大
꜀ŋəu	xəu꜄	꜁ŋəu	꜁fu	fu꜄	꜁moŋ	꜁mo	꜀niəu	꜀niəu	꜀tɕiəu	都
꜀ɣu	xɣu꜄	꜁ɣu	꜁fɣu	fu꜄	꜁mɣu	꜁oam	꜀niɣu	꜀niɣu	꜀tɕiɣu	喜
꜀əu	xəu꜄	꜁əu	꜁fəu	fu꜄	꜁məu	꜁m	꜀niəu	꜀liəu	꜀tɕiəu	昆
꜀ŋou	xou꜄	꜁ŋou	꜁fou	fu꜄	꜁mou	꜁mau	꜀niou	꜀niou	꜀tɕiou	武
꜀ŋəu	həu꜄	꜁ŋəu	꜁fəu	fu꜄	꜁məu	꜁mau	꜀niəu	꜁liəu	꜀tsiəu	荔
꜀mə	xəu꜄	꜁mə	꜁fəi	fu꜄	꜁məi	꜁om	꜁liəi	꜀liəi	꜀tsiəi	南
꜀ɣu	꜁xɣu/xɣu꜄	꜁ɣu	꜁fu	fu꜄	꜁mu	꜁m	꜀niɣu	꜀niɣu	꜀tɕiɣu	泰
꜀ŋəu	xəu꜄	꜁ŋəu	꜁fəu	fu꜄	꜁məu	꜁mau	niəu꜄/꜀niəu	꜀liəu	꜀tɕiəu	红
꜀yəu	xəu꜄	꜁yəu	꜁fu	fu꜄	꜁u	꜁miau/꜁mau	꜀niəu	꜀liəu	꜀tɕiəu	太
꜀ŋəu	xəu꜄	꜁ŋəu	꜁fu	fu꜄	꜁mu	꜁mixu/miau	꜁zəu/məu	꜀liəu	꜀tɕiəu	岚
꜀əu	xəu꜄	꜁əu	꜁fu	fu꜄	꜁mu	꜁m	꜀niəu	꜀liəu	꜀tɕiəu	长
꜀ŋəu	xəu꜄	꜁ŋəu	꜁fu	fu꜄	꜁mu	꜁m	꜀niəu	꜀liəu	꜀tɕiəu	忻
꜀nəu	xəu꜄	꜁nəu	꜁fu	fu꜄	꜁mu	꜁oam	꜀niəu	꜀liəu	꜀tɕiəu	大
꜀ŋəu	xəu꜄	꜁ŋəu	꜁fu	fu꜄	꜁mu	꜁m	꜀niəu	꜀liəu	꜀tɕiəu	呼
꜀ou	xou꜄	꜁ou	꜁fu	fu꜄	꜁mu	꜁mau	꜀niou	꜀liou	꜀tɕiou	获
꜀ŋəu	xəu꜄	꜁ŋəu	꜁fu	fu꜄	꜁mu	꜁m	꜀niəu	꜀liəu	꜀tɕiəu	志

区	片	代表点	就 流开三宥上从	囚 流开三尤平邪	抽 流开三尤平彻	绸 流开三尤平澄	愁 流开三尤平崇	搜 流开三尤平生	瘦 流开三宥去生	周 流开三尤平章
北京	幽燕	北京	tɕiou꜄	꜀tɕʰiou	꜀tʂʰou	꜁tʂʰou	꜁tʂʰou	꜀sou	ʂou꜄	꜀tʂou
	锦兴	兴城	tɕiou꜄	꜀tɕʰiou	꜀tʂʰou	꜁tʂʰou	꜁tʂʰou	꜀sou	ʂou꜄	꜀tʂou
	辽沈	沈阳	tɕiəu꜄	꜀tɕʰiəu	꜀tʂʰəu	꜁tʂʰəu	꜁tʂʰəu	꜀səu	səu꜄	꜀tʂəu
	黑吉	长春	tɕiəu꜄	꜀tɕʰiəu	꜀tʂʰəu	꜁tʂʰəu	꜁tʂʰəu	꜀səu	ʂəu꜄	꜀tʂəu
	哈肇	巴彦	tɕiəu꜄	꜀tɕʰiəu	꜀tʂʰəu	꜁tʂʰəu	꜁tʂʰəu	꜀səu	səu꜄	꜀tʂəu
胶辽	登连	牟平	tɕiou꜄	꜀tɕʰiou	꜀tɕʰiou	꜁tɕʰiou	꜁tʂʰou	꜀sou	sou꜄	꜀tɕiou
	青莱	诸城	ȶiou꜄	꜀ȶʰiou	꜀tʃʰou	꜁tʃʰou	꜁tʂʰou	꜀θou	ʂou꜄	꜀ʃou
	营通	丹东	ɕiou꜄	꜀tɕʰiou	꜀tʂʰou	꜁tʂʰou	꜁tʂʰou	꜀sou	sou꜄	꜀tsou
冀鲁	保唐	高阳	tsiou꜄	꜀tsʰiou	꜀tʂʰou	꜁tʂʰou	꜁tʂʰou	꜀sou	ʂou꜄	꜀tʂou
	石济	济南	tɕiou꜄	꜀tɕʰiou	꜀tʂʰou	꜁tʂʰou	꜁tʂʰou	꜀sou	ʂou꜄	꜀tʂou
	沧惠	河间	tsiou꜄	꜀tsʰiou	꜀tʂʰou	꜁tʂʰou	꜁tʂʰou	꜀sou	ʂou꜄	꜀tʂou
	章利	利津	tsiou꜄	꜀tsʰiou	꜀tʂʰou	꜁tʂʰou	꜁tʂʰou	꜀sou	ʂou꜄	꜀tʂou
中原	关中	西安	tɕiou꜄	꜀ɕiou/ ꜀tɕʰiou	꜀tʂʰou	꜁tʂʰou	꜁tʂʰou	꜀sou	sou꜄	꜀tʂou
	秦陇	敦煌	tɕiou꜄	꜀ɕiou	꜀tʂʰou	꜁tʂʰou	꜁tʂʰou	꜀sou	sou꜄	꜀tʂou
	陇中	天水	tɕiou꜄	꜀ɕiou	꜀tʂʰou	꜁tʂʰou	꜁tʂʰou	꜀sou	sou꜄	꜀tʂou
	南疆	吐鲁番	tɕiʐu꜄	꜀tɕʰiʐu	꜀tʂʰʐu	꜁tʂʰʐu	꜁tʂʰʐu	꜀sʐu	sʐu꜄	꜀tʂʐu
	汾河	运城	tɕiou꜄ /tɕʰiou꜄	꜀ɕiou	꜀tʂʰou	꜁tʂʰou	꜁tʂʰou	꜀sou	sou꜄	꜀tʂou
	洛徐	徐州	tɕiou꜄	꜀tɕʰiou	꜀tʂʰou	꜁tʂʰou	꜁tʂʰou	꜀sou	sou꜄	꜀tʂou
	郑曹	郑州	tsiou꜄	꜁siou	꜀tʂʰou	꜁tʂʰou	꜁tʂʰou	꜀sou	sou꜄	꜀tʂou
	蔡鲁	曲阜	tɕiou꜄	꜀tɕʰiou	꜀tʂʰou	꜁tʂʰou	꜁tʂʰou	꜀sou	sou꜄	꜀tsou
	信蚌	信阳	tɕiou꜄	꜀tɕʰiou	꜀tʂʰou	꜁tʂʰou	꜁tʂʰou	꜀sou	sou꜄	꜀tsou
兰银	银吴	灵武	tɕiu꜄	꜁tɕʰiu	꜀tʂʰou	꜁tʂʰou	꜁tʂʰou	꜀sou	sou꜄	꜀tʂou
	金城	永登	tɕiu꜄	꜁ɕiu	꜀tʂʰou	꜁tʂʰou	꜁tʂʰou	꜀sou	sou꜄	꜀tʂou
	河西	张掖	tɕiu꜄	꜁tɕʰiu	꜀tʂʰou	꜁tʂʰou	꜁tʂʰou	꜀sou	sou꜄	꜀tʂou
	塔密	吉木萨尔	tɕiəu꜄	꜀tɕʰiəu	꜀tʂʰəu	꜉tʂʰəu	꜉tsʰəu	꜀səu	səu꜄	꜀tʂəu
西南	黔川	大方	tɕiəu꜄	꜁tɕʰiəu	꜀tʂʰəu	꜁tʂʰəu	꜁tʂʰəu	꜀səu	səu꜄	꜀tʂəu
	西蜀	都江堰	tɕiəu꜄	꜁tɕʰiəu	꜁tʂʰəu	꜁tʂʰəu	꜁tʂʰəu	꜀səu	səu꜄	꜀tsəu
	川西	喜德	tɕiʐu꜄	꜁tɕʰiʐu	꜁tʂʰʐu	꜁tʂʰʐu	꜁tʂʰʐu	꜀sʐu	sʐu꜄	꜀tʂʐu
	云南	昆明	tɕiəu꜄	꜁tɕʰiəu	꜁tʂʰəu	꜁tʂʰəu	꜁tʂʰəu	꜀səu	səu꜄	꜀tʂəu
	湖广	武汉	tɕiou꜄	꜁tɕʰiou	꜁tʂʰou	꜁tʂʰou	꜁tʂʰou	꜀sou	sou꜄	꜀tsou
	桂柳	荔浦	tsiəu꜄		꜁tʂʰəu	꜁tʂʰəu	꜁tʂʰəu	꜀səu	səu꜄	꜀tʂəu
江淮	洪巢	南京	tsiɯ꜄	꜁tsʰiɯ	꜁tʂʰɯ	꜁tʂʰɯ	꜁tsʰɯ	꜀sɯ	sɯ꜄	꜀tʂɯ
	泰如	泰州	꜀tɕʰiʐɯ/tɕiʐɯ꜄	꜀tɕʰiʐɯ	꜁tʂʰʐɯ	꜁tɕʰiʐɯ/tʂʰʐ	꜁tsʰʐɯ	꜀sʐɯ	sʐɯ꜄	꜀tʂʐɯ
	黄孝	红安	tsɿəɯ꜄ /tɕiəɯ꜄	꜁tsʰɿəɯ	꜁tʂʰɿ	꜁tʂʰɿ	꜁tsʰɿ	꜀sɿ	sɿ꜄	꜀tʂɿ
晋语	并州	太原	tɕiəu꜄	꜁ɕiəu	꜁tʂʰəu	꜁tʂʰəu	꜁tʂʰəu	꜀səu	səu꜄	꜀tʂəu
	吕梁	岚县	tɕiəu꜄ /tsɿ꜄	꜁ɕiɿ	꜁naɿ	꜁naʂɿ	꜁naʂɿ	꜀naʂ	nsəu꜄	꜁naʂ
	上党	长治	tɕiəu꜄	꜁ɕiəu	꜁tʂʰəu	꜁tʂʰəu	꜁tʂʰəu	꜀səu	səu꜄	꜀tʂəu
	五台	忻州	tɕiəu꜄	꜁ɕiəu	꜁tʂʰəu	꜁tʂʰəu	꜁tʂʰəu	꜉səu	səu꜄	꜉tʂəu
	大包	大同	tɕiəu꜄	꜁ɕiəu	꜁tʂʰəu	꜁tʂʰəu	꜁tʂʰəu	꜀səu	səu꜄	꜀tʂəu
	张呼	呼和浩特	tɕiəu꜄	꜁ɕiəu	꜁tʂʰəu	꜁tʂʰəu	꜁tʂʰəu	꜀səu	səu꜄	꜀tʂəu
	邯新	获嘉	tɕiou꜄	꜁ɕiou	꜁tʂʰou	꜁tʂʰou	꜁tʂʰou	꜀sou	sou꜄	꜀tʂou
	志延	志丹	tsəu꜄	꜁ɕiəu	꜁tʂʰəu	꜁tʂʰəu	꜁tʂʰəu	꜁səu	səu꜄	꜁tʂəu

手	寿	柔	九	舅	旧	牛	休	优	有	代表点
流开三有上书	流开三宥去禅	流开三尤平日	流开三有上见	流开三有上群	流开三宥去群	流开三尤平疑	流开三尤平晓	流开三尤平影	流开三有上云	代表点
ꜛʂou	ʂouꜜ	ꜘʐou	ꜛtɕiou	tɕiouꜜ	tɕiouꜜ	ꜘȵiou	ꜘɕiou	ꜘiou	ꜛiou	北
ꜛʂou	ʂouꜜ	ꜘʐou	ꜛtɕiou	tɕiouꜜ	tɕiouꜜ	ꜘȵiou	ꜘɕiou	ꜘiou	ꜛiou	兴
ꜛʂəu	səuꜜ	ꜘiəu	ꜛtɕiəu	tɕiəuꜜ	tɕiəuꜜ	ꜘȵiəu	ꜘɕiəu	ꜘiəu	ꜛiəu	沈
ꜛʂəu	ʂəuꜜ	ꜘiəu	ꜛtɕiəu	tɕiəuꜜ	tɕiəuꜜ	ꜘȵiəu	ꜘɕiəu	ꜘiəu	ꜛiəu	长
ꜛʂéu	ʂéuꜜ	ꜘiəu	ꜛtɕiəu	tɕiəuꜜ	tɕiəuꜜ	ꜘȵiəu	ꜘɕiəu	ꜘiəu	ꜛiəu	巴
ꜛɕiou	ɕiouꜜ	ꜘiou	ꜛɕiou	ɕiouꜜ	ɕiou	ꜘȵiou/ȵiou	ꜘɕiou	ꜘiou	ꜛiou	牟
ꜛʃou	ʃouꜜ	ꜘiou	ꜛtʃou	tʃouꜜ	tʃouꜜ	ꜘȵiou/iou	ꜘʃou	ꜘiou	ꜛiou	诸
ꜛsou	souꜜ	ꜘiou	ꜛtɕiou	tɕiouꜜ	tɕiouꜜ	ꜘȵiou/iou	ꜘɕiou	ꜘiou	ꜛiou	丹
ꜛʂou	ʂouꜜ	ꜘʐou	ꜛtɕiou	tɕiouꜜ	tɕiouꜜ	ꜘȵiou	ꜘɕiou	ꜘiou	ꜛiou	高
ꜛʂou	ʂouꜜ	ꜘʐou	ꜛtɕiou	tɕiouꜜ	tɕiouꜜ	ꜘȵiou	ꜘɕiou	ꜘiou	ꜛiou	济
ꜛʂou	ʂouꜜ	ꜘʐou	ꜛtɕiou	tɕiouꜜ	tɕiouꜜ	ꜘȵiou	ꜘɕiou	ꜘiou	ꜛiou	河
ꜛʂou	ʂouꜜ	ꜘʐou	ꜛtɕiou	tɕiouꜜ	tɕiouꜜ	ꜘȵiou	ꜘɕiou	ꜘiou	ꜛiou	利
ꜛʂou	ʂouꜜ	ꜘʐou	ꜛtɕiou	tɕʼiouꜜ	tɕiouꜜ	ꜘȵiou	ꜘɕiou	ꜘiou	ꜛiou	西
ꜛʂou	ʂouꜜ	ꜘʐou	ꜛtɕiou	tɕiouꜜ	tɕʼiouꜜ	ꜘȵiou	ꜘɕiou	ꜘiou	ꜛiou	敦
ꜛʂou	ʂouꜜ	ꜘʐou	ꜛtɕiou	tɕiouꜜ	tɕʼiouꜜ	ꜘȵiou	ꜘɕiou	ꜘiou	ꜛiou	天
ꜛʂʏu	ʂʏuꜜ	ꜘʐʏu	ꜛtɕiʏu		tɕʼiʏuꜜ	ꜘȵiʏu	ꜘɕiʏu	ꜘiʏu	ꜛiʏu	吐
ꜛʂou		ꜘʐou	ꜛtɕiou	tɕʼiouꜜ	tɕʼiouꜜ	ꜘȵiou	ꜘɕiou	ꜘiou	ꜛiou	运
ꜛʂou	ʂouꜜ	ꜘʐou	ꜛtɕiou	tɕiouꜜ	tɕiouꜜ	ꜘȵiou	ꜘɕiou	ꜘiou	ꜛiou	徐
ꜛsou	souꜜ	ꜘzou	ꜛtɕiou	tɕiouꜜ	tɕiouꜜ	ꜘȵiou	ꜘɕiou	ꜘiou	ꜛiou	郑
ꜛsou	souꜜ	ꜘzou	ꜛtɕiou	tɕiouꜜ	tɕiouꜜ	ꜘȵiou	ꜘɕiou	ꜘiou	ꜛiou	曲
ꜛʂou	ʂouꜜ	ꜘʐou	ꜛtɕiou	tɕiouꜜ	tɕiouꜜ	ꜘȵiou	ꜘɕiou	ꜘiou	ꜛiou	信
ꜛʂou	ʂouꜜ	ꜘʐou	ꜛtɕiu	tɕiuꜜ	tɕiuꜜ	ꜘȵiu	ꜘɕiu	ꜘiu	ꜛiu	灵
ꜛʂou	ʂouꜜ	ꜘʐou	ꜛtɕiu	tɕiuꜜ	tɕiuꜜ	ꜘȵiu	ꜘɕiu	ꜘiu	ꜛiu	永
ꜛʂou	ʂouꜜ	ꜘʐou	ꜛtɕiu	tɕiuꜜ	tɕiuꜜ	ꜘȵiu	ꜘɕiu	ꜘziu	ꜛziu	张
ꜛʂəu	ʂəuꜜ	ꜘʐəu		tɕiəuꜜ	tɕiəuꜜ	ꜘȵiəu	ꜘɕiəu	ꜘiəu	ꜛiəu	吉
ꜛsəu	səuꜜ	ꜘzəu	ꜛtɕiəu	tɕiəuꜜ	tɕiəuꜜ	ꜘliəu	ꜘɕiəu	ꜘiəu	ꜛiəu	大
ꜛsəu	səuꜜ	ꜘzəu	ꜛtɕiəu	tɕiəuꜜ	tɕiəuꜜ	ꜘȵiəu	ꜘɕiəu	ꜘiəu	ꜛiəu	都
ꜛʂʏu	ʂʏuꜜ	ꜘʐʏu	ꜛtɕiʏu	tɕiʏuꜜ	tɕiʏuꜜ	ꜘȵiʏu	ꜘɕiʏu	ꜘiʏu	ꜛiʏu	喜
ꜛʂəu	ʂəuꜜ	ꜘʐəu	ꜛtɕiəu	tɕiəuꜜ	tɕiəuꜜ	ꜘȵiəu	ꜘɕiəu	ꜘiəu	ꜛiəu	昆
ꜛsou	souꜜ	ꜘnou	ꜛtɕiou	tɕiouꜜ	tɕiouꜜ	ꜘȵiou	ꜘɕiou	ꜘiou	ꜛiou	武
ꜛsou	souꜜ		ꜛkiəu	kiəuꜜ	kiəuꜜ	ꜘȵiəu	ꜘhiəu	ꜘuei	ꜛuei	荔
ꜛʂmeu	ʂmeuꜜ	ꜘʐmeu	ꜛtɕimei	tɕimeiꜜ	tɕimeiꜜ	ꜘliei	ꜘɕimei	ꜘmei	ꜛmei	南
ꜛʂʏs	ʂʏsꜜ/ʂʏsꜜ	ꜘʐʏs	ꜛkʏu/ʏuꜜ	tɕiʏs̩ʔ/tɕiʏs̩	tɕiʏs̩ʔ/tɕiʏs̩	ꜘȵiʏu/uʏu	ꜘɕiʏu	ꜘiʏu	ꜛiʏu	泰
ꜛsəu	səuꜜ	ꜘzəu	ꜛtɕiəu	tɕiəuꜜ	tɕiəuꜜ	ꜘȵiou/ȵiou	ꜘȵiəu	ꜘuei	ꜛuei	红
ꜛsəu	səuꜜ	ꜘzəu	ꜛtɕiəu	tɕiəuꜜ	tɕiəuꜜ	ꜘȵiəu	ꜘȵiəu	ꜘuei	ꜛuei	太
ꜛnas	nasꜜ	ꜘnas	ꜛtɕiai	tɕiaiꜜ	tɕiaiꜜ	ꜘȵiai	ꜘɕiai	ꜘuai	ꜛuai	岚
ꜛsəu	səuꜜ	ꜘiəu	ꜛtɕiəu	tɕiəuꜜ	tɕiəuꜜ	ꜘȵiəu	ꜘȵiəu	ꜘuei	ꜛuei	长
ꜛsəu	səuꜜ	ꜘzəu	ꜛtɕiəu	tɕiəuꜜ	tɕiəuꜜ	ꜘȵiəu	ꜘȵiəu	ꜘuei	ꜛuei	忻
ꜛsəu	səuꜜ	ꜘzəu	ꜛtɕiəu	tɕiəuꜜ	tɕiəuꜜ	ꜘȵiəu	ꜘȵiəu	ꜘuei	ꜛuei	大
ꜛsəu	səuꜜ	ꜘzəu	ꜛtɕiəu	tɕiəuꜜ	tɕiəuꜜ	ꜘȵiəu	ꜘȵiəu	ꜘuei	ꜛuei	呼
ꜛʂou	ʂouꜜ	ꜘʐou	ꜛtɕiou	tɕiouꜜ	tɕiouꜜ	ꜘȵiou	ꜘɕiou	ꜘiou	ꜛiou	获
ꜛʂəu	ʂəuꜜ	ꜘʐəu	ꜛtɕiəu	tɕiəuꜜ	tɕiəuꜜ	ꜘȵiəu	ꜘɕiəu	ꜘiəu	ꜛiəu	志

区	片	代表点	油 流开三 尤平以	谬 流开三 幼去明	纠 流开三 黝上见	幼 流开三 幼去影	贪 咸开一 覃平透	南 咸开一 覃平泥	蚕 咸开一 覃平从	感 咸开一 咸上见
北京	幽燕	北京	₌iou	niou⁼	₌tɕiou	iou⁼	₌tʰan	₌nan	₌tsʰan	˚kan
	锦兴	兴城	₌iou	niou⁼	₌tɕiou	iou⁼	₌tʰan	₌nan	₌tsʰan	˚kan
	辽沈	沈阳	₌iəu	ȵiəu⁼	₌tɕiəu	iəu⁼	₌tʰan	₌nan	₌tsʰan	˚kan
	黑吉	长春	₌iəu	niəu⁼	₌tɕiəu	iəu⁼	₌tʰan	₌nan	₌tsʰan	˚kan
	哈肇	巴彦	₌iəu	ȵiəu⁼	₌tɕiəu	iəu⁼	₌tʰan	₌nan	₌tsʰan	˚kan
胶辽	登连	牟平	₌iou	˚ȵiou	₌ciou	₌iou	₌nan	₌nan	₌tsʰan	˚kan
	青莱	诸城	₌iou	ȵiou⁼	₌ioʮ	iou⁼	₌tʰã	₌nã	₌tθʰã	˚kã
	营通	丹东	₌iou	miou⁼/niou⁼	₌tɕiou	iou⁼	₌tʰan	₌nan	₌tsʰan	˚kan
冀鲁	保唐	高阳	₌iou	ȵiou⁼	₌tɕiou	iou⁼	₌tʰan	₌ŋan	₌tsʰan	˚kan
	石济	济南	₌iou	ȵiou⁼	₌tɕiou	iou⁼	₌tʰã	₌nã	₌tsʰã	˚kã
	沧惠	河间	₌iou	ȵiou⁼	₌tɕiou	iou⁼	₌tʰan	₌ŋan	₌tsʰan	˚kan
	章利	利津	₌iou		₌tɕiou	iou⁼	₌tʰã	₌nã	₌tsʰã	˚kã
中原	关中	西安	₌iou	niou⁼	₌tɕiou	iou⁼	₌tʰã	₌nã	₌tsʰã	˚kã
	秦陇	敦煌	₌iou	˚niou	₌tɕiou	iou⁼	₌tʰã	₌nã	₌tsʰã	˚kã
	陇中	天水	₌iou	niou⁼	₌tɕiou	iou⁼	₌tʰan	₌lan	₌tsʰan	˚kan
	南疆	吐鲁番	₌iʏi	˚niʏi	₌tɕiʏi	iʏi⁼	₌tʰan	₌nan	₌tsʰan	˚kan
	汾河	运城	₌iou	niou⁼	₌tɕiou	iou⁼	₌tʰæ̃	₌læ̃	₌tsʰæ̃	˚kæ̃
	洛徐	徐州	₌iou	niou⁼	₌tɕiou	iou⁼	₌tʰæ̃	₌næ̃	₌tsʰæ̃	˚kæ̃
	郑曹	郑州	₌iou	niou⁼	₌tɕiou	iou⁼	₌tʰan	₌nan	₌tsʰan	˚kan
	蔡鲁	曲阜	₌iou	ȵiou⁼	₌tɕiou	iou⁼	₌tʰã	₌nã	₌tsʰã	˚kã
	信蚌	信阳	₌iou		₌tɕiou	iou⁼	₌tʰan	₌nan	₌tsʰan	˚kan
兰银	银吴	灵武	₌iu	miu⁼	₌tɕiu	iu⁼	₌tʰã	₌nã	₌tʂʰã	˚kã
	金城	永登	₌iu	ȵiu⁼	₌tɕiu	iu⁼	₌tʰæ̃	₌næ̃	₌tʂʰæ̃	˚kæ̃
	河西	张掖	₌ziu	miu⁼	₌tɕiu	ziu⁼	₌tʰæ̃	₌næ̃	₌tʂʰæ̃	˚kæ̃
	塔密	吉木萨尔	˚iəu	ȵiəu⁼	₌tɕiəu	iəu⁼	₌tʰan	˚nan	₌tsʰan	˚kan
西南	黔川	大方	₌iəu	miəu⁼	₌tɕiəu	iəu⁼	₌tʰã	₌lan	₌tsʰan	˚kan
	西蜀	都江堰	₌uəi	miəu⁼	₌tɕiəu	iəu⁼	₌tʰã	₌nã	₌tsʰã	˚kã
	川西	喜德	₌uʏi	miʏu⁼	₌tɕiʏi	iʏi⁼	₌tʰæn	₌næn	₌tsʰæn	˚kæn
	云南	昆明	₌uəi	mio⁼	₌tɕiəu	iəi⁼	₌tʰã	₌nã	₌tsʰã	˚kã
	湖广	武汉	₌iou	miau⁼	₌tɕiou	iou⁼	₌tʰan	₌nan	₌tsʰan	˚kan
	桂柳	荔浦	₌iəu		₌kiəu	iəu⁼	₌tʰan	₌nan	₌tsʰan	˚kan
江淮	洪巢	南京	₌uəi	məiŋ⁼/miəu⁼	₌tɕiəi	iəi⁼	₌tʰã	₌laŋ	₌tsʰã	˚kaŋ
	泰如	泰州	₌iʏu	miʏu⁼	₌tɕiʏu	iʏu⁼	₌tʰʊ̃/tʰæ̃	₌nʊ̃/næ̃	₌tsʰʊ̃/tsʰæ̃	˚kʊ̃/˚kæ̃
	黄孝	红安	₌uəi	miau⁼/ȵuəi⁼	₌tɕiou/ȵiəi⁼	iəi⁼	₌tʰan	₌lan	₌tsʰan	˚kan
晋语	并州	太原	₌iəu	niəu⁼	₌tɕiou	iəu⁼	₌tʰæ̃	₌næ̃	₌tsʰæ̃	˚kæ̃
	吕梁	岚县	₌uai	niai⁼	₌tɕiai	iai⁼	₌tʰaŋ	₌naŋ	₌tsʰaŋ	˚kaŋ
	上党	长治	₌iəi	niəi⁼	₌tɕiəi	iəi⁼	₌tʰəŋ	₌nəŋ	₌tsʰəŋ	˚kəŋ
	五台	忻州	₌uəi	niəu⁼/miəu⁼	₌tɕiəi	iəu⁼	₌tʰʊ̃	₌nã	₌tsʰã	˚kã
	大包	大同	₌uəi	niəi⁼	₌tɕiəi	iəi⁼	₌tʰæ	₌næ	₌tsʰæ	˚kæ
	张呼	呼和浩特	₌uəi	niəi⁼	₌tɕiəi	iəu⁼	₌tʰæ̃	₌næ̃	₌tsʰæ̃	˚kæ̃
	邯新	获嘉	₌iou	niou⁼	₌tɕiou	iou⁼	₌tʰan	₌nan	₌tsʰan	˚kan
	志延	志丹	₌uəi	niəu⁼	₌tɕiəi	iəu⁼	₌tʰæ	₌næ	₌tsʰæ	˚kæ

含	暗	胆	谈	淡	蓝	三	敢	喊	邯	代表点
咸开一 覃平匣	咸开一 阚去影	咸开一 敢上端	咸开一 谈平定	咸开一 敢上定	咸开一 谈平来	咸开一 谈平心	咸开一 敢上见	咸开一 敢上晓	咸开一 谈平匣	
₌xan	anˀ	ˤtan	₌t'an	tanˀ	₌lan	₌san	ˤkan	ˤxan	₌xan	北
₌xan	nanˀ	ˤtan	₌t'an	tanˀ	₌lan	₌san	ˤkan	ˤxan	₌xan	兴
₌xan	anˀ	ˤtan	₌t'an	tanˀ	₌lan	₌san	ˤkan	ˤxan	₌xan	沈
₌xan	nanˀ	ˤtan	₌t'an	tanˀ	₌lan	₌san	ˤkan	ˤxan	₌xan	长
₌xan	nanˀ	ˤtan	₌t'an	tanˀ	₌lan	₌san	ˤkan	ˤxan	₌xan	巴
₌xan	anˀ	ˤtan	₌t'an	tanˀ	₌lan	₌san	ˤkan	ˤxan	₌xan	牟
₌xã	ŋãˀ	ˤtã	ˤt'ã	tãˀ	₌lã	₌θã	ˤkã	ˤxã	₌xã	诸
₌xan	anˀ	ˤtan	₌t'an	tanˀ	₌lan	₌san	ˤkan	ˤxan	₌xan	丹
₌xan	ŋanˀ	ˤtan	₌t'an	tanˀ	₌lan	₌san	ˤkan	ˤxan	₌xan	高
₌xã	ŋãˀ	ˤtã	₌t'ã	tãˀ	₌lã	₌sã	ˤkã	ˤxã	₌xã	济
₌xan	ŋanˀ	ˤtan	₌t'an	tanˀ	₌lan	₌san	ˤkan	ˤxan	₌xan	河
₌xẽ/ ₌xũ	ŋãˀ	ˤtã	₌t'ã	tãˀ	₌lã	₌sã	ˤkã	ˤxã	₌xã	利
₌xã	ŋãˀ	ˤtã	₌t'ã	tãˀ	₌lã	₌sã	ˤkã	ˤxã		西
₌xã	ŋãˀ	ˤtã	₌t'ã	tãˀ	₌lã	₌sã	ˤkã	ˤxã		敦
₌xan	ŋanˀ	ˤtan	₌t'an	t'anˀ / tanˀ	₌lan	₌san	ˤkan	ˤxan	₌xan	天
₌xan	anˀ	ˤtan	₌t'an	tanˀ	₌lan	₌san	ˤkan	ˤxan		吐
₌xæ	ŋæˀ	ˤtæ	₌t'æ	t'æˀ	₌læ	₌sæ	ˤkæ	ˤxæ	₌xæ	运
₌xæ	æˀ	ˤtæ	₌t'æ	tæˀ	₌læ	₌sæ	ˤkæ	ˤxæ	₌xæ	徐
₌xan	anˀ	ˤtan	₌t'an	tanˀ	₌lan	₌san	ˤkan	ˤxan		郑
₌xã	γãˀ	ˤtã	₌t'ã	tãˀ	₌lã	₌sã	ˤkã	ˤxã		曲
₌xan	ŋanˀ	ˤtan	₌t'an	tanˀ	₌nan	₌san	ˤkan	ˤxan	₌xan	信
₌xã	ãˀ	₌tã	₌t'ã	tãˀ	₌lã	₌sã	₌kã	₌xã	₌xã	灵
₌xæ	æˀ	ˤtæ	₌t'æ	tæˀ	₌læ	₌sæ	ˤkæ	ˤxæ	₌xæ	永
₌xæ	γæˀ	ˤtæ	₌t'æ	tæˀ	₌læ	₌sæ	ˤkæ	ˤxæ	₌xæ	张
ˤxan	ŋanˀ	ˤtan	ˤt'an	tanˀ	ˤlan	₌san	ˤkan	ˤxan	ˤxan	吉
₌xan	ŋanˀ	ˤtan	₌t'an	tanˀ	₌lan	₌san	ˤkan	ˤxan	₌xan	大
₌xã	ŋãˀ	ˤtã	₌t'ã	tãˀ	₌nã	₌sã	ˤkã	ˤxã	₌xã	都
₌xæn	ænˀ	ˤtæn	₌t'æn	tænˀ	₌næn	₌sæn	ˤkæn	ˤxæn	₌xæn	喜
₌xã	ãˀ	ˤtã	₌t'ã	tãˀ	₌lã	₌sã	ˤkã	ˤxã	₌xã	昆
₌xan	ŋanˀ	ˤtan	₌t'an	tanˀ	₌nan	₌san	ˤkan	ˤxan	₌xan	武
₌han	ŋanˀ	ˤtan	₌t'an	tanˀ	₌lan	₌san	ˤkan	ˤhan	₌han	荔
₌xaŋ	aŋˀ	ˤtaŋ	₌t'aŋ	taŋˀ	₌laŋ	₌saŋ	ˤkaŋ	ˤxaŋ	₌xaŋ	南
₌xũ/ ₌xẽ	ũˀ /ẽˀ	ˤtẽ	₌t'ẽ	t'ẽˀ/tẽˀ	₌nẽ	₌sẽ	ˤkũ	ˤxẽ		泰
₌xan/ ₌cien	ŋanˀ	ˤtan	₌t'an	tanˀ	₌lan	₌san	ˤkan	ˤxan	₌xan	红
₌xæ	γæˀ	'ˤtæ	₌t'æ	tæˀ	₌læ	₌sæ	ˤkæ	ˤxæ	₌xæ	太
咸xaŋ	ŋiẽˀ	ˤtaŋ	₌t'aŋ	taŋˀ	₌laŋ	₌saŋ	ˤkaŋ	ˤxaŋ	₌xaŋ	岚
咸xaŋ	aŋˀ	ˤtaŋ	₌t'aŋ	taŋˀ	₌laŋ	₌saŋ	ˤkaŋ	ˤxaŋ	₌xaŋ	长
₌xã	ŋãˀ	ˤtã	₌t'ã	tãˀ	₌lã	ˤsã	ˤkã	ˤxã	₌xã	忻
₌xæ	næˀ	ˤtæ	₌t'æ	tæˀ	₌læ	₌sæ	ˤkæ	ˤxæ	₌xæ	大
₌xæ	ŋæˀ	ˤtæ	₌t'æ	tæˀ	₌læ	₌sæ	ˤkæ	ˤxæ	₌xæ	呼
₌xan	anˀ	ˤtan	₌t'an	tanˀ	₌lan	₌san	ˤkan	ˤxan	₌xan	获
₌xæ	ŋæˀ	ˤtæ	₌t'æ	tæˀ	₌læ	₌sæ	ˤkæ	ˤxæ	₌xæ	志

区	片	代表点	站立 咸开二 陷去知	斩 咸开二 赚上庄	馋 咸开二 咸平崇	减 咸开二 赚上见	鹹 咸开二 咸平匣	搀扶 咸开二 衔平初	衫 咸开二 衔平生	岩 咸开二 衔平疑
北京	幽燕	北京	tʂan꜄	꜂tʂan	꜁tʂʻan	꜂tɕian	꜁ɕian	꜀tʂʻan	꜀ʂan	꜁ian
	锦兴	兴城	tʂan꜄	꜂tʂan	꜁tʂʻan	꜂tɕian	꜁ɕian	꜀tʂʻan	꜀ʂan	꜁ian
	辽沈	沈阳	꜄tsan	꜂tsan	꜁tsʻan	꜂tɕian	꜁ɕian	꜀tsʻan	꜀san	꜁ian
	黑吉	长春	tʂan꜄	꜂tsan	꜁tsʻan	꜂tɕian	꜁ɕian	꜀tsʻan	꜀san	꜁ian
	哈肇	巴彦	tʂan꜄	꜂tʂan	꜁tʂʻan	꜂tɕian	꜁ɕian	꜀tʂʻan	꜀ʂan	꜁ian
胶辽	登连	牟平	꜂tsan	꜂tsan	꜁tsʻan	꜂ɕian	꜁ɕian	꜀tsʻan	꜀san	꜁ian
	青莱	诸城	tʂä꜄	꜂tʂä	꜁tʂʻä	꜂tʃan	꜁ʃan	꜀tʂʻä	꜀ʂä	꜁iä
	营通	丹东	꜄tsan	꜂tsan	꜁tsʻan	꜂ɕian	꜁ɕian	꜀tsʻan	꜀san	꜁ian
冀鲁	保唐	高阳	tʂan꜄	꜂tʂan	꜁tʂʻan	꜂tɕian	꜁ɕian	꜀tʂʻan	꜀ʂan	꜁ian
	石济	济南	tʂä꜄	꜂tʂä	꜁tʂʻä	꜂tɕiä	꜁ɕiä	꜀tʂʻä	꜀ʂä	꜁iä
	沧惠	河间	tʂan꜄	꜂tʂan	꜁tʂʻan	꜂tɕian	꜁ɕian	꜀tʂʻan	꜀ʂan	꜁ian
	章利	利津	tʂä̃꜄	꜂tʂä̃	꜁tʂʻä̃	꜂tɕiä̃	꜁ɕiä̃	꜀tʂʻä̃	꜀ʂä̃	꜁iä̃
中原	关中	西安	tsa꜄	꜂tsa	꜁tsʻa	꜂tɕiã	꜁xã／꜁ɕiã	꜀tsʻa	꜀sa	꜁iã
	秦陇	敦煌	tsa꜄	꜂tsa	꜁tsʻa	꜂tɕiã	꜁ɕiã	꜀tsʻa	꜀sa	꜁iã
	陇中	天水	tsan꜄	꜂tsan	꜁tsʻan	꜂tɕian	꜁xan／꜁ɕian	꜀tsʻan	꜀san	꜁ian
	南疆	吐鲁番	tsan꜄	꜂tsan		꜂tɕian		꜀tsʻan	꜀san	꜁ian
	汾河	运城	tsæ꜄	꜂tsæ	꜁tsʻæ	꜂tɕiæ	꜁ɕiæ	꜀tsʻæ	꜀sæ	꜁iæ
	洛徐	徐州	tʂæ꜄	꜂tʂæ	꜁tʂʻæ	꜂tɕiæ	꜁ɕiæ	꜀tʂʻæ	꜀ʂæ	꜁iæ
	郑曹	郑州	tʂan꜄	꜂tʂan	꜁tʂʻan	꜂tɕian	꜁ɕian	꜀tʂʻan	꜀ʂan	꜁ian
	蔡鲁	曲阜	tsã꜄	꜂tsã	꜁tsʻã	꜂tɕiã	꜁ɕiã	꜀tsʻã	꜀sã	꜁iã
	信蚌	信阳	tsan꜄	꜂tsan	꜁tsʻan	꜂tɕian	꜁ɕian	꜀tsʻan	꜀san	꜁ian
兰银	银吴	灵武	tʂä꜄	꜂tʂä	꜁tʂʻä	꜂tɕiä	꜁ɕiä	꜀tʂʻä	꜀ʂä	꜁iä
	金城	永登	tʂæ꜄	꜂tʂæ	꜁tʂʻæ	꜂tɕiæ	꜁xæ	꜀tʂʻæ	꜀ʂæ	꜁iæ
	河西	张掖	tʂæ꜄	꜂tʂæ	꜁tʂʻæ	꜂tɕiæ	꜁xæ	꜀tʂʻæ	꜀ʂæ	꜁ziæ
	塔密	吉木萨尔	tsan꜄	꜂tsan	꜁tsʻan	꜂tɕien	꜁xan／꜁ɕien	꜀tsʻan	꜀san	꜂ien
西南	黔川	大方	tsan꜄	꜂tsan	꜁tsʻan	꜂tɕian	꜁ɕian		꜀san	꜁ŋai
	西蜀	都江堰	tsa꜄	꜂tsa	꜁tsʻa	꜂tɕiẽ	꜁ɕiẽ		꜀sa	꜁ŋai
	川西	喜德	tʂæn꜄	꜂tʂæn	꜁tʂʻæn	꜂tɕiẽ	꜁ɕiẽ		꜀ʂæn	꜁æ
	云南	昆明	tʂæ꜄	꜂tʂæ	꜁tʂʻæ	꜂tɕiæ	꜁ɕiæ		꜀ʂæ	꜁ɛ
	湖广	武汉	tsan꜄	꜂tsan	꜁tsʻan	꜂tɕian	꜁ɕien		꜀san	꜁ŋai
	桂柳	荔浦	tsan꜄	꜂tsan	꜁tsʻan	꜂kan	꜁han		꜀san	꜁ŋan
江淮	洪巢	南京	tʂaŋ꜄	꜂tʂaŋ	꜁tʂʻaŋ	꜂tɕien	꜁ɕien	꜀tʂʻaŋ	꜀ʂaŋ	꜁ien
	泰如	泰州	tsẽ꜄	꜂tsẽ	꜁sẽ	꜂tɕiẽ	꜁xẽ	꜀tsʻẽ	꜀sẽ	꜁ɛ
	黄孝	红安	tʂan꜄	꜂tʂan	꜁tʂʻan	꜂tɕien	꜁ɕien		꜀sa	꜁ŋai
晋语	并州	太原	tsæ꜄	꜂tsæ	꜁tsʻæ	꜂tɕie	꜁ɕie	꜀tsʻæ	꜀sæ	꜁ie
	吕梁	岚县	tsaŋ꜄	꜂tsaŋ	꜁tsʻaŋ	꜂tɕiaŋ	꜁xaŋ	꜀tsʻaŋ	꜀saŋ	꜁iẽ
	上党	长治	tsaŋ꜄	꜂tsaŋ	꜁tsʻaŋ	꜂tɕiaŋ	꜁ɕiaŋ	꜀tsʻaŋ	꜀saŋ	꜁iaŋ
	五台	忻州	tsã꜄	꜂tsã	꜁tsʻã	꜂tɕiã	꜁ɕiã	꜀tsʻã	꜀sã	꜁iẽ
	大包	大同	tsæ꜄	꜂tsæ	꜁tsʻæ	꜂tɕie	꜁ɕie	꜀tsʻæ	꜀sæ	꜁ie
	张呼	呼和浩特	tsæ꜄	꜂tsæ	꜁tsʻæ	꜂tɕie	꜁ɕie	꜀tsʻæ	꜀sæ	꜁ie
	邯新	获嘉	tsan꜄	꜂tsan	꜁tsʻan	꜂tɕian	꜁ɕian	꜀tsʻan	꜀san	꜁ian
	志延	志丹	tsæ꜄	꜂tsæ	꜁tsʻæ	꜂tɕiæ	꜁xæ	꜀tsʻæ	꜀sæ	꜁iæ

衔	贬	黏~米	廉	尖	沾	佔	闪	染	钳	代表点
咸开二	咸开三	咸开三	咸开三	咸开三	咸开三	咸开三	咸开三	咸开三	咸开三	代表
衔平匣	琰上帮	盐平泥	盐平来	盐平精	盐平知	豔去章	琰上书	琰上日	盐平群	点
ɕian	pian	nian	lian	tɕian	tʂan	tʂan	ʂan	zan	tɕʰian	北
ɕian	pian	nian	lian	tɕian	tʂan	tʂan	ʂan	zan	tɕʰian	兴
ɕian	pian	n̠ian	lian	tɕian	tsan	tsan	san	ian	tɕʰian	沈
ɕiɛn	pian	nian	lian	tɕian	tsan	tsan	san	ian	tɕʰian	长
ɕian	pian	nian	lian	tɕian	tʂan	tʂan	ʂan	zan	tɕʰian	巴
ɕian	pian	n̠ian	lian	tɕian	tɕian	tɕian	ɕian	ian	cʰian	牟
ʃã	piã	n̠iã	liã	tɹiã	tɹiã	tʃã	ʃã	iã	tʃã	诸
ɕian	pian	nian	lian	tɕian	tsan	tsan	san	ian	tɕʰian	丹
ɕian	pian	n̠ian	lian	tsian	tʂan	tʂan	ʂan	zan	tɕʰian	高
ɕiã	piã	n̠iã	liã	tɕiã	tʂã	tʂã	ʂã	zã	tɕʰiã	济
ɕian	pian	n̠ian	lian	tsian	tʂan	tʂan	ʂan	zan	tɕʰian	河
ɕiã	piã	niã	liã	tsiã	tʂã	tʂã	ʂã	zã	tɕʰiã	利
ɕiã	piã		liã	tɕiã	tʂã	tʂã	ʂã	zã	tɕʰiã	西
ɕiã	piã		liã	tɕiã	tʂã		ʂã	zã	tɕʰiã	敦
ɕian	pian		lian	tɕian	tʂan	tʂan	ʂan	zan	tɕʰian	天
ɕian	pian		lian	tɕian	tʂan		ʂan	zan	tɕʰian	吐
ɕiæ		niæ	liæ	tɕiæ	tʂæ	tʂæ	ʂæ	zæ	tɕʰiæ	运
ɕiæ	piæ	niæ	liæ	tɕiæ	tʂæ	tʂæ	ʂæ	zæ	tɕʰiæ	徐
ɕian	pian	nian	lian	tɕian	tsan	tsan	san	zan	tɕʰian	郑
ɕiã	piã	n̠iã	liã	tɕiã	tsã	tsã	sã	zã	tɕʰiã	曲
ɕian	pian	nian	nian	tɕian	tsan	tsan	san	zan	tɕʰian	信
ɕiã	piã	n̠iã	liã	tɕiã	tʂã	tʂã	ʂã	zã	tɕʰiã	灵
ɕiæ	piæ	n̠iæ	liæ	tɕiæ	tʂæ	tʂæ	ʂæ	zæ	tɕʰiæ	永
ɕiæ	piæ	n̠iæ	liæ	tɕiæ	tʂæ	tʂæ	ʂæ	zæ	tɕʰiæ	张
ɕien	pien	n̠ien	lien	tɕien	tʂan	tʂan	san	zan	tɕʰien	吉
ɕian	pian	lian	lian	tɕian	tsan	tsan	san	zan	tɕʰian	大
ɕiẽ	piẽ	n̠iẽ	niẽ	tɕiẽ	tsã	tsã	sã	zã	tɕʰiẽ	都
ɕiẽ	piẽ	niẽ	niẽ	tɕiẽ	tʂæn		sæn	zæn	tɕʰiẽ	喜
ɕiæ	piæ	n̠iæ	liæ	tɕiæ	tʂã		ʂã	zã	tɕʰiæ	昆
ɕien	pien	nien		tɕien	tsan	tsan	san	nan	tɕʰien	武
han	pen			tsen	tsen	tsen	sen	en	kʰen	荔
ɕien	pien	lien	lien	tsien	tʂaŋ	tʂaŋ	ʂaŋ	zaŋ	tɕʰien	南
ɕiĩ	piĩ	n̠iĩ	niĩ	tɕiĩ	tɕiĩ	tsẽ	çiĩ	iĩ	tɕʰiĩ	泰
ɕien	pien	n̠ien	lien	tɕien	tʂan	tʂan	san	uan	tɕʰien	红
ɕie	pie	nie	lie	tɕie	tsæ	tsæ	sæ	zæ	tɕʰie	太
ɕiaŋ	piẽ	niẽ	liẽ	tɕiẽ	tsẽ	tsẽ	sẽ	zẽ	tɕʰiẽ	岚
ɕiaŋ	piaŋ	niaŋ	liaŋ	tɕiaŋ	tsaŋ	tsaŋ	saŋ	iaŋ	tɕʰiaŋ	长
ɕiẽ	piẽ	niẽ	liẽ	tɕiẽ	tʂuõ	tʂuõ	ʂuõ	zuõ	tɕʰiẽ	忻
ɕie	pie	nie	lie	tɕie	tsæ	tsæ	sæ	zæ	tɕʰie	大
ɕie	pie	nie	lie	tɕie	tsæ	tsæ	sæ	zæ	tɕʰie	呼
ɕian	pian	nian	lian	tɕian	tʂan	tʂan	san	zan	tɕʰian	获
ɕiæ	piæ	niæ	liæ	tɕiæ	tʂæ	tʂæ	sæ	zæ	tɕʰiæ	志

区	片	代表点	验 咸开三 豏去疑	险 咸开三 琰上晓	厌 咸开三 豔去影	盐 咸开三 盐平以	欠 咸开三 酽去溪	严 咸开三 严平疑	点 咸开四 忝上端	甜 咸开四 添平定
北京	幽燕	北京	ian⁼	꜀çian	ian⁼	꜁ian	tɕʰian⁼	꜁ian	꜂tian	꜁tʰian
	锦兴	兴城	ian⁼	꜀çian	ian⁼	꜁ian	tɕʰian⁼	꜁ian	꜂tian	꜁tʰian
	辽沈	沈阳	ian⁼	꜀çian	ian⁼	꜁ian	tɕʰian⁼	꜁ian	꜂tian	꜁tʰian
	黑吉	长春	ian⁼	꜀çian	ian⁼	꜁ian	tɕʰian⁼	꜁ian	꜂tian	꜁tʰian
	哈肇	巴彦	ian⁼	꜀çian	ian⁼	꜁ian	tɕʰian⁼	꜁ian	꜂tian	꜁tʰian
胶辽	登连	牟平	ian⁼	꜀çian	ian⁼	꜁ian	cʰian⁼	꜁ian/꜁ɕian	꜂tian	꜁tʰian
	青莱	诸城	iã⁼	꜀ʃã	iã⁼	꜁iã	tʃã⁼	꜁iã	꜂tiã	꜁tʰiã
	营通	丹东	ian⁼	꜀çian	ian⁼	꜁ian	tɕʰian⁼	꜁ian	꜂tian	꜁tʰian
冀鲁	保唐	高阳	ian⁼	꜀çian	ian⁼	꜁ian	tɕʰian⁼	꜁ian	꜂tañ	꜁tʰian
	石济	济南	iã⁼	꜀çiã	iã⁼	꜁iã	tɕʰiã⁼	꜁iã	꜂tiã	꜁tʰiã
	沧惠	河间	ian⁼	꜀çian	ian⁼	꜁ian	tɕʰian⁼	꜁ian	꜂tian	꜁tʰian
	章利	利津	iɑ̃⁼	꜀çiɑ̃	iɑ̃⁼	꜁iɑ̃	tɕʰiɑ̃⁼	꜁iɑ̃	꜂tiɑ̃	꜁tʰiɑ̃
中原	关中	西安	iã⁼	꜀çiã	iã⁼	꜁iã	tɕʰiã⁼	꜁niã/꜁ɕia	꜂tiã	꜁tʰiã
	秦陇	敦煌	iã⁼	꜀çiã	iã⁼	꜁iã	tɕʰiã⁼	꜁iã	꜂tiã	꜁tʰiã
	陇中	天水	ian⁼	꜀çian	ian⁼	꜁ian	tɕʰian⁼	꜁ȵian	꜂tian	꜁tʰian
	南疆	吐鲁番	ian⁼	꜀çian	ian⁼	꜁ian	tɕʰian⁼	꜁ian	꜂tian	꜁tʰian
	汾河	运城	iæ⁼	꜀çiæ	iæ⁼	꜁iæ	tɕʰiæ⁼	꜁iæ	꜂tiæ	꜁tʰiæ
	洛徐	徐州	iæ⁼	꜀çiæ	iæ⁼	꜁iæ	tɕʰiæ⁼	꜁iæ	꜂tiæ	꜁tʰiæ
	郑曹	郑州	ian⁼	꜀çian	ian⁼	꜁ian	tɕʰian⁼	꜁ian	꜂tian	꜁tʰian
	蔡鲁	曲阜	iɑ̃⁼	꜀çiɑ̃	iɑ̃⁼	꜁iɑ̃	tɕʰiɑ̃⁼	꜁iɑ̃	꜂tiɑ̃	꜁tʰiɑ̃
	信蚌	信阳	ian⁼	꜀çian	ian⁼	꜁ian	tɕʰian⁼	꜁ian	꜂tian	꜁tʰian
兰银	银吴	灵武	iã⁼	꜀çiã	iã⁼	꜁iã	tɕʰiã⁼	꜁iã	꜂tiã	꜁tʰiã
	金城	永登	iæ⁼	꜀çiæ	iæ⁼	꜁iæ	tɕʰiæ⁼	꜁iæ	꜂tiæ	꜁tʰiæ
	河西	张掖	ziæ⁼	꜀çiæ	ziæ⁼	꜁ziæ	tɕʰiæ⁼	꜁ziæ	꜂tiæ	꜁tʰiæ
	塔密	吉木萨尔	ien⁼	꜀çien	ien⁼	꜀ien	tɕʰien⁼	꜀ien	꜂tien	꜀tʰien
西南	黔川	大方	lian⁼	꜀çian	ian⁼	꜁ian	tɕʰian⁼	꜁ian	꜂tian	꜁tʰian
	西蜀	都江堰	ȵiɛ⁼	꜀çiɛ	iɛ⁼	꜁iɛ	tɕʰiɛ⁼	꜁ȵiɛ	꜂tiɛ	꜁tʰiɛ
	川西	喜德	iɛ⁼	꜀çiɛ	iɛ⁼	꜁iɛ	tɕʰiɛ⁼	꜁iɛ	꜂tiɛ	꜁tʰiɛ
	云南	昆明	iæ⁼	꜀çiæ	iæ⁼	꜁iæ	tɕʰiæ⁼	꜁iæ	꜂tiæ	꜁tʰiæ
	湖广	武汉	nien⁼	꜀çien	ien⁼	꜁ien	tɕʰien⁼	꜁nien	꜂tien	꜁tʰien
	桂柳	荔浦	nen⁼	꜀hen	en⁼	꜁en	kʰen⁼	꜁ŋen	꜂ten	꜁tʰen
江淮	洪巢	南京	ien⁼	꜀çien	ien⁼	꜁ien	tɕʰien⁼	꜁ien	꜂tien	꜁tʰien
	泰如	泰州	꜀ĭĩ/꜁ĭĩ	꜀çĭĩ	ĭĩ⁼	꜁ĭĩ	tɕʰĭĩ⁼	꜁ĭĩ	꜂tĭĩ	꜁tʰĭĩ
	黄孝	红安	ȵien⁼	꜀çien	ien⁼	꜁ien	tɕʰien⁼	꜁ȵan/꜁ien	꜂tie/꜂tien	꜁tʰien
晋语	并州	太原	ie⁼	꜀çie	ie⁼	꜁ie	tɕʰie⁼	꜁nie/꜁ie	꜂tie	꜁tʰie
	吕梁	岚县	iɛ⁼	꜀çiɛ	iɛ⁼	꜁iɛ	tɕʰiɛ⁼	꜁niɛ	꜂tiɛ	꜁tɕʰiɛ
	上党	长治	iaŋ⁼	꜀çiaŋ	iaŋ⁼	꜁iaŋ	tɕʰiaŋ⁼	꜁iaŋ	꜂tiaŋ	꜁tʰiaŋ
	五台	忻州	iɛ̃⁼	꜀çiɛ̃	iɛ̃⁼	꜁iɛ̃	tɕʰiɛ̃⁼	꜁iɛ̃	꜂tiɛ̃	꜁tɕʰiɛ̃
	大包	大同	ie⁼	꜀çie	ie⁼	꜁ie	tɕʰie⁼	꜁ie	꜂tie	꜁tʰiɛ
	张呼	呼和浩特	ie⁼	꜀çie	ie⁼	꜁ie	tɕʰie⁼	꜁ie	꜂tie	꜁tʰie
	邯新	获嘉	ian⁼	꜀çian	ian⁼	꜁ian	tɕʰian⁼	꜁ian	꜂tian	꜁tʰian
	志延	志丹	iæ⁼	꜀çiæ	iæ⁼	꜁iæ	tɕʰiæ⁼	꜁iæ	꜂tiæ	꜁tʰiæ

念	谦	嫌	凡	品	林	浸	心	寻	沉	代表点
咸开四	咸开四	咸开四	咸合三	深开三	深开三	深开三	深开三	深开三	深开三	
忝去泥	添平溪	添平匣	凡平奉	寝上滂	侵平来	沁去精	侵平心	侵平邪	侵平澄	
nian⁼	₌tɕʰian	₌ɕian	₌fan	⁼pʰin	₌lin	tɕin⁼	₌ɕin	₌ɕyn	₌tʂʰən	北
nian⁼	₌tɕʰian	₌ɕian	₌fan	⁼pʰin	₌lin	tɕin⁼	₌ɕin	₌ɕyn	₌tsʰən	兴
ȵian⁼	₌tɕʰian	₌ɕian	₌fan	⁼pʰin	₌lin	tɕin⁼	₌ɕin	₌ɕyn	₌tsʰən	沈
nian⁼	₌tɕʰian	₌ɕian	₌fan	⁼pʰin	₌lin	⁼tɕʰin	₌ɕin	₌ɕyn/₌ɕin	₌tʂʰən	长
nian⁼	₌tɕʰian	₌ɕian	₌fan	⁼pʰin	₌lin	⁼tɕʰin	₌ɕin	₌ɕin/₌ɕyn	₌tɕʰin	巴
ȵian⁼	₌tɕʰian	₌ɕian	⁼fan/fan	⁼pʰin	₌lin/₌lin	tɕyn⁼	₌ɕin	₌ɕin/₌ɕyn	₌tɕʰin	牟
ȵiã⁼	₌tʃʰã	₌ʃã	₌fã	⁼pʰɔ̃	₌lɔ̃	tθɔ̃⁼	₌θɔ̃	₌θɔ̃	₌tʃʰən	诸
nian⁼	₌tɕʰian	₌ɕian	₌fan	⁼pʰin	₌lin	tɕyn⁼	₌ɕin	₌ɕyn	₌tsʰən	丹
ȵian⁼	₌tɕʰian	₌ɕian	₌fan	⁼pʰin	₌lin	ts⁼in	₌sin	₌sin/₌suən①	₌tsʰən	高
ȵiã⁼	₌tɕʰiã	₌ɕiã	₌fã	⁼pʰiẽ	₌liẽ	₌tɕʰiẽ	₌ɕiẽ	₌ɕyẽ/₌ɕiẽ②	₌tʂʰẽ	济
ȵian⁼	₌tɕʰian	₌ɕian	₌fan	⁼pʰin	₌lin	⁼tsʰin	₌sin	₌sin/₌suən③	₌tsʰẽ	河
niã⁼	₌tɕʰiã	₌ɕiã	₌fã	⁼pʰiẽ	₌liẽ	⁼tsʰiẽ	₌siẽ	₌siẽ	₌tʂʰẽ	利
ȵiã⁼	₌tɕʰiã	₌ɕiã	₌fã	⁼pʰiẽ	₌liẽ	⁼tɕʰiẽ	₌ɕiẽ	₌ɕiẽ	₌tʂʰẽ	西
niã⁼	₌tɕʰiã	₌ɕiã	₌fã	⁼pʰiŋ	₌liŋ	tɕʰiŋ⁼	₌ɕiŋ	₌ɕyŋ		敦
ȵian⁼	₌tɕʰian	₌ɕian	₌fan	⁼pʰin	₌lin	₌tɕʰin	₌ɕin	₌ɕin	₌tʂʰən	天
nian⁼	₌tɕʰian	₌ɕian	₌fan	⁼pʰin	₌liŋ		₌ɕiŋ	₌ɕyŋ	₌tʂʰʅŋ	吐
niæ̃⁼	₌tɕʰiæ̃	₌ɕiæ̃	₌fæ̃	⁼pʰieĩ	₌lieĩ	tɕʰieĩ⁼	₌ɕieĩ	₌ɕieĩ	₌tʂʰeĩ	运
nian⁼	₌tɕʰian	₌ɕian	₌fan	⁼pʰin	₌lin	ts⁼in	₌sin	₌sin	₌tʂʰən	郑
ȵiã⁼	₌tɕʰiã	₌ɕiã	₌fã	⁼pʰiã	₌liã	tɕʰiã⁼	₌ɕiã	₌ɕiã	₌tsʰã	曲
nian⁼	₌tɕʰian	₌ɕian	₌fan	⁼pʰin	₌nin	tɕʰin⁼	₌ɕin	₌ɕin	₌tsʰən	信
ȵiã⁼	₌tɕʰiã	₌ɕiã	₌fã	⁼pʰiŋ	₌liŋ	tɕiŋ⁼	₌ɕiŋ	₌ɕyŋ	₌tʂʰəŋ	灵
ȵiæ̃⁼	₌tɕʰiæ̃	₌ɕiæ̃	₌fæ̃	⁼pʰin	₌lin	tɕin⁼	₌ɕin	₌ɕyn	₌tʂʰən	永
ȵiæ̃⁼	₌tɕʰiæ̃	₌ɕiæ̃	₌fæ̃	⁼pʰiỹ	₌liỹ	tɕiỹ⁼	₌ɕiỹ	₌ɕyỹ	₌tʂʰɔ̃ỹ	张
nien⁼	₌tɕʰien	⁼ɕien	₌fan	⁼pʰiŋ	⁼liŋ	tɕiŋ⁼	₌ɕiŋ	₌ɕyŋ	₌tʂʰəŋ	吉
lian⁼	₌tɕʰian	₌ɕian	₌fan	⁼pʰin	₌lin	tɕʰin⁼	₌ɕin	₌ɕin	₌tsʰen	大
ȵiẽ⁼	₌tɕʰiẽ	₌ɕiẽ	₌fã	⁼pʰin	₌nin	tɕʰin⁼	₌ɕin	₌ɕin	₌tsʰən	都
niẽ⁼	₌tɕʰiẽ	₌ɕiẽ	₌fæn	⁼pʰin	₌nin	tɕʰin⁼	₌ɕin	₌ɕin	₌tsʰen	喜
niæ̃⁼	₌tɕʰiæ̃	₌ɕiæ̃	₌fã	⁼pʰɿ̃	₌lɿ̃	tɕʰiɔ̃⁼	₌ɕɿ̃	₌ɕɿ̃	₌tʂʰɔ̃	昆
nien⁼	₌tɕʰien	₌ɕien	₌fan	⁼pʰin	₌nin	tɕʰin⁼	₌ɕin	₌ɕin	₌tsʰən	武
nen⁼	₌kʰen	₌hen	₌fan	⁼pʰin	₌lin	tsin⁼	₌sin	₌tsʰin	₌tsʰin	荔
lien⁼	tɕʰien⁼	₌ɕien	₌faŋ	⁼pʰin	₌lin	tsin⁼	₌sin	₌syn/₌tsʰin④	₌tʂʰən	南
₌nĩĩ/nĩĩ⁼	₌tɕʰĩĩ	₌ɕĩĩ	₌fẽ	⁼pʰiŋ	₌nĩŋ	tɕiŋ⁼	₌ɕiŋ	₌tɕʰin/₌ɕin⑤	₌tsʰəŋ	泰
ȵien⁼	₌tɕʰien	₌ɕien	₌fan	⁼pʰin	₌lin	tɕin⁼	₌ɕin	₌ɕin	₌tsʰən	红
nie⁼	₌tɕʰie	₌ɕie	⁼fæ	⁼pʰiŋ	₌liŋ	tɕiŋ⁼	₌ɕiŋ	₌ɕiŋ	₌tsʰəŋ	太
niẽ⁼	₌tɕʰiẽ	₌ɕiẽ	₌faŋ	⁼pʰiəŋ	₌liəŋ	tɕiəŋ⁼	₌ɕiəŋ	₌ɕiəŋ	₌tsʰəŋ	岚
niaŋ⁼	₌tɕʰiaŋ	₌ɕiaŋ	₌faŋ	⁼pʰid	₌liŋ	tɕiŋ⁼	₌ɕiŋ	₌ɕiŋ	₌tsʰəŋ	长
niẽ⁼	₌tɕʰiẽ	₌ɕiẽ	₌fã	⁼pʰiəŋ	₌liəŋ	tɕiəŋ⁼	₌ɕiəŋ	₌ɕiəŋ	₌tʂʰyəŋ	忻
nie⁼	₌tɕʰiɜ	₌ɕiɜ	₌fæ	⁼pʰiəɣ	₌liəɣ	tɕiəɣ⁼	₌ɕiəɣ	₌ɕiəɣ	₌tʂʰyəɣ	大
nie⁼	₌tɕʰie	₌ɕie	₌fæ	⁼pʰĩŋ	₌lĩŋ	tɕĩŋ⁼	₌ɕĩŋ	₌ɕĩŋ	₌tsʰəŋ	呼
nian⁼	₌tɕʰian	₌ɕian	₌fan	⁼pʰin	₌lin	tɕin⁼	₌ɕin	₌ɕin	₌tʂʰən	获
niæ⁼	₌tɕʰiæ	₌ɕiæ	₌fæ	⁼pʰiɤ̃	₌liɤ̃	tɕiɤ̃⁼	₌ɕiɤ̃	₌ɕiɤ̃	₌tʂʰɤ̃	志

① ₌sin，～媳妇；₌suən，～找。② ₌ɕiẽ，～思。③ ₌sin，～媳妇；₌suən，～找。④音3：₌sin。⑤音3：₌ɕyŋ。

区	片	代表点	参 人~ 深开三 侵平生	针 深开三 侵平章	婶 深开三 寝上书	深 深开三 侵平书	任 ~务 深开三 沁去日	今 深开三 侵平见	琴 深开三 侵平群	音 深开三 侵平影
北京	幽燕	北京	₌şən	₌tşən	ꜛşən	şən⁼	zən꜒	₌tɕin	₌tɕʼin	₌in
	锦兴	兴城	₌şən	₌tşən	ꜛşən	şən⁼	zən꜒	₌tɕin	₌tɕʼin	₌in
	辽沈	沈阳	₌sən	₌tsən	ꜛsən	₌sən⁼	in꜒	₌tɕin	₌tɕʼin	₌in
	黑吉	长春	₌sən	₌tşən	ꜛşən	₌şən⁼	in꜒	₌tɕin	₌tɕʼin	₌in
	哈肇	巴彦	₌şən	₌tşən	ꜛşən	₌şən⁼	in꜒	₌tɕin	₌tɕʼin	₌in
胶辽	登连	牟平	₌sən	₌tɕin	ꜛɕin	₌ɕin	ɕin/in꜒	₌ɕin	₌cʼin	₌in
	青莱	诸城	₌şɔ̃	₌tʃɔ̃	ꜛʃɔ̃	ɕɔ̃⁼	iɔ̃꜒	₌tʃɔ̃	₌tʃʼɔ̃	₌ɔ̃
	营通	丹东	₌sən	₌tşən	ꜛsən	₌sən	in꜒	₌tɕin	₌tɕʼin	₌in
冀鲁	保唐	高阳	₌şən	₌tşən	ꜛşən	şən⁼	zən꜒	₌tɕin	₌tɕʼin	₌in
	石济	济南	₌şẽ	₌tşẽ	ꜛşẽ	şẽ⁼	zẽ꜒	₌tɕiẽ	₌tɕʼiẽ	₌iẽ
	沧惠	河间	₌sən	₌tşən	ꜛsən	şən⁼	zən꜒	₌tɕin	₌tɕʼin	₌in
	章利	利津	₌sẽ	₌tşẽ	ꜛsẽ	şẽ⁼	zẽ꜒	₌tɕiẽ	₌tɕʼiẽ	₌iẽ
中原	关中	西安	₌sẽ	₌tşẽ	ꜛşẽ	şẽ⁼	₌zẽ	₌tɕiẽ	₌tɕʼiẽ	₌iẽ
	秦陇	敦煌	₌səŋ	₌tşəŋ	ꜛşəŋ	şəŋ⁼	zəŋ꜒	₌tɕiŋ	₌tɕʼiŋ	₌iŋ
	陇中	天水	₌sən	₌tşən	ꜛşən	şən⁼	zən꜒	₌tɕin	₌tɕʼin	₌in
	南疆	吐鲁番	₌sʁŋ	₌tʂʁŋ	ꜛʂʁŋ	ʂʁŋ⁼	zʁŋ꜒	₌tɕiŋ	₌tɕʼiŋ	₌iŋ
	汾河	运城	₌iəi	₌tşeĩ	ꜛşeĩ	iəi⁼	zeĩ꜒	₌tɕieĩ	₌tɕʼieĩ	₌ieĩ
	洛徐	徐州	₌sɔ̃	₌tşɔ̃	ꜛşɔ̃	şɔ̃⁼	zɔ̃꜒	₌tɕiɔ̃	₌tɕʼiɔ̃	₌iɔ̃
	郑曹	郑州	₌şən	₌tşən	ꜛşən	nə.ʂ⁼n	zən꜒	₌tɕin	₌tɕʼin	₌in
	蔡鲁	曲阜	₌sɔ̃	₌tsɔ̃	ꜛsɔ̃	tsʼɔ̃⁼	zɔ̃꜒	₌tɕiɔ̃	₌tɕʼiɔ̃	₌iɔ̃
	信蚌	信阳	₌sən	₌tsən	ꜛsən	nə.s⁼n	zən꜒	₌tɕin	₌tɕʼin	₌in
兰银	银吴	灵武	₌səŋ	₌tşəŋ	₌şəŋ	şəŋ⁼	zəŋ꜒	₌tɕiŋ	₌tɕʼiŋ	₌iŋ
	金城	永登	₌sən	₌tsən	ꜛsən	sən⁼	zən꜒	₌tɕin	₌tɕʼin	₌in
	河西	张掖	₌səɣ	₌tşəɣ	ꜛşəɣ	şəɣ⁼	zəɣ꜒	₌tɕiɣ	₌tɕʼiɣ	₌ziɣ
	塔密	吉木萨尔	₌sən		ꜛ	şən⁼		ꜛtɕin		ꜛtɕʼin
西南	黔川	大方	₌sen	₌tsen	ꜛsen	sen⁼	zen꜒	₌tɕin	₌tɕʼin	₌in
	西蜀	都江堰	₌sən	₌tsən	ꜛsən	nes⁼	zən꜒	₌tɕin	₌tɕʼin	₌in
	川西	喜德	₌sen	₌tsen	ꜛsen	sen⁼	zen꜒	₌tɕin	₌tɕʼin	₌in
	云南	昆明	₌sɔ̃	₌tşɔ̃	ꜛşɔ̃	şɔ̃⁼	zɔ̃꜒	₌tɕĩ	ꜛtʃ̩	₌ĩ
	湖广	武汉	₌sən	₌tsən	ꜛsən	₌sən	nən꜒	₌tɕin	₌tɕʼin	₌in
	桂柳	荔浦	₌sən	₌tsin	ꜛsin	sin	in꜒	₌kin	₌kʼin	
江淮	洪巢	南京	₌sən	₌tşən	ꜛşən	₌şən	zən꜒	ꜛkən/₌tɕin	₌tɕʼin	₌in
	泰如	泰州	₌səŋ	₌tsəŋ	ꜛsəŋ	₌səŋ	₌zəŋ/zən꜒	ꜛkəŋ/₌tɕin	₌tɕʼiŋ	₌iŋ
	黄孝	红安	₌sən	₌tşən	ꜛşən	₌sən	zən꜒	₌tɕin	₌tɕʼin	₌in
晋语	并州	太原	ꜛsəŋ	₌tşəŋ	ꜛsəŋ	şəŋ⁼	zəŋ꜒	₌tɕiŋ	₌tɕʼiŋ	₌iŋ
	吕梁	岚县	₌şəŋ	₌tşəŋ	ꜛşəŋ	şəŋ⁼	zəŋ꜒	ꜛtɕiəŋ	ꜛtɕʼiəŋ	ꜛiəŋ
	上党	长治	₌şəŋ	₌tşəŋ	ꜛşəŋ	şəŋ⁼	iŋ꜒	₌tɕiŋ	₌tɕʼiŋ	₌iŋ
	五台	忻州	ꜛsəŋ	ꜛtşəŋ	ꜛsəŋ	ꜛşəŋ	zəŋ꜒	ꜛtɕiəŋ	ꜛtɕʼiəŋ	ꜛiəŋ
	大包	大同	₌səɣ	ꜛtşəɣ	ꜛşəɣ	şəɣ⁼	zəɣ꜒	ꜛtɕiəɣ	ꜛtɕʼiəɣ	ꜛiəɣ
	张呼	呼和浩特	₌sõŋ	₌tsõŋ	ꜛsõŋ	sõŋ⁼	zõŋ꜒	ꜛtɕĩŋ	ꜛtɕʼĩŋ	ꜛĩŋ
	邯新	获嘉	₌sən	₌tşən	ꜛşən	şən⁼	zən꜒	₌tɕin	₌tɕʼin	₌in
	志延	志丹	₌sʁ̃	₌tʂʁ̃	ꜛʂʁ̃	ʂʁ̃⁼	zʁ̃꜒	₌tɕiʁ̃	₌tɕʼiʁ̃	₌iʁ̃

丹	蛋	难~易	拦	残	伞	肝	岸	汉	旱	代表点
山开一寒平端	山开一翰去定	山开一寒平泥	山开一寒平来	山开一寒平从	山开一旱上心	山开一寒平见	山开一翰去疑	山开一翰去晓	山开一旱上匣	
₌tan	tan⁼	₌nan	₌lan	₌tsʻan	⁼san	₌kan	an⁼	xan⁼	xan⁼	北
₌tan	tan⁼	₌nan	₌lan	₌tʂʻan	⁼ʂan	₌kan	nan⁼	xan⁼	xan⁼	兴
₌tan	tan⁼	₌nan	₌lan	₌tsʻan	⁼san	₌kan	an⁼	xan⁼	xan⁼	沈
₌tan	tan⁼	₌nan	₌lan	₌tsʻan	⁼san	₌kan	nan⁼	xan⁼	xan⁼	长
₌tan	tan⁼	₌nan	₌lan	₌tsʻan	⁼san	₌kan	nan⁼	xan⁼	xan⁼	巴
₌tan	tan⁼	₌nan	lan⁼	⁼tsʻan	⁼san	₌kan	an⁼	xan⁼ / ₌xan	₌xan	牟
₌tã	tã⁼	₌nã	lã⁼	⁼tθʻã	⁼θã	₌kã	ŋã⁼	xã⁼	xã⁼	诸
₌tan	tan⁼	₌nan	₌lan	₌tsʻan	⁼san	₌kan	an⁼	xan⁼	xan⁼	丹
₌tan	tan⁼	₌ŋan	₌lan	₌tsʻan	⁼san	₌kan	ŋan⁼	xan⁼	xan⁼	高
₌tã	tã⁼	₌nã	₌lã	₌tsʻã	⁼sã	₌kã	ŋã⁼	xã⁼	xã⁼	济
₌tan	tan⁼	₌ŋan	₌lan	₌tsʻan	⁼san	₌kan	ŋan⁼	xan⁼	xñ⁼	河
₌tã	tã⁼	₌nã	₌lã	₌tsʻã	⁼sã	₌kã	ŋã⁼	xã⁼	xã⁼	利
₌tã	tã⁼	₌nã	₌lã	₌tsʻã	⁼sã	₌kã	ŋã⁼	xã⁼	xã⁼	西
₌tã	tã⁼	₌nã	₌lã	₌tsʻã	⁼sã	₌kã	ŋã⁼	xã⁼	xã⁼	敦
₌tan	tan⁼	₌lan	₌lan	₌tsʻan	⁼san	₌kan	ŋan⁼	xan⁼	xan⁼	天
₌tan	tan⁼	₌nan	₌lan	₌tsʻan	⁼san	₌kan	an⁼	xan⁼	xan⁼	吐
₌tæ̃	tʻæ̃⁼	₌læ̃	₌læ̃	₌tsʻæ̃	⁼sæ̃	₌kæ̃	ŋæ̃⁼	xæ̃⁼	xæ̃⁼	运
₌tæ̃	tæ̃⁼	₌næ̃	₌læ̃	₌tsʻæ̃	⁼sæ̃	₌kæ̃	æ̃⁼	xæ̃⁼	xæ̃⁼	徐
₌tan	tan⁼	₌nan	₌lan	₌tsʻan	⁼san	₌kan	an⁼	xan⁼	xan⁼	郑
₌tã	tã⁼	₌nã	₌lã	₌tsʻã	⁼sã	₌kã	ɣã⁼	xã⁼	xã⁼	曲
₌tan	tan⁼	₌nan	₌nan	₌tsʻan	⁼san	₌kan	ŋan⁼	xan⁼	xan⁼	信
₌tã	tã⁼	₌nã	₌lã	₌tsʻã	⁼sã	₌kã	ã⁼	xã⁼	xã⁼	灵
₌tæ̃	tæ̃⁼	₌næ̃	₌læ̃	₌tsʻæ̃	⁼sæ̃	₌kæ̃	æ̃⁼	xæ̃⁼	xæ̃⁼	永
₌tæ̃	tæ̃⁼	₌næ̃	₌læ̃	₌tsʻæ̃	⁼sæ̃	₌kæ̃	ɣæ̃⁼	xæ̃⁼	xæ̃⁼	张
₌tan	tan⁼	⁼nan	⁼lan	₌tsʻan	⁼san	₌kan	ŋan⁼	xan⁼	xan⁼	吉
₌tan	tan⁼	₌lan	₌lan	₌tsʻan	⁼san	₌kan	ŋan⁼	xan⁼	xan⁼	大
₌tã	tã⁼	₌nã	₌nã	₌tsʻã	⁼sã	₌kã	ŋã⁼	xã⁼	xã⁼	都
₌tæn	tæn⁼	₌næn	₌næn	₌tsʻæn	⁼sæn	₌kæn	æn⁼	xæn⁼	xæn⁼	喜
₌tã	tã⁼	₌nã	₌lã	₌tsʻã	⁼sã	₌kã	ã⁼	xã⁼	₌xã⁼	昆
₌tan	tan⁼	₌nan	₌nan	₌tsʻan	⁼san	₌kan	ŋan⁼	xan⁼	xan⁼	武
₌tan	tan⁼	₌nan	₌lan	₌tsʻan	⁼san	₌kan	ŋan⁼	han⁼	han⁼	荔
₌taŋ	taŋ⁼	₌laŋ	₌laŋ	₌tsʻaŋ	⁼saŋ	₌kaŋ	aŋ⁼	xaŋ⁼	xaŋ⁼	南
₌tɛ̃	tʻɛ̃⁼/tɛ̃⁼	₌nɛ̃	₌nɛ̃	₌tsʻɛ̃	⁼sɛ̃	₌kũ/₌kɛ̃	₌ũ/₌ɛ̃⁼①	₌xũ⁼/₌xɛ̃⁼	₌xũ⁼/₌xɛ̃⁼	泰
₌tan	tan⁼	₌lan	₌lan	₌tsʻan	⁼san	₌kan	ŋan⁼	xan⁼	xan⁼	红
₌tæ̃	tæ̃⁼	₌næ̃	₌læ̃	₌tsʻæ̃	⁼sæ̃	₌kæ̃	ɣæ̃⁼	xæ̃⁼	xæ̃⁼	太
₌taŋ	taŋ⁼	₌naŋ	₌laŋ	₌tsʻaŋ	⁼saŋ	₌kiɛ̃	ŋiɛ̃⁼	xiɛ̃⁼	xiɛ̃⁼	岚
₌tɑŋ	tɑŋ⁼	₌nɑŋ	₌lɑŋ	₌tsʻɑŋ	⁼sɑŋ	₌kɑŋ	ɑŋ⁼	xɑŋ⁼	xɑŋ⁼	长
⁼tã	tã⁼	₌nã	₌lã	₌tsʻã	⁼sã	⁼kã	ŋã⁼	xã⁼	xã⁼	忻
₌tæ	tæ⁼	₌næ	₌læ	₌tsʻæ	⁼sæ	₌kæ	næ⁼	xæ⁼	xæ⁼	大
₌tæ̃	tæ̃⁼	₌næ̃	₌læ̃	₌tsʻæ̃	⁼sæ̃	₌kæ̃	ŋæ̃⁼	xæ̃⁼	xæ̃⁼	呼
₌tan	tan⁼	₌nan	₌lan	₌tsʻan	⁼san	₌kan	an⁼	xan⁼	xan⁼	获
₌tæ	tæ⁼	₌næ	₌læ	₌tsʻæ	⁼sæ	₌kæ	næ⁼	xæ⁼	xæ⁼	志

①音 3（文）：₌ɛ̃。

区	片	代表点	安 山开一 寒平影	办 山开二 襇去並	山 山开二 山平生	产 山开二 产上生	艰 山开二 山平见	眼 山开二 产上疑	限 山开二 产上匣	板 山开二 潸上帮
北京	幽燕	北京	꜀an	pan꜄	꜀ʂan	꜂tʂʻan	꜀tɕian	꜂ian	ɕian꜄	꜂pan
	锦兴	兴城	꜀nan	pan꜄	꜀ʂan	꜂tʂʻan	꜀tɕian	꜂ian	ɕian꜄	꜂pan
	辽沈	沈阳	꜀an	pan꜄	꜀san	꜂tsʻan	꜀tɕian	꜂ian	ɕian꜄	꜂pan
	黑吉	长春	꜀nan	pan꜄	꜀ʂan	꜂tʂʻan	꜀tɕian	꜂ian	ɕian꜄	꜂pan
	哈肇	巴彦	꜀nan	pan꜄	꜀ʂan	꜂tʂʻan	꜀tɕian	꜂ian	ɕian꜄	꜂pan
胶辽	登连	牟平	꜀an	pan꜄	꜀san	꜂san/꜂tsʻan	꜀ɕian	꜂ian	ɕian꜄	꜂pan
	青莱	诸城	꜀ŋã	pã꜄	꜀sã	꜂tʂã	꜀tʃã	꜂iã	ʃã꜄	꜂pã
	营通	丹东	꜀an	pan꜄	꜀san	꜂tsʻan	꜀tɕian	꜂ian	ɕian꜄	꜂pan
冀鲁	保唐	高阳	꜀ŋan	pan꜄	꜀san	꜂tʂʻan	꜀tɕian	꜂ian	ɕian꜄	꜂pan
	石济	济南	꜀ŋã	pã꜄	꜀sã	꜂tʂã	꜀tɕiã	꜂iã	ɕiã꜄	꜂pã
	沧惠	河间	꜀ŋan	pan꜄	꜀san	꜂tʂʻan	꜀tɕian	꜂ian	ɕian꜄	꜂pan
	章利	利津	꜀ŋã	pã꜄	꜀sã	꜂tʂã	꜀tɕiã	꜂iã	ɕiã꜄	꜂pã
中原	关中	西安	꜀ŋã	pã꜄	꜀sã	꜂tsʻã	꜀tɕiã	꜂n̠iã	ɕiã꜄	꜂pã
	秦陇	敦煌	꜀ŋã	pã꜄	꜀sã	꜂tsʻã	꜀tɕiã	꜂n̠iã	ɕiã꜄	꜂pã
	陇中	天水	꜀ŋan	pan꜄	꜀san	꜂tsʻan	꜀tɕian	꜂n̠ian	ɕian꜄	꜂pan
	南疆	吐鲁番	꜀nan	pan꜄	꜀san	꜂tsʻan	꜀tɕian	꜂ian	ɕian꜄	꜂pan
	汾河	运城	꜀ŋæ̃	pʻæ̃꜄	꜀sæ̃	꜂tsʻæ̃	꜀tɕiæ̃	꜂niæ̃	ɕiæ̃꜄	꜂pæ̃
	洛徐	徐州	꜀æ̃	pæ̃꜄	꜀sæ̃	꜂tsʻæ̃	꜀tɕiæ̃	꜂iæ̃	ɕiæ̃꜄	꜂pæ̃
	郑曹	郑州	꜀an	pan꜄	꜀san	꜂tʂʻan	꜀tɕian	꜂ian	ɕian꜄	꜂pan
	蔡鲁	曲阜	꜀ɣã	pã꜄	꜀sã	꜂tʂʻã	꜀tɕiã	꜂iã	ɕiã꜄	꜂pã
	信蚌	信阳	꜀nan	pan꜄	꜀san	꜂tsʻan	꜀tɕian	꜂ian	ɕian꜄	꜂pan
兰银	银吴	灵武	꜀ã	pã꜄	꜀ʂã	꜀tʂã	꜀tɕiã	꜀iã	ɕiã꜄	꜀pã
	金城	永登	꜀æ̃	pæ̃꜄	꜀sæ̃	꜂tʂæ̃	꜀tɕiæ̃	꜂iæ̃	ɕiæ̃꜄	꜂pæ̃
	河西	张掖	꜀æ̃	pæ̃꜄	꜀sæ̃	꜂tʂæ̃	꜀tɕiæ̃	꜂ziæ̃	ɕiæ̃꜄	꜂pæ̃
	塔密	吉木萨尔	꜀ŋan	pan꜄	꜀san	꜂tsʻan	꜀tɕien	꜂ien	ɕien꜄	꜂pan
西南	黔川	大方	꜀ŋan	pan꜄	꜀san	꜂tsʻan	꜀tɕian	꜂ian	ɕian꜄	꜂pan
	西蜀	都江堰	꜀ŋã	pã꜄	꜀sã	꜂tsʻã	꜀tɕiẽ	꜂iẽ	ɕiẽ꜄	꜂pã
	川西	喜德	꜀æn	pæn꜄	꜀sæn	꜂tʂæn	꜀tɕiẽ	꜂iẽ	ɕiẽ꜄	꜂pæn
	云南	昆明	꜀ã	pã꜄	꜀sã	꜂tʂã	꜀tɕiæ̃	꜂iæ̃	ɕiæ̃꜄	꜂pã
	湖广	武汉	꜀ŋan	pan꜄	꜀san	꜂tsʻan	꜀tɕien	꜂ien	ɕien꜄	꜂pan
	桂柳	荔浦	꜀ŋan	pan꜄	꜀san	꜂tsʻan	꜀ken	꜂en	han꜄	꜂pan
江淮	洪巢	南京	꜀aŋ	paŋ꜄	꜀ʂaŋ	꜂tʂʻaŋ	꜀tɕien	꜂ien	ɕien꜄	꜂paŋ
	泰如	泰州	꜀ũ/꜀ɛ̃	꜀pɛ̃	꜀sɛ̃	꜂tsʻɛ̃	꜀tɕiɛ̃	꜂ɛ̃	꜀ɕiɛ̃/ɕiɛ̃	꜂pɛ̃
	黄孝	红安	꜀ŋan	pan꜄	꜀san	꜂tsʻan	꜀tɕien	꜂ŋan/꜂iɛn	xan꜄	꜂pan
晋语	并州	太原	꜀ɣæ̃	pæ̃꜄	꜀sæ̃	꜂tsʻæ̃	꜀tɕie	꜂nie	ɕie꜄	꜂pæ̃
	吕梁	岚县	꜀ŋiẽ	paŋ꜄	꜀saŋ	꜂tsʻaŋ	꜀tɕiaŋ	꜂niaŋ	ɕiaŋ꜄	꜂paŋ
	上党	长治	꜀aŋ	paŋ꜄	꜀saŋ	꜂tsʻaŋ	꜀tɕiaŋ	꜂iaŋ	ɕiaŋ꜄	꜂paŋ
	五台	忻州	꜀ŋã	puõ꜄	꜂sã	꜂tsʻã	꜀tɕiẽ	꜂niã	ɕiẽ꜄	꜂pã
	大包	大同	꜀næ	pæ꜄	꜀sæ	꜂tsʻæ	꜀tɕie	꜂nie	ɕie꜄	꜂pæ
	张呼	呼和浩特	꜀ŋæ̃	pæ̃꜄	꜀sæ̃	꜂tsʻæ̃	꜀tɕie	꜂nie	ɕie꜄	꜂pæ̃
	邯新	获嘉	꜀nan	pan꜄	꜀san	꜂tsʻan	꜀tɕian	꜂nian	ɕian꜄	꜂pan
	志延	志丹	꜀ŋæ	pæ꜄	꜀sæ	꜂tsʻæ	꜀tɕiæ	꜂niæ	ɕiæ꜄	꜂pæ

慢	栈	删	奸	颜	变	偏	便~宜	便方~	面	代表点
山开二	山开二	山开二	山开二	山开二	山开三	山开三	山开三	山开三	山开三	
谏去明	谏去崇	删平生	删平见	删平疑	线去帮	仙平滂	仙平並	线去並	线去明	
man꜔	tʂan꜔	꜀san	꜀tɕian	꜀ian	pian꜔	꜀pʰian	꜀pʰian	pian꜔	mian꜔	北
man꜔	tʂan꜔	꜀san	꜀tɕian	꜀ian	pian꜔	꜀pʰian	꜀pʰian	pian꜔	mian꜔	兴
man꜔	tsan꜔	꜀san	꜀tɕian	꜀ian	pian꜔	꜀pʰian	꜀pʰian	pian꜔	mian꜔	沈
man꜔	tʂan꜔	꜀san	꜀tɕian	꜀ian	pian꜔	꜀pʰian	꜀pʰian	pian꜔	mian꜔	长
man꜔	tʂan꜔	꜀san	꜀tɕiæ	꜀iæ	pian꜔	꜀pʰian	꜀pʰian	pian꜔	mian꜔	巴
man꜔	tsan꜔	꜀san	꜀tɕian	꜀ian	pian꜔	꜀pʰian	꜀pʰian	pian꜔	mian꜔	牟
mã꜔	tʂã꜔	꜀ʂã	꜀ʃã	꜀iã	piã꜔	꜀pʰiã	꜀pʰiã	piã꜔	miã꜔	诸
man꜔	tsan꜔	꜀san	꜀tɕian	꜀ian	pian꜔	꜀pʰian	꜀pʰian	pian꜔	mian꜔	丹
man꜔	tʂan꜔	꜀san	꜀tɕian	꜀ian	pian꜔	꜀pʰian	꜀pʰian	pian꜔	mian꜔	高
mã꜔	tʂã꜔	꜀sã	꜀tɕiã	꜀iã	piã꜔	꜀pʰiã	꜀pʰiã	piã꜔	miã꜔	济
man꜔	tʂan꜔	꜀san	꜀tɕian	꜀ian	pian꜔	꜀pʰian	꜀pʰian	pian꜔	mian꜔	河
mã꜔	tʂã꜔	꜀sã	꜀tɕiã	꜀iã	piã꜔	꜀pʰiã	꜀pʰiã	piã꜔	miã꜔	利
mã꜔	tsã꜔	꜀sã	꜀tɕiã	꜀iã	piã꜔	꜀pʰiã	꜀pʰiã	piã꜔	mia꜔	西
mã꜔	tsã꜔	꜀sã	꜀tɕiã	꜀iã	piã꜔	꜀pʰiã	꜀pʰiã	piã꜔	miã꜔	敦
man꜔	tsan꜔	꜀san	꜀tɕian	꜀ian	pian꜔	꜀pʰian	꜀pʰian	pian꜔	mian꜔	天
man꜔		꜀san	꜀tɕian		pian꜔	꜀pʰian	꜀pʰian	pian꜔	mian꜔	吐
mæ̃꜔	tsæ̃꜔	꜀sæ̃	꜀tɕiæ̃	꜀niæ̃	piæ̃꜔	꜀pʰiæ̃	꜀pʰiæ̃	piæ̃꜔	miæ̃꜔	运
mæ̃꜔	tsæ̃꜔	꜀sæ̃	꜀tɕiæ̃	꜀iæ̃	piæ̃꜔	꜀pʰiæ̃	꜀pʰiæ̃	piæ̃꜔	miæ̃꜔	徐
man꜔	tsan꜔	꜀san	꜀tɕian	꜀ian	pian꜔	꜀pʰian	꜀pʰian	pian꜔	mian꜔	郑
mã꜔	tsã꜔	꜀sã	꜀tɕiã	꜀iã	piã꜔	꜀pʰiã	꜀pʰiã	piã꜔	miã꜔	曲
man꜔	tsan꜔	꜀san	꜀tɕian	꜀ian	pian꜔	꜀pʰian	꜀pʰian	pian꜔	mian꜔	信
mã꜔	tʂã꜔	꜀ʂã	꜀tɕiã	꜀iã	piã꜔	꜀pʰiã	꜀pʰiã	piã꜔	miã꜔	灵
mæ̃꜔	tʂæ̃꜔	꜀ʂæ̃	꜀tɕiæ̃	꜀iæ̃	piæ̃꜔	꜀pʰiæ̃	꜀pʰiæ̃	piæ̃꜔	miæ̃꜔	永
mæ̃꜔	tʂæ̃꜔	꜀ʂæ̃	꜀tɕiæ̃	꜀iæ̃	piæ̃꜔	꜀pʰiæ̃	꜀pʰiæ̃	piæ̃꜔	miæ̃꜔	张
man꜔	tsan꜔	꜀san	꜀tɕien	꜀ien	pien꜔	꜀pʰien	꜀pʰien		mien꜔	吉
man꜔	tsan꜔	꜀suan	꜀tɕian	꜀ian	pian꜔	꜀pʰian	꜀pʰian	pian꜔	mian꜔	大
mã꜔	tsã꜔	꜀suã	꜀tɕiẽ	꜀iẽ	piẽ꜔	꜀pʰiẽ	꜀pʰiẽ	piẽ꜔	miẽ꜔	都
mæn꜔	tsæn꜔	꜀sæn	꜀tɕiẽ	꜀iẽ	piẽ꜔	꜀pʰiẽ	꜀pʰiẽ	piẽ꜔	miẽ꜔	喜
mã꜔	tʂã꜔	꜀sã	꜀tɕiẽ	꜀iæ	piæ꜔	꜀pʰiæ	꜀pʰiæ	piæ꜔	miæ꜔	昆
man꜔	tsan꜔	꜀san	꜀tɕien	꜀ien	pien꜔	꜀pʰien	꜀pʰien	pien꜔	mien꜔	武
man꜔	tsan꜔	꜀san	꜀ken	꜀en	pen꜔	꜀pʰen	꜀pʰen	pen꜔	men꜔	荔
maŋ꜔	tʂaŋ꜔	꜀ʂaŋ	꜀tɕien	꜀ien	pien꜔	꜀pʰien	꜀pʰien	pien꜔	mien꜔	南
꜀mɛ̃/mæ̃	tsɛ̃꜔	꜀sɛ̃	꜀tɕiẽ	꜀ɛ̃	piĩ꜔	꜀pʰiĩ	꜀pʰi	꜀pʰiĩ/piĩ	꜀mĩĩ/miĩ	泰
man꜔	tsan꜔	꜀san	꜀tɕien	꜀ien	pien꜔	꜀pʰien	꜀pʰien	pien꜔	mien꜔	红
mæ̃꜔	tsæ̃꜔	꜀sæ̃	꜀tɕie	꜀ie	pie꜔	꜀pʰie	꜀pʰie	pie꜔	mie꜔	太
maŋ꜔	tsaŋ꜔	꜀saŋ	꜀tɕiaŋ	꜀niaŋ/iaŋ	piaŋ꜔	꜀pʰiaŋ	꜀pʰiaŋ	piaŋ꜔	miaŋ꜔	岚
mã꜔/muã	tsã꜔	꜀sã	꜀tɕiẽ	꜀iẽ	piẽ꜔	꜀pʰiẽ	꜀pʰiẽ	piẽ꜔	miẽ꜔	长
mæ̃꜔	tsæ̃꜔	꜀sæ̃	꜀tɕiẽ	꜀iẽ	piẽ꜔	꜀pʰiẽ	꜀pʰiẽ	piẽ꜔	miẽ꜔	忻
mæ꜔	tsæ꜔	꜀sæ	꜀tɕie	꜀ie	pie꜔	꜀pʰie	꜀pʰie	pie꜔	mie꜔	大
mæ̃꜔	tsæ̃꜔	꜀sæ̃	꜀tɕie	꜀ie	pie꜔	꜀pʰie	꜀pʰie	pie꜔	mie꜔	呼
man꜔	tsan꜔	꜀san	꜀tɕian	꜀ian	pian꜔	꜀pʰian	꜀pʰian	pian꜔	mian꜔	获
mæ꜔	tsæ꜔	꜀sæ	꜀tɕiæ	꜀iæ	piæ꜔	꜀pʰiæ	꜀pʰiæ	piæ꜔	miæ꜔	志

区	片	代表点	碾	连	剪	贱	仙	展	缠	战
			山开三 狝上泥	山开三 仙平来	山开三 狝上精	山开三 线去从	山开三 仙平心	山开三 狝上知	山开三 仙平澄	山开三 线去章
北京	幽燕	北京	꜂nian	꜀lian	꜂tɕian	tɕian꜄	꜀ɕian	꜂tʂan	꜀tʂʰan	tʂan꜄
	锦兴	兴城	꜂nian	꜀lian	꜂tɕian	tɕian꜄	꜀ɕian	꜂tʂan	꜀tʂʰan	tʂan꜄
	辽沈	沈阳	꜂nian	꜀lian	꜂tɕian	tɕian꜄	꜀ɕian	꜂tsan	꜀tsʰan	tsan꜄
	黑吉	长春	꜂nian	꜀lian	꜂tɕian	tɕian꜄	꜀ɕian	꜂tsan	꜀tsʰan	tsan꜄
	哈肇	巴彦	꜂nian	꜀lian	꜂tɕian	tɕian꜄	꜀ɕian	꜂tʂan	꜀tʂʰan	tʂan꜄
胶辽	登连	牟平	꜂n̠ian	꜀lian	꜂tɕian	tɕian꜄	꜀ɕian	꜂tɕian	꜀tɕʰian	tɕian꜄
	青莱	诸城	n̠iã꜄	꜀liã	꜂tʃã	ȵiã꜄	꜀ɕiã	꜂tʃã	꜀tʃã	tʃã꜄
	营通	丹东	꜂nian	꜀lian	꜂tɕian	tɕian꜄	꜀ɕian	꜂tʂan	꜀tʂʰan	tʂan꜄
冀鲁	保唐	高阳	꜂n̠ian	꜀lian	꜂tsian	tsian꜄	꜀sian	꜂tʂan	꜀tʂʰan	tʂan꜄
	石济	济南	꜂n̠iã	꜀liã	꜂tɕiã	tɕiã꜄	꜀ɕiã	꜂tʂã	꜀tʂʰã	tʂã꜄
	沧惠	河间	꜂n̠ian	꜀lian	꜂tsian	tsian꜄	꜀sian	꜂tʂan	꜀tʂʰan	tʂan꜄
	章利	利津	꜂niã/niã꜄①	꜀liã	꜂tsiã	tsiã꜄	꜀siã	꜂tʂã	꜀tʂʰã	tʂã꜄
中原	关中	西安	꜂niã	꜀liã	꜂tɕiã	tɕiã꜄	꜀ɕiã	꜂tʂã	꜀tʂʰã	tʂã꜄
	秦陇	敦煌	꜂niã	꜀liã	꜂tɕiã	tɕiã꜄	꜀ɕiã	꜂tʂã	꜀tʂʰã	tʂã꜄
	陇中	天水	nian꜄	꜀lian	꜂tɕian	tɕian꜄	꜀ɕian	꜂tʂan	꜀tʂʰan	tʂan꜄
	南疆	吐鲁番	꜂nian	꜀lian	꜂tɕian	tɕian꜄	꜀ɕian	꜂tʂan	꜀tʂʰan	tʂan꜄
	汾河	运城	niæ꜄	꜀liæ	꜂tɕiæ	tɕʰiæ꜄/tɕiæ꜄	꜀ɕiæ	꜂tʂæ	꜀tʂʰæ	tʂæ꜄
	洛徐	徐州	niæ꜄	꜀liæ	꜂tɕiæ	tɕiæ꜄	꜀ɕiæ	꜂tʂæ	꜀tʂʰæ	tʂæ꜄
	郑曹	郑州	꜂nian	꜀lian	꜂tsian	tsian꜄	꜀sian	꜂tʂan	꜀tʂʰan	tʂan꜄
	蔡鲁	曲阜	꜂n̠iã	꜀liã	꜂tɕiã	tɕiã꜄	꜀ɕiã	꜂tsã	꜀tsʰã	tsã꜄
	信蚌	信阳	꜂nian	꜀nian	꜂tɕian	tɕian꜄	꜀ɕian	꜂tsan	꜀tsʰan	tsan꜄
兰银	银吴	灵武	꜀n̠iã	꜀liã	꜀tɕiã	tɕiã꜄	꜀ɕiã	꜀tʂã	꜀tʂã	tʂã꜄
	金城	永登	꜂n̠iæ	꜀liæ	꜂tɕiæ	tɕiæ꜄	꜀ɕiæ	꜂tʂæ	꜀tʂʰæ	tʂæ꜄
	河西	张掖	꜂n̠iæ	꜀liæ	꜂tɕiæ	tɕiæ꜄	꜀ɕiæ	꜂tʂæ	꜀tʂʰæ	tʂæ꜄
	塔密	吉木萨尔		꜂lien	꜂tɕien	tɕien꜄	꜀ɕien	꜂tʂan	꜀tʂʰan	tʂan꜄
西南	黔川	大方	꜂lian	꜀lian	꜂tɕian	tɕian꜄	꜀ɕian	꜂tsan	꜀tsʰan	tsan꜄
	西蜀	都江堰	꜂n̠iẽ	꜀niẽ	꜂tɕiẽ	tɕiẽ꜄	꜀ɕiẽ	꜂tsã	꜀tsʰã	tsã꜄
	川西	喜德	꜂niẽ	꜀niẽ	꜂tɕiẽ	tɕiẽ꜄	꜀ɕiẽ	꜂tʂæn	꜀tʂʰæn	tʂæn꜄
	云南	昆明	꜂niæ̃	꜀liæ̃	꜂tɕiæ̃	tɕiæ̃꜄	꜀ɕiæ̃	꜂tʂã	꜀tʂʰã	tʂã꜄
	湖广	武汉	꜂nien	꜀nien	꜂tɕien	tɕien꜄	꜀ɕien	꜂tsan	꜀tsʰan	tsan꜄
	桂柳	荔浦		꜀len	꜂tsen	tsen꜄	꜀sen	꜂tsen		tsen꜄
江淮	洪巢	南京	꜂lien	꜀lien	꜂tsien	tsien꜄	꜀sien	꜂tʂan	꜀tʂʰan	tʂan꜄
	泰如	泰州	꜂niĩ	꜀niĩ	꜂tɕiĩ	꜀tɕʰiĩ/tɕiĩ	꜀ɕiĩ	꜂tɕiĩ	꜀tɕʰiĩ	tɕiĩ꜄
	黄孝	红安	꜂n̠ien	꜀lien	꜂tɕien	tɕien꜄	꜀ɕien	꜂tʂan	꜀tʂʰan	tʂan꜄
晋语	并州	太原	꜂nie	꜀lie	꜂tɕie	tɕie꜄	꜀ɕie	꜂tsæ̃	꜀tsʰæ̃	tsæ̃꜄
	吕梁	岚县	꜂zɤ	꜀liɤ	꜂tɕiɤ	tɕiɤ꜄	꜀ɕiɤ	꜂tsɤ̃	꜀tsʰɤ̃	tsɤ̃꜄
	上党	长治	꜂niaŋ	꜀liaŋ	꜂tɕiaŋ	tɕiaŋ꜄	꜀ɕiaŋ	꜂tsaŋ	꜀tsʰaŋ	tsaŋ꜄
	五台	忻州	꜂niẽ	꜀liẽ	꜂tɕiẽ	tɕiẽ꜄	꜀ɕiẽ	꜂tʂuɤ̃	꜀tʂʰuɤ̃	tʂuɤ̃꜄
	大包	大同	꜂nie	꜀lie	꜂tɕie	tɕie꜄	꜀ɕie	꜂tʂæ	꜀tʂʰæ	tʂæ꜄
	张呼	呼和浩特	꜂nie	꜀lie	꜂tɕie	tɕie꜄	꜀ɕie	꜂tsæ̃	꜀tsʰæ̃	tsæ̃꜄
	邯新	获嘉	꜂nian	꜀lian	꜂tɕian	tɕian꜄	꜀ɕian	꜂tsan	꜀tsʰan	tsan꜄
	志延	志丹	꜂niæ	꜀liæ	꜂tɕiæ	tɕiæ꜄	꜀ɕiæ	꜂tʂæ	꜀tʂʰæ	tʂæ꜄

①꜂niã，～场；niã꜄，～米。

蝉	善	然	件	演	建	言	献	边	片	代表点
山开三仙平禅	山开三狝上禅	山开三仙平日	山开三狝上群	山开三狝上以	山开三愿去见	山开三元平疑	山开三愿去晓	山开四先平帮	山开四霰去滂	代表点
⊆tʂʻan	ʂan⊃	⊆zan	tɕian⊃	⊂ian	tɕian⊃	⊆ian	ɕian⊃	⊂pian	pʻian⊃	北
⊆tʂʻan	san⊃	⊆ian	tɕian⊃	⊂ian	tɕian⊃	⊆ian	ɕian⊃	⊂pian	pʻian⊃	兴
⊆tʂʻan	san⊃	⊆ian	tɕian⊃	⊂ian	tɕian⊃	⊆ian	ɕian⊃	⊂pian	pʻian⊃	沈
⊆tʂʻan	ʂan⊃	⊆ian	tɕian⊃	⊂ian	tɕian⊃	⊆ian	ɕian⊃	⊂pian	pʻian⊃	长
⊆tʂʻan	ʂan⊃	⊆ian	tɕian⊃	⊂ian	tɕian⊃	⊆ian	ɕian⊃	⊂pian	pʻian⊃	巴
⊆tɕʻian	ɕian⊃	⊆ian	cian⊃	⊂ian	cian⊃	⊆ian	⊂ɕian	⊂pian	pʻian⊃	牟
⊆tʃʻã	ʃã⊃	⊆iã	tʃã⊃	⊂iã	tʃã⊃	⊆iã	ʃã⊃	⊂piã	pʻiã	诸
⊆tʂʻan	san⊃	⊆ian	tɕian⊃	⊂ian	tɕian⊃	⊆ian	ɕian⊃	⊂pian	pʻian⊃	丹
⊆tʂʻan	ʂan⊃	⊆zan	tɕian⊃	⊂ian	tɕian⊃	⊆ian	ɕian⊃	⊂pian	pʻian⊃	高
⊆tʂʻã	ʂã⊃	⊆zã	tɕiã⊃	⊂iã	tɕiã⊃	⊆iã	ɕiã⊃	⊂piã	pʻiã⊃	济
⊆tʂʻan	ʂan⊃	⊆zan	tɕian⊃	⊂ian	tɕian⊃	⊆ian	ɕian⊃	⊂pian	pʻian⊃	河
	ʂã⊃	⊆zã	tɕiã⊃	⊂iã	tɕiã⊃	⊆iã	ɕiã⊃	⊂piã	pʻiã⊃	利
⊆tʂʻã	ʂã⊃	⊆zã	tɕiã⊃	⊂iã	tɕiã⊃	⊆niã/ ⊆ia	ɕiã⊃	⊂piã	⊂pʻiã	西
⊆tʂʻã	ʂã⊃	⊆zã	tɕia⊃	⊂iã	tɕiã⊃	⊆iã	ɕiã⊃	⊂piã	pʻiã⊃	敦
	ʂan⊃	⊆zan	tɕʻian⊃	⊂ian	tɕian⊃	⊆ian	ɕian⊃	⊂pian	⊂pʻian	天
⊆tʂʻan	ʂan⊃	⊆zan	tɕian⊃	⊂ian	tɕian⊃	⊆ian	ɕian⊃	⊂pian	pʻian⊃	吐
⊆tʂʻæ̃	ʂæ̃⊃	⊆zæ̃	tɕʻiæ̃⊃	⊂iæ̃	tɕiæ̃⊃	⊆iæ̃	ɕiæ̃⊃	⊂piæ̃	pʻiæ̃⊃	运
⊆tʂʻæ̃	ʂæ̃⊃	⊆zæ̃	tɕʻiæ̃⊃	⊂iæ̃	tɕiæ̃⊃	⊆iæ̃	ɕiæ̃⊃	⊂piæ̃	pʻiæ̃⊃	徐
⊆tʂʻan	ʂan⊃	⊆zan	tɕian⊃	⊂ian	tɕian⊃	⊆ian	ɕian⊃	⊂pian	pʻian⊃	郑
⊆tsʻɑ̃	sɑ̃⊃	⊆zɑ̃	tɕiɑ̃⊃	⊂iɑ̃	tɕiɑ̃⊃	⊆iɑ̃	ɕiɑ̃⊃	⊂piɑ̃	pʻiɑ̃⊃	曲
⊆tsʻan	san⊃	⊆zan	tɕian⊃	⊂ian	tɕian⊃	⊆ian	ɕian⊃	⊂pian	pʻian⊃	信
⊆tʂʻã	ʂã⊃	⊆zã	tɕiã⊃	⊂iã	tɕiã⊃	⊆iã	ɕiã⊃	⊂piã	pʻiã⊃	灵
⊆ʂæ̃	ʂæ̃⊃	⊆zæ̃	tɕiæ̃⊃	⊂iæ̃	tɕiæ̃⊃	⊆iæ̃	ɕiæ̃⊃	⊂piæ̃	pʻiæ̃⊃	永
⊆ʂæ̃	ʂæ̃⊃	⊆zæ̃	tɕiæ̃⊃	⊂ziæ̃	tɕiæ̃⊃	⊆ziæ̃	ɕiæ̃⊃	⊂piæ̃	pʻiæ̃⊃	张
⊂tʂʻan	san⊃	⊂zan	tɕien⊃	⊂ien	tɕien⊃	⊂ien	ɕien⊃	⊂pien	pʻien⊃	吉
⊆tsʻan	san⊃	⊆zan	tɕian⊃	⊂ian	tɕian⊃	⊆ian	ɕian⊃	⊂pian	pʻian⊃	大
⊆tʂʻã	sã⊃	⊆zã	tɕiẽ⊃	⊂iẽ	tɕiẽ⊃	⊆iẽ	ɕiẽ⊃	⊂piẽ	pʻiẽ⊃	都
⊆tʂʻæn	ʂæn⊃	⊆zæn	tɕiẽ⊃	⊂iẽ	tɕiẽ⊃	⊆iẽ	ɕiẽ⊃	⊂piẽ	pʻiẽ⊃	喜
⊆tsʻã	ʂã⊃	⊆zã	tɕiæ̃⊃	⊂iæ̃	tɕiæ̃⊃	⊆iæ̃	ɕiæ̃⊃	⊂piæ̃	pʻiæ̃⊃	昆
⊆tsʻan	san⊃	⊆zan	tɕien⊃	⊂ien	tɕien⊃	⊆ien	ɕien⊃	⊂pien	pʻien⊃	武
	sen⊃	⊆en	ken⊃	⊂en	ken⊃	⊆en	hen⊃	⊂pen	pʻen⊃	荔
⊆tʂʻaŋ	ʂaŋ⊃	⊆zaŋ	tɕien⊃	⊂ien	tɕien⊃	⊆ien	ɕien⊃	⊂pien	pʻien⊃	南
⊆tɕʻiĩ	ɕiĩ⊃	⊆iĩ	⊆tɕʻiĩ/tɕiĩ⊃	⊂iĩ	tɕiĩ⊃	⊆iĩ	ɕiĩ⊃	⊂piĩ	pʻiĩ⊃	泰
⊆tʂʻan	ʂan⊃	⊆ɥan	tɕien⊃	⊂ɕien	tɕien⊃	⊆ien	ɕien⊃	⊂pien	pʻien⊃ / ⊂pʻien	红
⊆tsʻæ	sæ⊃	⊆zæ	tɕie⊃	⊂ie	tɕie⊃	⊆ie	ɕie⊃	⊂pie	pʻie⊃	太
⊆tsʻẽ	sẽ⊃	⊆zẽ	tɕiẽ⊃	⊂iẽ	tɕiẽ⊃	⊆iẽ	ɕiẽ⊃	⊂piẽ	pʻiẽ⊃	岚
⊆tsʻɑŋ	saŋ⊃	⊆iaŋ	tɕiaŋ⊃	⊂iaŋ	tɕiaŋ⊃	⊆iaŋ	ɕiaŋ⊃	⊂piaŋ	pʻiaŋ⊃	长
⊆tʂʻuɒ̃	ʂuɒ̃⊃	⊆zuɒ̃	tɕiẽ⊃	⊂iẽ	tɕiẽ⊃	⊆iẽ	ɕiẽ⊃	⊂piẽ	pʻiẽ⊃	忻
⊆tsʻæ	sæ⊃	⊆zæ	tɕie⊃	⊂ie	tɕie⊃	⊆ie	ɕie⊃	⊂pie	pʻie⊃	大
⊆tsʻæ	sæ⊃	⊆zæ	tɕie⊃	⊂ie	tɕie⊃	⊆ie	ɕie⊃	⊂pie	pʻie⊃	呼
⊆tsʻan	san⊃	⊆zan	tɕian⊃	⊂ian	tɕian⊃	⊆ian	ɕian⊃	⊂pian	pʻian⊃	获
⊆tʂʻæ	ʂæ⊃	⊆zæ	tɕiæ⊃	⊂iæ	tɕiæ⊃	⊆iæ	ɕiæ⊃	⊂piæ	pʻiæ⊃	志

区	片	代表点	辫 山开四 铣上並	麵 山开四 霰去明	天 山开四 先平透	田 山开四 先平定	电 山开四 霰去定	年 山开四 先平泥	莲 山开四 先平来	千 山开四 先平清
北京	幽燕	北京	pianꜛ	mianꜛ	₌tʰian	₌tʰian	tianꜛ	₌nian	₌lian	₌tɕʰian
	锦兴	兴城	pianꜛ	mianꜛ	₌tʰian	₌tʰian	tianꜛ	₌nian	₌lian	₌tɕʰian
	辽沈	沈阳	pianꜛ	mianꜛ	₌tʰian	₌tʰian	tianꜛ	₌ȵian	₌lian	₌tɕʰian
	黑吉	长春	pianꜛ	mianꜛ	₌tʰian	₌tʰian	tianꜛ	₌nian	₌lian	₌tɕʰian
	哈肇	巴彦	pianꜛ	mianꜛ	₌tʰian	₌tʰian	tianꜛ	₌nian	₌lian	₌tɕʰian
胶辽	登连	牟平	pianꜛ	mianꜛ	₌tʰian	₌tʰian	tianꜛ	₌nian	₌lian	₌tɕʰian
	青莱	诸城	piãꜛ	miãꜛ	₌tʰiã	₌tʰiã	tiãꜛ	₌niã	₌liã	₌tɕʰiã
	营通	丹东	pianꜛ	mianꜛ	₌tʰian	₌tʰian	tianꜛ	₌nian	₌lian	₌tɕʰian
冀鲁	保唐	高阳	pianꜛ	mianꜛ	₌tʰian	₌tʰian	tianꜛ	₌nian	₌lian	₌tsʰian
	石济	济南	piãꜛ	miãꜛ	₌tʰiã	₌tʰiã	tiãꜛ	₌ȵiã	₌liã	₌tɕʰiã
	沧惠	河间	pianꜛ	mianꜛ	₌tʰian	₌tʰian	tianꜛ	₌nian	₌lian	₌tsʰian
	章利	利津	piãꜛ	miãꜛ	₌tʰiã	₌tʰiã	tiãꜛ	₌niã	₌liã	₌tsʰiã
中原	关中	西安	piãꜛ	miãꜛ	₌tʰiã	₌tʰiã	tiãꜛ	₌niã	₌liã	₌tɕʰiã
	秦陇	敦煌	piãꜛ	miãꜛ	₌tʰiã	₌tʰiã	tiãꜛ	₌niã	₌liã	₌tɕʰiã
	陇中	天水	pianꜛ	mianꜛ	₌tʰian	₌tʰian	tianꜛ	₌ȵian	₌lian	₌tɕʰian
	南疆	吐鲁番	pianꜛ	mianꜛ	₌tʰian	₌tʰian	tianꜛ	₌nian	₌lian	₌tɕʰian
	汾河	运城	pʰiæ̃ꜛ	miæ̃ꜛ	₌tʰiæ̃	₌tʰiæ̃	tiæ̃ꜛ	₌niæ̃	₌liæ̃	₌tɕʰiæ̃
	洛徐	徐州	piæ̃ꜛ	miæ̃ꜛ	₌tʰiæ̃	₌tʰiæ̃	tiæ̃ꜛ	₌niæ̃	₌liæ̃	₌tɕʰiæ̃
	郑曹	郑州	pianꜛ	mianꜛ	₌tʰian	₌tʰian	tianꜛ	₌nian	₌lian	₌tsʰian
	蔡鲁	曲阜	piãꜛ	miãꜛ	₌tʰiã	₌tʰiã	tiãꜛ	₌ȵiã	₌liã	₌tɕʰiã
	信蚌	信阳	pianꜛ	mianꜛ	₌tʰian	₌tʰian	tianꜛ	₌nian	₌nian	₌tɕʰian
兰银	银吴	灵武	piãꜛ	miãꜛ	₌tʰiã	₌tʰiã	tiãꜛ	₌ȵiã	₌liã	₌tɕʰiã
	金城	永登	piæ̃ꜛ	miæ̃ꜛ	₌tʰiæ̃	₌tʰiæ̃	tiæ̃ꜛ	₌ȵiæ̃	₌liæ̃	₌tɕʰiæ̃
	河西	张掖	piæ̃ꜛ	miæ̃ꜛ	₌tʰiæ̃	₌tʰiæ̃	tiæ̃ꜛ	₌ȵiæ̃	₌liæ̃	₌tɕʰiæ̃
	塔密	吉木萨尔	pienꜛ	mienꜛ	₌tʰien	₌tʰien	tienꜛ	₌ȵien	₌lien	₌tɕʰien
西南	黔川	大方	pianꜛ	mianꜛ	₌tʰian	₌tʰian	tianꜛ	₌lian	₌lian	₌tɕʰian
	西蜀	都江堰	piɛ̃ꜛ	miɛ̃ꜛ	₌tʰiɛ̃	₌tʰiɛ̃	tiɛ̃ꜛ	₌ȵiɛ̃	₌niɛ̃	₌tɕʰiɛ̃
	川西	喜德	piɛ̃ꜛ	miɛ̃ꜛ	₌tʰiɛ̃	₌tʰiɛ̃	tiɛ̃ꜛ	₌ȵiɛ̃	₌niɛ̃	₌tɕʰiɛ̃
	云南	昆明	piæ̃ꜛ	miæ̃ꜛ	₌tʰiæ̃	₌tʰiæ̃	tiæ̃ꜛ	₌ȵiæ̃	₌liæ̃	₌tɕʰiæ̃
	湖广	武汉	pienꜛ	mienꜛ	₌tʰien	₌tʰien	tienꜛ	₌nien	₌nien	₌tɕʰien
	桂柳	荔浦	penꜛ	menꜛ	₌tʰen	₌tʰen	tenꜛ	₌nen	₌len	₌tsʰen
江淮	洪巢	南京	pienꜛ	mienꜛ	₌tʰien	₌tʰien	tienꜛ	₌lien	₌lien	₌tsʰien
	泰如	泰州	₌piĩ/piĩꜛ	miĩꜛ	₌tʰiĩ	₌tʰiĩ	tiĩꜛ	₌niĩ	₌niĩ	₌tɕʰiĩ
	黄孝	红安	pienꜛ	mienꜛ	₌tʰien	₌tʰien	tienꜛ	₌ȵien	₌lien	₌tɕʰien
晋语	并州	太原	pieꜛ	mieꜛ	₌tʰie	₌tʰie	tieꜛ	₌nie	₌lie	₌tɕʰie
	吕梁	岚县	pieꜛ	miɛ̃ꜛ	₌tɕʰiɛ̃	₌tɕʰiɛ̃	tiɛ̃ꜛ	₌niɛ̃	₌liɛ̃	₌tɕʰiɛ̃
	上党	长治	piaŋꜛ	miaŋꜛ	₌tʰiaŋ	₌tʰiaŋ	tiaŋꜛ	₌niaŋ	₌liaŋ	₌tɕʰiaŋ
	五台	忻州	piɛ̃ꜛ	miɛ̃ꜛ	₌tʰiɛ̃	₌tʰiɛ̃	tiɛ̃ꜛ	₌niɛ̃	₌liɛ̃	₌tɕʰiɛ̃
	大包	大同	pieꜛ	mieꜛ	₌tʰie	₌tʰie	tieꜛ	₌nie	₌lie	₌tɕʰie
	张呼	呼和浩特	pieꜛ	mieꜛ	₌tʰie	₌tʰie	tieꜛ	₌nie	₌lie	₌tɕʰie
	邯新	获嘉	pianꜛ	mianꜛ	₌tʰian	₌tʰian	tianꜛ	₌nian	₌lian	₌tɕʰian
	志延	志丹	piæꜛ	miæꜛ	₌tʰiæ	₌tʰiæ	tiæꜛ	₌niæ	₌liæ	₌tɕʰiæ

前	肩	研	贤	烟	半	盘	伴	满	短	代表点
山开四 先平从	山开四 先平见	山开四 先平疑	山开四 先平匣	山开四 先平影	山合一 换去帮	山合一 桓平並	山合一 缓上並	山合一 缓上明	山合一 缓上端	代表点
꜀tɕʻian	꜀tɕian	꜀ian	꜀ɕian	꜀ian	panꜗ	꜀pʻan	panꜗ	ꜛman	ꜛtuan	北
꜀tɕʻian	꜀tɕian	꜀ian	꜀ɕian	꜀ian	panꜗ	꜀pʻan	panꜗ	ꜛman	ꜛtuan	兴
꜀tɕʻian	꜀tɕian	꜀ian	꜀ɕian	꜀ian	panꜗ	꜀pʻan	panꜗ	ꜛman	ꜛtuan	沈
꜀tɕʻian	꜀tɕian	꜀ian	꜀ɕian	꜀ian	panꜗ	꜀pʻan	panꜗ	ꜛman	ꜛtuan	长
꜀tɕʻian	꜀tɕian	꜀ian	꜀ɕian	꜀ian	panꜗ	꜀pʻan	panꜗ	ꜛman	ꜛtuan	巴
꜀tɕʻian	꜀cian	꜀ian/ꜛian	꜀ɕian	꜀ian	panꜗ	꜀pʻan	panꜗ	ꜛman	ꜛtan	牟
꜀tʂʻiã	꜀tʃã	꜀ʃã	꜀ʃã	꜀iã	pãꜗ	꜀pʻã	pãꜗ	ꜛmã	ꜛtuã	诸
꜀tɕʻian	꜀tɕian	꜀ian	꜀ɕian	꜀ian	panꜗ	꜀pʻan	panꜗ	ꜛman	ꜛtan/ꜛtuan	丹
꜀tsʻian	꜀tɕian	꜀ian	꜀ɕian	꜀ian	panꜗ	꜀pʻan	panꜗ	ꜛman	ꜛtuan	高
꜀tɕʻiã	꜀tɕiã	꜀iã	꜀ɕiã	꜀iã	pãꜗ	꜀pʻã	pãꜗ	ꜛmã	·tuã	济
꜀tsʻian	꜀tɕian	꜀ian	꜀ɕian	꜀ian	panꜗ	꜀pʻan	panꜗ	ꜛman	ꜛtuan	河
꜀tsʻian	꜀tɕiã	꜀iã/ꜛiã①	꜀ɕiã	꜀iã	pãꜗ	꜀pʻã	pãꜗ	ꜛmã	ꜛtuã	利
꜀tɕʻiã	꜀tɕiã	꜀iã	꜀ɕiã	꜀iã	pãꜗ	꜀pʻã	pãꜗ	ꜛmã	ꜛtuã	西
꜀tɕʻiã	꜀tɕiã	꜀iã	꜀ɕiã	꜀iã	pãꜗ	꜀pʻã	pãꜗ	ꜛmã	ꜛtuã	敦
꜀tɕʻian	꜀tɕian	꜀ian		꜀ian	panꜗ	꜀pʻn	pʻanꜗ	ꜛman	ꜛtuan	天
꜀tɕʻian	꜀tɕiã	꜀ian		꜀ian	panꜗ	꜀pʻan	panꜗ	ꜛman	ꜛtuan	吐
꜀tɕʻiæ	꜀tɕiæ	꜀iæ	꜀ɕiæ	꜀iæ	pæꜗ	꜀pʻæ	pʻæꜗ	ꜛmæ	ꜛtuæ	运
꜀tɕʻiæ	꜀tɕiæ	꜀iæ	꜀ɕiæ	꜀iæ	pæꜗ	꜀pʻæ	pæꜗ	ꜛmæ	ꜛtuæ	徐
꜀tsʻian	꜀tɕian	꜀ian	꜀ɕian	꜀ian	panꜗ	꜀pʻan	panꜗ	ꜛman	ꜛtan	郑
꜀tɕʻiã	꜀tɕiã	꜀iã	꜀ɕiã	꜀iã	pãꜗ	꜀pʻã	pãꜗ	ꜛmã	ꜛtuã	曲
꜀tɕʻian	꜀tɕian	꜀ian	꜀ɕian	꜀ian	panꜗ	꜀pʻan	panꜗ	ꜛman	ꜛtan	信
꜀tɕʻiã	꜀tɕiã	꜀iã	꜀ɕiã	꜀iã	pãꜗ	꜀pʻã	pãꜗ	꜀mã	꜀tuã	灵
꜀tɕʻiæ	꜀tɕiæ	꜀iæ	꜀ɕiæ	꜀iæ	pæꜗ	꜀pʻæ	pæꜗ	ꜛmæ	ꜛtuæ	永
꜀tɕʻiæ	꜀tɕiæ	꜀ziæ	꜀ɕiæ	꜀ziæ	pæꜗ	꜀pʻæ	pæꜗ	ꜛmæ	ꜛtuæ	张
	꜀tɕiɛn	ꜛiɛn	꜀ɕiɛn	꜀iɛn	panꜗ	꜀pʻan	panꜗ	ꜛman	ꜛtuan	吉
꜀tɕʻian	꜀tɕian	꜀lian	꜀ɕian	꜀ian	panꜗ	꜀pʻan	panꜗ	ꜛman	ꜛtuan	大
꜀tɕʻiɛ	꜀tɕiɛ	꜀niɛ	꜀ɕiɛ	꜀iɛ	pãꜗ	꜀pʻã	pãꜗ	ꜛmã	ꜛtuã	都
꜀tɕʻiɛ	꜀tɕiɛ	꜀iɛ	꜀ɕiɛ	꜀iɛ	pænꜗ	꜀pʻæn	pænꜗ	ꜛmæn	ꜛtuæn	喜
꜀tɕʻiæ	꜀tɕiæ	꜀iæ	꜀ɕiæ	꜀iæ	pãꜗ	꜀pʻã	pãꜗ	ꜛmã	ꜛtuã	昆
꜀tsʻiɛn	꜀tɕiɛn	꜀niɛn	꜀ɕiɛn	꜀iɛn	panꜗ	꜀pʻan	panꜗ	ꜛman	ꜛtan	武
꜀tsʻen	꜀ken	꜀nen	꜀hen	꜀en	ponꜗ	꜀pʻon	ponꜗ	ꜛmon	ꜛton	荔
꜀tsʻiɛn	꜀tɕiɛn	꜀iɛn/ꜛliɛn	꜀ɕiɛn	꜀iɛn	paŋꜗ	꜀pʻaŋ	paŋꜗ	ꜛmaŋ	ꜛtuaŋ	南
꜀tɕʻiĩ	꜀tɕiĩ	꜀iĩ	꜀ɕiĩ	꜀iĩ	pʊꜗ	꜀pʻʊ	꜀pʊ/pʊꜗ	ꜛmʊ	ꜛtʊ	泰
꜀tɕʻian	꜀tɕiɛn	꜀niɛn	꜀ɕiɛn	꜀ian	panꜗ	꜀pʻan/pʻan	panꜗ	ꜛman	ꜛtan	红
꜀tɕʻie	꜀tɕie	꜀ie	꜀ɕie	꜀ie	pæꜗ	꜀pʻæ	pæꜗ	ꜛmæ	ꜛtuæ	太
꜀tɕʻiɛ	꜀tɕiɛ	꜀iɛ	꜀ɕiɛ	꜀iɛ	pɛꜗ	꜀pʻɛ	pɛꜗ	ꜛmɛ	ꜛtuɛ	岚
꜀tɕʻiaŋ	꜀tɕiaŋ	꜀iaŋ	꜀ɕiaŋ	꜀iaŋ	paŋꜗ	꜀pʻaŋ	paŋꜗ	ꜛmaŋ	ꜛtuaŋ	长
꜀tɕʻie	ꜛtɕiɛ	꜀iɛ	ꜛɕiɛ	ꜛiɛ	puʊꜗ	꜀pʻʊ	puʊꜗ	ꜛmʊ	ꜛtʊ	忻
꜀tɕʻie	꜀tɕie	꜀ie	꜀ɕie	꜀ie	pæꜗ	꜀pʻæ	pæꜗ	ꜛmæ	ꜛtuæ	大
꜀tɕʻie	꜀tɕie	꜀ie	꜀ɕie	꜀ie	pæꜗ	꜀pʻæ	pæꜗ	ꜛmæ	ꜛtuæ	呼
꜀tɕʻian	꜀tɕian	꜀ian	꜀ɕian	꜀ian	panꜗ	꜀pʻan	panꜗ	ꜛman	ꜛtuan	获
꜀tɕʻiæ	꜀tɕiæ	꜀iæ	꜀ɕiæ	꜀iæ	pæꜗ	꜀pʻæ	pæꜗ	ꜛmæ	ꜛtuæ	志

① ꜀iã，~墨；ꜛiã，钻~。

区	片	代表点	团 山合一 桓平定	断 山合一 缓上定	暖 山合一 缓上泥	乱 山合一 换去来	钻(动) 山合一 桓平精	酸 山合一 桓平心	官 山合一 桓平见	欢 山合一 桓平晓
北京	幽燕	北京	꜀tʰuan	tuanˀ	ⁿnuan/ⁿnan	luanˀ/ˀlan	꜀tsuan	꜀suan	꜀kuan	꜀xuan
	锦兴	兴城	꜀tʰuan	tuanˀ	ⁿnan/ⁿnau	lanˀ	꜀tʂuan	꜀ʂuan	꜀kuan	꜀xuan
	辽沈	沈阳	꜀tʰuan	tuanˀ	ⁿnan	lanˀ	꜀tsuan	꜀suan	꜀kuan	꜀xuan
	黑吉	长春	꜀tʰuan	tuanˀ	ⁿnan	lanˀ	꜀tsuan	꜀suan	꜀kuan	꜀xuan
	哈肇	巴彦	꜀tʰuan	tuanˀ	ⁿnan	lanˀ	꜀tsuan	꜀suan	꜀kuan	꜀xuan
胶辽	登连	牟平	꜀tʰan	tanˀ	ⁿnan/ⁿnao	lanˀ	꜀tsan	꜀san	꜀kan	꜀xan
	青莱	诸城	꜀tʰuã	tuãˀ	ⁿnuã	luãˀ	꜀tθuã	꜀θuã	꜀kuã	꜀xuã
	营通	丹东	꜀tʰan/꜀tʰuan	tanˀ/tuanˀ	ⁿnan/ⁿnuan	lanˀ/luanˀ	꜀tsan/꜀tsua	꜀san/꜀suan	꜀kuan	꜀xuan
冀鲁	保唐	高阳	꜀tuan	tuanˀ	ⁿŋan/ⁿŋaŋ①	luanˀ	꜀tsuã	꜀suan	꜀kuan	꜀xuan
	石济	济南	꜀tuã	tuãˀ	ⁿnuã	luãˀ	꜀tsuã	꜀suã	꜀kuã	꜀xuã
	沧惠	河间	꜀tʰan	tuanˀ	ⁿnuan/ⁿnuaŋ②	luanˀ	꜀tsuan	꜀suan	꜀kuan	꜀xuan
	章利	利津	꜀tuã	tuãˀ	ⁿnɑŋ	luãˀ	꜀tsuã	꜀suã	꜀kuã	꜀xuã
中原	关中	西安	꜀tʰuã	tuãˀ	ⁿnuã	ˀluã	ˀtsuã	꜀suã	꜀kuã	꜀xuã
	秦陇	敦煌	꜀tʰuã	tuãˀ	ⁿnuã	luãˀ	ˀtsuã	꜀suã	꜀kuã	꜀xuã
	陇中	天水	꜀tʰuan	tʰuanˀ/tuanˀ	ⁿnuan	luanˀ	꜀tsuan	꜀suan	꜀kuan	꜀xuan
	南疆	吐鲁番	꜀tʰuan	tuanˀ	ⁿnuan	luanˀ	꜀tsuan	꜀suan	꜀kuan	꜀xuan
	汾河	运城	꜀tʰuæ̃	tʰuæ̃ˀ	ˀluæ̃	luæ̃ˀ	꜀tɕyæ̃	꜀ɕyæ̃	꜀kuæ̃	꜀xuæ̃
	洛徐	徐州	꜀tʰuæ̃	tuæ̃ˀ	ⁿnuæ̃	luæ̃ˀ	꜀tsuæ̃	꜀suæ̃	꜀kuæ̃	꜀xuæ̃
	郑曹	郑州	꜀tʰuan	tuanˀ	ⁿnuan	luanˀ	꜀tsuan	꜀suan	꜀kuan	꜀xuan
	蔡鲁	曲阜	꜀tʰuã	tuãˀ	ⁿnuã	luãˀ	꜀tsuã	꜀suã	꜀kuã	꜀xuã
	信蚌	信阳	꜀tʰan	tanˀ	ⁿnan	nanˀ	꜀tsan	꜀san	꜀kuan	꜀fan
兰银	银吴	灵武	꜀tʰuã	tuãˀ	꜀nuã/ˀnã	luãˀ/ˀlã	꜀tsuã	꜀suã	꜀kuã	꜀xuã
	金城	永登	꜀tʰuæ̃	tuæ̃ˀ	ⁿnuæ̃/ˀnæ̃	luæ̃ˀ/ˀlæ̃	꜀tsuæ̃	꜀suæ̃	꜀kuæ̃	꜀xuæ̃
	河西	张掖	꜀tʰuæ̃	tuæ̃ˀ	ⁿnuæ̃/ˀnæ̃	luæ̃ˀ/ˀlæ̃	꜀tsuæ̃	꜀suæ̃	꜀kuæ̃	꜀xuæ̃
	塔密	吉木萨尔	ˀtʰuan	tuanˀ	ⁿnuan	luanˀ	꜀tsuan	꜀suan	꜀kuan	꜀xuan
西南	黔川	大方	꜀tʰuan	tuanˀ	ⁿluan	luaˀ	꜀tsuan	꜀suan	꜀kuan	꜀xuan
	西蜀	都江堰	꜀tʰuã	tuãˀ	ⁿnuã	nuãˀ	꜀tsuã	꜀suã	꜀kuã	꜀xuã
	川西	喜德	꜀tʰuæn	tuænˀ	ⁿnuæn	nuænˀ	꜀tsuæn	꜀suæn	꜀kuæn	꜀xuæn
	云南	昆明	꜀tʰuã	tuãˀ	ⁿnuã	luãˀ	꜀tsuã	꜀suã	꜀kuã	꜀xuã
	湖广	武汉	꜀tʰan	tanˀ	ⁿnan	nanˀ	꜀tsuan	꜀suan	꜀kuan	꜀xuan
	桂柳	荔浦	꜀tʰon	tonˀ	ⁿnon	lonˀ	꜀tson	꜀son	꜀kon	꜀hon
江淮	洪巢	南京	꜀tʰuaŋ	tuaŋˀ	ˀluaŋ	luaŋˀ	꜀tsuaŋ	꜀suaŋ	꜀kuaŋ	꜀xuaŋ
	泰如	泰州	꜀tʰŭ	tʰŭ/t̲ŭ	ⁿnŏ	꜀nŭ/n̲ŭ	꜀tsŭ	꜀sŭ	꜀kŭ	꜀xu/꜀xŭ
	黄孝	红安	꜀tʰan	tanˀ	ⁿlan	lanˀ	꜀tsan	꜀san	꜀kuan	꜀xan/꜀fan
晋语	并州	太原	꜀tʰuæ̃	tuæ̃ˀ	ⁿnuæ̃	luæ̃ˀ	꜀tsuæ̃	꜀suæ̃	꜀kuæ̃	꜀xuæ̃
	吕梁	岚县	꜀tʰuẽ	tuẽˀ	ⁿnẽ/ⁿnuẽ	luẽˀ	꜀tsuẽ	꜀suẽ	꜀kuẽ	꜀xuẽ
	上党	长治	꜀tʰuaŋ	tuaŋˀ	ⁿnaŋ	luaŋˀ	꜀tsuaŋ	꜀suaŋ	꜀kuaŋ	꜀xuaŋ
	五台	忻州	꜀tʰuŏ	tuŏˀ	ⁿnuŏ	luŏˀ	꜀tsuŏ	꜀suŏ	꜀kuŏ	꜀xuŏ
	大包	大同	꜀tʰuæ	tuæˀ	ⁿnuæ	luæˀ	꜀tsuæ	꜀suæ	꜀kuæ	꜀xuæ
	张呼	呼和浩特	꜀tʰuæ̃	tuæ̃ˀ	ⁿnæ̃	luæ̃ˀ	꜀tsuæ̃	꜀suæ̃	꜀kuæ̃	꜀xuæ̃
	邯新	获嘉	꜀tʰuan	tuanˀ	ⁿnuan	luanˀ	꜀tsuan	꜀suan	꜀kuan	꜀xuan
	志延	志丹	꜀tʰuæ	tuæˀ	ⁿnuæ	luæˀ	꜀tsuæ	꜀suæ	꜀kuæ	꜀xuæ

① ⁿŋaŋ，～和。② ⁿnuaŋ，～和。

换	碗	鲩	撰	拴	关	患	弯	恋	全	代表点
山合一 换去匣	山合一 缓上影	山合二 山平见	山合二 潸上崇	山合二 删平生	山合二 删平见	山合二 谏去匣	山合二 删平影	山合三 线去来	山合三 仙平从	
xuan⁼	ᶜuan	₌kuan	tʂuan⁼	₌ʂuan	₌kuan	xuan⁼	₌uan	lian⁼	₌tɕʼyan	北
xuan⁼	ᶜuan	₌kuan	tʂuan⁼	₌ʂuan	₌kuan	xuan⁼	₌uan	lian⁼	₌tʂʼuan	兴
xuan⁼	ᶜvan	₌kuan	tsuan⁼	₌suan	₌kuan	xuan⁼	₌van	lian⁼	₌tɕʼyan	沈
xuan⁼	ᶜuan	₌kuan	tsuan⁼	₌ʂuan	₌kuan	xuan⁼	₌uan	lian⁼	₌tɕʼyan	长
xuan⁼	ᶜvan	₌kuan	tʂuan⁼	₌ʂuan	₌kuan	xuan⁼	₌van	lian⁼	₌tɕʼyan	巴
xuan⁼	ᶜuan	₌kuan	tsuan⁼	₌suan	₌kuan	xuan⁼	₌uan	lian⁼	tɕʼyan⁼/ₑtɕʼian	牟
xuã⁼	ᶜvã	₌kuã	tʂuã⁼	₌ʂuã	₌kuã	xuã⁼	₌uã	liã⁼	₌tʼyã	诸
xuan⁼	ᶜuan	₌kuan	tsuan⁼	₌suan	₌kuan	xuan⁼	₌uan	lian⁼	₌tɕʼyan	丹
xuan⁼	ᶜuan	₌kuan	tʂuan⁼	₌ʂuan	₌kuan	xuan⁼	₌uan	₌luan	₌tsʼuan	高
xuã⁼	ᶜvã	₌kuã	tʂuã⁼	₌ʂuã	₌kuã	xuã⁼	₌vã	liã⁼	₌tsʼyã	济
xuan⁼	ᶜuan	₌kuan	tʂuan⁼	₌ʂuan	₌kuan	xuan⁼	₌uan	₌luan	₌tsʼuan	河
xuã⁼	ᶜvã	₌kuã	tʂuã⁼	₌ʂuã	₌kuã	xuã⁼	₌vã	liã⁼	₌tsʼyã	利
xuã⁼	ᶜuã	₌kuã	pfã⁼	₌fã	₌kuã	xuã⁼	₌uã	₌luã/ₑliã	₌tsʼuã	西
xuã⁼	ᶜvã	₌kuã	tʂuã⁼	₌ʂuã	₌kuã	xuã⁼	₌vã	liã⁼	₌tɕʼyã	敦
xuan⁼	ᶜvan	₌kuan	tsuan⁼	suan⁼	₌kuan	xuan⁼	₌van	₌luan	₌tɕʼyan	天
xuan⁼	ᶜvan			₌fan	₌kuan		₌van	lian⁼	₌tɕʼyan	吐
xuæ̃⁼	ᶜuæ̃	₌kuæ̃	pfæ̃⁼	₌fæ̃	₌kuæ̃	xuæ̃⁼	₌uæ̃	luæ̃⁼	₌tɕʼyæ̃	运
xuæ̃⁼	ᶜuæ̃	₌kuæ̃	tʂuæ̃⁼	₌ʂuæ̃	₌kuæ̃	xuæ̃⁼	₌uæ̃	liæ̃⁼	₌ɕʼyæ̃	徐
xuan⁼	ᶜuan	₌kuan	tʂuan⁼	₌ʂuan	₌kuan	xuan⁼	₌uan	₌lyan	₌tsʼyan	郑
xuã⁼	ᶜuã	₌kuã	tsuã⁼	₌suã	₌kuã	xuã⁼	₌uã	liã⁼	₌tɕʼyã	曲
fan⁼	ₑvã			₌san	₌kuan	fan⁼	₌van	₌nian	₌tɕʼyan	信
xuã⁼	ₑvã	₌kuã	tʂuã⁼	₌ʂuã	₌kuã	xuã⁼	₌vã	₌liã	₌tɕʼyã	灵
xuæ̃⁼	ᶜvæ̃	₌kuæ̃	tʂuæ̃⁼	₌ʂuæ̃	₌kuæ̃	xuæ̃⁼	₌væ̃	₌liæ̃	₌tɕʼyæ̃	永
xuæ̃⁼	ᶜvæ̃	₌kuæ̃	tʂuæ̃⁼	₌ʂuæ̃	₌kuæ̃	xuæ̃⁼	₌væ̃	₌luæ̃	₌tsʼuæ̃	张
xuan⁼	ᶜvan	₌kuan	tsuan⁼	₌ʂuan/₌fan	₌kuan	xuan⁼	₌van	lian⁼	ᶜtɕʼyen	吉
xuan⁼	ᶜuan	₌kuan	tsuan⁼	₌suan	₌kuan	xuañ⁼	₌uan	lian⁼	₌tɕʼyan	大
xuã⁼	ᶜuã	₌kuã	tsuã⁼	₌suã	₌kuã	xuã⁼	₌uã	niɛ̃⁼	₌tɕʼyɛ̃	都
xuæn⁼	ᶜuæn	₌kuæn	tsuæn⁼	₌ʂuæn	₌kuæn	xuæn⁼	₌uæn	niɛ̃⁼	₌tɕʼyɛ̃	喜
xuã⁼	ᶜuã	₌kuã	tsuã⁼	₌ʂuã	₌kuã	xuã⁼	₌uã	liæ̃⁼	₌tɕʼiæ̃	昆
xuan⁼	ᶜuan	₌kuan	tsuan⁼	₌suan	₌kuan	xuan⁼	₌uan	nien⁼	₌tɕʼyen	武
hon⁼	ᶜon	₌kuan		₌syen	₌kuan		₌uan	len⁼	₌tsʼyen	荔
xuaŋ⁼	ᶜuaŋ	₌kuaŋ	tʂuaŋ⁼	₌ʂuaŋ	₌kuaŋ	xuaŋ⁼	₌uaŋ	lieŋ⁼	₌tsʼyen	南
₌ũ/xũ⁼①	ᶜũ	₌kuɛ̃	tsuɛ̃⁼	₌suɛ̃	₌kuɛ̃	xuɛ̃⁼	₌vɛ̃	₌niĩ/niĩ	₌tɕʼyũ	泰
xan⁼/fan⁼	ᶜuan	₌kuan	kʼuan⁼		₌kuan	fan⁼	₌uan	lien⁼	₌tɕʼien	红
xuæ̃⁼	ᶜvæ̃	₌kuæ̃	tsuæ̃⁼	₌suæ̃	₌kuæ̃	xuæ̃⁼	₌væ̃	₌luæ̃	₌tɕʼye	太
xuẽ⁼	ᶜuẽ	₌kuaŋ	tsuaŋ⁼	₌suaŋ	₌kuaŋ	xuaŋ⁼	₌uaŋ	₌luẽ	₌tɕʼyẽ	岚
xuɑŋ⁼	ᶜuɑŋ	₌kuɑŋ	tsuɑŋ⁼	₌suɑŋ	₌kuɑŋ	xuɑŋ⁼	₌uɑŋ	₌luɑŋ	₌tɕʼyɑŋ	长
xuɒ̃⁼	ᶜvɒ̃	ᶜkuɒ̃	tsuɒ̃⁼	₌suã	ᶜkuã	xuɒ̃⁼	₌uã	₌luɒ̃	₌tɕʼyã	忻
xuæ⁼	ᶜvæ	₌kuæ	tʂuæ⁼	₌ʂuæ	₌kuæ	xuæ⁼	₌væ	₌luæ	₌tɕʼɤ	大
xuæ̃⁼	ᶜvæ̃	₌kuæ̃	tsuæ̃⁼	₌suæ̃	₌kuæ̃	xuæ̃⁼	₌væ̃	₌luæ̃	₌tɕʼye	呼
xuan⁼	ᶜuan	₌kuan	tʂuan⁼	₌ʂuan	₌kuan	xuan⁼	₌uan	₌lyan	₌tɕʼyan	获
xuæ⁼	ᶜvæ	₌kuæ	tʂuæ⁼	₌ʂuæ	₌kuæ	xuæ⁼	₌væ	₌luæ	₌tɕʼye	志

①音 3：₌xũ。

区	片	代表点	选	旋~风	传~达	篆	传~记	专	穿	船
			山合三	山合三	山合三	山合三	山合三	山合三	山合三	山合三
			狝上心	仙平邪	仙平澄	狝上澄	线去澄	仙平章	仙平昌	仙平船
北京	幽燕	北京	ᶜɕyan	ɕyanꜛ	⊆tʂʰuan	tʂuanꜛ	tʂuanꜛ	⊂tʂuan	⊂tʂʰuan	⊆tʂʰuan
	锦兴	兴城	ᶜɕyan	⊆ʂuan	⊆tʂʰuan	tʂuanꜛ	tʂuanꜛ	⊂tʂuan	⊂tʂʰuan	⊆tʂʰuan
	辽沈	沈阳	ᶜɕyan	⊆ɕyan	⊆tʂʰuan	tʂuan	tʂuan	⊂tʂuan	⊂tʂʰuan	⊆tʂʰuan
	黑吉	长春	ᶜɕyan	⊆ɕyan	⊆tʂʰuan	tʂuanꜛ	tʂuanꜛ	⊂tʂuan	⊂tʂʰuan	⊆tʂʰuan
	哈肇	巴彦	ᶜɕyan	⊆ɕyan	⊆tʂʰuan	tʂuanꜛ	tʂuanꜛ	⊂tʂuan	⊂tʂʰuan	⊆tʂʰuan
胶辽	登连	牟平	ᶜɕyan/ᶜcian	ɕyanꜛ	⊆tʂʰuan	tʂuan	tʂuan	⊂tʂuan	⊂tʂʰuan	⊆tʂʰuan
	青莱	诸城	ᶜɕyã	ɕyãꜛ	⊆tʂʰuã	tʂuãꜛ	tʂuãꜛ	⊂tʂuã	⊂tʂʰuã	⊆tʂʰuã
	营通	丹东	ᶜɕyan	ɕyanꜛ	⊆tʂʰuan	tʂuan	tʂuan	⊂tʂuan	⊂tʂʰuan	⊆tʂʰuan
冀鲁	保唐	高阳	ᶜsuan	suanꜛ	⊆tʂʰuan	tʂuanꜛ	tʂuanꜛ	⊂tʂuan	⊂tʂʰuan	⊆tʂʰuan
	石济	济南	ᶜɕyã	⊆ɕyã	⊆tʂʰuã	tʂuãꜛ	tʂuãꜛ	⊂tʂuã	⊂tʂʰuã	⊆tʂʰuã
	沧惠	河间	ᶜsuan	suanꜛ	⊆tʂʰuan	tʂuanꜛ	tʂuanꜛ	⊂tʂuan	⊂tʂʰuan	⊆tʂʰuan
	章利	利津	ᶜsyã	⊆syã	⊆tʂʰuã	tʂuãꜛ	tʂuãꜛ	⊂tʂuã	⊂tʂʰuã	⊆tʂʰuã
中原	关中	西安	ᶜɕyã	⊆ɕyã	pfʰã	pfãꜛ	pfãꜛ	⊂pfã	⊂pfʰã	⊆pfʰã
	秦陇	敦煌	ᶜɕyã	⊆ɕyã	⊆tʂʰuã	tʂuãꜛ	tʂuãꜛ	⊂tʂuã	⊂tʂʰuã	⊆tʂʰuã
	陇中	天水	ᶜɕyan	⊆ɕyan	⊆tsʰuan	tsuan	tsuan	⊂tsuan	⊂tsʰuan	⊆tsuan
	南疆	吐鲁番	ᶜɕyan	⊆ɕyan	⊆tʂʰuan	tʂuan	tʂuan	⊂tʂuan	⊂tʂʰuan	⊆tʂʰuan
	汾河	运城	ᶜɕyæ̃	⊆ɕyæ̃	pfʰæ̃	pfæ̃ꜛ	pfæ̃ꜛ	⊂pfæ̃	⊂pfʰæ̃	⊆fæ̃
	洛徐	徐州	ᶜɕyæ̃	⊆ɕyæ̃	⊆tʂʰuæ̃	tʂuæ̃ꜛ	tʂuæ̃ꜛ	⊂tʂuæ̃	⊂tʂʰuæ̃	⊆tʂʰuæ̃
	郑曹	郑州	ᶜsyan	⊆syan	⊆tʂʰuan	tʂuanꜛ	tʂuanꜛ	⊂tʂuan	⊂tʂʰuan	⊆tʂʰuan
	蔡鲁	曲阜	ᶜɕyã	⊆ɕyã	⊆tʂʰuã	tsuãꜛ	tsuãꜛ	⊂tʂuã	⊂tʂʰuã	⊆tʂʰuã
	信蚌	信阳	ᶜsyan	⊆syan	⊆tʂʰuan	tʂuanꜛ	tʂuanꜛ	⊂tʂuan	⊂tʂʰuan	⊆tʂʰuan
兰银	银吴	灵武	⊆ɕyã	⊆ɕyã	⊆tʂʰuã	tʂuãꜛ	tʂuãꜛ	⊂tʂuã	⊂tʂʰuã	⊆tʂʰuã
	金城	永登	ᶜɕyæ̃	⊂ɕyæ̃	pfʰæ̃	pfæ̃ꜛ	pfæ̃ꜛ	⊂pfæ̃	⊂pfʰæ̃	⊆pfʰæ̃
	河西	张掖	ᶜsuæ̃	⊆suæ̃	⊆kʰuæ̃	kuæ̃ꜛ	kuæ̃ꜛ	⊂kuæ̃	⊂kʰuæ̃	⊆kʰuæ̃
	塔密	吉木萨尔	ᶜɕyen	ᶜɕyen	⊆tʂʰuan	tʂuanꜛ	tʂuanꜛ	⊂tʂuan	⊂tʂʰuan	ᶜtʂʰuan
西南	黔川	大方	ᶜɕyan	⊆ɕyan	⊆tʂʰuan	tʂuan	tʂuan	⊂tʂuan	⊂tʂʰuan	⊆tʂʰuan
	西蜀	都江堰	ᶜɕyɛ̃	⊆ɕyɛ̃	⊆tʂʰuã	tsuã	tsuã	⊂tʂuã	⊂tʂʰuã	⊆tʂʰuã
	川西	喜德	ᶜɕyɛ̃	⊆ɕyɛ̃	⊆tʂʰuæn	tʂuæn	tʂuæn	⊂tʂuæn	⊂tʂʰuæn	⊆tʂʰuæn
	云南	昆明	ᶜɕiæ̃	⊆ɕiæ̃	⊆tʂʰuã	tʂuã	tʂuã	⊂tʂuã	⊂tʂʰuã	⊆tʂʰuã
	湖广	武汉	ᶜɕyen	⊆ɕyen	⊆tʂʰuan	tʂuanꜛ	tʂuanꜛ	⊂tʂuan	⊂tʂʰuan	⊆tʂʰuan
	桂柳	荔浦	ᶜsyen	⊆syen	⊆tsʰyen		tsyenꜛ	⊂tsyen	⊂tsʰyen	⊆tsʰyen
江淮	洪巢	南京	ᶜsyen/ᶜtsʰien	syenꜛ	⊆tʂʰuaŋ	tʂuaŋꜛ	tʂuaŋꜛ	⊂tʂuaŋ	⊂tʂʰuaŋ	⊆tʂʰuaŋ
	泰如	泰州	ᶜɕyʊ̃	ᶜtɕʰyʊ̃/⊆ɕyʊ̃	⊆tsʰʊ̃	tsʊ̃	tsʊ̃	⊂tsʊ̃	⊂tsʰʊ̃	⊆tsʰʊ̃
	黄孝	红安	ᶜɕien	ɕianꜛ	⊆kʰʮan	kʮanꜛ	kʮanꜛ	⊂kʮan	⊂kʰʮan	⊆kʰʮan
晋语	并州	太原	ᶜɕye	ɕyeꜛ	⊆tsʰuæ̃	tsuæ̃ꜛ	tsuæ̃ꜛ	⊂tsuæ̃	⊂tsʰuæ̃	⊆tsʰuæ̃
	吕梁	岚县	ᶜɕyẽ	ɕyẽꜛ	⊆tsʰuẽ	tsuẽꜛ	tsuẽꜛ	⊂tsuẽ	⊂tsʰuẽ	⊆tsʰuẽ
	上党	长治	ᶜɕyaŋ	ɕyaŋꜛ	⊆tsʰuaŋ	tsuaŋꜛ	tsuaŋꜛ	⊂tsuaŋ	⊂tsʰuaŋ	⊆tsʰuaŋ
	五台	忻州	ᶜɕyã	ɕyãꜛ	⊆tsʰuã	tsuãꜛ	tsuãꜛ	ᶜtsuã	ᶜtsʰuã	⊆tsʰuã
	大包	大同	ᶜɕye	ɕyeꜛ	⊆tʂʰuæ	tʂuæꜛ	tʂuæꜛ	⊂tʂuæ	⊂tʂʰuæ	⊆tʂʰuæ
	张呼	呼和浩特	ᶜɕye	ɕyeꜛ	⊆tʂʰuæ	tʂuæꜛ	tʂuæꜛ	⊂tʂuæ	⊂tʂʰuæ	⊆tʂʰuæ
	邯新	获嘉	ᶜɕyan	ɕyanꜛ	⊆tʂʰuan	tʂuanꜛ	tʂuanꜛ	⊂tʂuan	⊂tʂʰuan	⊆tʂʰuan
	志延	志丹	ᶜɕyæ	ɕyæꜛ	⊆tʂʰuæ	tʂuæꜛ	tʂuæꜛ	⊂tʂuæ	⊂tʂʰuæ	⊆tʂʰuæ

软	权	倦	员	缘	沿	捐	翻	饭	晚	代表点
山合三 狝上日	山合三 仙平群	山合三 线去群	山合三 仙平云	山合三 仙平以	山合三 仙平以	山合三 仙平以	山合三 元平敷	山合三 愿去奉	山合三 阮上微	
ᶜʐuan	꜀tɕʰyan	tɕyan꜄	꜀yan	꜀yan	꜀ian	꜀tɕyan	꜀fan	fan꜄	ᶜuan	北
ᶜʐuan	꜀tʂʰuan	tʂuan꜄	꜀yan	꜀yan	꜀ian	꜀tɕyan	꜀fan	fan꜄	ᶜuan	兴
ᶜyan	꜀tɕʰyan	tɕyan꜄	꜀yan	꜀yan	꜀ian	꜀tɕyan	꜀fan	fan꜄	ᶜvan	沈
ᶜyan	꜀tɕʰyan	tɕyan꜄	꜀yan	꜀yan	꜀ian	꜀tɕyan	꜀fan	fan꜄	ᶜuan	长
ᶜyan	꜀tɕʰyan	tɕyan꜄	꜀yan	꜀yan	꜀ian	꜀tɕyan	꜀fan	fan꜄	ᶜvan	巴
ᶜyan	꜀cʰyan	cyan꜄	yan꜄	꜀yan/ ꜀ian	꜀ian	꜀cyan	꜀fan	fan꜄	ᶜuan	牟
ᶜyã	꜀tʃʰuã	tʃuã꜄	yã꜄	꜀iã	꜀iã	꜀tʃuã	꜀fã	fã꜄	ᶜuã	诸
ᶜyan	꜀tɕʰyan	tɕyan꜄	꜀yan	꜀yan/ ꜀ian	꜀ian	꜀tɕyan	꜀fan	fan꜄	ᶜuan	丹
ᶜʐuan	꜀tɕʰyan	tɕyan꜄	꜀yan	꜀yan	꜀ian	꜀tɕyan	꜀fan	fan꜄	ᶜuan	高
ᶜluã	꜂tɕʰyã	tɕyã꜄	꜀yã	꜀yã/ ꜀iã①	꜀iã	꜀tɕyã	꜀fã	fã꜄	ᶜvã	济
ᶜʐuan	꜀tɕʰyan	tɕyan꜄	꜀yan	꜀yan	꜀ian	꜀tɕyan	꜀fan	fan꜄	ᶜuan	河
ᶜʐuã	꜂tɕʰyã	tɕyã꜄	꜀yã	꜀iã		꜀tɕyã	꜀fã	fã꜄	ᶜvã	利
ᶜvã	꜀tɕʰyã	tɕyã꜄	꜀yã	꜀yã	꜀iã	꜀tɕyã	꜀fã	fã꜄	ᶜvã	西
ᶜʐuã	꜀tɕʰyã	tɕyã꜄	꜀yã	꜀yã	꜀iã	꜀tɕyã	꜀fã	fã꜄	ᶜvã	敦
ᶜʐuan	꜀tɕʰyan	tɕyan꜄	꜀yan	꜀yan	꜀ian	꜀tɕyan	꜀fan	fan꜄	ᶜvan	天
ᶜvan	꜀tɕʰyan	tɕyan꜄	꜀yan	꜀yan		꜀tɕyan	꜀fan	fan꜄	ᶜvan	吐
ᶜvæ̃	꜀tɕʰyæ̃	tɕyæ̃꜄	꜀yæ̃	꜀iæ̃	꜀iæ̃	꜀tɕyæ̃	꜀fæ̃	fæ̃꜄	ᶜvæ̃	运
ᶜʐuæ̃	꜀tɕʰyæ̃	tɕyæ̃꜄	꜀yæ̃	꜀yæ̃	꜀iæ̃	꜀tɕyæ̃	꜀fæ̃	fæ̃꜄	ᶜuæ̃	徐
ᶜʐuan	꜀tɕʰyan	tɕyan꜄	꜀yan	꜀yan	꜀ian	꜀tɕyan	꜀fan	fan꜄	ᶜuan	郑
ᶜzuã	꜀tɕʰyã	tɕyã꜄	꜀yã	꜀yã	꜀iã	꜀tɕyã	꜀fã	fã꜄	ᶜuã	曲
ᶜʐuan	꜀tɕʰyan	tɕyan꜄	꜀yan	꜀ian	꜀ian	꜀tɕyan	꜀fan	fan꜄	ᶜvan	信
꜀ʐuã	꜀tɕʰyã	tɕyã꜄	꜀yã	꜀yã	꜀iã	꜀tɕyã	꜀fã	fã꜄	꜀vã	灵
ᶜvæ̃	꜀tɕʰyæ̃	tɕyæ̃꜄	꜀yæ̃	꜀yæ̃	꜀iæ̃	꜀tɕyæ̃	꜀fæ̃	fæ̃꜄	ᶜvæ̃	永
ᶜvæ̃	꜀tsʰuæ̃	tsuæ̃꜄	꜀zyæ̃	꜀zyæ̃	꜀ziæ̃	꜀tsuæ̃	꜀fæ̃	fæ̃꜄	ᶜvæ̃	张
ᶜʐuan/ ᶜvan	꜀tɕʰyɛn	tɕyɛn꜄	ᶜyɛn	ᶜyɛn	ᶜiɛn	꜀tɕyɛn	꜀fan	fan꜄	ᶜvan	吉
ᶜʐuan	꜀tɕʰyan	tɕyan꜄	꜀yan	꜀yan	꜀ian	꜀tɕyan	꜀fan	fan꜄	ᶜuan	大
ᶜzuã	꜀tɕʰyɛ̃	tɕyɛ̃꜄	꜀yɛ̃	꜀yɛ̃	꜀iɛ̃	꜀tɕyɛ̃	꜀fã	fã꜄	ᶜuã	都
ᶜʐuæn	꜀tɕʰyɛ̃	tɕyɛ̃꜄	꜀yɛ̃	꜀yɛ̃	꜀iɛ̃	꜀tɕyɛ̃	꜀fæn	fæn꜄	ᶜuæn	喜
ᶜʐuã	꜀tɕʰiæ̃	tɕiæ̃꜄	꜀iæ̃	꜀iæ̃	꜀iæ̃	꜀ɕiæ̃	꜀fã	fã꜄	ᶜuã	昆
ᶜyɛn	꜀tɕʰyɛn	tɕyɛn꜄	꜀yɛn	꜀yɛn	꜀iɛn	꜀tɕyɛn	꜀fan	fan꜄	ᶜuan	武
ᶜŋyɛn	꜀kʰyɛn		ᶜyɛn	ᶜyɛn	ᶜyɛn	꜀kyɛn	꜀fan	fan꜄	ᶜuan	荔
ᶜʐuaŋ	꜀tɕʰyɛn	tɕyɛn꜄	꜀yɛn	꜀yɛn	꜀iɛn	꜀tɕyɛn	꜀fan/ ꜂fan	fan꜄	ᶜuaŋ	南
ᶜzɯ	꜀tɕʰyɯ̃	tɕyɯ̃꜄	꜀yɯ̃	꜀yɯ̃	꜀iĩ/ ꜀iĩ	꜀tɕyɯ̃	꜀fẽ	꜀fẽ/꜄fẽ	ᶜvẽ	泰
ᶜzuæ	꜀kʰɥan	kɥan꜄	ᶜɥan	ᶜɥan	꜀ɕian/ ꜀ian	꜀kɥan	꜀fan	fan꜄	ᶜuan/nan꜄	红
ᶜzuæ	꜀tɕʰye	tɕye꜄	꜀ye	꜀ie	꜀ie	꜀tɕye	꜀fæ	fæ꜄	ᶜvæ	太
ᶜzuɛ̃	꜀tɕʰyɛ̃	tɕyɛ̃꜄	꜀yɛ̃	꜀iɛ̃	꜀iɛ̃	꜀tɕyɛ̃	꜀faŋ	faŋ꜄	ᶜuaŋ	岚
ᶜyaŋ	꜀tɕʰyaŋ	tɕyaŋ꜄	꜀yaŋ	꜀iaŋ	꜀iaŋ	꜀tɕyaŋ	꜀faŋ	faŋ꜄	ᶜuaŋ	长
ᶜzuã	꜀tɕʰyã	tɕyã꜄	꜀yã	꜀iɛ̃	꜀iɛ̃	ᶜtɕyã	ᶜfã	fã꜄	ᶜvã	忻
ᶜʐuæ	꜀tɕʰye	tɕye꜄	꜀ye	꜀ie	꜀ie	꜀tɕye	꜀fæ	fæ꜄	ᶜvæ	大
ᶜʐuæ̃	꜀tɕʰye	tɕye꜄	꜀ye	꜀ie	꜀ie	꜀tɕye	꜀fæ̃	fæ̃꜄	ᶜvæ̃	呼
ᶜʐuan	꜀tɕʰyan	tɕyan꜄	꜀yan	꜀ian	꜀ian	꜀tɕyan	꜀fan	fan꜄	ᶜuan	获
ᶜʐuæ	꜀tɕʰyæ	tɕyæ꜄	꜀yæ	꜀iæ	꜀iæ	꜀tɕyæ	꜀fæ	fæ꜄	ᶜvæ	志

① ꜀iã，～故。

区	片	代表点	万	劝	元	冤	远	犬	玄	县
			山合三 愿去微	山合三 愿去溪	山合三 元平疑	山合三 元平影	山合三 阮上云	山合四 铣上溪	山合四 先平匣	山合四 霰去匣
北京	幽燕	北京	uan꜅	tɕʰyan꜄	꜁ɕyan	꜀yan	꜃yan	꜂tɕʰyan	꜁ɕyan	ɕian꜅
	锦兴	兴城	uan꜅	tʂʰuan꜄	꜁ɕyan	꜀yan	꜃yan	꜂tʂʰuan	꜁ɕyan	ɕian꜅
	辽沈	沈阳	van꜅	tɕʰyan꜄	꜁ɕyan	꜀yan	꜃yan		꜁ɕyan	ɕian꜅
	黑吉	长春	uan꜅	tɕʰyan꜄	꜁ɕyan	꜀yan	꜃yan	꜂tɕʰyan	꜁ɕyan	ɕian꜅
	哈肇	巴彦	van꜅	tɕʰyan꜄	꜁ɕyan	꜀yan	꜃yan	꜂tɕʰyan	꜁ɕyan	ɕian꜅
胶辽	登连	牟平	uan꜅	tɕʰyan꜄	꜁ɕyan	꜀yan	꜃yan	꜂tɕʰyan	꜁ɕyan	ɕian꜅
	青莱	诸城	uã꜅	tʃʰuã꜄	꜁ʃyã	꜀yã	꜃yã	꜂tʃʰuã	꜁ʃuã	ʃã꜅
	营通	丹东	uan꜅	tɕʰyan꜄	꜁ɕyan	꜀yan	꜃yan	꜂tɕʰyan	꜁ɕyan	ɕian꜅
冀鲁	保唐	高阳	uan꜅	tɕʰyan꜄	꜁ɕyan	꜀yan	꜃yan	꜂tɕʰyan	꜁ɕyan	ɕian꜅
	石济	济南	vã꜅	tɕʰyã꜄	꜁ɕyã	꜀yã	꜃yã	꜂tɕʰyã	꜁ɕyã	ɕiã꜅
	沧惠	河间	uan꜅	tɕʰyan꜄	꜁ɕyan	꜀yan	꜃yan	꜂tɕʰyan	꜁ɕyan	ɕian꜅
	章利	利津	vã꜅	tɕʰyã꜄	꜁ɕyã	꜀yã	꜃yã	꜂tɕʰyã	꜁ɕyã	ɕiã꜅
中原	关中	西安	vã꜅	tɕʰyã꜄	꜁ɕyã	꜀yã	꜃yã	꜂tɕʰyã	꜁ɕyã	ɕiã꜅
	秦陇	敦煌	vã꜅	tɕʰyã꜄	꜁ɕyã	꜀yã	꜃yã	꜂tɕʰyã	꜁ɕyã	ɕiã꜅
	陇中	天水	van꜅	tɕʰyan꜄	꜁ɕyan	꜀yan	꜃yan	꜂tɕʰyan	꜁ɕyan	ɕian꜅
	南疆	吐鲁番	van꜅	tɕʰyan꜄			꜃yan	꜂tɕʰyan	꜁ɕyan	ɕian꜅
	汾河	运城	væ꜅	tɕʰyæ꜄	꜁ɕyæ	꜀yæ	꜃yæ	꜂tɕʰyæ	꜁ɕyæ	ɕiæ꜅
	洛徐	徐州	uæ꜅	tɕʰyæ꜄	꜁ɕyæ	꜀yæ	꜃yæ	꜂tɕʰyæ	꜁ɕyæ	ɕiæ꜅
	郑曹	郑州	uan꜅	tɕʰyan꜄	꜁ɕyan	꜀yan	꜃yan	꜂tɕʰyan	꜁ɕyan	ɕian꜅
	蔡鲁	曲阜	uã꜅	tɕʰyã꜄	꜁ɕyã	꜀yã	꜃yã	꜂tɕʰyã	꜁ɕyã	ɕiã꜅
	信蚌	信阳	van꜅	tɕʰyan꜄	꜁ɕyan	꜀yan	꜃yan	꜂tɕʰyan	꜁ɕyan	ɕian꜅
兰银	银吴	灵武	vã꜅	tɕʰyã꜄	꜁ɕyã	꜀yã	꜁yã	꜁tɕʰyã	꜁ɕyã	ɕiã꜅
	金城	永登	væ꜅	tɕʰyæ꜄	꜁ɕyæ	꜀yæ	꜁yæ	꜁tɕʰyæ	꜁ɕyæ	ɕiæ꜅
	河西	张掖	væ꜅	tsʰuæ꜄	꜁zyæ	꜀zyæ	꜁zyæ	꜂tsʰuæ	꜁suæ	ɕiæ꜅
	塔密	吉木萨尔	van꜅	tɕʰyen꜄	꜁ɕyen	꜀yen	꜃yen	꜂tɕʰyen	꜁ɕyen	ɕien꜅
西南	黔川	大方	uan꜅	tɕʰyan꜄	꜁ɕyan	꜀yan	꜃yan	꜂tɕʰyan	꜁ɕyan	ɕian꜅
	西蜀	都江堰	uã꜅	tɕʰyẽ꜄	꜁ɕyẽ	꜀yẽ	꜃yẽ	꜂tɕʰyẽ	꜁ɕyẽ	ɕyẽ꜅
	川西	喜德	uæn꜅	tɕʰyẽ꜄	꜁ɕyẽ	꜀yẽ	꜃yẽ	꜂tɕʰyẽ	꜁ɕyẽ	ɕiẽ꜅
	云南	昆明	uã꜅	tɕʰiæ̃꜄	꜁ɕiæ̃	꜀iæ̃	꜃iæ̃	꜂tɕʰiæ̃	꜁ɕiæ̃	ɕiæ̃꜅
	湖广	武汉	uan꜅	tɕʰyen꜄	꜁ɕyen	꜀yen	꜃yen	꜂tɕʰyen	꜁ɕyen	ɕien꜅
	桂柳	荔浦	uan꜅	kʰyen꜄	꜁ɕyen	꜀yen	꜃yen	꜂kʰyen	꜁hyen	hen꜅
江淮	洪巢	南京	uaŋ꜅	tɕʰyen꜄	꜁ɕyen	꜀yen	꜃yen	꜂tɕʰyen	꜁ɕyen	ɕien꜅
	泰如	泰州	꜁vẽ/væ̃꜅	tɕʰyʊ꜄	꜁ɕyʊ	꜀yʊ	꜃yʊ	꜂tɕʰyʊ	꜁ɕyʊ	ɕiɪ꜅
	黄孝	红安	uan꜅	kʰuan꜄	꜁ɣuan	꜀uan	꜃uan	꜂kʰuan	꜁ɣuan	ɕien꜅
晋语	并州	太原	væ꜅	tɕʰye꜄	꜁ɕye	꜀ye	꜃ye	꜂tɕʰye	꜁ɕye	ɕie꜅
	吕梁	岚县	uaŋ꜅/faŋ꜅	tɕʰyẽ꜄	꜁ɕyẽ	꜀yẽ	꜃yẽ	꜂tɕʰyẽ	꜁ɕyẽ	ɕiẽ꜅
	上党	长治	uaŋ꜅	tɕʰyaŋ꜄	꜁ɕyaŋ	꜀yaŋ	꜃yaŋ	꜂tɕʰyaŋ	꜁ɕyaŋ	ɕiaŋ꜅
	五台	忻州	vã꜅	tɕʰyã꜄	꜁ɕyã	꜀yã	꜃yã	꜂tɕʰyã	꜁ɕyã	ɕiẽ꜅
	大包	大同	væ꜅	tɕʰye꜄	꜁ɕyɛ	꜀yɛ	꜃yɛ	꜂tɕʰyɛ	꜁ɕye	ɕie꜅
	张呼	呼和浩特	væ꜅	tɕʰye꜄	꜁ɕye	꜀ye	꜃ye	꜂tɕʰye	꜁ɕye	ɕie꜅
	邯新	获嘉	uan꜅	tɕʰyan꜄	꜁ɕyan	꜀yan	꜃yan	꜂tɕʰyan	꜁ɕyan	ɕian꜅
	志延	志丹	væ꜅	tɕʰyæ꜄	꜁ɕyæ	꜀yæ	꜃yæ	꜂tɕʰyæ	꜁ɕyæ	ɕiæ꜅

渊	吞	根	恨	恩	贫	民	邻	进	秦	代表点
山合四 先平影	臻开一 痕平透	臻开一 痕平见	臻开一 恨去匣	臻开一 痕平影	臻开三 真平並	臻开三 真平明	臻开三 真平来	臻开三 震去精	臻开三 真平从	
₌yan	₌t'uən	₌kən	xən⌐	₌nən	₌p'in	₌min	₌lin	tɕin⌐	₌tɕ'in	北
₌yan	₌t'uən	₌kən	xən⌐	₋nən	₌p'in	₌min	₌lin	tɕin⌐	₌tɕ'in	兴
₌yan	₌t'uən	₌kən	xən⌐	₋ən	₌p'in	₌min	₌lin	tɕin⌐	₌tɕ'in	沈
₌yan	₌t'uən	₌kən	xən⌐	₋nən	₌p'in	₌min	₌lin	tɕin⌐	₌tɕ'in	长
₌yan	₌t'uən	₌kən	xən⌐	₋nən	₌p'in	₌min	₌lin	tɕin⌐	₌tɕ'in	巴
₌yan	₌t'ən	₌kən	xən⌐	₌ən	₌p'in	₌min	₌lin	tɕin⌐	₌tɕ'in/ ₌tɕ'yn	牟
₌yã	₌t'uə̃	₌kə̃	xə̃⌐	₌ə̃	₌p'ə̃	₌mə̃	₌lə̃	tθə̃⌐	₌tθ'ə̃	诸
₌yan	₌t'nə̃	₌kən	xən⌐	₌ən	₌p'in	₌min	₌lin	tɕin⌐	₌tɕ'in	丹
₌yan	₌t'uən	₌kən	xən⌐	₋nən	₌p'in	₌min	₌lin	tsin⌐	₌ts'in	高
₌yã	₌t'uẽ	₌kẽ	xẽ⌐	₌ẽ	₌p'iẽ	₌miẽ	₌liẽ	tɕiẽ⌐	₌tɕ'iẽ	济
₌yan	₌t'uən	₌kən	xən⌐	₋nən	₌p'in	₌min	₌lin	tsin⌐	₌ts'in	河
₌yã	₌t'uẽ	₌kẽ	xẽ⌐	₌ẽ	₌p'iẽ	₌miẽ	₌liẽ	tsiẽ⌐	₌ts'iẽ	利
₌yã	₌t'ən	₌kẽ	xẽ⌐	₌ẽ	₌p'iẽ	₌miẽ	₌liẽ	tɕiẽ⌐	₌tɕ'iẽ	西
₌yã	₌t'uŋ		xəŋ⌐	₌ŋəŋ	₌p'iŋ	₌miŋ	₌liŋ	tɕiŋ⌐	₌tɕ'iŋ	敦
₌yan	₌t'ən	₌kən	xən⌐	₌ŋən	₌p'in	₌min	₌lin	tɕin⌐	₌tɕ'in	天
	₌t'ɤŋ	₌kɤŋ	xɤŋ⌐	₌ɤŋ	₌p'iŋ	₌miŋ	₌liŋ	tɕiŋ⌐	₌tɕ'iŋ	吐
₌yæ	₌t'əŋ	₌keĩ	xeĩ⌐	₌ŋeĩ	₌p'ieĩ	₌mieĩ	₌lieĩ	tɕieĩ⌐	₌tɕ'ieĩ	运
₌yæ	₌t'uə̃	₌kə̃	xə̃⌐	₌ə̃	₌p'iə̃	₌miə̃	₌lə̃	tɕiə̃⌐	₌tɕ'iə̃	徐
₌yan	₌t'uən	₌kən	xən⌐	₌nən	₌p'in	₌min	₌lin	tsin⌐	₌ts'in	郑
₌yã	₌t'uə̃	₌kə̃	xə̃⌐	₌ɤ̃	₌p'iə̃	₌miə̃	₌liə̃	tɕiə̃⌐	₌tɕ'iə̃	曲
₌yan	₌t'ən	₌kən	xən⌐	₌nən	₌p'in	₌min	₌nin	tɕin⌐	₌tɕ'in	信
₌yã	₌t'əŋ	₌kəŋ	xəŋ⌐	₌əŋ	₌p'iŋ	₌miŋ	₌liŋ	tɕiŋ⌐	₌tɕ'iŋ	灵
₌yæ	₌t'ən	₌kən	xən⌐	₌ne	₌p'in	₌min	₌lin	tɕin⌐	₌tɕ'in	永
₌zyæ	₌t'əɣ̃	₌kəɣ̃	xəɣ̃⌐	₌ɣəɣ̃	₌p'iɣ̃	₌miɣ̃	₌liɣ̃	tɕiɣ̃⌐	₌tɕ'iɣ̃	张
₌yɛn	ˈt'ən	ˈkən	xən⌐	ˈŋən	ˈp'in	ˈmin	ˈlin	ˈtɕin⌐	ˈtɕ'in	吉
₌ian	₌t'en	₌ken	xen⌐	₌ŋen	₌p'in	₌min	₌lin	tɕin⌐	₌tɕ'in	大
₌iẽ	₌t'en	₌ken	xən⌐	₌ŋən	₌p'in	₌min	₌nin	tɕin⌐	₌tɕ'in	都
₌yẽ	₌t'en	₌ken	xen⌐	₌en	₌p'in	₌min	₌nin	tɕin⌐	₌tɕ'in	喜
₌iæ	₌t'uə̃	₌kə̃	xə̃⌐	₌ə̃	₌p'ĩ	₌mĩ	₌lĩ	tɕĩ⌐	₌tɕ'ĩ	昆
₌yen	₌t'ən	₌kən	xən⌐	₌nən	₌p'in	₌min	₌nin	tɕin⌐	₌tɕ'in	武
₌yen	₌t'ən	₌kən	hən⌐	₌nən	₌p'in	₌min	₌lin	tsin⌐	₌ts'in	荔
₌yen	₌t'uə̃/un₌	₌kən	xən⌐	₌ən	₌p'in	₌min	₌lin	tsin⌐	₌ts'in	南
₌yŭ	₌t'əŋ	₌kəŋ	xəŋ⌐/xəŋ₌	₌əŋ	₌p'iŋ	₌miŋ	₌niŋ	tɕiŋ⌐	₌tɕ'iŋ	泰
₌uan	₌t'ən	₌kən	xən⌐	₌ŋən	₌p'in	₌min	₌lin	tɕin⌐	₌tɕ'in	红
₌ye	₌t'uəŋ	₌kəŋ	xəŋ⌐/xəŋ₌	₌ɣəŋ	₌p'iŋ	₌miŋ	₌liŋ	tɕiŋ⌐	₌tɕ'iŋ	太
₌yẽ	₌t'uəŋ	₌kəŋ	xəŋ⌐/xəŋ₌	₌ŋəŋ	₌p'iəŋ	₌miəŋ	₌liəŋ	tɕiəŋ⌐	₌tɕ'iəŋ	岚
⌐yɑ̃	₌t'əŋ	₌kəŋ	xəŋ₌	⌐ŋəŋ	⌐p'iŋ	⌐miŋ	⌐liŋ	tɕiŋ⌐	⌐tɕ'iŋ	长
⌐yɑ̃	₌t'əŋ	₌kəŋ	xəŋ₌	⌐ŋəŋ	⌐p'iŋ	⌐miəŋ	⌐liəŋ	tɕiəŋ⌐	⌐tɕ'iŋ	忻
₌yɛ	⌐t'əɣ	₌kəɣ	xəɣ⌐	₌ŋəu	⌐p'iəɣ	⌐miəɣ	⌐liəɣ	tɕiəɣ⌐	⌐ts'iəɣ	大
₌ye	⌐t'əŋ	₌kəŋ	xə̃ŋ⌐	₌ŋə̃ŋ	⌐p'iŋ	⌐mĩŋ	⌐lĩŋ	tɕĩŋ⌐	⌐tɕ'iŋ	呼
₌yan	⌐t'ən	₌kən	xən⌐	₌ne	₌p'in	₌min	₌lin	tɕin⌐	₌ts'ən	获
₌yæ	₌t'ɣ̃	₌kɣ̃	xɣ̃⌐	₌nɣ̃	₌p'iɣ̃	₌miɣ̃	₌liɣ̃	tɕiɣ̃⌐	₌ts'ɣ̃	志

区	片	代表点	尽 臻开三 轸上从	新 臻开三 真平心	镇 臻开三 震去知	陈 臻开三 真平澄	阵 臻开三 震去澄	衬 臻开三 震去初	真 臻开三 真平章	神 臻开三 真平船
北京	幽燕	北京	tɕinꜛ	₌ɕin	tʂənꜛ	₌tʂʰən	tʂənꜛ	tʂʰənꜛ	₌tʂən	₌ʂən
	锦兴	兴城	tɕinꜛ	₌ɕin	tʂənꜛ	₌tʂʰən	tʂənꜛ	tʂʰənꜛ	₌tʂən	₌ʂən
	辽沈	沈阳	tɕinꜛ	₌ɕin	tsənꜛ	₌tsʰən	tsənꜛ	tsʰənꜛ	₌tsən	₌sən
	黑吉	长春	tɕinꜛ	₌ɕin	tʂənꜛ	₌tʂʰən	tʂənꜛ	tʂʰənꜛ	₌tʂən	₌ʂən
	哈肇	巴彦	tɕinꜛ	₌ɕin	tʂənꜛ	₌tʂʰən	tʂənꜛ	tʂʰənꜛ	₌tʂən	₌ʂən
胶辽	登连	牟平	tɕinꜛ	₌ɕin	tɕinꜛ	₌tɕʰin	tɕinꜛ	tʂʰənꜛ	₌tɕin	₌ɕin
	青莱	诸城	tθɔ̃ꜛ	₌θɔ̃	tʃɔ̃ꜛ	₌tʃʰɔ̃	tʃɔ̃ꜛ	tʃʰɔ̃ꜛ	₌tʃɔ̃	₌ʃɔ̃
	营通	丹东	tɕinꜛ	₌ɕin	tsənꜛ	₌tsʰən	tsənꜛ	tsʰənꜛ	₌tsən	₌sən
冀鲁	保唐	高阳	tsinꜛ	₌sin	tʂənꜛ	₌tʂʰən	tʂənꜛ	tʂʰənꜛ	₌tʂən	₌ʂən
	石济	济南	tɕiẽꜛ	₌ɕiẽ	tʂẽꜛ	₌tʂʰẽ	tʂẽꜛ	tʂʰẽꜛ	₌tʂẽ	₌ʂẽ
	沧惠	河间	tsinꜛ	₌sin	tʂənꜛ	₌tʂʰən	tʂənꜛ	tʂʰənꜛ	₌tʂən	₌ʂən
	章利	利津	tsiẽꜛ	₌siẽ	tʂẽꜛ	₌tʂʰẽ	tʂẽꜛ	tʂʰẽꜛ	₌tʂẽ	₌ʂẽ
中原	关中	西安	tɕiẽꜛ	₌ɕiẽ	tʂẽꜛ	₌tʂʰẽ	tʂẽꜛ	tʂʰẽꜛ	₌tʂẽ	₌ʂẽ
	秦陇	敦煌	tɕinꜛ	₌ɕin	tʂənꜛ	₌tʂʰən	tʂənꜛ	tʂʰənꜛ	₌tʂən	₌ʂən
	陇中	天水	tɕinꜛ	₌ɕin	tʂənꜛ	₌tʂʰən	tʂənꜛ	tʂʰənꜛ	₌tʂən	₌ʂən
	南疆	吐鲁番	tɕinꜛ	₌ɕin	tʂʏŋꜛ	₌tʂʰʏŋ	tʂʏŋꜛ	tʂʰʏŋꜛ	₌tʂʏŋ	₌ʂʏŋ
	汾河	运城	tɕʰieĩꜛ	₌ɕieĩ	tʂeĩꜛ	₌tʂʰeĩ	tʂeĩꜛ	tʂʰeĩꜛ	₌tʂeĩ	₌ʂeĩ
	洛徐	徐州	tɕiɔ̃ꜛ	₌ɕiɔ̃	tʂɔ̃ꜛ	₌tʂʰɔ̃	tʂɔ̃ꜛ	tʂʰɔ̃ꜛ	₌tʂɔ̃	₌ʂɔ̃
	郑曹	郑州	tsinꜛ	₌sin	tʂənꜛ	₌tʂʰən	tʂənꜛ	tʂʰənꜛ	₌tʂən	₌ʂən
	蔡鲁	曲阜	tɕiɔ̃ꜛ	₌ɕiɔ̃	tsɔ̃ꜛ	₌tsʰɔ̃	tsɔ̃ꜛ	tsʰɔ̃ꜛ	₌tsɔ̃	₌sɔ̃
	信蚌	信阳	tɕinꜛ	₌ɕin	tsənꜛ	₌tsʰən	tsənꜛ	tsʰənꜛ	₌tsən	₌sən
兰银	银吴	灵武	tɕiŋꜛ	₌ɕiŋ	tʂəŋꜛ	₌tʂʰəŋ	tʂəŋꜛ	tʂʰəŋꜛ	₌tʂəŋ	₌ʂəŋ
	金城	永登	tɕinꜛ	₌ɕin	tʂənꜛ	₌tʂʰən	tʂənꜛ	tʂʰənꜛ	₌tʂən	₌ʂən
	河西	张掖	tɕiɣ̃ꜛ	₌ɕiɣ̃	tʂəɣ̃ꜛ	₌tʂʰəɣ̃	tʂəɣ̃ꜛ	tʂʰəɣ̃ꜛ	₌tʂəɣ̃	₌ʂəɣ̃
	塔密	吉木萨尔	tɕinꜛ	₌ɕin	tsʰəŋꜛ					
西南	黔川	大方	tɕinꜛ	₌ɕin	tsenꜛ	₌tsʰen	tsenꜛ	tsʰenꜛ	₌tsen	₌sen
	西蜀	都江堰	tɕinꜛ	₌ɕin	tsənꜛ	₌tsʰən	tsənꜛ	tsʰənꜛ	₌tsən	₌sən
	川西	喜德	tɕinꜛ	₌ɕin	tʂenꜛ	₌tʂʰen	tʂenꜛ	tʂʰenꜛ	₌tʂen	₌ʂen
	云南	昆明	tɕĩꜛ	₌ɕĩ	tʂɔ̃ꜛ	₌tʂʰɔ̃	tʂɔ̃ꜛ	tʂʰɔ̃ꜛ	₌tʂɔ̃	₌ʂɔ̃
	湖广	武汉	tɕinꜛ	₌ɕin	tsənꜛ	₌tsʰən	tsənꜛ	tsʰənꜛ	₌tsən	₌sən
	桂柳	荔浦	tsinꜛ	₌sin	tsʰinꜛ	₌tsʰin	tsinꜛ	tsʰənꜛ	₌tsin	₌sin
江淮	洪巢	南京	tsinꜛ	₌sin	tʂənꜛ	₌tʂʰən	tʂənꜛ	tʂʰunꜛ	₌tʂən	₌ʂən
	泰如	泰州	ꜛtɕʰin/tɕin	₌ɕiŋ	tʂəŋꜛ	₌tʂʰəŋ	₌tsʰən/tʂən	tsʰuəŋꜛ	₌tsəŋ	₌səŋ
	黄孝	红安	ꜛtɕin/tɕin	₌ɕin	tʂəŋꜛ	₌tʂʰəŋ	tʂəŋꜛ	tʂʰəŋꜛ	₌tʂəŋ	₌ʂəŋ
晋语	并州	太原	tɕinꜛ	₌ɕin	tsəŋꜛ	₌tsʰəŋ	tsəŋꜛ	tsʰəŋꜛ	₌tsəŋ	₌səŋ
	吕梁	岚县	tɕiəŋꜛ	₌ɕiəŋ	tsəŋꜛ	₌tsʰəŋ	tsəŋꜛ	tsʰəŋꜛ	₌tsəŋ	₌səŋ
	上党	长治	tɕiŋꜛ	₌ɕiŋ	tʂəŋꜛ	₌tʂʰəŋ	tʂəŋꜛ	tʂʰəŋꜛ	₌tʂəŋ	₌ʂəŋ
	五台	忻州	tɕiəŋꜛ	₌ɕiəŋ	tʂəŋꜛ	₌tʂʰəŋ	tʂəŋꜛ	tʂʰəŋꜛ	₌tʂəŋ	₌ʂəŋ
	大包	大同	tɕiəɣꜛ	₌ɕiəɣ	tʂəɣꜛ	₌tʂʰəɣ	tʂəɣꜛ	tʂʰəɣꜛ	₌tʂəɣ	₌ʂəɣ
	张呼	呼和浩特	tɕĩŋꜛ	₌ɕĩŋ	tsɔ̃ŋꜛ	₌tsʰɔ̃ŋ	tsɔ̃ŋꜛ	tsʰɔ̃ŋꜛ	₌tsɔ̃ŋ	₌sɔ̃ŋ
	邯新	获嘉	tɕinꜛ	₌ɕin	tʂənꜛ	₌tʂʰən	tʂənꜛ	tʂʰənꜛ	₌tʂən	₌ʂən
	志延	志丹	tɕiɚ̃ꜛ	₌ɕiɚ̃	tʂɚ̃ꜛ	₌tʂʰɚ̃	tʂɚ̃ꜛ	tʂʰɚ̃ꜛ	₌tʂɚ̃	₌ʂɚ̃

辰	臣	肾	人	认	紧	银	印	引	勤	代表点
臻开三 真平禅	臻开三 真平禅	臻开三 轸上禅	臻开三 真平日	臻开三 震去日	臻开三 轸上见	臻开三 真平疑	臻开三 震去影	臻开三 轸上以	臻开三 殷平群	
₌tʂʰən	₌tʂʰən	ʂən²	₌ʐən	ʐən²	ᶜtɕin	₌in	in²	ᶜin	₌tɕʰin	北
₌tʂʰən	₌tʂʰən	ʂən²	₌ʐən	ʐən²	ᶜtɕin	₌in	in²	ᶜin	₌tɕʰin	兴
₌tʂʰən	₌tʂʰən	sən²	₌in	in²	ᶜtɕin	₌in	in²	ᶜin	₌tɕʰin	沈
₌tʂʰən	₌tʂʰən	ʂən²	₌in	in²	ᶜtɕin	₌in	in²	ᶜin	₌tɕʰin	长
₌tʂʰən	₌tʂʰən	ʂən²	₌in	in²	ᶜtɕin	₌in	in²	ᶜin	₌tɕʰin	巴
₌tɕʰin/₌ɕin	₌tɕʰin	ᶜsən	₌in	in²	ᶜcin	₌in	in²	ᶜin	₌ɕʰin	牟
₌tʃʅ²	₌tʃʅ²	ʂʅ²	₌ɕiə	iə²	ᶜtʃʅ	₌iə	iə²	ᶜiə	₌tʃʅ²	诸
₌tʂʰən	₌tʂʰən	ᶜsən	₌in	in²	ᶜtɕin	₌in	in²	ᶜin	₌tɕʰin	丹
₌tʂʰən	₌tʂʰən	ʂən²	₌ʐən	ʐən²	ᶜtɕin	₌in	in²	ᶜin	₌tɕʰin	高
₌tʂʰẽ	₌tʂʰẽ	ʂẽ²	₌ʐẽ	ʐẽ²	ᶜtɕiẽ	₌iẽ	iẽ²	ᶜiẽ	₌tɕʰiẽ	济
₌tʂʰən	₌tʂʰən	ʂən²	₌ʐən	ʐən²	ᶜtɕin	₌in	in²	ᶜin	₌tɕʰin	河
₌tʂʰẽ	₌tʂʰẽ	ʂẽ²	₌ʐẽ	ʐẽ²	ᶜtɕiẽ	₌iẽ	iẽ²	ᶜiẽ	₌tɕʰiẽ	利
₌ʂẽ²	₌tʂʰẽ	sẽ²	₌ʐẽ	ʐẽ²	ᶜtɕiẽ	₌iẽ	iẽ²	ᶜiẽ	₌tɕʰiẽ	西
₌tʂʰəŋ	₌tʂʰəŋ	ʂəŋ²	₌ʐəŋ	ʐəŋ²	ᶜtɕiŋ	₌iŋ	iŋ²	ᶜiŋ	₌tɕʰiŋ	敦
₌tʂʰən	₌tʂʰən	ʂən²	₌ʐən	ʐən²	ᶜtɕin	₌in	in²	ᶜin	₌tɕʰin	天
	₌tʂʰɿ	ʂɿ²	₌ʐɿ	ʐɿ²	ᶜtɕin	₌iŋ	iŋ²	ᶜiŋ	₌tɕʰiŋ	吐
₌tʂʰei	₌tʂʰei	ʂei²	₌ʐei	ʐei²	ᶜtɕiei	₌niei	iei²	ᶜiei	₌tɕʰiei	运
₌tʂʰə̃	₌tʂʰə̃	ʂə̃²	₌ʐə̃	ʐə̃²	ᶜtɕiə̃	₌iə̃	iə̃²	ᶜiə̃	₌tɕʰiə̃	徐
₌tʂʰən	₌tʂʰən	ʂən²	₌ʐən	ʐən²	ᶜtɕin	₌in	in²	ᶜin	₌tɕʰin	郑
₌tʂʰə̃	₌tʂʰə̃	ʂə̃²	₌ʐə̃	ʐə̃²	ᶜtɕiə̃	₌iə̃	iə̃²	ᶜiə̃	₌tɕʰiə̃	曲
₌tʂʰən	₌tʂʰən	ʂən²	₌ʐən	ʐən²	ᶜtɕin	₌in	in²	ᶜin	₌tɕʰin	信
₌tʂʰəŋ	₌tʂʰəŋ	ʂəŋ²	₌ʐəŋ	ʐəŋ²	ᶜtɕiŋ	₌iŋ	iŋ²	ᶜiŋ	₌tɕʰiŋ	灵
₌tʂʰən	₌tʂʰən	ʂən²	₌ʐən	ʐən²	ᶜtɕin	₌in	in²	ᶜin	₌tɕʰin	永
₌tʂʰiỹ	₌tʂʰiỹ	ʂiỹ²	₌ʐiỹ	ʐiỹ²	ᶜtɕiỹ	₌ziỹ	ziỹ²	ᶜziỹ	₌tɕʰiỹ	张
ᶜtʂʰən		ʂən²	₌ʐən	ʐən²	ᶜtɕin	₌in	in²	ᶜin	₌tɕʰin	吉
₌sen	₌tʂʰen	sen²	₌zen	zen²	ᶜtɕin	₌in	in²	ᶜin	₌tɕʰin	大
₌tʂʰən	₌tʂʰən	ʂən²	₌ʐən	ʐən²	ᶜtɕin	₌in	in²	ᶜin	₌tɕʰin	都
₌tʂʰen	₌tʂʰen	ʂen²	₌ʐɿ	zen²	ᶜtɕin	₌in	in²	ᶜin	₌tɕʰin	喜
₌tʂʰə̃	₌tʂʰə̃	ʂə̃²	₌ʐə̃	ʐə̃²	ᶜtɕi	₌i	i²	ᶜi	₌tɕʰi	昆
₌nən	₌tʂʰən	sən²	₌nən	nən²	ᶜtɕin	₌in	in²	ᶜin	₌tɕʰin	武
₌sin	₌tʂʰin		₌in	in²	ᶜkin	₌in	in²	ᶜin	₌kʰin	荔
₌tʂʰən/₌nən⁰	₌tʂʰən	₌sən	₌ʐən/₌nən	ʐən²	ᶜtɕin	₌in	in²	ᶜin	₌tɕʰin	南
₌tʂʰəŋ	₌tʂʰəŋ	ʂəŋ²	₌ʐəŋ	₌ʐəŋ/ʐən²	ᶜtɕin	₌in	iŋ²	ᶜiŋ	₌tɕʰin	泰
₌ʂəŋ	₌tʂʰəŋ	ʂəŋ²	₌ʐəŋ	ʐəŋ²	ᶜtɕin	₌in	iŋ²	ᶜin	₌tɕʰin	红
₌tʂʰəŋ	₌tʂʰəŋ	ʂəŋ²	₌ʐəŋ	ʐəŋ²	ᶜtɕin	₌in	iŋ²	ᶜiŋ	₌tɕʰiŋ	太
₌tʂʰiŋ	₌tʂʰiŋ	ʂiŋ²	₌ʐiŋ	ʐiŋ²	ᶜtɕiəŋ	₌niaŋ/nieŋ	iəŋ²	ᶜiəŋ	₌tɕʰiŋ	岚
₌tʂʰiŋ	₌tʂʰiŋ	ʂiŋ²	₌ʐiŋ	iŋ²	ᶜtɕiŋ	₌iŋ	iŋ²	ᶜiŋ	₌tɕʰiŋ	长
₌tʂʰiŋ	₌tʂʰiŋ	ʂiŋ²	₌ʐiŋ	ʐiŋ²	ᶜtɕiəŋ	₌iəŋ	iəŋ²	ᶜiəŋ	₌tɕʰiŋ	忻
₌tʂʰiɣ	₌tʂʰiɣ	ʂiɣ²	₌ʐiɣ	ʐiɣ²	ᶜtɕiəɣ	₌iəɣ	iəɣ²	ᶜiəɣ	₌tɕʰiəɣ	大
₌tʂʰiŋ	₌tʂʰiŋ	siŋ²	₌ʐiŋ	ʐiŋ²	ᶜtɕiŋ	₌iŋ	iŋ²	ᶜiŋ	₌tɕʰiŋ	呼
₌tʂʰən	₌tʂʰən	ʂən²	₌ʐən	ʐən²	ᶜtɕin	₌in	in²	ᶜin	₌tɕʰin	获
₌tʂʰiɤ	₌tʂʰiɤ	ʂiɤ²	₌ʐiɤ	ʐiɤ²	ᶜtɕiiɤ	₌iɤ	iɤ²	ᶜiɤ	₌tɕʰiiɤ	志

①ʂən⁰，时～。

区	片	代表点	近 臻开三 隐上群	欣 臻开三 殷平晓	本 臻合一 混上帮	盆 臻合一 魂平并	门 臻合一 魂平明	顿 臻合一 恩去端	臀 臻合一 魂平定	钝 臻合一 恩去定
北京	幽燕	北京	꜅tɕin	꜀ɕin	꜂pən	꜁pʰən	꜁mən	꜄tuən	꜁tʰuən	꜅tuən
	锦兴	兴城	꜅tɕin	꜀ɕin	꜂pən	꜁pʰən	꜁mən	꜄tuən	꜁tʰuən	꜅tuən
	辽沈	沈阳	꜅tɕin	꜀ɕin	꜂pən	꜁pʰən	꜁mən	꜄tuən	꜁tʰuən	꜅tuən
	黑吉	长春	꜅tɕin	꜀ɕin	꜂pən	꜁pʰən	꜁mən	꜄tuən	꜁tʰuən	꜅tuən
	哈肇	巴彦	꜅tɕin	꜀ɕin	꜂pən	꜁pʰən	꜁mən	꜄tuən	꜁tʰuən	꜅tuən
胶辽	登连	牟平	꜅cin	꜀ɕin	꜂pən	꜁pʰən	꜁mən	꜄tən	꜁tʰən	꜅tən
	青莱	诸城	꜅tʃɤ̃	꜀ʃɤ̃	꜂pɤ̃	꜁pʰɤ̃	꜁mɤ̃	꜄tuɤ̃	꜁tʰuɤ̃	꜅tuɤ̃
	营通	丹东	꜅tɕin	꜀ɕin	꜂pən	꜁pʰən	꜁mən	꜄tuən /꜄nɛ	꜁tʰuən /꜁nɛ	꜅tuən /꜅nɛ
冀鲁	保唐	高阳	꜅tɕin	꜀ɕin	꜂pən	꜁pʰən	꜁mən	꜄tuən	꜁tʰuən	꜅tuən
	石济	济南	꜅tɕiẽ	꜀ɕiẽ	꜂pẽ	꜁pʰẽ	꜁mẽ	꜄tuẽ	꜁tʰuẽ	꜅tuẽ
	沧惠	河间	꜅tɕin	꜀ɕin	꜂pən	꜁pʰən	꜁mən	꜄tuən	꜁tʰuən	꜅tuən
	章利	利津	꜅tɕiẽ	꜀ɕiẽ	꜂pẽ	꜁pʰẽ	꜁mẽ	꜄tuẽ	꜁tʰuẽ	꜅tuẽ
中原	关中	西安	꜅tɕiẽ	꜀ɕiẽ	꜂pẽ	꜁pʰẽ	꜁mẽ	꜄tuẽ	꜁tʰuẽ	꜅tuẽ
	秦陇	敦煌	꜅tɕiŋ	꜀ɕiŋ	꜂pəŋ	꜁pʰəŋ	꜁məŋ	꜄tuŋ		
	陇中	天水	꜅tɕʰin	꜀ɕin	꜂pən	꜁pʰən	꜁mən	꜄tuən	꜁tʰuən	꜅tuən
	南疆	吐鲁番	꜅tɕin		꜂pɤŋ	꜁pʰɤŋ	꜁mɤŋ	꜄tuɤŋ		
	汾河	运城	꜅tɕʰieĩ	꜀ɕieĩ	꜂pei	꜁pʰei	꜁mei	꜄tuei	꜁tʰuei	꜅tuei
	洛徐	徐州	꜅tɕiɤ̃	꜀ɕiɤ̃	꜂pɤ̃	꜁pʰɤ̃	꜁mɤ̃	꜄tuɤ̃	꜁tʰuɤ̃	꜅tuɤ̃
	郑曹	郑州	꜅tɕin	꜀ɕin	꜂pən	꜁pʰən	꜁mən	꜄tuən	꜁tʰuən	꜅tuən
	蔡鲁	曲阜	꜅tɕiɤ̃	꜀ɕiɤ̃	꜂pɤ̃	꜁pʰɤ̃	꜁mɤ̃	꜄tuɤ̃	꜁tʰuɤ̃	꜅tuɤ̃
	信蚌	信阳	꜅tɕin	꜀ɕin	꜂pən	꜁pʰən	꜁mən	꜄tən	꜁tʰən	꜅tən
兰银	银吴	灵武	꜅tɕiŋ	꜀ɕiŋ	꜂pəŋ	꜁pʰəŋ	꜁məŋ	꜄tuŋ	꜁tʰuŋ	꜅tuŋ
	金城	永登	꜅tɕin	꜀ɕin	꜂pən	꜁pʰən	꜁mən	꜄tun	꜁tʰun	꜅tun
	河西	张掖	꜅tɕiỹ	꜀ɕiỹ	꜂pəỹ	꜁pʰəỹ	꜁məỹ	꜄tuỹ	꜁tʰuỹ	꜅tuỹ
	塔密	吉木萨尔	꜅tɕiŋ	꜀ɕiŋ	꜂pəŋ	꜁pʰəŋ	꜁məŋ	꜄tuŋ	꜁tʰuŋ	꜅tuŋ
西南	黔川	大方	꜅tɕin	꜀ɕin	꜂pen	꜁pʰen	꜁men	꜄ten	꜁tʰen	꜅ten
	西蜀	都江堰	꜅tɕin	꜀ɕin	꜂pən	꜁pʰən	꜁mən	꜄tən	꜁tʰən	꜅tən
	川西	喜德	꜅tɕin	꜀ɕin	꜂pen	꜁pʰen	꜁men	꜄ten	꜁tʰen	꜅ten
	云南	昆明	꜅tɕĩ	꜀ɕĩ	꜂pɤ̃	꜁pʰɤ̃	꜁mɤ̃	꜄tuɤ̃	꜁tʰuɤ̃	꜅tuɤ̃
	湖广	武汉	꜅tɕin	꜀ɕin	꜂pən	꜁pʰən	꜁mən	꜄tən	꜁tʰən	꜅tən
	桂柳	荔浦	꜅kin		꜂pən	꜁pʰən	꜁mən	꜄tən		꜅tən
江淮	洪巢	南京	꜅tɕin	꜀ɕin	꜂pən	꜁pʰən	꜁mən	꜄tun /꜄nɛ	꜁tʰun	꜅tən /꜅tun
	泰如	泰州	꜅tɕʰin /꜅tɕin	꜀ɕiŋ	꜂pəŋ	꜁pʰəŋ	꜁məŋ	꜄təŋ	꜁tʰəŋ	꜅təŋ /꜅tʰəŋ
	黄孝	红安	꜅tɕin	꜀ɕin	꜂pən	꜁pʰən	꜁mən	꜄tən	꜁tʰən	꜅tən
晋语	并州	太原	꜅tɕin	꜀ɕiŋ	꜂pəŋ	꜁pʰəŋ	꜁məŋ	꜄tuəŋ	꜁tʰuəŋ	꜅tuəŋ
	吕梁	岚县	꜅tɕiəŋ	꜀ɕiəŋ	꜂pəŋ	꜁pʰəŋ	꜁məŋ	꜄tuəŋ	꜁tʰuəŋ	꜅tuəŋ
	上党	长治	꜅tɕiŋ	꜀ɕiŋ	꜂pəŋ	꜁pʰəŋ	꜁məŋ	꜄tuŋ	꜁tʰuŋ	꜅tuŋ
	五台	忻州	꜅tɕiəŋ	꜀ɕiəŋ	꜂pəŋ	꜁pʰəŋ	꜁məŋ	꜄tuəŋ	꜁tʰuəŋ	꜅tuəŋ
	大包	大同	꜅tɕiəɣ	꜀ɕiəɣ	꜂pəɣ	꜁pʰəɣ	꜁məɣ	꜄tuəɣ	꜁tʰuəɣ	꜅tuəɣ
	张呼	呼和浩特	꜅tɕĩŋ	꜀ɕĩŋ	꜂pə̃ŋ	꜁pʰə̃ŋ	꜁mə̃ŋ	꜄tũŋ	꜁tʰũŋ	꜅tũŋ
	邯新	获嘉	꜅tɕin	꜀ɕin	꜂pən	꜁pʰən	꜁mən	꜄tun	꜁tʰun	꜅tun
	志延	志丹	꜅tɕiɤ̃	꜀ɕiɤ̃	꜂pɤ̃	꜁pʰɤ̃	꜁mɤ̃	꜄tuɤ̃	꜁tʰuɤ̃	꜅tuɤ̃

嫩	论议~	村	存	孙	困	昏	魂	稳	轮	代表点
臻合一 愿去泥	臻合一 愿去来	臻合一 魂平清	臻合一 魂平从	臻合一 魂平心	臻合一 愿去溪	臻合一 魂平晓	臻合一 魂平匣	臻合一 混上影	臻合三 谆平来	代表点
nən⁼	luən⁼	₌tsʰuən	₌tʂuən	₌suən	kʰuən⁼	₌xuən	₌xuən	˅uən	₌luən	北
nən⁼	luən⁼	₌tʂʰuən	₌tʂuən	₌ʂuən	kʰuən⁼	₌xuən	₌xuən	˅uən	₌luən	兴
nən⁼	luən⁼	₌tsʰuən	₌tʂuən	₌suən	kʰuən⁼	₌xuən	₌xuən	˅vən	₌luən	沈
lən⁼	luən⁼	₌tsʰuən	₌tʂuən	₌ʂuən	kʰuən⁼	₌xuən	₌xuən	˅uən	₌luən	长
lən⁼	luən⁼	₌tsʰuən	₌tsuən	₌suən	kʰuən⁼	₌xuən	₌xuən	˅vən	₌luən	巴
lən⁼	lən⁼	₌tsʰən	₌tsʰən	₌sən	kʰuən⁼	₌xuən	₌xuən	˅uən	₌lən	牟
luə̃⁼	luə̃⁼	₌tθʰuə̃	₌tθʰuə̃	₌θə̃	kʰuə̃⁼	₌xuə̃	₌xuə̃	˅və̃	₌luə̃	诸
lən⁼	lən⁼ / luən⁼	₌tsʰən/ neu ₌tsʰuən	neu ₌tsʰ/ ₌nɛʔ ₌tsʰən	₌sən/ neuₛ	kʰuən⁼	₌xuən	₌xuən	˅uən	₌lən/ neu ₌luən	丹
ŋən⁼	luən⁼	₌tsʰuən	₌tsuən	₌suən	kʰuən⁼	₌xuən	₌xuən	˅uən	₌luən	高
luẽ⁼	luẽ⁼	₌tsʰuẽ	₌tsuẽ	₌suẽ	kʰuẽ⁼	₌xuẽ	₌xuẽ	˅vẽ	₌luẽ	济
ŋən⁼	luən⁼	₌tsʰuən	₌tsuən	₌suən	kʰuən⁼	₌xuən	₌xuən	˅uən	₌luən	河
luẽ⁼	luẽ⁼	₌tsʰuẽ	₌tsuẽ	₌suẽ	kʰuẽ⁼	₌xuẽ	₌xuẽ	˅vẽ	₌luẽ	利
luẽ⁼	luẽ⁼	₌tsʰuẽ	₌tsuẽ	₌suẽ	kʰuẽ⁼	₌xuẽ	₌xuẽ	˅uẽ	₌luẽ	西
		₌tsʰuŋ	₌tsʰuŋ	₌suŋ	kʰuŋ⁼	₌xuŋ	₌xuŋ	˅vəŋ	₌lyŋ	敦
luən⁼	luən⁼	₌tsʰuən	₌tsʰuən	₌suə	kʰuən⁼	₌xuən	₌xuən	˅uən	₌luən	天
nuɤŋ⁼	luɤŋ⁼	₌tsʰuɤŋ	₌tsʰuɤŋ	₌suɤŋ	kʰuɤŋ⁼	₌xuɤŋ		˅vɤŋ	₌luɤŋ	吐
˅luei	luei⁼	₌tɕʰyeĩ	₌tɕʰyeĩ	₌ɕyeĩ	kʰuei⁼	₌xuei	₌xuei	˅uei	₌luei	运
luə̃⁼	luə̃⁼	₌tsʰuə̃	₌tsʰuə̃	₌suə̃	kʰuə̃⁼	₌xuə̃	₌xuə̃	˅uə̃	₌luə̃	徐
luən⁼	luən⁼	₌tsʰuən	₌tsʰuən	₌suən	kʰuən⁼	₌xuən	₌xuən	˅uən	₌luən	郑
luə̃⁼	luə̃⁼	₌tsʰuə̃	₌tsʰuə̃	₌suə̃	kʰuə̃⁼	₌xuə̃	₌xuə̃	˅uə̃	₌luə̃	曲
nuən⁼	nən⁼ / nuən⁼	₌tʂʰn/ ₌tɕʰyn	₌tsʰən⁼	₌sən	kʰuən⁼	₌fən	₌fən	˅vən	₌nən	信
nəŋ⁼	luŋ⁼	₌tsʰuŋ	₌tsʰuŋ	₌suŋ	kʰuŋ⁼	₌xuŋ	₌xuŋ	˅vəŋ	₌luŋ	灵
nən⁼	lun⁼	₌tsʰun	₌tsʰun	₌sun	kʰun⁼	₌xun	₌xun	˅vən	₌lun	永
nəỹ⁼	lyỹ⁼	₌tsʰuỹ	₌tsʰuỹ	₌suỹ	kʰuỹ⁼	₌xuỹ	₌xuỹ	˅vəỹ	₌luỹ	张
nuŋ⁼	luŋ⁼	₌tsʰuŋ	₌tsʰuŋ	₌suŋ	kʰuŋ⁼	₌xuŋ	₌xuŋ	˅uŋ	₌luŋ	吉
len⁼	len⁼	₌tsʰen	₌tsʰen	₌sen	kʰuen⁼	₌xuen	₌xuen	˅uen	₌len	大
nən⁼	nən⁼	₌tsʰən	₌tsʰən	₌sən	kʰuən⁼	₌xuən	₌xuən	˅uən	₌nən	都
nen⁼	nen⁼	₌tsʰen	₌tsʰen	₌sen	kʰuen⁼	₌xuen	₌xuen	˅uen	₌nen	喜
nuə̃⁼	luə̃⁼	₌tsʰuə̃	₌tsʰuə̃	₌suə̃	kʰuə̃⁼	₌xuə̃	₌xuə̃	˅uə̃	₌luə̃	昆
nən⁼	nən⁼	₌tsʰən	₌tsʰən	₌sən	kʰuən⁼	₌xuən	₌xuən	˅uən	₌nən	武
nən⁼	lən⁼	₌tsʰən	₌tsʰən	₌sən	kʰuən⁼	₌huən	₌huən	˅uən	₌nən	荔
lun⁼	lun⁼	₌tsʰun	₌tsʰun	₌sun	kʰun⁼	₌xun	₌xun	˅un	₌lun	南
₌nəŋ/nəŋ⁼	₌nuəŋ/nuəŋ⁼	₌tsʰuəŋ	₌tsʰuəŋ	₌suəŋ	kʰuəŋ⁼	₌xuəŋ	₌xuəŋ	˅vəŋ	₌nuəŋ	泰
lən⁼	lən⁼	₌tsʰən	₌tsʰən	₌sən	kʰuən⁼	₌fən	₌fən	˅uən	₌lən	红
nuəŋ⁼	luəŋ⁼	₌tsʰuəŋ	₌tsʰuəŋ	₌suəŋ	kʰuəŋ⁼	₌xuəŋ	₌xuəŋ	˅vəŋ	₌luəŋ	太
nəŋ⁼	luəŋ⁼	₌tsʰuəŋ	₌tsʰuəŋ	₌suəŋ	kʰuəŋ⁼	₌xuəŋ	₌xuəŋ	˅uəŋ	₌luəŋ	岚
nuŋ⁼	luŋ⁼	₌tsʰuŋ	₌tsʰuŋ	₌suŋ	kʰuŋ⁼	₌xuŋ	₌xuŋ	˅uŋ	₌luŋ	长
nəŋ⁼	luəŋ⁼	₌tsʰuəŋ	₌tsʰuəŋ	₌suəŋ	kʰuəŋ⁼	₌xuəŋ	₌xuəŋ	˅uəŋ	₌luəŋ	忻
nəɤ⁼	luəɤ⁼	₌tsʰuəɤ	₌tsʰuəɤ	₌suəɤ	kʰuəɤ⁼	₌xuəɤ	₌xuəɤ	˅uəɤ	₌luəɤ	大
nŏŋ⁼	lüŋ⁼	₌tsʰüŋ	₌tsʰüŋ	₌süŋ	kʰüŋ⁼	₌xüŋ	₌xüŋ	˅ŏŋ	₌lüŋ	呼
nun⁼	lun⁼	₌tsʰun	₌tsʰun	₌sun	kʰun⁼	₌xun	₌xun	˅uən	₌lun	获
nuɤ̌⁼	luɤ̌⁼	₌tsʰuɤ̌	₌tsʰuɤ̌	₌suɤ̌	kʰuɤ̌⁼	₌xuɤ̌	₌xuɤ̌	˅vɤ̌	₌luɤ̌	志

区	片	代表点	遵 臻合三谆平精	椿乔~ 臻合三谆平彻	准 臻合三凖上章	春 臻合三谆平昌	顺 臻合三稕去船	纯 臻合三谆平禅	闰 臻合三稕去日	均 臻合三谆平见
北京	幽燕	北京	₌tsuən	₌tʂʻuən	˹tʂuən	₌tʂʻuən	ʂuənˀ	₌tʂʻuən	zuənˀ	₌tɕyn
	锦兴	兴城	₌tsuən	₌tʂʻuən	˹tʂuən	₌tʂʻuən	ʂuənˀ	₌tʂʻuən	zuənˀ	₌tɕyn
	辽沈	沈阳	₌tsuən	₌tsʻuən	˹tsuən	₌tsʻuən	suənˀ	₌tsʻuən	inˀ	₌tɕyn
	黑吉	长春	₌tsuən	₌tsʻuən	˹tsuən	₌tsʻuən	suənˀ	₌tsʻuən	inˀ	₌tɕyn
	哈肇	巴彦	₌tsuən	₌tʂʻuən	˹tʂuən	₌tʂʻuən	ʂuənˀ	₌tʂʻuən	inˀ	₌tɕyn
胶辽	登连	牟平	₌tsən	₌tsʻuən	˹tsuən	₌tsʻuən	suənˀ	₌tsʻuən	ynˀ	₌ɕyn
	青莱	诸城	₌tθə̃	₌tʃʻuə̃	˹tʃuə̃	₌tʃuə̃	ʃuə̃ˀ	₌tʃʻuə̃	yə̃ˀ	₌tʃə̃
	营通	丹东	₌tsən/neusə̃	₌tsʻuən	˹tsuən	₌tsʻuən	suənˀ	₌tsʻuən	ynˀ	₌tɕyn
冀鲁	保唐	高阳	₌tsuən	₌tʂʻuən	˹tʂuən	₌tʂʻuən	ʂuənˀ	₌tʂʻuən	luənˀ	₌tɕyn
	石济	济南	₌tsuẽ	₌tʂʻuẽ	˹tʂuẽ	₌tʂʻuẽ	ʂuẽˀ	₌tʂʻuẽ	yẽˀ	₌tɕyẽ
	沧惠	河间	₌tsuən	₌tʂʻuən	˹tʂuən	₌tʂʻuən	ʂuənˀ	₌tʂʻuən	ynˀ	₌tɕyn
	章利	利津	₌tsuẽ	₌tʂʻuẽ	˹tʂuẽ	₌tʂʻuẽ	ʂuẽˀ	₌tʂʻuẽ	₌yẽ	₌tɕyẽ
中原	关中	西安	₌tsuẽ	₌pfʻẽ	˹pfẽ	₌pfẽ	fẽˀ	₌pfẽ	vẽˀ	₌tɕyẽ
	秦陇	敦煌	₌tsuŋ	₌tʂʻuŋ	˹tʂuŋ	₌tʂʻuŋ	ʂuŋˀ	₌tʂʻuŋ	zuŋˀ	₌tɕyŋ
	陇中	天水	₌tsuən	₌tsʻuən	˹tsuən	₌tsʻuən	suənˀ	₌tsʻuən	zuənˀ	₌tɕyn
	南疆	吐鲁番	₌tsuʏŋ		˹tʂuʏŋ	₌tʂʻuʏŋ	fʏŋˀ	₌tʂʻuʏŋ	vʏŋˀ	₌tɕyŋ
	汾河	运城	₌tɕyeĩ	₌pfʻei	˹pfei	₌pfei	feiˀ	₌pfʻei	veiˀ	₌tɕyeĩ
	洛徐	徐州	₌tsuə̃	₌tʂʻuə̃	˹tʂuə̃	₌tʂʻuə̃	ʂuə̃ˀ	₌tʂʻuə̃	yə̃ˀ	₌tɕyə̃
	郑曹	郑州	₌tsuẽn	₌tʂʻuən	˹tʂuən	₌tʂʻuən	ʂuenˀ	₌tʂʻuən	yenˀ	₌tɕyən
	蔡鲁	曲阜	₌tsuə̃	₌tsʻuə̃	˹tsuə̃	₌tsʻuə̃	suə̃ˀ	₌tsʻuə̃	yə̃ˀ	₌tɕyə̃
	信蚌	信阳	₌tsən	₌tsʻən	˹tɕyn	₌tʂʻən/tɕyn	ɕynˀ	₌tɕʻyn	ynˀ	₌tɕyn
兰银	银吴	灵武	₌tsuŋ	₌tʂʻuŋ	˹tʂuŋ	₌tʂʻuŋ	ʂuŋˀ	₌tʂʻuŋ	zuŋˀ	₌tɕyŋ
	金城	永登	₌tsun	₌pfʻən	˹pfən	₌pfən	fənˀ	₌pfʻən	vənˀ	₌tɕyn
	河西	张掖	₌tsuỹ	₌kʻuỹ	˹kuỹ	₌kʻuəỹ	fəỹˀ	₌kʻuỹ	vəỹˀ	₌tsuỹ
	塔密	吉木萨尔	₌tsuŋ		˹tʂuŋ	₌tʂʻuŋ	ʂuŋˀ/fʃŋˀ	₌tʂʻuŋ	zuŋˀ/vənˀ	₌tɕyŋ
西南	黔川	大方	₌tsen	₌tsʻuen	˹tsuen	₌tsʻuen	suenˀ	₌suen	zuenˀ	₌tɕyn
	西蜀	都江堰	₌tsən	₌tsʻuən	˹tsuən	₌tsʻuən	suənˀ	₌suən	zuənˀ	₌tɕyn
	川西	喜德	₌tsen	₌tʂʻuen	˹tʂuen	₌tʂʻuen	ʂuenˀ	₌ʂuen	ʐuenˀ	₌tɕyn
	云南	昆明	₌tsuə̃	₌tʂʻuə̃	˹tʂuə̃	₌tʂʻuə̃	ʂuə̃ˀ	₌suə̃	zuə̃ˀ	₌tɕĩ
	湖广	武汉	₌tsən	₌tɕʻyn	˹tɕyn	₌tɕʻyn	ɕynˀ	₌ɕyn	ynˀ	₌tɕyn
	桂柳	荔浦	₌tsən	₌tsʻyn	˹tsyn	₌tsʻyn	synˀ	₌syn	ynˀ	₌kyn
江淮	洪巢	南京	₌tsun	₌tʂʻun	˹tʂun	₌tʂʻun	ʂunˀ	₌ʂun	zunˀ	₌tɕyn
	泰如	泰州	₌tsuəŋ	₌tsʻuəŋ	˹tsuəŋ	₌tsʻuəŋ	₌suəŋ/suəŋˀ	₌suəŋ	₌zuəŋ/zuəŋˀ	₌tɕyŋ
	黄孝	红安	₌tsən	₌kʻuən	˹kʻuən	₌kʻuən	ʂyənˀ	₌ʂʻyn	ɥenˀ	₌kʻuən
晋语	并州	太原	₌suəŋ	₌tsʻuəŋ	˹tsuəŋ	₌tsʻuəŋ	suəŋˀ	₌tsʻuəŋ	zuəŋˀ	₌tɕyəŋ
	吕梁	岚县	₌tsuəŋ	₌tsʻuəŋ	˹tsuəŋ	₌tsʻuəŋ	suəŋˀ	₌tsʻuəŋ	zuəŋˀ	₌tɕyəŋ
	上党	长治	˹tsuŋ	₌tsʻuŋ	˹tsuŋ	₌tsʻuŋ	sunˀ	₌tsʻuŋ	yŋˀ	₌tɕyŋ
	五台	忻州	˹tsuən	₌tsʻuəŋ	˹tsuəŋ	₌tsʻuəŋ	suənɕ	₌tsʻuəŋ	zuənˀ	˹tɕyəŋ
	大包	大同	˹tsuəɣ	₌tsʻuəɣ	˹tsuəɣ	₌tsʻuəɣ	ʂuəɣˀ	₌tsʻuəɣ	zuəɣˀ	₌tɕyəɣ
	张呼	呼和浩特	₌tsũŋ	₌tsʻũŋ	˹tsũŋ	₌tsʻũŋ	sũŋˀ	₌tsʻũŋ	zũŋˀ	₌tɕỹŋ
	邯新	获嘉	₌tsun	₌tʂʻun	˹tʂun	₌tʂʻun	ʂunˀ	₌tʂʻun	zunˀ	₌tɕyn
	志延	志丹	₌tsuɤ̌	₌tʂʻuɤ̌	˹tʂuɤ̌	₌tʂʻuɤ̌	ʂuɤ̌ˀ	₌tʂʻuɤ̌	zuɤ̌ˀ	₌tɕyɤ̌

勻	分	坟	文	问	军	裙	训	云	帮	代表点
臻合三	臻合三	臻合三	臻合三	臻合三	臻合三	臻合三	臻合三	臻合三	宕开一	
谆平以	文平非	文平奉	文平微	问去微	文平见	文平群	问去晓	文平云	唐平帮	
ɕyn	fən	fən	uən	uən˞	tɕyn	tɕʰyn	ɕyn˞	yn	paŋ	北
ɕyn	fən	fən	uən	uən˞	tɕyn	tɕʰyn	ɕyn˞	yn	paŋ	兴
ɕyn	fən	fən	vən	vən˞	tɕyn	tɕʰyn	ɕyn˞	yn	paŋ	沈
ɕyn	fən	fən	uən	uən˞	tɕyn	tɕʰyn	ɕyn˞	yn	paŋ	长
ɕyn	fən	fən	vən	vən˞	tɕyn	tɕʰyn	ɕyn˞	yn	paŋ	巴
ɕyn	fən	fən	uən	uən˞	cyn	cʰyn	çyn˞	yn	paŋ	牟
ɕyõ	fõ	fõ	uõ	uõ˞	tʃuõ	tʃʰuõ	ʃuõ˞	yõ	paŋ	诸
ɕyn	fən	fən	uən	uən˞	tɕyn	tɕʰyn	ɕyn˞	yn	paŋ	丹
ɕyn	fən	fən	uən	uən˞	tɕyn	tɕʰyn	ɕyn˞	yn	paŋ	高
ɕyẽ	fẽ	fẽ	vẽ	vẽ˞	tɕyẽ	tɕʰyẽ	çyẽ˞	yẽ	paŋ	济
ɕyn	fən	fən	uən	uən˞	tɕyn	tɕʰyn	çyn˞	yn	paŋ	河
ɕyẽ	fẽ	fẽ	vẽ	vẽ˞	tɕyẽ	tɕʰyẽ	çyẽ˞	yẽ	paŋ	利
ɕiẽ/ ɕye	fẽ	fẽ	vẽ	vẽ˞	tɕyẽ	tɕʰyẽ	çyẽ˞	ye	paŋ	西
ɕyŋ	fəŋ	fəŋ	vəŋ	vəŋ˞	tɕyŋ	tɕʰyŋ	çyŋ˞	yŋ	paŋ	敦
ɕyn	fən	fən	vən	vən˞	tɕyn	tɕʰyn	çyn˞	yn	paŋ	天
ɕyɣ	fɤŋ	fɤŋ	vɤŋ	vɤŋ˞	tɕyɣ	tɕʰyɣ	çyɣ˞	yɣ	paŋ	吐
ɕieɪ	fei	fei	vei	vei˞	tɕyeɪ	tɕʰyeɪ	çyeɪ˞	yeɪ	paŋ	运
ɕyõ	fõ	fõ	uõ	uõ˞	tɕyõ	tɕʰyõ	çyõ˞	yõ	paŋ	徐
ɕyən	fən	fən	uən	uən˞	tɕyn	tɕʰyn	çyn˞	yn	paŋ	郑
ɕyõ	fõ	fõ	uõ	uõ˞	tɕyõ	tɕʰyõ	çyõ˞	yõ	paŋ	曲
ɕyn	fən	fən	vən	vən˞	tɕyn	tɕʰyn	çyn˞	yn	paŋ	信
ɕyŋ	fəŋ	fəŋ	vəŋ	vəŋ˞	tɕyŋ	tɕʰyŋ	çyŋ˞	yŋ	paŋ	灵
ɕyn	fən	fən	vən	vən˞	tɕyn	tɕʰyn	çyn˞	yn	põ	永
ɕyɣ̃	fəɣ̃	fəɣ̃	vəɣ̃	vəɣ̃˞	tsuɣ̃	tsʰuɣ̃	suɣ̃	zyɣ̃	pæ	张
ɕyŋ	fəŋ	fəŋ	vəŋ	vəŋ˞	tɕyŋ	tɕʰyŋ	çyŋ	yŋ	paŋ	吉
ɕyn	fən	fen	uen	uen˞	tɕyn	tɕʰyn	çyn˞	yn	pon	大
ɕyn	fən	fən	uən	uən˞	tɕyn	tɕʰyn	çyn˞	yn	paŋ	都
ɕyn	fen	fen	uen	uen˞	tɕyn	tɕʰyn	çyn˞	yn	paŋ	喜
ɕĩ	fõ	fõ	uõ	uõ˞	tɕĩ	tɕʰĩ	çĩ˞	ĩ	pã	昆
ɕyn	fən	fən	uən	uən˞	tɕyn	tɕʰyn	çyn˞	yn	paŋ	武
ɕyn	fən	fən	uən	uən˞	kyn	kʰyn	syn˞	yn	paŋ	荔
ɕyn	fən	fən	un	un˞	tɕyn	tɕʰyn	çyn˞	yn	paŋ	南
ɕyŋ	fəŋ	vəŋ/ ʋəŋ	vəŋ	vəŋ˞/ ʋəŋ˞	tɕyŋ	tɕʰyŋ	çyŋ˞	yŋ	paŋ	泰
ɕɥen	fən	fən	uən	uən˞	kɥen	kʰɥen	sɥen˞	ɥen	paŋ	红
ɕyŋ	fəŋ	fəŋ	ɥeŋ	ɥeŋ˞	tɕyŋ	tɕʰyŋ	çyŋ˞	yŋ	põ	太
ɕɥeŋ	fəŋ	fəŋ	ɥeŋ	ɥeŋ˞	tɕɥeŋ	tɕʰɥeŋ	çɥeŋ˞	ɥeŋ	pua	岚
ɕyŋ	fəŋ	fəŋ	ɥeŋ	un˞	tɕyŋ	tɕʰyŋ	çyŋ	yŋ	paŋ	长
ɕyẽ	fəŋ	fəŋ	vəŋ	vəŋ˞	tɕyẽ	tɕʰyẽ	çyẽ˞	yẽ	pɛ/ pã	忻
ɕyeɣ	feɣ	feɣ	veɣ	veɣ˞	tɕyeɣ	tɕʰyeɣ	çyeɣ	yeɣ	po	大
ɕỹŋ	fõŋ	fõŋ	võŋ	võŋ˞	tɕỹŋ	tɕʰỹŋ	çỹŋ	ỹŋ	pã	呼
ɕyn	fən	fən	uən	un˞	tɕyn	tɕʰyn	çyn˞	yn	paŋ	获
ɕyɣ̌	fɣ̌	fɣ̌	vɣ̌	vɣ̌˞	tɕyɣ̌	tɕʰyɣ̌	çyɣ̌˞	yɣ̌	pã	志

区	片	代表点	旁 宕开一 唐平并	忙 宕开一 唐平明	党 宕开一 荡上端	汤 宕开一 唐平透	糖 宕开一 唐平定	囊 宕开一 唐平泥	狼 宕开一 唐平来	葬 宕开一 宕去精
北京	幽燕	北京	꜖pʰaŋ	꜖maŋ	꜔taŋ	꜒tʰaŋ	꜖tʰaŋ	꜖naŋ	꜖laŋ	tsaŋ꜒
	锦兴	兴城	꜖pʰaŋ	꜖maŋ	꜔taŋ	꜒tʰaŋ	꜖tʰaŋ	꜖naŋ	꜖laŋ	tʂaŋ꜒
	辽沈	沈阳	꜖pʰaŋ	꜖maŋ	꜔taŋ	꜒tʰaŋ	꜖tʰaŋ	꜖naŋ	꜖laŋ	tsaŋ꜒
	黑吉	长春	꜖pʰaŋ	꜖maŋ	꜔taŋ	꜒tʰaŋ	꜖tʰaŋ	꜖naŋ	꜖laŋ	tsaŋ꜒
	哈肇	巴彦	꜖pʰaŋ	꜖maŋ	꜔taŋ	꜒tʰaŋ	꜖tʰaŋ	꜖naŋ	꜖laŋ	tsaŋ꜒
胶辽	登连	牟平	꜖pʰɑŋ	꜖mɑŋ	꜔tɑŋ	꜒tʰɑŋ	꜖tʰɑŋ	naŋ꜒	꜖laŋ	tsaŋ꜒
	青莱	诸城	꜖pʰɑŋ	꜖mɑŋ	꜔tɑŋ	꜒tʰɑŋ	꜖tʰɑŋ	naŋ꜒	꜖laŋ	tθaŋ꜒
	营通	丹东	꜖pʰɑŋ	꜖mɑŋ	꜔tɑŋ	꜒tʰɑŋ	꜖tʰɑŋ	꜖naŋ	꜖laŋ	tsaŋ꜒
冀鲁	保唐	高阳	꜖pʰɑŋ	꜖mɑŋ	꜔tɑŋ	꜒tʰɑŋ	꜖tʰɑŋ	꜖ŋɑŋ	꜖lɑŋ	tsɑŋ꜒
	石济	济南	꜖pʰɑŋ	꜖mɑŋ	꜔tɑŋ	꜒tʰɑŋ	꜖tʰɑŋ	꜖nɑŋ	꜖lɑŋ	tsɑŋ꜒
	沧惠	河间	꜖pʰɑŋ	꜖mɑŋ	꜔tɑŋ	꜒tʰɑŋ	꜖tʰɑŋ	꜖nɑŋ	꜖lɑŋ	tsɑŋ꜒
	章利	利津	꜖pʰɑŋ	꜖mɑŋ	꜔tɑŋ	꜒tʰɑŋ	꜖tʰɑŋ	꜖nɑŋ	꜖lɑŋ	tsɑŋ꜒
中原	关中	西安	꜖pʰɑ̃ɣ	꜖mɑ̃ɣ	꜔tɑ̃ɣ	꜒tʰɑ̃ɣ	꜖tʰɑ̃ɣ	꜖nɑ̃ɣ	꜖lɑ̃ɣ	tsɑ̃ɣ꜒
	秦陇	敦煌	꜖pʰɔŋ	꜖mɔŋ	꜔tɔŋ	꜒tʰɔŋ	꜖tʰɔŋ	꜖nɔŋ	꜖lɔŋ	tsɔŋ꜒
	陇中	天水	꜖pʰɑ̃	꜖maŋ		꜒tʰɑ̃			꜖laŋ	tsɑ̃꜒
	南疆	吐鲁番	꜖pʰɑ̃	꜖mɑ̃	꜔tɑ̃	꜒tʰɑ̃	꜖tʰɑ̃	꜖nɑ̃	꜖lɑ̃	tsɑ̃꜒
	汾河	运城	꜖pʰɑŋ	꜖mɑŋ	꜔tɑŋ	꜒tʰɑŋ	꜖tʰɑŋ	꜖niɑŋ	꜖liɑŋ	tsɑŋ꜒
	洛徐	徐州	꜖pʰɑŋ	꜖mɑŋ	꜔tɑŋ	꜒tʰɑŋ	꜖tʰɑŋ	꜖nɑŋ	꜖lɑŋ	tsɑŋ꜒
	郑曹	郑州	꜖pʰaŋ	꜖maŋ	꜔taŋ	꜒tʰaŋ	꜖tʰaŋ	꜖naŋ	꜖laŋ	tsaŋ꜒
	蔡鲁	曲阜	꜖pʰɑŋ	꜖mɑŋ	꜔tɑŋ	꜒tʰɑŋ	꜖tʰɑŋ	꜖nɑŋ	꜖lɑŋ	tsɑŋ꜒
	信蚌	信阳	꜖pʰaŋ	꜖maŋ	꜔taŋ	꜒tʰaŋ	꜖tʰaŋ	꜖naŋ	꜖naŋ	tsaŋ꜒
兰银	银吴	灵武	꜖pʰɑŋ	꜖mɑŋ	꜔tɑŋ	꜒tʰɑŋ	꜖tʰɑŋ	꜖nɑŋ	꜖lɑŋ	tsɑŋ꜒
	金城	永登	꜖pʰŏ	꜖mŏ	꜔tŏ	꜒tʰŏ	꜖tʰŏ	꜖nŏ	꜖lŏ	tsŏ꜒
	河西	张掖	꜖pʰæ	꜖mæ	꜔tæ	꜒tʰæ	꜖tʰæ	꜖næ	꜖læ	tsæ꜒
	塔密	吉木萨尔	꜒pʰɑŋ	꜖mɑŋ	꜔tɑŋ	꜒tʰɑŋ	꜖tʰɑŋ	꜖nɑŋ	꜔lɑŋ	tsɑŋ꜒
西南	黔川	大方	꜖pʰoŋ	꜖moŋ	꜔toŋ	꜒tʰoŋ	꜖tʰoŋ	꜖laŋ	꜖laŋ	tsaŋ꜒
	西蜀	都江堰	꜖pʰaŋ	꜖maŋ	꜔taŋ	꜒tʰaŋ	꜖tʰaŋ	꜖naŋ	꜖naŋ	tsaŋ꜒
	川西	喜德	꜖pʰaŋ	꜖maŋ	꜔taŋ	꜒tʰaŋ	꜖tʰaŋ	꜖naŋ	꜖naŋ	tsaŋ꜒
	云南	昆明	꜖pʰã	꜖mã	꜔tã	꜒tʰã	꜖tʰã	꜖nã	꜖lã	tsã꜒
	湖广	武汉	꜖pʰaŋ	꜖maŋ	꜔taŋ	꜒tʰaŋ	꜖tʰaŋ	꜖naŋ	꜖naŋ	tsaŋ꜒
	桂柳	荔浦	꜖pʰaŋ	꜖maŋ	꜔taŋ	꜒tʰaŋ	꜖tʰaŋ	꜖naŋ	꜖laŋ	tsaŋ꜒
江淮	洪巢	南京	꜖pʰaŋ	꜖maŋ	꜔taŋ	꜒tʰaŋ	꜖tʰaŋ	꜖laŋ	꜖laŋ	tsaŋ꜒
	泰如	泰州	꜖pʰaŋ	꜖maŋ	꜔taŋ	꜒tʰaŋ	꜖tʰaŋ	꜖naŋ	꜖naŋ	tsaŋ꜒
	黄孝	红安	꜖pʰaŋ	꜖maŋ	꜔taŋ	꜒tʰaŋ	꜖tʰaŋ	꜖laŋ	꜖laŋ	tsaŋ꜒
晋语	并州	太原	꜖pʰɤ̃	꜖mɤ̃	꜔tɤ̃	꜒tʰɤ̃	꜖tʰɤ̃	꜖nɤ̃	꜖lɤ̃	tsɤ̃꜒
	吕梁	岚县	꜖pʰuə	꜖muə	꜔tuə	꜒tʰuə	꜖tʰuə	꜖nuə	꜖luə	tsuə꜒
	上党	长治	꜖pʰɑŋ	꜖mɑŋ	꜔tɑŋ	꜒tʰɑŋ	꜖tʰɑŋ	꜖nɑŋ	꜖lɑŋ	tsɑŋ꜒
	五台	忻州	꜖pʰã	꜖me/ ꜖mã	꜔tã	꜒tʰɤ̃/ʒɤ̃	꜖tʰã	꜖nã	꜖le/ ꜖lã	tsɤ̃/tsaˀ
	大包	大同	꜖pʰɒ̃	꜖mɒ	꜔tɒ	꜒tʰɒ	꜖tʰɒ	꜖nɒ	꜖lɒ	tsɒ꜒
	张呼	呼和浩特	꜖pʰã	꜖mã	꜔tã	꜒tʰã	꜖tʰã	꜖nã	꜖lã	tsã꜒
	邯新	获嘉	꜖pʰaŋ	꜖maŋ	꜔taŋ	꜒tʰaŋ	꜖tʰaŋ	꜖naŋ	꜖laŋ	tsaŋ꜒
	志延	志丹	꜖pʰã	꜖mã	꜔tã	꜒tʰã	꜖tʰã	꜖nã	꜖lã	tsã꜒

仓	藏(胞~)	脏	桑	缸	康	昂	行(银~)	娘	良	代表点
宕开一 唐平清	宕开一 唐平从	宕开一 宕去从	宕开一 唐平心	宕开一 唐平见	宕开一 唐平溪	宕开一 唐平疑	宕开一 唐平匣	宕开三 阳平泥	宕开三 阳平来	代表点
꜀tsʻaŋ	꜀tsʻaŋ	tsaŋ꜅	꜀saŋ	꜀kaŋ	꜀kʻaŋ	꜀aŋ	꜁xaŋ	꜁nian	꜁lian	北
꜀tʂʻaŋ	꜀tʂʻaŋ	tʂaŋ꜅	꜀ʂaŋ	꜀kaŋ	꜀kʻaŋ	꜁naŋ	꜁xaŋ	꜁nian	꜁lian	兴
꜀tsʻaŋ	꜀tsʻaŋ	tsaŋ꜅	꜀saŋ	꜀kaŋ	꜀kʻaŋ	꜀aŋ	꜁xaŋ	꜁n̠ian	꜁lian	沈
꜀tsʻaŋ	꜀tsʻaŋ	tsaŋ꜅	꜀saŋ	꜀kaŋ	꜀kʻaŋ	꜁naŋ	꜁xaŋ	꜁nian	꜁lian	长
꜀tsʻaŋ	꜀tsʻaŋ	tsaŋ꜅	꜀saŋ	꜀kaŋ	꜀kʻaŋ	꜁naŋ	꜁xaŋ	꜁n̠ian	꜁lian	巴
꜀tsʻɑŋ	꜀tsʻɑŋ	tsɑŋ꜅	꜀sɑŋ	꜀kɑŋ	꜀kʻɑŋ	꜀ɑŋ	꜁xɑŋ	꜁n̠iɑŋ	꜁liɑŋ	牟
꜀tθʻɑŋ	꜀tθʻɑŋ	tθɑŋ꜅	꜀θɑŋ	꜀kɑŋ	꜀kʻɑŋ	꜀ɑŋ	꜁xɑŋ	꜁n̠iɑŋ	꜁liɑŋ	诸
꜀tsʻɑŋ	꜀tsʻɑŋ	tsɑŋ꜅	꜀sɑŋ	꜀kɑŋ	꜀kʻɑŋ	꜀aŋ	꜁xɑŋ	꜁nian	꜁lian	丹
꜀tsʻɑŋ	꜀tsʻɑŋ	tsɑŋ꜅	꜀sɑŋ	꜀kɑŋ	꜀kʻɑŋ	꜁ŋɑŋ	꜁xɑŋ	꜁n̠iɑŋ	꜁liɑŋ	高
꜀tsʻɑŋ	꜀tsʻɑŋ	tsɑŋ꜅	꜀sɑŋ	꜀kɑŋ	꜀kʻɑŋ	꜁ŋɑŋ	꜁xɑŋ	꜁niɑŋ	꜁liɑŋ	济
꜀tsʻɑŋ	꜀tsʻɑŋ	tsɑŋ꜅	꜀sɑŋ	꜀kɑŋ	꜀kʻɑŋ	꜁ŋɑŋ	꜁xɑŋ	꜁n̠iɑŋ	꜁liɑŋ	河
꜀tsʻɑŋ	꜀tsʻɑŋ	tsɑŋ꜅	꜀sɑŋ	꜀kɑŋ	꜀kʻɑŋ	꜁ŋɑŋ	꜁xɑŋ	꜁nian	꜁lian	利
꜀tsʻãɣ	꜀tsʻãɣ	tsãɣ꜅ / ꜀tsãɣ	꜀sãɣ	꜀kãɣ	꜀kʻãɣ	꜁ŋãɣ	꜁xãɣ	꜁niãɣ	꜁liãɣ	西
꜀tsʻɔŋ	꜀tsʻɔŋ	tsɔŋ꜅	꜀sɔŋ	꜀kɔŋ	꜀kʻɔŋ	꜁ŋɔŋ	꜁xɔŋ	꜁niɔŋ	꜁liɔŋ	敦
꜀tsʻaŋ	꜀tsʻaŋ	tsaŋ꜅ / ꜀tsaŋ	꜀saŋ	꜀kaŋ	꜀kʻaŋ	꜀aŋ	꜁xaŋ	꜁nia/꜁nian	꜁lian	天
꜀tsʻɑŋ	꜀tsʻɑŋ	tsɑŋ꜅ / ꜀tsɑŋ	꜀sɑŋ	꜀kɑŋ	꜀kʻɑŋ	꜁ŋɑŋ	꜁xɑŋ	꜁niɑŋ	꜁liɑŋ	吐
꜀tsʻɑŋ	꜀tsʻɑŋ	tsɑŋ꜅	꜀sɑŋ	꜀kɑŋ	꜀kʻɑŋ	꜁ŋɑŋ	꜁xaŋ/xaŋ꜅	꜁nian	꜁lian	运
꜀tsʻɑŋ	꜀tsʻɑŋ	tsaŋ꜅	꜀saŋ	꜀kaŋ	꜀kʻaŋ	꜀aŋ	꜁xaŋ	꜁nian	꜁lian	徐
꜀tsʻɑŋ	꜀tsʻɑŋ	tsɑŋ꜅	꜀sɑŋ	꜀kɑŋ	꜀kʻɑŋ	꜁ɣɑŋ	꜁xɑŋ	꜁n̠iɑŋ	꜁liɑŋ	曲
꜀tsʻaŋ	꜀tsʻaŋ	tsaŋ꜅	꜀saŋ	꜀kaŋ	꜀kʻaŋ	꜁ŋaŋ	꜁xaŋ	꜁nian	꜁nian	信
꜀tsʻɑŋ	꜀tsʻɑŋ	tsɑŋ꜅	꜀sɑŋ	꜀kɑŋ	꜀kʻɑŋ	꜀aŋ	꜁xɑŋ	꜁n̠iɑŋ	꜁liɑŋ	灵
꜀tsʻɒ̃	꜀tsʻɒ̃	tsɒ̃꜅	꜀sɒ̃	꜀kɒ̃	꜀kʻɒ̃	꜁ɒ̃	꜁xɒ̃	꜁n̠iɒ̃	꜁liɒ̃	永
꜀tsʻæ̃	꜀tsʻæ̃	tsæ̃꜅	꜀sæ̃	꜀kæ̃	꜀kʻæ̃	꜁ɣæ̃	꜁xæ̃	꜁n̠iæ̃	꜁liæ̃	张
꜂tsʻaŋ	꜂tsʻaŋ	꜀tsaŋ	꜀saŋ	꜂kaŋ	꜂kʻaŋ		꜂xaŋ	꜂n̠ian	꜂lian	吉
꜀tsʻaŋ	꜀tsʻaŋ	tsaŋ꜅	꜀saŋ	꜀kaŋ	꜀kʻaŋ	꜁ŋaŋ	꜁xaŋ	꜁nian	꜁nian	大
꜀tsʻaŋ	꜀tsʻaŋ	꜀tsaŋ	꜀saŋ	꜀kaŋ	꜀kʻaŋ	꜁aŋ	꜁xaŋ	꜁nian	꜁nian	都
꜀tsʻã	꜀tsʻã	꜀tsã	꜀sã	꜀kã	꜀kʻã	꜁ã	꜁xã	꜁niã	꜁liã	喜
꜀tsʻaŋ	꜀tsʻaŋ	tsaŋ꜅	꜀saŋ	꜀kaŋ	꜀kʻaŋ	꜁ŋaŋ	꜁xaŋ	꜁nian	꜁nian	昆
꜀tsʻaŋ	꜀tsʻaŋ	tsaŋ꜅	꜀saŋ	꜀kaŋ	꜀kʻaŋ	꜁ŋaŋ	꜁haŋ	꜁n̠ian	꜁lian	武
꜀tsʻaŋ	꜀tsʻaŋ	tsaŋ꜅	꜀saŋ	꜀kaŋ	꜀kʻaŋ	꜀aŋ	꜁xaŋ	꜁lian/꜁lian	꜁lian	荔
꜀tsʻɑŋ	꜀tsʻɑŋ	tsɑŋ꜅	꜀sɑŋ	꜀kɑŋ	꜀kʻɑŋ	꜀aŋ	꜁xɑŋ	꜁nian/꜁nian	꜁nian	南
꜀tsʻaŋ	꜀tsʻaŋ	tsaŋ꜅	꜀saŋ	꜀kaŋ	꜀kʻaŋ	꜁ŋaŋ	꜁xaŋ	꜁n̠ian	꜁lian	泰
꜀tsʻɒ̃	꜀tsʻɒ̃	tsɒ̃꜅	꜀sɒ̃	꜀kɒ̃	꜀kʻɒ̃	꜁ɣɒ̃	꜁xɒ̃	꜁niɒ̃	꜁liɒ̃	红
꜀tsʻuə	꜀tsʻuə	tsuə꜅	꜀suə	꜀kuə	꜀kʻuə	꜁ŋuə	꜁xuə	꜁nyə	꜁lyə	太
꜀tsʻɑŋ	꜀tsʻɑŋ	tsɑŋ꜅	꜀sɑŋ	꜀kɑŋ	꜀kʻɑŋ	꜀aŋ	꜁xɑŋ	꜁niɑŋ	꜁liɑŋ	岚
꜂tsʻã / ꜂tsã	꜂tsʻã	tsã꜅ /꜀tsã	꜂sã	꜂kã	꜂kʻã	꜁ŋã	꜁ʐã/꜁xã	꜁n̠ie/꜁niã	꜁liã	忻
꜀tsʻɒ	꜀tsʻɒ	tsɒ꜅	꜀sɒ	꜀kɒ	꜀kʻɒ	꜁ŋɒ	꜁xɒ	꜁niɒ	꜁liɒ	大
꜀tsʻã	꜀tsʻã	tsã꜅	꜀sã	꜀kã	꜀kʻã	꜁ã	꜁xã	꜁niã	꜁liã	呼
꜀tsʻaŋ	꜀tsʻaŋ	tsaŋ꜅	꜀saŋ	꜀kaŋ	꜀kʻaŋ	꜀aŋ	꜁xaŋ	꜁nian	꜁lian	获
꜀tsʻã	꜀tsʻã	tsã꜅	꜀sã	꜀kã	꜀kʻã	꜁ŋã	꜁xã	꜁niã	꜁liã	志

区	片	代表点	墙 宕开三 阳平从	匠 宕开三 漾去从	想 宕开三 养上心	详 宕开三 阳平邪	像 宕开三 养上邪	张 宕开三 阳平知	肠 宕开三 阳平澄	丈 宕开三 养上澄
北京	幽燕	北京	₌tɕʰiaŋ	tɕiaŋ²	ᶜɕiaŋ	₌ɕiaŋ	ɕiaŋ²	₌tʂaŋ	₌tʂʰaŋ	tʂaŋ²
	锦兴	兴城	₌tɕʰiaŋ	tɕiaŋ²	ᶜɕiaŋ	₌ɕiaŋ	ɕiaŋ²	₌tʂaŋ	₌tʂʰaŋ	tʂaŋ²
	辽沈	沈阳	₌tɕʰiaŋ	tɕiaŋ²	ᶜɕiaŋ	₌ɕiaŋ	ɕiaŋ²	₌tsaŋ	₌tsʰaŋ	tsaŋ²
	黑吉	长春	₌tɕʰiaŋ	tɕiaŋ²	ᶜɕiaŋ	₌ɕiaŋ	ɕiaŋ²	₌tʂaŋ	₌tʂʰaŋ	tʂaŋ²
	哈肇	巴彦	₌tɕʰiaŋ	tɕiaŋ²	ᶜɕiaŋ	₌ɕiaŋ	ɕiaŋ²	₌tʂaŋ	₌tʂʰaŋ	tʂaŋ²
胶辽	登连	牟平	₌tɕiaŋ	tɕiaŋ²	ᶜɕiaŋ	₌ɕiaŋ	ɕiaŋ²	₌tɕiaŋ	₌tɕʰiaŋ	tɕiaŋ²
	青莱	诸城	₌tʂʰiaŋ	tʂiaŋ²	ᶜɕiaŋ	₌ɕiaŋ	ɕiaŋ²	₌tʃaŋ	₌tʃʰaŋ	tʃaŋ²
	营通	丹东	₌tɕʰiaŋ	tɕiaŋ²	ᶜɕiaŋ	₌ɕiaŋ	ɕiaŋ²	₌tsaŋ	₌tsʰaŋ	tsaŋ²
冀鲁	保唐	高阳	₌tsʰiaŋ	tsiaŋ²	ᶜsiaŋ	₌siaŋ	siaŋ²	₌tʂaŋ	₌tʂʰaŋ	tʂaŋ²
	石济	济南	₌tɕʰiaŋ	tɕiaŋ²	ᶜɕiaŋ	₌ɕiaŋ	ɕiaŋ²	₌tʂaŋ	₌tʂʰaŋ	tʂaŋ²
	沧惠	河间	₌tsʰiaŋ	tsiaŋ²	ᶜsiaŋ	₌siaŋ	siaŋ²	₌tʂaŋ	₌tʂʰaŋ	tʂaŋ²
	章利	利津	₌tsʰiaŋ	tsiaŋ²	ᶜsiaŋ	₌siaŋ	siaŋ²	₌tʂaŋ	₌tʂʰaŋ	tʂaŋ²
中原	关中	西安	₌tɕʰiãɣ	tɕiãɣ²	ᶜɕiãɣ	₌ɕiãɣ	ɕiãɣ²	₌tʂãɣ	₌tʂʰãɣ	tʂãɣ²
	秦陇	敦煌	₌tɕʰiɔŋ	tɕiɔŋ²	ᶜɕiɔŋ		ɕiɔŋ²	₌tʂɔŋ	₌tʂʰɔŋ	tʂɔŋ²
	陇中	天水	₌tɕʰiaŋ	tɕiaŋ²	ᶜɕiaŋ	₌ɕiaŋ	ɕiaŋ²	₌tʂaŋ	₌tʂʰaŋ	tʂaŋ²
	南疆	吐鲁番	₌tɕʰiaŋ	tɕʰiaŋ²	ᶜɕiaŋ	₌ɕiaŋ	ɕiaŋ²	₌tʂaŋ	₌tʂʰaŋ	tʂaŋ²
	汾河	运城	₌tɕʰiaŋ	tɕʰiaŋ²	ᶜɕiaŋ	₌ɕiaŋ	ɕiaŋ²	₌tʂaŋ	₌tʂʰaŋ	tʂaŋ²
	洛徐	徐州	₌tɕʰiaŋ	tɕiaŋ²	ᶜɕiaŋ	₌ɕiaŋ	ɕiaŋ²	₌tʂaŋ	₌tʂʰaŋ	tʂaŋ²
	郑曹	郑州	₌tsʰiaŋ	tsiaŋ²	ᶜsiaŋ	₌siaŋ	siaŋ²	₌tʂaŋ	₌tʂʰaŋ	tʂaŋ²
	蔡鲁	曲阜	₌tɕʰiaŋ	tɕiaŋ²	ᶜɕiaŋ	₌ɕiaŋ	ɕiaŋ²	₌tʂaŋ	₌tʂʰaŋ	tʂaŋ²
	信蚌	信阳	₌tɕʰiaŋ	tɕiaŋ²	ᶜɕiaŋ	₌ɕiaŋ	ɕiaŋ²	₌tsaŋ	₌tsʰaŋ	tsaŋ²
兰银	银吴	灵武	₌tɕʰiaŋ	tɕiaŋ²	₌ɕiaŋ	₌ɕiaŋ	ɕiaŋ²	₌tʂaŋ	₌tʂʰaŋ	tʂaŋ²
	金城	永登	₌tɕʰiõ	tɕiõ²	ᶜɕiõ	₌ɕiõ	ɕiõ²	₌tʂõ	₌tʂʰõ	tʂõ²
	河西	张掖	₌tɕʰiæ̃	tɕiæ̃²	ᶜɕiæ̃	₌ɕiæ̃	ɕiæ̃²	₌tʂæ̃	₌tʂʰæ̃	tʂæ̃²
	塔密	吉木萨尔	ᶜtɕʰiaŋ	tɕiaŋ²	ᶜɕiaŋ	₌ɕiaŋ	ɕiaŋ²	₌tʂaŋ	₌tʂʰaŋ	tʂaŋ²
西南	黔川	大方	₌tɕʰiaŋ	tɕiaŋ²	ᶜɕiaŋ	₌tɕʰiaŋ	ɕiaŋ²	₌tʂaŋ	₌tʂʰaŋ	tʂaŋ²
	西蜀	都江堰	₌tɕʰiaŋ	tɕiaŋ²	ᶜɕiaŋ	₌tɕʰiaŋ	ɕiaŋ²	₌tsaŋ	₌tsʰaŋ	tsaŋ²
	川西	喜德	₌tɕʰiaŋ	tɕiaŋ²	ᶜɕiaŋ	₌tɕʰiaŋ	ɕiaŋ²	₌tʂaŋ	₌tʂʰaŋ	tʂaŋ²
	云南	昆明	₌tɕʰiã	tɕiã²	ᶜɕiã	₌tɕʰiã	ɕiã²	₌tʂã	₌tʂʰã	tʂã²
	湖广	武汉	₌tɕʰiaŋ	tɕiaŋ²	ᶜɕiaŋ	₌tɕʰiaŋ	ɕiaŋ²	₌tsaŋ	₌tsʰaŋ	tsaŋ²
	桂柳	荔浦	₌tsʰiaŋ	tsiaŋ²	ᶜsiaŋ	₌tsʰiaŋ	tsiaŋ²	₌tsaŋ	₌tsʰaŋ	saŋ²
江淮	洪巢	南京	₌tsʰiaŋ	tsiaŋ²	ᶜsiaŋ	₌siaŋ	siaŋ²	₌tsaŋ	₌tsʰaŋ	tsaŋ²
	泰如	泰州	₌tɕʰiaŋ	₌tɕʰiaŋ/tɕiaŋ²	ᶜɕiaŋ	₌tɕʰiaŋ	₌tɕʰiaŋ/ɕiaŋ²	₌tsaŋ	₌tsʰaŋ	₌tsʰaŋ/tsaŋ²
	黄孝	红安	₌tɕʰiaŋ	tɕiaŋ²	ᶜɕiaŋ	₌tɕʰiaŋ	ɕiaŋ²/tɕiaŋ²①	₌tʂaŋ	₌tʂʰaŋ	tʂaŋ²
晋语	并州	太原	₌tɕʰiõ	tɕiõ²	ᶜɕiõ	₌ɕiõ	ɕiõ²	₌tʂõ	₌tʂʰõ	tʂõ²
	吕梁	岚县	₌tɕʰyə	tsuə²	ᶜɕyə	₌ɕyə	ɕyə²	₌tsuə	₌tsʰuə	tsuə²
	上党	长治	₌tɕʰiaŋ	tɕiaŋ²	ᶜɕiaŋ	₌ɕiaŋ	ɕiaŋ²	₌tsaŋ	₌tsʰaŋ	tsaŋ²
	五台	忻州	₌tɕʰiɤ/₌tɕʰiã	tɕiɤ²/tɕiã²	ᶜɕiɤ/ᶜɕiã	₌ɕiã	ɕiɤ²/ɕiã²	ᶜtʂɤ/ᶜtʂã	₌tʂʰɤ/₌tʂʰã	tʂɤ²/tʂã²
	大包	大同	₌tɕʰiɒ	tɕiɒ²	ᶜɕiɒ	₌ɕiɒ	ɕiɒ²	₌tʂɒ	₌tʂʰɒ	tʂɒ²
	张呼	呼和浩特	₌tɕʰiã	tɕiã²	ᶜɕiã	₌ɕiã	ɕiã²	₌tsã	₌tsʰã	tsã²
	邯新	获嘉	₌tɕʰiaŋ	tɕiaŋ²	ᶜɕiaŋ	₌ɕiaŋ	ɕiaŋ²	₌tʂaŋ	₌tʂʰaŋ	tʂaŋ²
	志延	志丹	₌tɕʰiã	tɕiã²	ᶜɕiã	₌ɕiã	ɕiã²	₌tʂã	₌tʂʰã	tʂã²

①音3（文）：ɕiaŋ²。

庄	创	床	霜	章	厂	商	常	上~山	让	代表点
宕开三	宕开三	宕开三	宕开三	宕开三	宕开三	宕开三	宕开三	宕开三	宕开三	
阳平庄	漾去初	阳平崇	阳平生	阳平章	养上昌	阳平书	阳平禅	养上禅	漾去日	
꜀tʂuaŋ	tʂʻuaŋꜛ	꜌tʂʻuaŋ	꜀ʂuaŋ	꜀tʂaŋ	꜅tʂʻaŋ	꜀ʂaŋ	꜌tʂʻaŋ	ʂaŋꜛ	zaŋꜛ	北
꜀tʂuaŋ	tʂʻuaŋꜛ	꜌tʂʻuaŋ	꜀ʂuaŋ	꜀tʂaŋ	꜅tʂʻaŋ	꜀ʂaŋ	·tʂʻaŋ	ʂaŋꜛ	zaŋꜛ	兴
꜀tsuaŋ	tsʻuaŋꜛ	꜌tsʻuaŋ	꜀suaŋ	꜀tsaŋ	꜅tsʻaŋ	꜀saŋ	꜌tsʻaŋ	saŋꜛ	iaŋꜛ	沈
꜀tʂuaŋ	tʂʻuaŋꜛ	꜌tʂʻuaŋ	꜀ʂuaŋ	꜀tʂaŋ	꜅tʂʻaŋ	꜀ʂaŋ	꜌tʂʻaŋ	ʂaŋꜛ	iaŋꜛ	长
꜀tʂuaŋ	tʂʻuaŋꜛ	꜌tʂʻuaŋ	꜀ʂuaŋ	꜀tʂaŋ	꜅tʂʻaŋ	꜀ʂaŋ	꜌tʂʻaŋ	ʂaŋꜛ	zaŋꜛ	巴
꜀tsuaŋ	꜅tsʻuaŋ	꜌tsʻuaŋ	꜀suaŋ	꜀tɕiaŋ	꜅tɕʻiaŋ	꜀ɕiaŋ	꜌tɕiaŋ	ɕiaŋꜛ	iaŋꜛ	牟
꜀tʂuaŋ	tʂʻuaŋꜛ	꜌tʂʻuaŋ	꜀ʂuaŋ	꜀tʃaŋ	꜅tʃʻaŋ	꜀ʃaŋ	꜌tʃʻaŋ	ʃaŋꜛ	iaŋꜛ	诸
꜀tsuaŋ	tsʻuaŋꜛ	꜌tsʻuaŋ	꜀suaŋ	꜀tsaŋ	꜅tsʻaŋ	꜀saŋ	꜌tsʻaŋ	saŋꜛ	iaŋꜛ	丹
꜀tʂuaŋ	tʂʻuaŋꜛ	꜌tʂʻuaŋ	꜀ʂuaŋ	꜀tʂaŋ	꜅tʂʻaŋ	꜀ʂaŋ	꜌tʂʻaŋ	ʂaŋꜛ	zaŋꜛ	高
꜀tʂuaŋ	tʂʻuaŋꜛ	꜌tʂʻuaŋ	꜀ʂuaŋ	꜀tʂaŋ	꜅tʂʻaŋ	꜀ʂaŋ	꜌tʂʻaŋ	ʂaŋꜛ	zaŋꜛ	济
꜀tʂuaŋ	tʂʻuaŋꜛ	꜌tʂʻuaŋ	꜀ʂuaŋ	꜀tʂaŋ	꜅tʂʻaŋ	꜀ʂaŋ	꜌tʂʻaŋ	ʂaŋꜛ	zaŋꜛ	河
꜀tʂuaŋ	tʂʻuaŋꜛ	꜌tʂʻuaŋ	꜀ʂuaŋ	꜀tʂaŋ	꜅tʂʻaŋ	꜀ʂaŋ	꜌tʂʻaŋ	ʂaŋꜛ	zaŋꜛ	利
꜀pfãɣ	꜅pfʻãɣ	꜌pfãɣ	꜀fãɣ	꜀tʂãɣ	꜅tʂʻãɣ	꜀ʂãɣ	꜌tʂʻãɣ	ʂãɣꜛ	zãɣꜛ	西
꜀tʂuɔŋ	꜅tsʻuɔŋ	꜌tsʻuɔŋ	꜀suɔŋ	꜀tʂɔŋ	꜅tʂʻɔŋ	꜀ʂɔŋ	꜌tʂʻɔŋ	ʂɔŋꜛ	zɔŋꜛ	敦
꜀tsuaŋ	tsʻuaŋꜛ	꜌tsʻuaŋ	꜀suaŋ	꜀tʂaŋ	꜅tʂʻaŋ	꜀ʂaŋ	꜌tʂʻaŋ	ʂaŋꜛ	zaŋꜛ	天
꜀tʂuaŋ	tʂʻuaŋꜛ	꜌tʂʻuaŋ	꜀faŋ	꜀tʂaŋ	꜅tʂʻaŋ	꜀ʂaŋ	꜌tʂʻaŋ	ʂaŋꜛ	zaŋꜛ	吐
꜀pfaŋ	pfʻaŋꜛ	꜌pfʻaŋ	꜀faŋ	꜀tʂaŋ	꜅tʂʻaŋ	꜀ʂaŋ	꜌tʂʻaŋ	ʂaŋꜛ	zaŋꜛ	运
꜀tʂuaŋ	tʂʻuaŋꜛ	꜌tʂʻuaŋ	꜀ʂuaŋ	꜀tʂaŋ	꜅tʂʻaŋ	꜀ʂaŋ	꜌tʂʻaŋ	ʂaŋꜛ	zaŋꜛ	徐
꜀tʂuaŋ	tʂʻuaŋꜛ	꜌tsʻuaŋ	꜀suaŋ	꜀tsaŋ	꜅tsʻaŋ	꜀saŋ	꜌tsʻaŋ	saŋꜛ	zaŋꜛ	郑
꜀tʂuaŋ	tʂʻuaŋꜛ	꜌tʂʻuaŋ	꜀suaŋ	꜀tʂaŋ	꜅tʂʻaŋ	꜀ʂaŋ	꜌tʂʻaŋ	ʂaŋꜛ	zaŋꜛ	曲
꜀tsaŋ	tsʻaŋꜛ	꜌tsʻaŋ	꜀saŋ	꜀tsaŋ	꜅tsʻaŋ	꜀saŋ	꜌tsʻaŋ	saŋꜛ	zaŋꜛ	信
꜀tʂuaŋ	tʂʻuaŋꜛ	꜌tʂʻuaŋ	꜀ʂuaŋ	꜀tʂaŋ	꜅tʂʻaŋ	꜀ʂaŋ	꜌tʂʻaŋ	ʂaŋꜛ	zaŋꜛ	灵
꜀pfõ	tʂʻuõꜛ	꜌pfõ	꜀fõ	꜀tʂõ	꜅tʂʻõ	꜀ʂõ	꜌tʂʻõ	ʂõꜛ	zõꜛ	永
꜀kuæ	kʻuæꜛ	꜌kʻuæ	꜀fæ	꜀tʂæ	꜅tʂʻæ	꜀ʂæ	꜌tʂʻæ	ʂæꜛ	zæꜛ	张
꜀tʂuaŋ	tʂʻuaŋꜛ	꜌tʂʻuaŋ	꜀ʂuaŋ	꜀tʂaŋ	꜅tʂʻaŋ	꜀ʂaŋ	꜌tʂʻaŋ	ʂaŋꜛ	zaŋꜛ	吉
꜀tsoŋ	tsʻoŋꜛ	꜌tsʻoŋ	꜀soŋ	꜀tsaŋ	꜅tsʻaŋ	꜀saŋ	꜌tsʻaŋ	saŋꜛ	zaŋꜛ	大
꜀tʂuaŋ	tʂʻuaŋꜛ	꜌tʂʻuaŋ	꜀suaŋ	꜀tʂaŋ	꜅tʂʻaŋ	꜀ʂaŋ	꜌tʂʻaŋ	ʂaŋꜛ	zaŋꜛ	都
꜀tʂuã	tʂʻuãꜛ	꜌tʂʻuã	꜀ʂuã	꜀tʂã	꜅tʂʻã	꜀ʂã	꜌tʂʻã	ʂãꜛ	zãꜛ	昆
꜀tsuaŋ	tsʻuaŋꜛ	꜌tsʻuaŋ	꜀suaŋ	꜀tsaŋ	꜅tsʻaŋ	꜀saŋ	꜌tsʻaŋ	saŋꜛ	naŋꜛ	武
꜀tsuaŋ	tsʻuaŋꜛ	꜌tsʻuaŋ	꜀suaŋ	꜀tsaŋ	꜅tsʻaŋ	꜀saŋ	꜌tsʻaŋ	saŋꜛ	iaŋꜛ	荔
꜀tʂuaŋ	tʂʻuaŋꜛ	꜌tʂʻuaŋ	꜀suaŋ	꜀tʂaŋ	꜅tʂʻaŋ	꜀ʂaŋ	꜌tʂʻaŋ	ʂaŋꜛ	zaŋꜛ	南
꜀tʂuaŋ	tsʻuaŋꜛ	꜌tsʻuaŋ	꜀suaŋ	꜀tsaŋ	꜅tsʻaŋ	꜀saŋ	꜌tsʻaŋ	꜀san/saŋꜛ	꜀zaŋ/zaŋꜛ	泰
꜀tsaŋ	tsʻaŋꜛ	꜌tsʻaŋ	꜀saŋ	꜀tsaŋ	꜅tsʻaŋ	꜀saŋ	꜌tsʻan/꜌saŋ	ʂaŋꜛ	zaŋꜛ	红
꜀tsuõ	tsʻuõꜛ	꜌tsʻuõ	꜀suõ	꜀tsõ	꜅tsʻõ	꜌sõ	꜌tsʻõ	sõꜛ	zõꜛ	太
꜀tsuə	tsʻuəꜛ	꜌tsʻuə	꜀suə	꜀tsuə	꜅tsʻuə	꜌suə	꜌tsʻuə	suəꜛ	zuəꜛ	岚
꜀tsuaŋ	tsʻuaŋꜛ	꜌tsʻuaŋ	꜀suaŋ	꜀tsaŋ	꜅tsʻaŋ	꜀saŋ	꜌tsʻaŋ	saŋꜛ	iaŋꜛ	长
꜀tsue/꜀tsuã	tsʻuãꜛ	꜌tsʻue/꜌tsuã	꜀sue/꜀suã	꜀tʂã	꜅tʂʻɛ/꜅tʂʻã	꜀ʂã	꜌tʂʻã	꜀ʂɛ/ʂãꜛ	꜀zɛ/zãꜛ	忻
꜀tsuɒ	tsʻuɒꜛ	꜌tsʻuɒ	꜀suɒ	꜀tʂɒ	꜅tʂʻɒ	꜌ʂɒ	꜌tʂʻɒ	ʂɒꜛ	zɒꜛ	大
꜌tsuã	tsʻuãꜛ	꜌tsʻuã	꜀suã	꜀tsã	꜅tsʻã	꜌sã	꜌tsʻã	sãꜛ	zãꜛ	呼
꜀tʂuaŋ	tʂʻuaŋꜛ	꜌tʂʻuaŋ	꜀ʂuaŋ	꜀tʂaŋ	꜅tʂʻaŋ	꜀ʂaŋ	꜌tʂʻaŋ	ʂaŋꜛ	zaŋꜛ	获
꜌tʂuã	tʂʻuãꜛ	꜌tʂʻuã	꜀ʂuã	꜀tʂã	꜅tʂʻã	꜌ʂã	꜌tʂʻã	ʂãꜛ	zãꜛ	志

区	片	代表点	姜 宕开三 阳平见	强 宕开三 阳平群	香 宕开三 阳平晓	央 宕开三 阳平影	羊 宕开三 阳平以	光 宕合一 唐平见	荒 宕合一 唐平晓	黄 宕合一 唐平匣
北京	幽燕	北京	꜀tɕiaŋ	꜀tɕʻiaŋ	꜀ɕiaŋ	꜀iaŋ	꜀iaŋ	꜀kuaŋ	꜀xuaŋ	꜀xuaŋ
	锦兴	兴城	꜀tɕiaŋ	꜀tɕʻiaŋ	꜀ɕiaŋ	꜀iaŋ	꜀iaŋ	꜀kuaŋ	꜀xuaŋ	꜀xuaŋ
	辽沈	沈阳	꜀tɕiaŋ	꜀tɕʻiaŋ	꜀ɕiaŋ	꜀iaŋ	꜀iaŋ	꜀kuaŋ	꜀xuaŋ	꜀xuaŋ
	黑吉	长春	꜀tɕiaŋ	꜀tɕʻiaŋ	꜀ɕiaŋ	꜀iaŋ	꜀iaŋ	꜀kuaŋ	꜀xuaŋ	꜀xuaŋ
	哈肇	巴彦	꜀tɕiaŋ	꜀tɕʻiaŋ	꜀ɕiaŋ	꜀iaŋ	꜀iaŋ	꜀kuaŋ	꜀xuaŋ	꜀xuaŋ
胶辽	登连	牟平	꜀ɕiaŋ	꜀ʻɕiaŋ/ɕʻiaŋ	꜀ɕiaŋ	꜀iaŋ	꜀iaŋ	꜀kuaŋ	꜀xuaŋ	꜀xuaŋ
	青莱	诸城	꜀tʃaŋ	꜀tʃʻaŋ	꜀ʃaŋ	꜀aŋ	꜀aŋ	꜀kuaŋ	꜀xuaŋ	꜀xuaŋ
	营通	丹东	꜀tɕiaŋ	꜀tɕʻiaŋ	꜀ɕiaŋ	꜀iaŋ	꜀iaŋ	꜀kuaŋ	꜀xuaŋ	꜀xuaŋ
冀鲁	保唐	高阳	꜀tɕiaŋ	꜀tɕʻiaŋ	꜀ɕiaŋ	꜀iaŋ	꜀iaŋ	꜀kuaŋ	꜀xuaŋ	꜀xuaŋ
	石济	济南	꜀tɕiã	꜀tɕʻiã	꜀ɕiã	꜀iã	꜀iã	꜀kuã	꜀xuã	꜀xuã
	沧惠	河间	꜀tɕiaŋ	꜀tɕʻiaŋ	꜀ɕiaŋ	꜀iaŋ	꜀iaŋ	꜀kuaŋ	꜀xuaŋ	꜀xuaŋ
	章利	利津	꜀tɕiaŋ	꜀tɕʻiaŋ	꜀ɕiaŋ	꜀iaŋ	꜀iaŋ	꜀kuaŋ	꜀xuaŋ	꜀xuaŋ
中原	关中	西安	꜀tɕiɤ̃	꜀tɕʻiɤ̃	꜀ɕiɤ̃	꜀iɤ̃	꜀iɤ̃	꜀kuɤ̃	꜀xuɤ̃	꜀xuɤ̃
	秦陇	敦煌	꜀tɕiɔŋ	꜀tɕʻiɔŋ	꜀ɕiɔŋ	꜀iɔŋ	꜀iɔŋ	꜀kuɔŋ	꜀xuɔŋ	꜀xuɔŋ
	陇中	天水	꜀tɕiaŋ	꜀tɕʻiaŋ	꜀ɕiaŋ	꜀iaŋ	꜀iaŋ	꜀kuaŋ	꜀xuaŋ	꜀xuaŋ
	南疆	吐鲁番	꜀tɕiaŋ	꜀tɕʻiaŋ	꜀ɕiaŋ	꜀iaŋ	꜀iaŋ	꜀kuaŋ	꜀xuaŋ	꜀xuaŋ
	汾河	运城	꜀tɕiaŋ	꜀tɕʻiaŋ	꜀ɕiaŋ	꜀iaŋ	꜀iaŋ	꜀kuaŋ	꜀xuaŋ	꜀xuaŋ
	洛徐	徐州	꜀tɕiaŋ	꜀tɕʻiaŋ	꜀ɕiaŋ	꜀iaŋ	꜀iaŋ	꜀kuaŋ	꜀xuaŋ	꜀xuaŋ
	郑曹	郑州	꜀tɕiaŋ	꜀tɕʻiaŋ	꜀ɕiaŋ	꜀iaŋ	꜀iaŋ	꜀kuaŋ	꜀xuaŋ	꜀xuaŋ
	蔡鲁	曲阜	꜀tɕiaŋ	꜀tɕʻiaŋ	꜀ɕiaŋ	꜀iaŋ	꜀iaŋ	꜀kuaŋ	꜀xuaŋ	꜀xuaŋ
	信蚌	信阳	꜀tɕiaŋ	꜀tɕʻiaŋ	꜀ɕiaŋ	꜀iaŋ	꜀iaŋ	꜀kuaŋ	꜀faŋ	꜀faŋ
兰银	银吴	灵武	꜀tɕiaŋ	꜀tɕʻiaŋ	꜀ɕiaŋ	꜀iaŋ	꜀iaŋ	꜀kuaŋ	꜀xuaŋ	꜀xuaŋ
	金城	永登	꜀tɕiõ	꜀tɕʻiõ	꜀ɕiõ	꜀iõ	꜀iõ	꜀kuõ	꜀xuõ	꜀xuõ
	河西	张掖	꜀tɕiæ	꜀tɕʻiæ	꜀ɕiæ	꜀ziæ	꜀ziæ	꜀kuæ	꜀xuæ	꜀xuæ
	塔密	吉木萨尔	꜀tɕiaŋ	꜀tɕʻiaŋ	꜀ɕiaŋ	꜀iaŋ	꜀iaŋ	꜀kuaŋ	꜀xuaŋ	ˆxuaŋ
西南	黔川	大方	꜀tɕiaŋ	꜀tɕʻiaŋ	꜀ɕiaŋ	꜀iaŋ	꜀iaŋ	꜀koŋ	꜀xoŋ	꜀xoŋ
	西蜀	都江堰	꜀tɕiaŋ	꜀tɕʻiaŋ	꜀ɕiaŋ	꜀iaŋ	꜀iaŋ	꜀kuaŋ	꜀xuaŋ	꜀xuaŋ
	川西	喜德	꜀tɕiaŋ	꜀tɕʻiaŋ	꜀ɕiaŋ	꜀iaŋ	꜀iaŋ	꜀kuaŋ	꜀xuaŋ	꜀xuaŋ
	云南	昆明	꜀tɕiã	꜀tɕʻiã	꜀ɕiã	꜀iã	꜀iã	꜀kuã	꜀xuã	꜀xuã
	湖广	武汉	꜀tɕiaŋ	꜀tɕʻiaŋ	꜀ɕiaŋ	꜀iaŋ	꜀iaŋ	꜀kuaŋ	꜀xuaŋ	꜀xuaŋ
	桂柳	荔浦	꜀kiaŋ	꜀kʻiaŋ	꜀hiaŋ	꜀iaŋ	꜀iaŋ	꜀kuaŋ	꜀huaŋ	꜀huaŋ
江淮	洪巢	南京	꜀tɕiaŋ	꜀tɕʻiaŋ	꜀ɕiaŋ	꜀iaŋ	꜀iaŋ	꜀kuaŋ	꜀xuaŋ	꜀xuaŋ
	泰如	泰州	꜀tɕiaŋ	꜀tɕʻiaŋ	꜀ɕiaŋ	꜀iaŋ	꜀iaŋ	꜀kuaŋ/kuaŋ⁼	꜀xuaŋ	꜀uaŋ/꜀xuaŋ
	黄孝	红安	꜀tɕiaŋ	꜀tɕʻiaŋ	꜀ɕiaŋ	꜀iaŋ	꜀iaŋ	꜀kuaŋ/kuaŋ⁼	꜀faŋ	꜀faŋ
晋语	并州	太原	꜀tɕiõ	꜀tɕʻiõ	꜀ɕiõ	꜀iõ	꜀iõ	꜀kuõ	꜀xuõ	꜀xuõ
	吕梁	岚县	꜀tɕyə	꜀tɕʻyə	꜀ɕyə	꜀yə	꜀yə	꜀kuə	꜀xuə	꜀xuə
	上党	长治	꜀tɕiaŋ	꜀tɕʻiaŋ	꜀ɕiaŋ	꜀iaŋ	꜀iaŋ	꜀kuaŋ	꜀xuaŋ	꜀xuaŋ
	五台	忻州	ˆtɕie/꜀tɕiã	ˆtɕʻiã	ˆɕie/꜀ɕiã	ˆiã	꜀iã	ˆkuɣ/kuã	ˆxuɣ/xuã	꜀xuã/꜀xuã
	大包	大同	꜀tɕiɒ	꜀tɕʻiɒ	꜀ɕiɒ	꜀iɒ	꜀iɒ	꜀kuɒ	꜀xuɒ	꜀xuɒ
	张呼	呼和浩特	꜀tɕiã	꜀tɕʻiã	꜀ɕiã	꜀iã	꜀iã	꜀kuã	꜀xuã	꜀xuã
	邯新	获嘉	꜀tɕiaŋ	꜀tɕʻiaŋ	꜀ɕiaŋ	꜀iaŋ	꜀iaŋ	꜀kuaŋ	꜀xuaŋ	꜀xuaŋ
	志延	志丹	꜀tɕiã	꜀tɕʻiã	꜀ɕiã	꜀iã	꜀iã	꜀kuã	꜀xuã	꜀xuã

方	房	忘	狂	况	王	绑	胖	棒	撞	代表点
宕合三	宕合三	宕合三	宕合三	宕合三	宕合三	江开二	江开二	江开二	江开二	
阳平非	阳平奉	漾去微	阳平群	漾去晓	阳平云	讲上帮	绛去滂	讲上並	绛去澄	
꜀faŋ	꜀faŋ	uaŋ꜄	꜀kʰuaŋ	kʰuaŋ꜄	꜁uaŋ	꜂paŋ	pʰaŋ꜄	paŋ꜄	tʂuaŋ꜄	北
꜀faŋ	꜀faŋ	uaŋ꜄	꜀kʰuaŋ	kʰuaŋ꜄	꜁uaŋ	꜂paŋ	pʰaŋ꜄	paŋ꜄	tʂʰuaŋ꜄	兴
꜀faŋ	꜀faŋ	vaŋ꜄	꜀kʰuaŋ	kʰuaŋ꜄	꜁vaŋ	꜂paŋ	pʰaŋ꜄	paŋ꜄	tsuaŋ꜄	沈
꜀faŋ	꜀faŋ	uaŋ꜄	꜀kʰuaŋ	kʰuaŋ꜄	꜁vaŋ	꜂paŋ	pʰaŋ꜄	paŋ꜄	tsʰuaŋ꜄	长
꜀faŋ	꜀faŋ	vaŋ꜄	꜀kʰuaŋ	kʰuaŋ꜄	꜁vaŋ	꜂paŋ	pʰaŋ꜄	paŋ꜄	tʂuaŋ꜄	巴
꜀faŋ	꜀faŋ	uaŋ꜄/꜀maŋ	kʰuaŋ꜄	kʰuaŋ꜄	꜁uaŋ	꜂paŋ	pʰaŋ꜄	paŋ꜄	tsuaŋ꜄	牟
꜀faŋ	꜀faŋ	vaŋ꜄	꜀kʰuaŋ	kʰuaŋ꜄	꜁aŋ	꜂paŋ	pʰaŋ꜄	paŋ꜄	tʂʰuaŋ꜄	诸
꜀faŋ	꜀faŋ	uaŋ꜄	꜀kʰuaŋ	kʰuaŋ꜄	꜁uaŋ	꜂paŋ	pʰaŋ꜄	paŋ꜄	tsuaŋ꜄	丹
꜀faŋ	꜀faŋ	uaŋ꜄	꜀kʰuaŋ	kʰuaŋ꜄	꜁uaŋ	꜂paŋ	pʰaŋ꜄	paŋ꜄	tʂuaŋ꜄	高
꜀faŋ	꜀faŋ	vaŋ꜄	꜀kʰuaŋ	kʰuaŋ꜄	꜁vaŋ	꜂paŋ	pʰaŋ꜄	paŋ꜄	tʂuaŋ꜄/tʂʰuaŋ꜄	济
꜀faŋ	꜀faŋ	uaŋ꜄	꜀kʰuaŋ	kʰuaŋ꜄	꜁uaŋ	꜂paŋ	pʰaŋ꜄	paŋ꜄	tsuaŋ꜄	河
꜀faŋ	꜀faŋ	vaŋ꜄	꜀kʰuaŋ	kʰuaŋ꜄	꜁vaŋ	꜂paŋ	pʰaŋ꜄	paŋ꜄	tʂuaŋ꜄/tʂʰuaŋ꜄	利
꜀fãɣ	꜀fãɣ	vãɣ꜄/uãɣ꜄	꜀kʰuãɣ	kʰuãɣ꜄	꜁uãɣ	꜂pãɣ	pʰãɣ꜄	pãɣ꜄	pfãɣ꜄/pfʰãɣ꜄	西
꜀fɔŋ	꜀fɔŋ	vɔŋ꜄	꜀kʰuɔŋ	kʰuɔŋ꜄	꜁vɔŋ	꜂pɔŋ	pʰɔŋ꜄	pɔŋ꜄	tʂuɔŋ꜄	敦
꜀faŋ	꜀faŋ	vaŋ꜄	꜀kʰuaŋ	kʰuaŋ꜄	꜁vaŋ	꜂paŋ	pʰaŋ꜄	paŋ꜄	tsʰuaŋ꜄	天
꜀faŋ	꜀faŋ	vaŋ꜄	꜀kʰuaŋ	kʰuaŋ꜄	꜁vaŋ	꜂paŋ	pʰaŋ꜄	paŋ꜄	tʂʰuaŋ꜄	吐
꜀faŋ	꜀faŋ	vaŋ꜄	꜀kʰuaŋ	kʰuaŋ꜄	꜁uaŋ	꜂paŋ	pʰaŋ꜄	paŋ꜄	pfʰaŋ꜄	运
꜀faŋ	꜀faŋ	uaŋ꜄	꜀kʰuaŋ	kʰuaŋ꜄	꜁uaŋ	꜂paŋ	pʰaŋ꜄	paŋ꜄	tʂʰuaŋ꜄	徐
꜀faŋ	꜀faŋ	uaŋ꜄	꜀kʰuaŋ	kʰuaŋ꜄	꜁uaŋ	꜂paŋ	pʰaŋ꜄	paŋ꜄	tʂʰuaŋ꜄	郑
꜀faŋ	꜀faŋ	uaŋ꜄	꜀kʰuaŋ	kʰuaŋ꜄	꜁uaŋ	꜂paŋ	pʰaŋ꜄	paŋ꜄	tsuaŋ꜄	曲
꜀faŋ	꜀faŋ	vaŋ꜄	꜀kʰuaŋ	kʰuaŋ꜄	꜁vaŋ	꜂paŋ	pʰaŋ꜄	paŋ꜄	tsaŋ꜄	信
꜀faŋ	꜀faŋ	vaŋ꜄	꜀kʰuaŋ	kʰuaŋ꜄	꜁vaŋ	꜂paŋ	pʰaŋ꜄	paŋ꜄	tʂuaŋ꜄	灵
꜀fɞ̃	꜀fɞ̃	vɞ̃꜄	꜀kʰuɞ̃	kʰuɞ̃꜄	꜁vɞ̃	꜂pɞ̃	pʰɞ̃꜄	pɞ̃꜄	pfɞ̃꜄	永
꜀fæ̃	꜂fæ̃	væ̃꜄	꜀kuæ̃	kʰuæ̃꜄	꜁væ̃	꜂pæ̃	pʰæ̃꜄	pæ̃꜄	kuæ̃꜄	张
꜀faŋ	꜂faŋ	uaŋ꜄	꜀kʰuaŋ	kʰuaŋ꜄	꜁vaŋ	꜂paŋ	pʰaŋ꜄	paŋ꜄	tʂʰuaŋ꜄	吉
꜀fɔŋ	꜀fɔŋ	ɔŋ꜄	꜀kʰɔŋ	kʰɔŋ꜄	꜁ɔŋ	꜂pɔŋ	pʰɔŋ꜄	pɔŋ꜄	tsɔŋ꜄	大
꜀faŋ	꜀faŋ	uaŋ꜄	꜀kʰuaŋ	kʰuaŋ꜄	꜁uaŋ	꜂paŋ	pʰaŋ꜄	paŋ꜄	tsuaŋ꜄	都
꜀faŋ	꜀faŋ	uaŋ꜄	꜀kʰuaŋ	kʰuaŋ꜄	꜁uaŋ	꜂paŋ	pʰaŋ꜄	paŋ꜄	tsuaŋ꜄	喜
꜀fã	꜀fã	uã꜄	꜀kʰuã	kʰuã꜄	꜁uã	꜂pã	pʰã꜄	pã꜄	tʂuã꜄	昆
꜀faŋ	꜀faŋ	uaŋ꜄	꜀kʰuaŋ	kʰuaŋ꜄	꜁uaŋ	꜂paŋ	pʰaŋ꜄	paŋ꜄	tsuaŋ꜄	武
꜀faŋ	꜀faŋ	uaŋ꜄	꜀kuaŋ	kʰuaŋ꜄	꜁uaŋ	꜂paŋ		paŋ꜄	tsuaŋ꜄	荔
꜀faŋ	꜀faŋ	uaŋ꜄	꜀kʰuaŋ	kʰuaŋ꜄	꜁uaŋ	꜂paŋ	pʰaŋ꜄	paŋ꜄	tʂuaŋ꜄/tʂʰuaŋ꜄	南
꜀faŋ	꜀faŋ	꜀uaŋ/꜁uaŋ	꜀kʰuaŋ	kʰuaŋ꜄	꜁uaŋ	꜂paŋ	pʰaŋ꜄	꜂pʰaŋ/paŋ	꜀tsʰuaŋ	泰
꜀faŋ	꜀faŋ	uaŋ꜄/꜁uaŋ	꜀kʰuaŋ	kʰuaŋ꜄	꜁uaŋ	꜂paŋ	pʰaŋ꜄	paŋ꜄/paŋ꜄	tsʰaŋ꜄	红
꜀fɞ̃	꜀fɞ̃	vɞ̃꜄	꜀kʰuɞ̃	kʰuɞ̃꜄	꜁vɞ̃	꜂pɞ̃	pʰɞ̃꜄	pɞ̃꜄	tsʰuɞ̃꜄	太
꜀fuə	꜀fuə	uə꜄	꜀kʰuə	kʰuə꜄	꜁uə	puə	pʰuə꜄	puə꜄	tsʰuə꜄	岚
꜀faŋ	꜀faŋ	uaŋ꜄	꜀kʰuaŋ	kʰuaŋ꜄	꜁uaŋ	꜂paŋ	pʰaŋ꜄	paŋ꜄	tsʰuaŋ꜄	长
꜂fɛ/꜂fã	꜀fɛ/꜀fã	vɛ꜄/vã꜄	꜀kʰuã	kʰuã꜄	꜁vɛ/꜁vã	꜂pɛ	pʰã꜄	pɛ꜄/pã꜄	tsʰuã꜄	忻
꜀fɒ	꜀fɒ	vɒ꜄	꜀kʰuɒ	kʰuɒ꜄	꜁vɒ	꜂pɒ	pʰɒ꜄	pɒ꜄	tsʰuɒ꜄	大
꜀fã	꜀fã	vã꜄	꜀kʰuã	kʰuã꜄	꜁vã	꜂pã	pʰã꜄	pã꜄	tsʰuã꜄	呼
꜀faŋ	꜀faŋ	uaŋ꜄	꜀kʰuaŋ	kʰuaŋ꜄	꜁uaŋ	꜂paŋ	pʰaŋ꜄	paŋ꜄	tʂʰuaŋ꜄	获
꜀fã	꜀fã	vã꜄	꜀kʰuã	kʰuã꜄	꜁vã	꜂pã	pʰã꜄	pã꜄	tʂʰuã꜄	志

区	片	代表点	窗	双	江	腔	巷	崩	朋	灯
			江开二 江平初	江开二 江平生	江开二 江平见	江开二 江平溪	江开二 绛去匣	曾开一 登平帮	曾开一 登平並	曾开一 登平端
北京	幽燕	北京	꜀tʂʰuaŋ	꜀ʂuaŋ	꜀tɕiaŋ	꜀tɕʰiaŋ	ɕiaŋ꜄	꜀pəŋ	꜀pʰəŋ	꜀təŋ
	锦兴	兴城	꜀tʂʰuaŋ	꜀ʂuaŋ	꜀tɕiaŋ	꜀tɕʰiaŋ	ɕiaŋ꜄	꜀pəŋ	꜀pʰəŋ	꜀təŋ
	辽沈	沈阳	꜀tsʰuaŋ	꜀suaŋ	꜀tɕiaŋ	꜀tɕʰiaŋ	ɕiaŋ꜄	꜀pəŋ	꜀pʰəŋ	꜀təŋ
	黑吉	长春	꜀tʂʰuaŋ	꜀ʂuaŋ	꜀tɕiaŋ	꜀tɕʰiaŋ	ɕiaŋ꜄	꜀pəŋ	꜀pʰəŋ	꜀təŋ
	哈肇	巴彦	꜀tʂʰuaŋ	꜀ʂuaŋ	꜀tɕiaŋ	꜀tɕʰiaŋ	ɕiaŋ꜄	꜀pəŋ	꜀pʰəŋ	꜀təŋ
胶辽	登连	牟平	꜀tsʰuaŋ	꜀suaŋ	꜀ɕiaŋ	꜀cʰiaŋ	çiaŋ꜄	꜀pəŋ	꜀pʰəŋ	꜀təŋ
	青莱	诸城	꜀tʂʰuaŋ	꜀ʂuaŋ	꜀tʃaŋ	꜀tʃʰaŋ	ʃaŋ꜄	꜀pəŋ	꜀pʰəŋ	꜀təŋ
	营通	丹东	꜀tʂʰuaŋ	꜀ʂuaŋ	꜀tɕiaŋ	꜀tɕʰiaŋ	ɕiaŋ꜄	꜀pəŋ	꜀pʰəŋ	꜀təŋ
冀鲁	保唐	高阳	꜀tʂʰuaŋ	꜀ʂuaŋ	꜀tɕiaŋ	꜀tɕʰiaŋ	ɕiaŋ꜄	꜀pəŋ	꜀pʰəŋ	꜀təŋ
	石济	济南	꜀tʂʰuaŋ	꜀ʂuaŋ	꜀tɕiaŋ	꜀tɕʰiaŋ	ɕiaŋ꜄	꜀pəŋ	꜀pʰəŋ	꜀təŋ
	沧惠	河间	꜀tʂʰuaŋ	꜀ʂuaŋ	꜀tɕiaŋ	꜀tɕʰiaŋ	ɕiaŋ꜄	꜀pəŋ	꜀pʰəŋ	꜀təŋ
	章利	利津	꜀tʂʰuaŋ	꜀ʂuaŋ	꜀tɕiaŋ	꜀tɕʰiaŋ	ɕiaŋ꜄	꜀pəŋ	꜀pʰəŋ	꜀təŋ
中原	关中	西安	꜀pfʰɑɣ	꜀fɑɣ	꜀tɕiɑɣ	꜀tɕʰiɑɣ	xɑɣ꜄	꜀pəŋ	꜀pʰəŋ	꜀təŋ
	秦陇	敦煌	꜀tʂʰuɔŋ	꜀suɔŋ	꜀tɕiɔŋ	꜀tɕʰiɔŋ	꜀xɔŋ	pəŋ꜅	꜀pʰəŋ	꜀təŋ
	陇中	天水	꜀tsʰuaŋ	꜀suaŋ	꜀tɕiaŋ	꜀tɕʰiaŋ	xaŋ꜄	꜀pəŋ	꜀pʰən	꜀tən
	南疆	吐鲁番	꜀tʂʰuaŋ	꜀faŋ	꜀tɕiaŋ	꜀tɕʰiaŋ	xaŋ꜄	꜀pɤɣ	꜀pʰɤɣ	꜀tɤɣ
	汾河	运城	꜀pfʰaŋ	꜀faŋ	꜀tɕiaŋ	꜀tɕʰiaŋ	xaŋ꜄	꜀pəŋ	꜀pʰəŋ	꜀təŋ
	洛徐	徐州	꜀tʂʰuaŋ	꜀ʂuaŋ	꜀tɕiaŋ	꜀tɕʰiaŋ	ɕiaŋ꜄	꜀pəŋ	꜀pʰəŋ	꜀təŋ
	郑曹	郑州	꜀tʂʰuaŋ	꜀ʂuaŋ	꜀tɕiaŋ	꜀tɕʰiaŋ	ɕiaŋ꜄	꜀pəŋ	꜀pʰəŋ	꜀təŋ
	蔡鲁	曲阜	꜀tsʰuaŋ	꜀suaŋ	꜀tɕiaŋ	꜀tɕʰiaŋ	ɕiaŋ꜄	꜀pəŋ	꜀pʰəŋ	꜀təŋ
	信蚌	信阳	꜀tsʰaŋ	꜀saŋ	꜀tɕiaŋ	꜀tɕʰiaŋ	ɕiaŋ꜄	꜀pəŋ	꜀pʰəŋ	꜀tən
兰银	银吴	灵武	꜀tʂʰuaŋ	꜀ʂuaŋ	꜀tɕiaŋ	꜀tɕʰiaŋ	ɕiaŋ꜄	꜀pəŋ	꜀pʰəŋ	꜀təŋ
	金城	永登	꜀tʂʰuɒ̃	꜀fɒ̃	꜀tɕiɒ̃	꜀tɕʰiɒ̃	ɕiɒ̃꜄	꜀pən	꜀pʰən	꜀tən
	河西	张掖	꜀kʰuæ̃	꜀fæ̃	꜀tɕiæ̃	꜀tɕʰiæ̃/kʰiæ̃	ɕiæ̃꜄/xæ̃꜄	꜀pəɣ̃	꜀pʰəɣ̃	꜀təɣ̃
	塔密	吉木萨尔	꜀tʂʰuaŋ	꜀ʂuaŋ	꜀tɕiaŋ	꜀tɕʰiaŋ	xaŋ꜄	꜁pəŋ	꜁pʰəŋ	꜁təŋ
西南	黔川	大方	꜀tsʰoŋ	꜀soŋ	꜀tɕiaŋ	꜀tɕʰiaŋ	xaŋ꜄	꜀pen	꜀pʰen	꜀ten
	西蜀	都江堰	꜀tʂʰuaŋ	꜀ʂuaŋ	꜀tɕiaŋ	꜀tɕʰiaŋ	xaŋ꜄	꜀pen	꜀pʰen	꜀ten
	川西	喜德	꜀tʂʰuaŋ	꜀ʂuaŋ	꜀tɕiaŋ	꜀tɕʰiaŋ	xaŋ꜄	꜀pen	꜀pʰoŋ	꜀ten
	云南	昆明	꜀tʂʰuã	꜀ʂuã	꜀tɕiã	꜀tɕʰiã	xã꜄	꜀poŋ	꜀pʰoŋ	꜀tõ
	湖广	武汉	꜀tsʰuaŋ	꜀suaŋ	꜀tɕiaŋ	꜀tɕʰiaŋ	xaŋ꜄	꜀poŋ	꜀pʰoŋ	꜀tən
	桂柳	荔浦	꜀tsʰuaŋ	꜀suaŋ	꜀kiaŋ	꜀kʰiaŋ	haŋ꜄	꜀poŋ	꜀pʰoŋ	꜀tən
江淮	洪巢	南京	꜀tʂʰuaŋ	꜀ʂuaŋ	꜀tɕiaŋ	꜀tɕʰiaŋ	ɕiaŋ꜄	꜀pən	꜀pʰən	꜀tən
	泰如	泰州	꜀tsʰuaŋ	꜀suaŋ	꜀kaŋ/꜀tɕiaŋ	꜀tɕʰiaŋ	꜀xaŋ/xaŋ꜄	꜀poŋ	꜀pʰoŋ	꜀tən
	黄孝	红安	꜀tsʰaŋ	꜀saŋ	꜀kaŋ/꜀tɕiaŋ		xaŋ꜄/ɕiaŋ꜄	꜀pəŋ	꜀pʰoŋ	꜀tən
晋语	并州	太原	꜀tsʰuɒ̃	꜀suɒ̃	꜀tɕiɒ̃	꜀tɕʰiɒ̃	ɕiɒ̃꜄	꜀pəŋ	꜀pʰəŋ	꜀təŋ
	吕梁	岚县	꜀tsʰuə	꜀suə	꜀tɕyə	꜀tɕʰyə	xuə꜄/ɕyə꜄	꜀pəŋ	꜀pʰəŋ	꜀təŋ
	上党	长治	꜀tsʰuaŋ	꜀suaŋ	꜀tɕiaŋ	꜀tɕʰiaŋ	ɕiaŋ꜄	꜀pəŋ	꜀pʰəŋ	꜀təŋ
	五台	忻州	꜁tsʰuɐ/꜁tsʰuɑ̃	꜁suɑ̃/꜁ʂuɑ̃	꜀tɕiɑ̃	꜀tɕʰiɑ̃	ɕiɑ̃꜄	꜁pəŋ	꜁pʰəŋ	꜁təŋ
	大包	大同	꜀tʂʰuɒ	꜀ʂuɒ	꜀tɕiɒ	꜀tɕʰiɒ	ɕiɒ꜄	꜀pəɣ	꜀pʰəɣ	꜀təɣ
	张呼	呼和浩特	꜀tʂʰuã	꜀ʂuã	꜀tɕiã	꜀tɕʰiã	ɕiã꜄	꜀pəŋ	꜀pʰəŋ	꜀təŋ
	邯新	获嘉	꜀tʂʰuaŋ	꜀ʂuaŋ	꜀tɕiaŋ	꜀tɕʰiaŋ	ɕiaŋ꜄	꜀pəŋ	꜀pʰəŋ	꜀təŋ
	志延	志丹	꜀tʂʰuã	꜀ʂuã	꜀tɕiã	꜀tɕʰiã	xã꜄	꜀pɤ̃	꜀pʰɤ̃	꜀tɤ̃

腾	能	层	肯	恒	冰	凭	陵	征~求	惩	代表点
曾开一登平定	曾开一登平泥	曾开一登平从	曾开一等上溪	曾开一登平匣	曾开三蒸平帮	曾开三蒸平并	曾开三蒸平来	曾开三蒸平澄	曾开三蒸平澄	
꜁tʻəŋ	꜁nəŋ	꜁tsʻəŋ	꜂kʻən	꜁xəŋ	꜀piŋ	꜁pʻiŋ	꜁liŋ	꜀tʂəŋ	ᷓtʂʻəŋ/tsʻəŋ	北
꜁tʻəŋ	꜁nəŋ	꜁tʂʻəŋ	꜂kʻən	꜁xəŋ	꜀piŋ	꜁pʻiŋ	꜁liŋ	꜀tʂəŋ	꜁tʂʻəŋ	兴
꜁tʻəŋ	꜁nəŋ	꜁tsʻəŋ	꜂kʻən	꜁xəŋ	꜀piŋ	꜁pʻiŋ	꜁liŋ	꜀tʂəŋ	꜁tʂʻəŋ	沈
꜁tʻəŋ	꜁nəŋ	꜁tʂʻəŋ	꜂kʻən	꜁xəŋ	꜀piŋ	꜁pʻiŋ	꜁liŋ	꜀tʂəŋ	꜁tʂʻəŋ	长
꜁tʻəŋ	꜁nəŋ	꜁tsʻəŋ	꜂kʻən	꜁xəŋ	꜀piŋ	꜁pʻiŋ	꜁liŋ	꜀tɕiŋ	꜂tɕʻiŋ	巴
꜁tʻəŋ	꜁nəŋ	꜁tθʻəŋ	꜂kʻɔ̃	꜁xəŋ	꜀piŋ	꜁pʻiŋ	꜁liŋ	꜀tʃəŋ	꜁tʃʻəŋ	牟
꜁tʻəŋ	꜁nəŋ	꜁tsʻəŋ	꜂kʻən	꜁xəŋ	꜀piŋ	꜁pʻiŋ	꜁liŋ	꜀tʂəŋ	꜁tʂʻəŋ	诸
꜁tʻəŋ	꜁nəŋ	꜁tsʻəŋ	꜂kʻən	꜁xəŋ	꜀piŋ	꜁pʻiŋ	꜁liŋ	꜀tʂəŋ	꜁tsʻəŋ	丹
꜁tʻəŋ	꜁nəŋ	꜁tsʻəŋ	꜂kʻə̃	꜁xəŋ	꜀piŋ	꜁pʻiŋ	꜁liŋ	꜀tʂəŋ	꜁tsʻəŋ	高
꜁tʻəŋ	꜁nəŋ	꜁tsʻəŋ	꜂kʻən	꜁xəŋ	꜀piŋ	꜁pʻiŋ	꜁liŋ	꜀tʂəŋ	꜁tsʻəŋ	济
꜁tʻəŋ	꜁nəŋ	꜁tsʻəŋ	꜂kʻə̃	꜁xəŋ	꜀piŋ	꜁pʻiŋ	꜁liŋ	꜀tʂəŋ	꜁tsʻəŋ	河
꜁tʻəŋ	꜁nəŋ	꜁tsʻəŋ	꜂kʻə̃	꜁xəŋ	꜀piəŋ	꜁pʻiəŋ	꜁liəŋ	꜀tʂəŋ		利
꜁tʻəŋ	꜁nəŋ	꜁tsʻəŋ	꜂kʻəŋ	꜁xəŋ	꜀piŋ	꜁pʻiŋ	꜁liŋ	꜀tʂəŋ		西
꜁tʻəŋ	꜁nəŋ	꜁tsʻən	꜂kʻən	꜁xən	꜀pin	꜁pʻin	꜁lin	꜀tʂən	꜁tʂʻən	敦
꜁tʻən	꜁nɤŋ	꜁tsʻɤŋ	꜂kʻɤŋ	꜁xɤŋ	꜀piŋ	꜁pʻiŋ		꜀tʂɤŋ	꜁tʂʻɤŋ	天
꜁tʻəŋ	꜁nəŋ	꜁tsʻəŋ	꜂kʻə̃	꜁xəŋ	꜀piŋ	꜁pʻiŋ	꜁liŋ	꜀tʂəŋ		吐
꜁tʻəŋ	꜁nəŋ	꜁tsʻəŋ	꜂kʻən	꜁xəŋ	꜀piŋ	꜁pʻiŋ	꜁liŋ	꜀tʂəŋ	꜁tʂʻəŋ	运
꜁tʻəŋ	꜁nəŋ	꜁tsʻəŋ	꜂kʻə̃	꜁xəŋ	꜀piŋ	꜁pʻiŋ	꜁liŋ	꜀tʂəŋ	꜁tsʻəŋ	徐
꜁tʻən	꜁nən	꜁tsʻən	꜂kʻən	꜁xən	꜀pin	꜁pʻin	꜁nin	꜀tsən		郑
꜁tʻəŋ	꜁nəŋ	꜁tsʻəŋ	꜂kʻəŋ	꜁xəŋ	꜀piŋ	꜁pʻiŋ	꜁liŋ	꜀tʂəŋ	꜁tsʻəŋ	曲
꜁tʻən	꜁nən	꜁tsʻən	꜂kʻən	꜁xən	꜀pin	꜁pʻin	꜁lin	꜀tʂən	꜁tʂʻən	信
꜁tʻəɣ̃	꜁nəɣ̃	꜁tsʻəɣ̃	꜂kʻəɣ̃	꜁xəɣ̃	꜀piɣ̃	꜁pʻiɣ̃	꜁liɣ̃	꜀tʂəɣ̃	꜁tsʻəɣ̃	灵
꜂tʻəŋ	꜂nəŋ	꜁tsʻəŋ	꜂kʻən	꜁xən	꜀piŋ	꜁pʻiŋ	꜁liŋ	꜀tʂəŋ	꜁tsʻəŋ	永
꜁tʻen	꜁len	꜁tsʻen	꜂kʻen	꜁xen	꜀pin	꜁pʻin	꜁lin	꜀tsen	꜁tsʻen	张
꜁tʻəŋ	꜁nəŋ	꜁tsʻəŋ	꜂kʻən	꜁xəŋ	꜀pin	꜁pʻin	꜁nin	꜀tsən	꜁tsʻəŋ	吉
꜁tʻən	꜁nən	꜁tsʻen	꜂kʻen	꜁xen	꜀pin	꜁pʻin	꜁nin	꜀tsen	꜁tsʻen	大
꜁tʻɔ̃	꜁nɔ̃	꜁tsɔ̃	꜂kʻɔ̃	꜁xɔ̃	꜀pĩ	꜁pʻĩ	꜁lĩ	꜀tʂɔ̃	꜁tʂʻɔ̃	都
꜁tʻəŋ	꜁nəŋ	꜁tsʻəŋ	꜂kʻən	꜁xəŋ	꜀pin	꜁pʻin	꜁nin	꜀tsən	꜁tsʻən	喜
꜁tʻəŋ	꜁nəŋ	꜁tsʻəŋ	꜂kʻən	꜁hən	꜀pin	꜁pʻin	꜁lin	꜀tsin	꜁tsʻin	昆
꜁tʻəŋ	꜁ləŋ	꜁tsʻəŋ	꜂kʻən	꜁xəŋ	꜀pin	꜁pʻin	꜁lin	꜀tʂəŋ	꜁tʂʻəŋ	武
꜁tʻəŋ	꜁nəŋ	꜁tsʻəŋ	꜂kʻəŋ	꜁xəŋ	꜀piŋ	꜁pʻiŋ	꜁niŋ	꜀təŋ	꜁tsʻəŋ	荔
꜁tʻəŋ	꜁ləŋ	꜁tsʻəŋ	꜂kʻəŋ	꜁xəŋ		꜀piŋ	꜁lin	꜀tʂəŋ	꜁tsʻən	南
꜁tʻəŋ	꜁nəŋ	꜁tsʻəŋ	꜂kʻəŋ	꜁xəŋ	꜀piŋ	꜁pʻiŋ	꜁liŋ	꜀tʂəŋ	꜁tsʻəŋ	泰
꜁tʻəŋ	꜁nəŋ	꜁tsʻəŋ	꜂kʻəŋ	꜁xəŋ	꜀piəŋ	꜁pʻiəŋ	꜁liəŋ	꜀tʂəŋ	꜁tsʻəŋ	红
꜁tʻəŋ	꜁nəŋ	꜁tsʻəŋ	꜂kʻəŋ	꜁xəŋ	꜀piəŋ	꜁pʻiəŋ	꜁liəŋ	꜀tʂəŋ	꜁tsʻəŋ	太
꜁tʻɤɣ	꜁nɤɣ	꜁tsʻɤɣ	꜂kʻɤɣ	꜁xɤɣ	꜀piɤɣ	꜁pʻiɤɣ	꜁liɤɣ	꜀tʂɤɣ	꜁tʂʻɤɣ	岚
꜁tʻəŋ	꜁nəŋ	꜁tsʻəŋ	꜂kʻəŋ	꜁xəŋ	꜀pĩŋ	꜁pʻĩŋ	꜁lĩŋ	꜀tʂə̃ŋ	꜁tsʻəŋ	长
꜁tʻəŋ	꜁nəŋ	꜁tsʻəŋ	꜂kʻəŋ	꜁xəŋ	꜀piŋ	꜁pʻiŋ	꜁liŋ	꜀tʂəŋ	꜁tsʻəŋ	忻
꜁tʻɤ̃	꜁nɤ̃	꜁tsʻɤ̃	꜂kʻɤ̃	꜁xɤ̃	꜀piɤ̃	꜁pʻiɤ̃	꜁liɤ̃	꜀tʂɤ̃	꜁tʂʻɤ̃	大
꜁tʻəŋ	꜁nəŋ	꜁tsʻəŋ	꜂kʻəŋ	꜁xəŋ	꜀piŋ	꜁pʻiŋ	꜁liŋ	꜀tsəŋ	꜁tsʻəŋ	呼
꜁tʻɤʔ	꜁nɤʔ	꜁tsʻɤʔ	꜂kʻɤʔ	꜁xɤʔ	꜀piɤʔ	꜁pʻiɤʔ	꜁liɤʔ	꜀tʂɤʔ	꜁tʂʻɤʔ	志

区	片	代表点	蒸 曾开三 蒸平章	称~呼 曾开三 蒸平昌	乘 曾开三 蒸平船	绳 曾开三 蒸平船	剩 曾开三 证去船	承 曾开三 蒸平禅	扔 曾开三 蒸平日	仍 曾开三 蒸平日
北京	幽燕	北京	₌tʂəŋ	₌tʂʰəŋ	₌tʂʰəŋ	₌ʂəŋ	ʂəŋ˴	₌tʂʰəŋ	₌ʐəŋ	₌ʐəŋ
	锦兴	兴城	₌tʂəŋ	₌tʂʰəŋ	₌tʂʰəŋ	₌ʂəŋ	ʂəŋ˴	₌tʂʰəŋ	ᵓɻəŋ	₌ʐəŋ
	辽沈	沈阳	₌tʂəŋ	₌tʂʰəŋ	₌tʂʰəŋ	₌ʂəŋ	sən˴	₌tʂʰəŋ	ᵓɻəŋ	₌in
	黑吉	长春	₌tʂəŋ	₌tʂʰəŋ	₌tʂʰəŋ	₌ʂəŋ	ʂəŋ˴	₌tʂʰəŋ	ᵓɻəŋ	₌ʐəŋ
	哈肇	巴彦	₌tʂəŋ	₌tʂʰəŋ	₌tʂʰəŋ	₌ʂəŋ	ʂəŋ˴	₌tʂʰəŋ	ᵓɻəŋ	₌ʐəŋ
胶辽	登连	牟平	₌tɕiŋ	ᵓtɕʰiŋ	₌tɕʰiŋ	₌ɕiŋ	ɕiŋ˴	ᵓtɕʰiŋ	ᵓləŋ	₌ləŋ
	青莱	诸城	₌tʃəŋ	₌tʃʰəŋ	₌tʃʰəŋ	₌ʃəŋ	ʃəŋ˴	ᵓtʃʰəŋ	ᵓləŋ	₌ləŋ
	营通	丹东	₌tʂəŋ	₌tʂʰəŋ	₌tʂʰəŋ	₌ʂəŋ	sən˴	ᵓtsʰəŋ	ᵓləŋ	₌ləŋ
冀鲁	保唐	高阳	₌tʂəŋ	₌tʂʰəŋ	₌tʂʰəŋ	₌ʂəŋ	ʂəŋ˴	₌tʂʰəŋ	₌ʐəŋ	₌ʐəŋ
	石济	济南	₌tʂəŋ	₌tʂʰəŋ	₌tʂʰəŋ	₌ʂəŋ	ʂəŋ˴	₌tʂʰəŋ	₌ʐəŋ	₌ʐəŋ
	沧惠	河间	₌tʂəŋ	₌tʂʰəŋ	₌tʂʰəŋ	₌ʂəŋ	ʂəŋ˴	₌tʂʰəŋ	₌ʐəŋ	₌ʐəŋ
	章利	利津	₌tʂəŋ	₌tʂʰəŋ	₌tʂʰəŋ	₌ʂəŋ	ʂəŋ˴	₌tʂʰəŋ	₌ʐəŋ˴ / ᵓɻəŋ	₌ʐəŋ
中原	关中	西安	₌tʂəŋ	₌tʂʰəŋ	₌tʂʰəŋ	₌ʂəŋ	ʂəŋ˴	₌tʂʰəŋ	ᵓʐəŋ / ᵓvəŋ	₌ʐəŋ / ₌vəŋ
	秦陇	敦煌	₌tʂəŋ	₌tʂʰəŋ	₌tʂʰəŋ	₌ʂəŋ	ʂəŋ˴	₌tʂʰəŋ	₌ʐəŋ	₌ʐəŋ
	陇中	天水	₌tʂəŋ	₌tʂʰəŋ	₌tʂʰəŋ	₌ʂəŋ	ʂəŋ˴	₌tʂʰəŋ	₌ʐəŋ	₌zəŋ
	南疆	吐鲁番	₌tʂʏŋ	₌tʂʰʏŋ	₌tʂʰʏŋ	₌ʂʏŋ	ʂʏŋ˴	₌tʂʰʏŋ	₌ʐʏŋ	₌ʐʏŋ
	汾河	运城	₌tʂəŋ	₌tʂʰəŋ	tʂʰə˴	₌ʂəŋ	ʂəŋ˴	₌tʂʰəŋ	₌ʐəŋ	ᵓvəŋ
	洛徐	徐州	₌tʂəŋ	₌tʂʰəŋ	₌tʂʰəŋ	₌ʂəŋ	ʂəŋ˴	₌tʂʰəŋ	₌ʐəŋ	₌ʐəŋ
	郑曹	郑州	₌tʂəŋ	₌tʂʰəŋ	₌tʂʰəŋ	₌ʂəŋ	ʂəŋ˴	₌tʂʰəŋ	₌ʐəŋ	₌ʐəŋ
	蔡鲁	曲阜	₌tsəŋ	₌tsʰəŋ	₌tsʰəŋ	₌ʂəŋ	sən˴	₌tsʰəŋ	₌ʐəŋ	₌ʐəŋ
	信蚌	信阳	₌tsən	₌tsʰən	₌tsʰən	₌sən	sən˴	₌tsʰən	₌ʐən	₌ʐən
兰银	银吴	灵武	₌tʂəŋ	₌tʂʰəŋ	₌tʂʰəŋ	₌ʂəŋ	ʂəŋ˴	₌tʂʰəŋ	₌ʐəŋ	₌ʐəŋ
	金城	永登	₌tʂən	₌tʂʰən	₌tʂʰən	₌ʂən	ʂən˴	₌tʂʰən	₌ʐən	₌ʐən
	河西	张掖	₌tʂəỹ	₌tʂʰəỹ	₌tʂʰəỹ	₌ʂəỹ	ʂəỹ˴	₌tʂʰəỹ	₌ʐəỹ	₌ʐəỹ
	塔密	吉木萨尔	₌tʂəŋ	₌tʂʰəŋ	₌tʂʰəŋ	₌ʂəŋ	ʂəŋ˴	₌tʂʰəŋ	₌ʐəŋ	₌ʐəŋ
西南	黔川	大方	₌tsen	₌tsʰen	₌tsʰen	₌suen	sen˴	₌tsʰen	₌zen	₌zen
	西蜀	都江堰	₌tsən	₌tsʰən	₌tsʰən	₌suən	sən˴	₌tsʰən	₌zən	₌zən
	川西	喜德	₌tʂen	₌tʂʰen	₌tʂʰen	₌ʂuen	ʂen˴	₌tʂʰen	₌zən	₌zən
	云南	昆明	₌tʂə̃	₌tʂʰə̃	₌tʂʰə̃	₌ʂuə̃	ʂə̃˴	₌tʂʰə̃		₌ʐə̃
	湖广	武汉	₌tsən	₌tsʰən	₌tsʰən	₌suən	sən˴	₌tsʰən	₌zən	₌nən
	桂柳	荔浦	₌tsin	₌tsʰin	₌sin	₌syn	sin˴	₌tsʰin		
江淮	洪巢	南京	₌tʂəŋ	₌tʂʰən	₌tʂʰən/ʂən˴	₌ʂəŋ	tʂʰə˴/ʂən˴	₌tʂʰən	₌ʐən	₌ʐən/ʐən˴
	泰如	泰州	₌tʂəŋ	₌tʂʰəŋ	₌tʂʰən/tʂʰəŋ˴	₌ʂəŋ	tsʰəŋ˴	₌tsʰəŋ	₌ʐəŋ	₌ʐəŋ
	黄孝	红安	₌tʂəŋ	₌tʂʰəŋ	₌tʂʰən/nen˴	₌ʂən	ʂən˴	₌ʂən	₌ʐəŋ	₌ʐəŋ
晋语	并州	太原	ʂəŋ̍	₌tʂʰəŋ	₌tʂʰəŋ	₌ʂəŋ/ᵓ̍ʂ	₌ʂəŋ	₌tʂʰəŋ	₌ʐəŋ	₌ʐəŋ
	吕梁	岚县	₌tʂŋ̍/ᵓtʂ̍	₌tʂʰ̩/ᵓtʂʰ̩	₌tʂʰ̩/ᵓtʂʰ̩	₌ʂəŋ̍	ʂəŋ˴/ʂ̍˴	₌tʂʰəŋ	ᵓʐ̩	₌ʐəŋ̍
	上党	长治	₌tsəŋ	₌tsʰəŋ	₌tʂʰəŋ	₌səŋ	sən˴	₌tsʰəŋ	ᵓiŋ	₌iŋ
	五台	忻州	ᵓtʂ̩/ᵓtʂəŋ	ᵓtʂʰ̩/ᵓtʂʰəŋ	₌tʂʰəŋ	₌ʂəŋ/ᵓ̍ʂ	₌ʂəŋ/ʂ̍˴	₌tʂʰəŋ	₌ʐəŋ	₌ʐəŋ
	大包	大同	₌tʂəɣ	₌tʂʰəɣ	₌tʂʰəɣ	₌ʂəɣ	ʂəɣ˴	₌tʂʰəɣ	ᵓʐəɣ	₌ʐəɣ
	张呼	呼和浩特	₌tsə̃ŋ	₌tsʰə̃ŋ	₌tsʰə̃ŋ	₌ʂə̃ŋ	sə̃ŋ˴	₌tʂʰəŋ	₌ʐə̃ŋ	₌ʐə̃ŋ
	邯新	获嘉	₌tʂəŋ	₌tʂʰəŋ	₌tʂʰəŋ	₌ʂəŋ	ʂəŋ˴	₌tʂʰəŋ	₌ʐəŋ	₌ʐəŋ
	志延	志丹	₌tʂʏ̍	₌tʂʰʏ̍	₌tʂʰʏ̍	₌ʂʏ̍	ʂʏ̍˴	₌tʂʰʏ̍	₌ʐʏ̍	₌ʐʏ̍

兴~旺	鹰	蝇	弘	猛	打	冷	撑	生	更五~	代表点
曾开三	曾开三	曾开三	曾合一	梗开二	梗开二	梗开二	梗开二	梗开二	梗开二	
蒸平晓	蒸平影	蒸平以	登平匣	梗上明	梗上端	梗上来	庚平彻	庚平生	庚平见	
ˍɕiŋ	ˍiŋ	ˍiŋ	ˍxuŋ	ˊməŋ	ˋta	ˇləŋ	ˍtʂʰəŋ	ˍʂəŋ	ˍtɕiŋ	北
ˍɕiŋ	ˍiŋ	ˍiŋ	ˍxuŋ	ˊməŋ	ˋta	ˇləŋ	ˍtsʰəŋ	ˍsəŋ	ˍtɕiŋ	兴
ˍɕiŋ	ˍiŋ	ˍiŋ	ˍxuŋ	ˊməŋ	ˋta	ˇləŋ	ˍtsʰəŋ	ˍsəŋ	ˍtɕiŋ	沈
ˍɕiŋ	ˍiŋ	ˍiŋ	ˍxuŋ	ˊməŋ	ˋta	ˇləŋ	ˍtsʰəŋ	ˍsəŋ	ˍtɕiŋ	长
ˍɕiŋ	ˍiŋ	ˍiŋ	ˍxuŋ	ˊməŋ	ˋta	ˇləŋ	ˍtsʰəŋ	ˍsəŋ	ˍtɕiŋ	巴
ˍɕiŋ	ˍiŋ	ˍiŋ	ˍxoŋ	ˊməŋ	ˋta	ˇləŋ	ˍtsʰəŋ	ˍsəŋ	ˍciŋ	牟
ˋʃəŋ	ˍiŋ	ˍiŋ	ˍxoŋ	ˊməŋ	ˋta	ˇləŋ	ˍtʂəŋ	ˍsəŋ	ˍtʃəŋ	诸
ˍɕiŋ	ˍiŋ	ˍiŋ	ˍxoŋ	ˊməŋ	ˋta	ˇləŋ	ˍtsʰəŋ	ˍsəŋ	ˍtɕiŋ	丹
ˍɕiŋ	ˍiŋ	ˍiŋ	ˍxuŋ	ˊməŋ	ˋta	ˇləŋ	ˍtsʰəŋ	ˍsəŋ	ˍtɕiŋ/ ˍkəŋ	高
ˍɕiŋ	ˍiŋ	ˍiŋ	ˍxuŋ	ˊməŋ	ˋta	ˇləŋ	ˍtsʰəŋ	ˍsəŋ	ˍtɕiŋ/ ˍkəŋ	济
ˍɕiŋ	ˍiŋ	ˍiŋ	ˍxuŋ	ˊməŋ	ˋta	ˇləŋ	ˍtsʰəŋ	ˍsəŋ	ˍkəŋ	河
ˍɕiŋ	ˍiŋ	ˍiŋ	ˍxuŋ	ˊməŋ	ˋta	ˇləŋ	ˍtsʰəŋ	ˍsəŋ	ˍkəŋ	利
ˍɕiəŋ	ˍiəŋ	ˍiəŋ	ˍxuoŋ	ˊməŋ	ˋta	ˇləŋ	ˍtsʰəŋ	ˍsəŋ	ˍkəŋ	西
ˍɕin	ˍin	ˍin	ˍxuəŋ	ˊmən	ˋta	ˇlən	ˍtsʰən	ˍsən	ˍkən	敦
ˍɕin	ˍin	ˍiŋ		ˊmɤŋ	ˋta	ˇlɤŋ	ˍtʂʰɤŋ	ˍʂɤŋ	ˍkɤŋ	天
ˋɕiŋ	ˍiŋ	ˍiŋ	ˍxuŋ	ˊmia/ ˊmən	ˋta	ˇlia/ ˇlən	ˍtsʰəŋ	ˍʂa/ ˍsən	ˍkəŋ	吐
ˍɕiŋ	ˍiŋ	ˍiŋ	ˍxuŋ	ˊməŋ	ˋta	ˇləŋ	ˍtsʰəŋ	ˍsəŋ	ˍtɕiŋ	运
ˍɕiŋ	ˍiŋ	ˍiŋ	ˍxuŋ	ˊməŋ	ˋta	ˇləŋ	ˍtsʰəŋ	ˍsəŋ	ˍkəŋ	徐
ˍɕiŋ	ˍiŋ	ˍiŋ	ˍxuŋ	ˊməŋ	ˋta	ˇləŋ	ˍtsʰəŋ	ˍsəŋ	ˍkəŋ	郑
ˍɕin	ˍin	ˍin	ˍʃəŋ	ˊməŋ	ˋta	ˇlən	ˍtsʰəŋ	ˍsəŋ	ˍkən	曲
ˍɕiŋ	ˍiŋ	ˍiŋ	ˍxuəŋ	ˊmən	ˋta	ˇləŋ	ˍtsʰəŋ	ˍsəŋ	ˍkəŋ	信
ˍɕin	ˍin	ˍin	ˍxuəŋ	ˊmən	ˋta	ˇlən	ˍtsʰəŋ	ˍsən	ˍkən	灵
ˍɕiỹ	ˍziỹ	ˍziỹ	ˍxuəỹ	ˊməỹ	ˋta	ˇləỹ	ˍtsʰəỹ	ˍsəỹ	ˍkəỹ	永
ˍɕiŋ	ˍiŋ	ˍiŋ	ˍxuŋ	ˊməŋ	ˋta	ˇləŋ			ˍkəŋ	张
ˍɕin	ˍin	ˍin	ˍxoŋ	ˊmoŋ	ˋta	ˇlen	ˍtsʰen	ˍsen	ˍken	吉
ˍɕin	ˍin	ˍin	ˍxoŋ	ˊmoŋ	ˋta	ˇnen	ˍtsʰen	ˍsen	ˍken	大
ˍɕin	ˍin	ˍin	ˍxoŋ	ˊmoŋ	ˋta	ˇnen	ˍtʂʰen	ˍsen	ˍken	都
ˍɕĩ	ˍĩ	ˍĩ	ˍxoŋ	ˊmoŋ	ˋta	ˇlə̃	ˍtsʰə̃	ˍsə̃	ˍkə̃	喜
ˍɕin	ˍin	ˍin	ˍxoŋ	ˊmoŋ	ˋta	ˇnən	ˍtsʰən	ˍsən	ˍkən	昆
ˍhin	ˍin	ˍin	ˍhoŋ	ˊmoŋ	ˋta	ˇlən	ˍtsʰən	ˍsən	ˍkən	武
ˍɕin	ˍin	ˍin	ˍxoŋ	ˊmən	ˋta	ˇlən	ˍtsʰən	ˍsən	ˍkən	荔
ˍɕiŋ	ˍiŋ		ˍxoŋ	ˊmoŋ	ˋta	ˇnəŋ	ˍtsʰəŋ	ˍsəŋ	ˍkəŋ	南
ˍɕin	ˍin	ˍin	ˍxoŋ	ˊmoŋ	ˋta	ˇnən	ˍtsʰən	ˍsən	ˍkən	泰
ˍɕiŋ	ˍiŋ	ˍiŋ	ˍxuəŋ	ˊməŋ	ˋta	ˇləŋ	ˍtsʰəŋ	ˍsəŋ	ˍtɕiŋ	红
ˍɕiŋ	ˍiŋ	ˍiŋ	ˍxuəŋ	ˊməŋ	ˋta	ˇləŋ	ˍtsʰəŋ	ˍsəŋ	ˍtɕiŋ	太
ˍɕiəŋ/ ˍtsʰ	ˍiəŋ	ˍi	ˍxuəŋ	ˊmiə/ ˊmən	ˋta	ˇla/ ˇlən	ˍtsʰən	ˍsən/ ˍsən	ˍtɕiəŋ	岚
ˋɕiŋ	ˍiŋ	ˍiŋ	ˍxuŋ	ˊməŋ	ˋta	ˇləŋ	ˍtsʰəŋ	ˍsəŋ	ˍtɕiəŋ	长
ˍɕiəŋ	ˍiəŋ	ˍiəŋ/ ˍi	ˍxuəŋ	ˊməŋ	ˋta	ˇləŋ	ˍtsʰəŋ	ˍsəŋ/ ˍtsʰ	ˍtɕiəŋ	忻
ˍɕiɤŋ	ˍiɤŋ	ˍiɤŋ	ˍxɤŋ	ˊmɤŋ	ˋta	ˇlɤŋ	ˍtsʰɤŋ	ˍsɤŋ	ˍtɕiɤŋ	大
ˍɕĩŋ	ˍĩŋ	ˍĩŋ	ˍxũŋ	ˊmə̃ŋ	ˋta	ˇlə̃ŋ	ˍtsʰə̃ŋ	ˍsə̃ŋ	ˍtɕĩŋ	呼
ˍɕiŋ	ˍiŋ	ˍiŋ	ˍxuŋ	ˊməŋ	ˋta	ˇləŋ	ˍtsʰəŋ	ˍsəŋ	ˍkəŋ	获
ˍɕiɤ̃	ˍiɤ̃	ˍiɤ̃	ˍxuɤ̃	ˊmɤ̃	ˋta	ˇlɤ̃	ˍtsʰɤ̃	ˍsɤ̃	ˍkɤ̃	志

区	片	代表点	庚 梗开二 庚平见	硬 梗开二 映去疑	亨 梗开二 庚平晓	行~为 梗开二 庚平匣	杏 梗开二 梗上匣	棚 梗开二 耕平並	萌 梗开二 耕平明	争 梗开二 耕平庄
北京	幽燕	北京	₌kəŋ	iŋ²	₌xəŋ	₌ɕiŋ	ɕiŋ²	₌pʰəŋ	₌məŋ	₌tʂəŋ
	锦兴	兴城	₌kəŋ	iŋ²	₌xəŋ	₌ɕiŋ	ɕiŋ²	₌pʰəŋ	₌məŋ	₌tʂəŋ
	辽沈	沈阳	₌kəŋ	iŋ²	₌xəŋ	₌ɕiŋ	ɕiŋ²	₌pʰəŋ	₌məŋ	₌tʂəŋ
	黑吉	长春	₌kəŋ	iŋ²	₌xəŋ	₌ɕiŋ	ɕiŋ²	₌pʰəŋ	₌məŋ	₌tʂəŋ
	哈肇	巴彦	₌kəŋ	iŋ²	₌xəŋ	₌ɕiŋ	ɕiŋ²	₌pʰəŋ	₌məŋ	₌tʂəŋ
胶辽	登连	牟平	₌kəŋ	iŋ²	₌xəŋ	₌ɕiŋ	ɕiŋ²	₌pʰəŋ	₌məŋ	₌tsəŋ
	青莱	诸城	₌kəŋ	iŋ²	₌xəŋ	₌ʃəŋ	ʃəŋ²	₌pʰəŋ	₌məŋ	₌tʂəŋ
	营通	丹东	₌kəŋ	iŋ²	₌xəŋ	₌ɕiŋ	ɕiŋ²	₌pʰəŋ	₌məŋ	₌tʂəŋ
冀鲁	保唐	高阳	₌kəŋ	iŋ²	₌xəŋ	₌ɕiŋ	ɕiŋ²	₌pʰəŋ	₌məŋ	₌tʂəŋ
	石济	济南	₌kəŋ	iŋ²	₌xəŋ	₌ɕiŋ	ɕiŋ²	₌pʰəŋ	₌məŋ	₌tʂəŋ
	沧惠	河间	₌kəŋ	iŋ²	₌xəŋ	₌ɕiŋ	ɕiŋ²	₌pʰəŋ	₌məŋ	₌tʂəŋ
	章利	利津	₌kəŋ	iŋ²	₌xəŋ	₌ɕiŋ	ɕiŋ²	₌pʰəŋ	₌məŋ	₌tʂəŋ
中原	关中	西安	₌kəŋ	niəŋ²	₌xəŋ	₌ɕiəŋ	xəŋ²	₌pʰəŋ	₌məŋ	₌tsəŋ
	秦陇	敦煌	ˈkəŋ	niŋ²	₌xəŋ			₌pʰəŋ	₌məŋ	₌tsəŋ
	陇中	天水	₌kən	n̠in²	xən²	₌ɕin	ɕin²	₌pʰən	₌mən	₌tsən
	南疆	吐鲁番	₌kɤŋ	niŋ²	₌xɤŋ	₌ɕiŋ				₌tsɤŋ
	汾河	运城	₌kəŋ	niŋ²	₌xəŋ	₌ɕiŋ	ɕiŋ²	₌pʰəŋ	₌məŋ	₌tʂa/tsəŋ
	洛徐	徐州	₌kəŋ	iŋ²	₌xəŋ	₌ɕiŋ	ɕiŋ²	₌pʰəŋ	₌məŋ	₌tsəŋ
	郑曹	郑州	₌kəŋ	əŋ²	₌xəŋ	₌ɕiŋ	xəŋ²	₌pʰəŋ	₌məŋ	₌tsəŋ
	蔡鲁	曲阜	₌kəŋ	iŋ²	₌xəŋ	₌ɕiŋ	ɕiŋ²	₌pʰəŋ	₌məŋ	₌tsəŋ
	信蚌	信阳	₌kən	ŋən²	₌xən	₌ɕin	ɕin²	₌pʰən	₌mən	₌tsən
兰银	银吴	灵武	₌kəŋ	iŋ²	₌xəŋ	₌ɕiŋ	xəŋ²	₌pʰəŋ	₌məŋ	₌tʂəŋ
	金城	永登	₌kən	in²	₌xən	₌ɕin	xən²	₌pʰən	₌mən	₌tʂən
	河西	张掖	₌kəɣ	ziɣ²	₌xəɣ	₌ɕiɣ	xəɣ²	₌pʰəɣ	₌məɣ	₌tʂəɣ
	塔密	吉木萨尔	₌kəŋ	n̠iŋ²	₌xəŋ	ˈɕiŋ	ɕiŋ²/xəŋ²	₌pʰəŋ	₌məŋ	₌tʂəŋ
西南	黔川	大方	₌ken	ŋen²	₌xen	₌ɕin	ɕin²	₌pʰoŋ	₌min	₌tsen
	西蜀	都江堰	₌kən	ŋən²	₌xən	₌ɕin	ɕin²	₌pʰoŋ	₌min	₌tsən
	川西	喜德	₌ken	en²	₌xen	₌ɕin	ɕin²	₌pʰoŋ	₌moŋ	₌tsen
	云南	昆明	₌kɔ̃	ɔ̃²	₌xɔ̃	₌ɕĩ	ɕĩ²	₌pʰoŋ	₌moŋ	₌tsɔ̃
	湖广	武汉	₌kən	ŋən²	₌xən	₌ɕin	ɕin²	₌pʰoŋ	₌min	₌tsən
	桂柳	荔浦	₌kən	ŋən²		₌hin		₌poŋ	₌noŋ	₌tsən
江淮	洪巢	南京	₌kən	ən²	₌xən	₌ɕin	ɕin²	₌pʰən	₌mən	₌tsən
	泰如	泰州	₌kəŋ	əŋ²	₌xəŋ	₌ɕiŋ	₌ɕin/ɕin²	₌pʰoŋ	₌moŋ	₌tsəŋ
	黄孝	红安	₌kən	ŋən²/ŋən²	₌xən	₌ɕin	ɕin²	₌pʰoŋ	₌mən	₌tsən
晋语	并州	太原	₌kəŋ	niŋ²	₌xəŋ	₌ɕiŋ	ɕiŋ²	₌pʰəŋ	₌məŋ	₌tʂəŋ
	吕梁	岚县	₌kəŋ	niəŋ²	₌xəŋ	₌ɕiəŋ	ɕiE²	₌pʰiE/pʰiə	₌məŋ	₌tʂəŋ
	上党	长治	₌kəŋ	iŋ²	₌xəŋ	₌ɕiŋ	ɕiŋ²	₌pʰəŋ	₌məŋ	₌tʂəŋ
	五台	忻州	ˈkəŋ	niəŋ²	₌xəŋ	₌ɕiəŋ	ɕiəŋ²	₌pʰəŋ	₌məŋ	ˈtsəŋ
	大包	大同	₌kəɣ	niəɣ²	₌xəɣ	₌ɕiəɣ	ɕiəɣ²	₌pʰəɣ	₌məɣ	₌tsəɣ
	张呼	呼和浩特	₌kə̃ŋ	nĩŋ²	₌xə̃ŋ	₌ɕĩŋ	ɕĩŋ²	₌pʰə̃ŋ	₌mə̃ŋ	₌tsə̃ŋ
	邯新	获嘉	₌kəŋ	iŋ²	₌xəŋ	₌ɕiŋ	ɕiŋ²	₌pʰəŋ	₌məŋ	₌tsəŋ
	志延	志丹	₌kɤ̃	iɤ̃²	₌xɤ̃	₌ɕiɤ̃	ɕiɤ̃²	₌pʰɤ̃	₌mɤ̃	₌tsɤ̃

耕 梗开二 耕平见	幸 梗开二 耿上匣	樱 梗开二 耕平影	兵 梗开三 庚平帮	平 梗开三 庚平並	病 梗开三 映去並	明 梗开三 庚平明	京 梗开三 庚平见	镜 梗开三 映去见	迎 梗开三 庚平疑	代表点
꜀kəŋ	ɕiŋ꜄	꜀iŋ	꜀piŋ	꜀pʻiŋ	piŋ꜄	꜀miŋ	꜀tɕiŋ	tɕiŋ꜄	꜀iŋ	北
꜀tɕiŋ/꜀kəŋ①	ɕiŋ꜄	꜀iŋ	꜀piŋ	꜀pʻiŋ	piŋ꜄	꜀miŋ	꜀tɕiŋ	tɕiŋ꜄	꜀iŋ	兴
꜀kəŋ	ɕiŋ꜄	꜀iŋ	꜀piŋ	꜀pʻiŋ	piŋ꜄	꜀miŋ	꜀tɕiŋ	tɕiŋ꜄	꜀iŋ	沈
꜀tɕiŋ/꜀kəŋ②	ɕiŋ꜄	꜀iŋ	꜀piŋ	꜀pʻiŋ	piŋ꜄	꜀miŋ	꜀tɕiŋ	tɕiŋ꜄	꜀iŋ	长
꜀tɕiŋ/꜀kəŋ③	ɕiŋ꜄	꜀iŋ	꜀piŋ	꜀pʻiŋ	piŋ꜄	꜀miŋ	꜀tɕiŋ	tɕiŋ꜄	꜀iŋ	巴
꜀ɕiŋ	ɕiŋ꜄	꜀iŋ	꜀piŋ	꜀pʻiŋ	piŋ꜄	꜀miŋ	꜀ɕiŋ	ɕiŋ꜄	꜀iŋ	牟
꜀tʃəŋ/꜀kəŋ	ʃəŋ꜄	꜀iŋ	꜀piŋ	꜀pʻiŋ	piŋ꜄	꜀miŋ	꜀tʃəŋ	tʃəŋ꜄	꜀iŋ	诸
꜀tɕiŋ	ɕiŋ꜄	꜀iŋ	꜀piŋ	꜀pʻiŋ	piŋ꜄	꜀miŋ	꜀tɕiŋ	tɕiŋ꜄	꜀iŋ	丹
꜀tɕiŋ/꜀kəŋ	ɕiŋ꜄	꜀iŋ	꜀piŋ	꜀pʻiŋ	piŋ꜄	꜀miŋ	꜀tɕiŋ	tɕiŋ꜄	꜀iŋ	高
꜀tɕiŋ/꜀kəŋ	ɕiŋ꜄	꜀iŋ	꜀piŋ	꜀pʻiŋ	piŋ꜄	꜀miŋ	꜀tɕiŋ	tɕiŋ꜄	꜀iŋ	济
꜀tɕiŋ/꜀kəŋ	ɕiŋ꜄	꜀iŋ	꜀piŋ	꜀pʻiŋ	piŋ꜄	꜀miŋ	꜀tɕiŋ	tɕiŋ꜄	꜀iŋ	河
꜀tɕiŋ/꜀kəŋ	ɕiŋ꜄	꜀iŋ	꜀piŋ	꜀pʻiŋ	piŋ꜄	꜀miŋ	꜀tɕiŋ	tɕiŋ꜄	꜀iŋ	利
꜀kəŋ	ɕiəŋ꜄	꜀iəŋ	꜀piəŋ	꜀pʻiəŋ	piəŋ꜄	꜀miəŋ	꜀tɕiəŋ	tɕiəŋ꜄	꜀iəŋ	西
ˉkəŋ	ɕiŋ꜄	꜀iŋ	꜀pin	꜀pʻin	pʻin꜄	꜀min	꜀tɕin	tɕin꜄	꜀in	敦
꜀kən	ɕin꜄	꜀in	꜀pin	꜀pʻin	pin꜄	꜀min	꜀tɕin	tɕin꜄	꜀in	天
꜀kɤŋ	ɕiŋ꜄	꜀iŋ	꜀piŋ	꜀pʻiŋ	piŋ꜄	꜀miŋ	꜀tɕiŋ	tɕiŋ꜄	꜀iŋ	吐
꜀kəŋ	ɕiŋ꜄	꜀iŋ	꜀pin	꜀pʻiɛ/pʻiŋ	pʻiɛ꜄/piŋ꜄	꜀miɛ/miŋ	꜀tɕiŋ	tɕiɛ꜄/tɕiŋ꜄	꜀iɛ/iŋ	运
꜀kəŋ	ɕiŋ꜄	꜀iŋ	꜀piŋ	꜀pʻiŋ	piŋ꜄	꜀miŋ	꜀tɕiŋ	tɕiŋ꜄	꜀iŋ	徐
꜀kəŋ	ɕiŋ꜄	꜀iŋ	꜀piŋ	꜀pʻiŋ	piŋ꜄	꜀miŋ	꜀tɕiŋ	tɕiŋ꜄	꜀iŋ	郑
꜀kəŋ	ɕiŋ꜄	꜀iŋ	꜀piŋ	꜀pʻiŋ	piŋ꜄	꜀miŋ	꜀tɕiŋ	tɕiŋ꜄	꜀iŋ	曲
꜀kən	ɕin꜄	꜀in	꜀pin	꜀pʻin	pin꜄	꜀min	꜀tɕin	tɕin꜄	꜀in	信
꜀kəŋ	ɕiŋ꜄	꜀iŋ	꜀piŋ	꜀pʻiŋ	piŋ꜄	꜀miŋ	꜀tɕiŋ	tɕiŋ꜄	꜀iŋ	灵
꜀kən	ɕin꜄	꜀in	꜀pin	꜀pʻin	pin꜄	꜀min	꜀tɕin	tɕin꜄	꜀in	永
꜀kəỹ	ɕiỹ꜄	꜀ziỹ	꜀piỹ	꜀pʻiỹ	piỹ꜄	꜀miỹ	꜀tɕiỹ	tɕiỹ꜄	꜀iỹ	张
ˉkəŋ	ɕiŋ꜄	꜀iŋ	꜀piŋ	꜀pʻiŋ	piŋ꜄	꜀miŋ	꜀tɕiŋ	tɕiŋ꜄	ˉiŋ	吉
꜀ken	ɕin꜄	꜀in	꜀pin	꜀pʻin	pin꜄	꜀min	꜀tɕin	tɕin꜄	꜀in	大
꜀kəŋ	ɕin꜄	꜀in	꜀pin	꜀pʻin	pin꜄	꜀min	꜀tɕin	tɕin꜄	꜀in	都
꜀ken	ɕin꜄	꜀in	꜀pin	꜀pʻin	pin꜄	꜀min	꜀tɕin	tɕin꜄	꜀in	喜
꜀kə̃	ɕĩ꜄	꜀ĩ	꜀pĩ	꜀pʻĩ	pĩ꜄	꜀mĩ	꜀tɕĩ	tɕĩ꜄	꜀ĩ	昆
꜀kəŋ	ɕin꜄	꜀in	꜀pin	꜀pʻin	pin꜄	꜀min	꜀tɕin	tɕin꜄	꜀in	武
꜀kəŋ	hin꜄	꜀in	꜀pin	꜀pʻin	pin꜄	꜀min	꜀kin	kin꜄	꜀ɲin	荔
꜀kəŋ	ɕin꜄	꜀in	꜀pin	꜀pʻin	pin꜄	꜀mən/min	꜀tɕin	tɕin꜄	꜀in	南
꜀kəŋ	꜀ɕiŋ/ɕiŋ꜄	꜀iŋ	꜀piŋ	꜀pʻiŋ	꜀pʻiŋ/piŋ꜄	꜀miŋ/miŋ꜄	꜀tɕiŋ	tɕiŋ꜄	꜀iŋ	泰
꜀kən	꜀ɕin/ɕin꜄	꜀nəŋ꜄/in	꜀pin	꜀pʻin	pin꜄	꜀min	꜀tɕin	tɕin꜄	꜀in	红
꜀tɕiŋ	ɕiŋ꜄	꜀iŋ	꜀piŋ	꜀pʻiŋ	piŋ꜄	꜀miŋ	꜀tɕiŋ	tɕiŋ꜄	꜀iŋ	太
꜀tɕiɛ/꜀kəŋ	ɕiəŋ꜄	꜀iəŋ	꜀piəŋ	pʻi꜄/piəŋ	pi꜄/piəŋ꜄	꜀mi/miəŋ	꜀tɕiəŋ	tɕi꜄/tɕiəŋ꜄	꜀iəŋ	岚
꜀kəŋ	ɕiəŋ꜄	꜀iəŋ	꜀piəŋ	꜀pʻiəŋ	pi꜄/piəŋ꜄	꜀mi/miəŋ	꜀tɕiəŋ	tɕi꜄/tɕiəŋ꜄	꜀iəŋ	长
꜀kəŋ	ɕiəŋ꜄	꜀iəŋ	꜀piəŋ	꜀pʻiəŋ	pi꜄/piəŋ꜄	꜀mi/miəŋ	꜀tɕiəŋ	tɕi꜄/tɕiəŋ꜄	꜀iəŋ	忻
꜀kəɣ	ɕiəɣ꜄	꜀iəɣ	꜀piəɣ	꜀pʻiəɣ	piəɣ꜄	꜀miəɣ	꜀tɕiəɣ	tɕiəɣ꜄	꜀iəɣ	大
꜀tɕĩŋ/꜀kəŋ	ɕĩŋ꜄	꜀ĩŋ	꜀pĩŋ	꜀pʻĩŋ	pĩŋ꜄	꜀mĩŋ	꜀tɕĩŋ	tɕĩŋ꜄	꜀ĩŋ	呼
꜀kəŋ	ɕiŋ꜄	꜀iŋ	꜀piŋ	꜀pʻiŋ	piŋ꜄	꜀miŋ	꜀tɕiŋ	tɕiŋ꜄	꜀iŋ	获
꜀tɕiɣ̃	ɕiɣ̃꜄	꜀iɣ̃	꜀piɣ̃	꜀pʻiɣ̃	piɣ̃꜄	꜀miɣ̃	꜀tɕiɣ̃	tɕiɣ̃꜄	꜀iɣ̃	志

①②③音 1 为老派读音，音 2 为新派读音。

区	片	代表点	英	饼	名	领	井	情	静	贞
			梗开三庚平影	梗开三静上帮	梗开三清平明	梗开三静上来	梗开三静上精	梗开三清平从	梗开三静上从	梗开三清平知
北京	幽燕	北京	꜀iŋ	꜂piŋ	꜁miŋ	꜃liŋ	꜂tɕiŋ	꜁tɕʰiŋ	tɕiŋ꜅	꜀tʂəŋ
	锦兴	兴城	꜀iŋ	꜂piŋ	꜁miŋ	꜃liŋ	꜂tɕiŋ	꜁tɕʰiŋ	tɕiŋ꜅	꜀tʂəŋ
	辽沈	沈阳	꜀iŋ	꜂piŋ	꜁miŋ	꜃liŋ	꜂tɕiŋ	꜁tɕʰiŋ	tɕiŋ꜅	꜀tsəŋ
	黑吉	长春	꜀iŋ	꜂piŋ	꜁miŋ	꜃liŋ	꜂tɕiŋ	꜁tɕʰiŋ	tɕiŋ꜅	꜀tsəŋ
	哈肇	巴彦	꜀iŋ	꜂piŋ	꜁miŋ	꜃liŋ	꜂tɕiŋ	꜁tɕʰiŋ	tɕiŋ꜅	꜀tʂəŋ
胶辽	登连	牟平	꜀iŋ	꜂piŋ	꜁miŋ / ꜀miŋ	꜃liŋ	꜂tɕiŋ	꜁tɕʰiŋ	tɕiŋ꜅	꜀tɕiŋ
	青莱	诸城	꜀ĩə	꜂piŋ	꜁miŋ / ꜀miŋ	꜃liŋ	꜂tiŋ	꜁ɲiʑ	꜂ɲiʑ	꜀tʃəŋ
	营通	丹东	꜀iŋ	꜂piŋ	꜁miŋ	꜃liŋ	꜂tɕiŋ	꜁tɕʰiŋ	tɕiŋ꜅	꜀tsəŋ
冀鲁	保唐	高阳	꜀iŋ	꜂piŋ	꜁miŋ	꜃liŋ	꜂tsiŋ	꜁tsʰiŋ	tsiŋ꜅	꜀tʃəŋ
	石济	济南	꜀iŋ	꜂piŋ	꜁miŋ	꜃liŋ	꜂tɕiŋ	꜁tɕʰiŋ	tɕiŋ꜅	꜀tʂəŋ
	沧惠	河间	꜀iŋ	꜂piŋ	꜁miŋ	꜃liŋ	꜂tsiŋ	꜁tsʰiŋ	tsiŋ꜅	꜀tʃəŋ
	章利	利津	꜀iŋ	꜂piŋ	꜁miŋ	꜃liŋ	꜂tsiŋ	꜁tsʰiŋ	tsiŋ꜅	꜀tʃəŋ
中原	关中	西安	꜀iẽ	꜂piẽ	꜁miẽ	꜃liẽ	꜂tɕiẽ	꜁tɕʰiẽ	tɕiẽ꜅	꜀tʂẽ
	秦陇	敦煌	꜀iŋ	꜂piŋ	꜁miŋ	꜃liŋ	꜂tɕiŋ	꜁tɕʰiŋ	tɕiŋ꜅	꜀tʂəŋ
	陇中	天水	꜀in	꜂pin	꜁min	꜃lin	꜂tɕin	꜁tɕʰin	tɕin꜅	꜀tʂən
	南疆	吐鲁番	꜀iŋ	꜂piŋ	꜁miŋ	꜃liŋ	꜂tɕiŋ	꜁tɕʰiŋ	tɕiŋ꜅	꜀tʂʅ̃
	汾河	运城	꜀iəŋ	꜂piŋ	꜁miə / ꜁miŋ	꜃liɛ / ꜃liŋ	꜂tɕiɛ / ꜂tɕiŋ	꜁tɕʰiŋ	tɕiŋ꜅	꜀tʂəŋ
	洛徐	徐州	꜀iŋ	꜂piŋ	꜁miŋ	꜃liŋ	꜂tɕiŋ	꜁tɕʰiŋ	tɕiŋ꜅	꜀tʂəŋ
	郑曹	郑州	꜀iŋ	꜂piŋ	꜁miŋ	꜃liŋ	꜂tsiŋ	꜁tsʰiŋ	tsiŋ꜅	꜀tʂəŋ
	蔡鲁	曲阜	꜀iŋ	꜂piŋ	꜁miŋ	꜃liŋ	꜂tɕiŋ	꜁tɕʰiŋ	tɕiŋ꜅	꜀tʂəŋ
	信蚌	信阳	꜀in	꜂pin	꜁min	꜃nin	꜂tɕin	꜁tɕʰin	tɕin꜅	꜀tʂən
兰银	银吴	灵武	꜀iŋ	꜂piŋ	꜁miŋ	꜃liŋ	꜂tɕiŋ	꜁tɕʰiŋ	tɕiŋ꜅	꜀tʂəŋ
	金城	永登	꜀in	꜂pin	꜁min	꜃lin	꜂tɕin	꜁tɕʰin	tɕin꜅	꜀tʂən
	河西	张掖	꜀ziɣ̃	꜂piɣ̃	꜁miɣ̃	꜃liɣ̃	꜂tɕiɣ̃	꜁tɕʰiɣ̃	tɕiɣ̃꜅	꜀tʂəɣ̃
	塔密	吉木萨尔	꜀iŋ	꜂piŋ	꜁miŋ	꜃liŋ	꜂tɕiŋ	꜁tɕʰiŋ	tɕiŋ꜅	꜀tʂəŋ
西南	黔川	大方	꜀in	꜂pin	꜁min	꜃lin	꜂tɕin	꜁tɕʰin	tɕin꜅	꜀tsen
	西蜀	都江堰	꜀in	꜂pin	꜁min	꜃nin	꜂tɕin	꜁tɕʰin	tɕin꜅	꜀tsən
	川西	喜德	꜀in	꜂pin	꜁min	꜃nin	꜂in	꜁tɕʰin	tɕin꜅	꜀tsen
	云南	昆明	꜀ĩ	꜂pĩ	꜁mĩ	꜃lĩ	꜂ĩ	꜁tɕʰĩ	tɕĩ꜅	꜀tʂɔ̃
	湖广	武汉	꜀in	꜂pin	꜁min	꜃nin	꜂tɕin	꜁tɕʰin	tɕin꜅	꜀tsən
	桂柳	荔浦	꜀in	꜂pin	꜁min	꜃lin	꜂tsin	꜁tsʰin	tsin꜅	꜀tsin
江淮	洪巢	南京	꜀iŋ	꜂piŋ	꜁miŋ	꜃liŋ	꜂tsiŋ	꜁tsʰiŋ	tsiŋ꜅	꜀tʂəŋ
	泰如	泰州	꜀iŋ	꜂piŋ	꜁miŋ	꜃niŋ	꜂tɕiŋ	꜁tɕʰiŋ	tɕiŋ꜅	꜀tʂəŋ
	黄孝	红安	꜀in	꜂piŋ	꜁min	꜃lin	꜂tɕin	꜁tɕʰin	tɕin꜅	꜀tʂəŋ
晋语	并州	太原	꜀iŋ	꜂piŋ	꜁miŋ	꜃liŋ	꜂tɕiŋ	꜁tɕʰiŋ	tɕiŋ꜅	꜀tʂəŋ
	吕梁	岚县	꜀iəŋ	꜂piəŋ	꜁mi / ꜁miəŋ	꜃li / ꜃liəŋ	꜂tɕi / ꜂tɕi	꜁tɕʰiəŋ	tɕiəŋ꜅	꜀tʂəŋ
	上党	长治	꜀iŋ	꜂piŋ	꜁miŋ	꜃liŋ	꜂tɕiŋ	꜁tɕʰiŋ	tɕiŋ꜅	꜀tʂəŋ
	五台	忻州	꜀iəŋ	꜂pi / ꜂piəŋ	꜁mi / ꜁miəŋ	꜃li / ꜃liŋ	꜂tɕi / ꜂tɕiəŋ	꜁tɕʰiəŋ	tɕiəŋ꜅	꜀tʂəŋ
	大包	大同	꜀iəɣ	꜂piəɣ	꜁miəɣ	꜃liəɣ	꜂tɕiəɣ	꜁tɕʰiəɣ	tɕiəɣ꜅	꜀tʂəɣ
	张呼	呼和浩特	꜀ĩəŋ	꜂pĩəŋ	꜁mĩəŋ	꜃lĩəŋ	꜂tɕĩəŋ	꜁tɕʰĩəŋ	tɕĩəŋ꜅	꜀tʂə̃ŋ
	邯新	获嘉	꜀iŋ	꜂piŋ	꜁miŋ	꜃liŋ	꜂tɕiŋ	꜁tɕʰiŋ	tɕiŋ꜅	꜀tʂəŋ
	志延	志丹	꜀iʏ̃	꜂piʏ̃	꜁miʏ̃	꜃liʏ̃	꜂tɕiʏ̃	꜁tɕʰiʏ̃	tɕiʏ̃꜅	꜀tʂʏ̃

程	郑	整	声	成	轻	婴	赢	瓶	并	代表点
梗开三 清平澄	梗开三 劲去澄	梗开三 静上章	梗开三 清平书	梗开三 清平禅	梗开三 清平溪	梗开三 清平影	梗开三 清平以	梗开四 青平并	梗开四 迥上并	
꜀tʂʰəŋ	tʂəŋ꜄	꜂tʂəŋ	꜀ʂəŋ	꜀tʂʰəŋ	꜀tɕʰiŋ	꜀iŋ	꜀iŋ	꜀pʰiŋ	piŋ꜄	北
꜀tʂʰəŋ	tʂəŋ꜄	꜂tʂəŋ	꜀ʂəŋ	꜀tʂʰəŋ	꜀tɕʰiŋ	꜀iŋ	꜀iŋ	꜀pʰiŋ	piŋ꜄	兴
꜀tsʰəŋ	tsəŋ꜄	꜂tsəŋ	꜀səŋ	꜀tsʰəŋ	꜀tɕʰiŋ	꜀iŋ	꜀iŋ	꜀pʰiŋ	piŋ꜄	沈
꜀tsʰəŋ	tsəŋ꜄	꜂tsəŋ	꜀səŋ	꜀tsʰəŋ	꜀tɕʰiŋ	꜀iŋ	꜀iŋ	꜀pʰiŋ	piŋ꜄	长
꜀tsʰəŋ	tsəŋ꜄	꜂tsəŋ	꜀səŋ	꜀tsʰəŋ	꜀tɕʰiŋ	꜀iŋ	꜀iŋ	꜀pʰiŋ	piŋ꜄	巴
꜀tɕʰiŋ	tɕiŋ꜄	꜂tɕiŋ	꜀ɕiŋ	꜀tɕʰiŋ	꜀tɕʰiŋ	꜀iŋ	꜀iŋ	꜀pʰiŋ	꜂piŋ	牟
꜀tʃʰəŋ	tʃəŋ꜄	꜂tʃəŋ	꜀ʃəŋ	꜀tʃʰəŋ	꜀tʃʰiŋ	꜀iŋ	꜀iŋ	꜀pʰiŋ	꜂piŋ	诸
꜀tsʰəŋ	tsəŋ꜄	꜂tsəŋ	꜀səŋ	꜀tsʰəŋ	꜀tɕʰiŋ	꜀iŋ	꜀iŋ	꜀pʰiŋ	piŋ꜄	丹
꜀tsʰəŋ	tsəŋ꜄	꜂tsəŋ	꜀səŋ	꜀tsʰəŋ	꜀tɕʰiŋ	꜀iŋ	꜀iŋ	꜀pʰiŋ	piŋ꜄	高
꜀tsʰəŋ	tsəŋ꜄	꜂tsəŋ	꜀səŋ	꜀tsʰəŋ	꜀tɕʰiŋ	꜀iŋ	꜀iŋ	꜀pʰiŋ	piŋ꜄	济
꜀tsʰəŋ	tsəŋ꜄	꜂tsəŋ	꜀səŋ	꜀tsʰəŋ	꜀tɕʰiŋ	꜀iŋ	꜀iŋ	꜀pʰiŋ	piŋ꜄	河
꜀tsʰəŋ	tsəŋ꜄	꜂tsəŋ	꜀səŋ	꜀tsʰəŋ	꜀tɕʰiŋ	꜀iŋ	꜀iŋ	꜀pʰiŋ	piŋ꜄	利
꜀tʂʰəŋ	tʂəŋ꜄	꜂tʂəŋ	꜀ʂəŋ	꜀tʂʰəŋ	꜀tɕʰiəŋ	꜀iəŋ	꜀iəŋ	꜀pʰiəŋ	piəŋ꜄	西
		꜂tʂəŋ	꜀səŋ	꜀tʂʰəŋ	꜀tɕʰiŋ	꜀iŋ	꜀iŋ	꜀pʰiŋ	piŋ꜄	敦
꜀tʂʰən	tʂʰən꜄	꜂tʂən	꜀ʂən	꜀tʂʰən	꜀tɕʰin	꜀in	꜀in	꜀pʰin	pin꜄	天
꜀tʂʰʏŋ	tʂʏŋ꜄	꜂tʂʏŋ	꜀ʂʏŋ	꜀tʂʰʏŋ	꜀tɕʰiŋ		꜀iŋ	꜀pʰiŋ	piŋ꜄	吐
꜀tʂʰəŋ	tʂəŋ꜄	꜂tʂE/꜂tʂəŋ	꜀ʂE/꜀ʂəŋ	꜀tʂʰəŋ	꜀tɕʰiŋ	꜀iŋ	꜀iE/꜀iŋ	꜀pʰiŋ	piŋ꜄	运
꜀tʂʰəŋ	tʂəŋ꜄	꜂tʂəŋ	꜀ʂəŋ	꜀tʂʰəŋ	꜀tɕʰiŋ	꜀iŋ	꜀iŋ	꜀pʰiŋ	piŋ꜄	徐
꜀tʂʰəŋ	tʂəŋ꜄	꜂tʂəŋ	꜀ʂəŋ	꜀tʂʰəŋ	꜀tɕʰiŋ	꜀iŋ	꜀iŋ	꜀pʰiŋ	piŋ꜄	郑
꜀tsʰəŋ	tsəŋ꜄	꜂tsəŋ	꜀səŋ	꜀tsʰəŋ	꜀tɕʰiŋ	꜀iŋ	꜀iŋ	꜀pʰiŋ	piŋ꜄	曲
꜀tsʰən	tsən꜄	꜂tsən	꜀sən	꜀tsʰən	꜀tɕʰin	꜀in	꜀in	꜀pʰin	pin꜄	信
꜀tsʰəŋ	tsəŋ꜄	꜂tsəŋ	꜀səŋ	꜀tsʰəŋ	꜀tɕʰiŋ	꜀iŋ	꜀iŋ	꜀pʰiŋ	pʰiŋ꜄	灵
꜀tsʰən	tsən꜄	꜂tsən	꜀sən	꜀tsʰən	꜀tɕʰiŋ	꜀iŋ	꜀in	꜀pʰin	pʰin꜄	永
꜀tsʰəȳ	tsəȳ꜄	꜂tsəȳ	꜀səȳ	꜀tsʰəȳ	꜀tɕʰiȳ	꜀ziȳ	꜀ziȳ	꜀pʰiȳ	pʰiȳ꜄	张
	tsəŋ꜄	꜂tsəŋ	꜀səŋ	꜀tsʰəŋ	꜀tɕʰiŋ	꜀iŋ	꜀iŋ	꜀pʰiŋ	piŋ꜄	吉
꜀tsʰen	tsen꜄	꜂tsen	꜀sen	꜀tsʰen	꜀tɕʰin	꜀in	꜀in	꜀pʰin	pĩ꜄	大
꜀tsʰən	tsən꜄	꜂tsən	꜀sən	꜀tsʰən	꜀tɕʰin	꜀in	꜀in	꜀pʰin	pĩ꜄	都
꜀tʂʰen	tʂen꜄	꜂tʂen	꜀ʂen	꜀tʂʰen	꜀tɕʰin	꜀in	꜀in	꜀pʰin	pin꜄	喜
꜀tʂʰə̃	tʂə̃꜄	꜂tʂə̃	꜀ʂə̃	꜀tʂʰə̃	꜀tɕʰĩ	꜀ĩ	꜀ĩ	꜀pʰĩ	pĩ꜄	昆
꜀tsʰən	tsən꜄	꜂tsən	꜀sən	꜀tsʰən	꜀tɕʰin	꜀in	꜀in	꜀pʰin	pin꜄	武
꜀tsʰin	tsin꜄	꜂tsin	꜀sin	꜀tsʰin	꜀kʰin		꜀hin	꜀pʰin	pin꜄	荔
꜀tsʰəŋ	tsəŋ꜄	꜂tsəŋ	꜀səŋ	꜀tsʰəŋ	꜀tɕʰiŋ	꜀iŋ	꜀iŋ	꜀pʰiŋ	pin꜄	南
꜀tsʰəŋ	꜀tsʰəŋ/tsəŋ꜄	꜂tsəŋ	꜀səŋ	꜀tsʰəŋ	꜀tɕʰiŋ	꜀iŋ	꜀iŋ	꜀pʰiŋ	꜂pin/pin꜄	泰
꜀tsʰəŋ	tsəŋ꜄	꜂tsəŋ	꜀ʂəŋ	꜀tʂʰəŋ	꜀tɕʰiŋ	꜀iŋ	꜀iŋ	꜀pʰiŋ	꜂pin/pin꜄	红
꜀tsʰəŋ	tsəŋ꜄	꜂tsəŋ	꜀səŋ	꜀tsʰəŋ	꜀tɕʰiŋ	꜀iŋ	꜀iŋ	꜀pʰiŋ	piŋ꜄	太
꜀tɕʰŋ̍/₌tsʰəŋ	tsəŋ꜄	꜂tsŋ̍/꜂tsəŋ	꜀səŋ	꜀tɕʰŋ̍/₌tsʰəŋ	꜀tɕʰiŋ/tɕʰiŋ꜄	꜀iəŋ	꜀iŋ/꜀iəŋ	꜀pʰiŋ/꜀pʰiəŋ	piəŋ꜄	岚
清平澄	tsəŋ꜄	꜂tsəŋ	꜀səŋ	清平禅	清平溪	꜀iŋ	꜀iŋ	꜀pʰiŋ	pin꜄	长
꜀tɕʰŋ̍/₌tsʰəŋ	tsəŋ꜄	꜂tsŋ̍/꜂tsəŋ	꜀səŋ	꜀tɕʰŋ̍/₌tsʰəŋ	꜀tɕʰiŋ/tɕʰiŋ꜄	꜀iŋ	꜀iŋ/꜀iəŋ	꜀pʰiŋ/꜀pʰiəŋ	piəŋ꜄	忻
꜀tsʰəɣ	tsəɣ꜄	꜂tsəɣ	꜀səɣ	꜀tsʰəɣ	꜀tɕʰiəɣ	꜀iəɣ	꜀iəɣ	꜀pʰiəɣ	piəɣ꜄	大
꜀tʂʰəŋ	tʂəŋ꜄	꜂tʂəŋ	꜀ʂəŋ	꜀tʂʰəŋ	꜀tɕʰĩŋ	꜀ĩŋ	꜀ĩŋ	꜀pʰĩŋ	pĩŋ꜄	呼
꜀tʂʰəŋ	tʂəŋ꜄	꜂tʂəŋ	꜀ʂəŋ	꜀tʂʰəŋ	꜀tɕʰiŋ	꜀iŋ	꜀iŋ	꜀pʰiŋ	piŋ꜄	获
꜀tʂʰʏ̃	tʂʏ̃꜄	꜂tʂʏ̃	꜀ʂʏ̃	꜀tʂʰʏ̃	꜀tɕʰiʏ̃	꜀iʏ̃	꜀iʏ̃	꜀pʰiʏ̃	piʏ̃꜄	志

区	片	代表点	铭 梗开四青平明	钉 梗开四青平端	停 梗开四青平定	定 梗开四径去定	宁安~ 梗开四青平泥	灵 梗开四青平来	青 梗开四青平清	星 梗开四青平心
北京	幽燕	北京	miŋ	tiŋ	t'iŋ	tiŋ	niŋ	liŋ	tɕ'iŋ	ɕiŋ
	锦兴	兴城	miŋ	tiŋ	t'iŋ	tiŋ	niŋ	liŋ	tɕ'iŋ	ɕiŋ
	辽沈	沈阳	miŋ	tiŋ	t'iŋ	tiŋ	ȵiŋ	liŋ	tɕ'iŋ	ɕiŋ
	黑吉	长春	miŋ	tiŋ	t'iŋ	tiŋ	niŋ	liŋ	tɕ'iŋ	ɕiŋ
	哈肇	巴彦	miŋ	tiŋ	t'iŋ	tiŋ	niŋ	liŋ	tɕ'iŋ	ɕiŋ
胶辽	登连	牟平	miŋ	tiŋ	t'iŋ	tiŋ	ȵiŋ	liŋ/ liŋ	tɕ'iŋ	ɕiŋ
	青莱	诸城	miŋ	tiŋ	t'iŋ	ȶiŋ	niŋ	liŋ	ȶ'iŋ	ɕiŋ
	营通	丹东	miŋ	tiŋ	t'iŋ	tiŋ	niŋ	liŋ	tɕ'iŋ	ɕiŋ
冀鲁	保唐	高阳	miŋ	tiŋ	t'iŋ	tiŋ	niŋ	liŋ	ts'iŋ	siŋ
	石济	济南	miŋ	tiŋ	t'iŋ	tiŋ	niŋ	liŋ	tɕ'iŋ	ɕiŋ
	沧惠	河间	miŋ	tiŋ	t'iŋ	tiŋ	niŋ	liŋ	ts'iŋ	siŋ
	章利	利津	miŋ	tiŋ	t'iŋ	tiŋ	niŋ	liŋ	ts'iŋ	siŋ
中原	关中	西安	miəŋ	tiəŋ	t'iəŋ	tiəŋ	niəŋ	liəŋ	tɕ'iəŋ	ɕiəŋ
	秦陇	敦煌	miŋ	tiŋ	t'iŋ	tiŋ	niəŋ	liŋ	tɕ'iŋ	ɕiŋ
	陇中	天水		tiŋ	t'iŋ	tiŋ	ȵiŋ	liŋ	tɕ'iŋ	ɕiŋ
	南疆	吐鲁番	miŋ	tiŋ	t'iŋ	tiŋ	niŋ	liŋ	tɕ'iŋ	ɕiŋ
	汾河	运城	miŋ	tiɛ̃/ tiŋ	t'iɑ̃/ t'iŋ	t'iɛ̃/ tiŋ	niɛ̃/ niŋ	liɛ̃/ liŋ	tɕ'iɛ̃/ tɕ'iŋ	ɕiɛ̃/ ɕiŋ
	洛徐	徐州	miŋ	tiŋ	t'iŋ	tiŋ	niŋ	liŋ	tɕ'iŋ	ɕiŋ
	郑曹	郑州	miŋ	tiŋ	t'iŋ	tiŋ	niŋ	liŋ	ts'iŋ	siŋ
	蔡鲁	曲阜	miŋ	tiŋ	t'iŋ	tiŋ	ȵiŋ	liŋ	tɕ'iŋ	ɕiŋ
	信蚌	信阳	min	t'iŋ	t'iŋ	tiŋ	nin	nin	tɕ'in	ɕin
兰银	银吴	灵武	miŋ	tiŋ	t'iŋ	tiŋ	ȵiŋ	liŋ	tɕ'iŋ	ɕiŋ
	金城	永登	min	tiŋ	t'iŋ	tiŋ	ȵiŋ	liŋ	tɕ'iŋ	ɕiŋ
	河西	张掖	miỹ	tiỹ	t'iỹ	tiỹ	niỹ	liỹ	tɕ'iỹ	ɕiỹ
	塔密	吉木萨尔	miŋ	tiŋ	t'iŋ	tiŋ	ȵiŋ		tɕ'iŋ	
西南	黔川	大方	min	tin	t'in	tin	lin		tɕ'in	ɕin
	西蜀	都江堰	min	tin	t'in	tin	ȵin	nin	tɕ'in	ɕin
	川西	喜德	min	tin	t'in	tin	nin	nin	tɕ'in	ɕin
	云南	昆明	mĩ	tĩ	t'ĩ	tĩ	nĩ	lĩ	tɕ'ĩ	ɕĩ
	湖广	武汉	min	tin	t'in	tin	nin	nin	tɕ'in	ɕin
	桂柳	荔浦	min	tin	t'in	tin	nin	lin	ts'in	sin
江淮	洪巢	南京	min	tin	t'in	tin	lin	lin	ts'in	sin
	泰如	泰州	miŋ	tiŋ	t'iŋ	t'iŋ/tiŋ	niŋ	niŋ	tɕ'iŋ	ɕiŋ
	黄孝	红安	min	tin	t'in	tin	lin	lin	tɕ'in	ɕin
晋语	并州	太原	miŋ	tiŋ	t'iŋ	tiŋ	niŋ	liŋ	tɕ'iŋ	ɕiŋ/ ɕin
	吕梁	岚县	miəŋ	tiʔ/tiəŋ	t'iʔ/t'iəŋ	tiʔ/tiəŋ	niəŋ	liʔ/liəŋ	tɕ'iʔ/tɕ'iəŋ	ɕiʔ/ ɕiəŋ
	上党	长治	miŋ	tiŋ	t'iŋ	tiŋ	niŋ	liŋ	tɕ'iŋ	ɕiŋ
	五台	忻州	miəŋ	tiʔ/tiəŋ	t'iʔ/t'iəŋ	tiʔ/tiəŋ	niəŋ	liəŋ	tɕ'iʔ/tɕ'iəŋ	ɕiəŋ
	大包	大同	miəɣ	tiəɣ	t'iəɣ	tiəɣ	niəɣ	liəɣ	tɕ'iəɣ	ɕiəɣ
	张呼	呼和浩特	mĩŋ	tĩŋ	t'ĩŋ	tĩŋ	nĩŋ	lĩŋ	tɕ'ĩŋ	ɕĩŋ
	邯新	获嘉	miŋ	tiŋ	t'iŋ	tiŋ	niŋ	liŋ	tɕ'iŋ	ɕiŋ
	志延	志丹	miɤ̃	tiɤ̃	t'iɤ̃	tiɤ̃	niɤ̃	liɤ̃	tɕ'iɤ̃	ɕiɤ̃

经	形	横~直	宏	兄	荣	永	琼	营	萤	代表点
梗开四	梗开四	梗合二	梗合二	梗合三	梗合三	梗合三	梗合三	梗合三	梗合四	
青平见	青平匣	庚平匣	耕平匣	庚平晓	庚平云	梗上云	清平群	清平以	青平匣	
₌tɕiŋ	⊆ɕiŋ	⊆xəŋ	⊆xuŋ	₌ɕiuŋ	⊆zuŋ	⁻iuŋ	⊆tɕʰiuŋ	⊆iŋ	⊆iŋ	北
₌tɕiŋ	⊆ɕiŋ	⊆xəŋ	⊆xuŋ	₌ɕyŋ	⊆zuŋ	⁻yŋ	⊆tɕʰyŋ	⊆iŋ	⊆iŋ	兴
₌tɕiŋ	⊆ɕiŋ	⊆xəŋ	⊆xuŋ	₌ɕyŋ	⊆yŋ	⁻yŋ	⊆tɕʰyŋ	⊆iŋ	⊆iŋ	沈
₌tɕiŋ	⊆ɕiŋ	⊆xəŋ	⊆xuŋ	₌ɕyŋ	⊆yŋ	⁻yŋ	⊆tɕʰyŋ	⊆iŋ	⊆iŋ	长
₌tɕiŋ	⊆ɕiŋ	⊆xəŋ	⊆xuŋ	₌ɕyŋ	⊆zuŋ	⁻iuŋ	⊆tɕʰiŋ	⊆iŋ	⊆iŋ	巴
₌ɕiŋ	⊆ɕiŋ	⊆xəŋ	⊆xoŋ	₌ɕioŋ	⊆ioŋ	⁻ioŋ	⊆cʰioŋ	⊆iŋ	⊆iŋ	牟
₌tʃəŋ	⊆ʃəŋ	⊆xəŋ	⊆xoŋ	₌ʃəŋ	⊆iŋ	⁻iŋ	⊆tʃʰəŋ	⊆iŋ	⊆iŋ	诸
₌tɕiŋ	⊆ɕiŋ	⊆xəŋ	⊆xoŋ	₌ɕioŋ	⊆ioŋ	⁻ioŋ	⊆tɕioŋ	⊆iŋ	⊆iŋ	丹
₌tɕiŋ	⊆ɕiŋ	⊆xəŋ	⊆xuŋ	₌ɕyŋ	⊆zuŋ	⁻yŋ	⊆tɕʰyŋ	⊆iŋ	⊆iŋ	高
₌tɕiŋ	⊆ɕiŋ	⊆xəŋ	⊆xuŋ	₌ɕyŋ	⊆luŋ	⁻yŋ	⊆tɕʰyŋ	⊆iŋ	⊆iŋ	济
₌tɕiŋ	⊆ɕiŋ	⊆xəŋ	⊆xuŋ	₌ɕyŋ	⊆zuŋ	⁻yŋ	⊆tɕʰyŋ	⊆iŋ	⊆iŋ	河
₌tɕiŋ	⊆ɕiŋ	⊆xəŋ	⊆xuŋ	₌ɕyŋ	⊆zuŋ	⁻zuŋ/⁻yŋ①	⊆tɕʰyŋ	⊆iŋ	⊆iŋ	利
₌tɕiəŋ	⊆ɕiəŋ	⊆xuoŋ/uoŋ⁼	⊆xuoŋ	₌ɕyoŋ	⊆yoŋ	⁻yoŋ	⊆tɕʰyoŋ	⊆iəŋ	⊆iəŋ	西
₌tɕiŋ	⁻ɕiŋ	⊆xuŋ/uŋ⁼	⊆xuŋ	₌ɕyŋ	⊆yŋ	⁻yŋ	⊆tɕʰyŋ	⊆iŋ	⊆iŋ	敦
₌tɕiŋ	⊆ɕiŋ	⊆xuəŋ	⊆xuəŋ	₌ɕyn	⊆yn	⁻yn	⊆tɕʰyn	⊆in	⊆in	天
₌tɕiŋ	⊆ɕiŋ	⊆xɤŋ		₌ɕyŋ	⊆vɤŋ	⁻yŋ	⊆tɕʰyŋ	⊆iŋ		吐
₌tɕiŋ	⊆ɕiŋ	⊆xuŋ	⊆uŋ	₌ɕyŋ	⊆zuŋ	⁻yŋ	⊆tɕʰyŋ	⊆iŋ	⊆iŋ	运
₌tɕiŋ	⊆ɕiŋ	⊆xuŋ	⊆uŋ	₌ɕyŋ	⊆zuŋ	⁻yŋ	⊆tɕʰyŋ	⊆iŋ	⊆iŋ	徐
₌tɕiŋ	⊆ɕiŋ	⊆xuŋ	⊆uŋ	₌ɕyuŋ	⊆zuŋ	⁻yuŋ	⊆tɕʰyuŋ	⊆iŋ	⊆iŋ	郑
₌tɕiŋ	⊆ɕiŋ	⊆xuŋ	⊆xuŋ	₌ɕyŋ	⊆zuŋ	⁻yŋ	⊆tɕʰyŋ	⊆iŋ	⊆iŋ	曲
₌tɕin	⊆ɕin	⊆xəŋ/uəŋ⁼		₌ɕyŋ	⊆ieŋ	⁻zəŋ	⊆tɕʰyŋ	⊆in	⊆in	信
₌tɕiŋ	⊆ɕiŋ	⊆xuŋ	⊆xuŋ	₌ɕyŋ	⊆yŋ	⁻yŋ	⊆tɕʰyŋ	⊆iŋ	⊆iŋ	灵
₌tɕin	⊆ɕin	xuŋ⁻	⊆xun	₌ɕyn	⊆yn	⁻yŋ	⊆tɕʰyn	⊆in	⊆in	永
₌tɕiỹ	⊆ɕiỹ	xuỹ⁻	⊆xuỹ	₌suỹ	⊆yỹ	⁻zyỹ	⊆tɕʰyỹ	⊆ziỹ	⊆ziỹ	张
₌tɕiŋ	⁻ɕiŋ	⊆xəŋ/xuŋ⁼②	⁻xuŋ	₌ɕyŋ	⊆zuŋ/uŋ⁼	⁻yŋ	⊆tɕʰyŋ	⁻iŋ		吉
₌tɕin	⊆ɕin	⊆xuen	⊆xoŋ	₌ɕioŋ	⊆ioŋ	⁻yŋ	⊆tɕʰyŋ	⊆in	⊆in	大
₌tɕin	⊆ɕin	⊆xuəŋ	⊆xoŋ	₌ɕioŋ	⊆ioŋ	⁻ioŋ	⊆tɕʰyŋ	⊆in	⊆in	都
₌tɕin	⊆ɕin	⊆xen	⊆xoŋ	₌ɕioŋ	⊆ioŋ	⁻ioŋ	⊆tɕʰyŋ	⊆in	⊆in	喜
₌tɕi	⊆ɕi	⊆xə̃	⊆xoŋ	₌ɕioŋ	⊆zoŋ	⁻ioŋ	⊆tɕʰi	⊆ĩ	⊆ĩ	昆
₌tɕin	⊆ɕin	⊆xuəŋ	⊆xoŋ	₌ɕioŋ	⊆ioŋ	⁻yŋ	⊆tɕʰyŋ	⊆in	⊆in	武
₌kin	⊆hin	⊆huəŋ	⊆hoŋ		⊆ioŋ	⁻yŋ	⊆kʰyŋ	⊆yn	⊆yn	荔
₌tɕiŋ	⊆ɕin	⊆xun	⊆xoŋ	₌ɕioŋ	⊆ioŋ	⁻ioŋ	⊆tɕʰioŋ	⊆in	⊆in	南
₌tɕiŋ	⊆ɕiŋ	₌oŋ/⊆xoŋ	⊆xoŋ	₌ɕioŋ	⊆ioŋ	⁻yŋ	⊆tɕʰioŋ	⊆iŋ	⁻iŋ	泰
₌tɕin/tɕin⁻	⊆ɕin	⊆fan/⊆fə̃	⊆xoŋ	₌ɕioŋ	⊆zə̃/uə̃	⁻uə̃	⊆kʰyŋ	⊆in	⊆uə̃	红
₌tɕiŋ⁼	⊆ɕiŋ⁼	uə̃⁻	⊆xuə̃	⁻ɕỹ	⊆ỹ	⁻yŋ	⊆tɕʰyŋ	⁻iŋ	⁻ĩ	太
tɕiəŋ⁼	ɕiəŋ⁼	⊆uə̃/ɐỹ	⊆uə̃	⁻ɕyỹ	⊆yỹ	⁻yỹ	⊆tɕʰyỹ	⊆i/⁻iəŋ	tɕiŋ⁼/ĩ	岚
₌tɕiŋ	⊆ɕiŋ	⊆uə̃	⊆uŋ	₌ɕyŋ	⊆yŋ	⁻yŋ	⊆tɕʰyŋ	⊆iŋ	⊆iŋ	长
⁻tɕiŋ	⊆ɕiəŋ	⊆uə̃	⊆uə̃	⁻ɕyỹ/yỹ	⊆ỹ	⁻yỹ	⊆tɕʰyỹ	⊆iŋ	⊆i/⁻iŋ	忻
⁻tɕiɤ	⁻ɕiɤ	⊆xɤ	⊆xɐỹ	₌ɕyɤ	⊆yɤ	⁻yɤ	⊆tɕʰyɤ	⊆iɤ	⊆iɤ	大
⊆tɕĩ	⊆ɕĩ	⊆xə̃	⊆xũ	⁻ɕỹ	⊆ỹ	⁻ỹ	⊆tɕʰỹ	⊆ĩ	⁻ĩ	呼
₌tɕiŋ	⊆ɕin	⊆xəŋ	⊆uŋ	₌ɕiŋ	⊆zuŋ	⁻yŋ	⊆tɕʰyŋ	⊆iŋ	⊆iŋ	获
⊆tɕiɤ̃	⊆ɕiɤ̃	⊆xuɤ̃	⊆xuɤ̃	₌ɕyɤ̃	⊆yɤ̃	⁻yɤ̃	⊆tɕʰyɤ̃	⊆iɤ̃	⊆iɤ̃	志

①音 3: ⊆yŋ。②xuŋ⁼，～直。

区	片	代表点	篷 通合一东平并	蒙 通合一东平明	东 通合一东平端	通 通合一东平透	同 通合一东平定	动 通合一董上定	笼 通合一东平来	聪 通合一东平清
北京	幽燕	北京	₌pʰəŋ	₌məŋ	₌tuŋ	tʰuŋ꜄	₌tʰuŋ	tuŋ꜄	₌luŋ	₌tʂʰuŋ
	锦兴	兴城	₌pʰəŋ	₌məŋ	₌tuŋ	tʰuŋ꜄	₌tʰuŋ	tuŋ꜄	₌luŋ	₌tʂʰuŋ
	辽沈	沈阳	₌pʰəŋ	₌məŋ	₌tuŋ	tʰuŋ꜄	₌tʰuŋ	tuŋ꜄	₌luŋ	₌tʂʰuŋ
	黑吉	长春	₌pʰəŋ	₌məŋ	₌tuŋ	tʰuŋ꜄	₌tʰuŋ	tuŋ꜄	₌luŋ	₌tʰuŋ
	哈肇	巴彦	₌pʰəŋ	₌məŋ	₌tuŋ	tʰuŋ꜄	₌tʰuŋ	tuŋ꜄	₌luŋ	₌tsʰuŋ
胶辽	登连	牟平	₌pʰəŋ	₌məŋ	₌toŋ	tʰoŋ꜄	₌tʰoŋ	toŋ꜄	₌loŋ	₌tsʰoŋ
	青莱	诸城	₌pʰəŋ	₌məŋ	₌təŋ	tʰəŋ꜄	₌tʰəŋ	təŋ꜄	₌ləŋ	₌tθʰəŋ
	营通	丹东	₌pʰəŋ	₌məŋ	₌toŋ	tʰoŋ꜄	₌tʰoŋ	toŋ꜄	₌loŋ	₌tsʰoŋ
冀鲁	保唐	高阳	₌pʰəŋ	₌məŋ	₌tuŋ	tʰuŋ꜄	₌tʰuŋ	tuŋ꜄	₌luŋ	₌tsʰuŋ
	石济	济南	₌pʰəŋ	₌məŋ	₌tuŋ	tʰuŋ꜄	₌tʰuŋ	tuŋ꜄	₌luŋ	₌tsʰuŋ
	沧惠	河间	₌pʰəŋ	₌məŋ	₌tuŋ	tʰuŋ꜄	₌tʰuŋ	tuŋ꜄	₌luŋ	₌tsʰuŋ
	章利	利津	₌pʰəŋ	₌məŋ	₌tuŋ	tʰuŋ꜄	₌tʰuŋ	tuŋ꜄	₌luŋ	₌tsʰuŋ
中原	关中	西安	₌pʰəŋ	₌məŋ	₌tuoŋ	tʰuoŋ꜄	₌tʰuoŋ	tuoŋ꜄	₌luoŋ	₌tsʰuoŋ
	秦陇	敦煌	₌pʰəŋ	₌məŋ	₌tuŋ	tʰuŋ꜄	₌tʰuŋ	tuŋ꜄	₌luŋ	₌tsʰuŋ
	陇中	天水	₌pʰəŋ	₌məŋ	₌tuəŋ	tʰuəŋ꜄	₌tʰuəŋ	tuəŋ꜄	₌luəŋ	₌tsʰuəŋ
	南疆	吐鲁番		₌mɤŋ	₌tuɤŋ	tʰuɤŋ꜄	₌tʰuɤŋ	tuɤŋ꜄	₌luɤŋ	₌tsʰuɤŋ
	汾河	运城	₌pʰəŋ	₌məŋ	₌tuŋ	tʰuŋ꜄	₌tʰuŋ	tuŋ꜄	₌luŋ	₌tsʰuŋ
	洛徐	徐州	₌pʰəŋ	₌məŋ	₌tuŋ	tʰuŋ꜄	₌tʰuŋ	tuŋ꜄	₌luŋ	₌tsʰuŋ
	郑曹	郑州	₌pʰəŋ	₌məŋ	₌tuŋ	tʰuŋ꜄	₌tʰuŋ	tuŋ꜄	₌luŋ	₌tsʰuŋ
	蔡鲁	曲阜	₌pʰəŋ	꜄məŋ	₌tuŋ	tʰuŋ꜄	₌tʰuŋ	tuŋ꜄	₌luŋ	₌tsʰuŋ
	信蚌	信阳	₌pʰəŋ	₌məŋ	₌təŋ	tʰəŋ꜄	₌tʰəŋ	təŋ꜄	₌nəŋ	₌tsʰəŋ
兰银	银吴	灵武	₌pʰəŋ	₌məŋ	₌tuŋ	tʰuŋ꜄	₌tʰuŋ	tuŋ꜄	₌luŋ	₌tsʰuŋ
	金城	永登	₌pʰəŋ	₌məŋ	₌tun	tʰun꜄	₌tʰun	tun꜄	₌lun	₌tsʰun
	河西	张掖	₌pʰəɣ	₌məɣ	₌tuɣ	tʰuɣ꜄	₌tʰuɣ	tuɣ꜄	₌luɣ	₌tsʰuɣ
	塔密	吉木萨尔	꜁pʰəŋ	꜁məŋ	꜁tuŋ	tʰuŋ꜄	꜁tʰuŋ	tuŋ꜄	꜁luŋ	꜁tsʰuŋ
西南	黔川	大方	₌pʰoŋ	₌moŋ	₌toŋ	tʰoŋ꜄	₌tʰoŋ	toŋ꜄	₌loŋ	₌tsʰoŋ
	西蜀	都江堰	₌pʰoŋ	₌moŋ	₌toŋ	tʰoŋ꜄	₌tʰoŋ	toŋ꜄	₌noŋ	₌tsʰoŋ
	川西	喜德	₌pʰoŋ	₌moŋ	₌toŋ	tʰoŋ꜄	₌tʰoŋ	toŋ꜄	₌noŋ	₌tsʰoŋ
	云南	昆明	₌pʰoŋ	₌moŋ	₌toŋ	tʰoŋ꜄	₌tʰoŋ	toŋ꜄	₌loŋ	₌tsʰoŋ
	湖广	武汉	₌pʰoŋ	₌moŋ	₌toŋ	tʰoŋ꜄	₌tʰoŋ	noŋ꜄	₌loŋ	₌tsʰoŋ
	桂柳	荔浦	₌pʰoŋ	₌moŋ	₌toŋ	tʰoŋ꜄	₌tʰoŋ	toŋ꜄	₌loŋ	₌tsʰoŋ
江淮	洪巢	南京	₌pʰən	₌mən	₌toŋ	tʰoŋ꜄	₌tʰoŋ	toŋ꜄	꜁loŋ/ ₌loŋ	₌tsʰoŋ
	泰如	泰州	₌pʰoŋ	₌moŋ	₌toŋ	tʰoŋ꜄	₌tʰoŋ	꜁ʔoŋ/toŋ꜄	꜁noŋ/ ₌noŋ	₌tsʰoŋ
	黄孝	红安	₌pʰoŋ	₌moŋ	₌toŋ	tʰoŋ꜄	₌tʰoŋ	noŋ꜄	₌loŋ	₌tsʰoŋ
晋语	并州	太原	₌pʰəŋ	₌məŋ	₌tuəŋ	tʰuəŋ꜄	₌tʰuəŋ	tuəŋ꜄	₌luəŋ	₌tsʰuəŋ
	吕梁	岚县	₌pʰəŋ	₌məŋ	₌tuəŋ	tʰuəŋ꜄	₌tʰuəŋ	tuəŋ꜄	₌luəŋ	₌tsʰuəŋ
	上党	长治	₌pʰəŋ	₌məŋ	₌tuŋ	tʰuŋ꜄	₌tʰuŋ	tuŋ꜄	₌luŋ	₌tsʰuŋ
	五台	忻州	₌pʰəŋ	₌məŋ	꜁tuəŋ	tʰuəŋ꜄	₌tʰuəŋ	tuəŋ꜄	₌luəŋ	꜁tsʰuəŋ
	大包	大同	₌pʰəɣ	₌məɣ	꜁tuəɣ	tʰuəɣ꜄	₌tʰuəɣ	tuəɣ꜄	₌luəɣ	꜁tsʰuəɣ
	张呼	呼和浩特	₌pʰəŋ	₌məŋ	꜁tũŋ	tʰũŋ꜄	₌tʰũŋ	tũŋ꜄	₌lũŋ	₌tsʰũŋ
	邯新	获嘉	₌pʰəŋ	₌məŋ	₌tuŋ	tʰuŋ꜄	₌tʰuŋ	tuŋ꜄	₌luŋ	₌tsʰuŋ
	志延	志丹	₌pʰɤ̃	₌mɤ̃	꜁tuɤ̃	tʰuɤ̃꜄	₌tʰuɤ̃	tuɤ̃꜄	₌luɤ̃	꜁tsʰuɤ̃

丛	工	烘	红	翁	冬	农	鬆	风	冯	代表点
通合一 东平从	通合一 东平见	通合一 东平晓	通合一 东平匣	通合一 东平影	通合一 冬平端	通合一 冬平泥	通合一 冬平心	通合三 东平非	通合三 东平奉	代表点
꜁ʦʰuŋ	꜀kuŋ	꜀xuŋ	꜁xuŋ	꜀uəŋ	꜀tuŋ	꜁nuŋ	꜀suŋ	꜀fəŋ	꜁fəŋ	北
꜁ʦʂʰuŋ	꜀kuŋ	꜀xuŋ	꜁xuŋ	꜁uŋ	꜀tuŋ	꜁nəŋ	꜀suŋ	꜀fəŋ	꜁fəŋ	兴
꜁ʦʰuŋ	꜀kuŋ	꜀xuŋ	꜁xuŋ	꜁uəŋ	꜀tuŋ	꜁nəŋ	꜀suŋ	꜀fəŋ	꜁fəŋ	沈
꜁ʦʰuŋ	꜀kuŋ	꜀xuŋ	꜁xuŋ	꜁uŋ	꜀tuŋ	꜁nəŋ	꜀suŋ	꜀fəŋ	꜁fəŋ	长
꜁ʦʰuŋ	꜀kuŋ	꜀xuŋ	꜁xuŋ	꜁vəŋ	꜀tuŋ	꜁nəŋ	꜀suŋ	꜀fəŋ	꜁fəŋ	巴
꜁ʦʰoŋ	꜀koŋ	꜀xoŋ	꜁xoŋ	꜁oŋ	꜀toŋ	nou/ ꜁nu	꜀soŋ	꜀fəŋ	fəŋ꜔	牟
꜁θʰəŋ	kəˇ	xəˇ	xəˇ	꜁əˇ	꜀təŋ	꜁nu	꜀θʰəŋ	fəˊ	fəŋ꜔	诸
꜁ʦʰoŋ	kəˇ	xəˇ	꜁xoŋ	꜁oŋ	toŋ꜔	nou/ ꜁nu	꜀soŋ	꜀fəŋ	꜁fəŋ	丹
꜁ʦʰuŋ	꜀kuŋ	꜀xuŋ	꜁xuŋ	꜁uəŋ	꜀tuŋ	꜁nʲuŋ	꜀suŋ	꜀fəŋ	꜁fəŋ	高
꜁ʦʰuŋ	꜀kuɳ	꜀xuŋ	꜁xuŋ	꜁vəŋ	꜀tuŋ	꜁nuŋ	꜀suŋ	꜀fəŋ	꜁fəŋ	济
꜁ʦʰuŋ	꜀kuŋ	꜀xuŋ	꜁xuŋ	꜁uəŋ	꜀tuŋ	꜁nʲuŋ	꜀suŋ	꜀fəŋ	꜁fəŋ	河
꜁ʦʰuŋ	꜀kuŋ	꜀xuŋ	꜁xuŋ	꜁vəŋ	꜀tuŋ	꜁nuŋ	꜀suŋ	꜀fəŋ	꜁fəŋ	利
꜁ʦʰuoŋ	꜀kuoŋ	꜀xuoŋ	꜁xuoŋ	꜁uoŋ	꜀tuoŋ	꜁luoŋ	꜀suoŋ	꜀fəŋ	꜁fəŋ	西
꜁ʦʰuŋ	꜀kuŋ	꜀xuŋ	꜁xuŋ	uən/ ꜁vəŋ	꜀tuŋ	꜁luŋ	꜀suŋ	꜀fəŋ	꜁fəŋ	敦
꜁ʦʰuən	꜀kuən	꜀xuən	꜁xuən	꜁vən	꜀tuən	꜁luən	꜀suən	꜀fən	꜁fən	天
ʦʰuɤŋ꜔	꜀kuɤŋ	꜀xuɤŋ	꜁xuɤŋ	꜁vɤŋ	꜀tuɤŋ	꜁luɤŋ	꜀suɤŋ	꜀fɤŋ	꜁fɤŋ	吐
꜁ʦʰuŋ	kuˇ	xuˇ	꜁xuŋ	꜁uŋ	꜀tuŋ	꜁luŋ	꜀suŋ	꜀fəŋ	꜁fəŋ	运
꜁ʦʰuŋ	kuˇ	xuˇ	꜁xuŋ	꜁uən	꜀tuŋ	꜁nuŋ	꜀suŋ	꜀fəŋ	꜁fəŋ	徐
꜁ʦʰuŋ	kuˇ	xuˇ	꜁xuŋ	꜁uən	꜀tuŋ	꜁nuŋ	꜀syuŋ	꜀fəŋ	꜁fəŋ	郑
꜁ʦʰuŋ	kuˇ	xuˇ	꜁xuŋ	꜁uən	꜀tuŋ	꜁nuŋ	꜀suŋ	꜀fəŋ	꜁fəŋ	曲
꜁ʦʰəŋ	kuˇ	xuˇ	꜁xuŋ	꜁vəŋ	꜀təŋ	꜁nəŋ	꜀səŋ	꜀fəŋ	꜁fəŋ	信
꜁ʦʰuŋ	꜀kuŋ	꜀xuŋ	꜁xuŋ	꜁vəŋ	꜀tuŋ	꜁nuŋ	꜀suŋ	꜀fəŋ	꜁fəŋ	灵
꜁ʦʰun	꜀kun	꜀xun	꜁xun	꜁vən	꜀tun	꜁nun	꜀sun	꜀fən	꜁fən	永
꜁ʦʰuỹ	꜀kuỹ	꜀xuỹ	꜁xuỹ	꜁vəỹ	꜀tuỹ	꜁nuỹ	꜀suỹ	꜀fəỹ	꜁fəỹ	张
꜂ʦʰuŋ	꜀kuŋ	꜀xuŋ	꜂xuŋ	꜁vəŋ	꜀tuŋ		꜀suŋ	꜀fəŋ	꜁fəŋ	吉
꜁ʦʰoŋ	꜀koŋ	꜀xoŋ	꜁xoŋ	꜁oŋ	꜀toŋ	loŋ꜔	꜀soŋ	꜀foŋ	꜁foŋ	大
꜁ʦʰoŋ	꜀koŋ	꜀xoŋ	꜁xoŋ	꜁oŋ	꜀toŋ	꜁noŋ	꜀soŋ	꜀foŋ	꜁foŋ	都
꜁ʦʰoŋ	꜀koŋ	꜀xoŋ	꜁xoŋ	꜁oŋ	꜀toŋ	꜁noŋ	꜀soŋ	꜀foŋ	꜁foŋ	喜
꜁ʦʰoŋ	꜀koŋ	꜀xoŋ	꜁xoŋ	꜁ŋoŋ	꜀toŋ	꜁noŋ	꜀soŋ	꜀foŋ	꜁foŋ	昆
꜁ʦʰoŋ	꜀koŋ	꜀hoŋ	꜁hoŋ	꜁oŋ	꜀toŋ	꜁noŋ	꜀soŋ	꜀foŋ	꜁foŋ	武
꜁ʦʰoŋ	꜀koŋ	꜀xoŋ	xun/ ꜁xoŋ	꜁oŋ	꜀toŋ	꜁loŋ	꜀soŋ	꜀fən	꜁fən	荔
꜁ʦʰoŋ	꜀koŋ	꜀xoŋ	꜁xoŋ	꜁oŋ	꜀toŋ	꜁noŋ	꜀soŋ	꜀foŋ	꜁foŋ	南
꜁ʦʰoŋ	꜀koŋ	꜀xoŋ	꜁xoŋ	꜁oŋ	꜀toŋ	꜁loŋ	ts'oŋ/ ꜀soŋ	xoŋ/ ꜀foŋ	xoŋ/ ꜁foŋ	红
꜁ʦʰuəŋ	꜀kuəŋ	꜀xuəŋ	꜁xuəŋ	꜁vəŋ	꜀tuəŋ	꜁nəŋ	꜀suəŋ	꜀fəŋ	꜁fəŋ	太
꜁ʦʰuəŋ	꜀kuəŋ	꜀xuəŋ	꜁xuəŋ	꜁uəŋ	꜀tuəŋ	꜁nəŋ	꜀suəŋ	꜀fəŋ	꜁fəŋ	岚
꜁ʦʰuŋ	꜀kuŋ	꜀xuŋ	꜁xuŋ	꜁uŋ	꜀tuŋ	꜁nuŋ	꜀suŋ	꜀fəŋ	꜁fəŋ	长
꜁ʦʰuəŋ	kuəŋ꜔	꜀xuəŋ	꜁xuəŋ	꜁uən	꜀tuən	꜁nuən	꜀suəŋ	꜀fəŋ	꜁fəŋ	忻
꜁ʦʰuɤ	꜀kuɤ	꜀xuɤ	꜁xuɤ	꜁uɤ	꜀tuɤ	꜁nuɤ	꜀suɤ	꜀fɤ	꜁fɤ	大
꜁ʦʰũŋ	꜀kũŋ	꜀xũŋ	꜁võŋ	꜁tũŋ	꜀tũŋ	꜁ŋũŋ	꜀sũŋ	꜀fəŋ	꜁fəŋ	呼
꜁ʦʰuŋ	꜀kuŋ	꜀xuŋ	꜁xuŋ	꜁uŋ	꜀tuŋ	꜁nuŋ	꜀suŋ	꜀fəŋ	꜁fəŋ	获
꜁ʦʰuɤ̌	꜀kuɤ̌	꜀xuɤ̌	꜁vɤ̌	꜀tuɤ̌	꜀tuɤ̌	꜁nuɤ̌	꜀suɤ̌	꜀fɤ̌	꜁fɤ̌	志

区	片	代表点	梦 通合三 送去明	隆 通合三 东平来	忠 通合三 东平知	崇 通合三 东平崇	众 通合三 送去章	绒 通合三 东平日	宫 通合三 东平见	穷 通合三 东平群
北京	幽燕	北京	məŋ⁻	꜀luŋ	꜀tʂuŋ	꜂tʂʰuŋ	tʂuŋ⁻	꜂ʐuŋ	꜀kuŋ	꜂tɕʰiuŋ
	锦兴	兴城	məŋ⁻	꜀luŋ	꜀tʂuŋ	꜂tʂʰuŋ	tʂuŋ⁻	꜂ʐuŋ	꜀kuŋ	꜂tɕʰyŋ
	辽沈	沈阳	məŋ⁻	꜀luŋ	꜀tsuŋ	꜂tsʰuŋ	tsuŋ⁻	꜂yŋ	꜀kuŋ	꜂tɕʰyŋ
	黑吉	长春	məŋ⁻	꜀luŋ	꜀tʂuŋ	꜂tʂʰuŋ	tʂuŋ⁻	꜂yŋ	꜀kuŋ	꜂tɕʰyŋ
	哈肇	巴彦	məŋ⁻	꜀luŋ	꜀tʂuŋ	꜂tʂʰuŋ	tʂuŋ⁻	꜂iuŋ	꜀kuŋ	꜂tɕʰiuŋ
胶辽	登连	牟平	məŋ⁻	꜀loŋ	꜀tsoŋ	ꜛtsʰoŋ	tsoŋ⁻	꜂ioŋ	꜀koŋ	꜂tɕʰioŋ
	青莱	诸城	məŋ⁻	꜀ləŋ	꜀tʂəŋ	ꜛtʂʰəŋ	tʂəŋ⁻	꜂iŋ	꜀kəŋ	꜂tʃʰəŋ
	营通	丹东	məŋ⁻	꜀loŋ	꜀tsoŋ	ꜛtsʰoŋ	tsoŋ⁻	꜂ioŋ	꜀koŋ	꜂tɕʰioŋ
冀鲁	保唐	高阳	məŋ⁻	꜀luŋ	꜀tʂuŋ	꜂tʂʰuŋ	tʂuŋ⁻	꜂ʐuŋ	꜀kuŋ	꜂tɕʰyŋ
	石济	济南	məŋ⁻	꜀luŋ	꜀tʂuŋ	꜂tʂʰuŋ	tʂuŋ⁻	꜂luŋ	꜀kuŋ	꜂tɕʰyŋ
	沧惠	河间	məŋ⁻	꜀luŋ	꜀tʂuŋ	꜂tʂʰuŋ	tʂuŋ⁻	꜂ʐuŋ	꜀kuŋ	꜂tɕʰyŋ
	章利	利津	məŋ⁻	꜀luŋ	꜀tʂuŋ	꜂tʂʰuŋ	tʂuŋ⁻	꜂ʐuŋ	꜀kuŋ	꜂tɕʰyŋ
中原	关中	西安	məŋ⁻	꜀luoŋ	꜀pfəŋ	꜂pfʰəŋ	pfəŋ⁻	꜂vəŋ	꜀kuŋ	꜂tɕʰyŋ
	秦陇	敦煌	məŋ⁻	꜀luŋ	꜀tʂuŋ	ꜛtʂʰuŋ	tʂuŋ⁻	꜂ʐuŋ	꜀kuŋ	꜂tɕʰyŋ
	陇中	天水	mæn⁻	꜀luən	꜀tsuən	꜂tsʰuən	tsuən⁻	꜂ʐuən	꜀kuən	꜂tɕʰyn
	南疆	吐鲁番	mɤŋ⁻	꜀luɤŋ	꜀tʂuɤŋ		tʂuɤŋ⁻	꜂vɤŋ	꜀kuɤŋ	꜂tɕʰyn
	汾河	运城	məŋ⁻	꜀luŋ	꜀pfəŋ	꜂pfʰəŋ	pfəŋ⁻	꜂əŋ	꜀kuŋ	꜂tɕʰyŋ
	洛徐	徐州	məŋ⁻	꜀luŋ	꜀tʂuŋ	ꜛtʂʰuŋ	tʂuŋ⁻	꜂ʐuŋ	꜀kuŋ	꜂tɕʰyŋ
	郑曹	郑州	məŋ⁻	꜀luŋ	꜀tʂuŋ	꜂tʂʰuŋ	tʂuŋ⁻	꜂ʐuŋ	꜀kuŋ	꜂tɕʰyuŋ
	蔡鲁	曲阜	məŋ⁻	꜀luŋ	꜀tsuŋ	꜂tsʰuŋ	tsuŋ⁻	꜂ʐuŋ	꜀kuŋ	꜂tɕʰyŋ
	信蚌	信阳	məŋ⁻	꜀nuŋ	꜀tsəŋ	ꜛtsʰəŋ	tsəŋ⁻	꜂ʐəŋ	꜀kuŋ	꜂tɕʰyŋ
兰银	银吴	灵武	məŋ⁻	꜀luŋ	꜀tʂuŋ	ꜛtʂʰuŋ	tʂuŋ⁻	꜂ʐuŋ	꜀kuŋ	꜂tɕʰyŋ
	金城	永登	mən⁻	꜀lun	꜀pfən	꜂pfʰən	pfən⁻	꜂vən	꜀kun	꜂tɕʰyn
	河西	张掖	məỹ⁻	꜀luỹ	꜀kuỹ	꜂kʰuỹ	kuỹ⁻	꜂vəỹ	꜀kuỹ	꜂tsʰuỹ
	塔密	吉木萨尔	məŋ⁻	ꜛluŋ	꜀tʂuŋ	ꜛtʂʰuŋ	tʂuŋ⁻	꜂ʐuŋ/uŋ	꜀kuŋ	ꜛtɕʰyŋ
西南	黔川	大方	moŋ⁻	꜀loŋ	꜀tsoŋ	ꜛtsʰoŋ	tsoŋ⁻	꜂ioŋ	꜀koŋ	꜂tɕʰioŋ
	西蜀	都江堰	moŋ⁻	꜀noŋ	꜀tsoŋ	ꜛtsʰoŋ	tsoŋ⁻	꜂ioŋ	꜀koŋ	꜂tɕʰioŋ
	川西	喜德	moŋ⁻	꜀noŋ	꜀tʂoŋ	ꜛtʂʰoŋ	tʂoŋ⁻	꜂ʐoŋ	꜀koŋ	꜂tɕʰioŋ
	云南	昆明	moŋ⁻	꜀loŋ	꜀tʂoŋ	ꜛtʂʰoŋ	tʂoŋ⁻	꜂ʐoŋ	꜀koŋ	꜂tɕʰioŋ
	湖广	武汉	moŋ⁻	꜀noŋ	꜀tsoŋ	ꜛtsʰoŋ	tsoŋ⁻	꜂ioŋ	꜀koŋ	꜂tɕʰioŋ
	桂柳	荔浦	moŋ⁻	꜀loŋ	꜀tsoŋ	ꜛtsʰoŋ	tsoŋ⁻	꜂ioŋ	꜀koŋ	꜂kʰioŋ
江淮	洪巢	南京	mən⁻	꜀loŋ	꜀tsoŋ	ꜛtsʰoŋ	tsoŋ⁻	꜂zoŋ	꜀koŋ	꜂tɕʰioŋ
	泰如	泰州	꜀mon/moŋ⁻	꜀noŋ	꜀tsoŋ	ꜛtsʰoŋ	tsoŋ⁻	꜂zoŋ	꜀koŋ	꜂tɕʰioŋ
	黄孝	红安	moŋ⁻	꜀loŋ	꜀tʂoŋ	ꜛtʂʰoŋ	tʂoŋ⁻	꜂zoŋ	꜀koŋ	꜂tɕʰioŋ
晋语	并州	太原	məŋ⁻	꜀luəŋ	꜀tsuəŋ	ꜛtsʰuəŋ	tsuəŋ⁻	꜂zuəŋ	꜀kuəŋ	꜂tɕʰyŋ
	吕梁	岚县	məŋ⁻	꜀luəŋ	꜀tsuəŋ	ꜛtsʰuəŋ	tsuəŋ⁻	꜂zuəŋ	꜀kuəŋ	꜂tɕʰyəŋ
	上党	长治	məŋ⁻	꜀luŋ	꜀tsuŋ	ꜛtsʰuŋ	tsuŋ⁻	꜂yŋ	꜀kuŋ	꜂tɕʰyŋ
	五台	忻州	məŋ⁻	꜀luəŋ	꜀tsuəŋ	ꜛtsʰuəŋ	tsuəŋ⁻	꜂zuəŋ	꜀kuəŋ	꜂tɕʰyŋ
	大包	大同	mæɣ⁻	꜀luəɣ	꜀tsuəɣ	ꜛtsʰuəɣ	tsuəɣ⁻	꜂zuəɣ	꜀kuəɣ	꜂tɕʰyəɣ
	张呼	呼和浩特	mə̃ŋ⁻	꜀lũŋ	꜀tsũŋ	ꜛtsʰũŋ	tsũŋ⁻	꜂zũŋ	꜀kũŋ	꜂tɕʰyŋ
	邯新	获嘉	məŋ⁻	꜀luŋ	꜀tʂuŋ	ꜛtʂʰuŋ	tʂuŋ⁻	꜂ʐuŋ	꜀kuŋ	꜂tɕʰyŋ
	志延	志丹	mɤ̃⁻	꜀luɤ̃	꜀tʂuɤ̃	ꜛtʂʰuɤ̃	tʂuɤ̃⁻	꜂ʐuɤ̃	꜀kuɤ̃	꜂tɕʰyɤ̃

雄	缝动	浓	龙	从跟~	松~树	诵	宠	重轻~	盅	代
通合三	通合三	通合三	通合三	通合三	通合三	通合三	通合三	通合三	通合三	表
东平云	鐘平奉	鐘平泥	鐘平来	鐘平从	鐘平邪	用去邪	腫上彻	腫上澄	鐘平章	点
꜁ɕiuŋ	꜁fəŋ	꜁nuŋ	꜁luŋ	꜁tsʰuŋ	꜁suŋ	suŋꜙ	ꜗtʂʰuŋ	tʂuŋꜙ	꜀tʂuŋ	北
꜁ɕyŋ	꜁fəŋ	꜁nəŋ	꜁luŋ	꜁tsʰuŋ	꜁suŋ	ʂuŋꜙ	ꜗtʂʰuŋ	tʂuŋꜙ	꜀tʂuŋ	兴
꜁ɕyŋ	꜁fəŋ	꜁nəŋ	꜁luŋ	꜁tsʰuŋ	꜁suŋ	suŋꜙ	ꜗtsʰuŋ	tsuŋꜙ	꜀tsuŋ	沈
꜁ɕyŋ	꜁fəŋ	꜁nəŋ	꜁luŋ	꜁tsʰuŋ	꜁suŋ	suŋꜙ	ꜗtsʰuŋ	tʂuŋꜙ	꜀tsuŋ	长
꜁ɕiuŋ	꜁fəŋ	꜁nəŋ	꜁liuŋ	꜁tsʰuŋ	꜁suŋ	suŋꜙ	ꜗtsʰuŋ	tʂuŋꜙ	꜀tsuŋ	巴
꜁ɕioŋ	꜁foŋ	꜁noŋ	꜁loŋ	꜁tsʰoŋ	꜁ɕioŋ	soŋꜙ	ꜗtsʰoŋ	tsoŋꜙ	꜀tsoŋ	牟
꜁ʃəŋ	꜁fəŋ	꜁nəŋ	꜁ləŋ	꜁tɕʰəŋ	꜁ɕin	səŋꜙ	ꜗtsʰəŋ	tsəŋꜙ	꜀tʃəŋ	诸
꜁ɕioŋ	꜁fəŋ	꜁nəŋ	꜁loŋ	꜁tsʰoŋ	꜁soŋ	soŋꜙ	ꜗtsʰoŋ	tsoŋꜙ	꜀tsoŋ	丹
꜁ɕyŋ	꜁fəŋ	꜁nəŋ	꜁luŋ	꜁tsʰuŋ	꜁suŋ	suŋꜙ	ꜗtʂʰuŋ	tʂuŋꜙ	꜀tʂuŋ	高
꜁ɕyŋ	꜁fəŋ	꜁nuŋ	꜁luŋ	꜁tsʰuŋ	꜁suŋ	suŋꜙ	ꜗtʂʰuŋ	tʂuŋꜙ	꜀tʂuŋ	河
꜁ɕyŋ	꜁fəŋ	nuŋ / ꜁ɲyŋ	꜁lyn / ꜁luŋ	꜁tsʰun / ꜁tsʰyn	꜁syŋ	suŋꜙ	ꜗtʂʰuŋ	tʂuŋꜙ	꜀tʂuŋ	利
꜁ɕyŋ	꜁fəŋ	꜁luoŋ	꜁luoŋ	꜁tsʰuoŋ	꜁suoŋ	suoŋꜙ	ꜗpfəŋ	pfəŋꜙ	꜀pfəŋ	西
꜁ɕyŋ	꜁fəŋ	꜁luŋ	꜁luŋ	꜁tsʰuŋ	꜁suŋ	suŋꜙ	ꜗtʂʰuŋ	tʂuŋꜙ	꜀tʂuŋ	敦
꜁ɕyn	꜁fəŋ	꜁luən	꜁luən	꜁tsʰuən	꜁suən	ɕynꜙ	ꜗtsʰuən	tsuənꜙ	꜀tsuən	天
꜁ɕyŋ	꜁fʅŋ		꜁luʅŋ	꜁tsʰuʅŋ	꜁suʅŋ	suʅŋꜙ	ꜗtʂʰuʅŋ	tʂuʅŋꜙ		吐
꜁ɕyŋ	꜁fəŋ	꜁luŋ	꜁luŋ	꜁tsʰuŋ	꜁suŋ	suŋꜙ	ꜗpfəŋ	pfəŋꜙ	꜀pfəŋ	运
꜁ɕyŋ	꜁fəŋ	꜁nuŋ	꜁luŋ	꜁tsʰuŋ	꜁suŋ	suŋꜙ	ꜗtʂʰuŋ	tʂuŋꜙ	꜀tʂuŋ	徐
꜁ɕyuŋ	꜁fəŋ	꜁nuŋ	꜁lyuŋ	꜁tsʰuŋ	꜁syuŋ		ꜗtʂʰuŋ	tʂuŋꜙ	꜀tʂuŋ	郑
꜁ɕyŋ	꜁fəŋ	꜁nuŋ	꜁luŋ	꜁tsʰuŋ	꜁ɕyŋ	suŋꜙ	ꜗtsʰuŋ	tsuŋꜙ	꜀tsuŋ	曲
꜁ɕyŋ	꜁fəŋ	꜁nuŋ	꜁nuŋ / ꜁ɲəu	꜁tɕʰəŋ	꜁suŋ	suŋꜙ	ꜗtsʰəŋ	tsəŋꜙ	꜀tsəŋ	信
꜁ɕyŋ	꜁fəŋ	꜁nuŋ	꜁luŋ	꜁tsʰuŋ	꜁suŋ	suŋꜙ	ꜗtʂʰuŋ	tʂuŋꜙ	꜀tʂuŋ	灵
꜁ɕyn	꜁fəŋ	꜁nun	꜁lun	꜁tsʰun	꜁sun	sunꜙ	ꜗpfəŋ	pfənꜙ	꜀pfən	永
꜁suỹ	꜁fəỹ	꜁nuỹ	꜁luỹ	꜁tsʰuỹ	꜁suỹ	suỹꜙ	ꜗkʰuỹ	kuỹꜙ	꜀kuỹ	张
꜂ɕyŋ	꜂fəŋ	꜂nuŋ	꜂luŋ	꜂tsʰuŋ	꜂suŋ	suŋꜙ	ꜗtsʰuŋ	tsuŋꜙ	꜀tsuŋ	吉
꜁ɕioŋ	꜁foŋ	꜁loŋ	꜁loŋ	꜁tsʰoŋ	꜁soŋ	soŋꜙ	ꜗtsʰoŋ	tsoŋꜙ	꜀tsoŋ	大
꜁ɕioŋ	꜁foŋ	꜁noŋ	꜁noŋ	꜁tsʰoŋ	꜁soŋ	soŋꜙ	ꜗtʂʰoŋ	tʂoŋꜙ	꜀tʂoŋ	都
꜁ɕioŋ	꜁foŋ	꜁noŋ	꜁loŋ	꜁tsʰoŋ	꜁soŋ	soŋꜙ	ꜗtʂʰoŋ	tʂoŋꜙ	꜀tʂoŋ	喜
꜁ɕioŋ	꜁foŋ	꜁noŋ	꜁noŋ	꜁tsʰoŋ	꜁soŋ	soŋꜙ	ꜗtʂʰoŋ	tʂoŋꜙ	꜀tʂoŋ	昆
꜁hioŋ	꜁foŋ	꜁noŋ	꜁loŋ	꜁tsʰoŋ	꜁tsʰoŋ	soŋꜙ	ꜗtsʰoŋ	tsoŋꜙ	꜀tsoŋ	武
꜁ɕioŋ	꜁fəŋ	꜁loŋ	꜁loŋ	꜁tsʰoŋ	꜁soŋ	soŋꜙ	ꜗtsʰoŋ	tʂoŋꜙ	꜀tʂoŋ	荔
꜁ɕioŋ	꜁fəŋ	꜁loŋ	꜁loŋ	꜁tsʰoŋ	꜁soŋ	soŋꜙ	ꜗtsʰoŋ	tsoŋꜙ	꜀tsoŋ	南
꜁ion / ꜁ɕion	꜁foŋ	꜁noŋ	꜁noŋ	꜁tsʰoŋ	꜁soŋ	soŋꜙ	ꜗtsʰoŋ	ꜗtsʰon / tsonꜙ	꜀tsoŋ	泰
꜁ɕion	꜁xon / ꜁fon	꜁loŋ	꜁loŋ	꜁tsʰon	꜁tsʰon / ꜁son	sonꜙ	ꜗtsʰon	tsonꜙ	꜀tson	红
꜁ɕyŋ	꜁fəŋ	꜁nuən / nəunꜙ	꜁luən	꜁tsʰuən	꜁suən	suənꜙ	ꜗtsʰuən	tsuənꜙ	꜀tsuən	太
꜁ɕyəŋ	꜁fəŋ	꜁nəun	꜁luən	꜁tsʰuən	꜁tsʰuən	suənꜙ	ꜗtsʰuən	tsuənꜙ	꜀tsuən	岚
꜁ɕyəŋ	꜁fəŋ	꜁nuŋ	꜁luŋ	꜁tsʰuŋ	꜁suŋ	suŋꜙ	ꜗtsʰuŋ	tsuŋꜙ	꜀tsuŋ	长
꜁ɕyəŋ	꜁fəŋ	꜁nəuŋ	꜁luəŋ	꜁tsʰuəŋ	꜁suəŋ	suəŋꜙ	ꜗtsʰuəŋ	tsuəŋꜙ	꜀tsuəŋ	忻
꜁ɕyɤŋ	꜁fəɣ	꜁nəuŋ	꜁luəŋ	꜁tsʰuəɣ	꜁suəɣ	suəɣꜙ	ꜗtʂʰuəɣ	tʂuəɣꜙ	꜀tʂuəɣ	大
꜁ɕỹŋ	꜁fəŋ	꜁nẽuŋ	꜁lũŋ	꜁tsʰũŋ	꜁sũŋ	sũŋꜙ	ꜗtsʰũŋ	tsũŋꜙ	꜀tsũŋ	呼
꜁ɕyŋ	꜁fəŋ	꜁nuŋ	꜁luŋ	꜁tsʰuŋ	꜁suŋ	suŋꜙ	ꜗtʂʰuŋ	tʂuŋꜙ	꜀tʂuŋ	获
꜁ɕyɤ̌	꜁fɤ̌	꜁nuɤ̌	꜁luɤ̌	꜁tsʰuɤ̌	꜁suɤ̌	suɤ̌ꜙ	ꜗtʂʰuɤ̌	tʂuɤ̌ꜙ	꜀tʂuɤ̌	志

区	片	代表点	冲 通合三鐘平昌	冗 通合三腫上日	恭 通合三鐘平见	共 通合三用去群	胸 通合三鐘平晓	拥 通合三腫上影	容 通合三鐘平以	用 通合三用去以
北京	幽燕	北京	₌tʂʰuŋ	ˬzuŋ	₌kuŋ	kuŋˀ	₌ɕiuŋ	₋iuŋ	₌zuŋ	iuŋˀ
	锦兴	兴城	₌tʂʰuŋ	ˬzuŋ	₌kuŋ	kuŋˀ	₌ɕyŋ	₋yŋ	₌zuŋ	yŋˀ
	辽沈	沈阳	₌tʂʰuŋ	ˬyŋ	₌kuŋ	kuŋˀ	₌ɕyŋ	₋yŋ	₌yŋ	yŋˀ
	黑吉	长春	₌tʂʰuŋ	ˬyŋ	₌kuŋ	kuŋˀ	₌ɕyŋ	₋yŋ	₌yŋ	yŋˀ
	哈肇	巴彦	₌tʂʰuŋ	ˬiuŋ	₌kuŋ	kuŋˀ	₌ɕiuŋ	₋iuŋ	₌iuŋ	iuŋˀ
胶辽	登连	牟平	₌tsʰoŋ	ˬioŋ	₌koŋ	koŋˀ	₌ɕioŋ	₋ioŋ	₌ioŋ	ioŋˀ
	青莱	诸城	₌tʂʰəŋ	₌iŋ	₌kəŋ	kəŋˀ	₌ʃəŋ	₋iŋ	₌iŋ	iŋˀ
	营通	丹东	₌tsʰoŋ	ˬioŋ	₌koŋ	koŋˀ	₌ɕioŋ	₋ioŋ	₌ioŋ	ioŋˀ
冀鲁	保唐	高阳	₌tʂʰuŋ	ˬzuŋ	₌kuŋ	kuŋˀ	₌ɕyŋ	₋yŋ	₌zuŋ	yŋˀ
	石济	济南	₌tʂʰuŋ	ˬyŋ	₌kuŋ	kuŋˀ	₌ɕyŋ	₋yŋ	₌luŋ	yŋˀ
	沧惠	河间	₌tʂʰuŋ	ˬzuŋ	₌kuŋ	kuŋˀ	₌ɕyŋ	₋yŋ	₌zuŋ	yŋˀ
	章利	利津	₌tʂʰuŋ	ˬzuŋ	₌kuŋ	kuŋˀ	₌ɕyŋ	₋yŋ/ˬyŋ①	₌zuŋ	yŋˀ
中原	关中	西安	₌pfʰəŋ		₌kuoŋ	kuoŋˀ	₌ɕyoŋ	₋yoŋ	₌yoŋ	yoŋˀ
	秦陇	敦煌	₌tʂʰuŋ		₌kuŋ	kuŋˀ			₌yŋ	yŋˀ
	陇中	天水	₌tsʰuəŋ	ˬzuəŋ	₌kuəŋ	kuəŋˀ	₌ɕyŋ	₋yŋ	₌yŋ	yŋˀ
	南疆	吐鲁番	₌tʂʰuʐŋˀ			kuʐŋˀ	₌ɕyŋ	₋yʐ	₌yʐŋ	
	汾河	运城	₌pfʰəŋ	ˬvəŋ	₌kuŋ	kuŋˀ	₌ɕyŋ	₋yŋ	₌yŋ	yŋˀ
	洛徐	徐州	₌tʂʰuŋ	ˬzuŋ	₌kuŋ	kuŋˀ	₌ɕyŋ	₋yŋ	₌zuŋ	yŋˀ
	郑曹	郑州	₌tʂʰuŋ	ˬzuŋ	₌kuŋ	kuŋˀ	₌ɕyuŋ	₋yuŋ	₌yuŋ	yuŋˀ
	蔡鲁	曲阜	₌tsʰuŋ	ˬzuŋ	₌kuŋ	kuŋˀ	₌ɕyŋ	₋yŋ	₌zuŋ	yŋˀ
	信蚌	信阳	₌tsʰəŋ		₌kuŋ	kuŋˀ	₌ɕyŋ	ˬzəŋ	₌zəŋ	zəŋˀ
兰银	银吴	灵武	₌tʂʰuŋ	ˬzuəŋ	₌kuŋ	kuŋˀ	₌ɕyŋ		₌yŋ	yŋˀ
	金城	永登	₌tsʰuəŋ	ˬvəŋ	₌kuŋ	kuŋˀ	₌ɕyŋ	₋yŋ	₌yŋ	yŋˀ
	河西	张掖	₌kʰuỹ	ˬvəỹ	₌kuỹ	kuỹˀ	₌suỹ	ˬzyỹ	₌zyỹ	zyỹˀ
	塔密	吉木萨尔	₌tʂʰuŋ	ˬzuŋ/yuŋ	ˬuəŋ	₌kuŋ			₌zuŋ/vəŋ	yŋˀ
西南	黔川	大方	₌tsʰoŋ	ˬioŋ	₌koŋ	koŋˀ	₌ɕioŋ	₋ioŋ	₌ioŋ	ioŋˀ
	西蜀	都江堰	₌tsʰoŋ	ˬioŋ	₌koŋ	koŋˀ	₌ɕioŋ	₋ioŋ	₌ioŋ	ioŋˀ
	川西	喜德	₌tʂʰoŋ	ˬzoŋ	₌koŋ	koŋˀ	₌ɕioŋ	₋ioŋ	₌zoŋ	ioŋˀ
	云南	昆明	₌tsʰoŋ	ˬzo̝ŋ	₌koŋ	koŋˀ	₌ɕioŋ	₋ioŋ	₌zoŋ	ioŋˀ
	湖广	武汉	₌tsʰoŋ	ˬioŋ	₌koŋ	koŋˀ	₌ɕioŋ	₋ioŋ	₌ioŋ	ioŋˀ
	桂柳	荔浦	₌tsʰoŋ	ˬioŋ	₌koŋ	koŋˀ	₌hioŋ	₋ioŋ	₌ioŋ	ioŋˀ
江淮	洪巢	南京	₌tʂʰoŋ	ˬzoŋ	₌koŋ	koŋˀ	₌ɕioŋ	₋oŋ/ˬioŋ	₌ioŋ	ioŋˀ
	泰如	泰州	₌tsʰoŋ	ˬzoŋ	₌koŋ	koŋˀ	₌ɕioŋ	₋ioŋ	₌ioŋ	₋ioŋ/ioŋˀ
	黄孝	红安	₌tʂʰoŋ	ˬzoŋ	₌koŋ	koŋˀ	₌ɕioŋ	zoŋˀ/ˬzo̝ŋ	₌zoŋ	zoŋˀ
晋语	并州	太原	₌tsʰuəŋ	ˬzuəŋ	₌kuəŋ	kuəŋˀ	₌ɕyŋ	₋yŋ	₌yŋ	yŋˀ
	吕梁	岚县	₌tsʰuəŋ	yŋˀ	₌kuəŋ	kuəŋˀ	₌ɕyŋ	yŋˀ	₌yŋ	yəŋˀ
	上党	长治	₌tsʰuŋ	ˬyŋ	₌kuŋ	kuŋˀ	₌ɕyŋ	yŋˀ	₌yŋ	yŋˀ
	五台	忻州	₌tsʰuəŋ		₌kuəŋ	kuəŋˀ	₌ɕyəŋ	yəŋˀ	₌yəŋ	yəŋˀ
	大包	大同	₌tʂʰuəɣ	ˬzuəɣ	₌kuəɣ	kuəɣˀ	₌ɕyəɣ	yəɣˀ	₌yəɣ	yəɣˀ
	张呼	呼和浩特	₌tsʰũŋ	ˬzũŋ	₌kũŋ	kũŋˀ	₌ɕyŋ	₋yŋ	₌zũŋ	yŋˀ
	邯新	获嘉	₌tʂʰuŋ		₌kuŋ	kuŋˀ	₌ɕyŋ	₋yŋ	₌yŋ	yŋˀ
	志延	志丹	₌tʂʰuɤ̌		₌kuɤ̌	kuɤ̌ˀ	₌ɕyɤ̌	₋yɤ̌	₌yɤ̌	yɤ̌ˀ

① ₌yŋ，～着走；ˬyŋ，～护。

答	踏	纳	杂	鸽	喝	合	塔	腊	磕	代表点
咸开一合入端	咸开一合入透	咸开一合入泥	咸开一合入从	咸开一合入见	咸开一合入晓	咸开一合入匣	咸开一盍入透	咸开一盍入来	咸开一盍入溪	
⊂ta/⊆ta	t'a⊃	na⊃	⊆tsa	⊂kɤ	⊂xɤ	⊆xɤ	⊂t'a	la⊃	⊂k'ɤ	北
⊆ta	t'a⊃	na⊃	⊆tsa	⊂kɤ	⊂xɤ	⊆xɤ	⊂t'a	la⊃	⊂k'ɤ	兴
⊆ta	t'a⊃	na⊃	⊆tsa	⊂kɤ	⊂xɤ	⊆xɤ	⊂t'a	la⊃	⊂k'ɤ	沈
⊆ta	⊂t'a	na⊃	⊆tsa	⊂kɤ	⊂xɤ	⊆xɤ	⊂t'a	la⊃	⊂k'ɤ	长
⊆ta	⊂t'a	na⊃	⊆tsa	⊂kɤ	⊂xɤ	⊆xɤ	⊂t'a	la⊃	⊂k'ɤ	巴
⊂ta	⊂t'a/⊂tsa	⊂na	⊆tsa	⊂kə	⊂xa	⊆xuo	⊂t'a	⊂la	⊂k'a	牟
⊂tɑ	⊆t'ɑ	⊂nɑ/⊂nɑ	⊆tθɑ	⊂ka	⊂xɑ	⊂xuɑ/⊆xuɑ	⊂t'a	lɑ⊃	⊂k'a/⊂k'ɑ	诸
⊂tɑ	⊂t'ɑ/⊂tsɑ	⊂nɑ/⊂nɑ	⊆tsɑ	⊂kə	⊂xɑ/xə⊃	⊂xə	⊂t'ɑ	lɑ⊃	⊂k'ɑ	丹
⊆ta	⊂tʂa	ŋa⊃	⊆tsa	⊂kɤ	⊂xɤ	⊆xɤ	⊂t'a	la⊃	⊂k'ɤ	高
⊆ta	⊆tʂa	na⊃	⊆tsa	⊂kə	⊂xə	⊆xə	⊆t'a	la⊃	⊂k'a/⊂k'ə	济
⊆ta	tʂa⊃	ŋa⊃	⊆tsa	⊂kɤ	⊂xɤ	⊆xɤ	⊆t'a	la⊃	⊂k'ɤ	河
ta⊃	⊆tʂa/tʂa⊃①	nɑ⊃	⊆tsa	kə⊐	xə⊐	⊆xə	t'ɑ⊃	lɑ⊃	k'uə⊐/k'ɑ⊐	利
⊂ta	⊆t'a	⊂na	⊆tsa	⊂kɤ	⊂xuo	⊆xuo	⊂t'a	⊂la	⊂k'ɤ	西
⊂ta	⊆t'a	⊂na	⊆tsa	⊂kə	⊂xə	⊆xə	⊂t'a	⊂la	⊂k'ə	敦
⊂ta	⊂t'a	⊂la	⊆tsa	⊂kuo	⊂xuo	⊆xuo	⊂t'a	⊂la	⊂k'uo	天
⊂ta	⊂t'a	⊂na	⊆tsa	⊂kɤ	⊂xɤ	⊆xɤ	⊂t'a	⊂la	'	吐
⊂ta/⊆ta	⊂t'a	⊂la	⊆ts'a	⊂kuo	⊂xuo	⊆xuo	⊂t'a	⊂la	⊂k'uo	运
⊂tɑ	⊂t'a	⊂nɑ	⊆tsa	⊂kɤ	⊂xɤ	⊆xɤ	⊂t'ɑ	⊂la	⊂k'ə	徐
⊂ta	⊂t'a	⊂na	⊆tsa	⊂kɤ	⊂xɤ	⊆xɤ	⊂t'ɑ	⊂la	⊂k'ɤ	郑
⊂tɑ		⊂nɑ	⊆tsa	⊂kɤ	⊂xɤ	⊆xɤ	⊂t'ɑ	⊂la	⊂k'ɤ	曲
⊆ta	⊂t'a	na⊃	⊆tsa	⊂kɤ	⊂xɤ	⊆xɤ	⊂t'a	⊂la	⊂k'ɤ	信
ta⊃	t'a⊃	na⊃	tsa⊃	kɤ⊃	xɤ⊃	⊆xɤ	t'a⊃	la⊃	k'ɤ⊃	灵
ta⊃	t'a⊃	na⊃	tsa⊃	kɤ⊃	xɤ⊃	⊆xɤ	t'a⊃	la⊃	k'ɤ⊃	永
ta⊃	t'a⊃	na⊃	tsa⊃	kɤ⊃	xɤ⊃	⊆xɤ	t'a⊃	la⊃	k'ɤ⊃	张
⊂ta/ta⊃②	⊂t'a	⊂na	⊂tsa	kɤ⊃	xɤ⊃	⊂xɤ	t'a⊃	la⊃	k'ɤ⊃	吉
⊆ta	⊆t'a	⊆la	⊆tsa	⊆ko	⊆xo	⊆xo	⊆t'a	⊆la	⊆k'o	大
ta⊐	t'a⊐	na⊐	tsa⊐	ko⊐	xo⊐	xo⊐	t'a⊐	na⊐	k'o⊐	都
⊆ta	⊆t'a	⊆na	⊆tsa	⊆ko	⊆xo	⊆xo	⊆t'a	⊆na	⊆k'o	喜
⊆ta	⊆t'a	⊆na	⊆tsa	⊆ko	⊆xo	⊆xo	⊆t'a	⊆la	⊆k'o	昆
⊆ta	⊆t'a	⊆na	⊆tsa	⊆ko	⊆xo	⊆xo	⊆t'a	⊆na	⊆k'o	武
⊆ta	⊆t'a	⊆na	⊆tsa	⊆ko	⊂ho	⊆ho	⊆ta	⊆la		荔
taʔ⊐	t'aʔ⊐/taʔ⊐	laʔ⊐	tsaʔ⊐	koʔ⊐	xoʔ⊐	xoʔ⊐/koʔ⊐	t'aʔ⊐	laʔ⊐	k'oʔ⊐	南
tæʔ⊐	t'æʔ⊐	næʔ⊐/næʔ⊐	tsæʔ⊐	kʊʔ⊐	xʊʔ⊐	xʊʔ⊐/xʊʔ⊐	t'æʔ⊐	næʔ⊐/næʔ⊐	k'ʊʔ⊐	泰
ta⊐	t'a⁼	la⊐	ts'a⊐/tsa	ko⊐	xo⊐	ko⊐/xo⊐	t'a⊐	la⊐	k'o⊐	红
taʔ⊐	t'aʔ⊐	naʔ⊐	tsaʔ⊐	kəʔ⊐	xəʔ⊐	xəʔ⊐	t'aʔ⊐	laʔ⊐	k'əʔ⊐	太
taʔ⊐	t'aʔ⊐	naʔ⊐	ts'aʔ⊐/tsaʔ⊐	kieʔ⊐	xieʔ⊐	xieʔ⊐	t'aʔ⊐	laʔ⊐	k'ieʔ⊐	岚
⊂tɑʔ⊐	t'ɑʔ⊐	nɑʔ⊐	tsaʔ⊐	kɔʔ⊐	xɔʔ⊐	xɔʔ⊐	t'ɑʔ⊐	lɑʔ⊐	k'ɔʔ⊐	长
tɑʔ⊐	t'ɑʔ⊐	nɑʔ⊐	tsaʔ⊐	kɔʔ⊐	xɔʔ⊐	xɔʔ⊐	t'ɑʔ⊐	lɑʔ⊐	k'ɔʔ⊐	忻
taʔ⊐	t'aʔ⊐	naʔ⊐	tsaʔ⊐	kaʔ⊐	xaʔ⊐	xaʔ⊐	t'aʔ⊐	laʔ⊐	k'aʔ⊐	大
taʔ⊐	t'aʔ⊐	naʔ⊐	tsaʔ⊐	kaʔ⊐	xaʔ⊐	xaʔ⊐	t'aʔ⊐	laʔ⊐	k'aʔ⊐	呼
taʔ⊐	t'aʔ⊐	naʔ⊐	⊆tsa	kaʔ⊐	xaʔ⊐	xaʔ⊐	t'aʔ⊐	laʔ⊐	k'aʔ⊐	获
taʔ⊐	t'aʔ⊐	naʔ⊐	⊆tsa	kaʔ⊐	xaʔ⊐	⊆xa	t'aʔ⊐	laʔ⊐	k'aʔ⊐	志

①tʂa，～实。　②⊂ta，～应；ta⊃，回～。

区	片	代表点	插	狭	鸭	甲	聂	猎	接	涉
			咸开二 洽入初	咸开二 洽入匣	咸开二 洽入影	咸开二 狎入见	咸开三 叶入泥	咸开三 叶入来	咸开三 叶入精	咸开三 叶入禅
北京	幽燕	北京	ꜛtʂʰa	꜀ɕia	꜀ia	ꜛtɕia	nie꜒	lie꜒	ꜛtɕie	ʂɤ꜒
	锦兴	兴城	ꜛtsʰa	꜀ɕia	꜀ia	ꜛtɕia	niɛ꜒	liɛ꜒	ꜛtɕiɛ	sɤ꜒
	辽沈	沈阳	ꜛtsʰa	꜀ɕia	꜀ia	ꜛtɕia	ȵie꜒	lie꜒	ꜛtɕie	sɤ꜒
	黑吉	长春	꜀tʂʰa	꜀ɕia	꜀ia	ꜛtɕia	nie꜒	lie꜒	ꜛtɕie	ʂɤ꜒
	哈肇	巴彦	ꜛtʂʰa	꜀ɕia	꜀ia	ꜛtɕia	nie꜒	lie꜒	ꜛtɕie	ʂɤ꜒
胶辽	登连	牟平	ꜛtʂʰɑ	꜀ɕia	꜀ɒi/ia	ꜛcia	ȵiə꜒	liə꜒	ꜛtɕiə	꜀ɕia
	青莱	诸城	ꜛtʂʰa	꜀ʃa	꜀ia	ꜛtʃa	ȵiə꜒	liə꜒	ꜛtʃiə	꜀ʃ
	营通	丹东	ꜛtsʰa	꜀ɕia	꜀ɒi	ꜛtɕi	niə꜒	꜀li	ꜛtɕiə	sə꜒
冀鲁	保唐	高阳	꜀tʂʰa	꜀ɕia	꜀ia	ꜛtɕia	ȵie꜒	lie꜒	ꜛtsiə	꜀ʂʅ
	石济	济南	꜀tʂʰa	꜀ɕia	꜀ia	ꜛtɕia	ȵiə꜒	liə꜒	ꜛtɕia	ʂɤ꜒
	沧惠	河间	꜀tʂʰa	꜀ɕia	꜀ia	ꜛtɕia	ȵie꜒	lie꜒	ꜛtsie	ʂɤ꜒
	章利	利津	tʂʰɑ꜒	꜀ɕia	ia꜒	tɕiɑ꜒	niɑ꜒	liɑ꜒	tsiə꜒	ʂə꜒
中原	关中	西安	꜀tsʰa	ꜛɕia	꜀ia	꜀tɕia	꜀nie	꜀lie	꜀tɕie	꜀ʂə
	秦陇	敦煌	꜀tsʰa	꜀ɕia	꜀ia	꜀tɕia	꜀ȵia	꜀lia	꜀tɕia	꜀ʂə
	陇中	天水	꜀tsʰa	꜀ɕia	꜀ia	꜀tɕia	꜀ȵiɛ	꜀liɛ	꜀tɕiɛ	꜀ʂə
	南疆	吐鲁番	꜀tsʰa		꜀ia	꜀tɕia	꜀ȵiɤ	꜀liɤ	꜀tɕiɤ	
	汾河	运城	꜀tsʰɑ	꜀ɕia	꜀nia/ia	꜀tɕia	꜀niɛ	꜀liɛ	꜀tɕiɛ	꜀ʂE
	洛徐	徐州	꜀tsʰɑ	꜀ɕia	꜀ia	꜀tɕiɑ	꜀niə	꜀liə	꜀tɕiə	꜀ʂə
	郑曹	郑州	꜀tsʰa	꜀ɕia	꜀ia	꜀tɕia	꜀ȵiɛ	꜀liɛ	꜀tsiɛ	꜀ʐʅ
	蔡鲁	曲阜	꜀tsʰa	꜀ɕia	꜀ia	ꜛtɕia	꜀ȵiɛ	꜀liɛ	꜀tɕiɛ	
	信蚌	信阳	꜀tsʰa	꜀ɕia	꜀ia	ꜛtɕia	꜀ȵiɛ	꜀ȵiɛ	꜀tɕiɛ	sə꜒
兰银	银吴	灵武	tʂʰa꜒	꜀ɕia	ia꜒	tɕia꜒	ȵiə꜒	liə꜒	tɕiə꜒	ʂɤ꜒
	金城	永登	tsʰa꜒	꜀ɕia	ia꜒	tɕia꜒	ȵiə꜒	liə꜒	tɕiə꜒	ʂɤ꜒
	河西	张掖	tʂʰa꜒	꜀ɕia	zia꜒	tɕia꜒	ȵiə꜒	liə꜒	tɕiə꜒	꜀ʂɤ
	塔密	吉木萨尔	tsʰa꜒	ꜛɕia	ꜛia	ꜛtɕia	niɛ꜒	liɛ꜒	tɕiɛ꜒	ʂɤ꜒
西南	黔川	大方	꜀tsʰa	꜀ɕia	꜀ia	꜀tɕia	꜀lie	꜀lie	꜀tɕie	꜀se
	西蜀	都江堰	tsʰa꜒	ɕia꜒	ia꜒	tɕia꜒	nie꜒	nie꜒	tɕie꜒	se꜀
	川西	喜德	꜀tʂʰa	꜀ɕia	꜀ia	꜀tɕia	꜀ȵie	꜀nie	꜀tɕie	꜀ʂe
	云南	昆明	꜀tsʰa	꜀ɕia	꜀ia	꜀tɕia	꜀nie	꜀lie	꜀tɕie	꜀ʂə
	湖广	武汉	꜀tsʰa	꜀ɕia	꜀ia	꜀tɕia	꜀nie	꜀nie	꜀tɕie	꜀se
	桂柳	荔浦	꜀tsʰa		꜀ia	꜀kia	꜀ne	꜀le	꜀tse	꜀se
江淮	洪巢	南京	tʂʰaʔ꜒	ɕiaʔ꜒	iaʔ꜒	tɕiaʔ꜒	lieʔ꜒	lieʔ꜒	tsieʔ꜒	ʂəʔ꜒
	泰如	泰州	tsʰæʔ꜒	xæʔ/ɕiæʔ꜒	æʔ꜒	tɕiæʔ꜒	niiʔ꜒	niiʔ꜒	tɕiiʔ꜒	ɕiiʔ꜒
	黄孝	红安	tsʰa꜀	꜀ɕia	ia꜀	꜀tɕia	꜀nie		꜀tɕie	꜀ʂæ
晋语	并州	太原	tsʰaʔ꜒	ɕiaʔ꜒	niaʔ꜒	tɕiaʔ꜒	niəʔ꜒	liəʔ꜒	tɕiəʔ꜒	səʔ꜒
	吕梁	岚县	tsʰɑʔ꜒	ɕiɑʔ꜒	niaʔ꜒	tɕiɑʔ꜒	niəʔ꜒	lieʔ꜒	tɕieʔ꜒	sʅʔ꜒
	上党	长治	tsʰɑʔ꜒	ɕiɑʔ꜒	iɑʔ꜒	tɕiɑʔ꜒	niɑʔ꜒	liɑʔ꜒	tɕiɕʔ꜒	səʔ꜒
	五台	忻州	tsʰaʔ꜒	ɕiaʔ꜒	niaʔ꜒	tɕiaʔ꜒	niɛʔ꜒	liɛʔ꜒	tɕiɛʔ꜒	tʂʔɔ꜒
	大包	大同	tsʰaʔ꜒	ɕiaʔ꜒	iaʔ꜒	tɕiaʔ꜒	niaʔ꜒	liaʔ꜒	tɕiaʔ꜒	saʔ꜒
	张呼	呼和浩特	tsʰaʔ꜒	ɕiaʔ꜒	iaʔ꜒	tɕiaʔ꜒	niaʔ꜒	liaʔ꜒	tɕiaʔ꜒	saʔ꜒
	邯新	获嘉	tsʰaʔ꜒	꜀ɕia	꜀ia	tɕiɐʔ꜒	niɐʔ꜒	liɐʔ꜒	tɕiɐʔ꜒	꜀ʂɤ
	志延	志丹	tsʰaʔ꜒	꜀ɕia	iaʔ꜒	tɕiaʔ꜒	niəʔ꜒	liəʔ꜒	tɕiəʔ꜒	ʂaʔ꜒

叶	劫	业	跌	叠	协	法	乏	立	集	代表点
咸开三	咸开三	咸开三	咸开四	咸开四	咸开四	咸合三	咸合三	深开三	深开三	
叶入以	业入见	业入疑	贴入端	贴入定	贴入匣	乏入非	乏入奉	缉入来	辑入从	
ie⁻	꜀tɕie	ie⁻	꜀tie	꜀tiɛ	꜀ɕiɛ	ꜛfa	꜍fa	li⁻	꜀tɕi⁻	北
iᴇ⁻	꜀tɕiᴇ	iᴇ⁻	꜀tiᴇ	꜀tiᴇ	꜀ɕiᴇ	ꜛfa	꜍fa	li⁻	꜀tɕi/tɕi	兴
ie⁻	꜀tɕie	ie⁻	꜀tie	꜀tie	꜀ɕie	ꜛfa	꜍fa	li⁻	tɕi⁻	沈
iɛ⁻	꜀tɕie	iɛ⁻	꜀tie	꜀tie	꜀ɕie	ꜛfa	꜍fa	li⁻	꜀tɕi/tɕi	长
iɛ⁻	꜀tɕie	iɛ⁻	꜀tiɛ	꜀tiɛ	꜀ɕiɛ	ꜛfa	꜍fa	li⁻	꜀tɕi/tɕi	巴
ꜛiə	ꜛɕiə	iə⁻	ꜛtiə	꜀tiə	꜀ɕiə	ꜛfɑ	꜍fɑ	ꜛli/li⁻	tɕi⁻	牟
iə⁻	ꜛtʃə	iə⁻	ꜛtiə	꜀ɕiə	ꜛʃə	ꜛfɑ	꜍fɑ	li⁻	꜀ti⁻	诸
ꜛiə/ə⁻	꜀tɕiə	iə⁻	ꜛtiə	꜀tiə	ɕiə⁻	ꜛfɑ	꜍fɑ	ꜛli/li⁻	꜀tɕi	丹
iɛ⁻	꜀tɕiɛ	iɛ⁻	꜀tiɛ	꜀tiɛ	꜀ɕiɛ	ꜛfa	꜍fa	li⁻	꜀tsi	高
iə⁻	꜀tɕiə	iə⁻	꜀tiə	꜀tiə	꜀ɕiə	꜀fa	꜍fa	li⁻	꜀tɕi	济
iɛ⁻	꜀tɕiɛ	iɛ⁻	꜀tiɛ	꜀tiɛ	꜀ɕiɛ	ꜛfa	꜍fa	li⁻	꜀tsi	河
iə⁻	tɕiə꜍	iə⁻	tiə꜍	꜀tiə	꜀ɕiə	fa꜍	꜍fa	li⁻	꜀tsi	利
꜀ie	꜀tʃʼie	꜀nie	꜀tie	꜀tʃʼie	꜀ɕiə	꜀fa	꜍fa	꜀li	꜀tɕi	西
꜀iə	꜀tɕiə		꜀tiə	꜀tʃʼiə	꜀ɕiə	꜀fa	꜍fa	꜀li	꜀tɕi	敦
꜀iɛ	꜀tɕiɛ	꜀iɛ		꜀tʃʼiɛ	꜀ɕiɛ	꜀fa	꜍fa	꜀li	꜀tɕi	天
꜀ɤ		꜀iɤ		꜀tʃʼiɤ	꜀ɕiɤ	꜀fa	꜍fa	꜀li	꜀tɕi	吐
꜀iᴇ	꜀tʃʼiᴇ	꜀niᴇ	꜀tiᴇ	꜀tʃʼiᴇ	꜀ɕiᴇ	꜀fa	꜍fɑ	꜀li	꜀tʃʼi	运
꜀iə	꜀tɕiə	꜀iə	꜀tiə	꜀tiə	꜀ɕiə	꜀fa	꜍fɑ	꜀li	꜀tɕi	徐
꜀iɛ	꜀tɕiɛ	꜀iɛ	꜀tiɛ	꜀tiɛ	꜀ɕiɛ	꜀fa	꜍fa	꜀li	꜀tsi	郑
꜀ie	꜀tɕie	꜀ie	꜀tie	꜀tie	꜀ɕie	꜀fa	꜍fɑ	꜀li	꜀tɕi	曲
꜀iɛ	꜀tɕiɛ	꜀iɛ	꜀tiɛ	꜀tiɛ	꜀ɕiɛ	꜀fa	꜍fa	꜀ni	꜀tɕi	信
iə⁻	tɕiə⁻	iə⁻	tiə⁻	tiə⁻	ɕiə⁻	fa⁻	꜍fa	li⁻	tɕi⁻	灵
iə⁻	tɕiə⁻	iə⁻	tiə⁻	tiə⁻	ɕiə⁻	fa⁻	꜍fa	l̩⁻	tsɻ⁻	永
꜍ziə	tɕiə⁻	ziə⁻	tiə⁻	tiə⁻	꜍ɕiə	fa⁻	꜍fa	li⁻	꜀tɕi⁻	张
iᴇ⁻	ꜛtɕiᴇ	iᴇ⁻	tiᴇ⁻		꜍ɕiᴇ	fa⁻	fa⁻	li⁻	꜀tɕi⁻	吉
꜍ie	꜀tʃʼie	꜀lie	꜀tie	꜀tie	꜀ɕie	꜍fa	꜍fa	꜀li	꜀tɕi	大
ie꜍	tʃʼie꜍	nie꜍	tie꜍	tie꜍	ɕie꜍	fa꜍	fa꜍	nie꜍	tɕie꜍	都
꜍ie	꜀tɕie	꜍ie	꜍tie	꜍tie	꜍ɕie	꜍fa	꜍fa	꜍ni	꜍tʃ	喜
꜍ie	꜀tɕie	꜍ie	꜍tie	꜍tie	꜍ɕie	꜍fa	꜍fa	꜍li	꜀tɕi	昆
꜍ie	꜀tʃʼie	꜍nie	꜍tie	꜍tie	꜍ɕie	꜍fa	꜍fa	꜍ni	꜍tɕi	武
꜍e		꜍ŋe	꜍te	꜍te	꜍he	꜍fa	꜍fa	꜍li	꜍tsi	荔
ieʔ꜍	tɕieʔ꜍	ieʔ꜍	tieʔ꜍	tieʔ꜍	ɕieʔ꜍	faʔ꜍	faʔ꜍	liʔ꜍	tsiʔ꜍	南
iɪʔ꜍	tɕiɪʔ꜍	iɪʔ꜍	tiɪʔ꜍	tiɪʔ꜍	ɕiɪʔ꜍	fæʔ꜍	fɛʔ꜍/fæʔ꜍	niɪʔ꜍	tɕiɪʔ꜍	泰
ie꜍	tʃʼie꜍	nie꜍	tie꜍	tie꜍	ɕie꜍	fa꜍	faᵖ	li꜍	tɕi⁻	红
iəʔ꜍	tɕʼiəʔ꜍	iəʔ꜍	tiəʔ꜍	tiəʔ꜍	ɕiəʔ꜍	faʔ꜍	faʔ꜍	liəʔ꜍	tɕiəʔ꜍	太
ieʔ꜍	tɕieʔ꜍	ie꜍	tieʔ꜍	tɕʼieʔ꜍/tieʔ꜍	ɕieʔ꜍	faʔ꜍	fɑʔ꜍	liəʔ꜍	tɕʼieʔ꜍/tɕieʔ꜍	岚
iəʔ꜍	tɕʼiəʔ꜍	iəʔ꜍	tiəʔ꜍	tiəʔ꜍	ɕiəʔ꜍	faʔ꜍	faʔ꜍	liəʔ꜍	tɕiəʔ꜍	长
iɛʔ꜍	tɕiɛʔ꜍	ie꜍	tiɛʔ꜍	tiɛʔ꜍	ɕiɛʔ꜍	fɑʔ꜍	fɑʔ꜍	liəʔ꜍	tɕʼieʔ꜍/tɕieʔ꜍	忻
iaʔ꜍	tɕiaʔ꜍	iaʔ꜍	tiaʔ꜍	tiaʔ꜍	ɕiaʔ꜍	faʔ꜍	faʔ꜍	liəʔ꜍	tɕiaʔ꜍	大
iaʔ꜍	tɕʼiaʔ꜍	iaʔ꜍	tiaʔ꜍	tiaʔ꜍	ɕiaʔ꜍	faʔ꜍	faʔ꜍	liəʔ꜍	tɕiaʔ꜍	呼
꜍iɛ	꜀tɕiɛ	iəʔ꜍	tiɛʔ꜍	꜀tiɛ	꜍ɕiɛ	faʔ꜍	꜍fa	liʔ꜍	tɕiʔ꜍/tɕi	获
iəʔ꜍	tɕʼiəʔ꜍/tʃʼiʔ꜍	iɛʔ꜍/iʔ꜍	tiɛʔ꜍/tiaʔ꜍	tiə꜍	꜍ɕiə	꜍faʔ	꜍fa	꜍liə/liʔ꜍	tɕiəʔ꜍	志

区	片	代表点	涩 深开三 缉入生	十 深开三 缉入禅	入 深开三 缉入日	及 深开三 缉入群	吸 深开三 缉入晓	达 山开一 曷入定	撮 山开一 曷入泥	辣 山开一 曷入来
北京	幽燕	北京	ʂɤ⁻	ʂʅ⁻	zu⁻	ˌtɕi	ˌɕi	ˌta	na⁻	la⁻
	锦兴	兴城	ʂɤ⁻	ʂʅ⁻	zu⁻	ˌtɕi	ˌɕi	ˌta	na⁻	la⁻
	辽沈	沈阳	ʂɤ⁻	ʂʅ⁻	iu⁻	ˌtɕi	ˌɕi	ˌta	na⁻	la⁻
	黑吉	长春	ˌʂɤ	ʂʅ⁻	y⁻/zu⁻①	ˌtɕi	ˌɕi	ˌta	na⁻	la⁻
	哈肇	巴彦	ˌʂɤ	ʂʅ⁻		ˌtɕi	ˌɕi	ˌta	na⁻	la⁻
胶辽	登连	牟平	ˌsə	ɕi⁻	ˌy	ci⁻	ˌçi	ˌta	na⁻/nai⁻	ˌla
	青莱	诸城	ˌʂi	ʂʅ⁻	y⁻	ˌtʃi	ʃ	ˌta	na⁻	la⁻
	营通	丹东	ˌsə	ʂʅ⁻	y⁻		çi⁻	ˌta	na⁻/nai⁻	la⁻
冀鲁	保唐	高阳	ˌʂʅ/sɤ⁻	ʂʅ⁻	zu⁻	ˌtɕi	ˌçi	ˌta	ŋa⁻	la⁻
	石济	济南	ˌʂei	ʂʅ⁻	lu⁻	ˌtɕi	ˌɕi	ˌta	na⁻	la⁻
	沧惠	河间	ˌʂʅ/sɤ⁻	ʂʅ⁻	zu⁻	ˌtɕi	ˌçi	ˌta	ŋa⁻	la⁻
	章利	利津	ʂʅ⁻	ʂʅ⁻	zu⁻	ˌtɕi/tɕi	çi⁻	ˌta	na⁻	la⁻
中原	关中	西安	ˌsei	ʂʅ⁻	ˌvu	ˌtɕi	ˌçi	ˌta	ˌna	ˌla
	秦陇	敦煌	ˌsei	ʂʅ⁻	ˌʐʅ	ˌtɕi	ˌçi	ˌta	ˌna	ˌla
	陇中	天水	ˌsei	ʂʅ⁻	ˌʐʅ/ʐu	ˌtɕi	ˌçi	ˌla	ˌla
	南疆	吐鲁番	ˌsei	ʂʅ⁻	ˌvu	ˌtɕi	ˌçi	ˌta	ˌna	ˌla
	汾河	运城	ˌsE	ʂʅ⁻	ˌvu	ˌtɕi	ˌçi/çi⁻	ˌla	ˌla
	洛徐	徐州	ˌse	ʂʅ⁻	ˌʐu	ˌtɕi	ˌçi	ˌta	ˌna	ˌla
	郑曹	郑州	ˌʐʅ	ʂʅ⁻	ˌʐu	ˌtɕi	ˌçi	ˌta	ˌna	ˌla
	蔡鲁	曲阜	ˌsei	ʂʅ⁻	ˌzu	ˌtɕi	ˌçi	ˌta	ˌnɑ	ˌla
	信蚌	信阳	ˌʐʅ	ˌʂʅ	ˌy	ˌtɕi	ˌçi	ˌta	na⁻	ˌna
兰银	银吴	灵武	ʂɤ⁻	ʂʅ⁻	zu⁻	tɕi⁻	çi⁻	ta⁻	na⁻	la⁻
	金城	永登	ʂɤ⁻	ʂʅ⁻	vu⁻	tsɿ⁻	ʂʅ⁻	ta⁻	na⁻	la⁻
	河西	张掖	ʂɤ⁻	ʂʅ⁻	vu⁻	tɕi⁻	çi⁻	ˌta	ˌna	la⁻
	塔密	吉木萨尔	ʂɤ⁻	ˌʂʅ	zu⁻		ˌçi	ˌta	na⁻	la⁻
西南	黔川	大方	ˌse	ʂʅ⁻	ˌzu	ˌtɕi	ˌtɕi	ˌta	ˌla	ˌla
	西蜀	都江堰	se⁻	ʂʅ⁻	zu⁻	tɕie⁻	tɕie⁻	ta⁻	na⁻	na⁻
	川西	喜德	ˌse	ʂʅ⁻	ˌzu	ˌtʃi	ˌʃi		na⁻	ˌna
	云南	昆明	ˌsə	ʂʅ⁻	ˌzu	ˌtɕi	ˌçi	ˌta	na⁻	ˌla
	湖广	武汉	ˌse	ʂʅ⁻	ˌy	ˌtɕi	ˌtɕi	ˌta	ˌna	ˌna
	桂柳	荔浦	ˌsi	ˌʂʅ	ˌy	ˌki	ˌki	ˌta	ˌna	ˌla
江淮	洪巢	南京	səʔ⁻	ʂʅʔ⁻	zuʔ⁻	tɕiʔ⁻	çiʔ⁻	taʔ⁻	laʔ⁻	laʔ⁻
	泰如	泰州	səʔ⁻	səʔ⁻/sʅʔ⁻	zuəʔ⁻/zuaʔ⁻	tɕiɪʔ⁻	çiɪʔ⁻	tæʔ⁻	næʔ⁻/næʔ⁻	næʔ⁻/næʔ⁻
	黄孝	红安	sæ⁻	ʂʅ⁻	ʯ⁻	tɕi⁻	tɕi⁻/çi⁻	ta⁻	la⁻	la⁻
晋语	并州	太原	saʔ⁻	səʔ⁻	zəʔ⁻/zuəʔ⁻	tɕiəʔ⁻	çiəʔ⁻	taʔ⁻	naʔ⁻	laʔ⁻
	吕梁	岚县	ʂʯeʔ⁻	səʔ⁻	zəʔ⁻/zuəʔ⁻	tɕiəʔ⁻	çiəʔ⁻	taʔ⁻	nɑʔ⁻	laʔ⁻
	上党	长治	səʔ⁻	səʔ⁻	iəʔ⁻/yəʔ⁻	tɕiəʔ⁻	çiəʔ⁻	taʔ⁻	nɑʔ⁻	laʔ⁻
	五台	忻州	sɔʔ⁻	ʂʅʔ⁻	zəʔ⁻/zuəʔ⁻	tɕiəʔ⁻	çiəʔ⁻	taʔ⁻	naʔ⁻	laʔ⁻
	大包	大同	saʔ⁻	ʂʅʔ⁻	zəʔ⁻/zuəʔ⁻	tɕiəʔ⁻	çiəʔ⁻	taʔ⁻	naʔ⁻	laʔ⁻
	张呼	呼和浩特	saʔ⁻	səʔ⁻	zəʔ⁻/zuəʔ⁻	tɕiəʔ⁻	çiəʔ⁻	taʔ⁻	naʔ⁻	laʔ⁻
	邯新	获嘉	ʂæ⁻	ʂʅ⁻	zəʔ⁻/zuʔ⁻①	tɕiʔ⁻	çiʔ⁻	taʔ⁻	naʔ⁻	laʔ⁻
	志延	志丹	səʔ⁻	səʔ⁻	zuəʔ⁻	tɕiəʔ⁻	çiəʔ⁻	ˌta	nɔʔ⁻	laʔ⁻

①音1为老派读音，音2为新派读音。

擦	割	渴	喝	八	拔	杀	铡	瞎	别	代表点
山开一	山开一	山开一	山开一	山开二	山开二	山开二	山开二	山开二	山开三	
曷入清	曷入见	曷入溪	曷入晓	黠入帮	黠入並	黠入生	鎋入崇	鎋入晓	薛入並	
₌tsʻa	₌kɤ	ˮkʻɤ	xɤˀ	₌pa	₌pa	₌ʂa	₌tʂa	₌ɕia	₌pie	北
₌tʂʻa	₌kɤ	ˮkʻɤ	xɤˀ	₌pa	₌pa	₌ʂa	₌tʂa	₌ɕia	₌piE	兴
₌tsʻa	₌ka	ˮkʻɤ	xɤˀ	₌pa	₌pa	₌sa	₌tsa	₌ɕia	₌pie	沈
₌tsʻa	ˮka	ˮkʻɤ	xɤˀ	₌pa	₌pa	₌ʂa	₌tsa	₌ɕia	₌ɕiɛ	长
₌tsʻa	ˮka	ˮkʻɤ	xɤˀ	₌pa	₌pa	₌ʂa	₌tʂa	₌ɕia	₌ɕiɛ	巴
ˮtsʻɑ	ˮka	ˮkʻɑ	ˮxɑ	ˮpa	₌pa	ˮsa	₌tsɑ	ˮɕiɑ	₌piə/piə˚	牟
ˮtθʻɑ	ˮkɑ	ˮkʻɑ	ˮxɑ	ˮpɑ	₌pɑ	ˮʂɑ	₌tʂɑ	ˮʃɑ	₌piə	诸
ˮtsʻɑ	ˮkɑ	ˮkʻɑ/ˮkʻə	ˮxɑ/ₑxə	ˮpɑ	₌pɑ	ˮsɑ	₌tsɑ	ˮɕiɑ	₌piə	丹
₌tsʻa	₌kɤ	ˮkʻɤ	xɤˀ	₌pa	₌pa	₌ʂa	₌tʂa	₌ɕia	₌ɕiɛ	高
₌tsʻa	₌ka/₌kə	₌kʻə	₌xə	₌pa	₌pa	₌ʂa	₌tʂa	₌ɕia	₌piə	济
₌tsʻa	₌kɤ	₌kʻɤ	₌xɤ	₌pa	₌pa	₌ʂa	₌tʂa	₌ɕia	₌ɕiɛ	河
tsʻɑˀ	kɑˀ/kəˀ	kʻəˀ	xəˀ	paˀ	₌pa	ʂɑˀ	₌tʂa	ɕiaˀ	₌piə	利
₌tsʻa	₌kɤ	₌kʻɤ	₌xuo	₌pa	₌pa	₌sa	₌tsa	₌xa/ₑɕia	₌pie	西
₌tsʻa	₌kə	₌kʻə	₌xə	₌pa	₌pa	₌sa	₌tsa	₌xa	₌piə	敦
₌tsʻa	₌kuo	₌kʻuo	₌xuo	₌pa	₌pʻa	₌sa	₌tsʻa	₌xa	₌ɕiɛ	天
₌tsʻa	₌kɤ		₌xɤ	₌pa	₌pa	₌sa	₌tsa	₌xa	₌piɤ	吐
₌tsʻa	₌kuo	₌kʻuo	₌xuo	₌pa	₌pa	₌sa	₌tsʻa	₌ɕia	₌piE	运
₌tsʻa	₌kɑ	₌kʻə	₌xə	₌pɑ	₌pʻa	₌sɑ	₌tsɑ	₌ɕiɑ	₌piə	徐
₌tsʻa	₌kɤ	₌kʻɤ	₌xɤ	₌pa	₌pa	₌ʂa	₌tʂa	₌ɕia	₌ɕiɛ	郑
₌tsʻa	₌kɤ	₌kʻɤ	₌xɤ	₌pa	₌pa	₌sɑ	₌tsa	₌ɕiɑ	₌pie	曲
₌tsʻa	₌kɤ	₌kʻɤ	₌xɤ	₌pa	₌pa	₌sa	₌tsa	₌ɕia	₌ɕiɛ	信
tsʻaˀ	kɤˀ	kʻɤˀ	xɤˀ	paˀ	paˀ	ʂaˀ	tʂaˀ	ɕiaˀ	₌piə	灵
tsʻaˀ	kɤˀ	kʻɤˀ	xɤˀ	paˀ	paˀ	ʂaˀ	₌tʂa	ɕiaˀ	₌piə	永
tsʻaˀ	kɤˀ	kʻɤˀ	xɤˀ	paˀ	₌pa	ʂaˀ	₌tʂa	xaˀ	₌piə	张
tsʻaˀ	kaˀ	kʻɤˀ	xɤˀ	paˀ	ˮpa	saˀ	ˮtsa	xaˀ/ɕiaˀ	ˮpiE	吉
₌tsʻa	₌ko		₌xo	₌pa	₌pa	₌sa	₌tsa	₌ɕia	₌pie	大
tsʻa˵	ko˵		₌xo	pa˵	pa˵	sa˵	tsa˵	ɕia˵	pie˵	都
₌tsʻa	₌ko	₌kʻo	₌xo	₌pa	₌pa	₌ʂa	₌tʂa	₌ɕia	₌pie	喜
₌tsʻa	₌ko	₌kʻo	₌xo	₌pa	₌pa	₌sa	₌tsa	₌ɕia	₌pie	昆
₌tsʻa	₌ko		₌xo	₌pa	₌pa	₌sa	₌tsa	₌ɕia	₌pie	武
₌tsʻa	₌ko	₌kʻo	₌ho	₌pa		₌sa	₌tsa	₌hia	₌pe	荔
tsʻaʔ˵	koʔ˵	kʻoʔ˵	xoʔ˵	paʔ˵	paʔ˵	ʂaʔ˵	tʂaʔ˵	ɕiaʔ˵	pieʔ˵	南
tsʻæʔ˵	kʊʔ˵	kʻʊʔ˵	xʊʔ˵	pæʔ˵	pʻæʔ˵	sæʔ˵	tsʻæʔ˵/sæʔ˵	xæʔ˵	pʻiʔ˵/piʔ˵	泰
tsʻa˵	ko˵	kʻo˵	xo˵	pa˵	pa˵	ʂa˵	tsa˵	ɕia˵	pʻie˵/pie˵	红
tsʻaʔ˵	kəʔ˵	kʻəʔ˵	xəʔ˵	paʔ˵	paʔ˵	saʔ˵	tsaʔ˵	xaʔ˵	piəʔ˵	太
tsʻaʔ˵	kieʔ˵	kʻieʔ˵	xieʔ˵	paʔ˵	pʻɑʔ˵/paʔ˵	saʔ˵	tsʻaʔ˵	xaʔ˵	pʻieʔ˵	岚
tsʻɑʔ˵	kəʔ˵	kʻəʔ˵	xəʔ˵	pɑʔ˵	paʔ˵	sɑʔ˵	tsaʔ˵	ɕiɑʔ˵	piəʔ˵	长
tsʻɑ˵	kɔʔ˵	kʻɔʔ˵	xɔʔ˵	paʔ˵	pʻɑʔ˵	saʔ˵		xaʔ˵	piɛʔ˵	忻
tsʻaʔ˵	kaʔ˵	kʻaʔ˵	xaʔ˵	paʔ˵	paʔ˵	saʔ˵	tsaʔ˵	ɕiaʔ˵	piaʔ˵	大
tsʻaʔ˵	kaʔ˵	kʻaʔ˵	xaʔ˵	paʔ˵	paʔ˵	saʔ˵		ɕiaʔ˵	piaʔ˵	呼
tsʻaʔ˵	kaʔ˵	kʻaʔ˵	xaʔ˵	paʔ˵	₌pa	saʔ˵	₌tʂa	ɕiɐʔ˵	₌pie	获
tsʻaʔ˵	kaʔ˵	kʻaʔ˵	xaʔ˵	paʔ˵	₌pa	saʔ˵	₌tsa	xaʔ˵	piəʔ˵	志

区	片	代表点	灭	裂	薛	彻	舌	热	杰	孽
			山开三薛入明	山开三薛入来	山开三薛入心	山开三薛入徹	山开三薛入船	山开三薛入日	山开三薛入群	山开三薛入疑
北京	幽燕	北京	mie꜒	lie꜒	⊆ɕye	tʂʰʌ꜒	ʂʌ꜒	ʐʌ꜒	⊆tɕie	nie꜒
	锦兴	兴城	miᴇ꜒	liᴇ꜒	⊆ɕyᴇ	tʂʰʌ꜒	ʂʌ꜒	ʐʌ꜒	⊆tɕiᴇ	niᴇ꜒
	辽沈	沈阳	mie꜒	lie꜒	⊆ɕye	tʂʰʌ꜒	ʂʌ꜒	ie꜒	⊆tɕie	ȵie꜒
	黑吉	长春	mie꜒	lie꜒	⊆ɕye	tʂʰʌ꜒	ʂʌ꜒	iε꜒	⊆tɕie	nie꜒
	哈肇	巴彦	mie꜒	lie꜒	⊆ɕye	tʂʰʌ꜒	ʂʌ꜒	ʐʌ꜒	⊆tɕie	nie꜒
胶辽	登连	牟平	miə꜒	liə꜒	ꜛɕiə	tɕʰiə꜒	ɕiə꜒	ꜛiə	⊆ɕiə	ȵiə꜒
	青莱	诸城	miə꜒	liə꜒	⊆ɕyə	tɕʰiə꜒	ꜛʃ	ꜛiə	ꜛtʃə	iə꜒/ȵiə꜒
	营通	丹东	miə꜒/nə꜒	liə꜒	⊆ɕyə	tsʰə꜒	ꜛʂə	iə꜒	⊆tɕiə	niə꜒
冀鲁	保唐	高阳	mie꜒	liᴇ꜒	⊆syᴇ	tʂʰʌ꜒	ʂʌ꜒	ʐʌ꜒	⊆tɕie	ȵie꜒
	石济	济南	miə꜒	ꜛliə/liə꜒①	⊆ɕyə	tʂʰə꜒	ʂə꜒	ʐə꜒	⊆tɕiə	ȵiə꜒
	沧惠	河间	mie꜒	lie꜒	⊆sye	tʂʰʌ꜒	ʂʌ꜒	ʐʌ꜒	⊆tɕie	ȵie꜒
	章利	利津	miə꜒	ꜛliə②/liə꜒	syə꜒	tʂʰə꜒	ʂə꜒	ʐə꜒	⊆tɕiə	niə꜒
中原	关中	西安	⊆mie	⊆lie	⊆ɕie/⊆ɕye	⊆tʂʰə	⊆ʂə	⊆ʐə	⊆tɕie	⊆nie
	秦陇	敦煌	⊆miə	⊆liə	⊆ɕyə	⊆tʂʰə	⊆ʂə	⊆ʐə	⊆tɕiə	⊆niə
	陇中	天水	⊆mie	⊆lie	⊆ɕie	⊆tʂʰə	⊆ʂə	⊆ʐə	⊆tɕie	⊆ȵie
	南疆	吐鲁番	⊆miɤ	⊆liɤ	⊆ɕyɤ	⊆tʂʰɤ	⊆ʂɤ	⊆ʐɤ	⊆tɕiɤ	⊆niɤ
	汾河	运城	⊆miᴇ	⊆liᴇ	⊆ɕiᴇ	⊆tʂʰᴇ	⊆ʂᴇ	⊆ʐᴇ	⊆tɕʰiᴇ	⊆niᴇ
	洛徐	徐州	⊆miə	⊆liə	⊆ɕyə	⊆tʂʰə	⊆ʂə	⊆ʐə	⊆tɕiə	⊆iə
	郑曹	郑州	⊆mie	⊆lie	⊆sye	⊆ʒʅə	⊆ʒʅə	⊆ʒʅə	⊆tɕie	⊆ʑie
	蔡鲁	曲阜	⊆mie	⊆lie	⊆ɕye	⊆tsʰə	⊆ʂə	⊆ʐʌ	⊆tɕie	⊆ʑie
	信蚌	信阳	⊆miə	⊆niə	⊆ɕye	⊆tsʰʅə	⊆ʂə	⊆ʐə	⊆tɕie	⊆niə
兰银	银吴	灵武	miə꜒	liə꜒	ɕyə꜒	tʂʰʌ꜒	ʂʌ꜒	ʐʌ꜒	tɕiə꜒	ȵiə꜒
	金城	永登	miə꜒	liə꜒	ɕyə꜒	tʂʰʌ꜒	ʂʌ꜒	ʐʌ꜒	tɕiə꜒	ȵiə꜒
	河西	张掖	miə꜒	liə꜒	suə꜒	tʂʰʌ꜒	ʂʌ꜒	ʐʌ꜒	⊆tɕiə	ȵiə꜒
	塔密	吉木萨尔	miᴇ꜒	liᴇ꜒	ɕyᴇ꜒	tʂʰʌ꜒	ꜛʂʌ	ʐʌ꜒	ꜛtɕiᴇ	ȵiᴇ꜒
西南	黔川	大方	⊆mie	⊆lie	⊆ɕye	⊆tsʰe	⊆se	⊆ze	⊆tɕie	⊆lie
	西蜀	都江堰	mie꜒	nie꜒	ɕye꜒	tsʰe꜒	se꜒	ze꜒	tɕie꜒	ȵie꜒
	川西	喜德	⊆mie	⊆nie	⊆ɕie	⊆tʂʰə	⊆ʂə	⊆ʐʅ	⊆tɕie	⊆nie
	云南	昆明	⊆mie	⊆lie	⊆ɕie	⊆tʂʰə	⊆ʂə	⊆ʐə	⊆tɕie	⊆nie
	湖广	武汉	⊆mie	⊆nie	⊆ɕye	⊆tsʰɤ	⊆ʂɤ	⊆nɤ	⊆tɕie	⊆nie
	桂柳	荔浦	⊆me	⊆le	⊆sye	⊆tsʰe	⊆se	⊆e	⊆ke	⊆ne
江淮	洪巢	南京	mieʔ꜒	lieʔ꜒	syeʔ꜒	tsʰəʔ꜒	ʂəʔ꜒	zəʔ꜒	tɕieʔ꜒	lieʔ꜒
	泰如	泰州	miiʔ꜒/miʔ꜒	niiʔ꜒/niʔ꜒	ɕyuʔ꜒	tɕʰiiʔ꜒	ɕiiʔ꜒	iiʔ꜒	tɕiiʔ꜒	niiʔ꜒
	黄孝	红安	mieʔ	lieʔ	ɕie꜒	tʂʰæ꜒/tʂʰeʔ	ʂeʔ꜒	ɥæ꜒	tɕie	ȵie꜒
晋语	并州	太原	miəʔ꜒	liəʔ꜒	ɕyəʔ꜒	tsʰəʔ꜒	səʔ꜒	zəʔ꜒	tɕiəʔ꜒	niəʔ꜒
	吕梁	岚县	miəʔ꜒	liəʔ꜒	ɕieʔ꜒	tʂʰɤʔ꜒	ʂʅʔ꜒	ʐʅɤʔ꜒	tɕieʔ꜒	niəʔ꜒
	上党	长治	miəʔ꜒	liəʔ꜒	ɕiəʔ꜒	tsʰəʔ꜒	səʔ꜒	iəʔ꜒	tɕiəʔ꜒	iəʔ꜒
	五台	忻州	miɛʔ꜒	lieʔ꜒	ɕiɛʔ꜒	tʂʰɔʔ꜒	ʂɔʔ꜒	zɔʔ꜒	tɕiɛʔ꜒	niɛʔ꜒
	大包	大同	miaʔ꜒	liaʔ꜒	ɕyaʔ꜒	tʂʰaʔ꜒	ʂaʔ꜒	zaʔ꜒	tɕiaʔ꜒	niaʔ꜒
	张呼	呼和浩特	miaʔ꜒	liaʔ꜒	ɕyaʔ꜒	tsʰaʔ꜒	saʔ꜒	zaʔ꜒	tɕiaʔ꜒	niaʔ꜒
	邯新	获嘉	miɤʔ꜒	lieʔ꜒	ɕiɤʔ꜒	tʂʰɤʔ꜒	ʂɤʔ꜒	zɤʔ꜒	⊆tɕie	nieʔ꜒
	志延	志丹	miəʔ꜒	liəʔ꜒	ɕyəʔ꜒	tʂʰɤʔ꜒	ꜛʂɤ	zɤʔ꜒	⊆tɕiə	niəʔ꜒

①liə꜒，~纹。 ② ꜛliə，~开。

歇	憋	铁	捏	节	截	结	噎	泼	末	代
山开三 月入晓	山开四 屑入帮	山开四 屑入透	山开四 屑入泥	山开四 屑入精	山开四 屑入从	山开四 屑入见	山开四 屑入影	山合一 末入滂	山合一 末入明	表点
꜀ɕie	꜀pie	꜀t'ie	꜀nie	꜀tɕie	꜁tɕie	꜁tɕie	꜀ie	꜀p'o	mo²	北
꜀ɕiɛ	꜀piɛ	꜀t'iɛ	꜀niɛ	꜀tɕiɛ	꜁tɕiɛ	꜁tɕiɛ	꜀iɛ	꜀p'ɤ	mɤ²	兴
꜀ɕie	꜀pie	꜀t'ie	꜀n̜ie	꜀tɕie	꜁tɕie	꜁tɕie	꜀ie	꜀p'ɤ	mɤ²	沈
꜀ɕiɛ	꜀piɛ	꜀t'iɛ	꜀niɛ	꜀tɕiɛ	꜁tɕiɛ	꜁tɕiɛ	꜀iɛ	꜀p'ɤ	mɤ²	长
꜀ɕiɛ	꜀piɛ	꜀t'iɛ	꜀niɛ	꜀tɕiɛ	꜁tɕiɛ	꜁tɕiɛ	꜀iɛ	꜀p'ɤ	mɤ²	巴
꜂çiə	꜂piə	꜂t'iə	꜂niə	꜂tɕiə	꜂tɕiə	꜂ciə	꜂iə	꜀p'o	mo²	牟
꜂ʃə	꜀piə	꜂t'iə	꜂n̜iə	꜂çiə	꜂çiə	꜂tʃə	꜂iə	꜀p'ə	mə²	诸
꜀ɕiə	꜀piə	꜀t'iə	꜀n̜iə	꜀tɕiə	꜁tɕiə	꜂tɕiə	꜂iə/ ei²	꜀p'o	mə²	丹
꜀ɕiɛ	꜀piɛ	꜀t'iɛ	niɛ²	꜀tsiɛ	꜁tsiɛ	꜂tɕiɛ	꜀iɛ	꜀p'o	mo²	高
꜀ɕiə	꜀piə	꜀t'iə	꜀niə	꜀tɕiə	꜁tɕiə	꜁tɕiə	꜀ei	꜀p'o	mə²	济
꜀ɕiɛ	꜀piɛ	꜀t'iɛ	niɛ²	꜀tsiɛ	꜁tsiɛ	꜁tɕiɛ	꜀iɛ	꜀p'o	mo²	河
çiə²	piə²	t'iə²	niə²	tsiə²	꜁tsiə	tɕiə²	iə²	p'ə²	mə²	利
꜀ɕie	꜀pie	꜀t'ie	꜀nie	꜀tɕie	꜁tɕie	꜁tɕie	꜀ie	꜀p'uo	꜀mou	西
꜀ɕiə	꜀piə	꜀t'iə	꜀niə	꜀tɕiə	꜁tɕiə	꜁tɕiə	꜀iə	꜀p'ə	꜁em	敦
꜀ɕiɛ	꜀piɛ	꜀t'iɛ	꜀niɛ	꜀tɕiɛ	꜁tɕiɛ	꜁tɕiɛ	꜀iɛ	꜀p'o	꜁mo	天
꜀ɕiɤ	꜀piɤ	꜀t'iɤ	꜀niɤ	꜀tɕiɤ	꜁tɕiɤ	꜁tɕiɤ	꜀iɤ	꜀p'ɤ	꜁mɤ	吐
꜀ɕiɛ	꜀piɛ	꜀t'iɛ	꜀niɛ	꜀tɕiɛ	꜁tɕiɛ	꜁tɕiɛ	꜀iɛ	꜀p'o	꜁mo	运
꜀ɕiə	꜀piə	꜀t'iə	꜀niə	꜀tɕiə	꜁tɕiə	꜁tɕiə	꜀iə	꜀p'əŋ	꜁miə/ ꜁muə	徐
꜀ɕiɛ	꜀piɛ	꜀t'iɛ	꜀niɛ	꜀tsiɛ	꜁tsiɛ	꜁tɕiɛ	꜀iɛ	꜀p'o	꜁mo	郑
꜀ɕie	꜀pie	꜀t'ie	꜀nie	꜀tɕie	꜁tɕie	꜁tɕie	꜀ie	꜀p'uə		曲
꜀ɕie	꜀pie	꜀t'ie	꜀nie	꜀tɕie	꜁tɕie	꜁tɕie	꜀iɛ	꜀p'o	꜁mo	信
çiə²	piə²	t'iə²	n̜iə²	tɕiə²	tɕiə²	tɕiə²	iə²	p'ɤ²	mɤ²	灵
çiə²	piə²	t'iə²	n̜iə²	tɕiə²	tɕiə²	tɕiə²	iə²	p'ɤ²	mɤ²	永
çiə²	piə²	t'iə²	n̜iə²	tɕiə²	꜁tɕiə	tɕiə²	ziə²	p'ɤ²	mɤ²	张
꜀ɕiE	꜀piE	t'iE²	niE²	꜂tɕiE	꜁tɕiE	꜁tɕiE	꜀iE	p'ɤ²		吉
çie²	꜀pie	t'ie²	꜁lie	꜁tɕie	꜁tɕie	tɕie²		꜁p'o	꜁mo²	大
çie²	꜀pie	t'ie²	n̜ie²	tɕie²	tɕie²	tɕie²	꜁iE	꜁p'o	mo²	都
꜁ɕie	꜀pie	꜁t'ie	꜁nie	꜁tɕie	꜁tɕie	꜁tɕie	꜁ie	꜁p'o	꜁mo	喜
꜁ɕie	꜀pie	꜁t'ie	꜁nie	꜁tɕie	꜁tɕie	꜁tɕie	꜁ie	꜁p'o	꜁mo	昆
꜁he		꜁t'e		꜁tse	꜁tse	꜁ke		꜁p'o	꜁mo	荔
çieʔ²	pieʔ²	t'ieʔ²	lieʔ²	tsieʔ²	tsieʔ²	tɕieʔ²	ieʔ²	p'oʔ²	moʔ²	南
çiiʔ²	piiʔ²	t'iiʔ²	niiʔ²	tɕiiʔ²	tɕ'iiʔ²	tɕiiʔ²	iiʔ²	p'uʔ²	muoʔ²/muʔ²	泰
çie²	꜀pie	t'ie²	n̜ie²	tɕie²	tɕie²	tɕie²	ie²	p'o²	mo²/mo²	红
çiəʔ²	piəʔ²	t'iəʔ²	niəʔ²	tɕiəʔ²	tɕiəʔ²	tɕiəʔ²	iəʔ²	p'əʔ²	məʔ²	太
çieʔ²	pieʔ²	tɕ'ieʔ²	niəʔ²	tɕieʔ²	tɕ'ieʔ²/tɕieʔ²	tɕieʔ²	ieʔ²	p'ɤʔ²	mɤʔ²	岚
çiəʔ²	piəʔ²	t'iəʔ²	niəʔ²	tɕiəʔ²	tɕiəʔ²	tɕiəʔ²	iəʔ²	p'əʔ²	məʔ²	长
çiɛʔ²	piɛʔ²	t'iɛʔ²	niɛʔ²	tɕiɛʔ²	tɕ'iɛʔ²/tɕiɛʔ²	tɕiɛʔ²	iɛʔ²	p'uɔʔ²	muɔʔ²	忻
çiaʔ²	piaʔ²	t'iaʔ²	niaʔ²	tɕiaʔ²	tɕiaʔ²	tɕiaʔ²	iaʔ²	p'aʔ²	maʔ²	大
çiaʔ²	piaʔ²	t'iaʔ²	niaʔ²	tɕiaʔ²	tɕiaʔ²	tɕiaʔ²	iaʔ²	p'aʔ²	maʔ²	呼
꜀çiɐ	piɐʔ²	t'iɐʔ²	n̜iɐ	tɕiɐʔ²	꜀tɕiɛ	tɕiɐʔ²	iɐʔ²	p'aʔ²	maʔ²	获
çiəʔ²	piəʔ²	t'iəʔ²	niəʔ²	꜀tɕie	꜀tɕie	tɕiəʔ²	iəʔ²	p'aʔ²	maʔ²	志

区	片	代表点	脱 山合一末入透	夺 山合一末入定	阔 山合一末入溪	活 山合一末入匣	滑 山合二黠入匣	挖 山合二黠入影	刷 山合二鎋入生	刮 山合二鎋入见
北京	幽燕	北京	꜀tʰuo	꜁tuo	kʰuo꜄	꜁xuo	꜁xua	꜀ua	꜀ʂua	꜀kua
	锦兴	兴城	꜀tʰuo	꜁tuo	kʰuo꜄	꜁xuo	꜁xua	꜀ua	꜀ʂua	꜀kua
	辽沈	沈阳	꜀tʰuɤ	꜁tuɤ	kʰuɤ꜄	꜁xuɤ	꜁xua	꜀va	꜀sua	꜂kua
	黑吉	长春	꜀tʰuɤ	꜁tuɤ	kʰuɤ꜄	꜁xuɤ	꜁xua	꜀ua	꜀sua	꜂kua
	哈肇	巴彦	꜀tʰuɤ	꜁tuɤ	kʰuɤ꜄	꜁xuɤ	꜁xua	꜀va	꜀ʂua	꜂kua
胶辽	登连	牟平	tʰ꜔ə/ ꜀outʰə	꜄tə ꜀outə	kʰuo꜄	xuo꜄	xua꜄	꜂ua	꜂ʂua	꜂kua
	青莱	诸城	꜂tʰuə	꜄tuə	kʰuə꜂	꜁xuə	꜂xua	꜂va	꜂ʂua	꜂kua
	营通	丹东	tʰ꜔ə/ ꜀outʰuo	꜄out ꜄tə	kʰuo꜄	꜁xuə	xuɑ꜄	꜂uɑ	꜂ʂuɑ	꜂kuɑ
冀鲁	保唐	高阳	꜀tʰuo	꜁tuo	kʰuɤ꜄	꜁xuo	꜁xua	꜀ua	꜀ʂua	꜂kua
	石济	济南	꜀tʰuə	꜁tuə	꜀kʰuə	꜁xuə	꜁xua	꜀va	꜀ʂua	꜂kua
	沧惠	河间	꜀tʰuo	꜁tuo	kʰuo꜄	꜁xuo	꜁xua	꜀ua	꜀ʂua	꜂kua
	章利	利津	tʰuə꜆	꜄tuə	kʰuə꜆/kʰuə꜆①	xuə꜆	xua꜆	꜂va	ʂuɑ꜆	kua꜆
中原	关中	西安	꜀tʰuo	꜁tuo	꜀kʰuo	꜁xuo	꜁xua	꜀ua	꜀fa	꜀kua
	秦陇	敦煌	꜀tʰuə	꜁tuə	꜀kʰuə	꜁xuo	꜁xua	꜀va	꜀ʂua	꜀kua
	陇中	天水	꜀tʰuo	tʰuo/ ꜀outʰ	꜀kʰuo	꜁xuo	꜁xua	꜀va	꜀sua	꜀kua
	南疆	吐鲁番	꜀tʰuɤ	꜁tuɤ	꜀kʰuɤ	꜁xuɤ	꜁xua	꜀va	꜀ʂua	꜀kua
	汾河	运城	꜀tʰuo	꜁tuo	꜀kʰuo	꜁xuo	꜁xua	꜀ua	꜀fa	꜀kua
	洛徐	徐州	꜀tʰuo	꜁tuo	꜀kʰuo	꜁xuo	꜁xua	꜀uɑ	꜀ʂuɑ	꜀kua/꜂kua
	郑曹	郑州	꜀tʰuə	꜁tuə	꜀kʰuo	꜁xuo	꜁xuo	꜀uɑ	꜀ʂua	꜀kua
	蔡鲁	曲阜	꜀tʰuə	꜁tuə	꜀kʰuə	꜁xuə	꜁xua	꜀uɑ	꜀ʂuɑ	꜂kua
	信蚌	信阳	꜀tʰuo	꜁tuo	꜀kʰuo	꜁fɤ	꜁fa	꜀va	꜀sa	꜀kua
兰银	银吴	灵武	tʰuə꜄	tuə꜄	kʰuə꜄	xuə꜄	꜁xua	꜀va	ʂua꜄	kua꜄
	金城	永登	tʰuə꜄	tuə꜄	kʰuə꜄	xuə꜄	꜀xua	꜀va	fa꜄	kua꜄
	河西	张掖	tʰuə꜄	꜁tuə	kʰuə꜄	꜁xuə	꜁xua	꜀va	fa꜄	kua꜄
	塔密	吉木萨尔	tʰuɤ꜄	꜂tuɤ	kʰuɤ꜄	꜂xuɤ	꜀xua	꜀va	꜀ʂua/fa	kua꜄
西南	黔川	大方	꜄tʰo	꜄to	꜁kʰuei	꜁xo	꜁xua	꜀ua	꜀sua	꜀kua
	西蜀	都江堰	tʰo꜆	to꜆	kʰua꜆	xo꜆	xua꜆	꜀ua	sua꜆	kua꜆
	川西	喜德	꜄tʰo	꜄to	꜁kʰo	꜁xo	꜁xua	꜀ua	꜀ʂua	꜁kua
	云南	昆明	꜄tʰo	꜄to	꜁kʰo	꜁xo	꜁xua	꜀ua	꜀ʂua	꜀kua
	湖广	武汉	꜄tʰo	꜄to	꜁kʰuɤ	꜁xo	꜁xua	꜀ua	꜀sua	꜀kua
	桂柳	荔浦	꜄tʰo	꜄to	꜁kʰo	꜁ho	꜁hua	꜀ua	꜀sua	꜀kua
江淮	洪巢	南京	tʰaʔ꜄/tʰoʔ꜄	toʔ꜄	kʰueʔ꜄	xoʔ꜄	xuaʔ꜄	uaʔ꜄	ʂuaʔ꜄	kuaʔ꜄
	泰如	泰州	tʰʊʔ꜄	tʊʔ꜄/toʔ꜄	kʰʊʔ꜄	ʊʔ꜄/xʊʔ꜄②	væʔ꜄/xuæʔ꜄	væʔ꜄	suæʔ꜄	kuæʔ꜄
	黄孝	红安	tʰo꜆	toʔ/to꜆	kʰo꜆	xo꜆	꜁fa	꜀ua/ua	꜀ʂua/sa	kua꜆
晋语	并州	太原	tʰuaʔ꜄	tuaʔ꜄	kʰuaʔ꜄	xuaʔ꜄	xuaʔ꜄	vaʔ꜄	suaʔ꜄	kuaʔ꜄
	吕梁	岚县	tʰueʔ꜄	tueʔ꜄/tueʔ꜄	kʰueʔ꜄	xueʔ꜄	xuɑʔ꜄	uɑʔ꜄	suɑʔ꜄	kuɑʔ꜄
	上党	长治	tʰuaʔ꜄	tuaʔ꜄	kʰuaʔ꜄	xuaʔ꜄	xuɑʔ꜄	uɑʔ꜄	suaʔ꜄	kuaʔ꜄
	五台	忻州	tʰuaʔ꜄	tuaʔ꜄	kʰuɔʔ꜄	xuɔʔ꜄	xuɑʔ꜄	vɑʔ꜄	suɔʔ꜄	kuaʔ꜄
	大包	大同	tʰuaʔ꜄	tuaʔ꜄	kʰuaʔ꜄	xuaʔ꜄	xuaʔ꜄	uaʔ꜄	ʂuaʔ꜄	kuaʔ꜄
	张呼	呼和浩特	tʰuaʔ꜄	tuaʔ꜄	kʰuaʔ꜄	xuaʔ꜄	xuaʔ꜄	vaʔ꜄	suaʔ꜄	kuaʔ꜄
	邯新	获嘉	tʰuaʔ꜄	꜄tuɤ	kʰuaʔ꜄	꜁xuɤ	꜁xua	꜀ua	ʂuaʔ꜄	kuaʔ꜄
	志延	志丹	tʰuaʔ꜄	꜁tuə	kʰuaʔ꜄	꜁xuə	꜁xua	꜀va	ʂuaʔ꜄	kuaʔ꜄

①kʰuə꜄，辽~；kʰuə꜄，~气。②音3：xʊʔ꜄。

劣	绝	雪	拙	说~话	悦	罚	袜	掘	月	代表点
山合三薛入来	山合三薛入从	山合三薛入心	山合三薛入章	山合三薛入书	山合三薛入以	山合三月入奉	山合三月入微	山合三月入群	山合三月入疑	代表点
lye°/lie°	ꜛtɕye	ꜛɕye	ꜛtʂuo	ꜛʂuo	ye°	ꜛfa	ua°	ꜛtɕye	ye°	北
ꜛliE	ꜛtɕyE	ꜛɕyE	ꜛtʂuo	ꜛʂuo	yE°	ꜛfa	ua°	ꜛtɕyE	yE°	兴
lie°	ꜛtɕye	ꜛɕye	ꜛtsuɤ	ꜛsuɤ	ye°	ꜛfa	va°	ꜛtɕye	ye°	沈
ꜛlie	ꜛtɕyɛ	ꜛɕyɛ	ꜛtʂuɤ	ꜛʂuɤ	yɛ°	ꜛfa	ua°	ꜛtɕye	yɛ°	长
ꜛlɤ	ꜛtɕyɛ	ꜛɕyɛ	ꜛtʂuɤ	ꜛʂuɤ	yɛ°	ꜛfa	va°	ꜛtɕye	yɛ°	巴
ꜛliə	ꜛtɕiə/꜀tɕyə	ꜛɕiə	ꜛtsuo	ꜛɕyə/ꜛsuo	yə°	ꜛfa	ꜛuɑ	ꜛɕyə	ꜛyə	牟
ꜛliə	꜀tɕyə	ꜛɕyə	ꜛtʃuə	ꜛʃuə	yə°	ꜛfa	vɑ°	ꜛtʃuə	yə°	诸
liə°	ꜛtɕyə	ꜛɕyə	ꜛtsuo	ꜛsuo	yə°	ꜛfɑ	uɑ°	ꜛtɕyə	yə°	丹
ꜛluo	ꜛtsyɛ	ꜛsyɛ	ꜛtʂuo	ꜛʂuo	yɛ°	ꜛfa	ua°	ꜛtɕyɛ	yɛ°	高
liə°	ꜛtɕyə	ꜛɕyə	ꜛtʂuə	ꜛʂuə	yə°	ꜛfa	va°	ꜛtɕyə	yə°	济
ꜛliɛ	ꜛtsy	ꜛsyə	ꜛtʂuo	ꜛʂuo	yɛ°	ꜛfa	ua°	ꜛtɕyɛ	yɛ°	河
liə°	ꜛtsyə	syə°	tʂuə°	ʂuə°	yə°	ꜛfɑ	vɑ°	ꜛtɕyə	yə°	利
ꜛlye	ꜛtɕye	ꜛɕye		ꜛʂɤ	ꜛye	ꜛfa	ꜛva	ꜛtɕʰye	ꜛye	西
	ꜛtɕyə	ꜛɕyə	ꜛtʂuə	ꜛʂuə	ꜛyə	ꜛfa	ꜛva	ꜛtɕyə	ꜛyə	敦
ꜛlyɛ	ꜛtɕyɛ	ꜛɕyə		ꜛʂə	ꜛyɛ	ꜛfa	ꜛva	ꜛtɕyɛ	ꜛyɛ	天
	ꜛtɕyɤ	ꜛɕyɤ	ꜛtʂuɤ	ꜛʂɤ	ꜛyɤ	ꜛfa	ꜛva	ꜛtɕyɤ	ꜛyɤ	吐
ꜛliE	ꜛtɕʰyE	ꜛɕyE	ꜛpfo	ꜛɕyE	ꜛyE	ꜛfa	ꜛua	ꜛtɕʰyE	ꜛyE	运
ꜛliə	ꜛtɕyə	ꜛɕyə	ꜛtʂuə	ꜛʂuə	ꜛyə	ꜛfɑ	uɑ	ꜛtɕyə	ꜛyə	徐
꜀liɛ	ꜛtsyɛ	ꜛsyɛ	ꜛtʂuo	ꜛʂuo	ꜛyɛ	ꜛfa	ꜛua	ꜛtɕyɛ	ꜛyɛ	郑
꜀lie	ꜛtɕyə	ꜛɕyə	ꜛtsuə	ꜛsuə	ꜛye	ꜛfɑ	ꜛuɑ	ꜛtɕye	ꜛye	曲
꜀niɛ	ꜛtɕyɛ	ꜛɕyɛ		ꜛɕyɛ	ꜛyɛ	ꜛfa	ꜛva	ꜛtɕyɛ	ꜛyɛ	信
lyə°	tɕyə°	ɕyə°	tʂuə°	ʂuə°	yə°	fa°	va°	tɕyə°	yə°	灵
lyə°	tɕyə°	ɕyə°	pfə°	fə°	yə°	fa°	va°	tɕyə°	yə°	永
liə°	ꜛtsuə	suə°	kuə°	fə°	zyə°	ꜛfa	va°	ꜛtsuə	zyə°	张
lyE°	ꜛtɕyE	ꜛɕyE	ꜛtʂuɤ	ʂuɤ°	yE°	ꜛfa	va°	ꜛtɕyE	yE°	吉
꜁lie	꜁tɕye	꜁ɕye	꜁so	꜁so	꜁ye	꜁fa	꜁ua		꜁ye	大
nie°	tɕye°	ɕye°	tsua°	so°	ye°	fa°	ua°		io°	都
꜁nie	꜁tɕye	꜁ɕye	꜁tʂo	꜁ʂo	꜁ye	꜁fa	꜁ua	꜁tɕie	꜁ye	喜
꜁lie	꜁tɕie	꜁ɕie	꜁tʂo	꜁ʂo	꜁ie	꜁fa	꜁ua	꜁tɕie	꜁ie	昆
꜁nie	꜁tɕye	꜁ɕye		꜁so	꜁ye	꜁fa	꜁ua		꜁ye	武
꜁le	꜁tsye	꜁sye		꜁sye	꜁ye	꜁fa	꜁ua		꜁ye	荔
lieʔ°	tsyeʔ°/tɕyeʔ°	syeʔ°	tsueʔ°/tʂoʔ°[①]	ʂoʔ°	yeʔ°	faʔ°	uaʔ°	tɕyeʔ°	yeʔ°	南
niɹʔ°	tɕʰyuʔ°/tɕyuʔ°	ɕyuʔ°	tsuʔ°	suʔ°	yuʔ°	fæʔ°	væʔ°	kʰuəʔ°	yuʔ°/yuʔ°	泰
lie°	tɕie	ɕie	kʰyæ	ʂɥæ	ɥæ°	faꜛ	ua	kʰyæ	ɥæ°	红
liaʔ°	tɕyaʔ°	ɕyaʔ°	tsuaʔ°	suaʔ°	yaʔ°	faʔ°	vaʔ°	tɕyaʔ°	yaʔ°	太
lieʔ°	tɕyeʔ°	ɕyeʔ°	tsueʔ°	sueʔ°	yeʔ°	faʔ°	uaʔ°	tɕʰyaʔ°	yeʔ°	岚
liaʔ°	tɕyaʔ°	ɕyaʔ°	tsuaʔ°	suaʔ°	yaʔ°	faʔ°	uaʔ°	tɕyaʔ°	yaʔ°	长
lyaʔ°	tɕyaʔ°	ɕyaʔ°	tsuaʔ°	suaʔ°	yaʔ°	faʔ°	vaʔ°	tɕyaʔ°	yaʔ°	忻
lyaʔ°	tɕyaʔ°	ɕyaʔ°	tʂuaʔ°	ʂuaʔ°	yaʔ°	faʔ°	vaʔ°	tɕyaʔ°	yaʔ°	大
liaʔ°	tɕyaʔ°	ɕyaʔ°	tsuaʔ°	suaʔ°	yaʔ°	faʔ°	vaʔ°	tɕyaʔ°	yaʔ°	呼
lieʁʔ°	tɕyeʁʔ°	ɕyeʁʔ°	tʂuɐʔ°	ʂuɐʔ°	yɐʔ°	꜁fa	ua	꜁tɕyɤ	yɐʔ°	获
lyəʔ°	tɕyəʔ°	ɕyəʔ°	tʂuəʔ°	ʂuaʔ°	yəʔ°	faʔ°	vaʔ°	tɕyəʔ°	yəʔ°	志

①音 3：tɕyeʔ°。

区	片	代表点	越 山合三 月入云	决 山合四 屑入见	缺 山合四 屑入溪	血 山合四 屑入晓	穴 山合四 屑入匣	笔 臻开三 质入帮	密 臻开三 质入明	栗 臻开三 质入来
北京	幽燕	北京	ye꜒	꜀tɕye	꜀tɕʰye	꜀ɕie/꜀ɕye	꜂ɕye/꜀ɕye	꜀pi	mi꜒	li꜒
	锦兴	兴城	yɛ꜒	꜀tɕyɛ	꜀tɕʰyɛ	꜀ɕyɛ	꜀ɕyɛ꜒	꜀pi	mi꜒	li꜒
	辽沈	沈阳	ye꜒	꜀tɕye	꜀tɕʰye	꜀ɕie	꜀ɕye꜒	꜀pi	mi꜒	li꜒
	黑吉	长春	yɛ꜒	꜀tɕyɛ	꜀tɕʰye	꜀ɕie	꜀ɕyɛ꜒	꜀pi	mi꜒	li꜒
	哈肇	巴彦	yɛ꜒	꜀tɕyɛ	꜀tɕʰye	꜀ɕie	꜀ɕyɛ꜒	꜀pi	mi꜒	li꜒
胶辽	登连	牟平	꜀yə/yəʔ	꜁ɕyə	꜀ɕʰyə	꜁ɕiə	꜁ɕyə	꜀pi	꜁mi	li꜒
	青莱	诸城	yə꜒	꜀tʃuə	꜀tʃʰuə	꜀ʃə	꜀ʃuə	꜀pi	mi꜒	li꜒
	营通	丹东	yə꜒	꜀tɕyə	꜀tɕʰye	꜀ɕie	꜀ɕye	꜀pi	mi꜒	li꜒
冀鲁	保唐	高阳	ye꜒	꜀tɕyə	꜀tɕʰyə	꜀ɕie	꜀ɕyɛ	꜀pei	mi꜒	li꜒
	石济	济南	yə꜒	꜀tɕyə	꜀tɕʰyə	꜀ɕiə/꜀ɕyə	꜀ɕyə	꜀pei	mei꜒	li꜒
	沧惠	河间	yɛ꜒	꜀tɕyɛ	꜀tɕʰyɛ	꜀ɕie	꜀ɕyɛ	꜀pei	mei꜒	li꜒
	章利	利津	yə꜒	tɕyə꜒	tɕʰyə꜒	ɕiə꜒	꜀ɕyə	pi꜒	mi꜒	li꜒
中原	关中	西安	꜀ye	꜀tɕye	꜀tɕʰye	꜀ɕie/꜀ɕye	꜀ɕie/꜀ɕye	꜀pi	꜀mi	꜁li
	秦陇	敦煌	꜀yə	꜀tɕyə	꜀tɕʰyə	꜀ɕie/꜀ɕyə	꜀ɕyə	꜀pi	꜀mi	꜁li
	陇中	天水	꜀yɛ	꜀tɕye	꜀tɕʰye	꜀ɕie	꜀ɕie	꜀pi	꜀mi	꜁li
	南疆	吐鲁番	꜀yɤ	꜀tɕyɤ	꜀tɕʰyɤ	꜀ɕiɤ/꜀ɕyɤ	꜀ɕyɤ	꜀pi	꜀mi	
	汾河	运城	꜀yE	꜀tɕyE	꜀tɕʰyE	꜀ɕie/꜀ɕyE	꜀ɕyE	꜀pi	꜀mi	꜁li
	洛徐	徐州	꜀yə	꜀tɕyə	꜀tɕʰyə	꜀ɕie	꜀ɕyə	꜀pe	꜀mi	꜁li
	郑曹	郑州	꜀ye	꜀tɕye	꜀tɕʰye	꜀ɕie	꜃ɕyɤ	꜀pei	꜀mi	꜁li
	蔡鲁	曲阜	꜀ye	꜀tɕye	꜀tɕʰie	꜀ɕie	꜃ɕye	꜀pei	꜀mi	꜁li
	信蚌	信阳	yɛ꜒	꜀tɕye	꜀tɕʰyɛ	꜀ɕie	꜀ɕyɛ	꜀pɛ	꜀mi	꜀ni
兰银	银吴	灵武	yə꜒	tɕyə꜒	tɕʰyə꜒	ɕiə꜒	꜀ɕyə	pi꜒	mi꜒	li꜒
	金城	永登	yə꜒	tɕyə꜒	tɕʰyə꜒	ɕiə꜒	꜀ɕyə	pʅ꜒	mʅ꜒	lʅ꜒
	河西	张掖	zyə꜒	꜀tsuə	tsʰuə꜒	꜀ɕiə/suə	꜀suə	pi꜒	mi꜒	li꜒
	塔密	吉木萨尔	yE꜒	꜀tɕyE	tɕʰyE꜒	ɕiE꜒	꜀ɕyE꜒	pi꜒	mi꜒	li꜒
西南	黔川	大方	꜃ye	꜀tɕye	꜀tɕʰye	꜀ɕie	꜀ɕie	꜃pi	꜃mi	꜁li
	西蜀	都江堰	io	tɕio꜒	tɕʰio꜒	ɕie꜒	ɕie꜒	pie	mie	nie
	川西	喜德	꜃ye	꜀tɕio	꜀tɕʰie	꜀ɕie	꜀ɕie	꜀pi	꜃mi	꜁ni
	云南	昆明	꜃ie	꜀tɕie	꜀tɕʰie	꜀ɕie	꜀ɕie	꜀pi	꜃mi	꜁li
	湖广	武汉	꜃ye	꜀tɕye	꜀tɕʰye	꜀ɕie	꜀ɕie	꜀pi	꜃mi	꜁ni
	桂柳	荔浦	꜃ye	꜀kye	꜀kʰye	꜃hye		꜀pi	꜃mi	꜁li
江淮	洪巢	南京	yeʔ꜒	tɕyeʔ꜒	tɕʰyeʔ꜒	ɕyeʔ꜒	ɕyeʔ꜒	piʔ꜒	miʔ꜒	liʔ꜒
	泰如	泰州	yuʔ꜒/yuʔ꜒	tɕyuʔ꜒	tɕʰyuʔ꜒	ɕyuʔ꜒	ɕyuʔ꜒	piɪʔ꜒	miɪʔ꜒/miɪʔ꜒	niɪʔ꜒
	黄孝	红安	ɥæ	kʰɥæ	kʰɥæ꜒	ɕie	ʂɥe꜒	pi꜒	mi꜒	li꜒
晋语	并州	太原	yəʔ꜒	tɕyəʔ꜒	tɕʰyəʔ꜒	ɕyəʔ꜒	ɕyəʔ꜒	piəʔ꜒	miəʔ꜒	liəʔ꜒
	吕梁	岚县	yeʔ꜒	tɕyeʔ꜒	tɕʰyeʔ꜒	ɕyeʔ꜒	ɕyəʔ꜒	piəʔ꜒	miəʔ꜒	lieʔ꜒
	上党	长治	yəʔ꜒	tɕyəʔ꜒	tɕʰyəʔ꜒	ɕyəʔ꜒	ɕyəʔ꜒	piəʔ꜒	miəʔ꜒	liəʔ꜒
	五台	忻州	yəʔ꜒	tɕyəʔ꜒	tɕʰyʔ꜒	ɕyʔ꜒	ɕyʔ꜒	piəʔ꜒	miəʔ꜒	liəʔ꜒
	大包	大同	yaʔ꜒	tɕyaʔ꜒	tɕʰyaʔ꜒	ɕyaʔ꜒	ɕyaʔ꜒	piəʔ꜒	miəʔ꜒	liəʔ꜒
	张呼	呼和浩特	yaʔ꜒	tɕyaʔ꜒	tɕʰyaʔ꜒	ɕyaʔ꜒	ɕyaʔ꜒	piəʔ꜒	miəʔ꜒	liəʔ꜒
	邯新	获嘉	yɤʔ꜒	tɕyɤʔ꜒	tɕʰyɤʔ꜒	ɕiɤʔ꜒	꜃ɕye	pi꜒	mi꜒	liʔ꜒
	志延	志丹	yəʔ꜒	tɕyəʔ꜒	tɕʰyəʔ꜒	ɕiə꜒	꜃ɕiə	piəʔ꜒	miəʔ꜒	liəʔ꜒

姪	虱	质	实	日	一	乞	没	突	卒	代表点
臻开三 质入澄	臻开三 质入生	臻开三 质入章	臻开三 质入船	臻开三 质入日	臻开三 质入影	臻开三 迄入溪	臻合一 没入明	臻合一 没入定	臻合一 没入精	
ˌtʂʅ	ˌʂʅ	tʂʅˀ / ˌtʂʅ	ˌʂʅ	ʐʅˀ	ˌi	ˈtɕʰi	ˌmei	ˈtʰu	ˌtʂu	北
ˌtʂʅ	ˌʂʅ	ˈtʂʅ	ˌʂʅ	ʐʅˀ	ˌi	ˈtɕʰi	ˌmei	ˈtʰu	ˌtʂu	兴
ˌtsʅ	ˌsʅ	ˈtsʅ	ˌsʅ	iˀ	ˌi	ˈtɕʰi	ˌmei	ˈtʰu	ˌtsu	沈
ˌtʂʅ	ˌʂʅ	ˈtʂʅ	ˌʂʅ	ʐʅˀ	ˌi	ˈtɕʰi	ˌmei	ˈtʰu	ˌtʂu	长
ˌtʂʅ	ˌʂʅ	ˈtʂʅ	ˌʂʅ	ʐʅˀ	ˌi	ˈtɕʰi	ˌmei	ˈtʰu	ˌtʂu	巴
tɕiˀ	ˌʂʅ	ˈtɕi/tɕiˀ	çiˀ	ˌi	ˈi	ˈtʃʰi	ˌmo/moˀ	ˈtʰu	tsuˀ	牟
ˌtʃʅ	ˌʂʅ	tʃʅˀ	ˌʃʅ	iˀ	ˈi	ˈtʃʅ	ˌmə	ˈtʰθu	ˌtsu	诸
ˌtʂʅ	ˌʂʅ	ˈtʂʅ	ˌʂʅ	iˀ	ˈi		ˌmei/maˀ	ˈtʰu	ˌtsu	丹
ˌtʂʅ	ˌʂʅ	ˈtʂʅ	ˌʂʅ	ʐʅˀ	ˌi	tɕʰiˀ	moˀ	ˈtʰu	ˌtsu	高
ˌtʂʅ	ˌʂʅ	ˈtʂʅ	ˌʂʅ	ʐʅˀ	ˌi	ˌtɕʰi	mə	ˈtu	ˌtsu	济
ˌtʂʅ	ˌʂʅ	tʂʅˀ	ˌʂʅ	ʐʅˀ	ˌi	ˈtɕʰi	moˀ	ˈtʰu	ˌtsu	河
ˌtʂʅ	ʂʅˀ	tʂʅˀ	ˌʂʅ	ʐʅˀ	iˀ	ˈtɕʰiˀ/tɕʰiˀ	mə˧	tuˀ	ˌtsu	利
ˌtʂʅ	ˌsei	ˌtʂʅ	ˌʂʅ	ˌ˞	ˌi	ˌtɕʰi	ˌmuo	ˈtuˀ/tʰuˀ	ˌtsou	西
ˌtʂʅ		ˌtʂʅ	ˌʂʅ	ʐʅˀ	ˌi	ˌtɕʰi	ˌmə	ˈtʰu	ˌtsʅ	敦
ˌtʂʅ	ˌsei	ˌtʂʅ	ˌʂʅ	ʐʅˀ/ʐʅˀ	ˌi	ˌtɕʰi	ˌmo	ˈtʰu	ˌtsu	天
ˌtʂʅ		ˌtʂʅ	ˌʂʅ	ʐʅˀ	ˌi	ˌtɕʰi	mɤ	ˈtʰu	ˌtsu	吐
ˌtʂʅ		ˌtʂʅ	ˌʂʅ	ʐʅˀ	ˌi	ˌtɕʰi	ˌmu	ˈtʰu	ˌtsʰou	运
ˌtʂʅ	ˌʂʅ	ˌtʂʅ	ˌʂʅ	ʐʅˀ	ˌi	ˌtɕʰi	ˌmu	ˈtʰu	ˌtsu	徐
ˌtʂʅ	ˌʂʅ	ˌtʂʅ	ˌʂʅ	ʐʅˀ	ˌi	ˌtɕʰi	ˌmei	ˈtʰu	ˌtsu	郑
ˌtsʅ	ˌsʅ	ˈtsʅ	ˌsʅ	ˌʐ	ˌi	ˌtɕʰi	ˌmei/ˌumu	ˈtʰu	ˌtsu	曲
ˌtsʅ	ˌs˞	tsʅˀ	ˌsʅ	zʅˀ	ˌi	ˌtɕʰi/tɕʰiˀ			ˌtsou	信
tʂʅˀ	ʂʅˀ	tʂʅˀ	ʂʅˀ	ʐʅˀ	iˀ	ˌtɕʰi	mɤˀ	tʰuˀ	tsuˀ	灵
tʂʅˀ	ʂʅˀ	tʂʅˀ	ʂʅˀ	ʅˀ	ˌts˞	ˌtɕʰi	mɤˀ	tʰuˀ	tsuˀ	永
tʂʅˀ	ʂɤˀ	tʂʅˀ	ʂʅˀ	ziˀ	ˌi	ˌtɕʰi	mɤˀ	ˈtʰu	ˈtsu	张
ˈtʂʅ		ˌtʂʅ	ˌʂʅ	ʐʅˀ				ˈtʰu	ˈtsu	吉
ˌtsʅ	ˌse	ˌtsʅ	ˌsʅ	ʐʅˀ	ˌi	ˌtɕʰi	ˌmo	ˈtʰu	ˌtɕiu	大
tsʅˀ	seˀ	tsʅˀ	sʅˀ	ʐʅˀ	ieˀ	tɕʰieˀ	moˀ	tʰoˀ	tɕioˀ	都
ˌtʂʅ	ˌse	ˌtʂʅ	ˌʂʅ	ʐʅˀ	ˌi	ˌtʃ	ˌmo	ˈtʰu	ˌtsu	喜
ˌtʂʅ	ˌsə	ˌtʂʅ	ˌʂʅ	ʐʅˀ	ˌi	ˌtɕʰi	ˌmo	ˈtʰu	ˌtsu	昆
ˌtsʅ	ˌs˞	ˌtsʅ	ˌsʅ	ˌɯ	ˌi	ˌtɕʰi	ˌmo	ˌtʰou	ˌtsou	武
ˌtsi	ˌsə	ˌtsi	ˌsi	ˌi	ˌi	ˌkʰi	ˌmə	ˈtʰu	ˌtsy	荔
tʂʅˀ	sɤˀ	tʂʅˀ	ʂʅˀ	ʐʅˀ	iˀ	tɕʰiˀ	moˀ/ˌmuˀ	tʰuˀ	tsuˀ	南
tsɤˀ/tɕʰiˀ	sɤˀ	tsɤˀ	sɤˀ/sɤˀ	iiˀ/zɤˀ①	iiˀ	tɕʰiiˀ	ˌmɤˀ/ˌmaˀ	tʰɤˀ	tsoˀ/tɕyuˀ	泰
tʂɤˀ	sæˀ	tʂɤˀ	ʂʅˀ/ʂʅ	erˀ	iˀ	tɕʰiˀ	moɣˀ/mei②	tʰuˀ	tsɤuˀ	红
tsɤʔˀ	sɤʔˀ	tsɤʔˀ	sɤʔˀ	zɤʔˀ	iɤʔˀ	tɕʰiɤʔˀ	mɤʔˀ	tʰuɤʔˀ	tsuɤʔˀ	太
tsʰɤʔˀ	sɤʔˀ	tsɤʔˀ	sɤʔˀ	ʐ˞	iɤʔˀ	tɕʰiɤʔˀ	mɤʔˀ	tʰuɤʔˀ	tɕʰyeʔˀ	岚
tsʰɤʔˀ	sʅɤʔˀ	tsɤʔˀ	sɤʔˀ	ʐɤ˞	iɤʔˀ	tɕʰiɤʔˀ	mɤʔˀ	tʰuɤʔˀ	tsuɤʔˀ	长
tsɤʔˀ	saˀ	tsɤʔˀ	sɤʔˀ	zɤʔˀ	iɤʔˀ	tɕʰiɤʔˀ	mɤʔˀ	tʰuɤʔˀ	tsuɤʔˀ	忻
tsɤʔˀ	saˀ	tsɤʔˀ	sɤʔˀ	zɤʔˀ	iɤʔˀ	tɕʰiɤʔˀ	mɤʔˀ	tʰuɤʔˀ	tsuɤʔˀ	呼
tsɤʔˀ	s˞ɤʔˀ	tsɤʔˀ	sɤʔˀ	zɤʔˀ	iɤʔˀ	tɕʰiʔˀ	mɤʔˀ	tʰuʔˀ	ˌtsu	获
ˌtsʅ/tsɤʔˀ	sɤʔˀ	tsɤʔˀ	sɤʔˀ	zɤʔˀ	iɤʔˀ	tɕʰiɤʔˀ	mɤʔˀ	tʰuɤʔˀ	tsuɤʔˀ	志

①音 3（文）：iiʔˀ。②音 2 为新派读音。

区	片	代表点	骨	忽	律	戌	率~领	出	术	橘
			臻合一没入见	臻合一没入晓	臻合三术入来	臻合三术入心	臻合三术入生	臻合三术入昌	臻合三术入船	臻合三术入见
北京	幽燕	北京	ᶜku	⸗xu	ly⁼	ʂu⁼	ʂuai⁼	⸗tʂʻu	ʂu⁼	⸗tɕy
	锦兴	兴城	ᶜku	ᶜxu	ly⁼	ʂu⁼	ʂuai⁼	⸗tʂʻu	ʂu⁼	⸗tɕy
	辽沈	沈阳	ᶜku	⸗xu	ly⁼	su⁼	suai⁼	⸗tsʻu	su⁼	⸗tɕy
	黑吉	长春	ᶜku	⸗xu	ly⁼	ʂu⁼	suai⁼	⸗tʂʻu	ʂu⁼	⸗tɕy
	哈肇	巴彦	ᶜku	ᶜxu	ly⁼	ʂu⁼	ʂuai⁼	⸗tʂʻu	ʂu⁼	⸗tɕy
胶辽	登连	牟平	ᶜku	⸗xu	ly⁼	ᶜɕy	suai⁼	⸗tɕʻy	ɕy⁼	ᶜɕy
	青莱	诸城	ᶜku	⸗xu	ly⁼	ᶜɕy	suai⁼	⸗tʃu	ʃu⁼	ᶜtʃu
	营通	丹东	ᶜku	⸗xu	ly⁼	ᶜɕy	suai⁼	⸗tsʻu	ʂu⁼	ᶜtɕy
冀鲁	保唐	高阳	ᶜku	⸗xu	ly⁼	⸗ɕy	ʂuai⁼	⸗tʂʻu	ʂu⁼	⸗tɕy
	石济	济南	⸗ku	⸗xu	ly⁼	⸗ɕy	ʂɛ⁼	⸗tʂʻu	ʂu⁼	⸗tɕy
	沧惠	河间	ᶜku	⸗xu	ly⁼	⸗ɕy	ʂuai⁼	⸗tʂʻu	ʂu⁼	⸗tɕy
	章利	利津	ku⁼	⸗xu	ly⁼	ɕy⁼	ʂuɛ⁼	tʂʻu⁼	ʂu⁼	tɕy⁼
中原	关中	西安	⸗ku	⸗xu	⸗ly	⸗ɕy	fɛ⁼	⸗pfu	⸗fu	⸗tɕy
	秦陇	敦煌	⸗kɤ	⸗xu	⸗ly	⸗ɕy	ʂuɛ⁼	⸗tʂʻʅ	⸗ʂʅ	tɕy⁼
	陇中	天水	⸗ku	⸗xu	⸗ly	⸗ɕy	suai⁼	⸗tsʻʅ	⸗sʅ	tɕy⁼
	南疆	吐鲁番	⸗ku	⸗xu	⸗ly		fai⁼	⸗tʂʻu	fu⁼	tɕy⁼
	汾河	运城	⸗ku	⸗xu	⸗y	⸗fu	fai⁼	⸗pfu	⸗fu	⸗tɕy
	洛徐	徐州	⸗ku	⸗xu	⸗ly	⸗ɕy	ʂuɛ⁼	⸗tʂʻu	⸗ʂu	⸗tɕy
	郑曹	郑州	⸗ku	⸗xu	⸗ly	⸗sy	ʂuai⁼	⸗tʂʻu	⸗ʂu	⸗tɕy
	蔡鲁	曲阜	⸗ku	⸗xu	⸗ly	⸗ɕy	suɛ⁼	⸗tsʻu	⸗su	⸗tɕy
	信蚌	信阳	⸗ku	⸗fu	ny⁼	ɕy⁼	sai⁼	⸗tɕʻy	ɕy⁼	⸗tɕy
兰银	银吴	灵武	ku⁼	xu⁼	ly⁼	ɕy⁼	ʂuɛ⁼	tʂʻu⁼	ʂu⁼	tɕy⁼
	金城	永登	ku⁼	xu⁼	lʅ⁼	sʅ⁼	fɛ⁼	pfu⁼	fu⁼	tsʅ⁼
	河西	张掖	ku⁼	xu⁼	ly⁼	su⁼	fɛ⁼	kʻu⁼	fu⁼	tsu⁼
	塔密	吉木萨尔	ku⁼	⸗xu	ly⁼		ʂuai⁼	tʂʻu⁼	ʂu⁼	tɕy⁼
西南	黔川	大方	⸗ku	⸗fu	⸗li	⸗ɕiu	suai⁼	⸗tʂʻu	⸗su	⸗tɕiu
	西蜀	都江堰	ko⁼	fo⁼	nie⁼	ɕio⁼	suai⁼	tsʻo⁼	so⁼	tɕio⁼
	川西	喜德	⸗ku	⸗fu	⸗ni	⸗ɕiu	ʂuæ⁼	⸗tʂʻu	⸗ʂu	⸗tɕiu
	云南	昆明	⸗ku	⸗xu	⸗li	⸗ɕi	ʂuɛ⁼	⸗tʂʻu	⸗ʂu	⸗tɕi
	湖广	武汉	⸗ku	⸗xu	⸗ni	⸗ɕy	suai⁼	⸗tɕʻy	⸗sou	⸗tɕy
	桂柳	荔浦	⸗ku	⸗xu	⸗ly	⸗sy	suai⁼	⸗tsʻy	⸗sy	⸗ky
江淮	洪巢	南京	kuʔ⁼	xuʔ⁼	lyʔ⁼	syʔ⁼	ʂuae⁼	tʂʻuʔ⁼	ʂuʔ⁼	tɕyʔ⁼
	泰如	泰州	kuəʔ⁼	xuəʔ⁼	niɿʔ⁼	ɕyuʔ⁼	ʂuɛʔ⁼/sɑɛ	tsʻuəʔ⁼	suəʔ⁼	tɕyuʔ⁼
	黄孝	红安	ku⁼	fu⁼	li⁼	ɕi⁼	ʂuaiʔ⁼/saiʔ	kʻʯ⁼	ʂʯ⁼	kʯ⁼
晋语	并州	太原	kuəʔ⁼	xuəʔ⁼	lyəʔ⁼	ɕyəʔ⁼	suai⁼	tsʻuəʔ⁼	suəʔ⁼	tɕyəʔ⁼
	吕梁	岚县	kuəʔ⁼	xuəʔ⁼	luəʔ⁼	ɕyəʔ⁼	suai⁼	tsʻuəʔ⁼	suəʔ⁼	tɕyeʔ⁼
	上党	长治	kuəʔ⁼	xuəʔ⁼	luəʔ⁼	ɕyəʔ⁼	suai⁼	tsʻuəʔ⁼	suəʔ⁼	tɕyʔ⁼
	五台	忻州	kuəʔ⁼	xuəʔ⁼	lyəʔ⁼	ɕyəʔ⁼	suæ⁼	tsʻuəʔ⁼	suæ⁼	tɕyəʔ⁼
	大包	大同	kuəʔ⁼	xuəʔ⁼	lyəʔ⁼	ɕyəʔ⁼	suɛ⁼	tʂʻuəʔ⁼	ʂuəʔ⁼	tɕyəʔ⁼
	张呼	呼和浩特	kuəʔ⁼	xuəʔ⁼	lyəʔ⁼	ɕyəʔ⁼	suɛ⁼	tʂʻuəʔ⁼	suəʔ⁼	tɕyəʔ⁼
	邯新	获嘉	kuʔ⁼	xuʔ⁼	lyʔ⁼	ɕyʔ⁼	ʂua⁼	tʂʻuʔ⁼	ʂuʔ⁼	tɕyʔ⁼
	志延	志丹	kuəʔ⁼	xuəʔ⁼	lyəʔ⁼	ɕyəʔ⁼	suəʔ⁼	tʂʻuəʔ⁼	suəʔ⁼	tɕyəʔ⁼

佛	物	屈	鬱	博	薄	莫	托	諾	落	代
臻合三	臻合三	臻合三	臻合三	宕开一	宕开一	宕开一	宕开一	宕开一	宕开一	表
物入奉	物入微	物入溪	物入影	铎入帮	铎入並	铎入明	铎入透	铎入泥	铎入来	点
꜀fo	u꜄	꜀tɕˈy	y꜄	꜀po	꜀pau	mo꜄	꜀tˈuo	nuo꜄	lau꜄/luo꜄	北
꜀fɤ	u꜄	꜀tɕˈy	y꜄	꜀pɤ	꜀pau	mɤ꜄	꜀tˈuo	nuo꜄	luo꜄	兴
꜀fɤ	u꜄	꜀tɕˈy	y꜄	꜀pɤ	꜀pau	mɤ꜄	꜀tˈɤ	nuɤ꜄	lau꜄	沈
꜀fɤ	u꜄	꜀tɕˈy	y꜄	꜀pɤ	꜀pau	mɤ꜄	꜀tˈɤ	nuɤ꜄	lau꜄	长
꜀fɤ	u꜄	꜀tɕˈy	y꜄	꜀pɤ	꜀pau	mɤ꜄	꜀tˈɤ	nuɤ꜄	lau꜄	巴
꜀fu	u꜄	꜀cˈy	꜀y	꜀po	po꜄	꜍mo	꜍tˈuo	꜍nuo	꜍luo	牟
꜀fə	u꜄	꜀tʃu	y꜄	꜀pə	꜀pə	mə꜄	꜍tˈuo	꜍nuo	꜍luo	诸
꜀fə	u꜄	꜀tɕˈy		꜀po	꜀pə	꜍mo	꜍tˈuo	꜍nuo	luo꜄	丹
꜀fo	u꜄	꜀tɕˈy	y꜄	꜀po	꜀pau	mo꜄	꜍tˈuo	ŋɤ꜄	lau꜄/la꜄①	高
꜀fə	u꜄	꜀tɕˈy	y꜄	꜀pə	꜀pə	mə꜄	꜀tˈə	꜀nuə	luə꜄	济
꜀fo	u꜄	꜀tɕˈy	y꜄	꜍po	꜀pau	mo꜄	꜍tˈuo	ŋuo꜄	lau꜄/la꜄②	河
꜀fə	u꜄	tɕˈy꜄	y꜄	pə꜄	꜀pɔ	mə꜄	tˈuə꜄	nuə꜄	luə꜄/lɔ꜄③	利
꜀fo	꜍vu	꜀tɕˈy		꜀puo	꜀puo	꜍muo	꜍tˈuo	꜍nuo	꜍luo	西
꜀fə		꜀tɕˈy	꜍y	꜀pə	꜀pə	꜍mə	꜍tˈə	꜍nə	꜍luə	敦
꜍fo	꜍vu	꜀tɕˈy	y꜄	꜍po	꜍pˈo	꜍mo	꜍tˈuo	luo꜄	꜍luo	天
꜀fɤ	꜍vu	꜀tɕˈy		꜍pɤ	꜍pɤ	꜍mɤ	꜍tˈɤ	nuɤ꜄	꜍luɤ	吐
꜀fo	꜍vo	꜀tɕˈy	꜀y	꜍po	꜍pˈo	꜍mo	꜍tˈo	꜍luo	ouɤ꜄	运
꜀fuə	꜍u	꜀tɕˈy	꜀y	꜀puə	꜀puə	꜍muə	꜍tˈə	꜍nuə	꜍ouə	徐
꜀fu	꜍u	꜀tɕˈy	꜀y	꜀po	꜀po	꜍mo	꜍tˈə	꜍nuo	꜍ouɤ	郑
꜀fu	꜍u	꜀tɕˈy	꜀y	꜀puə	꜀puə	꜍muə	꜍tˈuə	꜍ouə	꜍ouə	曲
꜀fu	u꜄	꜀tɕˈy	y꜄	꜀po	꜀po	꜍mo	꜍tˈuo	zuo꜄	꜍ouo	信
fu꜄	vu꜄	tɕˈy꜄	y꜄	꜀pɤ	꜀pɤ	mɤ꜄	tˈuə꜄	nuə꜄	luə꜄	灵
fu꜄	vu꜄	tsˈʮ꜄	ʮ꜄	꜀pɤ	꜀pɤ	mɤ꜄	tˈuə꜄	nuə꜄	luə꜄	永
꜀fu	vu꜄	tsˈu꜄	zʮ꜄	꜀pɤ	꜀pɤ	mɤ꜄	tˈuə꜄	nə꜄	luə꜄	张
꜍fɤ		꜀tɕˈy		꜍pɤ	꜍pɤ	꜍mɤ	tˈuɤ꜄	nuɤ꜄	luɤ꜄	吉
꜀fu	꜍u	꜀tɕˈiu	꜍iu	꜀po	꜀po	꜍mo	꜀tˈo	꜍lo	꜍lo	大
fo꜄	o꜄	tɕˈio꜄	io꜄	po꜄	po꜄	mo꜄	tˈo꜄	no꜄	no꜄	都
꜀fu	꜍u	꜀tɕˈiu	꜍iu	꜀po	꜀po	꜍mo	꜀tˈo	꜍no	꜍no	喜
꜀fu	꜍u	꜀tɕˈiu	꜍iu	꜀po	꜀po	꜍mo	꜀tˈo	꜍no	꜍lo	昆
꜀fu	꜍u	꜀tɕˈy	꜍y	꜀po	꜀po	꜍mo	꜀tˈo	꜍no	꜍lo	武
꜀fu	꜍u	꜀kˈy		꜀po	꜀po	꜍mo	꜀tˈo	꜍no	꜍lo	荔
fuʔ꜄	uʔ꜄	tɕˈyʔ꜄	zuʔ꜄	poʔ꜄	poʔ꜄	moʔ꜄	tˈoʔ꜄	loʔ꜄	loʔ꜄	南
fəʔ꜄/fɔʔ꜄	vəʔ꜄	tɕˈyuʔ꜄	yuʔ꜄	paʔ꜄	pˈaʔ꜄/paʔ꜄	maʔ꜄/maʔ꜄	tˈaʔ꜄		naʔ꜄/naʔ꜄	泰
fu꜄	u꜄	kˈʮ꜄	ʮ꜄/zɤu꜄	po꜄	pˈoʔ꜄/po꜄	mo꜄	tˈo꜄	lo꜄	lo꜄	红
fəʔ꜄	vəʔ꜄	tɕˈyʔ꜄	yəʔ꜄	pəʔ꜄	pəʔ꜄	məʔ꜄	tˈuəʔ꜄	nəʔ꜄	luəʔ꜄	太
fəʔ꜄	uəʔ꜄	tɕˈyʔ꜄	yəʔ꜄	pɛʔ꜄	pˈɛʔ꜄/pɛʔ꜄	mɛʔ꜄	tˈɛʔ꜄	nɛʔ꜄	lɛʔ꜄	岚
fəʔ꜄	uəʔ꜄	tɕˈyʔ꜄	yəʔ꜄	pəʔ꜄	pəʔ꜄	məʔ꜄	tˈuəʔ꜄	nuəʔ꜄	luəʔ꜄	长
fəʔ꜄	vəʔ꜄	tɕˈyʔ꜄	yəʔ꜄	puoʔ꜄	pˈuoʔ꜄	muoʔ꜄	tˈuoʔ꜄		lɔʔ꜄	忻
fəʔ꜄	vəʔ꜄	tɕˈyʔ꜄	yəʔ꜄	paʔ꜄	paʔ꜄	maʔ꜄	tˈuaʔ꜄	naʔ꜄	luaʔ꜄	大
fəʔ꜄	vəʔ꜄	tɕˈyʔ꜄	yəʔ꜄	paʔ꜄	paʔ꜄	maʔ꜄	tˈuaʔ꜄	naʔ꜄	luaʔ꜄	呼
fəʔ꜄	uʔ꜄	tɕˈyʔ꜄	yəʔ꜄	paʔ꜄	꜀pɤ	maʔ꜄	tˈuaʔ꜄	꜍nuɤ	luaʔ꜄	获
fəʔ꜄	vəʔ꜄	tɕˈyʔ꜄	yəʔ꜄	꜍puə	꜍puə	꜍muə	tˈuə꜄	꜍nuə	luəʔ꜄	志

①音 3（文）：luo꜄。②音 3：luo꜄。③luə꜄，～后；lɔ꜄，～叶。

区	片	代表点	烙 宕开一 铎入来	作 宕开一 铎入精	凿 宕开一 铎入从	各 宕开一 铎入见	鳄 宕开一 铎入疑	鹤 宕开一 铎入匣	恶善~ 宕开一 铎入影	略 宕开三 药入来
北京	幽燕	北京	lau˧	tsuo˥	₌tsau	kɤ˥	ɤ˥	₌xau/xɤ˥	ɤ˥	lye˥
	锦兴	兴城	lau˧	tʂuo˥	₌tʂau	kɤ˥	nɤ˥	₌xau/xɤ˥	₌nɤ˥	liau˥
	辽沈	沈阳	lau˧	tsuɤ˥	₌tsau	kɤ˥	ɤ˥	xɤ˥	ɤ˥	liau˥
	黑吉	长春	lau˧	tsuɤ˥	₌tsau	kɤ˥	ɤ˥	₌xau/xɤ˥	₌nɤ˥	liau˥
	哈肇	巴彦	lau˧	tsuɤ˥	₌tsau	kɤ˥	nɤ˥	₌xau/xɤ˥	₌nɤ˥	liau˥
胶辽	登连	牟平	ˀluo	tsuo˥	₌tsuo	ˀkuo/ˀkə	₌uo	₌xuo	ˀuo	ˀlyə
	青莱	诸城	ˀluo	tsuo˥	₌tsuo	ˀkuo/ˀkə	₌uo	₌ux	ˀuo	lyə˥
	营通	丹东	ˀluo	tsuo˥	₌tsuo/tsao	ˀkə/ˀkə	₌uo	₌xo	ˀə	lyə˥
冀鲁	保唐	高阳	lau˧	₌tsuo	₌tsuɑ	ˀkɤ		₌xau/xɤ˥	₌nɤ˥	liau˥/lyɤ˥
	石济	济南	₌luə/luə˥	₌suə/tsuə	₌tsuə	ˀkɤ	₌ŋə	₌ex/ex/xə˥	₌ŋə	luə˥
	沧惠	河间	lau˧	tsuo˥	₌tsuɑ	ˀkɤ		₌xau/xɤ˥	₌nɤ˥	liau˥/lyɤ˥
	章利	利津	lɔ˧/luə˥	tsuə˥	₌sɔ˥	ˀkə	₌ŋə	₌ex	ŋə˥	liɔ˥/luə˥
中原	关中	西安	₌lou	₌tsuo	₌tsuo	ˀkɤ		₌xuo	₌nɤ	₌luo
	秦陇	敦煌	₌luə	₌tsuə	₌tsuɑ	ˀkə		₌ex	₌ei	₌lyə
	陇中	天水	₌luo	₌tsuo	₌ts'uo	kuo	₌ŋou	₌xuo	₌ŋou	₌luo
	南疆	吐鲁番		₌tsuɤ	₌tsuɤ	ˀkɤ		₌xɤ	₌ɤ	₌lyɤ
	汾河	运城	₌luo	₌tsuo	₌tsuo	kuo	₌nuo	xuo˥	₌ŋou	₌lyo
	洛徐	徐州	₌luə	₌tsuə	₌tsuə	ˀkə	₌ə	₌xə	₌ə	₌luə
	郑曹	郑州	₌lou	₌tsuə	₌tsuə	ˀkɤ	₌ɤ	₌xɤ	₌ɤ	₌lou
	蔡鲁	曲阜	₌luə	₌tsuə	₌tsuə	ˀkɤ		₌xɤ	₌ɤɤ	₌luə
	信蚌	信阳	₌nou	tsuo˥	₌tsuo	kɤ˥		₌xɤ	₌ŋɤ	₌nyo
兰银	银吴	灵武	luə˥	tsuə˥	tsuə˥	kɤ˥	ɤ˥	xɤ˥	ɤ˥	lyə˥
	金城	永登	luə˥	tsuə˥	tsuə˥	kɤ˥	ɤ˥	xɤ˥	ɤ˥	lyə˥
	河西	张掖	luə˥	tsuə˥	₌tsuə	kɤ˥	₌ɣɤ	xɤ˥	ɣɤ˥	lyə˥
	塔密	吉木萨尔	luɤ˥	tsuɤ˥	ˀtsuɤ	kɤ˥	ŋɤ˥	xɤ˥	ŋɤ˥	lyɛ˥
西南	黔川	大方	₌lo	₌tso	₌tso	₌ko	₌xo		₌ŋo	₌lio
	西蜀	都江堰	no˥	tso˥	tso˥	ko˥	o˥	xo˥	ŋo˥	nio˥
	川西	喜德	₌no	₌tso	₌tso	₌ko	₌o	₌xo	₌o	₌nio
	云南	昆明	₌lo	₌tso	₌tso	₌ko	₌o	₌xo	₌o	₌lio
	湖广	武汉	₌no	₌tso	₌tso	₌ko	₌o	₌xo	₌no	₌nio
	桂柳	荔浦	₌lo	₌tso	₌tso	₌ko		₌ho		₌lo
江淮	洪巢	南京	loʔ˥	tsoʔ˥	tsoʔ˥	koʔ˥	oʔ˥	xoʔ˥	oʔ˥	loʔ˥
	泰如	泰州	naʔ˥/naʔ˥	ts'aʔ˥/tsaʔ	ts'aʔ˥/ts'ɔʔ	kaʔ˥	aʔ˥	xaʔ˥	aʔ˥	niaʔ˥
	黄孝	红安	lo˥	tso˥	ts'o˥/tso˥	ko˥	ŋo˥	xo˥	ŋo˥	lio˥
晋语	并州	太原	lau˧	tsuaʔ˥	tsuaʔ˥	kaʔ˥		xəʔ˥	ɣəʔ˥	lyəʔ˥
	吕梁	岚县	lau˧/lɪʔ˥	tsʅɛʔ˥	ts'ʅɛʔ˥	kiɛʔ˥		xiɛʔ˥	ŋiɛʔ˥	liɛʔ˥
	上党	长治	luəʔ˥	tsuəʔ˥	tsuəʔ˥	kəʔ˥		xəʔ˥	əʔ˥	lyəʔ˥
	五台	忻州	lɔ˥	tsɔʔ˥	ts'ɔʔ˥	kɔʔ˥		xɔʔ˥	ŋɔʔ˥	liɛʔ˥
	大包	大同	lɤɑ˥	tsuaʔ˥	tsuaʔ˥	kaʔ˥		xaʔ˥	naʔ˥	lyaʔ˥
	张呼	呼和浩特	lɔ˥	tsuaʔ˥	tsuaʔ˥	kaʔ˥		xaʔ˥	ŋaʔ˥	liaʔ˥
	邯新	获嘉	luaʔ˥	tsuaʔ˥	₌tsuɤ	kaʔ˥		xaʔ˥	aʔ˥	lyɤʔ˥
	志延	志丹	luəʔ˥	tsaʔ˥	₌tsa	kaʔ˥		xəʔ˥	ŋəʔ˥	lyaʔ˥

①₌luə，~饼；luə˥，~铁。②₌tsuə，~揞。③音2为新派读音。④lɔ˥，~饼。⑤音3：ts'aʔ˥。

嚼	着睡~	勺	弱	脚	虐	约	药	郭	霍	代表点
宕开三	宕开三	宕开三	宕开三	宕开三	宕开三	宕开三	宕开三	宕合一	宕合一	
药入从	药入从	药入禅	药入日	药入见	药入疑	药入影	药入以	铎入见	铎入晓	
₌tɕiau/₌tɕye	₌tʂau	₌ʂau	zuoꜛ	ꜛtɕiau	nyeꜛ	₌iau/₌ye	iauꜛ	₌kuo	xuoꜛ/ꜛxuo	北
₌tɕiau	₌tʂau	₌ʂau	zuoꜛ	ꜛtɕiau	iauꜛ	₌iau	iauꜛ	₌kuo	ꜛxuo	兴
₌tɕiau	₌tsau	₌sau	iauꜛ	ꜛtɕiau	iauꜛ	₌iau	iauꜛ	₌kuɤ	₌xuɤ	沈
₌tɕiau	₌tʂau	₌ʂau	iauꜛ	ꜛtɕiau	iauꜛ	₌iau	iauꜛ	₌kuɤ	ꜛxuɤ	长
₌tɕiau	₌tʂau	₌ʂau	zauꜛ	ꜛtɕiau	iauꜛ	₌iau	iauꜛ	₌kuɤ	ꜛxuɤ	巴
₌tsuo/₌tɕyo	tsuoꜛ	₌suo	₌yuo	ꜛcyuo	ꜛyuo	ꜛyə	ꜛyuo	ꜛkuo	xuoꜛ	牟
₌tsuo/₌tɕyuo	tsuoꜛ	₌suo	₌yuo	ꜛcyuo	ꜛyuo	ꜛyə	yəꜛ/iaoꜛ	ꜛkuo	xuoꜛ	诸
₌tɕyə	tsuoꜛ	₌suo	yəꜛ	₌tɕyə	yəꜛ	yəꜛ	yəꜛ/iaoꜛ	ꜛkuo	ꜛxuo	丹
₌tsiau	₌tʂau	₌ʂau	zau°ꜛ/zuoꜛ	ꜛtɕiau	ȵiau°ꜛ/ȵyeꜛ	₌iau/₌yɤ	iauꜛ	₌kuo	₌xuo	高
₌tɕio/₌tɕye	₌tʂɔ	₌suəⁿ/₌sʐ①	luəꜛ	₌tɕyə	yəꜛ	₌yə	yəꜛ	₌kuə	₌xuə	济
₌tsiau	₌tʂau	₌ʂau	zau°ꜛ/zuoꜛ	ꜛtɕiau	ȵiau°ꜛ/ȵyeꜛ	₌iau/₌yɤ	iauꜛ	₌kuo	₌xuo	河
₌tsiə	₌tʂɔ	₌sɔ	zo°ꜛ/zuoꜛ	tɕiɔꜛ	ioꜛ	₌io	ꜛio	kuəꜛ	xuə°ꜛ/xuəꜛ②	利
₌tɕyo	₌pfo	₌fo	₌vo	₌tɕyo	₌yo	₌yo	₌yo	₌kuo		西
₌tɕyə	₌tʂuə	₌suə	₌zuə	₌tɕyə	₌yə	₌yə	₌yə	₌kuə		敦
₌tɕyɤ	₌tʂuo	₌suo	₌zuo	₌tɕyɤ	yɤꜛ	yɤꜛ	yɤꜛ	₌kuo	₌xuo	天
₌tɕyɤ	₌tʂuɤ	₌fɤ	₌vɤ	₌tɕyɤ	yɤꜛ	yɤꜛ	yɤꜛ	₌kuɤ		吐
₌tɕ'yo	ouꜛ/₌tʂuo	₌suo	₌zuo	₌tɕyo	yoꜛ	yoꜛ	yoꜛ	₌kuo	₌xuo	运
₌tɕyə	₌tʂuə	₌suə	₌zuə	₌tɕyə	yəꜛ	yəꜛ	yəꜛ	kuəꜛ	xuəꜛ	徐
₌tɕyo	₌tʂuo	₌suo	₌zuo	₌tɕyo	yoꜛ	yoꜛ	yoꜛ	₌kuo	₌xuo	郑
₌tɕye	₌tsɔ	₌suə	₌zuə	₌tɕye	yeꜛ	₌ye	₌ye	kuəꜛ	xuəꜛ	曲
₌tɕyo	₌tʂuo	₌suo	₌zuo	₌tɕyo	yoꜛ	₌yo	yoꜛ	₌kuo	₌xuo	信
₌tɕyə	₌tʂuə	ʂuəꜛ	zuəꜛ	₌tɕyə	lyəꜛ	yəꜛ	yəꜛ	kuaꜛ	xɤꜛ	灵
₌tɕyə	₌pfə	fəꜛ	vəꜛ	₌tɕyə	lyəꜛ	yəꜛ	yəꜛ	kuaꜛ	xɤꜛ	永
₌tsuə	₌kuə	₌fə	vəꜛ	tsuəꜛ	nəꜛ	ȵyəꜛ	ȵyəꜛ	kuaꜛ	xɤꜛ	张
ꜛtɕyE	₌tʂuɤ	ꜛfɤ	vɤꜛ°/ʮɤꜛ	ꜛtɕyE	yEꜛ	yEꜛ	yEꜛ	₌kuɤ	xuɤꜛ	吉
	₌tso	₌so	₌zo	₌tɕio	₌lio	₌io	₌io	₌ko	₌xo	大
	tsoꜛ	soꜛ	zoꜛ	tɕioꜛ	ȵioꜛ	ioꜛ	ioꜛ	kuaꜛ	xoꜛ	都
₌tɕio	₌tʂo	₌ʂo	₌zo	₌tɕio	₌nio	₌io	₌io	₌ko	₌xo	喜
₌tɕio	₌tʂo	₌ʂo	₌zo	₌tɕio	₌lio	₌io	₌io	₌ko	₌xo	昆
	₌tso	₌so	₌io	₌tɕio	₌io	₌io	₌io	₌ko	₌xo	武
	₌tso		₌ȵio	₌kio	₌ȵio	₌io	₌io	₌ko		荔
tsoʔ₌	tʂoʔ₌	ʂoʔ₌	ioʔ₌/zoʔ₌③	tɕioʔ₌	loʔ₌	ioʔ₌	ioʔ₌	kueʔ₌	xoʔ₌	南
tɕ'iaʔ₌	ts'aʔ₌/tsaʔ₌	ts'aʔ₌/saʔ₌	zaʔ₌	tɕiaʔ₌	niaʔ₌	iaʔ₌	iaʔ₌	kuaʔ₌	xuaʔ₌	泰
tɕioꜛ	ts'o°ꜛ/tʂoꜛ	₌ʂo	ȵioꜛ	tɕioꜛ	ȵioꜛ	ioꜛ	ioꜛ	koꜛ	xoꜛ	红
tɕyəʔ₌	tsəʔ₌	suəʔ₌	zuəʔ₌	tɕiəʔ₌	iəʔ₌	yəʔ₌	iəʔ₌	kuəʔ₌	xuəʔ₌	太
tɕ'yEʔ₌	ts'yEʔ₌	s'yEʔ₌	zEʔ₌	tɕyEʔ₌	niEʔ₌	iEʔ₌	iEʔ₌	kuEʔ₌	xuEʔ₌	岚
₌tɕiɔ	tsəʔ₌	səʔ₌	iəʔ₌	tɕiɔʔ₌	iɔʔ₌	iɔʔ₌	yəʔ₌	kuəʔ₌	xuəʔ₌	长
	ts'ɔʔ₌	ʂɔʔ₌	zɔʔ₌	tɕiɛʔ₌	niɛʔ₌	iɛʔ₌	iɛʔ₌	kuəʔ₌	xuəʔ₌	忻
tɕyaʔ₌	tʂaʔ₌	ʂoaʂ	zuaʔ₌	tɕyaʔ₌	niaʔ₌	yaʔ₌	yaʔ₌	kuaʔ₌	xuaʔ₌	大
₌tɕiɔ	tsaʔ₌	₌cɔ	zuaʔ₌	tɕyaʔ₌	niaʔ₌	iaʔ₌	iaʔ₌	kuaʔ₌	xuaʔ₌	呼
₌tɕyɤ	₌tʂuɤ	₌ʂuɤ	zuaʔ₌	tɕyaʔ₌	yaʔ₌	yaʔ₌	yaʔ₌	kuaʔ₌	xuaʔ₌	获
tɕyəʔ₌	₌tʂəʔ	₌cɔ	zuəʔ₌	tɕyəʔ₌	iəʔ₌	yəʔ₌	yəʔ₌	kuəʔ₌	xuəʔ₌	志

①③音2为新派读音。　②xuəꜛ，姓；xuəꜛ，～乱病。

区	片	代表点	缚 宕合三 药入奉	钁 宕合三 药入见	剥 江开二 觉入帮	雹 江开二 觉入並	桌 江开二 觉入知	戳 江开二 觉入彻	浊 江开二 觉入澄	镯 江开二 觉入崇
北京	幽燕	北京	fuˀ	₌tɕye	⁼pauˀ/⁼po	₌pau	₌tʂuo	₌tʂʻuo	₌tʂuo	₌tʂuo
	锦兴	兴城	fuˀ	₌tɕyE	⁼pau	₌pau	₌tʂuo	₌tʂʻuo	₌tʂuo	₌tʂuo
	辽沈	沈阳	fuˀ	₌tɕye	₌pau	₌pau	₌tsuɤ	⁼tsʻuɤ	₌tsuɤ	₌tsuɤ
	黑吉	长春	fuˀ	₌tɕye	₌pɤ	₌pau	₌tʂuɤ	₌tʂʻuɤ	₌tʂuɤ	₌tʂuɤ
	哈肇	巴彦	fuˀ	₌tɕye	₌pau	₌pau	₌tʂuɤ	₌tʂʻuɤ	₌tʂuɤ	₌tʂuɤ
胶辽	登连	牟平	⁼fu	⁼cyə	⁼paˀ/⁼po	paˀ/paoˀ	⁼tsuo	⁼tsʻuo	⁼tsuo	⁼tsuo
	青莱	诸城	⁼fu	⁼cyə	⁼paˀ/⁼po	paˀ/paoˀ	⁼tsuo	⁼tsʻuo	⁼tsuo	⁼tsuo
	营通	丹东		₌tɕye	₌pɔ	₌pɑ	₌tsuo	₌tsʻuo	₌tsuo	₌tsuo
冀鲁	保唐	高阳	⁼fu	₌tɕye	⁼pauˀ/⁼po①	₌pau	₌tʂuo	₌tʂʻuo	₌tʂuo	₌tʂuo
	石济	济南	₌fə	₌tɕye	₌pə	₌paˀ/₌pɔ	₌tʂuə	₌tʂʻuə/₌tʂʻuə②	₌tʂuə	₌tʂuə
	沧惠	河间	⁼fu	₌tɕyε	⁼pauˀ/⁼po①	₌pau	₌tʂuə	₌tʂʻuo	₌tʂuə	₌tʂuə
	章利	利津	fu˞	tɕyə˞	paˀ/₌paˀ④	₌pɔ	tʂuə˞	₌tʂʻuə/tʂʻuə④	₌tʂuə	₌tʂuə
中原	关中	西安		₌tɕye	₌puo	₌pɔ	₌pfo	₌pfo	₌pfo	₌pfo
	秦陇	敦煌	⁼fɣ	₌tɕye	₌pə		₌tʂuə	₌tʂʻuə	₌tʂuə	₌tʂuə
	陇中	天水		₌tɕyE	₌po	₌pao	₌tsuo	₌tsʻuo	₌tsuo	₌tsuo
	南疆	吐鲁番		₌tɕyɤ	₌pɤ		₌tʂuɤ	₌tʂʻuɤ	₌tʂuɤ	₌tʂuɤ
	汾河	运城	fuˀ	₌tɕyE			₌pfo	₌pfo	₌pfo	₌pfo
	洛徐	徐州	fuˀ	₌tɕyə	₌puə		₌tʂuə	₌tʂʻuə	₌tʂuə	₌tʂuə
	郑曹	郑州	fuˀ	₌tɕye	₌po		₌tʂuo	₌tʂʻuo	₌tʂuo	₌tʂuo
	蔡鲁	曲阜		₌tɕye	₌puə	₌puə	₌tʂuə	₌tʂʻuə	₌tʂuə	₌tʂuə
	信蚌	信阳	fuˀ		₌po	₌pau	₌tsuo	₌tsʻuo	₌tsuo	₌tsuo
兰银	银吴	灵武	fu⁼	tɕyə⁼	pɣ⁼	₌pɔ	tʂuə⁼	tʂʻuə⁼	tʂuə⁼	tʂuə⁼
	金城	永登	fu⁼	tɕyə⁼	pɣ⁼	₌pɔ	pfə⁼	pfə⁼	pfə⁼	pfə⁼
	河西	张掖	fu⁼	tsuə⁼	pɣ⁼	pɔ⁼	kuə⁼	kʻuə⁼	₌kuə	kuə⁼
	塔密	吉木萨尔		₌tɕyε	pɤ⁼/pɤ⁼⑥	pɔ⁼	tʂuɤ⁼	tʂʻuɤ⁼	⁼tʂuɤ	⁼tʂuɤ
西南	黔川	大方			₌po	po⁼	₌tso	₌tsʻo	₌tso	₌tso
	西蜀	都江堰			po꜕	po꜕	tso꜕	tsʻo꜕	tso꜕	tso꜕
	川西	喜德	⁼fu		₌po	pao⁼	₌tʂo	₌tʂʻo	₌tʂo	₌tʂo
	云南	昆明	⁼fu		₌po	po⁼	₌tʂo	₌tʂʻo	₌tʂo	₌tʂo
	湖广	武汉			₌po	po⁼	₌tso	₌tsʻo	₌tso	₌tso
	桂柳	荔浦			₌po	pau⁼	₌tso	₌tsʻo		
江淮	洪巢	南京	fuʔ꜕	tɕyeʔ꜕	poʔ꜕	pooʔ	tʂoʔ꜕	tsʻoʔ꜕	tʂuʔ꜕/tʂoʔ꜕	tʂoʔ꜕
	泰如	泰州	paʔ꜕/faʔ꜕		paʔ꜕	pʻaʔ꜕	tsuaʔ꜕	tsʻuaʔ꜕	tsʻuaʔ꜕/tsuaʔ꜕⑤	tsʻuaʔ꜕
	黄孝	红安	fuʔ		po꜕	₌pau	tso꜕	tsʻo꜕	tso꜕	tso꜕
晋语	并州	太原		₌tɕyəʔ	pəʔ꜕		tsuaʔ꜕	tsʻuaʔ꜕	tsuaʔ꜕	tsuaʔ꜕
	吕梁	岚县		₌tɕyEʔ	paʔ꜕		tsuaʔ꜕	tsʻuaʔ꜕	tsuaʔ꜕	suaʔ꜕
	上党	长治		₌tɕyəʔ	pəʔ꜕		tsuəʔ꜕	tsʻuəʔ꜕	tsuəʔ	tsuəʔ
	五台	忻州		₌tɕyəʔ꜕	puoʔ꜕		tsuoʔ꜕	tsʻuɔʔ꜕	tsuɔʔ꜕	tsuɔʔ꜕
	大包	大同		₌tɕyaʔ	paʔ꜕		₌tʂuaʔ	tʂʻuaʔ꜕	₌tʂuaʔ	₌tʂuaʔ
	张呼	呼和浩特		₌tɕyaʔ	paʔ꜕		tsuaʔ꜕	tsʻuaʔ꜕	tsuaʔ꜕	tsuaʔ꜕
	邯新	获嘉	paʔ꜕	₌tɕyaʔ	paʔ꜕	₌pau	tsuaʔ꜕	tsʻuaʔ꜕	₌tʂuɤ	₌tʂuɤ
	志延	志丹		₌tɕyaʔ꜕	₌puə		tsuaʔ꜕	tsʻuaʔ꜕	₌tsuə	₌tʂuə

①③④⑥音1：～皮；音2：～削。 ②₌tʂʻuə，手～。 ⑤₌tʂʻuə，～一下；tʂʻuə ～子。

觉知~	岳	学	北	墨	德	特	肋	则	贼	代表点
江开二	江开二	江开二	曾开一	曾开一	曾开一	曾开一	曾开一	曾开一	曾开一	
觉入见	觉入疑	觉入匣	德入帮	德入明	德入端	德入定	德入来	德入精	德入从	
₌tɕye	ye꜄	₌ɕiau/₌ɕyɛ	꜀pei	mo꜄	₌tɤ	t'ɤ꜄	lei꜄	₌tsɤ	₌tsei	北
꜀tɕiau	yɛ꜄	₌ɕiau/₌ɕyɛ	꜀pei	mi꜄	₌tɤ	t'ɤ꜄	lei꜄	₌tʂai	₌tsei/₌tʂɤ	兴
꜀tɕiau	iau꜄	₌ɕiau/₌ɕyɛ	꜀pei	mi꜄	₌tɤ	t'ɤ꜄	lei꜄	₌tsai	₌tsei	沈
꜀tɕiau	yɛ꜄	₌ɕiau/₌ɕyɛ	꜀pei	mɤ꜄	₌tɤ	t'ɤ꜄	lei꜄	₌tsai	₌tsei	长
꜀tɕiau	yɛ꜄	₌ɕiau/₌ɕyɛ	꜀pei	mɤ꜄	₌tɤ	t'ɤ꜄	lei꜄	₌tsai	₌tsei	巴
꜀cyuo	꜀yuo	₌ɕyuo	꜀po	꜀mo	꜀tə	₌tə	꜄lə	꜀tsə	tsə꜄	牟
꜀cyuo	꜀yuo	₌ɕyuo	꜀po	꜀mo	꜀tə	₌tə	꜄lə	꜀tsə	tsə꜄	诸
꜀tɕyə/꜀tɕiao	yə꜄	꜀ɕyə	꜀pə/꜀pei	mə꜄	꜀tə	₌tə	꜄lə	꜀tsə	₌tsə/₌tsei	丹
꜀tɕiau/꜀tɕyɛ	iau꜄/yɛ꜄	꜀ɕiau/꜀ɕyɛ	꜀pei	mei꜄/mo꜄	꜀tei/꜀tɤ	t'ɤ꜄	lei꜄	꜀tsɤ	₌tsei	高
꜀tɕyə	yə꜄	꜀ɕyə	꜀pei	mei꜄	₌tei/₌tə	₌tei	luei꜄	꜀tsei/₌tsə	₌tsei	济
꜀tɕiau/꜀tɕyɛ	iau꜄/yɛ꜄	꜀ɕiau/꜀ɕyɛ	꜀pei	mei꜄/mo꜄	꜀tei/꜀tɤ	t'ɤ꜄	lei꜄	tsɤ꜄	₌tsei	河
tɕyə꜄	yə꜄	₌ɕio/₌ɕyə	pei꜄	mei꜄	tei꜄	₌t'ə	luei꜄	tsei꜄	₌tsei	利
₌tɕyo	꜀yo	₌ɕyo	꜀pei	₌mei	₌tei	₌t'ei	꜀lei	₌tsei	₌tsei	西
₌tɕyə	꜀yə	₌ɕyə	꜀pei	₌mei	₌tei	₌t'ei/₌t'ə	꜀lei	₌tsei	₌tsei	敦
₌tɕyɛ	꜀yɛ	₌ɕyɛ	꜀pei	₌mei	₌tei	₌t'ei	꜀lei	₌tsei	₌tsei	天
₌tɕyɤ	꜀yɤ	₌ɕyɤ	꜀pei	₌mei	₌tɤ	₌t'ɤ	꜀lei	₌tsɤ	₌tsei	吐
₌tɕyo	꜀yo	₌ɕyo	꜀pei	₌mei	₌tei	₌t'ei	꜀lei	꜀tsei	₌tsei	运
₌tɕyə	꜀yə	₌ɕyə	꜀pe	₌me	₌te	₌t'e	꜀le	꜀tse	₌tse	徐
₌tɕyo	꜀yo	₌ɕyo	꜀pei	₌mei	₌tɛ	₌t'ɛ	꜀lɛ	꜀tsɛ	₌tsei	郑
₌tɕye	꜀ye	₌ɕye	꜀pei	₌mei	₌tei	₌t'ei	꜀lei	꜀tsei	₌tsei	曲
₌tɕyo	yo꜄	₌ɕyo	꜀pɛ	₌mɛ	₌tɛ	t'ɛ꜄	꜄nɛ	꜀tsɛ	₌tsei	信
tɕyə꜄	yə꜄	ɕyə꜄	pɛ꜄/piɑ꜄	mɤ꜄/miɑ꜄	tɤ꜄/tiɑ꜄	t'ɤ꜄	liɑ꜄	tsɤ꜄	₌tsei	灵
tɕyə꜄	yə꜄	ɕyə꜄	piɑ꜄	miɑ꜄	tɤ꜄/tiɑ꜄	t'ɤ꜄	liɑ꜄	tsɤ꜄	₌tsei	永
tsuə꜄	zyə꜄	₌suə	pii꜄/piɑ꜄	miɑ꜄	tɤ꜄	t'ɤ꜄	lɤ꜄	tsɤ꜄	₌tsii	张
tɕyE꜄	yE꜄	₌ɕyE	pei꜄	₌mei/mɤ꜄	꜀tɤ	t'ɤ꜄	₌lei/₌lɤ	꜀tsɤ	꜀tsei	吉
₌tɕio	₌io	₌ɕio	꜀pe	₌me	₌te	₌t'e	₌ne	₌tse	₌tsuei	大
tɕio꜄	io꜄	ɕio꜄	pe꜄	me꜄	te꜄	t'e꜄	ne꜄	tse꜄	tsuei꜄	都
₌tɕio	₌io	₌ɕio	꜀pe	₌me	₌te	₌t'e	₌ne	₌tse	₌tse	喜
₌tɕio	₌io	₌ɕio	꜀pə	₌mə	₌tə	₌t'ə	꜀lə	꜀tsə	₌tsei	昆
₌tɕio	₌io	₌ɕio	꜀pɤ	₌mɤ	₌tɤ	₌t'ie	꜀ɤ	꜀tsɤ	₌tsɤ	武
₌k'io	₌io	₌hio	꜀pə	₌mə	₌tə	₌t'ə	꜀lə	꜀tsə	₌tsə	荔
tɕioʔ꜄	ioʔ꜄	ɕioʔ꜄	pəʔ꜄	məʔ꜄	təʔ꜄	t'əʔ꜄	ləʔ꜄	tsəʔ꜄	₌tsuəi/tsəʔ꜄	南
<u>kaʔ꜄</u>/tɕiaʔ꜄	iaʔ꜄	<u>xaʔ꜄</u>/ɕiaʔ꜄	poʔ꜄	moʔ꜄	təʔ꜄	<u>t'əʔ꜄</u>/t'aʔ꜄	naʔ꜄/naʔ꜄①	tsəʔ꜄	<u>ts'əʔ꜄</u>	泰
tɕio꜄	io꜄	ɕio꜄	pæ꜄	mæ꜄	tæ꜄	t'ie꜄/t'ie꜄②	læ꜄	tsæ꜄	tsæ꜄	红
tɕyəʔ꜄	yəʔ꜄	ɕioʔ꜄	piəʔ꜄	miəʔ꜄	tiəʔ꜄	t'əʔ꜄	liəʔ꜄	tsəʔ꜄	₌tsei	太
tɕyEʔ꜄	iEʔ꜄	ɕiEʔ꜄	piəʔ꜄	miəʔ꜄	tiəʔ꜄	t'əʔ꜄	lieʔ꜄	tsəʔ꜄	tsəʔ꜄/꜀tsei	岚
tɕyəʔ꜄	yəʔ꜄	ɕiəʔ꜄	pəʔ꜄	miəʔ꜄	tiəʔ꜄	t'əʔ꜄	liəʔ꜄	tsaʔ꜄	₌tsei	长
tɕiɛʔ꜄	iɛʔ꜄	ɕiɛʔ꜄	piəʔ꜄	miəʔ꜄	tiəʔ꜄	t'əʔ꜄/t'ɛʔ꜄	liəʔ꜄	tsɔʔ꜄	₌tsei	忻
tɕyaʔ꜄	yaʔ꜄	ɕyaʔ꜄	piəʔ꜄	miəʔ꜄	tiəʔ꜄	t'əʔ꜄	liəʔ꜄	tsaʔ꜄	₌tsæe	大
tɕyaʔ꜄	yaʔ꜄	ɕyaʔ꜄	piəʔ꜄	miəʔ꜄	tiəʔ꜄	t'əʔ꜄	liəʔ꜄	tsaʔ꜄	₌tsei	呼
tɕyaʔ꜄	yaʔ꜄	₌ɕyɤ	pæʔ꜄	mæʔ꜄	taʔ꜄	t'aʔ꜄	lɤʔ꜄	tsəʔ꜄	₌tsei	获
tɕyəʔ꜄	yəʔ꜄	₌ɕyə	piəʔ꜄/꜀pei	miəʔ꜄/꜀mei	təʔ꜄/₌tei	t'əʔ꜄	liəʔ꜄	tsaʔ꜄	₌tsae	志

①音 3（文）：tsu꜄。　②音 3：t'æ꜄。

区	片	代表点	塞 曾开一 德入心	克 曾开一 德入溪	黑 曾开一 德入晓	逼 曾开三 职入帮	力 曾开三 职入来	即 曾开三 职入精	直 曾开三 职入澄	测 曾开三 职入初
北京	幽燕	北京	꜀sai/sɣ꜒	k'ɣ꜒	꜀xei	꜀pi	li꜒	꜀tɕi	꜀tʂʅ	tʂɣ꜒
	锦兴	兴城	꜀sei/꜀sai꜒	꜀k'ɣ	꜀xei	꜀pi	li꜒	꜀tɕi	꜀tʂʅ	tʂɣ꜒
	辽沈	沈阳	꜁sai	꜀k'ɣ	꜀xei	꜀pi	li꜒	tɕi꜒	꜀tʂʅ	tʂɣ꜒
	黑吉	长春	꜀sei/sai꜒	꜀k'ɣ	꜀xei	꜀pi	li꜒	tɕi꜒	꜀tʂʅ	tʂɣ꜒
	哈肇	巴彦	꜀sei/sai꜒	꜀k'ɣ	꜀xei	꜀pi	li꜒	tɕi꜒	꜀tʂʅ	tʂɣ꜒
胶辽	登连	牟平	꜁sə	ʰk'ə	ʰxə	ʰpi	li꜒	tɕi꜒	tɕi꜒	ts'ə꜒
	青莱	诸城	꜁sə꜒	ʰk'ə	ʰxə	ʰpi	li꜒	tɕi꜒	tɕi꜒	ts'ə꜒
	营通	丹东	꜀sə/ ꜁sai	ʰk'ə	꜁xə	ʰpi	li꜒	tɕi꜒	꜀tʂʅ	ts'ə꜒
冀鲁	保唐	高阳	꜀sei/꜀sai꜒①	꜀k'ɣ	꜀xei	꜀pi	li꜒	ʰtsi	꜀tʂʅ	ts'ɣ꜒
	石济	济南	꜁sei	꜀k'ei②/꜀k'ə	꜀xei	꜀pi	li꜒	꜀tɕi	꜀tʂʅ	꜁tʂ'ei / ꜁tsɿ
	沧惠	河间	꜀sei/ ꜀sai꜒③	꜀k'ɣ	꜀xei	꜀pi	li꜒	ʰtsi	꜀tʂʅ	ts'ɣ꜒
	章利	利津	sei꜒	k'ei꜒ /k'ə꜒	xei꜒	꜀pi	li꜒	꜀tsi	꜀tʂʅ	꜀tʂ'ei
中原	关中	西安	꜁sei	꜀k'ei	꜀xei	꜀pi	꜁li	꜀tɕi	꜁tʂʅ	꜁ts'ei
	秦陇	敦煌	sɛ꜒		꜀xei	꜀pi	꜁li	꜀tɕi	꜁tʂʅ	꜁ts'ɿ
	陇中	天水	sei꜒	꜀k'ei	꜀xei	꜀pi	꜁li	꜀tɕi	꜁tʂʅ	꜁ts'ei
	南疆	吐鲁番	sai꜒	꜀k'ɣ	꜀xei	꜀pi	꜁li			꜁ts'ɿ
	汾河	运城	꜁sai	꜀k'ei	꜀xei	꜀pi		tɕi꜒	꜀tʂʅ	꜁tʂ'ɛ
	洛徐	徐州	꜁se	꜀k'e	꜀xe	꜀pi		꜀tɕi	꜁tʂʅ	꜁ts'e
	郑曹	郑州	꜁sɛ	꜀k'ɛ	꜁xɛ	꜀pi		꜀tsi	꜁tʂʅ	꜁tʂ'ɿ
	蔡鲁	曲阜	꜁sei	꜀k'ei	꜀xei	꜀pi		꜀tsi	꜁tsʅ	꜁ts'ei
	信蚌	信阳	꜁sai	k'ɛ꜒	꜁xɛ	꜀pi	꜁ni	tɕi꜒	꜀tʂʅ	ts'ɛ꜒
兰银	银吴	灵武	sɣ꜒	k'ɣ꜒	xɣ꜒	pi꜒	li꜒	tɕi꜒	tʂʅ꜒	ts'ɣ꜒
	金城	永登	sɣ꜒	k'ɣ꜒/k'iə꜒	xiə꜒	pʅ꜒	lʅ꜒	tsɿ꜒	tʂʅ꜒	ts'ɣ꜒
	河西	张掖	sɣ꜒	k'ɣ꜒	xɯ꜒	pi꜒	li꜒	tɕi꜒	tʂʅ꜒	tʂɣ꜒
	塔密	吉木萨尔	sai꜒/sɣ꜒④	k'ɣ꜒	꜀xei	pi꜒	li꜒		ʰtʂʅ	ts'ɣ꜒
西南	黔川	大方	꜁se	꜁k'e	꜁xe	꜀pi	꜁li	꜀tɕi	꜁tʂʅ	꜁ts'e
	西蜀	都江堰	se꜒	k'e꜒	xe꜒	pie꜒	nie꜒	tɕie꜒	tʂʅ꜒	ts'e꜒
	川西	喜德	꜁se	꜀k'e	꜁xe	꜀pi	꜁ni	꜁tʃi	꜀tʂʅ	꜁ts'e
	云南	昆明	꜁sə	꜀k'ə	꜁xə	꜀pi	꜁li	꜀tɕi	꜁tʂʅ	꜁ts'ə
	湖广	武汉	꜁sɣ	꜀k'ɣ	꜁xɣ	꜀pi	꜁ni	꜀tɕi	꜁tʂʅ	꜁ts'ɣ
	桂柳	荔浦	꜁sə	꜀k'ə	꜁hə	꜀pi	꜁li	꜀tsi	꜁tsi	꜁ts'ə
江淮	洪巢	南京	səʔ꜒	k'əʔ꜒	xəʔ꜒	piʔ꜒	liʔ꜒	tsiʔ꜒	tʂʅʔ꜒	ts'əʔ꜒
	泰如	泰州	səʔ꜒/tsəʔ꜒	k'əʔ꜒	xəʔ꜒	piiʔ꜒	niiʔ꜒/niiʔ꜒	tɕiiʔ꜒	tsəʔ꜒	ts'əʔ꜒
	黄孝	红安	sæ꜒	k'æ꜒	xæ꜒	pi꜒	li꜒	tɕi꜒	tsʅʔ꜒/tsʅʔ	ts'æ꜒
晋语	并州	太原	səʔ꜒	k'əʔ꜒	xəʔ꜒	piəʔ꜒	liəʔ꜒	tɕiəʔ꜒	tsəʔ꜒	ts'əʔ꜒
	吕梁	岚县	səʔ꜒	k'əʔ꜒	xəʔ꜒	piəʔ꜒	liəʔ꜒	tɕiəʔ꜒	tsʅʔ꜒ /tsəʔ꜒	tsʅeʔ꜒
	上党	长治	saʔ꜒	k'əʔ꜒	xəʔ꜒	piəʔ꜒	liəʔ꜒	tɕiəʔ꜒	tsəʔ꜒	ts'əʔ꜒
	五台	忻州	səʔ꜒	k'əʔ꜒	xəʔ꜒	piəʔ꜒	liəʔ꜒	tɕiəʔ꜒	tsʅʔ꜒/tsəʔ꜒	ts'ɔʔ꜒
	大包	大同	səʔ꜒	k'əʔ꜒	xəʔ꜒	piəʔ꜒	liəʔ꜒	tɕiəʔ꜒	tsəʔ꜒	ts'əʔ꜒
	张呼	呼和浩特	saʔ꜒	k'əʔ꜒	xəʔ꜒	piəʔ꜒	liəʔ꜒	tɕiəʔ꜒	tsəʔ꜒	ts'əʔ꜒
	邯新	获嘉	sæʔ꜒	k'aʔ꜒	xaʔ꜒	piʔ꜒	liʔ꜒	tɕiʔ꜒	tsəʔ꜒	ts'ɣʔ꜒
	志延	志丹	səʔ꜒	k'əʔ꜒	xəʔ꜒	piəʔ꜒	liəʔ꜒	tɕiəʔ꜒	tsəʔ꜒	ts'aʔ꜒

①③音3：sai꜒，边～。②₋k'ei，～服。④音3：꜀sei。

色	织	食	植	极	国	或	域	百	迫	代表点
曾开三 职入生	曾开三 职入章	曾开三 职入船	曾开三 职入禅	曾开三 职入群	曾合一 德入见	曾合一 德入匣	曾合三 职入云	梗开二 陌入帮	梗开二 陌入帮	
ᵋsai/sɤ˃	ᶜtʂʅ	ᶜʂʅ	ᶜtʂʅ	ᶜtɕi	ᶜkuo	ᶜxuo	y˃	ᶜpai	p'o˃/p'ai	北
ᵋsai/sɤ˃	ᶜtʂʅ	ᶜʂʅ	ᶜtʂʅ	ᶜtɕi	ᶜkuo	ᶜxuei	y˃	ᶜpai	ᶜp'ɤ	兴
ᵋsai/sɤ˃	ᶜtʂʅ	ᶜʂʅ	ᶜtʂʅ	ᶜtɕi	ᶜkuɤ	xɤ˃	y˃	ᶜpai	ᶜp'ɤ	沈
ᵋsai/sɤ˃	ᶜtʂʅ	ᶜʂʅ	ᶜtʂʅ	ᶜtɕi	ᶜkuɤ	xɤ˃	y˃	ᶜpai	p'ai˃	长
ᵋsai/sɤ˃	ᶜtʂʅ	ᶜʂʅ	ᶜtʂʅ	ᶜtɕi	ᶜkuɤ	ᶜxuei	y˃	ᶜpai	p'ai˃	巴
ᶜsə	ᶜtɕi	çi˃	tɕi˃	ci˃	ᶜkuo	ᵌxuo	y˃	ᶜpo	ᶜp'o	牟
ᶜsə	ᶜtʂʅ	ᶜʂʅ	ᶜtʂʅ	ᶜtɕi	ᶜkuo	xə˃	y˃	ᵋpə/ᶜpai	ᶜp'ə	丹
ᵋsai/sɤ˃	ᶜtʂʅ	ᶜʂʅ	ᶜtʂʅ	ᶜtɕi	ᶜkuo	xuo˃	y˃	ᶜpai	ᶜp'ai/ᵌp'o	高
ᵋsei	ᶜtʂʅ	ᶜʂʅ	ᶜtʂʅ	ᶜtɕi	ᶜkuə	ᵌxuei	ᵋy	ᵋpei	ᵋp'ei	济
ᵋsai/sɤ˃	ᶜtʂʅ	ᶜʂʅ	ᶜtʂʅ	ᶜtɕi	ᶜkuo	xuo˃	y˃	ᵋpai	ᵌp'ai/ᵌp'o	河
sei˃	tʂʅᵌ	ᶜʂʅ	tʂʅᵌ	kuə˃	ᵌxuei	y˃	peiᵌ	p'ei˃		利
ᵋsei	ᵋtʂʅ	ᶜʂʅ	ᵋtʂʅ	ᵋtɕi	ᵋkuei	ᵌxuei	y˃	ᵋpei	ᶜp'ei	西
ᵋsei	ᵋtʂʅ	ᶜʂʅ	ᵋtʂʅ	ᵋtɕi	ᵋkuə	ᵌxuei	ᵋy	ᵋpei	ᶜp'ə	敦
ᵋsei	ᵋtʂʅ	ᶜʂʅ	ᵋtʂʅ	ᵋtɕi	ᵋkuei	ᵌxuei	y˃	ᵋpei	ᶜp'ei	天
ᵋsei	ᵋtʂʅ	ᶜʂʅ	ᵋtʂʅ		ᵋkuɤ	ᵌxuɤ	ᵋy	ᵋpei	ᶜp'ɤ	吐
ᵋSE/ᵋsei	ᵋtʂʅ	ᶜʂʅ	ᵋtʂʅ	ᵋtɕi	ᵋkuei	ᵌxuei	y˃	ᵋpia	p'ai˃	运
ᵋse	ᵋtʂʅ	ᶜʂʅ	ᵋtʂʅ	ᵋtɕi	ᵋkue	ᵌxue	ᵋy	ᵋpe	ᶜp'e	徐
ᵋsɛ	ᵋtʂʅ	ᶜʂʅ	ᵋtʂʅ	ᵋtɕi	ᵋkuɛ	ᵌxuai	ᵋy	ᵋpɛ	ᶜp'ɛ	郑
ᵋsei	ᵋtʂʅ	ᶜʂʅ	ᵋtʂʅ	ᵋtɕi	ᵋkuə			ᵋpei	ᶜp'ei	曲
ᵋsɛ	ᵋtʂʅ	ᶜʂʅ	ᵋtʂʅ	ᵋtɕi	ᵋkue	fe˃	ᵋy	ᵋpɛ	ᶜp'ɛ	信
sɤ˃	tʂʅᵌ	ʂʅᵌ	tʂʅᵌ	tɕi˃	kuə˃	xuə˃	y˃	pɛᵌ/piaᵌ	p'e˃/p'ia˃	灵
sɤ˃	tʂʅᵌ	ʂʅᵌ	tʂʅᵌ	tʂʅ˃	kuə˃	xuə˃	y˃	piə˃	p'iə˃	永
ʂɤ˃	tʂʅᵌ	ᶜʂʅ	tʂʅᵌ	ᵋtɕi	kuə˃	xuə˃	zy˃	piə˃	p'iə˃	张
ᵋsei/sɤ˃	tʂʅᵌ	ᶜʂʅ	tʂʅᵌ	ᶜtɕi	kuɤ˃	xuɤ˃	y˃	ᵌpai/ᵌpei	p'ɤ˃	吉
ᵌse	ᵌtʂʅ	ᶜʂʅ	ᵌtʂʅ	ᵌtɕi	ᵌkuei	ᵌxuei	ᵌiu	ᵌpe	ᵌp'e	大
se˃	tʂʅᵌ	ʂʅᵌ	tʂʅᵌ	tɕie˃	kua˃	xua˃	io˃	pe˃	p'e˃	都
ᵌse	ᵌtʂʅ	ᶜʂʅ	ᵌtʂʅ	ᵌtʃʅ	ᵌko	ᵌxo	ᵌiu	ᵌpe	ᵌp'e	喜
ᵌsə	ᵌtʂʅ	ᶜʂʅ	ᵌtʂʅ	ᵌtɕi	ᵌko	ᵌxo	ᵌiu	ᵌpə	ᵌp'ə	昆
ᵌsɤ	ᵌtʂʅ	ᶜʂʅ	ᵌtʂʅ	ᵌtɕi	ᵌkuɤ	ᵌxuɤ	ᵌy	ᵌpɤ	ᵌp'ɤ	武
ᵌsə	ᵌtsi	ᶜsi	ᵌtsi	ᵌki	ᵌko	ᵌho	ᵌy	ᵌpə	ᵌp'ə	荔
səʔᵌ	tʂʅʔᵌ	ʂʅʔᵌ	tʂʅʔᵌ	tɕiʔᵌ	kueʔᵌ	xueʔᵌ	zuʔᵌ	pəʔᵌ	p'əʔᵌ	南
səʔᵌ	tsəʔᵌ	ᶜsəʔᵌ/səʔᵌ	tsəʔᵌ	tɕiiʔᵌ	kɔʔᵌ	xɔʔᵌ	yuʔᵌ	pɔʔᵌ	p'ɔʔᵌ	泰
sæᵌ	tʂʅᵌ	ᶜʂʅ	tʂʅᵌ	tɕiᵌ	kuæᵌ	fe˃	ʮᵌ	pæᵌ	p'æᵌ	红
sɔʔᵌ	tsəʔᵌ	səʔᵌ	tsəʔᵌ	tɕiəʔᵌ	kuəʔᵌ	xuəʔᵌ	yəʔᵌ	piəʔᵌ	p'iəʔᵌ	太
sʅəʔᵌ	tsəʔᵌ	səʔᵌ	tsəʔᵌ	tɕiəʔᵌ	kuəʔᵌ	xueʔᵌ	yəʔᵌ	pieʔᵌ	p'iəʔᵌ	岚
saʔᵌ	tsəʔᵌ	səʔᵌ	tsəʔᵌ	tɕiəʔᵌ	kuəʔᵌ	xueᵌ	yəʔᵌ	piəʔᵌ	p'iəʔᵌ	长
sɔʔᵌ	tsəʔᵌ	ᶜʂəʔᵌ	tʂəʔᵌ	tɕiəʔᵌ	kuɔʔᵌ	xuɔʔᵌ	yɔʔᵌ	piɛʔᵌ	p'iɛʔᵌ	忻
saʔᵌ	tsəʔᵌ	səʔᵌ	tsəʔᵌ	tɕiəʔᵌ	kuəʔᵌ	xuəʔᵌ	yəʔᵌ	piaʔᵌ	p'iaʔᵌ	大
saʔᵌ	tsəʔᵌ	səʔᵌ	tsəʔᵌ	tɕiəʔᵌ	kuaʔᵌ	xuaʔᵌ	yaʔᵌ	piaʔᵌ	p'iaʔᵌ	呼
sʅɐᵌ	tsʅəʔᵌ	səʔᵌ	tʂʅəʔᵌ	tɕiʔᵌ	kuaʔᵌ	xuaʔᵌ	yaʔᵌ	pɐᵌ	p'ɐʔᵌ	获
saʔᵌ	tʂʅəʔᵌ	ʂəʔᵌ	tʂʅəʔᵌ	tɕiəʔᵌ	kuəʔᵌ	xuəʔᵌ	yəʔᵌ	ᵌpei	p'iəʔᵌ	志

区	片	代表点	拍 梗开二 陌入滂	白 梗开二 陌入並	择选~ 梗开二 陌入澄	宅 梗开二 陌入澄	格 梗开二 陌入见	客 梗开二 陌入溪	额 梗开二 陌入疑	吓 梗开二 陌入晓
北京	幽燕	北京	⊆p'ai	⊆pai	⊆tsɤ/⊆tsai	⊆tʂai	⊆kɤ	˚tɕ'ie/kɤ	⊆ɤ	xɤ⊃
	锦兴	兴城	⊆p'ai	⊆pai	⊆tsai	⊆tʂai	⊆kɤ	˚tɕ'ie/kɤ	⊆ŋɤ	xɤ⊃
	辽沈	沈阳	⊆p'ai	⊆pai	⊆tsai	⊆tsai	⊆kɤ	˚tɕ'ie/kɤ	⊆ɤ	xɤ⊃
	黑吉	长春	⊆p'ai	⊆pai	⊆tsai	⊆tʂai	⊆kɤ	˚tɕ'ie/kɤ	⊆ŋɤ	xɤ⊃
	哈肇	巴彦	⊆p'ai	⊆pai	⊆tsai	⊆tʂai	⊆kɤ	˚tɕ'ie/kɤ	⊆ŋɤ	xɤ⊃
胶辽	登连	牟平	˚p'o	po⊃	⊆tsə	⊆tsə	˚kə	k'ə⊃	˚ə	çia⊃
	青莱	诸城	˚p'o	po⊃	⊆tsə	⊆tsə	˚kə	k'ə⊃	˚ə	çia⊃
	营通	丹东	˚p'o	⊆pə/⊆pai	⊆tsə	⊆tsə	˚kə	k'ə⊃	˚iə/˚ə	çia⊃
冀鲁	保唐	高阳	⊆p'ai	⊆pai	⊆tsai/⊆tsɤ	⊆tʂai	kɤ	˚tɕ'ie/kɤ	ŋɤ	xɤ⊃
	石济	济南	⊆p'ei	⊆pei	⊆tʂei	⊆tʂei	˚kei/kə	˚k'ei/kɤ	iə⊃①/nə	⊆xə/⊆xei②
	沧惠	河间	⊆p'ai	⊆pai	⊆tsai/⊆tsɤ	⊆tʂai	⊆kɤ	˚tɕ'ie/kɤ	ie⊃/mɤ③	xɤ⊃
	章利	利津	p'ei⊃	⊆pei	⊆tʂei	⊆tʂei	kei	k'ei/kə	⊆ŋə	çia⊃
中原	关中	西安	⊆p'ei	⊆pei	⊆tsei	⊆tsei	⊆kei	k'ei	ŋei	⊆xei
	秦陇	敦煌	⊆p'ei	⊆pei	⊆tsə	⊆tsə	˚kə	k'ei	˚ə	çia⊃/xa⊃
	陇中	天水	⊆p'ei	⊆pei	⊆ts'ei	⊆tsei	˚kei	k'ei	ŋei	
	南疆	吐鲁番	⊆p'ei	⊆pei	⊆tsei/tsɤ		⊆kɤ	k'ei	⊆ŋɤ	xa⊃
	汾河	运城	⊆p'ia	⊆pia	⊆ts'ɛ	⊆ts'ɛ	˚kɤ	tɕ'iɛ	˚ɤ	çia
	洛徐	徐州	⊆p'e	⊆pe	⊆tse	⊆tse	⊆ke	˚k'e	˚e	⊆xe
	郑曹	郑州	⊆p'ʅ	⊆pʅ	⊆tʂʅ	⊆tʂʅ	⊆kɤ	˚k'ɤ/k'ʅ	˚ɤ	⊆xɤ
	蔡鲁	曲阜	⊆p'ei	⊆pei	⊆tsei	⊆tsei	⊆kei	k'ei	ɣei	çia⊃
	信蚌	信阳	⊆p'ʅ	⊆pʅ	⊆tʂʅ	⊆tʂʅ	⊆kɤ	k'ʅ	ŋʅ	⊆xɤ
兰银	银吴	灵武	p'ɤ⊃/p'ia⊃	pɤ⊃/piɤ	tsɤ⊃	tsɤ⊃	kɤ⊃	k'ɤ⊃/k'a⊃	ɤ⊃	xɤ⊃
	金城	永登	p'iə⊃	⊆piə	tsɤ⊃	tsɤ⊃	kɤ⊃	k'ɤ⊃/k'iə⊃	ɤ⊃	xɤ⊃
	河西	张掖	p'iə⊃	⊆piə	⊆tʂɤ	⊆tʂɤ	kɤ⊃	k'ɤ⊃	ɣɤ⊃	xɤ⊃
	塔密	吉木萨尔	˚p'ai/˚p'ei	˚pai/˚pei	˚tsei/˚tsɤ	⊆tsai	⊆kɤ	k'ɤ⊃/⊆k'ei	˚ŋɤ	xa⊃/çia⊃
西南	黔川	大方	⊆p'e	⊆pe	⊆ts'e	⊆ts'e	⊆ke	˚k'e	˚ŋe	⊆xe
	西蜀	都江堰	p'e⊃	pe⊃	ts'e⊃	ts'e⊃	ke⊃	k'e⊃	ŋe⊃	xe⊃
	川西	喜德	⊆p'e	⊆pe	⊆tse	⊆tse	⊆ke	k'e	⊆e	⊆xe
	云南	昆明	⊆p'ə	⊆pə	⊆tsə	⊆tsə	⊆kə	⊆k'ə	⊆ə	⊆xə
	湖广	武汉	⊆p'ɤ	⊆pɤ	⊆ts'ɤ	⊆ts'ɤ	⊆kɤ	⊆k'ɤ	⊆ŋɤ	⊆xɤ
	桂柳	荔浦	⊆p'ə	⊆pə	⊆tsə	⊆tsə	˚kə	k'ə	⊆ŋə	⊆hə
江淮	洪巢	南京	p'ə⊃ʔ	pə⊃ʔ	tsə⊃ʔ	tsə⊃ʔ	kə⊃ʔ	k'ə⊃ʔ	ə⊃ʔ	xə⊃ʔ
	泰如	泰州	p'ɔ⊃ʔ	p'ɔ⊃ʔ/pɔ⊃ʔ	ts'ɔ⊃ʔ/tsɔ⊃ʔ	tsɔ⊃ʔ	kɔ⊃ʔ	k'ɔ⊃ʔ	ə⊃ʔ/ɔ⊃ʔ	xɔ⊃ʔ
	黄孝	红安	p'æ⊃	pæ⊃	ts'e⊃/tɕ'ie⊃④	tsæ⊃	kæ⊃	k'æ⊃	ŋæ⊃	xæ⊃/çia⊃
晋语	并州	太原	p'iəʔ⊃	piəʔ⊃	tsəʔ⊃	tsəʔ⊃	kəʔ⊃	k'əʔ⊃	ɣəʔ⊃	xəʔ⊃
	吕梁	岚县	p'iəʔ⊃	p'ieʔ⊃/pieʔ⊃	tsʅəʔ⊃	tsʅəʔ⊃	kieʔ⊃	tɕ'ieʔ⊃/k'ieʔ⊃	ŋieʔ⊃	xəʔ⊃
	上党	长治	p'iəʔ⊃	pieʔ⊃/⊆pæ	tsəʔ⊃	tsəʔ⊃	kəʔ⊃	k'əʔ⊃	əʔ⊃	xəʔ⊃
	五台	忻州	p'iɛʔ⊃	p'iɛʔ⊃	ts'əʔ⊃	ts'əʔ⊃	kəʔ⊃	tɕ'iɛʔ⊃/k'əʔ⊃	ŋəʔ⊃	xɔʔ⊃
	大包	大同	p'iaʔ⊃	⊆pæ	tsaʔ⊃	tsaʔ⊃	kaʔ⊃	k'aʔ⊃	naʔ⊃	xaʔ⊃
	张呼	呼和浩特	p'iaʔ⊃	⊆pɤ	tsaʔ⊃	tsaʔ⊃	kaʔ⊃	k'aʔ⊃	ŋaʔ⊃	xaʔ⊃
	邯新	获嘉	p'ɤʔ⊃	pɤʔ⊃/⊆pai	tsɤʔ⊃		kaʔ⊃	k'aʔ⊃	aʔ⊃	xaʔ⊃
	志延	志丹	p'iəʔ⊃/⊆p'ei	⊆pie	⊆tsə	⊆tsa	kaʔ⊃	k'aʔ⊃	ŋaʔ⊃	xaʔ⊃

①iə⊃，～拉盖。②⊆xei，～唬。③ie⊃，～拉盖。④音3（文）：tsæ。

麦	摘	责	策	隔	核ʮ~	碧	剧	逆	璧	代表点
梗开二	梗开二	梗开二	梗开二	梗开二	梗开二	梗开三	梗开三	梗开三	梗开三	
麦入明	麦入知	麦入庄	麦入初	麦入见	麦入匣	陌入帮	陌入群	陌入疑	昔入帮	
mai˧	꜀tʂai	꜀tsɤ	tsʻɤ˧	꜀kɤ/tɕie˧①	꜀xɤ	pi˧	tɕy˧	ȵi˧	pi˧	北
mai˧	꜀tʂai	꜀tʂai	tʂʻɤ˧	꜀kɤ	꜀xɤ	pi˧	tɕy˧	ȵi˧	pi˧	兴
mai˧	꜀tsai	꜀tsai	tsʻɤ˧	꜀kɤ	꜀xɤ	pi˧	tɕy˧	n̠i˧	pi˧	沈
mai˧	꜀tʂai	꜀tsai	tsʻɤ˧	꜀kɤ/tɕie˧	꜀xɤ	pi˧	tɕy˧	ȵi˧	pi˧	长
mai˧	꜀tʂai	꜀tʂai	tʂʻɤ˧	꜀kɤ	꜀xɤ	pi˧	tɕy˧	ȵi˧	pi˧	巴
꜂mo	꜂tsə	꜀tsə	꜂tsʻə	꜂kə	꜀xai/꜀xə	pi˧	꜀cy	꜀i/꜀ȵi	꜂pi	牟
꜂mo	꜂tsə	꜀tsə	꜂tsʻə	꜂kə	꜀xai/꜀xə		꜀cy	꜀i/꜀ȵi	꜂pi	诸
mi˧	꜂tsə	꜀tsə	꜂tsʻə	꜂kə			tɕy˧		꜂pi	丹
mai˧	꜀tʂai	꜀tsai/꜂tsɤ	tʂʻei꜍	꜀tɕie/꜀kɤ	꜀xai/꜀xɤ	pi˧	tɕy˧	n̠i˧	pi˧	高
mei˧	꜀tʂei	꜀tʂei/꜂tsə	꜂tsʻei/꜂sə	꜀kei/꜂kə	꜀xə	pi˧	tɕy˧	i˧/ȵi˧②	pi˧	济
mai˧	꜀tʂai	꜀tsai/꜂tsɤ	꜂tʂʻai/tsɤ	꜀tɕie/꜀kɤ	꜀xai/꜀xɤ	pi˧	tɕy˧	n̠i˧	pi˧	河
mei˧	tʂei꜍	tʂei꜍	tʂʻei꜍	kei꜍	꜀xɛ	pi˧	tɕy˧	i˧	pi˧	利
꜀mei	꜀tsei	꜀tsei	꜀tsʻei	꜀kei	꜀xɛ	꜀pi	tɕy˧	꜀ni	꜀pi	西
꜀mei	꜀tsei	꜀tsei	꜀tsʻei	꜀kei	꜀xɛ	pi˧	tɕy˧	ȵi˧	pi˧	敦
꜀mei	꜀tsei	꜀tsei	꜀tsʻei	꜀kei	꜀xai		tɕy˧		꜀pi	天
꜀mei	꜀tsei	꜀tsɤ	꜀tsʻɤ	꜀kei	꜀xai	pi˧		꜀ni		吐
꜀mia	꜀tSE	꜀tSE	꜂tsʻɛ	꜀kɤ	꜀xai	꜀pi	tɕy˧	ȵi˧	꜀pi	运
꜀me	꜀tse	꜀tse	꜂tsʻe	꜀ke	꜀xɛ	pi˧	tɕy˧	ȵi˧	pi˧	徐
꜀mɛ	꜀tsɛ	꜀tsɛ	꜂tsʻɛ	꜀kɛ	꜀xai	pi˧	tɕy˧	ȵi˧	pi˧	郑
꜀mei	꜀tsei	꜀tsei	꜀tsʻei	꜀kei	꜀xɛ	pi˧	tɕy˧	꜀i	pi˧	曲
꜀mɛ	꜀tsɛ	꜀tsɛ	꜂tsʻɛ	꜀kɛ	꜀xai	pi˧	tɕy˧	꜀ni	pi˧	信
mia˧	tsɤ˧	tsɤ˧	tsʻɤ˧	kɤ˧	꜀xu/xɤ˧	pi˧	tɕy˧	n̠i˧	pi˧	灵
mia˧	tsɤ˧	tsɤ˧	tsʻɤ˧	kɤ˧	꜀xu/xia˧	pʅ˧	tɕy˧	n̠ʅ˧	pʅ˧	永
mia˧/mii˧	tʂɤ˧	tʂɤ˧	tʂʻɤ˧	kɤ˧	xu˧/xɤ˧	pi˧	tsu˧	n̠i˧	pi˧	张
mai˧/꜀mei	tsai˧/tsei˧	꜂tsɤ	tsʻɤ˧	kɤ˧/꜀kei	꜂xɤ	pi˧	tɕy˧	n̠i˧	pi˧	吉
꜀me	꜀tse	꜀tse	꜀tsʻe	꜀ke	꜀xe	꜀pi	tɕy˧	꜀li	꜀pi	大
me꜍	tse꜍	tse꜍	tsʻe꜍	ke꜍	xe꜍	pie꜍	tɕy˧	ȵie꜍	pie꜍	都
꜀me	꜀tse	꜀tse	꜀tsʻe	꜀ke	꜀xe	꜀pi	tɕy˧	꜀ni	꜀pi	喜
꜀mə	꜀tsə	꜀tsə	꜀tsʻə	꜀kə	꜀xə	꜀pi	tɕi˧	꜀ni	꜀pi	昆
꜀mɤ	꜀tsɤ	꜀tsɤ	꜀tsʻɤ	꜀kɤ	꜀xɤ	꜀pi	tɕy˧	꜀ni	꜀pi	武
꜀mə	꜀tsə	꜀tsə	꜀tsʻə	꜀kə	꜂hə	꜀pi	ky˧	꜀ni		荔
məʔ˨	tsaʔ˨	tsaʔ˨	tsʻəʔ˨	kəʔ˨	xəʔ˨	pi˧	tɕy˧	li˨	piʔ˨	南
məʔ˨	tsaʔ˨	tsaʔ˨	tsʻəʔ˨	kəʔ˨	xəʔ˨	piɪʔ˨	tɕy˧/tɕiʔ˨	niɪʔ˨	piɪʔ˨	泰
mæ꜍	tsæ꜍	tsæ꜍	tsʻæ꜍	kæ꜍	xe˧	pi꜍	kɥ˧/kɥ˧	n̠i꜍	pi꜍	红
miaʔ˨	tsaʔ˨	tsaʔ˨	tsʻəʔ˨	kəʔ˨/tɕiʔ˨	xəʔ˨	piəʔ˨	tɕy˧	niəʔ˨	piəʔ˨	太
miaʔ˨	tsʅeʔ˨	tsʅeʔ˨	tsʻʅeʔ˨	kie꜍/tɕie꜍	xəʔ˨	piəʔ˨	tɕy˧	niəʔ˨	piəʔ˨	岚
miəʔ˨	tsəʔ˨	tsəʔ˨	tsʻəʔ˨	kəʔ˨	xəʔ˨	piəʔ˨	tɕy˧	niəʔ˨	piəʔ˨	长
miɛʔ˨	tsuɔʔ˨	tsɔʔ˨	tsʻɔʔ˨	kɔʔ˨	xəʔ˨	piəʔ˨	tɕy˧	niəʔ˨	piəʔ˨	忻
miaʔ˨	tsaʔ˨	tsaʔ˨	tsʻaʔ˨	kaʔ˨	xəʔ˨	piəʔ˨	tɕy˧	niəʔ˨	piəʔ˨	大
miaʔ˨	tsaʔ˨	tsaʔ˨	tsʻaʔ˨	kaʔ˨	xaʔ˨/xəʔ˨	piəʔ˨	tɕy˧	niəʔ˨	piəʔ˨	呼
꜀mæ	tsɐʔ˨	tsɐʔ˨	tsʻɐʔ˨	kaʔ˨	꜀xɤ	piʔ˨	tɕy˧	niʔ˨	piʔ˨	获
miəʔ˨	tsəʔ˨	tsəʔ˨	tsʻəʔ˨	kaʔ˨	xəʔ˨	piəʔ˨	tɕy˧	niəʔ˨	piəʔ˨	志

①tɕie˧，～璧儿。②音 2 为新派读音。

区	片	代表点	积 梗开三 昔入精	籍 梗开三 昔入从	席 梗开三 昔入邪	掷 梗开三 昔入澄	尺 梗开三 昔入昌	石 梗开三 昔入禅	益 梗开三 昔入影	译 梗开三 昔入以
北京	幽燕	北京	₌tɕi	₌tɕi	₌ɕi	tʂʅ⁼	⁼tʂʅ	₌ʂʅ	i⁼	i⁼
	锦兴	兴城	₌tɕi	₌tɕi	₌ɕi	₌tʂʅ	⁼tʂʅ	₌ʂʅ	i⁼	i⁼
	辽沈	沈阳	₌tɕi	tɕi⁼	₌ɕi	₌tʂʅ	⁼tʂʅ	₌ʂʅ	i⁼	i⁼
	黑吉	长春	₌tɕi	tɕi⁼	₌ɕi	₌tʂʅ	⁼tʂʅ	₌ʂʅ	i⁼	i⁼
	哈肇	巴彦	₌tɕi	tɕi⁼	₌ɕi	₌tʂʅ	⁼tʂʅ	₌ʂʅ	i⁼	i⁼
胶辽	登连	牟平	⁼tɕi	⁼tɕi	ɕi⁼	tɕi⁼	⁼tɕʻi	ɕi⁼	i⁼	₌i
	青莱	诸城	⁼tɕi	⁼tɕi	ɕi⁼	tɕi⁼	⁼tɕʻi	ɕi⁼	i⁼	₌i
	营通	丹东	⁼tɕi	⁼tɕi	ɕi⁼	tɕi⁼	⁼tɕʻi	ɕi⁼	i⁼	₌i
冀鲁	保唐	高阳	⁼tsi	⁼tsi	₌si	tʂʅ⁼	⁼tʂʅ	₌ʂʅ	i⁼	i⁼
	石济	济南	₌tɕi	₌tɕi/ ₌tɕi①	₌ɕi	₌tʂʅ	₌tʂʅ	₌ʂʅ	i⁼	₌i
	沧惠	河间	₌tsi	tsi⁼	₌si	tʂʅ⁼	₌tʂʅ	₌ʂʅ	i⁼	i⁼
	章利	利津	tsi₌	⁼tsi	⁼si	tʂʅ⁼		₌ʂʅ	i⁼	
中原	关中	西安	₌tɕi	₌tɕi	₌ɕi	₌tʂʅ		₌tʂʅ	₌i	₌i
	秦陇	敦煌	₌tɕi	₌tɕi	₌ɕi			₌tʂʅ	₌i	₌i
	陇中	天水	₌tɕi	₌tɕi	₌ɕi	₌tʂʅ		₌tʂʅ	₌i	₌i
	南疆	吐鲁番		₌tɕi	₌ɕi			₌tʂʅ	₌i	₌i
	汾河	运城	₌tɕi	tɕi⁼	₌ɕi			₌tʂʅ	₌i	₌i
	洛徐	徐州	₌tɕi	₌tɕi	₌ɕi	₌tʂʅ		₌tʂʅ	i⁼	i⁼
	郑曹	郑州	₌tsi	₌tsi	₌si	₌tʂʅ		₌tʂʅ	₌i	₌i
	蔡鲁	曲阜	₌tɕi	₌tɕi	₌ɕi	₌tʂʅ		₌ʂʅ	₌i	
	信蚌	信阳	₌tɕi	₌tɕi	₌ɕi	tʂʅ⁼	₌tʂʅ	₌ʂʅ	i⁼	i⁼
兰银	银吴	灵武	tɕi⁼	tɕi⁼	ɕi⁼		tʂʅ⁼	₌ʂʅ	ʅ⁼	ʅ⁼
	金城	永登	tʂʅ⁼	tʂʅ⁼	ʂʅ⁼		tʂʅ⁼	₌ʂʅ	ʅ⁼	ʅ⁼
	河西	张掖	tɕi⁼	tɕi⁼	ɕi⁼		tʂʅ⁼	₌ʂʅ	zi⁼	zi⁼
	塔密	吉木萨尔			⁼ɕi		⁼tʂʅ	⁼ʂʅ	i⁼	i⁼
西南	黔川	大方	₌tɕi	₌tɕi	₌ɕi	₌tʂʅ	₌tʂʅ	₌ʂʅ	₌i	₌i
	西蜀	都江堰	tɕie₌	tɕie₌	ɕie₌	tʂʅ₌	tʂʅ₌	ʂʅ₌	ie₌	ie₌
	川西	喜德	₌tʃʅ	₌tʃʅ	₌ʃʅ	₌tʂʅ	₌tʂʅ	₌ʂʅ	₌i	₌i
	云南	昆明	₌tɕi	₌tɕi	₌ɕi	₌tʂʅ	₌tʂʅ	₌ʂʅ	₌i	₌i
	湖广	武汉	₌tɕi	₌tɕi	₌ɕi	₌tʂʅ	₌tʂʅ	₌ʂʅ	₌i	₌i
	桂柳	荔浦	₌tsi	₌tsi	₌si		₌tsʻi	₌si	₌i	₌i
江淮	洪巢	南京	tsiʔ₌	tsiʔ₌	siʔ₌	tʂʅʔ₌	tʂʻʅʔ₌	ʂʅʔ₌	iʔ₌	iʔ₌
	泰如	泰州	tɕiʔ₌	tɕiʔ₌	ɕiʔ₌/tɕiʔ₌②	tsəʔ₌	tsʻəʔ₌	səʔ₌/sʅʔ₌	iʔ₌	iʔ₌
	黄孝	红安	tɕi₌	tɕi₌	ɕi⁼	tʂʅ⁼	tʂʻʅ₌	ʂʅ⁼	i₌	i₌
晋语	并州	太原	tɕiəʔ₌	tɕiəʔ₌	ɕiəʔ₌		tsʻəʔ₌	səʔ₌	iəʔ₌	iəʔ₌
	吕梁	岚县	tɕiəʔ₌	tɕiəʔ₌	ɕiəʔ₌		tsʻəʔ₌	səʔ₌	iəʔ₌	iəʔ₌
	上党	长治	tɕiəʔ₌	tɕiəʔ₌	ɕiəʔ₌		tsʻəʔ₌	səʔ₌	iəʔ₌	iəʔ₌
	五台	忻州	tɕiəʔ₌	tɕiəʔ₌	ɕiəʔ₌		tsʻəʔ₌	səʔ₌	iəʔ₌	iəʔ₌
	大包	大同	tɕiəʔ₌	tɕiəʔ₌	ɕiəʔ₌		tʂʻəʔ₌	ʂəʔ₌	iəʔ₌	iəʔ₌
	张呼	呼和浩特	tɕiəʔ₌	tɕiəʔ₌	ɕiəʔ₌		tsʻəʔ₌	səʔ₌	iəʔ₌	iəʔ₌
	邯新	获嘉	tɕiʔ₌	tɕiʔ₌	ɕiʔ₌ / ɕi	tʂʅʔ₌	tʂʻəʔ₌	ʂəʔ₌	iʔ₌	iʔ₌
	志延	志丹	tɕiəʔ₌	tɕiəʔ₌	ɕiəʔ₌		tʂʻəʔ₌	ʂəʔ₌	iəʔ₌	iəʔ₌

①₌tɕi，～贯；₌tɕi，原～。②音3（文）：ɕiʔ₌。

劈	滴	敌	历	绩	锡	击	获	划	役	代表点
梗开四	梗开四	梗开四	梗开四	梗开四	梗开四	梗开四	梗合二	梗合二	梗合三	
锡入滂	锡入端	锡入定	锡入来	锡入精	锡入心	锡入见	麦入匣	麦入匣	昔入以	
꜀pʻi	꜀ti	꜁ti	li꜄	꜀tɕi	꜀ɕi	꜀tɕi	xou꜄	xua꜄	i꜄	北
꜀pʻi	꜀ti	꜁ti	li꜄	tɕi꜄	꜀ɕi	꜀tɕi	꜀xuai/xuo꜄	xua꜄	i꜄	兴
꜀pʻi	꜀ti	꜁ti	li꜄	tɕi꜄	꜀ɕi	꜀tɕi	xu꜄	xua꜄	i꜄	沈
꜀pʻi	꜀ti	꜁ti	li꜄	tɕi꜄	꜀ɕi	꜁tɕi	xuɤ꜄	xua꜄	i꜄	长
꜀pʻi	꜀ti	꜁ti	li꜄	tɕi꜄	꜀ɕi	꜁tɕi	xu꜄	xua꜄	i꜄	巴
꜂pʻi	꜂ti	꜂ti	li꜄	꜂tɕi	꜂ɕi	꜀ci	꜀xuo/ou꜄	꜁xuɑ	i꜄	牟
꜂pʻi	꜂ti	꜂ti	li꜄	꜂tɕi	꜀ɕi	꜀ci	꜀xuo/ou꜄	꜁xuɑ	i꜄	诸
꜂pʻi	꜂ti	꜁ti	li꜄	꜂tɕi	꜀ɕi	꜀ci	xuo꜄/xu꜄/ou꜄	꜁xuɑ	i꜄	丹
꜀pʻi	꜀ti	꜁ti	li꜄	꜂tsi	꜀si	꜀tɕi	꜀xuai/ou꜄/xuo	xua꜄	i꜄	高
꜀pʻi	꜀ti	꜁ti	li꜄	꜂tɕi	꜀ɕi	꜀tɕi	꜀xuɑ/꜁aux①	꜁xuɑ	i꜄	济
꜀pʻi	꜀ti	꜁ti	li꜄	꜂tsi	꜀si	꜀tɕi	꜀xuai/xuo꜄	xua꜄	i꜄	河
꜀pʻi/pʻi꜄	ti꜄	꜁ti	li꜄	tsi꜄	si꜄	tɕi꜄	꜁aux	꜁xuɑ	i꜄	利
꜂pʻi		꜁ti	li꜄	꜀tɕi	꜀ɕi	꜀tɕi	꜁xuei	꜁xua/xua꜄	꜀i	西
pʻi꜄	꜀ti	꜀ti	li꜄	꜀tɕi	꜀ɕi	꜀tɕi	꜁xuə	꜁xua/xua꜄	꜀i	敦
꜂pʻi	꜀ti	꜁ti	꜀li	꜀tɕi	꜀ɕi	꜀tɕi	꜁xuei	xua꜄	꜀i	天
꜀pʻi	꜀ti	꜁ti	꜀li		꜀ɕi	꜀tɕi	꜁xuɤ	꜁xua/xua꜄	꜀i	吐
꜀pʻi			li꜄	꜀tɕi			꜀xuai	xua꜄		运
꜀pʻi/꜀pʻi꜄	꜀ti	꜁ti	li꜄	꜀tɕi	꜀ɕi	꜁tɕi	꜂xuɑ	꜁xuɑ	i꜄	徐
꜀pʻi/꜂pʻi꜄	꜁ti	꜀li	꜀tsi	si꜄	꜁tɕi	xua꜄	꜁xua/xua꜄	꜀i		郑
꜀pʻi	꜀ti	꜁ti	li꜄	꜀tɕi	꜀ɕi	꜁tɕi	xuə꜄	꜁xuɑ	꜀i	曲
꜀pʻi	꜀ti	꜁ti	ni꜄	꜀tɕi	꜀ɕi	꜁tɕi	꜁ʒe	fa꜄	i꜄	信
pʻi꜄	ti꜄	ti꜄	li꜄	tɕi꜄	ɕi꜄	tɕi꜄	xu꜄	xua꜄	i꜄	灵
pʻʅ꜄	tʅ꜄	꜁tʅ	hʅ꜄	tsʅ꜄	sʅ꜄	tsʅ꜄	xu꜄	xua꜄	꜄ʅ	永
pʻi꜄	꜀ti	꜁ti	li꜄	tɕi꜄	ɕi꜄	tɕi꜄	xu꜄	xua꜄	꜁zi	张
pʻi꜄	꜀ti	꜁ti	li꜄	tɕi꜄	꜀ɕi	꜀tɕi	xuɤ꜄	xua꜄/꜁xua	i꜄	吉
꜁pʻi	꜁ti	꜁ti	꜁li	꜁tɕi	꜁ɕi	꜁tɕi	xuei꜄	꜁xua	꜁iu	大
pʻie꜄	tie꜄	tie꜄	nie꜄	tɕie꜄	ɕie꜄	tɕie꜄	xuei꜄	xua꜄	io꜄	都
꜁pʻi	꜁ti	꜁ti	꜁ni	꜁tʃ	꜁ʃ	꜁tʃ	xo꜄	꜁xua	꜁iu	喜
꜁pʻi	꜁ti	꜁ti	꜁li	꜁tɕi	꜁ɕi	꜁tɕi	xo꜄	꜁xua	꜁i	昆
꜁pʻi	꜁ti	꜁ti	꜁li	꜁tɕi	꜁ɕi	꜁tɕi	꜁xuɤ	꜁xua	꜁y	武
꜁pʻi	꜁ti	꜁ti	꜁li	꜁tsi	꜁si	꜁ki	꜁ho	hua꜄	꜁y	荔
pʻiʔ₌	tiʔ₌	tiʔ₌	li꜄	tsiʔ₌	siʔ₌	tɕiʔ₌	xu꜄	xuaʔ₌	zuʔ₌	南
pʻiɿʔ₌	tiɿʔ₌	tiɿʔ₌	niɿʔ₌	tɕʻiɿʔ₌②	ɕiɿʔ₌	tɕiɿʔ₌	xɔ꜄	xɔʔ₌/xuaʔ₌	yuʔ₌	泰
pʻʅ₌		tiₔ	liₔ	tɕi₌	ɕi₌	tɕi₌	fe꜄	꜁fa/fa꜄	ʮ꜄	红
pʻiəʔ₌	tiəʔ₌	tiəʔ₌	liəʔ₌	tɕiəʔ₌	ɕiəʔ₌	tɕiəʔ₌	xuəʔ₌	xuaʔ₌	iəʔ₌	太
pʻiəʔ₌	tiəʔ₌	tiəʔ₌	liəʔ₌	tɕiəʔ₌	ɕiəʔ₌	tɕiəʔ₌	xuaʔ₌	xuaʔ₌	iəʔ₌	岚
pʻiəʔ₌	tiəʔ₌	tiəʔ₌	liəʔ₌	tɕiəʔ₌	ɕiəʔ₌	tɕiəʔ₌	xuaʔ₌	xuaʔ₌	iəʔ₌	长
pʻiəʔ₌	tiəʔ₌	tiəʔ₌	liəʔ₌	tɕiəʔ₌	ɕiəʔ₌	tɕiəʔ₌	xʻux꜄	xua꜄	iəʔ₌	忻
pʻiəʔ₌	tiəʔ₌	tiəʔ₌	liəʔ₌	tɕiəʔ₌	ɕiəʔ₌	tɕiəʔ₌	xuaʔ₌	xuaʔ₌	iəʔ₌	大
pʻiəʔ₌	tiəʔ₌	tiəʔ₌	liəʔ₌	tɕiəʔ₌	ɕiəʔ₌	tɕiəʔ₌	xuaʔ₌	xuaʔ₌	iəʔ₌	呼
pʻiʔ₌	tiʔ₌	tiʔ₌	liʔ₌	tɕiʔ₌	ɕiʔ₌	tɕiʔ₌	xuaʔ₌	xuaʔ₌	iʔ₌	获
pʻiəʔ₌	tiəʔ₌	tiəʔ₌	liəʔ₌	tɕiəʔ₌	ɕiəʔ₌	tɕiəʔ₌	xuaʔ₌	xuaʔ₌	iəʔ₌	志

①音2为新派读音。②tɕʻiɿʔ₌：～麻。

区	片	代表点	木 通合一屋入明	独 通合一屋入定	鹿 通合一屋入来	族 通合一屋入从	谷 通合一屋入见	哭 通合一屋入溪	屋 通合一屋入影	督 通合一沃入端
北京	幽燕	北京	mu²	꜀tu	lu²	꜀tsu	꜀ku	꜀kʼu	꜀u	꜀tu
	锦兴	兴城	mu²	꜀tu	lu²	꜀tʂu	꜀ku	꜀kʼu	꜀u	꜀tu
	辽沈	沈阳	mu²	꜀tu	lu²	꜀tsu	꜀ku	꜀kʼu	꜀u	꜀tu
	黑吉	长春	mu²	꜀tu	lu²	꜀tsu	꜀ku	꜀kʼu	꜀u	꜀tu
	哈肇	巴彦	mu²	꜀tu	lu²	꜀tsu	꜀ku	꜀kʼu	꜀u	꜀tu
胶辽	登连	牟平	꜂mu	꜀tu	꜂lu	꜀tsʼu/꜂tsu	꜀ku	꜀kʼu	꜂u	꜀tu
	青莱	诸城	꜂mu	꜀tu	꜂lu	꜀tsʼu/꜂tsu	꜀ku	꜀kʼu	꜂u	꜀tu
	营通	丹东	mu²	꜀tu	lu²	꜀tsʼu/꜀tsu	꜀ku	꜀kʼu	꜂u	꜀tu
冀鲁	保唐	高阳	mu²	꜀tu	lu²	₌tsu	꜀ku	꜀kʼu	꜀u	꜀tu
	石济	济南	mu²	꜀tu	lu²	₌tsu	꜀ku	꜀kʼu	꜀u	꜀tu
	沧惠	河间	mu²	꜀tu	lu²	₌tsu	꜀ku	꜀kʼu	꜀u	꜀tu
	章利	利津	mu²	꜀tu	lu²	₌tsu	ku₌	kʼu₌	u₌	꜀tu
中原	关中	西安	꜀mu	꜀tu	꜀lu	₌tsʼou/₌tsou	꜀ku	꜀kʼu	꜀u	꜀tu
	秦陇	敦煌	꜀mu	꜀tu	꜀lu	₌tsʼʅ	꜀kɣ	꜀kʼɣ	꜀ɣ	꜀tu
	陇中	天水	꜀mu	꜀tu	꜀lu	₌tsʼʅ	꜀ku	꜀kʼu	꜀vu	꜀tu
	南疆	吐鲁番	꜀mu	꜀tu	꜀lu	₌tsʼu	꜀ku	꜀kʼu	꜀vu	꜀tu
	汾河	运城	꜀mu	꜀tʼu	₌lou	₌tsʼou	꜀ku	꜀kʼu	꜀u	꜀tu
	洛徐	徐州	꜀mu	꜀tu	꜀lu	₌tsu	꜀ku	꜀kʼu	꜀u	꜀tu
	郑曹	郑州	꜀mu	꜀tu	꜀lu	₌tsu	꜀ku	꜀kʼu	꜀u	꜀tu
	蔡鲁	曲阜	꜀mu	꜀tu	꜀lu	₌tsu	꜀ku	꜀kʼu	꜀u	꜀tu
	信蚌	信阳	꜀mu	꜀tou	꜀nou	₌tsou	꜀ku	꜀kʼu	꜀u	꜀tou
兰银	银吴	灵武	mu²	tu²	lu²	₌tsu	ku²	kʼu²	vu²	tu²
	金城	永登	mu²	tu²	lu²	₌tsʼu	ku²	kʼu²	vu²	tu²
	河西	张掖	mu²	꜀tu	lu²	₌tsʼu	ku²	kʼu²	vu²	tu²
	塔密	吉木萨尔		꜀tu	lu²	꜀tsʼu	꜀ku	꜀kʼu	꜀vu	꜀tu
西南	黔川	大方	₌mu	꜀tu	₌lu	₌tsʼu	₌ku	꜀kʼu	₌u	₌tu
	西蜀	都江堰	mo₌	to₌	no₌	tsʼo₌	ko₌	kʼo₌	o₌	to₌
	川西	喜德	₌mu	꜀tu	₌lu	₌tsʼu	꜀ku	꜀kʼu	₌u	₌tu
	云南	昆明	₌mu	꜀tu	₌lu	₌tsʼu	꜀ku	꜀kʼu	₌u	₌tu
	湖广	武汉	꜀moŋ	꜀tou	꜀nou	₌tsʼou	꜀ku	꜀kʼu	꜀u	꜀tou
	桂柳	荔浦	₌mu	꜀tu	₌lu	₌tsu	꜀ku	꜀kʼu	₌u	₌tu
江淮	洪巢	南京	muʔ²	tuʔ²	luʔ²	tsʼuʔ²/tsuʔ²	kuʔ²	kʼuʔ²	uʔ²	tuʔ²
	泰如	泰州	moʔ₌/maʔ₌	tʼoʔ₌/tʼuʔ₌	noʔ₌	tsʼoʔ₌/tsʼuʔ₌	koʔ₌	kʼoʔ₌	oʔ₌	tɔʔ₌
	黄孝	红安	moŋ₌	tʼoʔ₌/ʔuʔ₌	ləu₌	tsʼəu₌	ku₌	kʼu₌	u₌	təu₌
晋语	并州	太原	məʔ₌	tuaʔ₌	luaʔ₌	tsʼuaʔ₌	kuaʔ₌	kʼuaʔ₌	vaʔ₌	tuaʔ₌
	吕梁	岚县	məʔ₌	tʼuaʔ₌/suʔ₌	luaʔ₌	tɕʼyaʔ₌	kuaʔ₌	kʼuaʔ₌	uaʔ₌	tuaʔ₌
	上党	长治	məʔ₌	tuaʔ₌	luaʔ₌	tsʼuaʔ₌	kuaʔ₌	kʼuaʔ₌	uaʔ₌	tuaʔ₌
	五台	忻州	məʔ₌	tuəʔ₌	luəʔ₌	tsuəʔ₌	kuəʔ₌	kʼuəʔ₌	vuəʔ₌	tuəʔ₌
	大包	大同	məʔ₌	tuəʔ₌	luəʔ₌	tʂuəʔ₌	kuəʔ₌	kʼuəʔ₌	vəʔ₌	tuəʔ₌
	张呼	呼和浩特	məʔ₌	tuəʔ₌	luəʔ₌	tsuəʔ₌	kuəʔ₌	kʼuəʔ₌	uəʔ₌	tuəʔ₌
	邯新	获嘉	məʔ₌	tuʔ₌	luʔ₌	tsuʔ₌	kuʔ₌	kʼuʔ₌	uʔ₌	tuʔ₌
	志延	志丹	məʔ₌	tuaʔ₌	luaʔ₌	tsuaʔ₌	kuaʔ₌	kʼuaʔ₌	vaʔ₌	tuaʔ₌

毒	酷	福	服	目	六	宿	竹	缩	祝	代表点
通合一	通合一	通合三	通合三	通合三	通合三	通合三	通合三	通合三	通合三	
沃入定	沃入溪	屋入非	屋入奉	屋入明	屋入来	屋入心	屋入知	屋入生	屋入章	
₌tu	k'uᵓ	ꜛfu	₌fu	muᵓ	liouᵓ	suᵓ/ᵓɕiou	₌tʂu	₌suo	tʂuᵓ	北
₌tu	k'uᵓ	ꜛfu	₌fu	muᵓ	liouᵓ	suᵓ/ᵓɕy	₌tʂu	ʂuoᵓ	tʂuᵓ	兴
₌tu	k'uᵓ	ꜛfu	₌fu	muᵓ	liəuᵓ	ɕyᵓ/ᵓɕiəu	₌tsu	₌suɤ	tsuᵓ	沈
₌tu	k'uᵓ	ꜛfu	₌fu	muᵓ	liəuᵓ	ᶜɕy/ᵓɕiəu	₌tʂu	suɤᵓ	tʂuᵓ	长
₌tu	k'uᵓ	ꜛfu	₌fu	muᵓ	liəuᵓ	ᶜɕy/ᵓɕiəu	₌tʂu	suɤᵓ	tʂuᵓ	巴
₌tu	k'uᵓ	ꜛfu	ꜛfu	muᵓ	liouᵓ	ᶜɕy	ꜛtsu	₌suo	tsuᵓ	牟
₌tu	k'uᵓ	ꜛfu	₌fu	muᵓ	liouᵓ	ᶜɕy	ꜛtsu	₌suo	tsuᵓ	诸
₌tu	k'uᵓ	ꜛfu	₌fu	muᵓ	liouᵓ	ᶜɕy	ꜛtsu		tsuᵓ	丹
₌tu	ꜛk'u	ꜛfu	₌fu	muʔ	liouʔ	suᵓ	₌tʂu	ʂuoᵓ	tʂuᵓ	高
₌tu	ꜜk'u	₌fu	₌fu	muʔ	liouʔ	ᶜɕy	₌tʂu	ꜛʂuə	tʂuᵓ	济
₌tu	k'uᵓ	₌fu	₌fu	muʔ	liouʔ	suᵓ	₌tʂu	ʂuoᵓ	tʂuᵓ	河
₌tu	₌k'u	fuᵓ	₌fu	muʔ	liouᵓ	syᵓ	tʂuᵓ	ꜛʂuə	tʂuᵓ	利
₌tu	ꜛk'u	₌fu	₌fu	₌mu	₌liou	₌ɕy	₌pfu	₌suo	₌pfu	西
₌tu	ꜛk'ɤ	₌fɤ	₌fɤ	₌mu	₌liou	₌ɕy	₌tʂʅ	ꜛsuə	tʂʅᵓ	敦
₌t'u	ꜛk'u	₌fu	₌fu	₌mu	₌liou	₌ɕy	₌tʂʅ	ꜛsuo	tsʅᵓ	天
₌t'u	₌k'u	₌fu	₌fu	₌mu	₌liɤu	₌su	₌tʂu	ꜛsuɤ	tʂuᵓ	吐
₌t'u	ꜛk'u	₌fu	₌fu	₌mu	liouᵓ	ᶜɕy	₌tsou	ꜛfo	ꜛtsou	运
₌tu	ꜛk'u	₌fu	₌fu	₌mu	luᵓ/liouᵓ	ᶜɕy	₌tʂu	₌su	₌tʂu	徐
₌tu	ꜛk'u	₌fu	₌fu	₌mu	liouᵓ	₌sy	₌tʂu	₌suo	₌tʂu	郑
₌tu	₌k'u	₌fu	₌fu	₌mu	liouᵓ	ᶜɕy	₌tsu	₌ts'u	₌tsu	曲
₌tou	k'uᵓ	₌fu	₌fu	₌mu	louᵓ	ᶜɕy	₌tsou	₌suo	tsouᵓ	信
tuᵓ	₌k'u	fuᵓ	fuᵓ	muᵓ	luᵓ/liuᵓ	suᵓ	tʂuᵓ	suəᵓ	tʂuᵓ	灵
₌tu	k'uᵓ	fuᵓ	fuᵓ	muᵓ	luᵓ/liuᵓ	suᵓ	pfuᵓ	suəᵓ	pfuᵓ	永
₌tu	₌k'u	fuᵓ	fuᵓ	₌mu	luᵓ/liuᵓ	suᵓ	kuᵓ	₌suə	kuᵓ	张
ꜛtu	k'uᵓ			muᵓ	liəuᵓ	suᵓ	tʂuᵓ	₌suɤ	tʂuᵓ	吉
₌tu	₌k'u	₌fu	₌fu	₌mu	₌lu	₌ɕiu	₌tsu	₌so	₌tsu	大
toᵓ	k'oᵓ	foᵓ	foᵓ	moᵓ	noᵓ	ɕioᵓ	tsoᵓ	soᵓ	tsoᵓ	都
₌tu	₌k'u	₌fu	₌fu	₌mu	₌nu	₌su	₌tʂu	₌so	₌tʂu	喜
₌tu	₌k'u	₌fu	₌fu	₌mu	₌lu	₌su	₌tʂu	₌so	₌tʂu	昆
₌tou	₌k'u	₌fu	₌fu	₌moŋ	₌nou	ᶜɕy	₌tsou	₌sou	₌tsou	武
₌tu		₌fu	₌fu	₌mu	₌lu	₌su	₌tʂu	₌su	₌tsu	荔
tuʔ₌	k'uʔ₌	fuʔ₌	fuʔ₌	muʔ₌	luʔ₌	suʔ₌/siəuʔ₌	tʂuʔ₌	soʔ₌/₌so	tʂuʔ₌	南
tɔʔ₌/tɔʔ₌	k'ɔʔ₌	fɔʔ₌	fɔʔ₌/fɔʔ₌	mɔʔ₌	nɔʔ₌	sɔʔ₌	tsɔʔ₌	sɔʔ₌	tsɔʔ₌	泰
tʂuʔ₌/tou₌	₌k'u	fu₌	fu₌	moŋ	ləu₌	səu₌	tʂəu₌	səu₌	tʂəu₌	红
tuəʔ₌	k'uəʔ₌	fəʔ₌	fəʔ₌	məʔ₌	luəʔ₌/liəuʔ	ɕyəʔ₌	tsuəʔ₌	suəʔ₌	tsuəʔ₌	太
tʂuəʔ₌/tuəʔ₌	k'uəʔ₌	fəʔ₌	fəʔ₌	məʔ₌	luəʔ₌/liəuʔ	ɕyəʔ₌	tsuəʔ₌	suaʔ₌	tsuəʔ₌	岚
tuəʔ₌	k'uəʔ₌	fəʔ₌	fəʔ₌	məʔ₌	luəʔ₌/liəuʔ	ɕyəʔ₌	tsuəʔ₌	suəʔ₌	tsuəʔ₌	长
t'uəʔ₌	k'uəʔ₌	fəʔ₌	fəʔ₌	məʔ₌	luəʔ₌/liəuʔ	ɕyəʔ₌	tsuəʔ₌	suəʔ₌	tsuəʔ₌	忻
t'uəʔ₌	k'uəʔ₌	fəʔ₌	fəʔ₌	məʔ₌	liəuᵓ	ɕyəʔ₌	tʂuəʔ₌	suaʔ₌	tʂuəʔ₌	大
t'uəʔ₌	k'uəʔ₌	fəʔ₌	fəʔ₌	məʔ₌	liəuᵓ	ɕyəʔ₌	tsuəʔ₌	suaʔ₌	tsuəʔ₌	呼
t'uʔ₌	k'uʔ₌	fəʔ₌	fəʔ₌	məʔ₌	luəʔ₌/liouʔ	ɕyʔ₌	tʂuʔ₌	ʂuaʔ₌	tʂuʔ₌	获
t'uəʔ₌	k'uəʔ₌	fɔʔ₌	fəʔ₌	məʔ₌	luəʔ₌/liouʔ	ɕyəʔ₌	tʂuəʔ₌	suaʔ₌	tʂuəʔ₌	志

区	片	代表点	粥	叔	熟	肉	菊	郁	育	绿
			通合三 屋入章	通合三 屋入书	通合三 屋入禅	通合三 屋入日	通合三 屋入见	通合三 屋入影	通合三 屋入以	通合三 烛入来
北京	幽燕	北京	꜀tʂou	꜁ʂu/꜀ʂu	꜁ʂou꜂/꜁ʂu	zou꜂	꜀tɕy	y꜂	y꜂	ly꜂
	锦兴	兴城	꜀tʂou	꜁ʂu	꜁ʂou	zou꜂	꜀tɕy	y꜂	y꜂	ly꜂
	辽沈	沈阳	꜀tsəu	꜁su	꜁səu	iəu꜂	꜀tɕy	y꜂	y꜂	ly꜂
	黑吉	长春	꜀tʂəu	꜁ʂu	꜁ʂəu	zəu꜂	꜀tɕy	y꜂	y꜂	ly꜂
	哈肇	巴彦	꜀tʂəu	꜁ʂu	꜁səu	iəu꜂	꜀tɕy	y꜂	y꜂	ly꜂
胶辽	登连	牟平	꜁tɕy	꜁ɕy	ɕy꜂	iou꜂	꜁cy	꜀y	y꜂	
	青莱	诸城	꜁tɕy	꜁ɕy	ɕy꜂	iou꜂	꜁cy	꜀y	y꜂	
	营通	丹东	꜀tsou	꜁ʂu	꜁su	iou꜂	꜀tɕy		y꜂	
冀鲁	保唐	高阳	꜀tʂou	꜁ʂou	꜁sou/꜁ʂu	zou꜂	꜀tɕy	y꜂	y꜂	ly꜂
	石济	济南	꜀tʂou	꜁su	꜁su	zou꜂	꜀tɕy	y꜂	y꜂	ly꜂/lu꜂
	沧惠	河间	꜀tʂou	꜁sou	꜁sou	zou꜂	꜀tɕy	y꜂	y꜂	ly꜂/lu꜂
	章利	利津	tʂu꜄①/꜀tʂou	ʂu꜂	꜁su	zou꜂	tɕy꜂	y꜂	y꜂	ly꜂
中原	关中	西安	꜀pfu	꜁fu	꜁fu	zou꜂	tɕy꜂		y꜂	꜀lou/꜀nou
	秦陇	敦煌	꜀tʂʅ	꜁ʂʅ	꜁ʂʅ	꜀zʅ	tɕy꜂	꜀y	y꜂	꜀ly/lu꜂
	陇中	天水	꜀tʂʅ	꜁ʂʅ	꜁ʂʅ	zʅ꜂/zou꜂	꜀tɕy	y꜂	y꜂	꜀lu
	南疆	吐鲁番	꜀tʂɤu	꜁fu	꜁fu	zɤu꜂	꜀tɕy		꜀y	꜀ly
	汾河	运城		꜁fu	꜁sou		tɕy꜂		꜀y	꜀lou
	洛徐	徐州	꜀tʂou	꜁ʂu	꜁su	zou꜂	꜀tɕy	꜀y	꜀y	꜀ly
	郑曹	郑州	꜀tʂou	꜁ʂu	꜁ʂu	zou꜂	꜀tɕy	꜀y	꜀y	꜀ly
	蔡鲁	曲阜	꜀tsou/꜀tsu	꜁su	꜁su	zou꜂	꜀tɕy	꜀y	꜀y	꜀ly
	信蚌	信阳	꜀tsou	꜁sou	꜁sou	zou꜂	꜀tɕy	y꜂	y꜂	꜀nou
兰银	银吴	灵武	꜀tʂou	ʂu꜂	ʂu꜂	zou꜂	tɕy꜂	꜀y	y꜂	lu꜂
	金城	永登	꜀pfu	fu꜂	꜀fu	zou꜂/vu꜂	tsʅ꜂	꜀ʅ	꜀ʅ	lu꜂
	河西	张掖	꜀tʂou	꜀fu	꜀fu	zou꜂	tsu꜂	zy꜂	zy꜂	lu꜂
	塔密	吉木萨尔	꜀tʂəu	꜁ʂu/fu	꜁ʂu/꜁fu	zəu꜂	tɕy꜂		y꜂	ly꜂
西南	黔川	大方		꜁su	꜁zu	꜁zu	꜀tɕiu	꜀iu	꜀iu	꜀lu
	西蜀	都江堰		so꜃	so꜃	zo꜃	tɕio꜃	io꜃	io꜃	no꜃
	川西	喜德	꜀tsɤu	꜁su	꜁su	zɤu꜂	꜀tɕiu	꜀iu	꜀iu	꜀nu
	云南	昆明		꜁su	꜁su	꜁zu	꜀iu	꜀iu	꜀iu	꜀lu
	湖广	武汉		꜁sou	꜁sou	꜁nou	꜀tɕy	꜀y	꜀y	꜀nou
	桂柳	荔浦	꜀tsu	꜁su	꜁su	꜁iu	꜀kʼy		꜀iu	꜀lu
江淮	洪巢	南京	tʂuʔ꜆	ʂuʔ꜆	ʂuʔ꜆	zɒʔ꜆/zuʔ꜆	tɕyʔ꜆	zuʔ꜆	zuʔ꜆	luʔ꜆
	泰如	泰州	tsoʔ꜆	sɔʔ꜆	sɔʔ꜆	zɔʔ꜆/ɯɑʔ꜆	tɕioʔ꜆	ioʔ꜆	ioʔ꜆	noʔ꜆/nɔʔ꜆
	黄孝	红安	tʂəu꜆	ʂəu꜆	ʂəu꜆	zəu꜆	kʅ꜆	ʅ꜆/zəu꜆	zəu꜆	ləu꜆
晋语	并州	太原	꜀tsəu	suəʔ꜆	suəʔ꜆	zəu꜆/zuəʔ꜆	tɕyəʔ꜆	y꜆	yəʔ꜆	luəʔ꜆
	吕梁	岚县	꜀tsu	suəʔ꜆	suəʔ꜆	zəu꜆/zuəʔ꜆	tɕyəʔ꜆	y꜆	yəʔ꜆	luəʔ꜆
	上党	长治		꜁suəʔ	꜁suəʔ	iəu꜆	tɕyəʔ꜆		yəʔ꜆	luəʔ꜆
	五台	忻州		suəʔ꜆	suəʔ꜆	zəuʔ	tɕyəʔ꜆		yɔʔ꜆	luəʔ꜆
	大包	大同		suəʔ꜆	꜁suəʔ	zəuʔ	tɕyəʔ꜆		yəʔ꜆	luəʔ꜆
	张呼	呼和浩特		suəʔ꜆	suəʔ꜆	zəuʔ	tɕyəʔ꜆		yəʔ꜆	luəʔ꜆
	邯新	获嘉	tʂuʔ꜆	ʂuʔ꜆/꜁ʂu	ʂuʔ꜆/꜁su	zʅʔ꜆/zou꜆	tɕyʔ꜆		y꜆	luʔ꜆
	志延	志丹		suəʔ꜆	suəʔ꜆	zəuʔ	tɕyəʔ꜆		yəʔ꜆	luəʔ꜆

①tʂu꜀，粘～。

録 通合三 烛入来	足 通合三 烛入精	粟 通合三 烛入心	俗 通合三 烛入邪	烛 通合三 烛入章	赎 通合三 烛入船	属 通合三 烛入禅	辱 通合三 烛入日	局 通合三 烛入群	玉 通合三 烛入疑	代表点
lu꜄	꜀tsu	su꜄	꜀su	꜀tʂu	꜀ʂu	꜁ʂu	꜁zu	꜀tɕy	y꜄	北
lu꜄	꜀tʂu	ʂu꜄	꜀ɕy	꜀tʂu	꜀ʂu	꜁ʂu	꜁zu	꜀tɕy	y꜄	兴
lu꜄	꜀tsu	su꜄	꜀su	꜀tsu	꜀su	꜁su	꜁iu	꜀tɕy	y꜄	沈
lu꜄	꜀tsu	su꜄	꜀ɕy	꜀tʂu	꜀ʂu	꜁ʂu	꜁zu	꜀tɕy	y꜄	长
lu꜄	꜀tsu	su꜄	ɕy꜄	tʂu꜄	꜁ʂu	꜁ʂu	꜁zu	꜀tɕy	y꜄	巴
	꜁tɕy/꜁tsu	꜁ɕy	su꜄	꜁tsu	꜀ɕy/ɕy꜄	꜁su	꜁lu	꜁ɕy	y꜄	牟
	꜁tɕy/꜁tsu	꜁ɕy	su꜄	꜁tsu	꜀ɕy/ɕy꜄	꜁su	꜁lu	꜁ɕy	y꜄	诸
lu꜄	꜁tsu	꜁su	꜀su	꜁tʂu	꜀ʂu	꜁su	꜁lu	꜀tɕy	꜀y꜄	丹
lu꜄	꜁tsu	su꜄	꜀su	꜁tʂu	꜀ʂu	꜀ʂu	zu꜄	꜀tɕy	y꜄	高
lu꜄	꜁tɕy/꜁tsu①	꜁ɕy	꜀ɕy	꜁tʂu	꜀ʂu	꜁ʂu	꜁lu	꜀tɕy	y꜄	济
lu꜄	꜀tsu	su꜄	꜀su	tʂu꜄	꜀ʂu	꜁ʂu	꜁zu	꜀tɕy	y꜄	河
lu꜄	tsy꜄		꜁sy	꜀tʂu	꜀ʂu	꜁ʂu	zu꜄	꜀tɕy	y꜄	利
꜁lu	꜁tɕy/꜁tsu		꜀ɕy	꜀tsou	꜀fu	꜁fu	꜁zou	꜀tɕy	꜁y	西
꜁lu	꜀tsʅ	꜁sʅ	꜀sʅ	꜀tʂʅ	꜀fʅ	꜁ʂʅ	꜁zʅ	꜀tɕy	y꜄	敦
꜁lu	꜀tsu		꜀ɕy	꜀tʂʅ	꜀sʅ	꜁sʅ	zʅ꜄	꜀tɕy	꜁y	天
꜁lu	꜀tsu		꜀su	꜀tʂu	꜀fu	꜁fu	꜁vu	꜀tɕy	꜁y	吐
꜁lou	꜀tɕy	꜀ɕy	꜀ɕy	꜀tsou	꜀fu	꜁fu	꜁zou	꜀tɕy	y꜄	运
꜁lu	꜀tsu	꜀ɕy	꜀sy	꜀tʂu	꜁su	꜁ʂu	꜁zu	꜀tɕy	y꜄	徐
꜁lu	꜀tsy	꜁su	꜁sy	꜀tʂu	꜁su	꜁ʂu	꜁zu	꜀tɕy	y꜄	郑
꜁lu	꜀tɕy		꜀ɕy	꜀tʂu	꜁su	꜁su	꜁zu	꜀tɕy	y꜄	曲
꜁nou	꜀tɕy	꜁ɕy	꜀ɕy	꜀tsou	꜁sou	꜁sou		꜀tɕy	y꜄	信
lu꜄	tsu꜄	su꜄	su꜄	tʂu꜄	ʂu꜄	ʂu꜄	zu꜄	tɕy꜄	y꜄	灵
lu꜄	tsu꜄	su꜄	su꜄	pfu꜄	꜁fu	fu꜄	vu꜄	꜀tsʅ	ʅ꜄	永
lu꜄	tsu꜄	su꜄	su꜄	ku꜄	꜁fu	fu꜄	꜁vu	꜀tsu	zy꜄	张
lu꜄	꜁tsu		su꜄	tʂu꜄	꜁ʂu/fu	ʂu꜄/fu	꜁zu/vu	꜀tɕy	y꜄	吉
꜁lu	꜀tɕiu	꜁su	꜁ɕiu	꜀tsu	꜁su	꜁su	꜁zu	꜀tɕiu	y꜄	大
no꜄	tɕio꜄	so꜄	ɕio꜄	tso꜄	so꜄	so꜄	zo꜄	tɕio꜄	y꜄	都
꜁nu	꜀tɕiu	꜁su	꜀ɕiu	꜀tʂu	꜁su	꜁su	꜁zʅ	꜀tɕiu	y꜄	喜
꜁lu	꜀tsu	꜁su	꜁su	꜀tʂu	꜁su	꜁su	꜁zʅ	꜀tɕiueu	iˀ	昆
꜁nou	꜀tsou	꜁sou	꜀ɕiou	꜀tsou	꜁sou	꜁sou	꜁nou	꜀tɕy	y꜄	武
꜁lu	꜀tsu	꜁su	꜁su	꜀tʂu	꜁su	꜁su	꜁iu	꜀kʰy	y꜄	荔
luʔ꜄	tsuʔ꜄	suʔ꜄	suʔ꜄	tʂuʔ꜄	ʂuʔ꜄	ʂuʔ꜄	zuʔ꜄	tɕyʔ꜄	y꜄	南
noʔ꜄	tsoʔ꜄	soʔ꜄	tsʼoʔʅ/soʔʅ②	tsoʔ꜄	soʔ꜄	soʔ꜄	zoʔ꜄/zoʔʅ	tɕioʔ꜄	ioʔʅ/꜀y③	泰
ləu꜄	tsəu꜄	ɕiəu꜄	səu꜄	tʂəu꜄	ʂəu꜄	ʂəu꜄	zəu꜄	kʅ꜄	ɥ꜄/ʮ	红
luaʔ꜄	tɕyaʔ꜄	ɕyaʔ꜄	ɕyaʔ꜄	tsuaʔ꜄	suaʔ꜄	suaʔ꜄	zuaʔ꜄	tɕyaʔ꜄	y꜄	太
luaʔ꜄	tɕyaʔ꜄	ɕyaʔ꜄	ɕyaʔ꜄	tsuaʔ꜄	suaʔ꜄	suaʔ꜄	ʑuaʔ꜄	tɕyaʔ꜄	y꜄	岚
luaʔ꜄	tɕyaʔ꜄	ɕyaʔ꜄	ɕyaʔ꜄	tsuaʔ꜄	suaʔ꜄	suaʔ꜄	yaʔ꜄	tɕyaʔ꜄	yaʔ꜄	长
luaʔ꜄	tɕyaʔ꜄	ɕyaʔ꜄	ɕyaʔ꜄	tsuaʔ꜄	suaʔ꜄	suaʔ꜄	zuaʔ꜄	tɕyaʔ꜄	y꜄	忻
luaʔ꜄	tɕyaʔ꜄	ɕyaʔ꜄	ɕyaʔ꜄	tsuaʔ꜄	suaʔ꜄	suaʔ꜄	ʂuaʔ꜄	tɕyaʔ꜄	y꜄	大
luaʔ꜄	tɕyaʔ꜄	ɕyaʔ꜄	ɕyaʔ꜄	tsuaʔ꜄	suaʔ꜄	suaʔ꜄	zuaʔ꜄	tɕyaʔ꜄	y꜄	呼
luʔ꜄	tɕyʔ꜄	ɕyʔ꜄	ɕyʔ꜄	tʂuʔ꜄	ʂuʔ꜄	ʂuʔ꜄	zuʔ꜄	tɕyʔ꜄	yʔ꜄/y꜄	获
luaʔ꜄	tɕyaʔ꜄	ɕyaʔ꜄	ɕyaʔ꜄	tʂuaʔ꜄	ʂuaʔ꜄	ʂuaʔ꜄	zuaʔ꜄	tɕyaʔ꜄	y꜄	志

①音 2 为新派读音。②音 3（文）：soʔʅ。③音 3（文）：y꜄。

参考文献

《阿勒泰市志》2001　新疆人民出版社。

安徽省地方志编纂委员会 1997　《安徽省志·方言志》，方志出版社。

《安西县志》1992　北京知识出版社。

贝蒂尔·马尔姆贝格 1979　《方言与语言地理学》，黄长著译，见《语言学译丛》第一辑，中国社会科学
　　出版社。

《巴里坤哈萨克自治县县志》1993　新疆大学出版社。

白涤洲 1954　《关中方言调查报告》，喻世长整理，中国社会科学院出版。

鲍厚星 1997　湘南东安土话的特点，第四届全国汉语方言学会论文（汕头）。

鲍厚星、伍云姬 1985　沅陵乡话记略，《湖南师大学报》增刊。

鲍明炜 1980　六十年来南京方音向普通话靠拢情况的考察，《中国语文》第 4 期。

鲍明炜 1983　六朝金陵吴语辩，载《吴语论丛》，上海教育出版社。

鲍明炜 1986　南京方言历史演变初探，载《语言研究集刊》第一集，江苏教育出版社。

鲍明炜 1994　江淮方言的特点，《南京大学学报》第 4 期。

鲍明炜、颜景常 1985　苏北江淮话与北方话的分界，《方言》第 2 期。

鲍明炜、王均主编 2002　《南通地区方言研究》，江苏教育出版社。

北京大学历史系《北京史》编写组 1999　《北京史》（增订版），北京出版社。

北京大学中文系语言教研室 1989　《汉语方音字汇》（第二版），文字改革出版社。

北京大学中文系语言教研室 1995　《汉语方言词汇》（第二版），语文出版社。

北京语言学院语言教学研究所编著 1986　《现代汉语频率词典》，北京语言学院出版社。

《博乐市志》1992　新疆人民出版社。

蔡凤书 2003　《沉睡的文明——探寻古文化与古文化遗址》，齐鲁书社。

曹德和 1987　巴里坤话的轻声词，《新疆大学学报》第 3 期。

曹树基 1997　《中国移民史》（第五、六卷），福建人民出版社。

曹延杰 1991　《德州方言志》，语文出版社。

曹延杰 2000　《德州方言与普通话》，华艺出版社。

曹延杰 2003　《宁津方言志》，中国文史出版社。

曹耘 1987　金华汤溪方言的词法特点，《语言研究》第 1 期。

曹志耘 1998　敦煌方言的声调，《语文研究》第 1 期。

曹志耘 2002　《南部吴语语音研究》，商务印书馆。

曹志耘、张世方 2000　北京话研究的回顾与展望，载于根元主编《世纪之交的中国语言学》，北京广播学
　　院出版社。

《长白县志》1993　中华书局。

陈刚 1988　古清入字在北京话里的演变情况，《中国语言学报》第 3 期。

陈昌仪 1991　《赣方言概要》，江西教育出版社。

陈乃雄 1982　五屯话初探，《民族语文》第 6 期。

陈庆延 1989　古全浊声今读送气清音的研究，《语文研究》第 4 期。

陈庆延 1991　山西西部方言白读的元音高化，《中国语文》第 4 期。

陈庆延、文琴、沈慧云、乔全生主编 1996　《首届晋方言国际学术研讨会论文集》，山西高校联合出版社。

陈淑静 1998　《平谷方言研究》，河北大学出版社。

陈淑静、许建中 1997　《定兴方言》，方志出版社。

陈淑梅 1989　《湖北英山方言志》，华中师范大学出版社。

陈舜政 1974　《荣成方言音系》，台湾三人行出版社。

陈雪竹 1999　《黄钟通韵》音系研究，北京大学中文系硕士学位论文。

陈章太、李行健主编 1996　《普通话基础方言基本词汇集》，语文出版社。

程祥徽 1982　青海口语语法散论，《中国语文》第 2 期。

崔荣昌 1985　四川方言的形成，《方言》第 1 期。

崔荣昌 1988　四川乐至县"靖州腔"音系，《方言》第 1 期。

崔荣昌 1989　四川达县"长沙话"记略，《方言》第 1 期。

崔荣昌 1993　四川湘语记略，《方言》第 4 期。

崔荣昌、李锡梅 1986　四川境内的"老湖广话"，《方言》第 3 期。

丁邦新 1982　汉语方言区分的条件，《清华学报》新 14 卷 1、2 期，又载《丁邦新语言学论文集》，商务
　　印书馆 1998。

丁邦新 1987　论官话方言研究中的几个问题，（台湾）《历史语言研究所集刊》之五十八，又载《丁邦新
　　语言学论文集》，商务印书馆 1998。

丁邦新 1996　书评：《中国语言地图集》，《国际中国语言学评论》1 卷 1 期。

丁邦新 1998　《丁邦新语言学论文集》，商务印书馆。

丁启阵 1991　《秦汉方言》，东方出版社。

丁声树、李荣 1956　汉语方言调查，载《现代汉语规范问题学术会议文件汇编》，科学出版社。

丁声树、李荣 1981　《古今字音对照表》，中华书局。

丁声树、李荣 1984　《汉语音韵讲义》，上海教育出版社。

董绍克 2005　《阳谷方言研究》，齐鲁书社。

董同龢 1956　《华阳凉水井客家话记音》，科学出版社。原书出版于 1948 年，《历史语言研究所集刊》之
　　十九。

《敦煌市志》1993　新华出版社。

《额敏县志》2000　新疆人民出版社。

范慧琴 2004　从山西定襄方言看晋语入声的演变，《山西大学学报》第 4 期。

樊圃 1955　《西北的少数民族》，新知识出版社。

《方言与普通话丛刊》第一、第二本，1958、1959　中华书局。

《方言与普通话集刊》第一至第八本，1958～1961　文字改革出版社。

费嘉、孙力 1993　《南京方言志》，南京出版社。

《阜康县志》2001　新疆人民出版社。

傅定淼 1986　贵州方言形态二则，《贵州大学学报》（社科版）第 4 期。

甘肃省文物考古所 1998　《民乐东灰山考古：四坝文化墓地的揭示与研究》，科学出版社。

甘肃师大中文系方言调查室 1960　《甘肃方言概况》，兰州铅印。

高葆泰 1985　《兰州方言音系》，甘肃人民出版社。

高葆泰、林涛 1993　《银川方言志》，语文出版社。

高本汉 1948　《中国音韵学研究》，罗常培、赵元任、李方桂译，商务印书馆 1994 年缩印。

高慎贵 1996　《新泰方言志》，语文出版社。

《高台县志》1993　兰州大学出版社。

高文达 1992　济南方言志，《山东史志丛刊》增刊。

高晓虹 1999　《音韵逢源》的阴声韵母，《古汉语研究》第 4 期。

高晓虹 2000　方言接触与北京话入声字的历史层次，北京大学中文系博士学位论文。

高晓虹 2002　北京话庄组字分化现象试析，《中国语文》第 3 期。

葛剑雄、曹树基、吴松弟 1993　《简明中国移民史》，福建人民出版社。

葛剑雄主编 1997　《中国移民史》，福建人民出版社。

耿振生 1992　《明清等韵学通论》，语文出版社。

龚煌城 1981　十二世纪末汉语的西北方音（声母部分），（台湾）《历史语言研究所集刊》之五十六。

《古浪县志》1996　甘肃文化出版社。

顾黔 2001　《通泰方言音韵研究》，南京大学出版社。

贵州省教育厅 1959a　《贵州人学习普通话手册》（1 月本），贵州人民出版社。

贵州省教育厅 1959b　《贵州人学习普通话手册》（3 月本），贵州人民出版社。

贵州省教育厅 1960　《贵州人学习普通话手册》，贵州人民出版社。

贵州省地方志编纂委员会编 1998　《贵州省志·汉语方言志》，方志出版社。

郭力 1987　重订司马温公等韵图经研究，北京大学中文系硕士毕业论文。

郭力 1997　古清入字在《合并字学集韵》中的归调，《语言学论丛》第 19 辑，商务印书馆。

郭沫若主编 1962　《中国史稿》第一册，人民出版社。

郭沈青 2006　陕南“客伙话”的性质和归属，《中国语文》第 6 期。

郭正彦 1986　黑龙江方言分区略说，《方言》第 3 期。

《哈密市志》1994　新疆大学出版社。

寒 1952　北京话的音节，《中国语文》第 1 期。

韩光辉 1996　《北京历史人口地理》，北京大学出版社。

何大安 1985　云南汉语方言中与颚化音有关诸声母的变化，（台湾）《历史语言研究所集刊》之五十六。

何大安 2004　《规律与方向——变迁中的音韵结构》，北京大学出版社。

河北北京师范学院、河北语文研究所 1961　《河北方言概况》，河北人民出版社。

河北省昌黎县县志编纂委员会、中国社会科学院语言研究所 1984　《昌黎方言志》，上海教育出版社。

贺巍 1981　济源方言记略，《方言》第 1 期。

贺巍 1985a　河南省西南部方言的语音异同，《方言》第 2 期。

贺巍 1985b　河南山东皖北苏北的官话（稿），《方言》第 3 期。

贺巍 1986　东北官话的分区（稿），《方言》第 3 期。

贺巍 1989　《获嘉方言研究》，商务印书馆。

贺巍 1993　《洛阳方言研究》，社会科学文献出版社。

贺巍 1996　晋语舒声促化的类别，《方言》第 1 期；又载《官话方言研究》，方志出版社 2002。

贺巍 2002　《官话方言研究》，方志出版社。

贺巍 2005　中原官话的分区（稿），《方言》第 2 期。

贺巍、钱曾怡、陈淑静 1986　河北省北京市天津市方言的分区，《方言》第 4 期。

《贺兰县志》1994　宁夏人民出版社。

侯精一 1980　平遥方言的连读变调，《方言》第 1 期。又载《现代晋语的研究》，商务印书馆 1999。

侯精一 1982a　平遥方言三字组的连读变调，《方言》第 1 期。

侯精一 1982b　平遥方言广用式三字组的连读变调，《方言》第 2 期。

侯精一 1985a　晋东南地区的子变韵母，《中国语文》第 2 期。

侯精一 1986a　内蒙古晋语记略，《中国语文》第 2 期。

侯精一 1986b　晋语的分区（稿），《方言》第 4 期。

侯精一 1988a　晋语区的形成，载《现代晋语的研究》，商务印书馆 1999。

侯精一 1988b　垣曲方言用变调表示“子”尾，《中国语文》第 4 期（署名：米青）。

侯精一 1997　晋语研究十题，原载《桥本万太郎纪念·中国语学论集》（日本东京内山书店），收入《现代晋语的研究》，商务印书馆 1999。

侯精一 1998　论晋语的归属，载《现代晋语的研究》，商务印书馆 1999。

侯精一 1999　晋语入声韵母的区别性特征与晋语的分区，《中国语文》第 2 期。

侯精一 1999　《现代晋语的研究》，商务印书馆。

侯精一 2001　试论现代北京城区话的形成，《中国语学》第 248 号。

侯精一 2002　历史人口结构的变动与汉语方言的接触关系，第一届中国语言文字国际学术研讨会论文（香港）。

侯精一、温端政主编 1989　《山西方言研究》，山西人民出版社。

侯精一、温端政主编 1993　《山西方言调查研究报告》，山西高校联合出版社。

侯精一、温端政、田希诚 1986　山西方言的分区（稿），《方言》第 2 期。

侯精一、杨平 1993　山西方言的文白异读，《中国语文》第 1 期。

侯精一主编 2002　《现代汉语方言概论》，上海教育出版社。

侯仁之主编 2000　《北京城市历史地理》，北京燕山出版社。

《呼图壁县志》1992　新疆人民出版社。

胡福汝 1990　《中阳县方言志》，学林出版社。

胡治农、沈士英、孟庆惠 1962　《安徽方言概况》，合肥师范学院内部发行。

黄淬伯 1998　《唐代关中方言音系》，江苏古籍出版社。

黄晓东 2001　中古清入字在今北京话中的异读现象考察，北京语言文化大学硕士学位论文。

黄雪贞 1986a　成都市郊龙潭寺的客家话，《方言》第 2 期。

黄雪贞 1986b　西南官话的分区（稿），《方言》第 4 期。

黄雪贞 1988　湖南江永方言音系，《方言》第 3 期。

黄雪贞 1991　湖南江永方言词汇，《方言》第 1～3 期。

黄雪贞 1993　《江永方言研究》，社会科学文献出版社。

《浑江市志》1994　中华书局。

《霍城县志》1998　新疆人民出版社。

吉林大学中文系方言调查小组 1959　通化音系，《吉林大学社会科学学报》第 4 期。

剑虹 1919　汉族开拓满洲史，《东方杂志》卷 16 第 1 号。

江苏省地方志编纂委员会 1998　《江苏省志·方言志》，南京大学出版社。

江苏省和上海市方言调查指导组 1960　《江苏省和上海市方言概况》，江苏人民出版社。

蒋平、沈明 2002　晋语的儿尾连调和儿化连调，《方言》第 4 期。

蒋希文 1982　从现代方言论中古知庄章三组声母在《中原音韵》里的读音，《中国语言学报》第 1 期。

蒋希文 1990　黔东南汉语方言，《方言》第 3 期。

《金昌市志》1995　中国城市出版社。

《金塔县志》1992　甘肃人民出版社。

《精河县志》1998　新疆人民出版社。

《酒泉市志》1998　兰州大学出版社。

康瑞琮 1987　东北方言中的反复问句，《天津师大学报》（社科版）第 3 期。

《兰州市城关区志》2000　甘肃人民出版社。

《兰州市红古区志》2001　甘肃人民出版社。

黎新第 1987　官话方言促变舒声的层次和相互关系试析，《语言研究》第 1 期。

李建校 2005　《静乐方言研究》，山西人民出版社。

李建校 2006　《陕北晋语语音研究》，北京语言大学博士学位论文，未刊。

李金陵 1997　《合肥话音档》，上海教育出版社。

李克郁 1987　青海汉语中的某些阿尔泰语言成分，《民族语文》第 3 期。

李蓝 1991　毕节方言的文白异读，《贵州大学学报》（社科版）第 2 期。

李蓝 1991　《贵州毕节方言的文白异读》及《读后》订补，《中国语文》第 3 期。

李蓝 1994　贵州丹寨方言音系，《方言》第 1 期。

李蓝 1995a　《湖南城步县志·汉语方言志》，湖南出版社。

李蓝 1995b　《西南官话内部声母与声调的异同》，中国社会科学院研究生院博士学位论文。

李蓝 1997　大方话的"倒"和"起"，《中国语文》第 6 期。

李蓝 1998　六十年来西南官话的调查与研究，《方言》第 1 期。

李蓝 1999　贵州汉语受当地民族语影响三例，《方言》第 2 期。

李蓝 2002　方言比较、区域方言史与方言分区——以晋语分音词和福州切脚词为例，《方言》第 1 期。

李蓝 2006　贵州境内的三种"湘方言"，首届湘方言国际学术研讨会论文，未发表。

李蓝 2009　西南官话的分区（稿），《方言》第 1 期。

李倩 2001　中宁方言两字组的两种连调模式，《语言学论丛》第 24 辑，商务印书馆。

李荣 1956　《切韵音系》，科学出版社。

李荣 1961　读四川方言音系，《中国语文》第 9 期。

李荣 1985a　官话方言的分区，《方言》第 1 期。

李荣 1985b　汉语方言分区的几个问题，《方言》第 2 期。

李荣 1985c　关于汉语方言分区的几点意见（二），《方言》第 3 期。

李荣 1989a　中国的语言和方言，《方言》第 3 期。

李荣 1989b　汉语方言的分区，《方言》第 4 期。

李如龙 1996a　汉语方言的类型学研究，《暨南学报》（哲社版）第 2 期。

李如龙 1996b　汉语方言语音的演变，《语言研究》第 1 期。

李如龙 1999　论汉语方音的区域特征，《中国语言学报》第 9 期。

李如龙 2001　论汉语方言的特征词，《中国语言学报》第 10 期。

李如龙、辛世彪 1999　晋南、关中的"全浊送气"与唐宋西北方音,《中国语文》第 3 期。

李树俨 1989　《中宁方言志》,宁夏人民出版社。

李树俨 1990　平罗回民使用汉语方言的一些特点,《宁夏大学学报》第 4 期。

李树俨、李倩 2001　《宁夏方言研究论集》,当代中国出版社。

李树俨、张安生 1996　《银川方言词典》,江苏教育出版社。

李万禄 1987　从谱牒记载看明清两代民勤县的移民屯田,《档案》第 3 期。

李小凡 2005　汉语方言分区方法再认识,《方言》第 4 期。

李新魁 1983　《中原音韵音系研究》,中州书画社。

李新魁 1984　近代汉语介音的发展,《音韵学研究》第一辑,中华书局。

李新魁 1987　汉语共同语的形成和发展,《语文建设》第 5 期、第 6 期。

李新魁 1988　宋代汉语韵母系统研究,《语言研究》第 1 期。

李新魁 1991　再论《中原音韵》的"入派三声",载《中原音韵新论》,北京大学出版社。

李新魁 1994　《李新魁语言学论集》,中华书局。

李行杰 1999　《青岛话音档》,上海教育出版社。

李永明 1988　《临武方言——土话与官话的比较研究》,湖南人民出版社。

李永明 1988　双方言区宁远官话与平话的音韵,《湘潭大学学报》(社会科学版)第 3 期。

李永延 1989　《巧家方言志》,语文出版社。

李珍华、周长楫 1999　《汉字古今字表》(修订本),中华书局。

梁德曼 1998　《成都方言词典》,江苏教育出版社。

梁德曼、黄尚军 1998　《成都方言词典》,江苏教育出版社。

梁金荣、高然、钟奇 1997　关于汉语方言分区的几个问题,《语文研究》第 2 期。

林焘、周一民、蔡文兰 1998　《北京话音档》,侯精一主编《汉语方言音档》,上海教育出版社。

林焘 1987a　北京官话溯源,《中国语文》第 3 期。又载《林焘语言学论文集》,商务印书馆 2001。

林焘 1987b　北京官话区的划分,《方言》第 3 期。又载《林焘语言学论文集》,商务印书馆 2001。

林涛主编 1995　《中卫方言志》,宁夏人民出版社。

《灵武市志》1999　宁夏人民出版社。

刘光亚 1986　贵州省汉语方言的分区,《方言》第 3 期。

刘村汉 1995　《柳州方言词典》,江苏教育出版社。

刘丹青 1995　《南京方言词典》,江苏教育出版社。

刘丹青 1997　《南京话音档》,上海教育出版社。

刘君惠、李恕豪、杨钢、华学诚 1992　《扬雄方言研究》,巴蜀书社。

刘海章等 1992　《荆楚方言研究》,华中师范大学出版社。

刘俐李 1988　焉耆音系记略,《方言》第 1 期。

刘俐李 1989　《回民乌鲁木齐语言志》,新疆大学出版社。

刘俐李 1993a　新疆汉语方言的形成,《方言》第 4 期。

刘俐李 1993b　《焉耆汉语方言研究》,新疆大学出版社。

刘俐李、周磊 1986　新疆汉语方言的分区(稿),《方言》第 3 期。

刘伶 1986　甘肃张掖方言 tʂ tʂʻ ʂ z̩ 与 kf kfʻ fv 的分合,《中国语的计数研究》(日本)26 期。

刘若含 1983　东北人口史初探,载《学习与探索》第 6 期。

刘淑学 2000　　《中古入声字在河北方言中的读音研究》，河北大学出版社。

刘淑学 2001　　河北顺平方言的语音特点，全国汉语方言学会第十一届年会（西安）论文。

刘兴策 1994　　《宜昌方言研究》，华中师范大学出版社。

刘勋宁 1983　　陕北清涧方言的文白异读，《中国语文》第 1 期。

刘勋宁 1988　　陕北清涧话的归属，《方言》第 2 期。

刘勋宁 1994　　The Classification of Mandarin Dialects,《国际东方学者会议纪要》第 38 册。

刘勋宁 1995　　再论汉语北方话的分区，《中国语文》第 6 期。

刘育林 1990　　《陕西省志·方言志（陕北部分）》，陕西人民出版社。

刘育林 1995　　关于陕北延安、延长、甘泉话的归属问题，《语文研究》第 3 期。

卢甲文 1992　　《郑州方言志》，语文出版社。

卢开礴、张莳 1988　　《水富方言志》，语文出版社。

卢源斌等 1985　　《广济方言志》，广济县县志编纂委员会。

鲁国尧 1985　　明代官话及其基础方言问题——读《利玛窦中国札记》，《南京大学学报》第 4 期。

鲁国尧 1986　　宋词阴入通叶现象的考察，《音韵学研究》第二辑，中华书局。

鲁国尧 1988　　通泰方音史及通泰方言史研究，《アジア·アフリカ語の計数研究》第 30 号。

鲁国尧 1991　　论宋词韵及其与金元词韵的比较，《中国语言学报》第 4 期，商务印书馆。又载《鲁国尧自选集》，河南教育出版社 1994。

鲁国尧 1994　　《鲁国尧自选集》，河南教育出版社。

鲁国尧 2002　　颜之推谜题及其半解（上），《中国语文》第 6 期。

鲁国尧 2003a　颜之推谜题及其半解（下），《中国语文》第 1 期。

鲁国尧 2003b　《鲁国尧语言学论文集》，江苏教育出版社。

陆志韦 1946　　释《中原音韵》，载《陆志韦近代汉语音韵论集》，商务印书馆 1988。

陆志韦 1948　　国语入声演变小注，载《陆志韦近代汉语音韵论集》，商务印书馆 1988。

陆志韦 1988　　记徐孝《重订司马温公等韵图经》，载《陆志韦近代汉语音韵论集》，商务印书馆。

罗常培 1961　　《唐五代西北方音》，科学出版社。原书出版于 1933 年，中央研究院历史语言研究所。

罗常培、吕叔湘 1956　　现代汉语规范问题，载《现代汉语规范问题学术会议文件汇编》，科学出版社。

罗福腾 1992　　《牟平方言志》，语文出版社。

罗福腾 1998　　胶辽官话研究，山东大学博士学位论文。

雒鹏 1999　　一种只有两个声调的汉语方言——兰州红古话的声韵调，《西北师大学报》第 6 期。

雒鹏 2001　　兰州方言的 pf pfʻ，全国汉语方言学会第十一届年会论文（西安）。

马凤如 2000　　《金乡方言志》，齐鲁书社。

马国凡、邢向东、马叔骏 1997　　《内蒙古汉语方言志》，内蒙古教育出版社。

马静、吴永焕 2003　　《临沂方言志》，齐鲁书社。

《玛纳斯县志》1993　　新疆大学出版社。

梅祖麟 2000　　《梅祖麟语言学论文集》，商务印书馆。

孟庆海 1991　　《阳曲方言志》，社会科学文献出版社。

孟庆惠 1960　　《安徽方音辨正》，安徽人民出版社。

孟庆泰、罗福腾 1994　　《淄川方言志》，语文出版社。

《米泉县志》1998　　新疆人民出版社。

《民乐县志》1996 甘肃人民出版社。

《民勤县志》1994 兰州大学出版社。

聂建民、李琦 1994 《汉语方言研究文献目录》，江苏教育出版社。

聂志平 2005 黑龙江方言概说，《哈尔滨学院学报》第 6 期。

宁继福 1985 《中原音韵表稿》，吉林文史出版社。

《平罗县志》1996 宁夏人民出版社。

平山久雄 1984 江淮方言祖调值构拟和北方方言祖调值初案，《语言研究》第 1 期。

平山久雄 1998 从声调调值演变史的观点论山东方言的轻声前变调，首届官话方言国际学术讨论会论文（青
  岛），载《平山久雄语言学论文集》，商务印书馆 2005。

《奇台县志》1994 新疆大学出版社。

钱乃荣 1992 《当代吴语研究》，上海教育出版社。

钱曾怡 1982 《烟台方言报告》，齐鲁书社。

钱曾怡 1987 汉语方言学方法论初探，《中国语文》第 1 期。

钱曾怡 1993 《博山方言研究》，社会科学文献出版社。

钱曾怡 1993 汉语方言调查中的几个问题——从山东方言调查所想到的，载《中国语文研究四十年纪念文
  集》，北京语言学院出版社。

钱曾怡 1995 论儿化，《中国语言学报》第 5 期。

钱曾怡 1997 《济南方言词典》，江苏教育出版社。

钱曾怡 2000 从汉语方言看汉语声调的发展，《语言教学与研究》第 2 期。

钱曾怡 2001 官话方言，载侯精一主编《现代汉语方言概论》，上海教育出版社。

钱曾怡 2004a 《汉语方言研究的方法与实践》，商务印书馆。

钱曾怡 2004b 古知庄章声母在山东方言中的分化及其跟精见组的关系，《中国语文》第 6 期。

钱曾怡、高文达、张志静 1985 山东方言的分区，《方言》第 4 期。

钱曾怡、曹志耘、罗福腾 1987 河北省东南部 39 县市方音概况，《方言》第 3 期。

钱曾怡、罗福腾 1992 长岛方言志，《山东史志丛刊》增刊。

钱曾怡、罗福腾 1993 《潍坊方言志》，潍坊市新闻出版局。

钱曾怡、朱广祁 1998 《济南话音档》，上海教育出版社。

钱曾怡主编 2001 《山东方言研究》，齐鲁书社。

钱曾怡、曹志耘、罗福腾 2002 《诸城方言志》，吉林人民出版社。

钱曾怡、太田斋、陈洪昕、杨秋泽 2005 《莱州方言志》，齐鲁书社。

乔全生 1998 古浊塞音、浊塞擦音在山西方言今读中的第四种类型，《语文研究》增刊。

乔全生 1999 《洪洞方言研究》，中央文献出版社。

乔全生 2000 《晋方言语法研究》，商务印书馆。

乔全生 2003 晋语与官话非同步发展（一）、（二），《方言》第 2 期、第 3 期。

乔全生 2004 现代晋方言与唐五代西北方言的亲缘关系，《中国语文》第 3 期。

乔全生 2005 晋方言轻唇音声母的演变，《语文研究》第 1 期。

乔全生 2005 晋方言全浊声母的演变，《山西大学学报》（哲社版）第 2 期。

乔全生 2006 晋方言向外的几次扩散，第二届国际西北方言与民俗学术研讨会论文（西宁），未刊。

乔全生 2007 晋语的平声调及其历史演变，《中国语文》第 4 期。

乔全生、陈丽 1999　《平遥话音档》，上海教育出版社。

乔全生主编 1999～2007　《山西方言重点研究丛书》13 种，山西人民出版社:《平鲁方言研究》（杨增武 2002）、《武乡方言研究》（史素芬 2002）、《太原北郊区方言研究》（崔容 2004）、《太原城区与郊区方言比较研究》（郝小明 2004）、《代县方言研究》（崔淑慧 2005）、《静乐方言研究》（李建校 2005）、《娄烦方言研究》（郭校珍 2005）、《高平方言研究》（白静茹等 2005）、《山阴方言研究》（杨增武 2007）、《榆社方言研究》（李建校 2007）、《长治方言研究》（王利 2007）、《应县方言研究》（蒋文华 2007）、《晋源方言研究》（王文卿 2007）。

乔全生 2006　从晋方言看古见系字在细音前腭化的历史，《方言》第 3 期。

桥本万太郎 1983　北方汉语的结构发展，《语言研究》第 1 期。

桥本万太郎 1985　《语言地理类型学》，余志鸿译，北京大学出版社。

《山丹县志》1993　甘肃人民出版社。

裘锡圭 1991　《笔谈丁公遗址出土陶文》，载《学术文化随笔》，中国青年出版社。

山东省地方史志编纂委员会 1993　《山东省志·方言志》，山东人民出版社。

山西考古研究所 1999　山西考古工作 50 年，载《新中国考古工作 50 年》，文物出版社。

山西省地方志编纂委员会办公室 1985　《山西概况》，山西人民出版社。

邵荣芬 1963　敦煌俗文学中的别字异文和唐五代西北方音，《中国语文》第 3 期。

邵燕梅 2005　《郯城方言志》，齐鲁书社。

邵则遂 1994　《天门方言研究》，华中师范大学出版社。

沈慧云 1983　晋城方言的"子尾"变调，《语文研究》第 4 期。

沈明 1994　《太原方言词典》，江苏教育出版社。

沈明 1996　山西晋语入声韵的类型，载《首届晋方言国际学术研讨会论文集》，山西高校联合出版社。

沈明 1999a　山西方言古清平字的演变，《方言》第 4 期。

沈明 1999b　山西方言韵母一二等的区别，《中国语文》第 6 期。

沈明 1999　山西晋语古清平字的演变，《方言》第 4 期。

沈明 2002　太原话的"给"字句，《方言》第 2 期。

沈明 2004　山西方言的小称，《方言》第 4 期。

沈明 2005　晋东南晋语入声调的演变，《语文研究》第 4 期。

沈明 2006　山西方言宕江两摄的白读，《语文研究》第 4 期。

沈明 2007　晋语五台片入声调的演变，《方言》第 4 期。

沈兴华 2005　《黄河三角洲方言研究》，齐鲁书社。

石汝杰 1988　说轻声，《语言研究》第 1 期。

束世澂 1955　《中国通史参考资料选集》，新知识出版社。

司马迁 1973　《史记》，中华书局。

宋恩泉 2005　《汶上方言志》，齐鲁书社。

宋金兰 1990　青海汉语助动词"给"与阿尔泰语言的关系，《民族语文》第 2 期。

宋学等 1963　辽宁语音说略，《中国语文》第 2 期。

苏晓青 1997　《东海方言研究》，新疆大学出版社。

《肃南裕固族自治县县志》1994　甘肃民族出版社。

孙立新 1997　关中方言略说，《方言》第 2 期。

孙立新 2001　《户县方言研究》，东方出版社。

孙维张、路野、李丽君 1986　吉林方言分区略说，《方言》第 1 期。

《塔城市志》1995　新疆人民出版社。

太田辰夫 1991《汉语史通考》，江蓝生、白维国译，重庆出版社。

太田斋 1999　"蜘蛛"的网——微母字的特殊演变例，《汉语现状与历史研究——首届汉语语言学国际研
　　讨会文集》，中国社会科学出版社。

谭其骧 1982　《中国历史地图集》，第一册至第八册，中国地图出版社。

唐作藩 2000　《普通话语音史话》，语文出版社。

《天祝藏族自治县县志》1994　甘肃人民出版社。

田懋勤 1983　四川话的"倒"和"起"，《西南民族学院学报》第 4 期。

田希诚 1986　山西和顺方言的子变韵母，《中国语文》第 5 期。

田希诚 1993　山西方言古二等字的韵母略说，《语文研究》第 4 期。

《通化市志》1996　中国城市出版社。

《通化县志》1996　吉林人民出版社。

《同心县志》1995　宁夏人民出版社。

图穆热 2000　《红楼梦》与东北方言，《社会科学战线》第 1 期。

涂光禄 1987　《桐梓方言志》，桐梓方志办内部出版。

涂光禄 1988　《清镇方言志》，清镇方志办内部出版。

涂光禄 1998　《贵州省志·汉语方言志》，方志出版社。

万幼斌 1990　鄂州方言的儿化，《方言》第 2 期。

汪化云 2004　《鄂东方言研究》，四川出版集团巴蜀书社。

汪平 1981　贵阳方言的语音系统，《方言》第 2 期。

汪平 1983　贵州方言的语法特点，《语言研究》第 1 期。

汪平 1994　《贵阳方言词典》，江苏教育出版社。

王本瑛 1997　《湘南土话之比较研究》附录三"蓝山方言词汇"，（台湾）清华大学博士学位论文。

王重民等编 1957　《敦煌变文集》（上册），人民文学出版社。

王力 1956　《汉语音韵学》，中华书局 1981。

王力 1985　《汉语语音史》，中国社会科学出版社。

王力 2002　《汉语史稿》（新 2 版 2004），中华书局。

王森 1985　临夏方言的儿化音变，《语言研究》第 1 期。

王森、赵小刚 1998　《兰州话语音档》，上海教育出版社。

王福堂 1999　《汉语方言语音的演变和层次》（修订本 2005），语文出版社。

王福堂 2002　北京话儿化韵的产生过程，《语言学论丛》第 26 辑，商务印书馆。

王辅世 1982　湖南泸溪瓦乡话语音，《语言研究》第 1 期。

王辅世 1985　再论湖南泸溪瓦乡话是汉语方言，《中国语文》第 3 期。

王洪君 1987　山西闻喜方言的文白异读与宋西北方音，《中国语文》第 1 期。

王洪君 1990　入声韵在山西方言中的演变，《语文研究》第 1 期。

王洪君 1991　阳声韵在山西方言中的演变（上），《语文研究》第 4 期。

王洪君 1992a　文白异读和叠置式音变，《语言学论丛》第 17 辑，商务印书馆。

王洪君 1992b　阳声韵在山西方言中的演变（下），《语文研究》第 2 期。

王洪君 1999　汉语非线性音系学，北京大学出版社。

王洪君 2007　《中原音韵》知庄章声母的分合及其在山西方言中的演变，《语文研究》第 1 期。

王军虎 1996　《西安方言词典》，江苏教育出版社。

王临惠 1999a　试论晋南方言的几种文白异读现象，《语文研究》第 2 期。

王临惠 1999b　侯马方言简志，《山西师范大学学报》（社科版）第 2 期。

王临惠 2001a　晋南方言知庄章组声母研究，《语文研究》第 1 期。

王临惠 2001b　山西方言"圪"头词的结构类型，《中国语文》1 期。

王临惠 2001c　汾河流域方言平声调的类型及其成因，《方言》第 1 期。

王临惠 2002　山西方言的"圪"字研究，《语文研究》第 3 期。

王临惠 2003a　山西临猗方言同音字汇，《方言》第 3 期

王临惠 2003b　《汾河流域方言的语音特点及其流变》，中国社会科学出版社。

王临惠 2003c　山西方言声调的类型（稿），《语文研究》第 2 期。

王临惠、张维佳 2005　论中原官话汾河片的归属，《方言》第 4 期。

王群生等 1994　《湖北荆沙方言》，武汉大学出版社。

王士元 1998　东干语的民族语言学札记，《语言的探索——王士元语言学论文选译》，北京语言文化大学
　　　出版社。

王世华 1959　《扬州话音系》，科学出版社。

王世华 1985　扬州话里两种反复问句共存，《中国语文》第 6 期。

王世华、黄继林 1996　《扬州方言词典》，江苏教育出版社。

王淑霞 1995　《荣成方言志》，语文出版社。

王淑霞、张艳华 2005　《定陶方言志》，时代文艺出版社。

王文虎、张一舟、周家筠 1986　《四川方言词典》，四川人民出版社。

王希哲 1997　昔阳话的子变韵母和长元音，《语文研究》第 2 期。

尉迟治平 1982　周隋长安方音初探，《语言研究》第 2 期。

尉迟治平 1984　周隋长安方音再探，《语言研究》第 2 期。

魏燕 1997　西北方言调查研究论著索引（1979～1997），《宁夏大学学报》第 4 期。

温端政 1986　试论山西晋语的入声，《中国语文》第 2 期。

温端政 1996　晋语区的形成和晋语入声的特点，载《首届晋方言国际学术研讨会论文集》，山西高校联合
　　　出版社。

温端政 1997　试论晋语的特点和归属，《语文研究》第 2 期。

温端政 1998　《方言》与晋语研究，《方言》第 4 期。

温端政 2000　晋语的"分立"与汉语方言分区问题，《语文研究》第 1 期。

温端政、沈明 1998　《太原话音档》，上海教育出版社。

温端政主编 1982～1995　《山西省方言志丛书》40 种（以下地名后的"方言志"三字省略）：
　　　《语言研究增刊》11 种：平遥（侯精一 1982）、怀仁（温端政 1982）、太谷（杨述祖 1983）、晋城（沈
　　　慧云 1983）、陵川（金梦茵 1983）、洪洞（乔全生 1983）、襄垣（陈润兰、李唯实 1984）、祁县（杨
　　　述祖、王艾录 1984）、寿阳（赵秉璇 1984）、文水（胡双宝 1984）、万荣（吴建生 1984）。
　　　语文出版社 8 种：长治（侯精一 1985）、忻州（温端政 1985）、大同（马文忠、梁述中 1986）、原平（金

梦茵 1989）、孝义（郭建荣 1989）、和顺（田希诚 1990）、临汾（潘家懿 1990）、文水（修订本）（胡双宝 1990）。

山西高校联合出版社 21 种：吉县（蔡权 1990）、汾西（乔全生 1990）、沁县（张振铎 1990）、山阴（杨增武 1990）、新绛（朱耀龙 1990）、永济（吴建生、李改样 1990）、天镇（谢自立 1990）、武乡（史素芬、李奇 1990）、清徐（潘耀武 1990）、介休（张益梅 1991）、临县（李小平 1991）、运城（吕枕甲 1991）、屯留（刘毅、张振铎 1991）、盂县（宋欣桥 1991）、朔县（江荫褆 1991）、左权（王希哲 1991）、广灵（马文忠 1994）、长子（高炯 1995）、定襄（陈茂山 1995）、灵丘（江荫褆、李锡梅 1995）、蒲县（蔡权 1994）。

温端政、张光明 1995   《忻州方言词典》，江苏教育出版社。

温端政 2003   《方言与俗语研究——温端政语言学论文选集》，上海辞书出版社。

吴凤山 2006   《如皋方言》，中国文联出版社。

吴嫒 2006   岐山方言语音研究，陕西师范大学硕士学位论文。

吴积才等 1989   《云南省志·汉语方言志》，云南人民出版社。

吴继章等主编 2005   《河北省志·方言志》，方志出版社。

吴建生、赵宏因 1997   《万荣方言词典》，江苏教育出版社。

吴松弟 1997   《中国移民史》第四卷，福建人民出版社。

《吴忠市志》1998   宁夏人民出版社。

五台 1986   关于"连读变调"的再认识，《语言研究》第 1 期。

《武威市志》1998   兰州大学出版社。

肖凡 1987   也谈"连调"，《语言研究》第 2 期。

谢伯端 1987   嘉禾土话"一、两"的读音及用法，《方言》第 4 期。

邢向东 1998   《呼和浩特话音档》，上海教育出版社。

邢向东 1999   神木方言的两字组连读变调和轻声，《语言研究》第 2 期。

邢向东 2002   《神木方言研究》，中华书局。

邢向东 2004a   论西北方言和晋语重轻式语音词的调位中和模式，《南开语言学刊》第 3 期。

邢向东 2004b   官话方言和晋语的连读变调，《中国语文研究》第 1 期。

邢向东 2006   《陕北晋语语法比较研究》，商务印书馆。

邢向东、孟万春 2006   陕北甘泉、延长方言入声字读音研究，《中国语文》第 5 期。

邢向东、张永胜 1997   《内蒙古西部方言语法研究》，内蒙古人民出版社。

熊正辉 1979   南昌方言声调及其演变，《方言》第 4 期。

熊正辉 1990   官话区方言分 ts tʂ 的类型，《方言》第 1 期。

熊正辉 1996   山西晋语分 ts tʂ 的类型，载《首届晋方言国际学术研讨会论文集》，山西高校联合出版社。

徐通锵 1981   山西平定方言的"儿化"和晋中的所谓"嵌 l 词"，《中国语文》第 6 期。

徐通锵 1984   山西祁县方言的新韵尾 -m 与 -β，《语文研究》第 3 期。

徐通锵 1990   山西方言古浊塞音、浊塞擦音今音的三种类型和语言史的研究，《语文研究》第 1 期。

徐通锵 1991   《历史语言学》，商务印书馆。

徐通锵、王洪君 1986a   说变异——山西祁县方言音系的特点及其对音变理论研究的启示，《语言研究》第 1 期。

徐通锵、王洪君 1986b　山西闻喜方言的声调——附论"每一个词都有它自己的历史"，《语文研究》第 4 期。

许宝华 1984　论入声，《音韵学研究》第一辑，中华书局。

薛凤生 1986　《北京音系解析》，北京语言学院出版社。

薛凤生 1990　《中原音韵音位系统》，北京语言学院出版社。

薛凤生 1991　方音重叠与普通话文白异读之形成，《纪念王力先生九十诞辰文集》，山东教育出版社。

《盐池县志》1986　宁夏人民出版社。

颜森 1986　江西方言的分区（稿），《方言》第 1 期。

杨福绵 1995　罗明坚、利玛窦《葡汉辞典》所记录的明代官话，《中国语言学报》第 5 期。

杨耐思 1981　《中原音韵音系》，中国社会科学出版社。

杨耐思 1997　《近代汉语语音论》，商务印书馆。

杨秋泽 1990　《利津方言志》，语文出版社。

杨时逢 1987　《李庄方言记》，（台湾）《历史语言研究所专刊》之八十七。

杨时逢整理 1969　《云南方言调查报告》，（台湾）《历史语言研究所专刊》之五十六。

杨时逢整理 1974　《湖南方言调查报告》，（台湾）《历史语言研究所专刊》之六十六。

杨时逢整理 1984　《四川方言调查报告》，（台湾）《历史语言研究所专刊》之八十二。

杨同用 2000　河北高碑店方言的语流音变，载《首届官话方言国际学术讨论会论文集》，青岛出版社。

杨亦鸣 1991　《李氏音鉴》的声、韵、调系统，《徐州师范学院学报》第 3 期。

杨亦鸣 1992a　《李氏音鉴》与 18 世纪末的北京音系，载徐州师院编《汉语研究论集》第 1 辑，语文出版社。

杨亦鸣 1992b　《李氏音鉴音系研究》，陕西人民教育出版社。

尹世超 1997　《哈尔滨方言词典》，江苏教育出版社。

尹世超 1998　《哈尔滨话音档》，上海教育出版社。

《永昌县志》1993　甘肃人民出版社。

《永登县志》1997　甘肃民族出版社。

《永宁县志》1995　宁夏人民出版社。

游汝杰 1993　黑龙江省的站人和站话述略，《方言》第 2 期。

于克仁 1992　《平度方言志》，语文出版社。

俞敏 1983　李汝珍《音鉴》里的入声字，《北京师范大学学报》第 4 期。

俞敏 1984　北京音系的成长和它受的周围影响，《方言》第 4 期。

俞敏 1995　北京口语里的多音入声字，《方言》第 1 期。

喻遂生 1990　重庆方言的"倒"和"起"，《方言》第 3 期。

《榆中县志》1994　甘肃人民出版社。

《玉门市志》1991　新华出版社。

袁家骅等 1983　《汉语方言概要》（第二版），文字改革出版社，语文出版社 2001 年重版。

翟时雨 1987　陕西省南部地区方言的归属，《方言》第 1 期。

詹伯慧 1991　《汉语方言及方言调查》，湖北教育出版社，2001 年重版。

张博泉等 1981　《东北历代疆域史》，吉林人民出版社。

张崇 1990　《延川县方言志》，语文出版社。

张甹 1985　《玉溪方言志》，玉溪方志办内部出版。

张甹 1989　《永善方言志》，语文出版社。

张琨 1971　汉语方音（PHONOLOGICAL ASPECTS OF CHINESE DIALECTOLOGY），（台湾）《清华学报》新九
　　卷，第一、二期合刊。

张琨 1983　汉语方言中鼻音韵尾的消变，（台湾）《历史语言研究所集刊》之五十四。

张安生 1992　宁夏盐池方言的语音及归属，《方言》第 3 期。

张安生 2000　《同心方言研究》，宁夏人民出版社。

张丙钊 1995　《兴化方言志》，上海社会科学出版社。

张成材 1994　《西宁方言词典》，江苏教育出版社。

张成材、朱世奎 1987　《西宁方言志》，青海人民出版社。

张拱贵 1956　《江苏人怎样学习普通话》，江苏教育出版社。

张广裕 2000　甘肃省天祝县汉、藏民族杂居村落的社会民俗，《甘肃社会科学》第 6 期。

张鹤泉 1995　《聊城方言志》，语文出版社。

张建民 1991　《泰县方言志》，华东师范大学出版社。

张力甫 1988　白市话音系，贵州大学中文系硕士学位论文。

张清源 1991　成都话的动态助词"倒"和"起"，《中国语言学报》第 4 期。

张盛裕 1993　河西走廊的汉语方言，《方言》第 4 期。

张盛裕、张成材 1986　陕甘宁青四省区汉语方言的分区（稿），《方言》第 2 期。

张世方 2002　北京官话语音研究，北京语言大学博士学位论文。

张树铮 1995　《寿光方言志》，语文出版社。

张树铮 1999　《方言历史探索》，内蒙古人民出版社。

张树铮 2000　180 年前山东桓台方言的声调，载《首届官话方言国际学术讨论会论文集》，青岛出版社。

张树铮 2002　山东方言一些读同清入声的古舒声字，《人文述林》第五辑，山东大学出版社。

张树铮 2003a　清代山东方言中古入声字的演变，《语言研究》第 1 期。

张树铮 2003b　蒲松龄聊斋俚曲集曲律所反映的轻声及其他声调现象，《中国语文》第 3 期。

张廷兴 1999　《沂水方言志》，语文出版社。

张维佳 2002　《演化与竞争：关中方言音韵结构的变迁》，陕西人民出版社。

张维佳、张洪燕 2007　远指代词"兀"与突厥语，《民族语文》第 3 期。

张燕来 2002　《兰银官话声调研究》（待刊）。

《张掖市志》1995　甘肃人民出版社。

张映庚 1990　《大关方言志》，语文出版社。

张志静、丁振芳 1992　曲阜方言志，《山东史志丛刊》增刊。

张振兴 1997　重读《中国语言地图集》，《方言》第 4 期。

赵秉璇 1979　晋中话"嵌 1 词"汇释，《中国语文》第 6 期。

赵秉璇 1995　晋语与山西历史行政区划，《中国语言学报》第 7 期，语文出版社。

赵日新 2000　论官话对徽语的影响，载《首届官话方言国际学术讨论会论文集》，青岛出版社。

赵日新 2007　中原地区官话方言弱化变韵现象探析，《语言学论丛》第 36 辑，商务印书馆。

赵日新、沈明、崔长举 1991　《即墨方言志》，语文出版社。

赵学玲 2003　山东方言入声调研究，山东大学硕士学位论文。

赵荫棠 1936　《中原音韵研究》，商务印书馆，1956 年重版。

赵元任 1956　《现代吴语的研究》，科学出版社。

赵元任 1929　南京音系，《科学》13 卷 8 期。

赵元任 1939　《钟祥方言记》，（上海）商务印书馆，科学出版社 1956 年新一版。

赵元任、丁声树、杨时逢、吴宗济、董同龢 1948　《湖北方言调查报告》，（上海）商务印书馆。

甄尚灵 1988　西蜀方言与成都语音，《方言》第 3 期。

甄尚灵、张一舟 1992　《蜀语》词语的记录方式，《方言》第 1 期。

郑庆君 1999　《常德方言研究》，岳麓书社。

郑仁甲 1998　京满官话，《语言研究》增刊。

郑张尚芳 1986　皖南方言的分区，《方言》第 1 期。

职慧勇、彭谦、周弘 1996　《少数民族史话》，中央民族大学出版社第二次印刷。

中国社会科学院、澳大利亚人文科学院 1987　《中国语言地图集》，香港朗文出版有限公司。

中国社会科学院语言研究所 1983　《方言调查字表》，商务印书馆。

中华人民共和国民政部编 2004　《中国人民共和国行政区划简册》，中国地图出版社。

《中宁县志》1994　宁夏人民出版社。

《中卫县志》1995　宁夏人民出版社。

钟进文 1997　甘青地区突厥蒙古诸语言的区域特征，《民族语文》第 4 期。

周本良、沈祥和、黎平、韦玉娟 2006　南宁市下郭街官话同音字汇，《桂林师范高等专科学校学报》（综合版）第 2 期。

周磊 1995　《乌鲁木齐方言词典》，江苏教育出版社。

周磊 1998　《乌鲁木齐话音档》，上海教育出版社。

周磊 2007　新疆维吾尔自治区的中原官话（稿），《方言》第 2 期。

周磊、王燕 1991　《吉木萨尔方言志》，新疆人民出版社。

周先义 1994　湖南道县（小甲）土话同音字汇，《方言》第 3 期。

周振鹤、游汝杰 1986　《方言与中国文化》（1998 版），上海人民出版社。

周政 2006　关于安康方言分区的再调查，《方言》第 2 期。

周祖谟、吴晓铃 1956　《方言校笺及通检》，科学出版社。

周祖谟 1993　《周祖谟学术论著自选集》，北京师范学院出版社。

朱建颂 1992　《武汉方言研究》，武汉出版社。

朱建颂 1995　《武汉方言词典》，江苏教育出版社。

朱契 1928　满洲移民的历史和现状，《东方杂志》第 25 期 12 号。

左福光 1995　四川省宜宾（王场）方言记略，《方言》第 1 期。

后　记

　　本项目原名"官话方言内部比较研究"，于 2001 年 5 月立项。当年 10 月借全国汉语方言学会第十一届年会在西安召开之机，举行一次全体成员的会议，并邀请课题组以外的曹志耘、赵日新等同志参加。这次会议主要讨论官话方言研究的意义、研究的内容和重点、课题组成员的分工以及调查研究中要注意的问题等。会后个别承担者由西安出发到甘肃等地开始进行实地调查。此后参照讨论内容由我执笔草拟了写作提纲印发给每位成员。2002 年 3 月，第二次会议在济南召开，讨论编写提纲及其他编撰事项。当年 7 月印发"撰写体例的若干说明"，进一步明确全书的写作格式。以后各部分负责人分别开展调查、收集资料、撰写等各项工作。

　　原定完成时间为 2004 年 12 月，后因"非典"等种种原因，经"全国哲学社会科学规划办公室"批准延期至 2006 年 12 月。经过全体成员的努力，初稿分别于 2002～2005 年陆续完成，由我进行初审并提出修改意见返回给每位撰稿人，修改后寄我再审，这样来回修改多次，有的稿子修改了三四次，终于在 2006 年底完成全稿申请结项。2007 年 10 月，获"全国哲学社会科学规划办公室"批复"准予结项"并获得"优秀"等级。

　　"优秀"的等级确实来之不易，但是因为篇幅大，各篇章撰稿人在方言研究方面都已形成自己的习惯，有自己的语言风格，加以不可能随时交流，以致稿子存在的问题还是很多，例如内容取舍不同、繁简不一，尤其在体例方面虽然有统一规定，但还是出现不少差错。2008 一年，我们再次审读全稿，并根据鉴定专家反馈意见，组织了两种不同方式的修改：一是将修改意见转给每位撰稿人，要求再次修订定稿，这样的修改有的也反复多次；二是邀请李蓝、王临惠、高晓虹、岳立静集中到济南通读全稿，共同讨论存在问题，定出修改意见，然后将意见电传给每位作者。这次集中还决定将书名改为"汉语官话方言研究"。

　　2009 年稿子即将付印，我还是不放心，用了近 4 个月的时间又一次通读全稿，发现还是有些问题，如有些注音前后不一致，经各章撰稿人订正，又于 12 月请刘祥柏、高晓虹到济南，加上岳立静、张燕芬，我们五人集中时间进行了最后的加工。

　　申请这个项目缘于侯精一老师主编《现代汉语方言概论》。侯老师把编写该书官话方言的任务交给了我。我从收集点滴资料开始做，做得很吃力，但是对整个官话方言有了不少新的认识，完成之后意犹未尽，感到官话方言的研究意义重大，而以往却被忽视。我过去虽然参加过多项国家项目的研究工作，但是带头申报还是首次，这次所以敢于斗胆申报这个项目，是我的多位学生的原籍几乎分布在官话各区，他们大多是当前汉语方言研究的专家，尤其是对自己的母语已经有深入的研究。还有两位学生的学生，博士论文的题目都是官话方言的内容。由他们分别承担自己熟悉地区的调查研究工作完全可以胜任。相信他们会全力支持我，完成这个项目在专业方面是有保证的。但是真的做起来我发现我对自己还是缺乏了解，看来我只能自己尽力做好某项专项研究，并不适合做大项目的领头人，因为我缺乏组织、协调能力，以致工作中往往感到力不从心。

　　我如愿得到诸位学生的鼎力相助，李蓝主动帮我修订"撰写体例的若干说明"；王临惠绘制了官话方言及其各区的分布图，不厌其烦，修改不下十次，说"我一定会修改到让您满意为止"；张树铮看过部分初稿；高晓虹、岳立静承担了统一体例和参考文献的集中整理工作；王培元为本书题名，横的竖的写了多种以供选用。想起这些，我感到十分温暖。但是又想到这个项目在各位学生的本职工作之外添加了他们的负担，我是既不忍又不安。对他们，我就不言谢了。

　　稿子仍然存在问题。例如，繁简不一，兰银官话内容相对较多，有的章有词汇语法，有的没有，如果平衡，就要加以删节。考虑到兰银官话过去研究较少，现在的内容正可以对以往的研究作些补充；本课题虽然主要是语音研究，但是如果将已经做好的词汇语法特点丢弃也很可惜，保留下来也是一些难得的资料，对读者是有帮助的。又如，不同章节对同一音类或字音的记录存在音值的差异，方言点的地名中也有一些跟现在法定名称不同，所以出现这个问题，是由于我们的资料有不少是借用以往的成果，因为借用成果的来源不同，原作者对音值的处理往往并不一致，多年来地名变动频繁，对上述情况，一般就不统一处理了。

　　责任编辑于春香也是我的学生，大学期间选修过我的"汉语方言学和方言调查"课程。我们合作多年，配合默契。她对工作认真负责，把稿子交给她可以十分放心。谢谢她这次又为稿子提出了许多修改意见。

　　感谢齐鲁书社出版本书。

　　虽然我们都尽力了，但是毕竟水平和精力有限，许多缺点自己还没有发觉，盼望读者多多批评指正。

钱曾怡

2008 年 2 月 20 日写于山东大学

2009 年 12 月 15 日改定

订　补

序号	页码	行数	条目	原句	改为
1	29	表1-8	表中，左数第一列的第二单元格	一分型	删掉"一分型"，并与第三单元格合并
2	29	表1-8	表中，左数第二列的第三单元格	1	删掉"1"，并与第四单元格合并
3	29	表1-8	表中，右数第一列的第四单元格里第一个地名	临朐	删去"临朐"
4	119	正数第20行	右数第16~18个字	莱西，	删去"莱西，"
5	128	倒数第3行	左数第6~7个字	灵丘	广灵
6	371	表10-5	表中，左数第一列的第一单元格	阴平312	阴平213
7	373	表10-8	表中，左数第二列的表头	阴平213	阴平24
8	373	表10-8	表中，右数第二列的表头	上声55	上声53
9	373	表10-8	表中，右数第一列的表头	去声21	去声312
10	377	表10-17	表中，右数第一列的表头	阴入22	阴入2
11	377	表10-17	表中，右数第一列的表头	阴入254	阴入54
12	378	表10-19	表中，左数第二列的表头	阴入213	阴入13
13	378	表10-19	表中，右数第一列的表头	阴入253	阴入53
14	378	表10-19	表中，左数第二单元格	阴入213	阴入13
15	378	表10-19	表中，左数第一列的第五单元格	阴入253	阴入53
16	378	表10-20	表中，左数第三列的表头	阴入213	阴入13
17	378	表10-20	表中，右数第一列的表头	阴入253	阴入53
18	378	表10-20	表中，左数第三列的第六单元格	阴入213	阴入13
19	378	表10-20	表中，左数第一列的第六单元格	阴入253	阴入53
20	379	表10-21	表中，左数第五单元格	阴去3	阴入3
21	379	表10-21	表中，左数第一列的第六单元格	阳去423	阳入423
22	379	脚注	第②条脚注的第一个词	阳去	阳入